NTC's
HUNGARIAN
and
ENGLISH
Dictionary

Tamás Magay and László Kiss

NTC Publishing Group

Library of Congress Cataloging-in-Publication Data

Magay, Tamás.
  [Angol-magyar kisszótár. English]
  NTC's Hungarian and English dictionary / Magay and Kiss.
    p.   cm.
  ISBN 0-8442-4968-8 (cloth)
  ISBN 0-8442-4969-6 (paper)
  1. English language—Dictionaries—Hungarian. 2. Hungarian language—
Dictionaries—English. I. Kiss, László. II. Title.
PH2640.M32513   1996
494'.511321—dc20   96-12536
                                             CIP

Published by NTC Publishing Group
A division of NTC/Contemporary Publishing Group, Inc.
4255 West Touhy Avenue, Lincolnwood (Chicago), Illinois 60646-1975 U.S.A.
Copyright © 1996 by NTC/Contemporary Publishing Group, Inc.
Original copyright © 1955 Tamás Magay, László Kiss, Hungary
Printed in the United States of America
International Standard Book Number: 0-8442-4968-8 (cloth)
                                     0-8442-4969-6 (paper)
18   17   16   15   14   13   12   11   10   9   8   7   6   5   4   3   2   1

CONTENTS

Preface

This dictionary contains the basic vocabulary (about 18,000 words and 8,000 expressions) of the English language. All English words have been selected on the basis of a careful word-frequency study, with their Hungarian equivalents representing the "core" language spoken especially by the present generation of Hungarians.

Using the Dictionary

The layout of the dictionary is simple, so that users may find information in it with ease. The headwords are strictly in alphabetical order. Compounds—including those written with spaces—are entered separately. Thus, for example, if you want to look for **black spot,** you will find it after **blacksmith** in the list of headwords rather that under the entry **black.**

Differences in spelling between British and American English are duly indicated, e.g. **colour** (*US* **-or**). Verbs doubling their final consonants and the reverse, i.e. non-doubling of some verbs in American English, is likewise shown, e.g. **level-ll-** (*US* **-l-**).

Words spelled in the same way but radically different in meaning, called homographs, appear as separate headwords with superscript numbers, e.g. **bank¹, bank², fly¹, fly²,** etc.

Pronunciation of headwords is indicated by means of the

symbols of the International Phonetic Association (IPA) (see Phonetic Symbols p. 11). Only simple words or solid compounds (i.e. compounds written as one word are given pronunciations. Thus, **blackleg** is supplied with pronunciation [ˈblækleg] whereas **black eye** is not. The pronunciation of this two-word entry is to be fitted together by looking up the pronunciation of each of the component words.

Irregular past tenses of verbs and plurals of nouns are found at their own entries as cross-references, as well as at the main verb or noun entry, cf. **bore** → **bear, feet** → **foot,** etc.

Most English words figure in two or even more word classes or parts of speech (e.g. nouns or verbs, adjectives or adverbs, etc.). The various word classes are indicated by means of Arabic numerals, e.g., **last** ... **1.** *a* ... **2.** *adv* ... **3.** *n* ... **4.** *v* ... (see Abbreviations and Signs on pp. 12-14).

The overwhelming majority of English words have more than one meaning. Within each part-of-speech category, the various meanings or senses of the headword and their Hungarian translations or equivalents are carefully differentiated by means of *English guide words* (in brackets) or *subject labels,* always in italics, and a semicolon (;) separating each unit.

In addition, the transitive or intransitive use of verbs are distinguished, if necessary, e.g. **blow** ... *vi* fúj; *(fuse)* kiolvad I *vt* fúj; *(fuse)* kiéget. As can be seen, the vertical stroke helps to make this important distinction.

No (bilingual) dictionary can be complete without a due number of phrases and idioms. These important elements of living speech have also been carefully selected and entered under the various part-of-speech categories, separated from the translation part by means of the sign ||, e. g. **easy** ... **1.** *a* könnyű; *(manner)* fesztelen || **be ~ about** ... **2.** *adv* könnyen; fesztelenül || **take it/things ~** ... **take it~!** ... Such multi-words lexical units are always printed in bold type, with the title (~) representing the headword.

Special treatment is given to English phrasal verbs always following the verb part of the entry, forming sub-entries as it were.

Előszó

Ez a szótár mintegy 18 000 címszót és 8 000 állandósult szókapcsolatot valamint példát tartalmaz. A szóanyag kiválogatásában az vezérelt, hogy megfeleljen a ma élő új generáció nyelvhasználatának. Korszerű és gyakorlatias kíván tehát lenni, messzemenően figyelembe véve a mai köznyelvben is használt műszaki – és általában szaknyelvi – szavakat, fordulatokat is.

A szótár használatáról

A könnyen elérhetőség érdekében a szótár CÍMSZAVAI szigorú ábécérendben követik egymást. A különírt összetételek is a maguk ábécérendi helyén találhatók, így pl. **black spot** címszóként **blacksmith** után található a címszavak sorában, nem pedig a **black** szócikkében.

A brit és amerikai helyesírás között mindenütt, ahol szükséges, különbséget tesz a szótár, pl. **colour** (*US* **color**), beleértve a tővégkettőző angol igék eseteit, ahol az amerikai nem kettőz, pl. **level -ll-** (*US* **-l-**).

Mint nagyobb társai, ez a szótár is megkülönbözteti a HOMONIMÁKAT, vagyis az alakjukra nézve azonos, de gyökeresen eltérő jelentésű szavakat, pl. **bank**^{1}, **bank**^{2} vagy **fly**^{1}, **fly**^{2} stb.

Az angol címszavak KIEJTÉSÉT a már ismert nemzetközi kiejtési jelekkel jelöli szótárunk (l. ezek táblázatát a 11. lapon). Minden egyszerű szó és egybeírt szóösszetétel kap kiejtést, a különírt összetételek kiejtését azonban a használónak kell megoldania oly módon, hogy megnézi az összetételt alkotó szavak kiejtését. Így tehát **blackleg**-nek van kiejtése: ['blækleg], **black eye**-nak nincs. Meg kell tehát néznie a használónak előbb a **black**, azután az **eye** kiejtését.

Az IGÉK RENDHAGYÓ MÚLT IDEJŰ alakjai és a FŐNEVEK RENDHAGYÓ TÖBBES SZÁMÚ ALAKJAI mind a maguk ábécérendi helyén mint utalócímszavak, mind az ige, illetőleg főnév szócikkében részletesebben kidolgozva megtalálhatók. Pl. **bore** → **bear, feet** → **foot** stb.

A legtöbb angol szó több SZÓFAJBAN is előfordul (főnév, ige, melléknév, határozó stb.). Ezeket félkövér arab számokkal különbözteti meg a szótár, pl. **last** ... **1.** *a* **2.** *adv* **3.** *n* ... **4.** *v* ... (l. a Rövidítések és jelek jegyzékét a 12–14. lapon).

Az angol szavak túlnyomó többségének egynél több jelentése van. Az egyes JELENTÉSEKET, illetőleg azok magyar MEGFELELŐIT (egyenértékeseit, ekvivalenseit) szótárunk gondosan megkülönbözteti egymástól zárójelbe tett dőlt betűs angol *irányítószavakkal*, mutatószavakkal, ill. szaknyelvi *rövidítésekkel*. Egy-egy ilyen "egységet" pontosvessző választ el egymástól. Itt újra hangsúlyoznunk kell, hogy ez a szótár elsősorban az angol ajkú használókat veszi figyelembe, ezért szerepelnek angolul a használót eligazító irányítószavak, ill. rövidítések. Ne ijedjen meg tehát ettől a magyar használó, s ha számára ismeretlen szóra bukkan, keresse ki a szótárból. Ne tekintse ezt a kis többletmunkát fölöslegesnek, hiszen ebből is tanulhat. Pl. **admission** ... *n* (*entrance*) belépés; (*fee*) belépődíj; (*to university*) felvétel; (*confession*) beismerés.

Az IGÉK TÁRGYAS ÉS TÁRGYATLAN HASZNÁLATÁT is megkülönbözteti a szótár ott, ahol szükséges, pl. **blow** ... *vi* fúj; (*fuse*) kiolvad I *vt* fúj; (*fuse*) kiéget ... A cezúra (I) választja szét ezt a két fontos igei használatot egymástól.

Méretének arányában ez a szótár is szép számmal szótároz ÁLLANDÓSULT SZÓKAPCSOLATOKAT, vagy népszerűbb szóval "kifejezéseket". Az egyes számozott szófaji kategóriákon belül a jelentések, ill. azok magyar megfelelői után, II jellel elválasztva következnek ezek az angol nyelvre oly jellemző többszavas egységek, pl. **easy** ... **1.** *a* könnyű; (*manner*) fesztelen II **be ~ about** ... **2.** *adv* könnyen; fesztelenül II **take it/things ~** ...; **take it ~!** ... A szókapcsolatok mindig félkövér szedésűek, és esetükben mindig a tilde (~) képviseli az angol címszót.

A VONZATOS ANGOL IGÉK, az ún. PHRASAL VERBS is kellő mennyiségben és kiemelten szerepelnek ebben a szótárban is, mindig a szócikk végén, az igei egység folytatásaképpen.

Kiejtési jelek
Phonetic Symbols

Magánhangzók és kettőshangzók
Vowels and Diphthongs

[ɑː]	plant [plɑːnt]
[aɪ]	life [laɪf]
[aʊ]	house [haʊs]
[æ]	man [mæn]
[ʌ]	but [bʌt]
[e]	get [get]
[eɪ]	name [neɪm]
[ə]	ago [əˈgəʊ]
[ɜː]	bird [bɜːd]
[eə]	there [ðeə]
[ɪ]	wish [wɪʃ]
[iː]	see [siː]
[ɪə]	here [hɪə]
[əʊ]	no [nəʊ]
[ɒ]	not [nɒt]
[ɔː]	law [lɔː]
[ɔɪ]	boy [bɔɪ]
[ʊ]	push [pʊʃ]
[uː]	you [juː]
[ʊə]	sure [ʃʊə]

Mássalhangzók
Consonants

[b]	bad [bæd]
[d]	did [dɪd]
[dʒ]	June [dʒuːn]
[f]	father [ˈfɑːðə]
[g]	go [gəʊ]
[h]	how [haʊ]
[j]	youth [juːθ]
[k]	keep [kiːp]
[l]	lamb [læm]
[m]	make [meɪk]
[n]	nail [neɪl]
[ŋ]	sing [sɪŋ]
[p]	pen [pen]
[r]	red [red]
[s]	so [səʊ]
[ʃ]	ship [ʃɪp]
[t]	tea [tiː]
[θ]	thin [θɪn]
[ð]	this [ðɪs]
[tʃ]	church [tʃɜːtʃ]
[v]	voice [vɔɪs]
[w]	wet [wet]
[z]	zoo [zuː]
[ʒ]	measure [ˈmeʒə]

' Hangsúly – stress

11

Rövidítések és jelek
Abbreviations and Signs

a	adjective	melléknév
adv	adverb	határozó
agr	agriculture	mezőgazdaság
approx	approximately	körülbelül
arch	architecture	építészet
art	art	művészet
astr	astronomy	csillagászat
aviat	aviation	repülés
biol	biology	biológia
bot	botany	botanika, növénytan
chem	chemistry	kémia
cine	cinema	filmművészet
col	colloquial	bizalmas
comm	commerce	kereskedelem
comput	computers	számítógép
conj	conjunction	kötőszó
econ	economics	közgazdaság
el	electricity	elektromosság
etc	et cetera	s a többi
fig	figurative	átvitt
fin	finance	pénzügy
form	formal	hivatalos
GB	British usage	brit szóhasználat
geogr	geography	földrajz
geol	geology	geológia
gram	grammar	nyelvtan
H	in Hungary	Magyarországon
hist	history	történelem
hum	humorous	tréfás
int	interjection	indulatszó
law	law	jog

lit	literary	irodalmi
math	mathematics	matematika
med	medicine	orvostudomány
mil	military	katonai
min	mining	bányászat
mus	music	zene
n	noun	főnév
naut	nautical	hajózás
num	numeral	számnév
pejor	pejorative	pejoratív
phil	philosophy	filozófia
photo	photography	fényképezés
phys	physics	fizika
pl	plural	többes szám
pl.	for example	például
pol	politics	politika
pp	past participle	múlt idejű melléknévi igenév
pref	prefix	előtag
prep	preposition	elöljáró
pres p	present participle	jelen idejű melléknévi igenév
print	printing	nyomdászat
pron	pronoun	névmás
psych	psychology	pszichológia
pt	past tense	múlt idő
radio	radio	rádiózás
railw	railways	vasút
rel	religion	vallás
school	school	iskola, oktatás
sg	something	valami
sing.	singular	egyes szám
sp	sports	sport
stb.	and so on	s a többi
suff	suffix	utótag
swhere	somewhere	valahol; valahova

13

sy	somebody	valaki
tech	technology	technika
theat	theatre	színház
TV	television	televízió
US	(North) American usage	amerikai szóhasználat
ut.	in apposition only	csak utótételben használatos
v	verb	ige
v.	or	vagy
vhol	somewhere	valahol
vhova	somewhere	valahova
vi	intransitive verb	tárgyatlan ige
vk	somebody	valaki
vm	something	valami
vt	transitive verb	tárgyas ige
vulg	vulgar	vulgáris, durva
zoo	zoology	zoológia, állattan
~	stands for the headword	a címszót helyettesíti
→	see also, see under	lásd még
=	same as	ugyanaz, mint
‖	separates the examples	a példákat választja el
		separates the transitive and intransitive senses	a tárgyas és tárgyatlan jelentést választja el

14

A

a [ə], *before vowel:* **an** [ən] (*indefinite article*) egy ‖ ~ **man** egy ember; **an artist** egy művész
A1 [eɪ 'wʌn] *col* elsőrendű, príma
A.A. patrolman [eɪ eɪ pə'trəʊlmən] *n GB* sárga angyal
aback [ə'bæk] *a* **be taken** ~ elképed(t)
abandon [ə'bændən] **1.** *n* **with** ~ önfeledten **2.** *vt* elhagy ‖ ~ **oneself to sg** átadja magát vmnek
abashed [ə'bæʃt] *a* **be** ~ zavarban van
abate [ə'beɪt] *v* alábbhagy
abbey ['æbɪ] *n* apátság
abbreviate [ə'briːvɪeɪt] *v* rövidít
abbreviation [əbriːvɪ'eɪʃn] *n* rövidítés
abdicate ['æbdɪkeɪt] *vt* (*the throne*) lemond (*trónról*)
abdication [æbdɪ'keɪʃn] *n* lemondás
abduct [æb'dʌkt] *v* elrabol; (*woman*) megszöktet
abeyance [ə'beɪəns] *n* **be in** ~ függőben van
abhor [əb'hɔː] *v* utál, gyűlöl
abide [ə'baɪd] *v* (*pt/pp* **abode** [ə'bəʊd] *or* **abided** [ə'baɪdɪd]) eltűr ‖ ~ **by sg** megmarad vmnél
ability [ə'bɪlətɪ] *n* képesség, tehetség
ablaze [ə'bleɪz] *a* lángban álló
able ['eɪbl] *a* képes; alkalmas ‖ **be** ~ **(to do sg)** képes (vmre), tud, bír (vmt tenni)
ably ['eɪblɪ] *adv* ügyesen
abnormal [æb'nɔːml] *a* rendellenes
aboard [ə'bɔːd] *adv* hajón; repülőgépen; *US* vonaton

abode [ə'bəʊd] *pt/pp* → **abide**
abolish [ə'bɒlɪʃ] *v* eltöröl
abolition [æbə'lɪʃn] *n* eltörlés
A-bomb ['eɪbɒm] *n* atombomba
abominable [ə'bɒmɪnəbl] *a* förtelmes
aborigine [æbə'rɪdʒənɪ] *n* bennszülött; őslakó
abort [ə'bɔːt] *v* elvetél
abortion [ə'bɔːʃn] *n* vetélés, abortusz
abortive [ə'bɔːtɪv] *a* hiábavaló
abound [ə'baʊnd] *v* bővelkedik (*in* vmben)
about [ə'baʊt] **1.** *adv* körülbelül; (*time*) felé ‖ **be** ~ **to do sg** készül vmt tenni **2.** *prep* körül, -ról, -ről ‖ ~ **1800** 1800 táján
about-turn *n* hátraarc
above [ə'bʌv] **1.** *a* fenti **2.** *adv/prep* felül, felett ‖ ~ **all** mindenekelőtt **3.** *n* **the** ~ a fentiek
above-board *a* őszinte, egyenes
above-mentioned *a* fent említett
abrasion [ə'breɪʒn] *n* horzsolás
abreast [ə'brest] *adv* egymás mellett ‖ **keep** ~ **of** lépést tart
abridge [ə'brɪdʒ] *v* (le)rövidít
abroad [ə'brɔːd] *adv* külföldön
abrupt [ə'brʌpt] *a* hirtelen
abscess ['æbses] *n* kelés, tályog
absence ['æbsəns] *n* távollét
absent ['æbsənt] *a* távollevő ‖ **be** ~ hiányzik, mulaszt
absent-minded *a* szórakozott
absentee [æbsən'tiː] *n* távollevő
absolute ['æbsəluːt] *a* abszolút
absolutely ['æbsəluːtlɪ] *adv* feltétlenül, abszolúte ‖ ~! erről van szó!
absolve [əb'zɒlv] *v* feloldoz (*from* alól)

absorb [əb'zɔːb] *v* felszív, abszorbál ‖ **be ~ed in sg** *fig* vmben elmerül

absorbent cotton [əb'zɔːbənt] *n* vatta

abstain [əb'steɪn] *v* tartózkodik (*from* vmtől)

abstract ['æbstrækt] *a* elvont, absztrakt

absurd [əb'sɜːd] *a* képtelen, abszurd

abundant [ə'bʌndənt] *a* bőséges, kiadós

abuse 1. [ə'bjuːs] *n* (*misuse*) visszaélés; (*insults*) becsmérlés ‖ **~ of authority** hivatali hatalommal való visszaélés **2.** [ə'bjuːz] *vt* (*misuse*) visszaél vmvel; (*revile*) becsmérel

abusive [ə'bjuːsɪv] *a* becsmérlő

abyss [ə'bɪs] *n* szakadék

AC [eɪ 'siː] = **alternating current**

a/c = **account (current)**

academic [ækə'demɪk] **1.** *a* (*scholarly*) tudományos; akadémiai; (*theoretical*) akadémikus ‖ **~ year** egyetemi tanév **2.** *n* egyetemi oktató

academician [əkædə'mɪʃn] *n* akadémikus

academy [ə'kædəmɪ] *n* (tudományos) akadémia ‖ **~ of music** zeneakadémia

accelerate [ək'seləreɪt] *vt* (fel)gyorsít I *vi* (fel)gyorsul

acceleration [əkselə'reɪʃn] *n* gyorsítás, gyorsulás

accelerator [ək'seləreɪtə] *n* **~ (pedal)** gázpedál

accent ['æksənt] *n* (*way of speaking*) akcentus; (*stress*) hangsúly; (*mark*) ékezet

accept [ək'sept] *v* elfogad

acceptable [ək'septəbl] *a* elfogadható

acceptance [ək'septəns] *n* elfogadás

access ['ækses] *n* hozzáférhetőség

accessible [ək'sesəbl] *a* (*object*) hozzáférhető; (*place*) megközelíthető

accessories [ək'sesərɪz] *n pl* felszerelések; kellékek ‖ **~ for the kitchen** konyhafelszerelés

accessory [ək'sesərɪ] **1.** *a* járulékos, mellék- **2.** *n* bűntárs

accident ['æksɪdənt] *n* (*chance*) véletlen; (*mishap*) baleset ‖ **by ~** véletlenül

accidental [æksɪ'dentl] *a* véletlen

accidentally [æksɪ'dentəlɪ] *adv* véletlenül

accident insurance *n* baleset-biztosítás

accident-prone *a* **be ~** vonzza a balesetet

acclaim [ə'kleɪm] *v* helyesel

accommodate [ə'kɒmədeɪt] *v* (*lodge*) elszállásol; (*hold*) befogad

accommodating [ə'kɒmədeɪtɪŋ] *a* simulékony, alkalmazkodó

accommodation [əkɒmə'deɪʃn] *n* szállás, elszállásolás

accompany [ə'kʌmpənɪ] *v* kísér

accomplice [ə'kʌmplɪs] *n* bűntárs, tettestárs, cinkos

accomplish [ə'kʌmplɪʃ] *v* befejez, megvalósít

accomplishment [ə'kʌmplɪʃmənt] *n* (*completion*) véghezvitel; (*achievement*) teljesítmény

accord [ə'kɔːd] *n* egyetértés ‖ **of one's own ~** önszántából

accordance [ə'kɔːdəns] *n* **in ~ with** vmnek megfelelően

according [əˈkɔːdɪŋ] *adv* ~ **to** szerint; vmnek megfelelően
accost [əˈkɒst] *v* megszólít
account [əˈkaʊnt] **1.** *n* (*bill*) számla; (*report*) jelentés ‖ ~ (**current**) folyószámla; **on my** ~ számlám terhére; miattam; **on** ~ **of sg** vm miatt; **on no** ~ semmi esetre (sem); **take no** ~ **of sg** nem vesz figyelembe vmt; ~**s clerk** könyvelő; ~**s department** számviteli osztály, könyvelés **2.** *v*: **account for** elszámol vmről/vmvel
accountable [əˈkaʊntəbl] *a* felelős
accountant [əˈkaʊntənt] *n* könyvelő
accumulate [əˈkjuːmjʊleɪt] *vt* (fel)halmoz ǀ *vi* (fel)halmozódik
accumulator [əˈkjuːmjəleɪtə] *n* akkumulátor
accuracy [ˈækjərəsɪ] *n* pontosság
accurate [ˈækjərət] *a* pontos
accurately [ˈækjərətlɪ] *adv* pontosan
accusation [ækjʊˈzeɪʃn] *n* vád, vádemelés
accuse [əˈkjuːz] *vt* (meg)vádol (*of* vmvel)
accused [əˈkjuːzd] *n* vádlott
accustom [əˈkʌstəm] *vt* hozzászoktat (*to* vmhez)
accustomed [əˈkʌstəmd] *a* ~ **to** vmhez szokott
ace [eɪs] *a* (*expert*) menő, sztár; (*in cards*) ász
ache [eɪk] **1.** *n* (testi) fájdalom **2.** *v* fáj ‖ **I am aching all over** fáj minden tagom
achieve [əˈtʃiːv] *v* (*complete*) elvégez; (*reach*) elér

achievement [əˈtʃiːvmənt] *n* teljesítmény, eredmény
acid [ˈæsɪd] **1.** *a* savas **2.** *n* sav
acknowledge [əkˈnɒlɪdʒ] *v* (*admit*) elismer; (*receipt*) nyugtáz, visszaigazol
acknowledgement [əkˈnɒlɪdʒmənt] *n* elismerés ‖ ~ **of receipt** átvételi elismervény
acne [ˈæknɪ] *n* pattanás
acorn [ˈeɪkɔːn] *n bot* makk
acoustic [əˈkuːstɪk] *a* akusztikai
acoustics [əˈkuːstɪks] *n* (*pl*) akusztika
acquaint [əˈkweɪnt] *vt* megismertet (*with* vkvel) ‖ **be** ~**ed with sy** ismer vkt
acquaintance [əˈkweɪntəns] *n* ismeretség ‖ **an** ~ egy ismerősöm
acquire [əˈkwaɪə] *v* (meg)szerez
acquisition [ækwɪˈzɪʃn] *n* (*act*) (meg)szerzés; (*property*) szerzemény
acquisitive [əˈkwɪzətɪv] *a* kapzsi
acquit [əˈkwɪt] *vt* **-tt-** felment (*of* vm alól)
acquittal [əˈkwɪtl] *n* felmentés
acre [ˈeɪkə] *n* acre (*4000 m²*)
acrimonious [ækrɪˈməʊnɪəs] *a* csípős
acrobat [ˈækrəbæt] *n* akrobata
across [əˈkrɒs] *adv/prep* át, keresztül, túl
across-the-board [əkrɒs ðəˈbɔːd] *a US* egyenlő arányú
act [ækt] **1.** *n* (*deed*) tett, cselekedet; (*in circus*) szám; *theat* felvonás; *law* törvény **2.** *vi* (*take action*) ténykedik; *theat* játszik ǀ *vt* (*role*) alakít ‖ ~ **as an expert** szakértő(ként működik közre)

acting ['æktɪŋ] **1.** *a* megbízott, ügyvezető **2.** *n* (színészi) játék
action ['ækʃn] *n* (*deed*) tett, cselekedet; *jog* kereset, peres ügy; *mil* ütközet, bevetés || **out of** ~ nem működő, álló; **take** ~ akcióba lép
active ['æktɪv] *a* cselekvő, tevékeny; (*working*) működő || ~ **voice** cselekvő igealak
activity [æk'tɪvətɪ] *n* tevékenység, ténykedés; (*occupation*) foglalkozás
actor ['æktə] *n* színész
actress ['æktrɪs] *n* színésznő
actual ['æktʃʊəl] *a* valódi
actually ['æktʃʊlɪ] *adv* valójában, tulajdonképpen
acupuncture ['ækjʊpʌŋktʃə] *n* akupunktúra
acute [ə'kjuːt] *a med* heveny, akut || **has an** ~ **mind** vág az esze
AD [eɪ 'diː] = (*Anno Domini*) Krisztus után, Kr. u.
ad [æd] *n col* (újság)hirdetés, reklám
Adam's apple ['ædəmz] *n* ádámcsutka
adapt [ə'dæpt] *vi* alkalmazkodik (*to* vmhez) | *vt* átdolgoz || ~ **for the stage** színpadra alkalmaz
adaptable [ə'dæptəbl] *a* alkalmazható
adaptation [ædæp'teɪʃn] *n* alkalmazás; *theat* átdolgozás
adapter [ə'dæptə] *n el* adapter; (*for plugs*) elosztó
add [æd] *vt* hozzáad (*to* vmhez); (*numbers*) összead; (*remark*) hozzáfűz || ~ **to** hozzáad; ~ **up** összead, összegez
addict [æ'dɪkt] *n* **be a heroin** ~ heroint szed

addicted [ə'dɪktɪd] *a* ~ **to** sg rabja vmnek; ~ **to a drug** kábítószerfüggő
addiction [ə'dɪkʃn] *n* káros szenvedély
addition [ə'dɪʃn] *n math* összeadás; (*sg added*) kiegészítés || **in** ~ **to** ráadásul, azonkívül
additional [ə'dɪʃənl] *a* kiegészítő, pót
address [ə'dres] **1.** *n* (*of person*) cím; (*speech*) beszéd **2.** *v* (*letter*) megcímez; (*make a speech to*) beszédet mond
addressee [ædre'siː] *n* címzett
adept ['ædept] *a* ügyes, jártas (*at* vmben)
adequate ['ædɪkwət] *a* megfelelő, adekvát
adhere [əd'hɪə] *v* (*stick*) (hozzá)tapad (*to* vmhez); (*be faithful to*) vmnek a híve
adhesion [əd'hiːʒn] *n* tapadás
adhesive [əd'hiːsɪv] *n* ragasztó
adhesive plaster *n* leukoplaszt, Hansaplast, sebtapasz
adjacent [ə'dʒeɪsnt] *a* határos/ szomszédos (*to* vmvel)
adjective ['ædʒɪktɪv] *n* melléknév
adjoining [ə'dʒɔɪnɪŋ] *a* szomszédos, mellette fekvő
adjourn [ə'dʒɜːn] *v* elhalaszt; (*end*) elnapol, berekeszt
adjust [ə'dʒʌst] *vt* (*machine*) szabályoz, beállít | *vi* alkalmazkodik (*to* vmhez)
adjustable [ə'dʒʌstəbl] *a* szabályozható, beállítható
administer [əd'mɪnɪstə] *v* (*affairs*) intéz, adminisztrál; (*funds*) kezel; (*medicine*) bead
administration [ədmɪnɪ'streɪʃn] *n* ügyintézés, adminisztráció; *US*

pol kormány, kabinet; (*medicine*) beadás

administrative [əd'mınıstrətıv] *a* közigazgatási, adminisztratív

administrator [əd'mınıstreıtə] *n* ügyintéző, adminisztrátor

admiral ['ædmərəl] *n* tengernagy, admirális

Admiralty ['ædmərəltı] *n GB* tengerészeti minisztérium, admiralitás

admiration [ædmə'reıʃn] *n* bámulat, csodálat

admire [əd'maıə] *v* (meg)csodál

admirer [əd'maıərə] *n* csodáló

admission [əd'mıʃn] *n* (*entrance*) belépés; (*fee*) belépődíj; (*to university*) felvétel; (*confession*) beismerés ‖ ~ **free** a belépés díjtalan

admit [əd'mıt] *v* -tt- (*let in*) beenged; (*to university*) felvesz; (*confess*) beismer

admittance [əd'mıtəns] *n* bebocsátás ‖ **no** ~ belépni tilos!

admittedly [əd'mıtıdlı] *adv* bevallottan

admonition [ædmə'nıʃn] *n* figyelmeztetés, intelem

ado [ə'duː] *n* hűhó, *col* felhajtás ‖ **much** ~ **about nothing** sok hűhó semmiért

adolescence [ædə'lesns] *n* serdülőkor, kamaszkor

adolescent [ædə'lesnt] **1.** *a* kamaszkori **2.** *n* kamasz, serdülő

adopt [ə'dopt] *v* (*child*) örökbe fogad, adoptál; (*idea*) magáévá tesz

adoption [ə'dopʃn] *n* (*of child*) örökbefogadás

adore [ə'doː] *v* imád

adorn [ə'doːn] *v* díszít, szépít

Adriatic, the [eıdrı'ætık] *n* az Adriaitenger

adrift [ə'drıft] *adv* hányódva

adult ['ædʌlt] *a/n* felnőtt

adultery [ə'dʌltərı] *n* házasságtörés

advance [əd'vaːns] **1.** *n* (*progress*) haladás, fejlődés; (*money*) előleg **2.** *vi* fejlődik, halad ‖ *vt* fejleszt; (*money*) előlegez; (*promote*) előléptet

advanced [əd'vaːnsd] *a* (*study*) haladó; (*age*) előrehaladott; (*modern*) fejlett

advancement [əd'vaːnsmənt] *n* (*improvement*) előrelépés; (*promotion*) előléptetés

advantage [əd'vaːntıdʒ] *n* előny; (*profit*) haszon ‖ **take** ~ **of** (*make use of, misuse*) kihasznál

advantageous [ædvən'teıdʒəs] *a* előnyös

Advent ['ædvənt] *n* advent

adventure [əd'ventʃə] *n* kaland

adventurous [əd'ventʃərəs] *a* kalandos

adverb ['ædvɜːb] *n* határozó(szó)

adversary ['ædvəsərı] *n* ellenfél

adverse ['ædvɜːs] *a* (*hostile*) ellenséges; (*circumstances*) kedvezőtlen

adversity [əd'vɜːsətı] *n* viszontagság, csapás

advert ['ædvɜːt] *n GB col* reklám

advertise ['ædvətaız] *vi* (*in newspaper*) hirdet ‖ *vt* reklámoz

advertisement [əd'vɜːtısmənt] *n* hirdetés, reklám

advertising ['ædvətaızıŋ] *n* hirdetés, reklám

advice [əd'vaıs] *n* tanács; *comm* értesítés

advisable [əd'vaɪzəbl] *a* célszerű, ajánlatos, tanácsos
advise [əd'vaɪz] *v* tanácsol; *comm* értesít
adviser [əd'vaɪzə] (*US* advisor) *n* tanácsadó
advisory [əd'vaɪzərɪ] *a* tanácsadó
advocate 1. ['ædvəkət] *n* szószóló 2. ['ædvəkeɪt] *v* (*idea*) hirdet; (*cause*) védelmez
aerial ['eərɪəl] 1. *a* légi 2. *n* antenna
aerobics [eə'rəʊbɪks] *n sing.* aerobic
aeroplane ['eərəpleɪn] *n* repülőgép
aerosol ['eərəsɒl] *n* aeroszol
aesthetic (*US* es-) [iːs'θetɪk] *a* esztétikus
affair [ə'feə] *n* (*concern*) ügy; (*love* ~) viszony
affect [ə'fekt] *vt* (*influence*) hat vmre; (*move deeply*) (közelről) érint vkt ‖ this does not ~ you ez nem vonatkozik rád
affection [ə'fekʃn] *n* szeretet, ragaszkodás, vonzódás
affiliate [ə'fɪlɪeɪt] *v* egyesít
affinity [ə'fɪnətɪ] *n* összetartozás; *chem* rokonság, affinitás
affirmation [æfə'meɪʃn] *n* megerősítés; állítás
affirmative [ə'fɜːmətɪv] 1. *a* igenlő, állító 2. *n* igenlő válasz
affix [ə'fɪks] *vt* hozzáragaszt, hozzáerősít (*to* vmhez)
afflict [ə'flɪkt] *v* (le)sújt
affliction [ə'flɪkʃn] *n* csapás
affluence ['æflʊəns] *n* bőség, vagyon, gazdagság
affluent ['æflʊənt] *a* jómódú
afford [ə'fɔːd] *v* (s)he can't ~ it nem engedheti meg magának, nem győzi
affront [ə'frʌnt] *n* sértés, sérelem

afield [ə'fiːld] *adv* far ~ messzire
afloat [ə'fləʊt] *adv* be ~ úszik, lebeg
afraid [ə'freɪd] *a* be ~ of sg/sy fél vmtől/vktől; don't be ~! ne félj!; I am ~ (that) attól tartok, hogy
afresh [ə'freʃ] *adv* újra; újból
Africa ['æfrɪkə] *n* Afrika
African ['æfrɪkən] *a/n* afrikai
after ['ɑːftə] *prep* után; (*following*) nyomán ‖ ~ all végül is; ~ you csak Ön után
aftermath ['ɑːftəmæθ] *n* (káros) következmény
afternoon [ɑːftə'nuːn] *n* délután ‖ this ~ ma délután; good ~! jó napot kívánok!
after-shave (lotion) *n* borotválkozás utáni arcvíz
afterthought ['ɑːftəθɔːt] *n* utógondolat
afterwards ['ɑːftəwədz] *adv* azután, később
again [ə'gen] *adv* ismét ‖ ~ and ~ újra meg újra
against [ə'genst] *prep* ellen
age [eɪdʒ] 1. *n* (*of person*) (élet)kor; (*period*) korszak; kor ‖ come of ~ eléri a törvényes kort; for his ~ korához képest; I haven't seen you for ~s! ezer éve nem láttalak! 2. *vi* öregszik | *vt* öregít
aged[1] [eɪdʒd] *a* (-)éves
aged[2] ['eɪdʒɪd] *a* koros, idős
age group *n* korcsoport, évjárat
age limit *n* korhatár
agency ['eɪdʒənsɪ] *n* ügynökség, képviselet
agenda [ə'dʒendə] *n* (*pl* agendas) napirend
agent ['eɪdʒənt] *n comm, pol* ügynök, megbízott; *chem* hatóanyag

aggravate ['ægrəveɪt] v súlyosbít
aggregate ['ægrɪgət] n összeg
aggression [ə'greʃn] n agresszió
aggressive [ə'gresɪv] a agresszív,
erőszakos
aggrieved [ə'griːvd] a feel ~ meg-
bántva érzi magát
agile ['ædʒaɪl] a fürge, mozgékony,
agilis
agitated ['ædʒɪteɪtɪd] a izgatott
ago [ə'gəʊ] adv five days ~ öt
nappal ezelőtt; long ~ régen
agog [ə'gɒg] a/adv izgatott(an)
agonizing ['ægənaɪzɪŋ] a gyötrel-
mes
agony ['ægənɪ] n kínlódás || be in ~
nagy kínban van
agree [ə'griː] v (consent) beleegye-
zik (to vmbe); (admit) elfogad, jó-
váhagy (to vmt) || I don't ~ nem
helyeslem; ~ on sg helyesel vmt;
~ with sg (meg)egyezik vmvel;
garlic doesn't ~ with him a fok-
hagyma nem tesz jót neki; ~ with
sy about sg megállapodik vkvel
vmben; I ~ with you there ebben
egyetértek veled
agreeable [ə'griːəbl] a kellemes
agreed [ə'griːd] a benne vagyok!,
megegyeztünk!
agreement [ə'griːmənt] n
(agreeing) megegyezés; (contract)
szerződés || conclude an ~ with
sy szerződést köt vkvel
agricultural [ægrɪ'kʌltʃərəl] a me-
zőgazdasági, agrár
agriculture ['ægrɪkʌltʃə] n mező-
gazdaság
aground [ə'graʊnd] adv go/run ~
zátonyra fut
ahead [ə'hed] adv előre, elöl || ~ of
time idő előtt; be ~ of sy meg-

előz vkt, jobb vknél; ~ only köte-
lező haladási irány
aid [eɪd] 1. n (assistance) segítség;
(thing) segédeszköz; (person) se-
géderő 2. v támogat || ~ and abet
felbujt
aide [eɪd] n tanácsadó
AIDS [eɪdz] n = acquired immune
deficiency syndrome AIDS
aid station n (műszaki) segélyhely
ailing ['eɪlɪŋ] a be ~ betegeskedik
ailment ['eɪlmənt] n betegség; baj
aim [eɪm] 1. n cél, szándék || take ~
at sg/sy célba vesz vmt/vkt 2. v
célba vesz (at vkt, vmt) || ~ a gun
at sy pisztolyt fog vkre; ~ at
(doing) sg célul tűz maga elé vmt
ain't [eɪnt] = am not, is not, are
not; have not, has not
air [eə] 1. n levegő; (look) külső;
mus melódia || be on the ~ a rádi-
óban szerepel; by ~ légi úton 2. v
(átv is) (ki)szellőztet
airbed ['eəbed] n gumimatrac
airborne ['eəbɔːn] a ejtőernyős,
légideszant
airbus ['eəbʌs] n légibusz
air-conditioning n légkondicioná-
lás, klímaberendezés
aircraft ['eəkrɑːft] n (pl ~) repülő-
gép
aircraft carrier n repülőgép-anya-
hajó
air-crash n repülőszerencsétlenség
airforce ['eəfɔːs] n légierő
airgun ['eəgʌn] n légpuska
air-hostess n légi utaskísérő (nő),
stewardess
airily ['eərəlɪ] adv könnyedén
airline ['eəlaɪn] n légitársaság
airliner ['eəlaɪnə] n utasszállító re-
pülőgép

airmail ['eəmeɪl] n légiposta || by ~
légipostával
airplane ['eəpleɪn] n US repülőgép
airport ['eəpɔːt] n repülőtér
air raid n légitámadás
airsick ['eəsɪk] a légibeteg
airstrip ['eəstrɪp] n felszállópálya
airtight ['eətaɪt] a légmentes
airy ['eərɪ] a szellős, levegős
aisle [aɪl] n (in church) oldalhajó;
(between rows) átjáró
ajar [ə'dʒɑː] adv félig nyitva
alarm [ə'lɑːm] 1. n (warning) riadó;
(anxiety) riadalom; (device) riasz-
tóberendezés 2. vt felriaszt
alarm clock n ébresztőóra
alas [ə'læs] int ó jaj!
albeit [ɔːl'biːɪt] conj bár, noha
album ['ælbəm] n (book) album;
(record) nagylemez
alcohol ['ælkəhɒl] n alkohol
alcoholic [ælkə'hɒlɪk] 1. a (drink)
szeszes 2. n iszákos
alcoholism ['ælkəhɒlɪzəm] n alko-
holizmus, iszákosság
ale [eɪl] n világos sör
alert [ə'lɜːt] 1. n mil riadó || be on
(the) ~ készültségben van 2. v
riaszt
algebra ['ældʒɪbrə] n algebra
alien ['eɪlɪən] a/n idegen, külföldi
alienate ['eɪlɪəneɪt] v elidegenít
alienation [eɪlɪə'neɪʃn] n elidegene-
dés
alight¹ [ə'laɪt] a (on fire) égő; (lit
up) kivilágított
alight² [ə'laɪt] v kiszáll (from
vmből); (bird) rászáll (on vmre)
align [ə'laɪn] vt (fel)sorakoztat
alike [ə'laɪk] 1. a egyforma 2. adv
egyformán
alximony ['ælɪmənɪ] n tartásdíj

alive [ə'laɪv] a (living) élő; (lively)
eleven, élénk || be ~ életben van;
be ~ with nyüzsög vmtől
all [ɔːl] 1. a/pron/n egész, összes ||
above ~ mindenekelőtt; after ~
elvégre; at ~ egyáltalán; not at ~
(in answer to thanks) szívesen!; ...
in ~ összesen; ~ around minden
oldalon; ~ but kivéve, majdnem
2. adv egészen, teljesen || ~ day
(long) egész nap; ~ in ~ mindent
összevéve; ~ of them valameny-
nyien; ~ over Europe Európa-
szerte; it is ~ over mindennek
vége; ~ right! helyes!; ~ the bet-
ter annál jobb; ~ the family mind
az egész család; ~ the more annál
inkább; ~ together mindenki; it's
~ up with me! végem van!
allay [ə'leɪ] v csillapít, enyhít
allege [ə'ledʒ] v állít || he is ~d to
have said that állítólag azt
mondta, hogy ...
allegedly [ə'ledʒɪdlɪ] adv állítólag
allegiance [ə'liːdʒəns] n állampol-
gári hűség
allergic [ə'lɜːdʒɪk] a allergiás (to
vmre)
allergy ['ælədʒɪ] n allergia
alleviate [ə'liːvɪeɪt] v enyhít
alley ['ælɪ] n sikátor, köz
alliance [ə'laɪəns] n szövetség, unió
allied ['ælaɪd] a szövetséges
alligator ['ælɪɡeɪtə] n aligátor
all-in a (price) mindent magában
foglaló
all-inclusive tour n társasutazás
all-night a egész éjjel nyitva tartó
allocate ['æləkeɪt] vt kiutal, juttat
(to vknek)
allocation [ælə'keɪʃn] n (of money)
kiutalás, szétosztás

allot [ə'lɒt] *v* **-tt-** juttat, kiutal
allotment [ə'lɒtmənt] *n* (*share*) vmhez juttatás; (*plot*) (bérelt) telek
all-out *a* teljes, totális
allow [ə'laʊ] *vt* (*permit*) megenged (*sy* vknek) ‖ **please ~ me to** engedje meg (kérem), hogy; **smoking is not ~ed** a dohányzás tilos
allow for számításba vesz
allow of lehetővé tesz, enged
allowance [ə'laʊəns] *n* juttatás, járadék ‖ **make ~(s) (for)** figyelembe vesz
alloy ['ælɔɪ] **1.** *n* ötvözet **2.** *v* ötvöz
all-round *a* sokoldalú, univerzális
all-time high *n* (világ)rekord, csúcs(teljesítmény)
allude [ə'luːd] *v* utal, céloz (*to* vmre)
alluring [ə'lʊerɪŋ] *a* csábító, csalogató, vonzó
allusion [ə'luːʒn] *n fig* célzás, utalás
ally 1. ['ælaɪ] *n* szövetséges **2.** [ə'laɪ] *v* szövetkezik (*with* vkvel)
almighty [ɔːl'maɪtɪ] *a* mindenható
almond ['ɑːmənd] *n bot* mandula
almost ['ɔːlməʊst] *adv* majdnem
alms [ɑːmz] *n pl* alamizsna
alone [ə'ləʊn] *adv* egymaga, egyedül ‖ **be ~** magában áll
along [ə'lɒŋ] *adv/prep* mentén, mentében ‖ **~ with** (vkvel, vmvel) együtt
alongside [əlɒŋ'saɪd] *adv/prep* hosszában, mentén
aloof [ə'luːf] *a* tartózkodó
aloud [ə'laʊd] *adv* hangosan
alphabet ['ælfəbet] *n* ábécé
alpine ['ælpaɪn] *a* alpesi, magaslati
alpinism ['ælpɪnɪzəm] *n* hegymászás

alpinist ['ælpɪnɪst] *n* hegymászó
Alps, the [ælps] *n pl* az Alpok
already [ɔːl'redɪ] *adv* már ‖ **we have ~ met** már találkoztunk
alright [ɔːl'raɪt] *adv* → **all** *right*
also ['ɔːlsəʊ] *conj* is, szintén
altar ['ɔːltə] *n* oltár
alter ['ɔːltə] *v* (meg)változtat; (*dress*) átalakít
alteration [ɔːltə'reɪʃn] *n* megváltoztatás; (*of dress*) átalakítás
alternate 1. [ɔːl'tɜːnət] *a* váltakozó **2.** ['ɔːltəneɪt] *v* váltogatja egymást
alternating current ['ɔːltəneɪtɪŋ] *n* váltakozó áram
alternative [ɔːl'tɜːnətɪv] **1.** *a* alternatív **2.** *n* alternatíva
alternatively [ɔːl'tɜːnətɪvlɪ] *conj* vagylagosan
alternator [ɔːltə'neɪtə] *n* (*in car*) generátor
although [ɔːl'ðəʊ] *conj* noha, bár
altitude ['æltɪtjuːd] *n* magasság
alto ['æltəʊ] *a/n* alt
altogether [ɔːltə'geðə] *adv* teljesen, egészen, összesen
aluminium [æljʊ'mɪnɪəm] *n* alumínium
aluminum [ə'luːmɪnəm] *US n* = **aluminium**
always ['ɔːlweɪz] *adv* mindig
am [əm] → **be**
a.m., am [eɪ'em] = (*Latin: ante meridiem*) délelőtt, de. ‖ **at 8 ~** reggel 8-kor
amalgamate [ə'mælgəmeɪt] *vt* egyesít, összevon ‖ *vi* fuzionál
amass [ə'mæs] *v* felhalmoz
amateur ['æmətə] *a/n* amatőr, műkedvelő
amateurish ['æmətərɪʃ] *a* amatőr, műkedvelő

amaze [ə'meɪz] v ámulatba ejt ‖ **be ~d at** elámul vmtől

amazement [ə'meɪzmənt] n álmélkodás, megdöbbenés, ámulat

amazing [ə'meɪzɪŋ] a elképesztő

ambassador [æm'bæsədə] n nagykövet

amber ['æmbə] n borostyánkő; (*traffic light*) sárga

ambiguity [æmbɪ'gjuːətɪ] n kétértelműség, félreérthetőség

ambiguous [æm'bɪgjʊəs] a kétértelmű, félreérthető

ambition [æm'bɪʃn] n becsvágy

ambitious [æm'bɪʃəs] a igyekvő

ambivalent [æm'bɪvələnt] a ambivalens

amble ['æmbl] v lépésben megy

ambulance ['æmbjʊləns] n mentőautó ‖ **call an ~** kihívja a mentőket

ambush ['æmbʊʃ] n leshely ‖ **be in ~** lesben áll

amenable [ə'miːnəbl] a irányítható ‖ **be ~ to sg** vmre rávehető; **~ to law** felelősségre vonható

amend [ə'mend] v (*law*) módosít

amendment [ə'mendmənt] n módosítás, kiegészítés

amends [ə'mendz] n pl elégtétel ‖ **make ~ for sg** jóvátesz

amenities [ə'miːnətɪz] n pl komfort

America [ə'merɪkə] n Amerika

American [ə'merɪkən] a/n amerikai

amiable ['eɪmɪəbl] a barátságos

amicable ['æmɪkəbl] a szívélyes

amid(st) [ə'mɪd(st)] prep között, közepette

amiss [ə'mɪs] adv rosszul ‖ **take sg ~** rossz néven vesz vmt

ammunition [æmjʊ'nɪʃn] n lőszer, muníció

amnesia [æm'niːzɪə] n emlékezetkiesés

amnesty ['æmnəstɪ] n amnesztia

among(st) [ə'mʌŋ(st)] prep között

amoral [eɪ'mɒrəl] a erkölcs nélküli, amorális

amorous ['æmərəs] a szerelmes

amorphous [ə'mɔːfəs] a alaktalan, amorf

amount [ə'maʊnt] **1.** n összeg ‖ **~ due** esedékes összeg **2.** v **~ to** (*total*) kitesz, rúg vmre‖ **that ~s to ... (altogether)** összesen kitesz ...

ampere ['æmpeə] n amper

ample ['æmpl] a bő, bőséges

amplifier ['æmplɪfaɪə] n el erősítő

amply ['æmplɪ] adv bőven

ampoule ['æmpuːl] n ampulla

amuck [ə'mʌk] adv **run ~** ámokfutást rendez

amuse [ə'mjuːz] v szórakoztat

amusement [ə'mjuːzmənt] n mulatság, szórakozás

an [ən] → **a**

anaemia [ə'niːmɪə] n vérszegénység

anaemic [ə'niːmɪk] a vérszegény

anaesthetic [ænɪs'θetɪk] n érzéstelenítő

anaesthetist [ə'nɪsθətɪst] n aneszteziológus, altatóorvos

analog a US = **analogue**

analogue ['ænəlɒg] a analóg

analogy [ə'nælədʒɪ] n analógia

analyse (*US* **-lyze**) ['ænəlaɪz] v elemez, analizál

analysis [ə'næləsɪs] n (*pl* **-ses** [-siːz]) elemzés, analízis

analyst ['ænəlɪst] n analitikus

analytic(al) [ænə'lɪtɪkl] a elemző, analitikus

anarchist ['ænəkɪst] n anarchista

anarchy ['ænəkɪ] *n* anarchia
anatomy [ə'nætəmɪ] *n* anatómia
ancestor ['ænsestə] *n* ős
ancestral [æn'sestrəl] *a* ősi
anchor ['æŋkə] *n* horgony ‖ **drop ~** lehorgonyoz; **ride at ~** horgonyoz; **up ~** horgonyt felszed
anchorage ['æŋkərɪdʒ] *n* horgony(zó)hely
anchovy ['æntʃəvɪ] *n* szardella
ancient ['eɪnʃənt] *a* ősi, ókori
ancillary [æn'sɪlərɪ] *a* segédand [ənd, ænd] *conj* és ‖ **~ so on** és így tovább
Andes, the ['ændiːz] *n pl* az Andok
anem... *US* → **anaem...**
anesth... *US* → **anaesth...**
anew [ə'njuː] *adv* újból, újra
angel ['eɪndʒəl] *n* angyal
anger ['æɡə] **1.** *n* harag; bosszúság **2.** *v* felmérgesít
angle ['æŋgl] *n math* szög; *(point of view)* szempont
angler ['æŋglə] *n* horgász
Anglican ['æŋglɪkən] *a* anglikán
angling ['æŋglɪŋ] *n* horgászat
Anglo-Hungarian ['æŋgləʊ hʌŋ'-geərɪən] *a* angol—magyar *(kapcsolatok stb.)*
angrily ['æŋgrəlɪ] *adv* dühösen, mérgesen
angry ['æŋgrɪ] *a* dühös ‖ **be ~ at sg** haragszik vm miatt; **be ~ with sy** mérges vkre
anguish ['æŋgwɪʃ] *n* aggodalom
angular ['æŋgjʊlə] *a* szögletes; *(movement)* merev
animal ['ænɪml] *n* állat
animate ['ænɪmət] *a* élénk
animation [ænɪ'meɪʃn] *n* *(film)* animáció; *(reviving)* életre keltés; *(liveliness)* élénkség

animosity [ænɪ'mɒsətɪ] *n* ellenséges érzület
aniseed ['ænɪsiːd] *n* ánizs
ankle ['æŋkl] *n* boka
annex [ə'neks] *v* *(territory)* hozzácsatol, annektál
annexe *(US* **annex)** ['æneks] *n* szárnyépület
annihilate [ə'naɪəleɪt] *v* megsemmisít, kiirt
anniversary [ænɪ'vɜːsərɪ] *n* évforduló
annotate ['ænəteɪt] *v* jegyzetekkel ellát, annotál
announce [ə'naʊns] *v* bejelent, kihirdet
announcement [ə'naʊnsmənt] *n* közlemény, bejelentés, kihirdetés
announcer [ə'naʊnsə] *n* műsorközlő, bemondó
annoy [ə'nɔɪ] *vi* bosszant ‖ **be ~ed at sg** bosszankodik vmn
annoyance [ə'nɔɪəns] *n* méreg, bosszúság
annoying [ə'nɔɪɪŋ] *a* bosszantó, kellemetlen
annual ['ænjʊəl] **1.** *a* évi ‖ **~ salary** évi fizetés **2.** *n* egynyári növény
annually ['ænjʊəlɪ] *adv* évenként
annuity [ə'njuːətɪ] *n* évjáradék
annul [ə'nʌl] *v* **-ll-** töröl, érvénytelenít
annulment [ə'nʌlmənt] *n* érvénytelenítés, megsemmisítés
anomaly [ə'nɒməlɪ] *n* rendellenesség
anonymous [ə'nɒnɪməs] *a* névtelen
anorak ['ænəræk] *n* anorák
another [ə'nʌðə] *pron* *(different)* másik; *(additional)* további ‖ **that's quite ~ story** ez egészen más!

answer ['ɑːnsə] 1. *n* válasz || in ~ to sg válaszképpen 2. *v* ~ sy sg felel vknek vmt || ~ the door ajtót nyit; ~ a letter megválaszol egy levelet; ~ a question kérdésre felel; ~ the phone felveszi a telefont; answer back felesel answer for felel vmért answerable ['ɑːnsrəbl] *a* (*question*) megoldható; (*responsible*) felelős (*to* vknek) answering machine ['ɑːnsərɪŋ] *n* üzenetrögzítő ant [ænt] *n* hangya antagonism [æn'tægənɪzəm] *n* ellentét, antagonizmus Antarctic, the [æn'tɑːktɪk] *n* a Délisark antelope ['æntɪləʊp] *n* antilop antenatal [æntɪ'neɪtl] *a* szülés előtti || ~ clinic terhesgondozó antenna [æn'tenə] *n* (*pl* -nae [-niː]) *biol* csáp; (*pl* -nas) *US* (*radio, tv*) antenna anteroom ['æntɪruːm] *n* előszoba anthem ['ænθəm] *n* himnusz anthology [æn'θɒlədʒɪ] *n* antológia, szöveggyűjtemény anti-aircraft [æntɪ'eəkrɑːft] *a* légvédelmi antibiotic [æntɪbaɪ'ɒtɪk] *n* antibiotikum anticipate [æn'tɪsɪpeɪt] *vt* (*forestall*) elébe vág (vmnek); (*expect*) számít (vmre) anticipation [æntɪsɪ'peɪʃn] *n* megelőzés; (*foreshadowing*) előérzet anticlimax [æntɪ'klaɪmæks] *n* antiklimax, nagy csalódás anticlockwise [æntɪ'klɒkwaɪz] *a/adv* az óramutató járásával ellenkező irányba(n)

anticyclone [æntɪ'saɪkləʊn] *n* anticiklon antidote ['æntɪdeʊt] *n* ellenszer; ellenméreg antiquated ['æntɪkweɪtɪd] *a* ósdi, elavult antique [æn'tiːk] 1. *a* antik 2. *n* régiség || ~ shop régiségkereskedés antiquity [æn'tɪkwətɪ] *n* ókor antiseptic [æntɪ'septɪk] 1. *a* antiszeptikus 2. *n* fertőtlenítőszer antisocial [æntɪ'səʊʃl] *a* antiszociális antlers ['æntləz] *n pl* agancs anus ['eɪnəs] *n* végbélnyílás anvil ['ænvɪl] *n* üllő anxiety [æŋ'zaɪətɪ] *n* aggodalom anxious ['æŋkʃəs] *a* aggódó || be ~ to do ég a vágytól, hogy... any ['enɪ] *a/pron* akármi, valami; akármelyik, bármelyik || not ~ semennyi; in ~ case mindenesetre; by ~ chance netán, ha esetleg...; ~ day bármelyik napon; by ~ means minden úton-módon; not ... ~ more többé (már) nem; at ~ price mindenáron; at ~ time bármikor; if ~ ha egyáltalán valami anybody ['enɪbɒdɪ] *pron* valaki, akárki, bárki || not ~ senki; ~ else akárki más anyhow ['enɪhaʊ] *adv* valahogy, jól-rosszul; (*in any case*) mindenhogyan, bárhogy is || do sg (just) ~ tessék-lássék csinál (meg) vmt anyone ['enɪwʌn] *pron* = anybody anything ['enɪθɪŋ] *pron* bármi, akármi; (*with negative*) semmi || ~ else akármi más; még valami(t); ~ will do bármi megfelel

anytime ['enɪtaɪm] *adv US* bármikor
anyway ['enɪweɪ] *adv* valahogy, bárhogy legyen is; úgyis, mindenhogyan; (*with negative*) úgysem
anywhere ['enɪweə] *adv* bárhol, akárhol; (*with direction*) mindegy hova, akárhova (*with negative*) sehol, sehova ‖ ~ **else** bárhol másutt
apart [ə'pɑːt] *adv* széjjel, szét ‖ ~ **from** kivéve; ~ **from this** ettől eltekintve
apartheid [ə'pɑːtheɪt] *n* apartheid
apartment [ə'pɑːtmənt] *n US* lakás ‖ ~**s** lakosztály
apathy ['æpəθɪ] *n* apátia
ape [eɪp] *n* (emberszabású) majom
aperitif [ə'perətɪf] *n* aperitif
aperture ['æpətʃʊə] *n* nyílás; *photo* lencsenyílás
apiece [ə'piːs] *adv* egyenként
apologetic [əpɒlə'dʒetɪk] *a* bocsánatkérő
apologize [ə'pɒlədʒaɪz] *v* mentegetődzik (*for* vmért) ‖ ~ **to sy for sg** elnézést kér vktől vmért
apology [ə'pɒlədʒɪ] *n* bocsánatkérés
apoplexy ['æpəpleksɪ] *n* agyvérzés; gutaütés
apostle [ə'pɒsl] *n* apostol
appal [ə'pɔːl] (*US* **appall**) *v* -ll- megdöbbent
appalling [ə'pɔːlɪŋ] *a* megdöbbentő
apparatus [æpə'reɪtəs] *n* készülék
apparent [ə'pærənt] *a* nyilvánvaló, látható ‖ **for no** ~ **reason** minden különösebb ok nélkül
apparently [ə'pærəntlɪ] *adv* nyilván(valóan), láthatólag
appeal [ə'piːl] **1.** *n* kiáltvány; *law* fellebbezés **2.** *v* ~ **to** *law* folya-

modik, vhova fellebbez; ~ **to sy** vkhez fordul (*for sg* vmért); **it** ~**s to me** vonzónak találom
appear [ə'pɪə] *v* (*come into sight*) megjelenik; (*be seen*) látszik ‖ **it** ~**s** úgy tűnik ...
appearance [ə'pɪərəns] *n* (*coming into sight*) megjelenés, felbukkanás; (*look*) kinézés, külső (megjelenés) ‖ **to all** ~**s** minden jel arra mutat, hogy
appease [ə'piːz] *v* csillapít
appendicitis [ə'pendɪ'saɪtɪs] *n* vakbélgyulladás
appendix [ə'pendɪks] *n* (*pl* **-dixes** *or* **-dices**) [-dɪsiːz] (*in book*) függelék; *med* vakbél
appetite ['æpɪtaɪt] *n* étvágy
appetizer ['æpɪtaɪzə] *n* étvágygerjesztő (falatok); (*drink*) aperitif
appetizing ['æpɪtaɪzɪŋ] *a* étvágygerjesztő, gusztusos
applaud [ə'plɔːd] *v* (meg)tapsol
applause [ə'plɔːz] *n* taps, éljenzés ‖ **burst of** ~ tapsvihar
apple ['æpl] *n* alma ‖ **the** ~ **of sy's eye** vk szeme fénye
apple-pie *a* almás lepény/pite
appliance [ə'plaɪəns] *n* készülék
applicable ['æplɪkəbl] *a* alkalmazható
applicant ['æplɪkənt] *n* kérelmező
application [æplɪ'keɪʃn] *n* (*putting into practice*) alkalmazás; (*request*) kérvény; (*for job*) pályázat ‖ **on** ~ kívánságra
applied [ə'plaɪd] *a* alkalmazott
apply [ə'plaɪ] *vt* alkalmaz (*to sg* vmre); (*place on*) felrak; *vi* kérvényt benyújt; (*concern*) vonatkozik (*to* vkre/vmre) ‖ ~ **for sg** folyamodik vmért; ~ **for a job**

állásra jelentkezik; **delete whichever does not** ~ a nem kívánt rész törlendő

appoint [ə'pɔɪnt] v (*nominate*) kinevez; (*settle*) kijelöl, kitűz

appointment [ə'pɔɪntmənt] n (*nomination*) kinevezés; (*meeting*) találkozó, megbeszélés ‖ **make an** ~ **with sy** megbeszél egy időpontot/találkozót vkvel

appraisal [ə'preɪzl] n értékelés

appreciable [ə'priːʃəbl] a (*perceptible*) észrevehető

appreciate [ə'priːʃɪeɪt] v megbecsül, értékel

appreciation [əpriːʃɪ'eɪʃn] n megbecsülés, elismerés

appreciative [ə'priːʃɪətɪv] a méltányló; (*showing thanks*) hálás

apprehend [æprɪ'hend] v letartóztat, lefog

apprehension [æprɪ'henʃn] n aggódás, félelem

apprehensive [æprɪ'hensɪv] a aggódó

apprentice [ə'prentɪs] n inas

apprenticeship [ə'prentɪsʃɪp] n tanulóidő

approach [ə'prəʊtʃ] 1. n közeledés, *also fig* megközelítés 2. v közeledik/közelít vmhez; (*problem*) megközelít

appropriate 1. [ə'prəʊprɪət] a megfelelő; (*remark*) találó 2. [ə'prəʊprɪeɪt] v (*take for oneself*) eltulajdonít; (*allocate*) félretesz

approval [ə'pruːvl] n jóváhagyás, hozzájárulás ‖ **on** ~ *comm* megtekintésre

approve [ə'pruːv] v jóváhagy, elfogad ‖ ~ **of sg** beleegyezik vmbe

approximate 1. [ə'prɒksɪmət] a megközelítő, hozzávetőleges 2. [ə'prɒksɪmeɪt] v (meg)közelít

approximately [ə'prɒksɪmətlɪ] adv megközelítőleg hozzávetőleg

apricot ['eɪprɪkɒt] n sárgabarack

April ['eɪprəl] n április; → **August**

apron ['eɪprən] n kötény

apt [æpt] a (*reply*) találó; (*person*) értelmes; (*thing*) alkalmas ‖ **be** ~ **to do sg** hajlamos vmre

aptitude ['æptɪtjuːd] n képesség, rátermettség

aquarium [ə'kweərɪəm] n (*pl* -**riums** *or* -**ria** [-rɪə]) akvárium

aquatic [ə'kwætɪk] n *pl* vízi

Arab ['ærəb] n arab (*ember*)

Arabia [ə'reɪbɪə] n Arábia

Arabian [ə'reɪbɪən] a arab

Arabic ['ærəbɪk] n arab (nyelv)

arable ['ærəbl] a művelhető

arbitrary ['ɑːbɪtrərɪ] a önkényes

arbitrator ['ɑːbɪtreɪtə] n választott bíró, döntőbíró

arc [ɑːk] n *math* (kör)ív, *phys* ív

arcade [ɑː'keɪd] n árkád(sor)

arch [ɑːtʃ] 1. n boltív 2. v (be)boltoz, (át)ível

archaeologist (*US* **archeol-**) ['ɑːkɪ'ɒlədʒɪst] n régész

archaeology (*US* **archeol-**) [ɑːkɪ'ɒlədʒɪ] n régészet

archaic [ɑː'keɪɪk] a régies, archaikus

archbishop [ɑːtʃ'bɪʃəp] n érsek

archer ['ɑːtʃə] n íjász

archery ['ɑːtʃərɪ] n íjászat

archipelago [ɑːkɪ'peləgəʊ] n szigetvilág

architect ['ɑːkɪtekt] n építész(mérnök)

architecture ['ɑːkɪtektʃə] n építészet

archives ['ɑːkaɪvz] *n pl* levéltár
arch-support *n* lúdtalpbetét
archway ['ɑːtʃweɪ] *n* boltív
Arctic ['ɑːktɪk] *a* északi-sarki
Arctic, the *n* Északi-sarkvidék
ardent ['ɑːdənt] *a* tüzes, szenvedélyes
are [ə, ɑː] → **be**
area ['eərɪə] *n* terület, térség
arena [ə'riːnə] *n* aréna, porond
aren't [ɑːnt] = **are not**
Argentine, the ['ɑːdʒəntɪn] *n* Argentína
Argentinian [ɑːdʒən'tɪnɪən] *a/n* argentínai
arguable ['ɑːgjʊəbl] *a* vitatható
argue ['ɑːgjuː] *v* (*reason*) érvel; (*quarrel*) vitatkozik ‖ **don't ~ with me!** ne vitatkozz velem!
argument ['ɑːgjʊmənt] *n* érv; (*reasoning*) érvelés; (*dispute*) vitatkozás ‖ **the ~s for and against sg** a mellette és ellene szóló érvek
arid ['ærɪd] *a* (*climate*) száraz
aridity [ə'rɪdətɪ] *n* szárazság
arise [ə'raɪz] *v* (*pt* **arose** [ə'rəʊz], *pp* **arisen** [ə'rɪzn]) (*difficulties*) felmerül ‖ **~ from sg** ered/keletkezik vmből
arisen [ə'rɪzn] *pp* → **arise**
aristocracy [ærɪ'stɒkrəsɪ] *n* arisztokrácia, főnemesség
aristocrat ['ærɪstəkræt] *n* arisztokrata
arithmetic [ə'rɪθmətɪk] *n* számtan, aritmetika
arm[1] [ɑːm] *n* kar; (*of river*) folyóág; (*sleeve*) ruhaujj ‖ **~ in ~ with sy** vkvel karöltve; → **arms**
arm[2] [ɑːm] *vt* felfegyverez
armchair ['ɑːmtʃeə] *n* karosszék

armed [ɑːmd] *a* fegyveres ‖ **~ robbery** fegyveres rablótámadás
armistice ['ɑːmɪstɪs] *n* fegyverszünet
armour (*US* **-or**) ['ɑːmə] *n* vért(ezet)
armoured (*US* **-or-**) ['ɑːməd] *a* páncélozott ‖ **~ car** páncélautó
armoury (*US* **-or-**) ['ɑːmərɪ] *n* fegyverraktár
armpit ['ɑːmpɪt] *n* hónalj
arms [ɑːmz] *n pl* fegyver ‖ **be in ~** fegyverben áll; **~ race** fegyverkezési verseny
army ['ɑːmɪ] *n* hadsereg
aroma [ə'rəʊmə] *n* aroma
aromatic [ærə'mætɪk] *a* aromás
arose [ə'rəʊz] *pt* → **arise**
around [ə'raʊnd] *adv/prep chiefly US* körül; (*almost*) körülbelül ‖ **~ 1800** 1800 táján; **~ the table** az asztal körül
arouse [ə'raʊz] *v* felébreszt
arrange [ə'reɪndʒ] *v* (*objects*) (el)rendez; (*programme*) (meg)szervez, intézkedik; *mus* átír ‖ **as ~d** ahogy megbeszélték; **~ for sg** vmről gondoskodik
arrangement [ə'reɪndʒmənt] *n* (*order*) elrendezés; (*agreement*) megállapodás, megegyezés; *mus* átirat, hangszerelés ‖ **~s** intézkedés, előkészület
array [ə'reɪ] *n* sor, rend ‖ **an ~ of** *col* egy egész sereg (*holmi stb.*)
arrears [ə'rɪəz] *n pl* hátralék ‖ **~ of work** lemaradás a munkában; **have no ~** azsúrban van (munkájával)
arrest [ə'rest] **1.** *n* letartóztatás ‖ **be under ~** letartóztatásban van **2.** *v*

(*person*) letartóztat; (*stop*) lefékez, gátol

arrival [ə'raıvl] *n* érkezés

arrive [ə'raıv] *v* (meg)érkezik (*at* vhova)

arrogance ['ærəgəns] *n* gőg, önhittség

arrow ['ærəʊ] *n* nyíl(vessző)

arsenal ['ɑːsənl] *n* fegyverraktár

arsenic ['ɑːsnık] *n* arzén

art [ɑːt] *n* művészet ‖ **work of** ~ műalkotás; → **arts**

artery ['ɑːtərı] *n* ütőér, artéria

artful ['ɑːtfəl] *a* ravasz, agyafúrt

art gallery *n* képtár, képcsarnok

arthritis [ɑː'θraıtıs] *n* ízületi gyulladás

artichoke ['ɑːtıtʃəʊk] *n* articsóka

article ['ɑːtıkl] *n* (*in newspaper*) cikk; (*thing*) (áru)cikk; (*clause*) törvénycikk, paragrafus; *gram* névelő ‖ ~**s for personal use** személyes használati tárgyak

articulate 1. [ɑː'tıkjʊlət] *a* (*speech*) világos, tagolt **2.** [ɑː'tıkjʊleıt] *v* tagol, artikulál ‖ ~ **clearly** érthetően beszél

articulated lorry [ɑː'tıkjʊleıtıd] *n* kamion

artifice ['ɑːtıfıs] *n* csel; lelemény, ügyesség

artificial [ɑːtı'fıʃl] *a* mesterséges, mű- ‖ ~ **kidney** művese

artillery [ɑː'tılərı] *n* tüzérség

artisan [ɑːtı'zæn] *n* (kis)iparos

artist ['ɑːtıst] *n* művész, előadóművész

artiste [ɑː'tiːst] *n* artista

artistic [ɑː'tıstık] *a* művészi

artless ['ɑːtlıs] *a* mesterkéletlen; (*character*) jóhiszemű, naiv

arts [ɑːts] *n pl* **the** ~ bölcsészet(tudomány) ‖ ~ **and crafts** iparművészet

as [æz] *adv/conj* (a)mint, ahogy(an); (*since, because*) mivel, minthogy; (*in comparisons*) ~ ... ~ olyan ..., mint; ~ **far** ~ **I know** tudomásom szerint; ~ **for** figyelemmel ...ra/re; ~ **to** ami ...-t illeti; ~ **well** ~ valamint, is, és; ~ **well** szintén, is

asbestos [æz'bestəs] *n* azbeszt

ascend [ə'send] *vt* felhág vmre ‖ ~ **the throne** trónra lép

ascent [ə'sent] *n* felemelkedés

ascertain [æsə'teın] *v* kiderít

ascetic [ə'setık] *a/n* aszkéta

ascribe [ə'skraıb] *vt* tulajdonít (*to* vknek)

ash¹ [æʃ] *n* (*dust*) hamu

ash² [æʃ] *n* kőris

ashamed [ə'ʃeımd] *a* **be** ~ **of sg** szégyell vmt

ashore [ə'ʃɔː] *adv* partra, parton

ash-tray *n* hamutartó

Asia ['eıʃə] *n* Ázsia

Asian ['eıʃən] *a/n* ázsiai

Asiatic [eıʃı'ætık] *a/n* ázsiai

aside [ə'saıd] **1.** *adv* félre, oldalt ‖ ~ **from sg** eltekintve vmtől, vmn kívül **2.** *n theat* félreszólás

ask [ɑːsk] *v* ~ **sy sg** (meg)kérdez vktől vmt; ~ **sy sg** *or* **sg of sy** kér vmt vktől; **all I** ~ **is (this)** csak egyre kérem (*egy dologra*); ~ **him his name** kérdezd meg a nevét; ~ **one's way** megkérdi, merre kell menni; ~ **sy a question** (meg)kérdez vktől vmt; ~ **sy to dinner** (*saját házába*) meghív vkt vacsorára; ~ **sy to do sg** megkér vkt vmre; **he ~ed me to go with him** kérte, hogy menjek vele **ask about (sy/sg)** (vk/vm felől/ után) tudakozódik **ask after sy** érdeklődik vk iránt **ask for (sg)** kér vmt; **ask for a rise** (US **raise**) béremelést kér

askance [ə'skæns] adv **look ~ at sy/sg** görbe szemmel néz vkt

askew [ə'skju:] adv ferdén

asleep [ə'sli:p] a/adv **be ~** alszik

asparagus [ə'spærəgəs] n bot spárga

aspect ['æspekt] n nézőpont, szempont, szemszög

asphalt ['æsfælt] n aszfalt, bitumen

asphyxiate [əs'fɪksɪeɪt] v megfojt

asphyxiation [əs'fɪksɪeɪʃn] n gázmérgezés

aspiration [æspə'reɪʃn] n törekvés, aspiráció

aspire [ə'spaɪə] v **~ after sg** törekszik vmre

aspirin ['æsprɪn] n aszpirin

ass [æs] n also fig szamár

assailant [ə'seɪlənt] n merénylő

assassin [ə'sæsɪn] n orgyilkos

assassinate [ə'sæsɪneɪt] v meggyilkol

assassination [əsæsɪ'neɪʃn] n (or)-gyilkosság

assault [ə'sɔ:lt] **1.** n law támadás **2.** v (tettleg) bántalmaz; (woman) megtámad

assemble [ə'sembl] vi összegyűlik, összeül; vt (parts) összeszerel

assembly [ə'semblɪ] n (meeting) gyűlés; (construction) összeszerelés ‖ **general ~** közgyűlés; **~ line** n futószalag

assent [ə'sent] n beleegyezés

assert [ə'sɜ:t] v kijelent; állít

assertion [ə'sɜ:ʃn] n állítás

assertive [ə'sɜ:tɪv] a rámenős

assess [ə'ses] v megbecsül

assessor [ə'sesə] n adótanácsadó

asset ['æset] n vagyontárgy ‖ **he is a great ~ to us** nekünk ő nagy nyereség; **~s and liabilities** comm aktívák és passzívák

assign [ə'saɪn] v (date) megállapít; (job) kijelöl; (money) (rá)szán ‖ **~ sg to sy** tulajdonít vknek vmt

assignment [ə'saɪnmənt] n megbízás

assimilate [ə'sɪmɪleɪt] vt biol asszimilál ‖ vi also fig asszimilálódik

assimilation [əsɪmɪ'leɪʃn] n asszimiláció, (át)hasonulás

assist [ə'sɪst] v támogat

assistance [ə'sɪstəns] n támogatás, segítés

assistant [ə'sɪstənt] **1.** a helyettes ‖ **~ manager** helyettes igazgató **2.** n asszisztens, gyakornok; (in shop) eladó

associate 1. [ə'səʊʃɪət] n (member) munkatárs, tag **2.** [ə'səʊʃɪeɪt] vt társít, asszociál (with vmvel) ‖ vi (keep company) összejár/érintkezik (with vkvel) ‖ **be ~d with** kapcsolatban van vkvel/vmvel

association [əsəʊsɪ'eɪʃn] n társaság, egyesület; psych asszociáció

Association football n labdarúgás

assorted [ə'sɔ:tɪd] a válogatott

assortment [ə'sɔ:tmənt] n választék; comm készlet

assume [ə'sju:m] v (suppose) feltételez ‖ **~ responsibility** felelősséget vállal (for vmért)

assumption [ə'sʌmpʃn] *n* feltételezés

assurance [ə'ʃʊərəns] *n* (*confidence*) önbizalom; (*promise*) határozott ígéret ‖ **life** ~ életbiztosítás

assure [ə'ʃʊə] *vt* biztosít (*of* vmről) ‖ **I (can)** ~ **you that** biztosíthatlak róla

asterisk ['æstərɪsk] *n print* csillag

asthma ['æsmə] *n* asztma

astonish [ə'stɒnɪʃ] *v* meglep; megdöbbent

astonishment [ə'stɒnɪʃmənt] *n* meglepődés; megdöbbenés

astound [ə'staʊnd] *v* bámulatba ejt

astray [ə'streɪ] *adv* **go** ~ eltéved

astride [ə'straɪd] *adv* lovaglóülésben

astringent [ə'strɪndʒənt] *n* vérzéselállító

astronaut ['æstrənɔːt] *n* űrhajós

astronomer [ə'strɒnəmə] *n* csillagász, asztronómus

astronomy [ə'strɒnəmɪ] *n* csillagászat

astute [ə'stjuːt] *a* ravasz, ügyes

asylum [ə'saɪləm] *n* menedékhely; *pol* menedékjog

at [ət, æt] *prep* (*place*) -on, -en, -ön, -n; -nál, -nél; (*time*) -kor ‖ ~ **the station** az állomáson; ~ **30p a pound** fontonként 30 penny-ért; ~ **3 (o'clock)** háromkor

ate [et] *pt* → **eat**

atheist ['eɪθɪɪst] *a/n* ateista

Athens ['æθɪnz] *n* Athén

athlete ['æθliːt] *n* atléta; sportoló

athletic [æθ'letɪk] *a* atlétikai; (*build*) kisportolt

athletics [æθ'letɪks] *n sing.* atlétika

Atlantic, the [ət'læntɪk] *n* az Atlanti-óceán

atlas ['ætləs] *n* atlasz

atmosphere ['ætməsfɪə] *n also fig* atmoszféra, légkör; hangulat

atom ['ætəm] *n* atom

atomic [ə'tɒmɪk] *a* atom- ‖ ~ **bomb** atombomba; ~ **power station** atomerőmű

atomizer ['ætəmaɪzə] *n* porlasztó(készülék), permetező

atrocious [ə'trəʊʃəs] *a* (*crime*) égbekiáltó; (*very bad*) pocsék, csapnivaló

atrocity [ə'trɒsətɪ] *n* rémség; (*deed*) rémtett, atrocitás

attach [ə'tætʃ] *v* (*join*) csatol; hozzáerősít (*to* vmhez) ‖ **be** ~**ed to sy** ragaszkodik vkhez

attaché [ə'tæʃeɪ] *n* attasé ‖ ~ **case** diplomatatáska

attack [ə'tæk] **1.** *n* támadás; *med* roham **2.** *v* megtámad

attain [ə'teɪn] *vt* elér

attainment [ə'teɪnmənt] *n* elérés ‖ ~**s** tehetség, tudás, képesség

attempt [ə'tempt] **1.** *n* kísérlet; *pol* merénylet **2.** *v* megkísérel, megpróbál

attempted [ə'temptɪd] *a* ~ **breakout** szökési kísérlet

attend [ə'tend] *vt* (*go to*) jár vhova; (*lectures*) látogat, részt vesz (vmn) ‖ ~ **to** figyel vmre, gondoskodik vmről

attendance [ə'tendəns] *n* (*presence*) jelenlét; (*people present*) nézőszám, részvevők

attendant [ə'tendənt] **1.** *a* vele járó, kísérő **2.** *n* (*companion*) kísérő; *theat* jegyszedő; (*in museum*) teremőr

attention [ə'tenʃn] *n* figyelem, (*care*) vigyázat, gond ‖ ~! *mil* vigyázz; ~ **Mr X** X úr kezéhez; **pay** ~ **to** figyel vmre, ügyel vkre/vmre

attentive [ə'tentɪv] *a* figyelmes

attest [ə'test] *v* bizonyít, igazol

attic ['ætɪk] *n* manzárd(szoba)

attitude ['ætɪtjuːd] *n* (*mental*) felfogás, szemlélet

attorney [ə'tɜːnɪ] *n* jogi képviselő

Attorney General *n* GB legfőbb államügyész; US igazságügy-miniszter

attract [ə'trækt] *v* vonz ‖ **feel ~ed to sy** vonzódik vkhez

attraction [ə'trækʃn] *n* vonzóerő; (*thing*) attrakció

attractive [ə'træktɪv] *a* vonzó, szimpatikus

attribute 1. *n* ['ætrɪbjuːt] tulajdonság; *gram* jelző **2.** *vt* [ə'trɪbjuːt] tulajdonít (*to* vknek)

aubergine ['əʊbəʒiːn] *n* padlizsán

auburn ['ɔːbən] *a* vörösesbarna

auction ['ɔːkʃn] **1.** *n* aukció **2.** *v* elárverez

audacity [ɔː'dæsətɪ] *n* merészség

audible ['ɔːdəbl] *a* hallható

audience ['ɔːdɪəns] *n* hallgatóság, nézőközönség; (*formal interview*) kihallgatás

audiovisual [ɔːdɪəʊ'vɪʒuəl] *a* audiovizuális

audit ['ɔːdɪt] *v comm* átvizsgál

audition [ɔː'dɪʃn] *n* meghallgatás (*énekesé stb.*), próbajáték

auditorium [ɔːdɪ'tɔːrɪəm] *n* (*pl* -s *or* -ria [-rɪə]) előadóterem

augment [ɔːg'ment] *v* nagyobbít

augur ['ɔːgə] *v* ~ **well** jót ígér

August ['ɔːgəst] *n* augusztus ‖ **in** ~ augusztusban; **in** ~ **1990** 1990 augusztusában; **last** ~ tavaly augusztusban; **on the fifth of** ~ *or* **on** ~ **the fifth** augusztus 5-én

aunt [ɑːnt] *n* nagynéni ‖ ~ **Mary** Mary néni

auntie, aunty ['ɑːntɪ] *n col* nagynéni, néni

au pair [əʊ'peə] *a* **as an** ~ au pair alapon *or* cserealapon

auspices ['ɔːspɪsɪz] *n pl* **under the** ~ **of sy/sg** vknek/vmnek az égisze alatt

Australia [ɒ'streɪlɪə] *n* Ausztrália

Australian [ɒ'streɪlɪən] *a/n* ausztrál, ausztráliai

Austria ['ɒstrɪə] *n* Ausztria

Austrian ['ɒstrɪən] *a/n* osztrák, ausztriai

authentic [ɔː'θentɪk] *a* valódi, hiteles

author ['ɔːθə] *n* szerző; (*writer*) író

authoritarian [ɔːθɒrɪ'teərɪən] *a* tekintélyi (elvi)

authoritative [ɔː'θɒrɪtətɪv] *a* mérvadó; (*manner*) határozott

authorities [ɔː'θɒrətiːz] *n pl* hatóság

authority [ɔː'θɒrətɪ] *n* (*power*) hatalom, tekintély, (*expert*) szakértő (*on sg* vmben), (szaktekintély); **local** ~ (helyi) önkormányzat; → **authorities**

authorize ['ɔːθəraɪz] *vt* meghatalmaz

auto ['ɔːtəʊ] *n US col* autó, kocsi

autobiography [ɔːtəʊbaɪ'ɒgrəfɪ] *n* önéletrajz

autocratic [ɔːtə'krætɪk] *a* egyeduralmi, zsarnoki

autograph ['ɔːtəgrɑːf] *n* autogram
automatic [ɔːtə'mætɪk] **1.** *a* automatikus **2.** *n* (*car*) automata sebességváltós kocsi; (*gun*) ismétlőpisztoly
automobile ['ɔːtəməbiːl] *n US* autó, gépkocsi
autonomy [ɔː'tɒnəmɪ] *n* autonómia, önkormányzat
autumn ['ɔːtəm] *n* ősz || **this** ~ az ősszel; **in** ~ ősszel
autumnal [ɔː'tʌmnəl] *a* őszi
auxiliary [ɔːg'zɪlɪərɪ] *a* segéd-
avail [ə'veɪl] **1.** *n* haszon || **to no** ~ hiába **2.** *v* ~ **oneself of** *sg* igényt tart vmre
available [ə'veɪləbl] *a* rendelkezésre álló, kapható || **is Mr X** ~? beszélhetnék X úrral?
avalanche ['ævəlɑːnʃ] *n* lavina
Ave. = **avenue**
avenge [ə'vendʒ] *vt* megbosszul
avenue ['ævənjuː] *n* sugárút; (*with trees*) fasor
average ['ævərɪdʒ] **1.** *a* átlagos, átlag- || ~ **income** átlagjövedelem; ~ **yield** átlagtermelés **2.** *n* átlag || **on** ~ átlagosan **3.** *v* ~ *sg* kiszámítja vmnek az átlagát || **he** ~**d 600 km a day** átlag napi 600 km-t tett meg
average out (at *sg***)** átlagosan kitesz
averse [ə'vɜːs] *a* **be** ~ **to** *sg* ellene van vmnek, idegenkedik vmtől
aversion [ə'vɜːʃn] *n* idegenkedés
avert [ə'vɜːt] *vt* (*turn away*) elhárít; (*prevent*) megelőz
aviation [eɪvɪ'eɪʃn] *n* repülés(technika)
avid ['ævɪd] *a* mohó, kapzsi

avoid [ə'vɔɪd] *vt* elkerül, kerül
avoidance [ə'vɔɪdns] *n* elkerülés
await [ə'weɪt] *vt* vár || ~**ing your reply** válaszát várva
awake [ə'weɪk] **1.** *a* éber || **be** ~ ébren van, virraszt **2.** *v* (*pt* **awoke** [ə'wəʊk]; *pp* **awoken** [ə'wəʊkən]) *vi* felébred | *vt* felébreszt
award [ə'wɔːd] **1.** *n* (*prize*) díj, jutalom **2.** *vt* adományoz, odaítél
aware [ə'weə] *a* **be** ~ **of** tudatában van vmnek
away [ə'weɪ] *adv* el- || **be** ~ távol van; **he will be** ~ **for a week** egy hétre elutazott; **he's** ~ **in Milan** elutazott Milánóba
away game/match *n* idegenben játszott mérkőzés
awful ['ɔːfəl] *a* borzasztó, szörnyű
awfully ['ɔːflɪ] *adv* borzasztóan, szörnyen
awhile [ə'waɪl] *adv* egy kis ideig
awkward ['ɔːkwəd] *a* (*clumsy*) ügyetlen; suta; (*embarrassing*) kényelmetlen, kínos
awning ['ɔːnɪŋ] *n* napellenző ponyva
awoke [ə'wəʊk] *pt* → **awake**
awoken [ə'wəʊkən] *pp* → **awake**
awry [ə'raɪ] **1.** *a* ferde, srég **2.** *adv* srégen, ferdén || **go** ~ (*plans*) balul üt ki
axe (*US* **ax**) [æks] **1.** *n* fejsze, balta **2.** *vt col* **(s)he has been** ~**d** leépítették
axiom ['æksɪəm] *n* alapigazság, axióma
axis ['æksɪs] *n* (*pl* **axes** ['æksiːz]) *math, phys, also fig* tengely
axle ['æksl] *n* tengely (*keréké*)

B

BA [biːˈeɪ] = Bachelor of Arts
baby [ˈbeɪbɪ] *n* csecsemő, baba ‖ ~ **carriage** *n US* gyermekkocsi
baby-sit *v* (*pt/pp* **-sat; -tt-**) gyerekekre felügyel
baby-sitter *n* gyermekőrző
bachelor [ˈbætʃələ] *n* nőtlen ember/férfi, legényember
Bachelor of Arts *n approx* bölcsészvégzettség, tanári oklevél
back [bæk] **1.** *a* hátsó **2.** *adv* hátra(felé) ‖ **be** ~ visszajön; **3.** *n* (*of person, hourse*) hát; (*of chair*) támla; (*of page*) hátoldal; *sp* hátvéd **4.** *vt* (*horse: at races*) megtesz; (*support*) támogat
back down visszakozik
back out meghátrál, visszatáncol
back up (*support*) támogat; *comput* biztonsági másolatot készít
backache [ˈbækeɪk] *n* derékfájás
backbencher [bækˈbentʃə] *n* (nem kormánytag) képviselő
backbiting [ˈbækbaɪtɪŋ] *n* „fúrás"
backbone [ˈbækbəʊn] *n* hátgerinc
backfire [ˈbækfaɪə] *v tech* visszagyújt; (*miscarry*) visszafelé sül el
background [ˈbækɡraʊnd] *n* háttér
backhanded [ˈbækhændɪd] *a sp* (*stroke*) fonák ‖ ~ **compliment** kétélű bók
backhand stroke [ˈbækhænd] *n* fonák ütés
backing [ˈbækɪŋ] *n* (*support*) pártfogás, protekció
backlash [ˈbæklæʃ] *n tech* holtjáték; *fig* visszahatás

backlog [ˈbæklɒɡ] *n* (*of work*) lemaradás, restancia
backpack [ˈbækpæk] *n US* hátizsák
back seat *n* hátsó ülés
backside [ˈbæksaɪd] *n hum* far
backstroke [ˈbækstrəʊk] *n* hátúszás
backward [ˈbækwəd] *a* fejlődésben elmaradott
backwards [ˈbækwədz] *adv* hátrafelé, visszafelé
backwater [ˈbækwɔːtə] *n fig* Isten háta mögötti hely
backyard [bækˈjɑːd] *n* (hátsó) udvar
bacon [ˈbeɪkən] *n* angolszalonna
bacteria [bækˈtɪərɪə] *n pl* (*sing.* **bacterium** [-rɪəm]) baktérium
bad [bæd] *a* rossz ‖ **be** ~ **at mathematics** gyenge a matematikában
badge [bædʒ] *n* (kitűzhető) jelvény
badger [ˈbædʒə] **1.** *n* borz **2.** *v col* szekál, piszkál
badly [ˈbædlɪ] *adv* rosszul ‖ **be** ~ **defeated** csúfosan leszerepel; **be** ~ **off** (anyagilag) rosszul áll
badminton [ˈbædmɪntən] *n* tollaslabda
badmouth [ˈbædmaʊθ] *v US* megszól, fúr vkt
bad-tempered *a* (*angry*) rosszkedvű; (*quarrelsome*) összeférhetlen természetű
baffle [ˈbæfəl] *v* (*puzzle*) zavarba ejt
bag [bæɡ] *n* (*paper*) zacskó; (*sack*) zsák; (*hand~*) táska; (*suitcase*) bőrönd
baggage [ˈbæɡɪdʒ] *n* (*pl* ~) *US* poggyász, csomag
baggy [ˈbæɡɪ] *a* buggyos
bagpipes [ˈbæɡpaɪps] *n pl* duda

bail [beɪl] **1.** *n* **be out on** ~ óvadék ellenében szabadlábon van **2.** *v* ~ **sy (out)** óvadék ellenében szabadlábra helyez; ~ **out (the boat)** kimeri a csónakból a vizet; ~ **out** *US* = **bale**² **out**
bailiff ['beɪlɪf] *n* végrehajtó
bait [beɪt] *n* csalétek
bake [beɪk] *vt* (meg)süt, kisüt I *vi* sül
baked potatoes [beɪkt] *a* (héjában) sült burgonya
baker ['beɪkə] *n* pék
bakery ['beɪkərɪ] *n* pékség
baking powder ['beɪkɪŋ] *n* sütőpor
balance ['bæləns] **1.** *n* (*equilibrium*) egyensúly; (*state of account*) egyenleg; *comm* (*difference*) mérleg **2.** *v* (*weigh*) mér; (*make equal*) kiegyenlít
balanced ['bælənst] *a* kiegyensúlyozott
balance sheet *n comm* mérleg
balcony ['bælkənɪ] *n* erkély
bald [bɔːld] *a* kopasz
bale¹ [beɪl] **1.** *n* bála **2.** *v* báláz
bale² **out** [beɪl] *v* ejtőernyővel kiugrik
ball¹ [bɔːl] **1.** *n* labda; (*of wool*) gombolyag **2.** *vt* (*wool*) gombolyít
ball² [bɔːl] *n* (*dance*) bál
ballad ['bæləd] *n* ballada
ballerina [bælə'riːnə] *n* balerina, táncosnő
ballet ['bæleɪ] *n* balett
balloon [bə'luːn] *n* léggömb
ballot ['bælət] *n* titkos szavazás
ballpoint (pen) ['bɔːlpɔɪnt] *n* golyóstoll
ballroom ['bɔːlruːm] *n* bálterem
balm [bɑːm] *n* kenőcs, balzsam
Baltic (Sea), the ['bɔːltɪk] *n* a Balti-tenger

bamboo [bæm'buː] *n* bambusz
ban [bæn] **1.** *n* tilalom **2.** *v* **-nn-** (be)tilt
banal [bə'nɑːl] *a* banális
banana [bə'nɑːnə] *n* banán
band [bænd] *n* szalag, csík, pánt; *el* sáv; (*group*) csapat; (*of criminals*) banda
bandage ['bændɪdʒ] **1.** *n* kötés, fásli **2.** *v* (*wound*) kötöz; (*broken limb*) (be)pólyáz, (be)fásliz
Band-Aid *n US* gyorstapasz
B and B = **bed and breakfast**
bandit ['bændɪt] *n* bandita
bandy-legged *a* ó-lábú
bang [bæŋ] **1.** *n* (*blow*) ütés; (*explosion*) durranás **2.** *vt* dönget; (*door*) bevág **3.** *int* bumm!
bangle ['bæŋgl] *n* karperec
banish ['bænɪʃ] *v* száműz
banister ['bænɪstə] *n* korlát, karfa
bank¹ [bæŋk] *n* (*raised ground*) töltés; (*of river, lake*) part
bank² [bæŋk] **1.** *n* (*institution*) bank II ~ **account** bankszámla; ~ **card** csekk-kártya **2.** *v* bankba tesz, betesz
banker ['bæŋkə] *n* bankár II ~**'s card** *GB* csekk-kártya
bank holiday *n* munkaszüneti nap
banknote ['bæŋknəʊt] *n* bankjegy
bank rate *n* bankkamatláb
bankrupt ['bæŋkrʌpt] *a* csődbe jutott II **become** ~ csődbe jut
bankruptcy ['bæŋkrəpsɪ] *n* csőd
bank statement *n* számlakivonat
banner ['bænə] *n* zászló, lobogó
baptism ['bæptɪzəm] *n* keresztelő
bar [bɑː] *n* (*rod*) rúd; (*of window*) rács; *mus* ütem; (*pub*) ivó; (*in pub: counter*) pult II **be called to the B**~ ügyvédi pályára lép; ~ **(of**

chocolate) szelet csokoládé; ~
(of soap) darab szappan; behind
~s rács mögött, börtönben
barbaric [baːˈbærɪk] *a* műveletlen,
barbár
barbecue [ˈbaːbɪkjuː] *n* (*grid*)
grillsütő; (*animal*) nyársonsült;
(*occasion*) hússütés a szabadban
barbed wire *n* szögesdrót
barber [ˈbaːbə] *n* borbély, férfifod-
rász
bar code *n* vonalkód
bare [beə] *a* csupasz; (*trees*) kopár
‖ the ~ facts a puszta tények
bareback [ˈbeəbæk] *adv* szőrén
barefaced [beəˈfeɪst] *a* arcátlan
barefoot [ˈbeəfʊt] *a*/*adv* mezít-
láb(as)
barely [ˈbeəlɪ] *adv* alig, éppen,
éppen hogy (csak)
bargain [ˈbaːgən] 1. *n* (*transaction*)
üzletkötés; (*good buy*) előnyös/jó
vétel 2. *v* ~ with sy for sg alku-
szik vkvel vmre
barge [baːdʒ] 1. *n* uszály 2. *v* ~ in
betolakodik
baritone [ˈbærɪtəʊn] *n* baritonista
bark[1] [baːk] 1. *n* (*of dog*) ugatás 2.
v ugat
bark[2] [baːk] *n* (*of tree*) fakéreg
barley [ˈbaːlɪ] *n* *bot* árpa
barmaid [ˈbaːmeɪd] *n* pincérnő,
mixer
barman [ˈbaːmən] *n* csapos
barn [baːn] *n* magtár, pajta
barometer [bəˈrɒmɪtə] *n* légnyo-
másmérő, barométer
baron [ˈbærən] *n* báró
baroness [ˈbærənɪs] *n* bárónő;
(*baron's wife*) báróné
barracks [ˈbærəks] *n* *sing.* or *pl*
kaszárnya

barrage [ˈbæraːʒ] *n* (*dam*) duzzasz-
tómű, völgyzáró gát
barrel [ˈbærəl] *n* hordó; (*of gun*) cső
barren [ˈbærən] *a* terméketlen;
(*hills*) kopár, sivár
barrier [ˈbærɪə] *n* korlát; (*ob-
struction*) akadály
barrister [ˈbærɪstə] *n* *GB* ügyvéd
barrow [ˈbærəʊ] *n* talicska
bartender [ˈbaːtendə] *n* = barman
barter [ˈbaːtə] 1. *n* árucsere 2. *v*
becserél/elcserél (*for* vmre)
base [beɪs] 1. *a* aljas 2. *n* bázis,
alap; *mil* támaszpont 3. *vt* alapoz
(*on* vmre) ‖ be ~d on sg alapul
vmn
baseball [ˈbeɪsbɔːl] *n* *US* baseball
basement [ˈbeɪsmənt] *n* alagsor
bases[1] [ˈbeɪsiːz] *pl* → basis
bases[2] [ˈbeɪsiːz] *pl* → base
bash [bæʃ] *n* *col* buli
bashful [ˈbæʃfəl] *a* szégyenlős
basic [ˈbeɪsɪk] *a* alapvető
basically [ˈbeɪsɪklɪ] *adv* alapjában
véve, lényegében
basin [ˈbeɪsn] *n* *geogr* medence;
(*wash~*) mosdókagyló; (*dish*)
mosdótál
basis [ˈbeɪsɪs] *n* (*pl* bases [ˈbeɪsiːz])
bázis, alap
bask [baːsk] *v* ~ in the sun napozik
basket [ˈbaːskɪt] *n* kosár
basketball [ˈbaːskɪtbɔːl] *n* kosár-
labda
bass [beɪs] *n* basszus
bassoon [bəˈsuːn] *n* fagott
bastard [ˈbaːstəd] *n* fattyú
bastion [ˈbæstɪən] *n* bástya
bat[1] [bæt] 1. *n* *sp* ütő 2. *v* -tt- he
didn't ~ an eyelid egy arcizma
sem rándult
bat[2] [bæt] *n* *zoo* denevér

batch [bætʃ] *n* (*of bread*) sütet; (*of papers*) csomó, rakás

bated ['beɪtɪd] *a* **with ~ breath** lélegzetvisszafojtva

bath [bɑ:θ] **1.** *n* fürdés; (*~tub*) fürdőkád ‖ **take a ~** (meg)fürdik; → **baths 2.** *vt* (meg)fürdet

bath chair *n* tolószék

bathe [beɪð] *US vi* (meg)fürdik, strandol | *vt* (meg)fürdet

bather ['beɪðə] *n* fürdőző

bathing ['beɪðɪŋ] *n* fürdés ‖ **~ cap** fürdősapka; **~ costume** (*US ~ suit*) fürdőruha; **~ trunks** *pl* fürdőnadrág

bathroom ['bɑ:θrʊm] *n* fürdőszoba

baths [bɑ:θs] *n pl* (*pool*) uszoda; (*rooms*) fürdő

bath towel *n* fürdőlepedő

bathtub ['bɑ:θtʌb] *n US* fürdőkád

baton ['bætɒn] *n mus* pálca; (*of police*) gumibot

battalion [bə'tælɪən] *n* zászlóalj

batter ['bætə] *n* (nyers) tészta

battered ['bætəd] *a* ütött-kopott

battery ['bætərɪ] *n el* akkumulátor, elem; *mil* üteg

battle ['bætl] **1.** *n mil* csata **2.** *v* küzd, harcol vkvel (*with* vkvel)

battlefield ['bætlfi:ld] *n* csatatér

battleship ['bætlʃɪp] *n* csatahajó

bawdy ['bɔ:dɪ] *a* trágár

bawl [bɔ:l] *v* ordít; üvölt

bay [beɪ] *n* (*of sea*) öböl

bay window *n* zárt erkély

bazaar [bə'zɑ:] *n* bazár

BBC [bi: bi: 'si:] = *British Broadcasting Corporation* a BBC (*az angol rádió és tv*)

B.C. [bi: si:] = *before Christ* Krisztus előtt, Kr. e.

be [bɪ, bi:] *v* (*pt* **was** [wɒz], **were** [wɜ:]; *pp* **been** [bi:n]. *Present tense:* **I am, you are, he/she/it is, we/you/they are**) van; létezik ‖ **I'll ~ there around 5 (o'clock)** öt óra tájban ott leszek; **it's 8 o'clock** 8 óra van; **he wants to ~ a teacher** tanárnak készül; **if I were you** ha én volnék a helyedben; **have you been to London?** voltál már Londonban?; **He isn't here yet, is he?** Ugye (ő) még nincs itt?

be about to go somewhere vhova készül

be about sg vmről szól

be back visszatér, megjön

be behind in/with restanciában van vmvel

be in itthon van

be off eltávozik

be on műsoron van

be through végzett ‖ **are you through with your work?** elkészültél a munkáddal?

be up nem fekszik le; fenn marad

be up to sg rosszat forral

be without megvan vm nélkül, nélkülöz vmt

beach [bi:tʃ] *n* (homokos) part, strand

beacon ['bi:kən] *n* (*signal*) jelzőfény; (*marker*) péce

bead [bi:d] *n* (*glass, sweat*) gyöngy

beak [bi:k] *n* csőr

beam [bi:m] **1.** *n* (*of wood*) gerenda; (*of light*) (fény)sugár, fényképe **2.** *v* sugárzik

bean [bi:n] *n* bab ‖ **~ sprouts** *pl* szójacsíra

bear[1] [beə] *n* medve

bear[2] [beə] *v* (*pt* **bore** [bɔ:]; *pp* **borne** [bɔ:n]) (*weight*) hord(oz); (*young*) szül; (*tolerate*) elvisel; (*crops*) hoz

bear out (*suspicions*) (be)igazol
bear up visel, tűr ‖ ~ **up!** fel a
fejjel!
beard [bɪəd] *n* szakáll
bearded ['bɪədɪd] *a* szakállas
bearer ['beərə] *n* (*of cheque*) bemu-
tató; (*of passport*) tulajdonos
bearing ['beərɪŋ] *n* (*behaviour*)
(maga)tartás, kiállás; (*posture*)
testtartás; (*relation*) vonatkozás;
tech csapágy
beast [biːst] *n* állat, vadállat
beastly [biːstlɪ] *a* állatias
beat [biːt] **1.** *n* (*stroke*) ütés; (*of
heat*) dobbanás; (*police round*)
járat; *mus* ütem **2.** *v* (*pt* **beat** [biːt],
pp **beaten** ['biːtn]) *vt* ver, üt; *sp*
megver ‖ *vi* (*heart*) ver, dobog ‖ ~
it! *pejor* kopj le!
beat off visszaver
beat up (*person*) összever; (*eggs*)
felver
beaten ['biːtn] *a* → **beat**
beating ['biːtɪŋ] *n* verés; (*of heart*)
szívdobogás
beautiful ['bjuːtɪfəl] *a* szép
beauty ['bjuːtɪ] *n* szépség ‖ ~ **queen**
szépségkirálynő; ~ **spot** szépség-
tapasz; (*tourism*) kirándulóhely
beaver ['biːvə] *n* hód
became [bɪ'keɪm] *pt* → **become**
because [bɪ'kɒz -'kəz] *conj* mert ‖ ~
of vm miatt
beck [bek] *n* **be at sy's** ~ **and call**
csak füttyenteni kell neki és máris
...
beckon ['bekən] *v* int, jelt ad
become [bɪ'kʌm] *vi* (*pt* **became**
[bɪ'keɪm], *pp* **become** [bɪ'kʌm])
vmlyenné lesz/válik ‖ *vt* (*clothes*)
illik vkhez

becoming [bɪ'kʌmɪŋ] *a* (*behaviour*)
illendő; (*clothes*) hozzáillő
bed [bed] **1.** *n* ágy; (*of river*) me-
der; (*in garden*) (virág)ágyás;
(*foundation*) (talaj)réteg ‖ **go
early to** ~ korán fekszik; **go to** ~
lefekszik (aludni); **make one's** ~
beágyaz
bed and breakfast *n* szoba regge-
livel
bedbug ['bedbʌg] *n zoo* poloska
bedclothes ['bedkləʊðz] *n pl*
ágynemű
bedlam ['bedləm] *n* (*uproar*) fel-
fordulás, bolondokháza; diliház
bedpan ['bedpæn] *n* ágytál
bedridden ['bedrɪdn] *a* **be** ~
nyomja az ágyat
bedroom ['bedruːm] *n* hálószoba
bedside ['bedsaɪd] *n* **at sy's** ~
vknek a betegágyánál
bed-sitting room, bed-sit *n GB*
egyszobás lakás, garzonlakás
bedspread ['bedspred] *n* ágyterítő
bedtime ['bedtaɪm] *n* **it's** ~ ideje
lefeküdni
bee [biː] *n zoo* méh
beech [biːtʃ] *n* bükk(fa)
beef [biːf] *n* marhahús
beefburger ['biːfbɜːgə] *n* fasírozott
beefsteak ['biːfsteɪk] *n* bifsztek
beefy ['biːfɪ] *a col* deltás
beehive ['biːhaɪv] *n* méhkas
beeline ['biːlaɪn] *n* **make a** ~ **for**
toronyiránt megy vhová; átvág
been [biːn] *pp* → **be**
beer [bɪə] *n* sör
beetle ['biːtl] *n* bogár
beetroot ['biːtruːt] *n* cékla
befall [bɪ'fɔl] *v* (*pt* **befell** [bɪ'fel], *pp*
befallen [bɪ'fɔlən]) vm vkt ér; (*vm*

rossz) történik (vkvel); vkvel vm megesik

befell [bɪ'fel] *pt* → **befall**

before [bɪ'fɔ:] **1.** *adv* előbb, előzőleg ‖ **the day** ~ előző nap **2.** *prep* előtt ‖ ~ **long** nemsokára **3.** *conj* mielőtt

beforehand [bɪ'fɔ:hænd] *adv* előzetesen, előre

beg [beg] *v* -gg- (*implore*) könyörög; (*alms*) koldul

began [bɪ'gæn] *pt* → **begin**

beggar ['begə] *n* koldus

begin [bɪ'gɪn] *v* (*pt* **began** [bɪgæn], *pp* **begun** [bɪ'gʌn]; -nn-) *vt* (el)kezd ‖ *vi* (el)kezdődik ‖ **to** ~ **with** először is

beginner [bɪ'gɪnə] *n* kezdő

beginning [bɪ'gɪnɪŋ] *n* kezdet ‖ **at the** ~ kezdetben

begun [bɪ'gʌn] *pp* → **begin**

behalf [bɪ'hɑ:f] *n* **on** ~ **of sy** vknek a nevében, vk megbízásából

behave [bɪ'heɪv] *v* viselkedik

behaviour [bɪ'heɪvɪə] (*US* -or) *n* viselkedés, magatartás

behead [bɪ'hed] *v* lefejez

behind [bɪ'haɪnd] **1.** *adv* hátul **2.** mögött, mögé **3.** *n col* (*buttocks*) fenék

behold! [bɪ'həʊld] *int* íme!

beige [beɪʒ] *a* drapp, nyers színű

being ['bi:ɪŋ] **1.** *a* vhol levő ‖ **for the time** ~ egyelőre **2.** *n* (*existence*) létezés; (*person*) lény

belated [bɪ'leɪtɪd] *a* elkésett, késő, kései

belch [beltʃ] *vi* böfög ‖ *vt* (*smoke*) okád

belfry ['belfrɪ] *n* harangláb

Belgian ['beldʒən] *a/n* belga

Belgium ['beldʒəm] *n* Belgium

belie [bɪ'laɪ] *v* meghazudtol

belief [bɪ'li:f] *n* hit; (*conviction*) meggyőződés ‖ ~ **in God** istenhit

believe [bɪ'li:v] *vt* hisz; (*think*) gondol, vél ‖ *vi* (*have faith*) hisz (*in* vmben)

believer [bɪ'li:və] *n* hívő

belittle [bɪ'lɪtl] *v* lebecsül

bell [bel] *n* csengő

belligerent [bɪ'lɪdʒərənt] *a/n* hadviselő

bellow ['beləʊ] **1.** *n* ordítás, bőgés **2.** *v* ordít, bőg

bell-push *n* csengőgomb

belly ['belɪ] *n col* has

belong [bɪ'lɒŋ] *v* ~ **to sy** vkhez tartozik, vké ‖ **these** ~ **to us** ezek a mieink

beloved [bɪ'lʌvd] *a* szeretett

below [bɪ'ləʊ] **1.** *prep* alatt, alá **2.** *adv* alul

belt [belt] **1.** *n* (*round waist*) öv; (*band*) szíj **2.** (*fasten*) beszíjaz *col* (*beat*) megver

beltway ['beltweɪ] *n US* körgyűrű

bench [bentʃ] *n* (*seat*) pad; (*in workshop*) munkapad

bench-mark *n* magassági pont, szintjel

bend [bend] **1.** *n* hajlás; kanyarodás, (*in road*) kanyar **2.** *v* (*pt/pp* **bent** [bent]) *vi* elhajlik ‖ *vt* (el)görbít

bend down lehajlik

beneath [bɪ'ni:θ] *prep* (*hely*) alatt, alá

benefactor ['benɪfæktə] *n* jótevő

beneficial [benɪ'fɪʃl] *a* hasznos; (*to health*) jótékony hatású

benefit ['benɪfɪt] **1.** *n* haszon ‖ **for the** ~ **of** javára **2.** *v* profitál (*by/ from* vmből)

Benelux States, the ['benɪlʌks] *n pl* a Benelux államok
benevolent [bɪ'nevələnt] *a* jóakaratú
benign [bɪ'naɪn] *a* jóindulatú
bent [bent] **1.** *pt/pp* → **bend 2.** *n* hajlam ‖ **have a ~ for sg** hajlama van vmre
bequest [bɪ'kwest] *n* hagyaték
bereaved, the [bɪ'riːvd] *n pl* a gyászoló család
beret ['bereɪ] *n* svájcisapka
Bermuda shorts [bɜː'mjuːdə] *n pl* bermuda(nadrág)
berry ['berɪ] *n* bogyó
berth [bɜːθ] *n* (*bed*) fekvőhely; (*for ship*) horgonyzóhely ‖ **give sy a wide ~** nagy ívben elkerül vkt
beseech [bɪ'siːtʃ] *vt* (*pt/pp* **besought** [bɪ'sɔːt]) könyörög
beside [bɪ'saɪd] *prep/adv* mellett, mellé; (*except*) kívül ‖ **be ~ himself (with joy)** nem bír magával (jókedvében)
besides [bɪ'saɪdz] **1.** *prep* vkn/vmn felül/kívül **2.** *adv* azonkívül
besiege [bɪ'siːdʒ] *v* (meg)ostromol
besought [bɪ'sɔːt] *pt/pp* → **beseech**
best [best] **1.** *a/n* (a) legjobb ‖ **all the ~** minden jót kívánok!; **at ~** a legjobb esetben; **do one's ~** megtesz minden tőle telhetőt; **to the ~ of my knowledge** legjobb tudomásom szerint **2.** *adv* legjobban ‖ **as ~ I could** amennyire tőlem telt
bestial ['bestɪəl] *a* vadállati(as)
best man *n* a vőlegény tanúja
best-seller *n* nagy könyvsiker
bet [bet] **1.** *n* fogadás ‖ **make a ~** fogad **2.** *v* (*pt/pp* **bet** [bet] *or* **betted** ['betɪd]; **-tt-**) fogad (*on* vmre)

betray [bɪ'treəɪ] *v* elárul
better ['betə] **1.** *a* jobb (*than*) **2.** *adv* jobban ‖ **~ leave it at that** legjobb, ha ráhagyod; **it would be ~ to** jobb volna (ha); elindulnunk; **you had ~ ...** jobban tennéd, ha; inkább... **2.** *v* (meg)javít
better-off *a* jómódú
betting shop ['betɪŋ] *n* fogadóiroda
between [bɪ'twiːn] *prep/adv* között, közé ‖ **in ~** közben, közte
bevel(led) ['bevl(d)] *a* ferde
beverage ['bevərɪdʒ] *n* ital
beware [bɪ'weə] *v* óvakodik (*of* vktől/vmtől) ‖ **~ of pickpockets** óvakodjunk a zsebtolvajoktól
bewildered [bɪ'wɪldəd] *a* zavaros, zavart
bewitch [bɪ'wɪtʃ] *v* megbabonáz
beyond [bɪ'jɒnd] *adv/prep* (*in space*) vmn túl; (*exceeding*) vkn/vmn felül ‖ **~ expectation** várakozáson felül; **it is ~ me** nem fér/megy a fejembe
biannual [baɪ'ænjuəl] *a* félévenkénti
bias ['baɪəs] *n* (*prejudice*) elfogultság ‖ **without ~** elfogulatlanul
bias(s)ed ['baɪəst] *a* elfogult
Bible ['baɪbl] *n* Biblia
biblical ['bɪblɪkl] *a* bibliai
bibliography [bɪblɪ'ɒgrəfɪ] *n* bibliográfia
bicarbonate of soda [baɪ'kɑːbənət] *n* szódabikarbóna
biceps ['baɪseps] *n* bicepsz
bicker ['bɪkə] *v* veszekszik
bicycle ['baɪsɪkl] *n* kerékpár, bicikli ‖ **~ path** kerékpárút
bib [bɪb] *n* partedli
bid [bɪd] **1.** *n* (*offer*) árajánlat; (*attempt*) próbálkozás **2.** *v* (*pt/pp*

bid [bɪd]; -dd-) (*offer*) ígér, ajánl ‖ ~ fair jóval kecsegtet
bidder ['bɪdə] *n* ajánlattevő, licitáló
bidding ['bɪdɪŋ] *n* (*at sale*) ajánlat, kínálat
bide [baɪd] *v* ~ one's time kivárja az alkalmas pillanatot
biennial [baɪ'enɪəl] *a* kétévenkénti
bifocal [baɪ'fəʊkl] 1. *a* bifokális 2. ~s *n pl* bifokális szemüveg
big [bɪg] *a* nagy, terjedelmes
Big Ben *n* a londoni parlament óratornya
big dipper *n* hullámvasút
big-headed *a col* beképzelt
bigoted ['bɪgətɪd] *a* vakbuzgó, bigott
big toe *n* nagyujj, nagy lábujj
big wheel *n* óriáskerék
bike [baɪk] *n* bicikli
bikini [bɪ'kiːnɪ] *n* bikini
bilateral [baɪ'lætərəl] *a* kétoldalú, bilaterális
bile [baɪl] *n* epe
bilingual [baɪ'lɪŋgwəl] *a* kétnyelvű
bill [bɪl] *n* (*account*) számla; (*advertisement*) plakát; *pol* törvényjavaslat; *theat* műsor; *US* (*banknote*) bankjegy ‖ the ~ please! fizetek!
billboard [bɪlbɔːd] *n US* hirdetőtábla
billfold ['bɪlfəʊld] *n US* levéltárca
billiards ['bɪlɪədz] *n pl* biliárd
billion ['bɪlɪən] *num GB* billió (10^{12}), *US* milliárd (10^9)
billow ['bɪləʊ] 1. *n* (nagy tengeri) hullám ‖ ~s hullámzás 2. *v* (erősen) hullámzik
bin [bɪn] *n* láda; (*dustbin*) szemétkosár

bind [baɪnd] *v* (*pt/pp* bound [baʊnd]) (*tie*) (össze)köt; (a *book*) beköt; (*oblige*) kötelez; → bound[1]
binding ['baɪndɪŋ] *n* (*of books*) könyvkötés; (*of skis*) kötés
binge [bɪndʒ] *n* nagy evészet
bingo ['bɪŋgəʊ] *n* tombola
binoculars [bɪ'nɒkjʊləz] *n pl* látcső
biochemistry [baɪəʊ'kemɪstrɪ] *n* biokémia
biography [baɪ'ɒgrəfɪ] *n* életrajz
biological [baɪə'lɒdʒɪkl] *a* biológiai
biologist [baɪ'ɒlədʒɪst] *n* biológus
biology [baɪ'ɒlədʒɪ] *n* biológia
biorhythm ['baɪəʊrɪðəm] *n* bioritmus
birch [bɜːtʃ] *n* nyírfa
bird [bɜːd] *n* madár ‖ kill two ~s with one stone egy csapásra két legyet üt
bird's-eye view *n* madártávlat
biro ['baɪrəʊ] *n* golyóstoll
birth [bɜːθ] *n* születés ‖ give ~ to világra hoz; ~ certificate születési anyakönyvi kivonat; ~ control születésszabályozás
birthday ['bɜːθdeɪ] *n* születésnap
birthplace ['bɜːθpleɪs] *n* születési hely
biscuit ['bɪskɪt] *n GB* keksz
bisecting line [baɪ'sektɪŋ] *n* felezővonal
bishop ['bɪʃəp] *n* püspök
bit[1] [bɪt] *n* (kis) darab; (*horses*) zabla; *comput* bit ‖ a ~ egy kissé
bit[2] [bɪt] *pt* → bite
bitch [bɪtʃ] *n* szuka
bite [baɪt] 1. *v* (*pt* bit [bɪt], *pp* bitten ['bɪtn]) (meg)harap; (*insect*) csíp 2. *n* harapás; (*insect* ~) csípés;

(*mouthful*) falat ‖ **at one** ~ egy harapásra
biting ['baɪtɪŋ] *a* harapós
bitten ['bɪtn] *pp* → **bite**
bitter ['bɪtə] *a* keserű; (*cold, wind*) jeges ‖ **a** ~ **pill to swallow** (a) keserű pirula; → **bitters**
bitterly ['bɪtəlɪ] *adv* keservesen
bitterness ['bɪtənɪs] *n also fig* keserűség
bitters ['bɪtəz] *n pl* gyomorkeserű
bizarre [bɪ'zɑ:] *a* bizarr
blab [blæb] *v* -bb- fecseg
black [blæk] **1.** *a* fekete; (*chess*) sötét ‖ **go** ~ elfeketedik **2.** *n* (*colour*) fekete; **B~** fekete (*a „néger" elfogadott elnevezése*) ‖ **be in** ~ gyászban van **3.** *v* befeketít; (*shoes*) tisztít
black-and-white *a* fekete-fehér
blackberry ['blækbərɪ] *n* (földi) szeder
blackbird ['blækbɜ:d] *n* feketerigó
blackboard ['blækbɔ:d] *n* (fali)tábla
black box *n* fekete doboz
black coffee *n* feketekávé, kávé
blackcurrant [blæk'kʌrənt] *n* fekete ribiszke
black economy *n* feketegazdaság
blacken ['blækən] *vt* befeketít | *vi* megfeketedik
black eye *n* monokli, kék folt (*ökölcsapástól*)
black-head *n* mitesszer
blackleg ['blækleg] *n* sztrájktörő
blacklist ['blæklɪst] *n* feketelista
blackmail ['blækmeɪl] **1.** *n* zsarolás **2.** *v* (meg)zsarol
blackmailer ['blækmeɪlə] *n* zsaroló
black market *n* feketepiac
blackout ['blækaʊt] *n* áramszünet; (pillanatnyi) eszméletvesztés

black pudding *n* véres hurka
Black Sea, the *n* a Fekete-tenger
black sheep *n* **the** ~ **of the family** a család szégyene
blacksmith ['blæksmɪθ] *n* kovács
black spot *n* halálkanyar
bladder ['blædə] *n* hólyag
blade [bleɪd] *n* (*of weapon*) penge; (*of oar*) toll ‖ ~ **of grass** fűszál
blame [bleɪm] **1.** *n* felelősség (*bajért*) **2.** *vt* hibáztat (*for* vmért) ‖ **I am to** ~ én vagyok az oka
blank [blæŋk] **1.** *a* üres, tiszta; (*cheque*) biankó; (*look*) kifejezéstelen ‖ **go** ~ *col* (zavarában) leblokkol **2.** *n* (*form*) űrlap; (*cartridge*) vaktöltény
blanket ['blæŋkɪt] *n* takaró
blasé ['blɑ:zeɪ] *a* fásult, blazírt
blast [blɑ:st] **1.** *n* robbanás; (*of wind*) széllökés **2.** *vt* (*blow up*) felrobbant ‖ ~ **(it)!** a fene egye meg!
blast-off *n* (*of spacecraft*) felszállás
blather ['blæðə] **1.** *v col* fecseg, lefetyel, blablázik **2.** *n* blabla, fecsegés, hanta
blaze [bleɪz] **1.** *n* lobogó tűz; → **blazes 2.** *v* lángol ‖ ~ **up** lángra lobban
blazer ['bleɪzə] *n* blézer
blazes ['bleɪzɪz] *n pl* **go to** ~ eredj a pokolba!
bleach [bli:tʃ] *v* (ki)fehérít
bleachers ['bli:tʃəz] *n pl US* fedetlen lelátó
bleak [bli:k] *a* sivár, puszta; (*future*) kilátástalan
bleary-eyed ['blɪərɪ'aɪd] *a* **be** ~ csipás a szeme
bleat [bli:t] *v* béget

bleed [bli:d] *v* (*pt/pp* **bled** [bled]) vérzik ‖ ~ **through** átvérzik
bleeper ['bli:pə] *n* (*of doctor*) csipogó
blemish ['blemɪʃ] *n* (jellembeli) hiba
blend [blend] **1.** *n* keverék **2.** *vt* elegyít, elvegyít ‖ *vi* elegyedik, keveredik
bless [bles] *v* (*pt/pp* **blessed** [blest] *or* **blest** [blest]) megáld ‖ ~ **you!** egészségére! (*tüsszentésre*)
blessed ['blesɪd] *a* áldott
blessing ['blesɪŋ] *n* áldás
blest [blest] *pt/pp* → **bless**
blew [blu:] *pt* → **blow**
blimey! ['blaɪmɪ] *int* a fene (egye meg)!
blind [blaɪnd] **1.** *a* vak; (*corner*) beláthatatlan **2.** *n* ~(s) (*for window*) (vászon)roló, (*Venetian*) reluxa **3.** *v* (meg)vakít
blind alley *n also fig* zsákutca
blindfold ['blaɪndfəʊld] *a/adv* bekötött szemű/szemmel
blindly ['blaɪndlɪ] *adv fig* vakon
blindness ['blaɪndnɪs] *n* vakság
blind spot *n* (*in car*) holt tér
blink [blɪŋk] **1.** *n* (szem)pillantás **2.** *v* pislog
blinkers ['blɪŋkəz] *n pl* szemellenző
bliss [blɪs] *n* boldogság, gyönyör
blister ['blɪstə] **1.** *n* hólyag **2.** *v* hólyagosodik
blizzard ['blɪzəd] *n* hóvihar
bloat [bləʊt] *v* felpuffad
bloated ['bləʊtɪd] *a* felfúvódott
block [blɒk] **1.** *n* (*of wood*) tuskó, rönk; (*of houses*) háztömb ‖ ~ **of flats** lakóház, bérház **2.** *v* (*road*) elzár ‖ ~ **the way** elállja az utat

blockade [blɒ'keɪd] **1.** *n* blokád **2.** *v* blokád alá vesz
blockage ['blɒkɪdʒ] *n* dugulás
blockbuster ['blɒkbʌstə] *n col* bombasiker
blockhead ['blɒkhed] *n col* tökfej, tökfilkó
block letters *n pl* nyomtatott betűk, nagybetűk
bloke [bləʊk] *n col* pasas, pacák
blond [blɒnd] *a/n* szőke
blonde [blɒnd] *a/n* szőke (nő)
blood [blʌd] *n* vér ‖ ~ **alcohol level** véralkoholszint; ~ **bank** vérbank, véradó központ; ~**donor** véradó; ~ **group** vércsoport; ~ **pressure** vérnyomás
bloodshed ['blʌdʃed] *n* vérontás
bloodstained ['blʌdsteɪnd] *a fig* vérfoltos
bloodstream ['blʌdstri:m] *n* véráram
blood test *n* vérvizsgálat
bloodthirsty ['blʌdθɜ:stɪ] *a* vérszomjas
bloody ['blʌdɪ] *a* véres; *vulg* rohadt, ronda
bloom [blu:m] **1.** *n* virág(zás) ‖ **be in** ~ virít **2.** *v* virágzik
blossom ['blɒsəm] **1.** *n* virág(zás) **2.** *v* virágzik
blot [blɒt] **1.** *n* folt, szeplő, szégyenfolt **2.** *v* **-tt-** (*ink*) betintáz ‖ ~ **out** kiirt, kitöröl
blotch [blɒtʃ] *n* folt, paca
blotting paper ['blɒtɪŋ] *n* itatós
blouse [blaʊz] *n* blúz
blow[1] [bləʊ] *n* ütés, csapás
blow[2] [bləʊ] *v* (*wind*) (*pt* **blew** [blu:], *pp* **blown** [bləʊn]) *vi* fúj; (*fuse*) kiolvad ‖ *vt* fúj; (*fuse*) kiéget ‖ ~ **one's nose** (ki)fújja az orrát

blow out (*tyre*) kidurran
blow over (*storm*) elvonul
blow up *vi* felrobban I *vt* felrobbant
blow-dry *n* **(have a)** ~ hajszárítóval csinálja meg a haját
blown [bləʊn] *pp* → **blow**
blowout ['bləʊaʊt] *n* gumidefekt
blow-up ['bləʊ ʌp] *n* (ki)nagyítás, nagyított kép
blowzy ['blaʊzɪ] *a* slampos
blue [bluː] *a/n* kék; (*unhappy*) szomorú; (*obscene*) pornográf II **out of the** ~ se szó, se beszéd; ~ **joke** disznó vicc; → **blues**
bluebell ['bluːbel] *n* harangvirág
blueberry ['bluːbərɪ] *n US* fekete áfonya
blue-collar worker *n* fizikai dolgozó
blueprint ['bluːprɪnt] *n fig* terv
blues, the [bluːz] *n pl col* (*depression*) levertség; *mus* blues
bluff [blʌf] *n* blöff
bluish ['bluːɪʃ] *a* kékes
blunder ['blʌndə] **1.** *n* baklövés, melléfogás **2.** *v biz* melléfog
blunt [blʌnt] *a* (*knife*) tompa; (*person*) nyers modorú
blur [blɜː] **1.** *n* (szégyen)folt **2.** *v* -**rr**- (*mist*) elhomályosít
blurb [blɜːb] *n* fülszöveg
blurt out [blɜːt] *v* kifecseg, kibök
blush [blʌʃ] *v* elpirul
bluster ['blʌstə] *v* (*wind*) zúg; (*person*) handabandázik
Blvd = **boulevard**
boar [bɔː] *n* vadkan
board [bɔːd] **1.** *n* (*of wood*) deszka(lap); (*meals*) étkezés, ellátás; (*committee*) bizottság; (*deck*) fedélzet II **on** ~ hajó *v.* repülőgép

fedélzetén; **go on** ~ **a ship** hajóra száll; ~ **of directors** igazgatótanács; ~ **of trade** *US* kereskedelmi kamara; **the** ~**s** színpad **2.** *vt* (*in ship, plane*) beszáll, felszáll
board and lodging *n* lakás és ellátás, teljes ellátás
boarder ['bɔːdə] *n school* bennlakó
boarding card ['bɔːdɪŋ] *n* beszállókártya
boarding house *n* panzió
boarding-school *a* bennlakásos (közép)iskola, kollégium
boast [bəʊst] *v* henceg, dicsekszik (*about/of* vmvel)
boastful ['bəʊstfəl] *a* hencegő
boat [bəʊt] **1.** *n* csónak; (*ship*) hajó **2.** *v* csónakázik II **go** ~**ing** csónakázni megy
boatswain ['bəʊsn] *n* fedélzetmester
bob [bɒb] *v* -**bb**- (*hair*) kurtít
bob up felbukkan
bobbin ['bɒbɪn] *n* orsó, cséve
bobby [bɒbɪ] *n GB col* rendőr
bobsleigh ['bɒbsleɪ] *n* bob
bode [bəʊd] *v* ~ **ill** nem sok jót ígér; ~ **well** jót ígér
bodied ['bɒdɪd] *a* testű
bodily ['bɒdəlɪ] *a* testi II ~ **harm** testi sértés
body ['bɒdɪ] *n* (*of man*) test; (*corpse*) holttest; (*group*) testület II ~ **building** testépítés
bodyguard ['bɒdɪgɑːd] *n* testőr
bodywork ['bɒdɪwɜːk] *n* karosszéria
bog [bɒg] **1.** *n* mocsár **2.** *v* -**gg**- **get** ~**ged down in the mud** sárban megfeneklik
bogey ['bəʊgɪ] *n* kísértet
bogus ['bəʊgəs] *a* hamis, ál-
Bohemia [bəʊ'hiːmɪə] *n* Csehország

boil[1] [bɔɪl] *n med* kelés
boil[2] [bɔɪl] *vi* forr, fő I *vt* (*water*) forral; (*noodles*) kifőz || **be ~ing** forr
boil down besűrít, bepárol || **it ~s down to this** ... a dolog lényege az, hogy ...
boiled [bɔɪld] *a* főtt || **~ egg** főtt tojás; **~ potatoes** *pl* főtt/sós burgonya
boiler ['bɔɪlə] *n* kazán
boiling point *n* forráspont
boisterous ['bɔɪstərəs] *a* szilaj
bold [bəʊld] *a* (*fearless*) merész; *print* félkövér
bollard ['bɒləd] *n* kikötőbak
bolster ['bəʊlstə] **1.** *n* díványpárna **2.** *v* támogat
bolt [bəʊlt] **1.** *n* (anyás)csavar; (*lock*) tolózár; (*lightning*) villámcsapás **2.** *vt* bereteszel I *vi* (*run away*) megszökik
bomb [bɒm] **1.** *n* bomba **2.** *v* bombáz
bomb alert *n* bombariadó
bombard [bɒm'bɑːd] *v* bombáz
bomber ['bɒmbə] *n* bombázó(gép)
bombshell ['bɒmʃel] *n* **it came as a ~** *col* bombaként hatott
bond [bɒnd] *n* (*link*) kötelék; *comm* adóslevél; *chem* kötés; → **bonds**
bondage ['bɒndɪdʒ] *n* rabság
bonds [bɒndz] *n pl* értékpapír
bone [bəʊn] *n* csont; (*of fish*) szálka || **~ idle** *col* dög lusta
bonfire ['bɒnfaɪə] *n* örömtűz
bonnet ['bɒnɪt] *n* (*of car*) motorháztető; (*for baby*) főkötő
bonny ['bɒnɪ] *a* csinos, csini
bonus ['bəʊnəs] *n* nyereségrészesedés; jutalom
bony ['bəʊnɪ] *a* csontos; (*fish*) szálkás

boo [buː] *vt theat* kifütyül
boob [buːb] *n col* (*mistake*) baki; (*breast*) cici
book [bʊk] **1.** *n* könyv || **the ~s** főkönyv **2.** *vt* (*ticket*) lefoglal || **~ sg in advance** előre megvált
book in (*at hotel*) (be)jelentkezik
bookcase ['bʊkkeɪs] *n* könyvespolc, könyvszekrény
booking office *n* (jegy)pénztár
booking(s) ['bʊkɪŋ(z)] *n* (*pl*) szobafoglalás || **make a ~** szobát foglal (le)
bookkeeper ['bʊkkiːpə] *n* könyvelő
bookkeeping ['bʊkkiːpɪŋ] *n* könyvelés
booklet ['bʊklɪt] *n* füzet
bookmaker ['bʊkmeɪkə] *n* bukméker
bookseller ['bʊkselə] *n* könyvkereskedő
bookshop ['bʊkʃɒp] *n* könyvesbolt, könyvkereskedés
bookstall ['bʊkstɔːl] *n* könyvesbódé
bookstore ['bʊkstɔː] *n US* könyvesbolt
boom [buːm] **1.** *n* (*noise*) zúgás; (*economic growth*) fellendülés **2.** *v* (*sea*) morajlik, zúg; (*business*) fellendül
boomerang ['buːməræŋ] *n* bumeráng
boon [buːn] *n* jótétemény
boorish ['bʊərɪʃ] *a fig* otromba, modortalan
boost [buːst] **1.** *v* fellendít **2.** *n* fellendülés
booster ['buːstə] *n* (*rocket*) gyorsító rakéta; *med* emlékeztető oltás
boot [buːt] **1.** *n* (magasszárú) cipő; (*in car*) csomagtartó **2.** *vt comput* betölt, behúz

booth [buːθ] *n* (*at fair*) bódé;
(*telephone/voting* ~) fülke
bootlace [buːtleɪs] *n* cipőfűző
booty [ˈbuːtɪ] *n* (hadi) zsákmány
booze [buːz] *col* 1. *v* piál 2. *n* pia
boozer [ˈbuːzə] *n cok* piás
border [ˈbɔːdə] 1. *n* (*between
countries*) határ; (*edge*) perem,
szegély 2. *v* határol, szegélyez ‖ ~
on határos, összeér
borderline [ˈbɔːdəlaɪn] *n* határszél ‖
~ **case** határeset
bore[1] [bɔː] 1. *n* (*of gun*) kaliber 2. *v*
fúr
bore[2] [bɔː] 1. *n col* (*person*) unal-
mas alak; (*thing*) unalmas dolog
2. *v* untat ‖ **be ~d** unatkozik; un
(*with* vmt)
bore[3] [bɔː] *pt* → **bear**[2]
boredom [bɔːdəm] *n* unalom
boring [ˈbɔːrɪŋ] *a* unalmas
born [bɔːn] *a* született ‖ **I was ~ in
1978.** 1978-ban születtem → **bear**[2]
borne [bɔːn] *pp* → **bear**[2]
borough [ˈbʌrə] *n* város; (*municipal*
~) helyhatóság
borrow [ˈbɒrəʊ] *vt* kölcsönkér
(*from* vktől)
bosom [ˈbʊzəm] *n* kebel, mell
boss [bɒs] 1. *n col* főnök; tulaj 2. *v*
~ **about/around** parancsolgat
bossy [ˈbɒsɪ] *a* parancsolgató
botany [ˈbɒtənɪ] *n* növénytan
botch [bɒtʃ] *v* ~ **sg up** *col* elfuse-
rál/elront/elszúr vmt
botcher [ˈbɒtʃə] *n* kontár
both [bəʊθ] *a/pron* mindkét, mind
a kettő ‖ ~ **... and ...** mind ...,
mind ...; ~ **of them** mind a ketten
bother [ˈbɒðə] 1. *v* (*pester*) gyötör ‖
I am sorry to ~ you bocsánat,

hogy zavarom 2. *n* bosszúság ‖
what a ~! micsoda méreg!
bottle [ˈbɒtl] 1. *n* palack, üveg 2. *v*
(*fruit*) befőz; (*wine*) palackoz ‖ ~
up magába fojt
bottleneck [ˈbɒtlneck] *n also fig*
szűk keresztmetszet
bottle-opener *n* sörnyitó
bottom [ˈbɒtəm] 1. *n* (*also of
person*) fenék ‖ **at the ~ of sg**
vmnek az alján 2. *a* alsó
bought [bɔːt] *pt/pp* → **buy**
boulder [ˈbəʊldə] *n* szikla(darab)
boulevard [ˈbuːləvɑːd] *n* körút
bounce [baʊns] *v* (*ball*) pattog;
(*person*) felpattan; (*cheque*) nincs
fedezete
bound[1] [baʊnd] *a* (össze)kötött;
(*book*) kötve ‖ **(be) ~ for** úton
(van) vm felé; **be ~ to happen**
feltétlenül be fog következni; **be ~
to do sg** köteles vmt megtenni;
he is ~ to know ő (valószínűleg)
tudni fogja; → **bind**
bound[2] [baʊnd] 1. *n* határ 2. *v* (el)-
határol ‖ ~**ed on** határos vmvel
bound[3] [baʊnd] 1. *n* (*leap*) ugrás 2.
v szökdécsel, ugrik
boundary [ˈbaʊndrɪ] *n* határ
bounty [ˈbaʊntɪ] *n* (*reward*) prémi-
um, jutalom
bouquet [bʊˈkeɪ] *n* (virág)csokor
bourgeois [ˈbʊəʒwɑː] *pol* 1. *a*
polgári 2. *n* polgár
bourgeoisie [bʊəʒwɑːˈziː] *n* pol-
gárság
bout [baʊt] *n* (*of illness*) roham;
(*fancing*) csörte
bow[1] [baʊ] *n* (*of ship*) (hajó)orr
bow[2] [bəʊ] *n* (*weapon*) íj; *mus*
vonó; (*knot*) csomó

bow³ [baʊ] **1.** *n* (*in greeting*) meghajlás **2.** *v* meghajol
bowel ['baʊəl] *n* ~s belek
bowl¹ [bəʊl] *n* (*basin*) tál, edény
bowl² [bəʊl] **1.** *n* (*wooden ball*) (teke)golyó **2.** *v* tekézik
bow-legged [bəʊ'legid] *a* ó-lábú
bowler (hat) ['bəʊlə] *n* keménykalap
bowling ['bəʊlɪŋ] *n* teke(játék) ‖ ~ alley tekepálya
bowls [bəʊlz] *n sing.* tekejáték
bow tie *n* csokornyakkendő
box¹ [bɒks] **1.** *n* (*cardboard*) doboz; (*bigger*) láda; rekesz; *theat* páholy **2.** *v* dobozol
box² [bɒks] **1.** *n* ~ **on the ear** pofon **2.** *v* bokszol
boxer ['bɒksə] *n* ökölvívó
boxing ['bɒksɪŋ] *n* ökölvívás
Boxing Day ['bɒksɪŋ deɪ] *n* GB karácsony másnapja
box office *n theat* (jegy)pénztár
boy [bɔɪ] *n* fiú
boycott ['bɔɪkɒt] **1.** *n* bojkott **2.** *v* bojkottál
boyfriend ['bɔɪfrend] *n* barát
BR [biː 'ɑː] = British Rail
bra [brɑː] *n col* melltartó
brace [breɪs] **1.** *n tech* merevítő; *med* fogszabályozó **2.** *v* merevít; *tech* összekapcsol; → **braces**
bracelet ['breɪslɪt] *n* karperec
braces ['breɪsɪz] *n pl* nadrágtartó
bracing ['breɪsɪŋ] *a* (fel)üdítő
bracket ['brækɪt] **1.** *n* (*support*) tartó, konzol; (*shelf*) polc; (*group*) (jövedelem)kategória; (*in punctuation*) zárójel **2.** *v* zárójelbe tesz; (*together*) összekapcsol
brag [bræg] *v* -gg- henceg, (száj)hősködik

braid [breɪd] **1.** *n* (*hair*) copf; (*trim*) zsinór, sujtás **2.** *v* (*trim with* ~) zsinóroz; (*hair*) copfba fon
Braille [breɪl] *n* Braille-írás
brain [breɪn] *n* agy; *fig* (*person*) koponya ‖ ~s ész; **he has ~s** jó feje van
brain-child *n* **it is his** ~ ezt ő ötlötte ki
braindrain ['breɪndreɪn] *n* elvándorlás (*szürkeállományé külföldre*)
brainstorm ['breɪnstɔːm] *n US* = brainwave
brainstorming ['breɪnstɔːmɪŋ] *n US appr* ötletbörze
brainwash ['breɪnwɒʃ] *v pol pejor* átnevel
brainwave ['breɪnweɪv] *n* szenzációs ötlet
brainy ['breɪnɪ] *a* okos, eszes
braise [breɪz] *v* párol
brake [breɪk] **1.** *n* fék **2.** *v* fékez
braking distance *n* fékút
bramble ['bræmbl] *n* (földi) szeder
bran [bræn] *n* korpa
branch [brɑːntʃ] **1.** *n* (*of tree, river, science*) ág; (*of bank*) fiók **2.** *v* (*road*) elágazik
brand [brænd] **1.** *n* (*on cattle*) bélyeg; *comm* márka, védjegy **2.** *v* (meg)bélyegez
brand-new *a* vadonatúj
brandy ['brændɪ] *n* konyak
bras [bræs] *n pl col* melltartó
brass [brɑːs] *n/a* sárgaréz ‖ **the** ~ a rézfúvósok
brasserie ['bræsərɪ] *n* söröző
brassière ['bræsɪə] *n* melltartó
brat [bræt] *n* gyerek, kölyök
brave [breɪv] **1.** *a* bátor **2.** *v* dacol
bravery ['breɪvərɪ] *n* bátorság

brawl [brɔːl] **1.** *n col* verekedés, bunyó **2.** *v* bunyózik
brawn [brɔːn] *n* izom(erő)
Brazil ['bræzl] *n* Brazília
Brazilian [brə'zɪlɪən] *a/n* brazíliai, brazil
breach [briːtʃ] *n* megszegés ‖ ~ **of contract** szerződésszegés; ~ **of the peace** csendháborítás, garázdaság
bread [bred] *n* kenyér ‖ **earn one's** ~ kenyeret keres; ~ **and butter** vajas kenyér; ~ **bin** kenyértartó
breadcrumbs ['bredkrʌmz] *n pl* (zsemle)morzsa
breadth ['bretθ] *n* szélesség
breadwinner ['bredwɪnə] *n* kenyérkereső, eltartó
break [breɪk] **1.** *n* (*interruption*) megszakítás; (*fracture*) törés; (*rest*) szünet; (*at school*) tízperc; (*chance*) esély **2.** *v* (*pt* **broke** [brəʊk], *pp* **broken** ['brəʊkən]) *vt* (el)tör; (*window*) kitör; (*rope*) elszakít; (*promise*) megszeg; (*record*) javít ‖ *vi* (el)törik; (*rope*) elszakad ‖ ~ **open** feltör; (*window*) kitörik; ~ **one's arm** eltöri a karját; (*journey*) megszakít
break down *vi* (*vehicle*) elromlik, meghibásodik; (*person*) kiborul ‖ *vt* (*analyse*) részletez, felbont; *chem* lebont
break in *vi* (*burglar*) betör ‖ *vt* (*horse*) belovagol ‖ ~ **in on sy** rátör vkre; ~ **in on the conversation** beszélgetést félbeszakít
break into *vt* (*burglar*) betör, behatol ‖ ~ **into laughter** nevetésben tör ki
break out *vi* (*war*) kitör; (*from prison*) megszökik

break up *vi* összetörik; *fig* felbomlik; (*school*) bezárja a kaput; (*person*) összeroppan
breakable ['breɪkəbl] *a* törékeny
breakage ['breɪkɪdʒ] *n* töréskár
breakdown ['breɪkdaʊn] *n tech* üzemzavar; (*nervous* ~) idegöszszeomlás ‖ ~ **van** autómentő (kocsi)
breaker ['breɪkə] *n* (*wave*) nagy hullám
breakfast ['brekfəst] *n* reggeli
break-in *n* betörés
breakneck ['breɪknek] *a* **at a** ~ **speed** őrült sebességgel
breakthrough ['breɪkθruː] *n also fig* áttörés
breakwater ['breɪkwɔːtə] *n* hullámtörő (gát), móló
breast [brest] **1.** *n* mell **2.** *v* ~ **the tape** átszakítja a célszalagot
breast-feed *v* (*pt/pp* **-fed**) szoptat
breast-stroke *n* mellúszás
breath [breθ] *n* lélegzet ‖ **be out of** ~ kifulladt; **hold one's** ~ lélegzetét visszatartja
breathalyser ['breθəlaɪzə] *n* (alkohol)szonda
breathe [briːð] *v* lélegzik
breathe in belélegez
breathe out kilélegez
breather ['briːðə] *n col* rövid pihenő
breath-taking *a* lélegzetelállító
breath test *n* szondázás
bred [bred] *pt/pp* → **breed**
breeches ['brɪtʃɪz] *n* (*pl*) térdnadrág
breed [briːd] **1.** *n* (*race*) állatfaj **2.** *v* (*pt/pp* **bred**) *vt* tenyészt, felnevel ‖ *vi* szaporodik
breeze [briːz] *n* szellő
breezy ['briːzɪ] *a* szellős
brevity ['brevətɪ] *n* rövidség

brew [bru:] *vt* (*tea*) forráz; (*beer*) főz; (*plot*) kifőz || **something is ~ing** valami készülődik

brewery ['bru:əri] *n* sörfőzde

bribe [braɪb] **1.** *n* csúszópénz **2.** *vt* (meg)veszteget

bribery ['braɪbəri] *n* (meg)vesztegetés

bric-à-brac ['brɪkəbræk] *n* mütyürke, csecsebecse

brick [brɪk] *n* tégla

bricklayer ['brɪkleɪə] *n* kőműves

brickworks ['brɪkwɜ:ks] *n* téglagyár

bridal ['braɪdl] *a* menyasszonyi

bride [braɪd] *n* menyasszony

bridegroom ['braɪdgrʊm] *n* vőlegény

bridesmaid ['braɪdzmeɪd] *n* koszorúslány

bridge [brɪdʒ] **1.** *n* híd; (*on ship*) parancsnoki híd; (*of man*) orrnyereg; (*in cards*) bridzs **2.** *v* hidat épít; *fig* áthidal

bridle ['braɪdl] **1.** *n* kantár **2.** *vt* (*horse*) felkantároz

bridle-path *n* lovaglóút

brief [bri:f] **1.** *a* rövid, vázlatos || **in ~** röviden **2.** *n law* ügy **3.** *v mil* eligazít; → **briefs**

briefcase ['bri:fkeɪs] *n* aktatáska

briefing ['bri:fɪŋ] *n mil* eligazítás

briefly ['bri:flɪ] *adv* röviden

briefs [bri:fs] *n pl* (*for women*) nadrág, *col* bugyi; (*for men*) alsónadrág

brigade [brɪ'geɪd] *n col* dandár

brigadier [brɪgə'dɪə] *n* dandárparancsnok

bright [braɪt] *a* fényes, világos; (*sky*) derült; (*intelligent*) eszes, okos; (*cheerful*) vidám

brighten ['braɪtn] *vt* fényesít; (*person*) felvidít | *vi* kiderül

brilliance ['brɪlɪəns] *n* ragyogás, fényesség; (*of person*) zsenialitás

brilliant ['brɪlɪənt] *a fig* ragyogó, fényes, briliáns; (*idea*) zseniális

brim [brɪm] *n* szél, perem || **to the ~** színültig

brine [braɪn] *n* sós lé

bring [brɪŋ] *v* (*pt/pp* **brought** [brɔ:t]) hoz

bring about előidéz, elősegít

bring back visszahoz

bring down vhonnan vmt lehoz; (*price*) leszorít; (*animal*) leterít, elejt; *mil* (*aeroplane*) lelő

bring forward (*meeting*) előrehoz; *comm* áthoz, átvisz

bring in behoz; (*person*) bevezet; (*income*) hoz

bring off (*plan*) véghez visz

bring on (*cause*) előidéz

bring out (*object*) kihoz

bring round magához térít

bring up (*child*) felnevel; (*vomit*) kihány; (*question*) szóvá tesz vmt

brink ['brɪŋk] *n* széle vmnek

brisk [brɪsk] *a* fürge, eleven

bristle ['brɪsl] **1.** *n* sörte **2.** *v* **~ (up)** szőrét felborzolja

Britain ['brɪtn] *n* Nagy-Britannia

British ['brɪtɪʃ] *a* brit || **the ~** a britek; **~ subject** angol állampolgár; **~ Rail** *n* Brit Államvasutak; **~ Summer Time** *n* nyári időszámítás

Briton ['brɪtn] *n* brit

brittle ['brɪtl] *a* rideg, törékeny

broach [brəʊtʃ] *v* (*introduce*) szóba hoz; (*barrel*) csapra ver

broad [brɔ:d] *a* (*large*) széles; (*coarse*) durva || **in ~ daylight** fényes nappal

broadcast ['brɔ:dkɑ:st] **1.** *n* (*radio, TV*) közvetítés ‖ **outside** ~ helyszíni közvetítés **2.** *v* (*pt/pp* -**cast**) közvetít

broaden ['brɔ:dn] *vt* kiszélesít | *vi* kitágul

broad-minded *a* liberális

broccoli ['brɒkəlı] *n* brokkoli

brochure ['brəʊʃʊə] *n* ismertető, prospektus

broil [brɔıl] *v US* roston süt

broke [brəʊk] *a* **be** ~ *col* nincs pénze, le van égve‖ **go** ~ tönkremegy; → **break**

broken ['brəʊkən] *a* törött; (*marriage*) felbomlott ‖ **speak** ~ **English** tört angolsággal beszél; → **break**

broken-down *a* (*car*) lerobbant

broker ['brəʊkə] *n* alkusz, (tőzsde)ügynök, bróker

brolly ['brɒlı] *n hum* paraplé

bronchitis [brɒŋ'kaıtıs] *n* bronchitis, hörghurut

bronze [brɒnz] *n* bronz

bronzed [brɒnzd] *a* lesült

brooch [brəʊtʃ] *n* melltű, bross

brood [bru:d] *v* (*hen*) kotlik; (*bird*) költ ‖ ~ **on/over sg** vmn rágódik/töpreng

brook [brʊk] *n* csermely, patak

broom [bru:m] *n* partvis, söprű

Bros [brɒs] = **brothers**

broth [brɒθ] *n* sűrű (zöldség)leves

brothel ['brɒθəl] *n* bordélyház

brother ['brʌðə] *n* (fiú)testvér, fivér

brother-in-law *n* (*pl* **brothers-in-law**) sógor

brought [brɔ:t] *pt/pp* → **bring**

brow [braʊ] *n* (*eye~*) szemöldök; (*forehead*) homlok; (*of hill*) hegycsúcs

browbeat ['braʊbi:t] *v* (*pt* -**beat**; *pp* -**beaten**) erőszakoskodik

brown [braʊn] **1.** *a* barna **2.** *vi* barnul | *vt* (*meat*) lesüt, megpirít

Brownie (Guide) ['braʊnı] *n* leánycserkész (*7-10 év között*)

browse [braʊz] *v* (*among books*) böngészik

bruise [bru:z] **1.** *n* zúzódás **2.** *v* **be** ~**d** zúzódás(oka)t szenved

brunette [bru:'net] *n* barna nő

brush [brʌʃ] **1.** *n* kefe; (*paint* ~) ecset **2.** *v* (ki)kefél ‖ ~ **one's teeth** fogat mos

brush aside félresöpör

brush up (*knowledge*) felfrissít

brush-off *n* **give sy the** ~ leráz vkt

brushwood ['brʌʃwʊd] *n* bozót

brusque [bru:sk] *a* nyers, rideg

Brussels ['brʌslz] *n* Brüsszel ‖ ~ **sprouts** *pl* kelbimbó

brutal ['bru:tl] *a* durva, brutális

brutality [bru:'tælətı] *n* durvaság, brutalitás

brute [bru:t] *n* vadállat

BST [bi: es 'ti:] = **British Summer Time**

bubble ['bʌbl] **1.** *n* buborék **2.** *v* bugyborékol, pezseg; *átv* (~ *over*) túlárad

bubble gum *n* (felfújható) rágógumi

buck [bʌk] *n* (*goat, rabbit, antelope, etc*) bak; (*deer*) hím; *US, col* dollár ‖ **pass the** ~ *col* áthárítja a felelősséget (*to* vkre)

bucket ['bʌkıt] *n* vödör

buckle ['bʌkl] **1.** *n* csat **2.** *vt* összecsatol, becsatol

bud [bʌd] **1.** *n* rügy; (*of flower*) bimbó **2.** *v* -**dd**- rügyezik; (*flower*) bimbózik

Buddhism ['bʊdɪzəm] *n* buddhizmus

buddy ['bʌdɪ] *n* pajtás, haver

budge [bʌdʒ] *v* moccan ‖ **does not ~** nem mozdul

budget ['bʌdʒɪt] **1.** *n* költségvetés **2.** *v* előirányoz (*for* vmt)

buff [bʌf] *n* **a TV ~** TV-rajongó

buffalo ['bʌfələʊ] *n* bivaly; *US* bölény

buffer ['bʌfə] *n* ütköző

buffet ['bʊfeɪ] *n* büfé ‖ **~ car** büfékocsi; **~ meals** *pl* hidegkonyha

buffoon [bə'fuːn] *n* jópofa, bohóc

bug [bʌg] *n* poloska; (*spy device*) lehallgatókészülék, „poloska"

bugbear [bʌgbeə] *n* mumus, rémkép

build [bɪld] **1.** *n* (*of person*) testalkat, alkat **2.** *v* (*pt/pp* **built** [bɪlt]) épít

build up *vt* beépít, kiépít, (*body*) felerősít ‖ *vi* felhalmozódik

builder ['bɪldə] *n* kőműves (kisiparos)

building ['bɪldɪŋ] *n* (*edifice*) épület ‖ **~ material** építőanyag; **~ trade** építőipar

build-up *n* (*publicity*) kedvező reklám; (*growth*) növekedés, fokozódás

built-in *a* beépített

built-up *a* beépített ‖ **~ area** lakott terület

bulb [bʌlb] *n* *bot* hagyma, gumó; *el* villanykörte

Bulgaria [bʌl'geərɪə] *n* Bulgária

Bulgarian [bʌl'geərɪən] *a/n* bolgár

bulge [bʌldʒ] **1.** *n* kidudorodás **2.** *v* kidudorodik

bulk [bʌlk] *n* tömeg ‖ **in ~** *comm* nagyban, ömlesztve

bulkhead ['bʌlkhed] *n* választófal

bulky ['bʌlkɪ] *a* vaskos, masszív

bull [bʊl] *n* bika

bulldog ['bʊldɒg] *n* buldog

bulldozer ['bʊldəʊzə] *n* földgyalu, buldózer

bullet ['bʊlɪt] *n* (puska)golyó

bulletin ['bʊlətɪn] *n* közlemény; *med* napi jelentés; (*periodical*) közlöny

bullet-proof *a* golyóálló

bullfight ['bʊlfaɪt] *n* bikaviadal

bullock ['bʊlək] *n* ökör

bully ['bʊlɪ] *vt* erőszakoskodik vkvel; (*frighten*) terrorizál vkt

bum [bʌm] *n* *col* (*bottom*) popó; (*tramp*) csavargó

bumblebee ['bʌmblbiː] *n* dongó

bump [bʌmp] **1.** *n* (*blow*) (tompa) ütés; (*collision*) koccanás; (*on head*) dudor; (*on road*) zökkenő **2.** *vt* megüt, beüt ‖ *vi* koccan, zökken

bump along eldöcög

bump into nekikoccan; (*car*) belerohan; (*person*) belebotlik vkbe

bumper ['bʌmpə] *n* lökhárító

bumptious ['bʌmpʃəs] *a* nagyképű, pöffeszkedő

bumpy ['bʌmpɪ] *a* hepehupás

bun [bʌn] *n* (*bread roll*) *approx* kis briós; (*of hair*) konty

bunch [bʌntʃ] *n* csomó; (*of grapes*) fürt; (*of flowers*) csokor; *sp* boly ‖ **~ of keys** kulcscsomó

bundle ['bʌndl] **1.** *n* (*of goods*) csomag; (*of hay*) kéve **2.** *v* összekötöz

bundle off *col* elzavar

bung [bʌŋ] **1.** *n* (nagyobb) dugó **2.** *v* (be)dugaszol

bungalow ['bʌŋgələʊ] *n* bungaló

bungle ['bʌŋgl] *v* *col* elfuserál

bunk [bʌŋk] *n* hálóhely (*hajón*)
bunk beds *n pl* emeletes ágy
bunker ['bʌŋkə] *n* bunker
bunny (rabbit) ['bʌnɪ] *n* nyuszi
bunting ['bʌntɪŋ] *n* színes zászló(cská)k
buoy [bɔɪ] **1.** *n* bója **2.** *v* ~ **up** felszínen tart; (*hearten*) felvidít
buoyancy ['bɔɪənsɪ] *n* (*of liquid*) felhajtóerő; élénkség
buoyant ['bɔɪənt] *a fig* élénk
burden ['bɜːdn] **1.** *n* teher **2.** *v* terhel (*with* vmvel)
bureau ['bjʊərəʊ] *n* (*pl* **-s** *or* **-x** [-rəʊz]) *GB* (*furniture*) redőnyös íróasztal; (*office*) iroda, hivatal
bureaucracy [bjʊə'rɒkrəsɪ] *n* bürokrácia
bureaucratic [bjʊərə'krætɪk] *a* bürokratikus
bureaux ['bjʊərəʊz] *pl* → **bureau**
burglar ['bɜːglə] *n* betörő ‖ ~ **alarm** riasztóberendezés
burglarize ['bɜːgləraɪz] *v US* = **burgle**
burglary ['bɜːglərɪ] *n* betörés
burgle ['bɜːgl] *vi* behatol | *vt* kirabol
burial ['berɪəl] *n* temetés
burly ['bɜːlɪ] *a* termetes
burn [bɜːn] **1.** *n* égés, égési seb **2.** *v* (*pt/pp* **burnt** [bɜːnt] *or* **burned**) *vi* ég; (*meat*) odaég | *vt* felgyújt; (*meat*) leéget
burning ['bɜːnɪŋ] *a* égő, égető
burnish ['bɜːnɪʃ] *v* csiszol
burnt [bɜːnt] *pt/pp* → **burn**
burrow ['bʌrəʊ] **1.** *n* lyuk, üreg **2.** *v* lyukat ás
bursar ['bɜːsə] *n school* gazdasági vezető
bursary ['bɜːsərɪ] *n* ösztöndíj

burst [bɜːst] **1.** *n* szétrobbanás, kipukkadás ‖ ~ **of applause** tapsvihar **2.** *v* (*pt/pp* **burst**) *vi* (*bomb*) felrobban; (*tyre*) kidurran; (*balloon*) kipukkad; (*abscess*) kifakad | *vt* felrobbant; (*balloon*) kipukkaszt ‖ ~ **into flames** lángba borul; ~ **out crying** sírva fakad
bury ['berɪ] *v* eltemet ‖ ~ **oneself in (one's books etc.)** beletemetkezik vmbe
bus [bʌs] *n* autóbusz ‖ **go by** ~ busszal megy; **on the** ~ a buszon
bush [bʊʃ] *n* bokor; *tech* persely
bushy ['bʊʃɪ] *a* bozótos, bokros
business ['bɪznɪs] *n* (*commerce*) üzlet; ügy; (*job*) foglalkozás; (*firm*) vállalkozás, vállalat, cég ‖ **he means** ~ nem tréfál; **it's none of your** ~ mi közöd hozzá?; **be away on** ~ hivatalos úton van
business hours *n pl* pénztári órák, nyitvatartási idő
businesslike ['bɪznɪslaɪk] *a* szakszerű, komoly
businessman ['bɪznɪsmæn] *n* (*pl* **-men**) üzletember
businesswoman ['bɪznɪswʊmən] *n* (*pl* **-women**) üzletasszony
busker ['bʌskə] *n* utcai zenész
bus-stop *n* buszmegálló
bust[1] [bʌst] *n* (*bosom*) mell; (*sculpture*) mellszobor
bust[2] [bʌst] *n* (*failure*) csőd, bukás
bustle ['bʌsl] **1.** *n* nyüzsgés **2.** *v* nyüzsög
bustling ['bʌslɪŋ] *a* (*place*) nyüzsgő; (*person*) fontoskodó
busy ['bɪzɪ] *a* elfoglalt; (*shop, street*) forgalmas, mozgalmas ‖ **I am very** ~ sok a dolgom

busybody ['bɪzɪbɒdɪ] *n col* fontoskodó alak

but [bət, bʌt] **1.** *conj* de **2.** *prep* ~ **for** kivéve

butane gas ['bjuːteɪn] *n* (háztartási) gázpalack

butcher ['bʊtʃə] **1.** *n* mészáros, hentes **2.** *v* lemészárol

butcher's (shop) *n* húsbolt, hentesüzlet

butler ['bʌtlə] *n* komornyik

butt [bʌt] **1.** *n* (*of cigarette*) csikk; (*goat*) döfés; (*of gun*) puskaagy **2.** *v* döf

butter ['bʌtə] *n* vaj

butterfingers ['bʌtəfɪŋgəz] *n* kétbalkezes (alak/nő)

butterfly ['bʌtəflaɪ] *n* pillangó

buttery ['bʌtərɪ] *n* söröző

buttocks ['bʌtəks] *n pl* far, ülep

button ['bʌtn] **1.** *n* gomb; *tech* nyomógomb **2.** *v* begombol

buttonhole ['bʌtnhəʊl] *n* gomblyuk

buttress ['bʌtrɪs] *n* támfal

buy [baɪ] **1.** *n* (alkalmi) vétel ‖ **a good** ~ jó üzlet/vásár **2.** *v* (*pt/pp* **bought** [bɔːt]) (meg)vásárol, (meg)vesz (*sy sg* vknek vmt) ‖ ~ **sg cheap** olcsón vesz/vásárol vmt **buy up** felvásárol, összevásárol

buyer ['baɪə] *n* vevő

buzz [bʌz] **1.** *n* zúgás, búgás **2.** *v* zúg, búg ‖ ~ **off!** *col* kopj le!, tűnés!

buzzer ['bʌzə] *n* berregő

by [baɪ] *prep* (*agent, cause*) által, -tól, -től; (*means, manner*) -val, -vel; (*according to*) szerint ‖ **I'll be there** ~ **five (o'clock)** ötre ott leszek; ~ **night** éjjel; ~ **the** ~ mellékesen említem

bye(-bye)! *int* szia!, viszlát!

bygone ['baɪgɒn] *a* régmúlt ‖ **let** ~**s be** ~**s!** borítsunk fátylat a múltra!

bypass ['baɪpɑːs] **1.** *n* kerülőút **2.** *v* elkerül

by-product *n* melléktermék; *fig* mellékhatás

bystander ['baɪstændə] *n* bámészkodó

byway ['baɪweɪ] *n* mellékút

byword ['baɪwɜːd] *n* **he is a** ~ **for meanness** közismerten fukar

C

cab [kæb] *n* taxi; (*of track*) vezetőfülke

cabaret ['kæbəreɪ] *n* kabaré

cabbage ['kæbɪdʒ] *n* káposzta

cabin ['kæbɪn] *n* bódé; (*on ship*) kabin, kajüt; (*aircraft*) pilótafülke

cabinet ['kæbɪnɪt] *n* szekrény; *pol* kormány, kabinet

cable ['keɪbl] **1.** *n* kötél, kábel; (*telegram*) kábel(távirat) **2.** *v* táviratozik (*sy* vknek)

cable-car *n* kötélpálya, sikló

cable television *n* kábeltelevízió

cache [kæʃ] *n* titkos raktár; *comput* gyorsítótár

cackle ['kækl] *v* kotkodácsol

Caesarean section (*US* **Ces-**) [sɪ'zeərɪən] *n med* császármetszés

café ['kæfeɪ] *n* kávéház

cafeteria [kæfə'tɪərɪə] *n* önkiszolgáló étterem

caffeine ['kæfiːn] *n* koffein

cage [keɪdʒ] *n* kalitka, ketrec

cake [keɪk] *n* (édes) sütemény, tészta ‖ **a** ~ **of soap** egy darab szappan

calamity [kə'læməti] *n* szerencsétlenség, (természeti) csapás
calculate ['kælkjʊleɪt] *v* kiszámít
calculator ['kælkjʊleɪtə] *n* (zseb)-számológép
calendar ['kælɪndə] *n* naptár
calf [kɑːf] *n* (*pl* **calves**) (*of cow*) borjú; (*of leg*) lábikra, vádli
calibre (*US* **-ber**) ['kæləbə] *n* kaliber ‖ **a man of high** ~ nagy kaliberű ember
call [kɔːl] **1.** *n* kiáltás; (*telephone* ~) (telefon)hívás, beszélgetés; (*visit*) (rövid) látogatás, vizit; (*in cards*) bemondás ‖ **be on** ~ készenlétben áll/van; (*doctor*) ügyel(etet tart); **give sy a** ~ telefonon felhív vkt **2.** *v* (*shout*) kiált; hív; (*name*) (el)nevez; telefonál vknek ‖ ~ **sy sg** vkt vmnek nevez; **let's** ~ **it a day** mára elég
call back (*telephone*) visszahív
call for (*fetch*) érte jön; (*demand*) vm igényel vmt; kíván; vmt megkövetel
call off (*cancel*) lemond
call on sy vkt meglátogat
call up *mil* behív; *US* telefonál vknek
call-box *n* telefonfülke
calling ['kɔːlɪŋ] *n* elhivatás
callous ['kæləs] *a* (*hand*) kérges; *fig* (*hard-hearted*) lelketlen
calm [kɑːm] **1.** *a* nyugodt, csendes ‖ **keep** ~ megőrzi nyugalmát **2.** *n* szélcsend **3.** *v* megnyugtat, (le)-csendesít
calm down *vi* (*weather*) (le)csendesedik; (*person*) megnyugszik ‖ *vt* megnyugtat
calorie ['kæləri] *n* kalória
calves [kɑːvz] *pl* → **calf**

camcorder ['kæmkɔːdə] *n* camcorder, videó
came [keɪm] *pt* → **come**
camel ['kæml] *n* teve
camera ['kæmrə] *n photo* fényképezőgép; *cine, TV* kamera
cameraman ['kæmrəmæn] *n* (*pl* **-men**) filmoperatőr
camouflage ['kæməflɑːʒ] **1.** *n* álcázás **2.** *v* álcáz
camp [kæmp] **1.** *n* tábor **2.** *v* táboroz ‖ **go ~ing** kempingezik
campaign [kæm'peɪn] **1.** *n* hadjárat, kampány **2.** *v* kampányban részt vesz
campbed [kæmp'bed] *n* kempingágy
camper ['kæmpə] *n* kempingező, *US* (*vehicle*) lakóautó
campsite ['kæmpsaɪt] *n* kemping
campus ['kæmpəs] *n* egyetemi terület
can[1] [kæn] **1.** *n* (*for oil, water*) doboz; kanna; *US* (*for food*) konzerv **2.** *v* **-nn-** eltesz, befőz
can[2] [kæn] (*pt* **could** [kʊd]) *v* tud, képes ‖ ~ **do sg** tehet vmt; **it** ~ **be** lehet(séges); ~ **you see it?** látod?, látja?; **this can't be true** ez nem lehet igaz; **I cannot but ...** nem tehetek mást, mint ...; → **could**
Canada ['kænədə] *n* Kanada
Canadian [kə'neɪdɪən] *a/n* kanadai
canal [kə'næl] *n* csatorna
cancel ['kænsl] *v* **-ll-** (*US* **-l-**) (*appointment*) lemond; (*delete*) kihúz, töröl; (*train*) töröl
cancellation ['kænsə'leɪʃn] (*US* **-l-**) *n* helylemondás; törlés, érvénytelenítés; (*of contrait*) felmondás
cancer ['kænsə] *n med* rák

candid ['kændɪd] *a* őszinte, szóki-
mondó, nyílt
candidate ['kændɪdət] *n* (*állásra,
vizsgára*) jelentkező; jelölt
candle ['kændl] *n* gyertya
candlestick ['kændlstɪk] *n* gyertya-
tartó
candour (*US* **-or**) ['kændə] *n* őszin-
teség
candy ['kændɪ] *n US* édesség
cane [keɪn] **1.** *n bot* nád; (*stick*)
nádpálca, sétabot **2.** *v* (*school*)
vesszőz
canister ['kænɪstə] *n* (bádog)doboz
cannabis ['kænəbɪs] *n* hasis
canned beer *n* dobozos sör
cannon ['kænən] *n* ágyú, löveg
cannot ['kænət] → can²
canny ['kænɪ] *a* ravasz, sunyi
canoe [kə'nuː] **1.** *n* kenu **2.** *v* kenu-
zik
canon ['kænən] *n* (*church law*)
kánon; (*clergyman*) kanonok
can opener *n* konzervnyitó
can't [kɑːnt] = **cannot** → can²
cantaloup ['kæntəluːp] (*US* **canta-
loupe**) (**melon**) *n* sárgadinnye
canteen [kæn'tiːn] *n* (üzemi) étkez-
de, menza; (*bottle*) kulacs
canvas ['kænvəs] *n* ponyva; (*for
painting*) vászon
canvass ['kænvəs] *v* korteskedik
(*for sy* vk mellett)
canyon ['kænjən] *n* kanyon
cap [kæp] **1.** *n* sapka; (*of pen,
bottle*) kupak **2.** *v* **-pp-** vmre rá-
dupláz
capable ['keɪpəbl] *a* képes, alkal-
mas; (*gifted*) ügyes, tehetséges
capacity [kə'pæsətɪ] *n* (*ability*)
képesség, adottság; (*position*)
minőség; (*volume*) térfogat; ka-

pacitás ‖ **in what** ~**?** milyen mi-
nőségben?
cape¹ [keɪp] *n geogr* (hegy)fok
cape² [keɪp] *n* (*garment*) köpeny,
pelerin
caper¹ ['keɪpə] *v* ugrál, szökdécsel
caper² ['keɪpə] *n* kapri(bogyó)
capital ['kæpɪtl] *n* (*city*) főváros;
(*money*) tőke; (*letter*) nagybetű,
nagy kezdőbetű
capitalism ['kæpɪtəlɪzəm] *n* tőkés
rendszer, kapitalizmus
capitalist ['kæpɪtəlɪst] *a/n* tőkés,
kapitalista
capital letter *n* nagybetű, nagy
kezdőbetű
capital punishment *n* halálbüntetés
capitulate [kə'pɪtjʊleɪt] *v* megadja
magát
capricious [kə'prɪʃəs] *a* szeszélyes
capsize [kæp'saɪz] *v* felborul
(*csónak*)
capsule ['kæpsjuːl] *n* kapszula; *bot*
(mag)tok ‖ (**space**) ~ űrkabin
captain ['kæptɪn] *n mil* kapitány,
százados; *naut* hajóparancsnok;
kapitány
caption ['kæpʃn] *n* felirat; (*to
picture*) képaláírás, képszöveg
captivate ['kæptɪveɪt] *v* lebilincsel,
lenyűgöz
captive ['kæptɪv] *n* fogoly, rab
captivity [kæp'tɪvətɪ] *n* fogság, rab-
ság
capture ['kæptʃə] **1.** *n* bevétel
(*váré*) **2.** *v vkt/vmt* elfog, foglyul
ejt; (*place*) bevesz
car [kɑː] *n* autó, kocsi; (*of lift*)
fülke; *railw* kocsi, vagon ‖ **by** ~
autón, kocsival
caravan ['kærəvæn] **1.** *n* (*in desert*)
karaván; (*vehicle*) lakókocsi **2.** *v*

-nn- go ~ning lakókocsival uta-
zik
caravan site *n* lakókocsitábor
carbon ['kɑːbən] *n chem* szén
carbonated ['kɑːbəneɪtɪd] *a* szén-
savas (*ital*)
carbon paper *n* indigó
carburettor [kɑːbjʊ'retə]   (*US*
-retor) *n* porlasztó, karburátor
card [kɑːd] *n* kártya; (*visiting* ~)
névjegy; kartoték(lap)
cardboard ['kɑːdbɔːd] *n* karton-
(papír)
card-game *n* kártyajáték
cardiac ['kɑːdɪæk] **1.** *a med* szív- **2.**
n szívbeteg
cardigan ['kɑːdɪgən] *n* kardigán,
kötött kabát
cardinal ['kɑːdɪnl] **1.** *a* sarkalatos **2.**
n rel bíboros
cardinal number *n* tőszámnév
cardphone ['kɑːdfəʊn] *n* kártyás
telefon(állomás)
care [keə] **1.** *n* gondoskodás, gon-
dozás, törődés ‖ ~ **of sy (c/o...)**
vknek a címén/leveleivel; **take** ~
of sy/sg vkre, vmre ügyel/vigyáz
2. *v* ~ **about sy/sg** törődik
vkvel/vmvel ‖ ~ **for (sg** *or* **to do**
sg) vmt szeret; ~ **for sy/sg** törő-
dik vkvel/vmvel; **I do not** ~ **(if ...)**
nekem mindegy
career [kə'nə] *n* (élet)pálya, karrier,
pályafutás
carefree ['keəfriː] *a* gondtalan
careful ['keəfəl] *a* gondos, figyel-
mes; óvatos ‖ **be** ~ légy óvatos!,
vigyázz!
careless ['keəlɪs] *a* gondatlan
carelessness ['keəlɪsnɪs] *n* gondat-
lanság, figyelmetlenség
caress [kə'res] *v* simogat, cirógat

caretaker ['keəteɪkə] *n* gondnok,
házfelügyelő
car-ferry *n* (autós) komphajó
cargo ['kɑːgəʊ] *n* rakomány, szál-
lítmány
car-hire *n* gépkocsikölcsönzés
Caribbean See, the [kærə'bɪən] *n*
Karib-tenger
caricature ['kærɪkətjʊə] **1.** *n* karika-
túra **2.** *v* karikatúrát rajzol vkről
caring ['keərɪŋ] *a* törődő, gondos
carnage ['kɑːnɪdʒ] *n* vérontás,
mészárlás
carnal ['kɑːnl] *a* testi, érzéki
carnation [kɑː'neɪʃn] *n* szegfű
carnival ['kɑːnɪvl] *n* karnevál, far-
sang
carnivorous [kɑː'nɪvərəs] *a* húsevő
carol ['kærəl] *n* (karácsonyi) ének
carp [kɑːp] *n* ponty
car park *n* parkoló
carpenter ['kɑːpɪntə] **1.** *n* ács **2.** *v*
ácsol
carpet ['kɑːpɪt] *n* szőnyeg
carriage ['kærɪdʒ] *n* (lófogatú)
kocsi; *railw* kocsi, vagon; (*of*
typewriter) kocsi; szállítás, fuvar
carriageway ['kærɪdʒweɪ] *n* úttest
carrier ['kærɪə] *n* szállító, fuvarozó
‖ ~ **bag** bevásárlószatyor
carrot ['kærət] *n* sárgarépa
carry ['kærɪ] *v* visz; (*transport*)
szállít vkt/vmt (vhova); (*motion*)
elfogad
carry away elvisz ‖ **be carried**
away by vmre ragadtatja magát
carry on folytat; (*foglalkozást*) űz
‖ ~ **on!** folytasd (csak)!; ~ **on**
with sy *col* viszonya van vkvel
carry out megvalósít, véghezvisz;
(*order*) teljesít
carry-cot *n* mózeskosár

cart [kɑːt] *n* szekér, kocsi; (*two-wheeled*) taliga
cartilage ['kɑːtɪlɪdʒ] *n* porc
cartography [kɑː'tɒgrəfɪ] *n* térképészet
carton ['kɑːtn] *n* (*of cigarettes etc.*) karton; (*milk etc.*) doboz
cartoon [kɑː'tuːn] *n* (*in newspaper*) karikatúra; (*animated ~*) rajzfilm
cartridge ['kɑːtrɪdʒ] *n* töltény; (*for film, tape*) patron
carve [kɑːv] *v* (*wood, stone*) farag; (*on surface*) vés; (*meat*) szeletel
carving ['kɑːvɪŋ] *n* faragás, faragvány
car wash *n* (*act*) autómosás; (*place*) autómosó
cascade [kæ'skeɪd] **1.** *n* vízesés **2.** *v* ~ down (*víztömeg*) lezúdul
case¹ [keɪs] *n* (*box*) láda, doboz; (*suitcase*) koffer; (*for camera*) tok
case² [keɪs] *n law* eset, ügy; *med* kóreset || in this ~ ebben az esetben; in ~ abban az esetben, ha, hátha; in ~ of emergency szükség esetén
cash [kæʃ] **1.** *n* készpénz || be in ~ van pénze; pay ~ (down) (*or* pay in ~) készpénzzel fizet **2.** *v* bevált
cash-book *n* pénztárkönyv
cash card *n* ügyfélkártya
cash desk *n GB* pénztár, kassza
cash dispenser *n* pénzautomata
cashier [kæ'ʃɪə] *n* pénztáros
cash on delivery *n* utánvét(tel)
cash payment *n* készpénzfizetés
cash register *n* pénztárgép
casing ['keɪsɪŋ] *n* burkolat, tok
casino [kə'siːnəʊ] *n* (*játék*)kaszinó
cask [kɑːsk] *n* hordó
casket ['kɑːskɪt] *n* kazetta, ládika; *US* (*coffin*) koporsó

casserole ['kæsərəʊl] *n* (*utensil*) (*tűzálló*) tál; (*food*) ragu
cassette [kə'set] *n* kazetta || ~ recorder kazettás magnó
cast [kɑːst] **1.** *n theat* szereposztás || ~ of mind lelki alkat, beállítottság **2.** *v* (*pp/pt* cast [kɑːst]) dob, vet; (*metal*) kiönt; (*role*) kioszt || ~ a look/glance at sy/sg tekint/néz vkre/vmre; ~ anchor horgonyt vet
cast down lever, lehangol
castaway ['kɑːstəweɪ] *n* hajótörött
caster ['kɑːstə] *n* (*on furniture*) görgő; (*for sugar etc.*) (cukor)szóró || ~ sugar porcukor
casting vote [kɑːstɪŋ] *n* döntő szavazat
cast iron *n* öntöttvas
castle ['kɑːsl] **1.** *n* vár; (*in chess*) bástya **2.** *v* (*in chess*) sáncol
castor oil *n* ricinus(olaj)
castor sugar *n GB* porcukor
casual ['kæʒʊəl] *a* (*by chance*) véletlen; (*dress, work*) alkalmi; (*attitude*) hanyag, lezser
casualty ['kæʒʊəltɪ] *n* (*accident victim*) áldozat; (*dead*) halott; (*wounded*) sérült || ~ department baleseti osztály
cat [kæt] *n* macska
catalogue ['kætəlɒg] (*US* -log) **1.** *n* katalógus **2.** *v* katalógusba vesz
catalyst ['kætəlɪst] *n chem* katalizátor
catapult ['kætəpʌlt] **1.** *n* (*child's*) parittya; *aviat* katapult **2.** *v* katapultál
catastrophe [kə'tæstrəfɪ] *n* katasztrófa
catcall ['kætkɔːl] **1.** *n* ~s pfujolás, kifütyülés **2.** *v* kifütyül
catch [kætʃ] **1.** *n* (*fish etc*) zsákmány, fogás; (*trick*) csapda, csel;

(*of lock*) zárnyelv, retesz **2.** *v*
(*pt/pp* **caught** [kɔːt]) megfog;
megragad; (*illness*) megkap; (*fish*)
kifog; (*arrest*) elfog; (*understand*)
felfog, megért ‖ ~ **a cold** megfá-
zik; ~ **fire** meggyullad; ~ **sight of**
megpillant; ~ **sy red-handed**
tetten ér; **I didn't** ~ **what you
said!** nem értem! (*rosszul hal-
lom*); *sg* **~es one's eye** megakad
vmn a szeme
catch on *col* (*understand*) meg-
ért, kapcsol; (*grow popular*) di-
vatba jön
catch out kifog vkn
catch (sy) up utolér
catching ['kætʃɪŋ] *a* ragályos
catchphrase ['kætʃfreɪz] *n* divatos
szólás, szlogen
catchy ['kætʃɪ] *a* (*tune*) fülbemászó
catechism ['kætɪkɪzəm] *n* katekiz-
mus, káté
category ['kætɪɡərɪ] *n* kategória
cater ['keɪtə] *v* ~ **for** élelmez, élel-
miszerrel ellát
caterer ['keɪtərə] *n* élelmező (válla-
lat)
catering ['keɪtərɪŋ] *n* élelmezés
caterpillar ['kætəpɪlə] *n* hernyó
caterpillar tractor *n* hernyótalpas
traktor
cathedral [kə'θiːdrəl] *n* székesegyház
catholic ['kæθəlɪk] **1.** *a* (*general*)
egyetemes, általános; (*views*)
liberális ‖ C~ katolikus **2.** C~ *n*
katolikus
cat's-eye (*pl* **cat's-eyes**) *n* macska-
szem
cattle ['kætl] (*pl* ~) *n* marha, jószág
catty ['kætɪ] *a* rosszindulatú
caucus ['kɔːkəs] *n* US pártvezető-
ségi gyűlés

caught [kɔːt] *pp/pt* → **catch**
cauliflower ['kɒlɪflaʊə] *n* karfiol
cause [kɔːz] **1.** *n* ok ‖ **give** ~ **for sg**
okot ad vmre **2.** *v* okoz, előidéz
caustic ['kɔːstɪk] *a* maró, égető;
(*remark*) csípős
caution ['kɔːʃn] **1.** *n* óvatosság,
körültekintés; (*warning*) figyel-
meztetés **2.** *v* ~ **sy against sg** óv
vkt vmtől
cautious ['kɔːʃəs] *a* óvatos, körül-
tekintő
cavalry ['kævəlrɪ] *n* lovasság
cave [keɪv] **1.** *n* barlang **2.** *v* ~ **in**
beomlik; *fig* beadja a derekát
cavern ['kævən] *n* barlang; *med*
kaverna
caviar(e) ['kævɪɑː] *n* kaviár
cavity ['kævətɪ] *n* üreg, odú; (*in
tooth*) lyuk
CB [siː 'biː] = **citizens' band**
CD [siː 'diː] = **compact disc**
cease [siːs] *vi* (meg)szűnik, abba-
marad I *vt* megszüntet, abbahagy
ceasefire ['siːsfaɪə] *n mil* tűzszünet
ceaseless ['siːslɪs] *a* szüntelen
cedar ['siːdə] *n bot* cédrus(fa)
cede [siːd] *v* átenged (*to* vknek)
ceiling ['siːlɪŋ] *n* mennyezet, *also
fig* plafon
celebrate ['selɪbreɪt] *v* (meg)ünne-
pel ‖ ~ **mass** misézik
celebration [selɪ'breɪʃn] *n* (meg)ün-
neplés
celebrity [sɪ'lebrətɪ] *n* híres ember,
notabilitás
celery ['selərɪ] *n* zeller
celestial [sɪ'lestɪəl] *a* égi
cell [sel] *n biol* sejt; *el* cella; (*in
prison*) cella, zárka
cellar ['selə] *n* pince
cellist ['tʃelɪst] *n* csellista

cello ['tʃeləʊ] n cselló
cellular ['seljʊlə] a biol sejt-
cellulose ['seljʊleʊs] n cellulóz
Celt [kelt] n kelta (ember)
cement [sı'ment] n cement
cemetery ['semıtrı] n temető
censor ['sensə] 1. n cenzor 2. v
cenzúráz
censure ['senʃə] 1. n megrovás 2. v
megrovásban részesít
census ['sensəs] n népszámlálás
cent [sent] n cent
centenary [sen'tiːnən] n centenárium
center ['sentə] n US = centre
centigrade ['sentıgreıd] a százas
beosztású, Celsius-
centimetre (US -meter) ['sentı-
miːtə] n centiméter, cm
central ['sentrəl] a központi, közép-
ső
Central Europe n Közép-Európa
Central European Time n közép-
európai idő
central heating n központi fűtés
centre (US center) ['sentə] 1. n
középpont; (of city) centrum, köz-
pont; (of illness) góc 2. v ~ the
ball középre adja a labdát
centrifuge ['sentrıfjuːdʒ] n centri-
fuga
century ['sentʃərı] n (év)század ||
centuries old évszázados
ceramics [sı'ræmıks] n sing. (art)
kerámia; pl (articles) kerámiák
cereals ['sıərıəlz] n pl (grains)
gabonafélék; (for breakfast) reg-
geliételek (gabonaféléből)
cerebral ['serıbrəl] a agyi
ceremony ['serımənı] n szertartás,
ceremónia
certain ['sɜːtn] a biztos; (parti-
cular) bizonyos || for ~ biztosan;

make ~ of sg meggyőződik
vmről; to a ~ degree bizonyos
mértékben
certainly ['sɜːtnlı] adv valóban,
hogyne, biztosan! || ~ not! semmi
esetre (sem)
certificate [sə'tıfıkət] n igazolás,
igazolvány; (birth etc.) anya-
könyvi kivonat
certified mail n US ajánlott külde-
mény
certified public accountant n US
okleveles könyvvizsgáló
certify ['sɜːtıfaı] v (hivatalosan)
igazol
Cesarean [sı'zeərıən] a US =
Caesarean
cessation [se'seıʃn] n megszűnés
cesspit ['sespıt] n emésztőgödör
CET [siː aı 'tiː] = Central European
Time
cf. [siː 'ef] = (Latin confer) com-
pare vesd össze!
chafe [tʃeıf] v (rub) kidörzsöl;
(shoe) feltör
chain [tʃeın] 1. n lánc || ~ of de-
partment stores áruházlánc; ~s
pl rabbilincs 2. v ~ to sg odalán-
col
chain reaction n láncreakció
chain smoker n erős dohányos
chain store n fióküzlet
chair [tʃeə] 1. n szék; (armchair)
karosszék; (at university) tanszék,
katedra 2. v (meeting) elnököl
chair lift n sífelvonó; libegő
chairman ['tʃeəmən] n (pl -men)
elnök
chalet ['ʃæleı] n faház, bungaló
chalk [tʃɔːk] n kréta
challenge ['tʃælındʒ] 1. n kihívás 2. v
kihív; (contest) vitat, kétségbe von

challenging ['tʃælɪndʒɪŋ] *a* kihívó, provokatív
chamber ['tʃeɪmbə] *n* terem || ~ **of commerce** kereskedelmi kamara
chambermaid ['tʃeɪmbəmeɪd] *n* szobalány (*szállóban*)
chamber music *n* kamarazene
chameleon [kə'miːliə] *n* kaméleon
champagne [ʃæm'peɪn] *n* pezsgő
champignon ['ʃæmpɪnjɒ] *n* csiperkegomba
champion ['tʃæmpɪən] *n sp* bajnok
championship ['tʃæmpɪənʃɪp] *n* (*competition*) bajnokság; (*title*) bajnoki cím
chance [tʃɑːns] **1.** *a* véletlen **2.** *n* (*luck*) véletlen; (*opportunity*) esély; (*possibility*) lehetőség; (*risk*) kockázat || **by** ~ esetleg, véletlenül **3.** *v* ~ **sg** megkockáztat vmt
chancellor ['tʃɑːnsələ] *n* kancellár || **C~ of the Exchequer** *GB* pénzügyminiszter
chancy ['tʃɑːnsɪ] *a col* kockázatos, rizikós
chandelier [ʃændə'lɪə] *n* csillár
change [tʃeɪndʒ] **1.** *n* változás, átalakulás; (*replacement*) csere; (*in traffic*) átszállás; (*money refunded*) visszajáró pénz; (*coins*) aprópénz || **for a** ~ a változatosság kedvéért; ~ **of address** lakcímváltozás; ~ **(of one's clothes)** átöltöz(köd)és **2.** *vi* (meg)változik; (*in traffic*) átszáll; (~ *clothes*) átöltözik | *vt* (meg)változtat; (*replace*) cserél; (*banknote*) felvált; (*foreign currency*) átvált || ~ **clothes** (*or* **one's dress**) átöltözik; ~ **course** irányt változtat; ~ **gear** sebességet vált; ~ **one's**

mind meggondolja magát; ~ **the baby** tisztába teszi a babát; ~ **the bed** ágyat húz
change into (sg) átalakul, vmvé változik
changeable ['tʃeɪndʒəbl] *a* (*weather*) változékony
change machine *n* pénzváltó automata
change-over *n pol* rendszerváltt(oz)ás
changing ['tʃeɪndʒɪŋ] **1.** *a* változó **2.** *n* változtatás || ~ **of the guard** őrségváltás
changing room *n* öltöző
channel ['tʃænl] *n* (*of sea*) csatorna; *TV* csatorna || **the C~** a La Manche-csatorna; **the C~ tunnel** a Csatornaalagút
chaos ['keɪɒs] *n* zűrzavar, felfordulás
chap [tʃæp] *n col* pasas, alak
chapel ['tʃæpl] *n* kápolna
chaplain ['tʃæplɪn] *n* káplán, lelkész
chapter ['tʃæptə] *n* fejezet
char[1] [tʃɑː] *n col* bejárónő
char[2] [tʃɑː] *v* **-rr-** *vt* szénné éget | *vi* elszenesedik
character ['kærɪktə] *n* jelleg; (*of person*) jellem; (*in novel*) alak, szereplő; *col* alak, pofa; *print* betű, jel; *comput* karakter
characteristic [kærɪktə'rɪstɪk] **1.** *a* jellegzetes, sajátos || ~ **feature** jellemző vonás, sajátság; ~ **of sy** vkre jellemző **2.** *n* ismertetőjel, jellemvonás
characterize ['kærɪktəraɪz] *v* jellemez
charcoal ['tʃɑːkəʊl] *n* faszén || ~ **sketch** szénrajz
charge [tʃɑːdʒ] **1.** *n el* töltés; *law* vád; (*cost*) díj, munkadíj; (*attack*)

roham; (*task*) megbízás ‖ ~s költségek; **bring a ~ against sy** vádat emel vk ellen; **be in ~** hatalmat gyakorol; **be in ~ of sg** gondjaira van bízva, felelős vmiért; **take ~ of sy/sg** gondoskodik vkről/ vmről **2.** *v law* (meg)vádol; (*price*) felszámít; (*gun*) megtölt; *mil* rohamoz ‖ **~ an account** számlát megterhel; **how much do you ~ for it?** mennyibe kerül?
charitable ['tʃærɪtəbl] *a* jótékony
charity ['tʃærətɪ] *n* jótékonyság
charlady ['tʃɑːleɪdɪ] *n* = **charwoman**
charm [tʃɑːm] **1.** *n* báj; (*spell*) varázs(erő); (*object*) amulett **2.** *v* elbájol, elbűvöl
charming ['tʃɑːmɪŋ] *a* bájos, vonzó
chart [tʃɑːt] **1.** *n* (*graph*) táblázat, grafikon; (*map*) (hajózási) térkép **2.** *v* grafikont készít vmről
charter ['tʃɑːtə] **1.** *n* oklevél, alapokmány **2.** *v* (*hajót, repülőt*) bérel
chartered accountant [tʃɑːtəd] *n* GB okleveles könyvvizsgáló
charter flight *n* különjárat, chartergép
charwoman ['tʃɑːwʊmən] *n* (*pl* -women) *n* bejárónő
chase [tʃeɪs] **1.** *n* kergetés, üldözés **2.** *v* (meg)kerget, üldöz
chasm ['kæzəm] *n* szakadék
chassis ['ʃæsɪ] *n* (*of car*) alváz; *el* sasszi
chastity ['tʃæstətɪ] *n* érintetlenség, szüzesség
chat [tʃæt] *col* **1.** *n* beszélgetés, csevegés **2.** *v* -tt- diskurál ‖ **~ with sy** vkvel társalog/beszélget
chatter ['tʃætə] *v* fecseg, locsog, (*teeth*) vacog

chatterbox ['tʃætəbɒks] *n* fecsegő; *col* kofa
chauffeur ['ʃəʊfə] *n* gépkocsivezető, sofőr
cheap [tʃiːp] *a* olcsó
cheapen ['tʃiːpən] *v* (*price*) leszállít ‖ **~ oneself** lealacsonyodik
cheaply ['tʃiːplɪ] *adv* olcsón
cheat [tʃiːt] **1.** *n* csaló, svindler **2.** *v* csal, becsap ‖ **~ (on)** *col* (meg)csal (*házastársat*); **~ sy out of sg** pénzt kicsal vktől
check [tʃek] **1.** *n* (*examination*) ellenőrzés, (felül)vizsgálat; (*token*) ellenőrző szelvény; (*in cloakroom*) ruhatári jegy; *US* (*in restaurant*) számla; (*US*) = **cheque** ‖ **the ~ please!** *US* fizetek!; **~!** (*in chess*) sakk! **2.** *v* (*examine*) ellenőriz, felülvizsgál; (*make sure*) utánanéz; egyeztet; (*data*) visszakeres; (*in cloakroom*) bead; (*in chess*) sakkot ad; (*halt*) megakaszt
check in (*in hotel, airport*) (be)jelentkezik
check out (*of hotel*) kijelentkezik, eltávozik
check (up) on ellenőriz, utánanéz (vmnek)
checked [tʃekt] *a* kockás, pepita
check-in *n* (*in hotel*) bejelentkezés; (*at airport*) megjelenés ‖ **~ desk** utasfelvétel
checking account *n US* folyószámla
checkmate ['tʃekmeɪt] (*in chess*) **1.** *n* matt **2.** *v* mattot ad vknek
checkout ['tʃekaʊt] *n* pénztár, kassza
check-point *n* határátkelőhely
checkroom ['tʃekruːm] *n US* (*cloakroom*) ruhatár; (*left-luggage office*) csomagmegőrző

checkup ['tʃekʌp] *n med* kivizsgálás
cheek [tʃiːk] *n* arc; (*of animals*) pofa; (*impudence*) arcátlanság, pimaszság ‖ **have the** ~ *col* van pofája
cheek-bone *n* arccsont, pofacsont
cheeky ['tʃiːkɪ] *a col* szemtelen
cheer [tʃɪə] *v* (meg)éljenez ‖ ~ **for one's team** *col* szurkol csapatnak
cheer up *vi* jókedvre derül | *vt* jókedvre derít ‖ ~ **up!** fel a fejjel!
cheerful ['tʃɪəfəl] *a* derűs, jókedvű, vidám
cheerio! [tʃɪən'əʊ] *int col* szervusz(tok) (*távozásnál*)!
cheers [tʃɪəz] *n pl* éljenzés ‖ ~! (*kívánságban*) egészségére!; (*távozáskor*) szia!, szevasztok!
cheese [tʃiːz] *n* sajt
cheetah ['tʃiːtə] *n* gepárd
chef [ʃef] *n* főszakács
chemical ['kemɪkl] **1.** *a* kémiai, vegy(észet)i **2.** *n* ~**s** vegyi anyagok, vegyszerek
chemist ['kemɪst] *n* (*scientist*) vegyész; *GB* (*pharmacist*) gyógyszerész
chemist's (shop) *n GB* illatszerbolt; gyógyszertár
chemistry ['kemɪstrɪ] *n* kémia, vegyészet
cheque [tʃek] (*US* **check**) *n* csekk-(lap) ‖ **pay by** ~ csekkel fizet
chequebook ['tʃekbʊk] *n* csekkfüzet, csekk-könyv
cheque card *n* csekk-kártya, bankkártya
chequered ['tʃekəd] *a* kockás, pepita; *fig* változatos
cherish ['tʃerɪʃ] *v* (*person*) dédelget; (*hope*) táplál
cherry ['tʃerɪ] *n bot* cseresznye

chess [tʃes] *n* sakk
chessboard ['tʃesbɔːd] *n* sakktábla
chessman ['tʃesmæn] *n* (*pl* **-men**) sakkfigura
chest [tʃest] *n* (*box*) láda; (*of man*) mell(kas)
chest of drawers *n* fiókos szekrény, komód, sublót
chestnut ['tʃesnʌt] **1.** *a* gesztenyebarna **2.** *n* gesztenye
chew [tʃuː] *v* (meg)rág
chewing gum *n* rágógumi
chic [ʃiːk] *a* sikkes, elegáns
chick [tʃɪk] *n* (kis)csirke; *US col* (*girl*) pipi
chicken ['tʃɪkɪn] **1.** *n* csirke, baromfi; (*food*) csirkehús
chief [tʃiːf] **1.** *a* fő, fontos **2.** *n* főnök, vezető; (*of tribe*) törzsfő(nök)
chiefly ['tʃiːflɪ] *adv* főként
chieftain ['tʃiːftən] *n* törzsfőnök
chilblain ['tʃɪlbleɪn] *n med* fagyás
child [tʃaɪld] *n* (*pl* **children** ['tʃɪldrən]) gyerek ‖ **children's disease** gyermekbetegség; **children's room** gyermekszoba
childbirth ['tʃaɪldbɜːθ] *n* gyermekszülés
childhood ['tʃaɪldhʊd] *n* gyermekkor ‖ **from** ~ gyermekkora óta
childish ['tʃaɪldɪʃ] *a* gyerekes
childminder ['tʃaɪldmaɪndə] *n* gyermekőrző
children ['tʃɪldrən] *pl* → **child**
chill [tʃɪl] **1.** *n* hideg; *med* megfázás, meghűlés **2.** *v* hűt, fagyaszt
chilled [tʃɪld] *a* hűtött
chilli ['tʃɪlɪ] *n* cseresznyepaprika
chilly ['tʃɪlɪ] *a also fig* hűvös, fagyos
chime [tʃaɪm] **1.** *n* harangjáték; (*of church clock*) óraütés **2.** *v* ~ **in with sg** összhangban van vmvel

chimney ['tʃɪmnɪ] n kémény
chimpanzee [tʃɪmpæn'ziː] n csimpánz
chin [tʃɪn] n áll || (keep your) ~ up! fel a fejjel!
China ['tʃaɪnə] n Kína
china ['tʃaɪnə] n porcelán
Chinese [tʃaɪ'niːz] 1. a kínai 2. n (pl ~) (person, language) kínai
chip [tʃɪp] 1. n (of wood) forgács, szilánk; (of glass) csorba; el chip; → chips 2. v -pp- kicsorbul
chip in (with) beleszól
chips [tʃɪps] n pl GB hasábburgonya; US (crisps) burgonyaszirom
chiropodist [kɪ'rɒpədɪst] n pedikűrös
chirp [tʃɜːp] v (insect) ciripel; (bird) csiripel
chisel ['tʃɪzl] 1. n véső 2. v -ll- (US -l-) vés
chit-chat ['tʃɪt tʃæt] n terefere, traccs
chivalrous ['ʃɪvlrəs] a lovagias
chives [tʃaɪvz] n pl metélőhagyma, snidling
chlorine ['klɔːriːn] n klór
chocolate ['tʃɒklət] n csokoládé
choice [tʃɔɪs] 1. n választás; (of goods) választék || ~ of sg vmnek a legjava; he had no ~ (but to ...) nem volt más választása, mint ... 2. a válogatott, finom
choir [kwaɪə] n kórus, énekkar; arch (in church) karzat
choke [tʃəʊk] 1. vt (person) (meg)-fojt; (pipe) eltöm | vi (el)fullad 2. n (in car) szívató
cholera ['kɒlərə] n kolera
cholesterol [kə'lestrəl] n koleszterin

choose [tʃuːz] v (pt chose [tʃəʊz]; pp chosen ['tʃəʊzn]) (ki)választ (between kettő közül)
choosy ['tʃuːzɪ] a válogatós
chop [tʃɒp] 1. n vágás; (of meat) (hús)szelet 2. v -pp- (wood) aprít, vág; (meat, vegetables) felszeletel, felvág
chop up vmt összevág, felaprít
chopper ['tʃɒpə] n (axe) húsvágó bárd; col (helicopter) helikopter
chord [kɔːd] n mus akkord, hangzat; (string) húr
choreography [kɒrɪ'ɒgrəfɪ] n koreográfia
chores [tʃɔːz] n pl aprómunka, robot
chorus ['kɔːrəs] n (singers) kórus, énekkar; (sg sung) kórus
chose [tʃəʊz] pt → choose
chosen ['tʃəʊzn] pp → choose
christen ['krɪsn] v (meg)keresztel
Christian ['krɪstʃən] a keresztény/keresztyén; hívő || ~ name keresztnév, utónév
Christianity [krɪstɪ'ænətɪ] n kereszténység, keresztyénség
Christmas ['krɪsməs] n karácsony || ~ card karácsonyi üdvözlőlap; ~ Day karácsony első napja; ~ Eve karácsonyest, szenteste; ~ tree karácsonyfa
chromium ['krəʊmɪəm] n chem króm || ~ plating krómozás
chromosome ['krəʊməsəʊm] n kromoszóma
chronic ['krɒnɪk] a med idült, krónikus
chronicle ['krɒnɪkl] n krónika, évkönyv
chronological [krɒnə'lɒdʒɪkl] a időrendi, kronologikus

chronology [krə'nɒlədʒɪ] *n* kronológia

chubby ['tʃʌbɪ] *a* pufók

chuck [tʃʌk] *v* eldob, kidob

chuckle ['tʃʌkl] *v* kuncog

chum [tʃʌm] *n col* pajtás, haver

chunky [tʃʌŋkɪ] *a* tagbaszakadt

church [tʃɜːtʃ] *n* templom ‖ **the C~** az egyház

churchyard ['tʃɜːtʃjɑːd] *n* sírkert

churlish ['tʃɜːlɪʃ] *a* faragatlan, bugris

CIA [siː aɪ 'eɪ] = *Central Intelligence Agency* Központi Hírszerző Ügynökség (*USA*)

CID [siː aɪ 'diː] = **Criminal Investigation Department**

cider ['saɪdə] *n* almabor

cigar [sɪ'gɑː] *n* szivar

cigarette [sɪgə'ret] *n* cigaretta

cigarette-case *n* cigarettatárca

cigarette end *n* cigarettacsikk

cinder(s) ['sɪndə(z)] *n* (*pl*) hamu

cinch [sɪntʃ] *n* **a** ~ potya dolog/feladat

Cinderella [sɪndə'relə] *n* Hamupipőke

cine camera ['sɪnɪ] *n* filmfelvevő (gép)

cinefilm ['sɪnɪfɪlm] *n* keskenyfilm, mozifilm

cinema ['sɪnəmə] *n* mozi ‖ **the ~** filmművészet

cinnamon ['sɪnəmən] *n* fahéj

cipher ['saɪfə] *n* (*code*) rejtjel, titkosírás

circle ['sɜːkl] **1.** *n* kör; *theat* erkély **2.** *vi* kering, köröz I *vt* megkerül

circuit ['sɜːkɪt] *n* (*journey*) körutazás, körút; *el* áramkör

circuitous [sɜː'kjuːɪtəs] *a* (*road*) kerülő

circular ['sɜːkjʊlə] **1.** *a* kör alakú **2.** *n* körlevél

circulate ['sɜːkjʊleɪt] *vi* (*substance*) kering; (*banknote*) forgalomban van; (*rumours*) terjed I *vt* (*cause to flow*) keringet; (*spread*) forgalomba hoz; terjeszt

circulation [sɜːkjʊ'leɪʃn] *n* körforgás, cirkuláció; (*of blood*) keringés; (*of newspaper*) példányszám; (*of money*) forgalom

circumcise ['sɜːkəmsaɪz] *v* körülmetél

circumference [sə'kʌmfərəns] *n math* kerület

circumscribe ['sɜːkəmskraɪb] *v* körülír, körülhatárol

circumstance ['sɜːkəmstəns] *n law* körülmény ‖ **~s** körülmények, helyzet; **under the ~s** a jelenlegi helyzetben; **in/under no ~s** semmilyen körülmények között

circus ['sɜːkəs] *n* (*show*) cirkusz; (*in town*) körtér

cistern ['sɪstən] *n* vízgyűjtő (medence); ciszterna; (*of WC*) vécéöblítőtartály

cite [saɪt] *v* idéz; (*example*) felhoz; (*before court of law*) (be)idéz

citizen ['sɪtɪzn] *n US* állampolgár

citizens' band *n* polgári sáv, CB

citizenship ['sɪtɪzənʃɪp] *n US* állampolgárság

city ['sɪtɪ] *n* (*nagyobb*) város, nagyváros ‖ **the C~** London városközpontja

city hall *n US* városháza

civic ['sɪvɪk] *a* állampolgári ‖ **~ centre** (*US* **-ter**) közigazgatási negyed

civil ['sɪvl] *a* polgári; (*not military*) civil; (*polite*) előzékeny, udvarias

civil engineer *n* általános mérnök
civilian [sı'vılıən] 1. *a* civil, polgári
2. *n* civil, polgári személy
civilization [sıvılaı'zeıʃn] *n* civilizáció, műveltség
civilized ['sıvılaızd] *a* művelt, civilizált
civil rights *n pl* polgárjogok
civil servant *n* közalkalmazott, köztisztviselő
civil service *n* közszolgálat || the ~ közigazgatás
civil war *n* polgárháború
claim [kleım] 1. *n* (*right*) igény (*to* vmre); (*demand*) követelés || ~ for damages kártérítési igény 2. *v* vktől vmt követel; igényel
claimant ['kleımənt] *n* igénylő
clamber ['klæmbə] *v* mászik
clamour (*US* -mor) ['klæmə] 1. *n* zaj, lárma 2. *v* zajong, lármázik
clamp [klæmp] 1. *n* ácskapocs; *tech* bilincs; szorító 2. *v* (satuba) befog; összekapcsol
clan [klæn] *n* klán, nemzetség
clandestine [klæn'destın] *a* titkos, illegális
clang [klæŋ] *v* csörget, csörög
clap [klæp] 1. *n* taps 2. *v* -pp- tapsol || ~ sy megtapsol vkt; ~ one's hands összeveri a tenyerét
claret ['klærət] *n* (bordeaux-i) vörösbor
clarify ['klærıfaı] *vt* (*situation*) tisztáz, megvilágít; (*liquid*) megtisztít | *vi* kitisztul
clarinet [klærı'net] *n* klarinét
clarity ['klærətı] *n* (*of thought*) tisztaság, érthetőség
clash [klæʃ] 1. *n* *fig* konfliktus, összeütközés 2. *v* egymásba ütköznek, összecsap(nak); (*colours*)

nem illenek egymáshoz, ütik egymást
clasp [klɑːsp] 1. *n* (*of bag*) zár, csat 2. *v* becsatol, odacsatol (*to* vmhez) || ~ one's hands összekulcsolja a kezét
class [klɑːs] 1. *n* (*category*) osztály; (*pupils*) osztály; *US* (*students in the same year*) évfolyam; (*lesson*) óra; foglalkozás || go to ~es (in sg) órákat vesz 2. *v* osztályoz, osztályba sorol
classic ['klæsık] *a/n* klasszikus
classical ['klæsıkl] *a* klasszikus || ~ music klasszikus/komoly zene
classified ['klæsıfaıd] *a* (*information*) titkos, bizalmas || ~ ad(vertisement) *n* apróhirdetés
classify ['klæsıfaı] *v* besorol, osztályoz
classmate ['klɑːsmeıt] *n* évfolyamtárs
classroom ['klɑːsruːm] *n* tanterem
clatter ['klætə] 1. *n* csörgés; (*of feet*) dobogás 2. *vt* csörget, zörget | *vi* csörög, zörög; (*feet*) dobog
clause [klɔːz] *n* *law* záradék, kikötés; *gram* mellékmondat
claw [klɔː] 1. *n* köröm, karom 2. *v* (meg)karmol
clay [kleı] *n* agyag
clean [kliːn] 1. *a* tiszta || make a ~ sweep (of) nagy tisztogatást végez; elsöprő győzelmet arat 2. *adv* I ~ forgot it teljesen kiment a fejemből 3. *v* (le)tisztít, megtisztít (*of* vmtől) || ~ one's teeth fogat mos
cleaner ['kliːnə] *n* takarító(nő)
cleaners ['kliːnəz] *n pl* vegytisztító
cleaning ['kliːnıŋ] *n* takarítás, (ki)tisztítás

cleanliness ['klenlınıs] *n* tisztaság
cleanse [klenz] *v* (meg)tisztít
cleanser [klenzə] *n* arclemosó
clean-shaven *a* simára borotvált
clear [klıə] **1.** *a* (*glass*) tiszta; (*obvious*) világos, érthető; (*weather*) derült || **make oneself ~** megérteti magát; **make sg ~** tisztáz, megmagyaráz **2.** *adv* tisztán || **~ of** távol vktől/vmtől **3.** *vt* (meg)tisztít; (*debt*) kiegyenlít; (*obstacle*) legyőz; (*table*) leszed; *law* (*suspect*) felment | *vi* (*weather*) kiderül; (*fog*) feloszlik
clear off *vt* (*debt*) kifizet | *vi* eltakarodik
clear out elhordja magát, kitakarodik
clear up *vt* (*room*) kitakarít; (*question*) tisztáz; (*mystery*) felderít | *vi* (*weather*) kiderül
clearance ['klıərəns] *n* (*removal*) szabaddá tétel; vámvizsgálat; *aviat* felszállási engedély; (*of accused*) felmentés; *tech* térköz
clear-cut *a* (*outline*) éles; (*decision*) határozott, egyértelmű
clearing ['klıərıŋ] *n* tisztás, irtvány; *comm* klíring
clearing bank *n* zsíróbank
clearly ['klıəlı] *adv* tisztán, érthetően; (*obviously*) nyilván(valóan)
clearway [klıəweı] *n* GB gyorsforgalmi út, autóút
clef [klef] *n mus* kulcs
clement ['klemənt] *a* enyhe
clench [klentʃ] *v* összeszorít
clergy ['klɜːdʒı] *n* klérus
clergyman ['klɜːdʒımən] *n* (*pl* -men) lelkész, pap
clerical ['klerıkl] *a* (*office*) irodai; *rel* papi || **~ error** elírás; **~ worker** adminisztratív dolgozó

clerk [klɑːk; *US* klɜːk] *n* (*in office*) hivatalnok, tisztviselő; *US* (*sales person*) eladó
clever ['klevə] *a* (*mentally*) okos, értelmes; (*skilful*) ügyes || **be ~ at sg** ügyes vmben
clew [kluː] *US* = **clue**
click [klık] **1.** *n* kattanás **2.** *vi* kattan | *vt* kattint
client ['klaıənt] *n* (ügy)fél, vásárló, üzletfél
clientele [kliːənˈtel] *n* (állandó) ügyfelek, vevőkör
cliff [klıf] *n* szikla, szirtfal
climate ['klaımıt] *n* éghajlat; *fig* légkör
climax ['klaımæks] *n* csúcspont, fénypont; (*orgasm*) orgazmus
climb [klaım] *vt* (meg)mászik | *vi* vmre (fel)mászik; (*rise*) emelkedik
climber ['klaımə] *n* (*mountaineer*) hegymászó; (*plant*) kúszónövény
climbing ['klaımıŋ] *n* hegymászás
cling [klıŋ] *v* (*pt/pp* **clung** [klʌŋ]) belekapaszkodik, fogódzkodik (*to sy/sg* vkbe/vmbe) || **they ~ together** ragaszkodnak egymáshoz
clinch [klıntʃ] *v* (*decide*) eldönt || **~ a deal with sy** üzletet köt vkvel
clinic ['klınık] *n* rendelőintézet
clinical ['klınıkl] *a* klinikai
clink [klıŋk] *vi* peng; (*glass*) csilingel | *vt* (*glasses*) koccint
clip[1] [klıp] **1.** *n* (*paper ~*) (gem)kapocs; (*brooch*) bross, melltű **2.** *v* -**pp**- **~ together** összetűz
clip[2] [klıp] **1.** *n* nyírás; (*film*) klip **2.** *v* -**pp**- (*nail, hair*) levág; (*hair*) lenyír
cloak [kləʊk] *n* köpönyeg

cloakroom ['kləʊkrʊm] n (for coats) ruhatár; GB (toilet) vécé
clock [klɒk] 1. n óra (fali, asztali, torony) || round the ~ éjjel-nappal 2. v mér (időt, sebességet)
clockwise ['klɒkwaɪz] adv az óramutató járásával egyező irányba(n)
clockwork ['klɒkwɜːk] 1. n óramű || like ~ óramű pontossággal 2. a felhúzós
cloister ['klɔɪstə] n kolostor, zárda
close 1. [kləʊs] a (near) közeli; (connection) szoros; (translation) hű, pontos; (examination) gondos; (weather) fülledt || ~ friend testi-lelki jóbarát 2. [kləʊs] adv mellett(e), közel(re); szorosan || ~ by egészen közel; ~ to mellé 3. [kləʊz] n (end) vmnek a vége 4. [kləʊz] vt (shut) bezár, becsuk; (end) befejez | vi (be)záródik, csukódik; (shop) zár; (end) befejeződik
closed [kləʊzd] 1. a csukott, zárt 2. adv zárva, csukva
close-knit a (személyek) szorosan összetartozó
closely ['kləʊslɪ] adv közelről, szorosan; (carefully) gondosan
closet ['klɒzɪt] n US (cupboard) beépített szekrény, gardrób
close-up n közelkép, premier plán
closure ['kləʊʒə] n bezárás
clot [klɒt] 1. n (of blood) vérrög; GB col (idiot) hülye 2. v -tt- (milk) összecsomósodik; (blood) (meg)-alvad
cloth [klɒθ] n tex anyag, kelme, szövet; (rag) törlőrongy
clothe [kləʊð] v (fel)öltöztet

clothes [kləʊðz] n pl ruhanemű, ruházat || ~ brush ruhakefe; ~ peg (US pin) ruhaszárító csipesz
clothing ['kləʊðɪŋ] n ruhanemű, ruházat
cloud [klaʊd] 1. n felhő 2. v ~ over (sky) beborul; (person) elkomorul (vk)
cloud burst n felhőszakadás
cloudy ['klaʊdɪ] a (sky) felhős; (liquid) zavaros
clout [klaʊt] col v hatalmasat üt/sóz (vkre)
clove [kləʊv] n szegfűszeg || ~ of garlic fokhagymagerezd
clover ['kləʊvə] n bot lóhere || be in ~ jólétben él
clown [klaʊn] n bohóc
club [klʌb] 1. n (weapon) bunkósbot; (golf ~) (golf)ütő; (society) klub; sp egyesület; (in cards) treff 2. v -bb- bunkósbottal (meg)üt || ~ together összeáll, összefog
club car n US szalonkocsi (büfével)
cluck [klʌk] v kotyog
clue (US clew) [kluː] n nyom, jel, kulcs (vmnek a nyitja) || I haven't a ~ fogalmam sincs!
clump [klʌmp] n csomó, rakás; (of trees) (fa)csoport
clumsy ['klʌmzɪ] a esetlen, ügyetlen
clung [klʌŋ] pt/pp → cling
cluster ['klʌstə] 1. n (of grapes) (szőlő)fürt 2. v ~ round vk köré gyűlik
clutch [klʌtʃ] 1. n (grip, grasp) megragadás, megfogás; (in car) kuplung 2. v vmbe kapaszkodik || ~ at vkbe, vmbe fogódzkodik
clutter ['klʌtə] col 1. n rendetlenség 2. v ~ up telezsúfol

cm [si: 'em] = **centimetre**
Co. [kəʊ] = **Company**
c/o [si: 'əʊ] = **care of**
coach[1] [kəʊtʃ] *n railw* (vasúti) kocsi; (*bus*) (távolsági) (autó)busz; (*horse-drawn*) (lovas) kocsi, fogat
coach[2] [kəʊtʃ] **1.** *n sp* (*trainer*) edző; (*tutor*) magántanító **2.** *v* felkészít (*for/in sg* versenyre, vizsgára)
coal [kəʊl] *n* szén
coalition [kəʊə'lɪʃn] *n* koalíció
coal-mine *n* szénbánya
coarse [kɔːs] *a* durva; *fig* nyers, közönséges
coast [kəʊst] *n* partvidék, (tenger)-part
coast-guard *n* partőr(ség)
coastline [kəʊstlaɪn] *n geogr* partvonal
coat [kəʊt] **1.** *n* kabát; (*of animal*) bunda, szőrzet || ~ **(of paint)** (festék)réteg **2.** *v* bevon (*with* vmvel)
coat-hanger *n* vállfa
coating ['kəʊtɪŋ] *n* festékréteg
coax [kəʊks] *v* ~ **sy into sg** rászed/rávesz vkt vmre; ~ **sg out of sy** vkből vmt kicsikar
cobbler ['kɒblə] *n* varga, cipész, suszter
cobweb ['kɒbweb] *n* pókháló
cocaine [kəʊ'keɪn] *n* kokain
cock [kɒk] **1.** *n* (*animal, also of gun*) kakas **2.** *v* felhúz
cockerel ['kɒkrəl] *n* fiatal kakas
cock-eyed ['kɒk aɪd] *col a* (*cross-eyed*) kancsal; (*abnormal*) furcsa
cockle ['kɒkl] *n* kagyló
cockney ['kɒknɪ] *a/n* (tipikusan) londoni (ember)
cockpit ['kɒkpɪt] *n* pilótafülke
cockroach ['kɒkrəʊtʃ] *n* svábbogár

cocktail ['kɒkteɪl] *n* koktél
cocktail party *n* koktélparti
cocoa ['kəʊkəʊ] *n* kakaó
coconut ['kəʊkənʌt] *n* kókuszdió
COD [sɪ əʊ 'diː] = **cash on delivery**
code [kəʊd] *n* (*system of signals*) kód; *law* jogszabálygyűjtemény
cod-liver oil *n* csukamájolaj
coerce [kəʊ'ɜːs] *v* ~ **into** belekényszerít vmbe
coercion [kəʊ'ɜːʃən] *n* kényszer
coexistence [kəʊɪg'zɪstəns] *n* együttélés
coffee ['kɒfɪ] *n* kávé || **make** ~ kávét főz
coffee bar *n* kávézó, eszpresszó
coffee-break *n* kávészünet
coffee grinder *n* kávédaráló
coffin ['kɒfɪn] *n* koporsó
cog [kɒg] *n* fog (*fogaskeréké*)
cogent ['kəʊdʒənt] *a* hathatós; (*argument*) meggyőző; (*cause*) nyomós
cognac ['kɒnjæk] *n* konyak
cog railway *n* fogaskerekű (vasút)
cogwheel ['kɒgwiːl] *n* fogaskerék
coherent [kəʊ'hɪərənt] *a* összefüggő, koherens
coil [kɔɪl] **1.** *n el* tekercs; (*contraceptive*) spirál **2.** *v* ~ **sg (a)round sg** vmre rácsavar, ráteker
coin [kɔɪn] **1.** *n* (pénz)érme **2.** *v* ~ **money** pénzt ver
coinage ['kɔɪnɪdʒ] *n* (új) szó alkotása, szóalkotás
coincide [kəʊɪn'saɪd] *v* egybeesik (*with* vmvel)
coincidence [kəʊ'ɪnsɪdəns] *n* egybeesés
coin-operated *a* pénzbedobós || ~ **machine** (*pénzbedobós*) automata

Coke [kəʊk] *n col* kóla
coke *n* koksz
cold [kəʊld] **1.** *a* hideg ‖ **I am ~** fázom; **it is ~** hideg van; **in ~ blood** hidegvérrel **2.** *n* hideg; *med* meghűlés, megfázás ‖ **have a ~** meg van hűlve
cold-blooded *a* (*animal*) hideg vérű; (*person*) hidegvérű, kegyetlen
coleslaw ['kəʊlslɔː] *n* káposztasaláta
colic ['kɒlɪk] *n* gyomorgörcs, hascsikarás
collaborate [kə'læbəreɪt] *v also pejor* kollaborál, együttműködik (*with sy* vkvel)
collaboration [kəlæbə'reɪʃn] *n* együttműködés; *pol* kollaborálás
collapse [kə'læps] **1.** *n med* ájulás; *pol* összeomlás; (*of government*) bukás **2.** *v* összeesik; összeomlik; (*wall*) leomlik; (*government*) megbukik, megdől
collapsible [kə'læpsəbl] *a* összecsukható, összehajtható
collar ['kɒlə] **1.** *n* gallér **2.** *v col* elkap, nyakon csíp vkt
collate [kə'leɪt] *v* összevet, összeegyeztet
collateral [kə'lætərəl] *a* járulékos, mellék-
colleague ['kɒliːg] *n* munkatárs, kolléga
collect [kə'lekt] **1.** *a/adv* utánvéttel ‖ *US ~* **phone call** R-beszélgetés **2.** *v* vmt (össze)gyűjt; beszed; (*letters*) kiszed ‖ *~* **oneself** *col* összeszedi magát (*lelkileg*); *~* **stamps** bélyeget gyűjt
collection [kə'lekʃn] *n* gyűjtemény, kollekció; (*for money*) gyűjtés

collector [kə'lektə] *n* díjbeszedő, pénzbeszedő ‖ *~* **of antiquities** régiséggyűjtő
college ['kɒlɪdʒ] *n* (*for higher education*) főiskola; *GB* (*part of university*) kollégium
collide [kə'laɪd] *v* összeütközik (*with* vmvel)
collision [kə'lɪʒn] *n* karambol, összeütközés
collusion [kə'luːʒn] *n* összejátszás
colon[1] ['kəʊlən] *n gram* kettőspont
colon[2] ['kəʊlən] *n med* vastagbél
colonial [kə'ləʊnɪəl] *a* gyarmati
colonel ['kɜːnl] *n* ezredes
colonization [kɒlənaɪ'zeɪʃn] *n* gyarmatosítás
colonnade [kɒlə'neɪd] *n* oszlopsor
colony ['kɒlənɪ] *n* gyarmat, kolónia; (*artists'*) telep
colour (*US -or*) ['kʌlə] **1.** *n* szín; (*paint*) festék ‖ *~s* nemzeti zászló/színek; **be off ~** rossz színben van **2.** *v* (ki)színez, kifest; *fig* színez
colour-blind *a* színvak
coloured people *n pl* színesbőrűek
colour film *n* színes film
colourful ['kʌləfʊl] *a* színes, színpompás
colour television *n* színes televízió
column ['kɒləm] *n arch* oszlop, pillér; *mil* hadoszlop; (*of print*) hasáb; (*in newspaper*) rovat
coma ['kəʊmə] *n* kóma
comb [kəʊm] **1.** *n* fésű **2.** *v* fésül; (*search*) átfésül
combat ['kɒmbæt] *n* ütközet
combination [kɒmbɪ'neɪʃn] *n also math* kombináció
combine 1. [kəm'baɪn] *vi* egyesül; *chem* vegyül ‖ *vt* egyesít; *chem*

vegyít **2.** ['kɒmbaɪn] *n* ~
(**harvester**) kombájn
combustion [kəm'bʌstʃən] *n* égés
(*folyamat*)
come [kʌm] *v* (*pt* **came** [keɪm], *pp*
come [kʌm]) megérkezik, (el)jön
‖ ~ **and see me** látogass meg; ~
~! *col* ugyan, menj(en) már!; **to** ~
eljövendő, jövő; ~ **of age** eléri a
nagykorúságot
come about (meg)történik
come across összefut vkvel;
vmre (rá)akad
come along (*vm mellett*) halad ‖
~ **along!** siess!, gyerünk!
come back visszajön
come by sg vmhez jut, hozzájut
come down lejön, lemegy;
(*price*) esik
come forward with vmvel előáll
come from vhonnan származik,
ered vmből
come in bejön; (*train*) beérkezik;
(*money*) befolyik ‖ ~ **in!** tessék!,
szabad!
come into (a fortune *or* **money)**
örököl
come off vm vmről lejön, leválik;
(*button*) leszakad; (*succeed*) sike-
rül ‖ ~ **off well** jól jár
come on (*progress*) alakul, fej-
lődik ‖ ~ **on!** gyerünk!, siess már!
come out kijön; (*book*) megjele-
nik; (*be revealed*) kiderül, kitu-
dódik
come round *med* magához tér
come to vhova (el)érkezik; *med*
magához tér; (*total*) kitesz
(*összeget*)
come up feljön; (*sun*) felkel;
(*problem*) felmerül ‖ ~ **up**
against sg vmvel szembekerül

come upon sy/sg rátalál vkre/
vmre
comeback ['kʌmbæk] *n* visszatérés;
(*response*) visszavágás, replika
comedian [kə'miːdɪən] *n* komikus
comedienne [kəmiːdɪ'en] *n* komika
comedown ['kʌmdaʊn] *n* lecsúszás
(*rangban*); megalázás
comedy ['kɒmədɪ] *n* vígjáték
comet ['kɒmɪt] *n* üstökös
comfort ['kʌmfət] **1.** *n* kényelem,
komfort; (*consolation*) vigasz ‖ **all**
modern ~**s, every modern** ~
összkomfort **2.** *v* megvigasztal
comfortable ['kʌmftəbl] *a* kényel-
mes
comfort station *n US* nyilvános
illemhely/vécé
comic ['kɒmɪk] **1.** *a* humoros, vic-
ces **2.** *n* (*comedian*) komikus, hu-
morista; → **comics**
comics ['kɒmɪks] *n pl* képregény
comic strip *n* képregény
coming ['kʌmɪŋ] **1.** *a* jövő **2.** *n* ~**s**
and goings jövés-menés
comma ['kɒmə] *n* vessző (*írásjel*)
command [kə'mɑːnd] **1.** *n* (*order*)
parancs, utasítás; *mil* (*authority*) pa-
rancsnokság; *comput* parancs ‖ **be**
in ~ parancsnokol; ~ **of language**
nyelvtudás **2.** *v* parancsnokol, vezet
commander [kə'mɑːndə] *n* pa-
rancsnok
commandment [kə'mɑːndmənt] *n*
parancsolat
commando [kə'mɑːndəʊ] *n mil*
különítmény, kommandó
commemorate [kə'meməreɪt] *v*
megemlékezik vkről/vmről
commence [kə'mens] *vt* elkezd,
megkezd I *vi* elkezdődik, megkez-
dődik

commend [kə'mend] *v* (*recommend*) ajánl; (*praise*) dicsér
commendation [kɒmen'deıʃn] *n* (*recommendation*) ajánlás; (*praise*) dicséret
commensurate [kə'menʃərət] *a* be ~ **with sg** arányban áll vmvel
comment ['kɒment] **1.** *n* megjegyzés, észrevétel ‖ **no** ~! nincs hozzáfűznivalóm! **2.** *v* ~ **on** (*text*) magyaráz
commentary ['kɒməntrı] *n* magyarázó szöveg, kommentár
commentator ['kɒmənteıtə] *n* hírmagyarázó; *sp* riporter
commerce ['kɒmɜːs] *n* kereskedelem
commercial [kə'mɜːʃl] **1.** *a* kereskedelmi **2.** *n TV* reklám
commercialize [kə'mɜːʃəlızəm] *v* üzleti alapokra helyez
commission [kə'mıʃn] **1.** *n* (*act*) megbízás; (*body*) bizottság; (*fee*) jutalék ‖ **give** ~ **to sy** megbízást ad vknek; **be out of** ~ nem üzemel **2.** *v* ~ **sy to do sg** megbízást ad vknek vmre
commissionaire [kəmıʃə'neə] *n* egyenruhás ajtónálló (*szálloda stb. előtt*)
commissioner [kə'mıʃənə] *n* (miniszteri) biztos, megbízott
commit [kə'mıt] *v* -tt- elkövet ‖ ~ **oneself to (doing) sg** vmre elkötelezi magát
commitment [kə'mıtmənt] *n* (el)kötelezettség
committee [kə'mıtı] *n* bizottság
commodity [kə'mɒdətı] *n* árucikk
common ['kɒmən] **1.** *a* általános, mindennapi; *pejor* közönséges; (*affecting many*) közös ‖ **it's** ~

knowledge közismert tény; **be** ~ **talk** közszájon forog; **be in** ~ **use** közkézen forog **2.** *n* (*land*) közlegelő ‖ **have sg in** ~ közös vonásuk..., közös bennük...
common law *n GB* országos szokásjog
common-law husband/wife *n* élettárs
commonly ['kɒmənlı] *adv* általában
commonplace ['kɒmənpleıs] **1.** *a* közhelyszerű **2.** *n* közhely
Commons, the ['kɒməns] *n GB* az angol alsóház
common sense *n* józan ész
Commonwealth, the ['kɒmənwelθ] *n* a Brit Nemzetközösség
commotion [kə'məʊʃn] *n* (*excitement*) izgatottság; (*confusion*) zűrzavar
communal ['kɒmjʊnl] *a* közösségi, kommunális, közös
commune 1. ['kɒmjuːn] *n* önkormányzat; (*community*) kommuna **2.** [kə'mjuːn] *v* elbeszélget (*with* vkvel)
communicate [kə'mjuːnıkeıt] *vi* érintkezik (*with* vkvel); *rel* áldozik, úrvacsorát vesz | *vt* közöl/továbbít (*to* vknek)
communication [kəmjuːnı'keıʃn] *n* (*making understood*) kommunikáció, érintkezés; (*message*) közlemény ‖ ~ **cord** *GB* vészfék
communications [kə'mjuːnı'keıʃnz] *n* (*sing. or pl*) (*sending information*) híradástechnika, hírközlés; (*travelling*) közlekedés
communion [kə'mjuːnıən] *n* (*Holy* C~) áldozás, úrvacsora
communiqué [kə'mjuːnıkeı] *n* közlemény, nyilatkozat

communism ['kɒmjʊnɪzəm] *n hist* kommunizmus

communist ['kɒmjʊnɪst] *a/n hist* kommunista

community [kə'mjuːnətɪ] *n* közösség; (*local group*) kolónia

commute [kə'mjuːt] *v col* ingázik

commuter [kə'mjuːtə] *n* ingázó

compact 1. [kəm'pækt] *a* tömör, tömött, sűrű **2.** ['kɒmpækt] *n* (*pact*) megállapodás; *US* (*car*) kiskocsi; (*for powder*) kompakt

compact disc *n* kompaktlemez, CD-lemez ‖ ~ **player** CD-lejátszó

companion [kəm'pænɪən] *n* társ, kísérő

company ['kʌmpənɪ] *n* társaság; *comm* vállalat, cég; *theat* (szín)-társulat ‖ **keep sy** ~ vkt szórakoztat; **in the** ~ **of** vknek a társaságában; **in** ~ **with sy** vkvel együtt

comparable ['kɒmprəbl] *a* összehasonlítható (*to/with sg* vmvel)

comparative [kəm'pærətɪv] **1.** *a* összehasonlító **2.** *n gram* középfok

comparatively [kəm'pærətɪvlɪ] *adv* aránylag, viszonylag

compare [kəm'peə] *v* ~ **sg with sg/sy** összehasonlít vmt/vkt vmvel/vkvel; ~ **sg to sy/sg** vkhez/vmhez hasonlít vkt/vmt; **not to be** ~**d to** összehasonlíthatatlan

comparison [kəm'pærɪsn] *n* összehasonlítás ‖ **in** ~ **with sg** vmhez képest

compartment [kəm'pɑːtmənt] *n railw* fülke, szakasz; (*in drawer*) rekesz; (*inside a bag*) zseb

compass ['kʌmpəs] *n* iránytű

compasses ['kɒmpəsəs] *n pl* körző

compassion [kəm'pæʃn] *n* együttérzés, részvét

compatible [kəm'pætəbl] *a* összeegyeztethető; *comput* kompatibilis

compel [kɒm'pel] *v* **-ll-** ~ **sy to do sg** vkt vmre (rá)kényszerít ‖ **I am** ~**led to** kénytelen vagyok

compensate ['kɒmpənseɪt] *vt* kárpótol ‖ *vi* ~ **for** kártérítést fizet vmért

compensation [kɒmpən'seɪʃn] *n* ellensúlyozás; (*for loss*) kártérítés

compère ['kɒmpeə] **1.** *n* konferanszié **2.** *v* konferál

compete [kəm'piːt] *v* versenyez, vetélkedik (*with sy in sg* vkvel vmben) ‖ ~ **for sg** pályázik vmre

competence ['kɒmpɪtəns] *n* (*skill*) hozzáértés, szakértelem; (*power*) hatáskör

competent ['kɒmpɪtənt] *a* hozzáértő, szakértő ‖ **not** ~ *law* illetéktelen

competition [kɒmpə'tɪʃn] *n* (*contest*) verseny; (*rivalry*) konkurencia

competitive [kɒm'petətɪv] *a* versenyképes ‖ ~ **sport** versenysport

competitor [kəm'petɪtə] *n sp* versenyző; *comm* vetélytárs

compile [kəm'paɪl] *v* összeállít

complain [kəm'pleɪn] *v* panaszkodik (*about* vkre, vmre)

complaint [kəm'pleɪnt] *n* panasz, reklamáció; *med* panasz ‖ **make a** ~ **(about sg)** panaszt tesz, reklamál

complement 1. ['kɒmplɪmənt] *n* kiegészítés; (*staff*) állomány;

gram bővítmény **2.** ['kɒmplɪment] *v* kiegészít

complementary [kɒmplɪ'mentrɪ] *n* kiegészítő

complete [kəm'pliːt] **1.** *a (full)* teljes, egész; *(finished)* befejezett, kész **2.** *v* befejez, elvégez; *(a form)* kiállít

completely [kəm'pliːtlɪ] *adv* teljesen

completion [kəm'pliːʃn] *n* befejezés, elvégzés

complex ['kɒmpleks] **1.** *a* bonyolult, összetett **2.** *n pszich* komplexus

complexion [kəm'plekʃn] *n* arcszín

complexity [kəm'pleksətɪ] *n* bonyolultság, összetettség

compliance [kəm'plaɪəns] *n* engedékenység ‖ **in ~ with it** ennek megfelelően

complicate ['kɒmplɪkeɪt] *v* bonyolít, komplikál

complicated ['kɒmplɪkeɪtɪd] *a* összetett, bonyolult, komplikált

complication [kɒmplɪ'keɪʃn] *n* bonyodalom; *med* szövődmény

complicity [kəm'plɪsətɪ] *n* bűnrészesség

compliment ['kɒmplɪmənt] *n* bók

complimentary **copy** [kɒmplɪ'mentrɪ] *n* tiszteletpéldány

comply [kəm'plaɪ] *v* **~ with** *(request)* teljesít; *(rule)* betart

component [kəm'pəʊnənt] **1.** *a* összetevő ‖ **~ parts** alkotórészek **2.** *n* alkotóelem; alkatrész

compose [kəm'pəʊz] *v (music)* komponál; *(poetry)* költ; *print* szed ‖ **~ oneself** összeszedi magát

composed [kəm'pəʊzd] *a* nyugodt, higgadt

composer [kəm'pəʊzə] *n* zeneszerző

composite ['kɒmpəzɪt] *a* összetett

composition [kɒmpə'zɪʃn] *n* összetétel; *mus* mű, szerzemény; *isk* fogalmazás; *print* szedés

composure [kəm'pəʊʒə] *n* lélekjelenlét, nyugalom

compound ['kɒmpaʊnd] *n gram* összetett szó; *chem* vegyület

comprehend [kɒmprɪ'hend] *v* megért, felfog

comprehension [kɒmprɪ'henʃn] *n* (meg)értés, felfogás

comprehensive [kɒmprɪ'hensɪv] *a* átfogó ‖ **~ insurance** casco biztosítás; **~ school** *GB* (általános) középiskola

compress 1. ['kɒmpres] *n* borogatás, priznic ‖ **cold ~** hideg borogatás **2.** [kəm'pres] *v tech* tömörít, összenyom

comprise [kəm'praɪz] *v* magába(n) foglal, felölel

compromise ['kɒmprəmaɪz] **1.** *n* kiegyezés, kompromisszum **2.** *vi* kiegyezik *(on* vmben) | *vt* kompromittál

compulsion [kəm'pʌlʃn] *n* kényszer

compulsive [kəm'pʌlsɪv] *a* megszállott, megrögzött

compulsory [kəm'pʌlsərɪ] *a* kötelező

computational [kɒmpju'teɪʃənl] *a* számítógépes

computer [kəm'pjuːtə] *n* számítógép

computer-aided *a* számítógéppel támogatott/segített

computerize [kəm'pjuːtəraɪz] *v* számítógépesít

computer operator n számítógép-kezelő

computer program a számítógépi program

computer science n számítástechnika

computing [kəm'pjuːtɪŋ] n számítástechnika

comrade ['kɒmreɪd] n bajtárs

conceal [kən'siːl] v (hide) elrejt; (secret) (el)titkol

concede [kən'siːd] v beleegyezik vmbe

conceited [kən'siːtɪd] a beképzelt, hiú

conceive [kən'siːv] v (imagine) elképzel; (idea) kigondol

concentrate ['kɒnsəntreɪt] vi koncentrál, összpontosít (on vmre) I vt mil összevon

concentration [kɒnsən'treɪʃn] n összpontosítás, koncentráció II ~ camp koncentrációs tábor

concept ['kɒnsəpt] n fogalom

conception [kən'sepʃn] n (idea) eszme, elgondolás; biol fogamzás

concern [kən'sɜːn] 1. n (matter) ügy; (anxiety) törődés, aggodalom; comm konszern, érdekeltség 2. v (affect) érint, vkre/vmre vonatkozik II **as far as I am ~ed** ami engem illet; **be ~ed about/for** félt vkt, aggódik vkért

concerning [kən'sɜːnɪŋ] adv (vkre/vmre) vonatkozólag, vonatkozóan

concert ['kɒnsət] n hangverseny, koncert

concerted [kən'sɜːtɪd] a közös, együttes

concert hall n hangversenyterem

concertina [kɒnsə'tiːnə] n harmonika

concerto [kən'tʃeətəʊ] n versenymű, koncert

concession [kən'seʃn] n (yielding) engedmény

conciliate [kən'sɪlɪeɪt] v békít, kiengesztel

conciliation [kənsɪlɪ'eɪʃn] n kiegyezés, kiengesztelés

concise [kən'saɪs] a tömör, rövid, velős

conclude [kən'kluːd] v következtet (from vmből vmt/vmre); (end) befejez; (treaty) (meg)köt

conclusion [kən'kluːʒn] n (deduction) következtetés; (end) befejezés II **draw a ~ from sg** levonja a következtetést vmből

conclusive [kən'kluːsɪv] a bizonyító erejű, döntő

concoct [kən'kɒkt] v col (össze)-kotyvaszt; fig kieszel, kisüt

concoction [kən'kɒkʃn] n kotyvalék

concord ['kɒŋkɔːd] n egyetértés

concrete ['kɒŋkriːt] 1. n beton 2. a konkrét

concurrently [kən'kʌrəntli] adv egyidejűleg

concussion [kən'kʌʃn] n (of the brain) agyrázkódás

condemn [kən'dem] v (el)ítél II **~ to death** halálra ítél

condemned [kən'demd] a/n elítélt

condensation [kɒnden'seɪʃn] n kondenzáció, cseppfolyósítás

condense [kən'dens] vt (liquid) sűrít; fig (text) tömörít I vi chem lecsapódik

condensed milk n sűrített tej

condescending [kɒndɪ'sendɪŋ] a leereszkedő, vállveregető

condition [kən'dɪʃn] n (state) állapot; (presupposition) feltétel II **on**

no ~ semmi(lyen) körülmények között; **on ~ that** azzal a feltétellel, hogy; → **conditions**
conditional [kən'dıʃənl] **1.** *a* feltételes **2.** *n gram* feltételes mód
conditioner [kən'dıʃnə] *n* hajbalzsam, hajkondicionáló
conditions [kən'dıʃnz] *n pl* (*circumstances*) viszonyok, körülmények ‖ **under these ~** ilyen feltételek mellett
condolences [kən'dəʊlənsız] *n* részvétnyilvánítás
condom ['kɒndɒm] *n* óvszer
condominium [kɒndə'mınıəm] *n US* öröklakás
conduct 1. ['kɒndʌkt] *n* (*behaviour*) viselkedés; (*management*) irányítás, vezetés **2.** [kən'dʌkt] *v* irányít, vezet; *mus* vezényel; *el* vezet ‖ **~ed tour** vezetés
conductor [kən'dʌktə] *n* (*on bus, US on train*) kalauz; *mus* karmester; *el* vezető
cone [kəʊn] *n math* kúp; (*for ice cream*) tölcsér; (*of fir*) toboz
confectioner's (shop) [kən-'fekʃnəz] *n* cukrászda
confectionery [kən'fekʃənrı] *n* cukrászsütemény(ek)
confederation [kənfedə'reıʃn] *n* konföderáció
confer [kən'fɜ:] *v* **-rr-** *vi* (*discuss*) tárgyal, (*with sy about/on sg* vkvel vmről) egyeztet ‖ *vt* (*degree*) adományoz
conference ['kɒnfərəns] *n* értekezlet, konferencia
confess [kən'fes] *v* bevall, beismer; *rel* gyón
confession [kən'feʃn] *n* (beismerő) vallomás; *rel* gyónás

confide [kən'faıd] *v* megbízik (*in* vkben)
confidence ['kɒnfıdəns] *n* bizalom; (*self-~*) önbizalom ‖ **have ~ in** vkben/vmben bízik; **in ~** bizalmasan
confident ['kɒnfıdənt] *a* bizakodó; (*self-assured*) magabiztos
confidential [kɒnfı'denʃl] *a* bizalmas
confine [kən'faın] *v* (*lock up*) bezár; (*imprison*) elzár; (*limit*) korlátoz ‖ **be ~d to** korlátozódik/szorítkozik vmre
confinement [kən'faınmənt] *n* (*in prison*) bebörtönzés; *med* gyermekágy
confirm [kən'fɜ:m] *v* (*news*) megerősít; (*air ticket*) érvényesíttet; *rel* bérmál, konfirmál
confirmed *a* (*bachelor*) megrögzött, notórius
confiscate ['kɒnfıskeıt] *v* elkoboz
conflict 1. ['kɒnflıkt] *n* összeütközés, ellentét **2.** [kən'flıkt] *v* ellentétben áll/van, összeütközésbe kerül (*with sy/sg* vkvel/vmvel)
conform [kən'fɔ:m] *v* **~ to** sg/sy vmhez/vkhez idomul ‖ **~ with sg** megfelel vmnek
conformist [kən'fɔ:mıst] *n* beilleszkedő, konformista
confront [kən'frʌnt] *v* szembeszáll ‖ **~ sy with sy** vkt vkvel szembesít
confrontation [kɒnfrən'teıʃn] *n* szembesítés
confuse [kən'fju:z] *v* összezavar ‖ **~ sg with sg** összetéveszt
confusion [kən'fju:ʒn] *n* zűrzavar, felfordulás
congeal [kən'dʒi:l] *v* (*blood*) (meg)alvad; (*paint*) megszárad

congenial [kən'dʒiːnɪəl] *a* (*person*)
szimpatikus; (*weather*) kellemes
congested traffic [kən'dʒestɪd] *n*
forgalmi akadály/dugó
congestion [kən'dʒestʃən] *n* for-
galmi zavar(ok); *med* vértolulás
congratulate [kən'grætjʊleɪt] *v* ~
sy on sg gratulál (*vknek vmi al-
kalmából*)
congratulations [kəngrætjʊ'leɪʃnz]
n pl gratuláció || ~! gratulálok!
congregation [kɒŋgrɪ'geɪʃn] *n*
gyülekezet, egyházközség
congress ['kɒŋgres] *n* kongresszus
Congress *n* az USA kongresszusa
Congressman ['kɒŋgresmən] *n* (*pl*
-men) *US* képviselő
Congresswoman ['kɒŋgreswʊm-
ən] *n* (*pl* **-women**) *US* képviselő-
(nő)
conjecture [kən'dʒektʃə] *n* feltevés,
sejtés
conjugal ['kɒndʒʊgl] *n* házastársi
conjunction [kən'dʒʌŋkʃn] *n*
(*coincidence*) egybeesés, összeját-
szás; *gram* kötőszó
conjunctivitis [kəndʒʌŋktɪ'vaɪtɪs] *n*
kötőhártya-gyulladás
conjure ['kʌndʒə] *v* bűvészkedik ||
~ **up** elővarázsol
conjurer ['kʌndʒərə] *n* bűvész
conk out *v col* lerobban, bedöglik
connect [kə'nekt] *vt* (össze)kapcsol
(*with* vmvel/vkvel), kapcsolatba
hoz I *vi railw* csatlakozik (*with*
vmhez)
connection [kə'nekʃn] *n* kapcsolat,
összeköttetés; *el* érintkezés; (*tele-
phone*) kapcsolás; *railw* csatlako-
zás || **in this/that** ~ ebben a vo-
natkozásban
connoisseur [kɒnə'sɜː] *n* műértő

conquer ['kɒŋkə] *v* meghódít, le-
győz
conqueror ['kɒŋkərə] *n* hódító
conquest ['kɒŋkwəst] *n* hódítás
cons [kɒns] *n pl* **the** ~ *col* az ellene
szóló érvek
conscience ['kɒnʃəns] *n* lelkiisme-
ret
conscientious [kɒnʃi'enʃəs] *a* lel-
kiismeretes, kötelességtudó
conscious ['kɒnʃəs] *a* tudatos || **be**
~ **of sg** tudatában van vmnek
consciousness ['kɒnʃəsnɪs] *n*
öntudat; tudat(osság)
conscript 1. ['kɒnskrɪpt] *n* sorkato-
na 2. [kən'skrɪpt] *v* besoroz
conscription [kən'skrɪpʃn] *n mil*
sorozás
consecrate ['kɒnsɪkreɪt] *v* felszen-
tel
consecutive [kən'sekjʊtɪv] *a* egy-
más utáni
consensus [kən'sensəs] *n* köz-
megegyezés
consent [kən'sent] 1. *n* beleegye-
zés, hozzájárulás 2. *v* ~ **to** belee-
gyezik vmbe, hozzájárul vmhez
consequence ['kɒnsɪkwəns] *n*
következmény || **in** ~ **of sg** vmnek
következtében
consequently ['kɒnsɪkwəntlɪ] *conj*
következésképpen, tehát
conservation [kɒnsə'veɪʃn] *n* fenn-
tartás, állagmegóvás; (*of nature*)
természetvédelem
conservative [kən'sɜːvətɪv] *a/n*
konzervatív
conservatoire [kən'sɜːvətwaː] *n*
mus konzervatórium
conservatory [kən'sɜːvətrɪ] *n*
(*greenhouse*) üvegház, télikert;
US mus konzervatórium

conserve [kən'sɜːv] *v* (*preserve*) megőriz

consider [kən'sɪdə] *v* megfontol; (*take into account*) figyelembe vesz vmt; (*regard as*) vm(lyen)nek ítél/tart vmt

considerable [kən'sɪdrəbl] *a* jelentékeny, számottevő

considerably [kən'sɪdərəblɪ] *adv* jelentékeny mértékben

considerate [kən'sɪdərət] *a* figyelmes

consideration [kənsɪdə'reɪʃn] *n* megfontolás, meggondolás; (*attention*) figyelembevétel; (*reward*) ellenszolgáltatás, díjazás || **take sg into** ~ tekintetbe/figyelembe vesz vmt

considering [kən'sɪdərɪŋ] **1.** *prep/ conj* tekintettel vmre **2.** *adv* mindent figyelembe véve, ha jól meggondoljuk (a dolgot)

consign [kən'saɪn] *v* (*send*) (el)küld; (*hand over*) átad (*to* vknek)

consignment [kən'saɪnmənt] *n* (*act*) küldés; (*goods*) küldemény, szállítmány

consist [kən'sɪst] *v* ~ **of sg** áll vmből

consistency [kən'sɪstənsɪ] *n* (*thickness*) sűrűség; (*of person, argument*) következetesség

consistent [kən'sɪstənt] *a* következetes

consolation [kɒnsə'leɪʃn] *n* vigasz, vigasztalás

console 1. ['kɒnsəʊl] *n* konzol; kapcsolótábla **2.** [kən'səʊl] *v* megvigasztal

consolidate [kən'sɒlɪdeɪt] *v* megerősít, megszilárdít

consommé [kən'sɒmeɪ] *n* erőleves

consonant ['kɒnsənənt] *n* mássalhangzó

consort ['kɒnsɔːt] *n* hitves || **the prince** ~ a királynő férje

conspicuous [kən'spɪkjʊəs] *a* szembeötlő, feltűnő

conspiracy [kən'spɪrəsɪ] *n* összeesküvés

conspire [kən'spaɪə] *v* ~ **against sy** összeesküvést sző vk ellen

constable ['kʌnstəbl] *n GB* rendőr

constabulary [kən'stæbjʊlərɪ] *n* rendőrség

constant ['kɒnstənt] **1.** *a* állandó, változatlan **2.** *n math* állandó

constellation [kɒnstə'leɪʃn] *n* csillagkép, csillagzat

consternation [kɒnstə'neɪʃn] *n* döbbenet

constipation [kɒnstɪ'peɪʃn] *n med* szorulás, székrekedés

constituency [kən'stɪtjʊənsɪ] *n* szavazókerület, választókerület

constituent [kən'stɪtjʊənt] *n* (*part*) összetevő; (*person*) választó(jogosult)

constitute ['kɒnstɪtjuːt] *v* alkot, képez

constitution [kɒstɪ'tjuːʃn] *n pol, law* alkotmány; (*physique*) alkat, fizikum

constitutional [kɒnstɪtjuːʃənl] *a law* alkotmányos; *med* alkati

constraint [kən'streɪnt] *n* kényszer, megkötöttség

construct [kən'strʌkt] *v* (*building*) (fel)épít; (*machine, geometric figure*) szerkeszt

constructive [kən'strʌktɪv] *a* építő, konstruktív

construction [kən'strʌkʃn] *n* (*building*) építés, építkezés; (*object*) építmény; *tech* szerkesztés

consul ['kɒnsl] *n* konzul
consulate ['kɒnsjʊlət] *n* konzulátus
consult [kən'sʌlt] *v* vkvel vmről konzultál, értekezik || ~ **a dictionary** szótárt forgat; ~ **a doctor** orvoshoz fordul
consultant [kən'sʌltənt] *n med* szaktanácsadó; *med* szakorvos
consultation [kɒnsəl'teɪʃn] *n* konzultáció, (szak)tanácsadás; *med* rendelés
consulting hours [kən'sʌltɪŋ] *n pl med* rendelési idő; (*office*) félfogadás
consulting room *n* orvosi rendelő
consume [kən'sjuːm] *v* felhasznál; (*food*) (el)fogyaszt
consumer [kən'sjuːmə] *n* fogyasztó || ~ **goods** közszükségleti/fogyasztási cikkek; ~ **society** fogyasztói társadalom
consumption [kən'sʌmpʃn] *n* felhasználás; (*of food*) fogyasztás
contact ['kɒntækt] **1.** *n* (*touch*) érintkezés; (*communication*) összeköttetés, kapcsolat; *el* érintkezés **2.** *v* ~ **sy** kapcsolatba lép vkvel
contact lens *n* kontaktlencse
contagious [kən'teɪdʒəs] *a* (*illness*) fertőző, *also fig* ragadós
contain [kən'teɪn] *v* tartalmaz, magába(n) foglal
container [kən'teɪnə] *n* konténer, tartály
contamination [kəntæmɪ'neɪʃn] *n* szennyeződés
contemplate ['kɒntempleɪt] *v* (*look at*) szemlél; (*plan*) fontolgat, tervez
contemporary [kən'temprərɪ] **1.** *a* korabeli, mai, kortárs **2.** *n* kortárs

contempt [kən'tempt] *n* megvetés
contend [kən'tend] *v* verseng (*for sg* vmért) || ~ **with sy** (vkvel vmért) versenyez
content[1] [kən'tent] *a* (meg)elégedett || **be** ~ **with sg** beéri/megelégszik vmvel
content[2] ['kɒntent] *n* tartalom; → **contents**
contention [kən'tenʃn] *n* (*dispute*) vita; (*argument*) állítás, erősködés
contentment [kən'tentmənt] *n* megelégedés, elégedettség
contents ['kɒntents] *n pl* tartalomjegyzék
contest **1.** ['kɒntest] *n* verseny, versengés **2.** [kən'test] *v* (*dispute*) vitat; *law* (*testament*) megtámad
contestant [kən'testənt] *n* versenyző
context ['kɒntekst] *n* (szöveg)összefüggés
continent ['kɒntɪnənt] *n* földrész, kontinens; szárazföld || **the C~** Európa (*Nagy-Britannia nélkül*)
contingent [kən'tɪndʒənt] *n* részleg, kontingens
continual [kən'tɪnjuəl] *a* folytonos, állandó; (*repeated*) ismétlődő
continuation [kəntɪnju'eɪʃn] *n* folytatás
continue [kən'tɪnjuː] *vt* folytat | *vi* (tovább) tart, folytatódik || **to be** ~**d** folytatása következik
continuous [kən'tɪnjuəs] *a* folyamatos, állandó; folytatólagos
contour ['kɒntʊə] *n* körvonal
contraband ['kɒntrəbænd] *n* csempészáru
contraception [kɒntrə'sepʃn] *n* fogamzásgátlás
contraceptive [kɒntrə'septɪv] *a/n* fogamzásgátló

contract 1. ['kɒntrækt] *n* szerződés, megállapodás; (*in bridge*) bemondás || **enter into** (*or* **make**) **a ~ with sy** szerződést köt vkvel **2.** [kən'trækt] *vi comm* szerződik; (*muscle*) összehúzódik | *vt* (*goods*) leköt; (*illness*) megkap

contraction [kən'trækʃn] *n* (*of muscles*) összehúzódás

contract with szerződést köt vkvel

contractor [kən'træktə] *n* vállalkozó

contradict (sg) [kɒntrə'dɪkt] *v* ellentmond, megcáfol

contradiction [kɒntrə'dɪkʃn] *n* ellentmondás

contradictory [kɒntrə'dɪktərɪ] *a* ellentmondásos

contraption [kən'træpʃn] *n* ötletes szerkezet

contrary ['kɒntrərɪ] **1.** *a* ellentétes, ellenkező **2.** *n* vmnek az ellenkezője/ellentéte || **on the ~** ellenkezőleg **3.** *prep* **~ to sg** ellentétben/szemben vmvel

contrast 1. ['kɒntrɑːst] *n* ellentét, szembeállítás || **in ~ to/with sg** ellentétben vmvel **2.** [kən'trɑːst] *v* **~ with sg** szembeállít vmvel; ellentétben áll/van vmvel

contravene [kɒntrə'viːn] *v* (*law*) áthág, megsért

contribute [kən'trɪbjuːt] *v* közreműködik (*to* vmben); hozzájárul (*to* vmhez); (*write*) (cikkeket) ír (*to* újságba, folyóiratba)

contribution [kɒntrɪ'bjuːʃn] *n* közreműködés, hozzájárulás vmhez; (*money*) járulék; (*in newspaper*) cikk

contributor [kən'trɪbjʊtə] *n* szerző, cikkíró

contrivance [kən'traɪvns] *n* szerkezet, eszköz; (*invention*) kitalálás

contrive [kən'traɪv] *v* kigondol, kitalál || **~ to** sikerül...

control [kən'trəʊl] **1.** *n* irányítás, vezérlés || **be under sy's ~** vknek hatalmában *or* irányítása alatt van/áll; **be in ~ of sg** ura vmnek, vmt (jól) kézben tart; **have ~ over sy/sg** uralkodik vkn/vmn; **get/go out of ~** elszabadul, irányíthatatlanná válik **2.** *v* **-ll-** irányít, vezérel; szabályoz; (*főleg pol*) vmt (jól) kézben tart; ellenőriz

control room *n* vezérlőterem

control tower *n* irányítótorony

control unit *n* *comput* vezérlőegység

controversial [kɒntrə'vɜːʃl] *a* ellentmondásos, vitatható

controversy ['kɒntrəvɜːsɪ] *n* vita

convalesce [kɒnvə'les] *v* lábadozik

convalescence [kɒnvə'lesns] *n* gyógyulás

convector (heater) [kən'vektə] *n* konvektor

convene [kən'viːn] *vt* összehív | *vi* összeül

convenience [kən'viːnɪəns] *n* kényelem || **with all (the) modern ~s** összkomfortos

convenient [kən'viːnɪənt] *a* alkalmas, megfelelő, kényelmes

convent ['kɒnvənt] *n* kolostor, zárda

convention [kən'venʃn] *n* (*custom*) szokás; *US* elnökjelölő kongresszus

conventional [kən'venʃnl] *a* konvencionális; hagyományos

conversation [kɒnvə'seɪʃn] *n* beszélgetés, társalgás

conversational [kɒnvə'seɪʃnəl] *a* társalgási
converse[1] [kən'vɜːs] *v* beszélget, társalog (*with sy* vkvel)
converse[2] ['kɒnvɜːs] **1.** *a* fordított, ellentétes **2.** *n* ellentét
conversion [kən'vɜːʃn] *n* átalakítás, átváltozás; *rel* megtérés; *math* átszámítás (*into* vmre); *fin* átváltás
convert 1. [kən'vɜːt] *v* átváltoztat; *rel* megtérít; *math* (*fraction*) átalakít; *fin* (*money*) átvált ‖ ~ **sg into sg** vmt vmvé változtat/átalakít **2.** ['kɒnvɜːt] *a* megtért (ember)
convertible [kən'vɜːtəbl] **1.** *a* átalakítható; *fin* konvertibilis **2.** *n* nyitható tetejű autó
convey [kən'veɪ] *v* (el)szállít (*to* vhová)
convict 1. ['kɒnvɪkt] *n* elítélt, fegyenc **2.** [kən'vɪkt] *v law* elítél (*sy of sg* vkt vm miatt)
conviction [kən'vɪkʃn] *n* (*verdict*) elítélés; (*belief*) meggyőződés
convince [kən'vɪns] *v* ~ **sy of sg** meggyőz vkt vmről ‖ **be ~d that** az a meggyőződése, hogy
convincing [kən'vɪnsɪŋ] *a* meggyőző
convoluted ['kɒnvəluːtɪd] *a* tekervényes; *fig* bonyolult
convoy ['kɒnvɔɪ] *n* védőkíséret
convulse [kən'vʌls] *v* összehúz (*görcs testrészt*)‖ **be ~d with laughter** gurul a nevetéstől
convulsion [kən'vʌlʃn] *n* összehúzódás, görcs
cook [kʊk] **1.** *n* szakács **2.** *vt* (meg)főz, elkészít ‖ *vi* (meg)fő
cookbook [kʊkbʊk] *n US* = **cookery book**
cookery book ['kʊkəri] *n GB* szakácskönyv

cookies ['kʊkɪz] *n pl US* teasütemény
cooking [kʊkɪŋ] *n* főzés
cool [kuːl] **1.** *a* hűvös; (*calm*) higgadt **2.** *n* **keep your ~!** *col* nyugi! **3.** *vt* (ki)hűt ‖ *vi* (ki)hűl
cool down *vt* lehűt ‖ *vi* lehűl
coolant ['kuːlənt] *n* hűtőfolyadék
coolness [kuːlnɪs] *n* hidegvér, higgadtság
cooperate [kəʊ'ɒpəreɪt] *v* együttműködik (*with* vkvel)
cooperation [kəʊɒpə'reɪʃn] *n* együttműködés, kooperáció
cooperative [kəʊ'ɒpərətɪv] **1.** *a* együttműködő; *comm* szövetkezeti **2.** *n* (*of farmers*) szövetkezet ‖ ~ **store** szövetkezeti bolt
coordination [kəʊɔːdɪ'neɪʃn] *n* összehangolás, egyeztetés
coordinate 1. [kəʊ'ɔːdɪnət] *n math* koordináta **2.** [kəʊ'ɔːdɪneɪt] *v* öszszehangol, egyeztet
cop [kɒp] *n col* zsaru
cope (with sg) [kəʊp] *v* megbirkózik vmvel
copier ['kɒpɪə] *n* másológép
copious ['kəʊpɪəs] *a* bőséges, bő
copper[1] ['kɒpə] *n* (*metal*) vörösréz
copper[2] ['kɒpə] *n col* (*policeman*) zsaru
copy ['kɒpɪ] **1.** *n* (*sg exactly the same*) másolat; (*imitation*) utánzat; (*manuscript*) kézirat; (*single book*) példány; (*of newspaper*) szám **2.** *v* (át)másol, lemásol
copy-book *n* füzet
copyright ['kɒpɪraɪt] *n* szerzői jog
coral ['kɒrəl] *n* korall ‖ ~ **reef** korallzátony
cord [kɔːd] *n* kötél, zsineg; *US el* (*vasaló*)zsinór; → **cords**

cordial ['kɔːdɪəl] *a* szívélyes
cordon ['kɔːdn] **1.** *n* kordon **2.** *v* ~
off kordonnal lezár/ körülvesz vmt
cords ['kɔːds] *n pl* kordbársony nadrág, kordnadrág
corduroy ['kɔːdərɔɪ] *n* kordbársony
core [kɔː] *n* (*of fruit*) mag; (*central part of sg*) vmnek a belseje ‖ **to the** ~ velejéig
cork [kɔːk] **1.** *n* dugó **2.** *v* (be)dugaszol
corkscrew ['kɔːkskruː] *n* dugóhúzó
corn [kɔːn] *n GB* (*wheat*) gabona; *US* (*maize*) kukorica; (*on foot*) tyúkszem
cornea ['kɔːnɪə] *n* szaruhártya
corner ['kɔːnə] **1.** *n* sarok; *sp* szöglet(rúgás) ‖ **turn the** ~ bekanyarodik a sarkon; *fig* átvészel (*súlyos betegséget*) **2.** *v* kanyarodik ‖ ~ **sy** sarokba szorít vkt
cornet ['kɔːnɪt] *n* (*of ice cream*) (fagylalt)tölcsér; *mus* piszton
cornflakes ['kɔːnfleɪks] *n pl* kukoricapehely
coronary artery ['kɒrənərɪ] *n* koszorúér
coronation [kɒrə'neɪʃn] *n* koronázás
coroner ['kɒrənə] *n* halottkém
coronet ['kɒrənɪt] *n* hercegi korona
Corp. = *US* **corporation**
corporal ['kɔːprəl] *n* tizedes
corporal punishment *n* testi fenyítés
corporate ['kɔːpərət] *a* testületi
corporation [kɔːpə'reɪʃn] *n* testület; *US* társaság, vállalat, kft.
corps [kɔː] *n* (*pl* **corps**) [kɔːz] testület; *mil* csapattest, alakulat
corpse [kɔːps] *n* holttest

corpuscle ['kɔːpʌsl] *n* részecske; (*of blood*) vérsejt
correct [kə'rekt] **1.** *a* (*proper*) helyes, korrekt; (*accurate*) pontos **2.** *v* (ki)javít, korrigál
correction [kə'rekʃn] *n* (ki)javítás
correlate with sg ['kɒrəleɪt] *v* kölcsönös összefüggésben van vmvel
correlation [kɒrə'leɪʃn] *n* viszony, (kölcsönös) összefüggés
correspond [kɒrə'spɒnd] *v* megfelel (*to* vmnek); (*exchange letters*) levelez
correspondence [kɒrə'spɒndəns] *n* (*similarity*) megfelelés; (*exchange of letters*) levelezés
correspondence course *n* levelező oktatás
correspondent [kɒrə'spɒndənt] *n* (*newspaper* ~) tudósító
corridor ['kɒrɪdɔː] *n* folyosó
corroborate [kə'rɒbəreɪt] *v* megerősít, igazol
corrosion [kə'rəʊʒn] *n* korrózió
corrupt [kə'rʌpt] **1.** *a* korrupt, megvesztegethető **2.** *n* megveszteget
corruption [kə'rʌpʃn] *n* romlás, korrupció
cosmetic [kɒz'metɪk] **1.** *a* kozmetikai ‖ ~ **articles** *pl* piperecikkek **2.** *n* kozmetikai szer
cosmetician [kɒzmə'tɪʃn] *n* kozmetikus
cosmic ['kɒzmɪk] *a* kozmikus
cosmos ['kɒzmɒs] *n* világegyetem
cost [kɒst] **1.** *n* ár, költség ‖ **at sy's** ~ vknek a rovására; **at all** ~**s** bármely áron **2.** *v* (*pt/pp* **cost** [kɒst] (bele)kerül (*vmbe*) ‖ **what does it** ~? mibe/mennyibe kerül?
co-star *n* partner (*szerepben*)

costly ['kɒstlɪ] *a* költséges
cost of living *n* megélhetési költségek
cost price *n* önköltségi ár
costume ['kɒstjuːm] *n* kosztüm; (*fancy dress*) jelmez; *GB* (*for bathing*) fürdőruha; || ~ **jewellery** (*US* **jewelry**) divatékszer
cosy ['kəʊzɪ] *US* **cozy** *a* (*room*) otthonos; (*atmosphere*) kellemes
cot [kɒt] *n GB* (*child's*) gyerekágy; *US* (*campbed*) kempingágy
cottage ['kɒtɪdʒ] *n* (nyári) lak, házikó
cottage-cheese *n approx* gomolya
cottage industry *n* háziipar
cotton ['kɒtn] *n* (*bot*) gyapot; (*thread*) pamut || ~ **wool** vatta
couch [kaʊtʃ] *n* dívány, kanapé
couchette [kuːˈʃet] *n* fekvőkocsi
cough [kɒf] **1.** *n* köhögés || **have a** ~ köhög **2.** *v* köhög
cough drop *n* köhögés elleni cukorka
could [kʊd] *v* **I** ~ **go** elmehetnék; ~ **you bring me ...** lenne olyan szíves hozni ...; → **can**²
couldn't = could not
council ['kaʊnsl] *n* (*of town*) városi tanács; *rel hist* zsinat || ~ **house** tanácsi (bér)lakás, lakótelepi (bér)ház
councillor (*US* **-cilor**) ['kaʊnslə] *n* tanácsos, tanácstag
counsel ['kaʊnsl] *n* (*lawyer*) jogtanácsos; (*advice*) tanács
counsellor ['kaʊnslə] *n* tanácsadó, jogtanácsos
count¹ [kaʊnt] **1.** *n* (*reckoning*) (meg)számolás **2.** *vt* (meg)számol **I** *vi* számításba jön, számít || **not** ~**ing** nem számítva

count down visszaszámol
count on sg/sy számít vmre/vkre
count² [kaʊnt] *n* (*nobleman*) gróf
countdown ['kaʊntdaʊn] *n* visszaszámlálás
counter ['kaʊntə] **1.** *n* (*in shop*) pult; (*in bank*) pénztár; (*for games*) játékpénz; zseton **2.** *vt* megcáfol **I** *vi* visszaüt, riposztozik
counteract [kaʊntərˈækt] *v* hatástalanít, ellensúlyoz
counter-attack *n mil* ellentámadás
counter-clockwise *a/adv US* az óramutató járásával ellenkező irányba(n)
counter-espionage *n* kémelhárítás
counterfeit ['kaʊntəfɪt] **1.** *a* hamis(ított) **2.** *n* utánzat, hamisítvány **3.** *v* hamisít
counterfoil ['kaʊntəfɔɪl] *n* (ellenőrző) szelvény
counterpart ['kaʊntəpɑːt] *n* ellenpár || **sy's American** ~ *pol* vknek az amerikai kollégája
countersign ['kaʊntəsaɪn] *v* ellenjegyez, láttamoz
countess ['kaʊntɪs] *n* grófnő
countless ['kaʊntlɪs] *a* számtalan
country ['kʌntrɪ] *n* vidék, táj; (*native land*) ország, haza || **all over the** ~ országszerte
country dancing *n GB* népi tánc
country-house *n* kastély, (vidéki) kúria
countryman ['kʌntrɪmən] *n* (*pl* **-men**) vidéki, paraszt; (*fellow* ~) földi
countryside ['kʌntrɪsaɪd] *n* vidék, környék
countrywoman ['kʌntrɪwʊmən] *n* (*pl* **-women** [-wɪmɪn]) parasztasszony; földi (*nő*)

county ['kaʊntɪ] *n* megye, *GB* grófság

coup d'état [kuːdeɪ'tɑː] *n* (*pl* **coups** [kuːz] **d'état**) államcsíny, puccs

coupé [kuːpeɪ] *n* kétajtós kocsi

couple ['kʌpl] **1.** *n* pár ‖ **a ~ of** két, (egy) pár **2.** *v* összekapcsol

coupon ['kuːpɒn] *n* szelvény, kupon

courage ['kʌrɪdʒ] *n* bátorság ‖ **have the ~ to** megvan a bátorsága vmhez

courageous [kə'reɪdʒəs] *a* bátor

courgette ['kʊəʒet] *n GB* cukkini

courier ['kʊrɪə] *n* (*for tourists*) idegenvezető; (*diplomatic*) futár

course [kɔːs] *n* (*duration*) lefolyás, menet; (*of ship*) útirány; *sp* pálya; *school* tanfolyam, kurzus; (*book*) nyelvkönyv; (*of meal*) fogás ‖ **~ of lectures** előadássorozat; **of ~** persze, természetesen; **in the ~ of sg** vmnek (a) során

course book *n* nyelvkönyv

court [kɔːt] **1.** *n* (*royal*) királyi udvar; *law* bíróság; *sp* pálya ‖ **at ~** az udvarnál; **before the ~** a törvény előtt; **in ~** a bíróságon **2.** *v* vknek udvarol

courteous ['kɜːtɪas] *a* udvarias

courtesy ['kɜːtəsɪ] *n* udvariasság, előzékenység

court-room *n* (bírósági) tárgyalóterem

courtyard ['kɔːtjɑːd] *n* udvar

cousin ['kʌzn] *n* unokatestvér

covenant ['kʌvənənt] *n law* szerződéses kötelezettség

cover ['kʌvə] **1.** *n* (*lid*) fedő; (*for bed*) takaró; (*of book*) borító; (*of magazine*) címlap; (*of chair etc*) bútorhuzat; (*envelope*) boríték; (*insurance*) biztosítás; (*at table*) teríték; (*shelter*) menedék ‖ **under ~ of sg** vmnek a leple alatt **2.** *v* (be)takar, befed; (*hide*) leplez; (*include*) felölel; (*newspaper*) beszámol, tudósít vmről; (*distance*) megtesz; (*costs*) fedez; biztosít **cover up** betakar; elleplez ‖ **~ up for sy** falaz vknek **cover with** vmvel fed/borít

coverage ['kʌvərɪdʒ] tudósítás; *TV* közvetítés

covering ['kʌvərɪŋ] **1.** *a* borító, burkoló **2.** *n* (*for furniture*) bútorhuzat

cover picture *n* címkép

covert ['kʌvət] *a* titkolt

cover-up *n* eltussolás

covet ['kʌvɪt] *v* megkíván vmt, vágyik vmre

cow [kaʊ] *n* tehén

coward ['kaʊəd] *n* gyáva (ember)

cowardice ['kaʊədɪs] *n* gyávaság

cowboy ['kaʊbɔɪ] *n* gulyás, csordás; *GB pejor* fuser, kontár

coy [kɔɪ] *a* félénk, szemérmes

coyote [kɔɪ'əʊtɪ] *n* prérifarkas

cozy ['kəʊzɪ] *a US* = **cosy**

CPA *US* = **certified public accountant**

crab [kræb] *n* rák (tengeri)

crack [kræk] **1.** *n* (*in wall*) rés, repedés; (*in glass, pottery*) csorba; (*noise*) reccsenés; (*of whip*) csattanás ‖ **have a ~ at sg** *col* megpróbál vmt **2.** *vi* reped(ezik), megreped; (*glass, pottery*) elpattan; (*paint*) felpattogzik; (*whip*) csattan | *vt* elrepeszt; (*nut*) megtör; (*whip*) csattogtat ‖ **~ a joke** *col* elsüt egy viccet

crack down on sy lecsap (*bűnözőre*)

crack up col (*nervously*) kiborul, összeroppan

cracker ['krækə] n (*biscuit*) sós keksz; (*firework*) petárda; GB col (*girl*) jó csaj ‖ ~**s** pl (*for nut*) diótörő

crackle ['krækl] **1.** n sercegés; (*of fire*) ropogás **2.** v serceg; (*tűz*) ropog

cradle ['kreɪdl] n bölcső

craft [krɑːft] n (*skill*) (kéz)ügyesség; (*job*) mesterség; (*trade*) kisipar; (*cunning*) ravaszság; (*plane*) repülőgép

craftsman ['krɑːftsmən] n (pl -**men**) kézműves, (kis)iparos

crafty ['krɑːftɪ] a col csalafinta

cram [kræm] v -**mm**- töm, begyömöszöl; (*learn*) magol, bifláz ‖ ~ **sy** korrepetál

cram into beletöm, belepréssel

cram sg with sg vmvel teletöm

cramp [kræmp] **1.** n görcs ‖ **get** ~ görcsöt kap **2.** v gátol, akadályoz

crane [kreɪn] n (*machine, bird*) daru

crank [kræŋk] n (indító)kar

crankshaft ['kræŋkʃɑːft] n forgattyús tengely

crash [kræʃ] **1.** n (*noise*) csattanás; (*of cars*) összeütközés; (*of plane*) lezuhanás; comm összeomlás **2.** v (*noise*) csattan; (*cars*) összeütközik; (*plane*) lezuhan; (*economy*) összeomlik

crash down lezuhan (*robajjal*)

crash into belerohan (*kocsival*)

crash helmet n bukósisak

crate [kreɪt] **1.** n rekesz **2.** v rekeszbe csomagol/rak

cravat [krə'væt] n sál

crave [kreɪv] v vágyódik (*for* vm után*)

crawl [krɔːl] v mászik, kúszik; (*swim*) kallózik

crayfish ['kreɪfɪʃ] n (pl ~) (*freshwater*) rák; (*saltwater*) languszta

crayon ['kreɪən] n (*chalk*) pasztellkréta; (*wax*) zsírkréta

craze [kreɪz] n (divat)hóbort

crazy ['kreɪzɪ] a bolond, őrült ‖ **be (quite)** ~ **about sy/sg** vkért/vmért bolondul; **go** ~ col bedilizik

creak [kriːk] v csikorog, nyikorog

cream [kriːm] n (*from milk*) tejszín; fig (*people*) elit, krém; (*cosmetic*) krém

cream-coloured (*US* -**or**-) a krémszínű

creamy ['kriːmɪ] a krémszínű

crease [kriːs] **1.** n gyűrődés, ránc; (*of trousers*) él **2.** v (össze)gyűrődik

crease-resistant a gyűrhetetlen

create [krɪ'eɪt] vt teremt, (meg)alkot; (*cause*) okoz ‖ vi col hisztizik, balhézik

creation [krɪ'eɪʃn] n alkotás, teremtés

creative [krɪ'eɪtɪv] a alkotó, teremtő, kreatív

creator [krɪ'eɪtə] n alkotó ‖ **the C~** a Teremtő

creature ['kriːtʃə] n teremtmény

crèche ['kreɪʃ] n GB bölcsőde; US betlehem

credence ['kriːdəns] n **give** ~ **to sg** hitelt ad vmnek

credentials [krɪ'denʃlz] n pl megbízólevél

credibility [kredɪ'bɪlətɪ] n hihetőség

credible ['kredəbl] a (*story*) hihető; (*person*) szavahihető

credit ['kredɪt] **1.** n comm hitel; school tanegység, kredit ‖ **buy sg on** ~ hitelbe(n)/hitelre vesz; **be a**

~ **to** becsületére válik vknek; →
credits 2. v elhisz; comm jóváír
credit account n hitelszámla
credit card n hitelkártya
creditor ['kredɪtə] n hitelező
credits ['kredɪts] n pl (of film) köz-
reműködők
credulous ['kredjʊləs] a hiszékeny
creed [kri:d] n hiszekegy, hitvallás
creek [kri:k] n (inlet) kis öböl; US
(small river) patak
creep [kri:p] v (pt/pp **crept** [krept])
kúszik, csúszik-mászik
creeper ['kri:pə] n kúszónövény
cremation [krɪ'meɪʃn] n hamvasztás
crêpe [kreɪp] n (fabric) krepp;
(pancake) palacsinta
crept [krept] pt/pp → **creep**
crescent ['kresnt] n félhold
crest [krest] n (of cock, wave) taréj;
(of mountain) (hegy)gerinc; (coat
of arms) címerpajzs
crestfallen ['krestfɔ:lən] a be ~
lógatja az orrát
crew [kru:] n (kiszolgáló) személy-
zet; legénység; (of film) stáb
crib [krɪb] **1.** n (cot) gyerekágy, rá-
csos ágy; rel jászol, betlehem;
school puska **2.** v -bb- school
puskázik
cricket[1] ['krɪkɪt] n zoo tücsök
cricket[2] ['krɪkɪt] n sp krikett
crime [kraɪm] n bűncselekmény
crime story n krimi
criminal ['krɪmɪnl] **1.** a bűnügyi **2.** n
bűnöző
**Criminal Investigation Depart-
ment (CID)** n GB bűnügyi nyo-
mozó osztály
criminal law n büntetőjog
crimson ['krɪmzn] a bíborpiros, tűz-
vörös

crinkle ['krɪŋkl] **1.** n ránc, redő **2.** vt
összegyűr | vi összegyűrődik
cripple ['krɪpl] **1.** n nyomorék, rok-
kant **2.** v megnyomorít
crisis ['kraɪsɪs] n (pl -ses [-si:z])
válság, krízis
crisp [krɪsp] **1.** a ropogós **2.** n ~s
GB burgonyaszirom
criss-cross ['krɪskrɒs] a cikcakkos
criterion [kraɪ'tɪərɪən] n (pl -ria
[-rɪə]) kritérium, ismérv
critic ['krɪtɪk] n bíráló, kritikus
critical ['krɪtɪkl] a bíráló, kritikus;
(situation) válságos
criticism ['krɪtɪsɪzəm] n bírálat, kri-
tika
criticize ['krɪtɪsaɪz] v (meg)bírál,
(meg)kritizál
critique [krɪ'ti:k] n bírálat, kritika
croak [krəʊk] v krákog; (crow) ká-
rog; (frog) brekeg
crochet ['krəʊʃeɪ] v horgol
crockery ['krɒkərɪ] n cserépedény
crocodile ['krɒkədaɪl] n krokodil
crocus ['krəʊkəs] n sáfrány
croft [krɒft] n kis gazdaság/farm
croissant ['krwæsɒ] n kifli
crook [krʊk] n col svihák, széltoló
crooked ['krʊkɪd] a görbe, hajlott;
(action) nem tisztességes
crop [krɒp] **1.** n agr termés, ter-
mény **2.** v -pp- (rövidre) lenyír
crop up felmerül, felbukkan
croquet ['krəʊkeɪ] n sp krokett
croquette [krɒ'ket] n krokett (étel)
cross [krɒs] **1.** a rosszkedvű; mér-
ges || be ~ with sy mérges vkre **2.**
n kereszt **3.** v (road) átmegy vmn;
(sea) átkel (tengeren); (roads each
other) keresztez(ik egymást); (legs,
arms) keresztbe tesz
cross off/out töröl, kihúz

cross-country *a* terep- || ~ **race** *sp* mezei futás; ~ **running** terepfutás; ~ **skiing** sífutás

cross-examine *v* keresztkérdések alá fog

cross-eyed ['krɒsaɪd] *a* kancsal

crossfire ['krɒsfaɪə] *n* kereszttűz

crossing ['krɒsɪŋ] *n* (*across the sea*) átkelés; (*for pedestrians*) gyalogátkelőhely; (*crossroads*) útkereszteződés

cross-reference *n* (*in book*) utalás

crossroads ['krɒsrəʊdz] *n sing.* útkereszteződés; válaszút

cross section *n* keresztmetszet

crosswalk ['krɒswɔːk] *n US* gyalogátkelőhely

cross-wind *n* oldalszél

crossword (puzzle) ['krɒswɜːd] *n* keresztrejtvény

crouch [kraʊtʃ] *v* gubbaszt, (le)guggol

crow [krəʊ] *n* varjú

crowd [kraʊd] **1.** *n* (ember)tömeg **2.** *v* teletöm, összezsúfol

crowded ['kraʊdɪd] *a* tömött, zsúfolt

crown [kraʊn] **1.** *n* korona **2.** *v also fig* megkoronáz

crown jewels *n pl* koronaékszerek

crown prince *n* trónörökös

crucial ['kruːʃl] *a* döntő, kritikus

crucifix ['kruːsɪfɪks] *n* feszület

crucifixion [kruːsɪ'fɪkʃn] *n* keresztre feszítés

crucify ['kruːsɪfaɪ] *v* keresztre feszít

crude [kruːd] *a* (*materials*) nyers; (*behaviour*) durva || ~ **oil** nyersolaj

cruel ['kruːəl] *a* kegyetlen, kíméletlen

cruelty ['kruːəltɪ] *n* kegyetlenség

cruise [kruːz] **1.** *n* cirkálás **2.** *v* cirkál || **cruising speed** utazósebesség

cruiser ['kruːzə] *n* cirkáló

crumb [krʌm] *n* morzsa

crumble ['krʌmbl] *vt* szétmorzsol | *vi* (*bread*) szétmorzsolódik; (*building*) összedől

crumpet ['krʌmpɪt] *n* teasütemény

crumple ['krʌmpl] *vt* összegyűr | *vi* (össze)gyűrődik

crunch [krʌntʃ] *v* ropogtat

crunchy ['krʌntʃɪ] *a* ropogós

crush [krʌʃ] **1.** *n* (*crowd*) tolongás; (*drink*) rostos gyümölcslé **2.** *v* (*stones*) összetör, összezúz; (*grape*) kiprésel; (*rebellion*) letör; (*enemy*) szétzúz, letipor

crust [krʌst] *n* (*of earth, ice*) kéreg; (*of bread*) héj

crutch [krʌtʃ] *n* mankó

crux [krʌks] *n* nehézség, bökkenő

cry [kraɪ] **1.** *n* (*shout*) kiáltás; (*weep*) sírás **2.** *v* (*shout*) kiabál, kiált; (*weep*) sír

cry off (sg *or* **doing sg)** lemond vmt

cry out elkiáltja magát

crypt [krɪpt] *n* altemplom; kripta

crystal ['krɪstl] *n* kristály

CSE [siː es 'iː] *n* = *Certificate of Secondary Education approx* érettségi

cub [kʌb] *n* kölyök (*állaté*); (~ *scout*) kiscserkész

cube [kjuːb] **1.** *n* kocka **2.** *v math* köbre emel

cubic capacity ['kjuːbɪk] *n* köbtartalom

cubicle ['kjuːbɪkl] *n* öltöző, kabin

cuckoo ['kʊkuː] *n* kakukk

cucumber ['kjuːkʌmbə] *n* uborka

cuddle ['kʌdl] v ölelget ‖ ~ **up to sy** vkhez simul, odabújik
cue [kjuː] n theat végszó
cuff [kʌf] n kézelő, mandzsetta; US (of trousers) hajtóka, felhajtás ‖ **off the** ~ col kapásból
cuff-links n pl kézelőgomb
cuisine [kwɪ'ziːn] n konyha(művészet)
cul-de-sac ['kʌl də sæk] n (pl cul-de-sacs) zsákutca
culinary ['kʌlɪnərɪ] a konyhai, étkezési
culminate ['kʌlmɪneɪt] v tetőzik, kulminál
culmination [kʌlmɪ'neɪʃn] n tetőpont, csúcspont
culottes [kju'lɒts] n pl nadrágszoknya
culprit ['kʌlprɪt] n tettes
cult [kʌlt] n kultusz
cultivate ['kʌltɪveɪt] v agr (meg)művel; (person) kiművel
cultural ['kʌltʃərəl] a művelődési
culture ['kʌltʃə] n művelődés, műveltség, kultúra; biol kultúra
cultured ['kʌltʃəd] a művelt, kulturált
cumin ['kʌmɪn] n kömény
cunning ['kʌnɪŋ] a ravasz, rafinált
cup [kʌp] n csésze; (prize) kupa
cupboard ['kʌbəd] n (fali)szekrény; (built-in) beépített szekrény
curator [kjʊ'reɪtə] n (múzeum)igazgató
curb [kɜːb] 1. n fék; US járdaszegély 2. v féken tart
curd (cheese) [kɜːd] n túró
curdle ['kɜːdl] v (milk) összemegy
cure [kjʊə] 1. n gyógykezelés, gyógyítás 2. v (illness, patient) (meg)gyógyít; (meat-salt) besóz;

(smoke) füstöl ‖ ~ **sy of sg** also fig kigyógyít vmből
curfew ['kɜːfjuː] n kijárási tilalom
curiosity ['kjʊərɪ'ɒsətɪ] n kíváncsiság; (rare thing) ritkaság, furcsaság
curious ['kjʊərɪəs] a kíváncsi; (strange) furcsa
curiously ['kjʊːrɪəslɪ] adv ~ **enough** (elég) különös módon
curl [kɜːl] 1. n (haj)fürt, (haj)hullám 2. vt göndörít | vi göndörödik
curler ['kɜːlə] n hajcsavaró
curly ['kɜːlɪ] a hullámos, göndör (haj)
currant ['kʌrənt] n (grape) mazsola; (black~) ribiszke, ribizli
currency ['kʌrənsɪ] n pénz(nem), valuta
current ['kʌrənt] 1. a (money) érvényes, forgalomban levő; (word) elterjedt; (tendency) jelenlegi ‖ **of the** ~ **year** folyó évi 2. n ár (folyón); el áram
current account n folyószámla (bankban)
currently ['kʌrəntlɪ] adv jelenleg
curriculum [kə'rɪkjʊləm] n tanmenet, tanterv
curriculum vitae [kə'rɪkjʊləm 'viːtaɪ] (pl **curricula** [kə'rɪkjʊlə] **vitae**) n önéletrajz
curry (powder) n curry
curse [kɜːs] 1. n átok 2. vt elátkoz, megátkoz | vi szitkozódik
cursor ['kɜːsə] n comput kurzor
cursory ['kɜːsərɪ] a futólagos
curt [kɜːt] a rövid, kurta
curtail [kɜː'teɪl] v megkurtít; (expenses) csökkent
curtain ['kɜːtn] n függöny ‖ **draw the** ~ behúzza a függönyt

curtsey ['kɜːtsɪ] *n* pukedli
curve [kɜːv] **1.** *n math* görbe; *arch* ívelés; (*in a road*) kanyar **2.** *v* (*line*) elhajlik; (*road*) kanyarodik
curved [kɜːvd] *a* görbe, hajlított
cushion ['kʊʃn] *n* (dívány)párna
custard ['kʌstəd] *n approx* tejsodó
custodian [kʌ'stəʊdɪən] *n* őr; (*of museum*) (múzeum)igazgató
custody ['kʌstədɪ] *n* (rendőri) őrizet ‖ **be in** ~ előzetes letartóztatásban van
custom ['kʌstəm] *n* (*tradition*) szokás; *comm* vevőkör; → **customs**
customary ['kʌstəmərɪ] *a* szokásos
customer ['kʌstəmə] *n* vásárló, ügyfél
custom-made *a* mérték után készült
customs ['kʌstəmz] *n pl* vámhivatal, vám(kezelés) ‖ ~ **clearance** vámkezelés, vámvizsgálat; ~ **examination** vámvizsgálat; ~ **officer** vámtiszt
cut [kʌt] **1.** *a* vágott **2.** *n* vágás; (*of bread*) szelet; (*reduction*) csökkentés; (*of clothes*) fazon, szabás; (*in book*) húzás **3.** *v* (*pt/pp* **cut** [kʌt]; **-tt-**) (el)vág; (*hair*) levág, nyír; (*bread*) szel; (*wages*) csökkent ‖ ~ **a class** *col* ellóg az óráról; ~ **sy short** szavába vág vknek
cut down csökkent
cut in (on sy) *col* közbevág; elévág
cut off levág, lemetsz; *fig* elszigetel
cut out kivág; (*clothes*) kiszab
cut up (*wood*) felvág, felaprít; (*meat*) felszeletel
cutback(s) ['kʌtbæk(s)] *n* költségcsökkentés

cute [kjuːt] *a col* csini
cutlery ['kʌtlərɪ] *n* evőeszköz(ök)
cutlet ['kʌtlɪt] *n* (borda)szelet
cut-price *a* árengedményes
cutting ['kʌtɪŋ] **1.** *a* vágó; (*remark*) éles **2.** *n* vágás; (*of newspaper*) újságkivágás; *film* vágás
CV [siː 'viː] = **curriculum vitae**
cwt. = **hundredweight**
cyanide ['saɪənaɪd] *n* cián
cycle ['saɪkl] **1.** *n* körforgás, ciklus; (*bicycle*) bicikli **2.** *v* biciklizik
cycling ['saɪklɪŋ] *n* kerékpározás
cyclist ['saɪklɪst] *n* biciklista
cyclone ['saɪkləʊn] *n* ciklon
cylinder ['sɪlɪndə] *n* (*also in car*) henger ‖ ~ **head casket** hengerfejtömítés
cymbals ['sɪmblz] *n pl mus* cintányér
cynic ['sɪnɪk] *n* cinikus
cynical ['sɪnɪkl] *a* cinikus
cynicism ['sɪnɪsɪzəm] *n* cinizmus
cyst [sɪst] *n med* ciszta
czar [zɑː] *n* cár
Czech [tʃek] *a/n* (*person, language*) cseh ‖ **in** ~ csehül; **the ~ Republic** a Cseh Köztársaság, Csehország

D

dab [dæb] *v* **-bb-** (*with towel*) megtöröl; (*with sponge*) nyomogat; (*paint*) felrak
dabble ['dæbl] **in (sg)** *v fig col* beleszagol, belekap (vmbe)
dachshund ['dækshʊnd] *n* tacskó, dakszli

dad(dy) ['dæd(ɪ)] *n col* papa
daffodil ['dæfədɪl] *n* sárga nárcisz
daft [dɑːft] *a col* bolond
dagger ['dægə] *n* tőr
daily ['deɪlɪ] **1.** *a* mindennapi, na-
p(onként)i **2.** *adv* mindennap,
napjában **3.** *n* napilap
dairy ['deərɪ] *n* (*on farm*) tejüzem;
(*shop*) tejbolt ‖ ~ **produce** tejter-
mék(ek)
daisy ['deɪzɪ] *n* margaréta, százszor-
szép
daisy-wheel printer *n* margaréta-
kerekes nyomtató
dale [deɪl] *n* völgy
dam [dæm] *a* (védő)gát
damage ['dæmɪdʒ] **1.** *n* kár, veszte-
ség; (*injury*) sérülés **2.** *v* kárt tesz
(vmben), rongál (vmt) ‖ **be ~d**
tönkremegy
damages ['dæmɪdʒɪz] *n pl* kártérí-
tés ‖ **pay ~ to sy for sg** kártérítést
fizet vknek vmért
damn [dæm] **1.** *n* **not give a ~**
about sg/sy semmibe vesz vmt/
vkt **2.** *v* (el)átkoz ‖ ~ **(it)!** fene
egye meg!
damned [dæmd] *a* átkozott
damp [dæmp] *a* nyirkos
dampen ['dæmpən] *v* (*moisten*)
(meg)nedvesít; (*reduce*) letompít
dance [dɑːns] **1.** *n* tánc, bál **2.** *v*
táncol
dance-hall *n* táncterem
dancer ['dɑːnsə] *n* táncos
dancing ['dɑːnsɪŋ] *n* tánc
dandelion ['dændɪlaɪən] *n* gyer-
mekláncfű, pitypang
dandruff *n* ['dændrʌf] korpa
Dane [deɪn] *n* dán
danger ['deɪndʒə] *n* veszély ‖ **be in**
~ veszélyben forog/van

dangerous ['deɪndʒərəs] *a* veszélyes
dangerously ['deɪndʒərəslɪ] *adv*
veszélyesen
dangle ['dæŋgl] *v* lóbál
Danish ['deɪnɪʃ] *a* dán
Danube ['dænjuːb] *n* Duna
dapper ['dæpə] *a* tiptopp
dare [deə] *v* merészel ‖ ~ **(to) do**
sg mer vmt tenni; **how ~ you?**
hogy merészeli Ön?; **I ~ say**
meghiszem azt!
daring ['deərɪŋ] **1.** *a* merész **2.** *n*
merészség
dark [dɑːk] **1.** *a* sötét
darken ['dɑːkən] *vt* (el)sötétít ‖ *vi*
sötétedik
dark glasses *n pl* napszemüveg,
sötét szemüveg
darkness [dɑːknɪs] *n* sötétség
darkroom ['dɑːkrʊm] *n* sötétkamra
darling ['dɑːlɪŋ] *a/n* kedves ‖ ~!
drágám!
dart [dɑːt] **1.** *n* dárda; → **darts 2.** *v*
~ **along/across** végigsuhan
dartboard ['dɑːtbɔːd] *n* céltábla
darts [dɑːts] *n sing.* célbadobós
játék
dash [dæʃ] **1.** *n* (*rushing*) nekiira-
modás; (*punctuation mark*) gon-
dolatjel ‖ **a ~ of** cseppnyi **2.** *v*
rohan, robog
dash away vk vhonnan elviharzik
dash in/into beront
dash off (*run away*) elrohan;
(*letter*) odavet
dash out vhonnan kirohan
dashboard ['dæʃbɔːd] *n* műszerfal
(*autón*)
dashing ['dæʃɪŋ] *a* ragyogó
data ['deɪtə] *n* adat(ok)
data processing *n* (gépi) adatfel-
dolgozás

date¹ [deɪt] *n* (*fruit*) datolya
date² [deɪt] **1.** *n* (*time*) dátum, időpont; (*appointment*) találka, randevú ‖ **be out of** ~ elavult; **be up to** ~ korszerű; **have/make a** ~ **with sy** randevúzik vkvel **2.** *v* (*put date on*) keltez; (*have origin*) ered, származik
date back to *or* **date from** ered/származik vmely időből
daughter ['dɔːtə] *n* **sy's** ~ vknek a lánya
daughter-in-law *n* (*pl* **daughters-in-law**) meny
daunting ['dɔːntɪŋ] *a* ijesztő
dawn [dɔːn] **1.** *n* hajnal ‖ **at** ~ virradatkor **2.** *v* **it is** ~**ing** hajnalodik, világosodik
day [deɪ] *n* (*24 hours*) nap ‖ **by** ~ nappal; ~ **after/by day** nap mint nap; **the** ~ **after tomorrow** holnapután; **the** ~ **before yesterday** tegnapelőtt; **have a** ~ **off** szabadnapos; **from** ~ **to day** napról napra; **this** ~ **week** mához egy hétre
daybreak ['deɪbreɪk] *n* hajnal
day-care centre *n* napközi (otthon)
daydream ['deɪdriːm] **1.** *n* ábránd(ozás) **2.** *v* ábrándozik
daylight ['deɪlaɪt] *n* nappali világítás
daylight saving time; *US* **daylight time** *n* nyári időszámítás
day-nursery *n* (*kindergarten*) óvoda; *US* (*creche*) bölcsőde
daytime ['deɪtaɪm] *n* nappal ‖ **in the** ~ nappal, napközben
day-to-day *a* naponként ismétlődő, mindennapi
daze [deɪz] **1.** *n* kábultság **2.** *v* (el)kábít
dazzle ['dæzl] *v* (*light*) (el)vakít, (el)káprázat

DC [diː 'siː] = **direct current**
dead [ded] *a* halott, holt ‖ **be** ~ **on time** hajszálpontosan érkezik
deaden ['dedn] *v* (*sound*) letompít
dead end *n US* zsákutca
dead heat *n* holtverseny
deadline ['dedlaɪn] *n* határidő
deadlock ['dedlɒk] *n* holtpont
deaf [def] *a* süket
deafen ['defn] *v* megsüketít
deaf-mute *a* süketnéma
deafness ['defnɪs] *n* süketség
deal [diːl] **1.** *n* üzlet(kötés), alku ‖ **a good/great** ~ jó sok(at); sokkal... **2.** *v* (*pt/pp* **dealt** [delt]) (*give*) ad; (*cards*) oszt
deal in kereskedik vmvel
deal with (*manage*) foglalkozik vmvel;, tárgyal (*kérdést*); (*be about*) szól *vmről*; (*treat*) vkvel bánik
dealer ['diːlə] *n* kereskedő
dealt [delt] *pt/pp* → **deal**
dean [diːn] *n* (*at university*) dékán
dear [dɪə] *a also fig* drága ‖ **my** ~ drágám; ~ **me!** ó jaj!; **D~ Sirs** (*in letter*) Tisztelt Uraim!
death [deθ] *n* halál(eset) ‖ ~ **certificate** halotti anyakönyvi kivonat; ~ **duties** *pl* örökösödési illeték
deathly ['deθlɪ] *a/adv* halálos(an)
death penalty *n* halálbüntetés
debar [dɪ'bɑː] *v* **-rr-** kirekeszt (*from* vmből)
debarkation [diːbɑː'keɪʃn] *n* partraszállás
debase [dɪ'beɪs] *v* (*humiliate*) lealáz; (*depreciate*) leront; (*degrade*) lealjasít
debatable [dɪ'beɪtəbl] *a* vitatható
debate [dɪ'beɪt] **1.** *n* vita **2.** *v* vitat(kozik)

debauchery [dɪ'bɔːtʃərɪ] n züllöttség, kicsapongás
debit ['debɪt] 1. n tartozik-oldal 2. v ~ sy's account with számlát megterhel
debris ['deɪbriː] n törmelék
debt [det] n adósság ‖ get into ~ eladósodik
debtor ['detə] n adós
decade ['dekeɪd] n évtized
decadence ['dekədəns] n hanyatlás
decaffeinated ['diːkæfɪneɪtɪd] a koffeinmentes
decay [dɪ'keɪ] 1. n (decline) romlás, hanyatlás; (caries) fogszuvasodás 2. v (decline) hanyatlik, romlik; (rot) rothad; (grow carious) szuvasodik
deceased [dɪ'siːst] a/n halott, elhunyt
deceit [dɪ'siːt] n csalás
deceive [dɪ'siːv] v becsap, rászed, megcsal vkt
December [dɪ'sembə] n december; → August
decency ['diːsnsɪ] n tisztesség, illem
decent ['diːsnt] a tisztességes, derék, rendes
deception [dɪ'sepʃn] n csalás
deceptive [dɪ'septɪv] a megtévesztő
decide [dɪ'saɪd] v (el)határoz, (el)dönt
decided [dɪ'saɪdɪd] a határozott, kifejezett
decimal ['desɪml] 1. a (system) tízes; (point) tizedes 2. n tizedesjegy ‖ ~ (fraction) tizedes tört
decimal point n tizedes pont
decimate ['desɪmeɪt] v megtizedel
decipher [dɪ'saɪfə] v (code) megfejt
decision [dɪ'sɪʒn] n (determination) döntés; (judgement) bírói ítélet ‖ make a ~ döntést hoz

decisive [dɪ'saɪsɪv] a döntő
deck [dek] 1. n (of ship) fedélzet; (record player, tape-recorder) deck 2. v ~ out feldíszít
deck-chair n nyugágy
declaration [deklə'reɪʃn] n nyilatkozat ‖ make a ~ nyilatkozik
declare [dɪ'kleə] v kinyilvánít ‖ ~ war on hadat üzen vknek
decline [dɪ'klaɪn] 1. n hanyatlás 2. v (decay) (le)hanyatlik; (weaken) gyengül; (refuse) visszautasít
decode [diː'kəʊd] v dekódol
decompose [diːkəm'pəʊz] vt (szét)bont ‖ vi szétbomlik; chem felbomlik
decomposition [diːkɑmpə'zɪʃn] n (dissociation) (fel)bomlás; (decay) oszlás, romlás
décor ['deɪkɔː] n lakberendezés(i tárgyak)
decorate ['dekəreɪt] v (adorn) díszít; (paint room) fest; (wallpaper) tapétáz
decoration [dekə'reɪʃn] n (ornament) díszítés, dísz; (painting) festés; (medal) kitüntetés
decorator ['dekəreɪtə] n szobafestő, tapétázó
decoy ['diːkɔɪ] n csalétek
decrease 1. ['diːkriːs] n csökken(t)és 2. [dɪ'kriːs] vi csökken ‖ vt lecsökkent
decree [dɪ'kriː] 1. n law rendelet, végzés 2. v (adjudge) dönt; (order) elrendel
decrepit [dɪ'krepɪt] a roskatag
dedicate ['dedɪkeɪt] v (devote) (fel)ajánl; (consecrate) felszentel; (inscribe) dedikál (to vknek)
dedication [dedɪ'keɪʃn] n ajánlás

deduce [dɪ'djuːs] v math levezet ‖ ~ **sg from sg** vmből vmt/vmre következtet

deduct [dɪ'dʌkt] v levon, leszámít

deduction [dɪ'dʌkʃn] n (deducting) levonás; (conclusion) levezetés, következtetés

deed [diːd] n (act) tett, cselekedet; (fact) tény; (document) okirat

deem [diːm] v vmnek ítél/tart/gondol

deep [diːp] a (low) mély; (profound) alapos

deep-freeze 1. n mélyhűtő **2.** (pt -**froze**, pp -**frozen**) v mélyhűt, fagyaszt

deep-frozen a mélyhűtött, mirelit

deep-fry v bő zsírban (or friteuseben) süt

deer [dɪə] n (pl ~) őz; szarvas

deface [dɪ'feɪs] v elrútít

defamation [defə'meɪʃn] n rágalmazás

default [dɪ'fɔːlt] **1.** n law (absence, neglect) mulasztás; comput (basic position) alapértelmezés **2.** v (el)- mulaszt

defeat [dɪ'fiːt] **1.** n (of army/battle) vereség; (of government) bukás **2.** v (enemy) legyőz; (government) megbuktat

defeatist [dɪ'fiːtɪst] a/n kishitű, defetista

defect ['diːfekt] n (fault) hiba; (imperfection) hiány(osság)

defective [dɪ'fektɪv] a hiányos, hibás

defence (US **defense**) [dɪ'fens] n védelem

defenceless [dɪ'fenslɪs] a védtelen

defend [dɪ'fend] v (meg)véd (from/ against sy/sg vktől, vmtől, vk/vm ellen)

defendant [dɪ'fendənt] n alperes

defense [dɪ'fens] n US = **defence**

defensive [dɪ'fensɪv] **1.** a védekező **2.** n defenzíva

defer [dɪ'fɜː] v -**rr**- elhalaszt

deference ['defərəns] n tiszteletadás

defiance [dɪ'faɪəns] n dac(oskodás)

defiant [dɪ'faɪənt] a dacos, kihívó

deficiency [dɪ'fɪʃnsɪ] n hiány(osság)

deficient [dɪ'fɪʃnt] a hiányos

deficit ['defɪsɪt] n (budgetary) hiány, deficit

defile [dɪ'faɪl] v bepiszkít

define [dɪ'faɪn] v meghatároz; (word) értelmez

definite ['defɪnət] a (meg)határozott

definitely ['defɪnətlɪ] adv határozottan; feltétlenül

definition [defɪ'nɪʃn] n (of concept) meghatározás; (of word) értelmezés

definitive [dɪ'fɪnɪtɪv] a végleges

deflate [dɪ'fleɪt] v (gas, air) kienged

deflect [dɪ'flekt] v (turn aside) kitérít; (divert) eltérít; (bend) elhajlít

deform [dɪ'fɔːm] v eltorzít

deformity [dɪ'fɔːmətɪ] n testi fogyatékosság/hiba

defraud [dɪ'frɔːd] v megkárosít, megrövidít (of vmvel)

defrost [diː'frɒst] v (refrigerator) leolvaszt, jégtelenít; (food) felolvaszt

deft [deft] a ügyes

defunct [dɪ'fʌŋkt] a elhunyt

defuse [dɪ'fjuːz] v (bomb) hatástalanít

defy [dɪ'faɪ] v dacol (sy/sg vkvel/ vmvel)

degenerate 1. [dɪ'dʒenərət] *a* elfajzott; korcs **2.** [dɪ'dʒenəreɪt] *v* elfajul

degradation [degrə'deɪʃn] *n* (*self-debasement*) lealacsonyodás; (*debasement*) lealacsonyítás

degrading [dɪ'greɪdɪŋ] *a* lealacsonyító, megalázó

degree [dɪ'griː] *n* (*measurement*) fok; (*title given by university*) fokozat, diploma ‖ **10 ~s below zero** mínusz tíz fok; **by ~s** fokozatosan

de-ice [diː 'aɪs] *v* (*windscreen*) jégtelenít

de-icer [diː'aɪsə] *n* jégmentesítő (spray)

deign to [deɪn] *v* méltóztatik vmt megtenni

deity ['deɪətɪ] *n* istenség

dejected [dɪ'dʒektɪd] *a* levert, lehangolt, rosszkedvű

dejection [dɪ'dʒekʃn] *n* levertség, lehangoltság

delay [dɪ'leɪ] **1.** *n* (*of train*) késés; (*state of being delayed*) késedelem; (*postponement*) (el)halasztás ‖ **without ~** haladéktalanul **2.** *v* (*be late*) késik; (*postpone*) elhalaszt

delayed [dɪ'leɪd] *a* késleltetett; *aviat* „késik"

delectable [dɪ'lektəbl] *a* élvezetes

delegate 1. ['delɪgət] *n* küldött, megbízott **2.** ['delɪgeɪt] *v* delegál

delegation [delɪ'geɪʃn] *n* küldöttség

delete [dɪ'liːt] *v* (*words*) töröl, kihúz

deliberate 1. [dɪ'lɪbərət] *a* (*slow*) megfontolt; (*intentional*) szándékos **2.** [dɪ'lɪbəreɪt] *v* latolgat

deliberately [dɪ'lɪbərətlɪ] *adv* szándékosan; megfontoltan

delicacy ['delɪkəsɪ] *n* (*food*) ínyencfalat, csemege; (*fineness*) törékenység, gyengédség

delicate ['delɪkət] *a* (*fine, soft*) finom; (*tender*) zsenge, gyenge; (*gentle*) gyengéd; (*sensitive*) kényes; (*tactful*) tapintatos; (*fragile*) törékeny ‖ **~ situation** kínos helyzet

delicatessen (shop) [delɪkə'tesn] *n* csemegebolt

delicious [dɪ'lɪʃəs] *a* élvezetes, finom

delight [dɪ'laɪt] **1.** *n* élvezet, öröm **2.** *v* gyönyörködtet, örömet szerez vknek ‖ **~ in sg** örömét leli vmben; **be ~ed** egészen el van ragadtatva (*at, by, with* -tól/től)

delightful [dɪ'laɪtfəl] *a* élvezetes

delinquency [dɪ'lɪŋkwənsɪ] *n* (*misdeed*) vétség; (*neglect*) mulasztás

delinquent [dɪ'lɪŋkwənt] *n* bűnöző, tettes

delirious [dɪ'lɪrɪəs] *a* **be ~** félrebeszél

deliver [dɪ'lɪvə] *v* (*carry*) leszállít, (ki)kézbesít; (*pronounce*) elmond ‖ **~ from sy/sg** megszabadít vktől/vmtől; **be ~ed of a child** gyermeket szül

deliverance [dɪ'lɪvərəns] *n* szabadulás

delivery [dɪ'lɪvərɪ] *n* (*distribution*) kézbesítés; (*carrying*) szállítás; (*manner of speaking*) előadásmód; (*childbirth*) szülés

delta ['deltə] *n* torkolatvidék

delude [dɪ'luːd] *v* becsap, áltat

deluge ['deljuːdʒ] *n* áradat; özön(víz)

delusion [dɪ'luːʒn] *n* (érzék)csalódás, tévhit

de luxe [dɪ'lʌks] *a* művészi kivitelű
demand [dɪ'mɑːnd] **1.** *n* (*requirement*) követelés; (*for goods*) kereslet || **(much) in** ~ keresett, kelendő **2.** *v* (meg)kíván, (meg)követel (*sg of sy* vktől vmt); (*need*) vm vmt szükségessé tesz; (*claim*) igényel
demanding [dɪ'mɑːndɪŋ] *a* (*person*) igényes; (*work*) megerőltető
demarcation [diːmɑːˈkeɪʃn] *n* (*separation*) elhatárolás; (*limit, line*) határvonal
demean oneself [dɪ'miːn] *v* lealjasodik, lealacsonyodik
demeanour (*US* -**or**) [dɪ'miːnə] *n* viselkedés
demented [dɪ'mentɪd] *a* őrült
demister [diːˈmɪstə] *n* páramentesítő
democracy [dɪ'mɒkrəsɪ] *n* demokrácia
democrat [ˈdeməkræt] *n* demokrata
democratic [deməˈkrætɪk] *a* demokratikus
demolish [dɪ'mɒlɪʃ] *v* lerombol, lebont
demolition [deməˈlɪʃn] *n* lerombolás, lebontás
demon [ˈdiːmən] *n* gonosz szellem, démon
demonstrate [ˈdemənstreɪt] *v* (*show*) bemutat; (*prove*) igazol; (*manifest*) tüntet
demonstration [demənˈstreɪʃn] *n* (*show*) bemutatás, demonstráció; (*manifestation*) felvonulás, tüntetés
demotion [diːˈməʊʃn] *n mil* lefokozás
demur [dɪ'mɜː] *v* -**rr**- habozik
demure [dɪ'mjʊə] *a* illedelmes

den [den] *n* (*of animal*) odú; (*study*) dolgozószoba
denial [dɪ'naɪəl] *n* (meg)tagadás
denims [ˈdenɪmz] *n pl* farmernadrág
Denmark [ˈdenmɑːk] *n* Dánia
denomination [dɪnɒmɪ'neɪʃn] *n* felekezet
denominator [dɪ'nɒmɪneɪtə] *n math* nevező
denote [dɪ'nəʊt] *v* jelent (*vm jelentésű*)
denounce [dɪ'naʊns] *v* (*accuse*) feljelent, beárul; (*condemn*) elítél
dense [dens] *a* sűrű
densely [denslɪ] *adv* sűrűn
density [ˈdensətɪ] *n* sűrűség
dent [dent] **1.** *n* üreg; bemélyedés **2.** *v* bemélyít
dental [ˈdentl] *a* fogászati, fog- || ~ **surgeon** fogorvos, szájsebész
dentist [ˈdentɪst] *n* fogorvos
dentistry [ˈdentɪstrɪ] *n* fogászat
denture(s) *n* (*pl*) műfogsor
denunciation [dɪnʌnsɪ'eɪʃn] *n* feljelentés
deny [dɪ'naɪ] *v* tagad || ~ **sy sg** megtagad vktől vmt
deodorant [diːˈəʊdərənt] *n* dezodor
depart [dɪ'pɑːt] *v* (el)indul, elutazik
department [dɪ'pɑːtmənt] *n* (*of store, office*) osztály; (*of government*) minisztérium; (*at university*) tanszék || ~ **store** áruház
departure [dɪ'pɑːtʃə] *n* (*of vehicle*) indulás; (*of person*) elutazás
depend [dɪ'pend] *v* ~ **on** vmtől/vktől függ || **it** ~**s** attól függ
dependable [dɪ'pendəbl] *a* megbízható
dependence [dɪ'pendəns] *n* függőség, függés

dependent [dɪ'pendənt] *a* ~ **on sy/sg** vktől/vmtől függő
depict [dɪ'pɪkt] *v* leír, lefest
deplorable [dɪ'plɔːrəbl] *a* szánalomra méltó, sajnálatos
deplore [dɪ'plɔː] *v* sajnál, szán
deployment *n* (*of missiles, troops*) telepítés
depopulation [diːpɒpjʊ'leɪʃn] *n* elnéptelenedés
deport [dɪ'pɔːt] *v* kitelepít
deportation [diːpɔː'teɪʃn] *n* kitelepítés, deportálás
deportment [dɪ'pɔːtmənt] *n* (*behaviour*) tartás
depose [dɪ'pəʊz] *v* lemondat, letesz
deposit [dɪ'pɒzɪt] **1.** *n* (*of ore, oil, mineral*) üledék; (*in bank*) letét; (*part payment*) előleg, foglaló **2.** *v* (*with bank*) betesz, letétbe helyez
deposit account *n* folyószámla, betétszámla
depot ['depəʊ] *n* (*for buses*) kocsiszín; (*for goods*) lerakat
depreciate [dɪ'priːʃieɪt] *v* (*fall in value*) csökken az értéke; (*undervalue*) ócsárol, lebecsül
depreciation [dɪpriːʃi'eɪʃn] *n* értékcsökkenés
depress [dɪ'pres] *v* (*press down*) lenyom; (*in mood*) lehangol
depressed [dɪ'prest] *a* levert, lehangolt
depression [dɪ'preʃn] *n* (*of person*) levertség, lehangoltság; (*of business, atmosphere*) depresszió
deprivation [depri'veɪʃn] *n* szűkölködés
deprive [dɪ'praɪv] *v* ~ **sy/sg of sg** vmtől megfoszt vkt/vmt
dept. = **department**
depth [depθ] *n* mélység

deputation [depjʊ'teɪʃn] *n* küldöttség
deputize ['depjʊtaɪz] *v* ~ **for sy** vkt helyettesít, kisegít
deputy ['depjʊti] *n* (*substitute*) helyettes; (*representative*) kiküldött
derail [dɪ'reɪl] *v* **be ~ed** kisiklik
deranged [dɪ'reɪndʒd] *a* őrült, megháborodott
Derby ['dɑːbɪ] *n GB* derbi
derby ['dɜːbɪ] *n US* keménykalap
derelict ['derəlɪkt] *a* lakatlan, elhagyatott
derision [dɪ'rɪʒn] *n* kigúnyolás
derisory [dɪ'raɪsərɪ] *a* nevetséges
derive [dɪ'raɪv] *vt* származtat vmből l *vi* származik vmből/vmtől (*from*)
dermatitis [dɜːmə'taɪtɪs] *n* bőrgyulladás
dermatology [dɜːmə'tɒlədʒɪ] *n* bőrgyógyászat
derogatory [dɪ'rɒgətrɪ] *a* elítélő, rosszalló, pejoratív
derrick ['derɪk] *n* (*on ship*) árbocdaru; (*for oil*) fúrótorony
derv [dɜːv] *n* dízelolaj
descend [dɪ'send] *v* leereszkedik
descendant [dɪ'sendənt] *n* utód, leszármazott
descent [dɪ'sent] *n* (*going down*) leereszkedés; (*ancestry*) (le)származás
describe [dɪ'skraɪb] *v fig* leír, ábrázol
description [dɪ'skrɪpʃn] *n* leírás, ábrázolás; (*sort*) fajta
descriptive [dɪ'skrɪptɪv] *a* leíró, ábrázoló
desecrate ['desɪkreɪt] *v* megszentségtelenít, meggyaláz
desert 1. ['dezət] *n* sivatag **2.** [dɪ'zɜːt] *vt* vktől elpártol, elhagy vkt/vmt l *vi kat* dezertál

deserts [dı'zɜːts] *n pl* **get one's just** ~ megkapja, amit érdemel
deserve [dı'zɜːv] *v* (meg)érdemel
design [dı'zaın] **1.** *n* (*plan*) terv; (*intention*) szándék; (*pattern*) minta **2.** *v* (*building*) (meg)tervez; (*machine*) (meg)szerkeszt
designate ['dezıgneıt] *v* kijelöl
designer [dı'zaınə] *n* tervező; (*fashion* ~) divattervező
desirable [dı'zaıərəbl] *a* kívánatos
desire [dı'zaıə] **1.** *n* vágy, óhaj **2.** *v* vmre vágyik, vmt óhajt
desk [desk] *n* íróasztal; (*in school*) pad; (*in shop*) pult; (*in hotel*) recepció
desk clerk *n* (*szállodai*) portás
desk-top publishing *n* házi kiadványszerkesztés
desolate ['desələt] *a* elhagyatott, sivár
desolation [desə'leıʃn] *n* pusztulás; nyomor
despair [dı'speə] **1.** *n* kétségbeesés ‖ **be in** ~ kétségbe van esve **2.** *v* kétségbeesik
despatch [dı'spætʃ] = **dispatch**
desperate ['despərət] *a* (*person*) kétségbeesett; (*state*) kétségbeejtő
desperation [despə'reıʃn] *n* kétségbeesés
despicable [dı'spıkəbl] *a* megvetésre méltó, megvetendő
despise [dı'spaız] *v* megvet, lenéz
despite [dı'spaıt] *prep* ellenére
despondent [dı'spɒndənt] *a* csüggedt
dessert [dı'zɜːt] *n* édesség, desszert
dessertspoon *n* gyermekevőkanál
destination [destı'neıʃn] *n* rendeltetési hely
destiny ['destını] *n* végzet

destitute ['destıtjuːt] *a* nincstelen, nyomorgó
destroy [dı'strɔı] *v* (le)rombol, (el)pusztít
destroyer [dı'strɔıə] *n mil* romboló
destruction [dı'strʌkʃn] *n* pusztítás, rombolás
destructive [dı'strʌktıv] *a* destruktív, romboló hatású
detach [dı'tætʃ] *v* leválaszt, elválaszt
detachable [dı'tætʃəbl] *a* levehető
detached [dı'tætʃt] *a* (*house*) különálló; (*attitude, opinion*) tárgyilagos
detached house *n* családi ház, villa
detachment [dı'tætʃmənt] *n* (*separation*) elkülönülés; (*troop*) különítmény; (*objectivity*) tárgyilagosság
detail ['diːteıl] **1.** *n* részlet, részlet(ezés) ‖ ~**s** részletes adatok; **in** ~ részletesen **2.** *v* részletez
detailed ['diːteıld] *a* részletes
detain [dı'teın] *v* őrizetbe vesz, letartóztat
detect [dı'tekt] *v* felfedez
detective [dı'tektıv] *n* detektív
detective story/novel *n* detektívregény
détente ['deıtɒnt] *n pol* enyhülés
detention [dı'tenʃn] *n* őrizetbe vétel, letartóztatás
detergent [dı'tɜːdʒənt] *n* mosószer, tisztítószer
deteriorate [dı'tıərıəreıt] *v* (*health, situation*) megromlik; (*quality*) romlik
determination [dıtɜːmı'neıʃn] *n* (*determining*) meghatározás; (*resolution*) elhatározás, elszántság

determine [dɪ'tɜːmɪn] v (fix, settle) meghatároz; (resolve) eltökél
deterrent [dɪ'terənt] n elrettentő eszköz
detest [dɪ'test] v utál, gyűlöl
detonate ['detəneɪt] vt felrobbant I vi felrobban
detonation [detə'neɪʃn] n robbanás
detour ['diːtʊə] n (road) kerülő út; US (for traffic) (forgalom)elterelés, terelőút
detriment ['detrɪmənt] n kár, hátrány II **to the ~ of** ... kárára
detrimental [detrɪ'mentl] a ártalmas, hátrányos
deuce [djuːs] n 40:40 (teniszben)
devaluation [diːvæljʊ'eɪʃn] n (of currency) leértékelés
devalue [diː'væljuː] v (currency) leértékel
devastate ['devəsteɪt] v elpusztít
devastating ['devəsteɪtɪŋ] a pusztító, megsemmisítő
devastation [devə'steɪʃn] n pusztítás, rombolás
develop [dɪ'veləp] vt fejleszt; (photo) előhív I vi fejlődik, kialakul
developing [dɪ'veləpɪŋ] a fejlődő II **~ country** fejlődő ország
development [dɪ'veləpmənt] n (being developed) (ki)fejlődés, kialakulás; (developing) fejlesztés
deviate ['diːvɪeɪt] v eltér vmtől
deviation [diːvɪ'eɪʃn] n (iránytól) eltérés
device [dɪ'vaɪs] n (apparatus) eszköz, szerkezet; (trick) trükk
devil ['devl] n ördög
devious ['diːvɪəs] a (route) kanyargós; (person) álnok, hamis
devise [dɪ'vaɪz] v kiötöl, kitalál

devoid [dɪ'vɔɪd] a mentes (of vmtől)
devote [dɪ'vəʊt] v szentel (to vmre); (vm célra) fordít II **~ oneself to** vmre adja magát
devoted [dɪ'vəʊtɪd] a odaadó, hűséges
devotion [dɪ'vəʊʃn] n (affection) odaadás, hűség; (piety) áhítat
devour [dɪ'vaʊə] v (fel)fal
dew [djuː] n harmat
dexterity [dek'sterətɪ] n ügyesség
diabetes [daɪə'biːtɪz] n cukorbaj
diabetic [daɪə'betɪk] a/n cukorbeteg
diagnose ['daɪəgnəʊz] v (illness) megállapít, diagnosztizál
diagnosis [daɪəg'nəʊsɪs] n (pl **-ses** [-siːz]) kórisme, diagnózis
diagonal [daɪ'ægənl] 1. a átlós 2. n átló
diagram ['daɪəgræm] n ábra; grafikon
dial ['daɪəl] 1. n (of telephone) tárcsa; (of clock) számlap 2. v **-ll-** (US **-l-**) (fel)tárcsáz
dialect ['daɪəlekt] n nyelvjárás
dialling tone n tárcsahang
dialogue (US **-log**) ['daɪəlɒg] n párbeszéd
diameter [daɪ'æmɪtə] n átmérő
diamond ['daɪəmənd] n (jewel) gyémánt II **~s** (cards) káró
diaper ['daɪəpə] n US pelenka
diaphragm ['daɪəfræm] n med rekeszizom; el membrán
diarrhoea [daɪə'rɪə] (US **-rhea**) n hasmenés
diary ['daɪərɪ] n (daily record) napló; (notebook) notesz
dice [daɪs] n (pl **~**) dobókocka
dictate 1. ['dɪkteɪt] n parancs(szó) 2. [dɪk'teɪt] v diktál
dictation [dɪk'teɪʃn] n diktálás

dictator [dɪk'teɪtə] *n* diktátor
dictatorship [dɪk'teɪtəʃɪp] *n* diktatúra, zsarnokság
diction ['dɪkʃn] *n* előadásmód
dictionary ['dɪkʃənrɪ] *n* szótár
did [dɪd] *pt* → **do**
didn't ['dɪdnt] = **did not**
die [daɪ] *v* (*pres. p.* **dying**) (*person*) meghal; (*plant, animal*) elpusztul ‖ **be dying for sg** (*v.* **to do sg**) majd megvesz vmért; ~ **of sg** meghal vmben
die away elhalkul
die down (*wind*) elcsendesedik
die out kihal
diesel ['diːzəl] *a* ~ **engine** dízelmotor; ~ **oil** dízelolaj
diet ['daɪət] *n* diéta ‖ **be on a** ~ diétázik
differ ['dɪfə] *v* különbözik, eltér (*from sg* vmtől)
difference ['dɪfrəns] *n* különbség, eltérés; (*disagreement*) nézeteltérés
different ['dɪfrənt] *a* különböző, eltérő ‖ **be** ~ **from sg** különbözik vmtől; **in a** ~ **way** másképpen
differentiate [dɪfə'renʃɪeɪt] *v* megkülönböztet (*from* vmtől/vktől)
difficult ['dɪfɪkəlt] *a* nehéz
difficulty ['dɪfɪkəltɪ] *n* nehézség
diffident ['dɪfɪdənt] *a* szerény; félénk
diffuse 1. [dɪ'fjuːs] *a* terjengős **2.** [dɪ'fjuːz] *v* terjeszt
dig [dɪg] *v* (*pt/pp* **dug** [dʌg]; **-gg-**) ás
digest 1. ['daɪdʒest] *n* kivonat **2.** [daɪ'dʒest] *v* (meg)emészt
digestion [daɪ'dʒestʃn] *n* emésztés
digit ['dɪdʒɪt] *n* számjegy; (*finger*) ujj

digital ['dɪdʒɪtl] *a* digitális
dignified ['dɪgnɪfaɪd] *a* méltóságteljes
dignity ['dɪgnətɪ] *n* méltóság
digress [daɪ'gres] *v* **from the subject** eltér/elkalandozik a tárgytól
digs [dɪgz] *n pl col GB* albérleti szoba
dilapidated [dɪ'læpɪdeɪtɪd] *a* ütöttkopott, rozoga
dilate [daɪ'leɪt] *v* (ki)tágul
diligent ['dɪlɪdʒənt] *a* szorgalmas
dilute [daɪ'ljuːt] *v* (fel)hígít
dim [dɪm] **1.** *a* homályos, halvány ‖ **grow** ~ (*light*) halványodik; (*sight*) elhomályosul **2.** *v* **-mm-** *vt* elhomályosít ǀ *vi* elhalványodik
dime [daɪm] *n US* tízcentes
dimension [dɪ'menʃn] *n* (*measurement*) kiterjedés; (*extent*) nagyság; (*size*) méret
diminish [dɪ'mɪnɪʃ] *vi* csökken, kisebbedik ǀ *vt* csökkent, kisebbít
dimmer ['dɪmə] *n GB* fényerő-szabályozós kapcsoló; *US* (*in car*) tompított fényszóró kapcsolója
dine [daɪn] *v* ebédel, vacsorázik
diner ['daɪnə] *n US* étkezőkocsi
dinghy ['dɪŋgɪ] *n* (*sailing*) kis csónak/vitorlás; (*rubber*) gumicsónak
dingy ['dɪndʒɪ] *a* piszkos
dining ['daɪnɪŋ] *a* ~ **car** étkezőkocsi; ~ **room** ebédlő
dinner ['dɪnə] *n* (*evening meal*) vacsora; (*lunch*) ebéd ‖ **have (one's)** ~ megvacsorázik
dinner jacket *n* szmoking
dinner party *n* vacsora (*vendégekkel*)
dinosaur ['daɪnəsɔː] *n* dinoszaurusz

dint [dɪnt] *n* **by ~ of** vm segítségével, vmnél fogva
dip [dɪp] **1.** *n* (*plunging*) bemártás; (*immersion*) bemerülés; (*bathe*) fürdés **2.** *v* **-pp-** (*plunge*) (meg)márt; (*sink*) merül; (*incline*) elhajlik ‖ **~ped headlights** tompított fény
diploma [dɪ'pləʊmə] *n* diploma
diplomacy [dɪ'pləʊməsɪ] *n* diplomácia
diplomat ['dɪpləmæt] *n* diplomata
diplomatic [dɪplə'mætɪk] *a* (*of diplomacy*) diplomáciai; (*tactful*) diplomatikus
dipstick ['dɪpstɪk] *n* nívópálca
dipswitch ['dɪpswɪtʃ] *n* GB (*in car*) tompított fényszóró
dire [daɪə] *a* szörnyű
direct [dɪ'rekt] **1.** *a* (*straight*) egyenes; (*immediate*) közvetlen **2.** *v* (*manage, control*) irányít; (*address, lead*) útba igazít; (*film*) rendez; (*order*) felszólít vmre, utasít
direct current *n* egyenáram
direction [dɪ'rekʃn] *n* (*course*) (út)irány; (*management*) irányítás, igazgatás ‖ **in that ~** arra(felé); **~s utasítás; ~s (for use)** (használati) utasítás
directly [dɪ'rektlɪ] *adv* (*straight*) közvetlenül, egyenesen; (*immediately*) azonnal
director [dɪ'rektə] *n* (*of company*) igazgató; (*of film*) rendező
directory [dɪ'rektərɪ] *n* (*of addresses*) címjegyzék; (*of telephone numbers*) telefonkönyv
dirt [dɜːt] *n* piszok, szemét
dirty ['dɜːtɪ] **1.** *a* mocskos **2.** *v* bepiszkít

disability [dɪsə'bɪlətɪ] *n* (*incapacity*) alkalmatlanság; (*handicap*) rokkantság
disabled [dɪs'eɪbld] *a* rokkant, mozgásképtelen
disadvantage [dɪsəd'vɑːntɪdʒ] *n* hátrány
disagree [dɪsə'griː] *v* **~ with sy** (*differ*) nem ért egyet vkvel (*on* vmben); (*be harmful*) árt, nem tesz jót vknek
disagreeable [dɪsə'griːəbl] *a* kellemetlen
disagreement [dɪsə'griːmənt] *n* nézeteltérés, ellenkezés
disallow [dɪsə'laʊ] *v* nem ismer el; *sp* (*goal*) nem ad meg
disappear [dɪsə'pɪə] *v* eltűnik
disappearance [dɪsə'pɪərəns] *n* eltűnés
disappoint [dɪsə'pɔɪnt] *v* kiábrándít ‖ **be ~ed in/with sy/sg** csalódik vkben/vmben
disappointing [dɪsə'pɔɪntɪŋ] *a* kiábrándító
disappointment [dɪsə'pɔɪntmənt] *n* csalódás, kiábrándulás
disapproval [dɪsə'pruːvl] *n* ellenzés, rosszallás
disapprove [dɪsə'pruːv] *v* **~ of sg** kifogásol/helytelenít/ellenez vmt
disarmament [dɪs'ɑːməmənt] *n* leszerelés
disaster [dɪ'zɑːstə] *n* katasztrófa
disastrous [dɪ'zɑːstrəs] *a* végzetes
disbelief [dɪsbɪ'liːf] *n* hitetlenség
disc [dɪsk] *n* (*plate*) korong, tárcsa; (*record*) hanglemez; → **disk**
discard [dɪ'skɑːd] *v* (*useless things*) kidob, (ki)selejtez
discern [dɪ'sɜːn] *v* észrevesz

discharge 1. ['dɪstʃɑːdʒ] *n* (*of cargo*) kirak(od)ás; (*of employee*) elbocsátás; (*of prisoner, patient*) szabadulás; (*of liquid*) kiöntés; (*of wound*) váladék 2. [dɪs'tʃɑːdʒ] *v* (*cargo*) kirak; (*employee, patient*) elbocsát; (*of duty*) felment (vm alól); (*debt*) (ki)fizet; (*electric current*) kisül
disc jockey *n* lemezlovas
disciple [dɪ'saɪpl] *n* tanítvány
discipline ['dɪsɪplɪn] 1. *n* (*training*) fegyelem; (*branch of science*) tudományág 2. *v* fegyelmez
disclaim [dɪ'skleɪm] *v* nem ismer el, tagad; (*responsibility*) elhárít; (*claim*) elutasít
disclose [dɪ'skləʊz] *v* (*secret*) felfed, elárul
disclosure [dɪ'skləʊʒə] *n* felfedés, leleplezés
disco ['dɪskəʊ] *n* diszkó
discolour (*US* -**or**) [dɪ'skʌlə] *v* elszíneződik, fakul
discomfort [dɪ'skʌmfət] *n* kényelmetlenség
disconcert [dɪskən'sɜːt] *v* zavarba hoz
disconnect [dɪskə'nekt] *v* (*radio, TV*) szétkapcsol; (*electricity, telephone*) megszakít
discontent [dɪskən'tent] *n* elégedetlenség
discontinue [dɪskən'tɪnjuː] *v* (*conversation*) félbeszakít, félbehagy, megszüntet; lemond
discord ['dɪskɔːd] *n* viszály
discordant [dɪ'skɔːdənt] *a* disszonáns
discotheque ['dɪskətek] *n* diszkó
discount 1. ['dɪskaʊnt] *n* (*on article*) (ár)engedmény; (*for cash*) levonás ‖ ~ **store** diszkontáruház 2. [dɪs'kaʊnt] *v* (*money*) levon, leszámítol; (*disregard*) figyelmen kívül hagy
discourage [dɪ'skʌrɪdʒ] *v* elkedvetlenít, elriaszt
discouraging [dɪs'kʌrɪdʒɪŋ] *a* elkedvetlenítő
discover [dɪ'skʌvə] *v* felfedez, rájön
discovery [dɪ'skʌvərɪ] *n* felfedezés
discredit [dɪ'skredɪt] 1. *n* hitelrontás 2. *v* rossz hírbe hoz vkt
discreet [dɪ'skriːt] *a* (*tactful*) diszkrét, tapintatos; (*prudent*) szolid
discrepancy [dɪ'skrepənsɪ] *n* különbözőség, eltérés
discriminate [dɪ'skrɪmɪneɪt] *v* megkülönböztet (*sg/sy from sg/sy* vmt/vkt vmtől/vktől) ‖ ~ **between two things** különbséget tesz két dolog között
discriminating [dɪ'skrɪmɪneɪtɪŋ] *a* igényes
discrimination [dɪsskrɪmɪ'neɪʃn] *n* (*discernment*) ítélőképesség; (*differentiation*) megkülönböztetés
discus ['dɪskəs] *n* diszkosz
discuss [dɪ'skʌs] *v* megbeszél, megtárgyal
discussion [dɪ'skʌʃn] *n* tárgyalás, megvitatás, vita
disdain [dɪs'deɪn] 1. *n* megvetés 2. *v* (*person*) lenéz; (*doing sg*) méltóságán alulinak tart
disease [dɪ'ziːz] *n* betegség, kór
disembark [dɪsɪm'bɑːk] *vi* partra száll ‖ *vt* kihajóz
disengage [dɪsɪn'geɪdʒ] *v* (*clutch*) kiold; (*energy*) felszabadít
disfigure [dɪs'fɪgə] *v* elcsúfít

disgrace [dɪs'greɪs] **1.** n szégyen **2.** v szégyent hoz vkre ‖ ~ **oneself** szégyent vall

disgraceful [dɪs'greɪsfəl] a szégyenletes

disgruntled [dɪs'grʌntld] a elégedetlen, zsémbes

disguise [dɪs'gaɪz] **1.** n álruha **2.** v leplez, álcáz

disgust [dɪs'gʌst] **1.** n csömör **2.** v undorít

disgusting [dɪs'gʌstɪŋ] a gusztustalan

dish [dɪʃ] **1.** n (vessel) tál; (food) étel; (course) fogás ‖ **do the ~es** elmosogat **2.** v col (serve) tálal; (thwart) átver; (defeat) megbuktat

dishearten [dɪs'hɑːtn] v elcsüggeszt

dishevelled [dɪ'ʃevld] a (hair) kócos; (clothes) zilált

dishonest [dɪs'ɒnɪst] a tisztességtelen

dishonour (US **-or**) [dɪs'ɒnə] **1.** n gyalázat **2.** v (person) megszégyenít, szégyent hoz vkre

dishwasher ['dɪʃwɒʃə] n mosogatógép

disillusion [dɪsɪ'luːʒn] **1.** n kiábrándulás **2.** v kiábrándít

disinfect [dɪsɪn'fekt] v fertőtlenít

disinfectant [dɪsɪn'fektənt] n fertőtlenítőszer

disintegrate [dɪs'ɪntɪgreɪt] v (rock) szétesik; (group) felbomlik

disinterested [dɪs'ɪntrɪstɪd] a (uninterested) érdektelen; (impartial) pártatlan

disjointed [dɪs'dʒɔɪntɪd] a összefüggéstelen

disk [dɪsk] n comput lemez, diszk ‖ ~ **drive** lemezmeghajtó; → **disc**

diskette [dɪ'sket] n comput = **disk**

dislike [dɪs'laɪk] **1.** n ellenszenv **2.** v nem szível, vktől idegenkedik

dislodge [dɪs'lɒdʒ] v kimozdít

disloyal [dɪs'lɔɪəl] a hűtlen

dismal ['dɪzməl] a sivár, komor

dismay [dɪs'meɪ] **1.** n döbbenet **2.** v **be ~ed** megdöbben (at vm miatt)

dismiss [dɪs'mɪs] v (send away) elbocsát; (reject) elutasít

dismissal [dɪs'mɪsl] n elbocsátás

dismount [dɪs'maʊnt] v (from horse/bicycle) leszáll

disobedience [dɪsə'biːdɪəns] n engedetlenség

disobedient [dɪsə'biːdɪənt] a engedetlen

disobey [dɪsə'beɪ] v nem fogad szót (vknek)

disorder [dɪs'ɔːdə] n (confusion) rendetlenség, felfordulás (commotion) zűrzavar

disown [dɪs'əʊn] v (son) kitagad

disparaging [dɪ'spærədʒɪŋ] a becsmérlő, lekicsinylő

disparity [dɪ'spærətɪ] n egyenlőtlenség

dispatch [dɪ'spætʃ] **1.** n (speed) sietség; (report) értesítés; (sending) elküldés **2.** v (send) elküld (vknek); (arrange) (gyorsan) elintéz

dispensary [dɪ'spensərɪ] n gyógyszertár

dispense [dɪ'spens] v (distribute) (ki)oszt, szétoszt; (prepare) elkészít

dispense with eltekint vmtől

dispensing chemist [dɪ'spensɪŋ] n GB gyógyszerész

disperse [dɪ'spɜːs] vt szétoszlat ǀ vi szétoszlik

dispirited [dɪ'spɪrɪtɪd] *v* levert
displace [dɪ'spleɪs] *v* elmozdít ‖ ~**d person** hontalan
display [dɪ'spleɪ] **1.** *n* (*of goods*) bemutatás; (*show*) kirakat; (*monitor*) kijelző **2.** *v* (*exhibit*) kiállít; (*show*) bemutat
displease [dɪ'spliːz] *v* vknek nem tetszik
displeased [dɪ'spliːzd] *a* **be ~ with sg** vknek visszatetszik vm, vk elégedetlen vmvel
displeasure [dɪ'spleʒə] *n* visszatetszés
disposable [dɪ'spəʊzebl] *a* (*nappy*) eldobható
disposal [dɪ'spəʊzl] *n* rendelkezés ‖ **be at (sy's) ~** rendelkezésre áll
dispose [dɪ'spəʊz] *v* elrendez ‖ **~ of sg/sy** vmn/vkn túlad
disposed [dɪ'spəʊzd] *a* **be ~ to do** hajlandó vmre
disposition [dɪspə'zɪʃn] *n* (*readiness*) hajlandóság; (*temperament*) habitus, mentalitás
disproportionate [dɪsprə'pɔːʃənət] *a* aránytalan
disprove [dɪs'pruːv] *v* megcáfol
dispute [dɪ'spjuːt] **1.** *n* vita **2.** *v* kétségbe von, vitat
disqualify [dɪ'skwɒlɪfaɪ] *v* kizár, diszkvalifikál
disregard [dɪsrɪ'gɑːd] **1.** *n* semmibevétel **2.** *v* figyelmen kívül hagy, mellőz
disrepair [dɪsrɪ'peə] *n* **in ~** rozoga állapotban
disrespect [dɪsrɪ'spekt] *n* tiszteletlenség
disrupt [dɪs'rʌpt] *v* megzavar
disruption [dɪs'rʌpʃn] *n* megszakadás; (*of service*) fennakadás

dissatisfaction [dɪsætɪs'fækʃn] *n* nemtetszés, elégedetlenség
dissatisfied [dɪ'sætɪsfaɪd] *a* elégedetlen
dissect [dɪ'sekt] *v* (*cut up*) (fel)boncol; (*examine*) elemez
dissent [dɪ'sent] **1.** *n* eltérő vélemény **2.** *v* különvéleményen van
disservice [dɪ'sɜːvɪs] *n* **do sy a ~** kárt okoz vknek
dissident ['dɪsɪdənt] *n pol* disszidens; másként gondolkodó
dissimilar [dɪ'sɪmɪlə] *a* különböző, eltérő
dissipation [dɪsɪ'peɪʃn] *v* (*waste*) elpocsékolás; (*dissoluteness*) kicsapongás
dissolute ['dɪsəljuːt] *a* kicsapongó, feslett
dissolve [dɪ'zɒlv] *vt* (*substance*) (fel)old; (*society*) feloszlat | *vi* (fel)oldódik; feloszlik
dissuade [dɪ'sweɪd] *v* **~ sy from (doing) sg** lebeszél vkt vmről
distance ['dɪstəns] *n* (*in space*) táv(olság), táv; (*in time*) távlat ‖ **from a ~** távolból; **in the ~** a távolban
distant ['dɪstənt] *a* távoli, messze
distaste [dɪs'teɪst] *n* utálat, ellenszenv
distasteful [dɪs'teɪstfəl] *a* visszataszító, utálatos
distil (*US* **distill**) [dɪ'stɪl] *v* **-ll-** lepárol
distinct [dɪ'stɪŋkt] *a* kivehető, világos
distinction [dɪ'stɪŋkʃn] *n* (*difference*) megkülönböztetés; (*honour*) kitüntetés
distinguish [dɪ'stɪŋgwɪʃ] *v* **~ between two things** *or* **one thing**

from another különbséget tesz
két dolog között
distinguished [dɪ'stɪŋgwɪʃt] *a* kiváló, kiemelkedő
distort [dɪ'stɔːt] *v* elferdít, (el)torzít
distortion [dɪ'stɔːʃn] *n* elferdítés, torzítás
distract [dɪ'strækt] *v* eltérít ‖ ~
attention (from) elvonja a figyelmet
distracting [dɪ'stræktɪŋ] *a* őrjítő
distraction [dɪ'strækʃn] *n* (*diversion*) elterelés; (*distress*) aggodalom
distress [dɪ'stres] **1.** *n* (*sorrow*) szomorúság, bánat; (*poverty*) ínség, nyomor **2.** *v* (*trouble*) nyomaszt
distressing [dɪ'stresɪŋ] *a* lehangoló, aggasztó
distress signal *n* vészjel(zés)
distribute [dɪ'strɪbjuːt] *v* szétoszt, eloszt, kioszt (*among* több dolgot vkk között)
distribution [dɪstrɪ'bjuːʃn] *n* kiosztás, szétosztás
distributor [dɪ'strɪbjʊtə] *n comm* nagykereskedő; (*in car*) elosztó
district ['dɪstrɪkt] *n* (*of town*) kerület, (város)negyed; (*of country*) körzet
district attorney *n US* államügyész
distrust [dɪs'trʌst] **1.** *n* bizalmatlanság **2.** *v* nem bízik (vkben)
disturb [dɪ'stɜːb] *v* (meg)zavar
disturbance [dɪ'stɜːbəns] *n* (*disturbing*) zavar(ás); (*disorder*) nyugtalanság
disturbing [dɪ'stɜːbɪŋ] *a* zavaró
disuse [dɪs'juːs] *n* **fall into** ~ kimegy a divatból, elavul
disused [dɪs'juːzd] *a* nem használt

ditch [dɪtʃ] *n* árok
ditto ['dɪtəʊ] *n* dettó, ugyanaz
divan [dɪ'væn] *n* dívány, heverő
dive [daɪv] **1.** *n* (*jump*) ugrás; (*header*) fejesugrás; *col* (*pub*) csehó **2.** *v* alámerül; (*head first*) fejest ugrik
diver ['daɪvə] *n* búvár
divergence [daɪ'vɜːdʒəns] *n* eltérés
diverse [daɪ'vɜːs] *a* különféle, különböző
diversion [daɪ'vɜːʃn] *n* (*of traffic*) elterelés; (*road*) terelőút
divert [daɪ'vɜːt] *v* eltérít; (*traffic, river*) elterel
divide [dɪ'vaɪd] *vt* (*separate*) szétválaszt; (*share out*) szétoszt, eloszt; (*number*) eloszt (*by*) vmennyivel ‖ *vi* (*part*) elválik; szétválik (*út*) ‖ ~ **by four** néggyel oszt; ~ **in two** (*or* **into two parts**) kétté oszt
divided highway *n US* osztott pályás úttest
dividend ['dɪvɪdənd] *n* (*share*) osztalék, részesedés; (*number*) osztandó
divine [dɪ'vaɪn] *a* isteni
division [dɪ'vɪʒn] *n* (*dividing*) felosztás; *math* osztás; (*being divided*) megoszlás; (*part*) részleg, osztály
divorce [dɪ'vɔːs] **1.** *n law* válás **2.** *vt* elválaszt ‖ *vi* elválik
divorcee [dɪvɔː'siː] *n* elvált férfi/nő
divulge [daɪ'vʌldʒ] *v* nyilvánosságra hoz
DIY [diː aɪ 'waɪ] = **do-it-yourself**
dizzy ['dɪzɪ] *a* (*person*) szédülő; (*speed, height*) szédítő ‖ **feel/be** ~ szédül
DJ = **disc jockey**
do [duː] (*sing. 3* **does** [dʌz]; *pt* **did** [dɪd], *pp* **done** [dʌn]) *v* (meg)tesz,

(meg)csinál, (el)végez || **I'll ~ it somehow** majd valahogy megcsinálom; **I'll ~ what I can** megteszek minden tőlem telhetőt; **what can I ~ for you?** mit parancsol/óhajt?; **that'll ~** (ez) jó lesz, ez megfelel; **how ~ you do?** (*greeting*) *approx* jó napot kívánok!; **what does (s)he ~ for a living?** mit csinál?, mivel foglalkozik?; **~ you speak English?** tud(sz)/beszél(sz) angolul?; **Yes, I ~** igen(, beszélek); **No, I don't** nem(, nem beszélek/tudok); **you live in Edinburgh, don't you?** ugye te Edinburgh-ban élsz?; **be ~ing well** jól megy neki, jól keres; **done!** megegyeztünk!; **be done** készen van; *col* (*exhausted*) kivan; **he's been done** *col* becsapták; **have sg done** (el)végeztet/elkészíttet vmt
do away with (*get rid of*) megszabadul vmtől; *col* (*kill*) eltesz vkt láb alól; (*abolish*) eltöröl
do sy in (*kill*) eltesz láb alól; *col* (*let down*) vkvel kiszúr
do up (*tidy*) elrendez; (*repair*) rendbe hoz; (*button*) begombol; (*pack up*) összecsomagol
do with sg beéri/megelégszik vmvel
do without sg megvan vm nélkül
docile ['dəʊsaɪl] *a* tanulékony
dock [dɒk] 1. *n* (*in harbour*) dokk; (*for prisoner*) vádlottak padja 2. *v* (*ship*) dokkol; (*spacecrafts*) összekapcsolódik
docker ['dɒkə] *n* dokkmunkás, kikötőmunkás
dockyard ['dɒkjɒd] *n* hajógyár

doctor ['dɒktə] *n* orvos, doktor || **D~ of Philosophy** bölcsészdoktor, PhD
doctrine ['dɒktrɪn] *n* tétel, tan
document ['dɒkjʊmənt] *n* irat, dokumentum, okmány
documentary [dɒkjʊ'mentrɪ] 1. *a* dokumentációs 2. *n* (*film*) ismeretterjesztő film
documentation [dɒkjʊmen'teɪʃn] *n* dokumentáció
dodge [dɒdʒ] 1. *n* csel, fogás 2. *v* kijátszik (vmt)
does [dʌz] → **do**
doesn't ['dʌznt] = **does not**
dog [dɒg] 1. *n* kutya 2. *v* **-gg-** nyomon követ
dogged ['dɒgɪd] *a* makacs, kitartó
doings ['duːɪŋz] *n pl* vknek a viselt dolgai
do-it-yourself *n* „csináld magad", barkácsolás
doldrums ['dɒldrəmz] *n pl* **be in the ~** (*person*) mísze van; (*business*) pang
dole [dəʊl] 1. *n col* munkanélküli-segély || **be on the ~** munkanélküli-segélyen él 2. *v* **~ out** kiadagol
doleful ['dəʊlfəl] *a* szomorú
doll [dɒl] *n* (játék)baba
dollar ['dɒlə] *n* dollár
dolphin ['dɒlfɪn] *n* delfin
domain [də'meɪn] *n* (*of activity*) terület
dome [dəʊm] *n* kupola
domestic [də'mestɪk] 1. *a* (*home*) házi, háztartási; (*within country*) hazai, belföldi 2. *n* (háztartási) alkalmazott
domestic servant *n* háztartási alkalmazott

domicile ['dɒmɪsaɪl] *n* állandó lakóhely

dominant ['dɒmɪnənt] *a* uralkodó, domináns

domineering [dɒmɪ'nɪərɪŋ] *a* uralkodni vágyó

dominion [də'mɪnɪən] *n* (*power*) uralom; (*territory*) domínium

domino ['dɒmɪnəʊ] *n* (*pl* -**oes** [-əʊz]) dominó

dominoes ['dɒmɪnəʊz] *n sing.* dominó(játék)

donate [dəʊ'neɪt] *v* adakozik

donation [dəʊ'neɪʃn] *n* (*donating*) adakozás; (*gift*) adomány

done [dʌn] *pp* → **do**

donkey ['dɒŋkɪ] *n* szamár

donor ['dəʊnə] *n* (*to charity*) adományozó; (*of blood*) véradó; (*of organ*) donor

don't [dəʊnt] = **do not**

donut ['dəʊnʌt] *n US* = **doughnut**

doom [duːm] **1.** *n* (*fate*) balsors, végzet **2.** *v* ítél

doomsday ['duːmzdeɪ] *n* az utolsó ítélet (napja)

door [dɔː] *n* ajtó || **out of** ~**s** kinn; a szabadban

doorbell ['dɔːbel] *n* ajtócsengő

door-handle *n* kilincs

door-keeper *n* portás, kapus

doorman ['dɔːmən] *n* (*pl* -**men**) (*at hotel*) portás, kocsirendező

doormat ['dɔːmæt] *n* lábtörlő

doorstep ['dɔːstep] *n* küszöb

doorway ['dɔːweɪ] *n* kapubejárat, kapualj

dope [dəʊp] **1.** *n* doppingszer **2.** *v* (*horse, person*) doppingol

dopey ['dəʊpɪ] *a col* kába

dormant ['dɔːmənt] *a* **be** ~ szunynyad (*vkben tehetség*)

dormitory ['dɔːmɪtrɪ] *n GB* (*room*) hálóterem; *US* (*building*) diákotthon, kollégium

dormouse ['dɔːmaʊs] *n* (*pl* -**mice** [-maɪs]) *zoo* pele

dosage ['dəʊsɪdʒ] *n* adag(olás)

dose [dəʊs] **1.** *n* adag, dózis **2.** *v* (*medicine*) adagol

doss house [dɒs] *n* éjjeli menedékhely

dot [dɒt] **1.** *n* pont || **on the** ~ percnyi pontossággal **2.** *v* -**tt**- pontoz

double ['dʌbl] **1.** *a* kettős, kétszeres, dupla **2.** *n* (*quantity*) kétszerese vmnek; (*similar person*) hasonmás; (*of actor*) dublőr, dublőz **3.** *vt* (meg)kettőz | *vi* megkettőződik

double bass *n* nagybőgő

double bed *n* franciaágy

double bend *n* S-kanyar

double-breasted *a* kétsoros (*ruha*)

double-decker *n* emeletes autóbusz

double room *n* kétágyas szoba

doubly ['dʌblɪ] *adv* kétszeresen, duplán

doubt [daʊt] **1.** *n* kétség || **no** ~ kétségkívül **2.** *v* kétell, kétségbe von

doubtful ['daʊtfəl] *a* kétes, kétséges

doubtless ['daʊtlɪs] *adv* kétségkívül

dough [dəʊ] *n* tészta

doughnut ['dəʊnʌt] *n approx* fánk

dove [dʌv] *n* galamb

dowdy ['daʊdɪ] *a* ódivatú

down [daʊn] **1.** *adv/prep* (*to a place*) le; (*at/in a place*) lenn, lent || ~ **below** alul, lenn **2.** *v* (*drink*) felhajt || ~ **tools** sztrájkba lép

down-and-out *a* ágrólszakadt, nyomorgó

downcast ['daʊnkɑːst] *a* letört || **be** ~ lógatja az orrát

downfall ['daʊnfɔːl] *n* (*of government*) bukás; (*of empire*) összeomlás

downhearted [daʊn'hɑːtɪd] *a* csüggedt

downhill [daʊn'hɪl] *adv* hegyről le, lejtőn lefelé

down payment *n* előleg, foglaló

downpour ['daʊnpɔː] *n* felhőszakadás, zápor

downright ['daʊnraɪt] **1.** *a* (*refusal*) határozott ‖ ~ **lie** tiszta hazugság **2.** *adv* határozottan, kereken

downstairs [daʊn'steəz] *adv* (*to*) le; (*on*) a földszinten, lenn

downstream [daʊn'striːm] *adv* folyón lefelé

down-to-earth *a* (*person*) gyakorlatias; (*plan*) reális

downtown [daʊn'taʊn] *adv US* a belvárosba(n)

downward ['daʊnwəd] *a* lefelé menő/irányuló

downwards ['daʊnwədz] *adv* le(felé)

dowry ['daʊərɪ] *n* hozomány

doz. = **dozen**

doze [dəʊz] **1.** *n* szendergés **2.** *v col* szundít

doze off elbóbiskol

dozen ['dʌzn] *n* tucat

Dr = **doctor**

drab [dræb] *a* unalmas, szürke

draft [drɑːft] **1.** *n* (*outline*) tervezet; (*sketch*) vázlat; (*order for money*) váltó; *US* (*conscription*) sorozás; *US* = **draught 2.** *v* (*outline*) szerkeszt; (*sketch*) vázol; *US* (*conscript*) besoroz

draftsman ['drɑːftsmən] *n* (*pl* -**men**) *US* műszaki rajzoló

drag [dræg] **1.** *n* (*cluster of hooks*) kotróháló; (*resistance*) közegellenállás, légellenállás **2.** *v* -**gg**- vonszol, húz

drag along magával hurcol

drag on (*meeting*) hosszúra nyúlik

drag sg out of sy *col* vkből vmt kiszed

dragon ['drægən] *n* sárkány (*mesebeli*)

dragonfly ['drægənflaɪ] *n zoo* szitakötő

drain [dreɪn] *n* (szenny)csatorna; → **drains**

drainage ['dreɪnɪdʒ] *n* alagcsövezés

drainpipe ['dreɪnpaɪp] *n* lefolyócső

drains [dreɪnz] *n pl* (*out of house*) kanális

drama ['drɑːmə] *n* színdarab, dráma

dramatic [drə'mætɪk] *a also fig* drámai

dramatist ['dræmətɪst] *n* drámaíró

dramatize ['dræmətaɪz] *v also fig* dramatizál

drank [dræŋk] *pt* → **drink**

draper('s shop) ['dreɪpə] *n* méteráru(-kereskedés)

drastic ['dræstɪk] *a* drasztikus

draught [drɑːft] (*US* **draft**) *n* (*air*) huzat; (*swallow*) korty ‖ ~ **beer** csapolt sör

draughtsman ['drɑːftsmən] *n* (*pl* -**men**) műszaki rajzoló

draw [drɔː] **1.** *n* (*lottery*) húzás, sorshúzás; (*match*) döntetlen (mérkőzés) **2.** *v* (*pt* **drew** [druː], *pp* **drawn** [drɔːn]) (*pull*) húz; (*lottery*) kihúz; (*curtain*) összehúz; (*picture*) (le)rajzol; (*money*) kivesz; (*cheque*) kiállít ‖ ~ **a bill on sy** váltót

intézvényez; ~ **lots** sorsot húz; ~ **near** közeledik
draw back (*move back*) visszahúz(ódik)
draw out vhonnan kihúz
draw up *vi* (*car*) megáll I *vt* (*programme*) összeállít; (*contract*) megszerkeszt
drawback ['drɔːbæk] *n* hátrány
drawbridge ['drɔːbrɪdʒ] *n* felvonóhíd
drawer[1] ['drɔːə] *n* (*in furniture*) fiók
drawer[2] ['drɔːə] *n* (*of pictures*) rajzoló; (*of cheque*) kiállító
drawing ['drɔːɪŋ] *n* rajz II ~ **pin** rajzszeg
drawl [drɔːl] *v* vontatottan beszél
drawn [drɔːn] *pp* → **draw**
dread [dred] **1.** *n* rémület, rettegés **2.** *v* vmtől/vktől retteg
dreadful ['dredfl] *a* borzalmas, rémes
dreadfully ['dredfəlɪ] *adv* borzasztóan
dream [driːm] **1.** *n* álom **2.** *v* (*pt/pp* **dreamed** [dremt] *or* **dreamt** [dremt]) (*have dreams*) álmodik; (*fancy*) ábrándozik
dreamt [dremt] *pt/pp* → **dream**
dreary ['drɪərɪ] *a* sivár, komor
dredge [dredʒ] *v* kikotor (*tó fenekét*)
dredger ['dredʒə] *n* kotrógép
dregs [dregz] *n pl* üledék, alja (vmnek); *fig* söpredék
dress [dres] **1.** *n* (*for woman*) ruha; (*clothing*) öltözet **2.** *vi* (fel)öltözik I *vt* (fel)öltöztet; (*bandage*) kötöz II **get ~ed** felöltözik
dress up (*in evening dress*) kiöltözik II ~ **up as** (*in fancy dress*) beöltözik vmnek

dressing ['dresɪŋ] *n* (*on wound*) kötés; (*for salads*) (saláta)öntet II ~**-gown** pongyola; ~**-room** öltöző
dressmaker ['dresmeɪkə] *n* varrónő, női szabó
dressmaking ['dresmeɪkɪŋ] *n* varrás
dressy ['dresɪ] *a* divatos(an öltözködő); elegáns
drew [druː] *pt* → **draw**
dribble ['drɪbl] *v* (*rain*) csöpög; (*baby*) nyáladzik; (*in football*) cselez
dried [draɪd] *a* szárított, aszalt; porított II ~ **fruit** szárított gyümölcs; ~ **milk** tejpor; → **dry**
drift [drɪft] **1.** *n also fig* (*current*) áramlás, sodródás; (*tendency*) irányzat, tendencia **2.** *v* (*be carried*) sodródik; (*person, thing*) hányódik
drill [drɪl] **1.** *n* (*instrument*) fúró; (*exercise*) gyakorlat **2.** *v* fúr
drink [drɪŋk] **1.** *n* ital II **have a** ~ iszik egyet **2.** *v* (*pt* **drank** [dræŋk], *pp* **drunk** [drʌŋk]) iszik I *vt* megiszik II ~ **to sy** vk egészségére iszik
drink-driving *n* ittas vezetés
drinker ['drɪŋkə] *n* iszákos
drinking water *n* ivóvíz
drip [drɪp] **1.** *n* (*dripping*) csöpögés; (*drop*) csepp **2.** *v* **-pp-** *vi* csepeg I *vt* csepegtet
drip down lecsepeg
drip-dry *a* vasalást nem igénylő
drive [draɪv] **1.** *n* (*journey*) autózás; autóút (*megtett út*); (*road*) felhajtó; (*energy, force*) energia; (*power transmission*) (meg)hajtás; (*campaign*) mozgalom; *comput* (*disk* ~) lemezmeghajtó **2.** *v* (*pt* **drove** [drəʊv], *pp* **driven** ['drɪvn]) (*car*)

vezet; (*animals*) hajt, űz; (*operate*) meghajt

drive at céloz vmre

drive back (*enemy*) visszaver

drivel ['drɪvl] *n* ostobaság

driven ['drɪvn] *pp* → **drive**

driver ['draɪvə] *n* (*of car*) sofőr, (gépkocsi)vezető; (*of horse, cart*) hajtó

driver's license *n US* vezetői engedély

driving ['draɪvɪŋ] *n* vezetés ‖ ~ **licence** vezetői engedély; ~ **mirror** visszapillantó tükör; ~ **school** autósiskola; ~ **test** gépjárművezetői vizsga

drizzle ['drɪzl] **1.** *n* szitáló eső **2.** *v* (*rain*) csepereg

drone [drəʊn] *v* (*engine*) zúg; (*bee*) zümmög

drool [druːl] *v* nyála(d)zik, folyik a nyála

droop [druːp] *v* fonnyad, hervad

drop [drɒp] **1.** *n* (*fall*) esés; (*of liquid*) csepp ‖ **a** ~ **of sg** egy csepp vm; ~**s** (szem-, orr-) cseppek **2.** *v* -**pp**- *vt* (el)ejt, leejt; (*release*) ledob; (*insert*) bedob ‖ *vi* (*fall*) esik; (*collapse*) összeesik, összerogy; (*drip*) csepeg, cseppen ‖ **I'll** ~ **you at your door** elviszlek hazáig (*autón*); ~ **me a line!** írj majd pár sort!

drop down összecsuklik

drop in on sy felugrik/benéz vkhez egy pillanatra

drop off to sleep elszenderül

drop out (*give up*) kidől a sorból; (*from school*) kimarad; (*from competition*) kiesik

dropper ['drɒpə] *n* cseppentő

droppings ['drɒpɪŋz] *n pl* ürülék

drought [draʊt] *n* aszály, szárazság

drove [drəʊv] *pt* → **drive**

drown [draʊn] *vi* vízbe fullad ‖ *vt* vízbe fojt

drowsy ['draʊzɪ] *a* álmos

drub [drʌb] *v* -**bb**- *col* vkt elcsépel

drudgery ['drʌdʒərɪ] *n* kulimunka, robot

drug [drʌg] *n* (*medicine*) gyógyszer, orvosság; (*narcotic*) kábítószer

drug-addict *n* kábítószer-élvező

druggist ['drʌgɪst] *n US* gyógyszerész

drugstore ['drʌgstɔː] *n US* gyógyszertár és illatszerbolt

drum [drʌm] **1.** *n* dob; (*container*) hordó **2.** *v* -**mm**- dobol

drummer ['drʌmə] *n* dobos

drunk [drʌŋk] *a* ittas, részeg ‖ **get** ~ *col* berúg; → **drink**

drunkard ['drʌŋkəd] *n* iszákos, részeges ember

drunk driving *n US* ittas vezetés

drunken ['drʌŋkən] *a* részeges

dry [draɪ] **1.** *a* száraz ‖ **become** ~ megszárad; **go** ~ (*well*) kiszárad **2.** *vt* (*dishes*) eltöröl; (*eyes*) megtöröl; (*hands, clothes*) (meg)szárít ‖ *vi* megszárad

dry up (*sun*) kiszárít; *col* (*actor*) belesül; (*well*) kiszárad; (*source of sg*) elapad

dry-cleaner's *n* ruhatisztító

dry-cleaning *n* vegytisztítás

dryer ['draɪə] *n* (haj- stb.) szárító

dry goods store *n pl US* méteráru

dryness ['draɪnɪs] *n* szárazság

DST [diː es 'tiː] = **daylight saving time**

DT [diː 'tiː] = **daylight time**

DTP [diː tiː 'piː] = **desk-top publishing**

dual ['djuːəl] *a* kettős ‖ ~ **carriage-way** osztott pályás úttest; ~ **nationality** kettős állampolgárság
dubbed [dʌbd] *a* szinkronizált
dubious ['djuːbɪəs] *a* kétes, kétséges
duchess ['dʌtʃɪs] *n* hercegnő; (*wife of duke*) hercegné
duck [dʌk] *n* kacsa
duckling ['dʌklɪŋ] *n* kiskacsa
duct [dʌkt] *n* csatorna, vezeték
dud [dʌd] **1.** *a* (*cheque*) fedezetlen **2.** *n a* ~ *col* (*person*) egy nagy nulla
due [djuː] **1.** *a* (*owing, expected*) esedékes; (*required*) kellő; (*suitable*) illő ‖ **in ~ course** kellő/megfelelő időben; ~ **to sg** vmnek köszönhető **2.** *n* járandóság ‖ **~s** illeték, díj
duel ['djuːəl] *n* párbaj
duet [djuːˈet] *n mus* kettős, duett
dug [dʌg] *pt/pp* → **dig**
duke [djuːk] *n* herceg
dull [dʌl] **1.** *a* (*knife*) tompa; (*book, play*) unalmas; (*person*) buta; (*weather*) borongós **2.** *v* (*pain*) tompít
duly ['djuːlɪ] *adv* (*properly*) kellően, illően; (*on time*) kellő időben
dumb [dʌm] *a* (*mute*) néma; *col* (*stupid*) buta, süket
dumbfound [dʌmˈfaʊnd] *v* **be ~ed** eláll a szava, elnémul
dummy ['dʌmɪ] *n* (*for clothes*) próbababa; (*sham*) makett; (*for baby*) cumi
dump [dʌmp] **1.** *n* lerakodóhely **2.** *v* (*put down*) lerak
dumper (truck) ['dʌmpə] *n* dömper, billenőkocsi
dumpling ['dʌmplɪŋ] *n* gombóc

dune [djuːn] *n* dűne
dung [dʌŋ] *n* trágya
dungarees [dʌŋgəˈriːz] *n pl* overall
dungeon ['dʌndʒən] *n* tömlöc
dupe [djuːp] **1.** *n col* balek **2.** *v* rászed, becsap
duplex *n US* kétlakásos ház
duplicate 1. ['djuːplɪkət] *n* másodlat, másodpéldány **2.** ['djuːplɪkeɪt] *v* (*document*) másolatot készít
durability ['djʊərəˈbɪlətɪ] *n* tartósság
durable ['djʊərəbl] *a* tartós ‖ ~ **goods, consumer ~s** tartós fogyasztási cikkek
duration [djʊˈreɪʃn] *n* (idő)tartam
duress [djʊˈres] *n* **under ~** kényszerből, presszió alatt
during ['djʊərɪŋ] *prep* alatt, közben, vmnek folyamán
dusk [dʌsk] *n* alkony, szürkület
dust [dʌst] **1.** *n* por **2.** *v* (*furniture*) letöröl, porol
dustbin ['dʌstbɪn] *n* szemétláda
dustcart ['dʌstkɑːt] *n* szemeteskocsi, kuka
dust jacket *n* borító
dustman ['dʌstmən] *n* (*pl* **-men** [-mən]) szemetes
dustpan ['dʌstpæn] *n* szemétlapát
dusty ['dʌstɪ] *a* poros
Dutch [dʌtʃ] *a/n* holland (nyelv) ‖ **the ~** a hollandok
Dutchman ['dʌtʃmən] *n* (*pl* **-men**) holland férfi
dutiable ['djuːtɪəbl] *a* vámköteles
duty ['djuːtɪ] *n* (*tax*) illeték; (*customs fee*) vám; (*service*) ügyelet, szolgálat; (*obligation*) kötelezettség; (*task*) teendő ‖ **be off ~** nincs szolgálatban; **be on ~** ügyeletes, szolgálatban van

duty-free *a* (*goods*) illetékmentes; (*shop*) vámmentes
dwarf [dwɔːf] *n* (*pl* **dwarfs** [dwɔːfs]) törpe
dwell [dwel] *v* (*pt/pp* **dwelt** [dwelt]) (*live*) lakik; (vhol) él; (*stay*) tartózkodik ‖ ~ **on** elidőzik (*tárgynál*)
dweller [dwelə] *n* lakos, lakó
dwelling house [dwelɪŋ] *n* lakóház
dwelt [dwelt] *pt/pp* → **dwell**
dwindle ['dwɪndl] *v* leapad
dye [daɪ] **1.** *n* (*paint*) festék; (*colour*) szín **2.** *v* (*pres. p.* **dyeing** ['daɪɪŋ]) (*hair, cloth*) fest
dynamic [daɪ'næmɪk] *a* dinamikus, lendületes
dynamite ['daɪnəmaɪt] *n* dinamit
dynamo ['daɪnəməʊ] *n* dinamó
dynasty ['dɪnəstɪ] *n* dinasztia, uralkodóház

E

E = **east**
each [iːtʃ] *pron* mindegyik, mind(enki) ‖ ~ **(and every)** minden egyes; ~ **(one) of us** mindegyikünk; ~ **other** egymást; ~ **time** mindannyiszor; **10p** ~ darabja 10 penny
eager ['iːgə] *a* buzgó, mohó ‖ **be** ~ **(to)** ég a vágytól(, hogy); ~ **to know/learn** kíváncsi vmre
eagle ['iːgl] *n* sas
ear[1] [ɪə] *n* fül ‖ **have a good** ~ **for music** jó zenei hallása van
ear[2] [ɪə] *n* (*of corn*) kalász
earache ['ɪəreɪk] *n* fülfájás

eardrum ['ɪədrʌm] *n* dobhártya
earl [ɜːl] *n GB* gróf
early ['ɜːlɪ] **1.** *a* korai ‖ **in the** ~ **morning** korán reggel; **in** ~ **spring** kora tavasszal **2.** *adv* korán ‖ **(s)he was 10 minutes** ~ 10 perccel korábban jött; ~ **in the morning** kora reggel
earmark ['ɪəmɑːk] *v* (*funds*) előirányoz (*for* vmre)
earn [ɜːn] *v* (*money*) (meg)keres (*pénzt*) ‖ **how much does (s)he** ~**?** mennyit keres?; ~ **a good living** jól keres
earnest ['ɜːnɪst] *a* komoly
earnings ['ɜːnɪŋz] *n pl* kereset
earphone ['ɪəfəʊn] *n* fülhallgató
earring ['ɪərɪŋ] *n* fülbevaló
earshot ['ɪəʃɒt] *n* hallótávolság ‖ **within** ~ hallótávolságon belül
earth [ɜːθ] **1.** *n* föld; (*soil*) föld, talaj; (*world*) világ; *el GB* földelés ‖ **the E**~ a Föld **2.** *v* (le)földel
earthenware ['ɜːθənweə] *n* cserépedény, agyagáru
earthquake ['ɜːθkweɪk] *n* földrengés
earwig ['ɪəwɪg] *n zoo* fülbemászó
ease [iːz] **1.** *n* kényelem, könnyedség ‖ **with** ~ könnyen **2.** *vt* enyhít, könnyít | *vi* felenged, enyhül
easily ['iːzəlɪ] *adv* könnyen
east [iːst] **1.** *a* keleti **2.** *n* kelet ‖ **in the E**~ keleten
Easter ['iːstə] *n* húsvét ‖ **at** ~ húsvétkor; ~ **egg** húsvéti tojás
eastern ['iːstən] *a* keleti
easy [iːzɪ] **1.** *a* könnyű; (*manner*) fesztelen ‖ **be** ~ **about sg** nyugodt vm felől **2.** *adv* könnyen; fesztelenül ‖ **take it/things** ~ kényelmesen csinál vmt; **take it** ~**!** csak semmi izgalom!, nyugi!

easy chair *n* fotel, karosszék
easy-going *a* (*lazy*) kényelmes; (*lax*) hanyag
eat [i:t] *v* (*pt* ate [et], *pp* eaten ['i:tn]) eszik
eat away (*rust*) kimar
eat into (*acid*) kimar
eat out házon kívül étkezik (*egy alkalommal*)
eatable ['i:təbl] 1. *a* ehető 2. *n* ~s étel
eaten ['i:tn] *pp* → eat
eaves [i:vz] *n pl* eresz
eavesdrop ['i:vzdrɒp] *v* -pp- (*secretly*) hallgatódzik || ~ on a conversation beszélgetést titokban kihallgat
ebb [eb] 1. *n* apály; 2. *v* apad
ebb-tide *n* apály
EC = European Communities
eccentric [ɪk'sentrɪk] *a/n* különc
echo ['ekəʊ] 1. *n* visszhang 2. *v* visszhangoz
eclipse [ɪ'klɪps] 1. *n* ~ of the moon holdfogyatkozás 2. *v* (*person*) háttérbe szorít; (*fame*) elhomályosít
ecology [i:'kɒlədʒɪ] *n* ökológia
economic [i:kə'nɒmɪk] *a* (köz)gazdasági || ~ crisis gazdasági válság
economical [i:kə'nɒmɪkl] *a* gazdaságos; (*person*) takarékos
economics [i:kə'nɒmɪks] *n sing.* közgazdaságtan
economist [ɪ'kɒnəmɪst] *n* közgazdász
economize [ɪ'kɒnəmaɪz] *v* beosztással él || ~ on sg vmn/vmvel takarékoskodik
economy [ɪ'kɒnəmɪ] *n* (*system*) gazdaság; (*thrift*) takarékosság
ecstatic [ɪk'stætɪk] *a* elragadtatott, eksztatikus

ecstasy ['ekstəsɪ] *n* elragadtatás, eksztázis
ECU ['ekju:] = European Currency Unit ECU
ecumenical [i:kju:'menɪkl] *a* ökumenikus
eczema ['eksɪmə] *n* ekcéma
edge [edʒ] 1. *n* (*of knife*) él; (*margin*) szél; (*border*) szegély 2. *v* szegélyez
edge off vhonnan kisomfordál
edgeways ['edʒweɪz] *adv* féloldalt
edgy ['edʒɪ] *a* ideges (*about sg* vm miatt)
edible ['edəbl] *a* ehető
edifice ['edɪfɪs] *n* épület
edit ['edɪt] *v* (*text*) (meg)szerkeszt; (*film*) összevág
edition [ɪ'dɪʃn] *n* kiadás
editor ['edɪtə] *n* (*of book, newspaper*) szerkesztő; (*of film*) vágó
editor-in-chief *n* főszerkesztő
educate ['edjʊkeɪt] *v* (*instruct, teach*) nevel, oktat; (*cultivate*) művel
education [edjʊ'keɪʃn] *n* (*instruction*) nevelés, oktatás; (*schooling*) neveltetés, iskoláztatás; (*culture*) művelődés, műveltség
eel [i:l] *n* angolna
eerie ['ɪərɪ] *a* hátborzongató
effect [ɪ'fekt] 1. *n* hatás, eredmény, kihatás || in ~ a valóságban; take ~ (*drug*) hat; (*law*) hatályba lép; to no ~ hiába; → effects 2. *v* (*cause*) okoz; (*accomplish*) megvalósít
effective [ɪ'fektɪv] *a* hatásos, eredményes, hatékony
effects [ɪ'fekt] *n pl* (*property*) ingóságok; (*sound, visual*) (hang-/fény)effektusok

effeminate [ɪ'femɪnət] a nőies, elpuhult
efficacy ['efɪkəsɪ] n hathatósság
efficiency [ɪ'fɪʃnsɪ] n hatékonyság, hatásfok
efficient [ɪ'fɪʃnt] a hatékony, termelékeny
effigy ['efɪdʒɪ] n képmás
effort ['efət] n erőfeszítés, fáradozás
effortless ['efətlɪs] a könnyű, nem megerőltető
eg, e.g. [iː 'dʒiː] = (Latin: exempli gratia) for example pl., például
egalitarian [ɪgælɪ'teərɪən] a egyenlőségre törekvő
egg [eg] n tojás
eggplant [egplaːnt] n US tojásgyümölcs, padlizsán
egotist ['egəʊtɪst] n önző
Egypt ['iːdʒɪpt] n Egyiptom
Egyptian [ɪ'dʒɪpʃn] a/n egyiptomi
eiderdown ['aɪdədaʊn] n (pehely)-paplan
eight [eɪt] num nyolc
eighteen [eɪ'tiːn] num tizennyolc
eighth [eɪtθ] num a nyolcadik
eighty ['eɪtɪ] num nyolcvan
Eire ['eərə] n Írország
either ['aɪðə] pron egyik, valamelyik (kettő közül), akármelyik; (each, both) mindkét ‖ ~ of them will do akármelyik megteszi; ~ ... or ... vagy ..., vagy...
eject [ɪ'dʒekt] v (throw out) kivet; (expel) kidob; (from aircraft) katapultál
eke [iːk] v ~ out kipótol, kiegészít
elaborate 1. [ɪ'læbərət] a (detailed) gondosan kidolgozott; (careful) választékos(an elkészített) 2. [ɪ'læbəreɪt] v (részleteiben) kidolgoz

elapse [ɪ'læps] v (el)múlik, (el)telik
elastic [ɪ'læstɪk] a rugalmas; gumírozott, gumis ‖ ~ band gumiszalag
elated [ɪ'leɪtɪd] a lelkes ‖ he's ~ col fel van dobva
elbow ['elbəʊ] 1. n könyök 2. v könyököl
elder[1] ['eldə] 1. a (older) öregebb (than mint); (senior) idősebb ‖ my ~ brother a bátyám 2. n (church official) presbiter
elder[2] ['eldə] n bodza
elderly ['eldəlɪ] a idős
eldest ['eldɪst] a legidősebb
elect [ɪ'lekt] v (meg)választ; (decide) dönt ‖ ~ sy (as) sg (or to be sg) vkt vmnek megválaszt
election [ɪ'lekʃn] n pol választás
elective [ɪ'lektɪv] a US szabadon választható (tantárgy)
elector [ɪ'lektə] n választó, szavazó
electoral [ɪ'lektərəl] a választási
electorate [ɪ'lektərət] n a választók
electric [ɪ'lektrɪk] a elektromos, villamos
electrical [ɪ'lektrɪkl] a villamos; áram- ‖ ~ engineer elektromérnök; ~ failure áramszünet
electric blanket n hőtakaró, villanytakaró
electric chair n villamosszék
electric current n villanyáram
electric heater n hősugárzó
electrician [ɪlek'trɪʃn] n villanyszerelő
electricity [ɪlek'trɪsətɪ] n elektromosság, villanyáram
electrify [ɪ'lektrɪfaɪ] v villamosít
electrocute [ɪ'lektrəkjuːt] v villamosszékben kivégez
electron [ɪ'lektrɒn] n elektron

electronic *a* elektronikus ‖ ~ **mail** elektronikus posta

electronics [ɪlek'trɒnɪks] *n sing.* elektronika

elegance ['elɪgəns] *n* elegancia; *(of style)* könnyedség

elegant ['elɪgənt] *a (vk)* elegáns

element ['elɪmənt] *n* elem ‖ **the ~s** *(forces of nature)* az elemek

elementary [elɪ'mentrɪ] *a* elemi, kezdetleges

elephant ['elɪfənt] *n* elefánt

elevate ['elɪveɪt] *v* felemel

elevation [elɪ'veɪʃn] *n (height)* magaslat; *archit* nézet

elevator ['elɪveɪtə] *n US* személyfelvonó, lift

eleven [ɪ'levn] *num* tizenegy

elevenses [ɪ'levnzɪz] *n pl GB* tízórai

eleventh [ɪ'levənθ] *num a* tizenegyedik

elf [elf] *n (pl* **elves** [elvz]) tündér, manó

elicit [ɪ'lɪsɪt] *v* kicsal, kiszed

eligible ['elɪdʒəbl] *a* választható

eliminate [ɪ'lɪmɪneɪt] *v* kiküszöböl, kiiktat

elimination [ɪlɪmɪ'neɪʃn] *n* kiküszöbölés

élite [ɪ'liːt] *n* elit

ellipse [ɪ'lɪps] *n* ellipszis

elm tree [elm] *n* szil(fa)

elocution [elə'kjuːʃn] *n* beszédművelés, beszédtechnika

elongate ['iːlɒŋgeɪt] *v* meghoszszabbít

elope [ɪ'ləʊp] *v* megszökik *(with* vkvel)

eloquence ['eləkwəns] *n* ékesszólás

eloquent ['eləkwənt] *a* ékesszóló

else [els] *adv (otherwise)* vagy, különben; *(other)* egyéb, más ‖ **anybody ~** bárki más; **nothing ~** semmi más(t)

elsewhere [els'weə] *adv* máshol, máshova

elusive [ɪ'luːsɪv] *a* cseles, nehezen rajtakapható

elves [elvz] *pl* → **elf**

emaciated [ɪ'meɪsɪeɪtɪd] *a* nagyon sovány, csont és bőr

e-mail ['iːmeɪl] *n* = **electronic mail**

emanate ['eməneɪt] *v* kisugároz

emancipate [ɪ'mænsɪpeɪt] *v* emancipál, egyenjogúsít

emancipation [ɪmænsɪ'peɪʃn] *n* egyenjogúsítás, emancipáció

embankment [ɪm'bæŋkmənt] *n* töltés, védőgát

embargo [ɪm'baːgəʊ] *n (pl* **-goes)** kiviteli tilalom, embargó

embark [ɪm'baːk] *v* hajóra száll ‖ ~ **on sg** belekezd vmbe

embarkation [embaː'keɪʃn] *n* behajózás

embarrass [ɪm'bærəs] *v* zavarba hoz ‖ **be ~ed** zavarban van

embassy ['embəsɪ] *n* nagykövetség

embed [ɪm'bed] *v* **-dd-** ~ **(itself) in (sg)** befúródik

embellish [ɪm'belɪʃ] *v* (fel)díszít

embezzle [ɪm'bezl] *v* (el)sikkaszt

embezzlement [ɪm'bezlmənt] *n* sikkasztás

embitter [ɪm'bɪtə] *v* megkeserít, elkeserít

emblem ['embləm] *n* embléma, jelkép

embodiment [ɪm'bɒdɪmənt] *n* megtestesítés, megtestesülés

embossed work [ɪm'bɒst] *n* dombornyomás

embrace [ɪm'breɪs] **1.** *n* ölelkezés **2.** *v* átölel; (*include*) felölel
embroidery [ɪm'brɔɪdərɪ] *n* hímzés, kézimunka
embroil [ɪm'brɔɪl] *v* belekever (*in vmbe*)
emerald ['emərəld] *n* smaragd
emerge [ɪ'mɜːdʒ] *v* felbukkan; (*problem*) jelentkezik, felmerül
emergence [ɪ'mɜːdʒəns] *n* felbukkanás, kiemelkedés
emergency [ɪ'mɜːdʒənsɪ] *n* szükség, kényszerhelyzet; (*in hospital*) *US* baleseti osztály ‖ **state of ~** szükségállapot; **in case of ~** sürgős esetben
emergency brake *n* vészfék
emergency exit *n* vészkijárat
emery board ['emərɪ] *n* körömreszelő
emery paper *n* csiszolópapír, *col* smirgli
emetic [ɪ'metɪk] *n* hánytató(szer)
emigrant ['emɪgrənt] *n* kivándorló, emigráns
emigrate ['emɪgreɪt] *v* kivándorol, emigrál
emigration [emɪ'greɪʃn] *n* kivándorlás, emigráció
eminence ['emɪnəns] *n* kiválóság, kitűnőség
eminent ['emɪnənt] *a* kiváló, kitűnő
emission [ɪ'mɪʃn] *n* kibocsátás; (*of heat, light*) kisugárzás
emit [ɪ'mɪt] *v* -tt- kibocsát, kisugároz
emotion [ɪ'məʊʃn] *n* (*feeling*) érzelem; (*excitement*) meghatottság
emotional [ɪ'məʊʃnl] *a* érzelmes, érzelmi
empathy ['empəθɪ] *n* beleérzés
emperor ['empərə] *n* császár
emphasis ['emfəsɪs] *n* hangsúly

emphasize ['emfəsaɪz] *v* hangsúlyoz
emphatic [ɪm'fætɪk] *a* nyomatékos
empire ['empaɪə] *n* birodalom
empirical [ɪm'pɪrɪkl] *a* tapasztalati, empirikus
employ [ɪm'plɔɪ] *v* (*give work*) alkalmaz, foglalkoztat; (*use*) (fel)-használ, vmt vmre alkalmaz
employee [emplɔɪ'iː] *a/n* alkalmazott, munkavállaló
employer [ɪm'plɔɪə] *n* munkaadó
employment [ɪm'plɔɪmənt] *n* (*of person, method*) alkalmazás ‖ **be in ~** alkalmazásban van; **be out of ~** nincs munkája/állása
employment agency *n* munkaközvetítő (iroda)
empower [ɪm'paʊə] *v* **~ sy to do sg** vkt vmre felhatalmaz
empress ['emprɪs] *n* császárnő; (*emperor's wife*) császárné
emptiness ['emptɪnɪs] *n* üresség
empty ['emptɪ] **1.** *a* üres **2.** *vt* kiürít ‖ *vi* (ki)ürül
empty-handed *a* üres kézzel
emulate ['emjʊleɪt] *v* felülmúlni igyekszik
emulsion [ɪ'mʌlʃn] *n* emulzió
enable [ɪ'neɪbl] *v* **~ sy to do sg** képessé tesz vkt vmre
enamel [ɪ'næml] **1.** *n* zománc ‖ **~ (paint)** zománcfesték **2.** *v* -ll- (*US* -l-) zománcoz
enchanting [ɪn'tʃɑːntɪŋ] *a* elbűvölő, elragadó
encircle [ɪn'sɜːkl] *v* bekerít, körülzár
enc(l). = **enclosed; enclosure**
enclose [ɪn'kləʊz] *v* (*surround*) körülvesz, bekerít; (*with letter*) mellékel, csatol

enclosed [ɪn'kləʊzd] *a* csatolt, mellékelt ‖ ~ **please find** csatoltan megküldjük
enclosure [ɪn'kləʊʒə] *n* (*land*) elkerített terület; (*document*) melléklet
encore ['ɒŋkɔ:] *n* ráadás(szám)
encounter [ɪn'kaʊntə] **1.** *n* találkozás **2.** *v* (*meet*) (össze)találkozik; (*confront*) megütközik
encourage [ɪn'kʌrɪdʒ] *v* (fel)bátorít, buzdít
encouragement [ɪn'kʌrɪdʒmənt] *n* bátorítás, biztatás
encroach [ɪn'krəʊtʃ] *v* ~ **(up)on (the land)** elhódít (*területet tenger*) ‖ ~ **on sy's authority** beleavatkozik vk hatáskörébe
encyclop(a)edia [ɪnsaɪklə'pi:dɪə] *n* enciklopédia, lexikon
end [end] **1.** *n* vég, befejezés; (*aim*) szándék, cél; (*tip*) vég ‖ **at the** ~ a végén; **come to an** ~ véget ér; **in the** ~ végül (is); ~ **to** ~ szorosan egymás mögött **2.** *vi* véget ér, befejeződik; (*result in*) zárul | *vt* (*close*) bezár, lezár
end in sg végződik vmben
end up végzi valahogy
endanger [ɪn'deɪndʒə] *v* veszélyeztet
endearing [ɪn'dɪərɪŋ] *a* megnyerő
endeavour (*US* -or) [ɪn'devə] **1.** *n* igyekezet **2.** *v* ~ **to do sg** törekszik, igyekszik vmt tenni
endless ['endlɪs] *a* végtelen
endorse [ɪn'dɔ:s] *v* (*approve*) jóváhagy; (*make valid*) érvényesít; (*sign*) láttamoz; (*write on licence for motoring offence*) megbírságol
endorsement [ɪn'dɔ:smənt] *n* jóváhagyás; *comm* hátirat
endow [ɪn'daʊ] *v* alapítványt tesz ‖ ~ **sy with sg** vkt vmvel felruház

endowment [ɪn'daʊmənt] *n* (*foundation*) alapítvány; (*talent*) tehetség
endurance [ɪn'djʊərəns] *n* állóképesség, teherbírás
endure [ɪn'djʊə] *v* (vmt) elvisel, kibír
enemy ['enəmɪ] **1.** *n* ellenség **2.** *a* ellenséges
energetic [enə'dʒetɪk] *a* energikus, erőteljes
energy ['enədʒɪ] *n* energia
enforce [ɪn'fɔ:s] *v* (*claims, rights*) érvényt szerez vmnek
engage [ɪn'geɪdʒ] *v* (*bind*) lefoglal; (*employ*) felvesz, alkalmaz; (*betroth*) eljegyez vkt
engage in vmre adja magát
engaged [ɪn'geɪdʒd] *a* (*telephone, seat*) foglalt; (*person*) elfoglalt ‖ **be** ~ **in (doing) sg** foglalkozik vmvel; **they are** ~ eljegyezték egymást
engagement [ɪn'geɪdʒmənt] *n* (*appointment*) elfoglaltság; (*to marry*) eljegyzés
engaging [ɪn'geɪdʒɪŋ] *a* megnyerő
engender [ɪn'dʒendə] *v* előidéz
engine ['endʒɪn] *n* (*machine*) motor, gép; (*locomotive*) mozdony ‖ ~ **driver** mozdonyvezető
engineer [endʒɪ'nɪə] *n* (*designer*) mérnök; (*operator*) gépész; *US* (*engine driver*) mozdonyvezető
engineering [endʒɪ'nɪərɪŋ] *n* műszaki tudományok, technika
England ['ɪŋglənd] *n* Anglia
English ['ɪŋglɪʃ] *a/n* angol ‖ **the** ~ az angolok; **in** ~ angolul; **speak** ~ beszél/tud angolul
English Channel, the *n* a La Manche-csatorna

Englishman ['ɪŋglɪʃmən] *n* (*pl* **-men**) angol (férfi)
Englishwoman ['ɪŋglɪʃwʊmən] *n* (*pl* **-women** [-wɪmɪn]) angol (nő)
engrave [ɪn'greɪv] *v* rézkarcot készít ‖ ~ **on** (*metal*) bevés, metsz
engraving [ɪn'greɪvɪŋ] *n art* metszet
engross [ɪn'grəʊs] *v* **be** ~**ed in sg** vmbe mélyed/merül
engulf [ɪn'gʌlf] *v* elborít, elnyel
enhance [ɪn'hɑːns] *v* növel
enigma [ɪ'nɪgmə] *n* talány
enigmatic [enɪg'mætɪk] *a* talányos
enjoy [ɪn'dʒɔɪ] *v* vmt élvez, vm tetszik ‖ ~ **oneself** vhol szórakozik
enjoyable [ɪn'dʒɔɪəbl] *a* élvezetes
enjoyment [ɪn'dʒɔɪmənt] *n* élvezet
enlarge [ɪn'lɑːdʒ] *v* (meg)növel; *photo* nagyít
enlargement [ɪn'lɑːdʒmənt] *n* nagyobbítás; *photo* nagyítás
enlighten [ɪn'laɪtn] *v* felvilágosít
Enlightenment, the [ɪn'laɪtnmənt] *n hist* a felvilágosodás
enlist [ɪn'lɪst] *v mil* besoroz
enmity ['enmətɪ] *n* ellenségeskedés
enormity [ɪ'nɔːmətɪ] *n* szörnyűség
enormous [ɪ'nɔːməs] *a* hatalmas
enough [ɪ'nʌf] *a* elég, elegendő ‖ **have** ~ jóllakik; **I've had** ~ **of this** nekem ebből elég volt
enquire [ɪn'kuaɪə] = **inquire**
enrage [ɪn'reɪdʒ] *v* dühbe hoz, felbőszít
enrich [ɪn'rɪtʃ] *v* feljavít, gazdagít
enrol (*US* **enroll**) [ɪn'rəʊl] *v* -**ll**- (*in school*) beiratkozik
enrolment [ɪn'rəʊlmənt] *n* beiratkozás
ensemble [ɑːn'sɑːmbl] *n* (*music*) együttes; (*woman's clothing*) kosztüm

ensue [ɪn'sjuː] *v* vmből következik, folyik
ensure [ɪn'ʃʊə] *v* biztosít, gondoskodik
entail [ɪn'teɪl] *v* maga után von, vele jár
entangle [ɪn'tæŋgl] *v* **get** ~**d** (*thread*) összekuszálódik ‖ **get/ become** ~**d in sg** vmbe belekeveredik
enter ['entə] *v* (*room*) belép, bemegy; (*entry*) elkönyvel; *comput* bevisz, beír; (*action*) benyújt; (*university*) felveszik
enter for (*exam*) jelentkezik; (*competition*) benevez, indul
enter into vmbe bocsátkozik
enter on/upon megkezd
enteritis [entə'raɪtɪs] *n* bélhurut
enterprise ['entəpraɪz] *n* (*initative*) vállalkozás; (*company*) vállalat
entertain [entə'teɪn] *v* (*amuse*) szórakoztat; (*receive*) fogad
entertainer [entə'teɪnə] *n* szórakoztató művész
entertaining [entə'teɪnɪŋ] *a* szórakoztató
entertainment [entə'teɪnmənt] *n* szórakozás, program
enthral (*US* -**ll**) [ɪn'θrɔːl] *v* -**ll**- elbűvöl, lenyűgöz
enthusiasm [ɪn'θjuːzɪæzəm] *n* lelkesedés, rajongás
enthusiastic [ɪnθjuːzɪ'æstɪk] *a* lelkes
enticing [ɪn'taɪsɪŋ] *a* csábító, vonzó
entire [ɪn'taɪə] *a* teljes, egész
entirely [ɪn'taɪəlɪ] *adv* teljesen, egészen
entitle [ɪn'taɪtl] *v* vmre feljogosít ‖ **a book** ~**d ...** a ... című könyv
entrails ['entreɪlz] *n pl* belek

entrance¹ ['entrəns] n bejárat; (entering) belépés
entrance² [ɪn'trɑːns] v elbűvöl
entrance examination n felvételi vizsga
entrance fee n belépődíj
entrance ramp n US kocsifelhajtó
entrant ['entrənt] n sp induló, nevező
entrenched [ɪn'trentʃt] a fig meggyökeresedett
entrenchment [ɪn'trentʃmənt] n fedezék
entrepreneur [ɒntrəprə'nɜː] n vállalkozó
entrust [ɪn'trʌst] v (rá)bíz (sg to sy vkre vmt)
entry ['entrɪ] n bejárat; (entering) belépés; (of data) bejegyzés; (item) tétel, adat; (for race) (be)nevezés ǁ ~ form jelentkezési lap
entryphone ['entrɪfəʊn] n GB kaputelefon
enumerate [ɪ'njuːməreɪt] v felsorol
enunciate [ɪ'nʌnsieɪt] v (sound) kiejt; (theory) kifejt
envelop [en'veləp] v beburkol
envelope ['envələʊp] n boríték
enviable ['envɪəbl] a irigylésre méltó
envious ['envɪəs] a irigy (of sy/sg vkre/vmre)
environment [ɪn'vaɪərənmənt] n környezet ǁ the protection of the ~ környezetvédelem
environmental [ɪnvaɪərən'mentl] a környezetvédelmi ǁ ~ damages környezeti ártalmak; ~ protection környezetvédelem
environs [ɪn'vaɪərənz] n pl (surroundings) környék; (outskirts) külső övezet

envisage [ɪn'vɪzɪdʒ] v (el)tervez; elképzel
envoy ['envɔɪ] n (ki)küldött
envy ['envɪ] 1. n irigység 2. v vkt/ vmt irigyel
enzyme ['enzaɪm] n enzim
epic ['epɪk] 1. a epikus 2. n eposz
epidemic [epɪ'demɪk] 1. a járványos 2. n járvány
epilepsy ['epɪlepsɪ] n epilepszia
epileptic [epɪ'leptɪk] a epilepsziás
epilogue (US -log) ['epɪlɒg] n utóhang
episode ['epɪsəʊd] n epizód
epistle [ɪ'pɪsl] n levél
epitaph ['epɪtɑːf] n sírfelirat
epithet ['epɪθet] n jelző
epitome [ɪ'pɪtəmɪ] n mintakép
epoch ['iːpɒk] n kor(szak)
equable ['ekwəbl] a (steady) egyenletes, állandó; (balanced) kiegyensúlyozott
equal ['iːkwəl] 1. a egyenlő 2. n his ~s a hozzá hasonlók, a vele egyenrangúak 3. v -ll- (US -l-) sp (record) beállít
equality [ɪ'kwɒlətɪ] n egyenlőség
equalize ['iːkwəlaɪz] v (ki)egyenlít
equalizer ['iːkwəlaɪz] n sp egyenlítő gól
equally ['iːkwəlɪ] adv egyenlően, egyformán
equals sign ['iːkwəlz] n egyenlőségjel
equanimity [ekwə'nɪmətɪ] n kiegyensúlyozottság
equation [ɪ'kweɪʃn] n egyenlet
equator, the [ɪ'kweɪtə] n az Egyenlítő
equestrian [ɪ'kwestrɪən] a lovas ǁ ~ events sp lovaglás
equilibrium [iːkwɪ'lɪbrɪəm] n egyensúly

equinox ['iːkwɪnɒks] n napéjegyenlőség

equip [ɪ'kwɪp] v -pp- ellát/felszerel (with sg vmvel)

equipment [ɪ'kwɪpmənt] n felszerelés, berendezés

equitable ['ekwɪtəbl] a méltányos, jogszerű

equities ['ekwətɪz] n pl GB törzsrészvények

equity ['ekwətɪ] n méltányosság

equivalence [ɪ'kwɪvələns] n egyenértékűség

equivalent [ɪ'kwɪvələnt] 1. a egyenértékű 2. n egyenérték; (in money) ellenérték; (in dictionary) egyenértékes, ekvivalens

equivocal [ɪ'kwɪvəkl] a kétértelmű

era ['ɪərə] n éra, korszak

eradicate [ɪ'rædɪkeɪt] v gyökerestől kiirt

erase [ɪ'reɪz] v (rub out) kiradíroz; (tape) letöröl

eraser [ɪ'reɪzə] n radír(gumi)

erect [ɪ'rekt] 1. a egyenes, felegyenesedett 2. v (set up) felállít; (build) emel, felépít

erection [ɪ'rekʃn] n (of building) emelés; biol erekció

erode [ɪ'rəʊd] v (water) kimos; (acid, rust) kimar

erosion [ɪ'rəʊʒn] n erózió

erotic [ɪ'rɒtɪk] a erotikus

eroticism [ɪ'rɒtɪsɪzəm] n erotika

err [ɜː] v téved; hibázik

errand boy ['erənd] n kifutó(fiú)

errands ['erəndz] n pl col komissió, megbízás

erroneous [ɪ'rəʊnɪəs] a téves

error ['erə] n tévedés, hiba || commit an ~ hibát követ el

erudite ['erʊdaɪt] a művelt, tanult

erupt [ɪ'rʌpt] v (volcano, war) kitör

eruption [ɪ'rʌpʃn] n (of volcano, war) kitörés; (of skin) kiütés

escalate ['eskəleɪt] vt fokoz | vi fokozódik; kiszélesedik (háború)

escalator ['eskəleɪtə] n mozgólépcső

escape [ɪ'skeɪp] 1. n (of gas) szivárgás; (from prison) szökés, menekülés 2. v (get free) (el)szökik, (el)menekül; (of gas) elillan || ~ from vhonnan/vmből megmenekül; it ~d my notice véletlenül elnéztem

escort 1. ['eskɔːt] n (védő)kíséret 2. [ɪs'kɔːt] v vkt elkísér

Eskimo ['eskɪməʊ] a/n eszkimó

ESP [iː es 'piː] = extrasensory perception

especially [ɪ'speʃlɪ] adv különösen, főleg

espionage ['espɪənɑːʒ] n kémkedés

esplanade [esplə'neɪd] n sétány

espresso [e'spresəʊ] n (eszpresszó)kávé

Esq. GB = Esquire

Esquire [ɪ'skwaɪə] n (on envelope) G. Smith, Esq. G. Smith Úrnak

essay 1. ['eseɪ] n (composition) tanulmány, esszé; (testing) dolgozat 2. [e'seɪ] v megpróbál

essence ['esns] n lényeg; (extract) sűrítmény, kivonat

essential [ɪ'senʃl] a lényeges, alapvető

establish [ɪ'stæblɪʃ] v (set up) létesít; (found) (meg)alapít; (determine) megállapít

establishment [ɪ'stæblɪʃmənt] n létesítmény, intézmény

estate [ɪ'steɪt] *n* (föld)birtok ‖ ~
agency ingatlanközvetítő iroda; ~
car kombi; ~ **house** lakótelepi
(bér)ház
esteem [ɪ'stiːm] 1. *n* nagyrabecsülés
2. *v* értékel
esteemed [ɪ'stiːmd] *a* nagyra be-
csült
esthetic [iːs'θetɪk] *a US* = **aes-
thetic**
estimate 1. ['estɪmət] *n* becslés ‖ ~s
(*of government*) költségvetés 2.
['estɪmeɪt] *v* értékel, becsül; felbe-
csül
estimation [estɪ'meɪʃn] *n* (*értékelés*)
becslés, megbecsülés ‖ **in my** ~
becslésem szerint
estranged [ɪ'streɪndʒd] *a* elidege-
nedett
estrangement [ɪ'streɪndʒmənt] *n*
(*making estranged*) elidegenítés;
(*being estranged*) elidegenedés
estuary ['estʃʊərɪ] *n* (folyó)torkolat
etc. [et'setrə] = (*Latin: et cetera*)
and so on stb.
etch [etʃ] *v* (*in copper*) bemetsz,
(*on mind*) bevés
etching ['etʃɪŋ] *n* rézkarc, rézmet-
szet
eternal [ɪ'tɜːnl] *a* örök, örökös
eternity [ɪ'tɜːnətɪ] *n* örökkévalóság
ether ['iːθə] *n* éter
ethical ['eθɪkl] *a* erkölcsi, etikai
ethics ['eθɪks] *n pl* etikusság; *sing.*
etika, erkölcstan
ethnic ['eθnɪk] *a* etnikai; nemzetiségi
ethnography [eθ'nɒgrəfɪ] *n* nép-
rajz, etnográfia
etiquette ['etɪket] *n* etikett
EU = **European Union**
euphemism ['juːfəmɪzəm] *n* szépítő
kifejezés, eufemizmus

eurhythmics [juː'rɪðmɪks] *n sing.*
művészi/ritmikus torna
Eurocheque ['jʊərətʃek] *n* euro-
csekk
Europe ['jʊərəp] *n* Európa
European [jʊərə'piːən] *a* európai
European Communities *n pl*
Európai Közösségek (EK)
European Union *n* Európai Unió
(EU)
evacuate [ɪ'vækjuleɪt] *v* (ki)ürít,
evakuál; *med* ürít
evacuation [ɪvækjʊ'eɪʃn] *n* kiürítés,
evakuálás; *med* ürítés
evade [ɪ'veɪd] *v* kikerül, megkerül ‖
~ **a question** kitér egy kérdés
elől; ~ **the law** kijátssza a tör-
vényt
evaluate [ɪ'væljʊeɪt] *v* kiértékel
evaluation [ɪvæljʊ'eɪʃn] *n* kiértéke-
lés
evaporate [ɪ'væpəreɪt] *v* elpáro-
log
evaporation [ɪvæpə'reɪʃn] *n* (ki)pá-
rolgás, gőz, kigőzölgés
evasion [ɪ'veɪʒn] *n* (*of law*) kiját-
szás, megkerülés; (*of question*)
kitérés (*vm elől*)
evasive [ɪ'veɪsɪv] *a* ~ **reply** kitérő
válasz
eve [iːv] *n* előeste
even ['iːvn] 1. *a* (*regular*) egyenle-
tes; (*smooth*) sík, sima; (*equal*)
egyenlő; (*divisible by 2*) páros
(számú) ‖ **get** ~ **with sy** vkvel
leszámol 2. *adv* még (... is) ‖ ~ **if**
még akkor is, ha; ~ **more** még
több, még inkább 3. *v* ~ **out/up**
kiegyenlít
evening ['iːvnɪŋ] *n* este ‖ **in the** ~
este; **this** ~ ma este; ~ **dress** esté-
lyi ruha; ~ **party** estély

event [ɪ'vent] *n* esemény, eset; (*contest*) (verseny)szám ‖ in the ~ of vmnek esetén

eventual [ɪ'ventʃʊəl] *a* végső

eventuality [ɪventʃʊ'æləti] *n* eshetőség

eventually [ɪ'ventʃʊəlɪ] *adv* végül is, végső fokon

ever ['evə] *adv* (*at any time*) valaha ‖ for ~ (mind)örökre; have you ~ been there? jártál már ott valamikor?; ~ since attól fogva, amióta csak

evergreen ['evəgriːn] *a* örökzöld

everlasting [evə'lɑːstɪŋ] *a* örökké tartó

every ['evrɪ] *a* (*all*) mind(en); (*each*) mindegyik, valamennyi ‖ ~ day mindennap; ~ five years ötévenként; ~ now and then (nagy) néha, időnként; ~ other minden második; ~ time valahányszor, minden esetben/alkalommal

everybody ['evrɪbɒdɪ] *pron* mindenki

everyday [evrɪ'deɪ] *a* (*daily*) mindennapi, mindennapos; (*common*) hétköznapi, általános

everyone ['evrɪwʌn] *pron* mindenki

everything ['evrɪθɪŋ] *n* minden

everywhere ['evrɪweə] *adv* mindenhol, mindenhova

evict [ɪ'vɪkt] *v* kilakoltat

eviction [ɪ'vɪkʃn] *n* kilakoltatás

evidence ['evɪdəns] *n* (*proof*) bizonyíték; (*trace*) tanújel, nyom; (*testimony*) tanúvallomás ‖ give ~ tanúvallomást tesz (*for or in favour of/against sy* vk mellett/ellen)

evident ['evɪdənt] *a* nyilvánvaló

evidently ['evɪdəntlɪ] *adv* nyilván(valóan)

evil ['iːvl] 1. *a* rossz, gonosz, bűnös 2. *n* gonoszság

evocation [iːvəʊ'keɪʃn] *n* felidézés

evocative [ɪ'vɒkətɪv] *a* be ~ of sg felidéz vmt

evoke [ɪ'vəʊk] *v* (*memory*) felelevenít, felidéz; (*admiration*) kivált, kelt

evolution [iːvə'luːʃn] *n* fejlődés, evolúció

evolve [ɪ'vɒlv] *vt* kifejleszt | *vi* kifejlődik

ex- [eks] *pref* volt, ex-

exact [ɪg'zækt] *a* pontos, precíz

exactly [ɪg'zæktlɪ] *adv* éppen, pontosan

exaggerate [ɪg'zædʒəreɪt] *v* (el)túloz

exaggeration [ɪgzædʒə'reɪʃn] *n* túlzás

exalted [ɪg'zɔːltɪd] *a* (*position, job*) magas

exam [ɪg'zæm] *n col* vizsga

examination [ɪgzæmɪ'neɪʃn] *n* (*testing*) vizsga; (*inquiry*) vizsgálat, kivizsgálás ‖ take an ~ vizsgázik

examine [ɪg'zæmɪn] *v* (*patient*) vizsgál; (*theory*) tanulmányoz; (*pupil*) vizsgáztat; (*account*) átvizsgál; (*passport*) ellenőriz

examiner [ɪg'zæmɪnə] *n* vizsgáztató

example [ɪg'zɑːmpl] *n* példa ‖ for ~ például

exasperate [ɪg'zɑːspəreɪt] *v* felbosszant, feldühít

exasperating [ɪg'zɑːspəreɪtɪŋ] *a* bosszantó, elkeserítő

exasperation [ɪgzɑːspə'reɪʃən] *n* elkeseredés

excavate ['ekskəveɪt] v kiás, feltár
excavation [ekskə'veɪʃn] n ásatás, feltárás
excavator ['ekskəveɪtə] n markológép, kotrógép
exceed [ɪk'siːd] v (in value) meghalad; (powers, limit) túllép
excel [ɪk'sel] v -ll- kiemelkedik, kitűnik (in vmben)
excellence ['eksələns] n kiválóság, kitűnőség
excellency ['eksələnsɪ] n His/Her ~ Őkegyelmessége, Őexcellenciája
excellent ['eksələnt] a kiváló, kitűnő
except [ɪk'sept] 1. prep kivéve(, hogy) ‖ ~ for vmnek/vknek kivételével; ~ that kivéve (azt), hogy 2. v kivételt tesz
excepting [ɪk'septɪŋ] prep kivéve, vmnek/vknek kivételével
exception [ɪk'sepʃn] n kivétel ‖ without ~ kivétel nélkül
exceptional [ɪk'sepʃənl] a kivételes, rendkívüli
excerpt ['eksɜːpt] n szemelvény, (rövid) részlet
excess 1. [ɪk'ses] n (súly)többlet, felesleg ‖ in ~ fölös számban 2. ['ekses] a többlet-, pót-
excess baggage n aviat túlsúly
excess fare n (railway) pótdíj
excessive [ɪk'sesɪv] a mértéktelen, túlzott
excess weight n túlsúly, súlytöbblet
exchange [ɪks'tʃeɪndʒ] 1. n csere; (of money) pénzváltás; (stock ~) tőzsde; (telephone ~) telefonközpont ‖ in ~ for cserébe vmért; foreign ~ deviza 2. v (convert) átvált; (change) becserél (sg for sg vmt vmre); (replace) kicserél

exchange rate n átváltási árfolyam
exchange student n cserediák
Exchequer, the [ɪks'tʃekə] n GB pénzügyminisztérium ‖ Chancellor of the ~ pénzügyminiszter
excise[1] [ɪk'saɪz] v med kimetsz
excise[2] ['eksaɪz] n fogyasztási adó
excitable [ɪk'saɪtəbl] a ingerlékeny
excitation [eksɪ'teɪʃn] n (fel)izgatás, ingerlés; el gerjesztés
excite [ɪk'saɪt] v (irritate) ingerel, (fel)izgat; (induce) gerjeszt
excited [ɪk'saɪtɪd] a izgatott
excitement [ɪk'saɪtmənt] n izgalom
exciting [ɪk'saɪtɪŋ] a izgató, izgalmas
exclaim [ɪk'skleɪm] v felkiált
exclamation [eksklə'meɪʃn] n felkiáltás
exclamation mark (US point) n felkiáltójel
exclude [ɪk'skluːd] v kizár; sp kiállít
excluding [ɪk'skluːdɪŋ] prep kivételével ‖ ~ VAT ÁFA nélkül
exclusion [ɪk'skluːʒn] n kizárás ‖ to the ~ of kivételével
exclusive [ɪk'skluːsɪv] a kizárólagos; zártkörű
excrement ['ekskrəmənt] n ürülék
excursion [ɪk'skɜːʃn] n kirándulás
excuse 1. [ɪk'skjuːs] n mentség, kifogás ‖ make ~s (for) mentegetődzik 2. [ɪk'skjuːz] v elnéz, megbocsát ‖ ~ me (apology) elnézést, uram ..., (addressing) kérem, bocsánat!; (inquiry) elnézést (kérek)!; ~ me? US (incomprehension) tessék?, kérem? (nem értem); ~ me for being late bocsánat a késésért
exdirectory (phone) number [eksdə'rektərɪ] n GB titkos (telefon)szám

execute ['eksɪkjuːt] *v* (*perform*) végrehajt, teljesít; (*put to death*) kivégez; (*carry out*) kivitelez; (*play*) előad; *comput* végrehajt
execution [eksɪ'kjuːʃn] *n* megvalósítás; végrehajtás; (*killing*) kivégzés; *comput* végrehajtás
executioner [eksɪ'kjuːʃnə] *n* hóhér
executive [ɪg'zekjʊtɪv] **1.** *a* végrehajtó, végrehajtási, közigazgatási **2.** *n* (*manager*) vezető (állású tisztviselő); (ügyvezető) igazgató; (*power, committee*) végrehajtó hatalom/szerv, vezetőség ‖ **Chief E~** *US* az USA elnöke
executor [ɪg'zekjʊtə] *n* végrendeleti végrehajtó
exemplary [ɪg'zemplərɪ] *a* mintaszerű, példamutató
exemplify [ɪg'zemplɪfaɪ] *v* példáz
exempt [ɪg'zempt] **1.** *a* mentes (*from* vm alól) **2.** *v* **~ sy from sg** vkt vm alól mentesít/felment
exemption [ɪg'zempʃn] *n* mentesítés, mentesség, felmentés (*from* vm alól)
exercise ['eksəsaɪz] **1.** *n* (*practice*) gyakorlás; (*training*) testedzés; (*drill*) gyakorlat ‖ **do ones ~s** testedzést végez, mozog **2.** *v* (*practise*) gyakorol(tat); (*drill*) gyakorlatozik; (*train*) testedzést végez, mozog
exercise-book *n* füzet
exert [ɪg'zɜːt] *v* **~ influence on sg/sy** befolyást gyakorol vmre/vkre; **~ oneself** igyekszik, megerőlteti magát, erőlködik
exertion [ɪg'zɜːʃn] *n* erőfeszítés, igyekezet
exhalation [ekshə'leɪʃn] *n* (*of vapour*) kigőzölgés; (*of breath*) kilélegzés

exhaust [ɪg'zɔːst] **1.** *n* (*pipe*) kipufogó; (*gas*) kipufogógáz **2.** *v* kimerít
exhausted [ɪg'zɔːstɪd] *a* kimerült
exhausting [ɪg'zɔːstɪŋ] *a* kimerítő, fárasztó, megerőltető
exhaustion [ɪg'zɔːstʃən] *n* kimerülés, kimerültség
exhaustive [ɪg'zɔːstɪv] *a* kimerítő, alapos
exhibit [ɪg'zɪbɪt] **1.** *n* kiállítási tárgy **2.** *v* (*in exhibition*) bemutat, kiállít
exhibition [eksɪ'bɪʃn] *n* kiállítás
exhilarating [ɪg'zɪləreɪtɪŋ] *a* felvidító
exile ['egzaɪl] **1.** *n* száműzetés; (*person*) száműzött **2.** *v* száműz
exist [ɪg'zɪst] *v* (*live*) létezik, él; (*be*) fennáll
existence [ɪg'zɪstəns] *n* lét, létezés ‖ **be in ~** létezik; **come into ~** létrejön
existing [ɪg'zɪstɪŋ] *a* fennálló, létező
exit ['eksɪt] *n* **1.** kijárat **2.** *v comput* kilép
exit ramp *n US* autófelhajtó
exonerate [ɪg'zɒnəreɪt] *v* igazol, tisztáz
exorbitant [ɪg'zɔːbɪtənt] *a* (*price*) megfizethetetlen, horribilis
exotic [ɪg'zɒtɪk] *a* egzotikus
expand [ɪk'spænd] *vt* kitágít ‖ *vi* (ki)tágul, (ki)terjed
expanse [ɪk'spæns] *n* (*expansion*) kiterjedés; (*wide area*) nagy terület
expansion [ɪk'spænʃn] *n* tágulás, nagyobbodás
expatriate [eks'pætrɪət] *a/n* (*exiled*) száműzött; (*emigrant*) külföldön élő hazánkfia
expect [ɪk'spekt] *v* (*await*) vár vkt/vmt; (*require sg from sy*)

vktől vmt elvár; (*suppose*) vél; hisz ‖ **be ~ing a baby** kisbabát vár; **I ~ so** azt hiszem, igen; **I ~ that** úgy gondolom, hogy; **he is ~ed (to)** elvárják tőle(, hogy)
expectancy [ɪk'spektənsɪ] *n* várakozás, kilátás
expectant mother [ɪk'spektənt] *n* terhes anya, kismama
expectation [ekspek'teɪʃn] *n* várakozás; (*prospect*) remény ‖ **~s** elvárások
expediency [ɪk'spiːdɪənsɪ] *n* célszerűség
expedient [ɪk'spiːdɪənt] *a* célszerű, hasznos
expedition [ekspɪ'dɪʃn] *n* expedíció
expel [ɪk'spel] *v* **-ll-** (*from country*) kiutasít; (*enemy*) elkerget; (*from school*) kicsap; (*from party*) kizár
expend [ɪk'spend] *v* (*money*) kiad, költ; (*time, energy*) ráfordít
expenditure [ɪk'spendɪtʃə] *n* kiadás, ráfordítás
expense [ɪk'spens] *n* költség(ek), kiadás(ok) ‖ **at one's own ~** saját költségén
expenses [ɪk'spensɪz] *n pl* költségek
expensive [ɪk'spensɪv] *a* költséges, drága
experience [ɪk'spɪərɪəns] **1.** *n* tapasztalat; élmény **2.** *v* megtapasztal
experienced [ɪk'spɪərɪənst] *a* tapasztalt, gyakorlott
experiment [ɪk'sperɪmənt] **1.** *n* kísérlet **2.** *v* kísérletezik
experimental [ɪksperɪ'mentl] *a* kísérleti
expert ['ekspɜːt] *a/n* szakértő, jártas (*at/in/on sg* vmben), szakember

expertise [ekspɜː'tiːz] *n* hozzáértés, szakértelem
expire [ɪk'spaɪə] *v* letelik, lejár
expiry [ɪk'spaɪərɪ] *n* lejárat (*érvényességé*)
explain [ɪk'spleɪn] *v* (meg)magyaráz, kifejt
explanation ['eksplə'neɪʃn] *n* magyarázat
explanatory [ɪk'splænətrɪ] *a* magyarázó
explicit [ɪk'splɪsɪt] *a* kifejezett; határozott
explode [ɪk'spləʊd] *vi* (fel)robban ‖ *vt* (fel)robbant
exploit 1. ['eksplɔɪt] *n* hőstett **2.** [ɪk'splɔɪt] *v* (*land, mine*) művel; (*use fully*) kiaknáz; (*use unfairly*) kihasznál, kizsákmányol
exploitation [eksplɔɪ'teɪʃn] *n* kiaknázás, kitermelés
exploration [eksplə'reɪʃn] *n* felderítés, feltárás
exploratory [ɪk'splɔːrətrɪ] *a* felderítő, kutató
explore [ɪk'splɔː] *v* felfedez, felkutat
explorer [ɪk'splɔːrə] *n* felfedező
explosion [ɪk'spləʊʒn] *n* robbanás
explosive [ɪk'spləʊsɪv] **1.** *a* robbanó **2.** *n* robbanóanyag
exponent [ɪk'spəʊnənt] *n* (hatvány)kitevő
export 1. ['ekspɔːt] *n* kivitel, export **2.** [ɪk'spɔːt] *v* exportál
exportation [ekspɔː'teɪʃn] *n* kivitel, export
exporter [ɪk'spɔːtə] *n* exportáló, exportőr
expose [ɪk'spəʊz] *v* (*uncover*) felfed, leleplez; (*display*) megmutat; *fényk* exponál, megvilágít ‖ **~ sy to sg** vmnek kitesz vkt

exposed [ık'spəʊzd] a (film) exponált
exposition [ekspə'zıʃn] n (exhibition) kiállítás; (explanation) magyarázat
exposure [ık'spəʊʒə] n (photo: time) megvilágítás, expozíció; (photo: snap) felvétel; (of thief, crime) leleplezés
exposure meter n megvilágításmérő
expound [ık'spaʊnd] v kifejt, (meg)magyaráz
express [ık'spres] 1. a (definite) határozott, kifejezett; (fast) expressz 2. n gyorsvonat 3. v kifejez, kimond
expression [ık'spreʃn] n kifejezés
expressive [ık'spresıv] a kifejező
expressway [ık'spreswei] n US autópálya
expulsion [ık'spʌlʃn] n kiutasítás, kizárás; sp kiállítás
expurgate ['ekspɜːɡeıt] v cenzúráz
exquisite [ek'skwızıt] a remek, pompás
extend [ık'stend] vt (prolong) meghosszabbít; (stretch out) kiszélesít; (spread) kiterjeszt; (enlarge) növel | vi (reach) terjed
extension [ık'stenʃn] n (extent) terjedelem, kiterjedés; (extending) meghosszabbítás; (addition) nyúlvány; (telephone) mellék(állomás)
extensive [ık'stensıv] a kiterjedt, terjedelmes; (considerable) nagymértékű; (expansive) széles körű
extensively [ık'stensıvlı] adv nagymértékben, széleskörűen
extent [ık'stent] n terjedelem, kiterjedés || **to a great ~** nagymértékben

extenuating [ık'stenjʊeıtıŋ] a enyhítő || **~ circumstances** pl enyhítő körülmény
exterior [ek'stıərıə] 1. a külső 2. n külalak, külső
exterminate [ık'stɜːmıneıt] v kiirt, kipusztít
extermination [ıkstɜːmı'neıʃn] n kiirtás
external [ek'stɜːnl] 1. a külső 2. n **~s** külsőségek
extinct [ık'stıŋkt] a (animal) kihalt; (volcano) kialudt
extinction [ık'stıŋkʃn] n kihalás, kiveszés
extinguish [ık'stıŋgwıʃ] v (fire) elfojt, elolt; (law) eltöröl
extort [ık'stɔːt] v (ki)zsarol || **~ sg from sy** vkből vmt kierőszakol
extortion [ık'stɔːʃn] n zsarolás
extortionate [ık'stɔːʃənət] a (person) zsaroló; (price) uzsora
extra ['ekstrə] 1. a pótlólagos, külön; (special) rendkívüli || **~ charges** külön díjak 2. adv rendkívül; (in addition) külön || **~ large** extra méretű 3. n (special edition) rendkívüli kiadás; (addition) ráadás; (artist) statiszta || **~s** (costs) többletkiadás(ok); (for car) extrák
extract 1. ['ekstrækt] n (essence) kivonat; (passage) részlet, szemelvény 2. [ık'strækt] v kihúz; (abstract) kivon(atol); (extort) kicsikar || **~ a tooth** fogat (ki)húz
extradite ['ekstrədaıt] v (criminal) kiad
extramarital [ekstrə'mærıtl] a házasságon kívüli
extramural [ekstrə'mjʊrəl] a szabadegyetemi

extraordinary [ɪkstrɔːdnrɪ] *a* rendkívüli, szokatlan

extrasensory perception [ekstrə'sensərɪ] *n* érzékszervektől független érzékelés

extravagant [ɪk'strævəgənt] *a* mértéktelen, szertelen

extreme [ɪk'striːm] **1.** *a* (*furthest*) (leg)szélső; (*last*) végső; (*exaggerated*) szélsőséges || ~ **right** szélsőjobb(oldali) **2.** *n* véglet

extremely [ɪk'striːmlɪ] *adv* nagyon, rendkívül

extremities [ɪk'stremətɪz] *n pl* végtagok

extremity [ɪk'stremətɪ] *n* szélsőség, véglet; → **extremities**

extricate ['ekstrɪkeɪt] *v* kiszabadít

extrovert ['ekstrəvɜːt] *a/n* extrovertált

exuberant [ɪg'zjuːbərənt] *a* (*person*) féktelen, túláradó életkedvű; (*style*) eleven; (*plant*) dús, burjánzó

exude [ɪg'zjuːd] *v* (ki)izzad, kiválaszt; árad; *fig* áraszt

exult [ɪg'zʌlt] *v* ujjong

eye [aɪ] **1.** *n* (*organ*) szem; (*hole*) fok (*tűé*) || **keep an ~ on** szemmel tart vkt/vmt; **I am all ~s** csupa szem vagyok!

eyeball ['aɪbɔːl] *n* szemgolyó

eyebrow ['aɪbraʊ] *n* szemöldök || ~ **pencil** szemceruza

eyedrops ['aɪdrɒps] *n pl* szemcsepp

eyelash ['aɪlæʃ] *n* szempilla

eyelid ['aɪlɪd] *n* szemhéj || **not bat an ~** arcizma sem rándul

eyeliner ['aɪlaɪnə] *n* szemkihúzó

eye-opener *n* **that was an ~** ez felnyitotta a szemem

eyeshadow ['aɪʃedəʊ] *n* szemhéjpúder, szemhéjfesték

eyesight ['aɪsaɪt] *n* látás, látóképesség

eyewitness ['aɪwɪtnɪs] *n* szemtanú

F

F = Fahrenheit; *US* **= free way**

fable [feɪbl] *n* mese

fabric ['fæbrɪk] *n* anyag, szövet

fabricate ['fæbrɪkeɪt] *v* kitalál, eszkábál

fabulous ['fæbjʊləs] *a* mesés

face [feɪs] *n* arc; (*of clock*) számlap; (*of building*) homlokzat || **pull a ~** grimaszt csinál/vág; ~ **to ~ with** szemközt, szemtől szembe(n) vkvel **2.** *v* szemben áll vkvel/vmvel, vmvel/vkvel szembenéz

face-lift(ing) *n* (*operation*) arcfelvarrás; *fig col* (*of fault*) kozmetikázás

face powder *n* púder

face-to-face *a* szemtől szembe történő, személyes

face value *n* névérték

facial ['feɪʃl] **1.** *a* arc- **2.** *n* arcápolás

facile ['fæsaɪl] *a fig* (*easy*) könnyű; (*superficial*) felszínes

facilitate [fə'sɪlɪteɪt] *v* megkönnyít

facilities [fə'sɪlətɪz] *n* szolgáltatás(ok), lehetőség(ek)

facing ['feɪsɪŋ] *adv* szemközt, szemben

fact [fækt] *n* (*deed*) tény; (*reality*) valóság || **in ~** ténylegesen, valójában, tulajdonképp(en)

factor ['fæktə] *n* tényező

factory ['fæktərı] *n* gyár, üzem
faculty ['fækəltı] *n* képesség; *(in university)* kar, fakultás ‖ **F~ of Arts** bölcsészettudományi kar; **F~ of Science** természettudományi kar
fad [fæd] *n* hóbort, szeszély
fade [feıd] *v (flower)* elhervad; *(memory)* elmosódik; *(colour)* halványodik, (ki)fakul
fag [fæg] **1.** *n (tiring work)* robot, kulimunka; *col (cigarette)* cigi **2.** *v* **-gg-** ~ **fag out** kifáraszt
Fahrenheit ['færənhaıt] *a/n* Fahrenheit-fok
fail [feıl] **1.** *n* egyes (osztályzat) ‖ **without** ~ haladéktalanul **2.** *v (plan)* meghiúsul, nem/rosszul sikerül; *(to do sg)* elmulaszt *(vmt megtenni)*; *(in exam)* megbukik; *(bank)* csődbe jut ‖ ~ **to see** nem vesz észre
failing ['feılıŋ] **1.** *n (of character)* hiba; vmnek/vknek a gyenge oldala/pontja **2.** *prep* ~ **which** ellenkező esetben
failure ['feıljə] *n (of business)* bukás, kudarc; *(in exam)* bukás; *(to do sg)* mulasztás; *(of heart)* elégtelenség; *(of engine)* meghibásodás
faint [feınt] **1.** *a (weak)* gyenge, erőtlen; *(dim)* halvány **2.** *v* elájul
fair[1] [feə] *a (just)* becsületes, tisztességes; *(reasonable)* tűrhető, meglehetős; *(light-coloured)* szőke
fair[2] [feə] *n (market)* vásár
fair-haired *a* szőke
fairly ['feəlı] *adv* elég(gé), meglehetősen
fairness [feənıs] *n* becsületesség
fair play *n* tisztességes eljárás

fairy ['feərı] *n* tündér
fairy tale *n* tündérmese
faith [feıθ] *n (trust)* hit, hűség; *(religion)* hit, vallás ‖ **have** ~ **in sy** hisz vkben
faithful ['feıθfəl] *a (loyal)* hű(séges); *(accurate)* hű, pontos
faithfully ['feıθfəlı] *adv* **yours** ~ (őszinte) tisztelettel
fake [feık] **1.** *n* hamisítvány **2.** *v* hamisít
falcon ['fɔːlkən] *n* sólyom
fall [fɔːl] **1.** *n (drop)* esés; *(decline)* bukás; *(defeat)* eleste; *US (autumn)* ősz ‖ **~s** *pl* vízesés **2.** *v (pt* **fell** [fel], *pp* **fallen** ['fɔːlən]) *(from a height)* (le)esik; *(price)* esik; *(temperature)* süllyed; *(government)* megbukik; *(fortress)* elesik ‖ ~ **asleep** elalszik; ~ **ill** megbetegszik
fall back visszaesik
fall behind hátramarad
fall down *(building)* összeomlik; *(hopes)* meghiúsul
fall for *col (person)* vkbe beleesik; *(trick)* vknek bedől
fall in *(building)* beomlik; vm ledől ‖ ~ **in!** sorakozó!; ~ **in love with sy** beleszeret vkbe
fall off *(quality)* romlik; *(interest)* csökken, fogy
fall on *(accent)* esik; *(enemy)* nekiront; *(duty)* sor kerül vkre
fall out megtörténik ‖ ~ **out with sy** összevész vkvel
fall through *(plan)* megbukik, meghiúsul
fallacy ['fæləsı] *n (lie)* megtévesztés; *(false idea)* téveszme
fallen ['fɔːlən] *a/n* bukott ‖ **the** ~ az elesettek; *pp* → **fall**

false [fɔːls] *a* hamis, téves, ál
false alarm *n* vaklárma
falsehood ['fɔːlshʊd] *n* valótlanság
false teeth *n pl* műfogsor
falsify ['fɔːlsɪfaɪ] *v* meghamisít
falter ['fɔːltə] *v* (*speaker*) dadog; (*steps*) botladozik
fame [feɪm] *n* hír(név)
famed [feɪmd] *a* nevezetes (*for* vmről)
familiar [fə'mɪlɪə] *a* (*familiar*) családias, bizalmas; (*common*) hétköznapi, mindennapi; (*well-known*) ismert (*to* vk előtt) ‖ **be ~ with sg** vmben tájékozott/jártas
family ['fæmlɪ] *n* család
family planning *n* családtervezés
famine ['fæmɪn] *n* éhínség
famous ['feɪməs] *a* híres, neves ‖ **~ for sg** vmről híres
famously ['feɪməslɪ] *adv* pompásan
fan[1] [fæn] **1.** *n* (*in hand*) legyező; (*mechanical*) ventilátor **2.** *v* **-nn-** (*cool*) legyez; (*excite*) szít
fan[2] [fæn] *n col* (*of person*) rajongó; (*of sport*) szurkoló
fanatic [fə'nætɪk] *n* megszállott
fan belt *n* ékszíj
fanciful ['fænsɪfəl] *a* (*curious*) különös; (*imaginary*) fantáziadús
fancy ['fænsɪ] **1.** *n* képzelet, képzelőerő **2.** *v* (*imagine*) elképzel, (el)gondol; (*like, want*) gusztusa van vmre
fancy dress *n* jelmez
fancy-dress ball *n* jelmezbál
fantastic [fæn'tæstɪk] *a* fantasztikus; *col* remek
fantasy ['fæntəsɪ] *n* képzelet
far [fɑːr] **1.** *a* távoli, messzi ‖ **on the ~ side (of the street)** az utca túlsó oldalán **2.** *adv* (*very distant*)

messze, messzire; (*very much*) jóval, sokkal ‖ **by ~ the best** messze a legjobb; **as ~ as** (*place*) ameddig, -ig, (*degree, extent*) amennyire; **as ~ as I know** amennyire én tudom; **~ away** a meszszeségben; **be ~ from** meg sem közelíti
farce [fɑːs] *n* bohózat
fare [feə] *n* (*charge*) viteldíj, útiköltség; (*passenger in a taxi*) utas; (*food*) ellátás, koszt
Far East, the *n* Távol-Kelet
farewell [feə'wel] *n* búcsú ‖ **say/bid ~ to sy** búcsút vesz vktől
farm [fɑːm] **1.** *n* farm, gazdaság **2.** *v* mezőg gazdálkodik
farmer ['fɑːmə] *n* gazda, gazdálkodó
farmhouse ['fɑːmhaʊs] *n* lakóház (a farmon), farmépület
farming ['fɑːmɪŋ] *n agr* gazdálkodás
farmyard ['fɑːmjɑːd] *n* gazdasági udvar, szérűskert
far-reaching *a* messzemenő, szerteágazó, messze ható
far-sighted *a* (*prudent*) előrelátó; körültekintő; *US med* (*eye-patient*) messzelátó
farther ['fɑːðə] *a*/*adv* (*in place*) távolabb(i); messzebb; (*in time*) tovább
farthest ['fɑːðɪst] *a*/*adv* legtávolabb(i)
fascinate ['fæsɪneɪt] *v* lenyűgöz, elbűvöl
fascism ['fæʃɪzəm] *n* fasizmus
fascist ['fæʃɪst] *a*/*n* fasiszta
fashion ['fæʃn] **1.** *n* (*style*) divat; (*manner*) mód ‖ **be in ~** divatban van; **be out of ~** kiment a divatból **2.** *v* megformál, alakít

fashionable ['fæʃənəbl] *a* elegáns, divatos
fashion show *n* divatbemutató
fast[1] [fɑːst] **1.** *a* (*quick*) gyors, sebes; (*firm*) tartós || **my watch is five minutes** ~ az órám öt percet siet; **be** ~ **asleep** mélyen alszik **2.** *adv* gyorsan
fast[2] [fɑːst] **1.** *n* böjt **2.** *v* böjtöl
fasten ['fɑːsn] *v* (*fix*) rögzít, megerősít; (*join together*) becsatol, bekapcsol
fastener ['fɑːsnə] *n* (*of door*) zár; (*of necklace*) kapocs; (*zip*) cipzár
fast food *n* gyorsétel(ek)
fastidious [fə'stɪdɪəs] *a* finnyás, válogatós
fat [fæt] **1.** *a* kövér; (*meat*) zsíros **2.** *n* (*for cooking*) zsír; (*on person*) háj || ~**s** zsiradék
fatal ['feɪtl] *a* végzetes || ~ **accident** halálos (kimenetelű) baleset
fatality [fə'tælətɪ] *n* (*death*) haláleset; (*of accident*) halálos áldozat
fate [feɪt] *n* végzet
father ['fɑːðə] *n* (édes)apa
Father Christmas *n* Mikulás
father-in-law *n* (*pl* **fathers-in-law**) após
fatigue [fə'tiːg] **1.** *n* fáradtság || ~**s** *mil* gyakorlóruha **2.** *v* (ki)fáraszt
fatten ['fætn] *vt* hizlal | *vi* hízik
fatty ['fætɪ] **1.** *a* zsíros **2.** *n col* dagi
faucet ['fɔːsɪt] *n US* (víz)csap
fault [fɔːlt] *n* hiba; (*mistake*) tévedés; *sp* hibapont || **find** ~ **with** kifogásol, kritizál
faulty ['fɔːltɪ] *a* hibás
fauna ['fɔːnə] *n* állatvilág
favour (*US* **-vor**) ['feɪvə] **1.** *n* (*goodwill*) kegy; (*advantage*) kedvezés; (*kindness*) szívesség ||

do sy a ~ szívességet tesz vknek; **be in** ~ **of sg** vmnek a híve **2.** *v* (*prefer*) előnyben részesít vkt; (*approve*) helyesel
favourable (*US* **-or-**) ['feɪvrəbl] *a* előnyös, kedvező
favourite (*US* **-or-**) ['feɪvrɪt] *a* esélyes; kedvenc
fawn [fɔːn] **1.** *n* őz **2.** *v* ~ **on sy** vknek hízeleg
fax [fæks] **1.** *n* (*message, device*) (tele)fax **2.** *v* (tele)faxot küld, elfaxol
FBI [ef biː 'aɪ] *US* = *Federal Bureau of Investigation* Szövetségi Nyomozóiroda
fear [fɪə] **1.** *n* félelem, szorongás **2.** *v* fél vktől/vmtől || ~ **for sy** vkt félt
feast [fiːst] **1.** *n* (*meal*) lakoma; (*celebration*) ünnep **2.** *v* lakomázik
feat [fiːt] *n* (hős)tett
feather ['feðə] *n* (madár)toll
feature ['fiːtʃə] **1.** *n* (*characteristic*) (jellemző) vonás, tulajdonság; (*article*) (színes) riport; (*film*) játékfilm, nagyfilm **2.** *v* (*in newspaper*) fő helyen közöl
feature film *n* játékfilm, nagyfilm
February ['febroərɪ] *n* február; → **August**
fed [fed] *pt/pp* **be** ~ **up with sg** *col* elege van vmből, torkig van vmvel; → **feed**
federal ['fedrəl] *a* szövetségi
federation [fedə'reɪʃn] *n* szövetség
fee [fiː] *n* díj; (*of artist*) gázsi; honorárium; (*for tuition*) tandíj; (*for examination*) vizsgadíj
feeble ['fiːbl] *a* gyenge, erőtlen
feed [fiːd] **1.** *n* (*for baby*) táp, étel; (*for animals*) takarmány; (*feeding*)

etetés 2. v (pt/pp fed [fed]) etet, táplál; comput betáplál

feedback ['fi:dbæk] n el visszacsatolás; fig visszajelzés

feeding bottle n GB cumisüveg

feel [fi:l] 1. n tapintás 2. v (pt/pp felt [felt]) vt (touch) (meg)tapint, érez | vi (physically) érzi magát; (think) vél || ~ **cold** fázik; I ~ **fine** kitűnően érzem magam; ~ **ill** rosszul van; ~ **like doing sg** gusztusa/hangulata van vmre

feel for sy együtt érez vkvel

feeling ['fi:lɪŋ] n (emotion) érzés, érzelem; (presentiment) előérzet; (sense) tehetség; érzék || **have a ~ for a language** jó nyelvérzéke van

feet [fi:t] pl → foot

feign [feɪn] v tettet, színlel

feint [feɪnt] 1. n csel 2. v cselez

fell[1] [fel] pt → fall

fell[2] [fel] v (tree) kidönt, kivág

fellow ['feləʊ] n (guy) fickó; col pasas; (research ~) (tudományos) munkatárs; (member) tag

fellow-countryman n (pl -men) honfitárs

fellowship ['feləʊʃɪp] n vall közösség

felony ['felənɪ] n bűncselekmény

felt[1] [felt] n nemez, filc

felt[2] [felt] pt/pp → feel

felt-tip (pen) n filctoll

female ['fi:meɪl] 1. a női; nő-; (animal) nőstény 2. n nő; (animal) nőstény

feminine ['femɪnɪn] 1. a (of woman) nőies; gram nőnemű 2. n gram nőnem

feminist ['femənɪst] a/n feminista

fence [fens] 1. n sövény, kerítés || **sit on the ~** col várakozó álláspontra helyezkedik 2. v sp vív

fence in bekerít, elkerít

fencing ['fensɪŋ] n vívás

fender ['fendə*] n (round fireplace) ellenző; US (wing of car) sárvédő

ferment 1. ['fɜ:ment] n (fermentation) erjedés; (substance) fermentum; fig (excitement) forrongás 2. [fə'ment] vi erjed; (wine) forr | vt erjeszt

fern [fɜ:n] n páfrány

ferocious [fə'rəʊʃəs] a vad, kegyetlen

ferry ['ferɪ] n révátkelés, rév

ferry-boat n átkelőhajó, komp(hajó)

fertile ['fɜ:taɪl] n termékeny

fertilize ['fɜ:tɪlaɪz] v agr (mű)trágyáz; biol megtermékenyít

fertilizer ['fɜ:təlaɪzə] n (mű)trágya

festival ['festɪvl] n (feast) ünnep; (performances) fesztivál

fetch [fetʃ] v (bring) idehoz, elhoz; (get) előkerít

fête [feɪt] n (celebration) ünnep; rel (festival) búcsú

fetters ['fetəz] n pl bilincs

feudalism ['fju:dlɪzəm] n hűbériség, feudalizmus

fever ['fi:və] n láz, forróság

feverish ['fi:vərɪʃ] a lázas

few [fju:] a/pron/num (utána: pl) kevés, nem sok || **a ~** egypár, (egy)néhány

fiancé [fɪ'ɑ:nseɪ] n vőlegény

fiancée [fɪ'ɑ:nseɪ] n menyasszony

fibre (US **fiber**) ['faɪbə] n szál, rost, rostszál

fickle ['fɪkl] a állhatatlan, csapodár

fiction ['fıkʃn] *n* (*invention*) koholmány; (*novels*) regényirodalom
fiddle ['fıdl] **1.** *n* (*violin*) hegedű; (*cheating*) csalás **2.** *v* hegedül
fiddle with babrál
fiddler ['fıdlə] *n* hegedűs
fidelity [fı'delətı] *n* hűség
fidget ['fıdʒıt] *col* **1.** *n* sajtkukac **2.** *v* fészkelődik, izeg-mozog ‖ ~ **with** babrál vmvel
field [fi:ld] **1.** *n* (*land*) mező, rét; (*sports ground*) pálya; *fig* (*area*) mező; (*sphere of activity*) terület, tárgykör
field events *n pl* dobó- és ugrószámok
field glasses *n pl* (*binocular*) látcső
fieldwork *n* terepmunka
fierce [fıəs] *a* ádáz, heves, vad
fifteen [fıf'ti:n] *num* tizenöt
fifteenth [fıf'ti:nθ] *num a* tizenötödik
fifth [fıfθ] *num a* ötödik
fifty ['fıftı] *num* ötven
fig [fıg] *n* füge
fight [faıt] **1.** *n* küzdelem, harc **2.** *v* (*pt/pp* **fought** [fɔ:t]) harcol, küzd ‖ ~ **against/with sy/sg** vk/vm ellen *or* vkvel/vmvel küzd
fight down elfojt, leküzd
fight for sg vmért/vkért küzd
fighter ['faıtə] *n* harcos; *sp* bokszoló; *mil* vadászgép
figure ['fıgə] **1.** *n* (*person*) alak, figura; (*drawing*) ábra; (*form*) idom; (*number*) szám(jegy) **2.** *v* (*appear*) felbukkan, előfordul; (*imagine*) elképzel; *US* (*guess*) gondol, vél
figure out (*calculate*) kiszámít; (*understand*) rájön
figure skating *n* műkorcsolyázás

file[1] [faıl] **1.** *n* (*tool*) reszelő, ráspoly **2.** *v* reszel
file[2] [faıl] **1.** *n* (*dossier*) akta; (*folder*) dosszié; *comput* adatállomány, fájl **2.** *v* (*papers*) nyilvántartásba vesz, iktat; (*claim*) benyújt
file[3] [faıl] **1.** *n* (*of people*) sor **2.** *v* (*one by one*) menetel
fill [fıl] *v* (*make full*) (meg)tölt; (*tooth*) (be)töm; (*job*) betölt
fill in (*form*) kitölt; (*hole*) betapaszt, betöm
fill up *vt* (*form*) kitölt; (*hole*) betöm; (*container*) megtölt, teletölt ‖ *vi* (*hall*) megtelik; (*car*) (fel)tankol ‖ ~ **her up** tele kérem!
fillet ['fılıt] *n* (*meat*) szelet
filling ['fılıŋ] *n* tömés (*fogban*)
filling station *n* benzinkút
film [fılm] **1.** *n* (*for photography or motion picture*) film; (*coating*) hártya **2.** *v* (*make a film*) filmez; (*play*) megfilmesít
film star *n* filmsztár
filter ['fıltə] **1.** *n* (*for liquid*) szűrő; (*for traffic*) kiegészítő lámpa **2.** *v* (le)szűr, megszűr
filter tip *n* füstszűrő
filthy ['fılθı] *a* piszkos, szennyes
fin [fın] *n* (*of fish, frogman*) uszony
final ['faınl] **1.** *a* befejező, záró ‖ ~ **exam** *school* záróvizsga **2.** *n* záróvizsga ‖ ~(**s**) *sp* döntő
finally ['faınəlı] *adv* végül is, legvégül
finance ['faınæns] **1.** *n* pénzügy **2.** *v* pénzel, finanszíroz
finances [faı'nænsız] *n pl* pénzügyek
financial [faı'nænʃl] *a* pénzügyi, anyagi ‖ **be in ~ difficulties** pénzzavarban van

find [faɪnd] v (pt/pp **found** [faʊnd]) (come upon) (meg)talál; (consider) vmlyennek talál/gondol ‖ ~ **sy guilty** bűnösnek talál vkt; ~ **one's way to** vhová eltalál **find out** kitalál, rájön

findings ['faɪndɪŋz] n pl (verdict) (tény)megállapítás; (archeological, medical) lelet(ek), US (equipment) kellékek

fine[1] [faɪn] a (taste) finom; (weather) szép ‖ **be** ~ jól érzi magát

fine[2] [faɪn] (law) **1.** n (pénz)bírság **2.** v (meg)bírságol

fine arts n pl képzőművészet, szépművészet

finesse [fɪ'nes] n ravaszság

finger ['fɪŋgə] **1.** n ujj ‖ **keep one's ~s crossed (for sy)** vknek drukkol/szorít **2.** v kézbe vesz, fogdos

fingerprint ['fɪŋgəprɪnt] n ujjlenyomat

fingertip ['fɪŋgətɪp] n ujjhegy ‖ **he has it at his ~s** a kisujjában van

finish ['fɪnɪʃ] **1.** n kidolgozás (anyagé); sp hajrá, finis **2.** v (end) befejez, elkészít; (carry out) kidolgoz; (complete) elvégez

finish off (kill) (végleg) elintéz vkt; (complete) végez vmvel; col (eat up) vmt megeszik

Finland ['fɪnlənd] n Finnország

Finn [fɪn] n finn (ember)

Finnish ['fɪnɪʃ] **1.** a finn **2.** n (language) finn (nyelv)

fir [fɜː] n (erdei)fenyő

fire [faɪə] **1.** n tűz ‖ **be on** ~ lángol, ég; **make a** ~ tüzet rak; **2.** v (engine) gyújt; (gun) tüzel ‖ ~ **sy** (employee) kirúg

fire alarm n tűzjelző

fire brigade n tűzoltóság

fire-engine n tűzoltóautó

fire escape n tűzlépcső

fire-extinguisher n oltókészülék

fireman ['faɪəmən] n (pl -men) tűzoltó

fireplace ['faɪəpleɪs] n kandalló

fireproof ['faɪəpruːf] a tűzálló, tűzbiztos

fireside ['faɪəsaɪd] n kandalló

fireworks ['faɪəwɜːk] n pl tűzijáték

firm[1] [fɜːm] a szilárd, erős

firm[2] [fɜːm] n cég, vállalat

first [fɜːst] num a, a első ‖ **at** ~ először; ~ **of all** először is, mindenekelőtt; **in the** ~ **place** elsősorban; **for the** ~ **time** első ízben

first aid n elsősegély

first-class a (excellent) első osztályú, kitűnő; (mail) expressz

first-hand a/adv (direct) első kézből (kapott); (new) friss

First Lady n US First Lady (az USA elnökének felesége)

firstly ['fɜːstlɪ] adv (leg)először

first name n keresztnév, utónév

fish [fɪʃ] **1.** n (pl ~) hal ‖ ~ **and chips** sült hal hasábburgonyával **2.** v (with net) halászik; (with rod) horgászik (for sg vmre)

fish-bone n szálka

fisherman ['fɪʃəmən] n (pl -men) halász

fishing ['fɪʃɪŋ] n halászat ‖ ~ **boat** halászhajó; ~ **rod** horgászbot

fishmonger('s) ['fɪʃmʌŋgə(z)] n halkereskedő

fishy ['fɪʃɪ] a **there's sg** ~ **about it** col ez kissé bűzlik

fist [fɪst] n ököl

fit[1] [fɪt] n (of illness) roham ‖ **have a** ~ rohamot kap

fit[2] [fɪt] **1.** a -tt- (suitable) alkalmas, célszerű, helyes; (in health) fitt ‖

be ~ vk jó kondícióban van; ~ **for sg** jó vmre; ~ **for work** munkaképes; ~ **to eat** ehető **2.** *n* szabás **3.** *v* **-tt-** (*suit*) áll; (*be suitable*) megfelel, alkalmas, jó (*sg* vmre); (*match*) (bele)illik; (*attach*) rászerel ‖ ~ **sg to sg** vmhez hozzáilleszt; ~ **sy well** (*dress*) jól áll
fit in (*appointment*) beütemez
fit in with megegyezik (*tervvel, elmélettel*), vkhez alkalmazkodik
fit out (*for expedition*) felszerel; (*for voyage*) ellát
fit together (*pieces*) összeállít
fitment(s) ['fɪtmənt(s)] *n* (*pl*) beépített bútor
fitness ['fɪtnɪs] *n* (*health*) (jó) kondíció, erőnlét; (*suitability*) alkalmasság
fitted carpet ['fɪtɪd] *n* padlószőnyeg
fitting ['fɪtɪŋ] **1.** *a* illő, megfelelő **2.** *n* ruhapróba ‖ ~**s** felszerelési tárgyak, szerelvények
five [faɪv] *num* öt
fiver *n* ['faɪvə] *n GB* ötfontos (bankjegy); *US* ötdolláros (bankjegy)
fix [fɪks] **1.** *n* (*dilemma*) nehéz helyzet; *col* (*injection*) kábítószeres injekció; *col* bunda **2.** *v* (*make firm*) vmt rögzít; *US* (*prepare*) készít; (*repair*) megjavít; (*determine*) meghatároz, megállapít
fix sg up (*settle*) megcsinál; (*provide*) szerez vknek vmt; (*accommodate*) elhelyez vkt vhol; (*ügyet*) elintéz
fixture ['fɪkstʃə] *n sp* lekötött mérkőzés ‖ ~**s** *pl* berendezési tárgyak; felszerelés
fizzle ['fɪzl] *v* (*meat*) sistereg; (*drink*) pezseg
fizzy ['fɪzɪ] *a* szénsavas, pezsgő

flabby ['flæbɪ] *a* (*weak*) ernyedt, petyhüdt; (*soft*) elpuhult
flag [flæg] **1.** *n* zászló **2.** *v* **-gg-** lankad
flag down (*car*) leint, megállít
flair [fleə] *n* (*talent*) tehetség, adottság, érzék; (*style*) sikk
flake [fleɪk] **1.** *n* (*of snow, soap*) pehely **2.** *v* ~ **off** (*paint*) lepattogzik
flame [fleɪm] **1.** *n* láng **2.** *v* (*fire*) lobog, ég ‖ ~ **up** fellángol
flammable ['flæməbl] *a* gyúlékony, tűzveszélyes
flange [flændʒ] *n* karima (*csőé*); perem
flank [flæŋk] *n* (*of army*) szárny; (*of person, animal*) lágyék; (*of mountain*) oldal
flap [flæp] **1.** *n* (*of pocket, envelope*) fül **2.** *v* **-pp-** csapkod
flare [fleə] **1.** *n* (*flash*) fellobbanás; (*signal*) jelzőfény **2.** *v* ~ **up** *fig* (*candle*) lángra lobban; (*light*) felvillan; (*anger*) fellobban
flash [flæʃ] **1.** *n* (*flashing*) fellobbanás; (*light*) villanófény, vaku; (*news*) gyorshír ‖ **in a** ~ egy pillanat alatt **2.** *vi* (fel)villan | *vt* felvillant
flashlight ['flæʃlaɪt] *n* (*flash*) vaku, villanófény; *US* (*torch*) zseblámpa
flask [flɑːsk] *n* (lapos) palack, üveg
flat[1] [flæt] **1.** *a* (*even*) sík; (*absolute*) nyílt; (*dull*) száraz, lapos ‖ ~ **tyre/tire** (gumi)defekt **2.** *n* (*land*) síkság; (*tyre*) defekt; (*note*) bé **3.** *adv* (*in flat manner*) laposan; *col* (*positively*) határozottan, kereken
flat[2] [flæt] *n GB* (*rooms*) lakás ‖ ~ **to let** kiadó lakás/szoba
flatten ['flætn] *v* ellapít, elsimít

flatter ['flætə] *v* ~ **sy** vknek hízeleg
flaunt [flɔːnt] *v* vmvel hivalkodik, büszkélkedik
flavour (*US* **-or**) ['fleɪvə] **1.** *n* íz, zamat, aroma **2.** *v* (meg)ízesít
flavouring (*US* **-or-**) ['fleɪvərɪŋ] *n* ételízesítő
flaw [flɔː] *n* (*defect*) (szépség)hiba; (*imperfection*) gyenge oldala/pontja vknek
flax [flæks] *n* len
flea [fliː] *n* bolha
flea market *n* ócskapiac, bolhapiac, zsibvásár
fleck [flek] *n* piszok, petty
fled [fled] *pt/pp* → **flee**
flee [fliː] *v* (*pt/pp* **fled** [fled]) szökik, (el)menekül (*from sy* vk elől) ‖ ~ **the country** disszidál
fleet [fliːt] *n* (*of ships*) flotta; (*of buses, cars*) (jármű)park
Flemish ['flemɪʃ] *a/n* németalföldi, flamand
flesh [fleʃ] *n* hús (*élő*)
flew [fluː] *pt* → **fly**
flex [fleks] *n* villanyzsinór
flexible ['fleksəbl] *a* rugalmas
flick [flɪk] **1.** *n* (*flip*) fricska, meglegyintés; (*film*) film **2.** *v* ~ **through** átlapoz
flicker ['flɪkə] *v* (*flame*) pislákol; (*TV*) villog
flight [flaɪt] *n* (*escape*) menekülés, szökés; (*flying*) repülés; (*aircraft*) (repülő)járat
flight attendant *n* *US* légiutaskísérő (nő), steward(ess)
flimsy ['flɪmzɪ] *a* (*light*) könnyű; (*weak*) gyarló, gyenge
flinch [flɪntʃ] *v* meghátrál, visszaretten (*away from* vmtől)

fling [flɪŋ] **1.** *n* dobás **2.** *v* (*pt/pp* **flung** [flʌŋ]) hajít, dob
flip [flɪp] **1.** *n* fricska **2.** *v* **-pp-** dob
flirt [flɜːt] *v* kacérkodik, flörtöl
float [fləʊt] **1.** *n* (*on fishing line*) úszó **2.** *vi* úszik; (*in air*) lebeg ‖ *vt* lebegtet
flock [flɒk] **1.** *n* (*of sheep*) nyáj; (*of birds*) (madár)raj **2.** *v* ~ **to** odasereglik
flood [flʌd] **1.** *n* áradás; ár(víz) **2.** *vi* megárad ‖ *vt* eláraszt
floodlight ['flʌdlaɪt] **1.** *n* (*device*) reflektor; (*light*) reflektorfény; (*of building*) (dísz)kivilágítás **2.** *v* (*pt/pp* ~**ed** *or* **floodlit**) (*building*) kivilágít
floor [flɔː] *n* (*storey*) emelet; (*of room*) padló ‖ **ground** (*or US* **first**) ~ földszint; **first** (*or US* **second**) ~ első emelet
flop [flɒp] *n* *col* bukás
floppy disk *n* *comput* hajlékony lemez
flora ['flɔːrə] *n* növényvilág, flóra
florist('s) ['flɒrɪst(s)] *n* virágkereskedés, virágárus
flounce [flaʊns] **1.** *n* (*on dress*) fodor **2.** *v* rohan(gászik)
flour ['flaʊə] *n* liszt
flourish ['flʌrɪʃ] **1.** *n* (*movement*) széles mozdulat; (*decoration*) cikornya; (*fanfare*) harsonaszó **2.** *v* virágzik
flow [fləʊ] **1.** *n* (*flowing*) folyás, áramlás; (*tide*) dagály **2.** *v* (*water*) folyik; (*money, people*) áramlik, özönlik
flower ['flaʊə] **1.** *n* virág
flowerpot ['flaʊəpɒt] *n* virágcserép
flown [fləʊn] *pp* → **fly**
flu, (the) [fluː] *n* *col* influenza

fluctuate ['flʌktʃʊeɪt] v hullámzik, ingadozik

fluent ['fluːənt] a (speaking) folyékony; (style) gördülékeny || **speak ~ English** folyékonyan beszél angolul

fluid ['fluːɪd] **1.** a folyékony, cseppfolyós **2.** n folyadék

fluke [fluːk] n mázli

flung [flʌŋ] pp/pt → **fling**

flurry ['flʌrɪ] n **be in a ~** (of excitement) kapkod

flush [flʌʃ] **1.** a (on a level) egy szintben levő; (close to) szorosan mellette levő **2.** n (arc)pír, (el)pirulás **3.** vt (toilet) öblít | vi (face) belepirul, elvörösödik

flute [fluːt] n fuvola || **play the ~** fuvolázik

flutter ['flʌtə] **1.** n (of wings) szárnycsapás; (anxiety) izgalom **2.** v (wings) csapkod; (flag) leng

fly[1] [flaɪ] n (insect) légy

fly[2] [flaɪ] v (pt **flew** [fluː] pp **flown** [fləʊn]) repül, száll; (passenger) repülővel megy/utazik; (flag) leng; (person) menekül

fly by col (time) megy

fly off (bird, plane) elszáll, elrepül; (button) lepattan

fly[3] [flaɪ] n (on trousers) slicc

flyover ['flaɪəʊvə] n felüljáró

foal [fəʊl] n csikó

foam [fəʊm] **1.** n hab, tajték **2.** v (horse) habzik

focal point n gyújtópont

focus ['fəʊkəs] **1.** n (pl **~es** or **foci** ['fəʊsaɪ]) fókusz **2.** v **-s-** v. **-ss-** (attention) összpontosít; (light) élesre állít; (concentrate) koncentrál (on vmre)

fodder ['fɒdə] n abrak, takarmány

foe [fəʊ] n ellenség

fog [fɒg] **1.** n köd **2.** v **-gg- ~ (up)** (glass) bepárásodik (üveg)

foggy ['fɒgɪ] a ködös; fig halvány || **it's ~** köd van

fog lamp n ködlámpa

foil [fɔɪl] n (metal foil) (alu)fólia; (for razor) szita; (sword) tőr

fold [fəʊld] **1.** n (on dress) hajtás, ránc, redő **2.** v (össze)hajt || **~ one's arms** karját összefonja

fold up (paper) összehajt; (business) felszámol

folder ['fəʊldə] n (file) iratgyűjtő; (for papers) mappa; (brochure) prospektus

foliage ['fəʊlɪɪdʒ] n lomb(ozat)

folk [fəʊk] (US **folks**) n pl emberek || **my ~s** a családom

folk art n népművészet

folklore ['fəʊklɔː] n folklór

folk music n népzene

folk song n népdal

follow ['fɒləʊ] **1.** v (pursue) követ vkt/vmt; (succeed) következik; (go after) vk után megy; (practice) folytat || **I don't quite ~ (you)** nem egészen ért(ett)em; **as ~s** a következő...

follow out/through végigvisz

follow up (investigate) ellenőriz; (pursue) nyomon követ; (refer to) visszatér vmre

follower ['fɒləʊə] n követő, tanítvány

following ['fɒləʊɪŋ] a/n alábbi, következő || **in the ~** a következőkben; **~ sg** vmt követően

folly ['fɒlɪ] n butaság, ostobaság

fond [fɒnd] a **be ~ of** szeret vkt/vmt

fondle ['fɒndl] v ölelget, cirógat

food [fuːd] *n* étel, élelem, ennivaló ‖ ~**s** élelmiszer(ek)
foodstuff(s) ['fuːdstʌf(s)] *n* (*pl*) élelmiszer(ek)
fool [fuːl] **1.** *n* bolond ‖ **make a ~ of sy** bolonddá tesz vkt **2.** *v* ~ **about/around** *col* bolondozik
foolish ['fuːlɪʃ] *a* bolond, ostoba
foot [fʊt] **1.** *n* (*pl* **feet** [fiːt]) (*part of leg*) láb(fej); (*measure*) láb (= *30,48 cm*) ‖ **go on ~** gyalogol; **put one's ~ down** sarkára áll **2.** *v* ~ **the bill** *col* fedezi/vállalja vmnek a költségeit
football ['fʊtbɔːl] *n* (*game*) labdarúgás; (*ball*) futball-labda
football pools *n pl* totó
foot-bridge *n* (gyalogos) felüljáró
footing ['fʊtɪŋ] *n* (*position*) helyzet; (*basis*) alap(zat) ‖ **lose one's ~** elveszti egyensúlyát
footlights ['fʊtlaɪts] *n pl* rivaldafény
footman ['fʊtmən] *n* (*pl* -**men**) lakáj, inas
footpath ['fʊtpɑːθ] *n* gyalogút
footprint ['fʊtprɪnt] *n* lábnyom
footstep ['fʊtstep] *n* (*step*) lépés; (*track*) nyomdok
footwear ['fʊtweə] *n* lábbeli
for [fə, fɔː] **1.** *prep* (*because of*) miatt, -ért; (*distance*) -ra, -re; (*time*) -ig; (*intention, price*) -ért; (*in spite of, considering*) képest; (*instead of*) helyett ‖ ~ **sale** eladó; **leave ~ London** Londonba megy **2.** *conj* mert, mivel, ugyanis
forage ['fɒrɪdʒ] *n* abrak
forbad [fə'bæd] *pt* → **forbid**
forbade [fə'beɪd] *pt* → **forbid**
forbid [fə'bɪd] *v* (*pt* **forbade** [fə'bæd] *or* **forbad** [fə'bæd], *pp* **forbidden** [fə'bɪdn]) ~ **sy sg** (*or*

sy to do sg) vknek vmt megtilt, eltilt vkt vmtől
forbidden [fə'bɪdn] *a* tilos; → **forbid**
force [fɔːs] **1.** *n* erő; (*violence*) erőszak, kényszer; (*effectiveness*) érvény(esség), hatály ‖ **come into ~** életbe lép; **armed ~s** fegyveres erők **2.** *v* erőltet, erőszakol ‖ ~ **sy to do sg** kényszerít vkt vmre
forceful ['fɔːsfəl] *a* energikus, erélyes
forcible ['fɔːsəbl] *a* erőszakos
ford [fɔːd] *n* gázló
foreboding [fɔː'bəʊdɪŋ] *n* balsejtelem
forecast ['fɔːkɑːst] **1.** *n* előrejelzés **2.** *v* (*pt* **forecast** ['fɔːkɑːst] *or* **forecasted** ['fɔːkɑːstɪd]) előre jelez
forefinger ['fɔːfɪŋgə] *n* mutatóujj
forego [fɔː'gəʊ] *v* (*sing.* 3 **foregoes** [fɔː'gəʊz], *pt* **forewent** [fɔː'went], *pp* **foregone** [fɔː'gɒn]) (*in time*) megelőz
foregone [fɔː'gn] *pp* → **forego**
foreground ['fɔːgraʊnd] *n* előtér
forehead ['fɒrɪd] *n* homlok
foreign ['fɒrən] *a* idegen, külföldi ‖ ~ **affairs** *pl* külügyek, külpolitika
foreigner ['fɒrənə] *n* külföldi, idegen
foreign exchange *n* deviza
foremost ['fɔːməʊst] *a* elülső; legelső
forename ['fɔːneɪm] *n* keresztnév
foresaw ['fɔːsɔː] *pt* → **foresee**
foresee [fɔː'siː] *v* (*pt* **foresaw** ['fɔːsɔː], *pp* **foreseen** ['fɔːsiːn]) előre lát
foreseen ['fɔːsiːn] *pp* → **foresee**
foresight ['fɔːsaɪt] *n* előrelátás

forest ['fɒrɪst] *n* erdő
forestall [fɔːˈstɔːl] *v* elébe vág, megelőz
foretell [fɔːˈtel] *v* (*pt/pp* **foretold** [fɔːˈtəʊld]) előre megmond, megjósol
foretold [fɔːˈtəʊld] *pt/pp* → **foretell**
forever [fəˈrevə] *adv* mindörökké
forewent ['fɔːwent] *pt* → **forego**
foreword ['fɔːwɜːd] *n* előszó
forfeit ['fɔːfɪt] *n* (*in game*) zálog; (*penalty*) bírság
forgave [fɔːˈgeɪv] *pt* → **forgive**
forge [fɔːdʒ] *v* (*metal*) kovácsol; (*signature, banknote*) hamisít
forgery ['fɔːdʒərɪ] *n* (*forging*) hamisítás; (*document*) hamisítvány; (*accusation*) koholmány
forget [fəˈget] *v* (*pt* **forgot** [fəˈgɒt], *pp* **forgotten** [fəˈgɒtn]; -tt-) elfelejt vmt, vmről megfeledkezik
forgive [fəˈgɪv] *v* (*pt* **forgave** [fəˈgeɪv], *pp* **forgiven** [fəˈgɪvn]) megbocsát (*sy for sg* vknek vmért)
forgiven [fəˈgɪvn] *pp* → **forgive**
forgo [fɔːˈgəʊ] *v* (*sing.* 3 **forgoes** [fɔːˈgəʊz]; *pt* **forwent** [fɔːˈwent], *pp* **forgone** [fɔːˈgɒn]) lemond vmről
forgone [fɔːˈgɒn] *pp* → **forgo**
forgot [fəˈgɒt] *pt* → **forget**
forgotten [fəˈgɒtn] *pp* → **forget**
fork [fɔːk] 1. *n* (*for eating*) villa; (*for gardening*) vasvilla; (*of roads*) útelágazás 2. *v* (*branch, road*) elágazik
form [fɔːm] 1. *n* (*shape*) alak, forma; (*class*) osztály; (*condition*) erőnlét, kondíció; (*questionnaire*) űrlap 2. *v* (*shape*) alakít, formál; (*create*) alkot, képez; (*develop*) kialakít; (*constitute*) megalakít

formal ['fɔːml] *a* (*ceremonial*) formai, formális; (*official*) hivatalos
format ['fɔːmæt] 1. *n* formátum 2. *v comput* formatál
formation [fɔːˈmeɪʃn] *n* (*forming*) keletkezés, alakítás, (ki)alakulás; (*shape*) alakzat; (*geographical*) képződmény
former ['fɔːmə] *a* előző, előbbi, korábbi, régebbi
formerly ['fɔːməlɪ] *adv* régebben, azelőtt
formula ['fɔːmjʊlə] *n* (*pl* -**las** [-ləz] *or* -**lae** [-liː]) képlet
fort [fɔːt] *n* erőd(ítmény)
forth [fɔːθ] *adv* **and so** ~ és a többi, és így tovább
forthcoming [fɔːθˈkʌmɪŋ] *a* (el)következő; (*book*) megjelenés alatt(i)
forthwith [fɔːθˈwɪθ] *adv* rögtön, azonnal
fortieth ['fɔːtɪəθ] *num a* negyvenedik
fortify ['fɔːtɪfaɪ] *v* (*town*) megerősít
fortnight ['fɔːtnaɪt] *n a* ~ *GB* két hét
fortress ['fɔːtrɪs] *n* erőd
fortunate ['fɔːtʃənət] *a* szerencsés
fortunately ['fɔːtʃənətlɪ] *adv* szerencsére
fortune ['fɔːtʃuːn] *n* vagyon ‖ **make a** ~ meggazdagodik
fortune-teller *n* jósnő
forty ['fɔːtɪ] *num* negyven
forward ['fɔːwəd] 1. *a* (*position*) elülső; (*movement*) előre irányuló/haladó; (*time*) korai, idő előtti 2. *adv* (*movement*) előre; (*position*) elöl; (*time*) tovább 3. *n* (*in football*) csatár 4. *v* (*dispatch*) vmt vhová szállít; (*send*) utánaküld
forwards ['fɔːwədz] *adv* (*movement*) előre; (*position*) elöl

forwent ['fɔːwent] pt → forgo
fossil ['fɒsl] n kövület, őskori lelet
foster ['fɒstə] v (hope) táplál; (children) ápol; (friendship) elősegít
foster-child n (pl -children) fogadott/nevelt gyermek
foster-father n nevelőapa
foster-mother n nevelőanya
fought [fɔːt] pt/pp → fight
foul [faʊl] 1. a (disgusting) undorító, ocsmány; (dirty, filthy) tisztességtelen; (horrible) csúnya, pocsék 2. n sp szabálytalanság 3. v sp lerúg
found¹ [faʊnd] v alapít, felállít
found² [faʊnd] pt/pp → find
foundation [faʊn'deɪʃn] n (basis, base) alap; (founding) alapítás; (fund) alapítvány
fount [faʊnt] n forrás
fountain ['faʊntɪn] n szökőkút
fountain-pen n töltőtoll
four [fɔː] num négy
fourteen [fɔː'tiːn] num tizennégy
fourth [fɔːθ] num a negyedik
fowl [faʊl] n baromfi, szárnyas
fox [fɒks] n róka
foyer ['fɔɪeɪ] n előcsarnok
fraction ['frækʃn] n (part) töredék; math tört
fracture ['fræktʃə] n med törés
fragile ['frædʒaɪl] a törékeny
fragment ['frægmənt] n töredék
fragrance ['freɪgrəns] n illat
fragrant ['freɪgrənt] a illatos
frail [freɪl] a (health) törékeny; gyenge; (person) gyarló
frame [freɪm] 1. n (border) keret, ráma; (framework) váz ‖ ~s szemüvegkeret 2. v bekeretez
framework ['freɪmwɜːk] n váz, keret

France [frɑːns] n Franciaország
frank [fræŋk] a őszinte, egyenes, nyílt
frantic ['fræntɪk] a eszeveszett, kétségbeesett
fraternity [frə'tɜːnətɪ] n testvériség
fraud [frɔːd] n (act) csalás; (person) csaló, szélhámos
fraudulent ['frɔːdjʊlənt] a csalárd
freak [friːk] n korcs
freckle ['frekl] n szeplő
free [friː] 1. a szabad; (gratuitous) ingyenes ‖ set ~ (prisoner) kiszabadít; ~ from vmtől mentes; ~ of charge díjtalan(ul), ingyen, díjmentes(en) 2. v (ki)szabadít; megszabadít (sy/sg from sg/sy vkt/vmt vmtől/vktől)
freedom ['friːdəm] n szabadság
freelance ['friːlɑːns] a/n szabadúszó
freemason ['friːmeɪsn] n szabadkőműves
free time n szabadidő
freeway ['friːweɪ] n US autópálya
freeze [friːz] 1. n (frost) fagy; (stop) befagyasztás 2. v (pt froze [frəʊz], pp frozen ['frəʊzn]) vi (weather) fagy; (liquid) megfagy ‖ vt (water) megfagyaszt; (wages) befagyaszt
freezer ['friːzə] n mélyhűtő
freezing point n fagypont
freight [freɪt] n rakomány, teher, szállítmány
freight car n US teherkocsi, tehervagon
freighter ['freɪtə] n (ship) teherhajó; (plane) teherszállító repülőgép
French [frentʃ] 1. a francia ‖ take ~ leave angolosan távozik 2. n francia (nyelv) ‖ the ~ a franciák
French beans n pl zöldbab
frenzy ['frenzɪ] n dühöngés, őrültség

frequent 1. ['fri:kwənt] *a* gyakori **2.** [fn'kwent] *v* (vmt) gyakran felkeres/látogat
fresh [freʃ] *a* (*not stale*) friss; (*cool*) hűvös, hűs; (*new*) új
freshen ['freʃn] *vi* élénkül I *vt* üdít, (fel)frissít
freshener ['freʃnə] *n* légfrissítő
freshly ['freʃlı] *adv* frissen, nem rég
freshness [freʃnıs] *n* frissesség (*tárgyé*)
fresh-water *a* édesvízi
fret [fret] *v* **-tt-** bosszankodik, izgatja magát
friction ['fnkʃn] *n also fig* súrlódás
Friday ['fraıdı] *n* péntek II **on** ~ pénteken; → **Monday**
fridge [fndʒ] *n col* frizsider
fried egg *n* tükörtojás
friend [frend] *n* barát II **make** ~**s** **with sy** vkvel összebarátkozik
friendly ['frendlı] *a* szívélyes, barátságos, baráti
friendship ['frendʃıp] *n* barátság
fright [fraıt] *n* ijedtség II **take** ~ megijed
frighten ['fraıtn] *v* (meg)ijeszt, (meg)rémít II **be** ~**ed of** **sg/sy** vmtől/vktől megrémült
frightful ['fraıtfəl] *a* szörnyű, félelme(te)s, rémes
frigid ['fndʒıd] *a* (*manner*) hűvös, hideg; (*woman*) frigid
frill [fnl] *n* (*on dress*) fodor, zsabó
fringe [fnndʒ] **1.** *n* (*of town*) külső övezet; (*on hair*) frufru; (*on shawl*) rojt II ~**s** *pl* külterület **2.** *v* (*dress, road*) szegélyez, beszeg
fringe benefit(s) *n* (*pl*) járulékos juttatás(ok)
fro [frəʊ] → **to**
frock [frɒk] *n* (női) ruha

frog [frɒg] *n* béka
from [frəm, frɒm] *prep* (*place*) -tól, -től; -ból, -ből; -ról, -ről; (*time*) fogva, óta II ~ **above** felülről; ~ **behind** mögül; ~ **below** alulról; ~ **there** onnan
front [frʌnt] **1.** *a* elő, el(ül)ső II ~ **page** címlap; ~ **part** elülső rész; ~ **seat** első ülés **2.** *n* homlokzat, front II **in** ~ **of** előtt, szemben
frontier ['frʌntıə] *n* (ország)határ
front-wheel drive *n* elsőkerék-meghajtás
frost [frɒst] *n* (*freeze*) fagy; (*on leaves*) dér
frost-bite *n* (el)fagyás
frosty ['frɒstı] *a* (*weather*) fagyos, jéghideg; (*welcome*) jeges
froth [frɒθ] **1.** *n* hab **2.** *v* habzik
frown [fraʊn] **1.** *n* rosszalló tekintet **2.** *v* összehúzza a szemöldökét
froze [frəʊz] *pt* → **freeze**
frozen ['frəʊzn] *a* (*food*) fagyasztott, mélyhűtött; (*river*) fagyott; → **freeze**
fruit [fru:t] *n* gyümölcs II **bear** ~ gyümölcsöt terem
fruitful ['fru:tfl] *a* gyümölcsöző, eredményes; jól szaporodó
fruit juice *n* gyümölcslé
frustrate [frʌ'streıt] *v* meghiúsít
fry [fraı] *v* (*in hot fat*) *vt* (ki)süt I *vi* sül
fryer ['fraıə] *n* (*pan*) serpenyő, *US* (*chicken*) sütni való csirke
frying pan ['fraıŋ] *n* serpenyő
ft. = **foot, feet**
fuel ['fjuːəl] *n* fűtőanyag, üzemanyag
fuel oil *n* gázolaj
fuel tank *n* üzemanyagtartály
fulfil (*US* **-fill**) [fʊl'fıl] *v* **-ll-** (*wish, condition*) teljesít; (*requirement*) eleget tesz vmnek

full [fʊl] *a* (*filled*) teli, tele, telt; (*complete*) egész, teljes; (*plump*) bő(séges), bő; (*not hungry*) jóllakott ‖ **in** ~ teljes egészében; **be** ~ **of sg** tele van vmvel; **at** ~ **speed** teljes sebességgel

full board *n* teljes ellátás/panzió

full moon *n* telihold

full-scale *a* teljes körű

full stop *n* (*punctuation mark*) pont

full-time job *n* főállás

fulsome ['fʊlsəm] *a* túlzott

fume [fjuːm] **1.** *n* ~(s) (*smoke*) füst; (*vapour*) pára, gőz **2.** *v* dúl-fúl, dühöng

fumigate ['fjuːmɪɡeɪt] *v* kifüstöl, ciánoz

fun [fʌn] *n* (*joke*) tréfa, vicc; (*amusement*) szórakozás, mulatság ‖ **for** ~ tréfából, viccből; **have** ~! jó mulatást!; **make** ~ **of sy** kicsúfol

function ['fʌŋkʃn] **1.** *n* (*office, duty*) állás, hivatal, tisztség; (*activity*) működés; rendeltetés; *math* függvény **2.** *v* (*machine*) működik; (*person*) ténykedik, szerepel

fund [fʌnd] **1.** *n* (*money*) pénz(alap); (*supply*) alap, készlet; (*foundation*) alapítvány ‖ ~s *pl* pénzalap, fedezet **2.** *v* (*finance*) pénzel; (*invest*) tőkésít

fundamental [fʌndə'mentl] *a* alapvető, elemi

funeral ['fjuːnərəl] **1.** *a* (*death*) halotti; (*burial*) temetési **2.** *n* temetés

funfair ['fʌnfeə] *n* angolpark, vurstli

funicular (railway) [fju'nɪkjʊlə] *n* sikló, drótkötélpálya

funnel ['fʌnl] *n* (*for pouring*) tölcsér; (*on ship, engine*) kémény

funny ['fʌnɪ] *a* (*comic*) vicces, tréfás; (*strange*) furcsa

fur [fɜː] *n* (*of animal*) bunda, szőrzet; (*clothing*) prém, szőrme; *med* (*on tongue*) lepedék

furious ['fjʊərɪəs] *a* (*person*) dühös; (*storm*) tomboló ‖ **be** ~ **at/about sg** dühöng vm miatt

furlong ['fɜːlɒŋ] *n* (*measure of length*) 220 yard (= 201,17 m)

furnace ['fɜːnɪs] *n* kohó, (olvasztó)kemence

furnish ['fɜːnɪʃ] *v* (*equip*) ellát, felszerel (*with* vmvel); (*provide with furniture*) berendez, bebútoroz; (*supply*) szolgáltat

furnishings ['fɜːnɪʃɪŋz] *n pl* berendezési tárgyak

furniture ['fɜːnɪtʃə] *n* (*pl* ~) bútor(ok), berendezés

furrier ['fʌrɪə] *n* szűcs

furrow ['fʌrəʊ] *n agr* barázda; (*on brow*) ránc

further ['fɜːðə] **1.** *a* további, újabb **2.** *adv* tovább, messzebb **3.** *v* előmozdít, elősegít

furthermore [fɜːðə'mɔː] *adv* továbbá, ráadásul

furthermost ['fɜːðəməʊst] *a* legtávolabbi

furthest ['fɜːðɪst] *a* legtávolabbi

fury ['fjʊərɪ] *n* dühöngés

fuse [fjuːz] **1.** *n el* biztosíték; (*of bomb*) gyújtószerkezet **2.** *v* (*metals*) egybeolvad; (*light*) kiég

fuse box *n* biztosítószekrény

fusion ['fjuːʒn] *n* (egy)beolvadás; egyesülés, fúzió; *phys* (mag)fúzió

fuss [fʌs] **1.** *n* hűhó, felhajtás ‖ **make a** ~ **about sg** nagy felhajtást csinál (*vm miatt*) **2.** *vt* megolvaszt ǀ *vi el* kiolvad, kiég

future ['fju:tʃə] 1. *a* jövő, eljövendő, leendő 2. *n* the ~ a jövő/jövendő; *gram* jövő idő

fuzzy ['fʌzɪ] *a* (*fabric*) bolyhos; (*hair*) göndör; (*memory*) elmosódó, homályos; (*picture*) életlen

G

gabble ['gæbl] 1. *n* hadarás 2. *v* hadar

gadget ['gædʒɪt] *n col* (ügyes kis) szerkentyű, készülék

gag [gæg] 1. *n* (*in mouth*) pecek; (*joke*) bemondás 2. kipeckel

gage [geɪdʒ] *US* = gauge

gaiety ['geɪətɪ] *n* jókedv, vidámság

gain [geɪn] 1. *n* nyereség, haszon 2. *vt* (*obtain*) elnyer, megszerez | *vi* (*watch*) siet || ~ by/from vmből profitál; ~ weight hízik; my watch ~s (by) two minutes a day naponta két percet siet az órám

gala ['gɑ:lə] 1. *a* ünnepi, gála- || ~ night gálaest 2. *n* díszünnepély

galaxy ['gæləksɪ] *n* galaktika || the ~ a Tejút

gale [geɪl] *n* szélvihar

gall [gɔ:l] *n* (*bile*) epe; (*bitterness*) keserűség

gallant ['gælənt] *a* udvarias, gáláns, lovagias

gallery ['gælərɪ] *n* (*in theatre*) karzat; (*of art*) galéria, kiállítási terem

galley ['gælɪ] *n* gálya

gallon ['gælən] *n* gallon (*brit* = 4,54 l, amerikai = 3,78 l)

gallop ['gæləp] 1. *n* galopp, vágta 2. *v* (*horse*) vágtat

gallows ['gæləʊz] *n* akasztófa

gamble ['gæmbl] 1. *n* (*game*) szerencsejáték; (*risk*) kockázatos vállalkozás 2. *v* (pénzben) játszik

gambler ['gæmblə] *n* (hazárd)játékos

game [geɪm] 1. *a* bátor 2. *n* (*play*) játék; (*match*) játszma; (*animal*) vad; (*meat*) vad(hús) || ~ of chess sakkparti; play the ~ megtartja a játékszabályokat

gamekeeper ['geɪmki:pə] *n* vadőr

gang [gæŋ] *n* (*criminals*) banda, bűnszövetkezet; (*youths*) galeri; (*workmen*) (munkás)csoport, brigád

gangrene ['gæŋgri:n] *n med* gangréna

gangster ['gæŋstə] *n* bandita, gengszter

gangway ['gæŋweɪ] *n* (*bridge*) hajóhíd; (*passage*) átjáró

gap [gæp] *n* nyílás, hézag, rés

gape [geɪp] *v* (*be open*) tátong; (*yawn*) ásít; (*stare*) száját tátja

garage ['gærɑ:ʒ] *n* (*for parking*) garázs; (*for repair*) javítóműhely

garbage ['gɑ:bɪdʒ] *n US* szemét, hulladék || ~ can *US* kuka, szemétláda; ~ truck *US* kukás autó

garden ['gɑ:dn] 1. *n* (*private*) kert; (*public*) park 2. *v* kertészkedik

gardener ['gɑ:dnə] *n* kertész

gargle ['gɑ:gl] 1. *n* szájvíz 2. *v* gargarizál

garish ['geərɪʃ] *a* (*colour*) rikító

garlic ['gɑ:lɪk] *n* fokhagyma

garment(s) ['gɑ:mənt(s)] *n* (*pl*) ruhanemű

garnish ['gɑ:nɪʃ] 1. *n* köret 2. *v* körít (*with* vmvel)

garret ['gærət] *n* padlásszoba
gas [gæs] *n* gáz; *US* (*petrol*) benzin || **step on the** ~ gázt ad; ~ **cooker** gáztűzhely; ~**-fitter** gázszerelő; ~ **lighter** gázöngyújtó; ~ **meter** gázóra; ~ **oil** gázolaj
gasoline ['gæsəli:n] *n US* benzin
gasp [gɑ:sp] *v* (*with surprise*) hápog; (*for breath*) zihál || ~ **for air/ breath** levegő után kapkod
gas pedal *n US* gázpedál
gas tap *n* gázcsap
gastronomy [gæ'strɒnəmı] *n* konyhaművészet
gate [geıt] *n* (*of garden*) kapu; (*in airport*) kijárat
gatekeeper ['geıtki:pə] *n* kapus, portás
gateway ['geıtweı] *n* kapubejárat
gather ['gæðə] *v* (*collect*) (össze)gyűjt; (*come together*) összegyűlik; (*draw together*) összehúz || ~ **speed** gyorsul; ~ **strength** erőt gyűjt
gathering ['gæðərıŋ] *n* összejövetel
gauge (*US* **gage**) [geıdʒ] **1.** *n* (*size*) méret; (*instrument*) mérő(eszköz), mérce; (*calibre*) idomszer, kaliber; *railw* nyomtáv **2.** *v* (meg)mér, lemér
gaunt [gɔ:nt] *a* szikár
gauze [gɔ:z] *n* kötözőpólya
gave [geıv] *pt* → **give**
gay [geı] *a* (*happy*) vidám; (*vivid*) élénk (színű); (*colourful*) tarka; *col* (*homosexual*) homokos, buzi
gaze [geız] *v* ~ **at** rábámul/rámered vkre/vmre
GB = **Great Britain**
gear [gıə] **1.** *n* (*equipment*) felszerelés, tartozékok; (*speed*) sebesség(fokozat); *col* (*clothing*) szere-

lés (*ruha*) || ~**s** seb(esség)váltó; ~ **change** ~ sebességet vált **2.** *v* ~ **up** *col* fokoz, növel
geese [gi:s] *pl* → **goose**
gel [dʒel] *n* gél, zselé
gelatine [dʒelə'ti:n] *n* zselatin
gem [dʒem] *n* drágakő; *fig* gyöngyszem
gender ['dʒendə] *n gram* nem
gene [dʒi:n] *n* gén
general ['dʒenrəl] **1.** *a* általános || **in** ~ általában **2.** *n* tábornok
generalize ['dʒenrəlaız] *v* általánosít
generally ['dʒenrəlı] *adv* általában, rendszerint
general manager *n* vezérigazgató
general practitioner *n* (általános) orvos
generate ['dʒenəreıt] *v* (*heat, electricity*) fejleszt
generation [dʒenə'reıʃn] *n* generáció, nemzedék
generator ['dʒenəreıtə] *n* áramfejlesztő (gép)
generous ['dʒenərəs] *a* adakozó, bőkezű
genetics [dʒə'netıks] *n sing.* genetika
genial ['dʒi:nıəl] *a* (*person*) szívélyes, joviális; (*climate*) enyhe
genitals ['dʒenıtlz] *n pl* (külső) nemi szervek
genius ['dʒi:nıəs] *n* (*pl* **geniuses**) zseni, géniusz, lángelme
genre ['ʒɑ:nrə] (*category*) műfaj; *n* (*picture*) zsánerkép
gentle ['dʒentl] *a* (*mild*) szelíd, gyengéd; (*soft*) lágy; (*refined*) finom; (*well-born*) nemes
gentleman ['dʒentlmən] *n* (*pl* **-men**) úr, úriember

gentry ['dʒentrɪ] *n* dzsentri
gents [dʒents] *n pl* férfiak (*illemhelyen*)
genuine ['dʒenjʊɪn] *a* valódi, eredeti, hiteles
geography [dʒɪ'ɒgrəfɪ] *n* földrajz
geologist [dʒɪ'ɒlədʒɪst] *n* geológus
geology [dʒɪ'ɒlədʒɪ] *n* földtan, geológia
geometry [dʒɪ'ɒmətrɪ] *n* mértan, geometria
geranium [dʒə'reɪnɪəm] *n* muskátli
germ [dʒɜːm] *n* (*embryo, seed*) csíra; (*bacillus*) baktérium
German ['dʒɜːmən] **1.** *a* német **2.** *n* (*person, language*) német
Germany ['dʒɜːmənɪ] *n* Németország
gesticulate [dʒɪ'stɪkjʊleɪt] *v* gesztikulál
gesture ['dʒestʃə] *n* mozdulat; *fig* gesztus
get [get] *v* (*pt* **got** [gɒt], *pp* **got** [gɒt], *US* **gotten** ['gɒtn]; -tt-) (*receive*) (meg)kap; (*obtain*) szerez; (*buy*) vesz, vásárol; (*understand*) megért, felfog; (*radio, TV*) fog ‖ **be ~ting better** gyógyulófélben van; **~ dressed** felöltözik; **~ hold of** hozzájut, megszerez vmt; **~ home** hazaérkezik; **I ~ it** megértettem!; **you have got it!** eltaláltad!; **~ lost** (*person*) eltéved; (*object*) elvesz; **~ lost!** tűnj(ön) el!; **~ ready** elkészít
get about (*news*) (el)terjed; (*patient*) lábadozik
get along boldogul, jól megy ‖ **~ along with sy** kijön/összefér vkvel
get at sg hozzájut/hozzáfér vmhez

get away (*leave*) elmegy (pihenni); (*escape*) elszökik
get away with sg *col* (*steal*) meglép vmvel; (*escape punishment*) megúszik vmt
get back *vi* (*return*) megjön, visszaér ‖ *vt* (*recover*) visszakap; visszaszerez
get by (*pass*) elhalad; (*manage*) (valahogyan csak) megél
get down leérkezik vhova ‖ **~ down to work** hozzáfog a munkához
get in (*arrive*) beérkezik ‖ **~ in (a car/taxi)** beszáll
get into (*get involved*) beletanul; belejön; (*be admitted*) bekerül; (*car*) beszáll
get off (*train*) leszáll; (*car*) kiszáll ‖ **he got off with a fine** pénzbüntetéssel megúszta
get on (*ship*) beszáll; (*bus*) felszáll; (*progress*) (jól) megy/halad; (*manage*) boldogul ‖ **~ on a plane** repülőgépre ül; **how are you ~ting on?** hogy vagy?, hogy megy a sorod?; **they ~ on well (together)** jól kijönnek egymással
get on with (*agree*) (jól) megvan/ megfér/kijön vkvel; (*continue*) halad/boldogul vmvel
get out *vi* (*news*) kitudódik ‖ *vt* (*book*) megjelentet
get out of (*vehicle*) kiszáll; (*business*) kiszáll; (*room*) vhonnan kimegy ‖ **~ out!** ki innen!; **~ out of sg** (*or doing sg*) kibújik vm (megtétele) alól
get over (*obstacles*) legyőz, leküzd; (*difficulties*) kihever; (*illness*) átvészel

get round (*news*) terjed; (*difficulty*) kitér; (*question*) megkerül
get through (*work*) keresztüljut vmn ‖ ~ through an exam vizsgán átmegy
get through to (*telephone*) öszszeköttetést létesít, kapcsol
get together összegyűlik
get up (*stand up*) feláll; (*from bed*) felkel
getaway ['getəweɪ] *n* (el)menekülés
get-up *n* (*clothing*) ruha, öltözék; (*presentation*) külalak
gherkin ['gɜːkɪn] *n* (*small*) uborka
ghost [ɡəʊst] *n* kísértet, szellem
giant ['dʒaɪənt] 1. *a* óriási 2. *n* óriás
gibberish ['dʒɪbərɪʃ] *n* halandzsa
gibe [dʒaɪb] 1. *n* csipkelődő megjegyzés 2. *v* ~ at sy *fig* vkt csipked
giblets ['dʒɪblɪts] *n pl* (*of poultry*) aprólék, belsőség
giddy ['ɡɪdɪ] *a* szédítő ‖ feel ~ (meg)szédül
gift [ɡɪft] *n* (*present*) ajándék; (*talent*) képesség, tehetség ‖ have a ~ for sg tehetsége van vmhez
gifted ['ɡɪftɪd] *a* tehetséges
gigantic [dʒaɪ'ɡæntɪk] *a* hatalmas, óriási
giggle ['ɡɪɡl] 1. *n* kuncogás, nevetgélés 2. *v* kuncog, nevetgél
gill(s) [ɡɪl(z)] *n* (*pl*) kopoltyú
gilt [ɡɪlt] *a* aranyozott
gimlet ['ɡɪmlɪt] *n* (kézi) fúró
gin [dʒɪn] *n* fenyőpálinka, gin
ginger ['dʒɪndʒə] 1. *n* gyömbér ‖ ~ hair vörösesszőke haj 2. *v* ~ up felélénkít
ginger ale/beer *n* gyömbérsör
ginger-haired *a* vörösesszőke
gipsy ['dʒɪpsɪ] *a/n* cigány

giraffe [dʒɪ'rɑːf] *n* zsiráf
girder ['ɡɜːdə] *n* tartógerenda
girl [ɡɜːl] *n* lány
girl-friend *n* barátnő
girth [ɡɜːθ] *n* (*circumference*) kerület; (*harness*) heveder
give [ɡɪv] *v* (*pt* gave [ɡeɪv], *pp* given ['ɡɪvn]) *vt* ad, odaad; (*hand over*) átad; (*produce*) okoz I *vi* (*yield*) enged ‖ I wouldn't ~ it for anything nem adom semmiért; ~ rise to okoz, előidéz; ~ way (*allow*) enged; (*traffic*) elsőbbséget ad (*to* vknek); (*break in*) beszakad
give away (sg to sy) (*as present*) elajándékoz vmt; (*betray*) vkt elárul vm
give back vmt visszaad
give in (*document*) vmt bead; (*surrender*) megadja magát
give off (*heat, smell*) kibocsát
give out (*supplies*) kifogy; (*books*) szétoszt; (*news, heat*) kibocsát
give over sg felhagy vmvel ‖ ~ sg over to sy átad vknek vmt
give up (*renounce*) lemond vmről (*surrender*) felad; (*abandon*) abbahagy; felhagy vmvel; (*withdraw*) elejt; (*hand over*) kiad ‖ ~ up smoking leszokik a dohányzásról; ~ oneself up (*criminal*) jelentkezik
given ['ɡɪvn] *a* (*concrete*) adott; (*definite*) meghatározott; → give
glacial ['ɡleɪsɪəl] *a* (*of ice period*) jégkori; (*cold*) jeges, fagyos
glacier ['ɡlæsɪə] *n* gleccser
glad [ɡlæd] *a* boldog ‖ be ~ of sg örül vmnek
glamorous ['ɡlæmərəs] *a* elbűvölő

glance [glɑːns] 1. *n* pillantás ‖ **at a** ~ egyetlen pillantásra 2. *v* pillantást vet (*at* vkre/vmre)

gland [glænd] *n* mirigy

glare [gleə] 1. *n* (*light*) vakító fény; (*stare*) átható pillantás 2. *v* (*shine*) vakítóan ragyog; (*stare*) dühödt pillantást vet (*at* vkre)

glaring ['gleərɪŋ] *a* (*light*) vakító; (*colour*) rikító; (*injustice*) kirívó

glass [glɑːs] *n* (*substance*) üveg; (*vessel*) pohár; (*mirror*) tükör ‖ ~**es** *pl* szemüveg

glassware ['glɑːsweə] *n* üvegáru

glaze [gleɪz] *v* (*window*) (be)üvegez; (*pottery*) zománcoz

glazier ['gleɪzɪə] *n* üveges, üvegező

gleam [gliːm] 1. *n* (fel)villanás, fénysugár 2. *v* (*light*) felvillan; (*metal, eyes*) fénylik; (fel)csillan

glee [gliː] *n* vidámság

glen [glen] *n* völgy, szurdok

glide [glaɪd] 1. *n* (*of dancer, boat*) siklás; (*of aircraft*) siklórepülés 2. *v* (*bird, boat*) siklik; col (*glider*) vitorlázik

glider [glaɪdə] *n* vitorlázó repülőgép

glimmer ['glɪmə] 1. *n* (halvány) fénysugár 2. *v* (*light*) pislákol

glimpse [glɪmps] 1. *n* pillantás 2. *v* megpillant

glisten ['glɪsn] *v* csillog, ragyog

glitter ['glɪtə] 1. *n* (*glittering*) ragyogás; (*light*) fény 2. *v* csillog

globe [gləʊb] *n* gömb ‖ **the** ~ földgömb

gloom [gluːm] *n* ború, sötétség

gloomy ['gluːmɪ] *a* sötét, borongós, bús

glorify ['glɔːrɪfaɪ] *v* dicsőít

glory ['glɔːrɪ] *n* dicsőség; (*splendour*) tündöklés

gloss [glɒs] 1. *n* (*paint*) máz; (*shine*) fényezés 2. *v* ~ **over** col (*error*) elken; szépít

glove(s) [glʌv(z)] *n* (*pl*) kesztyű

glow [gləʊ] 1. *n* (*of fire*) izzás; (*of cheek*) (arc)pír 2. *v* (*metal*) izzik; (*light*) sugárzik

glue [gluː] 1. *n* ragasztó 2. *v* odaragaszt (*to* vmhez)

glue-sniffing *n* szipózás

glum [glʌm] *a* -**mm**- komor, sötét

glut [glʌt] 1. *n* bőség 2. *v* -**tt**- eláraszt, telít

GMT = Greenwich Mean Time

gnat [næt] *n* szúnyog

gnaw [nɔː] *v* ~ (**at**) *sg* rág(csál) vmt

gnome [nəʊm] *a/n* gnóm

go [gəʊ] 1. *n* (*going*) menés; (*attempt*) próbálkozás; (*energy*) lendület; *GB* (*exam*) vizsga ‖ **be on the** ~ tevékeny(kedik), sürögforog; **have a** ~ **at** megpróbál vmt 2. *v* (*sing.* 3 **goes** [gəʊz]; *pt* **went** [went], *pp* **gone** [gɒn]) megy, halad; (*travel*) közlekedik ‖ ~ **bad** elromlik; ~ **by bus/car/train** busszal/autóval/vonattal megy; ~ **home** hazamegy; ~ **one's own way** a maga útján jár; ~ **shopping** bevásárolni megy; ~ **to bed** aludni megy; ~ **to see a doctor** orvoshoz megy; ~ **upstairs** felmegy (az emeletre); ~ **wrong** elromlik; **let's** ~! gyerünk!; **be** ~**ing well** (*studies*) jól megy vknek; **be** ~**ing to do sg** készül, szándékozik, fog vmt tenni

go ahead folytat(ódik)

go along sg végigmegy (*vm mentén*)

go away eltávozik
go back visszaér
go back on (one's word) ígéretétől/szavától eláll
go by *vi* (*pass*) (*time*) (el)múlik | *vt* (*act according to*) igazodik, tartja magát vmhez
go down lemegy; (*temperature*) süllyed; (*price*) esik; (*swelling*) lelohad; (*tyre*) leereszt
go for (*fetch*) elmegy vkért/vmért; (*aim at*) vonatkozik vmre/vkre
go in bemegy, belép
go in for (*competition*) jelentkezik vmre; (*hobby*) érdeklődik vm iránt
go into (*enter*) bemegy vhova; (*embark on*) vmlyen pályára megy || ~ **into detail(s)** részletekbe bocsátkozik
go off (*event*) lezajlik, végbemegy; (*light*) elalszik, kikapcsol; (*food*) megromlik; (*gun*) elsül || ~ **off the rails** (*train*) kisiklik; (*person*) letér a helyes útról
go on (*appear*) színre lép; (*light up*) felgyullad; (*continue*) továbbmegy, halad; (*happen*) tart, folyik || **what's ~ing on here?** mi történik itt?; ~ **on!** folytasd (csak)!, gyerünk!
go out kimegy (*of* vhonnan)
go out with *col* jár vkvel
go over felülvizsgál vmt
go round (*circulate*) körben forog; (*spread*) terjed; (*turn*) körüljár
go through (*suffer*) keresztülmegy vmn, átvészel; (*repeat*) átismétel vmt
go to (*walk/travel to*) vhova elmegy, utazik; (*contribute*) jut vknek, kap vk vmt

go up (*climb*) felfelé megy; (*rise*) emelkedik
go with (*accompany*) vkt elkísér; (*go steady with*) jár vkvel
go without *sg* megvan vm nélkül
go-ahead 1. *a* célratörő **2.** *n fig* zöld út
goal [gəʊl] *n* (*aim*) (vég)cél; *sp* (*place*) (futball)kapu; (*point*) gól
goalkeeper ['gəʊlkiːpə] *n sp* (futball)kapus
goat [gəʊt] *n* kecske
gobble ['gɒbl] *v* ~ **up** felfal
go-cart *n US* (*pushchair*) sportkocsi; (*walker*) járóka; *sp* (*kart*) gokart
god, God [gɒd] *n* isten, Isten || **G~ bless you!** (*as wish*) az Isten áldjon meg!, (*after sneezing*) *US* egészségére!; **for G~'s sake** az Isten szerelmére
godchild ['gɒdtʃaɪld] *n* (*pl* **-children** [-tʃɪldrən]) keresztgyermek
godfather ['gɒdfɑːðə] *n* keresztapa
godmother ['gɒdmʌðə] *n* keresztanya
godparents ['gɒdpeərənts] *n pl* keresztszülők
goes [gəʊz] → **go**
gold [gəʊld] *n* (*metal*) arany; *sp* (*medal*) aranyérem
golden ['gəʊldən] *a* (*jewellery*) arany-; (*colour, hair*) aranysárga
gold medal *n* aranyérem
golf [gɒlf] *n* golf || ~ **club** (*stick*) golfütő; (*association*) golfklub; ~ **course** *n* golfpálya
gone [gɒn] *a* (*desperate*) elveszett, reménytelen; (*pregnant*) előrehaladott; → **go**
good [gʊd] **1.** *a* jó || **a ~ deal** jó sok(at) **2.** *n* jó; (*virtue*) jóság; → **goods**

goodbye [gʊd'baɪ] *int/n* Isten vele(tek)!, viszontlátásra! ‖ **say ~ (to)** elbúcsúzik vktől
good-looking *a* csinos, jóképű
good-natured *a* (*person*) jóindulatú; (*joke*) ártatlan
goodness ['gʊdnɪs] *n* jóság ‖ **my ~!** te jó Isten!; **for ~' sake!** az ég szerelmére!
goods [gʊdz] *n pl* (*properties*) javak; (*merchandise*) áru(cikkek); (*freight*) teheráru
goodwill [gʊd'wɪl] *n* (*benevolence*) jóakarat; (*sympathy*) megértés; (*reputation*) jó hírnév
goose [guːs] *n* (*pl* **geese** [giːs]) liba
gooseberry ['gʊzbrɪ] *n* (*plant*) egres; *col* (*in company of lovers*) elefánt
gorge [gɔːdʒ] **1.** *n* (*pass*) völgyszoros; (*throat*) torok, gége **2.** *v ~* **oneself (on sg)** *col* belakik, bezabál
gorgeous ['gɔːdʒəs] *a* nagyszerű, ragyogó
gorilla [gə'rɪlə] *n also fig* gorilla
gosh! [gɒʃ] *int* a mindenit!, ejnye!
Gospel ['gɒspl] *n rel* evangélium ‖ **g~** spirituálé
gossip ['gɒsɪp] **1.** *n* (*chatter*) pletyka; (*person*) pletykafészek **2.** *v* pletykál
got [gɒt] *pt/pp* → **get**
Gothic ['gɒθɪk] *a* gótikus
gotten ['gɒtn] *pp US* → **get**
gourmet ['gʊəmeɪ] *n* ínyenc
govern ['gʌvn] *v pol* kormányoz
governess ['gʌvənɪs] *n* nevelőnő
government ['gʌvnmənt] *n pol* kormány, kabinet

governor ['gʌvnə] *n* (*of state*) kormányzó; (*of bank*) igazgató
gown [gaʊn] *n* talár
GP [dʒiː 'piː] = **general practitioner**
grab [græb] *v* **-bb-** (*seize*) megragad; (*snatch*) harácsol
grace [greɪs] *n* (*mercy*) kegyelem; (*prayer*) áldás; (*gracefulness*) báj, kecsesség
graceful ['greɪsfəl] *a* kecses
gracious ['greɪʃəs] *a* (*kind*) kegyes, szíves; (*merciful*) irgalmas
grade [greɪd] **1.** *n* (*degree*) fokozat, fok; *US school* (*class*) osztály; *US* (*mark*) osztályzat; *US* (*slope*) lejtő(s út) **2.** *v* (*classify*) minősít; *US* (*mark*) osztályoz; (*divide*) fokokra (be)oszt
grade school *n US* elemi/általános iskola
gradual ['grædjʊəl] *a* fokozatos, lépcsőzetes
graduate 1. ['grædjʊət] *n* (*person with degree*) egyetemet végzett ember, diplomás; (*former student*) volt/végzett hallgató **2.** ['grædjʊeɪt] *v ~* **in sg** (*at university*) (vmlyen) diplomát szerez
graft [grɑːft] **1.** *n agr* oltvány **2.** *v agr* (*plant*) olt; *med* (*skin*) átültet
grain [greɪn] *n* (*cereals*) gabona; (*corn*) (gabona)szem; (*granule*) szemcse; (*of wood*) erezet
gram *n* gramm
grammar ['græmə] *n* nyelvtan
grammar school *n GB* gimnázium
gramme [græm] *n* gramm
grand [grænd] *a* (*great*) nagy; (*magnificent*) nagyszerű; (*noble*) nagystílű

grandchild ['grændtʃaɪld] n (pl -children [-tʃɪldrən]) unoka
granddaughter ['grændɔːtə] n (leány)unoka
grandfather ['grændfɑːðə] n nagyapa
grandmother ['grænmʌðə] n nagyanya
grandparents ['grændpeərənts] n pl nagyszülők
grandson ['grænsʌn] n (fiú)unoka
granite ['grænɪt] n gránit
grant [grɑːnt] 1. n anyagi támogatás, segély; *school* ösztöndíj 2. v (*give*) adományoz; ad; (*allow*) teljesít || ~ sg to sy, ~ sy sg megad vknek vmt; take it for ~ed természetesnek veszi/találja
granulated sugar ['grænjʊleɪtɪd] n kristálycukor
grape(s) [greɪp(s)] n (pl) szőlő || a bunch of ~s szőlőfürt
grapefruit ['greɪpfruːt] n grépfrút
grape-juice n szőlőlé
graph [grɑːf] 1. n grafikon, diagram 2. v ~ sg grafikont készít vmről
graphic ['græfɪk] a grafikai, grafikus; (*descriptive*) szemléletes
graphics [græfɪks] n pl print grafika (*kiadványé*)
grasp [grɑːsp] 1. n (*hold*) megragadás; fogás; (*understanding*) felfogóképesség 2. v (*seize*) (meg)fog, megragad vmt; (*hold on to*) vmbe kapaszkodik; (*understanding*) felfog
grass [grɑːs] n (*lawn*) fű, gyep; *col* (*drug*) marihuána, „fű"
grasshopper ['grɑːshɒpə] n szöcske
grass snake n zoo sikló

grate [greɪt] 1. n rács, rostély 2. vt (*cheese*) (meg)reszel; (*teeth*) csikorgat | vi csikorog
grateful ['greɪtfəl] a hálás
gratefully ['greɪtflɪ] adv hálásan
gratefulness ['greɪtflnɪs] n hála
grater ['greɪtə] n (*for food*) reszelő
gratify ['grætɪfaɪ] v kielégít
gratitude ['grætɪtjuːd] n hála
gratuity [grə'tjuːətɪ] n borravaló, hálapénz
grave[1] [greɪv] a súlyos, komoly
grave[2] [greɪv] n sír
gravel ['grævl] n kavics
gravitation [grævɪ'teɪʃn] n gravitáció
gravity ['grævətɪ] n *phys* gravitáció; (*seriousness*) súlyosság, komolyság
gravy ['greɪvɪ] n (*sauce*) mártás, szósz; (*juice*) pecsenyelé, szaft
gray [greɪ] *US* = grey
graze[1] [greɪz] 1. n horzsolás 2. v (le)horzsol
graze[2] [greɪz] vt legeltet | vi legel
grease [griːs] 1. n (*fat*) zsír; (*lubricant*) kenőanyag 2. v (*machine*) (meg)ken, (meg)zsíroz
great [greɪt] a (*large*) nagy; (*excellent*) nagyszerű, kitűnő || a ~ deal of jó sok/adag; a ~ many nagyon sok
Great Britain n Nagy-Britannia
greater ['greɪtə] a nagyobb || the ~ part of (sg) vmnek a zöme
greatest ['greɪtɪst] a (*largest*) legnagyobb; (*main*) legfőbb
great-grandchild n (pl -children) dédunoka
great-grandfather n dédapa
great-grandmother n dédanya
Greece [griːs] n Görögország

greed [griːd] *n* kapzsiság, mohóság
greedy ['griːdɪ] *a* kapzsi, mohó ‖ ~
for money pénzsóvár
Greek [griːk] **1.** *a* görög **2.** *n*
(*person, language*) görög
green [griːn] **1.** *a* (*colour*) zöld; *col*
(*person*) naiv, tapasztalatlan **2.** *n*
(*colour*) zöld (szín); (*grass*) pá-
zsit, gyep(es pálya); (*field*) rét ‖
~**s** *pl* zöldség; the **G**~**s** *pol* zöldek
greengage ['griːngeɪdʒ] *n* ringló
greengrocer ['griːngrəʊsə] *n* zöld-
ségárus
greenhouse ['griːnhaʊs] *n* meleg-
ház, üvegház
Greenland ['griːnlənd] *n* Grönland
green peas *n pl* zöldborsó
Greenwich Mean Time ['grenɪdʒ] *n*
greenwichi középidő
greet [griːt] *v* köszönt, üdvözöl
greeting ['griːtɪŋ] *n* köszön(t)és,
üdvözlés ‖ ~**s** *pl* üdvözlet
grew [gruː] *pt* → **grow**
grey [greɪ] (*US* **gray**) *a* (*colour*)
szürke; (*hair*) ősz
grey-haired *a* (galamb)ősz
greyhound ['greɪhaʊnd] *n* agár
grid [grɪd] *n* rács, rostély
grief [griːf] *n* bú(bánat), szomorúság
grieve [griːv] *vt* elszomorít ‖ *vi* kese-
reg (*at/about/over sg* vm miatt);
bánkódik (*for sy/sg* vm miatt, vk
után)
grill [grɪl] **1.** *n* (*device*) (sütő)rostély,
grillsütő; (*food*) rostonsült **2.** *v*
(*cook*) roston süt; *col* (*question*)
faggat
grille [grɪl] *n* (*grate*) rostély, rács;
(*on car*) hűtőrács
grilled [grɪld] *a* roston sült, grill- ‖ ~
chicken grillcsirke; ~ **meat** ros-
ton sült hús

grim [grɪm] *a* zord, komor
grimace [grɪ'meɪs] **1.** *n* grimasz,
fintor **2.** *v* grimaszokat vág
grimy ['graɪmɪ] *a col* szutykos, ko-
szos, szurtos
grin [grɪn] *v* -**nn**- vigyorog
grind [graɪnd] **1.** *n col* lélekölő
munka **2.** *v* (*pt/pp* **ground**
[graʊnd]) (*crush*) őröl; (meg)da-
rál; (*sharpen*) kiélesít, (meg)kö-
szörül; (*polish*) csiszol ‖ ~ **one's**
teeth fogát csikorgatja; ~ **sg**
(down) to dust porrá zúz
grinder ['graɪndə] *n* daráló
grip [grɪp] **1.** *n* fogás, megragadás
2. *v* -**pp**- *vt* (*grasp*) megragad,
megfog; (*hold*) vmben megfogó-
dzik ‖ *vi* (*brake, tool*) fog
grisly ['grɪzlɪ] *a* hátborzongató,
szörnyű
grit [grɪt] **1.** *n* (*sand*) kőpor;
(*courage*) karakánság **2.** *v* -**tt**-
(*road*) homokkal beszór; (*teeth*)
csikorgat
grizzly bear ['grɪzlɪ] *n* (amerikai)
szürkemedve
groan [grəʊn] **1.** *n* nyögés **2.** *v* nyög
grocer ['grəʊsə] *n* fűszeres
groceries ['grəʊsərɪz] *n pl* élelmi-
szer(ek), fűszeráru
grocer's (shop) *n* fűszerüzlet,
élelmiszerbolt
groom [gruːm] **1.** *n* (*on wedding*)
vőlegény **2.** *v* (*horse*) ápol; *col*
(*person*) előkészít vkt (*for* vmre)
groove [gruːv] **1.** *n* horony, vájat,
rovátka **2.** *v* kiváj
grope [grəʊp] *v* ~ **(about) for sg**
tapogatózva keres vmt
gross [grəʊs] *a* (*rude*) vaskos,
durva, goromba; (*vulgar*) trágár;
comm bruttó

grotto ['grɒtəʊ] *n* barlang
ground¹ [graʊnd] **1.** *n* (*soil*) talaj, föld; (*area*) terület; (*for sport*) (futball)pálya; (*reason*) indok, alap; *US el* (~ *wire*) földelés, földvezeték ‖ **gain** ~ tért hódít; **on what ~s?** milyen alapon/(jog)címen?; **on the ~s of** vmnek az alapján **2.** *v* (*ship*) megfeneklik; *US el* (*conductor*) földel ‖ **be ~ed** (*plane*) nem száll fel
ground² [graʊnd] *pt/pp* → **grind**
ground floor *n GB* földszint
groundless ['graʊndlɪs] *a* alaptalan
groundwork ['graʊndwɜːk] *n* alapozás
group [gruːp] **1.** *n* (*company*) csoport; (*troop*) csapat; (*band*) együttes
grove [grəʊv] *n* liget, berek
grow [grəʊ] *v* (*pt* **grew** [gruː], *pp* **grown** [grəʊn]) *vi* nő, növekszik; (*become*) válik vmvé; (*develop*) gyarapodik, fejlődik; (*increase*) fokozódik; (*yield*) vm (meg)terem ‖ *vt* (*cultivate*) termel, termeszt; ‖ ~ **a beard** szakállt növeszt; ~ **fat** meghízik; ~ **old(er)** (meg)öregszik
grow up *vk* felnő
growl [graʊl] *v* (*dog*) morog; (*bear*) dörmög, brummog
grown [grəʊn] *pp* → **grow**
grown-up *a/n* felnőtt
growth [grəʊθ] *n* (*increase*) növekedés, gyarapodás; (*development*) fejlődés; (*tumour*) daganat
grub [grʌb] *n* (*larva*) lárva; *col* (*food*) kaja
grudge [grʌdʒ] **1.** *n* neheztelés **2.** *v* ~ **against sy for sg** vkre vmért neheztel

gruesome ['gruːsəm] *a* hátborzongató
gruff [grʌf] *a* mogorva, morcos
grumble ['grʌmbl] **1.** *n* morgás, panaszkodás **2.** *v* morog, zúgolódik (*about/at sg* vm miatt)
grunt [grʌnt] **1.** *n* röfögés **2.** *v* röfög
guarantee [gærən'tiː] **1.** *n* garancia, jótállás, szavatosság **2.** *v* kezeskedik, garanciát vállal vmért
guard [gɑːd] **1.** *n* őrség; (*sentry*) őr; (*attendant*) teremőr; (*trainman*) vonatkísérő; *sp* (*fencing*) védekező állás; (*railing*) (védő)korlát **2.** *v* (*watch*) őriz; (*take care*) vigyáz (vkre/vmre)
guard against véd(elmez), védekezik vm/vk ellen
guardian ['gɑːdɪən] *n* (*of child*) gondnok, gyám
guess [ges] **1.** *n* (*estimation*) találgatás, becslés; (*supposition*) sejtés **2.** *v* (*estimate*) találgat, tippel; (*find out*) eltalál, kitalál; *US col* (*suppose*) vél, hisz
guesswork ['geswɜːk] *n* találgatás
guest [gest] *n* vendég
guest-house *n* szálló, panzió
guest room *n* vendégszoba
guffaw [gʌ'fɔː] *vulg* **1.** *n* röhögés **2.** *v* röhög
guidance ['gaɪdəns] *n* (*direction*) irányítás, vezetés; (*counselling*) tanácsadás, útmutatás
guide [gaɪd] **1.** *n* (*person*) (idegen)-vezető, kalauz; (*instruction*) tájékoztató, ismertető; (*book*) útikönyv **2.** *v* vezet, irányít
guidebook ['gaɪdbʊk] *n* útikönyv, útikalauz
guidelines ['gaɪdlaɪnz] *n pl* irányelvek, vezérfonal

guild [gɪld] n céh
guile [gaɪl] n csalafintaság
guilt [gɪlt] n law bűnösség
guilty ['gɪltɪ] a law bűnös, vétkes (of vmben) ǁ **declare/find sy ~** bűnösnek mond ki (or talál) vkt; **plead ~** bűnösséget beismer
guise [gaɪz] n ruha, mez ǁ **under the ~ of** sg vmnek az örve alatt
guitar [gɪ'tɑ:] n gitár
guitarist [gɪ'tɑ:rɪst] n gitáros
gulf [gʌlf] n öböl
gull [gʌl] n sirály
gullible ['gʌləbl] a hiszékeny, naiv
gully ['gʌlɪ] n víznyelő, vízmosás
gulp [gʌlp] **1.** n korty, slukk ǁ **at a ~** egy kortyra **2.** v (food) bekap; (drink) felhajt, kiiszik
gum[1] [gʌm] **1.** n gumi; (of tree) mézga; (glue) ragasztó(szer); (for chewing) (rágó)gumi **2.** v **-mm-** (meg)ragaszt
gum[2] [gʌm] n (around teeth) íny
gun [gʌn] n (rifle) puska, (lő)fegyver; (cannon) ágyú
gunman ['gʌnmən] n (pl **-men**) fegyveres bandita
gunpowder ['gʌnpaʊdə] n puskapor
gunshot ['gʌnʃɒt] n (with cannon) ágyúlövés; (with rifle) puskalövés; (range) lőtávol(ság)
gurgle ['gɜ:gl] **1.** n (of liquid) kotyogás, csobogás; (of baby) gőgicsélés **2.** v (liquid) kotyog, csobog; (baby) gőgicsél
gush [gʌʃ] **1.** n kitörés **2.** v (water) (sugárban) ömlik, dől
gusto ['gʌstəʊ] n gusztus; élvezet ǁ **with ~** élvezettel, örömmel
guts [gʌts] n pl (stomach) belek; (courage) mersz

gutter ['gʌtə] n (of roof) esőcsatorna; (in street)) csatorna
guy [gaɪ] n US col fickó, pasas
guzzle ['gʌzl] v vulg zabál
gym [dʒɪm] n (gymnasium) tornaterem; (fitness room) kondicionálóterem
gymnasium [dʒɪm'neɪzɪəm] n tornaterem
gymnastics [dʒɪm'næstɪks] n pl (exercises) gimnasztika, testgyakorlás; sing. sp torna
gym shoes n pl tornacipő
gypsum ['dʒɪpsəm] n (natural) gipsz
gypsy ['dʒɪpsɪ] a/n cigány
gyrate [dʒaɪ'reɪt] v forog, pörög

H

haberdasher ['hæbədæʃə] n GB (draper's shop) rövidáru-kereskedés; US (men's shop) férfidivatáru-üzlet
haberdashery ['hæbədæʃərɪ] n GB (drapery) rövidáru; US (men's wear) férfidivat(áru)
habit ['hæbɪt] n szokás, megszokás ǁ **get into the ~ of (doing)** sg vmre rászokik
habitation [hæbɪ'teɪʃn] n (living) lakás; (place) lakóhely
habitual [hə'bɪtjʊəl] a megszokott, szokásos
hack [hæk] n (blow) csapás; pejor (writer) zugíró, firkász
had [hæd] pt/pp → **have**
hadn't ['hædnt] = **had not**
hag [hæg] n boszorka

haggle ['hægl] *v* alkudozik (*with* vkvel)
hail[1] [heɪl] **1.** *n* jégeső **2.** *v* **it is ~ing** jégeső esik
hail[2] [heɪl] *v* ~ **a cab** int egy taxinak
hair [heə] *n* (*on head*) haj; (*single*) szőr(szál); (*of animal*) bunda ‖ **do one's** ~ (meg)fésülködik; **have one's ~ cut** levágatja a haját
hairbrush ['heəbrʌʃ] *n* hajkefe
haircut ['heəkʌt] *n* (*hairdo*) frizura; (*cutting*) hajvágás
hair-do *n* (női) frizura
hairdresser ['heədresə] *n* fodrász ‖ **~'s (salon)** fodrászüzlet
hair-dryer *n* hajszárító
hairpin ['heəpɪn] *n* hajtű ‖ ~ **bend** (*or US* **curve**) hajtűkanyar
hair-raising *a* hajmeresztő
hair-style *n* frizura, hajviselet
hairy ['heərɪ] *a* szőrös
half [hɑːf] **1.** *a*/*n* (*pl* **halves** [hɑːvz]) (*a part*) fél; vmnek a fele; *sp* (*~time*) félidő ‖ **in** ~ félbe; kétfelé; **go halves with** felez vkvel; ~ **an hour** fél óra; ~ **past 5** fél hat(kor) **2.** *adv* félig ‖ ~ **as much** félannyi
half board *n* félpanzió
half-breed *a* félvér
half-caste *n* félvér
half-light *n* szürkület
halfpenny ['heɪpənɪ] *n* (*pl* **halfpennies:** *érme,* **halfpence:** *érték*) fél penny
half-price *adv* fél áron
half-time *n sp* félidő
half-way *adv* félúton
hall [hɔːl] *n* terem, csarnok; (*entrance* ~) előszoba; (*in school*) díszterem; (*for meals*) ebédlő ‖ ~ **(of residence)** (*for students*) kollégium

hallo [hə'ləʊ] *int* halló!
Hallowe'en [hæləʊ'iːn] *n* mindszentek napjának előestéje
halo ['heɪləʊ] *n* (*of moon*) holdudvar; (*above head*) dicsfény
halt [hɔːlt] **1.** *n* **bring to a ~** megállít; leállít **2.** *v* megáll, leáll
halve [hɑːv] *v* (meg)felez
halves [hɑːvz] *pl* → **half**
ham [hæm] *n* sonka
hammer ['hæmə] **1.** *n* kalapács ‖ **throwing the ~** *sp* kalapácsvetés **2.** *v* kalapál, kovácsol
hamper ['hæmpə] *v* akadályoz, gátol
hamster ['hæmstə] *n* hörcsög
hand [hænd] **1.** *n* kéz; (*of clock*) óramutató; *col* (*worker*) melós, (segéd)munkás ‖ **be in** ~ elintézés alatt áll, készül; **be near at** ~ kéznél van; **by** ~ kézzel; **from ~ to** ~ kézről kézre; **give sy a** ~ segítséget nyújt vknek; ~ **in** ~ kézen fogva; **on the one** ~ ... **on the other (hand)** egyrészt ... másrészt...; **~s off!** el a kezekkel!; **~s up!** fel a kezekkel! **2.** *v* ~ **sy sg** vknek vmt átnyújt
hand in vmt bead, benyújt
hand on továbbad vmt vknek
hand out szétoszt
hand over to sy vmt vknek átad/átnyújt
handbag ['hændbæg] *n* (kézi)táska, retikül
handball ['hændbɔːl] *n* kézilabda
handbook ['hændbʊk] *n* kézikönyv
handbrake ['hændbreɪk] *n* kézifék
handcuffs ['hændkʌfs] *n pl* bilincs (*kézre*)
handful ['hændfʊl] *n* **a ~ of** ... maroknyi

handicap ['hændɪkæp] **1.** *n* (*disadvantage*) hátrány; (*deficiency*) (testi *or* értelmi) fogyatékosság; (*race*) hendikep (*verseny*) **2.** *v* -pp- hátrányos helyzetbe hoz

handicraft ['hændɪkrɑːft] *n* kézművesség, kézműipar

handkerchief ['hæŋkətʃɪf] *n* zsebkendő

handle ['hændl] **1.** *n* (*of door*) kilincs; (*of bag*) fogantyú, fül; (*of cup*) fül; (*of saucepan*) nyél **2.** *v* (*treat*) kezel; bánik vkvel/vmvel

handmade ['hændmeɪd] *a* kézi (gyártású), kisipari || ~ **article** kézműáru

handrail ['hændreɪl] *n* korlát

handsome ['hænsəm] *a* (*man*) csinos; jóképű

handwriting ['hændraɪtɪŋ] *n* kézírás

handy ['hændɪ] *a* könnyen kezelhető, praktikus

handyman ['hændɪmən] *n* (*pl* -men) ezermester, mindenes

hang [hæŋ] **1.** *n* állás (*ruháé*) || **get the ~ of sg** rájön a titkára/nyitjára **2.** *v* (*pt/pp* **hung** [hʌŋ]; *criminal:* **hanged** [hæŋd]) *vi* lóg, függ | *vt* (fel)akaszt || ~ **by a hair** hajszálon függ

hang about/around lézeng, cselleng

hang on (*hold*) kapaszkodik (*to* vmbe/vkbe); (*depend on*) függ vmtől || ~ **on!** várj!

hang up (*clothes*) kitereget; (*picture*) felakaszt || ~ **up the receiver** leteszi a telefonkagylót

hanger ['hæŋə] *n* (*clothes* ~) vállfa; (*hook*) akasztó

hang-glider *n* sárkányrepülő

hang-gliding *n* sárkányrepülés

hangman ['hæŋmən] *n* (*pl* -men) hóhér

hang-up *n col* gátlás

hanky ['hæŋkɪ] *n col* zsebkendő

haphazard [hæp'hæzəd] *a* esetleges, véletlen; összevissza

happen ['hæpn] *v* (meg)történik, megesik, előfordul || **should it ~ that** ha úgy adódnék; **I (etc.) ~ed to ...** úgy adódott, hogy ..., történetesen ...

happen on sg nyomára akad vmnek, rábukkan vmre

happening ['hæpənɪŋ] *n* (*event*) esemény; (*entertainment*) „happening"

happiness ['hæpɪnɪs] *n* boldogság, öröm

happy ['hæpɪ] *a* boldog, szerencsés; (*appropriate*) ügyes, találó, szerencsés || **many ~ returns (of the day)** Isten éltesse(n)!

happy-go-lucky *a* nemtörődöm

harass ['hærəs] *v* zaklat, bosszant, nem hagy békén

harbour (*US* -or) ['hɑːbə] **1.** *n* (*haven*) (tengeri) kikötő; (*shelter*) menedék **2.** *v* (*criminal*) menedéket nyújt vknek; (*suspicion*) táplál

hard [hɑːd] **1.** *a* kemény; (*difficult*) nehéz || **be ~ at work** szorgalmasan/keményen dolgozik; ~ **luck** balszerencse, pech; ~ **of hearing** nagyothalló; ~ **times** nehéz idők **2.** *adv* keményen || ~ **by** közvetlenül mellette; **be ~ up** *col* anyagi gondjai vannak

hard-boiled egg *n* kemény tojás

hard cash *n* készpénz (*és nem csekk*)

hard disk *n comput* merevlemez, winchester

harden ['hɑːdn] *vt* (meg)edz, (meg)-keményít I *vi* (meg)keményedik
hard labour (*US* **labor**) *n* kényszermunka
hardly ['hɑːdlɪ] *adv* alig, éppen hogy ‖ ~ **ever** szinte soha
hardship ['hɑːdʃɪp] *n* viszontagság
hardware ['hɑːdweə] *n* vasáru; *comput* hardver
hardy ['hɑːdɪ] *a* (*person*) edzett; (*plant*) évelő
hare [heə] *n zoo* nyúl
harebell ['heəbel] *n* harangvirág
harm [hɑːm] **1.** *n* kár, sérelem ‖ **do (sy)** ~ vknek/vmnek (meg)árt; **mean sy** ~ rosszat akar vknek **2.** *v* vknek/vmnek árt
harmful ['hɑːmfl] *a* kártékony, ártalmas ‖ ~ **to health** egészségre ártalmas/káros
harmless ['hɑːmlɪs] *a* (*animal, joke*) ártalmatlan; (*game, person*) ártatlan
harmonize ['hɑːmənaɪz] *vi* (*notes*) egybehangzik; (*colours, people*) összeillik I *vt* (*plans*) összehangol, egyeztet
harmony ['hɑːmənɪ] *n* harmónia; (*music*) összhang ‖ **be in** ~ **with** összhangban van vmvel
harness ['hɑːnɪs] **1.** *n* (*for horse*) hám (*lószerszám*); (*for baby*) kocsiszíj **2.** *v* (*horse*) befog; (*resources*) hasznosít
harp [hɑːp] **1.** *n* hárfa ‖ **play (on) the** ~ hárfázik **2.** *v* ~ **on (about) sg** unalomig ismétel vmt
harpist ['hɑːpɪst] *n* hárfás
harpsichord ['hɑːpsɪkɔːd] *n* csembaló
harrow ['hærəʊ] **1.** *n* borona **2.** *v* boronál

harry ['hærɪ] *v* zaklat
harsh [hɑːʃ] *a* (*rough*) nyers; (*sound*) rikácsoló; (*severe*) kemény, szigorú
harvest ['hɑːvɪst] **1.** *n* aratás, betakarítás **2.** *v* arat, (le)szüretel
has [hæz] → **have**
hasn't ['hæznt] = **has not**
haste [heɪst] *n* sietség, gyorsaság ‖ **in** ~ sietve, hamarjában
hasten ['heɪsn] *vi* siet (*to* vhová) I *vt* siettet, sürget
hasty ['heɪstɪ] *a* sietős, gyors; (*person*) hirtelen
hat [hæt] *n* kalap
hatch[1] [hætʃ] *n* (fedélzeti) nyílás; tolóajtó, tolóablak
hatch[2] [hætʃ] *vt* (*egg*) (ki)költ I *vi* kikel
hatchet ['hætʃɪt] *n* balta
hate [heɪt] **1.** *n* gyűlölet **2.** *v* gyűlöl, utál
hatred ['heɪtrɪd] *n* gyűlölet
haughty ['hɔːtɪ] *a* dölyfös, gőgös
haul [hɔːl] **1.** *n* húzás, vontatás; (*distance*) távolság; (*transportation*) szállítás; (*of fish*) (halász)-zsákmány; (*of stolen goods*) zsákmány **2.** *v* vontat, húz
haulier ['hɔːlɪə] (*US* **hauler** [hɔːlə]) *n* fuvarozó (vállalat)
haunch [hɔːntʃ] *n* csípő; (*food*) comb
haunt [hɔːnt] *v* (*ghost*) kísért; (*frequent*) gyakran látogat vhová
have [hæv] *v* (*sing. 3rd person* **has** [hæz], *pt/pp* **had** [hæd]) (*possess*) van (vknek vmje); (*receive*) kap ‖ ~ **a cold** meghűlt; ~ **breakfast** reggelizik; I ~**n't got** nekem nincs; ~ **to (do sg)** kell (vmt tenni)

have sg on (*clothes*) hord, visel
have sg out (with sy) tisztáz vmt vkvel
haven ['heɪvn] *n* kikötő
haven't ['hævnt] = **have not**
havoc ['hævək] *n* (*destruction*) pusztítás; (*damage*) pusztulás
hawk [hɔːk] *n* héja
hay [heɪ] *n* széna
hay-fever *n* szénanátha
haywire ['heɪwaɪə] *a* zavaros ‖ **go ~** bedilizik, megbolondul
hazard ['hæzəd] **1.** *n* kockázat **2.** *v* (meg)kockáztat
hazel-nut ['heɪzlnʌt] *n* mogyoró
hazy ['heɪzɪ] *a* (*weather*) párás, ködös
he [hiː] *pron* (*masculine*) ő
head [hed] **1.** *n* fej; (*leader, director*) vezető; igazgató; (*of lettuce, cabbage*) fej ‖ **carry one's ~ high** magasan hordja az orrát; **~s or tails?** fej vagy írás?; **be at the ~ of sg** vmnek az élén áll; **from ~ to foot** tetőtől talpig **2.** *v* vezet, vmnek az élén áll; (*in football*) fejel
head for vmerre tart, vhová igyekszik
headache ['hedeɪk] *n* fejfájás
heading ['hedɪŋ] *n* (*in football*) fejelés; (*title*) cím; (*headline*) fej(léc)
headlamp ['hedlæmp] *n* = **headlight(s)**
headlight(s) ['hedlaɪt(s)] *n* (*pl*) (*on car*) fényszóró, reflektor
headline ['hedlaɪn] *n* (*heading*) főcím; cím
headmaster [hed'mɑːstə] *n school* igazgató

headmistress [hed'mɪstrəs] *n school* igazgatónő
head office *n* központi iroda, anyaintézet
head of state *n* (*pl* **heads of state**) államfő
headphone(s) ['hedfəʊn(z)] *n* (*pl*) fejhallgató
headquarters [hed'kwɔːtəz] *n pl* (*military*) főhadiszállás; (*of organization*) központ; székhely
headstrong ['hedstrɒŋ] *a* makacs, konok
headway ['hedweɪ] *n* **make ~** (*with work*) (előre)halad
headwind ['hedwɪnd] *n* ellenszél
heal [hiːl] *vt* (meg)gyógyít ‖ *vi* összeforr, begyógyul
health [helθ] *n* egészség ‖ **drink sy's ~** iszik vk egészségére
health resort *n* (*for bathing*) gyógyfürdő, fürdőhely; (*for holiday*) üdülőhely
healthy ['helθɪ] *a* egészséges, ép
heap [hiːp] **1.** *n* rakás, halom ‖ **in a ~** egy rakáson **2.** *v* **~ sg on** megrak vmt vmvel; **~ up** *vt* felhalmoz ‖ *vi* halmozódik
hear [hɪə] *v* (*pt/pp* **heard** [hɜːd]) (meg)hall; (*listen to*) meghallgat; (*witness*) kihallgat; (*case*) tárgyal ‖ **~ sg from sy** megtud vmt vktől; **H~! H~!** halljuk!
hear of sg/sy hall/értesül vkről/vmről
heard [hɜːd] *pt/pp* → **hear**
hearing ['hɪərɪŋ] *n* (*sense*) hallás; (*questioning*) kihallgatás; (*audience*) meghallgatás; (*trial*) tárgyalás
hearing aid *n* hallókészülék
hearsay ['hɪəseɪ] *n* mendemonda

heart [hɑːt] *n* szív || ~**s** *pl* (*cards*) kőr; **at** ~ szíve mélyén; **it breaks my** ~ majd megszakad a szívem ...; **by** ~ kívülről, fejből; **take sg to** ~ szívére vesz vmt; **the** ~ **of sg** vmnek a belseje

heart attack *n* szívroham, infarktus

heartbeat ['hɑːtbiːt] *n* szívverés, szívdobogás

heart-break *n* nagy szomorúság

heartburn ['hɑːtbɜːn] *n* gyomorégés

hearth [hɑːθ] *n* tűzhely

hearty ['hɑːtɪ] *a* (*friendly*) szívélyes; (*strong*) hatalmas

heat [hiːt] **1.** *n* (*hotness*) hő(ség), forróság; (*warmth*) meleg; (*competition*) (közép)futam; (*of animals*) tüzelés **2.** *v* (*room*) fűt; (*food*) (fel)melegít; (*metal*) izzít **heat up** (*engine*) (be)melegít; (*food*) megmelegít; (*room*) átfűt; (*discussion*) forrósodik

heater ['hiːtə] *n* (*supplying warmth*) hősugárzó; (*in car*) fűtőberendezés; (*heating water*) vízmelegítő; (*stove*) fűtőtest

heating ['hiːtɪŋ] (*in car*) fűtés

heatproof ['hiːtpruf] *a* hőálló, tűzálló

heatstroke ['hiːtstrəʊk] *n* hőguta, napszúrás

heatwave [hiːtweɪv] *n* (*period*) hőhullám; (*weather*) kánikula

heave [hiːv] **1.** *n* (*lifting*) (fel)emelés; (*of sea*) hullámzás **2.** *v* (*pt/pp* **heaved** [hiːvd] *or* **hove** [həʊv]) *vt* (meg)emel | *vi* (*rise*) emelkedik; (*move up and down*) hömpölyög

heaven ['hevn] *n* menny, ég || **for H~'s sake!** az ég szerelmére!

heavy ['hevɪ] *a* nehéz, súlyos || ~ **food** nehéz étel; ~ **rain** kiadós

eső; ~ **rock** kemény rock; ~ **smoker** erős dohányos

heavyweight ['hevɪweɪt] *sp* **1.** *a* nehézsúlyú **2.** *n* nehézsúly

Hebrew ['hiːbruː] **1.** *a* héber, zsidó **2.** *n* (*person*) héber, zsidó; (*language*) héber

hectic ['hektɪk] *a* (*life*) hajszás, lüktető, mozgalmas

he'd [hiːd] = **he had; he would**

hedge [hedʒ] **1.** *n* sövény(kerítés) **2.** *v* sövénnyel elkerít

hedgehog ['hedʒhɒg] *n* sün(disznó)

heed [hiːd] *n* **pay no** ~ **to** ügyet sem vet vmre/vkre; **pay** ~ **to sy** hallgat vkre

heel [hiːl] **1.** *n* (*of person, shoe*) sarok || **take to one's** ~**s** *col* kereket old **2.** *v* (*shoes*) sarkal

hefty ['heftɪ] *a* robusztus, tagbaszakadt

height [haɪt] *n* (*being high*) magasság; (*high place*) magaslat, csúcs || **at its** ~ javában; **the** ~ **of the season** (*in theatre*) főidény

heighten ['haɪtn] *vt* fokoz, növel | *vi* fokozódik, növekszik

heir [eə] *n* örökös || ~ **to the throne** trónörökös

heiress ['eərɪs] *n* örökös(nő)

held [held] *pt/pp* → **hold**

helicopter ['helɪkɒptə] *n* helikopter

heliport ['helɪpɔːt] *n* helikopterrepülőtér

hell [hel] *n* pokol || **the** ~! a mindenit!; **where the** ~ **is it?** hol a nyavalyában van?

he'll [hiːl] = **he will; he shall**

hello [he'ləʊ] *int* (*in telephone*) halló; *col* (*greeting*) szia!, helló!, szervusz(tok)!

helmet ['helmɪt] *n* sisak
help [help] **1.** *n* segítség; (*person*) segéd || ~! segítség!; **be of ~ to sy** segítségére van vknek **2.** *v* segít (*sy* vknek/vkn) || ~ **yourself** (*to sg* vmből) tessék venni!; **can I ~ you?** (*in shop*) mi tetszik?; **I can't ~ it** nem tehetek róla; **I couldn't ~ laughing** nem álltam meg nevetés nélkül
helpful ['helpfl] *a* készséges, segítőkész
helping ['helpɪŋ] **1.** *a* segítő **2.** *n* (*of food*) adag
helpless ['helplɪs] *a* (maga)tehetetlen, tanácstalan
hem [hem] **1.** *n* szegés, szegély **2.** *v* -mm- (be)szeg
hemp [hemp] *n* (*plant*) kender; (*drug*) hasis
hen [hen] *n* tyúk; (*female bird*) tojó
hence [hens] *adv* (*from this place*) innen; (*therefore*) ennélfogva
henceforth [hens'fɔ:θ] *adv* ezentúl, mostantól kezdve
her [hə, hɜ:] *pron* (*nőnemben*) (*personal: accusative*) őt; (*dative*) neki; (*possessive*) az ő ...(j)a/(j)e, ...(j)ai/(j)ei || ~ **book** (az ő) könyve || **(to)** ~ neki
herb [hɜ:b] *n* (gyógy)fű, gyógynövény
herd [hɜ:d] **1.** *n* csorda, gulya, konda **2.** *v* (össze)terel || ~ **together** falkába verődik
here [hɪə] *adv* itt, ide || **from** ~ innen; ~ **it is!** megvan!; ~ **you are** tessék, itt van; ~'**s to you!** egészségére!
hereafter [hɪər'ɑ:ftə] *adv* ezentúl, a jövőben
hereby [hɪə'baɪ] *adv* ezáltal, ezennel

heredity [hɪ'redətɪ] *n* (át)öröklés
heretic ['herətɪk] *n* eretnek
herewith [hɪə'wɪð] *adv* ezennel, ezúton
heritage ['herɪtɪdʒ] *n* örökség
hermetic [hɜ:'metɪk] *a* légmentes(en záródó)
hermit ['hɜ:mɪt] *n* remete
hernia ['hɜ:nɪə] *n* sérv
hero ['hɪərəʊ] *n* (*pl* -es) hős
heroin ['herəʊɪn] *n* heroin
heroine ['herəʊɪn] *n* hősnő
heron ['herən] *n zoo* gém
herring ['herɪŋ] *n* hering
hers [hɜ:z] *pron* (*nőnemben*) az övé || **it is** ~ az övé
herself [hɜ:'self] *pron* (*nőnemben*) (*nominative*) ő maga; (*accusative*) őt magát || **by** ~ (teljesen) egyedül, (saját) maga
he's [hi:z] = **he is; he has**
hesitate ['hezɪteɪt] *v* habozik, tétovázik
hexagonal [hek'sægənl] *a* hatszögű
hey! [heɪ] *int* hé!; halló!
heyday ['heɪdeɪ] *n* (*of life*) virágkor || **in his** ~ fénykorában
hi! [haɪ] *int US col* (*greeting*) szia!, szervusz!, helló!
hiccough ['hɪkʌp] *n/v* = **hiccup**
hiccup ['hɪkʌp] **1.** *n* csuklás **2.** *v* csuklik
hid [hɪd] *pt* → **hide**
hidden ['hɪdn] *a* rejtett, titkos; → **hide**[1]
hide[1] [haɪd] *v* (*pt* **hid** [hɪd], *pp* **hidden** ['hɪdn]) (el)rejt, (el)titkol
hide away elrejtőzik
hide from sy elrejt(őzik) vk elől
hide[2] [haɪd] *n* bőr, irha
hide-and-seek *n* bújócska

hideous ['hɪdɪəs] *a* csúnya, csúf, ocsmány

hiding place *n* rejtekhely

hi-fi [haɪ 'faɪ] *a/n* HIFI, hifi ‖ ~ **(equipment)** hifitorony

high [haɪ] **1.** *a* magas ‖ **it is** ~ (*of meat*) szaga van már; **of a** ~ **degree** magas fokú; **at a** ~ **price** magas áron; ~ **quality** kiváló minőségű; **be in** ~ **spirits** jó kedve (*or* kedvében) van; **it is** ~ **time (that)** legfőbb ideje, hogy **2.** *adv* magasan

highbrow ['haɪbraʊ] *n* (*intellectual*) entellektüel; *pejor* (*snob*) (kultúr)sznob

high chair *n* etetőszék

higher education *n* felsőoktatás

high-handed *a* fölényeskedő, önkényes(kedő)

high jump *n* magasugrás

highlands ['haɪləndz] *n pl* felföld, hegyvidék

Highlands, the *n* (*in Scotland*) felföld, felvidék

highlight ['haɪlaɪt] **1.** *n* (*of event*) fénypont; *comput* kurzor **2.** *v* kiemel, hangsúlyoz

highly ['haɪlɪ] *adv* rendkívül, nagyon ‖ ~ **developed economy** fejlett gazdasági viszonyok

Highness ['haɪnɪs] *n* (*title*) fenség ‖ **Her/His Royal** ~ őfensége; **Your** ~ Fenség

high-pitched *a* (*sound*) éles, magas; (*roof*) meredek

high-ranking *a* magas rangú

high-rise building *n* magasház

high school *n US* középiskola, gimnázium

high season *n* főidény

high street *n* főutca

high technology, high tech [tek] *n* csúcstechnológia

highway ['haɪweɪ] *n US* főútvonal

hijack ['haɪdʒæk] **1.** *n* repülőgépeltérítés **2.** *v* (repülőgépet) eltérít

hike [haɪk] **1** *n* (gyalog)túra ‖ **go for a** ~ túrát tesz **2.** *v* túrázik

hiker ['haɪkə] *n* turista

hill [hɪl] *n* (*elevation*) domb; kisebb hegy; (*slope*) lejtő, emelkedő

hillside ['hɪlsaɪd] *n* domboldal

him [hɪm] *pron* (*hímnemben*) (*accusative*) őt; (*dative*) neki ‖ **(to)** ~ neki, hozzá

himself [hɪm'self] *pron* (*hímnemben*) (*nominative*) ő maga; (*accusative*) őt magát

hind [haɪnd] *a* (*back*) hátsó

hinder ['hɪndə] *v* hátráltat, akadályoz ‖ ~ **sy in (doing) sg** vkt vmben meggátol

hindrance ['hɪndrəns] *n* akadály, gátló körülmény

Hindu ['hɪnduː] *a/n* hindu

hinge [hɪndʒ] **1.** *n* zsanér **2.** *v* ~ **on sg** vmtől/vktől függ

hint [hɪnt] **1.** *n* (*indication*) célzás, utalás; (*suggestion*) tanács, tipp ‖ ~**(s** *pl*) útmutatás **2.** *v* ~ **(at)** céloz/utal *or* célzást tesz vmre

hip[1] [hɪp] *n* (*part of the body*) csípő

hip[2] [hɪp] *n bot* csipkebogyó

hippopotamus [hɪpə'pɒtəməs] *n* (*pl* **-muses** [-məsɪz] *or* **-mi** [-maɪ]) víziló

hippy ['hɪpɪ] *n col* hippi

hire [haɪə] **1.** *n* kölcsönzés ‖ **for** ~ kibérelhető; **a** ~ **car** bérautó **2.** *v* (*car*) bérel, kölcsönöz; (*person*) szerződtet

hire out (*lease*) kibérel; (*let out*) bérbe ad

hire-purchase n részletfizetés ‖ **buy (sg) on** ~ részletre vesz

his [hız] pron (hímnemben) az ő ...(j)a/(j)e, ...(j)ai/(j)ei; az övé ‖ ~ **book** (az ő) könyve; **it is** ~ az övé

hiss [hıs] **1.** n pisszegés **2.** v (in theatre) fütyül, kipisszeg

historian [hı'stɔːrıən] n történetíró, történész

history ['hıstərı] n történelem; (description) történet

hit [hıt] **1.** n (blow) ütés; (of bomb) becsapódás; (on target) találat; (song) sláger **2.** v (pt/pp hit [hıt]; -tt-) (stroke) (meg)üt; ver; (run over) elüt; (find) eltalál

hit-and-run a ~ **accident** cserbenhagyásos baleset/gázolás

hitch [hıtʃ] **1.** n (technical) nehézség, bökkenő **2.** v ~ **a ride** stoppol (autót)

hitchhike ['hıtʃhaık] **1.** n (autó)stoppolás **2.** v autóstoppal utazik

hive [haıv] n (méh)kaptár

hoar-frost n dér

hoarse [hɔːs] a rekedt

hobble ['hɒbl] v (limp) sántít, biceg

hobby ['hɒbı] n hobbi, időtöltés

hobo ['həʊbəʊ] n US csavargó

hockey ['hɒkı] n hoki

hoe [həʊ] **1.** n kapa **2.** v (pres p hoeing) (meg)kapál

hog [hɒg] n (hús)sertés, malac

hoist [hɔıst] **1.** n (álló) csiga, emelőgép **2.** v (goods) felhúz; (flag, sail) felvon

hold [həʊld] **1.** n fogás (megragadás) ‖ **take** ~ **of** megragad, megfog; **get** ~ **of** megkaparint **2.** v (pt/pp **held**) (grasp, maintain) tart; (consider) tart vmnek ‖ ~ **a meeting** (US **conference**) érte-

kezletet tart; ~ **the line!** tartsa a vonalat!; ~ **one's breath** visszafojtja lélegzetét

hold back (withhold) vkt visszatart; (hinder) lassít, késleltet

hold down (to ground) lefog; (people) elnyom; (prices) leszorít; col (job) betölt

hold off vi (rain) elmarad | vt (enemy) elhárít

hold on (in danger) helytáll, kitart ‖ ~ **on!** (kérem,) tartsa a vonalat!

hold on to vkbe/vmbe kapaszkodik

hold out vi (against enemy) kitart; (supplies) kitart | vt (hope) nyújt

hold up (hand) felmutat; (in traffic) feltart(óztat)

holder ['həʊldə] n (person) tulajdonos; viselő; (object) tok, tartó

holding ['həʊldıŋ] n (farm) tulajdon, birtok; (share) vagyon(rész), tőkerészesedés

hold-up n (in traffic) forgalmi akadály/torlódás; (by robbers) rablótámadás

hole [həʊl] n lyuk; (cavity) üreg; (of animal) odú

holiday ['hɒlıdı] n (day of rest) szünnap, munkaszüneti nap; (feast) ünnep(nap); (vacation) nyaralás, üdülés ‖ ~(**s** pl) szabadság, szünidő, vakáció; **be on one's** ~**s** szabadságon van

holiday camp/centre n GB (for recreation) üdülőtelep; (for vacation) nyári tábor

holiday-maker n nyaraló, üdülő (személy)

holiday resort n nyaralóhely, üdülőhely

Holland ['hɒlənd] *n* Hollandia
hollow ['hɒləʊ] **1.** *a* üreges, lyukas **2.** *n* üreg, horpadás **3.** *v* kiváj, kimélyít
holy ['həʊlɪ] *a* szent
Holy Ghost *n* = **Holy Spirit**
Holy Spirit, the *n* Szentlélek
homage ['hɒmɪdʒ] *n* hódolat, tisztelet
home [həʊm] **1.** *a* (*inland*) belföldi, hazai; (*of family*) családi **2.** *adv* haza **3.** *n* otthon, lakás; (*house*) (családi) ház; (*institution*) otthon; (*country*) haza || **at ~** otthon; **~ for the aged** szociális otthon
home address *n* lakáscím
home affairs *n pl* belügy
homeland ['həʊmlænd] *n* anyaország, haza
homeless ['həʊmlɪs] *a* hajléktalan
homesick ['həʊmsɪk] *a* **be ~ (for sg)** honvágya van (vm után)
homewards ['həʊmwədz] *adv* hazafelé
home-work *n* házi feladat
homosexual [həʊmə'seksjʊəl] *a*/*n* homoszexuális
honest ['ɒnɪst] *a* becsületes, tisztességes
honesty ['ɒnəstɪ] *n* becsület(esség), tisztesség
honey ['hʌnɪ] *n* méz || **~!** *US* drágám!, édes(em)!
honeymoon ['hʌnɪmuːn] **1.** *n* nászút, mézeshetek **2.** *v* nászúton van
honour (*US* **-or-**) ['ɒnə] **1.** *n* becsület, tisztesség || **in ~ of sy** vk tiszteletére **2.** *v* (*person*) (meg)tisztel, becsül; (*bill of exchange*) elfogad; (*cheque*) kifizet, bevált; → **honours**

honours (*US* **-ors**) ['ɒnəz] *n pl* érdemjel, kitüntetés || **~ degree** kitüntetéssel szerzett egyetemi fokozat/oklevél
hood [hʊd] *n* (*for head*) csuklya, kapucni; *US* (*of car*) motorháztető
hoof [huːf] *n* (*pl* **~s** *or* **hooves** [huːvz]) pata
hook [hʊk] **1.** *n* kampó; horog, kapocs **2.** *or* (*finger*) begörbít; (*fish*) felakaszt (*to* vmre) || **be ~ed on a drug** (*or* **drugs**) *col* kábítószer rabja
hook-nose *n* horgas orr
hooligan ['huːlɪgən] *n* huligán
hoop [huːp] *n* abroncs, pánt, karika
hoot [huːt] *v* (*car*) dudál; (*train*) sípol; (*actor*) pfujoz, kipisszeg
hooter [huːtə] *n* (*in vehicle*) duda; (*at factory*) sziréna
hoover ['huːvə] *GB* **1.** *n* porszívó **2.** *v* (ki)porszívóz
hooves [huːvz] *pl* → **hoof**
hop[1] [hɒp] *v* **-pp-** (*jump*) szökell, szökdécsel
hop[2] [hɒp] *n bot* komló
hope [həʊp] **1.** *n* remény, remény(ség) || **in the ~ of sg** vmnek a reményében **2.** *v* remél (*for sg* vmt), reménykedik || **I ~ so** remélem, hogy igen
hopeful ['həʊpfəl] *a* reményteljes
hopeless ['həʊplɪs] *a* reménytelen; (*illness*) gyógyíthatatlan
horizon [hə'raɪzn] *n* (*skyline*) lát(ó)-határ; (*limit of knowledge*) látókör
horizontal [hɒrɪ'zɒntl] *a* vízszintes, horizontális
horizontal bar *n* nyújtó
hormone ['hɔːməʊn] *n* hormon
horn [hɔːn] *n* (*of animal*) szarv; (*substance*) szaru; (*in car*) duda, kürt; (*musical instrument*) kürt

horoscope ['hɒrəskəʊp] *n* horosz-kóp

horrible ['hɒrəbl] *a* borzalmas, ré-mes, szörnyű

horrify ['hɒrɪfaɪ] *v* elborzaszt, meg-rémít

horror ['hɒrə] *n* borzalom, iszonyat

horse [hɔːs] *n* (*animal*) ló; (*for gymnastics*) ló, bak

horseback ['hɔːsbæk] *n* on ~ lóhá-ton

horse-chestnut *n* vadgesztenye

horsepower ['hɔːspaʊə] *n* lóerő

horse-racing *n* lóverseny(zés), ló-sport

horse-radish *n* torma

horseshoe ['hɔːsʃuː] *n* patkó

horticulture ['hɔːtɪkʌltʃə] *n* kerté-szet, kertészkedés

hose [həʊz] **1.** *n* tömlő, gumicső **2.** *v* (*grass*) (meg)öntöz ‖ ~ **down** (*with hose*) lemos, megmos

hosiery ['həʊzɪərɪ] *n* harisnya- és kötöttáru (bolt)

hospital ['hɒspɪtl] *n* kórház

hospitality [hɒspɪ'tælətɪ] *n* szíveslá-tás, vendégszeretet

host [həʊst] *n* (*innkeeper*) szállása-dó, vendéglátó; (*at home*) házi-gazda; (*in game*) játékvezető ‖ **a ~ of** *col* egy egész sereg (*holmi stb.*)

hostage ['hɒstɪdʒ] *n* túsz ‖ **hold sy** ~ túszként tart fogva vkt

hostel ['hɒstl] *n* (*for students*) szál-ló; (*for workers*) szállás, otthon

hostess ['həʊstɪs] *n* (*innkeeper*) vendéglátó, szállásadó (*nő*); (*at home*) háziasszony

hostile ['hɒstaɪl] *a* ellenséges

hot [hɒt] *a* (*thing/weather*) forró, meleg; (*taste*) csípős ‖ **I am ~** melegem van; **~ and cold (water)**

hideg-meleg víz; **it is ~ (in here)** meleg van itt

hotel [həʊ'tel] *n* szálloda, szálló

hothouse ['hɒthaʊs] *n* melegház

hotplate ['hɒtpleɪt] *n* főzőlap, rezsó

hot-tempered *a* lobbanékony; ingerlékeny

hound [haʊnd] **1.** *n* kopó **2.** *v* vkt üldöz

hour [aʊə] *n* óra ‖ **an ~ and a half** másfél óra; **~s of business** pénz-tári órák, nyitvatartási idő

hourly ['aʊəlɪ] **1.** *adv* óránként **2.** *a* óránkénti ‖ ~ **wage** óradíj

house [haʊs] *n* (családi) ház; (*for shopping*) üzletház; (*in theatre*) ház ‖ **the H~** a Ház (*GB, US kép-viselőház*); **from ~ to ~** házról házra

housebreaker ['haʊsbreɪkə] *n* be-törő

household ['haʊshəʊld] *n* háztartás ‖ ~ **appliances** háztartási gépek/készülékek; ~ **utensils** háztartási eszközök, konyhaedény(ek)

housekeeper ['haʊskiːpə] *n* (*em-ployee*) házvezetőnő; (*housewife*) háziasszony

housemaid ['haʊsmeɪd] *n* szoba-lány

house-rent *n* lakbér

housewife ['haʊswaɪf] *n* (*pl* -**wives** [-waɪvz]) háziasszony, háztartás-beli

housework ['haʊswɜːk] *n* háztar-tási munka

housing estate *n* lakótelep

hover ['hɒvə] *v* lebeg

hovercraft ['hɒvəkrɑːft] *n* légpárnás hajó/jármű

how [haʊ] *adv* (*question*) ho-gy(an)?, miképp(en)?, mi módon?; (*exclamation*) milyen!, mennyire! || ~ **about a cup of tea?** mit szólnál/szólna egy csésze teához?; ~ **are you?** hogy van?; ~ **beautiful!** de szép!; ~ **do you do?** *approx* jó napot kívánok!, üdvözlöm!; ~ **do you like it?** hogy ízlik?; ~ **far is it?** milyen messze van?; ~ **many?** mennyi?, hány?; ~ **much?** mennyi(t)?; ~ **much is it?** mennyibe kerül?

however [haʊˈevə] *adv* (*in whatever way*) bármennyire, bárhogy, akárhogy (is); (*though*) azonban, mégis, annak ellenére

howl [haʊl] **1.** *n* üvöltés, ordítás **2.** *v* (*animal*) ordít, bőg, vonít; (*baby*) bömböl; (*wind*) süvít

hp, HP [eɪtʃ ˈpiː] = **hire-purchase** || **buy sg on (the)** ~ részletre vesz; → **horsepower**

hubbub [ˈhʌbʌb] *n* lárma, zaj

huckleberry [ˈhʌklbərɪ] *n US* (fekete) áfonya

huddle [ˈhʌdl] **1.** *n* (*crowd*) csoportosulás; (*confusion*) összevisszaság **2.** *v* vhol meghúzza magát || ~ **(up) together** összecsődül, összebújik

hue [hjuː] *n* (szín)árnyalat

hug [hʌg] **1.** *n* ölelés **2.** *v* -gg- ölel(get)

huge [hjuːdʒ] *a* hatalmas, óriási

hulk [hʌlk] *n* törzs

hull [hʌl] **1.** *n* (*of ship*) törzs; hajótest **2.** *v* (*fruit*) lehánt; (*seed*) hántol

hullo! [həˈləʊ] *int* (*exclamation*) hé!; (*in telephone*) halló!

hum [hʌm] **1.** *n* zúgás, búgás, berregés **2.** *v* -mm- zúg; (*machine*) berreg; (*insect*) zümmög, búg; (*person*) dúdol

human [ˈhjuːmən] *a* emberi

human being *n* ember (*szemben az állattal*)

humane [hjuːˈmeɪn] *a* humánus; emberséges

humanity [hjuːˈmænətɪ] *n* (*mankind*) az emberiség; (*humaneness*) emberiesség

human rights *n pl* emberi jogok

humble [ˈhʌmbl] **1.** *a* (*servile*) alázatos; (*modest*) szerény || **be of** ~ **birth** alacsony sorból származik **2.** *v* megaláz || ~ **oneself** megalázkodik

humbug [ˈhʌmbʌg] *n* (*behaviour*) szemfényvesztés; (*person*) szélhámos; (*sweet*) mentolos cukorka

humid [ˈhjuːmɪd] *a* nedves, nyirkos

humiliate [hjuːˈmɪlɪeɪt] *v* megaláz, lealáz

humility [hjuːˈmɪlətɪ] *n* alázatosság

humor [ˈhjuːmə] *n US* = **humour**

humorous [ˈhjuːmərəs] *a* humoros

humour (*US* -or) [ˈhjuːmə] *n* humor, kedély(állapot) || **sense of** ~ humorérzék

hump [hʌmp] *n* (*camel's*) púp; (*in ground*) domb(ocska)

hunch [hʌntʃ] *n* púp

hunchbacked [ˈhʌntʃbækt] *a* púpos

hundred [ˈhʌndrəd] *num* száz || ~**s of people** emberek százai, rengeteg ember

hundredth [ˈhʌndrədθ] **1.** *num a* századik **2.** *n a* ~ (**part**) századrész

hundredweight [ˈhʌndrədweɪt] *n* fél mázsa (*GB = 50,8 kg, US = 45,3 kg*)

hung [hʌŋ] *pt/pp* → **hang**

Hungarian [hʌŋˈgeərɪən] **1.** *a* magyar **2.** *n* (*person, language*) magyar || **in** ~ magyarul

Hungarian-speaking *a* magyar anyanyelvű/ajkú
Hungary ['hʌŋgərɪ] *n* Magyarország
hunger ['hʌŋgə] **1.** *n* éhség, éhezés **2.** *v* éhezik
hung-over *a* másnapos
hungry ['hʌŋgrɪ] *a* éhes, éhező ‖ **be ~ for sg** *fig* szomjazik vmre
hunt [hʌnt] **1.** *n* (falka)vadászat **2.** *v* kerget, üldöz ‖ **~ for sg/sy** vmre/vkre vadászik, keres vmt/vkt
hunter ['hʌntə] *n* vadász
hurdle ['hɜːdl] *n sp* gát
hurdle-race *n* gátfutás
hurl [hɜːl] *v* dob, (el)hajít
hurricane ['hʌrɪkən] *n* orkán, hurrikán
hurried ['hʌrɪd] *a* (*steps*) sietős, szapora; (*decision*) elsietett
hurry ['hʌrɪ] **1.** *n* sietség ‖ **be in a ~** siet, sürgős dolga van **2.** *v* siet, rohan
hurry up siet ‖ **~ up!** siess!, gyerünk!
hurt [hɜːt] *v* (*pt/pp* **hurt** [hɜːt]) *vt* bánt, megsebesít; (*offend*) megsért ‖ *vi col* (*be painful*) fáj ‖ **my leg ~s** fáj a lábam; **~ one's feelings** vknek rosszul esik vm
hurtle ['hɜːtl] *v* nekiütközik
husband ['hʌzbənd] *n* férj
hush! [hʌʃ] **1.** *int* pszt!, csitt!, csend legyen! **2.** *v col* (*fact*) eltussol, agyonhallgat
husk [hʌsk] **1.** *n* hüvely **2.** *v* lehánt, lehámoz; (*seeds*) hántol
husky ['hʌskɪ] **1.** *a* (*voice*) rekedt; (*person*) tagbaszakadt **2.** *n* (*dog*) husky
hustle ['hʌsl] **1.** *n* lökdösődés, sürgés-forgás **2.** *v* tolakodik, lökdösődik

hut [hʌt] *n* kunyhó, viskó
hutch [hʌtʃ] *n* (nyúl)ketrec
hyacinth ['haɪəsɪnθ] *n* jácint
hydrofoil ['haɪdrəʊfɔɪl] *n* szárnyashajó
hydrogen ['haɪdrədʒən] *n* hidrogén
hyena [haɪˈiːnə] *n* hiéna
hygiene ['haɪdʒiːn] *n* (*practice*) egészségügy, higiénia; (*science*) egészségtan
hymn [hɪm] *n* (egyházi) ének
hyphen ['haɪfn] *n* kötőjel
hypnosis [hɪpˈnəʊsɪs] *n* hipnózis
hypnotize ['hɪpnətaɪz] *v* hipnotizál
hypocrite ['hɪpəkrɪt] *n* álszent, képmutató
hypothesis [haɪˈpɒθəsɪs] *n* (*pl* **-ses** [-siːz]) hipotézis
hysterical [hɪˈsterɪkl] *a* hisztérikus
hysterics [hɪˈsterɪks] *n pl* hisztéria, idegroham

I

I [aɪ] *pron* én
ice [aɪs] **1.** *n* jég; (*ice cream*) fagylalt, fagyi ‖ **on ~** jégbe hűtött **2.** *v* jegel, jégbe hűt
iceberg ['aɪsbɜːg] *n* jéghegy
icebox ['aɪsbɒks] *n* (*freezer*) mélyhűtő (rész); *US* (*refrigerator*) hűtőszekrény
ice cream *n* fagylalt
ice cube *n* jégkocka
ice hockey *n* jégkorong, jéghoki
Iceland ['aɪslənd] *n* Izland
Icelander ['aɪsləndə] *n* izlandi
Icelandic [aɪsˈlændɪk] *a/n* izlandi
ice-rink *n* (*indoor*) műjégpálya

icy ['aɪsɪ] *a* jeges, jéghideg, fagyos

I'd [aɪd] = **I had; I would; I should**

idea [aɪ'dɪə] *n* eszme, gondolat, ötlet ‖ ~**s** *pl* gondolatvilág; **I have no** ~**!** fogalmam sincs!

ideal [aɪ'dɪəl] **1.** *a* (*perfect*) eszményi, ideális; (*ideological*) eszmei **2.** *n* eszmény, ideál, példakép

identical [aɪ'dentɪkl] *a* azonos, (meg)egyező

identification [aɪdentɪfɪ'keɪʃn] *n* azonosítás; (*papers*) személyi okmányok

identify [aɪ'dentɪfaɪ] *v* (*person*) azonosít, megállapítja vk személyazonosságát; (*plant*) meghatároz

identity [aɪ'dentətɪ] *n* (*sameness*) azonosság; (*personality*) személyazonosság

identity card *n* személyi igazolvány

idiom ['ɪdɪəm] *n* állandósult szókapcsolat, nyelvi sajátság

idiot ['ɪdɪət] *n* hülye, idióta; bolond

idle ['aɪdl] **1.** *a* (*lazy*) lusta; (*doing nothing*) tétlen ‖ **be** ~ (*machine*) üresjáratban van **2.** *v* ~ (*about*) tétlenkedik, henyél; ~ **away one's time** lopja a napot

idle time *n* holtidő

idol ['aɪdl] *n also fig* bálvány

i.e., ie [aɪ 'iː] (= *Latin: id est, kimondva még: that is*) azaz, úgymint, úm.

if [ɪf] *conj* ha, amennyiben, hogyha ‖ **as** ~ mintha; ~ **I were you** (én) a (te) helyedben; ~ **only** hacsak

igloo ['ɪgluː] *n* (eszkimó) jégkunyhó

ignite [ɪg'naɪt] *vt* meggyújt ‖ *vi* meggyullad

ignition [ɪg'nɪʃn] *n* gyújtás; ~ **key** indítókulcs, slusszkulcs

ignoble [ɪg'nəʊbl] *a* aljas, becstelen

ignorant ['ɪgnərənt] *a* tudatlan, tájékozatlan ‖ **be** ~ **of sg** nincs tudomása vmről

ignore [ɪg'nɔː] *v* nem vesz tudomásul/figyelembe

ill [ɪl] **1.** *a* (*sick*) beteg; (*bad*) rossz ‖ **be** ~ rosszul van, beteg **2.** *adv* rosszul, nem jól **3.** *n* rossz ‖ ~**s** *pl* baj, csapás

I'll [aɪl] = **I shall; I will**

ill-advised *a* meggondolatlan

ill-bred *a* modortalan, neveletlen

illegal [ɪ'liːgl] *a* törvénytelen, jogtalan

illegible [ɪ'ledʒəbl] *a* olvashatatlan

illegitimate [ɪlɪ'dʒɪtɪmət] *a* (*child*) törvénytelen

ill-fated *a* balszerencsés

illiterate [ɪ'lɪtərət] *a/n* írástudatlan, analfabéta

ill-mannered *a* modortalan

illness ['ɪlnɪs] *n* betegség

ill-treat *v* rosszul bánik vkvel

illuminate [ɪ'luːmɪneɪt] *v* (*building*) kivilágít; (*subject*) megvilágít

illusion [ɪ'luːʒn] *n* (*misperception*) érzékcsalódás; (*dream, fantasy*) (üres) ábránd; illúzió

illustrate ['ɪləstreɪt] *v* képekkel ellát/díszít, ábrázol

illustration [ɪlə'streɪʃn] *n* kép, ábra

ill-will *n* rosszakarat, rosszindulat

I'm [aɪm] = **I am**

image ['ɪmɪdʒ] *n* (*picture*) kép; (*public* ~) imidzs

imaginary [ɪ'mædʒɪnrɪ] *a* vélt, képzeletbeli

imagination [ɪmædʒɪ'neɪʃn] *n* képzelet, fantázia

imagine [ɪ'mædʒɪn] *v* elgondol, (el)képzel

imbecile ['ımbəsi:l] *n* gyengeelméjű
imitate ['ımıteıt] *v* utánoz, másol
imitation [ımı'teıʃn] *n* (*imitating*)
utánzás; (*copy*) utánzat
immature [ımə'tjʊə] *a* éretlen, idő
előtti
immediately [ı'mi:dıətlı] *adv* (*at
once*) azonnal, rögtön, mindjárt;
(*directly*) közvetlenül
immense [ı'mens] *a* mérhetetlen,
óriási, hatalmas
immerse [ı'mɜ:s] *vi* alámerítkezik |
vt belemárt (*in* vmbe)
immersion heater [ı'mɜ:ʃn] *n* vil-
lanybojler
immigrant ['ımıgrənt] *n* bevándorló
immigration [ımı'greıʃn] *n* beván-
dorlás
imminent ['ımınənt] *a* (*danger*) kö-
zelgő, közeli
immobile [ı'məʊbaıl] *a* mozdulatlan
immobilize [ı'məʊbəlaız] *v* (*traffic*)
megbénít; (*broken limb*) rögzít;
(*capital*) leköt
immoral [ı'mɒrəl] *a* erkölcstelen
immortal [ı'mɔ:rtl] *a* halhatatlan
immune [ı'mju:n] *a* (*resistant*) im-
múnis (*to* vmvel szemben); (*free*)
ment(es) (*from* vmtől)
immunity [ı'mju:nətı] *n med* védett-
ség, immunitás
impact ['ımpækt] *n* (*collision*) be-
csapódás; (*effect*) (be)hatás ‖ have
an ~ on kihat vmre
impair [ım'peə] *v* (*damage*) elront;
fig (*weaken*) csorbít
impart [ım'pɑ:t] *v* (*quality*) kölcsö-
nöz, tulajdonít; (*information*)
közöl
impatient [ım'peıʃnt] *a* türelmetlen
impede [ım'pi:d] *v* megakadályoz,
gátol

impediment [ım'pedımənt] *n* gát,
akadály
imperative [ım'perətıv] **1.** *a* szükség-
szerű, sürgető **2.** *n* felszólító mód
imperfect [ım'pɜ:fıkt] *a* hiányos
imperial [ım'pıərıəl] *a* birodalmi,
császári
impermeable [ım'pɜ:mıəbl] *a* átha-
tolhatatlan, át nem eresztő
impersonate [ım'pɜ:səneıt] *v* meg-
személyesít; (*imitate*) utánoz
impertinent [ım'pɜ:tənənt] *a* arcát-
lan, pimasz
impervious [ım'pɜ:vıəs] *a* (*to
water*) vízhatlan; *fig* érzéketlen (*to*
vmre)
impetus ['ımpıtəs] *n* (*impulse*) lö-
kés, ösztönzés; (*force*) lendület
impinge on [ım'pındʒ] *v* hatást gya-
korol vkre; (*mind*) elhatol
implant [ım'plɑ:nt] *v med* beültet
implement **1.** ['ımplımənt] *n* eszköz,
szer(szám) **2.** ['ımplıment] *v* meg-
valósít; *law* foganatosít, érvényt
szerez vmnek
implication [ımplı'keıʃn] *n* (*of
event*) kihatás, következmény; (*in
crime*) belekever(ed)és
implicit [ım'plısıt] *a* hallgatólagos;
feltétlen
imply [ım'plaı] *v* magába(n) foglal,
beleért
impolite ['ımpə'laıt] *a* udvariatlan
import **1.** ['ımpɔ:t] *n* behozatal, im-
port **2.** [ım'pɔ:t] *v* behoz, importál
importance [ım'pɔ:təns] *n* fontos-
ság, jelentőség ‖ be of no ~ nincs
jelentősége
important [ım'pɔ:tənt] *a* fontos,
lényeges
impose [ım'pəʊz] *v* ~ sg on sy vmt
vkre rákényszerít ‖ ~ a duty on

sg megvámol; ~ **a tax on sy** adót
vet ki vkre
impossible [ɪm'pɒsəbl] *a* lehetetlen
impotent ['ɪmpətənt] *a* tehetetlen
impregnable [ɪm'pregnəbl] *a*
(*fortress*) bevehetetlen; (*argument*) megdönthetetlen
impregnate ['ɪmpregneɪt] *v* (*saturate*)
telít; (*fertilize*) megtermékenyít
impress [ɪm'pres] *v* ~ **sg on sy**
vmt vknek az elméjébe vés; ~ **sg
on sg** vmt vmre rányom; ~ **sy**
vkre hatást gyakorol
impression [ɪm'preʃn] *n* benyomás;
(*effect*) hatás; (*copy*) utánnyomás
‖ **make an ~ on sy** vkre hatást
gyakorol
impressionist [ɪm'preʃnɪst] *a/n*
impresszionista
impressive [ɪm'presɪv] *a*
(*appearance*) hatásos
imprint 1. ['ɪmprɪnt] *n* (kiadói)
embléma **2.** [ɪm'prɪnt] *v* ~ **sg on
sg** vmt vmre rányom
imprison [ɪm'prɪzn] *v* bebörtönöz
improbable [ɪm'prɒbəbl] *a* valószí-
nűtlen
improper [ɪm'prɒpə] *a* (*diagnosis*)
helytelen, rossz; (*behaviour*) illet-
len
improve [ɪm'pruːv] *vt* (meg)javít;
(*develop*) továbbfejleszt; (*in-
crease*) fokoz | *vi* (meg)javul
improvement [ɪm'pruːvmənt] *n*
(*making better*) javítás, fejlesztés;
(*becoming better*) fejlődés, hala-
dás, javulás
improvise ['ɪmprəvaɪz] *v* (*music*)
rögtönöz; (*bed*) összeeszkábál;
(*meal*) összecsap
impudent ['ɪmpjʊdənt] *a* arcátlan,
pimasz

impulse ['ɪmpʌls] *n* lökés, impul-
zus; (*motive*) ösztönzés
impurity [ɪm'pjʊərətɪ] *n* szennyező-
dés
in [ɪn] *prep* (*state*) -ban, -ben;
(*place*) -ba, -be, -ban, -ben; (*time*)
(...n belül) -on, -en, -ön, -n, -ban,
-ben ‖ **he is ~** (*at home, in office*)
otthon/benn van; ~ **front of**
(*place*) előtt
inability [ɪnə'bɪlətɪ] *n* képtelenség
(*to* vmre)
inaccurate [ɪ'nækjʊrət] *a* pontatlan,
téves
inactive [ɪn'æktɪv] *a* passzív, tétlen
inadequate [ɪn'ædɪkwət] *a* elégte-
len, nem megfelelő
inadvertent [ɪnəd'vɜːtənt] *a* figyel-
metlen(ségből eredő), nem szán-
dékos
inapplicable [ɪn'æplɪkəbl] *a* nem
alkalmazható/használható (*to* vmre)
inappropriate [ɪnə'prəʊprɪət] *a*
helytelen, oda nem illő
inaptitude [ɪn'æptɪtjuːd] *n* alkalmat-
lanság
inasmuch as [ɪnəz'mʌtʃ əz] *conj*
amennyiben
inattentive [ɪnə'tentɪv] *a* figyelmetlen
inaudible [ɪn'ɔːdəbl] *a* alig hallható
inauguration [ɪ'nɔːgjʊ'reɪʃn] *n* beik-
tatás
inborn [ɪn'bɔːn] *a* (*talent*) öröklött
inbred [ɪn'bred] *a* (*quality*) vele
született; (*animal*) beltenyésztésű
Inc *US* = **Incorporated**
incapable [ɪn'keɪpəbl] *a* képtelen
(*of* vmre)
incautious [ɪn'kɔːʃəs] *a* vigyázatlan
incense ['ɪnsens] *n* tömjén
incentive [ɪn'sentɪv] *n* ösztönzés,
motívum, indíték

incessant [ɪn'sesnt] a szüntelen
inch [ɪntʃ] 1. n hüvelyk (= 2,54 cm), col || ~ by ~ apránként 2. v ~ forward lassan/centikkel halad előre
incident ['ɪnsɪdənt] n epizód, incidens
incidentally [ɪnsɪ'dentlɪ] adv mellesleg, mellékesen
incise [ɪn'saɪz] v bemetsz
incite [ɪn'saɪt] v (hatred) szít; (masses) izgat, uszít
inclination [ɪnklɪ'neɪʃn] n (bending) hajlás, dőlés; (tendency) hajlam
incline 1. ['ɪnklaɪn] n emelkedő 2. [ɪn'klaɪn] v ~ to (vmre) hajlik || be ~d to sg vmre hajlamos
include [ɪn'kluːd] v magába(n) foglal, tartalmaz; (in list) felvesz; (costs) beszámít
including [ɪn'kluːdɪŋ] adv beleértve, beleszámítva
inclusive [ɪn'kluːsɪv] a (price) mindent magában foglaló, teljes
income ['ɪnkʌm] n jövedelem, kereset, bevétel
income tax n jövedelemadó
incomparable [ɪn'kɒmprəbl] a páratlan, egyedülálló; (not equal) összehasonlíthatatlan (with/to vmvel)
incompetent [ɪn'kɒmpɪtənt] a hozzá nem értő
incomplete [ɪnkəm'pliːt] a befejezetlen, csonka
incomprehensible [ɪnkɒmprɪ'hensəbl] a érthetetlen
inconsiderable [ɪnkən'sɪdrəbl] a jelentéktelen
inconsiderate [ɪnkən'sɪdərət] a meggondolatlan, tapintatlan
inconsistent [ɪnkən'sɪstənt] a következetlen

inconvenience [ɪnkən'viːnɪəns] n alkalmatlanság, kényelmetlenség
inconvenient [ɪnkən'viːnɪənt] a kényelmetlen, kellemetlen; (time, place) alkalmatlan
incorporated [ɪn'kɔːpəreɪtɪd] 1. a (registered) bejegyzett (cég) 2. n US comm korlátolt felelősségű társaság, kft
incorrect [ɪnkə'rekt] a (text) helytelen; (behaviour) inkorrekt
increase 1. ['ɪnkriːs] n növekedés, fokozódás; (increasing) növelés, fokozás || ~ in wages béremelés 2. [ɪn'kriːs] v (become greater) nő, növekszik; nagyobbodik; (make greater) növel, fokoz; (wage) (fel)emel
increasingly [ɪn'kriːsɪŋlɪ] adv mindinkább, egyre (inkább)
incredible [ɪn'kredəbl] a hihetetlen
incredulous [ɪn'kredjʊləs] a hitetlen
increment ['ɪnkrɪmənt] n növedék
incubator ['ɪŋkjubeɪtə] n (for babies) inkubátor; (for chicken) keltető(gép)
incur [ɪn'kɜː] v -rr- (anger) magára von || ~ debts adósságba veri magát
indebted [ɪn'detɪd] a eladósodott || be ~ to sy le van vknek kötelezve
indecent [ɪn'diːsnt] a illetlen, trágár
indecisive [ɪndɪ'saɪsɪv] a határozatlan, bizonytalan
indeed [ɪn'diːd] adv valóban, tényleg, igazán
indefinite [ɪn'defɪnɪt] a (meg)határozatlan
indemnify [ɪn'demnɪfaɪ] v ~ sy for sg kártérítést fizet vknek vmért

indemnity [ɪn'demnətɪ] *n* (*compensation*) kártérítés, jóvátétel; (*insurance*) biztosíték
indentation [ɪnden'teɪʃn] *n* (*in metal*) horpadás; (*in coast*) csipkézet; (*in edge*) bemélyedés; (*in text*) bekezdés
independence [ɪndɪ'pendəns] *n* függetlenség
independent [ɪndɪ'pendənt] *a* független (*of sy/sg* vktől/vmtől)
indeterminate [ɪndɪ't3:mɪnət] *a* (meg)határozatlan
index ['ɪndeks] *n* (*pl* -**dexes** *or* -**dices** [-dɪsiːz]) (*list*) mutató, index; (*number*) mutató(szám); *math* (*pl* **indices** ['ɪndɪsiːz]) kitevő
index finger *n* mutatóujj
India ['ɪndɪə] *n* India
Indian ['ɪndɪən] *a* (*of India*) indiai; (*of America*) indián || ~ **ink** tus; ~ **summer** vénasszonyok nyara
indicate ['ɪndɪkeɪt] *v* (*point out*) (meg)mutat, feltüntet; (*be a sign*) jelöl, jelez, vmre utal
indicator ['ɪndɪkeɪtə] *n* index, mutató; (*board*) jelzőtábla; (*light*) irányjelző
indices ['ɪndɪsiːz] *pl* → **index**
indict [ɪn'daɪt] *v law* bevádol
indictment [ɪn'daɪtmənt] *n* vádindítvány
indifferent [ɪn'dɪfrənt] *a* közömbös, közönyös
indigenous [ɪn'dɪdʒɪnəs] *a* bennszülött, honos
indigestion [ɪndɪ'dʒestʃən] *n* emésztési zavar
indignant [ɪn'dɪgnənt] *a* méltatlankodó, felháborodó
indignity [ɪn'dɪgnətɪ] *n* méltatlanság
indirect [ɪndɪ'rekt] *a* közvetett

indiscreet [ɪndɪ'skriːt] *a* tapintatlan
indispensable [ɪndɪ'spensəbl] *a* nélkülözhetetlen, elengedhetetlen
indisputable [ɪndɪ'spjuːtəbl] *a* (el)vitathatatlan
indistinct [ɪndɪ'stɪŋkt] *a* elmosódott
individual [ɪndɪ'vɪdjʊəl] **1.** *a* egyéni, személyes, egyedi **2.** *n* egyén, személy, egyed
individuality [ɪndɪvɪdjʊ'ælətɪ] *n* egyéniség
indolent ['ɪndələnt] *a* henye, rest, tunya
indoor ['ɪndɔː] *a* fedett pályás, terem-
indoors [ɪn'dɔːz] *adv* otthon, benn
induce [ɪn'djuːs] *v* előidéz || ~ **sy to do sg** rábír/rávesz vkt vmre
indulge [ɪn'dʌldʒ] *v* ~ **in sg** (*pleasure*) megenged magának vmt, kiéli magát vmben
indulgent [ɪn'dʌldʒənt] *a* elnéző, erélytelen; gyenge
industrial [ɪn'dʌstrɪəl] *a* ipari
industrious [ɪn'dʌstrɪəs] *a* szorgalmas, igyekvő
industry ['ɪndəstrɪ] *n* ipar
inedible [ɪn'edəbl] *a* ehetetlen
ineffective [ɪnɪ'fektɪv] *a* hatástalan
inefficient [ɪnɪ'fɪʃənt] *a* hatástalan, eredménytelen
inept [ɪ'nept] *a* ügyetlen
inequality [ɪnɪ'kwɒlətɪ] *n* egyenlőtlenség
inert [ɪ'nɜːt] *a* tunya, tétlen, renyhe; (*matter*) tehetetlen; (*gas*) közömbös
inestimable [ɪn'estɪməbl] *a* felbecsülhetetlen
inevitable [ɪn'evɪtəbl] *a* elkerülhetetlen, szükségszerű
inexcusable [ɪnɪk'skjuːzəbl] *a* megbocsáthatatlan, menthetetlen

inexorable [ɪn'eksərəbl] *a* (*relentless*) kérlelhetetlen; (*not to be stopped*) feltartóztathatatlan
inexpensive [ɪnɪk'spensɪv] *a* olcsó
inexperienced [ɪnɪk'spɪərɪənst] *a* gyakorlatlan, tapasztalatlan
infallible [ɪn'fæləbl] *a* csalhatatlan
infancy ['ɪnfənsɪ] *n* (*childhood*) gyermekkor; (*minority*) kiskorúság
infant ['ɪnfənt] *n* csecsemő, kisbaba
infant school *n GB* <*általános iskola kisiskolás tagozata: 5—7 éveseknek*>
infatuated [ɪn'fætʃʊeɪtɪd] *a* be ~ with belehabarodik/beleszeret vkbe
infection [ɪn'fekʃn] *n* fertőzés
infectious [ɪn'fekʃəs] *a* fertőző
infer [ɪn'fɜ:] *v* -rr- következtet (*sg from sg* vmből vmre)
inferior [ɪn'fɪərɪə] *a* (*in rank*) alárendelt; (*in quality*) silány || ~ to sg vmnél alsóbbrendű
inferno [ɪn'fɜ:nəʊ] *n* pokol
infertile [ɪn'fɜ:taɪl] *a* meddő
infiltrate ['ɪnfɪltreɪt] *v* ~ into (*substance, mind*) beszivárog/beszűrődik vmbe; (*organization*) beépül, befurakodik
infinite ['ɪnfɪnət] *a* végtelen, vég nélküli
infinitive [ɪn'fɪnətɪv] *n* főnévi igenév
infirmary [ɪn'fɜ:mərɪ] *n* (*hospital*) kórház; (*room*) betegszoba
inflame [ɪn'fleɪm] *v* felgyújt, fellobbant
inflammable [ɪn'flæməbl] *a* éghető, gyúlékony
inflammation [ɪnflə'meɪʃn] *n med* gyulladás
inflatable [ɪn'fleɪtəbl] *a* felfújható
inflate [ɪn'fleɪt] *v* (*balloon*) felfúj

inflation [ɪn'fleɪʃn] *n* infláció
inflexible [ɪn'fleksəbl] *a* merev, hajlíthatatlan
inflict [ɪn'flɪkt] *v* kimér, kiró (*on* vkre)
influence ['ɪnflʊəns] 1. *n* befolyás, (be)hatás || exercise ~ on sg/sy befolyást gyakorol vmre/vkre; under the ~ of vk/vm hatása alatt 2. *v* ~ sg/sy befolyást/hatást gyakorol vmre/vkre, vkt/vmt befolyásol
influenza [ɪnflʊ'enzə] *n* influenza
inform [ɪn'fɔ:m] *v* felvilágosít, tájékoztat, értesít (*of*/*about* vmről) || be ~ed of sg értesül vmről
inform against/on sy feljelentést tesz vk ellen
informal [ɪn'fɔ:ml] *a* közvetlen, kötetlen, nem hivatalos
informatics [ɪnfə'mætɪks] *n sing.* informatika
information [ɪnfə'meɪʃn] *n* (*pl* ~) (*informing*) tájékoztatás, informálás, felvilágosítás; (*news*) értesülés, hír, információ; (*bureau*) tudakozó || a piece of ~ hír, információ; give sy (full) ~ felvilágosít vkt; give sy ~ about sg felvilágosít, tájékoztat (vkt vmről)
infra-red *a* infravörös
infringe [ɪn'frɪndʒ] *v* (*law*) áthág
infuse [ɪn'fju:z] *v* (*tea*) (le)forráz
ingenious [ɪn'dʒi:nɪəs] *a* ötletes, elmés
ingenuous [ɪn'dʒenjʊəs] *a* egyenes, őszinte
ingredients [ɪn'gri:dɪənts] *n pl* (*of cake*) hozzávalók
inhabit [ɪn'hæbɪt] *v* (benn) lakik
inhabitant [ɪn'hæbɪtənt] *n* lakos || ~s *pl* lakosság
inhale [ɪn'heɪl] *v* belélegez

inherent [ɪn'hɪərənt] a (quality) veleszületett

inherit [ɪn'herɪt] v (meg)örököl

inheritance [ɪn'herɪtəns] n (át)öröklés; örökség

inhibit [ɪn'hɪbɪt] v ~ sy from sg meggátol vkt vmben

inhuman [ɪn'hju:mən] a embertelen

initial [ɪ'nɪʃl] 1. a kezdeti 2. n iniciálé || ~s pl kezdőbetűk, kézjegy 3. v -ll- (US -l-) kézjegyével ellát

initially [ɪ'nɪʃlɪ] adv eleinte

initiate [ɪ'nɪʃɪeɪt] v (method) bevezet || ~ sy into sg vkt vmbe beavat

initiative [ɪ'nɪʃətɪv] 1. a kezdeményező 2. n kezdeményezés

inject [ɪn'dʒekt] v ~ into med (liquid) befecskendez, bead; tech injektál

injection [ɪn'dʒekʃn] n injekció

injure ['ɪndʒə] v (hurt) megsebesít; (damage) kárt okoz vknek/vmnek || be/get ~d megsérül

injurious [ɪn'dʒʊərɪəs] a ártalmas || be ~ to sy/sg vknek/vmnek megárt

injury ['ɪndʒərɪ] n (damage) sérülés, sebesülés; (harm) law sérelem

injustice [ɪn'dʒʌstɪs] n igazságtalanság

ink [ɪŋk] n tinta

inkling ['ɪŋklɪŋ] n sejtelem

inland ['ɪnlənd] 1. a belföldi 2. adv az ország belsejébe

inlay 1. ['ɪnleɪ] n faberakás, intarzia 2. [ɪn'leɪ] v (pt/pp **inlaid** [ɪn'leɪd]) ~ sg with sg berakással díszít vmt

inlet ['ɪnlet] n (kis) öböl

inmate ['ɪnmeɪt] n fegyenc

inn [ɪn] n fogadó, (kis)kocsma

innate [ɪ'neɪt] a (inclination) öröklött; (quality) veleszületett

inner ['ɪnə] a belső

innings n (pl ~) ütési jog (egyik félé, krikettben)

innocent ['ɪnəsnt] a ártatlan; law vétlen

innovate ['ɪnəveɪt] v újít

innumerable [ɪ'nju:mrəbl] a megszámlálhatatlan, töméntelen

inordinate [ɪ'nɔ:dɪnət] a mértéktelen

in-patient n kórházi beteg/ápolt, fekvő beteg

input ['ɪnpʊt] n comput bemenet

inquest ['ɪnkwest] n vizsgálat

inquire [ɪn'kwaɪə] v tudakozódik, érdeklődik (about vk/vm felől/iránt)

inquire after kérdezősködik vm/vk után

inquire into (question) megvizsgál; (case) nyomoz

inquiry [ɪn'kwaɪərɪ] n érdeklődés, tájékozódás; (investigation) vizsgálat; nyomozás

inquisitive [ɪn'kwɪzətɪv] a kíváncsi

inroad ['ɪnrəʊd] n támadás || make ~s on sg col vmre rájár

insane [ɪn'seɪn] a őrült, bolond

inscription [ɪn'skrɪpʃn] n felirat; (in book) ajánlás

insect ['ɪnsekt] n rovar, bogár

insecure [ɪnsɪ'kjʊə] a nem biztonságos

insensible [ɪn'sensəbl] a (unconscious) eszméletlen; (bodily) érzéketlen (to vmre); (without feelings) érzéketlen, közönyös (to vm iránt)

insensitive [ɪn'sensətɪv] a érzéketlen, fásult, közönyös

insert 1. ['ɪnsɜ:t] n (leaf) betétlap; (in book) melléklet; (in film) be-

játszás 2. [ɪn'sɜːt] v be(le)tesz, (in text) beszúr, közbeiktat
inshore ['ɪnʃɔː] a part menti
inside [ɪn'saɪd] 1. a belső, benti 2. adv belül, benn ‖ ~ out fordítva; fig töviről hegyire (ismer) 3. n the ~ of sg vmnek a belseje 4. prep belül, vmnek a belsejében
inside lane n (traffic) külső sáv
insight ['ɪnsaɪt] n bepillantás; fig éleslátás
insignificant [ɪnsɪg'nɪfɪkənt] a jelentéktelen
insincere [ɪnsɪn'sɪə] a nem őszinte
insinuate [ɪn'sɪnjʊeɪt] v gyanúsít
insist [ɪn'sɪst] v ragaszkodik (on sg vmhez)
insistent [ɪn'sɪstənt] a rendíthetetlen ‖ be ~ about/on sg ragaszkodik vmhez
insolent ['ɪnsələnt] a pimasz, szemtelen
insolvency [ɪn'sɒlvənsɪ] n fizetésképtelenség
insomnia [ɪn'sɒmnɪə] n álmatlanság
inspect [ɪn'spekt] v (examine) megvizsgál; (check) kezel
inspector [ɪn'spektə] n (official) felügyelő; (police) rendőrfelügyelő; (on buses) ellenőr
inspire [ɪn'spaɪə] v (meg)ihlet, lelkesít
install [ɪn'stɔːl] v (US instal) (apparatus) felszerel, üzembe helyez, beszerel; (in office) beiktat (in állásba); (electricity) bevezet
instalment [ɪn'stɔːlmənt] n (US -ll-) (of payment) részlet; (of novel) folytatás ‖ pay an ~ részletfizetést teljesít
instance ['ɪnstəns] n példa ‖ for ~ például

instant ['ɪnstənt] 1. a azonnali 2. n perc, pillanat ‖ ~ coffee azonnal oldódó kávé, neszkávé
instead [ɪn'sted] adv (in place of) ehelyett, helyette; (rather) inkább
instead of prep helyett
instinct ['ɪnstɪŋkt] n ösztön ‖ by ~ ösztönösen
institute ['ɪnstɪtjuːt] 1. n intézet 2. v ~ an action against sy keresetet benyújt/indít vk ellen
institution [ɪnstɪ'tjuːʃn] n intézmény
instruct [ɪn'strʌkt] v oktat, képez ‖ ~ sy in sg tájékoztat vkt vmről
instruction [ɪn'strʌkʃn] n (teaching) oktatás, (ki)képzés; (information) felvilágosítás, tájékoztatás; comput utasítás ‖ ~s for use kezelési útmutató
instructor [ɪn'strʌktə] n (teacher) oktató; US (assistant) gyakorlatvezető; tanársegéd
instrument ['ɪnstrʊmənt] n tech műszer; mus hangszer
insufficient [ɪnsə'fɪʃənt] a hiányos, elégtelen
insular ['ɪnsjʊlə] a (of island) sziget-; (narrow-minded) szűk látókörű
insulate ['ɪnsjʊleɪt] v el, archit szigetel
insult 1. ['ɪnsʌlt] n (meg)sértés 2. [ɪn'sʌlt] v (meg)sért
insurance [ɪn'ʃʊərəns] n biztosítás ‖ ~ company biztosító(társaság); ~ policy biztosítási kötvény
insure [ɪn'ʃʊə] v ~ (sy/sg against sg) biztosítást köt vmre, biztosít vm ellen
intact [ɪn'tækt] a érintetlen, ép, sértetlen
intake ['ɪnteɪk] n (admission) felvétel; (number) felvett létszám

integrate ['ıntıgreıt] *v* egyesít, beilleszt, beépít (*with, into* vmbe)
integrity [ın'tegrətı] *n* (*wholeness*) sértetlenség, érintetlenség; (*honesty*) tisztesség
intellect ['ıntəlekt] *n* ész, értelem
intellectual [ıntə'lektʃʊəl] 1. *a* értelmi, szellemi 2. *n* értelmiségi
intelligence [ın'telıdʒəns] *n* értelem, intelligencia; (*agency*) hírszerző szolgálat ‖ ~ **quotient** intelligenciahányados; ~ **service** hírszerző szolgálat
intelligent [ın'telıdʒənt] *a* értelmes, okos, intelligens
intemperate [ın'tempərət] *a* mértéktelen
intend [ın'tend] *v* szándékozik (*to do sg* vmt tenni) ‖ I ~**ed it for you** neked szántam
intense [ın'tens] *a* nagyfokú, erős
intensify [ın'tensıfaı] *vt* elmélyít, kiélez I *vi* kiélesedik
intensity [ın'tensətı] *n* hevesség, (hang)erő
intensive [ın'tensıv] *a* beható, alapos
intent [ın'tent] 1. *a* ~ **look** feszült figyelem 2. *n law* szándék
intention [ın'tenʃn] *n* szándék, cél, terv ‖ **have the** ~ **of doing sg** szándékozik vmt tenni
intentional [ın'tenʃənl] *a* szándékos
interact [ıntər'ækt] *v* egymásra hat
interchange 1. ['ıntətʃeındʒ] *n* (*of motorways*) (különszintű) csomópont 2. [ıntə'tʃeındʒ] *v* (*exchange*) felcserél; (*change place*) helyet cserél
intercourse ['ıntəkɔːs] *n* (*social*) érintkezés, kapcsolat; (*sexual*) közösülés

interest ['ıntrəst] 1. *n* érdeklődés; (*concern*) érdek; érdekeltség; *fin* kamat ‖ **show/take an** ~ **in sg** érdeklődik (*vm iránt*); **in the** ~ **of sg** vmnek az érdekében 2. *v* **be** ~**ed in sg** vm iránt érdeklődik
interesting ['ıntrəstıŋ] *a* érdekes
interest rate *n* kamatláb
interfere [ıntə'fıə] *v* ~ **in sg** be(le)avatkozik vmbe ‖ ~ **with** piszkál vmt, zavar vkt
interference [ıntə'fıərəns] *n* beavatkozás; *radio, TV* interferencia; (vétel)zavar
interim ['ıntərım] *a* ideiglenes, átmeneti
interior [ın'tıərıə] 1. *a* belső, bel- 2. *n* **the** ~ **of sg** vmnek a belseje ‖ ~ **designer** belsőépítész
interlock [ıntə'lɒk] *vt* összekapcsol I *vi* összekapcsolódik
interlude ['ıntəluːd] *n* (*intermezzo*) közjáték; (*interval*) szünet
intermediate [ıntə'miːdıət] *a* közbeeső, közbülső; (*course*) középszintű, középhaladó
intermittent [ıntə'mıtənt] *a* (*current*) váltakozó; (*work*) időszakos
internal [ın'tɜːnl] *a* (*inner*) belső; (*domestic*) belföldi, bel-
internal affairs *n pl* belpolitika
international ['ıntə'næʃənl] *a* nemzetközi
internist ['ıntɜːnıst] *n US* (*internal specialist*) belgyógyász; általános orvos
interpret [ın'tɜːprıt] *v* (*explain*) értelmez; (*translate*) tolmácsol
interpretation [ıntɜːprı'teıʃn] *n* értelmezés, tolmácsolás
interpreter [ın'tɜːprıtə] *n* tolmács

interrogate [ɪn'terəgeɪt] v (ki)kérdez, kihallgat
interrogative [ɪntə'rɒgətɪv] gram 1. a kérdő 2. n kérdőszó, kérdő névmás
interrupt [ɪntə'rʌpt] v félbeszakít
intersect [ɪntə'sekt] vt metsz I vi keresztezi(k)/metszik egymást
intersection [ɪntə'sekʃn] n (crossroads) útkereszteződés, csomópont; (geometry) metszés
interval ['ɪntəvl] n (time) időköz; (space) távolság; school tízperc; theat szünet II at ~s időnként
intervene [ɪntə'viːn] v (event) közbejön; (person)) beleszól; vmbe beavatkozik; közbelép
interview ['ɪntəvjuː] 1. n radio, TV beszélgetés, interjú; GB (for job) felvételi beszélgetés 2. v (reporter) meginterjúvol vkt; (employer) (felvételi) beszélgetést folytat vkvel
intimate 1. ['ɪntɪmət] a bensőséges, meghitt 2. ['ɪntɪmət] n sy's ~ vknek a bizalmasa 3. ['ɪntɪmeɪt] v közöl, tudtul ad
into ['ɪntuː] prep -ba, -be
intolerant [ɪn'tɒlərənt] a türelmetlen
intoxicated [ɪn'tɒksɪkeɪtɪd] a ittas
intransigent [ɪn'trænsɪdʒənt] a meg nem alkuvó
intransitive verb n tárgyatlan ige
intricate ['ɪntrɪkət] a összetett, bonyolult
intrigue 1. ['ɪntriːg] n ~(s pl) cselszövés, intrika 2. [ɪn'triːg] v áskálódik
intrinsic [ɪn'trɪnsɪk] a belső II ~ value belső érték
introduce [ɪntrə'djuːs] v (person) bemutat (to vknek); (bring into

use) meghonosít; bevezet; (a bill) beterjeszt II ~ oneself to sy vknek bemutatkozik
introduction [ɪntrə'dʌkʃn] n (in book) bevezetés; (presentation) bemutatás; (introducing oneself) bemutatkozás
intrude [ɪn'truːd] v betolakodik
intuition [ɪntjuː'ɪʃn] n (instinctive) megérzés, intuíció
inundate ['ɪnʌndeɪt] vt eláraszt I vi vmre kiárad
invade [ɪn'veɪd] v (enemy) betör; (country) megszáll
invader [ɪn'veɪdə] n megszálló
invalid¹ [ɪn'vælɪd] a érvénytelen
invalid² ['ɪnvælɪd] 1. a gyenge (lábakon álló) 2. n gyengélkedő, beteg
invalidate [ɪn'vælɪdeɪt] v érvénytelenít
invalid chair n tolószék
invaluable [ɪn'væljʊbl] a felbecsülhetetlen
invariable [ɪn'veərɪəbl] a változ(hat)atlan, állandó
invasion [ɪn'veɪʒn] n betörés, benyomulás, megszállás
invent [ɪn'vent] v (discover) feltalál; (find out) kitalál; col (think out) kieszel
inventor [ɪn'ventə] n feltaláló
inventory ['ɪnvəntrɪ] n leltár
inverse [ɪn'vɜːs] a fordított
invert [ɪn'vɜːt] v felcserél
inverted commas [ɪn'vɜːtɪd] n pl idézőjel
invest [ɪn'vest] v (in business) beruház; (money) befektet
investigate [ɪn'vestɪgeɪt] v megvizsgál, kivizsgál; (police) nyomoz

investigation [ɪnvestɪ'geɪʃn] n (examination) vizsgálat; (research) vizsgálódás; (inquiry) nyomozás
investment [ɪn'vestmənt] n beruházás; befektetés
inviolable [ɪn'vaɪələbl] a sérthetetlen
invisible [ɪn'vɪzəbl] a láthatatlan
invitation [ɪnvɪ'teɪʃn] n (inviting) meghívás; (request) felkérés ‖ ~ (card) meghívó
invite [ɪn'vaɪt] v (ask to come) meghív; (ask for) felkér ‖ ~ applications (for) (job) pályázatot meghirdet
invoice ['ɪnvɔɪs] 1. n számla 2. v számláz
invoke [ɪn'vəʊk] v segítségül hív
involve [ɪn'vɒlv] v maga után von, vmvel jár ‖ ~ sy in sg vkt vmbe belekever
inward ['ɪnwəd] 1. a (inner) belső; (towards the inside) befelé tartó 2. adv ~(s) befelé
IOU [aɪ əʊ 'juː] n (= I owe you) (of debt) elismervény; (of money) bon
IQ [aɪ 'kjuː] = intelligence quotient
Iran [ɪ'rɑːn] n Irán
Iranian [ɪ'reɪnɪən] a/n iráni
Iraq [ɪ'rɑːk] n Irak
Iraqi [ɪ'rɑːkɪ] a/n iraki
Ireland ['aɪələnd] n Írország
iris ['aɪərɪs] n (plant) nőszirom; (of eye) szivárványhártya
Irish ['aɪrɪʃ] 1. a ír 2. n ír (nyelv) ‖ the ~ az írek
irksome ['ɜːksəm] a terhes, vesződséges
iron ['aɪən] 1. n (metal) vas; (tool) vasaló ‖ ~s pl bilincs 2. v (ki)vasal
ironic(al) [aɪ'rɒnɪk(l)] a gúnyos, ironikus

ironmonger ['aɪənmʌŋgə] n vaskereskedő
irony ['aɪərənɪ] n gúny, irónia
irreconcilable [ɪrekən'saɪləbl] a kibékíthetetlen
irregular [ɪ'regjʊlə] a szabálytalan, rendhagyó
irrelevant [ɪ'reləvənt] a irreleváns, nem idevágó
irreparable [ɪ'reprəbl] a jóvátehetetlen
irreplaceable [ɪrɪ'pleɪsəbl] a pótolhatatlan
irresistible [ɪrɪ'zɪstəbl] a ellenállhatatlan
irresolute [ɪ'rezəluːt] a bizonytalan, határozatlan
irresponsible [ɪrɪ'spɒnsəbl] a felelőtlen, komolytalan
irreversible [ɪrɪ'vɜːsəbl] a visszafordíthatatlan
irrevocable [ɪ'revəkəbl] a megmásíthatatlan, visszavonhatatlan
irrigate ['ɪrɪgeɪt] v (land) öntöz; (wound) kimos
irritable ['ɪrɪtəbl] a ingerlékeny
irritate ['ɪrɪteɪt] v ingerel, bosszant, idegesít
is [ɪz] → be
Islam ['ɪzlɑːm] n iszlám
island ['aɪlənd] n sziget
isle [aɪl] n sziget
isn't ['ɪznt] = is not
isolate ['aɪsəleɪt] v elszigetel
Israel ['ɪzreɪl] n Izrael
Israeli [ɪz'reɪlɪ] a/n izraeli
issue ['ɪʃuː] 1. n (question) probléma; kérdés, ügy; (outcome) fejlemény; (publication) kiadás; (copy) szám; (making out) kiállítás; (handing out) kiadás ‖ the matter at ~ a szóban forgó kérdés; take ~ with sy

about/on sg vitába száll vkvel vmt illetően **2.** *v* közrebocsát; *(bank-note)* kibocsát; *(ticket, book)* kiad
it [ɪt] *n* az; *(accusative)* azt ‖ **that's** ~ ez az!; **who is** ~? ki az?
Italian [ɪ'tæljən] **1.** *a* olasz **2.** *n* *(person, language)* olasz
italics [ɪ'tælɪks] *n pl* dőlt/kurzív betű/szedés
Italy ['ɪtəlɪ] *n* Olaszország
itch [ɪtʃ] **1.** *n* viszketés **2.** *v* viszket ‖ **(s)he is** ~**ing to know** (majd ki)fúrja az oldalát (a kíváncsiság)
itchy ['ɪtʃɪ] *a* *(finger)* viszketős; *(cloth)* rühes
it'd ['ɪtəd] = **it would; it had**
item ['aɪtəm] *n* *(in list)* adat, tétel; *(in programme)* szám; (program)-pont; *(news)* hír
itinerary [aɪ'tɪnərərɪ] *n* *(plan)* útiterv; *(route)* útvonal
it'll ['ɪtl] = **it will; it shall**
it's [ɪts] = **it is; it has**
its [ɪts] *pron* (annak a/az) ...a, ...e, ...ja, ...je
itself [ɪt'self] *pron* (ő/az) maga, önmaga; *(accusative)* őt/azt magát ‖ **by** ~ (ön)magában, (ön)magától; **in** ~ egymagában (véve)
I've [aɪv] = **I have**
ivory ['aɪvərɪ] *n* elefántcsont
ivy ['aɪvɪ] *n* borostyán, repkény

J

jack [dʒæk] **1.** *n* *(cards)* bubi; *(for raising)* (autó)emelő; *el* kapcsolóhüvely **2.** *v* ~ **in** abbahagy; ~ **up** *(car)* felemel

jackal ['dʒækl] *n* sakál
jacket ['dʒækɪt] *n* *(garment)* zakó, kabát, dzseki; *(of book)* borító
jack-knife *n* *(pl* -**knives**) bicska
jackpot ['dʒækpɒt] *n* főnyeremény, telitalálat
jaguar ['dʒæɡjʊə] *n* jaguár
jail [dʒeil] *n* börtön
jam¹ [dʒæm] *n* dzsem, íz, lekvár
jam² [dʒæm] **1.** *n* *(traffic* ~*)* közlekedési dugó ‖ **be in a** ~ pácban van **2.** *v* -**mm**- *(block)* megakaszt; *(crowd)* (be)zsúfol; *(disturb)* zavar
jamb [dʒæm] *n* *(of door)* ajtófélfa; *(of window)* ablakkeret
janitor ['dʒænɪtə] *n US* *(door-keeper)* portás, kapus; *(caretaker)* házfelügyelő
January ['dʒænjʊərɪ] *n* január; → **August**
Japan [dʒə'pæn] *n* Japán
Japanese [dʒæpə'niːz] *n* *(person, language)* japán
jar¹ [dʒɑː] *n* *(of earthware)* (kő)korsó; *(in pharmacy)* tégely; *(for jam)* lekvárosüveg
jar² [dʒɑː] *v* -**rr**- ~ **on one's ears** sérti a fület
jasmine ['dʒæzmɪn] *n* jázmin
jaundice ['dʒɔːndɪs] *n* sárgaság
jaunt [dʒɔːnt] *n* kirándulás, séta
javelin ['dʒævəlɪn] *n* gerely ‖ **the** ~ gerelyhajítás
jaw [dʒɔː] *n* állkapocs
jazz [dʒæz] **1.** *n* dzsessz **2.** *v* ~ **up** dzsesszesít; *col* felélénkít, feldob
jealous ['dʒeləs] *a* féltékeny *(of* vkre/vmre)
jealousy ['dʒeləsɪ] *n* féltékenység
jeans [dʒiːnz] *n pl* farmer(nadrág)
jeep [dʒiːp] *n* dzsip

jelly ['dʒelɪ] *n* (*sweets*) zselé; (*with meat*) kocsonya; (*substance*) aszpik

jeopardy ['dʒepədɪ] *n* veszély, kockázat

jerk [dʒɜːk] **1.** *n* rándulás, döccenés, rángás **2.** *vi* (*muscles*) ráng(atódzik); (*train*) zökken | *vt* (*vehicle, person*) (meg)lök; (*liquid*) összeráz

jersey ['dʒɜːzɪ] *n* (*sweater*) pulóver, szvetter; (*of sportsmen*) mez

jet [dʒet] *n* (*of water*) (víz)sugár; (*nozzle*) *tech* fúvóka; (*plane*) sugárhajtású repülőgép, jet

jet-plane *n* sugárhajtású repülőgép, jet

jetty ['dʒetɪ] *n* móló

Jew [dʒuː] *n* zsidó

jewel ['dʒuːəl] *n* (*stone*) (drága)kő; (*piece of jewellery*) ékszer; (*in watch*) kő || ~ **box** ékszerdoboz

jeweller (*US* **-l-**) ['dʒuːələ] *n* ékszerész || ~**'s (shop)** ékszerbolt

jewellery (*US* **-l-**) ['dʒuːəlrɪ] *n* ékszerek

Jewish ['dʒuːɪʃ] *a* zsidó, izraelita

jigsaw (puzzle) *n* kirakójáték

jingle ['dʒɪŋgl] **1.** *n* csilingelés, csörgés **2.** *v* (*bell*) csilingel; (*key*) csörög; (*glass*) csörömpöl; (*coin*) csörget

job [dʒɒb] *n* (*work*) munka, dolog; (*employment*) munkahely, állás

jobless ['dʒɒblɪs] **1.** *a* állás nélküli, munkanélküli **2.** *n* the ~ a munkanélküliek

jockey ['dʒɒkɪ] **1.** *n* zsoké **2.** *v* ~ **for position** helyezkedik

jocular ['dʒɒkjʊlə] *a* vidám

jog [dʒɒg] **1.** *n* kocogás **2.** *v* **-gg-** kocog

jogging ['dʒɒgɪŋ] *n* kocogás

join [dʒɔɪn] **1.** *n* illesztés **2.** *v* (*unite*) egyesít; (*connect*) (össze)illeszt; (*come together*) egyesül; (*meet*) találkozik; (*follow*) csatlakozik vkhez/vmhez; (*become member of*) belép; beiratkozik || ~ **the army** beáll katonának

join in (*activity*) részt vesz vmben; (*game*) beáll; (*society*) csatlakozik

join up beáll katonának, bevonul

joiner ['dʒɔɪnə] *n* asztalos

joint [dʒɔɪnt] **1.** *a* közös, együttes **2.** *n tech* (*of pipe*) csukló, kötés, illesztés; (*of body*) ízület; (*food*) sült, pecsenye; *col* (*place*) csehó; (*drug*) kábítószeres cigaretta

joint-stock company *n* részvénytársaság

joint venture *n* vegyes vállalat

joist [dʒɔɪst] *n* gerenda

joke [dʒəʊk] **1.** *n* vicc, móka, tréfa || **get the** ~ érti a tréfát **2.** *v* tréfál(kozik)

joker ['dʒəʊkə] *n* (*cards*) dzsóker

jolly ['dʒɒlɪ] *a* jókedvű, vidám, víg || ~ **good fellow** jópofa

jolt [dʒəʊlt] **1.** *n* zökkenő **2.** *v* (*vehicle*) (össze)ráz, zökken

journal ['dʒɜːnl] *n* (*magazine*) (hír)lap, folyóirat; (*daily record*) napló

journalist ['dʒɜːnəlɪst] *n* újságíró

journey ['dʒɜːnɪ] *n* utazás, út

joy [dʒɔɪ] *n* öröm, boldogság

joyful ['dʒɔɪfl] *a* örömteli, vidám

joy-ride *n* (*in a stolen car*) sétakocsikázás

joystick ['dʒɔɪstɪk] *n col aviat, comput* botkormány

Jr = **junior**

jubilee ['dʒuːbɪliː] *n* jubileum

judge [dʒʌdʒ] **1.** *n* (*in court*) bíró; (*of competition*) döntnök || ~**s** *pl* zsűri **2.** *v* (el)bírál, ítélkezik
judg(e)ment ['dʒʌdʒmənt] *n* (*decision*) ítélet; (*discernment*) ítélőképesség; (*opinion*) vélemény
judo ['dʒuːdəʊ] *n* cselgáncs
jug [dʒʌg] *n* kancsó, korsó, bögre
juggler ['dʒʌglə] *n* zsonglőr
juice [dʒuːs] *n* gyümölcslé
juicy ['dʒuːsɪ] *a* (*fruit*) lédús, leveses; (*story*) pikáns
jukebox ['dʒuːkbɒks] *n* wurlitzer
July [dʒuːˈlaɪ] *n* július; → **August**
jumble ['dʒʌmbl] **1.** *n* zagyvaság **2.** *v* ~ (**up**) összekever(edik)
jumbo jet ['dʒʌmbəʊ] *n col* óriásjet
jump [dʒʌmp] **1.** *n* (*spring*) ugrás; (*fence*) akadály **2.** *v* ugrik, vmn átugrik || ~ **the queue** előretolakszik
jump at sg (*object*) vmnek nekiugrik; (*offer*) kapva kap vmn
jumper ['dʒʌmpə] *n* (*person*) ugró; *GB* (*pullover*) pulóver; *US* (*dress*) kötény(ruha)
jumpy *a* ideges
junction ['dʒʌŋkʃn] *n* (*of roads*) (közlekedési) csomópont; (*joining*) összekapcsol(ód)ás
June [dʒuːn] *n* június; → **August**
jungle ['dʒʌŋgl] *n* őserdő, dzsungel
junior ['dʒuːnɪə] *a/n* (*in position*) fiatal, kezdő; *sp* (*competition*) ifjúsági, junior; *school* (*in lower classes*) alsós; *US* (*in third year at high school*) harmadikos, (*at university*) harmadéves; (*younger*) ifjabb, ifjú || **he is two years my** ~ két évvel fiatalabb nálam
junk [dʒʌŋk] *n col* (*objects*) kacat, limlom; *col* (*drug*) heroin

junk-shop *n* használtcikkbolt
jurisdiction [dʒʊərɪsˈdɪkʃn] *n* (*justice*) törvénykezés, bíráskodás; (*authority*) hatáskör
jurist ['dʒʊərɪst] *n* jogász
juror ['dʒʊərə] *n* (*for crimes*) esküdt; (*in competition*) zsűritag
jury ['dʒʊərɪ] *n* (*for crimes*) esküdtszék; (*in competition*) zsűri, versenybíróság
just [dʒʌst] **1.** *a* igazságos, jogos, méltányos **2.** *adv* épp(en), pont, éppen hogy (csak), csaknem || ~ **a** (*or* **one**) **moment please!** egy pillanatra kérem!; ~ **as** éppen úgy, ahogy/mint
justice ['dʒʌstɪs] *n* (*justness*) igazság; (*judge*) (törvényszéki) bíró
justified ['dʒʌstɪfaɪd] *a* igazolt, indokolt; *print* (sor)kizárt || ~ **complaint** jogos panasz/reklamáció
justify ['dʒʌstɪfaɪ] *v* (*act, deed*) igazol, indokol, tisztáz
jut [dʒʌt] *v* **-tt-** ~ **out** kiáll, előreugrik
juvenile ['dʒuːvənaɪl] **1.** *a* fiatalkori, ifjúsági **2.** *n* fiatalkorú

K

kangaroo [kæŋgəˈruː] *n* kenguru
keel [kiːl] *n* hajógerinc; tőkesúly
keen [kiːn] *a* (*sharp*) éles; (*enthusiastic*) lelkes || **be** ~ **on sg** vm nagyon érdekli, vmnek a híve, szorgalmas vmben
keep [kiːp] **1.** *n* (*food*) a létfenntartáshoz szükséges (élelem/pénz); (*cost*) tartásdíj **2.** *v* (*pt/pp* **kept**

[kept]) *vt* (meg)tart; (*rule*) betart; (*family*) fenntart; (*objects*) tárol; (*feast*) megtart I *vi* (*food*) eláll II ~ + ...ing (*vmt folyamatosan tesz*); ~ **right/left!** jobbra/balra hajts!; ~ **house** háztartást vezet; ~ **one's word** megtartja a szavát; ~ **quiet!** csend legyen!

keep back visszatart (*from* vkt/vmt vmtől)

keep (oneself) from doing sg visszatartja magát vmtől

keep off *vt* távol tart; (*food*) tartózkodik vmtől I *vi* távol marad; (*rain*) elvonul

keep on folytatja útját, folytat(ódik)

keep to (*direction*) vmerre tart; (*promise*) vmhez tartja magát II ~ **to the right!** jobbra hajts!

keep up (*maintain*) fenntart; (*continue*) folytat II ~ **up with sy/sg** lépést tart vkvel/vmvel; ~ **up with the times** halad a korral

keeper ['ki:pə] *n* (*of museum*) (múzeum)igazgató; (*in zoo*) állatgondozó; (*guard*) őr

keepsake ['ki:pseik] *n* emlék (*tárgy*)

keg [keg] *n* kis hordó

kennel ['kenl] *n* kutyaól

kept [kept] *pt/pp* → **keep**

kerb (*US* **curb**) [kз:b] *n* járdaszegély

kernel ['kз:nl] *n* mag, belső rész; (*of nut*) (dió)bél

kettle ['ketl] *n* (*for tea*) (teavízforraló) kanna; (*for boiling*) üst

kettledrum ['ketldrʌm] *n mus* üstdob

key [ki:] 1. *n* (*for locking*) kulcs; (*of keyboard*) billentyű; (*answer, code*) megoldás, kulcs; (*tone*)

hangnem II ~ **to sg** vmnek a nyitja 2. *v* ~ **in** *comput* beír, bevisz

keyboard ['ki:bɔ:d] 1. *n* billentyűzet 2. *v comput* beír

keyhole ['ki:həʊl] *n* kulcslyuk

keynote lecture *n* megnyitó előadás

khaki ['kɑ:kı] 1. *a* khaki színű 2. *n* khaki szín

kick [kık] 1. *n* (*kicking*) rúgás; (*strength*) erő; (*pleasure*) élvezet 2. *vt* (meg)rúg; belerúg (vkbe) I *vi* (*gun*) hátrarúg II ~ **a goal** gólt rúg/lő

kick off *sp* (játékot) kezd (*futballban*)

kick up a fuss *col* balhézik, arénázik

kid [kıd] 1. *n* (*goat*) (kecske)gida; (*child*) *col* gyerek, kölyök, srác 2. *v* **-dd-** *col* ugrat, heccel II **no ~ding** viccen kívül

kidnap ['kıdnæp] *v* **-pp-** (*person*) elrabol

kidnapper ['kıdnæpə] *n* emberrabló

kidney ['kıdnı] *n biol* vese

kill [kıl] *v* (*person*) (meg)öl, (meg)gyilkol, elpusztít; (*plant*) irt II **be ~ed** életét veszti (*balesetben*); ~ **time** agyonüti az időt

killer ['kılə] *n* gyilkos

killing ['kılıŋ] 1. *a* (*disease*) gyilkos; *col* (*amusing*) elragadó, állati jó 2. *n* ölés, gyilkolás

kiln ['kıln] *n* égetőkemence, (szárító)kemence

kilogram(me) ['kıləgræm] *n* kilogramm, kiló

kilometre (*US* **-ter**) ['kıləmi:tə] *n* kilométer

kind [kaınd] 1. *a* kedves, szíves II **would you be so ~ as to ...** len-

ne/légy olyan szíves ...; ~ **regards from ...** (*in letter*) melegen üdvözöl **2.** *n* féleség, fajta ‖ **of this** ~ efféle; **sg of the** ~ ilyesmi; ~ **of** valamiféle; olyasvalahogy, mintha
kindergarten ['kɪndəɡɑːtn] *n* óvoda
kind-hearted *a* jószívű
kindle ['kɪndl] *v* (*fire*) felszít; (*passion*) fellobbant; (*interest*) felkelt
kindly ['kaɪndlɪ] **1.** *adv* kedvesen, szívesen ‖ **will you** ~ legyen/légy szíves **2.** *a* kedves, barátságos
king [kɪŋ] *n* király
kingdom ['kɪŋdəm] *n* királyság
king-size *a* extra méretű/nagy
kiosk ['kiːɒsk] *n* (árusító) bódé, pavilon; (*phone box*) telefonfülke
kiss [kɪs] **1.** *n* csók; *col* puszi **2.** *v* (meg)csókol
kit [kɪt] *n* *mil* felszerelés; (szerszám)készlet; *sp* mez, felszerelés
kitchen ['kɪtʃɪn] *n* konyha ‖ ~ **sink** (konyhai) mosogató
kite [kaɪt] *n* sárkány ‖ **fly a** ~ sárkányt ereget
kitten ['kɪtn] *n* kismacska, cica
knack [næk] *n* fogás; trükk ‖ **get the** ~ **of it** rájön a nyitjára
knapsack ['næpsæk] *n* hátizsák
knave [neɪv] *n* (*cards*) alsó, bubi
knead [niːd] *v* (*bread*) dagaszt; (*muscles*) (meg)gyúr
knee [niː] *n* térd ‖ **be on one's** ~**s** térdel
kneel [niːl] *v* (*pt/pp* **knelt** [nelt]) térdel
kneel down letérdel
knelt [nelt] *pt/pp* → **kneel**
knew [njuː] *pt* → **know**
knickers ['nɪkəz] *n pl col* bugyi
knife [naɪf] **1.** *n* (*pl* **knives** [naɪvz]) kés **2.** *v* megkésel

knight [naɪt] **1.** *n* *GB* lovag; (*in chess*) huszár, ló **2.** *v* lovaggá üt
knit [nɪt] *v* (*pt/pp* **knitted** ['nɪtɪd] *or* **knit; -tt-**) *vt* (meg)köt (*ruhadarabot*) ‖ *vi* (*bones*) összeforr
knitwear ['nɪtweə] *n* kötöttáru
knives [naɪvz] *pl* → **knife**
knob [nɒb] *n* gomb, fogantyú; (*small swelling*) dudor
knock [nɒk] **1.** *n* (*on door*) kopog(tat)ás **2.** *vt* kopog(tat) ‖ *vi* (*car*) kopog, kotyog
knock at the door kopogtat az ajtón
knock down (*dismantle*) szétszerel; (*with car*) elüt; (*strike to ground*) földhöz vág vkt
knock off (*object*) lever; (*work*) befejez; *coll* (*steal*) ellop, megfúj
knock out (*in boxing*) kiüt
knock over felborít, feldönt; (*with car*) elüt
knock up (*wake*) vkt felzörget; (*make hurriedly*) vmt összetákol, összecsap
knot [nɒt] **1.** *n* (*also in wood*) csomó; *naut* csomó (*1853 m/óra*) **2.** *v* **-tt-** csomóra köt vmt
knotty ['nɒtɪ] *a* csomós; (*wood*) görcsös; (*problem*) nehéz
know [nəʊ] *v* (*pt* **knew** [njuː], *pp* **known** [nəʊn]) tud; vkt/vmt ismer ‖ **as far as I** ~ legjobb tudomásom szerint; **come to** ~ megtud; **please let me** ~ kérem tudassa velem; **get to** ~ **sg** megismer vmt; ~ **sg by hearing** hallomásból tud vmt; ~ **sg by heart** kívülről tud vmt; **make sg** ~**n** közöl/ismertet vmt; ~**n for sg** nevezetes vmről
know about/of sg tudomása van vmről

know-how *n* technikai tudás, szakértelem

knowledge ['nɒlɪdʒ] *n* tudás, ismeret || **bring sg to sy's** ~ vknek tudtára ad vmt, tudomására hoz vknek vmt; **to my** ~ tudomásom szerint, tudtommal

known [nəʊn] *a* ismert; → **know**

knuckle ['nʌkl] *n* ujjperc

koala bear [kəʊ'ɑ:lə] *n* koalamackó

kohlrabi [kəʊl'rɑ:bɪ] *n* kalarábé

kosher ['kəʊʃə] *a* kóser

L

label ['leɪbl] **1.** *n* címke **2.** *v* **-ll-** (*US* **-l-**) címkéz

labor ['leɪbə] *US* = **labour**

laboratory [lə'bɒrətrɪ] *n* laboratórium

laborious [lə'bɔːrɪəs] *a* nehéz, verítékes

labour (*US* **-or**) ['leɪbə] **1.** *n* (*work*) munka; (*worker*) munkás, munkaerő; *med* (*childbirth*) vajúdás, szülés || **be in** ~ vajúdik **2.** *v* (*work*) dolgozik; *med* (*with child*) vajúdik

labourer ['leɪbərə] *n* fizikai dolgozó

labour force *n* munkaerő

Labour Party *n GB* munkáspárt

labour-saving devices *n pl* háztartási gépek/készülékek

lace [leɪs] **1.** *n* (*fabric*) csipke; (*of shoe*) zsinór **2.** *v* ~ **(up) one's shoes** befűzi a cipőjét

lack [læk] **1.** *n* hiány || **for** ~ **of sg** vmnek a hiányában **2.** *v* nélkülöz vmt, szűkében van vmnek || **be ~ing in sg** hiányzik vkből vm

lacquer ['lækə] **1.** *n* lakk **2.** *v* lakkoz

lacy ['leɪsɪ] *a* csipkés

lad [læd] *n* legény, fiú

ladder ['lædə] *n* létra, hágcsó || **have a** ~ **in one's stockings** leszaladt a szem a harisnyáján

ladle ['leɪdl] **1.** *n* merőkanál **2.** *v* ~ **(out)** (*soup*) kimer

lady ['leɪdɪ] *n* hölgy, úrnő || **the ladies** (*toilet*) nők; **Ladies and Gentlemen!** Hölgyeim és uraim!; **ladies' wear** női divatáru

ladybird ['leɪdɪbɜːd] *n* katicabogár

ladybug [leɪdɪbʌg] *n US* katicabogár

ladykiller ['leɪdɪkɪlə] *n* nőcsábász

ladyship ['leɪdɪʃɪp] *n* **your** ~ *approx* méltóságos asszonyom

lag [læg] **1.** *n* késés, késedelem; lemaradás **2.** *v* **-gg-** ~ **behind** (*group*) lemarad; (*in doing sg*) késlekedik

lager ['lɔːgə] *n* világos sör

lagoon [lə'guːn] *n* lagúna

laid [leɪd] *pt/pp* → **lay**[2]

lain [leɪn] *pp* → **lie**[2]

lake [leɪk] *n* tó

lamb [læm] *n* (*animal*) bárány; (*meat*) birkahús

lame [leɪm] *a* béna, sánta

lament [lə'ment] **1.** *n* panasz(kodás), kesergés **2.** *v* siránkozik, sopánkodik || ~ **(for) sy** sirat vkt

lamp [læmp] *n* lámpa

lampshade ['læmpʃeɪd] *n* lámpaernyő

lance [lɑːns] *n* gerely, lándzsa

land [lænd] **1.** *n* föld; (*property*) (föld)birtok; (*area*) terület; (*soil*) talaj; (*country*) ország **2.** *vi* (*aircraft*) leszáll, földet ér; (*from ship*) partra száll || *vt* (*fish*) kifog

landing ['lændɪŋ] *n* (*of ship*) kikötés; (*of aircraft*) leszállás; (*of person*) partraszállás; (*on stairs*) pihenő ǁ ~ **stage** kikötőhely; ~ **strip** *aviat* leszállópálya
landlady ['lændleɪdɪ] *n* szállásadó(nő), háziasszony
landlord ['lændlɔːd] *n* szállásadó, háziúr
landmark ['lændmɑːk] *n* határkő; *fig* (*event*) fordulópont
landowner ['lændəʊnə] *n* földbirtokos
landscape ['lændskeɪp] *n* tájkép
landslide ['lændslaɪd] *n* *also fig* földcsuszamlás
lane [leɪn] *n* (*for running*) pálya; (*for traffic*) sáv; (*narrow road*) utcácska, köz ǁ **inside** ~ külső sáv; **outside** ~ belső sáv
language ['læŋgwɪdʒ] *n* (*human speech*) nyelv; (*manner of speaking*) stílus, nyelv(ezet)
languid ['læŋgwɪd] *a* bágyadt, lankadt
lanky ['læŋkɪ] *a* hórihorgas, nyúlánk
lap¹ [læp] **1.** *n* (*of coat*) lebernyeg, szárny; (*of ear*) (fül)cimpa; (*of person*) öl; (*of race*) kör **2.** *v* **-pp-** (*overlap*) átlapol; (*wrap*) beteker; (*outrun*) leköröz vkt
lap² [læp] *v* **-pp-** (*milk*) szürcsöl; (*waves*) nyaldos
lapse [læps] **1.** *n* (*error*) (el)csúszás, hiba, mulasztás; (*interval*) kihagyás; *law* (*expiry*) elévülés; (*of date*) lejárat **2.** *v* *law* (*right*) elévül; (*date*) lejár
laptop ['læptɒp] *n* *comput* laptop (*hordozható személyi számítógép*)
lard [lɑːd] *n* zsír
larder ['lɑːdə] *n* (élés)kamra

large [lɑːdʒ] *a* nagy ǁ **by and** ~ nagyjából; **be at** ~ szabadlábon van; **in** ~ **quantities** nagy menynyiségben
large-scale *a* nagyarányú, nagyszabású
lark¹ [lɑːk] *n* (*bird*) pacsirta
lark² [lɑːk] **1.** *n* (*joke*) tréfa **2.** *v* ~ (**about**) mókázik, bolondozik
laser ['leɪzə] *n* lézer
laser printer *n* lézernyomtató
lash [læʃ] **1.** *n* korbács, ostor **2.** *v* korbácsol, ostoroz
lass [læs] *n* lány(ka)
lassitude ['læsɪtjuːd] *n* kimerültség
last [lɑːst] **1.** *a* (leg)utolsó, (leg)utóbbi, múlt ǁ ~ **night** tegnap éjjel/este; **the** ~ **time** múltkor **2.** *adv* utolsónak, utoljára **3.** *n* utolsó ǁ **at** ~ végre **4.** *v* (*last*) tart; (*be enough*) eltart, kitart ǁ **it won't** ~ (*effect*) semeddig se tart
lasting ['lɑːstɪŋ] *a* tartós, maradandó
latch [lætʃ] *n* (toló)zár
late [leɪt] **1.** *a* késő; (*dead*) néhai; (*recent*) legutóbbi, (leg)újabb ǁ **be** ~ **for sg** elkésik/lekésik vmről; **it is getting** ~ későre jár az idő **2.** *adv* (el)késve, későn ǁ ~ **at night** késő éjjel/este
lately ['leɪtlɪ] *adv* nemrég, mostanában, az utóbbi időben
latent ['leɪtənt] *a* rejtett; *med* lappangó
later ['leɪtə] **1.** *a* későbbi **2.** *adv* ~ (**on**) a későbbiek során/folyamán
lateral ['lætərəl] *a* oldalsó
latest ['leɪtɪst] **1.** *a* legutóbbi, legutolsó, legújabb ǁ **at the** ~ legkésőbb; ~ **fashion** legújabb divat **2.** *adv* legutoljára

lathe [leɪð] *n* eszterga(pad)
Latin ['lætɪn] *a/n* latin
Latin America *n* Latin-Amerika
Latin-American *a/n* latin-amerikai
latitude ['lætɪtjuːd] *n geogr* szélesség
latter ['lætə] *a/n* későbbi, utóbbi
lattice ['lætɪs] *n* rács(ozat)
laugh [lɑːf] **1.** *n* nevetés **2.** *v* nevet ‖ **~ at sg/sy** nevet vmn/vkn, kinevet vmt/vkt
laughable ['lɑːfəbl] *a* nevetséges
laughter ['lɑːftə] *n* nevetés
launch [lɔːntʃ] *v* (*ship*) vízre bocsát; (*rocket*) fellő; (*debate*) elindít; (*business*) beindít
launder ['lɔːndə] *v US* kimos
launderette [lɔːndə'ret], *US* **laundromat** ['lɔːndrəmæt] *n* önkiszolgáló mosószalon
laundry ['lɔːndrɪ] *n* (*place*) mosoda; (*clothes*) szennyes
laurel ['lɒrəl] *n* babér
lava ['lɑːvə] *n* láva
lavatory ['lævətrɪ] *n* vécé, toalett
lavatory paper *n* vécépapír
lavender ['lævɪndə] *n* levendula
lavish ['lævɪʃ] **1.** *a* (*gift*) pazar; (*person*) költekező **2.** *v* pazarol
law [lɔː] *n* jog; (*legal rule*) törvény, jogszabály; (*science*) jogtudomány ‖ **by ~** bírósági úton; **~ of nature** természeti törvény
lawcourt ['lɔːkɔːt] *n* törvényszék, bíróság
lawful ['lɔːfəl] *a* törvényes, jogos
lawn [lɔːn] *n* gyep, pázsit
lawn-mower *n* fűnyíró (gép)
lawsuit ['lɔːsuːt] *n* per
lawyer ['lɔːjə] *n* jogász, ügyvéd
lax [læks] *a* hanyag
lay[1] [leɪ] *a* (*not expert*) laikus; (*not clerical*) laikus, világi

lay[2] [leɪ] *v* (*pt/pp* **laid** [leɪd]) (*put, place*) helyez, tesz, rak; (*eggs*) tojik ‖ **~ the table** megterít; **~ hands on sg** szert tesz vmre
lay aside vmt félretesz
lay by (*money*) félretesz (pénzt); (*habit*) abbahagy
lay down letesz, lerak
lay off (*worker*) elbocsát
lay on (*gas*) bevezet; (*paint*) felrak
lay out (*clothes*) leterít, kiterít; (*books*) szétrak; (*money*) kiad
lay up felhalmoz, beszerez
lay[3] [leɪ] *pt* → **lie**[2]
lay-by (*pl* **-bys**) *n* (*by motorway*) pihenőhely, leállósáv
layer ['leɪə] *n* (*of paint, society*) réteg
layman ['leɪmən] *n* (*pl* **-men**) laikus, világi személy
layout ['leɪaʊt] *n* (*arrangement*) elrendezés; (*plan*) alaprajz; (*design*) berendezés; (*typography*) tördelés
lazy ['leɪzɪ] *a* lusta
lb (*pl* **~** *or* **lbs**) = (*Latin: libra*) **pound** (*weight*) font
lead[1] [led] *n* (*metal*) ólom; (*graphite*) ceruzabél, grafit
lead[2] [liːd] **1.** *n* (*leading*) vezetés; (*position*) előny; (*cord*) póráz; (*chief actor*) főszereplő; (*leading part*) főszerep ‖ **take the ~** átveszi a vezetést **2.** *v* (*pt/pp* **led** [led]) vezet, vkt vhová elvezet, vmre/vmhez vezet ‖ **~ a hard life** nehezen él; **~ sy by the nose** vkt orránál fogva vezet; **~ the way** elöl megy
lead astray félrevezet
lead away (*prisoner*) elvezet
lead on *col* rávesz
lead up to vhová kilyukad

leader ['li:də] *n* vezető; (*violinist*) első hegedűs; (*article*) vezércikk
lead-free *a* ólommentes
leading ['li:dɪŋ] *a* fő, vezető || ~ **article** vezércikk; ~ **light** *col* (*person*) kiválóság; ~ **part/role** főszerep
leaf [li:f] **1.** *n* (*pl* **leaves** [li:vz]) (*of tree*) falevél; (*of book*) lap **2.** *v* (ki)lombosodik
leaf through a book könyvet átlapoz
leaflet ['li:flɪt] *n* szórólap, prospektus
league [li:g] *n* liga, szövetség
leak [li:k] **1.** *n* lék **2.** *v* (*liquid*) folyik; (*container*) szivárog; (*roof*) beázik
leak out *vi* kiszivárog | *vt* kiszivárogtat
lean[1] [li:n] *a* (*person*) sovány, szikár; (*meat*) sovány
lean[2] [li:n] *v* (*pt/pp* **leant** [lent] *or* **leaned** [li:nd]) hajol, hajlik, dől
lean against sg vmnek nekidől
lean on (*depend*) vkre/vmre támaszkodik; (*rest*) megtámaszkodik vmben
lean out (of) kihajol
lean over vmn áthajol
leant [lent] *pt/pp* → **lean**
leap [li:p] **1.** *n* ugrás **2.** *v* (*pt/pp* **leapt** [lept] *or* **leaped** [li:pt]) szökken, ugrik
leap at sg (*animal*) vmre ráugrik; (*offer*) két kézzel kap vmn
leap-frog *n* bakugrás
leapt [lept] *pt/pp* → **leap**
leap year *n* szökőév
learn [lɜ:n] *v* (*pt/pp* **learnt** [lɜ:nt] *or* **learned** [lɜ:nd]) (*gain knowledge*) vmt (meg)tanul; (*get information*)
megtud vmt, értesül vmről || ~ **by heart** könyv nélkül megtanul
learned ['lɜ:nɪd] *a* (*society*) tudományos; (*person*) tudós; → **learn**
learner ['lɜ:nə] *n* tanuló; (~ *driver*) tanulóvezető
learning ['lɜ:nɪŋ] *n* tanulás; (*knowledge*) tudás, felkészültség || **a man of** ~ tanult ember
learnt [lɜ:nt] *pt/pp* → **learn**
lease [li:s] **1.** *n* (*leasing*) bérbeadás; (*rent*) (haszon)bérlet **2.** *v* (*hire*) kibérel, bérbe vesz; (*let out*) bérbe ad
leash [li:ʃ] *n* póráz
least [li:st] *a* legkisebb, legkevesebb || **at** ~ legalább(is); **not in the** ~ a legkevésbé sem, egyáltalán nem
leather ['leðə] *n* bőr (*kikészített*)
leave [li:v] **1.** *n* (*absence*) szabadság; (*permission*) eltávozás, kimaradás **2.** *v* (*pt/pp* **left** [left]) (*quit*) (vk vkt) elhagy; (*allow*) hagy; (*go away*) (el)távozik, elutazik, vhonnan elmegy; (*depart*) indul || ~ **(sg) at home** otthon felejt; ~ **home** elmegy hazulról; ~ **sy/sg alone** békén/békében hagy vkt/vmt
leave (sg) behind ottfelejt, maga mögött hagy
leave for vhova elutazik
leave out mellőz, kihagy
leaves [li:vz] *pl* → **leaf, leave**
lecherous ['letʃərəs] *a* buja, kicsapongó
lecture ['lektʃə] **1.** *n* (*at university*) előadás || **deliver/read a** ~ **on sg** előadást tart vmről **2.** *v* (*at university*) előad (*on* vmről)
lecture hall *n* előadóterem

lecturer ['lektʃərə] *n* (*speaker*) (egyetemi) előadó, oktató ‖ *GB approx* (*assistant professor*) adjunktus
led [led] *pt/pp* → **lead**
ledge [ledʒ] *n* (*of window*) párkány; (*on wall*) szegély; (*shelf*) polc
leech [liːtʃ] *n zoo* pióca
leek [liːk] *n* póréhagyma
leer [lɪə] **1.** *n* kacsintás **2.** *v* ~ **at sy** kacsint vkre
leeway ['liːweɪ] *n* (*time*) szabadidő; (*space*) szabad hely/tér
left¹ [left] **1.** *a* (*side, turn*) bal (oldali); *tech* (*screw*) balmenetes **2.** *adv* balra **3.** *n* bal (oldal/kéz) ‖ **the L~** *pol* baloldal; **from the** ~ balról, bal felől; **to the** ~ balra, bal felé; **on the** ~ a bal oldalon
left² [left] *pt/pp* → **leave**
left-hand *a* bal oldali; (*person*) balkezes; *tech* (*screw*) balmenetes
left-handed *a* (*person*) balkezes; (*compliment*) suta
left-hand side *n* bal oldal
left-luggage office *n* (pályaudvari) poggyászmegőrző
leftovers ['leftəʊvəz] *n pl* (étel)maradék
left wing *n pol* baloldal, balszárny
leg [leg] *n* (*limb*) láb(szár); (*of trousers*) szár; (*meat*) comb; (*of chair*) láb; (*of competition*) forduló
legacy ['legəsɪ] *n* örökség, hagyaték
legal ['liːgl] *a* (*lawful*) törvényes, jogos; (*of law*) jogi ‖ **take** ~ **action against sy** beperel vkt
legal aid *n* jogsegély
legal entity *n* jogi személy
legalize ['liːgəlaɪz] *v* legalizál
legend ['ledʒənd] *n* (*story*) legenda; (*inscription*) felirat; (*explanation*) jelmagyarázat

legible ['ledʒəbl] *a* olvasható
legislate ['ledʒɪsleɪt] *v* törvényt alkot/hoz
legislation [ledʒɪs'leɪʃn] *n* törvényhozás
legislative ['ledʒɪslətɪv] *a* törvényhozó
legislature ['ledʒɪsleɪtʃə] *n* törvényhozó testület
legitimate [lɪ'dʒɪtɪmət] *a* törvényes, jogos
leisure ['leʒə] *n* szabadidő, ráérő idő
leisure centre (*US* **center**) *n* szabadidőközpont
lemon ['lemən] *n* citrom
lemonade [lemə'neɪd] *n* limonádé
lemon squeezer (*or US* **juicer**) *n* citromnyomó
lend [lend] *v* (*pt/pp* **lent** [lent]) kölcsönöz, kölcsönad (*sg to sy or sy sg* vmt vknek)
length [leŋθ] *n* (*extent*) hossz(úság); (*duration*) tartam ‖ ~ **of time** időtartam
lengthen ['leŋθən] *vt* (meg)hosszabbít ǀ *vi* (meg)hosszabbodik
lengthy ['leŋθɪ] *a* hosszadalmas
lenient ['liːnɪənt] *a* elnéző, türelmes
lens [lenz] *n phys* lencse
lent [lent] *pt/pp* → **lend**
Lent [lent] *n* nagyböjt
lentil ['lentɪl] *n bot* lencse
leopard ['lepəd] *n* leopárd
leotard ['liːətɑːd] *n* (*for girls*) testhezálló tornaruha, balett-trikó
less [les] **1.** *a* (*comparison*) kevesebb; (*minus*) mínusz ‖ **no(t)** ~ **than** nem kevesebb, mint **2.** *adv* kevésbé, kisebb mértékben, kevesebbet ‖ ~ **and** ~ egyre kevésbé

lessen ['lesn] *vt* csökkent, kisebbít; (*pain*) enyhít I *vi* csökken, fogy; (*pain*) enyhül
lesson ['lesn] *n* (*homework*) lecke; (*education*) tanítás; (*period*) óra; (*warning*) tanulság ‖ **let that be a ~ to you!** jó lecke volt ez neked!; **give English ~s** angolórákat ad; **take ~s (in sg)** órákat vesz
lest [lest] *conj* nehogy
let [let] *v* (*pt/pp* **let; -tt-**) (*allow*) hagy, enged; (*lease*) kiad, bérbe ad ‖ **to (be) ~** kiadó; **~ us** (*or* **let's**) **go!** menjünk!, gyerünk!; **~ us say** teszem azt, mondjuk; **~ alone** nem számítva; **~ me see!** hadd lássam!; **~ sy do sg** vmt enged vknek; **~ sy know sg** vkvel vmt tudat
   let down leenged ‖ **~ sy down** *col* cserbenhagy vkt
   let in (*admit*) beenged; (*make narrower*) bevesz
   let in on beavat (*titokba*)
   let off (*punishment*) elenged
   let on továbbmond
   let out (*room*) kiad; (*prisoner, dress*) kienged; (*secret*) kikotyog
   let up (*tension*) enyhül; (*rain*) alábbhagy
lethal ['li:θl] *a* halálos
let's [lets] = **let us**
letter ['letə] *n* (*sign*) betű; (*message*) levél ‖ **~ of credit** hitellevél; → **letters**
letterbox ['letəbɒks] *n* postaláda, levélszekrény
letters ['letəz] *n pl or sing.* irodalom(tudomány)
lettuce ['letɪs] *n* (fejes) saláta
level ['levl] **1.** *a* sík, vízszintes, egyszintű ‖ **make ~** elsimít **2.** *n* szint, színvonal **3.** *v* **-ll-** (*US* **-l-**) (*make level*) szintbe/szintre hoz, kiegyenlít; (*demolish*) lerombol; (*aim*) ráirányít
level-crossing *n* szintbeni útkereszteződés (*or* vasúti átjáró)
level-headed *a* higgadt
lever ['li:və] *n* emelő, emelőrúd
levy ['levɪ] **1.** *n* (*levying*) adókivetés; (*tax*) behajtott adó **2.** *v* kiró, kivet ‖ **~ a tax on sg** adót kivet vkre/vmre
lewd [lu:d] *a* (*indecent*) feslett; erkölcstelen; (*lustful*) parázna
liabilities *n pl* tartozások, passzívák
liability [laɪə'bɪlətɪ] *n* (*responsibility*) kötelezettség; (*burden*) teher(tétel)
liable ['laɪəbl] *a* **~ for sg** (*responsible*) felelős vmért; **~ to sg** (*subject to*) vm alá esik, köteles vmre; (*prone to*) hajlamos vmre
liaison [lɪ'eɪzn] *n* kapcsolat, viszony
liar ['laɪə] *n* hazug ember
libel ['laɪbl] **1.** *n* rágalmazás **2.** *v* **-ll-** (*US* **-l-**) (meg)rágalmaz
liberal ['lɪbərəl] **1.** *a* (*generous*) nagyvonalú, bőkezű; (*open-minded*) szabadelvű, liberális **2.** *n* **L~** liberális (párt tagja)
liberate ['lɪbəreɪt] *v* kiszabadít, felszabadít
liberty ['lɪbətɪ] *n* szabadság ‖ **be at ~** szabadlábon van; **take the ~ (of ...ing)** bátorkodik (*vmt tenni*)
librarian [laɪ'breərɪən] *n* könyvtáros
library ['laɪbrərɪ] *n* könyvtár
lice [laɪs] *pl* → **louse**
licence (*US* **-se**) ['laɪsns] *n* (*for driving*) jogosítvány, engedély; (*for sale*) licenc; → **license**
licence number *n* rendszám

license ['laɪsns] **1.** *n US* = **licence**
2. *v* engedélyez, jogosítványt ad
(vmre)
license plate *n US* rendszámtábla
lick [lɪk] **1.** *n* nyalás **2.** *v* (meg)nyal
lid [lɪd] *n* tető, fedél, fedő
lido ['liːdəʊ] *n* (*pl* **-os**) strand; (nyi-
tott) uszoda
lie[1] [laɪ] **1.** *n* hazugság **2.** *v* (*pt/pp*
lied [laid]; *pres p* **lying** ['laɪɪŋ]) ha-
zudik
lie[2] [laɪ] *v* (*pt* **lay** [leɪ], *pp* **lain** [leɪn];
pres p **lying** ['laɪɪŋ]) fekszik, elte-
rül (*ingatlan*) ‖ **sg ~s in** (**...ing**)
abban rejlik, hogy
lie about szerteszét hever
lie down (le)fekszik
lie in (*stay in bed*) ágyban marad;
(*after childbirth*) gyermekágyban
fekszik
lieutenant [lefˈtenənt; us luː-] *n GB*
főhadnagy; *US* hadnagy
life [laɪf] *n* (*pl* **lives** [laɪvz]) élet;
(*biography*) életrajz ‖ **come to ~**
(**again**) életre kel
life assurance/insurance *n* élet-
biztosítás
lifebelt ['laɪfbelt] *n* mentőöv
lifeboat ['laɪfbəʊt] *n* mentőcsónak
lifeguard ['laɪfɡɑːd] *n* (*in baths*)
úszómester ‖ **~s** *pl* (*on beach*)
mentőszolgálat
life jacket *n* mentőmellény
lifelike ['laɪflaɪk] *a* élethű
life-preserver *n US* (*belt*) mentő-
öv; (*jacket*) mentőmellény; (*stick*)
ólmosbot
life-saver *n* (élet)mentő
life sentence *n* életfogytiglani bör-
tönbüntetés
lifetime ['laɪftaɪm] *n* élettartam

lift [lɪft] **1.** *n* lift, (személy)felvonó ‖
give sy a ~ járműre vkt felvesz **2.**
vt (*raise*) (fel)emel; *col* (*steal*) el-
emel, ellop I *vi* (*rise*) felszáll
light[1] [laɪt] **1.** *a* (*clear*) világos;
(*pale*) sápadt, halvány; (*bright*)
világos (színű) **2.** *n* (*brightness*)
fény, világosság; (*lamp*) (villany)-
lámpa; (*flame*) tűz, láng ‖ **bring**
sg to ~ napfényre hoz vmt;
(*mystery*) felderít; **~s** (*of car*)
világítás; **give (sy) a ~** tüzet ad;
in the ~ of sg vmnek fényében **3.**
v (*pt/pp* **lit** [lɪt] *or* **lighted** ['laɪtɪd])
meggyújt ‖ **~ a cigarette** cigaret-
tára gyújt; **~ a fire** tüzet rak
light up (*room*) kivilágít; (*area*)
bevilágít
light[2] [laɪt] **1.** *a* (*not heavy*) könnyű;
(*slight*) enyhe; gyenge ‖ **make ~**
of sg túlteszi magát vmn **2.** *adv*
könnyen, könnyedén **3.** *v* (*pt/pp* **lit**
[lɪt] *or* **lighted** ['laɪtɪd]) **~ on/upon**
sg/sy ráakad/rábukkan vmre/vkre
light ale *n* világos sör
lighten[1] ['laɪtən] *v* (*heart*) enyhít;
(*cargo*) könnyít
lighten[2] ['laɪtən] *vt* kivilágít I *vi* (ki)-
világosodik
lighter ['laɪtə] *n* öngyújtó
light-headed *a* (*dizzy*) szédülő(s);
(*careless*) szeleburdi
light-hearted *a* gondtalan
lighthouse ['laɪthaʊs] *n* világítóto-
rony
light music *n* könnyűzene
lightning ['laɪtnɪŋ] *n* villám
light pen *n* fényceruza
lightweight ['laɪtweɪt] *n sp* könnyű-
súly
light year *n* fényév

like[1] [laɪk] **1.** *a/prep* (*similar*) hasonló vkhez/vmhez; (*comparison*) mint ‖ **just ~** (ugyan)olyan, mint; **just ~ you!** ez jellemző rád! **2.** *adv/conj* mint; úgy, amint **3.** *n* **the ~s of him** a hozzá hasonlók
like[2] [laɪk] *v* szeret ‖ **as you ~** ahogy akarod; **if you ~** ha (úgy) tetszik; **I'd ~ a coffee** egy kávét kérek
likeable ['laɪkəbl] *a* rokonszenves
likely ['laɪklɪ] **1.** *a* valószínű ‖ **he is ~ to be late** lehet, hogy késni fog **2.** *adv* valószínűleg
likewise ['laɪkwaɪz] *a* hasonlóképpen, ugyanúgy
liking ['laɪkɪŋ] *n* tetszés ‖ **be to sy's ~** ínyére/kedvére van/való; **have a ~ for sg** szeret/kedvel vmt
lilac ['laɪlək] *n bot* orgona
lily ['lɪlɪ] *n* liliom ‖ **~ of the valley** gyöngyvirág
limb [lɪm] *n* (*of body*) (vég)tag; (*of tree*) vastag (fa)ág
lime[1] [laɪm] *n* (*substance*) mész
lime[2] [laɪm] *n* (*tree*) hársfa
lime[3] [laɪm] *n* (*fruit*) citrom
limelight ['laɪmlaɪt] *n theat* rivaldafény
limestone ['laɪmstəʊn] *n* mészkő
limit ['lɪmɪt] **1.** *n* határ, korlát **2.** *v* korlátoz, határt szab vmnek ‖ **be ~ed to** vmre korlátozódik/szorítkozik
limitation [lɪmɪ'teɪʃn] *n* korlátozás
limited ['lɪmɪtɪd] *a* korlátozott, korlátolt ‖ **~ number of copies were printed** kis példányszámban jelent meg
limited liability company *n* korlátolt felelősségű társaság, kft.

limp [lɪmp] **1.** *n* **walk with a ~** sántikál **2.** *v* biceg, sántít
line [laɪn] **1.** *n* (*mark*) vonal; (*feature*) vonás; (*row*) sor; (*route*) közlekedési vonal; (*sea*) járat; (*track*) sínpár; (*wire, cable*) huzal, vezeték; (*of telephone*) telefonvonal; (*rope*) kötél ‖ **be in ~ with sg** összhangban van vmvel **2.** *v* (*mark with line*) (meg)vonalaz; (*clothes*) (ki)bélel
line up *vt* felsorakoztat | *vi* (fel)sorakozik
linen ['lɪnɪn] *n* (*cloth*) vászon; (*garment*) fehérnemű
liner[1] ['laɪnə] *n* (*ship*) óceánjáró; (*for make-up*) szemceruza; (*aircraft*) nagy személyszállító repülőgép
liner[2] ['laɪnə] *n* (*for baby*) (pelenka)betét; (*for dust*) szemeteszacskó
linger ['lɪŋgə] *v* sokáig távolmarad; kimarad ‖ **~ about/around** lődörög; lézeng; **~ on** tovább él (*emlék*)
lingerie ['lɒnʒərɪ] *n* női fehérnemű
lingo ['lɪŋgəʊ] *n* (*pl* **-goes**) *col* (*language*) nyelv; (*jargon*) nyelvjárás; szakzsargon
linguistics [lɪŋ'gwɪstɪks] *n sing.* nyelvtudomány, nyelvészet
lining ['laɪnɪŋ] *n* (*of clothes*) bélés
link [lɪŋk] **1.** *n* (*chain*) láncszem, kapcsolat; *tech* (*connection*) kötés; → **links 2.** *v* összekapcsol, összeköt (*with* vmvel)
link up *vt* összekapcsol | *vi* összekapcsolódik
links [lɪŋks] *n pl* (*golf*) golfpálya
lint [lɪnt] *n* kötszer
lion ['laɪən] *n* oroszlán

lip [lɪp] *n* (*of mouth*) ajak; (*of vessel*)) száj
lipstick ['lɪpstɪk] *n* (ajak)rúzs
liqueur [lɪ'kjʊə] *n* likőr
liquid ['lɪkwɪd] **1.** *a* folyékony (halmazállapotú), cseppfolyós **2.** *n* folyadék, lé
liquidate ['lɪkwɪdeɪt] *v* (*company*) feloszlat, felszámol
liquidizer ['lɪkwɪdaɪzə] *n* turmixgép
liquor ['lɪkə] *n US* szeszes ital
lisp [lɪsp] **1.** *n* selypítés **2.** *v* selypít, pöszén beszél
list [lɪst] **1.** *n* jegyzék, lista ‖ **make a ~ of sg** jegyzékbe vesz, leltároz **2.** *v* jegyzékbe vesz, vhova besorol
listen ['lɪsn] *v* **~ (attentively)** figyel
  listen in (to) rádiót hallgat, vmt meghallgat
  listen to vkre odafigyel, vkt/vmt meghallgat ‖ **~ to me** hallgasson meg!; **~ to music** zenét hallgat
lit [lɪt] *pt/pp* → **light**[1], **light**[2]
liter ['liːtə] *n US* = **litre**
literally ['lɪtrəlɪ] *adv* szó/betű szerint
literary ['lɪtərərɪ] *a* irodalmi
literate ['lɪtərət] *a* (*able to read, write*) írni-olvasni tudó; (*educated*) olvasott
literature ['lɪtrətʃə] *n* irodalom
litigate ['lɪtɪgeɪt] *v* pereskedik
litre (*US* **liter**) ['liːtə] *n* liter
litter ['lɪtə] **1.** *n* (*rubbish*) hulladék, szemét; (*bedding*) alom **2.** *v* (*give birth*) kölykezik; (*with rubbish*) teleszemetel; (*make bed*) almot készít
litter bin *n* szemétláda
little ['lɪtl] *a* kis, kicsi(ny), kevés ‖ **a ~** egy kis, valamennyi; egy kicsit; **a ~ bit of** valamicske; **~ by ~**

lassanként, apránként; **in a ~ while** rövidesen, hamarosan
live 1. [laɪv] *a* élő, eleven; *el* áram alatti ‖ **be ~** (*wire*) ráz; **~ broadcast/coverage** *radio, TV* élő/ egyenes adás/közvetítés **2.** [lɪv] *v* (*exist*) él; (*reside*) lakik ‖ **~ to see sg** vmely életkort megél
live down (*scandal*) kihever; (*sorrow*) idővel elfeledtet
live on sg megél vmből
live up to (*expectations*) megfelel vmnek; (*standards*) felnő (*színvonalhoz*)
livelihood ['laɪvlɪhʊd] *n* megélhetés
liveliness ['laɪvlɪnɪs] *n* elevenség, élénkség, fürgeség, frissesség
lively ['laɪvlɪ] *a* eleven, élénk
liven up ['laɪvn] *vi* felélénkül ‖ *vt* felélénkít
liver ['lɪvə] *n* máj
lives [laɪvz] *pl* → **life**
living ['lɪvɪŋ] **1.** *a* élő **2.** *n* megélhetés, kereset ‖ **what does (s)he do for a ~?** mivel foglalkozik?
living room *n* nappali (szoba)
living standard *n* életszínvonal
lizard ['lɪzəd] *n* gyík
load [ləʊd] **1.** *n* rakomány, teher, (meg)terhelés ‖ **~s of** sok, tömérdek **2.** *v* (*burden*) (be)rakodik, megrak; (*charge*) terhel (*with* vmvel); (*fill*) betölt; megtölt ‖ **~ (up) with sg** megrak vmvel
loaded question *n* beugrató kérdés
loaf[1] [ləʊf] *n* (*pl* **loaves** ['ləʊvz]) egész kenyér, egy kenyér
loaf[2] [ləʊf] *v* ácsorog, őgyeleg ‖ **~ about/around** cselleng, lóg, lődörög
loam [ləʊm] *n* agyag

loan [ləʊn] 1. n kölcsön(zés), kölcsönadás 2. v US ~ sg to sy (or sy sg) vknek vmt kölcsönöz/kölcsönad
loath [ləʊθ] a be ~ to do sg átall/rühell vmt tenni
loathe [ləʊð] v utál, gyűlöl
loaves [ləʊvz] pl → loaf¹
lobby ['lɒbɪ] 1. n (place) parlamenti folyosó; (group) érdekcsoport, lobby 2. v lobbyzik
lobster ['lɒbstə] n homár
local ['ləʊkl] 1. a helyi, helybeli, községi 2. n the ~s a helybeliek
local authority n helyhatóság, (helyi) önkormányzat
local government n önkormányzat
locality [ləʊ'kælətɪ] n helység, hely
localize ['ləʊkəlaɪz] v lokalizál
locally ['ləʊkəlɪ] adv helyileg
locate [ləʊ'keɪt] v (mérőműszerrel) bemér; lokalizál
location [ləʊ'keɪʃn] n (position) elhelyezkedés, fekvés; (site) hely(szín); (locating) helymeghatározás
loch [lɒk] n tó
lock [lɒk] 1. n (on door) zár; (of canal) zsilip; (of hair) (haj)fürt 2. v ~ (up) (with key) bezár || ~ the door kulcsra zárja az ajtót
locker ['lɒkə] n (öltöző)szekrény
locket ['lɒkɪt] n medál, medalion
locksmith ['lɒksmɪθ] n (zár)lakatos
locomotive [ləʊkə'məʊtɪv] n mozdony
locust tree n (fehér) akác
lodge [lɒdʒ] 1. n (small house) lak, házikó, kunyhó; (of porter) portásfülke 2. v (person) elszállásol; (charge) benyújt
lodger ['lɒdʒə] n lakó, albérlő

lodging ['lɒdʒɪŋ] n szállás; → lodgings
lodging-house n panzió
lodgings ['lɒdʒɪŋz] n pl albérleti/bútorozott szoba
loft [lɒft] n padlás
lofty ['lɒftɪ] a emelkedett, fennkölt
log [lɒg] n (fa)hasáb, fatuskó, rönk
logbook ['lɒgbʊk] n hajónapló; menetnapló
logical ['lɒdʒɪkl] a logikus, okszerű
logo ['ləʊgəʊ] n (pl -gos) embléma, rövid szöveg
loins [lɔɪnz] n pl ágyék
loiter ['lɔɪtə] v ~ about/around lődörög, álldogál
loll [lɒl] v ~ about ácsorog || ~ out (tongue) kilóg
lollipop ['lɒlɪpɒp] n nyalóka
lone [ləʊn] a (solitary) magányos; (single) egyedül álló
loneliness ['ləʊnlɪnɪs] n egyedüllét, elhagyatottság
lonely ['ləʊnlɪ] a magányos, elhagyatott
long¹ [lɒŋ] 1. a hosszú 2. adv hosszú ideig, hosszan || it won't be ~ nem tart soká; ~ ago régen, hajdan(ában); as ~ as mindaddig, amíg; ~ live ...! éljen!; in the ~ run hosszú távon/távra; for a ~ time régóta, soká 3. n hosszú idő || before ~ nemsokára, rövidesen; for ~ hosszasan, soká; take ~ (to do sg) soká tart
long² [lɒŋ] v vágyódik || ~ for sg/sy vm után, vk/vm után vágyódik/sóvárog
long-distance a távolsági || ~ call US távolsági beszélgetés; ~ runner hoszszútávfutó

longer [ˈlɒŋgə] **1.** *a* hosszabb **2.** *adv* (*extent*) hosszabbra; (*time*) tovább || **no** ~ már nem, többé (már) nem
longitude [ˈlɒndʒɪtjuːd] *n geogr* hosszúság
long jump *n* távolugrás
long-lasting *a* hosszú ideig tartó, tartós
long-life *a* tartós || ~ **battery** tartós elem
long-playing record *n* mikrobarázdás hanglemez, mikrolemez
long-range *a* hosszú lejáratú/távú
long-sighted *a med* messzelátó
long-standing *a* régóta meglevő/fennálló
long-term *a* hosszú lejáratú/távú
long wave *n* hosszú hullám
loo [luː] *n col* vécé
look [lʊk] **1.** *n* (*glance*) pillantás, tekintet; (*appearance*) látszat, szín, külső || **have/take a** ~ **at** megnéz; → **looks 2.** *v* (*see, glance*) (meg)néz, tekint; (*seem, appear*) látszik, tűnik, fest, kinéz (vmlyennek) || **she does not** ~ **her age** nem látszik annyinak; ~ **like sy/sg** hasonlít vkhez/vmhez, vmlyennek látszik; **it** ~**s like (it)** nagyon lehetséges
look after (*person*) figyel/vigyáz vmre/vkre; gondoskodik vkről/vmről
look around szétnéz, körülnéz
look at (meg)néz, ránéz
look back hátranéz, visszatekint (*on* vmre)
look down on sy vkt lenéz
look for sg (*seek*) keres vkt/vmt; (*expect*) vár, remél vmt
look forward to (doing) sg előre örül vmnek; vmt (alig) vár

look in (on sy) *col* vkhez beugrik/benéz
look into (*question*) megvizsgál, vmbe beletekint
look on (*watch*) végignéz; (*regard*) tart/tekint (*as* vmnek)
look out (*for danger*) vigyáz
look round szétnéz, körülnéz
look up (*raise eyes*) felnéz; (*data, facts*) visszakeres
look up to sy vkre felnéz
looker-on *n* (*pl* **lookers-on**) néző
looking-glass *n* tükör
looks [lʊks] *n pl* megjelenés, kinézés
loom[1] [luːm] *n* szövőszék
loom[2] [luːm] *v* dereng, ködlik
loony [ˈluːnɪ] *n col* bolond, dilis
loop [luːp] **1.** *n* (*on coat*) akasztó; (*on wire*) hurok; *comput* hurok, ciklus **2.** *v* hurkol
loophole *n* [ˈluːphəʊl] (*for shooting*) lőrés; *fig* (*in law*) kibúvó, kiskapu
loose [luːs] *a* laza, tág, bő; (*not firm*) petyhüdt, ernyedt; (*immoral*) feslett, léha || **come** ~ (*knitting*) meglazul
loose-leaf book *n* cserélhető lapokból álló könyv, gyűrűs könyv
loosen [ˈluːsn] *vt* (meg)lazít, megold; (*dress*) kitágít | *vi* meglazul
loot [luːt] **1.** *n* zsákmány, *col* szajré **2.** *v* fosztogat, rabol
looter [ˈluːtə] *n* fosztogató
lop-sided [lɒpˈsaɪdɪd] *a* aszimmetrikus
loquacious [ləʊˈkweɪʃəs] *a* bőbeszédű
lord [lɔːd] *n* lord || **My L~** *GB* (*főrendek megszólítása*); **the L~** *rel* az Úr (*Isten, ill. Jézus Krisztus*)

Lord Chancellor *n GB* igazság-ügy-miniszter
Lord Mayor [meə] *n* (*in London*) főpolgármester
lorry ['lɒri] *n* teherautó; kamion
lorry driver *n* teherautó-vezető, kamionvezető
lose [luːz] *v* (*pt/pp* **lost** [lɒst]) (el)-vesz(í)t; (*clock*) késik ‖ **I've lost my keys** elvesz(í)tettem a kulcsaimat, elvesztek a kulcsaim; ~ **consciousness** elveszti eszméletét; ~ **one's temper** kijön a sodrából; ~ **one's way** eltéved; ~ **time** időt veszít; ~ **weight** fogy; → **lost**
loser ['luːzə] *n* vesztes
loss [lɒs] *n* (*damage*) veszteség, (anyagi) kár; (*deprivation*) csökkenés ‖ **be at a** ~ zavarban van, tanácstalan; **make a** ~ **on sg** (*business*) ráfizet
lost [lɒst] *a* elveszett, (el)vesztett ‖ **be** ~ nem ismeri ki magát, eltévedt; **get** ~ (*lose one's way*) eltéved; (*speech*) nem tud követni vmt; ~ **lost!** *col* tűnj el!; **be** ~ **in sg** vmbe belemélyed, vmben elmerül; → **lose**
lost-property office *n* talált tárgyak osztálya
lot [lɒt] *n* (*destiny*) sors, osztályrész; *US* (*land*) telek, házhely ‖ **a** ~ **of**, ~**s of** sok, egy csomó, rengeteg; **the** ~ *col* az egész
lotion ['ləʊʃn] *n* arcvíz; (*body* ~) testápoló
lottery ['lɒtəri] *n* lottó
loud [laʊd] **1.** *a* (*loudy*) hangos, zajos; (*colour*) rikító **2.** *adv* hangosan
loudly ['laʊdli] *adv* hangosan

loudspeaker [laʊd'spiːkə] *n* hang-szóró, hangosbemondó
lounge [laʊndʒ] **1.** *n* (*in hotel*) hall; (*in theatre*) előcsarnok; (*for waiting*) várócsarnok **2.** *v* ~ **about/ around** őgyeleg, üldögél
lounge suit *n* utcai ruha
louse [laʊs] *n* (*pl* **lice** [laɪs]) tetű
lousy ['laʊzi] *a* (*full of lice*) tetves; *col* (*bad*) komisz, pocsék
love [lʌv] **1.** *n* szeretet; (*of opposite sex*) szerelem; (*in tennis*) semmi ‖ **be in** ~ **with sy** szerelmes vkbe; **send one's** ~ **to sy** üdvözöl; **make** ~ **(to sy)** (vkvel) szeretkezik; **my** ~ szíve(cské)m, édesem **2.** *v* szeret vkt, szerelmes vkbe
love affair *n* szerelmi viszony
love letter *n* szerelmes levél
lovely ['lʌvli] *a* szép, csinos, helyes
lover ['lʌvə] *n* szerető, kedves
low [ləʊ] **1.** *a* (*deep*) alacsony, mély; (*inferior*) alantas, alsóbb-rendű; (*weak*) gyenge; (*soft*) halk, csendes ‖ **at a** ~ **price** olcsón; ~ **speed** kis sebesség; **be in** ~ **spirits, feel** ~ lehangolt, rosszkedvű; **in a** ~ **voice** halkan **2.** *adv* (*deeply*) alacsonyan, mélyen; (*softly*) halkan, mély hangon; (*weakly*) gyengén
lower ['ləʊə] **1.** *a* (*below*) alsó, lenti; (*comparison*) alacsonyabb ‖ **the** ~ **part of sg** vmnek az alsó része **2.** *adv* ~ **(down)** lejjebb, alább **3.** *v* (*let down*) leenged, süllyeszt; leereszt; (*reduce*) (le)-csökken(t); (*weaken*) lehalkít ‖ ~ **one's voice** halkabban beszél; ~ **oneself** lealacsonyodik
Lower House *n* (*in Parliament*) alsóház

lowland(s) ['ləʊlənd(z)] *n* (*pl*) alföld, síkság

low-lying *a* mélyen fekvő

low-spirited [ləʊ'spɪrɪtɪd] *a* nyomott hangulatú

loyal ['lɔɪəl] *a* hű, hűséges (*to* vkhez)

loyalist ['lɔɪəlɪst] *n* kormányhű, lojalista

loyalty ['lɔɪəltɪ] *n* hűség

lozenge ['lɒzɪndʒ] *n* (*shape*) rombusz; *med* pasztilla, tabletta

LP [el 'piː] = **long-playing record**

Ltd = **limited liability company**

lubricant ['luːbrɪkənt] *n* kenőanyag

lubricate ['luːbrɪkeɪt] *v* (*machine*) zsíroz, olajoz, ken

lubrication [luːbrɪ'keɪʃn] *n* kenés, olajozás, zsír(o)zás

lucid ['luːsɪd] *a* világos

luck [lʌk] *n* szerencse || **bad/hard ~** balszerencse, pech; **be out of ~** rájár a rúd, balsikerű

luckily ['lʌkəlɪ] szerencsére || **~ for me** szerencsémre

lucky ['lʌkɪ] *a* szerencsés

lucrative ['luːkrətɪv] *a* gyümölcsöző, nyereséges

ludicrous ['luːdɪkrəs] *a* vidám; bolondos

lug [lʌg] *v* **-gg-** cipel, hurcol, vonszol

luggage ['lʌgɪdʒ] *n* (*pl* ~) (személy)poggyász, csomag || **~ office** poggyászfeladás; **~ rack** (*in train, coach*) csomagtartó

lukewarm ['luːkwɔːm] *a* langyos

lull [lʌl] **1.** *n* szélcsend **2.** *v* **~ to sleep** álomba ringat

lullaby ['lʌləbaɪ] *n* altatódal

lumber ['lʌmbə] *n col* (*articles*) kacat, lom; *US* (*timber*) épületfa, fa(anyag)

lumberjack ['lʌmbədʒæk] *n US* favágó

luminous ['luːmɪnəs] *a* világító

lump [lʌmp] *n* rög; (*in throat*) gombóc; (*in sauce*) csomó; (*swelling*) dudor, daganat || **a ~ (of sugar)** (egy darab) kockacukor

lump sum *n* átalány

lumpy ['lʌmpɪ] *a* rögös; (*figure*) darabos; (*sauce*) csomós

lunar eclipse *n* holdfogyatkozás

lunatic ['luːnətɪk] *a/n* elmebeteg, őrült, bolond || **~ asylum** elmegyógyintézet

lunch [lʌntʃ] **1.** *n* ebéd || **have ~** ebédel **2.** *v* ebédel

luncheon ['lʌntʃən] *n* ebéd; villásreggeli || **~ meat** löncshús

lung [lʌŋ] *n* tüdő

lunge [lʌndʒ] **1.** *n* (*in fencing*) (hirtelen) szúrás, kitörés; támadás **2.** *v* (hirtelen) szúr, kitöréssel támad

lungs [lʌŋz] *n pl* tüdő

lurch [lɜːtʃ] *n* **leave sy in the ~** cserben hagy vkt

lure [lʊə] **1.** *n* csalétek **2.** *v* **~ into a trap** kelepcébe csal; **~ sy to** vhová odacsal

lurid ['lʊərɪd] *a* (*sky*) ragyogó; (*accident*) rémes

lurk [lɜːk] *v* rejtőzik; bujkál

luscious ['lʌʃəs] *a* (*fruit*) zamatos; *col* (*girl*) érzéki

lust [lʌst] **1.** *n* érzéki/testi vágy

lustful [lʌstfl] *a* buja

lustre (*US* **-er**) ['lʌstə] *n* (*of fabric*) fényesség; *fig* (*of name*) fény

lusty ['lʌstɪ] *a* életerős; energikus

lute [luːt] *n mus* lant

luxuriant [lʌg'ʒʊərɪənt] *a* (*plants*) buja; (*imagination*) gazdag

luxurious [lʌg'ʒʊənəs] *a* fényűző, pazar
luxury ['lʌkʃən] *n* fényűzés, luxus
lynx [lɪŋks] *n* hiúz
lyric ['lɪrɪk] *a* lírai; → **lyrics**
lyrics ['lɪrɪks] *n pl* (dal)szöveg

M

MA = Master of Arts
ma [mɑ:] *n col* mama
mac [mæk] *n col* esőköpeny
macaroni [mækə'rəʊnɪ] *n* makaróni
machine [mə'ʃi:n] *n* gép, készülék
machine-gun *n* géppuska
machinery [mə'ʃi:nən] *n* gépezet
mackerel ['mækrəl] *n* makréla
mackintosh ['mækɪntɒʃ] *n* esőköpeny
mad [mæd] *a* (*crazy*) őrült, bolond; (*angry*) dühös, mérges ‖ **drive sy** ~ megőrjít; **go** ~ megőrül
madam ['mædəm] *n* **M**~! asszonyom!
madden ['mædn] *v* megőrjít, megbolondít
made [meɪd] *a* (*thing*) készült; *fig* (*person*) beérkezett ‖ **be** ~ **of wood** fából készült/való; ~ **in Switzerland** svájci gyártmányú; → **make**
made-to-measure *a* mérték után készült (*ruha*)
madman ['mædmən] *n* (*pl* -**men**) elmebajos, bolond, őrült
madness ['mædnɪs] *n* őrültség
maelstrom ['meɪlstrɒm] *n* örvény

magazine[1] [mægə'zi:n] *n* (*store*) magazin, fegyverraktár; (*in gun, camera*) tár
magazine[2] [mægə'zi:n] *n* (*képes*)-lap, folyóirat
maggot ['mægət] *n* (*in fruit*) kukac
magic ['mædʒɪk] **1.** *a* varázslatos, bűvös, csodás **2.** *n* varázslat
magical ['mædʒɪkl] *a* = **magic 1.**
magician [mə'dʒɪʃn] *n* bűvész, varázsló
magistrate ['mædʒɪstreɪt] *n* (*in lowest courts*) bíró; *hist GB* (*justice of peace*) békebíró
magnesium [mæg'ni:zɪəm] *n* magnézium
magnet ['mægnɪt] *n* mágnes
magnetic [mæg'netɪk] *a* (*field*) mágneses; (*personality*) vonzó, szuggesztív
magnetize ['mægnɪtaɪz] *v* (*with magnet*) mágnesez; *fig* (*by charm*) elbűvöl
magnificent [mæg'nɪfɪsnt] *a* nagyszerű, pompás, remek
magnify ['mægnɪfaɪ] *v* (*enlarge*) nagyít; (*exaggerate*) túloz
magnifying glass ['mægnɪfaɪɪŋ] *n* nagyító(üveg), nagyítólencse
magnitude ['mægnɪtju:d] *n* nagyság, méret
magpie ['mægpaɪ] *n* szarka
mahogany [mə'hɒgənɪ] *n* mahagóni
maid [meɪd] *n* (*servant*) háztartási alkalmazott; (*maiden*) szűz, lány
maiden ['meɪdn] *n* (*unmarried*) hajadon; (*girl*) szűz
maiden name *n* leánykori név
mail [meɪl] **1.** *n* posta(i küldemény) **2.** *v US* postára ad, elküld

mailbox ['meɪlbɒks] *n US* levélszekrény, postaláda
mail-order firm *n* csomagküldő áruház
mail van (*or US* **truck**) *n* postakocsi
main [meɪn] **1.** *a* fő, lényeges, fontos, **2.** *n* (*pipe*) fővezeték ‖ **in the** ~ többnyire, főleg; → **mains**
main course *n* főétel
mainland ['meɪnlænd] *n* szárazföld
mainly ['meɪnlɪ] *adv* főleg, főként, legfőképpen
main road *n* (*in town, having precedence*) főútvonal
mains ['meɪnz] *n sing. or pl el* (*wires*) hálózat; *col* (*main pipe*) fővezeték
maintain [meɪn'teɪn] *v* (*family*) fenntart, eltart; (*road*) karbantart
maintenance ['meɪntənəns] *n* fenntartás; (*of divorced wife*) eltartás; (*money*) tartásdíj; (*of road, car etc.*) karbantartás
maize [meɪz] *n* kukorica
majestic [mə'dʒestɪk] *a* fenséges
majesty ['mædʒəstɪ] *n* (*quality*) fenség; (*addressing*) felség ‖ **His/ Her M~** őfelsége
major ['meɪdʒə] **1.** *a* (*greater*) fontosabb, főbb, nagyobb; (*of full age*) nagykorú; (*elder*) idősebb; *mus* dúr ‖ ~ **road** főútvonal **2.** *n* *mil* őrnagy; *US* (*at university*) főszak, főtantárgy **3.** *v US* ~ **in sg** (*at university*) specializálja magát vmre/vmben, vmelyik szakra jár
majority [mə'dʒɒrətɪ] *n* többség; (*age*) nagykorúság
make [meɪk] **1.** *n* márka, gyártmány **2.** *v* (*pt/pp* **made** [meɪd]) (*do, create*) csinál, készít; (*prepare*)

elkészít, (*meg*)főz; (*produce*) előállít, gyárt; (*earn*) keres; (*reach*) vhova elér; (*travel*) megtesz ‖ **2 and 4** ~ **6** 2 meg 4 az annyi, mint 6; **he** ~**s £12 000 a year** évi 12 000 fontot keres; ~ **friends (with)** (*össze*)barátkozik (vkvel); ~ **as if/though** úgy tesz, mintha ...; ~ **it** *col* viszi valamire; ~ **sy do sg** vkt vmre rábír/rákényszerít; **have sg made** csináltat
make for (a place) vhová igyekszik
make (sg) of (sg) (*prepare*) vmből készít vmt; (*understand*) vhogyan ért/magyaráz vmt ‖ **be made of sg** vmből készült/van
make out (*decipher*) kisilabizál, kibetűz; (*understand*) megért; (*cheque*) kiállít; (*prescription*) felír
make up (*face*) kifest; (*medicine, dress*) elkészít; (*parcel*) összeállít; (*story*) kitalál vmt; (*ruhát*) elkészít; ~ **up one's mind to do sg** rászánja magát vmre; → **mind**
make up for (*time*) behoz; (*fact*) jóvátesz; (*loss*) pótol
make-believe 1. *a* színlelt, hamis **2.** *n* színlelés, tettetés
makeshift ['meɪkʃɪft] *a/n* hevenyészett, ideiglenes (tákolmány)
make-up *n* (*cosmetics*) arcfesték, smink; (*making-up*) arcfestés, kikészítés
malaise [mæ'leɪz] *n* rossz közérzet; *also fig* gyengélkedés
malaria [mə'leərɪə] *n* malária
male [meɪl] *biol* **1.** *a* hím(nemű), férfi **2.** *n* (*person, animal*) hím; (*animal*) bak
malevolent [mə'levələnt] *a* rosszindulatú

malfunction [mæl'fʌŋkʃn] *n* működési zavar
malice ['mælɪs] *n* rosszindulat
malicious [mə'lɪʃəs] *a* rosszindulatú
malign [mə'laɪn] **1.** *a* rosszindulatú **2.** *v* rossz színben tüntet fel vkt
malignant [mə'lɪgnənt] *a med* rosszindulatú
mall [mɔːl] *n US* sétálóutca
malnutrition [mælnjuː'trɪʃn] *n* hiányos táplálkozás
malt [mɔːlt] *n* maláta
maltreat [mæl'triːt] *v* ~ **sy** rosszul bánik vkvel, gyötör vkt
mama, mamma [mə'maː] *n col* mama
mammal ['mæml] *n* emlős(állat) ‖ ~**s** *pl* emlősök
mammoth ['mæməθ] *a/n* mamut
man [mæn] *n* (*pl* **men** [men]) (*person*) ember; (*male*) férfi
manage ['mænɪdʒ] *v* (*control*) kezel, irányít; (*direct*) igazgat, vezet; *comm* (*deal with*) bonyolít; vmt menedzsel; (*succeed*) vmvel boldogul ‖ ~ **to do sg** (*vknek vm, vmt megtenni*) sikerül; **I can't ~ it** nem boldogulok vele; **can ~ without sg** megvan vm nélkül
management ['mænɪdʒmənt] *n* (*managing*) kezelés; (*direction*) vezetés; (*managers*) vezetőség, főnökség, menedzsment; (*administration*) adminisztráció
manager ['mænɪdʒə] *n* (*of bank, factory*) igazgató; (*of restaurant, shop*) vezető; (*of business*) menedzser, vállalatvezető; *sp* szövetségi kapitány
managing director *n* ügyvezető igazgató

mandarin (orange) ['mændərɪn] *n* mandarin
mandate ['mændeɪt] **1.** *n* (*authority*) mandátum **2.** *v* megbíz
mane [meɪn] *n* sörény
maneuver [mə'nuːvə] *US* = **manoeuvre**
manful ['mænfl] *a* bátor, férfias
manhandle ['mænhændl] *v* kézi erővel mozgat/szállít; *col* bántalmaz
manhole ['mænhəʊl] *n* (*in street*) utcai akna, csatornanyílás
manhood ['mænhʊd] *n* (*state*) férfikor; (*manliness*) férfiasság
mania ['meɪnɪə] *n* (*divat*)hóbort, mánia
maniac ['meɪnɪæk] *n* (*madman*) őrült; (*enthusiast*) megszállott
manicure ['mænɪkjʊə] **1.** *n* manikűr **2.** *v* manikűröz
manifest ['mænɪfest] **1.** *a* nyilvánvaló **2.** *v* (ki)nyilvánít, kimutat ‖ ~ **itself** megnyilatkozik, megnyilvánul
manifesto [mænɪ'festəʊ] *n* (*pl* -**toes** *or* -**tos**) kiáltvány
manifold ['mænɪfəʊld] *a* sokféle; sokszoros
manipulate [mə'nɪpjʊleɪt] *v* befolyásol; manipulál
mankind [mæn'kaɪnd] *n* (*species*) az emberi nem, emberfaj; (*sex*) férfiak
manly ['mænlɪ] *a* férfias
man-made *a* mesterséges, mű-
mannequin ['mænɪkɪn] *n* (*dummy*) próbababa; (*model*) manöken
manner ['mænə] *n* mód, modor ‖ **in this ~** így, ily módon; → **manners**

manners ['mænəz] *n pl* viselkedés, modor || **have bad** ~ rossz modora van

manoeuvre (*US* **-neuver**) [mə'nuːvə] **1.** *n* (*movement*) hadművelet; (*plan*) manőver **2.** *v also mil* manőverez; *col* lavíroz

manor (house) ['mænə] *n* (*castle*) kastély; (*house*) udvarház

manpower ['mænpaʊə] *n* munkaerő, munkáslétszám

man-servant *n* (*pl* **men-servants**) inas

mansion ['mænʃn] *n* (*palace*) kastély; (*house*) (nemesi) kúria

manslaughter ['mænslɔːtə] *n* (szándékos) emberölés

mantelpiece ['mæntlpiːs] *n* kandallópárkány

mantle ['mæntl] *n* köpeny, köpönyeg

manual ['mænjʊəl] **1.** *a* kézi **2.** *n* (*book*) kézikönyv; (*keyboard*) billentyűzet

manufacture [mænju'fæktʃə] **1.** *n* gyártás **2.** *v* gyárt, termel

manufacturer [mænju'fæktʃərə] *n* gyártó (cég)

manure [mə'njʊə] **1.** *n* trágya **2.** *v* (meg)trágyáz

manuscript ['mænjʊskrɪpt] *n* kézirat

many ['menɪ] *a* (*with plural noun*) sok, számos || **how** ~? hány?, mennyi?; ~ **a man** sok ember; **a good/great** ~ jó sok; ~ **a time**, ~ **times** sokszor; **as** ~ **as** annyi ... amennyi; ~ **people** rengeteg (sok) ember

map [mæp] **1.** *n* térkép **2.** *v* **-pp-** feltérképez

map out (*arrange*) kidolgoz; (*plan*) eltervez

maple ['meɪpl] *n* juharfa (*élő*)

mar [mɑː] *v* **-rr-** elront

marble ['mɑːbl] *n* márvány || ~**s** *pl* (játék)golyók

March [mɑːtʃ] *n* március; → **August**

march [mɑːtʃ] **1.** *n* menet(elés); *mus* induló **2.** *v* (*on parade*) felvonul; (*soldiers*) gyalogol, menetel

mare [meə] *n* kanca

margarine [mɑːdʒə'riːn] *n* margarin

margin ['mɑːdʒɪn] *n* szegély, perem, (lap)szél, margó

marijuana [mærɪ'wɑːnə] *n* marihuána

marine [mə'riːn] **1.** *a* tengeri **2.** *n* tengerészgyalogos

mariner ['mærɪnə] *n* tengerész

marionette [mærɪə'net] *n* báb(u), marionett

marital status ['mærɪtl] *n* családi állapot

maritime ['mærɪtaɪm] *a* tengeri, tengerészeti

marjoram ['mɑːdʒərəm] *n* majoránna

mark [mɑːk] **1.** *n* (*spot*) folt; (*trace*) nyom; (*sign*) jelzés; (*stamp*) bélyeg; (*target*) cél(pont); (*in sport*) pont; (*at school*) (érdem)jegy, osztályzat || **hit the** ~ (célba) talál; **leave its** ~ **on sg** rányomja a bélyegét vmre **2.** *v* (*indicate*) vmt vmvel (meg)jelöl; (*price*) árjelzéssel ellát; (*exam*) (le)osztályoz; (*signal*) jelez; (*pay attention*) figyel

mark out (*put line*) kijelöl, kitűz; (*for purpose*) kiszemel

marked [mɑːkt] *a* feltűnő, határozott

market ['mɑːkɪt] n (demand, trade) piac; (area) vásárcsarnok
market economy n piacgazdaság
market garden n bolgárkertészet, konyhakertészet
marketing ['mɑːkɪtɪŋ] n marketing, piacszervezés
market-place, the n a piac
marksman ['mɑːksmən] n (pl -men) céllövő, mesterlövész
marmalade ['mɑːməleɪd] n narancsdzsem
maroon [mə'ruːn] a/n gesztenyebarna
marquess ['mɑːkwɪs] n márki
marquis ['mɑːkwɪs] n márki
marriage ['mærɪdʒ] n házasság
married ['mærɪd] a házas, nős, férjes, férjezett || ~ couple házaspár
marrow¹ ['mærəʊ] n (of bone) (csont)velő
marrow² ['mærəʊ] n GB (vegetable ~) tök
marry ['mærɪ] v (woman) feleségül vesz vkt; (man) férjhez megy vkhez; (couple) házasságot köt vkvel; (priest) összeesket || get married házasságot köt, összeházasodik
marsh [mɑːʃ] n mocsár, láp
marshal ['mɑːʃl] n marsall
marsh-land n láp
martial law ['mɑːʃl] n statárium
martyr ['mɑːtə] n vértanú, mártír
marvel ['mɑːvl] 1. n csoda 2. v -ll-(US -l-) ~ at (sg) csodálkozik vmn
marvellous (US -l-) ['mɑːvələs] a csodálatos, remek
mascot ['mæskət] n amulett, talizmán, kabala
masculine ['mæskjʊlɪn] 1. a férfias; gram hímnemű 2. hímnem

mash [mæʃ] n püré
mashed potatoes [mæʃt] n pl krumplipüré
mask [mɑːsk] n (on face) álarc, maszk; (on head) sisak
mason ['meɪsn] n (builder) kőműves; (free~) szabadkőműves
masquerade [mæskə'reɪd] n (ball) álarcos felvonulás, álarcosbál; fig (pretence) komédia; (fancy dress) jelmez; maskara
mass¹ [mæs] n phys (quantity) tömeg; (bulk) halom || the ~es a tömegek
mass² [mæs] n rel mise
massacre ['mæsəkə] 1. n öldöklés, tömegmészárlás 2. v (people) lemészárol
massage ['mæsɑːʒ] v masszíroz
massive ['mæsɪv] a tömör, masszív, (nagyon) nehéz
mass media n pl tömegtájékoztató eszközök, a média (= médiumok)
mass production n tömeggyártás
mast [mɑːst] n árboc
master ['mɑːstə] 1. n gazda, úr; (artist) mester; (teacher) tanár, tanító; (of college) igazgató; (captain) kapitány; GB (degree) M~ „magister" 2. v ~ sg (instrument, language, method) vmbe beletanul, elsajátít vmt
master key n álkulcs
mastermind ['mɑːstəmaɪnd] 1. n kitűnő koponya, nagy szellem 2. v a háttérből irányít
Master of Arts n GB approx bölcsészdoktor
Master of Science GB approx természettudományi doktor
masterpiece ['mɑːstəpiːs] n mestermű, remekmű

mat¹ [mæt] **1.** *n* (*at door*) lábtörlő; (*on table*) (tányér)alátét; (*of hair*) hajcsomó **2.** *v* **-tt-** (*hair*) összecsomósodik

mat² [mæt] *a* = **matt**

match [mætʃ] **1.** *n* (*piece of wood*) gyufa; (*game*) meccs, mérkőzés; (*equal*) párja vmnek/vknek; (*marriage*) házasság ‖ **a box of ~es** egy doboz gyufa; **have no ~** nincsen párja **2.** *vi* összeillik ‖ *vt* összehangol ‖ **they ~ well** (*clothes, colours*) illenek egymáshoz

matchbox ['mætʃbɒks] *n* gyufásdoboz

mate¹ [meɪt] **1.** *n col* társ, pajtás, szaki **2.** *vi zoo* párosodik, párzik ‖ *vt* pároztat

mate² [meɪt] *n* (*in chess*) matt

material [mə'tɪərɪəl] **1.** *a* anyagi; materiális **2.** *n* (*substance*) anyag; (*cloth*) anyag, szövet

materialize [mə'tɪərɪəlaɪz] *v* megvalósul, valóra válik

maternity [mə'tɜːnətɪ] *n* anyaság ‖ **~ benefit** (*US* **allowance**) anyasági segély; **~ dress** kismamaruha; **~ hospital** szülészet (*kórház*)

math [mæθ] *n US col* matek

mathematician [mæθəmə'tɪʃn] *n* matematikus

mathematics [mæθə'mætɪks] *n sing.* matematika

maths [mæθs] *n sing. or pl col* matek

matinée ['mætɪneɪ] *n* délutáni előadás

matrices ['meɪtrɪsiːz] *pl* → **matrix**

matriculate [mə'trɪkjuleɪt] *vt* felvesz ‖ *vi* (*enter, enrol* beiratkozik

matrimony ['mætrɪmənɪ] *n* házasság

matrix ['meɪtrɪks] *n* (*pl* **matrices** ['meɪtrɪsiːz] *or* **matrixes**) *print* (*mould*) matrica, anyagminta; (*hotbed*) vmnek a melegágya; *math* mátrix

matron ['meɪtrən] *n* (*in hospital*) főnővér; (*in school*) gondnoknő

matt [mæt] *a* (*paint*) matt

matter ['mætə] **1.** *n* (*substance*) anyag; (*question*) ügy, kérdés, tárgy; (*business*) dolog ‖ **what's the ~?** mi történt/baj?; **no ~** nem számít; **as a ~ of fact** tulajdonképp(en), ami azt illeti; **it's a ~ of taste** ez ízlés dolga **2.** *v* (*be important*) számít ‖ **it doesn't ~** nem számít/érdekes

mattress ['mætrɪs] *n* matrac

mature [mə'tʃʊə] **1.** *a* érett; (*bill, debt*) esedékes, lejárt **2.** *v* érik, érlelődik

mauve [məʊv] **1.** *a* mályvaszín(ű) **2.** *n* mályvaszín

maxim ['mæksɪm] *n* szállóige, aforizma

maximum ['mæksɪməm] *a* maximális **2.** *n* maximum

May [meɪ] *n* május; → **August**

may [meɪ] *v* (*pt* **might** [maɪt]) szabad, lehet, -hat, -het ‖ **it ~/might be that ...** lehet/lehet(séges), hogy...; **~ I?** szabad?; megengedi?

maybe ['meɪbɪ] *adv* lehetséges; talán, lehet

mayday ['meɪd] *n* SOS

mayor [meə] *n* polgármester

mayoress ['meərɪs] *n* (*lady mayor*) polgármesternő; (*wife of mayor*) polgármesterné

maze [meɪz] *n* labirintus, útvesztő

MD = Doctor of Medicine orvosdoktor (*magasabb fokozattal*)

me [miː] *pron* (*accusative*) engem; (*dative*) nekem; (*stressed*) én ‖ **for** ~ nekem, számomra; **it's** ~ én vagyok (az); **to** ~ hozzám
meadow ['medəʊ] *n* rét
meagre (*US* **-ger**) ['miːgə] *a* sovány
meal¹ [miːl] *n* (*eating*) étkezés; (*food*) étel ‖ **have/take one's** ~**s** étkezik
meal² [miːl] *n* (*coarse*) liszt
mealtime ['miːltaɪm] *n* étkezési idő
mean¹ [miːn] **1.** *a* közepes, közép, átlagos **2.** *n* (*average*) átlag; → **means**
mean² [miːn] *a* (*with money*) fukar, zsugori; (*inferior*) aljas, hitvány
mean³ [miːn] *v* (*pt/pp* **meant** [ment]) (*signify*) jelent; (*refer to*) gondol, ért; (*intend*) szándékozik, akar; (*destine*) szán (vmre) ‖ **what does it** ~**?** (ez) mit jelent?; **he didn't** ~ **it** nem szándékosan csinálta; ~ **sg for sy/sg** vknek szán vmt
meander [mɪ'ændə] *v* kígyózik, kanyarog; (*person*) bolyong
meaningful ['miːnɪŋfl] *a* jelentős, sokatmondó
meaningless ['miːnɪŋlɪs] *a* értelmetlen, semmitmondó
means¹ [miːnz] *n pl* anyagi eszközök, anyagi létalap
means² [miːnz] *n sing. or pl* eszköz(ök) ‖ **by all** ~ feltétlenül, mindenesetre; **by no** ~ semmi esetre (sem); **by** ~ **of** által, révén; ~ **of transport** közlekedési eszköz
meant [ment] *pt/pp* → **mean**³
meantime ['miːntaɪm] *adv* **(in the)** ~ közben, ezalatt, időközben

mean time *n* középidő
meanwhile ['miːnwaɪl] *adv* = **meantime**
measles ['miːzlz] *n sing.* kanyaró
measure ['meʒə] **1.** *n* méret; nagyság; (*unit*) mértékegység; (*ruler*) mérőrúd; (*tape*) mérőszalag; (*dish*) mérce, mérőedény; (*metre*) versmérték; (*step*) intézkedés ‖ ~ **of capacity** űrmérték; ~ **of weight** súlymérték; ~**s** intézkedés(ek); rendszabály(ok); **take** ~**s** intézkedik **2.** *v* (le)mér, megmér; (*land*) felmér
measurement ['meʒəmənt] *n* méret, mérték
meat [miːt] *n* hús (*ennivaló*)
meatball ['miːtbɔːl] *n* fasírozott, húspogácsa
meat paste *n* húskrém
meat pie *n* húspástétom
mechanic [mɪ'kænɪk] *n* (*repairer*) szerelő; (*operator*) (gép)kezelő; gépész
mechanical [mɪ'kænɪkl] *a* gépi; (*reply*) gépies, automatikus ‖ ~ **engineer** gépészmérnök
mechanics [mɪ'kænɪks] *n sing.* (*science*) mechanika; *n pl* (*mechanism*) mechanika, szerkezet
mechanism ['mekənɪzəm] *n* mechanizmus, szerkezet
medal ['medl] *n* rendjel; kitüntetés, érem
medallion [mɪ'dælɪən] *n* (*on lace*) medál, medalion
meddle ['medl] *v* kotnyeleskedik ‖ ~ **in sg** beleavatkozik vmbe
media, the ['miːdɪə] *n pl* tömegtájékoztató eszközök, tömegtájékoztatás, a média (= médiumok)
mediaeval [medɪ'iːvl] *a* középkori

mediate ['miːdɪeɪt] v (in affair) közvetít || ~ between sy and sy vkért közbenjár
medic [medɪk] n col medikus; doki
Medicaid ['medɪkeɪd] n US betegsegélyezés, -biztosítás, TB (kiskeresetűeknek)
medical [mə'dɪkl] a orvosi || ~ examination orvosi vizsgálat; ~ practitioner n gyakorló orvos
medicament [mə'dɪkəmənt] n gyógyszer; orvosság
medicinal herb ['medsɪnl] n gyógynövény
medicine ['medsɪn] n (science) orvostudomány; (therapy) (bel)gyógyászat; (drug) gyógyszer, orvosság
medieval [medɪ'iːvl] a középkori
mediocre [miːdɪ'əʊkə] a középszerű, gyatra
meditate ['medɪteɪt] v elmélkedik, meditál (on vmn)
Mediterranean [medɪtə'reɪnɪən] a the ~ Sea a Földközi-tenger
medium ['miːdɪəm] 1. a (quality) közepes (minőségű); (wine) félédes 2. n (pl ~s or media ['miːdɪːə]) orgánum, közeg, (közvetítő) eszköz, médium
medium wave n középhullám
medley ['medlɪ] n (mixture) keverék; (music) egyveleg || ~ (swimming) vegyes (úszás)
meek [miːk] a szelíd, jámbor
meet [miːt] v (pt/pp met [met]) (encounter) találkozik (sy vkvel); (join) összeér; (come together) egymásba torkollik || ~ Mr X US bemutatom X urat; ~ all demands/requirements kielégíti az

igényeket, megfelel a követelményeknek
meet with an accident balesetet szenved; ~ with difficulties akadályba/nehézségbe ütközik
meeting ['miːtɪŋ] n találkozás; (discussion) megbeszélés, ülés, értekezlet || have/hold a ~ ülést tart
megaphone ['megəfəʊn] n megafon
melancholy ['melənkəlɪ] 1. a búskomor, melankolikus 2. n búskomorság
mellow ['meləʊ] 1. a (wine) érett; (fruit) puha; (voice) lágy; (colour) meleg 2. v (wine, fruit) érik
melody ['melədɪ] n dallam
melon ['melən] n dinnye
melt [melt] vt (fel)olvaszt, megolvaszt | vi (el)olvad, felolvad
melting point n olvadáspont
member ['membə] n tag; (of body) testrész, (vég)tag || M~ of Parliament az (angol) alsóház tagja
membership ['membəʃɪp] n (state) tagság; (number) taglétszám
memento [mɪ'mentəʊ] n (reminder) emlékeztető; (souvenir) emlék
memo ['meməʊ] n col feljegyzés
memoirs ['memwɑːz] n pl emlékirat, memoár
memorable ['memrəbl] a emlékezetes
memorandum [memə'rændəm] (pl -da [-də] or -dums) n pol jegyzék, memorandum
memorial [mɪ'mɔːnəl] n emlékmű
memorize ['meməraɪz] v betanul
memory ['memən] n (faculty) emlékezet, memória; (recollection) emlék; comput memória || from ~

fejből, könyv nélkül; **in** ~ **of** vk/ vm emlékére
men [men] *pl* → **man**
menace ['menəs] **1.** *n* fenyegetés **2.** *v* fenyeget (*sy with sg* vkt vmvel)
mend [mend] **1.** *n* **be on the** ~ *col* szépen gyógyul **2.** *vt* (*improve*) (meg)javít, kijavít; (*darn*) megfoltoz I *vi* (*patient*) javul
menial ['mi:niəl] *a* (*task*) szolgai, alantas
menopause ['menəpɔ:z] *n med* klimax
menses ['mensi:z] *n pl* menstruáció, menses
menstruation [menstrʊ'eiʃn] *n* menstruáció, menses
menswear, men's wear ['menzweə] *n* férfidivatáru, férfiruha
mental ['mentl] *a* értelmi, gondolati, szellemi; *psych* lelki
mentality [men'tæləti] *n* mentalitás, gondolkodásmód
mention ['menʃn] **1.** *n* említés **2.** *v* (meg)említ II **don't** ~ **it** (*after thanks*) nincs miért/mit!, szívesen!; **not to** ~ -ról nem is beszélve; **as** ~**ed above** mint már említettük
menu ['menju:] *n* (*dishes*) étlap, étrend; *comput* menü
mercantile ['mɜ:kəntail] *a* kereskedelmi
merchandise ['mɜ:tʃəndaiz] **1.** *n* (*pl* ~) áru **2.** *v* kereskedik
merchant ['mɜ:tʃənt] *n* (*trader*) nagykereskedő; *US* (*shopkeeper*) boltos II ~ **bank** kereskedelmi bank; ~ **navy** kereskedelmi hajózás
merciful ['mɜ:sifl] *a* irgalmas, könyörületes

merciless ['mɜ:silis] *a* irgalmatlan, könyörtelen
mercury ['mɜ:kjʊri] *n* higany
mercy ['mɜ:si] *n* irgalmasság, könyörület II **have** ~ **on sy** vknek megkegyelmez
mere [miə] *a* puszta, merő; csupa
merely ['miəli] *adv* csakis, csupán, pusztán
merge [mɜ:dʒ] *vt* (*two companies*) összevon; *fig* összeolvaszt I *vi* (*with company*) egybeolvad, fuzionál; (*colours*) összefolyik
meridian [mə'ridiən] *n* délkör
merit ['merit] **1.** *n* érdem (*vké*) **2.** *v* (ki)érdemel
mermaid ['mɜ:meid] *n* sellő
merry ['meri] *a* vidám, víg II **M~ Christmas (and a happy New Year)!** kellemes ünnepeket (kívánunk)!
merry-go-round *n* körhinta
mesh [meʃ] *n* (háló)szem; *fig* (*of intrigue*) szövevény
mess [mes] **1.** *n col* zűr(zavar), rendetlenség II **make a** ~ **(in the flat)** rendetlenséget csinál (a lakásban); **make a** ~ **of (sg)** vmt elszúr **2.** *v* elront, összekuszál
mess about/around (*fiddle*) piszmog, vacakol; (*treat roughly*) durván bánik vkvel
mess up *col* elfuserál, eltol
message ['mesidʒ] *n* üzenet II **give sy a** ~ vknek vmt (meg)üzen
messenger ['mesindʒə] *n* hírnök, küldönc; futár
Messrs ['mesəz] *pl* → **Mr**
messy ['mesi] *a* (*untidy*) rendetlen; (*dirty*) koszos
met [met] *pt/pp* → **meet**
metal ['metl] *n* fém, érc

metallurgy ['metəlɜːdʒɪ] n kohászat; fémipar

metaphysics [metə'fɪsɪks] n sing. metafizika

meteor ['miːtɪə] n meteor

meteorite ['miːtɪəraɪt] n meteorit

meteorology [miːtɪə'rɒlədʒɪ] n meteorológia

mete out [miːt] v (reward) kioszt; (punishment) (ki)mér, kiszab

meter[1] [miːtə] n (instrument) (mérő)óra

meter[2] [miːtə] US = **metre**

method ['meθəd] n módszer, eljárás, mód

Methodist ['meθədɪst] n metodista

methylated spirits [meθɪleɪtɪd 'spɪrɪts] n pl denaturált szesz

metre (US **meter**) ['miːtə] n méter (= 39.37 inch); (verse rhythm) (vers)mérték

metropolis [mə'trɒpəlɪs] n világváros, főváros

mettle ['metl] n vérmérséklet, bátorság

mew [mjuː] v nyávog

miaow [miː'aʊ] 1. int miau 2. v miákol, nyávog

mice [maɪs] pl → **mouse**

microbe ['maɪkrəʊb] n mikroba

microcomputer [maɪkrəʊkəm'pjuːtə] n mikroszámítógép

microelectronics [maɪkrəʊɪlek'trɒnɪks] n sing. mikroelektronika

microfiche ['maɪkrəʊfiːʃ] n mikrokártya

microphone ['maɪkrəfəʊn] n mikrofon

microprocessor [maɪkrəʊ'prəʊsesə] n mikroprocesszor

microscope ['maɪkrəskəʊp] n mikroszkóp

microwave ['maɪkrəʊweɪv] n (wave) mikrohullám; (oven) mikrohullámú sütő

microwave oven n mikrohullámú sütő

mid [mɪd] a középső || **in ~ June** június közepén

midday ['mɪddeɪ] n dél, délidő || **at ~** délben

middle ['mɪdl] 1. a középső, közép- 2. n közép(pont), vmnek a közepe

middle-aged a középkorú

Middle Ages n pl középkor

middle class n középosztály

Middle East, the n Közel-Kelet, Közép-Kelet

middleman ['mɪdlmən] n (pl -men) comm közvetítő

middle-sized a közepes méretű/nagyságú

midfielder ['mɪdfiːldə] n sp középpályás

midge [mɪdʒ] n (wine fly) muslica; (gnat) szúnyog

midget ['mɪdʒɪt] a apró, miniatűr 2. (person) törpe

midnight ['mɪdnaɪt] n éjfél || **at ~** éjfélkor

midsummer [mɪd's] n a nyár közepe

midst [mɪdst] n **in the ~ of** közepette

midway [mɪd'weɪ] adv félúton

midwife ['mɪdwaɪf] n (pl -wives [-waɪvz]) bába, szülésznő

might[1] [maɪt] n erő, hatalom

might[2] [maɪt] pt → **may**

mighty ['maɪtɪ] a hatalmas, erős

migrant ['maɪgrənt] 1. a (bird) költöző, vándorló 2. n (bird) vándormadár; (workers) vendégmunkás

migrate [maɪ'greɪt] v vándorol

migratory bird ['maɪgrətrɪ] *n* költöző madár

mike [maɪk] *n col* mikrofon

mild [maɪld] *a* (*gentle, slight*) enyhe; (*soft, tender*) szelíd

mile [maɪl] *n* mérföld

milestone ['maɪlstəʊn] *n* mérföldkő

milieu ['miːljɜː] *n* környezet

militant ['mɪlɪtənt] *a/n fig* harcos

military ['mɪlɪtrɪ] **1.** *a* katonai, hadi || **of ~ age** sorköteles; **do one's ~ service** katonai szolgálatot teljesít **2.** *n* **the ~** katonaság

milk [mɪlk] **1.** *n* tej **2.** *v* (meg)fej

milk chocolate *n* tejcsokoládé

milk curds *n pl* túró

milk shake *n* turmix

milk-tooth *n* (*pl* -teeth) tejfog

milky ['mɪlkɪ] *a* tejes, tejszerű; (*cloudy*) homályos

Milky Way *n* Tejút

mill [mɪl] **1.** *n* (*factory*) malom; (*machine*) őrlő(gép), daráló **2.** *v* (*grain*) (meg)őröl, (meg)darál

mill around (*crowd*) nyüzsög, kavarog

millennium [mɪ'lenɪəm] (*pl* -nia [-niːə]) *n* ezredév, millennium

miller ['mɪlə] *n* molnár; marós

milligram(me) ['mɪlɪgræm] *n* milligramm

millimetre (*US* -ter) ['mɪlɪmiːtə] *n* milliméter

millinery ['mɪlɪnərɪ] *n* (*for hats*) női kalap(szalon); (*for accessories*) női divatáru-kereskedés

million ['mɪlɪən] *num* millió

millionaire [mɪlɪə'neə] *n* milliomos

milometer [maɪ'] *n* kilométeróra

mime [maɪm] **1.** *n* pantomim **2.** *v* (*with gestures*) mímel; (*with mimes*) tátogat

mimic ['mɪmɪk] *v* (-ck-) kifiguráz, utánoz

mince [mɪns] **1.** *n* vagdalt hús **2.** *vt* (*meat*) összevagdal | *vi* (*with delicacy*) finomkodik (*in walking*) tipeg

minced meat *n* darált/vagdalt hús

mincemeat ['mɪnsmiːt] *n* mazsolás, gyümölcsös töltelék *mince pie*-ba

mince pie *n* gyümölcskosár (*édesség*)

mincer ['mɪnsə] *n* húsdaráló

mind [maɪnd] **1.** *n* (*intellect*) értelem, ész; tudat; (*memory*) emlékezet; (*way of thinking*) gondolkodásmód; (*inclination*) kedv; (*opinion*) vélemény || **change one's ~** meggondolja magát; **go out of one's ~** megbolondul; **have sg in ~** vmit forgat a fejében; **make up one's ~ (to)** elhatározza/rászánja magát (vmre); **to my ~** szerintem **2.** *v* (*care about*) törődik (vmvel), figyelembe vesz; (*pay attention to*) figyel, ügyel (vmre); (*take care of*) felügyel || **would you ~ (doing sg)** legyen/légy szíves...; **do you ~ if I...?** van vm kifogása az ellen, ha...?; **I do not ~ (if ...)** nem bánom, nekem mindegy; **never ~!** semmi baj!; **~ you!** jegyezze meg!; **~ your own business!** törődj a magad dolgával!

minder ['maɪndə] *n* (*of baby*) felügyelő; (*of machine*) (gép)kezelő

mindful ['maɪndfl] *a* gondos figyelmes

mindless ['maɪndlɪs] *a* (*careless*) gondatlan, nemtörődöm; (*stupid*) esztelen, értelmetlen

mine[1] [maɪn] *pron* enyém

mine[2] [maɪn] **1.** *n* (*of minerals*) bánya; (*of explosive*) akna **2.** *v* (*coal*,

metal) bányászik; (*road, channel*) aláaknáz
miner ['maɪnə] *n* bányász, vájár
mineral ['mɪnərəl] **1.** *a* ásványi **2.** *n* ásvány ‖ ~ **water** ásványvíz
mingle ['mɪŋgl] *vt* elegyít, összekever ǀ *vi* vegyül
miniature ['mɪnɪtʃə] *n* (*small copy*) miniatűr; (*painting*) miniatúra
minibus ['mɪnɪbʌs] *n* minibusz
minimize ['mɪnɪmaɪz] *v* minimálisra csökkent, lebecsül
minimum ['mɪnɪməm] **1.** *a* legkisebb, minimális **2.** *n* minimum
mining ['maɪnɪŋ] **1.** *a* bányászati, bánya- **2.** *n* bánya
minister ['mɪnɪstə] *n* (*member of government*) miniszter; (*diplomat*) követ; (*clergyman*) lelkész, lelkipásztor
ministry ['mɪnɪstrɪ] *n* (*duty*) miniszteri tárca, miniszterség; (*office*) minisztérium; (*service*) lelkészi/papi szolgálat
minor ['maɪnə] *a* (*smaller, lesser*) kisebb; (*under age*) kiskorú; *mus* moll ‖ ~ **injury** könnyebb sérülés; ~ **road** alsóbbrendű út
minority [maɪ'nɒrətɪ] *n pol* kisebbség
mint[1] [mɪnt] *n* menta
mint[2] [mɪnt] *n* pénzverde
minus ['maɪnəs] **1.** *a/prep* mínusz **2.** *n* mínuszjel
minute[1] ['mɪnɪt] *n* perc ‖ **at this** ~ e(bben a) percben; **in a** ~ egy perc alatt; **just a** ~ azonnal!, mindjárt!; → **minutes**
minute[2] [maɪ'njuːt] *a* (*small*) apró, parányi; (*detailed*) tüzetes, aprólékos
minutes ['mɪnɪts] *n pl* jegyzőkönyv

miracle ['mɪrəkl] *n rel* csoda
miraculous [mɪ'rækjʊləs] *a* csodálatos
mirage ['mɪrɑːʒ] *n* délibáb
mirror ['mɪrə] **1.** *n* tükör **2.** *v* (viszsza)tükröz
misadventure [mɪsəd'ventʃə] *n* (*misfortune*) szerencsétlenség, balszerencse; (*accident*) véletlen
misapprehension [mɪsæprɪ'henʃn] *n* félreértés
misappropriate [mɪsə'prəʊprɪeɪt] *v* elsikkaszt
misbehave [mɪsbɪ'heɪv] *v* ~ (oneself) rosszul viselkedik
miscarriage [mɪs'kærɪdʒ] *n* vetélés, abortusz
miscellaneous [mɪ'seleə] *a* különféle, vegyes
mischance [mɪs'tʃɑːns] *n* balszerencse
mischief ['mɪstʃɪf] *n* pajkosság, csíny
misconduct [mɪs'kɒndʌkt] *n* helytelen magatartás
miscount [mɪs'kaʊnt] *v* rosszul számol
misdemeanour (*US* -or) [mɪsdɪ'miːnə] *n* vétség
misdirect [mɪsdɪ'rekt] *v* rosszul irányít/címez
miserable *a* ['mɪzrəbl] (*unhappy*) szerencsétlen; (*deplorable*) szánalmas
misery ['mɪzərɪ] *n* ínség, nyomor(úság)
misfire [mɪs'faɪə] *v* (*gun, joke*) nem sül el, csütörtököt mond; (*engine*) kihagy
misfit ['mɪsfɪt] *n* rosszul álló ruha ‖ **a social** ~ aszociális ember
misfortune [mɪs'fɔːtʃuːn] *n* szerencsétlenség, balszerencse

misgiving [mɪs'gɪvɪŋ] *n* aggály, rossz előérzet

mishandle [mɪs'hændl] *v* rosszul bánik/kezel

mishap ['mɪshæp] *n* balszerencse, malőr

mishear [mɪs'hɪə] *v* (*pt/pp* **misheard** [mɪs'hɜːd]) rosszul hall (vmt)

misinterpret [mɪsɪn'tɜːprɪt] *v* rosszul értelmez, félremagyaráz

misjudge [mɪs'dʒʌdʒ] *v* tévesen/rosszul ítél meg vmt

mislay [mɪs'leɪ] *v* (*pt/pp* **mislaid** [mɪs'leɪd]) elhány, elkever

mislead [mɪs'liːd] *v* (*pt/pp* **misled** [mɪs'led]) félrevezet

misnomer [mɪs'nəʊmə] *n* helytelen elnevezés

misplace [mɪs'pleɪs] *n* (*document*) rossz helyre tesz; (*confidence*) rosszul alkalmaz

misprint ['mɪsprɪnt] *n* nyomdahiba, sajtóhiba

misread [mɪs'riːd] *v* (*pt/pp* **misread** [mɪs'red]) rosszul olvas; félreért

miss[1] [mɪs] *n* kisasszony ‖ **M~ Brown** Brown kisasszony; **M~ Italy** Olaszország szépe

miss[2] [mɪs] **1.** *n* elhibázás **2.** *v* (*fail to hit*) elhibáz, eltéveszt; (*not notice*) elmulaszt; *col* elpasszol; (*overlook*) elnéz; (*long for*) hiányol; (*be late for*) vmről/vmt lekésik ‖ **be ~ing** hiányzik, elveszett; **I ~ her very much** ő nagyon hiányzik nekem; **~ the target** mellétalál

miss out (*omit*) kihagy; (*lose opportunity*) (sokat) mulaszt (*on* vmvel)

missile ['mɪsaɪl, 'mɪsl] *n* lövedék, rakéta

missing ['mɪsɪŋ] *a* elveszett, hiányzó ‖ **be ~** nincs meg, hiányzik

mission ['mɪʃn] *n* feladat, misszió, (ki)küldetés

missionary ['mɪʃənrɪ] *n* hittérítő, misszionárius

mist [mɪst] **1.** *n* (*fog*) köd; (*haze*) pára, homály **2.** *v* elhomályosodik ‖ **~ over/up** (*glass*) bepárásodik

mistake [mɪ'steɪk] **1.** *n* hiba, tévedés, mulasztás ‖ **by ~** tévedésből **2.** *v* (*pt* **mistook** [mɪ'stʊk], *pp* **mistaken** [mɪ'steɪkən]) eltéveszt ‖ **~ sg for sg** tévedésből vmt elcserél; **~ sy for sy** vkt vkvel összetéveszt

mistaken [mɪ'steɪkən] *a* hibás, téves ‖ **if I am not ~** ha nem tévedek; → **mistake**

mister ['mɪstə] *n* úr

mistletoe ['mɪsltəʊ] *n* fagyöngy

mistook [mɪ'stʊk] *pt* → **mistake**

mistreat [mɪs'triːt] *v* rosszul bánik (*sy* vkvel)

mistress ['mɪstrɪs] *n* (*head of family*) úrnő; (*housewife*) háziasszony; (*teacher*) tanárnő; (*lover*) szerető

mistrust [mɪs'trʌst] **1.** *n* bizalmatlanság **2.** *v* nem bízik (*sy* vkben)

misty ['mɪstɪ] *a* ködös, párás

misunderstand [mɪsʌndə'stænd] *v* (*pt/pp* **-stood** [mɪsʌndə'stʊd]) félreért

misuse 1. [mɪs'juːs] *n* rossz (célra történő) felhasználás; (*abuse*) visszaélés ‖ **~ of power** hatásköri túllépés **2.** [-'juːz] *v* rossz célra használ fel; (*abuse*) visszaél vmvel

mitigate ['mɪtɪgeɪt] *v* (*pain*) enyhít

mix [mɪks] *vt* (össze)kever, elkever, vegyít | *vi* összekeveredik, vegyül

mix in(to) belekever ‖ ~ **in society** társaságba jár
mix up összetéveszt; összezavar ‖ ~ **sg up with sg** vmt vmvel öszszecserél; **get ~ed up in sg** vk vmbe belekeveredik
mixed [mɪkst] *a* kevert, vegyes
mixer ['mɪksə] *n* (*device*) keverő(gép); (*person*) mixer
mixture ['mɪkstʃə] *n* keverék, elegy; (*medicine*) kanalas orvosság
moan [məʊn] **1.** *n* nyögés ‖ ~**s** *pl* jajgatás **2.** *v* nyög, jajgat
mob [mɒb] *n* csőcselék, tömeg
mobile ['məʊbaɪl] *a* mozgatható, mozgó ‖ ~ **home** lakókocsi; ~ **(tele)phone** mobil telefon
mock [mɒk] **1.** *a* színlelt, hamis, ál- **2.** *v* (ki)csúfol, (ki)gúnyol
mockery ['mɒkərɪ] *n* (*mocking*) (ki)csúfolás, gúnyolódás; (*ridicule*) gúny
mod cons [mɒd 'kɒnz] *n pl col* (= *modern conveniences*) összkomfort ‖ **flat with all** ~ összkomfortos lakás
mode [məʊd] *n* (*fashion*) divat; (*way*) mód
model ['mɒdl] **1.** *n* (*pattern*) minta, sablon, séma; (*to pose for a painter or photographer*) modell; (*mannequin*) manöken; (*design*) makett; (*ideal*) mintakép, példakép **2.** *v* -**ll-** (*US* -**l**-) (*shape*) (meg)mintáz, formál; (*make models*) modellez
moderate 1. ['mɒdərət] *a* mérsékelt, szerény, mértéktartó **2.** ['mɒdəreɪt] *v* mérsékel
modern ['mɒdən] *a* modern, korszerű

modern conveniences *n pl* összkomfort
modernize ['mɒdənaɪz] *v* korszerűsít
modest ['mɒdɪst] *a* szerény, igénytelen
modification [mɒdɪfɪ'keɪʃn] *n* változtatás, módosítás
modify ['mɒdɪfaɪ] *v* módosít, változtat
moist [mɔɪst] *a* (*surface, eye*) nedves, vizes; (*hand, climate*) nyirkos
moisture ['mɔɪstʃə] *n* nedv(esség)
mold [məʊld] *US* = **mould**
mole [məʊl] *n* (*animal*) vakond(ok); *col* (*person*) tégla
molest [mə'lest] *v* ~ **sy** vknek alkalmatlankodik
moment ['məʊmənt] *n* pillanat; *phys* nyomaték; (*importance*) jelentőség ‖ **at the** ~ pillanatnyilag; **for the** ~ pillanatnyilag; **in a** ~ pár pillanat múlva, rögtön; **just a** ~! egy pillanat(ra)!
momentum [mə'mentəm] *n phys* mozgásmennyiség; nyomaték; (*force*) hajtóerő, lendület
monarch ['mɒnək] *n* uralkodó
monarchy ['mɒnəkɪ] *n* monarchia
monastery ['mɒnəstrɪ] *n* kolostor
Monday ['mʌndɪ] *n* hétfő ‖ **by** ~ hétfőre; **on** ~ hétfőn; **last** ~ múlt hétfőn; **next** ~ jövő hétfőn; ~ **week** hétfőhöz egy hétre
monetary ['mʌnɪtrɪ] *a* pénzügyi, pénz- ‖ ~ **system** pénzrendszer; ~ **unit** pénzegység
money ['mʌnɪ] *n* pénz ‖ **make** ~ pénzt keres
money market *n* pénzpiac
money order *n* pénzesutalvány

monitor ['mɒnɪtə] **1.** *n* monitor, képernyő **2.** *v* figyel, ellenőriz
monk [mʌŋk] *n* szerzetes, barát
monkey ['mʌŋkɪ] *n* majom
monkey wrench *n* franciakulcs
monochrome ['mɒnəkrəʊm] *a* (*television*) fekete-fehér
monopoly [mə'nɒpəlɪ] *n* monopólium
monorail ['mɒnəʊreɪl] *n* egysínű vasút
monotonous [mə'nɒtənəs] *a* egyhangú, unalmas
monsoon [mɒn'suːn] *n* monszun
monster ['mɒnstə] *n* szörny(eteg)
month [mʌnθ] *n* hónap ǁ **this** ~ ebben a hónapban, folyó hó
monthly ['mʌnθlɪ] **1.** *a* havi **2.** *adv* havonta **3.** *n* (havi) folyóirat
monument ['mɒnjʊmənt] *n* (*statue*) emlékmű; (*building*) műemlék (épület)
moo [muː] *v* bőg (*tehén*)
mood[1] ['muːd] *n* hangulat, kedély, lelkiállapot
mood[2] ['muːd] *n gram* mód
moody ['muːdɪ] *a* (*gloomy*) rosszkedvű; (*variable*) szeszélyes
moon [muːn] *n astr* hold
moonlight ['muːnlaɪt] **1.** *n* holdfény **2.** *v* (*pt/pp* ~**ed**) (*at night*) maszekol; második állásban/„műszakban" dolgozik
moor [mʊə] *n* láp
moorland ['mʊələnd] *n* mocsaras terület
mop [mɒp] **1.** *n* nyeles felmosó, mop **2.** -**pp**- *v* felmos
mope [məʊp] *v* szomorkodik ǁ ~ **about/around** fel-alá járkál búslakodva

moral ['mɒrəl] **1.** *a* erkölcsi, morális ǁ ~ **strength** lelkierő **2.** *n* (*lesson*) erkölcsi tanulság ǁ ~**s** *pl* (*principles*) erkölcs, morál
morality [mə'rælətɪ] *n* erkölcs(iség), morál
morass [mə'ræs] *n* mocsár, ingovány
more [mɔː] **1.** *a/n* több ǁ **and what is** ~ sőt mi több; **will you have some** ~? kér(sz) még? **2.** *adv* (*in greater degree*) jobban, inkább; (*again*) többé; (*longer*) többet; (*comparative*) -abb, -ebb ǁ ~ **and** ~ (*increasingly*) egyre jobban, mindinkább; ~ **or less** többékevésbé; ~ **than** több, mint; **the** ~ **the better** mennél több, annál jobb
moreover [mɔːr'əʊvə] *adv* azonfelül, azonkívül, ráadásul
morning ['mɔːnɪŋ] *n* (*after dawn*) reggel; (*before noon*) délelőtt ǁ **good** ~! jó reggelt/napot (kívánok)!; **in the** ~ reggel, délelőtt; **this** ~ ma reggel, ma délelőtt
morose [mə'rəʊs] *a* komor, mogorva
morphine ['mɔːfiːn] *n* morfin, morfium
Morse code [mɔːs] *n* morzeábécé
morsel ['mɔːsl] *n* morzsa, falat
mortal ['mɔːtl] *a* halálos
mortar ['mɔːtə] *n* (*bowl*) mozsár; (*cannon*) mozsár(ágyú); (*for building*) malter
mortgage ['mɔːgɪdʒ] **1.** *n* jelzálog-(kölcsön) **2.** *v* jelzáloggal terhel
mortify ['mɔːtɪfaɪ] *v* megsért, megaláz
mortuary ['mɔːtʃʊərɪ] *n* halottasház

mosaic [məʊˈzeɪɪk] *n* mozaik
Moslem [ˈmɒzləm] *a/n* mohamedán
mosque [mɒsk] *n* mecset
mosquito [məˈskiːtəʊ] *n* szúnyog
moss [mɒs] *n* moha
most [məʊst] 1. *a/n* legtöbb ‖ at (the) ~ legfeljebb; in ~ cases legtöbbnyire 2. *adv* (*very*) leginkább, nagyon, igen; (*superlative*) leg...bb ‖ the ~ beautiful legszebb; ~ of all leginkább
mostly [ˈməʊstlɪ] *adv* leginkább, legtöbbnyire, főként
motel [məʊˈtel] *n* motel
moth [mɒθ] *n* lepke, pille; (*wool-eating*) (ruha)moly
mother [ˈmʌðə] 1. *n* anya 2. *v* ~ sy vkvel anyáskodik
mother-in-law (*pl* mothers-in-law) *n* anyós
mother-to-be *n* kismama
mother tongue *n* anyanyelv
motif [məʊˈtiːf] *n* motívum
motion [ˈməʊʃn] *n* (*movement*) mozgás, mozdulat; (*proposal*) indítvány, javaslat ‖ make a ~ előterjesztést tesz vmre; in ~ mozgásba hoz
motion picture *n* US (mozi)film
motivate [ˈməʊtɪveɪt] *v* (*act*) motivál
motive [ˈməʊtɪv] *n* indok, indíték, ok
motley [ˈmɒtlɪ] *a* tarkabarka
motor [ˈməʊtə] 1. *n* motor; (*vehicle*) autó 2. *a* motoros; (*of car*) autó(s)-, gépkocsi- 3. *v* autózik, gépkocsizik
motorbike [ˈməʊtəbaɪk] *n* col motorkerékpár
motor boat *n* motorcsónak
motor car *n* gépkocsi, autó

motor cycle *n* motorkerékpár
motorist [ˈməʊtərɪst] *n* autós
motor mechanic *n* (autó)szerelő
motor race *n* autóverseny
motorway [ˈməʊtəweɪ] *n* autópálya
MOT test [em əʊ ˈtiː] *n* műszaki vizsga (*autóé*)
mottled [ˈmɒtld] *a* foltos, tarka
motto [ˈmɒtəʊ] *n* mottó, jelige
mould¹ (*US* mold) [məʊld] 1. *n* (öntő)forma; öntőidom; (*for cake*) (kuglóf)forma; (*character*) jellem, alkat 2. *v* (ki)alakít, (meg)formál
mould² (*US* mold) [məʊld] *n* (*mildew*) penész
moulder (*US* molder) (away) [ˈməʊldə] *v* (el)porlad, szétmállik
moult (*US* molt) [məʊlt] 1. *n* vedlés 2. *v* vedlik
mound [maʊnd] *n* (*hill*) domb; halom; (*earthwork*) földtúrás
mount [maʊnt] 1. *n* hegy 2. *v* (*climb*) felmegy; (*get on*) felszáll; (*fix*) felállít; (*install*) felszerel, beszerel; (*organize*) (meg)rendez ‖ ~ a horse lóra ül; ~ the throne trónra lép
mountain [ˈmaʊntɪn] *n geogr* hegy ‖ ~s *pl* hegység, hegyvidék
mountain bike [ˈməʊntɪn baɪk] *n* mountain bike
mourn [mɔːn] *v* gyászol ‖ ~ for sy vkt meggyászol
mourning [ˈmɔːnɪŋ] *n* gyász ‖ be in ~ gyászol
mouse [maʊs] *n* (*pl* mice [maɪs]) *also comput* egér
moustache (*US* mus-) [məˈstɑːʃ] *n* bajusz
mousy [ˈmaʊsɪ] *a* (*colour*) egérszürke; (*smell*) egérszagú; *fig* (*person*) csendes, félénk

mouth [maʊθ] *n* (*pl* **mouths** [maʊðz]) (*of person, bottle*) száj; (*of cave*) torok ‖ ~ **of river** folyótorkolat
mouthful ['maʊθfl] *n* egy falat
mouth-organ *n* (száj)harmonika
mouthpiece *n* *mus* fúvóka; *fig* (*spokesman, publication*) szócső, szószóló
movable ['muːvəbl] *a* mozdítható, mozgatható
movable property *n* ingóságok
move [muːv] **1.** *n* (*movement*) mozdulat, mozgás; (*turn*) lépés; *fig* (*action*) sakkhúzás; (*step*) indítvány, ajánlat ‖ **make a** ~ megmozdul **2.** *vt* (meg)mozgat, (meg)mozdít; (*put forward*) javasol; (*affect*) meghat | *vi* (*be in motion*) mozog, elmozdul ‖ ~ **house** (el)költözik
move away (*from house*) elköltözik; (*from person*) eltávolodik
move in beköltözik
move on továbbmegy
move to vhová költözik
movement ['muːvmənt] *n* mozgás, mozdulat; (*action*) mozgalom; (*of music*) tétel; (*activity*) járás, működés; (*mechanism*) szerkezet
movie ['muːvɪ] *n* film
movie camera *n* *US* filmfelvevő (gép)
movies ['muːvɪz] *n pl US* mozi
moving ['muːvɪŋ] *a* mozgó
moving staircase *n* mozgólépcső
mow [məʊ] *v* (*pt* **mowed**, *pp* **mown** [məʊn] *or* **mowed**) (le)nyír (*füvet*)
mower ['məʊə] *n* (*of lawn*) fűnyíró gép; (*of hay*) kaszálógép
mown [məʊn] *pt* → **mow**

MP [em 'piː] = **Member of Parliament**
Mr ['mɪstə] = **Mister** ‖ ~ **Brown** Brown úr
Mrs ['mɪsɪz] = -né ‖ **Mrs B.T. Atkins** B.T. Atkinsné
Ms [mɪz] (*családi állapotot nem feltüntető női megszólítás*) ‖ **Ms Rosamund Moon** Rosamund Moon
much [mʌtʃ] **1.** *a* (*with singular*) sok ‖ **how** ~ **is it?** mibe/mennyibe kerül?; **so** ~ ennyi(re), annyi(ra) **2.** *adv* (*comparison*) sokkal, jóval; (*considerably*) nagyon ‖ ~ **better** sokkal jobb(an); ~ **too small** túl kicsi; **thank you very** ~ nagyon szépen köszönöm
muck [mʌk] **1.** *n col* (*dirt*) piszok; (*manure*) gané **2.** *v* bepiszkít, bemocskol
muck about/around (el)vacakol
muck up elfuserál
mucus ['mjuːkəs] *n* nyálka, váladék
mud [mʌd] *n* sár; iszap
muddle ['mʌdl] **1.** *n col* (*mess*) zűrzavar, rendetlenség; (*confusion*) zagyvaság **2.** *v* összekever, összekutyul
muddle up (*things*) összekuszál
muesli ['mjuːzlɪ] *n* müzli
muffin ['mʌfɪn] *n* meleg vajas teasütemény
muffle ['mʌfl] *v* bebugyolál, betakar
mug[1] [mʌg] *n* bögre, csupor
mug[2] [mʌg] *v* **-gg-** ~ **for an/one's exam** vizsgára magol
mug[3] [mʌg] *v* **-gg-** (*assault*) megtámad
multicoloured (*US* **-colored**) [mʌltɪ'kʌləd] *a* sokszínű
multiple ['mʌltɪpl] *a* többszörös

multiple-choice test *n* feleletválasztós teszt
multiplication [mʌltɪplɪ'keɪʃn] *n* szorzás
multiply ['mʌltɪplaɪ] *vt* (meg)szoroz, összeszoroz | *vi* (*breed*) szaporodik; (*become greater in number*) (meg)sokszorozódik
multi-storey car park *n* parkolóház
multitude ['mʌltɪtjuːd] *n* tömeg, sokaság
mum [mʌm] *n col* (*mother*) mama, édesanya
mumble ['mʌmbl] *v* (*mutter*) motyog, dünnyög; (*chew*) majszol; (*speak indistinctly*) makog
mummy ['mʌmɪ] *n* múmia
mumps [mʌmps] *n sing*. mumpsz
munch [mʌntʃ] *v* majszol, csámcsog
municipal [mjuː'nɪsɪpl] *a* (*of town*) városi; (*of local government*) helyhatósági, önkormányzati
mural ['mjʊərəl] *n* falfestmény
murder ['mɜːdə] 1. *n* gyilkosság 2. *v* meggyilkol
murderer ['mɜːdərə] *n* gyilkos
murky ['mɜːkɪ] *a* homályos, sötét
murmur ['mɜːmə] 1. *n* moraj(lás) 2. *v* zúg, mormol, zsong
muscle ['mʌsl] 1. *n* izom 2. *v* ~ in on sy* befurakodik
muscular ['mʌskjʊlə] *a* izmos, erős
muse [mjuːz] *v* mereng, tűnődik
museum [mjuː'zɪəm] *n* múzeum
mush [mʌʃ] *n* (*mash*) pempő, pép; *col* (*sentimentalism*) érzelgés; giccs
mushroom ['mʌʃrʊm] *n* (*eatable*) gomba; (*atomic*) felhő
music ['mjuːzɪk] *n* (*sounds*) zene; (*written signs*) kotta

musical ['mjuːzɪkl] 1. *a* zenei; (*play*) zenés; (*person*) muzikális 2. *n* musical, zenés játék
musical instrument *n* hangszer
music centre *n* HIFI-berendezés/torony, hifitorony
music hall *n* (*performance*) zenés varieté(műsor); (*theatre*) kabaré, varieté(színház)
musician [mjuː'zɪʃn] *n* zenész
Muslim ['mʊzlɪm] *a/n* muzulmán
muss (up) *v US* (*hair*) összekócol; (*room*) összekuszál
mussel ['mʌsl] *n* (ehető) kagyló
must[1] [mʌst] 1. *v* kell, muszáj || it ~ be there ott kell lennie; ott lesz (az)!; you ~ do it meg kell tenned; ~ not nem szabad 2. *n* it's a ~! *col* (*programme*) „kötelező" megnézni
must[2] [mʌst] *n* must
mustache [mə'stɑːʃ] *n US* = **moustache**
mustard ['mʌstəd] *n* mustár
mustn't ['mʌsnt] = **must not**
musty ['mʌstɪ] *a* dohos, penészes, áporodott
mutation [mjuː'teɪʃn] *n* változás; *biol* mutáció
mute [mjuːt] 1. *a* néma 2. *n mus* hangfogó; (*person*) néma 3. *v* letompít
mutiny ['mjuːtɪnɪ] *n mil* lázadás, zendülés
mutter ['mʌtə] *v* motyog, mormol, dohog
mutton ['mʌtən] *n* juhhús, birkahús, ürü(hús)
mutual ['mjuːtʃəl] *a* kölcsönös, közös
muzzle ['mʌzl] *n* (*of animal*) orr, pofa, száj; (*of dog*) szájkosár; (*of gun*) csőtorkolat

muzzy ['mʌzɪ] a (mind) zavaros; (person) kábult, bamba
my [maɪ] pron (az én) -m, -am, -em, -om, -öm || ~ book a(z én) könyvem; ~ books a(z én) könyveim
myself [maɪ'self] pron (nominative) (én/saját) magam; (accusative) (saját) magamat || by ~ magam
mysterious [mɪ'stɪərɪəs] a rejtélyes, titokzatos
mystery ['mɪstərɪ] n rejtély, titokzatosság; fig homály
mystify ['mɪstɪfaɪ] v rejtelmessé tesz, misztifikál
myth [mɪθ] n mítosz
mythology [mɪ'θɒlədʒɪ] n mitológia

N

N = north
nab [næb] v -bb- col elcsíp, elkap
nadir ['neɪdɪə] n mélypont, nadír
nag [næg] v -gg- nyaggat, gyötör (vkt)
nail [neɪl] 1. n (metal) szeg; (on finger) köröm || bite one's ~s körmét rágja 2. v megszegez || ~ sg to sg vmt vmhez odaszegez
nailbrush ['neɪlbrʌʃ] n körömkefe
nail file n körömreszelő
nail polish n US körömlakk
nail varnish n körömlakk
naive [naɪ'iːv] a naiv, együgyű
naked ['neɪkɪd] 1. a meztelen, csupasz || with the ~ eye puszta szemmel; the ~ truth a rideg valóság 2. adv meztelenül
name [neɪm] 1. n név; (reputation) hírnév || what's your ~? hogy

hívnak?; in the ~ of sy/sg vknek/ vmnek a nevében 2. v ~ (sg sg) (give name) (el)nevez, nevet ad vmnek; (denominate) megnevez; (propose) javasol; (appoint) kinevez (vkt)
namely ['neɪmlɪ] adv ugyanis (ui.), tudniillik (ti.), nevezetesen
namesake ['neɪmseɪk] n névrokon
nanny ['nænɪ] n dada, gyermekgondozónő
nap [næp] 1. n szendergés, szundítás || have/take a ~ col szundít 2. v -pp- col szundít
napkin ['næpkɪn] n (for meal) szalvéta; (for baby) pelenka
nappy ['næpɪ] n pelenka
nappy liner n papírpelenka (betét), pelenkabetét
narcotic [naː'kɒtɪk] n (sedative) altató; (drug) narkotikum, kábítószer
narrate [nə'reɪt] v elmond, elbeszél
narrow ['nærəʊ] 1. a szűk, keskeny || it was (or I had) a ~ escape hajszálon múlt, hogy megmenekültem 2. vi (össze)szűkül | vt (be)szűkít
narrowly ['nærəʊlɪ] adv éppen hogy, alig
narrow-minded a szűk látókörű, korlátolt
nasty ['naːstɪ] a komisz, undok, ocsmány
nation ['neɪʃn] n nemzet
national ['næʃənl] 1. a (of nation) nemzeti; (of country) országos 2. n állampolgár || ~ anthem (nemzeti) himnusz || ~ dress nemzeti viselet; népviselet
nationalism ['næʃnəlɪzəm] n nacionalizmus

nationality [næʃə'næləti] *n* nemzetiség; állampolgárság
nationalize ['næʃnəlaɪz] *v* államosít
native ['neɪtɪv] **1.** *a* (*inland*) belföldi; (*domestic*) hazai; (*inborn*) bennszülött; (*innate*) vele született, eredeti || ~ **land** szülőföld, haza; **a** ~ **speaker of Hungarian** magyar anyanyelvű (ember) **2.** *n* bennszülött, őslakó
native language *n* anyanyelv
natural ['nætʃrəl] *a* természeti; (*death*) természetes; (*child*) házasságon kívül született
natural gas *n* földgáz
natural history *n* természetrajz
naturalism ['nætʃrəlɪzəm] *n* naturalizmus
naturalize ['nætʃrəlaɪz] *v* vkt honosít
naturally ['nætʃrəlɪ] *adv* természetesen
natural science(s) *n* (*pl*) természettudomány(ok)
nature ['neɪtʃə] *n* (*world, forces*) természet; (*character, type*) jelleg || **by** ~ természeténél/természettől fogva
naught [nɔːt] *n* semmi; zéró; nulla
naughty ['nɔːtɪ] *a* haszontalan, csintalan
nauseate ['nɔːsɪeɪt] *v* émelyít || **be ~d by sg** hányingere van vmtől
nautical ['nɔːtɪkl] *a* tengeri, tengerészeti, hajózási
naval ['neɪvl] *a* tengeri, (hadi)tengerészeti || ~ **officer** tengerésztiszt
navel ['neɪvl] *n* köldök
navigate ['nævɪgeɪt] *v* (*ship*) navigál, kormányoz; (*in ship*) hajózik
navigator ['nævɪgeɪtə] *n* (*sailor*) hajózó; (*navigating person*) hajózótiszt, navigátor

navvy ['nævɪ] *n* földmunkás, kubikos
navy ['neɪvɪ] *n* (hadi)tengerészet
navy blue *a* sötétkék
NE = north-east(ern)
near [nɪə] **1.** *a* közeli; közel levő/fekvő **2.** *adv* közel || ~ **by** a közelben **3.** *v* vmhez közeledik/közelít
nearby ['nɪəbaɪ] *a* közeli, szomszédos
nearest ['nɪərɪst] *a* legközelebbi || ~ **to sg** vmhez legközelebb
nearly ['nɪəlɪ] *adv* majdnem, csaknem || **not** ~ közel sem
near-sighted *a* rövidlátó
neat [niːt] *a* (*tidy*) csinos, rendes, ápolt; *col* nett; (*undiluted*) tömör; *US* (*pleasing*) nagyszerű, klassz || **drink sg** ~ tisztán iszik vmt
necessary ['nesəsrɪ] *a* (*essential*) szükséges; (*unavoidable*) szükségszerű
necessitate [nɪ'sesɪteɪt] *v* szükségessé tesz, (meg)követel, megkíván
necessity [nɪ'sesətɪ] *n* (*compulsion*) szükségesség; (*need*) szükség
neck [nek] **1.** *n* nyak; (*of bottle, violin*) nyak; (*of land*) földszoros **2.** *v col* szerelmeskedik, smárol
necklace ['neklɪs] *n* nyaklánc
necktie ['nektaɪ] *n US* nyakkendő
née [neɪ] *a* (*before maiden name*) született, sz.
need [niːd] **1.** *n* (*necessity*) szükség; (*powerty*) nyomor; (*misfortune*) baj, nehéz helyzet || **be in** ~ szükséget lát, nyomorog; **there's a great** ~ **for sg** nagy szükség van vmre; ~**s** *pl* szükségletek, igények **2.** *v* ~ **sg** (*want*) szüksége van

vmre; (*require*) megkövetel vmt; megkíván; (*be necessary*) szükséges; (*be obliged*) kell ‖ **as ~ed** szükség szerint; **you ~ not** (*or* **needn't**) **worry** nem kell idegeskedned; **~ to (do sg)** kell (*vmt tenni*); **don't ~ to (do sg)** nem kell (*vmt tenni*); **you ~n't have hurried** nem kellett volna sietnie
needle ['niːdl] *n* tű
needless ['niːdlɪs] *a* szükségtelen, felesleges ‖ **~ to say** mondanom sem kell
needlework ['niːdlwɜːk] *n* kézimunka, varrás, hímzés
needn't ['niːdnt] = **need not**
needy ['niːdɪ] *a* nyomorgó, szűkölködő
negative ['negətɪv] **1.** *a* negatív, nemleges, tagadó ‖ **~ answer** nemleges/tagadó válasz; **~ sign** negatív előjel **2.** *n photo* negatív
neglect [nɪ'glekt] **1.** *n* mulasztás **2.** *v* elhanyagol, elmulaszt, mellőz
negligent ['neglɪdʒənt] *a* hanyag, gondatlan
negotiate [nɪ'gəʊʃɪeɪt] *v* (*discuss*) megtárgyal; (*bill, shares*)) forgat; (*get past*) átjut (vmn) ‖ **~ with sy** tárgyal vkvel
negotiation [nɪgəʊʃɪ'eɪʃn] *n* tárgyalás
Negress ['niːgrɪs] *n* (*derogatory*) néger nő (*használata sértő*)
Negro ['niːgrəʊ] *a/n* (*derogatory*) néger (*használata sértő*)
neighbour (*US* **-bor**) ['neɪbə] *n* szomszéd
neighbouring (*US* **-bor-**) ['neɪbərɪŋ] *a* vmvel szomszédos, környező
neither ['naɪðə] *pron/adv* (*also not*) se(m); (*not either of two*) egyik

sem (*kettő közül*) ‖ **~ ... nor ...** se(m) ... se(m) ...; **~ of them** egyikük sem
neon light *n* neon fénycső, neonfény
nephew ['nefjuː] *n* unokaöcs
nerve [nɜːv] *n* ideg ‖ **have the ~ to do sg** van mersze vmt tenni; **sy gets on one's/sy's ~s** az idegeire megy vk
nervous ['nɜːvəs] *a* (*excitable*) ideges; (*of nerves*) ideg- ‖ **~ breakdown** idegösszeomlás
nest [nest] **1.** *n* fészek **2.** *v* fészket rak
nestle ['nesl] *v* fészkel
net[1] [net] **1.** *a* nettó; tiszta **2.** *v* -tt- tisztán keres
net[2] [net] **1.** *n* háló, *col* necc **2.** *v* -tt- hálóval fog
Netherlands, the ['neðələndz] *n pl* Hollandia
net weight *n* nettó/tiszta súly
network ['netwɜːk] *n* hálózat
neurosis [njʊə'rəʊsɪs] *n* (*pl* **neuroses** [-iːz]) idegbetegség, neurózis
neutral ['njuːtrəl] **1.** *a* semleges **2.** *n* üresjárat
neutron bomb ['njuːtrɒn] *n* neutronbomba
never ['nevə] *adv* soha, sohase(m) ‖ **~ mind!** annyi baj legyen!
never-ending *a* szakadatlan, véget nem érő
nevermore [nevə'mɔː] *adv* soha többé
nevertheless [nevəðə'les] *adv/conj* mindamellett, mindazonáltal
new [njuː] *a* új
newborn ['njuːbɔːn] *a* újszülött
newcomer ['njuːkʌmə] *n* jövevény, újonnan érkezett (ember)

newly-weds, the *n pl* új házasok, az ifjú pár
new moon *n* újhold
news [njuːz] *n (pl)* hír, újság, értesülés || the ~ *(in radio)* hírek; *(in TV)* híradó; what's the ~? mi újság?
news agency *a* hírügynökség, távirati iroda
newsagent ['njuːzeɪdʒənt] *n* újságárus || ~'s (shop) újságosbódé
newscast ['njuːzkɑːst] *n* hírek
newsflash ['njuːzflæʃ] *n (in radio, TV)* közlemény, gyorshír
newsletter ['njuːzletə] *n* hírlevél
newspaper ['njuːzpeɪpə] *n* újság, (hír)lap
newsreel ['njuːzriːl] *n* (film)híradó
news-stand *n* újságosbódé
new year *n* új év/esztendő || Happy N~ Y~! Boldog új évet kívánok!
New Year's Eve *n* szilveszter
next [nekst] *a (nearest)* legközelebbi, szomszédos; *(following)* következő || live ~ door a szomszédban lakik; the ~ day másnap; ~ time a következő alkalommal; ~ year jövőre
next to *prep (beside)* mellett; *(almost)* szinte || ~ to nothing úgyszólván semmi
nibble ['nɪbl] *v* majszol
nibble at sg torkoskodik
nice [naɪs] *a* rendes, helyes, szép
nice-looking *a* csinos, helyes
nick [nɪk] 1. *n (notch)* csorba; *(score)* rovátka || come in the ~ of time a legjobbkor jön 2. *v col (steal)* elcsakliz
nickel ['nɪkl] *n* nikkel; *US (coin)* ötcentes (érme)
nickname ['nɪkneɪm] *n* becenév, csúfnév

niece [niːs] *n* unokahúg
niggard ['nɪgəd] *n* fösvény, zsugori
night [naɪt] *n* éjjel, éjszaka, este || at/by ~ éjjel; ~ and day éjjel-nappal
nightcap ['naɪtkæp] *n (cap)* hálósapka; *(drink)* lefekvés előtti itóka
night-club *n* mulatóhely
night-dress *n* (női) hálóing
nightfall ['naɪtfɔːl] *n* esteledés; sötétedés
nightgown ['naɪtgaʊn] *n US* (női) hálóing
nightie ['naɪtɪ] *n* (női) hálóing
nightingale ['naɪtɪŋgeɪl] *n* csalogány, fülemüle
nightmare ['naɪtmeə] *n* lidércnyomás, rémkép
night school *n* dolgozók iskolája, esti iskola
night-watchman *n (pl -men)* éjjeliőr
nil [nɪl] *n* zéró, semmi, nulla
nimble ['nɪmbl] *a* mozgékony; gyors, fürge
nine [naɪn] *num* kilenc
nineteen [naɪn'tiːn] *num* tizenkilenc
ninety ['naɪntɪ] *num (pl -ties)* kilencven
ninth [naɪnθ] 1. *num a* kilencedik 2. *n* kilenced
nip [nɪp] *v -pp- (pinch)* megcsíp; csipked; *(clip)* csíptet; *(frost)* megcsíp
nippers ['nɪpəz] *n pl (tool)* csípőfogó; *(of crab)* olló
nitrogen ['naɪtrədʒən] *n* nitrogén
no [nəʊ] 1. *a (not any)* semmi(féle) || ~ one senki; ~ smoking tilos a dohányzás!; ~ parking várakozni/parkolni tilos! 2. *adv (opposite*

to 'yes') nem ‖ **Is it cold? No, it isn't.** Hideg van? Nem, nincs hideg (*or* Nincs).

No. ['nʌmbə] = **number**
noble ['nəʊbl] *a* (*fine*) nemes; (*of high rank*) nemesi
nobody ['nəʊbədɪ] *pron* senki; ~ **else** senki más
nod [nɒd] **1.** *n* biccentés, bólintás **2.** *v* -dd- (*bow*) biccent, bólint; (*doze*) bóbiskol
nod off elbóbiskol
noise [nɔɪz] *n* zaj, zörej ‖ **make a** ~ zajong, lármázik
noisy ['nɔɪzɪ] *a* lármás, hangos, zajos
nomad ['nəʊmæd] *a* nomád
nominal ['nɒmɪnl] *a gram* névleges; névszói
nominate ['nɒmɪneɪt] *v* (*propose*) vkt vmre javasol; jelöl; (*appoint*) kinevez
nominee [nɒmɪ'niː] *n* jelölt
nonchalant ['nɒnʃələnt] *a* (*indifferent*) nemtörődöm, közönyös; (*cool*) hidegvérű
none [nʌn] **1.** *pron* egyik sem, semelyik, senki, semmi ‖ **I have** ~ (*not any*) nekem nincs **2.** *adv* **I am** ~ **the wiser (for it)** ettől nem lettem okosabb
none the less *adv/conj* annak ellenére(, hogy), mindazonáltal
non-flammable [nɒn 'flæməbl] *a* éghetetlen, nem gyúlékony
nonplus [nɒn'plʌs] *v* -ss- (*US* -s-) meghökkent, elképeszt ‖ **I was** ~**sed** paff voltam
nonsense ['nɒnsəns] *n* (*talk*) bolond beszéd; (*behaviour*) bolondság ‖ ~! (az) nem létezik!, abszurdum!

non-smoker [nɒn 'sməʊkə] *n* nemdohányzó
non-stick [nɒn'stɪk] *a* (*pan*) teflon
non-stop [nɒn'stɒp] *a* megállás nélküli, nonstop ‖ **make a** ~ **flight** leszállás nélkül teszi meg az utat (*repülőgép*)
noodles ['nuːdlz] *n pl* tészta, metélt
nook [nʊk] *n* zug, kuckó
noon [nuːn] *n* dél (*12 óra*) ‖ **at** ~ délben
no one ['nəʊ wʌn] *pron* senki
noose [nuːs] *n* hurok
nor [nɔː] *conj/adv* sem ‖ **neither ...** ~ **...** sem ..., sem ...
norm [nɔːm] *n* minta, szabály, norma, szabvány
normal ['nɔːml] *a* szabályos, rendes, normális
normally ['nɔːməlɪ] *adv* rendes/normális körülmények között, rendszerint, általában, egyébként
north [nɔːθ] **1.** *a* északi **2.** *n* észak ‖ **in the** ~ északon
North America *n* Észak-Amerika
North American *a/n* észak-amerikai
north-east *n* északkelet, ÉK
northerly ['nɔːðəlɪ] *a* északi
northern ['nɔːðən] *a* északi
Northern Ireland *n* Észak-Írország
North Pole *n* északi sark
North Sea *n* Északi-tenger
northward(s) ['nɔːθwəd(z)] *adv* északi irányban; észak felé, északra
north-west *n* északnyugat, ÉNY
Norway ['nɔːweɪ] *n* Norvégia
Norwegian [nɔː'wiːdʒn] *a/n* norvég(iai)
nose [nəʊz] **1.** *n* (*on face*) orr; (*sense of smell*) szimat, szaglás ‖

have a good ~ for sg jó a szimata; **lead sy by the ~** orránál fogva vezet **2.** *v* **~ about** (*US így is:* **around**) **for sy/sg** *col* vk/vm után szimatol/szaglászik
nose drops *n pl* orrcsepp(ek)
nosey ['nǝʊzɪ] *a col* kíváncsi
nostril ['nɒstrɪl] *n* orrlyuk
nosy ['nǝʊzɪ] = **nosey**
not [nɒt] *adv* nem (*with auxiliaries*: **n't: don't, isn't** *etc.*) ‖ **~ any** egy sem; **~ at all** egyáltalán nem; (*after thanks*) szívesen!, szóra sem érdemes!; **~ that** nem mintha; **I don't go** nem megyek
notable ['nǝʊtǝbl] **1.** *a* számottevő, figyelemre méltó, nevezetes **2.** *n* kiválóság, előkelő személy(iség)
notch [nɒtʃ] **1.** *n* (*cut*) rovátka, bevágás; (*nick*) csorba; (*sighting slot*) nézőke **2.** *v* rovátkol, bevág
note [nǝʊt] *n mus* hang, hangjegy; (*tone*) hang(nem); (*of lecture*) jegyzet; (*notice, comment*) megjegyzés; *pol* memorandum; (*bank~*) bankjegy ‖ **make/take ~s** jegyzetel; **take ~ of sg** megjegyez vmt **2.** *v* (*observe*) megjegyez, megfigyel; (*write down*) feljegyez, lejegyez
notebook ['nǝʊtbʊk] *n* notesz, jegyzetfüzet; *comput* noteszgép
notecase ['nǝʊtkeɪs] *n* levéltárca, pénztárca
notepaper ['nǝʊtpeɪpǝ] *n* levélpapír
nothing ['nʌθɪŋ] *n/pron* semmi ‖ **come to ~** semmivé lesz; **for ~** ingyen, semmiért; **~ but** (semmi más) csak...; **~ can be done** hiába minden!; **~ else** semmi más(t); **there is ~ to be done** nincs mit

tenni; **I've ~ to do with it** mi közöm hozzá?
notice ['nǝʊtɪs] **1.** *n* (*notification*) értesítés; (*announcement*) közlemény; (*warning*) felszólítás; (*dismissal*) felmondás; (*inscription*) felirat, kiírás ‖ **bring sg to sy's ~** vknek tudtára ad vmt; **give in one's ~** (*employee*) felmond; **take ~ of sg** tudomásul vesz vmt; **until further ~** további értesítésig **2.** *v* (*perceive*) észrevesz
notice board *n* hirdetőtábla; falitábla
notify ['nǝʊtɪfaɪ] *v* (ki)értesít ‖ **~ sy of sg** vkt vmről értesít, vkvel vmt tudat
notion ['nǝʊʃn] *n* fogalom, elképzelés
notorious [nǝʊ'tɔːnǝs] *a* hírhedt, közismert
notwithstanding [nɒtwɪð'stændɪŋ] **1.** *adv* mégis, annak ellenére, hogy, mindamellett **2.** *prep* (vmnek) ellenére
nought [nɔːt] *n* semmi, zéró, nulla
noun [naʊn] *n gram* főnév
nourish ['nʌrɪʃ] *v* táplál
nourishment ['nʌrɪʃmǝnt] *n* táplálék, étel
novel ['nɒvl] *n* regény
novelist ['nɒvǝlɪst] *n* regényíró
novelty ['nɒvǝltɪ] *n* újdonság
November [nǝʊ'vembǝ] *n* november; → **August**
now [naʊ] *adv* most ‖ **by ~** mostanra; **just ~** ebben a pillanatban; **~ and again/then** néha-néha, néhanapján; **from ~ on** ezentúl, mostantól (fogva)
nowadays ['naʊǝdeɪz] *adv* manapság, napjainkban

nowhere ['nəʊweə] *adv* (*at no place*) sehol; (*to no place*) sehova
noxious ['nɒkʃəs] *a* kártékony, ártalmas
nozzle ['nɒzl] *n* (*of hose*) csővég, szórófej; (*of pipe*) kifolyó
nuclear ['njuːklɪə] *a* nukleáris, mag-, atom-
nuclear physics *n* atomfizika, magfizika
nuclear war *n* atomháború
nuclear weapon *n* atomfegyver
nude [njuːd] **1.** *a* meztelen **2.** *n* akt
nudge [nʌdʒ] **1.** *n* oldalba lökés (gyengéden) **2.** *v* oldalba lök/bök
nudist [njuːdɪst] *n* naturista, nudista
nuisance ['njuːsns] *n* (*event, thing*) kellemetlenség; alkalmatlanság; *fig* (*person*) kolonc ‖ **be a ~ to sy** terhére van vknek
null and void [nʌl] *a law* semmis
nullify ['nʌlɪfaɪ] *v* érvénytelenít
numb [nʌm] **1.** *a* (*finger*) merev, dermedt, gémberedett ‖ **go ~** elzsibbad **2.** *v* elzsibbaszt ‖ **~ed** zsibbadt
number ['nʌmbə] **1.** *n* (*numeral*) szám(jegy); (*quantity*) szám; (*of programme*) (műsor)szám; (*issue*) (folyóirat)szám ‖ **~s** *pl* számtan; **the ~ five bus** ötös autóbusz; **a ~ of** néhány **2.** *v* (*give number*) megszámoz; (*count*) (meg)számlál, (meg)számol
numberless ['nʌmbəlɪs] *a* számtalan
numeral ['njuːmərəl] *n* (*grammar*) számnév; (*number*) szám(jegy)
numerical [njuːˈmerɪkl] *a* numerikus, számszerű
numerous ['njuːmərəs] *a* számos
numismatics [njuːmɪzˈmætɪks] *n sing*. éremtan, numizmatika

nun [nʌn] *n* apáca
nunnery ['nʌnərɪ] *n* apácakolostor, zárda
nurse [nɜːs] **1.** *n* (*of child*) dajka, dada; (*of patient*) (beteg)ápolónő **2.** *v* (*child*) dajkál, szoptat; (*patient*) ápol, gondoz
nursery ['nɜːsərɪ] *n* (*room*) gyer(m)ekszoba; (*for plants*) faiskola, kertészet ‖ **(day) ~** óvoda
nursery rhyme *n* gyermekdal
nursery school *n* óvoda
nursing home *n* (*private*) szanatórium
nut [nʌt] *n* (*fruit*) dió; (*metal*) csavaranya; *col* (*head*) kobak; → **nuts**
nutcracker ['nʌtkrækə] *n* diótörő
nutrient ['njuːtrɪənt] *n agr* táp(anyag)
nutriment ['njuːtrɪmənt] *n* (*food*) táplálék; (*preparation*) tápszer
nutrition [njuːˈtrɪʃn] *n* (*feeding*) táplálás; (*eating*) táplálkozás
nuts [nʌts] *a col* őrült, bolond ‖ **be ~ about/on sy/sg** egészen odavan vkért/vmért, megőrül vmért/vkért; **go ~** *US* meghülyül
nutshell ['nʌt-ʃel] *n* dióhéj ‖ **in a ~** dióhéjban
NW = north-west(ern)
nylon ['naɪlɒn] *n* nejlon

O

O [əʊ] zéró, nulla
oak [əʊk] *n* tölgy(fa)
OAP [əʊ eɪˈ piː] = **old-age pensioner**

oar [ɔː] *n* evező
oasis [əʊ'eɪsɪs] *n* (*pl* **-ses** [-siːz])
oázis
oat *n* zab
oatflake(s) ['əʊtfleɪk(s)] *n* (*pl*) zab-
pehely
oath [əʊθ] *n* eskü, fogadalom ‖
swear/take an ~ esküt letesz
oatmeal ['əʊmiːl] *n* zabpehely, zab-
liszt
oats [əʊts] *n pl* zab
obedient [ə'biːdɪənt] *a* engedelmes,
szófogadó ‖ **be ~ to sy** engedel-
meskedik vknek
obey [ə'beɪ] *v* engedelmeskedik,
szót fogad (*sy* vknek)
object 1. ['ɒbdʒɪkt] *n* (*thing*) tárgy;
(*aim*) cél; szándék; (*obstacle*) aka-
dály; *gram* tárgy **2.** [əb'dʒekt] *v*
ellenvetést tesz, tiltakozik ‖ **~ to
sg** kifogásol/ellenez vmt
objection [əb'dʒekʃn] *n* ellenvetés;
kifogás, tiltakozás ‖ **raise an ~**
kifogást emel
objective [əb'dʒektɪv] **1.** *a* (*real*)
tárgyi; (*impartial*) tárgyilagos, ob-
jektív **2.** *n* objektív, tárgylencse
obligation [ɒblɪ'geɪʃn] *n* kötelesség,
kötelezettség
obligatory [ə'blɪgətrɪ] *a* kötelező
oblige [ə'blaɪdʒ] *v* lekötelez, vmre
kötelez ‖ **I am much ~d to you**
végtelen hálás vagyok; **be ~d to
do sg** köteles vmt megtenni
oblique [ə'bliːk] *a* ferde, rézsútos,
dőlt
obliterate [ə'blɪtəreɪt] *v* kitöröl; ki-
pusztít
oblivious [ə'blɪvɪəs] *a* feledékeny,
hanyag
oblong ['ɒblɒŋ] *a* hosszúkás, tégla-
lap alakú

oboe ['əʊbəʊ] *n* oboa
obscene [əb'siːn] *a* obszcén, trágár
obscure [əb'skjʊə] **1.** *a* sötét, ho-
mályos **2.** *v* elhomályosít; *fig* el-
ködösít
observant [əb'zɜːvnt] *a* figyelmes
observation [ɒbzə'veɪʃn] *n* (*obser-
ving*) megfigyelés, észlelés; (*re-
mark*) megjegyzés, észrevétel
observe [əb'zɜːv] *v* (*take notice*)
megfigyel, észrevesz; (*remark*)
megjegyez; (*celebrate*) megtart ‖
~ a strict diet (szigorú) diétát tart
obsess [əb'ses] *v* **he is ~ed by the
idea that** az a rögeszméje, hogy
obsessive [əb'sesɪv] *a* mániákus,
megszállott
obsolete ['ɒbsəliːt] *a* elavult, ide-
jétmúlt
obstacle ['ɒbstəkl] *n* akadály
obstinate ['ɒbstɪnət] *a* csökönyös,
makacs
obstruct [əb'strʌkt] *v* akadályoz,
gátol; (*pipe*) eldugaszol
obstruction [əb'strʌkʃn] *n* akadály;
(*pipe*) dugulás; (*parliament*) obst-
rukció
obtain [əb'teɪn] *v* (meg)kap, (meg)-
szerez, elnyer, hozzájut (vmhez) ‖
~ a/one's degree (in sg) (vmlyen)
diplomát/fokozatot szerez
obtrusive [əb'truːsɪv] *a* (*person*)
tolakodó; feltűnő; (*smell*) átható
obvious ['ɒbvɪəs] *a* nyilvánvaló,
kézenfekvő, magától értetődő
occasion [ə'keɪʒn] *n* alkalom ‖ **on
this ~** ez alkalommal; **on the ~ of**
vmnek alkalmából
occasional [ə'keɪʒənl] *a* alkalmi,
véletlen
occasionally [ə'keɪʒnəlɪ] *adv* alkal-
milag, időnként

occupation [ɒkjʊ'peɪʃn] *n* (*of house*) beköltözés, bennlakás; (*of country*) megszállás, elfoglalás; (*possession*) birtoklás; (*profession*) foglalkozás

occupied ['ɒkjupaɪd] *a* foglalt; → **occupy**

occupy ['ɒkjʊpaɪ] *v* (*house*) elfoglal, birtokba vesz; *mil* (*country*) megszáll; (*position, office*) betölt || **be occupied in (doing) sg** (*vmvel tartósan*) foglalkozik

occur [ə'kɜː] *v* -rr- (meg)történik; előfordul || **it ~s to me** eszembe jut

ocean ['əʊʃn] *n* óceán, tenger

ocean-going *a* óceánjáró

ocean liner *n* óceánjáró

ochre (*US* **ocher**) ['əʊkə] *n* okker

o'clock [ə'klɒk] *adv* óra(kor) || **6 ~** 6 óra(i); **at one ~** egy órakor

octane number ['ɒkteɪn] *n* oktánszám

octave ['ɒktɪv] *n mus* oktáv

October [ɒk'təʊbə] *n* október; → **August**

octopus ['ɒktəpəs] *n* (*pl* -**puses**) *zoo* polip

oculist ['ɒkjʊlɪst] *n* szemorvos, szemész

odd [ɒd] *a* (*peculiar*) furcsa, különös; sajátságos; (*one of a pair*) felemás; (*not even*) páratlan || **twenty ~** húsz-egynéhány; → **odds**

odd jobs *n pl* alkalmi munka, apró munkák

oddment ['ɒdmənt] *n* maradék

odds [ɒdz] *n pl* (*chance*) esély, valószínűség; (*difference*) különbség || **be at ~ with sy** szemben/ hadilábon áll vkvel; **~ and ends** limlom, maradék

odious ['əʊdɪəs] *a* utálatos, gyűlöletes

odour (*US* -**or**) ['əʊdə] *n* szag, illat

of [ɒv, əv] *prep* (*separation*) -ból, -ből, közül; (*concerning*) -ról, -ről, felől; (*material*) vmből való; (*possession*:) **a friend ~ mine** egyik barátom; **a piece ~ furniture** bútor(darab); **made ~ wood** fából készült/való; **very kind ~ you** nagyon kedves tőled; **a pound ~ sugar** egy font cukor

off [ɒf] 1. *a* (*distant*) távoli, messzi; (*of right-hand side*) jobb oldali; (*not fresh*) áporodott, romlott; (*bad*) zord 2. *adv* (*away*) el; (*far*) távol; *el* (*disconnected*) kikapcsolva, ki, elzárva; (*cancelled*) elhalasztva || **be ~** elmegy; **the gas is ~** a gáz el van zárva

off-colour (*US* -**color**) *a* (*unwell*) gyengélkedő; (*pale*) halvány, elszíneződött

offence (*US* -**se**) [ə'fens] *n* (szabály)sértés, kihágás; szabálytalanság; (*serious*) bűn || **commit an ~ (against the law)** törvénysértést/szabálysértést követ el; **take ~ at sg** rossz néven vesz vmt

offend [ə'fend] *v* megbánt, megsért || **be ~ed at/by sg** megsértődik vm miatt

offensive [ə'fensɪv] 1. *a* (*attacking*) támadó; goromba; (*unpleasant*) visszataszító, sértő; kellemetlen 2. *n* offenzíva

offer ['ɒfə] 1. *n* ajánlat, kínálat || **make an ~ for sg** ajánlatot tesz vmre 2. *v* (fel)ajánl, (fel)kínál (*sg* *to sy or sy sg* vknek vmt) ‖ ~ **oneself** felajánlkozik

offhand [ɒf'hænd] **1.** *a (extempore)* spontán; *(casual)* könnyed, fesztelen, fölényes **2.** *adv (without thinking)* kapásból; *(casually)* foghegyről

office ['ɒfɪs] *n (bureau)* hivatal, iroda; *(duty, position)* hivatal, tisztség; *US (surgery)* rendelő

office block *(US building) n* irodaház

officer ['ɒfɪsə] *n mil* tiszt

office worker *n* hivatalnok, tisztviselő

official [ə'fɪʃl] **1.** *a* hivatalos, hivatali, hatósági, szolgálati ‖ ~ **language** hivatalos nyelv **2.** *n* köztisztviselő, tiszt(ség)viselő

off-peak *a* csúcsforgalmi időn kívüli; *(price)* előszezoni, utószezoni

off-season *n* előidény, utóidény, holt idény/szezon

offset ['ɒfset] *v (pt/pp* **offset; -tt-)** ellensúlyoz, kárpótol

offshore ['ɒfʃɔ:] *a/adv* part felől (jövő); nem messze a parttól *(a tengeren)*

offside [ɒf'saɪd] **1.** *adv sp* lesen *(van)* **2.** *a GB (lane)* belső; *(wheel)* úttest felőli, jobb oldali

offside lane *n (in traffic) GB* belső sáv

offspring ['ɒfsprɪŋ] *n* gyermekáldás, ivadék, az utódok

off-the-cuff *a* rögtönzött

off-white *a* piszkosfehér, törtfehér

often ['ɒfn] *adv* gyakran, sűrűn

oh! [əʊ] *int* ó(h)!, hű ‖ ~ **dear!** ó jaj!

oil [ɔɪl] **1.** *n* olaj ‖ **paint in ~s** olajjal fest **2.** *v (engine)* (meg)olajoz, beolajoz

oil-colour *(US -or) n* olajfesték

oil-painting *n* olajfestmény

oil refinery *n* olajfinomító

oil-rig *n* fúrósziget

oil-tanker *n* olajszállító hajó, tankhajó

oil well *n* olajkút

ointment ['ɔɪntmənt] *n* kenőcs

OK!, okay [əʊ'keɪ] **1.** *a (agreement)* jó!, nagyon helyes!, rendben! **2.** *v (pt/pp* **okayed, OK'd)** jóváhagy, helybenhagy

old [əʊld] *a (aged)* öreg, idős, vén; *(former)* régi, azelőtti ‖ **an ~ acquaintance (of mine)** régi ismerősöm; **how ~ are you?** hány éves?

old-age *a* öregkori, öregségi ‖ ~ **pensioner** nyugdíjas

old-fashioned [əʊld'fæʃnd] *a* idejétmúlt, ódivatú, régimódi

old-timer *n col (old boy)* öregfiú; *(veteran)* veterán

olive ['ɒlɪv] *n* olajbogyó

olive-green *a* olívzöld, olajzöld

olive oil *n* olívaolaj

Olympic [ə'lɪmpɪk] *a* olimpiai ‖ ~ **champion** olimpiai bajnok

Olympic Games, the *(also* **the Olympics** [ə'lɪmpɪks])** *n* olimpiai játékok

omen ['əʊmen] *n* előjel, ómen

ominous ['ɒmɪnəs] *a* baljós(latú), ominózus

omit [ə'mɪt] *v* -tt- elhagy, kihagy, mellőz, elmulaszt *(to do sg* vmt megtenni)

on [ɒn] **1.** *prep (place)* -on, -en, -ön, -n; *(time)* -án, -én; *(at the* *time of*) -kor; (*direction*) -ra, -re; (*about*) -ról, -ről (*szól*) ǁ ~ **board** fedélzeten; ~ **Monday** hétfőn; ~ **the 5(th) of May** május 5-én; ~ **my arrival home** hazaérkezésemkor **2.** *adv* (*further*) tovább; *el* (*connected*) be (*van kapcsolva*) ǁ **from now** ~ mostantól kezdve; **what has she got** ~**?** mi van rajta?; **the gas is** ~ ég a gáz; **the TV is** ~ be van kapcsolva a tévé

once [wʌns] *adv* egyszer, egy alkalommal ǁ **at** ~ azonnal, rögtön; ~ **a week** hetenként egyszer; ~ **again** még egyszer; ~ **more** újból, újra, még egyszer; ~ **upon a time there was ...** hol volt, hol nem volt

oncoming ['ɒnkʌmɪŋ] *a* szembejövő (forgalom)

one [wʌn] **1.** *num* (*number*) egy; (*indefinite*) egyik; (*any person*) valaki ǁ **no** ~ senki sem; ~ **and a half** másfél; ~ **another** egymást; ~ **by** ~ egyesével, egyenként; **on the** ~ **hand ... on the other (hand)** egyrészt ..., másrészt; ~ **of them** egyikük; ~ **or two** egypár **2.** *n* (*impersonal subject*) az ember ǁ ~ **never knows** az ember sohasem tudja **3.** *pron* (*instead of noun*) **which** ~**?** melyiket?; **that** ~ azt (ott); **the green** ~ a zöldet

onerous ['ɒnərəs] *a* súlyos, terhes

oneself [wʌn'self] *pron* maga, magát, magának ǁ **by** ~ magában; egyedül

one-to-one *a/adv* (*correspondence*) egy az egyben (való); (*between two people*) négyszemközti

one-way street *n* egyirányú utca

one-way traffic *n* egyirányú forgalom/közlekedés

onion ['ʌnɪən] *n* (vörös)hagyma

onlooker ['ɒnlʊkə] *n* néző

only ['əʊnlɪ] **1.** *a* egyedüli, egyetlen ǁ ~ **one** egyetlenegy **2.** *adv* csak, egyedül, csupán ǁ ~ **not** ~ nemcsak **3.** *conj* csak (éppen), kivéve hogy, viszont

onset ['ɒnset] *n* kezdet

onshore ['ɒnʃɔː] **1.** *a* szárazföldi **2.** *a/adv* (*towards the shore*) szárazföldi; a szárazföld/part felé; (*on the shore*) a szárazföldön, a parton

onslaught ['ɒnslɔːt] *n* támadás

onto ['ɒntuː] *prep* -ra, -re

onward ['ɒnwəd] *a* előrehaladó

onwards ['ɒnwədz] *adv* előre

ooze [uːz] *v* nedvezik, szivárog

opaque [əʊ'peɪk] *a* homályos, átlátszatlan

open ['əʊpən] **1.** *a* nyitott, nyílt; (*frank*) nyílt, egyenes, őszinte ǁ **in the** ~ **air** szabadban **2.** *adv* nyitva **3.** *n sp* nyílt teniszbajnokság ǁ **be in the** ~ kiderült **4.** *vt* (ki)nyit, megnyit ǁ *vi* kinyílik ǁ ~ **an account** folyószámlát nyit; ~ **here** itt nyílik; ~ **the door** ajtót kinyit; ~ **the meeting** az ülést megnyitja

open-air *a* szabadtéri

open-hearted *a* nyíltszívű, őszinte

opening ['əʊpnɪŋ] **1.** *a* (meg)nyitó **2.** *n* nyitás, megnyitás; (*hole*) nyílás; (*opportunity*) munkaalkalom, üresedés

opening hours *n pl* nyitvatartási idő

openly ['əʊpənlɪ] *adv* nyíltan

open-minded *a* liberális (gondolkodású)

Open University *n GB approx* távoktatás

opera ['ɒprə] *n* opera
operate ['ɒpəreɪt] *vt* üzemeltet, működtet | *vi* működik, üzemel; *med* operál || ~ **on sy** megoperál/megműt (*sy for sg* vkt vmvel); **~d by electricity** villamos hajtású
operating room *n US* műtő
operating theatre *n* műtő
operation [ɒpə'reɪʃn] *n* működés, üzem(elés); *also math* művelet; *mil* hadművelet; *med* műtét, operáció || **be in** ~ (*machine*) működik; (*law*) érvényben van
operator ['ɒpəreɪtə] *n* (*of telephone*) telefonkezelő; (*of machine*) kezelő
operetta [ɒpə'retə] *n* operett
opinion [ə'pɪnjən] *n* vélemény, nézet || **in my** ~ szerintem/véleményem szerint
opinion poll *n* közvélemény-kutatás
opium ['əʊpɪəm] *n* ópium
opponent [ə'pəʊnənt] *n* ellenfél
opportunity [ɒpə'tjuːnətɪ] *n* lehetőség; alkalom || **take the** ~ megragadja az alkalmat
oppose [ə'pəʊz] *v* ellenez (vmt), szemben áll vkvel/vmvel
opposed [ə'pəʊzd] *a* ellenkező; ellentétes || **be** ~ **to sg** ellenez vmt; **as** ~ **to sg** szemben vmvel
opposite ['ɒpəzɪt] **1.** *a* ellentétes, ellenkező, szemközti **2.** *adv* szembe(n), átellenben **3.** *n* ellenkezője/ellentéte vmnek
opposition [ɒpə'zɪʃn] *n* (*resistance*) szembenállás, ellenállás; (*team*) ellenfél; *pol* ellenzék
oppress [ə'pres] *v* (*nation*) elnyom

opt [ɒpt] *v* ~ **for sg** vmt választ, vm mellett dönt; ~ **out of sg** kiszáll vmből
optical ['ɒptɪkl] *a* optikai; látási
optician [ɒp'tɪʃn] *n* látszerész, optikus
optics ['ɒptɪks] *n sing.* optika, fénytan
optimism ['ɒptɪmɪzəm] *n* derűlátás, optimizmus
optimist ['ɒptɪmɪst] *n* derűlátó, optimista
optimistic [ɒptɪ'mɪstɪk] *a* bizakodó, optimista
optimum ['ɒptɪməm] *a* optimális
option ['ɒpʃn] *n* (*choice*) a választás lehetősége, alternatíva, lehetőség; (*right*) opció
optional ['ɒpʃənl] *a* szabadon választható, fakultatív (*tantárgy*)
opulent ['ɒpjʊlənt] *a* dúsgazdag, fényűző; bőséges
or [ɔː] *conj* vagy || ~ **else** (más)különben; ~ **rather** pontosabban; helyesebben; → **either**
oral ['ɔːrəl] *a* (*verbal*) szóbeli; (*by mouth*) szájon át történő || ~ **examination** szóbeli vizsga
orange ['ɒrɪndʒ] *n* narancs
orator ['ɒrətə] *n* szónok
orbit ['ɔːbɪt] **1.** *n* (*of planet, satellite*) pálya **2.** *v* (*spacecraft*) kering
orchestra ['ɔːkɪstrə] *n* zenekar; *US theat* támlásszék, zsöllye
ordain [ɔː'deɪn] *v* pappá szentel, felszentel
ordeal [ɔː'diːl] *n* megpróbáltatás
order ['ɔːdə] **1.** *n* rend; (*sequence*) sorrend; *law* rendelet; *mil* parancs; *comm* megrendelés; *rel* rend; (*medal*) rendjel, kitüntetés || **be in** ~ rendben van; **be out of** ~ nem

működik/üzemel; **give sy an** ~ **for sg** (*goods*) megrendel vmt vktől/vknél; **put sg in** ~ rendbe rak/tesz vmt; **in** ~ **that/to** azzal a céllal, hogy; azért, hogy; ~! *pol* térjen a tárgyra! **2.** *v* (*arrange*) (el)-rendez; (*command*) rendelkezik, utasít, (meg)parancsol; (*goods*) megrendel

ordinal number *n* sorszámnév
ordinance ['ɔːdɪnəns] *n* (szabály)-rendelet
ordinarily ['ɔːdɪnrəlɪ] *adv* szokásos módon, normálisan, egyébként
ordinary ['ɔːdɪnrɪ] *a* szokásos, mindennapos, közönséges; (*member*) rendes
ore [ɔː] *n* érc
organ ['ɔːgən] *n biol* szerv; (*organization*) szerv, orgánum; *mus* (*instrument*) orgona ‖ **play (on) the** ~ orgonál
organism ['ɔːgənɪzəm] *n* organizmus
organization [ɔːgənaɪ'zeɪʃn] *n* (*institution*) szervezet; (*arrangement*) szervezés, rendezés
organize ['ɔːgənaɪz] *v* (meg)rendez, (meg)szervez
organ transplant *n* szervátültetés
orgasm ['ɔːgæzəm] *n* (nemi) kielégülés, orgazmus
orgy ['ɔːdʒɪ] *n* orgia
Orient ['ɔːrɪənt] *n* kelet
oriental [ɔːrɪ'entl] *a* keleti
orientate ['ɔːrɪenteɪt] *vt* irányít, orientál ‖ *vi* tájékozódik
orienteering [ɔːrɪən'tɪːrɪŋ] *n* tájfutás
orifice ['ɒrɪfɪs] *n* nyílás
origin ['ɒrɪdʒɪn] *n fig* (*beginning*) eredet, kezdet; (*ancestry*) származás

original [ə'rɪdʒɪnl] **1.** *a* eredeti **2.** *n* **the** ~ eredeti példány
originate [ə'rɪdʒɪneɪt] *v* (*effect*) létrehoz ‖ ~ **from/in sg** ered/származik vmből
ornament ['ɔːnəmənt] **1.** *n* dísz, ékesség **2.** *v* díszít, ékesít
ornate [ɔː'neɪt] *a* díszes, ékes
ornithology [ɔːnɪ'θɒlədʒɪ] *n* madártan, ornitológia
orphan ['ɔːfn] *n* árva
orphanage ['ɔːfnɪdʒ] *n* árvaház
orthodox ['ɔːθədɒks] *a rel* ortodox
oscillate ['ɒsɪleɪt] *v phys* rezeg, oszcillál; (*pendulum*) leng, (ki)leng
ostensible [ɒ'stensəbl] *a* állítólagos, látszólagos
ostentatious [ɒsten'teɪʃəs] *a* hivalkodó, tüntető
ostracize ['ɒstrəsaɪz] *v* kiközösít, kizár
ostrich ['ɒstrɪtʃ] *n* strucc
other ['ʌðə] **1.** *pron/a* (*different*) más; (*not the same*) másik; (*else*) egyéb ‖ **the** ~**s** a többiek; **the** ~ **day** a napokban, nemrég; **on the** ~ **hand** másfelől, másrészt; **on the** ~ **side** odaát **2.** *adv/conj* másképp
otherwise ['ʌðəwaɪz] *adv* másképpen, (más)különben, egyébként
ought to (do sg) [ɔːt] *v* illene, kellene ‖ **you** ~ **not** (*or* **oughtn't**) **to have done this** ezt nem lett volna szabad megtenned; **I** ~ **to have brought it** el kellett volna hoznom
ounce [aʊns] *n* uncia (= *28,35 g*)
our [aʊə] *pron* (a mi) -unk, -ünk, -aink, -jaink, -eink, -jeink ‖ ~ **house** a házunk; ~ **children** a gyerekeink

ours [aʊəz] *pron* a mienk ‖ **these are** ~ ezek a mieink

ourselves [aʊə'selvz] *pron* **(we)** ~ (mi) magunk

out [aʊt] *adv* (*to a place*) ki, kifelé; (*at a place*) kinn ‖ **she's** ~ nincs otthon; **I am 10 dollars** ~ a hiányom 10 dollár

outbreak ['aʊtbreɪk] *n* (*of disease, war*)) kitörés

outburst ['aʊtbɜ:st] *n* kitörés, kirohanás (*vk ellen*)

outcast ['aʊtkɑ:st] *a/n* kitaszított, száműzött

outcome ['aʊtkʌm] *n* (*issue*) kimenetel; (*result*) eredmény; következmény, fejlemény

outdated [aʊt'deɪtɪd] *a* elavult, idejétmúlt

outdid [aʊt'dɪd] *pt* → **outdo**

outdo [aʊt'du:] *v* (*pt* **outdid** [aʊt-'dɪd], *pp* **outdone** [aʊt'dʌn]) (*in result*) felülmúl, *col* vkt lefőz

outdone [aʊt'dʌn] *pp* → **outdo**

outdoor ['aʊtdɔ:] *a sp* szabadtéri; (*swimming pool*) nyitott; (*clothes*) utcai

outdoors [aʊt'dɔ:z] *adv* kinn, a szabadban

outer ['aʊtə] *a* külső

outer space *n* világűr

outfit ['aʊtfɪt] *n* (*clothes*) öltözet; (*ensemble*) öltöny; (*equipment*) felszerelés; (*set*) készlet

outgoings ['aʊtgəʊɪŋz] *n pl* kiadások

outgrew [aʊt'gru:] *pt* → **outgrow**

outgrow [aʊt'grəʊ] *v* (*pt* **outgrew** [aʊt'gru:], *pp* **outgrown** [aʊt-'grəʊn]) (*clothes, habit*) kinő

outgrown [aʊt'grəʊn] *pp* → **outgrow**

outing ['aʊtɪŋ] *n* kirándulás

outlay ['aʊtleɪ] *n* költségek, ráfordítás

outlet ['aʊtlet] *n* kifolyó, lefolyó; (*for talent*) megnyilvánulási lehetőség; *US* (*for electricity*) konnektor, (dugaszoló)aljzat

outline ['aʊtlaɪn] **1.** *n* (*silhouette*) körvonal, sziluett; (*summary*) vázlat **2.** *v* (*situation*) (fel)vázol, körvonalaz

outlook ['aʊtlʊk] *n* (*prospect*) távlat; (*view*) kilátás; (*attitude*) szemlélet(mód)

outlying ['aʊtlaɪɪŋ] *a* félreeső, távoli ‖ ~ **district** peremkerület

outnumber [aʊt'nʌmbə] *v* számbelileg fölülmúl

out of *prep* -ból, -ből, kinn, vmn kívül, közül ‖ ~ **order** nem működik, rossz; **be** ~ **sg** kifogyott vmből

out-of-date *a* idejétmúlt, korszerűtlen

out-of-the-way *a* félreeső

out-patient *n* járóbeteg

output ['aʊtpʊt] *n el* teljesítmény; *comput* kimenet, kimenőteljesítmény

outrage 1. ['aʊtreɪdʒ] *n* gazság, szörnyűség; (*emotion*) megbotránkozás **2.** [aʊt'reɪdʒ] *v* (*person*) durván megsért vkt; (*sense of justice*) megbotránkoztat

outright ['aʊtraɪt] **1.** *a* (*frank*) őszinte, nyílt; (*open*) leplezetlen; (*clear*) egyértelmű; (*complete*) teljes, kerek **2.** *adv* nyíltan, kereken

outset ['aʊtset] *n* kezdet ‖ **at the** ~ az elején

outshine [aʊt'ʃaɪn] *v* (*pt/pp* **outshone** [aʊt'ʃɒn]) (*fame*) elhomályosít, vkt vmben túlszárnyal

outside 1. ['aʊtsaɪd] *a* külső, szélső, kinti **2.** [aʊt'saɪd] *adv/prep* kinn, ki; *US* ~ **of** (vkn/vmn) kívül **3.** [aʊt'saɪd] *n* vmnek a külseje, külső (oldal) ‖ **at the** ~ legfeljebb
outside lane *n GB* (*of motorway*) belső sáv
outsider [aʊt'saɪdə] *n* idegen, kívülálló
outsize ['aʊtsaɪz] *a* (*clothes*) extra méretű/nagy
outskirts, the ['aʊtskɜːts] *n pl* külváros, külterület, peremkerületek
outspoken [aʊt'spəʊkən] *a* szókimondó
outstanding [aʊt'stændɪŋ] *a* (*prominent*) kiemelkedő, kiváló; (*unpaid*) hátralékos
outstrip [aʊt'strɪp] *v* megelőz, lehagy
outward ['aʊtwəd] *a* (*of the outside*) külső; (*going out*) kifelé tartó ‖ ~ **appearance** (*of person*) külső, küllem; ~ **journey** kiutazás
outwards ['aʊtwədz] *adv* ki, kifelé
outwit [aʊt'wɪt] *v* -**tt-** túljár vknek az eszén
oval ['əʊvl] *a* ovális
oven ['ʌvn] *n* (*for baking, cooking*) sütő; (*furnace*) kemence
ovenproof ['ʌvnpruːf] *a* tűzálló
oven-ready *a* konyhakész
ovenware ['ʌvnweə] *n* tűzálló edény(ek)
over ['əʊvə] **1.** *adv* (*across*) át, keresztül; (*finished*) elmúlt, vége ‖ **it is** ~ vége van; ~ **and** ~ (**again**) újra meg újra; ~ **here** itt nálunk; ~ **there** odaát **2.** *prep* (*above*) vm fölött/fölé; (*higher than*) vmn felül; (*on top of*) rá; (*across*) vmn

át/keresztül; (*more than*) vmn túl, több mint ‖ ~ **70 kg** 70 kg felett; ~ **the sea** tengeren túl
overall [əʊvər'ɔːl] **1.** *a* általános, átfogó, globális ‖ ~ **view** (**of sg**) összkép **2.** *n US* = **overalls**
overalls ['əʊvərɔːlz] *n pl* kezeslábas, munkaruha, szerelőruha
overbalance [əʊvə'bæləns] ‖ *vi* feldönt; (*outweigh*) felülmúl; (*lose balance*) elveszti egyensúlyát, feldől
overbearing [əʊvə'beərɪŋ] *a* arrogáns, erőszakos
overboard ['əʊvəbɔːd] *adv* (hajóból) ki ‖ **be washed** ~ tengerbe sodorja a hullám
overcame [əʊvə'keɪm] *pt* → **overcome**
overcast [əʊvə'kɑːst] *a* felhős, borús
overcoat ['əʊvəkəʊt] *n* felöltő, felsőkabát
overcome [əʊvə'kʌm] *v* (*pt* **overcame** [əʊvə'keɪm], *pp* **overcome**) (*difficulty, enemy*) leküzd, legyőz ‖ **be** ~ **by sg** vm rájön vkre
overcrowded [əʊvə'kraʊdɪd] *a* túlzsúfolt
overdid [əʊvə'dɪd] *pt* → **overdo**
overdo [əʊvə'duː] *v* (*pt* **overdid** [əʊvə'dɪd], *pp* **overdone** [əʊvə-'dʌn]) (*exaggerate*) túlzásba esik; (*work too hard*) megerőlteti magát; (*overcook*) túlsüt
overdone [əʊvə'dʌn] *a/pp* túlsütött; → **overdo**
overdrawn [əʊvə'drɔːn] *a* (*account*) fedezetlen
overdue [əʊvə'djuː] *a* (*bill*) lejárt
overestimate [əʊvər'estɪmeɪt] *v* vmt túlbecsül

overfed [əʊvə'fed] a túltáplált

overflow 1. ['əʊvəfləʊ] n (of liquid) túlfolyás; (pipe) túlfolyó; comput túlcsordulás **2.** [əʊvə'fləʊ] v (heart, cup) túlcsordul, kicsordul; (water) elönt; (river) kiönt

overgrown [əʊvə'grəʊn] a (child) korához képest túl nagy; (path) növényekkel benőtt, gazos

overhaul 1. ['əʊvəhɔːl] n nagyjavítás, generáljavítás **2.** [əʊvə'hɔːl] v (patient) felülvizsgál; (engine) generáloz

overhead projector [əʊvə'hed] n írásvetítő

overheads ['əʊvəhedz] n pl rezsi-(költség)

overhear [əʊvə'hɪə] v (pt/pp **overheard** [əʊvə'hɜːd]) (conversation) kihallgat

overheard [əʊvə'hɜːd] pt/pp → **overhear**

overheat [əʊvə'hiːt] vt túlhevít I vi túlmelegszik

overland 1. ['əʊvəlænd] a szárazföldi **2.** [əʊvə'lænd] adv szárazföldön, szárazon

overlap 1. ['əʊvəlæp] n átfedés **2.** [əʊvə'læp] v -pp- átfedik egymást

overleaf [əʊvə'liːf] adv (in book) a túlsó oldalon

overload [əʊvə'ləʊd] v túlterhel

overlook [əʊvə'lʊk] v (fail to notice) nem vesz észre, elnéz; (ignore) vmről/vkről elfelejtkezik II **room ~ing the garden** kertre nyíló szoba

overnight 1. ['əʊvənaɪt] a éjszakai **2.** [əʊvə'naɪt] adv hirtelen, máról holnapra II **stay ~** ott marad éjszakára

overpower [əʊvə'paʊə] v legyőz, erőfölényben van (sy vkvel szemben)

overproduction [əʊvəprə'dʌkʃn] n túltermelés

overran [əʊvə'ræn] pt → **overrun**

overridden [əʊvə'rɪdn] pp → **override**

override [əʊvə'raɪd] v (pt **overrode** [əʊvə'rəʊd], pp **overridden** [əʊvə'rɪdn]) (disregard) semmibe vesz; (prevail) előbbre való (vmnél), megelőz (vmt); (ride over) átgázol (vmn)

overrode [əʊvə'rəʊd] pt → **override**

overrule [əʊvə'ruːl] v (claim) érvénytelenít, hatályon kívül helyez; (decision) megmásít

overrun [əʊvə'rʌn] v (pt **overran** [əʊvə'ræn], pp **overrun**) (crowd) elözönöl; (troops) leroham

overseas [əʊvə'siːz] **1.** a külföldi, tengeren túli **2.** adv külföldön, tengeren túl

overshadow [əʊvə'ʃædəʊ] v (person) háttérbe szorít; (place) beárnyékol

oversight ['əʊvəsaɪt] n kihagyás, elnézés

oversleep [əʊvə'sliːp] v (pt/pp **overslept** [əʊvə'slept]) elalussza az időt, későn ébred

overslept [əʊvə'slept] pt/pp → **oversleep**

overstate [əʊvə'steɪt] v felnagyít, eltúloz

overstatement [əʊvə'steɪtmənt] n (erős) túlzás

overt ['əʊvɜːt] a nyilvánvaló, nyílt

overtake [əʊvə'teɪk] v (pt **overtook** [əʊvə'tʊk], pp **overtaken** [əʊvə'teɪkn]) (meg)előz, lehagy

overtaken [əʊvə'teɪkn] *pp* → **overtake**

overthrew [əʊvə'θruː] *pt* → **overthrow**

overthrow [əʊvə'θrəʊ] *v* (*pt* **overthrew** [əʊvə'θruː], *pp* **overthrown** [əʊvə'θrəʊn]) (*empire*) megdönt; (*dictator*) megbuktat

overthrown [əʊvə'θrəʊn] *pp* → **overthrow**

overtime ['əʊvətaɪm] *n* túlóra ‖ **work/do** ~ túlórázik; különmunkát végez

overtook [əʊvə'tʊk] *pt* → **overtake**

overture ['əʊvətjʊə] *n* nyitány

overturn [əʊvə'tɜːn] *vi* felborul, feldől ‖ *vt* felborít, feldönt

overweight 1. ['əʊvəweɪt] *n* túlsúly **2.** [əʊvə'weɪt] *a* túlsúlyos

overwhelm [əʊvə'welm] *v* eláraszt ‖ **be ~ed with work** ki se látszik a munkából

overwhelming success *n col* bombasiker

overwork 1. ['əʊvəwɜːk] *n* túlfeszített munka **2.** [əʊvə'wɜːk] *v* agyondolgozza/túlhajtja magát

owe [əʊ] *v* ~ **sy sg** tartozik/adós vknek vmvel

owing to ['əʊɪŋ] *prep* vm miatt, vm következtében

owl [aʊl] *n* bagoly

own [əʊn] **1.** *a* tulajdon, saját ‖ **on one's** ~ magában, külön **2.** *v* birtokol, van neki, bír vmvel ‖ **own up (to sg)** beismer/bevall vmt

owner ['əʊnə] *n* (*of house, factory*) tulajdonos; (*of dog*) gazda

owner-occupied flat *n* öröklakás

owner-occupier [-'ɒkjupaɪə] *n* öröklakás tulajdonosa

ownership ['əʊnəʃɪp] *n* (*right*) tulajdon(jog), birtoklás; (*state*) tulajdoni viszonyok

ox [ɒks] *n* (*pl* **oxen** ['ɒksn]) ökör

oxide ['ɒksaɪd] *n* oxid

oxygen ['ɒksɪdʒən] *n* oxigén

oyster ['ɔɪstə] *n* osztriga

oz = **ounce**

ozone ['əʊzəʊn] *n* ózon

ozone layer *n* ózonpajzs

P

P [piː] = **parking area**

p = **page**[1]; [piː] **penny, pence**

pa[1] = **per annum**

pa[2] [pɑː] *n col* papa

pace [peɪs] **1.** *n* (*step*) lépés; (*speed*) iram, sebesség, tempó ‖ **keep** ~ **with sy/sg** lépést tart vkvel/vmvel; **set the** ~ diktálja az iramot **2.** *v* (*step*) lépked; (*determine pace*) iramot diktál

pacemaker ['peɪsmeɪkə] *n med* szívritmus-szabályozó, pészméker

Pacific Ocean *n* Csendes-óceán

pacifier ['pæsɪfaɪə] *n US* cumi, cucli

pacifist ['pæsɪfɪst] *n* pacifista

pacify ['pæsɪfaɪ] *v* lecsendesít, megnyugtat

pack [pæk] **1.** *n* (*of goods*) csomag; (*of cards*) pakli; (*of cigarettes*) doboz; *col* (*gang*) banda **2.** *vt* (*wrap*) (be)csomagol; (*crowd*) (össze)zsúfol ‖ *vi* (*do one's luggage*) becsomagol

pack off eltakarodik

package ['pækɪdʒ] 1. *n* csomag 2. *v* (be)csomagol
package tour *n* társasutazás
packed [pækt] *a* zsúfolt ‖ ~ **house** *theat* zsúfolt ház
packed lunch *n GB* csomagolt/ hideg ebéd
packet ['pækɪt] *n* csomag ‖ **a ~ of cigarettes** egy csomag cigaretta
packet soup *n* zacskós leves
packing ['pækɪŋ] *n* (*act, material*) csomagolás
pact [pækt] *n pol* szerződés, egyezmény, paktum
pad [pæd] 1. *n* (*cushion*) párna; (*stuffing*) (váll)tömés; (*for writing*) jegyzettömb, blokk; (*on finger*) ujjbegy; (*of animal*) mancs, talp; (*for leg*) lábszárvédő; (*absorbent*) tampon ‖ ~ **of gauze** mull-lap 2. *v* -dd- kipárnáz, vmvel kitöm
padding ['pædɪŋ] *n* bélés, tömés; *also fig* fecsegés
paddle ['pædl] 1. *n* (*for canoe*) evező, lapát 2. *v* (*in water*) lubickol, pancsol; *sp col* lapátol ‖ ~ **a canoe** kenuzik, kajakozik
paddle-steamer *n* lapátkerekes gőzös
paddling pool ['pædlɪŋ] *n* pancsoló(medence)
paddock ['pædək] *n* nyergelő (*hely*)
padlock ['pædlɒk] 1. *n* lakat 2. *v* lelakatol
paediatrician (*US* pedi-) [piːdɪə-'trɪʃn] *n* gyermekgyógyász
pagan ['peɪgən] *a/n* pogány
page¹ [peɪdʒ] *n* lap, oldal
page² [peɪdʒ] *n* (*of knight*) apród; (*in hotel*) londiner

pageant ['pædʒənt] *n* parádé, történelmi felvonulás
pageantry ['pædʒəntrɪ] *n* pompa ‖ **with great ~** nagy pompával
page boy *n* (*in hotel*) boy
paid [peɪd] *a* fizetett; → **pay**
pail [peɪl] *n* (fém)vödör
pain [peɪn] 1. *n* fájdalom ‖ **be in great ~** nagy fájdalmai vannak; **under ~ of punishment** *law* büntetés terhe mellett 2. *v* ~ **sy** fájdalmat okoz vknek
pained [peɪnd] *a* fájdalmas, bánatos
painful ['peɪnfl] *a* (*wound*) fájó, fájdalmas
painkiller ['peɪnkɪlə] *n* fájdalomcsillapító
painless ['peɪnlɪs] *a* fájdalommentes
painstaking ['peɪnsteɪkɪŋ] *a* gondos, lelkiismeretes, alapos
paint [peɪnt] 1. *n* festék 2. *v* (*face, room*) (ki)fest; (*picture*) megfest; *med* ecsetel ‖ ~ **sg black** feketére fest
paintbox ['peɪntbɒks] *n* festékesdoboz
paintbrush ['peɪntbrʌʃ] *n* (festő)-ecset
painter ['peɪntə] *n* (*artist*) festő(művész); (*workman*) (szoba)festő
painting ['peɪntɪŋ] *n* (*art*) festészet; (*picture*) festmény, kép
paintwork ['peɪntwɜːk] *n* (*of car*) fényezés
pair [peə] *n* pár ‖ **a ~ of gloves** egy pár kesztyű; **in ~s** kettős sorokban, kettesével
pajamas [pə'dʒɑːməz] *n pl US* pizsama
Pakistan [pɑːkɪ'stɑːn] *n* Pakisztán
Pakistani [pɑːkɪ'stɑːnɪ] *a/n* pakisztáni

pal [pæl] *n col* pajtás, haver
palace ['pælɪs] *n* palota, kastély
palatable ['pælətəbl] *a* ízletes, kellemes
palate ['pælət] *n* szájpadlás
palaver [pə'lɑ:və] *n* (hosszadalmas) tárgyalás; *col* fecsegés, szöveg(elés)
pale¹ [peɪl] *a* halvány, sápadt ‖ ~ **ale** világos sör
pale² [peɪl] *n* cölöp
paleness ['peɪlnɪs] *n* sápadtság
Palestine ['pæləstaɪn] *n* Palesztina
Palestinian [pælə'stɪnɪən] *a/n* palesztin
palette ['pælɪt] *n* paletta
paling ['peɪlɪŋ] *n* palánk, léckerítés
palisade [pælɪ'seɪd] *n* (*fence*) palánk ‖ ~**(s** *pl*) *US* (*cliffs*) meredek sziklafal
pall [pɔ:l] *v* unalmassá válik
pallet ['pælɪt] *n* szalmazsák, priccs
palliative ['pælɪətɪv] *a/n* (fájdalom)-csillapító
pallid ['pælɪd] *a* sápadt, fakó, fénytelen
pally ['pælɪ] *a col* **become** ~ **with sy** összehaverkodik
palm¹ [pɑ:m] *n* (*tree*) pálma(fa); (*symbol*) pálmaág
palm² [pɑ:m] **1.** *n* (*of hand*) tenyér **2.** *v* ~ **off** *col* elsóz; elsüt ‖ ~ **off sg on sy** *col* (*vkre tárgyat*) rásóz
Palm Sunday *n* virágvasárnap
palpable ['pælpəbl] *a also fig* érzékelhető, kitapintható
palpably ['pælpəblɪ] *adv* érzékelhetően
palpitation [pælpɪ'teɪʃn] *n* erős szívdobogás
paltry ['pɔ:ltrɪ] *a* nyomorúságos (*összeg*)

pamper ['pæmpə] *v* kényeztet, dédelget
pamphlet ['pæmflɪt] *n* pamflet, brosúra, röpirat
pan¹ [pæn] *n* (*for cooking*) serpenyő, tepsi; (*of lavatory*) vécécsésze
pan² [pæn] *v* **-nn-** (*camera*) követ
panacea [pænə'sɪə] *n* csodaszer
pancake ['pænkeɪk] *n* palacsinta
Pancake Day *n GB* húshagyó kedd
pancreas ['pæŋkrɪəs] *n* hasnyálmirigy
panda ['pændə] *n* panda
panda car *n GB* rendőrautó
Panda crossing *n* (*light operated by pedestrian*) zebra
pandemonium [pændɪ'məʊnɪəm] *n* pokoli zűrzavar
pander ['pændə] *v* ~ **to** *pejor* felbiztat vmre
pane [peɪn] *n* ablaktábla
panel ['pænl] *n* (*board*) tábla; (*for control*) műszerfal; (*of experts*) zsűri; (*TV*) *approx* fórum ‖ ~ **game** tv-vetélkedő
panelling (*US* **-l-**) ['pænəlɪŋ] *n* faburkolat, lambéria, borítás
pang [pæŋ] *n* (*testi*) gyötrelem ‖ ~**s of conscience** lelkiismeret-furdalás; ~**s of hunger** kínzó éhség
panic ['pænɪk] **1.** *n* pánik ‖ **create a** ~ pánikot kelt **2.** *v* (**-ck-**) pánikba esik ‖ **don't** ~**!** csak semmi pánik!
panicky ['pænɪkɪ] *a* pánikra hajlamos
panorama [pænə'rɑ:mə] *n* kilátás, panoráma, látkép
pansy ['pænzɪ] *n* (*flower*) árvácska; *col* buzi
pant [pænt] *v* liheg, zihál
panther ['pænθə] *n* párduc

panties ['pæntız] *n pl col* bugyi
pantihose ['pæntıhɔs] *n US* harisnyanadrág
pantomime ['pæntəmaım] *n* pantomim
pantry ['pæntrı] *n* éléskamra
pants [pænts] *n pl (for woman)* nadrág, bugyi; *(for man)* alsónadrág; *(trousers)* pantalló, (hosszú)nadrág
pant suit *n US* nadrágkosztüm
papa [pə'pɑː] *n col* papa, apu
papacy ['peıpəsı] *n* pápaság
paper ['peıpə] **1.** *n* papír; *(newspaper)* újság, hírlap; lap; *(academic writing read aloud)* előadás, (tudományos) dolgozat; *(school)* dolgozat || ~s *pl* személyi okmányok **2.** *v* kitapétáz
paperback ['peıpəbæk] *n* fűzött/kartonált (v. puha fedelű) könyv
paper-clip *n* gemkapocs
paper tissue *n* papír zsebkendő
paperweight ['peıpəweıt] *n* levélnehezék
paperwork ['peıpəwɜːk] *n col* papírmunka
papoose [pə'puːs] *n* gyermekhordó hátizsák
par [pɑː] *n* névérték
parabola [pə'ræbələ] *n* parabola
parachute ['pærəʃuːt] *n* ejtőernyő
parade [pə'reıd] **1.** *n* (dísz)felvonulás **2.** *vi (march)* parádézik, felvonul | *vt* fitogtat
paradise ['pærədaıs] *n rel* paradicsom
paradox ['pærədɒks] *n* paradoxon
paradoxical [pærə'dɒksıkl] *a* paradox
paraffin ['pærəfın] *n GB* petróleum || ~ **lamp** petróleumlámpa

paragraph ['pærəgrɑːf] *n* bekezdés, paragrafus
parallel ['pærəlel] *a/n* párhuzamos
parallelogram [pærə'leləgræm] *n* paral(l)elogramma
paralyse (*US* **-lyze**) ['pærəlaız] *v also fig* megbénít || **be(come)** ~**d** megbénul
paralysed ['pærəlaızd] *a* béna, szélütött
paralysis [pə'rælısıs] *n* bénulás, paralízis, hűdés
paralytic [pærə'lıtık] **1.** *a* bénult, béna, paralitikus **2.** *n* béna (ember), hűdött (beteg)
paramount ['pærəmaʊnt] *a* legfőbb
parapet ['pærəpıt] *n* mellvéd
paraphernalia [pærəfə'neıllə] *n pl col* felszerelés, kellék(ek)
parasite ['pærəsaıt] *n* élősdi, parazita
parasol ['pærəsɒl] *n* napernyő
paratrooper ['pærətruːpə] *n* ejtőernyős
parcel ['pɑːsl] **1.** *n* csomag **2.** *v* **-ll-** (*US* **-l-**) ~ **up** becsomagol
parcel bomb *n* csomagbomba
parch [pɑːtʃ] *vt* kiszárít | *vi* megaszalódik || **I'm** ~**ed** *col* meghalok a szomjúságtól
parchment ['pɑːtʃmənt] *n* pergamen
pardon ['pɑːdn] **1.** *n* bocsánat, megbocsátás, pardon; *(amnesty)* megkegyelmezés || **I beg your** ~! *(apology)* pardon, bocsánat!; *(disagreeing)* de kérem!; **(I beg your)** ~? tessék?, mit tetszett mondani? **2.** *v* ~ **sy sg** (*or* **sy for sg**) vknek vmt megbocsát; vknek megkegyelmez || ~ **me!** bocsánat(ot kérek)!; ~ **me?** *US* kérem?, tessék?

parent ['peərənt] *n* szülő
parenthesis [pə'renθəsıs] *n* (*pl* -ses [-siːz]) (kerek) zárójel
Paris ['pærıs] *n* Párizs
parish ['pærıʃ] *n* egyházközség, parókia, plébánia
Parisian [pə'rızjən] *a* párizsi
parity ['pærətı] *n comm* paritás
park [pɑːk] **1.** *n* park **2.** *v* (*car*) parkol
parking ['pɑːkıŋ] *n* (*act*) várakozás, parkolás; (*place*) parkolóhely ‖ **no ~!** parkolni tilos!
parking lot *n US* (fizető)parkoló
parking meter *n* parkolóóra
parking ticket *n* bírságcédula tiltott parkolásért
parkway ['pɑːkweı] *n US* fasor
parlance ['pɑːləns] *n* beszéd(mód), szólásmód
parliament ['pɑːləmənt] *n* parlament
parliamentary [pɑːlə'mentrı] *a* országgyűlési, parlamentáris
parlour (*US* -or) ['pɑːlə] *n* szalon
parochial [pə'rəʊkıəl] *a* (*narrow minded*) provinciális, szűk látókörű
parole [pə'rəʊl] *n* becsületszó
parquet ['pɑːkeı] *n* (*floor*) parkett; *US theat* földszint
parrot ['pærət] *n* papagáj
parry ['pærı] *v* **~ a blow** ütés elől kitér, (ütést) hárít, kivéd
parsimonious [pɑːsı'məʊnıəs] *a* szűkkeblű, szűkmarkú
parsley ['pɑːslı] *n* petrezselyem
parsnip ['pɑːsnıp] *n* paszternák
parson ['pɑːsn] *n* (anglikán) lelkész, plébános
parson's nose *n* püspökfalat

part [pɑːt] **1.** *n* (*portion*) (alkotó)rész; (*section*) részleg, szakasz; (*of the body*) tag; *US* (*in hair*) választék; *theat* szerep; *mus* szólam ‖ **for my ~, on my ~** részemről; **for the most ~** többnyire, túlnyomóan, túlnyomórészt; **he took it in good ~** nem sértődött meg ezen; **in ~** részben; **in ~s** részenként; **take sy's ~** pártját fogja vknek; **take ~ in sg** részt vesz vmben **2.** *vi* elválik, kettéválik ‖ *vt* elválaszt
part with sg vmtől megválik
parterre *n* virágokkal beültetett kert; *US theat* földszinti hátsó ülés
partial ['pɑːʃl] *a* (*not complete*) részleges, részbeni; (*biased*) elfogult
partiality [pɑːʃı'ælətı] *n* részrehajlás, elfogultság
partially ['pɑːʃəlı] *adv* részben
participant [pɑː'tısıpənt] *n* résztvevő
participate [pɑː'tısıpeıt] *v* **~ in sg** (*take part*) vmben részt vesz; (*share*) részesül vmben
participation [pɑːtısı'peıʃn] *n* részvétel
participle ['pɑːtısıpl] *n* melléknévi igenév
particle ['pɑːtıkl] *n* részecske; *gram* szócska, viszonyszó
particular [pə'tıkjʊlə] **1.** *a* sajátos, különleges; (*fastidious*) rendszerető; (*fussy*) aprólékos ‖ **in ~** különösen, főként; **in this ~ case** a jelen (*or* ebben a konkrét) esetben **2.** *n* **~s** *pl* (*details*) (apró) részletek; (*of person*) személyi adatok ‖ **give full ~s of sg** részletez vmt

particularly [pə'tɪkjʊləlɪ] *adv* nagyon, különösen ‖ **not** ~ nem valami nagyon; **not** ~ **rich** nem különösebben gazdag
parting ['pɑːtɪŋ] *n* (*separation*) búcsú; (*in hair*) választék
partition [pɑː'tɪʃn] **1.** *n* (*division*) felosztás; (*wall*) válaszfal, közfal **2.** *v* ~ **off** elkülönít, elrekeszt; leválaszt
partly ['pɑːtlɪ] *adv* részben ‖ ~ ... ~ ... egyrészt ..., másrészt ...
partner ['pɑːtnə] *n* partner, *comm* társ
partnership ['pɑːtnəʃɪp] *n* társas/partneri viszony; *comm* társulás
part of speech *n gram* szófaj
partridge ['pɑːtrɪdʒ] *n* fogoly (*madár*)
part-time *a* részidős ‖ ~ **job** másodállás
part-timer *n* részidős (dolgozó)
party ['pɑːtɪ] *n* (*meeting of friends*) összejövetel; *col* (házi)buli; (*group*) csapat; *pol* párt; *law* fél ‖ **the parties concerned** az érdekelt felek
pass [pɑːs] **1.** *n* (*mark*) elégséges osztályzat; (*permit*) belépő(cédula); (*for travelling*) bérlet; *sp* átadás, passz; (*in mountains*) hegyszoros, hágó ‖ **get a** ~ (sikeresen) átmegy a vizsgán **2.** *v* (*go past*) elhalad; (*expire*) (el)múlik; (*hand*) (át)nyújt, (át)ad; *sp* átad, passzol; (*surpass*) túlhalad vmn; (*cards*) passzol; (*spend*) (el)tölt; (*succeed in*) átmegy (*vizsgán*); (*approve*) megszavaz, elfogad; *US* (*overtake*) (meg)előz ‖ ~ **an examination** levizsgázik; ~ **the bread(, please)** legyen olyan szíves a

kenyeret ideadni!; ~ **the time by doing sg** vmvel tölti (az) idejét
pass away elhuny
pass by (*road*) elvisz
pass for *col* elfogadható vmnek, elmegy; vmnek számít
pass on átad vmt, továbbít
passable ['pɑːsəbl] *a* (*road*) járható; (*work*) elfogadható
passage ['pæsɪdʒ] *n* átutazás; (*voyage*) átkelés; (*corridor*) folyosó; (*street*) sikátor, köz; (*in book*) rész(let)
passageway ['pæsɪdʒweɪ] *n* átjáró
passbook ['pɑːsbʊk] *n US* betétkönyv
passenger ['pæsɪndʒə] *n* utas
passer-by [pɑːsə'baɪ] *n* (*pl* **passers-by**) járókelő
passing ['pɑːsɪŋ] **1.** *a* múló, pillanatnyi **2.** *n* áthaladás; *US* előzés ‖ **in** ~ futólag; **no** ~! *US* előzni tilos!
passion ['pæʃn] *n* szenvedély
passionate ['pæʃənət] *a* szenvedélyes, rajongó
passion flower *n* golgotavirág
passive ['pæsɪv] **1.** *a* tétlen, passzív **2.** *n gram* szenvedő (alak)
passkey ['pɑːskiː] *n* (*key to a door*) kapukulcs; (*for different locks*) álkulcs
Passover ['pɑːsəʊvə] *n* (zsidó) húsvét
passport ['pɑːspɔːt] *n* útlevél ‖ ~ **control** útlevél-ellenőrzés
password ['pɑːswɜːd] *n mil* jelszó; (*clue*) kulcsszó
past [pɑːst] **1.** *a* régi, (el)múlt **2.** *n* múlt **3.** *prep* túl (vmn) ‖ **he is** ~ **forty** túl van a negyvenen; **it is** ~ **five (o'clock)** 5 óra múlt; **quarter** ~ **four** negyed öt

pasta ['pæstə] *n* (kifőtt) tészta
paste [peɪst] **1.** *n* (*meat, fish*) krém, pástétom; (*pasta*) tészta (*massza*); (*glue*) csiriz, ragasztó **2.** *v* ~ **on** felragaszt
pasteurized milk ['pæstʃəraɪzd] *n* pasztőrözött tej
pastille ['pæstɪl] *n med* pasztilla, pirula
pastime ['pɑːstaɪm] *n* időtöltés
pastor ['pɑːstə] *n* lelkipásztor
past participle *n* múlt idejű melléknévi igenév
pastry ['peɪstrɪ] *n* (*flour paste*) tészta; (*sweet cake*) cukrászsütemény(ek)
past tense *n* múlt idő
pasture ['pɑːstʃə] *n* legelő
pasty 1. ['peɪstɪ] *a* tésztás, puha **2.** *n* húsos kosárka/pite
pat [pæt] **1.** *v* -tt- megvereget **2.** *n* veregetés, legyintés
patch [pætʃ] **1.** *n* (*material*) folt; (*of ground*) telek; (veteményes)kert **2.** *v* ~ **(up)** (*material*) megfoltoz
patchy ['pætʃɪ] *a* foltozott; (*irregular*) egyenetlen, nem egységes
pate [peɪt] *n col* fej, koponya
pâté ['pæteɪ] *n* pástétom
patent ['peɪtənt] **1.** *n* szabadalom **2.** *v* szabadalmaz(tat)
patent leather *n* lakkbőr
paternal [pə'tɜːnəl] *a* apai
paternity [pə'tɜːnətɪ] *n* apaság
paternity suit *n* apasági per
path [pɑːθ] *n* (*way*) ösvény, (turista)út; (*track*) pálya
pathetic [pə'θetɪk] *a* (*pitiful*) szánalmas; (*sentimental*) patetikus
pathos ['peɪθɒs] *a* indulat, pátosz
pathway ['pɑːθweɪ] *n* turistaút, gyalogösvény

patience ['peɪʃns] *n* türelem; (*cards*) pasziánsz
patient ['peɪʃnt] **1.** *a* türelmes **2.** *n* beteg, páciens
patio ['pætɪəʊ] *n* (kis zárt belső) udvar
patrimony ['pætrɪmənɪ] *n* apai örökség
patriot ['pætrɪət] *n* hazafi
patriotic [pætrɪ'ɒtɪk] *a* hazafias
patrol [pə'trəʊl] **1.** *n* (*small group*) őrjárat; (*person*) járőr; (*scouts*) őrs ‖ **be on** ~ őrjáraton van; cirkál (*hajó*) **2.** *v* -ll- őrjáraton van
patrol car *n* (*of police*) URH-kocsi, rendőrautó; (*on motorway*) segélykocsi
patrolman [pə'trəʊlmən] *n* (*pl* -men) (*policeman*) rendőr; (*on motorway*) sárga angyal
patron ['peɪtrən] *n* (*supporter*) pártfogó, védnök; (*customer*) (állandó) vevő
patronage ['pætrənɪdʒ] *n* pártfogás, védelem, védnökség
patronize ['pætrənaɪz] *v* pártfogol, patronál
patron saint *n* védőszent
patter ['pætə] *v* (*rain, feet*) kopog
pattern ['pætən] *n* (*modell*) minta; (*sewing*) szabásminta; (*example*) mintakép, példakép
paunch [pɔːntʃ] *n* pocak
pauper ['pɔːpə] *n* szegény
pause [pɔːz] **1.** *n* szünet **2.** *v* megáll
pave [peɪv] *v* burkol, kövez ‖ ~ **the way for sy** vknek/vmnek az útját egyengeti
pavement ['peɪvmənt] *n GB* járda; *US* kövezet
pavilion [pə'vɪlɪən] *n* pavilon; *sp* klubház

paving stone n (utcai) kockakő
paw [pɔ:] 1. n col pracli, mancs 2. v
(össze)fogdos
pawn¹ [pɔ:n] n (in chess) gyalog,
paraszt
pawn² [pɔ:n] 1. n zálog 2. v zálogba
tesz
pawnbroker ['pɔ:nbrəʊkə] n zálog-
kölcsönző, zálogház
pawnshop ['pɔ:nʃɒp] n zálogház
pay [peɪ] 1. n fizetés, (munka)bér 2.
v (pt/pp paid [peɪd]) (money) vt
fizet (sy vknek); (debt) megfizet;
(account) kifizet I vi (be profita-
ble) kifizetődik || ~ (in) cash kész-
pénzzel fizet; ~ an official visit
hivatalos látogatást tesz vknél; ~
attention (to sg) figyel/vigyáz
(vmre)
pay back visszafizet
pay for sg fizet vmért
pay off kifizet vkt; (bribe) lefizet
vkt
pay up kifizeti tartozását
payable ['peɪəbl] a fizetendő, ese-
dékes
payday ['peɪdeɪ] n bérfizetési nap
pay envelope n = pay packet
payment ['peɪmənt] n (paying)
(ki)fizetés; (of cheque) befizetés ||
in ten monthly ~s tíz havi rész-
letben fizethető
pay packet n (fizetési) boríték
pay phone n érmés telefonállomás
payroll ['peɪrəʊl] n fizetési jegyzék,
bérjegyzék
pay station n US nyilvános telefon
pc [pi: 'si:] = per cent
PC [pi: 'si:] = personal computer;
police constable
PE [pi: 'i:] = physical education
pea [pi:] n borsó

peace [pi:s] n béke
peaceable ['pi:səbl] a békeszerető
peaceful ['pi:sfl] a békés, nyugodt,
csendes
peach [pi:tʃ] n őszibarack
peach stone n barackmag
peacock ['pi:kɒk] n páva
peak [pi:k] n (of mountain) (hegy)-
csúcs; (on cap) ellenző; (highest
point) tetőpont || ~ period csúcs-
forgalom, csúcsforgalmi idő
peaky ['pi:kɪ] a (sharp) hegyes;
(weak) sovány, vézna
peal [pi:l] 1. n harangszó, harang-
zúgás 2. v (bell) zúg; (thunder)
morajlik
peanut ['pi:nʌt] n amerikai mogyo-
ró, földimogyoró || ~ butter (föl-
di)mogyoróvaj
pear [peə] n körte (gyümölcs)
pearl [pɜ:l] n (igaz)gyöngy
peasant ['peznt] n paraszt
pebble(s) ['pebl(z)] n (pl) kavics
peck [pek] 1. n (of bird) csípés; col
(kiss) puszi 2. v (bird) csíp, csip-
ked; col (kiss) puszil
peckish ['pekɪʃ] a col éhes
peculiar [pɪ'kju:lɪə] a különös, fur-
csa || ~ to sg jellemző vmre
peculiarity [pɪkju:lɪ'ærətɪ] n egyéni
sajátság, jellegzetesség
pecuniary [pɪ'kju:nɪərɪ] a pénzügyi;
anyagi
pedal ['pedl] 1. n pedál 2. v -ll- (US
-l-) col bringázik, kerekezik
pedantic [pɪ'dæntɪk] a kínosan ap-
rólékos
peddler ['pedlə] n US házaló
pedestal ['pedɪstl] n talapzat
pedestrian [pɪ'destrɪən] n gyalogos
|| ~ crossing gyalogátkelőhely || ~
precinct sétálóutca

pedi- *US* = **paedi-**
pedicure ['pedɪkjʊə] *n* lábápolás, pedikűr
pedicurist ['pedɪkjʊərɪst] *n* pedikűrös
pedigree ['pedɪgriː] **1.** *a* fajtatiszta, pedigrés **2.** *n* pedigré, törzskönyv (*kutyáké*)
pedlar ['pedlə] *n* házaló
pee [piː] *col* **1.** *n* pisi **2.** *v* pisil
peek [piːk] *v* kukucskál
peel [piːl] **1.** *n* (gyümölcs)héj **2.** *vt* (*fruit*) (meg)hámoz | *vi* (*skin*) hámlik
peep [piːp] *v* kandikál, kukucskál
peep in/into vmbe bekukucskál
peephole ['piːphəʊl] *n* kémlelőnyílás
peer [pɪə] *n* (*equal*) egyenrangú; *GB* (*noble*) főnemes, mágnás | **his ~s** a vele egyenrangúak
peerage ['pɪərɪdʒ] *n GB* főnemesség
peeve [piːv] *v* bosszant, idegesít
peevish ['piːvɪʃ] *a* mogorva, durcás
peg [peg] *n* (*for coats etc.*) fogas; (*tent*) cövek; (*pin*) pecek; (*clothes*) (ruhaszárító) csipesz; *mus* (hangoló)kulcs
pejorative [pɪ'dʒɒrətɪv] *a* rosszalló, pejoratív
pelican ['pelɪkən] *n* pelikán | **~ crossing** gyalogátkelő (gyalogosoktól vezérelt jelzőlámpával)
pellet ['pelɪt] *n* galacsin, labdacs
pelmet ['pelmɪt] *n* (*wooden*) karnis; (*cloth*) drapéria
pelt¹ [pelt] *n* irha
pelt² [pelt] *vt* megdobál (*with* vmvel) | *vi* (*rain*) zuhog
pelvis ['pelvɪs] *n med* medence
pen¹ [pen] *n* (*for writing*) toll
pen² [pen] *n* (*for sheep*) akol

penal ['piːnl] *a* büntető(jogi)
penalize ['piːnəlaɪz] *v* (meg)büntet
penalty ['penltɪ] *n* (*punishment*) büntetés, pénzbírság; *sp* (*in football*) tizenegyes; (*in show jumping*) hibapont | **~ kick** *sp* tizenegyes, büntető(rúgás); **~ shoot-out** tizenegyesek rúgása
pence [pens] *pl* → **penny**
pencil ['pensl] *n* ceruza | **~ sharpener** ceruzahegyező
pendant ['pendənt] *n* függő
pending ['pendɪŋ] *a* függőben levő
pendulum ['pendjʊləm] *n* inga
penetrate ['penɪtreɪt] *v* behatol, belefúródik (*into* vmbe)
penetrating ['penɪtreɪtɪŋ] *a* átható, penetráns
penetration [penɪ'treɪʃn] *n* áthatolás
pen friend *n* levelezőtárs
penguin ['peŋgwɪn] *n* pingvin
penicillin [penɪ'sɪlɪn] *n* penicillin
peninsula [pə'nɪnsjʊlə] *n* félsziget
penitence ['penɪtəns] *n* bűnbánat, vezeklés
penitent ['penɪtənt] *a* bűnbánó, vezeklő
penitentiary [penɪ'tenʃərɪ] *n US* börtön
penknife ['pennaɪf] *n* (*pl* **-knives** [-naɪvz]) zsebkés
pen name *n* (*írói*) álnév
penniless ['penɪlɪs] *a* pénztelen
penny ['penɪ] *n* (*pl érmek:* **pennies**, *összeg:* **pence**) penny
pension ['penʃn] *n* nyugdíj
pensionable ['penʃnəbl] *a* nyugdíjjogosult
pensioner ['penʃnə] *n* nyugdíjas
pensive ['pensɪv] *a* gondolkodó, töprengő

Pentagon, the ['pentəgən] a Pentagon (*az USA védelmi minisztériuma*)

Pentecost ['pentɪkɒst] *n* pünkösd

penthouse ['penthaʊs] *n* védőtető, előtető ‖ ~ **flat** tetőlakás

penury ['penjʊərɪ] *n* szegénység, ínség

people ['piːpl] *n* (*nation*) nép, nemzet; (*persons*) emberek; (*inhabitants*) lakosság ‖ **there are** ~ **who** vannak, akik

pep [pep] **1.** *n* energia, rámenősség **2.** *v* -**pp**- ~ **up** felélénkít

pepper ['pepə] *n* (*spice*) bors; (*vegetable*) paprika

peppermint ['pepəmɪnt] *n* (*plant*) borsosmenta; (*sweet*) mentacukor

pepperpot ['pepəpɒt] *n* borsszóró

per [pɜː] *prep* által, révén, -nként ‖ ~ **annum** évente; ~ **capita** fejenként(i)

perceive [pə'siːv] *v* (*notice*) észrevesz; (*understand*) felfog

per cent *n* százalék

percentage [pə'sentɪdʒ] *n* százalék

perceptible [pə'septəbl] *a* észrevehető, érzékelhető

perception [pə'sepʃn] *n* érzékelés, észlelés; (*understanding*) felfogóképesség

perceptive [pə'septɪv] *a* érzékenyen reagáló

perch [pɜːtʃ] **1.** *n* (*for bird*) ág, (ülő)rúd **2.** *v* elül

percolator ['pɜːkəleɪtə] *n* eszpresszógép, kávéfőző gép

percussion [pə'kʌʃn] *n med* kopogtatás ‖ **the** ~ *mus* az ütősök; ~ **instrument** ütőhangszer

peremptory [pə'remptərɪ] *a* ellentmondást nem tűrő

perennial [pə'renɪəl] *a bot* évelő

perfect ['pɜːfɪkt] *a* tökéletes, hibátlan

perfection [pə'fekʃn] *n* tökéletesség, tökély

perfectionist [pə'fekʃnɪst] *n* maximalista

perfectly ['pɜːfɪktlɪ] *adv* tökéletesen, kitűnően; (*quite*) teljesen

perfidious [pə'fɪdɪəs] *a* álnok

perforate ['pɜːfəreɪt] *vt* kilyukaszt ‖ *vi med* perforál

perforation [pɜːfə'reɪʃn] *n* perforáció; *med* átfúródás

perform [pə'fɔːm] *vt* (*carry out*) teljesít; (el)végez; *theat, mus* előad ‖ *vi theat* játszik

performance [pə'fɔːməns] *n* (*of car*) teljesítmény; (*of an actor*) előadásmód; (*presentation*) előadás

performer [pə'fɔːmə] *n* előadó(művész)

perfume ['pɜːfjuːm] *n* illatszer, parfüm

perfunctory [pə'fʌŋktərɪ] *a* (*careless*) felületes; (*indifferent*) gépies, rutin-

perhaps [pə'hæps] *adv* talán, lehetséges; meglehet

peril ['perɪl] *n* veszély

perilous ['perɪləs] *a* veszélyes

perimeter [pə'rɪmɪtə] *n math* kerület

period ['pɪərɪəd] **1.** *a* (*furniture*) korabeli, antik; (*costume*) korhű **2.** *n* periódus; *hist* (*epoch*) kor(szak); *US* (*full stop*) pont; (*lesson*) tanítási óra; (*menstruation*) menstruáció, menses

periodic [pɪərɪ'ɒdɪk] *a* időszakos

periodical [pɪərɪ'ɒdɪkl] **1.** *a* időszakos, periodikus **2.** *n* folyóirat

peripheral [pe'nfərəl] 1. *a* periferiális 2. *n comput* periféria

perish ['penʃ] *v* elpusztul; (*food*) megromlik

perishable ['penʃəbl] *a* romlandó

perishing ['penʃɪŋ] *a* átkozott(ul) (*hideg*)

perjury ['pɜːdʒərɪ] *n* hamis eskü

perk(s) [pɜːk(s)] *n* (*pl*) *col* járulékos juttatás(ok), mellékes

perky ['pɜːkɪ] *a* (*lively*) élénk; (*pert*) szemtelen, pimasz

perm [pɜːm] *n* dauer

permanent ['pɜːmənənt] *a* tartós, állandó

permeable ['pɜːmɪəbl] *a* áteresztő

permissible [pə'mɪsəbl] *a* megengedhető

permission [pe'mɪʃn] *n* engedély

permissive [pə'mɪsɪv] *a* engedékeny

permit 1. ['pɜːmɪt] *n* engedély 2. [pə'mɪt] *v* -tt- engedélyez, megenged

pernicious [pə'nɪʃəs] *a* ártalmas, kártékony

perpendicular [pɜːpən'dɪkjʊlə] *a* függőleges, merőleges

perpetrate ['pɜːpɪtreɪt] *v* elkövet

perpetrator ['pɜːpətreɪtə] *n law* (bűn)elkövető

perpetual [pə'petʃʊəl] *a* örök(ös), állandó

perpetuate [pə'petʃʊeɪt] *v* megörökít, állandósít

perpetuity [pɜːpɪ'tjuːɪtɪ] *n* örökkévalóság || **in** ~ örökre

perplex [pə'pleks] *v vkt* összezavar

perplexity [pə'pleksətɪ] *n* zavar; tanácstalanság

persecute ['pɜːsɪkjuːt] *v* üldöz

persecution [pɜːsɪ'kjuːʃn] *n* üldöz(tet)és

perseverance [pɜːsɪ'vɪərəns] *n* állhatatosság, kitartás

persevere [pɜːsɪ'vɪə] *v* kitart

Persia ['pɜːʃə] *n* Perzsia

Persian ['pɜːʃn] 1. *a* perzsa 2. *n* perzsa (nyelv)

persist [pə'sɪst] *v* kitart (*in* vm mellett)

persistence [pə'sɪstəns] *n* állhatatosság, kitartás

persistent [pə'sɪstənt] *a* (*person*) állhatatos, kitartó; (*rain*) hosszan tartó; (*illness*) makacs

persistently [pə'sɪstəntlɪ] *adv* kitartóan

person ['pɜːsn] *n* személy, egyén || **a certain** ~ valaki, egy illető

personal ['pɜːsənl] *a* személyes, személyi, egyéni || ~ **computer** személyi számítógép; ~ **stereo** walkman

personality [pɜːsə'nælətɪ] *n* személyiség, jellem || **personalities** *pl* személyeskedés

personally ['pɜːsnəlɪ] *adv* személyesen, személy szerint

personal pronoun *n* személyes névmás

personnel [pɜːsə'nel] *n* személyzet, az alkalmazottak

perspective [pə'spektɪv] *n* távlat, perspektíva

Perspex ['pɜːspeks] *n* plexiüveg

perspiration [pɜːspə'reɪʃn] *n* izzadás; izzadság

perspire [pə'spaɪə] *v* izzad

persuade [pə'sweɪd] *v* rábeszél (*into* vmre) || ~ **sy out of (doing) sg** vkt vmről lebeszél

persuasion [pə'sweɪʒn] n meggyő-
zés; meggyőződés
persuasive [pə'sweɪsɪv] a meggyő-
ző
pert [pɜːt] a nagyszájú, pimasz
pertaining to [pə'teɪnɪŋ] a vmre vo-
natkozó
pertinent ['pɜːtɪnənt] a helyes, illő,
találó
perturb [pə'tɜːb] v háborgat, meg-
zavar
perturbing [pə'tɜːbɪŋ] a zavaró
peruse [pə'ruːz] v átolvas
pervade [pə'veɪd] v (smell, light)
áthat, átjár
pervasive [pə'veɪsɪv] a átható
perverse [pə'vɜːs] n (perverted)
perverz; (obstinate) önfejű
pervert 1. ['pɜːvɜːt] n fajtalankodó
2. [pə'vɜːt] v (truth) elferdít, kifor-
gat; (person) megront
pessary ['pesərɪ] n med pesszári-
um, méhgyűrű
pessimism ['pesɪmɪzəm] n pesz-
szimizmus
pessimist ['pesɪmɪst] n pesszimista
pessimistic [pesɪ'mɪstɪk] a pesz-
szimista
pest [pest] n (animal) kártevő; fig
(person, thing) istencsapás, átok
pester ['pestə] v col gyötör, nyag-
gat
pesticide ['pestɪsaɪd] n rovarirtó
(szer)
pestilence ['pestɪləns] n járvány;
dögvész
pestle ['pesl] n mozsártörő
pet [pet] 1. n (dédelgetett) háziállat;
(favourite) kedvenc 2. v -tt- dé-
delget, cirógat, col smárol
petal ['petl] n szirom(levél)

peter out ['piːtə] v lassan kimerül/
elfogy, elenyészik
petition [pɪ'tɪʃn] n kérvény, kérelem
petrify ['petrɪfaɪ] v kővé mereszt,
lebénít
petrol ['petrəl] n GB benzin
petrolatum [petrə'leɪtəm] n US va-
zelin
petrol can n benzinkanna
petroleum [pɪ'trəʊlɪəm] n kőolaj
petrol station n benzinkút, töltőál-
lomás
petrol tank n benzintartály
pet shop n állatkereskedés
petty ['petɪ] a jelentéktelen, baga-
tell, piti
petty cash n kiskassza, apróbb ki-
adásokra félretett pénz
petty officer n tengerész altiszt
petulant ['petjʊlənt] a ingerlékeny,
nyűgös
petunia [pə'tjuːnɪə] n bot petúnia
pew [pjuː] n pad(sor) (templomban)
pewter pot n ónedény
phantom ['fæntəm] n szellem, kí-
sértet, fantom
Pharaoh ['feərəʊ] n fáraó
pharmacist ['fɑːməsɪst] n gyógy-
szerész
pharmacy ['fɑːməsɪ] n (shop)
gyógyszertár; (science) gyógysze-
részet
pharyngitis [færɪn'dʒaɪtɪs] n torok-
gyulladás
phase [feɪz] n stádium, szakasz, fá-
zis
PhD [piː eɪtʃ 'diː] n (= Doctor of
Philosophy) doktori fokozat, PhD
pheasant ['feznt] n fácán
phenomenal [fə'nɒmɪnl] a tünemé-
nyes, fenomenális

phenomenon [fə'nɒmɪnən] *n* (*pl* **-mena** [-mɪnə]) tünet, jelenség
philanthropist [fɪ'lænθrəpɪst] *n* emberbarát, filantróp
Philippines, the ['fɪlɪpiːnz] *n pl* Fülöp-szigetek
philology [fɪ'lɒlədʒɪ] *n* filológia
philosopher [fə'lɒsəfə] *n* filozófus
philosophy [fə'lɒsəfɪ] *n* filozófia
phlegmatic [fleg'mætɪk] *a* közönyös, flegmatikus
phone [fəʊn] **1.** *n col* telefon ‖ **be on the ~** (*be talking on the phone*) (éppen) telefonál; (*have a telephone*) van telefonja **2.** *v col* telefonál ‖ **~ book** telefonkönyv; **~ booth/box** telefonfülke; **~ call** telefonhívás
phonecard ['fəʊnkaːd] *n* telefonkártya
phone-in *n* (*TV, radio*) telefonos játék/műsor
phonetics [fə'netɪks] *n sing.* fonetika, hangtan
phoney ['fəʊnɪ] **1.** *a* hamis **2.** csaló
phonograph ['fəʊnəgraːf] *n US* gramofon
phonology [fə'nɒlədʒɪ] *n* fonológia
phony ['fəʊnɪ] *a* = **phoney**
photo ['fəʊtəʊ] *n* fénykép, fotó
photocell ['fəʊtəʊsel] *n* fotocella
photocopier ['fəʊtəʊkɒpɪə] *n* fénymásoló gép
photocopy ['fəʊtəʊkɒpɪ] **1.** *n* fénymásolat **2.** *v* sokszorosít, fénymásol
photograph ['fəʊtəgraːf] **1.** *n* (fénykép)felvétel **2.** *v* (le)fényképez
photographer [fə'tɒgrəfə] *n* fényképész
photographic [fəʊtə'græfɪk] *a* fényképészeti; fényképes

photography [fə'tɒgrəfɪ] *n* fényképészet, fényképezés
phrasal verb ['freɪzl] *n* elöljárós(-határozós) vonzatú ige, vonzatos ige
phrase [freɪz] *n* (*expression*) kifejezés, szólás; *gramm* (*group of words*) csoport, szerkezet ‖ **~ book** kifejezésgyűjtemény
physical ['fɪzɪkl] *a* fizikai; (*bodily*) fizikai, testi ‖ **~ education** testnevelés
physically ['fɪzɪklɪ] *adv* fizikailag, testileg ‖ **~ handicapped** mozgássérült
physician [fɪ'zɪʃn] *n* orvos, doktor; (*of medicine*) belgyógyász
physicist ['fɪzɪsɪst] *n* fizikus
physics ['fɪzɪks] *n sing.* fizika
physiotherapy [fɪzɪəʊ'θerəpɪ] *n* fizioterápia, gyógytorna
physiotherapist [fɪzɪəʊ'θerəpɪst] *n* gyógytornász
physique [fɪ'ziːk] *n* (test)alkat, fizikum
pianist ['pɪənɪst] *n* zongoraművész, zongorista
piano [pɪ'ænəʊ] *n* zongora
piccolo ['pɪkələʊ] *n* kisfuvola, piccolo, pikoló
pick [pɪk] **1.** *n* (*tool*) csákány ‖ **the ~ of sg** vmnek a krémje **2.** *v* (*choose*) (ki)választ; (*pluck*) (le)szed; letép; (*peck*) csipked; (*nibble*) eszeget, csipeget ‖ **~ one's teeth** kipiszkálja a fogát
pick at piszkál, birizgál, (*boszszantva*) piszkál ‖ **~ at one's food** csipeget az ételből
pick off (*remove*) leszed, letép; (*shoot*) egyenként lelő/leszed
pick on sy vkre pikkel

pick out (*choose*) kiválaszt, kiválogat, összeválogat; vhonnan kiszed; (*distinguish*) kinéz, kiszemel, kiszúr
pick up *vt* (*thing*) felvesz, felszed; *col* (*woman*) (utcán) felszed/felcsíp; (*knowledge*) felszed, „ragad rá"; (*health*) (meg)javul; (*disease*) elkap, összeszed; (*news*) hall, megtud | *vi* (*health*) (meg)javul ‖ ~ **sy up (at)** (*by car*) vkért érte megy; ~ **up speed** gyorsul
pickaxe (*US* **pickax**) ['pɪkæks] *n* csákány
picket ['pɪkɪt] **1.** *n* sztrájkőr(ség) **2.** *v* sztrájkőrséget állít (vhol)
pickings ['pɪkɪŋz] *n pl* zugkereset
pickle ['pɪkl] **1.** *n* ecetes/sós lé, pác ‖ **be in a** ~ *col* benne van a csávában/pácban; ~**s** *pl* (*food*) savanyúság **2.** *v* (*in brine*) besóz; (*in vinegar*) eltesz
pickled cucumber/gherkin ['pɪkld] *n* ecetes uborka
pick-me-up ['pɪk mɪ ʌp] *n* szíverősítő (*itóka*)
pickpocket ['pɪkpɒkɪt] *n* zsebtolvaj
pick-up *n* (*on record player*) lejátszófej, pickup; (*vehicle*) dzsip
picky ['pɪkɪ] *a US* finnyás
picnic ['pɪknɪk] **1.** *n* kirándulás (*hideg élelemmel*) **2.** *v* -**ck**- kirándul (*és a szabadban eszik*)
pictorial ['pɪktɔːrɪəl] *a* képes, illusztrált
picture ['pɪktʃə] **1.** *n* (*painting, drawing*) kép; (*film*) (mozi)film ‖ **in the** ~ a képen; **put sy in the** ~ (**about sg**) felvilágosít/tájékoztat vkt vmről; **the** ~**s** mozi **2.** *v* ~ **to oneself** elképzel
picture gallery *n* képtár

picturesque [pɪktʃə'resk] *a* festői
piddling ['pɪdlɪŋ] *a col* vacak
pidgin English ['pɪdʒɪn] *n pejor* konyhanyelv
pie [paɪ] *n* (*baked, sweet*) tészta, pite; (*with meat*) kb. húsos kosárka
piece [piːs] **1.** *n* (*part*) darab; (*play*) (szín)darab ‖ **a** ~ **of bread** egy darab kenyér; **a** ~ **of soap** egy darab szappan; **go to** ~**s** szétesik **2.** *v* ~ (**sg**) **together** összetold, (össze)eszkábál
piecemeal ['piːsmiːl] *adv* darabonként
piecework *n* teljesítménybér
pier [pɪə] *n* (*of bridge*) (híd)pillér, oszlop; (*for walking*) móló; (*for landing*) kikötő(gát)
pierce [pɪəs] *v* (*perforate*) átszúr; (*penetrate*) átjár
piercing ['pɪəsɪŋ] *a* (*ache*) hasogató; (*sound*) átható ‖ ~ **cold** metsző hideg
piety ['paɪətɪ] *n* áhítat; jámborság
pig [pɪg] *n* disznó ‖ ~ **in a poke** zsákbamacska
pigeon ['pɪdʒɪn] *n* galamb ‖ **it's not my** ~ *col* ez nem tartozik rám
pigeonhole ['pɪdʒɪnhəʊl] **1.** *n* (*for letters etc.*) rekeszek; *fig* „skatulya" **2.** *v* ad acta tesz
piggy bank *n* szerencsemalac (*persely*)
pig-headed *a* makacs, csökönyös
piglet ['pɪglɪt] *n* kismalac
pigpen ['pɪgpen] *n US* disznóól
pigsty ['pɪgstaɪ] *n* disznóól
pigtail ['pɪgteɪl] *n* copf
pike[1] [paɪk] *n zoo* csuka
pike[2] [paɪk] *n* dárda, lándzsa, pika
pilchard ['pɪltʃəd] *n* szardínia

pile¹ [paɪl] **1.** *n* (*heap*) rakás, halom; (*funeral*) máglya **2.** *v* felhalmoz, egymásra/halomba rak
pile up (*vehicles*) egymásba rohan/szalad (*több jármű*)
pile² [paɪl] *n* cölöp, karó; → **piles**
piles [paɪlz] *n pl med* aranyér
pile-up *n* ráfutásos baleset, tömeges autószerencsétlenség
pilfering ['pɪlfərɪŋ] *n* lopás
pilgrim ['pɪlgrɪm] *n* zarándok
pilgrimage ['pɪlgrɪmɪdʒ] *n* zarándokút, zarándoklat
pill [pɪl] *n* pirula, tabletta || **the** ~ fogamzásgátló (tabletta) || **be on the** ~ szedi a tablettát
pillage ['pɪlɪdʒ] *v* fosztogat
pillar ['pɪlə] *n* oszlop, pillér; *fig* támasz || ~ **box** *GB* postaláda
pillion ['pɪlɪən] *n* pótülés (*motorkerékpáron*) || **ride** ~ pótutasként utazik
pillory ['pɪlərɪ] **1.** *n* pellengér **2.** *v* *also fig* pellengérre állít, kipellengérez
pillow ['pɪləʊ] *n* (kis)párna
pillowcase ['pɪləʊkeɪs] *n* párnahuzat
pilot ['paɪlət] **1.** *a* kísérleti, próba- **2.** *n* pilóta, repülő; (*of ships*) révkalauz **3.** *v* (*ship*) kormányoz; (*plane*) vezet || ~ **light** őrláng, gyújtóláng || ~ **wheel** (*of ship*) kormánykerék
pimple ['pɪmpl] *n* (*on skin*) pattanás
pin [pɪn] **1.** *n* gombostű; *tech* csap (*fakötés*) || ~**s and needles** zsibbadás, bizsergés **2.** *v* -nn- (*dress*) (meg)tűz
pin down (*object*) leszögez; (*person*) szaván fog
pin up feltűz, kitűz
pinafore ['pɪnəfɔː] *n* kötény
pinafore dress *n* kötényruha

pinball ['pɪnbɔːl] *n* flipper
pincers ['pɪnsəz] *n pl* (*tool*) harapófogó; (*of crab*) olló
pinch [pɪntʃ] **1.** *n* (meg)csípés || **a** ~ **of** csipetnyi; **at a** ~ *col* (vég)szükség esetén **2.** *vt* (*nip*) csíp; *col* (*steal*) (el)csen *vi* (*shoe*) szorít
pincushion ['pɪnkʊʃn] *n* tűpárna
pine¹ [paɪn] *n* fenyő(fa)
pine² [paɪn] *v* bánkódik || ~ **away** emésztődik, elsorvad; ~ **for sy** sóvárog/epekedik vk után
pineapple ['paɪnæpl] *n* ananász
ping-pong ['pɪŋpɒŋ] *n* pingpong
pink [pɪŋk] **1.** *a* rózsaszínű **2.** *n* (*colour*) rózsaszín; (*plant*) szegfű || **be in the** ~ majd kicsattan az egészségtől, él és virul
pink-eye *n* kötőhártya-gyulladás
pin-money *n* zsebpénz, dugipénz
pinnacle ['pɪnəkl] *n* csúcs
pinpoint ['pɪnpɔɪnt] *v* hajszálpontosan megállapít/megmutat
pin-stripe *n* csíkos szövet
pint [paɪnt] *n* pint (*0,568 l*)
pin-up *n* (*falra feltűzött női kép*)
pioneer [paɪə'nɪə] **1.** *n* (*explorer*) úttörő, előharcos
pious ['paɪəs] *a* istenfélő, jámbor, kegyes
pip¹ [pɪp] *n* (*of orange*) mag
pip² [pɪp] *n* *mil* (*star*) csillag
pip³ [pɪp] *n* (*on radio*) sípjel
pipe [paɪp] **1.** *n* (*tube*) cső; (*for gas, water*) (cső)vezeték; (*for smoking*) pipa; (*of organ*) síp **2.** *v* (*play*) sípol, dudál; (*carry*) csövön/csővezetéken továbbít
pipe down! *col* sok a szöveg!
piped music [paɪpt] *n* halk zene (*pl. áruházban*)
pipe-dream *n* álmodozás, vágyálom

pipeline ['paɪplaɪn] *n* csővezeték, olajvezeték (*nagy távolságra*)
piper ['paɪpə] *a* dudás || he pays the ~ az ő zsebére megy
piping ['paɪpɪŋ] *n* csővezeték
piping hot *a* tűzforró
piquant ['piːkənt] *a also fig* pikáns
pique [piːk] *n* neheztelés, sértődés
piqued [piːkt] *a* sértődött
pirate ['paɪərət] 1. *n* kalóz 2. *v* kalózkodik || ~ radio kalózrádió
pirated ['paɪərətɪd] *a* ~ edition kalózkiadás
pirouette [pɪrʊ'et] *n* piruett
piss [pɪs] *v vulg* pisál || it's ~ing down ömlik az eső
pissed [pɪst] *a col* tökrészeg
pistol ['pɪstl] *n* pisztoly
piston ['pɪstən] *n* dugattyú
pit¹ [pɪt] *n* (*hole*) gödör, üreg, árok; (*in garage*) akna; *theat* földszint || the ~ pokol
pit² [pɪt] *n US* mag (*csonthéjasé*)
pitch¹ [pɪtʃ] 1. *n* (*of trader*) stand; *sp* (futball)pálya; (*throw*) dobás, hajítás; *mus* hangmagasság 2. *vi* (*fall*) (előre)esik | *vt* (*throw*) dob || ~ a tent sátrat felállít/ver
pitch² [pɪtʃ] *n* (*substance*) szurok
pitch-black *a* szurokfekete
pitcher [pɪtʃə] *n* kancsó
piteous ['pɪtɪəs] *a* szánalomra méltó, szánalmas
pitfall ['pɪtfɔːl] *n fig* csapda, kelepce, buktató
pith [pɪθ] *n* velő
pithy ['pɪθɪ] *a* magvas, velős
pitiable ['pɪtɪəbl] *a* sajnálatos, sajnálatra méltó
pitiful ['pɪtɪfl] *a* (*pitiable*) szánalmas, szánalomra méltó; (*wretched*) hitvány, siralmas, nyomorult

pitiless ['pɪtɪlɪs] *a* könyörtelen
pittance ['pɪtəns] *n* éhbér
pity ['pɪtɪ] 1. *n* szánalom || that's a (great) ~ de kár! 2. *v* vkt (meg)-sajnál, (meg)szán
pivot ['pɪvət] 1. *n* (*central pin*) tengelyvégcsap; *fig* (*turning point*) sarkalatos pont, sarkpont 2. *v* ~ on megfordul vmn, vm körül forog
pixie ['pɪksɪ] *n* tündér
pizza ['piːtsə] *n* pizza
placard ['plækɑːd] *n* plakát
placate [plə'keɪt] *v* kiengesztel, kibékít
place [pleɪs] 1. *n* hely; (*town*) helység; (*home*) otthon, lakás; (*open space*) tér; (*position*) helyezés || out of ~ nem helyénvaló; take ~ (meg)történik, sor kerül vmre 2. *v* helyez, tesz, rak || ~d second második helyezett
placid ['plæsɪd] *a* nyugodt, békés
plagiarism ['pleɪdʒənzəm] *n* plágium
plague [pleɪg] *n med* pestis; (*nuisance*) istencsapás
plaice [pleɪs] *n* lepényhal
plaid [plæd] *n* pléd
plain [pleɪn] 1. *a* (*obvious*) világos, nyilvánvaló; (*frank*) egyenes, őszinte; (*simple*) egyszerű, szimpla; (*not handsome*) jelentéktelen, csúnya || ~ chocolate étcsokoládé; in ~ clothes (*police*) civilben; ~ cooking könnyű (*fűszerszegény*) étkezés 2. *n* síkság, alföld
plaintiff ['pleɪntɪf] *n* felperes, panasztevő
plait [plæt] *n* copf
plan [plæn] 1. *n* terv 2. *v* -nn- (*design*) (meg)tervez; (*intend*) tervez (vmt tenni) || ~ to do sg szándékozik vmt tenni

plane¹ [pleɪn] 1. *a* sík, sima 2. *n* (*surface*) sík (felület); (*aeroplane*) (repülő)gép; *tech* (*tool*) gyalu
plane² [pleɪn] *n* (*tree*) platán(fa)
planet ['plænɪt] *n* bolygó
plank [plæŋk] *n* deszka
planning ['plænɪŋ] *n* tervezés
plant [plɑːnt] 1. *n* (*vegetable*) növény; (*shoot*) palánta; (*factory*) üzem, gyár 2. *v* (el)ültet, palántáz
plant out *bot* kiültet
plantation [plæn'teɪʃn] *n* ültetvény
plaque [plɑːk] *n* (*on wall*) emléktábla; (*on teeth*) fogkő
plaster ['plɑːstə] 1. *n* (*on wall*) vakolat; (*for broken leg*) gipsz 2. *v* (*wall*) (be)vakol; (*leg etc.*) begipszel, gipszbe tesz
plastered ['plɑːstəd] *a* bevakolt; *col* (*drunk*) beszívott
plastic ['plæstɪk] 1. *a* műanyag 2. *n* (*material*) műanyag; *col* (*card*) (hitel)kártya ‖ ~ bomb plasztikbomba; ~ card hitelkártya
Plasticine ['plæstɪsiːn] *n* plasztilin, gyurma
plastic surgery *n* plasztikai sebészet
plate [pleɪt] *n* (*dish*) tányér; (*silver articles*) ezüst(nemű); (*sheet of metal*) (fém)lemez; (*in book*) képmelléklet, tábla; (*dental*) műfogsor
plateau ['plætəʊ] *n* (*pl* -eaus *or* -eaux) fennsík
plate glass *n* síküveg
platform ['plætfɔːm] *n* (*stage*) emelvény, pódium; (*for teacher*) dobogó; katedra; (*at station*) peron, vágány; (*on bus*) előtér; (*political*) platform ‖ ~ ticket peronjegy
platinum ['plætɪnəm] *n* platina

platitude ['plætɪtjuːd] *n* közhely
platoon [plə'tuːn] *n* *mil* szakasz
platter ['plætə] *n* tál, tálca
plausible ['plɔːzəbl] *a* valószínű, elfogadható, hihető
play [pleɪ] 1. *n* (*sport*) játék; (*drama*) színdarab ‖ ~ on words szójáték 2. *v* játszik; *mus* előad, eljátszik ‖ ~ cards kártyázik; ~ fair korrektül jár el vkvel
play against sy *sp* játszik vkvel
play back (*recording*) lejátszik, visszajátszik
play down lebecsül, lekicsinyel
play up (*cause trouble*) kellemetlenkedik
playback ['pleɪbæk] *n* lejátszás, visszajátszás, playback
player ['pleɪə] *n* *sp* játékos; *theat* színész
playful ['pleɪfl] *a* játékos
playground ['pleɪɡraʊnd] *n* játszótér
playgroup ['pleɪɡruːp] *n* óvoda
playing ['pleɪɪŋ] *n* játék ‖ ~ cards játékkártya; ~ field *sp* pálya
playmate ['pleɪmeɪt] *n* játszótárs
playroom ['pleɪruːm] *n* *US* gyermekszoba
playschool ['pleɪskuːl] *n* óvoda
plaything ['pleɪθɪŋ] *n* *fig* játékszer
playwright ['pleɪraɪt] *n* drámaíró
plc [pi: el 'si:] *GB* = public limited company
plea [pliː] *n* kérés; kérelem
plead [pliːd] *v* (*pt/pp* pleaded; *US* pled [pled]) ~ with sy for sy/sg szót emel vknél vk/vm érdekében; ~ sy's cause with sy vk érdekében közbenjár vknél; ~ guilty bűnösnek vallja magát
pleasant ['pleznt] *a* kellemes; (*friendly*) szimpatikus

pleasantly ['plezntlı] *adv* kellemesen
pleasantry ['plezntrı] *n* (*joking remark*) tréfás megjegyzés; (*polite remark*) udvariaskodás
please [pliːz] *v* tetszik (vknek) ‖ ~ **come in** kérem, jöjjön be; **would you** ~ ... lesz/lenne olyan szíves; **Would you like a cup of coffee? Yes,** ~ Kér(sz) egy csésze kávét? Igen(, kérek).; **if you** ~ ha volna szíves; ~ **yourself** tégy, ahogy jónak látod (v. kedved szerint)
pleased [pliːzd] *a* megelégedett ‖ **I am very** ~ nagyon örülök; ~ **to meet you** (*presentation*) örülök, hogy megismerhetem
pleasing ['pliːzıŋ] *a* esztétikus, kellemes
pleasure ['pleʒə] *n* öröm, élvezet ‖ **it is a great** ~ **for me to ...** örömömre szolgál
pleasure-seeker *n* élvhajhászó
pleasure steamer *n* kirándulóhajó (*gőzös*)
pleat [pliːt] *n* (*on dress*) ránc, redő, hajtás
plebiscite ['plebısaıt] *n* népszavazás
pled [pled] *pp US* → **plead**
pledge [pledʒ] **1.** *n* zálog; (*promise*) (ünnepélyes) ígéret **2.** *v* elzálogosít; (*promise*) ünnepélyesen megígér
plentiful ['plentıfl] *a* bő(séges), gazdag
plenty ['plentı] *n* bőség ‖ ~ **of** elég, bőven
pleurisy ['plʊərısı] *n* mellhártyagyulladás
pliable ['plaıəbl] *a* hajlékony, hajlítható; (*person*) befolyásolható
pliers ['plaıəz] *n pl* kombinált fogó

plight [plaıt] *n* nehéz helyzet
plimsolls ['plımsəlz] *n pl GB* gumitalpú vászoncipő
plinth [plınθ] *n* talapzat (*szoboré*)
plod [plɒd] *v* **-dd-** vesződik ‖ ~ **(along)** (*on hill*) cammog, vánszorog; (*in work*) küszködik vmvel
plodding ['plɒdıŋ] *n* robotolás, gürcölés
plonk [plɒŋk] *n* lőre
plop [plɒp] *v* **-pp-** csobban, loccsan
plot [plɒt] **1.** *n* (*ground*) (hétvégi) telek; (*story*) cselekmény; (*conspiracy*) terv, cselszövés **2.** *v* **-tt-** *col* (*conspire*) mesterkedik, intrikál; (*draw*) ábrázol
plot against (*make a secret plan*) összeesküvést sző vk ellen; (*draw a graph*) vm függvényében ábrázolt vmt
plotter ['plɒtə] *n comput* plotter, rajzgép
plough (*US* **plow**) [plaʊ] **1.** *n* eke **2.** *v* (*field*) szánt; *col* (*in exam*) megbuktat, meghúz
plough through átvergődik vmn
ploy [plɒı] *n* (*stratagem*) trükk
pluck [plʌk] *v* (*chicken*) megkopaszt; (*flower*) leszakít, leszed; (*strings*) penget; ~ **up courage (to)** nekibátorodik
plucky ['plʌkı] *col* karakán, vagány
plug [plʌg] **1.** *n* dugó; *el* csatlakozó(dugasz), dugó; (*in car*) gyújtógyertya **2.** *v* **-gg-** ~ bedug(aszol) ‖ ~ **in** *el* bekapcsol
plum [plʌm] *n* szilva
plumage ['pluːmıdʒ] *n* tollazat
plumb [plʌm] **1.** *a* függőleges **2.** *adv col* (*exactly*) pont, pontosan **3.** *n* függőón **4.** *v* (*depth*) mélységet mér; *fig* mélyére lát/hatol

plumber ['plʌmə] *n* vízvezeték-szerelő

plumbing ['plʌmɪŋ] *n* (*fittings*) vizesblokk; (*craft*) vízvezeték-szerelés

plume [pluːm] **1.** *n* (*feather*) toll(azat); (*decoration*) tolldísz; forgó **2.** *v* tollászkodik

plummet ['plʌmɪt] *n* függőón

plump¹ [plʌmp] *a* (*figure*) telt, dundi, molett

plump² [plʌmp] *v* ~ **for** szavaz vkre

plunder ['plʌndə] **1.** *n* (*plundering*) fosztogatás; (*loot*) rablott holmi, zsákmány **2.** *vt* kirabol I *vi* fosztogat

plunge [plʌndʒ] **1.** *n* fejesugrás **2.** *vt* belemárt I *vi* víz alá bukik, lemerül

plunging neckline ['plʌndʒɪŋ] *n* mély dekoltázs

plural ['plʊərəl] *n* többes szám

pluralism ['plʊərəlɪzəm] *n* pluralizmus

plus [plʌs] **1.** *n* (*sign*) plusz; (*extra*) ráadás **2.** *prep* plusz

plus-fours *n* golfnadrág

plush [plʌʃ] *a* plüss

ply [plaɪ] *v* ~ **between** ... (*hajó*) közlekedik ... között

plywood ['plaɪwʊd] *n* furnér(lap), furnérlemez

PM [piː 'em] = **Prime Minister**

p.m., **pm** [piː 'em] = (*Latin: post meridiem*) délután, du. II **at 3 ~** délután 3-kor; **6 ~** este 6 óra

pneumatic [njuː'mætɪk] *a* pneumatikus

pneumonia [njuː'məʊnɪə] *n* tüdőgyulladás

poach [pəʊtʃ] *v* (*game*) tilosban vadászik

poached egg [pəʊtʃt] *n* bevert tojás

poacher ['pəʊtʃə] *a* vadorzó

poaching ['pəʊtʃɪŋ] *n* (*hunting*) orvvadászat

PO Box [piː əʊ 'bɒks], **POB** [piː əʊ 'biː] = **post office box**

pocket ['pɒkɪt] **1.** *n* zseb II **be out of ~** nincs pénze **2.** *v* zsebre tesz

pocketbook ['pɒkɪtbʊk] *n* GB (*notebook*) notesz; (*wallet*) pénztárca, levéltárca; US (*purse, bag*) retikül, (kézi)táska (*női*); (*book*) zsebkönyv

pocket knife *n* (*pl* **knives**) bicska, zsebkés

pocket money *n* költőpénz, zsebpénz

pock-marked *a* himlőhelyes

podgy ['pɒdʒɪ] *a* köpcös, zömök

podiatrist [pə'daɪətrɪst] *n* US lábápoló, pedikűrös

poem ['pəʊɪm] *n* vers, költemény

poet ['pəʊɪt] *n* költő

poetic [pəʊ'etɪk] *a* költői

poetry ['pəʊɪtrɪ] *n* költészet

poignant ['pɔɪnjənt] *a* (*sharp*) csípős, éles; (*touching*) megrendítő, szívbe markoló

point [pɔɪnt] **1.** *n* (*dot, item, score*) pont; (*moment*) időpont; (*decimal*) tizedespont, tizedesvessző; (*matter*) kérdés; (*purpose*) cél(ja vmnek); (*tip*) csúcs; (*sharp end*) hegy II **three ~ five (3.5)** három egész öt tized (3,5); **there is no ~ (in doing sg)** *col* ennek nincs (semmi) értelme; **from this ~ of view** ebből a szempontból; **be on the ~ of doing sg** (már) azon a ponton van, hogy; már-már; **come/get to the ~** a tárgyra tér;

make a ~ of (doing sg) súlyt
helyez arra, hogy; **that's the ~**
erről van szó! → **points 2.** *v*
(*show*) (meg)mutat, felmutat;
(*aim*) (rá)irányít (*at* vmre/vkre)
point out (*indicate*) megjelöl;
(*show*) rámutat
point to sg/sy vmre/vkre mutat
point-blank 1. *a* egyenes, közvet-
len || **at ~ range** közvetlen közel-
ből **2.** *adv* (*closely*) közvetlen kö-
zelből; (*straight*) kertelés nélkül
pointed ['pɔɪntɪd] *a* (*ending in a
point*) hegyes, csúcsos; *arch*
csúcsíves; (*remark*) csípős
pointedly ['pɔɪntɪdlɪ] *adv* csípősen,
nyomatékkal
pointer ['pɔɪntə] *n* (*indicator*) muta-
tó; (*stick*) pálca; (*dog*) angol vizs-
la, pointer
pointless ['pɔɪntlɪs] *a* céltalan, ér-
telmetlen
points [pɔɪnts] *n pl railw* váltó
poise [pɔɪz] **1.** *n* (*balance*) egyen-
súly; (*calmness*) higgadtság **2.** *v*
egyensúlyoz
poison ['pɔɪzn] **1.** *n* méreg **2.** *v*
(meg)mérgez
poisoning ['pɔɪznɪŋ] *n* mérgezés
poisonous ['pɔɪzənəs] *a* mérges,
mérgező
poke [pəʊk] *v* (*with elbow etc*) bök;
(*fire*) piszkál
poke about matat vhol
poker[1] ['pəʊkə] *n* piszkavas
poker[2] ['pəʊkə] *n* (*cards*) póker
poker-faced *a* kifejezéstelen arcú
poky ['pəʊkɪ] *a col* szegényes, szű-
kös, ócska
Poland ['pəʊlənd] *n* Lengyelország
polar ['pəʊlə] *a* sarkvidéki || **~ bear**
jegesmedve

Pole [pəʊl] *n* lengyel ember
pole [pəʊl] *n el, phys* sarok, pólus;
geogr sark; (*of wood*) rúd
polemic [pə'lemɪk] *n* polémia
pole vault *n* rúdugrás
police [pə'liːs] *n* (*pl*) rendőrség || **~
car** rendőrautó; **~ constable**
(köz)rendőr
policeman [pə'liːsmən] *n* (*pl* -**men**)
rendőr
police station *n* rendőrkapitány-
ság, rendőrőrs
policewoman [pə'liːswʊmən] *n* (*pl*
-**women**) rendőrnő
policy[1] ['pɒləsɪ] *n* politika
policy[2] ['pɒləsɪ] *n* (biztosítási) köt-
vény, biztosítás
polio ['pəʊlɪəʊ] *n col* gyermekbénu-
lás
Polish ['pəʊlɪʃ] **1.** *a* lengyel **2.** *n*
(*person*) lengyel; (*language*) len-
gyel (nyelv)
polish ['pɒlɪʃ] **1.** *n* (*of furniture*)
politúr; (*for shoes*) cipőkrém; (*of
style*) utolsó simítás **2.** *v* (*furni-
ture*) fényez; (*shoes*) kipucol;
(*style*) csiszol
polish up políroz; *fig* (*language*)
felfrissít (*nyelvtudást*)
polished ['pɒlɪʃt] *a* (*furniture*) fé-
nyezett; *fig* (*style*) csiszolt; (*man-
ners*) finom
polite [pə'laɪt] *a* udvarias (*to sy*
vkvel)
politeness [pə'laɪtnɪs] *n* udvarias-
ság
politic ['pɒlɪtɪk] *a* (*prudent*) körül-
tekintő
political [pə'lɪtɪkl] *a* politikai
politically [pə'lɪtɪklɪ] *adv* politikai-
lag
politician [pɒlɪ'tɪʃn] *n* politikus

politics ['pɒlɪtɪks] *n sing.* (*policy*) politika; *pl* (*views*) politikai nézetek

polka dot *n* (*pattern*) petty

poll [pəʊl] *n* szavazás; (*opinion* ~) közvélemény-kutatás

pollen ['pɒlən] *n* virágpor, hímpor, pollen

pollination [pɒlɪ'neɪʃn] *n* beporzás

polling ['pəʊlɪŋ] *n* szavazás, választás ‖ ~ **booth** szavazófülke; ~ **day** *GB* a szavazás; ~ **station** szavazóhelyiség

pollute [pə'luːt] *v* szennyez (*környezetet*)

pollution [pə'luːʃn] *n* szennyez(őd)és ‖ ~ **of the environment** környezetszennyezés

polo ['pəʊləʊ] *n* (lovas) póló

polo-neck sweater *n* garbó

polyclinic ['pɒlɪklɪnɪk] *n* poliklinika

polyethylene [pɒlɪ'eθəliːn] *n* = **polythene**

polyp ['pɒlɪp] *n med, zoo* polip

polytechnic [pɒlɪ'teknɪk] *n GB* műszaki főiskola

polythene ['pɒlɪθiːn] *n* polietilén

pomegranate ['pɒmɪɡrænɪt] *n* gránátalma

pommel horse ['pɒml] *n sp* kápás ló

pomp [pɒmp] *n* dísz, pompa, parádé

pompom ['pɒmpɒm] *n* pompon

pompous ['pɒmpəs] *a* nagyképű; (*language*) dagályos

pond [pɒnd] *n* (kis) tó

ponder ['pɒndə] *v* latolgat, mérlegel

ponderous ['pɒndərəs] *a* nehézkes

pontiff ['pɒntɪf] *n* püspök ‖ **the (Supreme) P~** a Pápa

pontificate 1. [pɒn'tɪfɪkət] *n* pápaság **2.** [pɒn'tɪfɪkeɪt] *v col* nagyképűsködik

pontoon [pɒn'tuːn] *n* ponton

pony ['pəʊnɪ] *n* póni(ló); *US* (*crib*) puska (*diáké*)

ponytail ['pəʊnɪteɪl] *n* lófarok

poodle ['puːdl] *n* uszkár

pool[1] [puːl] **1.** *n* (*fund*) közös alap/készlet; iroda ‖ **a ~ of cars** kocsipark, járműpark; → **pools 2.** *v* (*money*) közös alapba összegyűjt

pool[2] [puːl] *n* (*pond*) tó; (*puddle*) tócsa; (*artificial*) víztározó; (*for swimming*) uszoda

pools, the [puːlz] *n pl* totó

poor [pʊə] *a* szegény; (*mediocre*) rossz, silány ‖ **the ~** *pl* a szegények; **be in ~ shape** leromlott (*egészségileg*)

poorly ['pʊəlɪ] **1.** *a* **be/feel ~** gyengén érzi magát **2.** *adv* gyengén, rosszul

pop[1] [pɒp] *n col* apu, papa

pop[2] [pɒp] **1.** *adv/int* (*suddenly*) hirtelen; (*sound*) puff!, pukk! **2.** *n* (*sound*) pukkanás; (*music*) popzene; (*drink*) szénsavas ital ‖ **in ~ col** zaciban **3.** *v* **-pp-** (*cork*) pukkan; (*balloon*) kipukkaszt; (*corn*) pattogtat

pop in (to see sy) vkhez bekukkant

pop over to sy *col* vhova, vkhez átugrik

pop up *col* felbukkan

pop art *n* pop-art

pop concert *n* popkoncert

popcorn ['pɒpkɔːn] *a* pattogatott kukorica

pope [pəʊp] *n* pápa

pope's nose *n US* püspökfalat

pop-gun *n* riasztópisztoly
poplar ['pɒplə] *n* nyárfa
pop music *n* popzene
popper ['pɒpə] *n* patentkapocs
poppy ['pɒpɪ] *n* mák
pop singer *n* popénekes
populace ['pɒpjʊləs] *n* **the ~ (at large)** a lakosság, a tömeg
popular ['pɒpjʊlə] *a* népszerű
popularity [pɒpjʊ'lærətɪ] *n* népszerűség
popularize ['pɒpjʊləraɪz] *v* népszerűsít
populate ['pɒpjʊleɪt] *v* benépesít
population [pɒpjʊ'leɪʃn] *n* lakosság, népesség
populous ['pɒpjʊləs] *a* népes, sűrűn lakott
porcelain ['pɔːsəlɪn] *n* porcelán
porch [pɔːtʃ] *n* tornác, veranda
porcupine ['pɔːkjʊpaɪn] *n* zoo (tarajos) sül
pore¹ [pɔː] *n* biol pórus
pore² [pɔː] *v* **~ over a book** könyv fölé hajol
pork [pɔːk] *n* sertéshús || **~ cutlet** sertéskaraj
pornography [pɔː'nɒɡrəfɪ], col
porn [pɔːn] *n* pornográfia
porous ['pɔːrəs] *a* likacsos, szivacsos
porpoise ['pɔːpəs] *n* barna delfin
porridge ['pɒrɪdʒ] *n* zabkása
port¹ [pɔːt] *n* (tengeri) kikötő; naut (left side) bal oldal
port² [pɔːt] *n* (wine) portói (bor)
portable ['pɔːtəbl] *a* hordozható
portal ['pɔːtl] *n* bejárat, portál
portent ['pɔːtent] *n* baljós előjel, ómen
porter ['pɔːtə] *n* (doorkeeper) portás, kapus; (carrier) hordár; (at

hotel) londiner; *US (in train)* hálókocsi-kalauz
porthole ['pɔːthəʊl] *n* hajóablak
portion ['pɔːʃn] **1.** *n* (of food) adag, porció **2.** *v* ~ (**out**) kiadagol
portly ['pɔːtlɪ] *a* testes, terebélyes
portrait ['pɔːtrɪt] *n* arckép, portré
portraitist ['pɔːtrɪtɪst] *n* arcképfestő
portray [pɔː'treɪ] *v* (painter, writer) ábrázol
portrayal [pɔː'treɪəl] *n* ábrázolás (rajzban)
Portugal ['pɔːtjʊɡl] *n* Portugália
Portuguese [pɔːtju'ɡiːz] **1.** *a* portugál **2.** (person) portugál (ember); (language) portugál (nyelv)
pose [pəʊz] **1.** *n* (also affectation) póz **2.** *vi* (attitudinize) pózol | *vt* helyez
posh [pɒʃ] *a* col proccos, puccos (hely stb.)
position [pə'zɪʃn] *n* (situation) helyzet; (job) pozíció, állás; (attitude) álláspont
positive ['pɒzɪtɪv] *a* (answer) állító, igenlő, pozitív; math pozitív || **~ vetting** GB átvilágítás
possess [pə'zes] *v* birtokol vmt
possessed [pə'zest] *a* megszállott
possession [pə'zeʃn] *n* (property) tulajdon, birtok; (ownership) birtoklás
possessive pronoun *n* birtokos névmás
possibility [pɒsə'bɪlətɪ] *n* lehetőség
possible ['pɒsəbl] *a* lehetséges || **as far as ~** amennyire lehetséges
possibly ['pɒsəblɪ] *adv* lehetőleg, esetleg
post¹ [pəʊst] **1.** *n* (letters) posta || **send by ~** postán küld **2.** *v* (letter) felad

potted

post² [pəʊst] **1.** n (pole) oszlop, karó, cölöp; (of door) ajtófélfa ‖ **hit the ~** (in football) kapufát lő **2.** v kiragaszt, kiplakátoz
post³ [pəʊst] **1.** n (job, position) állás, hivatal, pozíció; (place of duty) (diplomáciai) állomáshely; (of soldier) őrhely; (soldier) őrszem **2.** v kinevez vhová
postage ['pəʊstɪdʒ] n postaköltség ‖ **~ stamp** levélbélyeg
postal ['pəʊstl] a GB postai ‖ **~ code** (postai) irányítószám; **~ order** postautalvány
postbox ['pəʊstbɒks] n GB levélszekrény
postcard ['pəʊstkɑːd] n levelezőlap
postcode ['pəʊstkəʊd] n GB (postai) irányítószám
poster ['pəʊstə] n plakát, poszter
poste restante [pəʊst'restɒnt] a/adv postán maradó (küldemény)
posterior [pɒ'stɪərɪə] **1.** a hátulsó; (in time) későbbi, utólagos **2.** n col alfél
posterity [pɒ'sterətɪ] n utókor
postgraduate [pəʊst'grædʒʊət] a posztgraduális
postman ['pəʊstmən] n (pl -men) postás
postmark ['pəʊstmɑːk] **1.** n (on letter) (kelet)bélyegző **2.** v lebélyegez
postmaster ['pəʊstmɑːstə] n postahivatal vezetője, postamester
Postmaster General n GB postaügyi miniszter
post-mortem [pəʊst'mɔːtəm] n halottszemle
post office n posta(hivatal)
post office box n postafiók
postpone [pə'spəʊn] v elhalaszt

postponement [pə'spəʊnmənt] n elhalasztás
postscript ['pəʊsskrɪpt] n utóirat
postulate 1. ['pɒstjʊlət] n követelmény **2.** ['pɒstjʊleɪt] v feltételez, posztulál
posture ['pɒstʃə] n testtartás, pozitúra
postwar a háború utáni
posy ['pəʊzɪ] n kis csokor
pot [pɒt] **1.** n (for food) fazék, edény; (tea~) kanna; (for plant) (virág)cserép; (for child) bili; col (drug) marihuána ‖ **he has ~s of money** col sok pénze van **2.** v **-tt-** (plant) cserépbe ültet; (child) biliztet; (food) eltesz, konzervál
potato [pə'teɪtəʊ] n (pl -oes) burgonya, krumpli ‖ **~ crisps** (US chips) pl burgonyaszirom
pot-belly n pocak
potent ['pəʊtənt] a hatásos; (argument) meggyőző
potentate ['pəʊtnteɪt] n potentát
potential [pə'tenʃl] **1.** a lehetséges, potenciális **2.** n (voltage) potenciál, feszültség
potentially [pə'tenʃəlɪ] adv potenciálisan
pot-hole n (cave) barlang; (in road) kátyú, gödör
pot-holer n col amatőr barlangkutató, barlangász
pot-holing n col amatőr barlangkutatás, barlangászkodás
potion ['pəʊʃn] n (drink) ital; (sip) korty; (dose) adag
potluck [pɒt'lʌk] n col **take ~** (for food) azt eszik, amit talál
potted ['pɒtɪd] a (food) befőzött, (-)konzerv; (plant) cserepes; (book) rövidített, tömör

potter¹ ['pɒtə] *n* fazekas, keramikus
potter² ['pɒtə] *v col* (vmvel) vacakol, pepecsel
pottery ['pɒtərı] *n* (*craft*) fazekasmesterség; (*earthenware*) agyagáru, kerámia
potty ['pɒtı] *n col* bili
potty-trained *a* szobatiszta
pouch [paʊtʃ] 1. *n* zacskó, erszény 2. *v* zsebre vág
poultice ['pəʊltıs] *n* meleg (lenmaglisztes) borogatás
poultry ['pəʊltrı] *n* baromfi, szárnyas || ~ farm baromfitenyésztő telep
pounce [paʊns] *v* lecsap (*on* vmre)
pound¹ [paʊnd] *n* (*weight*) font (*453 gramm*); (*money*) font (*100 pence*) || by the ~ fontonként
pound² [paʊnd] *v* (*crush*) zúz; (*in mortar*) tör || ~ at the door dörömböl az ajtón
pound sterling *n* font sterling
pour [pɔː] *vt* önt | *vi* ömlik, dől || it is ~ing (with rain) szakad/zuhog az eső
pour in *vt* beönt | *vi* beömlik; (*people*) beözönlik
pour out *vt* kiönt | *vi* kiömlik; (*people*) kiözönlik
pouring ['pɔːrıŋ] *a* in (the) ~ rain szakadó esőben
pout [paʊt] *v* ajkát biggyeszti
poverty ['pɒvətı] *n* szegénység || the ~ line létminimum
poverty-stricken *a* szegény sorsú
powder ['paʊdə] 1. *n* (*dust*) por; (*for gun*) lőpor; (*cosmetic*) púder 2. *v* (*sugar*) tör; (*face*) (be)púderoz
powder compact *n* kőpúder

powder room *n* (női) illemhely, mosdó
powdery ['paʊdərı] *a* porszerű, porhanyós; poros; púderes
power ['paʊə] *n* (*authority*) hatalom; (*strength*) erő; (*ability*) képesség, energia; *el* (villamos) áram, energia; *math* hatvány || ~ consumption energiafogyasztás; ~ cut áramszünet
powered ['paʊəd] *a* gépi hajtású
power failure *n* áramszünet
powerful ['paʊəfl] *a* (*engine*) nagy teljesítményű; (*person*) hatalmas
powerless ['paʊəlıs] *a* (*person*) erőtlen, tehetetlen
power plant *n* erőmű
power point *n el* (dugaszoló)aljzat
power station *n* erőmű
power supply *n* áramellátás, energiaellátás
powwow ['paʊwaʊ] *n* tanácskozás, *col* kupaktanács
pp = pages; (*Latin: per procurationem*) megbízásból, helyett, h.
PR [pi: 'ɑː] = public relations
practicability [præktıkə'bılətı] *n* célszerűség
practicable ['præktıkəbl] *a* keresztülvihető
practical ['præktıkl] *a* (*of practice*) gyakorlati; (*useful*) célszerű, praktikus || ~ joke vastag tréfa
practically ['præktıklı] *adv* gyakorlatilag, tulajdonképpen
practice ['præktıs] 1. *n* gyakorlat; (*doctor's, lawyer's*) praxis; (*practising, drill*) gyakorlás; *sp* (*exercise*) gyakorlat || in ~ a gyakorlatban; be out of ~ kijött a gyakorlatból; it needs a lot of ~ be kell gyakorolni 2. *v US* = practise

practise (*US* **-ce**) ['præktɪs] *v* (*habit, language*) gyakorol; (*doctor*) praktizál

practised (*US* **-iced**) ['præktɪst] *a* gyakorlott

practitioner [præk'tɪʃənə] *n* gyakorló orvos/ügyvéd

pragmatic [præg'mætɪk] *a* pragmatikus

Prague [prɑːg] *n* Prága

prairie ['preərɪ] *n* préri

praise [preɪz] **1.** *n* dicséret **2.** *v* (meg)dicsér

praiseworthy ['praɪzwɜːðɪ] *a* dicséretre méltó

pram [præm] *n* gyermekkocsi

prank [præŋk] *n col* stikli, csíny

prattle ['prætl] **1.** *n* csacsogás, fecsegés **2.** *v* csacsog, fecseg

pray [preɪ] *v* imádkozik

prayer [preə] *n* ima, imádság

preach [priːtʃ] *v* prédikál, szentbeszédet mond, igét hirdet

preacher ['priːtʃə] *n* igehirdető, prédikátor

preamble [priː'æmbl] *n* előszó, bevezetés

precarious [prɪ'keərɪəs] *a* bizonytalan, ingatag

precaution [prɪ'kɔːʃn] *n* elővigyázatosság, óvatosság

precede [prɪ'siːd] *v* vkt, vmt megelőz, elsőbbsége van

precedence ['presɪdəns] *n* elsőbbség

precedent ['presɪdənt] *n* példa, precedens

preceding [prɪ'siːdɪŋ] *a* (meg)előző, előbbi, korábbi

precept ['priːsept] *n* szabály, elv; utasítás

precinct ['priːsɪŋkt] *n* bekerített terület; zóna; *US* (*district*) kerület ‖ **~s** *pl* környék

precious ['preʃəs] *a* értékes, becses ‖ **~ stone** drágakő

precipice ['presɪpɪs] *n* szakadék

precipitate 1. [prɪ'sɪpɪtət] *a* (*hasty*) elhamarkodott **2.** [prɪ'sɪpɪteɪt] *v* (*hurl*) beletaszít

precipitation [prɪsɪpɪ'teɪʃn] *n* (*rain, snow*) *chem* csapadék; lecsapódás

precise [prɪ'saɪs] *a* pontos, precíz

precisely [prɪ'saɪslɪ] *a* pontosan

precision [prɪ'sɪʒn] *n* pontosság, precizitás

preclude [prɪ'kluːd] *v* (eleve) kizár

precocious [prɪ'kəʊʃəs] *a* koraérett

preconception [priːkən'sepʃn] *n* előfeltevés, előítélet

preconcieved [priːkən'siːvd] *a* **~ idea** előítélet

precondition [priːkən'dɪʃn] *n* előfeltétel

precursor [priː'kɜːsə] *n* előfutár

predator ['predətə] *n* ragadozó

predatory ['predətərɪ] *a* ragadozó

predestination [priːdestɪ'neɪʃn] *n* eleve elrendelés, predestináció

predetermine [priːdɪ'tɜːmɪn] *v* előre elrendel

predicament [prɪ'dɪkəmənt] *n* kellemetlen helyzet; baj

predicate ['predɪkət] *n* állítmány

predict [prɪ'dɪkt] *v* megjósol, előre megmond

prediction [prɪ'dɪkʃn] *n* jóslás

predilection [priːdɪ'lekʃn] *n* előszeretet (*for* iránt)

predispose [priːdɪ'spəʊz] *v* fogékonnyá tesz vmre; predesztinál

predisposition [pri:dıspə'zıʃn] n hajlam, fogékonyság (to vmre)

predominant [prı'dɒmınənt] a túlnyomó

predominantly [prı'dɒmınəntlı] adv túlnyomóan

predominate [prı'dɒmıneıt] v túlteng, túlsúlyban van

pre-eminent [prı'emınənt] a kiemelkedő

pre-empt [pri:'empt] v elővételi jogon vásárol

prefab ['pri:fæb] n col panelház

prefabricated [pri:'fæbrıkeıtıd] a előre gyártott

preface ['prefıs] n előszó

prefect ['pri:fekt] n elöljáró, prefektus; GB (in school) felügyelő diák

prefer [prı'fɜ:] v -rr- ~ sg to sg vmt vmnél jobban szeret || ~ sy over sy else előnyben részesít vkt vkvel szemben; I ~ to wait inkább várok

preferable ['prefərəbl] a kívánatosabb, jobb

preferably ['prefrəblı] adv inkább, lehetőleg

preference ['prefərəns] n előszeretet || have/show a ~ for előszeretettel van vm iránt

preferential [prefə'renʃl] a kedvezményes

prefix ['pri:fıks] n előképző, előrag, előtag

pregnancy ['pregnənsı] n terhesség

pregnant ['pregnənt] a terhes || become ~ teherbe esik

prehistory [pri:'hıstərı] n őstörténet

prejudge [pri:'dʒʌdʒ] v eleve elítél; elmarasztal

prejudice ['predʒʊdıs] n előítélet; (bias) elfogultság

preliminary [prı'lımınərı] a előzetes, megelőző || ~ heats sp selejtezők

prelude ['prelju:d] n előjáték, prelúdium

premarital [pri:'mærıtl] a házasság előtti

premature ['premətʃə] a (action) idő előtti, (túl) korai; (child) koraérett || ~ baby koraszülött; ~ birth koraszülés

premeditated [pri:'medıteıtıd] a kiszámított; (murder) előre megfontolt

premier ['premıə] 1. a elsőrangú, legfontosabb 2. n miniszterelnök

première ['premıə] n premier, bemutató

premise ['premıs] n előtétel, premissza

premises ['premısız] n pl helyiség, épület(ek) || on the ~ a helyszínen, az épületben

premium ['pri:mıəm] n (sum for insurance) biztosítási díj; (additional charge) felár; (reward) jutalom; bonus || at a ~ névértéken felül, felárral

prenatal [pri:'neıtl] a US születés előtti || ~ care terhesgondozás; ~ check-up terhességi vizsgálat

preoccupation [pri:ɒkjʊ'peıʃn] n (obsession) rögeszme, mánia; (being absorbed) belefeledkezés

preoccupy [pri:'ɒkjʊpaı] v be preoccupied with sg teljesen leköti vm

prep [prep] 1. n col (homework) házi feladat; (learning) tanulás, készülés 2. v -pp- US (attend prep school) előkészítő iskolába jár; (do homework) készül

prepacked [priː'pækt] *a* előre csomagolt, kiszerelt

prepaid [priː'peɪd] *a* bérmentesített

preparation [prepə'reɪʃn] *n* (*preparing*) előkészítés; (*for lesson*) készülés; (*of homework, meal*) elkészítés ‖ **make ~s for** előkészületeket tesz

preparatory [prɪ'pærətərɪ] *a* előkészítő; előzetes, megelőző ‖ **~ school** *GB* (*for public school*) előkészítő (magán)iskola (*8—13 éveseknek*); *US* (*for college*) előkészítő iskola

prepare [prɪ'peə] *v* (el)készít, megcsinál ‖ **be ~d to do sg** hajlandó vmre; **be ~!** (*scout motto*) légy résen!

preponderance [prɪ'pɒndərəns] *n fig* túlsúly

preponderant [prɪ'pɒndərənt] *a* túlnyomó

preposition [prepə'zɪʃn] *n gram* elöljáró, prepozíció

prep school *n* = **preparatory school**

prerequisite [priː'rekwɪzɪt] *n* előfeltétel

prerogative [prɪ'rɒgətɪv] *n* előjog

Presbyterian [prezbɪ'tɪərɪən] *a/n rel* presbiteriánus

presbytery ['prezbɪtərɪ] *n* (*administrative court*) presbitérium; (*priest's house*) paplak; (*part of church*) szentély

preschool [priː'skuːl] *a* iskola előtti

prescribe [prɪ'skraɪb] *v* előír ‖ **~ a medicine** gyógyszert felír

prescription [prɪ'skrɪpʃn] *n* előírás; *med* recept

preseason [prɪ'siːzn] *n approx* előidény

presence ['prezns] *n* jelenlét ‖ **in my ~** jelenlétemben, előttem

presence of mind *n* lélekjelenlét

present[1] ['preznt] **1.** *a* (*existing now*) jelenlegi; (*being in this place*) jelenlevő ‖ **those ~** a jelenlevők/résztvevők; **with sy ~** vk jelenlétében **2.** *n* **the ~** a jelen ‖ **at ~** jelenleg; **for the ~** egyelőre

present[2] **1.** ['preznt] *n* ajándék ‖ **give sy a ~** ajándékot ad vknek **2.** [prɪ'zent] *v* (*give*) (át)nyújt; (*introduce*) bemutat ‖ **~ sy with sg** megajándékoz vkt vmvel

presentable [prɪ'zentəbl] *a* szalonképes, elfogadható

presentation [prezn'teɪʃn] *n* (*of play, cheque*) bemutatás; (*of petition*) beadás; (*of proposal*) beterjesztés; (*of gift*) ajándékozás; (*at conference*) előadás

present-day *a* jelenlegi, mai

presenter [prɪ'zentə] *n* (*radio, TV*) műsorvezető(-szerkesztő)

presently ['prezntlɪ] *adv* mindjárt, rögtön, nemsokára

present participle *n* jelen idejű melléknévi igenév

present perfect (tense) *n* befejezett jelen

present tense *n* jelen idő

preservation [prezə'veɪʃn] *n* megőrzés, megóvás

preservative [prɪ'zɜːvətɪv] **1.** *a* megőrző, óvó **2.** *n* tartósítószer

preserve [prɪ'zɜːv] **1.** *n* (*of fruit*) konzerv, lekvár **2.** *v* (*food*) eltesz, konzervál; (*customs*) megőriz

preset [priː'set] *v* (*pt/pp* **preset; -tt-**) előre beállít, beprogramoz

preside [prɪ'zaɪd] *v* elnököl (*at ülésen stb.*)

presidency ['prezɪdənsɪ] *n* elnöki tisztség, elnökség

president ['prezɪdənt] *n* (*of state, company*) elnök

presidential [prezɪ'denʃl] *a* elnöki

press [pres] **1.** *n* (*machine*) prés; (*printing house*) (könyv)nyomda; (*newspapers*) sajtó; (*cupboard*) (fehérnemüs) szekrény **2.** *v* (*push*) (meg)nyom, szorít; (*squeeze*) (ki)présel; (*iron*) vasal

press down lenyom

press for (meg)sürget, követel || **be ~ed for money** pénzszükében van; **be ~ed for time** időzavarban van

press agency *n* sajtóügynökség

press conference *n* sajtóértekezlet

pressing ['presɪŋ] *a* sürgős

press release *n* sajtóközlemény

press-stud *n* patentkapocs

press-up *n* fekvőtámasz

pressure ['preʃə] *n* nyomás || **the ~ of circumstances** kényszerítő körülmények

pressure cooker *n* kukta (*fazék*)

pressure gauge (*US* **gage**) *n* nyomásmérő, feszmérő

pressure-tight *a* nyomásálló

pressurized ['preʃəraɪzd] *a* túlnyomásos

prestige [pre'stiːʒ] *n* presztízs

prestigious [pre'stɪdʒəs] *a* tekintélyes

presumable [prɪ'zjuːməbl] *a* feltételezhető

presumably [prɪ'zjuːməblɪ] *adv* feltételezhetően

presume [prɪ'zjuːm] *v* feltételez, feltesz; *law* vélelmez

presumption [prɪ'zʌmpʃn] *n* kevélység; *law* vélelem

presumptuous [prɪ'zʌmptʃʊəs] *a* szemtelen, öntelt

presuppose [priːsə'pəʊz] *v* (előre) feltételez; *law* vélelmez

presupposition [priːsʌpə'zɪʃn] *n* feltételezés, preszuppozíció

pre-tax [priː'tæks] *a* adók levonása előtti

pretence (*US* **-se**) [prɪ'tens] *n* ürügy, jogcím

pretend [prɪ'tend] *v* színlel, mímel || **~ to** úgy tesz, mintha; **~ to be (sy/sg)** (vmnek, vknek) kiadja magát

pretension [prɪ'tenʃn] *n* igény || **make no ~s to** nem tart igényt..., nem igényli(, hogy)

pretentious [prɪ'tenʃəs] *a* követelőző; (*ostentatious*) elbizakodott

pretext ['priːtekst] *n* kifogás, ürügy

pretty ['prɪtɪ] **1.** *a* (*woman*) csinos, szép || **a ~ penny** csinos kis összeg **2.** *adv* eléggé, meglehetősen || **~ good** meglehetősen jó

prevail [prɪ'veɪl] *v* uralkodik, túlsúlyban van, fennforog || **~ over sg** dominál, túlsúlyban van

prevailing [prɪ'veɪlɪŋ] *a* uralkodó, fennálló, érvényes || **~ conditions** (mai) korviszonyok

prevalent ['prevələnt] *a* uralkodó, gyakori, elterjedt

prevent [prɪ'vent] *v* (*action*) megakadályoz, meghiúsít; (*accident*) elhárít; (*danger*) megelőz || **~ sy (from) doing sg** (meg)akadályoz vkt vmben

prevention [prɪ'venʃn] *n* megelőzés

preventive [prɪ'ventɪv] *a* megelőző, preventív

preview ['priːvjuː] *n* (*of film*) (szakmai) bemutató

previous ['pri:vɪəs] *a* (meg)előző, előzetes ‖ **(on) the ~ day** egy nappal előbb; az előtte való nap(on)
previously ['pri:vɪəslɪ] *adv* azelőtt; régebben
pre-war [pri:'wɔ:] *a* háború előtti
prey [preɪ] **1.** *n* zsákmány, préda ‖ **be/fall ~ to** *sg* vmnek prédájává lesz **2.** *v sg* **is ~ing on one's mind** vm emészt vkt
price [praɪs] **1.** *n* ár ‖ **at any ~** bármi áron **2.** *v* beáraz
priceless ['praɪslɪs] *a fig* megfizethetetlen
price-list *n* árjegyzék, árlap
pricey ['praɪsɪ] *a* (kissé) drága
prick [prɪk] *v* (*puncture*) (meg)szúr; (*pierce*) átlyukaszt ‖ **~ up one's ears** hegyezi a fülét
pricking ['prɪkɪŋ] *a* szúrós
prickle ['prɪkl] *n* (*of plant*) tövis; (*sensation*) bizsergés
prickly ['prɪklɪ] *a* (*plant*) tövises, szúrós; *fig* (*person*) tüskés
pride [praɪd] *n* büszkeség, gőg
priest [pri:st] *n* pap
priestess ['pri:stɪs] *n* papnő
priesthood ['pri:sthʊd] *n* papság
priestly ['pri:stlɪ] *a* papos
prig [prɪg] *n* beképzelt/öntelt ember
prim [prɪm] *a* prűd, mesterkélt
primarily ['praɪmrəlɪ] *adv* elsősorban, főleg
primary ['praɪmərɪ] *a* elsődleges, primer ‖ **of ~ importance** alapvető fontosságú
primary school *n GB approx* általános iskola alsó tagozata (*5—11 éveseknek*)
prime [praɪm] **1.** *a* elsőrendű, fő- **2.** *n* tetőfoka vmnek, fénykora vknek

‖ **in the ~ of life** a legszebb férfikor(á)ban **3.** *v* (*gun*) megtölt; (*with food, drink*) (jól) megetetmegitat ‖ **~ the pump** *col* anyagilag támogat, „dug" egy kis pénzt
Prime Minister *n* miniszterelnök
prime time *n* csúcsidő (*rádiózásban*)
primeval [praɪ'mi:vl] *a* ősi, eredeti
primitive ['prɪmɪtɪv] *a* kezdetleges, primitív, őskori, ősi
primrose ['prɪmrəʊz] *n* kankalin
primus (stove) ['praɪməs] *n* petróleumfőző
prince [prɪns] *n* herceg, királyfi ‖ **the ~ consort** a királynő férje; **the P~ of Wales** a walesi herceg, a trónörökös
princess [prɪn'ses] *n* (*daughter of prince*) hercegnő; (*wife of prince*) hercegné
principal ['prɪnsəpl] **1.** *a* fő, fontos, lényeges **2.** *n* (*of school*) igazgató, principális
principality [prɪnsɪ'pælətɪ] *n* hercegség (*terület*)
principally ['prɪnsəplɪ] *adv* legfőképp(en), leginkább
principal meal *n* főétkezés
principle ['prɪnsəpl] *n* elv ‖ **in ~** elvileg, elvben; **on ~** elvből
print [prɪnt] **1.** *n* lenyomat; (*photo*) másolat, papírkép; (*film*) kópia ‖ **out of ~** (*book*) elfogyott **2.** *v* (*photo*) másol; (*book*) (ki)nyomtat
print out *comput* kiír
printed matter *n* nyomtatvány (*küldeményen*)
printer ['prɪntə] *n* (*person*) nyomdász; *comput* nyomtató, printer ‖ **~'s error** sajtóhiba

printery ['prɪntərɪ] *n US* (*nagyobb*) nyomda

printing ['prɪŋtɪŋ] *n* nyom(tat)ás; *photo* másolás

printout ['prɪntaʊt] *n comput* kiírás; (*on paper*) printout

prior ['praɪə] *a* előző, korábbi ‖ **without ~ notice** előzetes értesítés nélkül; **~ to** vmt megelőzően

priority [praɪ'ɒrətɪ] *n* (*in traffic*) (áthaladási) elsőbbség

priory ['praɪərɪ] *n* szerzetház, zárda

prise (*US* **prize**) [praɪz] *v* **~ open** felfeszít; feltör

prism ['prɪzəm] *n phys* prizma; *mat* hasáb

prison ['prɪzn] *n* börtön, fogház

prisoner ['prɪznə] *n* fogoly

prisoner of war *n* hadifogoly

prissy ['prɪsɪ] *a US col* fontoskodó, finomkodó

pristine ['prɪstiːn] *a* hajdani, régi, ősi, eredeti

privacy ['prɪvəsɪ] *n* (*private life*) magánélet; (*secrecy*) magány

private ['praɪvɪt] **1.** *a* (*personal*) magán, privát; (*separate*) saját, személyes; (*not public*) zártkörű; (*bus*) különjárat ‖ **~!** belépni tilos!; **~ life** magánélet **2.** *n* közkatona ‖ **in ~** négyszemközt

privateer [praɪvə'tɪə] *n* kalózhajó

private eye *n col* magánnyomozó

privately ['praɪvɪtlɪ] *adv* négyszemközt, privátim

privation [praɪ'veɪʃn] *n* nyomor, szűkölködés

privatization [praɪvətaɪ'zeɪʃn] *n* privatizáció, magánosítás

privatize ['praɪvətaɪz] *v* privatizál, magánosít

privet ['prɪvɪt] *v* fagyal

privilege ['prɪvəlɪdʒ] *n* előjog, kiváltság, privilégium

privileged ['prɪvəlɪdʒd] *a* kiváltságos

privy ['prɪvɪ] *a* titkos, magán

Privy Council *n GB* Titkos Tanács, Királyi Államtanács

prize[1] [praɪz] *n* (*award*) díj; (*in lottery*) nyeremény

prize[2] [praɪz] *US* = **prise**

prizefighter ['praɪzfaɪtə] *n* (profi) bokszoló

prize-giving *n* díjkiosztás

prize money *n* pénzdíj

PRO [piː ɑːr 'əʊ] = **public relations officer**

pro[1] [prəʊ] *n* (*pl* **pros**) *col* profi

pro[2] → **pros and cons**

probability [prɒbə'bɪlətɪ] *n* valószínűség ‖ **in all ~** minden valószínűség szerint

probable ['prɒbəbl] *a* valószínű

probably ['prɒbəblɪ] *adv* valószínűleg

probate ['prəʊbɪt] *n* hitelesítés

probation [prə'beɪʃn] *n* (*in employment*) próbaidő; *law* feltételes szabadlábra helyezés ‖ **on ~** próbaidőre, feltételesen szabadlábon

probe [prəʊb] *n tech* szonda; (*inquiry*) felmérés

probity ['prəʊbətɪ] *n* feddhetetlenség

problem ['prɒbləm] *n* probléma; *math* feladat

problematic(al) [prɒblə'mætɪk(l)] *a* problematikus, kérdéses

procedure [prə'siːdʒə] *n* eljárás

proceed [prə'siːd] *v* (*go*) halad; (*take place*) történik, végbemegy; (*continue*) folytatódik ‖ **~ against sy** *vk ellen* pert indít

proceedings [prə'si:dıŋz] *n pl* (*legal*) eljárás, tárgyalás; (*of society*) közlemények, akták; (a konferencia) előadásai

proceeds ['prəʊsi:dz] *n pl* nyereség, bevétel

process ['prəʊses] 1. *n* folyamat; *tech* eljárás, módszer 2. *v* (*material*) feldolgoz; (*food*) tartósít; (*film*) előhív, kidolgoz; (*information*) feldolgoz

processed ['prəʊsest] *a* tartósított ‖ ~ **cheese** ömlesztett sajt; ~ **food** tartósított étel/élelmiszer

processing ['prəʊsesıŋ] *n* feldolgozás; tartósítás

procession [prə'seʃn] *n* (ünnepélyes) felvonulás; (*funeral*) temetési menet; *rel* körmenet

proclaim [prə'kleım] *v* deklarál, kihirdet

proclamation [prɒklə'meıʃn] *n* nyilatkozat, kiáltvány

proclivity [prə'klıvətı] *n* hajlam

procreation [prəʊkrı'eıʃn] *n* nemzés, teremtés, létrehozás

procure [prə'kjʊə] *v* (*obtain*) megszerez, kerít; (*bring about*) kieszközöl, előidéz

prod [prɒd] 1. *n* (*poke*) döfés 2. *v* **-dd-** (*poke*) döf(köd), piszkál

prodigal ['prɒdıgl] *a* pazarló, könnyelmű ‖ ~ **son** tékozló fiú

prodigious [prə'dıdʒəs] *a* óriási, bámulatos

prodigy ['prɒdıdʒı] *n* csoda ‖ **child/ infant** ~ csodagyerek

produce 1. ['prɒdju:s] *n agr* termény, termék 2. [prə'dju:s] *v* (*products, goods*) (meg)termel; (*plants*) termeszt; (*energy, heat, electricity*)

fejleszt; (*play*) előad, bemutat; (*document*) bemutat, felmutat

producer [prə'dju:sə] *n film* producer

product ['prɒdʌkt] *n* (*production*) termék, gyártmány; (*work of art*) (mű)alkotás; *math* szorzat

production [prə'dʌkʃn] *n* (*producing*) gyártás, termelés; (*thing*) termék; *theat* színrevitel, bemutatás; produkció

productive [prə'dʌktıv] *a* produktív, termelékeny; (*fertile*) termékeny

productivity [prɒdʌk'tıvətı] *n* termelékenység

profane [prə'feın] *a* (*secular*) világi, profán; (*sacrilegious*) szentségtörő

profess [prə'fes] *v* (*theory*) hirdet; (*faith*) vall ‖ ~ **to be** vmnek mondja magát

profession [prə'feʃn] *n* hivatás; foglalkozás ‖ **by** ~ foglalkozására nézve; **the** ~ a szakma

professional [prə'feʃənl] 1. *a* (*not amateur*) hivatásos; (*of profession*) szakmai; szakmabeli 2. *n* (*expert*) szakember; *also sp* hivatásos, profi

professionalism [prə'feʃnəlızəm] *n also sp* professzionalizmus

professor [prə'fesə] *n* (*US also:* **full** ~) egyetemi tanár, professzor

proficiency [prə'fıʃnsı] *n* szakértelem, jártasság ‖ ~ **in English** jó angol nyelvtudás; **an English** ~ **test** (felsőfokú) angol nyelvvizsga

proficient [prə'fıʃnt] *a* jártas, gyakorlott

profile ['prəʊfaɪl] n (side view) profil, arcél; fig (portrait) jellemkép, jellemrajz
profit ['prɒfɪt] 1. n nyereség, profit, haszon ‖ draw ~ from sg jövedelmet húz vmből 2. v ~ by/from hasznát látja/veszi vmnek, vmből profitál
profitable ['prɒfɪtəbl] a jövedelmező, nyereséges
profiteering [prɒfɪ'tɪərɪŋ] 1. a nyerészkedő 2. n nyerészkedés
profit-making a nyereséges
profound [prə'faʊnd] a (knowledge) alapos; (sleep) mély
profoundly [prə'faʊndlɪ] adv behatóan
profuse [prə'fjuːs] a bőséges, pazarló, bőkezű
profusely [prə'fjuːslɪ] adv bőségesen
profusion [prə'fjuːʒn] n bőség, gazdagság
progeny ['prɒdʒənɪ] n sy's ~ vk leszármazottjai
program ['prəʊgræm] 1. n US, GB comput program 2. v -mm- (US -m-) (be)programoz
programme (US program) ['prəʊgræm] n műsor, program
programmer ['prəʊgræmə] n programozó
programming (US programing) ['prəʊgræmɪŋ] n programozás
progress 1. ['prəʊgres] n fejlődés, haladás ‖ be in ~ folyamatban/munkában van 2. [prə'gres] v fig fejlődik, (előre)halad
progression [prə'greʃn] n haladás ‖ arithmetic ~ számtani sor/haladvány

progressive [prə'gresɪv] a fig haladó; (disease) súlyosbodó, progrediáló; (recovery) fokozatos; (taxation) progresszív
progressively [prə'gresɪvlɪ] adv fokozatosan
prohibit [prə'hɪbɪt] v (from doing sg) (le)tilt, betilt
prohibited [prə'hɪbɪtɪd] a tiltott, tilos
prohibition [prəʊɪ'bɪʃn] n (be)tiltás; US hist alkoholtilalom, szesztilalom
prohibitive [prə'hɪbɪtɪv] a tiltó
prohibitory [prə'hɪbɪtərɪ] a tiltó
project 1. ['prɒdʒekt] n (scheme) (kutatási) téma, projekt; (undertaking) létesítmény; nagyberuházás 2. [prə'dʒekt] v (plan) tervez; előirányoz; (film) (le)vetít; (propel) kilő; (stick out) vm előreugrik, kiáll
projectile [prə'dʒektaɪl] n lövedék
projection [prə'dʒekʃn] n film vetítés
projector [prə'dʒektə] n vetítő(gép)
proletarian [prəʊlɪ'teərɪən] a/n proletár
proletariat [prəʊlɪ'teərɪət] n proletariátus
proliferation [prəlɪfə'reɪʃn] n osztódásos szaporodás; fig (el)burjánzás
prolific [prə'lɪfɪk] a szapora, termékeny
prologue (US -log) ['prəʊlɒg] n prológus, előjáték, előhang
prolong [prə'lɒŋ] v prolongál, meghosszabbít
prolongation [prəʊlɒŋ'geɪʃn] n meghosszabbítás

promenade [prɒməˈnɑːd] *n* (tengerparti) sétány, korzó
prominence [ˈprɒmɪnəns] *n* kiemelkedés; (*importance*) (nagy) jelentőség
prominent [ˈprɒmɪnənt] *a* (*standing out*) kiugró; (*person*) kiemelkedő, kitűnő, kiváló
promiscuity [prɒmɪˈskjuːətɪ] *n* promiszkuitás
promise [ˈprɒmɪs] **1.** *n* ígéret || **keep one's** ~ ígéretét megtartja **2.** *v* ~ **sy sg** vknek (meg)ígér vmt
promising [ˈprɒmɪsɪŋ] *a* reményteljes, sokat ígérő
promontory [ˈprɒməntrɪ] *n* (hegy)fok, földnyelv
promote [prəˈməʊt] *v* (*foster*) előmozdít, elősegít, fellendít; (*advertise*) reklámoz; (*arrange*) (meg)szervez, megrendez || ~ **sy** *col* menedzsel vkt; **be ~d** előléptetik
promoter [prəˈməʊtə] *n* kezdeményező, támogató; (*of sporting event*) szervező
promotion [prəˈməʊʃn] *n* (*in rank*) előléptetés; (*fostering*) előmozdítás; (*advertising*) reklám(ozás)
prompt [prɒmpt] **1.** *a* azonnali, haladéktalan || ~ **payment** azonnali/pontos fizetés **2.** *v* *school, theat* súg || ~ **sy to do sg** vmre késztet vkt; **no ~ing!** ne súgj!
prompter [ˈprɒmptə] *n* *school, theat* súgó
promptly [ˈprɒmptlɪ] *adv* hamar, prompt
promptness [ˈprɒmptnɪs] *n* gyorsaság
promulgation [prɒmlˈgeɪʃn] *n* kihirdetés, közhírré tétel

prone [prəʊn] *a* hajlamos (*to sg* vmre) || **lying** ~ hason fekve
prong [prɒŋ] *n* fog (*villáé*)
pronoun [ˈprəʊnaʊn] *n* névmás
pronounce [prəˈnaʊns] *v* (*articulate*) (ki)ejt; (*declare*) vmnek nyilvánít || ~ **sentence/judgement (on sy)** ítéletet hoz (vk felett)
pronouncement [prəˈnaʊnsmənt] *n* kijelentés, nyilatkozat
pronto [ˈprɒntəʊ] *adv* *US* *col* rögtön, (de) azonnal
pronunciation [prənʌnsɪˈeɪʃn] *n* kiejtés
proof [pruːf] **1.** *a* ~ **against sg** vmtől mentes **2.** *n* (*evidence*) bizonyíték; (*trial copy*) korrektúra; (*strength of alcohol*) alkoholfok
-proof [pruːf] *a* -mentes, -biztos
prop[1] [prɒp] **1.** *n* merevítő, tartó **2.** *v* **-pp-** ~ **sg against sg** vmnek nekitámaszt
prop up *also fig* alátámaszt
prop[2] [prɒp] *n* *theat* kellék
propaganda [prɒpəˈɡændə] *n* propaganda, hírverés
propagate [ˈprɒpəɡeɪt] *v* (*knowledge*) hirdet, propagál; (*plant, animal*) szaporít
propagation [prɒpəˈɡeɪʃn] *n* (*of plants, animals*) szaporodás; szaporítás
propel [prəˈpel] *v* **-ll-** (*drive*) hajt (*üzemanyag*)
propeller [prəˈpelə] *n* hajócsavar, légcsavar, propeller
propelling power *n* hajtóerő
propensity [prəˈpensətɪ] *n* hajlam (*for* vmre)
proper [ˈprɒpə] *a* megfelelő, helyes, helyénvaló

properly ['prɒpəlɪ] *adv* helyesen, jól, szakszerűen || ~ **dressed** az alkalomhoz illően öltözött
proper noun *n* tulajdonnév
properties ['prɒpətɪz] *n pl* kelléktár
property ['prɒpətɪ] *n* (*building, thing*) tulajdon, ingatlan; (*quality*) tulajdonság; → **properties**
property owner *n* tulajdonos
prophecy ['prɒfɪsɪ] *n* jóslat
prophesy ['prɒfɪsaɪ] *v* megjósol, megjövendöl
prophet ['prɒfɪt] *n* próféta
prophetic(al) [prəʊ'fetɪk(l)] *a* prófétai
prophylactic [prɒfə'læktɪk] **1.** *a med* megelőző **2.** *n* (*substance*) profilaktikum; *US* (*contraceptive*) óvszer
proportion [prə'pɔːʃn] *n* arány; (*share*) rész || **of huge ~s** óriás méretű; **in ~ to** vmhez viszonyítva, vmvel arányban
proportional [prə'pɔːʃənl] *a* arányos || ~ **representation** arányos képviselet
proportionally [prə'pɔːʃnəlɪ] *adv* arányosan
proportionate [prə'pɔːʃənət] *a* arányos
proposal [prə'pəʊzl] *n* javaslat, indítvány; (*of marriage*) házassági ajánlat
propose [prə'pəʊz] *v* javasol, indítványoz; (*marriage*) házassági ajánlatot tesz, megkéri vk kezét || ~ **to do sg** (*or* **doing sg**) szándékozik vmt tenni
proposition [prɒpə'zɪʃn] *n* javaslat, ajánlat || **a paying** ~ jövedelmező dolog; **he's a tough** ~ *col* nehéz pasas/eset

proprieties [prə'praɪətɪz] *n pl* illemszabályok, etikett
proprietor [prə'praɪətə] *n* (*of pub, hotel*) tulajdonos
propulsive power [prə'pʌlsɪv] *n* hajtóerő
pro rata [prəʊ'rɑːtə] **1.** *a* arányos **2.** *adv* arányosan
pros and cons, the *n pl* a mellette és ellene szóló érvek
proscribe [prə'skraɪb] *v* (*forbid*) tilt; (*outlaw*) száműz
prose [prəʊz] *n* próza
prosecute ['prɒsɪkjuːt] *v* (*lay accusation*) vádat emel (*sy* vk ellen); (*prosecutor*) a vádat képviseli || **Mr X prosecuting** ... XY a vád képviseletében ...
prosecution [prɒsɪ'kjuːʃn] *n* vádhatóság
prosecutor ['prɒsɪkjuːtə] *n* ügyész || **Public P~** államügyész, vádhatóság
prospect 1. ['prɒspekt] *n also fig* kilátás, távlat **2.** [prə'spekt] *v* ~ **for** (*sg*) (*minerals*) kutat
prospecting [prə'spektɪŋ] *n* terepkutatás, talajkutatás
prospective [prə'spektɪv] *a* várható, leendő
prospector [prə'spektə] *n* talajkutató, bányakutató
prospectus [prə'spektəs] *n* prospektus
prosper ['prɒspə] *v* jól megy, virágzik; (*person*) boldogul
prosperity [prɒ'sperətɪ] *n* jómód, jólét
prosperous ['prɒspərəs] *a* jómódú; virágzó
prostitute ['prɒstɪtjuːt] *n* prostituált

prostitution [prɒstɪ'tjuːʃn] *n* prostitúció

prostrate ['prɒstreɪt] *a* (*lying*) hason fekvő/fekve; (*overcome*) levert, lesújtott

protagonist [prə'tægənɪst] *n* főszereplő

protect [prə'tekt] *v* véd(elmez)

protection [prə'tekʃn] *n* védelem; (*protecting*) védekezés ‖ ~ **of the environment** környezetvédelem

protective [prə'tektɪv] **1.** *a* védelmi, védő **2.** *n US* (gumi) óvszer

protégé ['prɒtɪʒeɪ] *n* védenc

protein ['prəʊtiːn] *n* fehérje, protein

protest 1. ['prəʊtest] *n* tiltakozás, kifogás ‖ **lodge a ~ against sg** bejelenti tiltakozását vm ellen; ~ **march** tiltakozó menet, demonstráció, tüntetés **2.** [prə'test] *v* ~ **against sg** tiltakozik vm ellen

Protestant ['prɒtɪstənt] *a/n* protestáns

protestation [prɒtɪ'steɪʃn] *n* tiltakozás

protracted [prə'træktɪd] *a* (*discussion*) hosszúra nyúlt, vontatott

protraction [prə'trækʃn] *n* elnyújtás, meghosszabbítás

protractor [prə'træktə] *n* szögmérő

protrude [prə'truːd] *v* kiszögellik, vm előreugrik, kiáll

protuberance [prə'tjuːbərəns] *n* (*on body*) dudor

proud [praʊd] *a* büszke ‖ **be ~ of sg** büszke vmre/vkre

provable ['pruːvəbl] *a* bizonyítható

prove [pruːv] *v* (*pp* **proved**; *US* **proven** ['pruːvn] (*verify*) (be)bizonyít, kimutat ‖ ~ **to be** ... vmnek/vmlyennek bizonyul

proverb ['prɒvɜːb] *n* közmondás

proverbial [prə'vɜːbɪəl] *a* közmondásos

provide [prə'vaɪd] *v* ad, nyújt, szolgáltat ‖ ~ **for sy/sg** gondoskodik vkről/vmről; ~ **sg for sy** (*or* **sy with sg**) vknek nyújt/biztosít vmt; ellát vkt vmvel; **as ~d by law** a törvény értelmében

provided/providing that [prə'vaɪdɪd/prə'vaɪdɪŋ] *conj* feltéve, hogy

Providence ['prɒvɪdəns] *n* (isteni) gondviselés

province ['prɒvɪns] *n* tartomány; *fig* (*area of activity*) terület, reszort ‖ **it is outside my ~** nem tartozik a hatáskörömbe

provincial [prə'vɪnʃl] *a* vidéki; vidékies

provision [prə'vɪʒn] **1.** *n* gondoskodás, ellátás ‖ ~**s** *pl* élelem **2.** *v* élelemmel ellát

provisional [prə'vɪʒənl] *a* átmeneti, ideiglenes

provisionally [prə'vɪʒnəlɪ] *adv* átmenetileg, ideiglenesen

proviso [prə'vaɪzəʊ] *n* kikötés; fenntartás

provocation [prɒvə'keɪʃn] *n* kötekedés, provokáció

provoke [prə'vəʊk] *v* (*irritate*) ingerel, kötekedik, (ki)provokál; (*cause*) kivált vkből vmt ‖ ~ **sy into doing sg** vmre késztet vkt

prow [praʊ] *n* hajóorr

prowess ['praʊɪs] *n* bátorság, vitézség

prowl [praʊl] **1.** *n* portyázás, kószálás **2.** *v* (*go about*) portyázik, csavarog; (*for food*) zsákmány után jár

proximity [prɒk'sɪmətɪ] *n* közelség, közellét, közel

prude [pruːd] *n* álszemérmes, prűd
prudence ['pruːdns] *n* előrelátás, bölcsesség
prudent ['pruːdnt] *a* előrelátó, körültekintő, okos
prudently ['pruːdntlɪ] *adv* körültekintően, óvatosan
prudish ['pruːdɪʃ] *a* prűd, álszemérmes
prune [pruːn] *v agr* (*tree*) (meg)-metsz; nyes
pruning scissors *n pl* metszőolló
pry [praɪ] *v* kandikál, kotnyeleskedik
PS [piː 'es] = **postscript**
psalm [sɑːm] *n* zsoltár
pseudo- [sjudəʊ-] *pref* ál-
pseudonym ['sjuːdənɪm] *n* álnév
psychiatric [saɪkɪ'ætrɪk] *a* elmegyógyászati, pszichiátriai
psychiatrist [saɪ'kaɪətrɪst] *n* elmeorvos, pszichiáter
psychic(al) ['saɪkɪk(l)] *a* lelki, pszichikai
psychoanalyst [saɪkəʊ'ænəlɪst] *n* (pszicho)analitikus
psychology [saɪ'kɒlədʒɪ] *n* lélektan, pszichológia
psychotherapy [saɪkəʊ'θerəpɪ] *n* lelki gyógymód, pszichoterápia
PT [piː 'tiː] *n* (= **physical training**) torna(óra)
PTO [piː tiː 'əʊ] = *please turn over* fordíts, ford.
pub [pʌb] *n* kocsma, kisvendéglő, pub
puberty ['pjuːbətɪ] *n* serdülőkor, pubertás
public ['pʌblɪk] **1.** *a* nyilvános, állami, közületi, köz- || **make ~** nyilvánosságra hoz **2.** *n* közönség

|| **the ~** a nagyközönség, a nyilvánosság; **in ~** nyilvánosan
public affair *n* közügy
publican ['pʌblɪkən] *n* vendéglős
publication [pʌblɪ'keɪʃn] *n* (*publishing*) közzététel, közlés; (*book*) kiadvány, publikáció
public company *n* részvénytársaság
public convenience *n* nyilvános illemhely/vécé
public holiday *n* hivatalos ünnep, munkaszüneti nap
publicity [pʌb'lɪsətɪ] *n* reklám(ozás), propaganda
public limited company *n* részvénytársaság
publicly ['pʌblɪklɪ] *adv* nyilvánosan
public opinion *n* közvélemény
Public Record Office *n* központi levéltár
public relations *n pl* közkapcsolatszervezés, közönségszolgálat
public relations officer *n* reklámfőnök, sajtófőnök
public school *n GB* (*fee paying*) *approx* kollégium (*bentlakásos középiskola*); *US* (*free*) állami iskola
public servant *n* köztisztviselő
public service *n* közszolgálat (*pl. közművek, tömegközlekedés stb.*)
public-service corporation *n pl US* közművek
public-spirited *a* hazafias, közösségi érzelmű
public transport (*US* **transportation**) *n* tömegközlekedés(i eszközök)
publish ['pʌblɪʃ] *v* megjelentet, kiad || **just ~ed** most jelent meg

publisher ['pʌblɪʃə] *n* kiadó(vállalat)

publishing ['pʌblɪʃɪŋ] *n* (*of a book*) kiadás, megjelentetés; (*business*) könyvkiadás

publishing company *n* kiadó(vállalat)

puck [pʌk] *n* (*in hockey*) korong

pucker ['pʌkə] **1.** *n* ránc **2.** *v* ráncol, összegyűr || ~ **up one's lips** ajkát biggyeszti

pudding ['pʊdɪŋ] *n* (*dessert*) édesség; (*hot or cold sweet dish*) puding || **black** ~ véreshurka; **white** ~ májashurka

puddle ['pʌdl] *n* pocsolya, tócsa

puff [pʌf] **1.** *n* (*on cigarette*) szippantás **2.** *v* pöfékel

puff out (*blow out*) elfúj; (*expand*) kidagad

puffed [pʌft] *a* felfújt; *col* (*out of breath*) puffos, dudoros

puff pastry (*US* **paste**) *n* leveles tészta

puffy ['pʌfɪ] *a* puffadt, dagadt

pugnacious [pʌg'neɪʃəs] *a* harcias, verekedős

pull [pʊl] **1.** *n* (*tug*) húzás; (*attraction*) vonzás, vonzóerő; (*at oars*) evezőcsapás; (*handle*) fogantyú || **give sg a** ~ meghúz; **take a** ~ **at a bottle** jót húz az üvegből **2.** *v* (meg)húz, von || **you're** ~**ing my leg** *col* te ugratsz, ezt komolyan képzeled?; ~ **the other one!** *col* nekem ugyan beszélhetsz; ~ **to pieces** *also fig* ízekre szed/tép

pull apart széthúz; (*fighters*) szétválaszt

pull aside félrehúz

pull back visszahúz, hátrahúz

pull down (*illness*) lever a lábáról; (*building*) lebont; (*district*) szanál

pull in *vi* (*train*) beérkezik, behúz; (*car; at the kerb*) lehúzódik (*profit*) hoz; (*audience*) vonz

pull off (*deal etc*) sikerre visz vmt

pull out *vi* (*train*) kigördül, kihúz | *vt* (*table*) kihúz; (*troops*) kivon || ~ **out a tooth** fogat kihúz

pull over félreáll; (*car*) lehúzódik

pull round/through meggyógyul, talpra áll

pull up *vi* (*stop*) (hirtelen) megáll | *vt* (*stop*) megállít; (*uproot*) (tövestől kitép

pull up with utolér vkt, felzárkózik vkhez

pullet ['pʊlɪt] *n* jérce

pulley ['pʊlɪ] *n* *tech* csiga

pull-in *n* útmenti bisztró

pullover ['pʊləʊvə] *n* pulóver

pull-up *n* húzódzkodás

pulmonary ['pʌlmənərɪ] *a* tüdő-

pulp [pʌlp] **1.** *n* pép, kása; (*of fruit*) hús **2.** *v* péppé zúz

pulpit ['pʊlpɪt] *n* szószék

pulsate [pʌl'seɪt] *v* lüktet, ver, dobog

pulsation [pʌl'seɪʃn] *n* lüktetés, érverés

pulse [pʌls] *n* érverés, pulzus

puma ['pjuːmə] *n* puma

pummel ['pʌml] *v* -**ll**- (*US* -**l**-) püföl, ütlegel

pump [pʌmp] **1.** *n* (*to blow up tyre*) pumpa; (*to draw water*) szivattyú; (*shoe*) körömcipő **2.** *v* szivattyúz, pumpál

pump up (*tyre*) felpumpál

pumpkin ['pʌmpkɪn] *n* sütőtök

pun [pʌn] *n* szójáték
punch[1] [pʌntʃ] **1.** *n* (*tool*) lyukasztó **2.** *v* (ki)lyukaszt
punch[2] [pʌntʃ] **1.** *n* (*blow*) ökölcsapás **2.** *v* (ököllel) üt, öklöz
punch[3] [pʌntʃ] *n* (*drink*) puncs
punch line *n* (*of joke*) poén
punch-up *n* col bunyó
punctual ['pʌŋktʃʊəl] *a* (*in time*) pontos
punctually ['pʌŋktʃuəlı] *adv* (*in time*) pontosan
punctuate ['pʌŋktʃʊeɪt] *v* (*divide written matter*) kiteszi az írásjeleket; (*break in on speech*) félbeszakít
punctuation [pʌŋktʃʊ'eɪʃn] *n* az írásjelek kitétele, központozás
punctuation mark *n* írásjel
puncture ['pʌŋktʃə] **1.** *n* gumidefekt **2.** *v* átfúr, kiszúr (*gumit*)
pungent ['pʌndʒənt] *a* (*sauce*) csípős; (*smell*) átható, penetráns
punish ['pʌnɪʃ] *v* (meg)büntet
punishable ['pʌnɪʃəbl] *a* büntetendő (*kihágás*)
punishing ['pʌnɪʃɪŋ] col **1.** *a* erős, strapás, kimerítő **2.** *n* strapa
punishment ['pʌnɪʃmənt] *n* büntetés
punk [pʌŋk] *n* punk
punt[1] [pʌnt] **1.** *n* (*boat*) lapos fenekű csónak **2.** *v* rúddal hajt (*csónakot*)
punt[2] [pʌnt] *sp* **1.** *n* kézből rúgás **2.** *v* kézből rúg
puny ['pjuːnı] *a* vézna, nyamvadt, satnya
pup [pʌp] *n* = **puppy**
pupil[1] ['pjuːpl] *n* (*in school*) tanuló
pupil[2] ['pjuːpl] *n* (*in eye*) pupilla, szembogár

puppet ['pʌpɪt] *n* báb(u), baba
puppet theatre (*US* **-ter**) *n* bábszínház
puppy ['pʌpɪ] *n* kutyakölyök || **have puppies** (*dog*) ellik
purchase ['pɜːtʃəs] **1.** *n* vásárlás, vétel **2.** *v* (meg)vásárol, (meg)vesz || **~ a ticket** menetjegyet vált
purchaser ['pɜːtʃəsə] *n* vevő, vásárló
pure [pjʊə] *a* tiszta || **~ wool** tiszta gyapjú
purée ['pjʊəreɪ] *n* püré
purgative ['pɜːɡətɪv] *n* hashajtó
purgatory ['pɜːɡətrɪ] *n* tisztítótűz, purgatórium
purge [pɜːdʒ] **1.** *n* pol tisztogatás **2.** *v* kitisztít; *med* meghajt; *pol* (*party*) megtisztít
purification [pjʊərɪfɪ'keɪʃn] *n* (*of liquid*) (meg)tisztítás
purify ['pjʊərɪfaɪ] *v* (*liquid*) megtisztít, derít
puritan ['pjʊərɪtən] *a/n* puritán || **P~** *hist* puritán
purity ['pjʊərətɪ] *n* tisztaság, romlatlanság
purl [pɜːl] **1.** *n* fordított szem (*kötésben*) **2.** *v* fordított szemet köt
purple ['pɜːpl] **1.** *a* bíbor(piros) **2.** *n* bíbor
purport 1. ['pɜːpət] *n* (*meaning*) jelentés; (*intention*) szándék **2.** [pɜː'pɔːt] *v* tartalmaz, jelent
purpose ['pɜːpəs] *n* szándék, cél || **for that ~** e célból, ezért; **on ~** szándékosan; **for what ~?** mi célból/végett?
purposeful ['pɜːpəsfl] *a* szándékos, céltudatos, tervszerű
purr [pɜː] *v* (*cat*) dorombol; (*engine*) berreg, búg

purse [pɜːs] **1.** *n* (*for money*) erszény; *US* (*handbag*) retikül, táska **2.** *v* ~ **one's lips** ajkát biggyeszti, csücsörít
purser ['pɜːsə] *n* pénztáros (*hajón*)
purse snatcher *n* zsebtolvaj
pursue [pə'sjuː] *v* (*chase*) kerget, üldöz, űz ‖ ~ **one's studies** tanulmányokat folytat
pursuer [pə'sjuːə] *n* üldöző
pursuit [pə'sjuːt] *n* kergetés; üldözés
purveyor [pə'veɪə] *n* (élelmiszer-) szállító
pus [pʌs] *n* genny
push [pʊʃ] **1.** *n* tolás, lökés **2.** *v* tol, lök; (*press*) (meg)nyom; *col* (*advertise*) reklámoz ‖ ~ **the button** megnyomja a gombot; **be ~ed for money** *col* pénzhiányban szenved
push aside félrelök, félretol
push in betol, vmt vmbe bedug
push off *col* (*person*) eltűnik, felszívódik
push on továbbmegy ‖ ~ **on with sg** folytat vmt, halad vmvel
push through (*plan*) keresztülvisz; (*exam*) sikeresen elvégez
push up (*prices*) felver
pushbike ['pʊʃbaɪk] *n col* kerékpár, bringa
push-button *a* nyomógombos
pushchair ['pʊʃtʃeə] *n* (*for child*) sportkocsi
pushover ['pʊʃəʊvə] *n* **it's a ~** *col* gyerekjáték (az egész)
push-up *n US* fekvőtámasz
pushy ['pʊʃi] *a pejor* rámenős ‖ ~ **fellow** karrierista, törtető
pusillanimous [pjuːsɪ'lænɪməs] *a* félénk, kishitű, pipogya

puss [pʊs], **pussy-cat** ['pʊsɪkæt] *n* cicus, cica
put [pʊt] *v* (*pt/pp* **put; -tt-**) (*place*) helyez, tesz, rak; (*vmt vhová*) állít; (*estimate*) becsül (*vmre*); (*thrust*) dob, vet; (*write down*) megfogalmaz, (le)ír, kifejez ‖ ~ **sg in order** vhol rendet csinál/ teremt; **to ~ it bluntly** őszintén szólva; ~ **the question** felteszi a kérdést
put (sg) across (*make success*) sikerre visz; (*make belive*) elhitet, elfogadtat
put away (*store*) vmt félretesz, eltesz; *col* (*food*) bevág
put back (*place*) visszatesz
put sg by félretesz (*öreg napjaira*)
put down *vi* (*aircraft*) (*set down*) lerak, letesz; (*land*) leszáll | *vt* (*suppress*) elfojt; (*write down*) leír
put forward (*watch*) előretol; (*date*) előrehoz; (*plan*) indítványoz
put in *vt* (*place in*) betesz, bedug; (*interpose*) közbeszól; (*application*) benyújt | *vi* behajózik, befut
put off (*postpone*) későbbre halaszt; (*set down*) letesz; (*distract*) megzavar, kizökkent (vkt vmből)
put on (*clothes*) felvesz; (*light*) meggyújt; (*radio, TV*) bekapcsol; (*record*) feltesz ‖ ~ **on airs** *col* adja a bankot, megjátssza magát, előkelősködik; ~ **on weight** meghízik
put out *vt* (*cigarette*) elnyom; (*fire*) kiolt; (*light*) elolt, lekapcsol, kikapcsol; (*book*) közread | *vi* elhajózik, kifut ‖ **be ~ out** *col* kijön a sodrából

put through (*complete*) befejez, végrehajt || **I'll ~ you through to Mr. X** (*by telephone*) adom X urat
put up (*tent*) felállít; (*building, price*) emel || **~ sy up** elszállásol vkt, szállást ad vknek
put up with sg eltűr vmt, belenyugszik vmbe
put-on *a US* modoros, tettetett
putrid ['pjuːtrɪd] *a* bűzös, rothadt
putt [pʌt] **1.** *n* (*golf*) (be)gurítás **2.** *v* (*golf*) (be)gurít
putting-green ['pʌtɪŋ-] *n* <*golfpálya lyuk körüli sima pázsitja*>
putty ['pʌtɪ] **1.** *n* gitt || **~ in sy's hands** gyenge báb **2.** *v* begittel
put-up *a col* kicsinált || **a ~ job** kicsinált dolog, kiszámított trükk
puzzle ['pʌzl] **1.** *n* (*mystery*) rejtély; (*wordgame*) találós kérdés, fejtörő; (*toy*) türelemjáték, összerakó játék **2.** *vt* zavar (vkt), rejtély a számára | *vi* töri a fejét
puzzling ['pʌzlɪŋ] *a* rejtélyes
PW = **policewoman**
pyjamas [pə'dʒɑːməz] *n pl* pizsama
pylon ['paɪlən] *n* távvezetékoszlop, pilon
python ['paɪθn] *n* óriáskígyó

Q

quack [kwæk] *n pejor* (*doctor*) kuruzsló, sarlatán
quad [kwɒd] *n* = **quadrangle; quadruplet**
quadrangle ['kwɒdræŋgl] *n math* négyszög; (*in a college*) (négyszögű) udvar

quadruped ['kwɒdrʊped] *a zoo* négylábú
quadruple [kwɒ'druːpl] *a/n* négyszeres
quadruplets ['kwɒdrʊpləts] *n pl* négyes ikrek
quagmire ['kwɒgmaɪə] *n* sártenger
quail [kweɪl] *n* fürj
quaint [kweɪnt] *a* furcsa, különös; (*old-fashioned*) régies
quaintly ['kweɪntlɪ] *adv* furcsán, különösen
quake [kweɪk] **1.** *n* remegés **2.** *v* (*earth*) reng
Quaker ['kweɪkə] *n* kvéker
qualification [ˌkwɒlɪfɪ'keɪʃn] *n* képesítés, minősítés; (*limitation*) megszorítás, korlátozás; (*for a job*) követelmény, feltétel
qualified ['kwɒlɪfaɪd] *a* (*competent*) okleveles, szakképzett, képesített; (*limited*) feltételes || **~ engineer** okleveles mérnök
qualify ['kwɒlɪfaɪ] *vt* képesít, minősít | *vi* (*in competition*) továbbjut || **~ sy for sg** képesítést ad vknek, képesít; **~ for the final** bejut a döntőbe
qualifying ['kwɒlɪfaɪŋ] *a* **~ heats/ matches** *sp* selejtezők
quality ['kwɒlətɪ] *n* minőség || **of excellent** (*or* **first-rate**) **~** elsőrendű/kiváló minőségű
qualm [kwɑːm] *n* aggály
quandary ['kwɒndərɪ] *n* dilemma
quantity ['kwɒntətɪ] *n* mennyiség
quarantine ['kwɒrəntiːn] *n* vesztegzár, karantén
quarrel ['kwɒrəl] **1.** *n* veszekedés, vita **2.** *v* **-ll-** (*US* **-l-**) veszekszik || **~ with sy** összevesz vkvel
quarrelsome ['kwɒrəlsəm] *a* veszekedős

quarry¹ ['kwɒrı] *n* (*animal*) zsákmány, préda; (*man*) akit üldöznek

quarry² ['kwɒrı] *n* (*for stone*) kőbánya

quart [kwɔːt] *n* GB 1,136 l; US 0,946 l

quarter ['kwɔːtə] **1.** *n* (*part*) negyed(rész); (*district*) városrész, negyed; (*of year*) negyedév ‖ **a ~ to five** háromnegyed öt; **a ~ of five** US háromnegyed öt; **a ~ of an hour** negyedóra; **(a) ~ past** (*US* **after**) **one** negyed kettő; → **quarters 2.** *v* (*divide*) négy részre oszt; (*lodge*) beszállásol

quarterdeck ['kwɔːtədek] *n* hajó tisztikar (fedélzete)

quarterly ['kwɔːtəlı] **1.** *a* negyedévi **2.** *adv* negyedévenként **3.** *n* negyedévenként megjelenő folyóirat

quartermaster ['kwɔːtəmɑːstə] *n mil* szállásmester

quarters ['kwɒtəz] *n pl mil* szállás, kvártély

quartet [kwɔːˈtet] *n mus* négyes, kvartett; (*string*) vonósnégyes

quartz [kwɔːts] *n* kvarc

quartz watch *n* kvarcóra

quash [kwɒʃ] *v* (*verdict*) megsemmisít; (*crush*) elfojt

quasi- ['kweızaı] *pref* majdnem, kvázi-

quay [kiː] *n* rakpart

queasy ['kwiːzı] *a* (*stomach*) émelygő; (*food*) émelyítő

queen [kwiːn] *n* királynő; (*cards*) dáma; (*chess*) vezér ‖ **the ~ of spades** pikk dáma

queen mother *n* anyakirályné

Queen's English, the *n* helyes angolság

queer [kwıə] **1.** *a* (*strange*) különös; különc **2.** *n col* (*homosexual*) homokos

quench [kwentʃ] *v* (*thirst*) csillapít, enyhít, olt; (*fire*) kiolt

query ['kwıərı] **1.** *n* (*question*) kérdés; (*mark*) kérdőjel **2.** *v* megkérdőjelez

quest [kwest] *n* keresés, felkutatás ‖ **in ~ of** vmnek a keresésére

question ['kwestʃən] **1.** *n* kérdés ‖ **ask sy a ~** kérdést tesz fel vknek; **it is beyond ~ that** nem kétséges, hogy; **it is (quite) out of the ~** ki van zárva, szó se lehet róla! **2.** *v* (*ask*) (meg)kérdez; (*interrogate*) kihallgat; (*express doubt*) megkérdőjelez, kétségbe von ‖ **~ sy (about sg)** kérdéseket tesz fel vknek (vmről)

questionable ['kwestʃənəbl] *a* kérdéses, bizonytalan

question mark *n* kérdőjel

question-master *n* = **quiz-master**

questionnaire [ˌkwestʃəˈneə] *n* kérdőív

queue [kjuː] **1.** *n* sor (*emberekből*) **2.** *v* **~ (up)** sorba(n) áll (*for* vmért)

quick [kwık] **1.** *a* gyors, fürge ‖ **be ~!** siess!; **~ on the uptake** *col* gyors felfogású **2.** *adv* gyorsan **3.** *n* **the ~ and the dead** elevenek és holtak

quicken ['kwıkən] *vt* (meg)gyorsít, élénkít l *vi* (meg)gyorsul

quickly ['kwıklı] *adv* gyorsan

quicksand ['kwıksænd] *n* folyós homok

quicksilver ['kwıksılvə] *n* higany

quick-tempered *a* hirtelen természetű

quick-witted *a* gyors felfogású

quid [kwɪd] *n* (*pl ~*) *col* font (*sterling*), egy „kiló"
quiet ['kwaɪət] **1.** *a* (*without noise*) csendes; (*calm*) nyugodt, nyugalmas ǁ **be ~!** csend legyen!; **keep ~ about sg** hallgat vmről **2.** *n* csendesség, nyugalom, békesség **3.** *v US* = **quieten**
quieten ['kwaɪətn] *v* megnyugtat, lecsendesít
quietly ['kwaɪətlɪ] *adv* nyugodtan, csendesen
quietness ['kwaɪtnɪs] *n* nyugalom, csendesség
quill [kwɪl] *n* farktoll, szárnytoll
quilt [kwɪlt] *n* takaró; (**continental**) ~ paplan
quilted ['kwɪltɪd] *a* steppelt
quinine [kwɪ'niːn] *n* kinin
quins ['kwɪnz] *n pl col* ötös ikrek
quintet [kwɪn'tet] *n mus* ötös, kvintett
quintuplets ['kwɪntjʊplets] *n pl* ötös ikrek
quire ['kwaɪə] = **choir**
quirk [kwɜːk] *n* (*oddity*) különcség; (*behaviour*) furcsa viselkedés
quit [kwɪt] *v* (*pt/pp* **quit** *or GB* **quitted** ['kwɪtɪd]; **-tt-**) otthagy ǁ **~ it** kiszáll a buliból; → **quits**
quite [kwaɪt] *adv* (*entirely*) egészen, teljesen; (*to some extent*) meglehetősen, elég(gé); *US* (*very*) nagyon, rettentően ǁ **~!** pontosan (erről van szó)!; **~ a few** jóegynéhány; **~ a lot** elég sok(at); **it is ~ true** való igaz; **that was ~ a party!** *US* ez volt aztán a buli!, irtó klassz buli volt!
quits [kwɪts] *a* **we are ~** kvittek vagyunk
quitted ['kwɪtɪd] *pt/pp* → **quit**

quiver¹ ['kwɪvə] *n* (*for arrows*) tegez
quiver² ['kwɪvə] *v* (*leaf*) rezeg; (*lips, person*) remeg
quiz [kwɪz] **1.** *n* (tévé)vetélkedő **2.** *v* **-zz-** kérdez(get)
quiz-master *n* (*in TV*) játékvezető
quiz show *TV* tévévetélkedő, televíziós show-műsor
quizzical ['kwɪzɪkl] *a* incselkedő; furcsa
quorum ['kwɔːrəm] *n* határozatképesség, kvórum
quota ['kwəʊtə] *n* hányad, kvóta; kontingens
quotation [kwəʊ'teɪʃn] *n* (*of text*) idézet; (*of price*) árajánlat
quotation mark(s) *n* (*pl*) idézőjel
quote [kwəʊt] **1.** *n* idézet **2.** *v* (*text*) idéz; (*author*) hivatkozik (vkre/vmre); (*price*) árajánlatot tesz ǁ **~ a price** árat közöl **3.** *adv* (*starting to quote*) (**~**) ... (**unquote**) idézet kezdődik ... eddig az idézet
quotient ['kwəʊʃənt] *n* hányados
q. v. (= *quod vide*) lásd ott, vesd össze, vö.

R

rabbi ['ræbaɪ] *n* rabbi
rabbit ['ræbɪt] *n* (*animal*) (üregi) nyúl; *col* (*tennis player*) gyenge játékos ǁ **~ hutch** nyúlketrec
rabble ['ræbl] *n* csürhe, csőcselék
rabid ['ræbɪd] *a med* veszett
rabies ['reɪbiːz] *n med* veszettség
RAC [ɑːr eɪ 'siː] = *Royal Automobile Club* Királyi Autóklub

raccoon [rə'kuːn] *n* mosómedve
race¹ [reɪs] **1.** *n* (*competition*) verseny ‖ **100 metre** ~ százméteres síkfutás; **the ~s** lóverseny **2.** *v sp* versenyez ‖ ~ **(the engine)** túráztat(ja a motort), (*motor*) üresen jár
race² [reɪs] *n* (*species*) faj; (*sort*) fajta
racecourse ['reɪskɔːs] *n* lóversenypálya, turf
race-horse *n* versenyló
racial ['reɪʃl] *a* faji ‖ ~ **discrimination** faji megkülönböztetés
racialism ['reɪʃəlɪzəm] *n* fajüldöző politika, rasszizmus, fajelmélet
racialist ['reɪʃəlɪst] *n* a rasszista, fajüldöző ‖ ~ **theory** fajelmélet
racing ['reɪsɪŋ] *n* (*horse*) lóversenyzés, futtatás; (*motorcar*) autóversenyzés ‖ ~ **car** versenyautó; ~ **driver** autóversenyző
racism ['reɪsɪzəm] *n* = **racialism**
racist ['reɪsɪst] *a*/*n* = **racialist**
rack [ræk] *n* állvány, tartó; (*for luggage*) csomagtartó
racket ['rækɪt] *n* (*for tennis*) (tenisz)ütő, rakett; (*dishonest business*) panamázás, panama
racquet ['rækɪt] *n* = **racket**
racy ['reɪsɪ] *a* (*speech, flavour*) pikáns
radar ['reɪdɑː] *n* radar, rádiólokátor
radial ['reɪdɪəl] *a math* sugaras, sugárirányú ~ **tyre** (*US* **tire**) radiálgumi
radiant ['reɪdɪənt] *a also fig* sugárzó ‖ **with a face** ~ **with joy** örömtől sugárzó arccal
radiate ['reɪdɪeɪt] *v* sugároz, kisugároz
radiation [reɪdɪ'eɪʃn] *n* sugárzás

radiator ['reɪdɪeɪtə] *n* (*for heating*) fűtőtest, radiátor; (*in car*) hűtő ‖ ~ **cap** hűtősapka
radical ['rædɪkl] **1.** *a* radikális **2.** *n pol* radikális (politikus); *math, chem* gyök
radically ['rædɪklɪ] *adv* gyökeresen
radii ['reɪdɪaɪ] *pl* → **radius**
radio ['reɪdɪəʊ] *n* rádió ‖ **be on the** ~ (*éppen*) adásban van, a rádióban szerepel
radioactive [reɪdɪəʊ'æktɪv] *a* radioaktív ‖ ~ **waste** radioaktív hulladék
radioactivity [reɪdɪəʊæk'tɪvətɪ] *n* radioaktivitás
radiobiology ['reɪdɪəʊbaɪ'ɒlədʒɪ] *n* sugárbiológia
radio cassette recorder *n* (*portable*) magnós rádió
radiotelephone [reɪdɪəʊ'telɪfəʊn] *n* rádiótelefon
radiotherapy [reɪdɪəʊ'θerəpɪ] *n* radioterápia, sugárkezelés
radish ['rædɪʃ] *n* retek
radius ['reɪdɪəs] *n* (*pl* **radii** ['reɪdɪaɪ]) (*of circle*) sugár, rádiusz; (*bone*) orsócsont
RAF [ɑːr eɪ 'ef] = **Royal Air Force**
raffle ['ræfl] *n approx* tombola
raft [rɑːft] *n* tutaj
rag [ræg] *n* (*cloth*) rongy
rag-and-bone man *n* (*pl* **men**) őszeres, zsibárus
rage [reɪdʒ] **1.** *n* (*anger*) düh, őrjöngés; (*of fashion*) divathóbort ‖ **fly into a** ~ dühbe gurul/jön **2.** *v* (*person*) őrjöng; (*storm*) tombol
ragged ['rægɪd] *a* (*clothes*) rongyos
raging ['reɪdʒɪŋ] *a* (*person*) dühöngő; (*sea*) haragos ‖ ~ **headache** őrületes fejfájás

ragout [ræ'gu:] n ragu(leves)
raid [reɪd] 1. n rajtaütés; (by police)
razzia; (by aircrafts) berepülés;
(by thieves) rablás 2. v (police)
rajtaüt, razziázik; (thief) kifoszt
raider ['reɪdə] n (attacker) támadó;
(thief) fosztogató
rail [reɪl] n (for train) sín; (on stair)
korlát, karfa; (bar, rod) rúd ‖ ~s
pl sínpár, vágány; by ~ vasúton;
go off the ~s (train) kisiklik
railcar ['reɪlkɑ:] n (of train) motor-
kocsi
railing ['reɪlɪŋ] n (rail) korlát ‖ ~s pl
(fence) vasrács
railroad ['reɪlrəʊd] n US = railway
railway ['reɪlweɪ] n (US railroad)
vasút ‖ work for/on the ~(s) a
vasútnál dolgozik
railway bridge n összekötő vasúti
híd
railwayman ['reɪlweɪmən] n (pl
-men) vasutas
railway station n vasútállomás,
pályaudvar
rain [reɪn] 1. n eső ‖ ~ or shine
akár esik, akár fúj 2. v esik (eső) ‖
it is ~ing esik; it began to ~ ele-
redt az eső
rainbow ['reɪnbəʊ] n szivárvány
raincoat ['reɪnkəʊt] n esőköpeny
raindrop ['reɪndrɒp] n esőcsepp
rainfall ['reɪnfɔ:l] n eső(zés), csapa-
dék
rainstorm ['reɪnstɔ:m] n felhősza-
kadás, zivatar
rainy ['reɪnɪ] a esős ‖ for a ~ day
rosszabb napokra; ~ weather esős
idő
raise [reɪz] 1. n US fizetésemelés 2.
v (lift) (fel)emel; (increase)
(meg)növel; (problem) felvet; US

(bring up) felnevel; (hoist) felvon;
(take up) felvesz ‖ ~ (a number)
to the second power a második
hatványra emel, négyzetre emel
raisin ['reɪzn] n mazsola
rajah ['rɑ:dʒə] n (indiai) fejedelem
rake¹ [reɪk] 1. n gereblye 2. v gereb-
lyéz; (police) átfésül
rake in (money) besöpör
rake² [reɪk] n (person) korhely
rake-off n col illetéktelen jutalék/
jövedelem, sáp
rakish ['reɪkɪʃ] a korhely, kicsapon-
gó
rally ['rælɪ] 1. n (gathering) (nagy)-
gyűlés; (of cars) rali 2. v (troops)
összegyűjt, összevon ‖ ~ sy round
one (people) maga köré gyűjt
rallying point ['rætɪŋ] n gyüleke-
zőhely
RAM [ræm] n (= random access
memory) comput RAM, véletlen
elérésű memória
ram [ræm] n kos
ramble ['ræmbl] 1. n bolyongás 2. v
(in speech) csapong
rambler ['ræmblə] n (person)
kószáló, vándorló; (rose) futóró-
zsa
rambling ['ræmblɪŋ] 1. a bot (plant)
futó, kúszó; (speech) összefüggés-
telen 2. n kóborlás
ramp [ræmp] n feljáró, felhajtó,
rámpa
rampage [ræm'peɪdʒ] 1. n be on
the ~ col garázdálkodik 2. v tom-
bol, dühöng
rampant ['ræmpənt] a (evil) bur-
jánzó; (plant) buja
rampart ['ræmpɑ:t] n bástyafal
ramshackle ['ræmʃækl] a dülede-
ző, rozoga

ran [ræn] *pt* → **run**
ranch [rɑːntʃ] *n US* farm
rancid ['rænsɪd] *a* avas
rancour (*US* **-cor**) ['ræŋkə] *n* gyűlölet, neheztelés
random ['rændəm] **1.** *a* rendszertelen, találomra tett **2.** *n* **at** ~ találomra, szúrópróbaszerűen
random access *n comput* véletlen elérés
rang [ræŋ] *pt* → **ring**²
range [reɪndʒ] **1.** *n* választék, skála, tartomány; (*scope, distance*) hatósugár, (ható)távolság; (*of gun*) lőtávolság; (*of plants*) elterjedtségi terület; (*for shooting*) lőtér; (*stove*) tűzhely ‖ **out of** ~ lőtávol(ság)on kívül; ~ **of interests** érdeklődési kör **2.** *v* terjed, változik (*from ... to ...* vmtől vmeddig ‖ ~ **over** bebarangol, kóborol
ranger ['reɪndʒə] *n* erdőőr
rank¹ [ræŋk] **1.** *n* (ron) sor; *mil* rang, (rend)fokozat ‖ **the** ~ **and file** népség, katonaság; a köznép **2.** *v* rangsorol
rank with ... ... közé számítják
rank² [ræŋk] *a* (*strong-smelling*) büdös; (*rancid*) avas
ransack ['rænsæk] *v* (*plunder*) kifoszt; (*search*) tűvé tesz vmt (*for* vmért)
ransom ['rænsəm] *n* váltságdíj
rant [rænt] *v* nagy hangon beszél
ranting ['ræntɪŋ] *a* dagályos, fellengzős
rap [ræp] **1.** *n* fricska ‖ **2.** *v* **-pp-** koppant, ütöget
rap at/on sg kopog(tat)
rape¹ [reɪp] **1.** *n* nemi erőszak **2.** *v* (*woman*) megerőszakol
rape² [reɪp] *n bot* repce

rape-seed oil *n* repce(mag)olaj
rapid ['ræpɪd] *a* gyors, szapora ‖ ~ **pulse** szapora érverés
rapidity [rə'pɪdətɪ] *n* gyorsaság
rapidly ['ræpɪdlɪ] *adv* gyorsan
rapids ['ræpɪdz] *n pl* (*on river*) zúgó
rapist ['reɪpɪst] *n* nemi erőszakot elkövető
rapport [ræ'pɔː] *n* egyetértés, összhang, jó viszony
rapture ['ræptʃə] *n* elragadtatás ‖ **go into** ~**s over sg** áradozik vkről/vmről
rapturous ['ræptʃərəs] *a* elragadtatott, rajongó
rare¹ [reə] *a* ritka ‖ **it is** ~ **that** ritkaság, hogy
rare² [reə] *a* (*meat*) félig (át)sült ‖ **be done** ~ nincs jól átsütve
rarefy ['reənfaɪ] *vi* megritkul I *vt* ritkít
rarely ['reəlɪ] *adv* ritkán
raring ['reərɪŋ] *a col* lelkes ‖ **be** ~ **to go** alig várja, hogy mehessen
rarity ['reərətɪ] *n* ritkaság
rascal ['rɑːskl] *n* (*person*) bitang, hitvány ember; *col* (*child*) kópé, csirkefogó
rash¹ [ræʃ] *a* könnyelmű, meggondolatlan
rash² [ræʃ] *n* (*on skin*) kiütés
rasher ['ræʃə] *n* (vékony, húsos) szalonnaszelet
rashly ['ræʃlɪ] *adv* meggondolatlanul, elhamarkodottan
rashness ['ræʃnɪs] *n* meggondolatlanság, elhamarkodottság
rasp [rɑːsp] **1.** *n* ráspoly, reszelő **2.** *v* reszel
raspberry ['rɑːzbərɪ] *n* málna
rasping ['rɑːspɪŋ] *a* (*voice*) érdes, recsegő

rat [ræt] n patkány

rate [reɪt] 1. n (ratio) arány(szám), mérték; (speed) sebesség; ~ of interest kamatláb; (price) tarifa || ~ of exchange átváltási árfolyam; ~s pl árfolyamok; ~s and taxes közterhek 2. v (estimate) értékel; (classify) besorol; osztályoz || ~ sg highly nagyra értékel

ratepayer ['reɪtpeɪə] n (local) adófizető

rather ['rɑːðə] adv (to a considerable degree) elég(gé); (preferably) inkább || or ~ jobban mondva; I'd ~ wait inkább várok

ratification [ˌrætɪfɪ'keɪʃn] n jóváhagyás, ratifikáció

ratify ['rætɪfaɪ] v jóváhagy; (agreement) ratifikál

rating ['reɪtɪŋ] n TV (of programme) nézettségi fok; (valuing) értékelés; GB (sailor) matróz

ratio ['reɪʃɪəʊ] n arány

ration ['ræʃn] 1. n (élelmiszer)adag, fejadag 2. v (food) adagol, jegyre ad

rational ['ræʃənl] a ésszerű, racionális

rationale [ˌræʃə'nɑːl] n alapvető ok

rationalization [ˌræʃnəlaɪ'zeɪʃn] n ésszerűsítés, racionalizálás

rationalize ['ræʃnəlaɪz] v racionalizál, ésszerűsít

rationally ['ræʃnəlɪ] adv ésszerűen, racionálisan

rat race n col konkurenciaharc

rattle ['rætl] 1. n (toy) csörgő; (sound) zörgés, csörgés 2. vi zörög, csörömpöl, megzörren | vt (meg)zörget, csörget

rattlesnake ['rætlsneɪk] n csörgőkígyó

raucous ['rɔːkəs] a (voice) rekedt, érdes

ravage ['rævɪdʒ] 1. n the ~s of war háborús pusztítás 2. v (ruin) feldúl

rave [reɪv] v (person) félrebeszél; (storm) dühöng, tombol || ~ about sg col áradozik vmről

raven ['reɪvn] n holló

ravenous ['rævənəs] a falánk

ravine [rə'viːn] n (vízmosásos) szakadék

raving lunatic ['reɪvɪŋ] n dühöngő/ közveszélyes őrült

ravings ['reɪvɪŋz] n pl félrebeszélés

ravioli [ˌrævɪ'əʊlɪ] n ravioli

ravishing ['rævɪʃɪŋ] a bűbájos, elbűvölő

raw [rɔː] a (food, material) nyers; (wound) nyílt || he has had a ~ deal csúnyán elbántak vele

raw diet n nyerskoszt

raw material n nyersanyag

ray¹ [reɪ] n (of light) sugár; ~ of hope reménysugár

ray² [reɪ] n (fish) rája

raze [reɪz] v ~ to the ground földig lerombol

razor ['reɪzə] n borotva

razor blade n borotvapenge

Rd = road

re [riː] prep ~ sg comm vmnek tárgyában

reach [riːtʃ] 1. n (distance) hatótávolság; (of river) szakasz || out of (one's) ~ elérhetetlen; within (one's) ~ elérhető 2. vi (stretch out) elér | vt fig (gain) vmt elér; (arrive at) vhova érkezik || ~ as far as vmeddig elhat/nyúlik

reach out for sg vmért kinyúl, kinyújtja a kezét vm után

react [rɪ'ækt] v visszahat, reagál (on/to vmre)
reaction [rɪ'ækʃn] n visszahatás, reakció
reactor [rɪ'æktə] n (atom)reaktor
read [riːd] v (pt/pp **read** [red]) vt (el)olvas; (meter) leolvas; (indicate) mutat; (study) tanul I vi olvas; (text) hangzik II ~ **law** jogot tanul/hallgat
read out (loudly) felolvas
reader ['riːdə] n olvasó; (teacher) GB approx docens; (book) olvasókönyv
readership ['riːdəʃɪp] n (readers) olvasók, olvasóközönség
readily ['redɪlɪ] adv szívesen, készséggel
readiness ['redɪnɪs] n (willingness) hajlandóság; készség; (preparedness) készenlét
reading ['riːdɪŋ] n olvasás; (knowledge) olvasottság
readjust [riːə'dʒʌst] v újra beállít/beigazít II ~ **oneself to** átáll vmre, hozzászokik vmhez, akklimatizálódik
readjustment [riːə'dʒʌstmənt] n (correction) újraigazítás; (adaptation) alkalmazkodás
ready ['redɪ] a (prepared) kész; (willing) készséges II **be ~ to do sg** hajlandó vmre
ready-made a kész, készen kapható II ~ **clothes** konfekció, készruha
ready money n készpénz
ready-to-cook a konyhakész
real [rɪəl] 1. a igazi, valódi, reális II **a ~ card** col jópofa; **in ~ life** a való életben 2. adv US nagyon, igazán II **have a ~ fine time** remekül érzi magát

real estate n ingatlan
realistic [rɪə'lɪstɪk] a megvalósítható, reális
reality [rɪ'ælətɪ] n valóság, realitás II **in ~** a valóságban
realizable ['rɪəlaɪzəbl] a megvalósítható, kivihető
realization [rɪəlaɪ'zeɪʃn] n (realizing) megvalósítás; (awareness) felismerés
realize ['rɪəlaɪz] v megvalósít; (become aware of) felismer, rájön vmre; comm realizál; ~ **sg suddenly** vmre rádöbben
really ['rɪəlɪ] adv igazán, valóban, tényleg II ~? csakugyan?
realm [relm] n (kingdom) királyság; (sphere) (tudományos) terület II **in the ~ of industry** az ipar területén
reap [riːp] v arat
reappearance [riːə'pɪərəns] n újra/újbóli megjelenés
rear[1] [rɪə] 1. a hátulsó, hátsó 2. n hátsó rész II **at the ~** hátul
rear[2] [rɪə] vt (bring up) (fel)nevel I vi (horse) ágaskodik
rear-engined a farmotoros
rearguard ['rɪəgɑːd] n mil hátvéd, utóvéd
rear lights n pl hátsó világítás/lámpa
rearm [riː'ɑːm] vt újra felfegyverez I vi újra fegyverkezik
rearmament [riː'ɑːməmənt] n újrafegyverkezés
rearrange [riːə'reɪndʒ] v átrendez; (appointment) áttesz
rear-view mirror n visszapillantó tükör
rear-wheel drive n hátsókerékmeghajtás

reason ['riːzn] 1. *n* (*cause*) ok; (*power of mind*) ész, értelem || **for that/this** ~ ez okból; **without any** ~ minden ok nélkül; **for what** ~? mi okból? 2. *v* érvel, okoskodik

reasonable ['riːznəbl] *a* (*able to reason*) gondolkodó, épeszű; (*rational*) ésszerű; okszerű; (*acceptable*) elfogadható, mérsékelt

reasonably ['riːznəblɪ] *adv* (*rationally*) ésszerűen; (*quite*) meglehetősen

reasoning ['riːznɪŋ] *n* érvelés

reassurance [riːə'ʃʊərəns] *n* megnyugtatás

reassure [riːə'ʃɔː] *v* megnyugtat (*sy about sg* vkt vm felől)

reassuring [riːə'ʃɔːrɪŋ] *a* biztató, bátorító

rebate ['riːbeɪt] *n* árengedmény

rebel ['rebl] 1. *n* felkelő, lázadó 2. *v* -II- ~ **against sg/sy** (fel)lázad vm/vk ellen

rebellion [rɪ'belɪən] *n* lázadás, zendülés

rebirth [riː'bɜːθ] *n* újjászületés

rebound [rɪ'baʊnd] *v* visszapattan, visszaugrik

rebuff [rɪ'bʌf] 1. *n* visszautasítás 2. *v* visszautasít, elutasít

rebuild [riː'bɪld] *v* (*pt/pp* **rebuilt** [riː'bɪlt]) átépít, átalakít, újjáépít

rebuilt [riː'bɪlt] *pt/pp* → **rebuild**

rebuke [rɪ'bjuːk] 1. *n* szidás, szemrehányás 2. *v* megszid/megfedd (*sy for sg* vkt vmért)

recalcitrant [rɪ'kælsɪtrənt] *a* ellenszegülő, makacs

recall [rɪ'kɔːl] 1. *n* (*summons*) visszahívás; (*remembrance*) emlékezet, emlékezőtehetség 2. *v* (*summon back*) hazarendel, visz-

szahív; (*remember*) visszaemlékezik vmre

recant [rɪ'kænt] *v* visszavon

recap ['riːkæp] *v* -pp- = **recapitulate**

recapitulate [riːkə'pɪtʃʊleɪt] *v* ismétel; összefoglal

recapture [riː'kæptʃə] 1. *n* visszafoglalás 2. *v* (*territory*) visszafoglal

recede [rɪ'siːd] *v* visszahúzódik; (*price*) csökken

receipt [rɪ'siːt] *n* (*receiving*) átvétel; (*paper*) nyugta || ~**s** *pl* (*money*) jövedelem, bevétel

receive [rɪ'siːv] *v* (meg)kap, átvesz; (*welcome*) fogad; (*on radio*) vesz, fog

received [rɪ'siːvd] *a* elfogadott || ~ **pronunciation** a helyes (angol) kiejtés

receiver [rɪ'siːvə] *n* (*of telephone*) telefonkagyló; (*radio*) vevőkészülék

recent ['riːsnt] *a* új, új keletű, legutóbbi; (*news*) friss

recently ['riːsntlɪ] *adv* mostanában, az utóbbi időben

receptacle [rɪ'septəkl] *n* tartály, edény

reception [rɪ'sepʃn] *n* fogadás (*vké*); (*party*) (álló)fogadás; (*of radio, TV*) vétel || **give/hold a** ~ fogadást ad

reception desk *n* (szálloda)porta, recepció

receptionist [rɪ'sepʃnɪst] *n* (*in hotel*) fogadóportás; *med* asszisztens(nő)

receptive [rɪ'septɪv] *a* fogékony

recess [rɪ'ses] *n* (*in Parliament*) szünet; *US* (*at school*) (óraközi) szünet, tízperc; (in wall) alkóv; bemélyedés

recession [rɪ'seʃn] n (gazdasági) pangás, recesszió

recharge [riː'tʃɑːdʒ] v (battery) újratölt

recidivist [rɪ'sɪdɪvɪst] n visszaeső bűnöző

recipe ['resɪpɪ] n (for preparing food) recept

recipient [rɪ'sɪpɪənt] n (of letter) átvevő, címzett

reciprocal [rɪ'sɪprəkl] a kölcsönös, viszonos ǁ ~ **pronoun** kölcsönös névmás

recital [rɪ'saɪtl] n (of music) szólóest; (of poetry) elmondás; (account) ismertetés

recite [rɪ'saɪt] v (poem) elszaval, elmond

reckless ['reklɪs] a pejor vakmerő, vagány ǁ ~ **driving** agresszív vezetés

recklessness ['reklɪsnɪs] n pejor vakmerőség

reckon ['rekən] v (count) vmt számít; (calculate) kiszámít, kalkulál; (suppose) gondol, vél; (estimate) becsül ǁ **what do you ~?** mire számítasz?; **I ~ (that)** úgy gondolom, hogy

reckon on sg/sy vmre/vkre számít

reckon up összeszámol, összead

reckon with sg/sy vmvel/vkvel számol

reckoning ['rekənɪŋ] n (calculation) számolás, (ki)számítás

reclaim [rɪ'kleɪm] v (soil) művelhetővé tesz; (from sea) lecsapol, visszahódít; (property) visszakövetel, visszaigényel

reclamation [reklə'meɪʃn] n (of land) termővé tétel

recline [rɪ'klaɪn] vi nekitámaszkodik, hátradől ǁ vt hátratámaszt, hátradönt

reclining [rɪ'klaɪnɪŋ] a ~ **chair/seat** állítható támlájú szék/ülés

recluse [rɪ'kluːs] a/n remete

recognition [rekəg'nɪʃn] n (identification) felismerés; (acknowledgement) elismerés ǁ **in ~ of** elismerésképpen, elismerésül

recognizable ['rekəgnaɪzəbl] a felismerhető

recognize ['rekəgnaɪz] v (identify) vkt/vmt felismer, megismer (by sg vmről); (acknowledge) elismer; (admit) beismer

recoil 1. ['riːkɔɪl] n (gun) rúgás 2. [rɪ'kɔɪl] v (spring) visszaugrik; (gun); visszarúg ǁ ~ **from sg** (or **at the sight of sg**) hátrahőköl, visszahőköl

recollect [rekə'lekt] v visszaemlékezik vmre

recollection [rekə'lekʃn] n emlékezet, emlékezés

recommend [rekə'mend] v ajánl, javasol

recommendation [rekəmen'deɪʃn] n ajánlás

recommended [rekə'mendɪd] a ajánlott ǁ ~ **route** ajánlott útvonal

recompense ['rekəmpens] 1. n (compensation) kárpótlás, kártérítés; (reward) ellenszolgáltatás ǁ **as a ~ for** (anyagi) ellenszolgáltatás fejében 2. v (repay) kárpótol, kártalanít (for vmért); (reward) megjutalmaz

reconcilable ['rekənsaɪləbl] a összeegyeztethető, kibékíthető

reconcile ['rekənsaɪl] v (*people*) kibékít, összebékít; (*opinions*) öszszeegyeztet ‖ ~ **oneself to sg, be ~d to sg** vmbe belenyugszik
reconciliation [rekənsɪlɪ'eɪʃn] n kibékülés; (ki)békítés
reconnaissance [rɪ'kɒnɪsəns] n mil felderítés
reconnoitre (*US* **-ter**) [rekə'nɔɪtə] v mil felderít; átkutat
reconquer [rɪ'kɒŋkə] v visszafoglal
reconsider [riːkən'sɪdə] v (*facts*) újra megfontol; (*judgement*) felülvizsgál
reconstruct [riːkən'strʌkt] v újjáépít
reconstruction [riːkən'strʌkʃn] n újjáépítés
record 1. ['rekɔːd] n (*account*) feljegyzés; (*minutes*) jegyzőkönyv; (*of police*) büntetett előélet, priusz; (*disc*) (hang)lemez; *sp* (*in competition*) csúcs, rekord; *comput* rekord ‖ **he has no ~** büntetlen előéletű; **off the ~** nem hivatalosan, bizalmasan **2.** [rɪ'kɔːd] v (*facts, events*) bejegyez, regisztrál; (*protest*) jegyzőkönyvbe foglal/vesz vmt; (*music etc.*) felvesz vmt ‖ **~ sg on video** videóra felvesz vmt
record card n nyilvántartólap
recorder [rɪ'kɔːdə] n (*tape-/video*) magnó, videó(rekorder); *mus* egyenes fuvola
recording [rɪ'kɔːdɪŋ] n (*of sound*) rögzítés, felvétel
record player n lemezjátszó
recount [rɪ'kaʊnt] v elmond, elbeszél
re-count [riː 'kaʊnt] v elszámlál, újraszámlál

recoup [rɪ'kuːp] v kárpótol (*sy for sg* vkt vmért)
recourse [rɪ'kɔːs] n **have ~ to** vmhez/vkhez folyamodik
recover [rɪ'kʌvə] v (*from illness*) felgyógyul; (*consciousness, property*) visszanyer ‖ **~ a debt** adósságot behajt
recovery [rɪ'kʌvərɪ] n (*of property*) visszaszerzés; (*from illness*) felépülés, gyógyulás
recovery vehicle n autómentő
re-create [riːkrɪ'eɪt] v újjáteremt, újjáalkot; (*friendship*) felelevenít
recreation [rekrɪ'eɪʃn] n (fel)üdülés, kikapcsolódás
recrimination [rɪkrɪmɪ'neɪʃn] n (kölcsönös) vádaskodás
recruit [rɪ'kruːt] v toboroz, verbuvál
recruitment [rɪ'kruːtmənt] n mil sorozás, toborzás
recta ['rektə] pl → **rectum**
rectangle ['rektæŋgl] n téglalap
rectangular [rek'tæŋgjʊlə] a négyszögletes
rectification [rektɪfɪ'keɪʃn] n helyesbítés
rectify ['rektɪfaɪ] v helyesbít
rector ['rektə] n (*clergyman*) (anglikán) lelkész/pap; *GB* (*head of university*) (kollégiumi) igazgató
rectory ['rektərɪ] n parókia, paplak
rectum ['rektəm] n (*pl* **~s** *or* **recta** [rektə]) végbél
recuperate [rɪ'kuːpəreɪt] v (*financially*) rendbe jön (anyagilag); (*from illness*) meggyógyul, összeszedi magát
recur [rɪ'kɜː] v **-rr-** ismétlődik
recurrence [rɪ'kʌrəns] n ismétlődés
recurrent [rɪ'kʌrənt] a ismétlődő, visszatérő

recycle [riː'saɪkl] *v* (újra) feldolgoz, (újra)hasznosít
red [red] *a/n* piros, vörös || **go into the** ~ *col* (*in bank*) túllépi a hitelét
Red Cross *n* (*organization*) Vöröskereszt
redcurrant [red'kʌrənt] *n* ribizli, ribiszke
redden ['redn] *v* (el)vörösödik
reddish ['redɪʃ] *a* vöröses
redeem [rɪ'diːm] *v* (*sg in pawn*) kivált; *rel* megvált
Redeemer, the [rɪ'diːmə] *n rel* a Megváltó (*Krisztus*)
redemption [rɪ'dempʃn] *n rel* megváltás
redeploy [riːdɪ'plɔɪ] *v* átcsoportosít
red-haired *a* vörös hajú, rőt
red-handed *a* **catch sy** ~ tetten ér vkt
redhead ['redhed] *n* vörös hajú
redid [riː'dɪd] *pt* → **redo**
redirect [riːdə'rekt] *v* átirányít (*to* vhova)
red-letter day *n* piros betűs ünnep
red light *n* **go through a** ~ átmegy a piroson
redness ['rednɪs] *n* vörösség
redo [riː'duː] *v* (*pt* **redid** [riː'dɪd], *pp* **redone** [riː'dʌn]) átalakít, rendbe hoz; újra megcsinál
redone [riː'dʌn] *pp* → **redo**
redouble [riː'dʌbl] *vt* megkettőz, növel *vi* megkettőződik, növekszik
redress [rɪ'dres] **1.** *n* **seek legal** ~ jogorvoslattal él **2.** *v fig* jóvátesz, orvosol
red tape *n col* bürokrácia
reduce [rɪ'djuːs] *v* csökkent; (*price*) leszállít || **be** ~**d to poverty** elszegényedik

reduction [rɪ'dʌkʃn] *n* csökkentés; (*in price*) árengedmény; (*of judgement*) enyhítés
redundancy [rɪ'dʌndənsɪ] *n* felesleg; (*of workers*) létszámfelesleg || ~ **payment** (vég)kielégítés
redundant [rɪ'dʌndənt] *a* felesleges; (*workers*) létszám feletti
reed [riːd] *n* nád; (*in wind instrument*) nád(nyelv)
reef [riːf] *n* zátony
reek [riːk] *v* rossz szaga van || ~**s of garlic** fokhagymaszagú
reel [riːl] **1.** *n* tekercs, orsó **2.** *v* csévél, orsóz, gombolyít
reel off letekercsel, legombolyít
ref [ref] *n col* = **referee**
refectory [rɪ'fektərɪ] *n* (kollégiumi) ebédlő, menza
refer [rɪ'fɜː] *v* -**rr**- *vt* ~ **sy to sy** vkt vkhez irányít | *vi* ~ **to sy/sg** hivatkozik vkre/vmre || ~**ring to sg** vonatkozással vmre
referee [refə'riː] **1.** *n sp* játékvezető; *GB* (*for job*) ajánló **2.** *v* mérkőzést vezet
reference ['refrəns] *n* (*person*) ajánló; *GB* (*of character*) jellemzés; referencia; (*referring*) utalás (*to* vkre/vmre); *comm* (*number*) hivatkozási szám || **with** ~ **to sg** hivatkozással vmre
reference book *n* kézikönyv
reference number *n* hivatkozási szám, iktatószám, ügyiratszám
referendum [refə'rendəm] *n* (*pl* -**dums** *or* -**da** [-də]) népszavazás
refill 1. ['riːfɪl] *n* (golyóstoll)betét **2.** [riː'fɪl] *v* újratölt
refine [rɪ'faɪn] *v* finomít
refined [rɪ'faɪnd] *a* (*style*) kifinomult; (*person*) kulturált

refinement [rɪ'faɪnmənt] n (fineness) kifinomulás, kifinomultság, pallérozottság; (behaviour) finom modor, kulturált viselkedés
refinery [rɪ'faɪnərɪ] n (building) finomító
refit 1. ['riːfɪt] n kijavítás, rendbehozás 2. [riː'fɪt] v -tt- kijavít, megjavít, rendbe hoz
reflect [rɪ'flekt] vt (mirror) tükröz; (express) kifejez | vi (meditate) töpreng (on vmn) || it ~s badly on rossz fényt vet vmre/vkre
reflection [rɪ'flekʃn] n (fény)visszaverődés; (comment) észrevétel; (consideration) mérlegelés
reflector [rɪ'flektə] n (fényvisszaverő) prizma
reflex ['riːfleks] n reflex
reflexive pronoun [rɪ'fleksɪv] n visszaható névmás
reform [rɪ'fɔːm] 1. n reform 2. v megreformál
reformation [refə'meɪʃn] n megreformálás || the R~ rel a reformáció
reformatory [rɪ'fɔːmətərɪ] n US javítóintézet
refrain¹ [rɪ'freɪn] n refrén
refrain² [rɪ'freɪn] v ~ tartózkodik, (from vmtől)
refresh [rɪ'freʃ] v also fig felfrissít
refreshing [rɪ'freʃɪŋ] a üdítő, hűsítő
refreshment [rɪ'freʃmənt] n (of mind, body) felüdítés, felfrissítés || ~s pl (food, drink) frissítők; (place) büfé
refrigeration [rɪfrɪdʒə'reɪʃn] n (le)hűtés
refrigerator [rɪ'frɪdʒəreɪtə] n hűtőszekrény, frizsider

refuel [riː'fjuːəl] v -ll- (US -l-) üzemanyagot vesz fel, tankol
refuge ['refjuːdʒ] n menedék, óvóhely
refugee [refjʊ'dʒiː] n menekült
refugee camp n menekülttábor
refund 1. ['riːfʌnd] n visszafizetés, visszatérítés || 2. [rɪ'fʌnd] v ~ sy vknek vmt visszafizet/visszatérít || I'll be ~ed visszafizetik
refurbish [riː'fɜːbɪʃ] v felfrissít, (újra) rendbehoz
refusal [rɪ'fjuːzl] n elutasítás
refuse 1. ['refjuːs] n (waste) szemét 2. [rɪ'fjuːz] v elutasít, visszautasít || ~ sy sg megtagad vktől vmt
refuse bin n szemétláda
refuse collection n szemételhordás
refutation [refjʊ'teɪʃn] n cáfolat
refute [rɪ'fjuːt] v (meg)cáfol
regain [rɪ'geɪn] v (health, territory) visszanyer || ~ consciousness magához tér
regal ['riːgl] a királyi
regalia [rɪ'geɪlɪə] n pl koronázási jelvények
regard [rɪ'gɑːd] 1. n (consideration) tekintet, szempont; (respect) elismerés || ~s pl üdvözlet || in this ~ ebben a vonatkozásban; best ~s szívélyes üdvözlettel 2. v ~ sg vmnek tekint/tart || as ~s sg vkt/vmt illetőleg, vmre nézve
regarding [rɪ'gɑːdɪŋ] prep vmre vonatkozóan
regardless [rɪ'gɑːdlɪs] adv ~ of sg vmre való tekintet nélkül
regency ['riːdʒənsɪ] n kormányzóság, régensség
regenerate [rɪ'dʒenəreɪt] v regenerálódik

regent ['riːdʒənt] n hist kormányzó, régens

regime [reɪ'ʒiːm] n (politikai) rendszer, rezsim ‖ **change of** ~ rendszerváltozás

region ['riːdʒən] n terület, vidék, térség, táj

regional ['riːdʒənl] a területi, regionális

register ['redʒɪstə] 1. n (list, record) nyilvántartás, (név)jegyzék; mus (of organ) regiszter; (of voice) (hang)fekvés ‖ ~ **(of births)** anyakönyv 2. vt (on list) bejegyez, beír; (in book) törzskönyvez; (at school) beiratkozik; (at hotel) bejelentkezik; (show) regisztrál, jelez, mutat ‖ ~ **a letter** ajánlva ad fel levelet; ~ **one's luggage** (at railway station) csomagot felad

registered ['redʒɪstəd] a (trademark) bejegyzett; (letter) ajánlott

registrar [redʒɪ'strɑː] n (at town council) anyakönyvvezető; (at university) tanulmányi osztály vezetője

registration [redʒɪ'streɪʃn] n bejegyzés; beiratkozás; bejelentés; cégbejegyzés ‖ ~ **of luggage** (US **baggage**) poggyászfeladás

registration number n (of car) rendszám

registry office ['redʒɪstrɪ] n anyakönyvi hivatal

regret [rɪ'gret] 1. n sajnálat, sajnálkozás ‖ **much to my** ~ legnagyobb sajnálatomra; **send one's** ~s **(to sy)** lemondja a (vacsora)meghívást 2. v -tt- sajnál ‖ **I** ~ **to inform you that** sajnálattal közlöm, hogy

regrettable [rɪ'gretəbl] a sajnálatos

regroup [riː'gruːp] v átcsoportosít

regular ['regjʊlə] 1. a szabályos, rendszeres; (usual) szokásos 2. n (customer) törzsvendég

regularity [regjʊ'lærətɪ] n szabályosság, rendszeresség

regularly ['regjʊləlɪ] adv rendszeresen

regulate ['regjʊleɪt] v szabályoz; (machine) beszabályoz

regulation [regjʊ'leɪʃn] n (rule) szabály; előírás; (regulating) szabályozás ‖ ~s pl szabályzat

rehabilitation [riːhəbɪlɪ'teɪʃn] n law, med rehabilitáció

rehearsal [rɪ'hɜːsl] n theat próba

re-heat [riː'hiːt] v (food) felmelegít

reign [reɪn] 1. n uralkodás, uralom 2. v uralkodik

reimburse [riːɪm'bɜːs] v visszafizet/ megtérít (sy for sg vknek vmt)

reimbursement [riːɪm'bɜːsmənt] n megtérítés

rein [reɪn] n gyeplő, kantárszár

reincarnation [riːɪnkɑː'neɪʃn] n reinkarnáció

reindeer ['reɪndɪə] n (pl ~) rénszarvas

reinforce [riːɪn'fɔːs] v megerősít, megszilárdít

reinforced concrete [riːɪn'fɔːst] n vasbeton

reinforcement [riːɪn'fɔːsmənt] n megerősítés ‖ ~s pl mil utánpótlás

reinstate [riːɪn'steɪt] v visszahelyez, reaktivál

reissue [riː'ɪʃuː] v újra kibocsát/kiad

reiterate [riː'ɪtəreɪt] v ismétel

reject 1. ['riːdʒekt] n selejt(áru) 2. [rɪ'dʒekt] v (request) elutasít, elvet; (student) megbuktat

rejection [rɪ'dʒekʃn] n elutasítás

rejoice [rɪ'dʒɔɪs] v örvendezik, örül (at/over vmnek)

rekindle [ri:'kındl] *vi* (*fire*) feléled | *vt* feléleszt

relapse [rı'læps] *med, law* **1.** *n* visszaesés **2.** *v* visszaesik

relate [rı'leıt] *vt* (*associate*) összekapcsol; (*tell*) elmesél | *vi* összefügg (*to* vmvel); (*person*) rokonságban áll (*to* vkvel)

related [rı'leıtıd] *a* összefüggésben levő; (*by blood*) rokon

relating [rı'leıtıŋ] *prep* vonatkozó || **~ to sg** vmre vonatkozó

relation [rı'leıʃn] *n* összefüggés, viszony (*relative*) rokon, hozzátartozó

relationship [rı'leıʃnʃıp] *n* kapcsolat, összefüggés

relative ['relətıv] **1.** *a* viszonylagos, relatív **2.** *n* rokon

relatively ['relətıvlı] *adv* aránylag, viszonylag

relax [rı'læks] *v* (*loosen*) lanyhul; (*slacken*) lazít; (*rest*) pihen, lazít

relaxation [ri:læk'seıʃn] *n* (*slackening*) lanyhulás; *col* (*recreation*) kikapcsolódás, lazítás

relaxed [rı'lækst] *a* fesztelen || **~ atmosphere** oldott hangulat

relaxing [rı'læksıŋ] *a* bágyasztó

relay ['ri:leı] **1.** *n sp* váltó, staféta; *el* (*device*) relé **2.** *v* (*programme*) közvetít, sugároz

release [rı'li:s] **1.** *n* (*from prison*) szabadon bocsátás; (*sg issued*) (sajtó)közlemény; *photo* kioldó **2.** *v* (*prisoner*) szabadlábra helyez; (*employee*) elbocsát; (*news*) nyilvánosságra hoz

relegate ['relıgeıt] *v* **be ~d to** (*inferior position*) alacsonyabb beosztásba kerül

relent [rı'lent] *v* (*pain*) enged; (*weather*) (meg)enyhül

relentless [rı'lentlıs] *a* kérlelhetetlen, kíméletlen

relevant ['reləvənt] *a* idevágó, vonatkozó || **be ~ to sg** a tárgyhoz tartozik

reliability [rılaıə'bılətı] *n* megbízhatóság

reliable [rı'laıəbl] *a* megbízható

reliably [rı'laıəblı] *adv* megbízhatóan

reliance [rı'laıəns] *n* bizalom

reliant [rı'laıənt] *a* **be ~ on** bízik vkben/vmben

relic ['relık] *n rel* ereklye; (*from past*) maradvány, emlék

relief¹ [rı'li:f] *n* (*from pain*) enyhítés, csillapítás; (*help*) segítség || **~ of pain** fájdalomcsillapítás

relief² [rı'li:f] *n art* dombormű

relieve [rı'li:v] *v* (*pain*) csillapít; (*bring help*) segít; (*town*) felszabadít || **~ oneself** szükségét végzi; **~ sy of sg** (*burden*) tehermentesít, felment

religion [rı'lıdʒən] *n* vallás

religious [rı'lıdʒəs] *a* vallásos || **~ education** hitoktatás

relinquish [rı'lıŋkwıʃ] *v* lemond (*to* vmről)

relish ['relıʃ] **1.** *n* (*flavour*) íz **2.** *v* jó étvággyal eszik || **~ doing** szívesen csinál vmt

relive [ri:'lıv] *v* újra átél

reluctance [rı'lʌktəns] *n* vonakodás

reluctant [rı'lʌktənt] *a* vonakodó

reluctantly [rı'lʌktəntlı] *adv* immelámmal, vonakodva

rely [rı'laı] *v* **~ on (sg/sy)** vmre/vkre számít, vkre/vmre hagyatkozik ||

you cannot ~ on him nem lehet benne megbízni
remain [rɪ'meɪn] v (*stay*) marad; (*be left*) vmből megmarad ‖ **it ~s to be seen** a jövő zenéje
remainder [rɪ'meɪndə] n maradék
remaining [rɪ'meɪnɪŋ] a hátralevő, maradék
remains [rɪ'meɪnz] n pl maradványok; (*of food*) maradék
remand [rɪ'mɑːnd] 1. n vizsgálati fogság 2. v vizsgálati fogságban tart
remark [rɪ'mɑːk] 1. n megjegyzés, észrevétel 2. v ~ **on** szóvá tesz vmt; megjegyzést tesz vmre/vkre
remarkable [rɪ'mɑːkəbl] a nevezetes, említésre méltó
remarkably [rɪ'mɑːkəblɪ] adv rendkívül
remedial [rɪ'miːdɪəl] a gyógyító, gyógy- ‖ ~ **class(es)** kiegészítő iskolai oktatás
remedy ['remɪdɪ] 1. n also fig gyógyszer, orvosság 2. v (*disease, situation*) orvosol
remember [rɪ'membə] v vmre emlékezik ‖ **as far as I can ~** amennyire emlékszem
remembrance [rɪ'membrəns] n (*act*) emlékezés; (*keepsake*) emlék ‖ **in ~ of sy** vk emlékére
remind [rɪ'maɪnd] v ~ **sy of sg** emlékeztet vkt vmre ‖ **that ~s me** erről jut eszembe, apropó!
reminder [rɪ'maɪndə] n emlékeztető
reminisce [remɪ'nɪs] v emlékeiről beszél, visszaemlékezik
reminiscence [remɪ'nɪsns] n emlékezés ‖ **sy's ~s** vk emlékei
reminiscent [remɪ'nɪsnt] a **be ~ of sg** vmre emlékeztet

remission [rɪ'mɪʃn] n (*of debt, punishment*) elengedés
remit [rɪ'mɪt] v -tt- (*forgive*) elenged; (*money*) átutal
remittance [rɪ'mɪtns] n (*money*) átutalt összeg; (*remitting*) átutalás
remnant(s) ['remnənt(s)] n (*pl*) comm maradék
remold [riː'məʊld] v US = **remould**
remorse [rɪ'mɔːs] n bűnbánat, lelkiismeret-furdalás
remorseful [rɪ'mɔːsfl] a bűnbánó
remorseless [rɪ'mɔːslɪs] a könyörtelen
remote [rɪ'məʊt] a távoli, távol eső
remote control n távirányítás; (*device*) távirányító
remote-controlled a távirányítású, távvezérlésű
removable [rɪ'muːvəbl] a (*furniture*) szállítható; (*cover*) elmozdítható, levehető
removal [rɪ'muːvl] n (*move*) költözés; (*dismissal*) eltávolítás ‖ ~ **van** bútorszállító kocsi
remove [rɪ'muːv] v (*take away*) eltávolít, elmozdít; (*move*) átköltöz(köd)ik (*from* vhonnan *to* vhova)
remover [rɪ'muːvə] n (*for stains*) folttisztító; (*of furniture*) (bútor)szállító
remuneration [rɪmjuːnə'reɪʃn] n díjazás
renal ['riːnl] a biol vese-
rename [riː'neɪm] v átkeresztel
rend [rend] v (*pt/pp* **rent** [rent]) vt (el)szakít; beszakít ‖ vi szakad; beszakad, elreped
render ['rendə] v (*make*) vmvé tesz; (*interpret*) visszaad; (le)fordít;

(*give*) ad, nyújt ‖ ~ **an account of** vmről/vmvel elszámol
rendering ['rendərıŋ] *n mus* előadás(mód)
rendezvous ['rɒndɪvuː] *n* (*pl* **-vous** [-vuːz]) találka, randevú
renew [rɪ'njuː] *v* (*library book*) meghosszabbít; (*friendship*) felújít
renewal [rɪ'njuːəl] *n* megújulás; (*of friendship*) felújítás; (*of passport, bill*) megújítás; (*of book*) meghosszabbítás
renounce [rɪ'naʊns] *v* (*claim, right*) lemond
renovate ['renəveɪt] *v* felújít, renovál, tataroz
renovation [renə'veɪʃn] *n* felújítás, renoválás, tatarozás
renown [rɪ'naʊn] *n* hírnév
renowned [rɪ'naʊnd] *a* híres
rent[1] [rent] **1.** *n* (*for land, factory*) bérleti díj; (*for house, room*) házbér, lakbér ‖ **for** ~ *US* kiadó **2.** *v* (*hold as tenant*) bérbe vesz; (*car*) (ki)bérel; (*let*) bérbe ad
rent[2] [rent] *pt/pp* → **rend**
rent-a-car agency *n US* gépkocsikölcsönző
rental ['rentl] *n* bérleti díj; (*for car*) kölcsönzési díj
renunciation [rɪnʌnsɪ'eɪʃn] *n* (*of claim*) lemondás
reopen [riː'əʊpən] *vt* (*shop*) újra kinyit ǀ *vi* (*negotiations*) újrakezdődik
reorganization [rɔːɡənaɪ'zeɪʃn] *n* újjászervezés, átszervezés
reorganize [riː'ɔːɡənaɪz] *v* átszervez, újjászervez
rep [rep] *n comm* képviselő
repaid [rɪ'peɪd] *pt/pp* → **repay**

repair [rɪ'peə] **1.** *n* javítás ‖ **be in bad** ~ rossz állapotban/karban van; **beyond** ~ helyrehozhatatlan **2.** *v* (*building*) renovál; (*error*) kijavít; (*road, clothes*) megjavít, megcsinál
repair kit *n* szerszámosláda
repair shop *n* autójavító
repartee [repɑː'tiː] *n* visszavágás
repast [rɪ'pɑːst] *n* étkezés
repay [rɪ'peɪ] *v* (*pt/pp* **repaid** [rɪ'peɪd]) (*money*) visszafizet, visszatérít ‖ ~ **sy (a sum)** megad, vknek vmt visszafizet; ~ **sy for sg** meghálál vknek vmt
repayment [rɪ'peɪmənt] *n* visszafizetés, megtérítés
repeal [rɪ'piːl] **1.** *n* visszavonás; eltörlés **2.** *v* visszavon, eltöröl
repeat [rɪ'piːt] **1.** *n* (*of performance*) ismétlés **2.** *v* (meg)ismétel
repeatedly [rɪ'piːtɪdlɪ] *adv* ismételten, többször
repel [rɪ'pel] *v* **-ll-** (*drive back*) visszaver; (*disgust*) (vissza)taszít
repellent [rɪ'pelənt] **1.** *a* taszító ‖ **water-~** víztaszító **2.** *n* (*insect* ~) rovarirtó (szer)
repent [rɪ'pent] *v* ~ (**of**) **one's sins** *rel* megbánja bűneit
repentance [rɪ'pentəns] *n* bűnbánat
repercussion [riːpə'kʌʃn] *n* **have** ~**s on sg** vmre visszahat
repertoire ['repətwɑː] *n theat* repertoár
repetition [repɪ'tɪʃn] *n* ismétlés, ismétlődés; (*at school*) (iskolai) felelés
replace [rɪ'pleɪs] *v* helyettesít, kicserél (*with* vmvel); (*put back*) visszatesz

replacement [rɪ'pleɪsmənt] *n* pótlás, kicserélés

replay 1. ['riːpleɪ] *n* (*of match*) újrajátszás; (*of recording*) lejátszás; *TV* ismétlés **2.** [riː'pleɪ] *v* (*match*) újrajátszik; (*recording*) (újra) lejátszik

replenish [rɪ'plenɪʃ] *v* újra megtölt, teletölt

replete [rɪ'pliːt] *a* tele, teletömött (*with* vmvel)

replica ['replɪkə] *n* másolat

reply [rɪ'plaɪ] **1.** *n* felelet, válasz ‖ in ~ **to sg** válaszképpen **2.** *v* felel, válaszol

reply coupon *n* (nemzetközi) válaszkupon

report [rɪ'pɔːt] **1.** *n* (*statement*) tudósítás, riport; (*account*) jelentés (*on* vmről); *GB school* bizonyítvány **2.** *vt* jelent vknek vmt (*on sg to sy*); (*officially*) bejelent; (*to the police*) feljelent ‖ *vi* (*make a report*) jelentést tesz; (*present oneself*) jelentkezik (*to* vknél)

reportedly [rɪ'pɔːtɪdlɪ] *adv* állítólag, jelentések szerint

reporter [rɪ'pɔːtə] *n* riporter

reprehend [reprɪ'hend] *v* megró

represent [reprɪ'zent] *v* (*show*) ábrázol; (*speak for*) képvisel; *comm* képvisel

representation [reprɪzen'teɪʃn] *n* (*description*) ábrázolás képviselet; (*presentation*) feltüntetés; értelmezés; (*agency*) ábrázolás ‖ make ~s to sy kifogást emel vknél

representative [reprɪ'zentətɪv] **1.** *a* (*typical*) jellegzetes, reprezentatív; (*acting for*) képviseleti **2.** *n also pol* képviselő

repress [rɪ'pres] *v* (*emotions*) elnyom, visszafojt

repression [rɪ'preʃn] *n* elnyomás, elfojtás

repressive [rɪ'presɪv] *a* elnyomó; (*measures*) megtorló

reprieve [rɪ'priːv] **1.** *n* halálbüntetés felfüggesztése **2.** *v law* megkegyelmez

reprimand ['reprɪmɑːnd] **1.** *n* feddés, dorgálás **2.** *v* megdorgál, megfedd, megszid

reprint 1. ['riːprɪnt] *n* utánnyomás **2.** [riː'prɪnt] *v* újra kinyomtat

reprisal [rɪ'praɪzl] *n* megtorlás, retorzió

reprivatization [rɪpraɪvətaɪ'zeɪʃn] *n* reprivatizálás, reprivatizáció

reproach [rɪ'prəʊtʃ] **1.** *n* szemrehányás **2.** *v* ~ **sy for sg** vknek szemrehányást tesz vm miatt

reproduce [riːprə'djuːs] *v* visszaad, reprodukál

reproduction [riːprə'dʌkʃn] *n biol* szaporodás; (*copy*) másolat, reprodukció

reproductive [riːprə'dʌktɪv] *a* újrateremtő, reproduktív; (*of reproduction*) szaporodási ‖ ~ **organs** nemzőszervek

reprove [rɪ'pruːv] *v* ~ **sy (for sg)** vknek szemrehányást tesz

reptile ['reptaɪl] *n* hüllő

republic [rɪ'pʌblɪk] *n* köztársaság

republican [rɪ'pʌblɪkən] *a/n* (*US* R~) republikánus

repudiate [rɪ'pjuːdɪeɪt] *v* (*person*) eltaszít; (*payment*) megtagad; (*accusation*) megcáfol

repugnance [rɪ'pʌgnəns] *n* ellenszenv (*to* vm iránt)

repugnant [rɪ'pʌgnənt] *a* visszataszító, ellenszenves

repulse [rɪ'pʌls] **1.** *n* (*of enemy*) visszaverés; (*of help*) elutasítás **2.** *v* (*drive back*) visszaver; (*refuse*) visszautasít, elutasít

repulsion [rɪ'pʌlʃn] *n* (*distaste*) iszony; *phys* (*repelling*) taszítás

repulsive [rɪ'pʌlsɪv] *a* visszataszító, ellenszenves

repurchase [riː'pɜːtʃəs] *v* visszavásárol

reputable ['repjʊtəbl] *a* jó hírű

reputation [repjʊ'teɪʃn] *n* hír(név) ‖ have a good ~ jó hírnévnek örvend, jó nevű

repute [rɪ'pjuːt] *n* hírnév ‖ of good ~ jó hírű

reputed [rɪ'pjuːtɪd] *a* (*famed*) híres; (*supposed*) állítólagos

reputedly [rɪ'pjuːtɪdlɪ] *adv* állítólag

request [rɪ'kwest] **1.** *n* kérés, kívánság ‖ on ~ kívánságra **2.** *v* (*ask*) kér (*sg from/of sy* vmt vktől); (*apply for*) vmért folyamodik ‖ ~ sy to do sg kér vkt vmre, vkt vmre megkér

request stop *n* GB feltételes megálló(hely)

requiem ['rekwɪəm] *n* gyászmise, rekviem

require [rɪ'kwaɪə] *v* (*demand*) kér, kíván, igényel; (*need*) (meg)követel, (meg)kíván ‖ ~ sg szüksége van vmre; it is ~d (of me) that I ... elvárják tőlem, hogy ...

requirement [rɪ'kwaɪəmənt] *n* kívánalom, követelmény; (*need*) szükséglet

requisite ['rekwɪzɪt] **1.** *a* szükséges **2.** *n* rekvizitum, kellék

requisition [rekwɪ'zɪʃn] **1.** *n* (*demand*) kívánalom, követelés **2.** *v* mil rekvirál

resale ['riːseɪl] *n* viszonteladás

reschedule [riː'ʃedjuːl] **1.** *n* átütemezés **2.** *v* átütemez

rescue ['reskjuː] **1.** *n* (meg)mentés **2.** *v* megment (*sy from sg* vkt vmből)

rescue party *n* mentőosztag

research [rɪ'sɜːtʃ] **1.** *n* (tudományos) kutatás **2.** *v* ~ into/on sg tudományos kutatást végez vmlyen területen

researcher [rɪ'sɜːtʃə] *n* (tudományos) kutató

resemblance [rɪ'zembləns] *n* hasonlóság

resemble [rɪ'zembl] *v* ~ sy/sg hasonlít vkhez/vmhez *or* vkre/vmre

resent [rɪ'zent] *v* ~ sg rossz néven vesz vmt, zokon vesz vmt

resentful [rɪ'zentfəl] *a* bosszús, neheztelő, haragtartó

resentment [rɪ'zentmənt] *n* neheztelés, sértődés

reservation [rezə'veɪʃn] *n* (*in hotel*) szobafoglalás; (*for train*) helyjegyváltás; (*doubt*) fenntartás; (*on road*) (középső) elválasztó sáv; US (*land*) védett terület, rezerváció

reservation desk *n* (*at hotel*) recepció, fogadópult

reserve [rɪ'zɜːv] **1.** *n* (*store*) tartalék; (*player*) tartalék (játékos); (*land*) (vad)rezervátum, természetvédelmi terület **2.** *v* (*book*) lefoglal; előjegyez; (*store*) tartalékol ‖ ~ a seat helyjegyet vált; ~ a table asztalt foglal; ~ the right fenntartja a jogot

reserved [rɪ'zɜːvd] *a* (*seat, room*) (le)foglalt; (*person*) tartózkodó
reset [riː'set] *v* (*pt/pp* **reset** [riː'set]; **-tt-**) (*text*) újra kiszed; (*tool*) megélesít; (*watch*) beállít, utánaállít; *comput* újraindít
reshape [riː'ʃeɪp] *v* átalakít
reshuffle [riː'ʃʌfl] 1. *n* ~ **of the cabinet** kormányátalakítás 2. *v* (*cabinet*) átalakít
reside [rɪ'zaɪd] *v* (*person*) (vhol) él, lakik; (*authority*) vhol székel
residence ['rezɪdəns] *n* (*residing*) tartózkodás; (*house*) rezidencia; (*official*) székhely
resident ['rezɪdənt] 1. *a* (benn)lakó; *comput* rezidens 2. *n* (*in house*) lakó; (*in hotel*) vendég; (*in area*) lakos
residential [rezɪ'denʃl] *a* lakó-, tartózkodási; (*college*) bennlakásos ‖ ~ **area** lakónegyed
residue ['rezɪdjuː] *n* maradék, maradvány; *comm* hátralék
resign [rɪ'zaɪn] *v* lemond, leköszön (*from* vmről); (*employee*) felmond
resignation [rezɪg'neɪʃn] *n* (*submission*) beletörődés, lemondás, belenyugvás; (*of office, right*) lemondás; (*from job*) felmondás
resigned [rɪ'zaɪnd] *a* lemondó, beletörődő
resilience [rɪ'zɪliəns] *n also fig* rugalmasság
resilient [rɪ'zɪliənt] *a also fig* rugalmas
resin ['rezɪn] *n* gyanta
resist [rɪ'zɪst] *v* ellenáll vmnek
resistance [rɪ'zɪstəns] *n phys, el also* ellenállás
resistant [rɪ'zɪstənt] *a* ellenálló(képes)

resolute ['rezəluːt] *a* elszánt, határozott
resolutely ['rezəluːtlɪ] *adv* elszántan, határozottan
resolution [rezə'luːʃn] *n* (*decision*) döntés, határozat; (*resoluteness*) elszántság; *phys* felbontóképesség
resolve [rɪ'zɒlv] 1. *n* elszántság 2. *v* (*decide*) (el)határoz; *phys* felbont
resolved [rɪ'zɒlvd] *a* elszánt
resonance ['rezənəns] *n* (együtt)hangzás, zengés, rezonancia
resonant ['rezənənt] *a* (*sound*) zengő, együtthangzó, rezonáns
resort [rɪ'zɔːt] 1. *n* (*recourse*) eszköz, megoldás; (*place*) üdülőhely, nyaralóhely ‖ **as a last** ~ végső eszközként 2. *v* folyamodik (*to* vmhez)
resound [rɪ'zaʊnd] *v* felhangzik, zeng (*with* vmtől)
resounding [rɪ'zaʊndɪŋ] *a* zengő; ‖ ~ **success** átütő siker
resource [rɪ'sɔːs] *n* mentsvár ‖ ~**s** *pl* erőforrás; **financial** ~**s** anyagi eszközök; **natural** ~**s** természeti kincsek
resourceful [rɪ'sɔːsfl] *a* ötletes, találékony
resp. = respectively
respect [rɪ'spekt] 1. *n* (*consideration*) figyelembevétel; (*esteem*) tisztelet ‖ ~**s** *pl* üdvözlet; **with** ~ **to** ... tekintettel ...-ra/...-re 2. *v* ~ **sy** tiszteletben tart vkt
respectable [rɪ'spektəbl] *a* becsületes, tiszteletre méltó
respectful [rɪ'spektfl] *a* (*person*) tiszteletteljes, tisztelettudó
respective [rɪ'spektɪv] *a* saját; külön ‖ **we all went to our** ~

rooms ki-ki bement a (saját) szobájába

respectively [rı'spektıvlı] *adv* illetőleg ‖ **they made the journey by car, train and air** ~ útjukat kocsival, vonattal, ill. repülővel tették meg

respiration [respə'reıʃn] *n* légzés, lélegzés

respite ['respaıt] *n* (*rest*) pihenő, szünet; (*delay*) haladék

respond [rı'spɒnd] *v* válaszol; (*react*) reagál (*to* vmre)

response [rı'spɒns] *n* (*answer*) válasz, felelet; (*reaction*) visszajelzés

responsibility [rıspɒnsə'bılətı] *n* felelősség

responsible [rı'spɒnsəbl] *a* felelős (*for* vmért, vkért); felelősségteljes

responsive [rı'spɒnsıv] *a* fogékony (*to* vmre)

rest[1] [rest] **1.** *n* nyugalom, pihenés; *mus* szünet(jel); (*support*) támaszték ‖ **have/take a** ~ lepihen **2.** *v* (meg)pihen ‖ ~ **on/against** (rá)támaszkodik vmre

rest[2] [rest] **1.** *n* (*remainder*) maradék, maradvány ‖ **the** ~ a többi(ek)/többit; **for the** ~ ami a többit illeti, különben **2.** *v* marad ‖ **it** ~**s with him (to do sg)** rajta áll/múlik; ~ **on sy/sg** vktől/vmtől függ, vmn alapszik

restaurant ['restrɒnt] *n* étterem, vendéglő ‖ ~ **car** étkezőkocsi

rest day *n* pihenőnap

restful ['restfl] *a* nyugalmas

rest-home *n* öregek otthona, szeretetotthon

restitution [restı'tjuːʃn] *n* (*reparation*) helyreállítás; visszatérítés; (*damages*) jóvátétel, kárpótlás

restive ['restıv] *a* nyugtalan, ideges

restless ['restlıs] *a* nyugtalan, ideges, türelmetlen

restlessly ['restlıslı] *adv* nyugtalanul, idegesen

restoration [restə'reıʃn] *n* (*of building*) restaurálás, helyreállítás

restore [rı'stɔː] *v* restaurál, helyreállít, felújít ‖ ~ **(public) order** helyreállítja a rendet; **be** ~**d to health** visszanyeri egészségét

restorer [rı'stɔːrə] *n* restaurátor ‖ **hair** ~ hajnövesztő

restrain [rı'streın] *v* (*hold back*) visszatart, megfékez ‖ ~ **oneself** (*or* **one's temper**) mérsékeli magát, uralkodik magán/érzelmein

restrained [rı'streınd] *a* mérsékelt, visszafojtott

restraint [rı'streınt] *n* (*restriction*) korlátozás, megszorítás; (*moderation*) mérséklet ‖ **with** ~ fenntartással

restrict [rı'strıkt] *v* korlátoz, megszorít

restriction [rı'strıkʃn] *n* korlátozás, megszorítás

restrictive [rı'strıktıv] *a* korlátozó, megszorító

rest room *n US* illemhely, mosdó

result [rı'zʌlt] **1.** *n* eredmény, kimenetel ‖ **as a** ~ **of** vmnek következtében **2.** *v* ~ **from** következik/származik/ered vmből; ~ **in sg** végződik vmben

resume [rı'zjuːm] *v* (*restart*) újrakezd; folytat

résumé ['rezjuːmeı] *n* (tartalmi) kivonat, rezümé

resumption [rı'zʌmpʃn] *n* újrakezdés, folytatás

resurgence [rɪ'sɜːdʒəns] n (of hope) feltámadás, újjászületés
Resurrection, the [rezə'rekʃn] n rel feltámadás
resuscitate [rɪ'sʌsɪteɪt] v feléleszt, magához térít
resuscitation [rɪsʌsɪ'teɪʃn] n felélesztés, életre keltés
retail ['riːteɪl] 1. n kiskereskedelem ‖ sell by ~ kicsi(ny)ben árusít 2. v kicsi(ny)ben árusít ‖ (goods) ~ at ... áruk ...-os áron kerülnek kiskereskedelmi forgalomba
retailer ['riːteɪlə] n kiskereskedő, viszonteladó
retain [rɪ'teɪn] v megtart, visszatart ‖ ~ a lawyer ügyvédet fogad
retainer [rɪ'teɪnə] n (fee) ügyvédi költség
retaliate [rɪ'tælɪeɪt] v megtorol, megtorló intézkedéseket tesz
retaliation [rɪtælɪ'eɪʃn] n megtorlás, retorzió ‖ in ~ megtorlásként
retard [rɪ'tɑːd] v késleltet
retarded [rɪ'tɑːdɪd] a értelmi fogyatékos
reticence ['retɪsns] n elhallgatás; hallgatagság, szűkszavúság
reticent ['retɪsnt] a hallgatag, zárkózott
retina ['retɪnə] n recehártya, retina
retinue ['retɪnjuː] n kíséret
retire [rɪ'taɪə] v (withdraw) visszavonul (from vhonnan, vmtől); (from work) nyugdíjba megy; (go away) félrevonul
retired [rɪ'taɪəd] a (pensionary) nyugdíjas, nyugalmazott
retirement [rɪ'taɪəmənt] n nyugdíjazás; nyugállomány
retiring [rɪ'taɪərɪŋ] a félénk, visszahúzódó, szerény

retort [rɪ'tɔːt] 1. n (reply) replika 2. v replikázik, visszavág
retract [rɪ'trækt] v (claws) behúz; (statement) visszavon
retractable [rɪ'træktəbl] a (undercarriage) behúzható
retrain [riː'treɪn] v átképez
retraining [riː'treɪnɪŋ] n átképzés
retreat [rɪ'triːt] 1. n rel lelkigyakorlat, csendes nap(ok); mil visszavonulás 2. v (army) visszavonul
retribution [retrɪ'bjuːʃn] n büntetés, megtorlás ‖ the day of ~ rel az ítélet napja
retrieval [rɪ'triːvl] n visszanyerés; comput visszakeresés
retrieve [rɪ'triːv] v visszanyer, visszakap; comput visszakeres
retrograde ['retrəgreɪd] a (declining) maradi, retrográd
retrospect ['retrəspekt] n in ~ visszatekintve
retrospective [retrə'spektɪv] 1. a visszatekintő; law visszamenő hatályú
return [rɪ'tɜːn] 1. n (coming back) visszaérkezés; (giving back) visszaadás, visszatérítés; (recompense) viszonzás, ellenszolgáltatás; (ticket) menettérti jegy ‖ in ~ (for sg) viszonzásul; in ~ for ellenében; ~s pl üzleti forgalom, bevétel; many happy ~s (of the day)! minden jót kívánok! (születésnapra) 2. v (come back) visszatér, visszajön, hazajön, megjön; (give back) visszaad, viszszatérít; (recompense) viszonoz ‖ ~ a profit jövedelmez; ~ (one's income) jövedelmet bevall
return ticket n menettérti jegy

reunion [riː'juːnɪən] *n* (*of friends*) összejövetel, találkozó

reunite [riːjuː'naɪt] *vt* újraegyesít I *vi* újra egyesül

reuse [riː'juːz] *v* újból felhasznál, újra feldolgoz/hasznosít

Rev. = **Reverend**

rev [rev] **1.** *n col* fordulatszám **2.** *v* -vv- ~ **up the engine** felpörgeti a motort

reveal [rɪ'viːl] *v* felfed, feltár

revealing [rɪ'viːlɪŋ] *a* leleplező, jellemző

revel ['revl] *v* -ll- (*US* -l-) lumpol, mulat II ~ **in sg** örömét leli vmben

revelation [revə'leɪʃn] *n* (*of secret*) (valóságos) felfedezés, reveláció; *rel* kijelentés

revelry ['revlrɪ] *n* dínomdánom, mulatozás, tivornya

revenge [rɪ'vendʒ] **1.** *n* bosszú II **in** ~ bosszúból; **take** ~ **on sy (for sg)** megbosszul vmt (vkn)

revengeful [rɪ'vendʒfl] *a* bosszúvágyó

revenue ['revənjuː] *n* (állami) jövedelem, adóbevétel

revenue office *n* adóhivatal

reverberate [rɪ'vɜːbəreɪt] *v* (*sound*) visszaverődik

reverberation [rɪvɜːbə'reɪʃn] *n* visszhangzás, visszaverődés

revere [rɪ'vɪə] *v* tisztel, nagyra becsül

reverence ['revərəns] *n* tisztelet, nagyrabecsülés

Reverend ['revərənd] *a* nagytiszteletű, tisztelendő

reverent ['revərənt] *a* tisztelő, tiszteletteljes

reverie ['revərɪ] *n* ábrándozás, álmodozás

revers [rɪ'vɪə] *n* (*pl* ~ [-'vɪəz]) (*of coat*) kihajtó; hajtóka

reversal [rɪ'vɜːsl] *n* (*reversing*) megfordítás; (*being reversed*) megfordulás

reverse [rɪ'vɜːs] **1.** *a* fordított, ellenkező II **the** ~ **side of the coin** az érem másik oldala **2.** *n* (*opposite*) vmnek a fordítottja; (*of car*) hátramenet **3.** *v* (*turn*) megfordít; (*car*) tolat

reverse(d)-charge call *n* R-beszélgetés, a hívott költségére kért beszélgetés

reversible [rɪ'vɜːsəbl] *a* (*garment*) megfordítható, kifordítható

reversing light *n* tolatólámpa

revert [rɪ'vɜːt] *v* visszatér (*to* vmre/ vmhez)

review [rɪ'vjuː] **1.** *n* (*survey*) felülvizsgálat, számbavétel; (*of book*) recenzió; bírálat, kritika; (*magazine*) szemle; *mil* szemle II ~ **of the press** lapszemle **2.** *v* (*reexamine*) áttekint, számba vesz; (*book*) ismertet

reviewer [rɪ'vjuːə] *n* (*of book*) ismertető, recenzens

revile [rɪ'vaɪl] *v* gyaláz, ócsárol

revise [rɪ'vaɪz] *v* (*reconsider*) átnéz, revideál; (*book*) átdolgoz; (*correct*) kijavít

revision [rɪ'vɪʒn] *n* felülvizsgálat; *comm* revízió; (*of book*) átdolgozás; *school* ismétlés

revitalize [riː'vaɪtəlaɪz] *v* újraéleszt, feléleszt, feltámaszt

revival [rɪ'vaɪvl] *n* megújulás, feléledés; *rel* ébredés; *theat* felújítás

revive [rɪ'vaɪv] *vt also fig* (fel)éleszt; *theat* felújít I *vi* (fel)éled, újjászületik

revoke [rɪ'vəʊk] v (order) visszavon
revolt [rɪ'vəʊlt] 1. n felkelés, láza-
dás 2. v ~ against sg/sy vm/vk
ellen (fel)lázad
revolting [rɪ'vəʊltɪŋ] a vérlázító
revolution [revə'luːʃn] n (turn) for-
dulat; pol forradalom || 100 ~s
per minute percenként 100 fordu-
lat
revolutionary [revə'luːʃənən] 1. a
forradalmi 2. n forradalmár
revolutionize [revə'luːʃənaɪz] v
forradalmasít, gyökeresen megvál-
toztat
revolve [rɪ'vɒlv] v kering; (on own
axis) forog
revolver [rɪ'vɒlvə] n revolver
revue [rɪ'vjuː] n theat revü
revulsion [rɪ'vʌlʃn] n (disgust)
ellenérzés, visszatetszés
reward [rɪ'wɔːd] 1. n jutalom, ellen-
szolgáltatás 2. v (meg)jutalmaz
rewarding [rɪ'wɔːdɪŋ] a kifizetődő,
hasznos
rewrite [riː'raɪt] v (pt rewrote
[riː'rəʊt], pp rewritten [riː'rɪtn]) átír,
újraír; (book) átdolgoz
rewritten [riː'rɪtn] pp → rewrite
rewrote [riː'rəʊt] pt → rewrite
rhapsody ['ræpsədɪ] n rapszódia
rhetoric ['retərɪk] n ékesszólás, re-
torika, szónoklattan
rhetorical [rɪ'tɒrɪkl] a szónoki, reto-
rikai
rheumatic [ruː'mætɪk] 1. a reumás
2. n reumás beteg
rheumatism ['ruːmətɪzəm] n reuma
rhinoceros [raɪ'nɒsərəs] n orrszar-
vú, rinocérosz
rhombus ['rɒmbəs] n rombusz
rhubarb ['ruːbɑːb] n rebarbara

rhyme [raɪm] 1. n rím 2. v rímel,
összecseng
rhythm ['rɪðəm] n ritmus, ütem
rib [rɪb] n borda
ribald ['rɪbld] a/n mocskos (szájú),
trágár
ribbon ['rɪbən] n szalag
rice [raɪs] n rizs
rice pudding n rizses puding
rich [rɪtʃ] 1. a (wealthy) gazdag;
(plentiful) bőséges; (soil) termé-
keny || get ~ meggazdagodik; ~
food zsíros étel; ~ in vitamins
vitamindús 2. n the ~ a gazdagok;
→ riches
riches ['rɪtʃɪz] n pl vagyon, gazdag-
ság
richness ['rɪtʃnɪs] n gazdagság, bő-
ség
rickets ['rɪkɪts] n sing. angolkór
rickety ['rɪkɪtɪ] a (furniture) rozoga;
(person) angolkóros
rid [rɪd] v (pt/pp rid; -dd-) megsza-
badít || get ~ of, ~ oneself of sy
vktől megszabadul
ridden ['rɪdn] pp → ride
riddle¹ ['rɪdl] n (enigma) rejtély,
talány; (puzzle) rejtvény
riddle² ['rɪdl] 1. n rosta 2. v (át)rostál
|| ~ sy with bullets col szitává lő
vkt
ride [raɪd] 1. n (in car) autózás; (on
horse) lovaglás || go for a ~ (on
horse) kilovagol; (in vehicle) au-
tózik, utazik, sétakocsizásra
megy; take sy for a ~ col fig át-
ver/átejt vkt 2. v (pt rode [rəʊd],
pp ridden ['rɪdn]) vi lovagol, lóhá-
ton megy || ~ a bicycle biciklizik;
~ a horse lovagol; ~ motorcycle
motorozik

rider ['raɪdə] *n* lovas; (*weight*) tolósúly; (*addition*) záradék
ridge [rɪdʒ] *n* (*of mountain*) (hegy)-gerinc; (*of roof*) (tető)gerinc
ridicule ['rɪdɪkjuːl] **1.** *n* gúny **2.** *v* (ki)csúfol, (ki)gúnyol || ~ **sy** gúnyt űz vkből/vmből
ridiculous [rɪ'dɪkjʊləs] *a* nevetséges
riding ['raɪdɪŋ] *n* lovaglás || ~ **school** lovasiskola, lovaglóiskola
rife [raɪf] *a* gyakori, elterjedt
riff-raff ['rɪfræf] *n* söpredék, csőcselék
rifle ['raɪfl] *n* puska || ~ **range** lőtér
rift [rɪft] *n* repedés, rés
rig[1] [rɪg] **1.** *n col* (*clothing*) szerelés, öltözék; (*for oil*) fúrótorony **2.** *v* **-gg-** (*with clothes*) kiöltöztet; (*equipment*) felszerel || ~ **out** kiöltöztet; felszerel; ~ **up** felállít, összeszerel
rig[2] [rɪg] *n sp col* bunda
rigging ['rɪgɪŋ] *n naut* kötélzet
right[1] [raɪt] **1.** *a* (*correct, just*) helyes, igazi, találó || **he is** ~ igaza van; **all** ~! helyes!, rendben! **2.** *adv* helyesen, jól; (*directly*) éppen, pont || ~ **away** azonnal, rögtön; ~ **in the middle** pont a közepébe **3.** *n* igazságosság, jog(osság) || **by** ~ jogosan; **by what** ~? milyen jogcímen?; **have the** ~ **to** joga van vmhez; ~ **of way** áthaladási elsőbbség; **put sg to** ~**s** elintéz, elrendez
right[2] [raɪt] **1.** *a* (*not left*) jobb **2.** *adv* jobbra, jobb felé **3.** *n* jobb (oldal) || **from the** ~ jobbról, jobb felől; **the** ~ jobb oldal; **to the** ~ jobbra; **the R~** (**in Parliament**) jobboldal, jobbszárny
right angle *n* derékszög

righteous ['raɪtʃəs] *a* (*just*) becsületes, tisztességes; (*justifiable*) jogos, igazságos
rightful ['raɪtfl] *a* jogos, törvényes
rightfully ['raɪtfəlɪ] *adv* törvényes úton, jogosan
right-hand *a* jobb oldali, jobb kéz felőli || ~ **man** *col* bizalmi ember
right-handed *a* (*person*) jobbkezes
right-minded *a* józan gondolkodású
right wing *n pol* jobbszárny
rigid ['rɪdʒɪd] *a also fig* merev
rigidity [rɪ'dʒɪdətɪ] *n also fig* merevség
rigidly ['rɪdʒɪdlɪ] *adv* ridegen, mereven
rigorous ['rɪgərəs] *a* szigorú
rigorously ['rɪgərəslɪ] *adv* szigorúan, mereven
rigour (*US* **-or**) ['rɪgə] *n* szigor
rile [raɪl] *v* felidegesít; *col* felhúz
rim [rɪm] *n* karima, perem, szél
rime [raɪm] *n* dér, zúzmara
rind [raɪnd] *n* (*of fruit*) héj; (*of bacon*) bőr
ring[1] [rɪŋ] **1.** *n* (*on finger*) gyűrű; *sp* (*for boxing*) szorító, ring; (*group*) kör **2.** *v* (*pt/pp* ~**ed**) (*surround*) körülfog; (*put ring on*) (meg)gyűrűz
ring[2] [rɪŋ] **1.** *n* (*of telephone*) csengetés || **give me a** ~ hívj(on) fel! **2.** *v* (*pt* **rang** [ræŋ], *pp* **rung** [rʌŋ]) (*telephone*) cseng, szól; (*bell*) megkondul || **it** ~**s a bell** *fig* vm rémlik
ring (**sy**) **back** (**later**) (*by telephone*) visszahív, újra hív
ring off leteszi a (telefon)kagylót
ring sy up felhív (*telefonon*)
ringing ['rɪŋɪŋ] *a* csengő, zengő

ringing tone *n* (*in telephone*) cseng(et)és
ringleader ['rɪŋliːdə] *n* bandavezér, főkolompos
ring road *n GB* körgyűrű
rink [rɪŋk] *n* fedett jégpálya
rinse [rɪns] 1. *n* öblítés 2. *v* öblít
riot ['raɪət] 1. *n* zavargás, lázadás 2. *v* zavarog, lázad
rioter ['raɪətə] *n* zavargó, lázadó, rendbontó
riotous ['raɪətəs] *a* lázadó, rendbontó, zavargó
riot police *n* rohamrendőrség
rip [rɪp] *v* -pp- *vi* (be)hasad, reped, szakad I *vt* elszakít, hasít
rip-cord *n* (*of parachute*) oldózsinór
ripe [raɪp] *a* (*fruit*) érett
ripen ['raɪpən] *v* (*fruit*) (meg)érik, beérik; (*corn*) sárgul
ripple ['rɪpl] 1. *n* kis hullám, fodor 2. *v* hullámzik, fodrozódik
rise [raɪz] 1. *n* (*movement*) (fel)emelkedés; (*of wages*) emelés; (*tide*) áradás II give ~ to sg előidéz 2. *v* (*pt* rose [rəʊz], *pp* risen ['rɪzn]) (*move upward*) (fel)emelkedik; (*from bed*) felkel; (*sun*) felkel; (*price*) felmegy; (*curtain*) felgördül, felmegy; (*rebel*) felkel, fellázad; (*river*) árad; (*in rank*) előlép II ~ to the occasion a helyzet magaslatára emelkedik
risen ['rɪzn] *pp* → rise
rising ['raɪsɪŋ] 1. *a* felnövő (*nemzedék*) 2. *n* felkelés
risk [rɪsk] 1. *n* kockázat, rizikó II take the ~ of (doing) sg kockázatot vállal, megkockáztat vmt 2. *v* kockáztat, reszkíroz II ~ one's life életét kockáztatja

risk factor *n* rizikófaktor
risky ['rɪskɪ] *a* kockázatos, veszélyes, hazárd
rite [raɪt] *n* rítus, szertartás
ritual ['rɪtʃʊəl] 1. *a* rituális 2. *n* szertartás, rítus
rival ['raɪvl] 1. *n* rivális, vetélytárs 2. *v* -ll- (*US* -l-) (*emulate*) versenyez, vetélkedik (vkvel/vmvel); *comm* konkurál
rivalry ['raɪvlrɪ] *n* versengés, vetélkedés; *comm* konkurencia
river ['rɪvə] *n* folyó II down/up the ~ a folyón lefelé/felfelé; sell sy down the ~ *col* csőbe húz vkt, átejt vkt
river bank *n* folyópart
river bed *n* folyómeder
riverside ['rɪvəsaɪd] *n* folyópart II by the ~ a parton
rivet ['rɪvɪt] 1. *n* szegecs 2. *v* szegecsel
road [rəʊd] *n* út; közút II by ~ autóval, kocsival; on the ~ úton
roadblock ['rəʊdblɒk] *n* útakadály, úttorlasz
road hog *n* garázda vezető (*autós*)
road junction *n* útelágazás
road map *n* autótérkép
roadside ['rəʊdsaɪd] 1. *n* útszél II by the ~ az útszélen 2. *a* út menti, országúti II ~ telephone segélyhívó telefon
road sign *n* közúti jelzőtábla
roadway ['rəʊdweɪ] *n* úttest
road-works *n pl* útjavítás, útépítés
roadworthy ['rəʊdwɜːðɪ] *a* közlekedésre alkalmas
roam [rəʊm] *v* bolyong, kószál
roar [rɔː] 1. *n* (*of lion*) bőgés; (*of sea*) zúgás 2. *v* (*lion*) üvölt, ordít,

bőg; (*sea*) zúg ‖ ~ **with laughter**
hahotázik, nagyot nevet
roast [rəʊst] **1.** *a/n* sült, pecsenye
2. *vt* (*meat*) (meg)süt; (*coffee*)
pörköl I *vi* (meg)sül
roast beef *n* marhasült, rosztbif
rob [rɒb] *v* **-bb-** (ki)rabol ‖ ~ **sy of**
sg vkt meglop; **I've been ~bed**
kiraboltak
robber ['rɒbə] *n* rabló
robbery ['rɒbərɪ] *n* rablás
robe [rəʊb] *n* (*judge's*) talár
robin ['rɒbɪn] *n* vörösbegy
robot ['rəʊbɒt] *n* robot ‖ ~ **pilot** ro-
botpilóta
robust [rəʊ'bʌst] *a* tagbaszakadt
rock¹ [rɒk] *n* (kő)szikla ‖ **on the ~s**
(*drink*) jégkockával; (*ship, also*
fig) zátonyra futott
rock² [rɒk] **1.** *n* rock(zene) **2.** *vi*
hintázik I *vt* ring(at), hintáztat
rock and roll [rɒk ən 'rəʊl] *n* rock
and roll, rock(zene)
rocker ['rɒkə] *n* (*rocking chair*) hin-
taszék; (*person*) rocker
rockery ['rɒkərɪ] *n* sziklakert
rocket ['rɒkɪt] *n* rakéta
rocking chair ['rɒkɪŋ] *n* hintaszék
rocking horse *n* hintaló
rock music *n* rockzene
rock'n'roll [rɒk ən 'rəʊl] *n* rock and
roll, rock(zene)
rock opera *n* rockopera
rocky ['rɒkɪ] *a* sziklás
rod [rɒd] *n* (*stick*) vessző, pálca;
(*bar*) rúd ‖ ~ **and line** horgászbot
rode [rəʊd] *pt* → **ride**
rodent ['rəʊdənt] *n* rágcsáló
roe¹ [rəʊ] *n* (*of fish*) (hal)ikra
roe² [rəʊ] *n* (*deer*) őz
rogue [rəʊg] *n pejor* betyár, gaz-
ember; *hum* zsivány

roguish ['rəʊgɪʃ] *a* (*dishonest*) gaz;
(*playful*) huncut
role [rəʊl] *n also fig* szerep ‖ **play**
the ~ of sy vmlyen szerepet ját-
szik
roll [rəʊl] **1.** *n* (*scroll*) tekercs;
(*cake*) zsömle, vajaskifli; (*list*) lis-
ta, névsor; (*undulation*) ringás; (*of*
drum) dobpergés; (*of cannon*)
(ágyú)dörgés; *US* (*banknotes*)
bankjegyköteg ‖ **call the ~** név-
sort olvas **2.** *vt* (*barrel*) gördít,
hengerít; (*metal*) hengerel I *vi*
(*wheel*) gurul; (*thunder, drum*) dü-
börög ‖ **be ~ing in money** majd
felveti a pénz
roll about *vt* (*ball*) ide-oda gurít;
(*person*) meghemperget I *vi* (*dog*)
hentereg
roll by (*vehicle*) elgurul; (*time*)
elrepül
roll in *vt* begördít, begurít I *vi* be-
gurul
roll over felborul, felfordul
roll up (*carpet*) felteker ‖ ~ **up**
one's sleeves felgyűri ingét
roll-call ['rəʊlkɔ:l] *n* névsorolvasás
roller ['rəʊlə] *n* (*cylinder*) henger;
(*road ~*) úthenger; (*wheel*) görgő;
(*for hair*) hajcsavaró; (*wave*) taj-
tékos hullám ‖ ~ **bearing** görgős-
csapágy; ~ **skate(s** *pl*) görkorcso-
lya
rolling ['rəʊlɪŋ] **1.** *a* (*vehicle*) guru-
ló, gördülő; (*motion*) himbálódzó;
(*ship*) ringó; (*land*) dimbes-dom-
bos **2.** *n* (*of car*) gurulás; (*of me-*
tal) hengerlés; (*of thunder*) dörgés
roll-on deodorant *n* golyós dezodor
ROM [rɒm] *n* (= *read-only memory*)
comput ROM, csak olvasható me-
mória

Roman ['rəʊmən] *a/n* római
Roman alphabet, the *n* latin betűk
Roman Catholic *a/n* római katolikus
romance [rə'mæns] *n* (*style*) romantika; (*story*) szerelmes történet; *col* (*love*) szerelem
Romanesque [rəʊmə'nesk] **1.** *a* román (*stílus*) **2.** *n* román stílus
Romania [ruː'meɪnjə] *n* Románia
Romanian [ruː'meɪnjən] **1.** *a* romániai, román **2.** *n* (*person language*) román
Roman numerals *n pl* római számok
romantic [rə'mæntɪk] *a* romantikus, regényes
Romanticism [rəʊ'mæntɪsɪzəm] *n art* romanticizmus, romantika
Rome [rəʊm] *n* Róma
romp (about) [rɒmp] *v* hancúrozik, rakoncátlankodik
rompers ['rɒmpəz] *n pl* tipegő, kezeslábas
roof [ruːf] *n* háztető
roof rack *n* tetőcsomagtartó
rook¹ [rʊk] *n zoo* vetési varjú
rook² [rʊk] *n* (*chess*) bástya
room [rʊm] **1.** *n* (*in house*) szoba, helyiség; (*space*) (férő)hely ‖ **do the ~** szobát kitakarít; **~ to let** kiadó lakás/szoba **2.** *v* **~ with sy** vkvel együtt lakik (albérletben)
room-mate *n* szobatárs, hálótárs
room service *n* (*at hotel*) szobapincéri szolgálat
roomy ['ruːmɪ] *a* tágas
rooster ['ruːstə] *n US* kakas
root [ruːt] *n* gyökér; *math* gyök; (*grammatical*) tő **2.** *v* **be ~ed in sg** vmben gyökerezik
root about (*pig*) túr

root for *US col sp* szurkol, biztatja csapatát
root out (*remove*) kiirt; (*find*) kitúr
rope [rəʊp] *n* kötél ‖ **know the ~s** *col* ismeri a dörgést
rope-ladder *n* kötélhágcsó
rosary ['rəʊzərɪ] *n rel* rózsafüzér
rose¹ [rəʊz] *n bot* (*plant*) rózsa; (*colour*) rózsaszín
rose² [rəʊz] *pt* → **rise**
rosebud ['rəʊzbʌd] *n* rózsabimbó
rosemary ['rəʊzmərɪ] *n* rozmaring
rosette [rəʊ'zet] *n* (*of ribbon*) csokor; (*badge*) kokárda
rostrum ['rɒstrəm] *n* (*for speaker*) emelvény, pulpitus
rosy ['rəʊzɪ] *a* rózsás
rot [rɒt] **1.** *n* rothadás **2.** *v* **-tt-** rothad, (meg)rohad, korhad
rotary ['rəʊtərɪ] **1.** *a* forgó; rotációs **2.** *n US* körforgalom
rotate [rəʊ'teɪt] *v* körben forog
rotating [rəʊ'teɪtɪŋ] *a* körben forgó
rotation [rəʊ'teɪʃn] *n* (*rotating*) körforgás; (*being rotated*) forgatás
rotten ['rɒtn] *a* (*fruit*) rothadt, romlott; (*wood*) korhadt; (*society*) korrupt
rouble (*US* **ruble**) ['ruːbl] *n* rubel
rouge [ruːʒ] *n* (ajak)rúzs; (*for cheeks*) arcfesték
rough [rʌf] **1.** *a* (*surface*) durva; (*handling, manners*) durva, goromba, nyers; (*person*) faragatlan; (*sea*) háborgó; (*crossing*) viharos; (*approximate*) hozzávetőleges ‖ **~ draft** piszkozat, első fogalmazvány; **~ translation** nyersfordítás **2.** *n* (*person*) kellemetlen alak/fráter **3.** *v col* **~ it** kényelmetlenül él
rough out felvázol

rough-and-ready *a* (*work*) elnagyolt, összecsapott
roughen ['rʌfn] *v* (*surface*) megcsiszol
roughly ['rʌflɪ] *adv* (*handle*) durván; (*make*) összecsapva; (*approximately*) nagyjából, durván, körülbelül || ~ **speaking** nagyjából
roughness ['rʌfnɪs] *n* durvaság, nyerseség
roulette [ruː'let] *n* rulett
Roumania [ruː'meɪnjə] *n* = **Romania**
round [raʊnd] **1.** *a* kerek; (*figures*) kerek, egész **2.** *adv/prep* (*around*) körbe(n); (*about*) táján, körül || ~ **and** ~ körbe-körbe; ~ **the clock** éjjel-nappal, állandóan; **all the year** ~ egész éven át; ~ **about** körös-körül; → **roundabout; ask sy** ~ elhív vkt (magához) **3.** *n* körfordulat, forgás; (*of meat*) szelet; (*of policeman*) (kör)út; (*of competition*) forduló, menet; (*of drinks*) egy rund; **the doctor is doing his** ~**s** az orvos sorra látogatja a betegeit **4.** *vt* (*make round*) (le)kerekít; (*finish*) befejez, lezár I *vi* (*become round*) (ki)kerekedik
round down (to) (*sum*) lekerekít
round out (*figure*) kikerekít; (*story*) kiegészít
round up (*people*) összefogdos; összeterel; (*price*) felkerekít
roundabout ['raʊndəbaʊt] **1.** *a* **go a** ~ **way** kerülőt tesz; kerül **2.** *n* (*in traffic*) körforgalom; (*merrygo-round*) körhinta
roundish ['raʊndɪʃ] *a* molett
roundly ['raʊndlɪ] *adv* (erő)teljesen, kereken, alaposan

round-the-clock *a* éjjel-nappal tartó; nonstop
round trip *n* (*back and forth trip*) oda-vissza út; (*round voyage*) körutazás; *US* (*also* ~-**trip ticket**) menettérti jegy
roundup ['raʊndʌp] *n* **a news** ~ hírösszefoglaló
rouse [raʊz] *v* (*wake up*) felébreszt; *fig* (*stimulate*) felráz
rousing ['raʊzɪŋ] *a* (*welcome*) lelkes; (*speech*) lelkesítő
route [ruːt] *n* útvonal, útirány || ~ **map** útitérkép
routine [ruː'tiːn] *n also comput* rutin || ~ **job** rutinmunka
rove [rəʊv] *v* kóborol, vándorol
rover ['rəʊvə] *n* (*wanderer*) kóborló, vándor; (*senior scout*) öregcserkész
row[1] [rəʊ] *n* (*line*) sor
row[2] [rəʊ] **1.** *n* (*in boat*) evezés **2.** *v* evez
row[3] [raʊ] **1.** *n* (*noise*) zaj; ricsaj; (*quarrel*) veszekedés **2.** *v* veszekszik
rowboat ['rəʊbəʊt] *n US* = **rowing-boat**
rowdy ['raʊdɪ] *a* garázda
rower ['rəʊə] *n* evezős
row house *n US* sorház
rowing ['rəʊɪŋ] **1.** *a* evezős **2.** *n* evezés
rowing-boat *n* evezős csónak
rowlock ['rɒlək] *n* evezővilla
royal ['rɔɪəl] *a* királyi || **R**~ **Air Force** *GB* Királyi Légierő || ~ **court** királyi udvar
royalist ['rɔɪəlɪst] *a/n* királypárti
royalty ['rɔɪəltɪ] *n* (*family*) királyi család; (*for book*) (szerzői) jogdíj

rpm [aːr piː 'em] = *revolutions per minute* percenkénti fordulatszám

RSVP [aːr es viː 'piː] (= *répondez s'il vous plaît*) (*to invitation*) választ kérünk

rub [rʌb] **1.** *n* dörzsölés; *col* (*problem*) bökkenő ‖ **there's the ~** ez itt a bökkenő! **2.** *v* **-bb-** (*hands*) dörzsöl; (*surface*) csiszol

rub off (*dirt*) vmt ledörzsöl; (*paint*) lecsiszol

rub out (*remove*) kitöröl; (*with eraser*) kiradíroz; *US col* (*murder*) kinyír vkt

rub up feldörzsöl ‖ **~ sy up the wrong way** *col* cukkol vkt

rubber ['rʌbə] *n* gumi; *GB* (*eraser*) radír; *US* (*condom*) gumi ‖ **~s** *pl US* sárcipő

rubbish ['rʌbɪʃ] *n* (*waste*) szemét; (*nonsense*) baromság, marhaság, buta beszéd ‖ **~ bin** szemétláda, kuka

rubbishy ['rʌbɪʃɪ] *a col* ramaty, vacak

rubble ['rʌbl] *n* kőtörmelék

rubella [ruː'belə] *n* rózsahimlő, rubeóla

ruble ['ruːbl] *n US* rubel

ruby ['ruːbɪ] *n* rubin

rucksack ['rʌksæk] *n* hátizsák

ructions ['rʌkʃnz] *n pl col* kalamajka, zűr

rudder ['rʌdə] *n* kormány(lapát)

ruddy ['rʌdɪ] *a* vörös, vöröses

rude [ruːd] *a* goromba ‖ **be ~ (to sy)** gorombáskodik (vkvel)

rudely ['ruːdlɪ] *adv* durván, gorombán

rudeness ['ruːdnɪs] *n* (*of behaviour*) durvaság

rudimentary [ruːdɪ'mentrɪ] *a* (*elementary*) elemi, alapvető; *pejor* (*primitive*) kezdetleges, primitív

rudiments ['ruːdɪmənts] *n pl* alapelemek, alapfogalmak

ruffian ['rʌfɪən] *n* útonálló, bicskás

ruffle ['rʌfl] **1.** *n* (*on dress*) fodor **2.** *v* (*hair*) (össze)borzol

rug [rʌg] *n* (kis) szőnyeg

rugby (*or* **football**) ['rʌgbɪ] *n* rögbi

rugged ['rʌgɪd] *a* (*uneven*) göröngyös; (*rough*) nyers, kemény; (*solid*) masszív

rugger ['rʌgə] *n col* rögbi

ruin ['ruːɪn] **1.** *n* (*remains*) rom; (*fall*) bukás **2.** *v* tönkretesz

ruinous ['ruːɪnəs] *a* pusztító

rule [ruːl] **1.** *n* (*government*) uralom, uralkodás; (*law*) jogszabály (*for measuring*) vonalzó ‖ **as a ~** általában, rendszerint **2.** *v* (*govern*) kormányoz, irányít, uralkodik; (*decide*) dönt; (*order*) elrendel; (*make lines*) vonalaz

rule out (sg) (*vmnek a lehetőségét*) kizárja

ruled [ruːld] *a* (*paper*) vonalas

ruler ['ruːlə] *n* (*sovereign*) uralkodó; (*device*) vonalzó

ruling ['ruːlɪŋ] *a* kormányzó ‖ **~ parties** kormányzó pártok

rum [rʌm] *n* rum

Rumania [ruː'meɪnjə] *n* = **Romania**

rumble ['rʌmbl] **1.** *n* (*of thunder*) moraj(lás); (*of stomach*) korgás **2.** *v* morajlik; (*stomach*) korog

rummage ['rʌmɪdʒ] *v* turkál, matat, motoszkál

rumour (*US* **-or**) ['ruːmə] **1.** *n* (rém)hír **2.** *v* **it is ~ed** úgy hírlik

rump [rʌmp] *n* hátsórész, far

rumpsteak ['rʌmpsteɪk] *n* hátszín
rumpus ['rʌmpəs] *n col* rumli, zűr ‖
kick up a ~ *col* nagy zrít csinál
run [rʌn] **1.** *n* futás; (*route, trip*) (megtett) út, autózás; (*working*) működés, üzem(elés); (*series*) sorozat, széria; (*course*) folyás; (*trend*) tendencia; (*track*) (sí)pálya; (*ski-running*) lesiklás ‖ **in the long ~** hosszú távon **2.** *v* (*pt* **ran** [ræn], *pp* **run** [rʌn]; **-nn-**) *vi* fut, szalad, rohan; (*vehicle*) közlekedik, jár; (*machine*) jár; (*liquid*) folyik; (*text*) szól, hangzik ∣ *vt* (*shop*) üzemeltet; (*hotel*) vezet; *comput* futtat; **his nose is ~ning** folyik az orra; **~ sy to (a place)** (*by car*) elvisz; **~ the risk of doing sg** megkockáztat, kockázatot vállalva tesz
run about összevissza szaladgál, futkározik
run across sy összetalálkozik vkvel
run away (*person*) elfut; (*animal*) elszabadul
run down *vt* (*car*) elgázol, elüt ∣ *vi* (*clock*) lejár ‖ **be ~ down** *col* le van strapálva, leromlott
run in *vi* (*runner*) befut ∣ *vt* (*car*) bejárat
run into (*car*) belehajt/belerohan vmbe; *col* (*person*) beleszalad, vkvel összeakad
run off (*person*) elfut, elszalad
run out (*passport*) lejár; (*liquid*) kicsordul; (*supplies*) kifogy; (*money*) elfogy ‖ **~ out of money** kifogy a pénzből
run over (*vehicle*) elgázol, elüt; (*liquid*) túlfolyik, túlcsordul
run through futólag átnéz, átfut

run up *vi* (*upstairs*) felszalad ∣ *vt* (*building*) felhúz ‖ **~ up a bill** nagy számlát csinál
run up against (*difficulties*) vmbe ütközik
runabout ['rʌnəbaʊt] *n* kétüléses kisautó
runaway ['rʌnəweɪ] *n* menekülő, szökevény
run-down *a col* lerobbant
rung[1] [rʌŋ] *n* (*of ladder*) létrafok
rung[2] [rʌŋ] *pp* → **ring**[2]
runner ['rʌnə] *n sp* futó; (*messenger*) küldönc; (*for sliding*) görgő
runner-up *n* (*pl* **runners-up**) második helyezett
running ['rʌnɪŋ] **1.** *a* rohanó ‖ **five days ~** egymást követő öt napon **2.** *n* rohanás; *sp* síkfutás; (*of business*) üzemeltetés
running water *n* (*from tap*) folyó víz
runny ['rʌnɪ] *a* nyúlós, folyós
run-of-the-mill *a pejor* középszerű
run-up *n sp* (*of athlete*) nekifutás; (*of election*) (választási) kampány
runway ['rʌnweɪ] *n* kifutópálya
rupture ['rʌptʃə] **1.** *n med* sérv; (*of relations*) megszakadás **2.** *v* (*cause hernia*) sérvet okoz; (*end*) megszakít ‖ **he ~d himself** sérvet kapott
rural ['rʊərəl] *a* falusi, vidéki
ruse [ruːz] *n* csel
rush [rʌʃ] **1.** *n* (*hurry*) rohanás, sietség; (*of crowd*) tolongás; *col* (*urge*) (nagy) hajtás ‖ **there is no ~** a dolog nem sürgős **2.** *vi* (*hurry*) rohan, siet; (*run*) iramlik ∣ *vt* (*urge*) sürget, siettet ‖ **~ downstairs** lépcsőn lerohan

rush-hour(s) *n* (*pl*) csúcsforgalom
rusk [rʌsk] *n* kétszersült
Russia ['rʌʃə] *n* Oroszország
Russian ['rʌʃn] **1.** *a* orosz **2.** *n* (*person, language*) orosz; → **English**
rust [rʌst] **1.** *n* rozsda **2.** *v* (meg)-rozsdásodik
rustic ['rʌstɪk] *a* paraszti, rusztikus, népies
rustle ['rʌsl] **1.** *n* (*of leaves*) susogás, nesz **2.** *v* (*leaves*) susog; (*clothes*) suhog; *US* (*cattle*) elköt
rustproof ['rʌstpruːf] *a* rozsdaálló
rusty ['rʌstɪ] *a* rozsdás
ruthless ['ruːθlɪs] *a* könyörtelen
rye [raɪ] *n* rozs || ~ **bread** rozskenyér

S

S = **South**
's = **is, has**
sabbatical (year) [sə'bætɪkl] *n* alkotószabadság, kutatóév
sabotage ['sæbətɑːʒ] **1.** *n* szabotázs **2.** *v* (el)szabotál
saccharin ['sækərɪn] *n* szacharin
sack [sæk] **1.** *n* zsák || **get the ~** *col* repül az állásából **2.** *v* (*from job*) kirúg
sacking ['sækɪŋ] *n* zsákvászon
sacrament ['sækrəmənt] *n* szentség
sacred ['seɪkrɪd] *a* szent; szentelt
sacrifice ['sækrɪfaɪs] **1.** *n* *rel, also fig* áldozat **2.** *v* (fel)áldoz
sacristy ['sækrɪstɪ] *n* sekrestye

sad [sæd] *a* szomorú; (*about* vm miatt)
sadden ['sædn] *v* elszomorít
saddle ['sædl] **1.** *n* nyereg **2.** *v* (*horse*) (meg)nyergel
sadism ['seɪdɪzəm] *n* szadizmus
sadist ['seɪdɪst] *n* szadista
sadness ['sædnɪs] *n* szomorúság
safari [sə'fɑːrɪ] *n* szafari || ~ **park** szafaripark
safe [seɪf] **1.** *a* (*unharmed*) ép; (*not dangerous*) biztonságos; (*careful*) óvatos || ~ **from** *sg* vmtől mentes; **to be on the ~ side** a biztonság kedvéért; **better (to be) ~ than sorry** biztos, ami biztos; ~ **and sound** baj nélkül, épségben **2.** *n* páncélszekrény, széf
safe-conduct *n* menlevél
safe-deposit (box) *n* széf
safeguard ['seɪfgɑːd] **1.** *n* biztosíték; védelem **2.** *v* ~ **sy's interests** védi vk érdekeit
safekeeping [seɪf'kiːpɪŋ] *n* megóvás; megőrzés
safely ['seɪflɪ] *adv* (*without risk*) biztonságban; (*unharmed*) épségben, szerencsésen
safety ['seɪftɪ] *n* biztonság(i) || ~ **belt** biztonsági öv; ~ **gap** követési távolság; ~ **island** *US* járdasziget; ~ **pin** biztosítótű
saffron ['sæfrən] *n* sáfrány
sag [sæg] *v* -gg- behajlik, belóg
sage [seɪdʒ] *n* (*plant*) zsálya
said [sed] *pt/pp* → **say**
sail [seɪl] **1.** *n* vitorla || **be under ~** (*ship*) úton van **2.** *v* (*travel*) vitorlázik, hajózik; (*person*) hajóval megy; (*leave port*) kifut || **go ~ing** vitorlázik, hajózik, hajóval megy;

~ **under French flags** francia
zászló alatt hajózik
sail into (port) (*ship*) befut
sailboard ['seɪlbɔːd] *n* szörf
sailboat ['seɪlbɔːt] *n US* vitorlás
(hajó)
sailing ['seɪlɪŋ] **1.** *a* vitorlás **2.** *n*
(*sport*) vitorlázás
sailing boat *n* vitorlás (hajó)
sailor ['seɪlə] *n* tengerész, matróz,
hajós
sailplane ['seɪlpleɪn] *n* vitorlázó
repülőgép
saint [seɪnt] *n* szent (*before names:*
St [sənt])
sake [seɪk] *n* **for sy's** ~, **for the** ~
of sy vk kedvéért/miatt; **for
God's** ~ az Isten szerelmére!
salad ['sæləd] *n* (*dish*) saláta ‖ ~
bowl salátástál; ~ **cream** majo-
néz; ~ **dressing** salátaöntet; ~ **oil**
salátaolaj
salami [sə'lɑːmɪ] *n* szalámi
salaried ['sælərɪd] *a* fizetéses, fix
fizetésű ‖ **the** ~ **classes** a fizetés-
ből élők
salary ['sælərɪ] *n* fizetés
sale [seɪl] *n* eladás, árusítás; (*at
reduced price*) (engedményes) vá-
sár ‖ **for** ~ (*by owner*) eladó; **on** ~
(*in shop*) eladó, kapható
sales assistant *n* eladó(nő), elá-
rusító(nő)
salesman ['seɪlzmən] *n* (*pl* **-men**)
(*in shop*) eladó; (*representative*)
ügynök
salesmanship ['seɪlzmənʃɪp] *n*
eladás művészete
sales-room *n* árverési csarnok/te-
rem
saleswoman ['seɪlzwʊmən] *n* (*pl*
-women) eladónő, elárusítónő

salient ['seɪlɪənt] *a* kiugró, kiszögellő
saliva [sə'laɪvə] *n* nyál
salmon ['sæmən] *n* lazac
saloon [sə'luːn] *n* (*room*) szalon;
(*car*) négyajtós kocsi; *US* (*bar*)
approx söntés, bár
salt [sɔːlt] **1.** *n* só **2.** *v* (meg)sóz
salt away (*food*) besóz; (*money*)
félretesz
saltless ['sɔːltlɪs] *a* sótalan
salt water (*sea*) sós víz
salty ['sɔːltɪ] *a* sós (ízű)
salutary ['sæljʊtrɪ] *a* üdvös
salute [sə'luːt] **1.** *n mil* tisztelgés;
(*of guns*) üdvlövés **2.** *v mil* (*make
salute*) tiszteleg, szalutál
salvage ['sælvɪdʒ] **1.** *n* mentés(i
munkálat) **2.** *v* megment, kiment
salvage vessel *n* mentőhajó
salvation [sæl'veɪʃn] *n rel* üdvös-
ség, üdvözülés ‖ **S~ Army** üdv-
hadsereg
salve [sælv] *n* gyógyír, kenőcs
salver ['sælvə] *n* tálca
same [seɪm] *a/pron* ugyanaz, azo-
nos ‖ **the** ~ ... **as** ugyanaz(t),
mint..., ugyanolyan ... mint; **in the**
~ **breath** egy füst alatt; **the** ~ **day**
ugyanazon a napon; aznap; **at the**
~ **time** ugyanabban az időben,
ugyanakkor
sample ['sɑːmpl] **1.** *n* (*specimen*)
minta, (minta)példány **2.** *v* (*food,
wine*) (meg)kóstol
sanatorium [sænə'tɔːrɪəm] *n* (*pl*
-riums *or* **-ria** [-rɪə]) szanatórium
sanction ['sæŋkʃn] **1.** *n* (*permis-
sion*) jóváhagyás; (*penalty*) szank-
ció **2.** *v* jóváhagy
sanctity ['sæŋktətɪ] *n* szentség
sanctuary ['sæŋktʃʊərɪ] *n rel* szen-
tély; (*refuge*) menedékhely

sand [sænd] *n* homok, föveny; (*beach*) homokos part/strand
sandal ['sændl] *n* szandál, saru
sandbank ['sændbæŋk] *n* homokzátony
sand box *n US* = **sandpit**
sand dune *n* homokdűne
sand-glass *n* homokóra
sandpaper ['sændpeɪpə] *n* csiszolópapír, *col* smirgli
sandpit ['sændpɪt] *n* (*for children*) homokozó
sandstone ['sændstəʊn] *n* homokkő
sandstorm ['sændstɔːm] *n* homokvihar
sandwich ['sænwɪdʒ] **1.** *n* szendvics **2.** *v* **be ~ed (between)** közbeékelődik
sandwich board *n* reklámtábla
sandwich course *n GB* elméleti és gyakorlati oktatás
sandy ['sændɪ] *a* homokos; (*hair*) vörösesszőke
sane [seɪn] *a* épeszű, józan gondolkodású
sang [sæŋ] *pt* → **sing**
sanitarium [sænə'teərɪəm] *n* (*pl* **-riums** *or* **-ria** [-nə]) *US* szanatórium
sanitary ['sænɪtrɪ] *a* (*of health*) egészségi, (köz)egészségügyi; (*clean*) tiszta || **~ pad** egészségügyi/intim betét
sanitation [sænɪ'teɪʃn] *n* (köz)egészségügy
sanity ['sænətɪ] *n* józan ész, józanság
sank [sæŋk] *pt* → **sink**
Santa Claus ['sæntə klɔːz] *n* (*at Christmas*) Mikulás (bácsi)
sap [sæp] **1.** *n* (*of plant*) nedv; (*energy*) életerő **2.** *v* **-pp-** életerőt kiszív vkből

sapling ['sæplɪŋ] *n* facsemete
sapphire ['sæfaɪə] *n* zafír
sarcastic [sɑː'kæstɪk] *a* gúnyos, rosszmájú, szarkasztikus || **~ remark** epés megjegyzés
sardine [sɑː'diːn] *n* szardínia
Sardinia [sɑː'dɪnɪə] *n* Szardínia
sardonic [sɑː'dɒnɪk] *a* keserűen gúnyos, kaján, cinikus
sash window [sæʃ] *n* tolóablak
sat [sæt] *pt/pp* → **sit**
Satan ['seɪtn] *n* sátán
satanic [sə'tænɪk] *a* sátáni, ördögi
Satanism ['seɪtənɪzəm] *n* sátánizmus
Satanist ['seɪtənɪst] *n* sátánista
satchel ['sætʃl] *n* (*child's*) iskolatáska
sated ['seɪtɪd] *a* jóllakott, kielégült, eltelt
satellite ['sætəlaɪt] *n* mellékbolygó, hold; *fig* csatlós
satin ['sætɪn] *n tex* szatén
satire ['sætaɪə] *n* szatíra
satiric(al) [sə'tɪrɪk(l)] *a* szatirikus
satisfaction [sætɪs'fækʃn] *n* (*satisfying*) kielégítés; (*being satisfied*) kielégülés
satisfactorily [sætɪs'fæktərɪlɪ] *adv* kielégítően, megfelelően
satisfactory [sætɪs'fæktrɪ] *a* kielégítő; (*mark*) közepes
satisfy ['sætɪsfaɪ] *v* kielégít; (*convince*) megnyugtat/biztosít (*of* vmről)
satisfying ['sætɪsfaɪɪŋ] *a* (*answer*) kielégítő, megnyugtató; (*food*) kiadós
saturate ['sætʃəreɪt] *v chem* telít
saturation [sætʃə'reɪʃn] *n chem* telítés
Saturday ['sætədɪ] *n* szombat || **~ off** szabad szombat; → **Monday**

sauce [sɔːs] n mártás, szósz
saucepan ['sɔːspən] n (nyeles) serpenyő/lábas
saucer ['sɔːsə] n csészealj
saucy ['sɔːsɪ] a (impudent) szemtelen, pimasz; (coquettish) kacér
sauna ['sɔːnə] n szauna
saunter ['sɔːntə] v bandukol
sausage ['sɒsɪdʒ] n approx kolbász
‖ ~ roll zsemlében sült kolbász
sauté ['səʊteɪ] a (meat, potato) pirított, pirítva
savage ['sævɪdʒ] 1. a vad, brutális 2. n vadember
savagery ['sævɪdʒrɪ] n vadság, kegyetlenség, brutalitás
save [seɪv] 1. n sp védés 2. v (protect, rescue) megment, megóv, (meg)véd (from vmtől); (prevent) megkímél (sy sg vkt vmtől); (spare) megtakarít, spórol; rel megvált, üdvözít; sp véd; comput elment ‖ to ~ space helykímélés céljából; ~ time időt nyer; ~ against a rainy day félretesz nehéz időkre
saver ['seɪvə] n takarékos ember
saving ['seɪvɪŋ] 1. a (meg)mentő 2. n takarékosság; (rescue) megmentés ‖ ~s pl megtakarítás
savings account ['seɪvɪŋz] n folyószámla
savings bank n takarékpénztár
saviour (US -or) ['seɪvɪə] n megmentő ‖ the S~ a Megváltó, az Üdvözítő
savour (US -or) ['seɪvə] 1. n íz, aroma, zamat 2. v ízlel(get)
savoury (US -ory) ['seɪvərɪ] 1. a (tasty) jóízű 2. n pikáns utóétel
savoy (cabbage) [sə'vɔɪ] n kelkáposzta, fodorkel

saw[1] [sɔː] 1. n fűrész 2. v (pt ~ed, pp sawn [sɔːn] or ~ed) fűrészel
saw[2] [sɔː] pt → see
sawmill ['sɔːmɪl] n fűrésztelep
sawn [sɔːn] pp → saw[1]
saxophone ['sæksəfəʊn] n szaxofon
say [seɪ] 1. n beleszólás; mondanivaló ‖ it's my ~ now letettem a garast 2. v (pt/pp said [sed]) mond, elmond, kimond ‖ as we ~ ahogy mondani szokás; how do you ~ it in English? hogy mondják angolul?; I ~ (exclamation) izé; ~ goodbye to sy elbúcsúzik vktől; he is said to be coming állítólag jön
saying ['seɪɪŋ] n szólás
scab [skæb] n rüh
scabby ['skæbɪ] a (person) rühes
scaffold ['skæfəʊld] n állvány(zat); (for execution) vesztőhely
scaffolding ['skæfəldɪŋ] n állvány(zat)
scald [skɔːld] 1. n égési seb 2. v (vegetable) leforráz; (milk) forral
scalding ['skɔːldɪŋ] a forró
scale[1] [skeɪl] 1. n (instrument) mérleg(serpenyő); (measure) mérce; (on map) lépték; (gradation) skálabeosztás; mus skála ‖ ~ of wages bérskála; ~s pl (in kitchen) mérleg 2. v vmennyit nyom
scale down arányosan kisebbít
scale[2] [skeɪl] n (of fish) pikkely; (in boiler, pipe) vízkő
scale model n mérethű modell, makett
scallop ['skɒləp] n zoo fésűkagyló
scalp [skælp] n fejbőr, skalp

scalpel ['skælpəl] *n* szike
scamp [skæmp] *n* haszontalan gyerek, kópé
scamper ['skæmpə] *v* elillan, megugrik
scan [skæn] *v* **-nn-** (*examine*) átvizsgál; *el* letapogat
scandal ['skændl] *n* botrány
scandalous ['skændələs] *a* botrányos
Scandinavia [skændɪ'neɪvɪə] *n* Skandinávia
Scandinavian [skændɪ'neɪvɪən] *a/n* skandináv
scanner ['skænə] *n* szkenner; (bizonylat)letapogató
scanty ['skæntɪ] *a* hiányos, fogyatékos, szegényes
scapegoat ['skeɪpgəʊt] *n* bűnbak
scar [skɑː] **1.** *n* heg, sebhely, forradás **2.** *v* **-rr-** hegesedik
scarce [skeəs] *a* ritka, gyér ‖ **make oneself** ~ *col* elhúzza a csíkot; elpárolog
scarcely ['skeəslɪ] *adv* alig
scarcity ['skeəsətɪ] *n* hiány
scare [skeə] **1.** *n* ijedelem, rémület **2.** *v* megijeszt, megrémít ‖ **be ~d stiff** halálra rémül
scarecrow ['skeəkrəʊ] *n* also *fig* madárijesztő
scaremonger ['skeəmʌŋgə] *n* rémhírterjesztő
scarf [skɑːf] *n* (*pl* **scarves** [skɑːvz]) sál, (váll)kendő
scarlet ['skɑːlət] *a/n* skarlát(vörös) ‖ ~ **(-fever)** *med* skarlát
scarred [skɑːd] *a* forradásos, ragyás ‖ ~ **by small pox** himlőhelyes
scarves [skɑːvz] *pl* → **scarf**
scary ['skeərɪ] *a* ijesztő

scathing ['skeɪθɪŋ] *a* (*remark*) maró
scatter ['skætə] *vt* (*disperse*) (szét)szór; (*spread*) (el)terjeszt ‖ *vi* (*light*) terjed, szóródik; (*crowd, clouds*) eloszlik, szétoszlik
scatter about (*objects*) szétszór
scatter-brain(ed) *a/n* hebehurgya, kelekótya
scavenger ['skævɪndʒə] *n* (*person*) guberáló; (*animal*) dögevő állat
scenario [sɪ'nɑːrɪəʊ] *n* (*of film, play*) szövegkönyv; (*of programme*) forgatókönyv
scene [siːn] *n* (*of play*) szín, jelenet; (*of event*) színhely ‖ **on the** ~ a helyszínen
scenery ['siːnərɪ] *n* theat díszlet, színfalak; (*landscape*) panoráma
scent [sent] *n* illat; (*sense of smell*) szaglás
scent bottle *n* kölnisüveg
scepter ['septə] *n US =* **sceptre**
sceptic (*US* **skep-**) ['skeptɪk] *n* kételkedő, szkeptikus
sceptical (*US* **skep-**) ['skeptɪkl] *a* szkeptikus, kételkedő
sceptre (*US* **-ter**) ['septə] *n* jogar
schedule ['ʃedjuːl, *US* 'skedʒʊl] **1.** *n* program; (*plan*) ütemterv, ütemezés; *US* (*timetable*) menetrend ‖ **fall behind** ~ *col* (*of work*) elúszik; **on** ~ terv/menetrend szerint **2.** *v* beütemez
scheduled ['ʃedjuːld, *US* 'skedʒʊld] *a* menetrendszerű
scheme [skiːm] **1.** *n* séma, vázlat; (*project*) elgondolás; (*plot*) cselszövés **2.** *v* áskálódik (*against sy* vk ellen)
scheme against sy vkt fúr
scheming ['skiːmɪŋ] **1.** *a* cselszövő, intrikus **2.** *n* cselszövés, intrika

schizophrenia [skɪtsə'friːnɪə] *n* tudathasadás, szkizofrénia

scholar ['skɒlə] *n* (*learned person*) tudós; (*student*) ösztöndíjas

scholarly ['skɒləlɪ] *a* (*work*) tudományos; (*person*) tudós

scholarship ['skɒləʃɪp] *n* (*grant*) ösztöndíj

school [skuːl] *n* iskola; (*lessons*) tanítás; (*department, faculty*) kar, fakultás; US (*university*) egyetem, főiskola ‖ **be at** ~ iskolába jár

school age *n* iskolaköteles kor

schoolbag ['skuːlbæg] *n* iskolatáska

schoolbook ['skuːlbʊk] *n* tankönyv

schoolboy ['skuːlbɔɪ] *n* iskolás, kisdiák

school break *n* (óraközi) szünet

schooldays ['skuːldeɪz] *n pl* diákévek

schoolfellow ['skuːlfeləʊ] *n* = schoolmate

schoolgirl ['skuːlgɜːl] *n* iskolás leány, diáklány

schooling ['skuːlɪŋ] *n* iskoláztatás, neveltetés

school-leaver *n* végzős

schoolmaster ['skuːlmɑːstə] *n* tanár

schoolmate ['skuːlmeɪt] *n* diáktárs, iskolatárs

schoolmistress ['skuːlmɪstrəs] *n* tanárnő

school report *n* (iskolai) bizonyítvány, iskolai értesítő

school teacher *n* tanár(nő); (*primary*) tanító(nő)

science ['saɪəns] *n* (*organized knowledge*) tudomány; (*natural* ~) természettudomány(ok) ‖ ~ fic-

tion tudományos-fantasztikus regény(irodalom), sci-fi

scientific [saɪən'tɪfɪk] *a* tudományos

scientist ['saɪəntɪst] *n* (*of natural, physical sciences*) kutató, tudós

sci-fi [saɪ'faɪ] *n* sci-fi

scintillating ['sɪntɪleɪtɪŋ] *a* szikrázó, csillogó, sziporkázó

scissors ['sɪzəz] *n pl* (**a pair of**) ~ olló

scoff [skɒf] (*mock*) *v* kigúnyol, kicsúfol (*at* vmt, vkt)

scold [skəʊld] *v* (meg)szid

scone [skɒn] *n approx* pogácsa

scoop [skuːp] **1.** *n* (*shovel*) lapát; (*for ice cream*) adagolókanál; kanál; (*news*) szenzációs hír **2.** *v* ~ **out** kimártogat ‖ ~ **sg out of sg** vmt vmből kimer

scooter ['skuːtə] **1.** *n* (*motor cycle*) robogó; (*toy*) roller **2.** *v* rollerozik

scope [skəʊp] *n* (*extent*) kiterjedés; (*range of activity*) működési kör; terület

scorch [skɔːtʃ] *v* (*sun*) éget, perzsel; (*earth*) kiszárít

scorching ['skɔːtʃɪŋ] *a* (*sun*) tűző

score [skɔː] **1.** *n* (*points*) pont, pontszám; (*football etc.*) gólarány; *mus* partitúra; (*twenty*) húsz (darab) ‖ **on what** ~? milyen alapon?, mi okból?; **what's the** ~? mi az eredmény? **2.** *v sp* (*give points*) pontoz; (*get points*) pontot ér el ‖ ~ **a goal** gólt rúg/lő

scoreboard ['skɔːbɔːd] *n* eredményhirdető tábla

scoreless ['skɔːlɪs] *a* gól nélküli

scorer ['skɔːrə] *n* (*judge*) pontozó; (*of point*) pontszerző; (*of goal*) góllövő

scorn [skɔːn] **1.** *n* lenézés, megvetés **2.** *v* lenéz, megvet
scornful ['skɔːnfəl] *a* megvető, fitymáló, gúnyos
scornfully ['skɔːnflɪ] *adv* megvetően, lenézően, gőgösen
scorpion ['skɔːpɪən] *n* skorpió
Scot [skɒt] *n* (*person*) skót
Scotch [skɒtʃ] *n* skót whisky
scotch [skɒtʃ] *v* (*end*) véget vet (vmnek), leállít (vmt)
Scotch tape *n US* cellux
scot-free [skɒt'friː] *adv* (*unpunished*) büntetlenül; (*unharmed*) sértetlenül
Scotland ['skɒtlənd] *n* Skócia
Scots [skɒts] *a* skót
Scotsman ['skɒtsmən] *n* (*pl* -men) skót férfi
Scotswoman ['skɒtswʊmən] *n* (*pl* -women) skót nő
Scottish ['skɒtɪʃ] *a* skót
scoundrel ['skaʊndrəl] *n* gazember, gazfickó
scour ['skaʊə] *v* (*clean*) súrol
scourer ['skaʊərə] *n* súrolókefe, „dörzsike"
scourge [skɜːdʒ] *n* korbács
scout [skaʊt] **1.** *n* felderítő, járőr ‖ S~ cserkész **2.** *v* felderít
Scouting ['skaʊtɪŋ] *n* cserkészet
scoutmaster ['skaʊtmaːstə] *n* cserkészparancsnok, -tiszt
scowl [skaʊl] **1.** *n* dühös tekintet **2.** *v* ~ **at sy** dühösen néz vkre
scrabble ['skræbl] *v* négykézláb keres
Scrabble ['skræbl] *n* kirakós játék, játék a betűkkel
scraggy ['skrægɪ] *a* vézna, csenevész

scram [skræm] *v* ~! kotródj innen!, ki innen!
scramble ['skræmbl] *v* ~ **for sg** vmért tülekedik
scrambled eggs ['skræmbld] *n pl* rántotta
scrap[1] [skræp] **1.** *n* (*bit*) darabka; (*waste*) hulladék; (*of iron*) ócskavas ‖ **not a** ~ semmi **2.** *v* szemétre dob; → **scraps**
scrap[2] [skræp] *col* **1.** *n* (*fight*) verekedés, bunyó **2.** *v* verekedik, bunyózik
scrape [skreɪp] **1.** *n* kaparás; (*sound*) nyekergetés **2.** *v* (*scratch*) kapar, (meg)karcol; (*make clean*) vakar; (*rub*) ledörzsöl
scrape through átcsúszik (*vizsgán*)
scrape up *col* (*money*) kiizzad
scraper ['skreɪpə] *n* (*tool*) vakaró; (*person*) zsugori
scrap heap *n* ócskavasdomb
scrappy ['skræpɪ] *a* hiányos, szedett-vedett
scraps ['skræps] *n pl* ócskavas; → **scrap**[1]
scratch [skrætʃ] **1.** *n* karcolás ‖ **be up to** ~ *col* megüti a mértéket; **start from** ~ semmiből kezdi **2.** *v* (meg)karcol ‖ ~ **a living** eléldegél
scratchpad ['skrætʃpæd] *n US* jegyzettömb
scrawl [skrɔːl] **1.** *n* irkafirka, rossz kézírás **2.** *v* csúnyán ír; kapar
scream [skriːm] **1.** *n* sikoltás, sikoly **2.** *v* sikolt, rikácsol
screech [skriːtʃ] *v* rikácsol, sikolt
screen [skriːn] **1.** *n* (*for fire*) ellenző; (*for film*) (vetítő)vászon; *TV* (kép)ernyő **2.** *v* (*hide, protect*) fe-

dez, elfed; (*filter*) szűr; (*show*) vetít; *med* (meg)szűr

screening ['skri:nɪŋ] *n* (*sifting*) szűrés; (*of film*) vetítés ‖ ~ **for cancer** rákszűrés

screenplay ['skri:npleɪ] *n* (*of film*) szövegkönyv, forgatókönyv

screw [skru:] **1.** *n* csavar; (*propeller*) hajócsavar ‖ **have a** ~ **loose** *col* hiányzik egy kereke **2.** *vt* becsavar | *vi* csavarodik ‖ ~ **tight** csavart meghúz

screwball ['skru:bɔ:l] *n US col* őrült/dilis (alak)

screwdriver ['skru:draɪvə] *n* csavarhúzó

scribble ['skrɪbl] **1.** *n* ákombákom, irkafirka **2.** *v* firkál, irkál

script [skrɪpt] **1.** *n* (*scenario*) szövegkönyv, forgatókönyv; (*text*) szöveg; (*handwriting*) kézírás; (*alphabet*) írás; (*examination paper*) vizsgadolgozat

Scriptures, the ['skrɪptʃəz] *n pl rel* a Szentírás

scroll [skrəʊl] *n* kézirattekercs

scrounge [skraʊndʒ] *v col* elcsen, „szerez" (*from* vktől)

scrub [skrʌb] **1.** *n* bozót **2.** *v* **-bb-** (*floor*) felmos, felsúrol ‖ ~ **sg clean** tisztára súrol vmt

scruff [skrʌf] *n* tarkó(bőr)

scruffy ['skrʌfɪ] *a col* ápolatlan, koszos

scrum(mage) ['skrʌm(ɪdʒ)] *n sp* (*in rugby*) csomó

scruple ['skru:pl] *n* (lelkiismereti) aggály; skrupulus

scrupulous ['skru:pjʊləs] *a* lelkiismeretes, aggályos(kodó)

scrutinize ['skru:tɪnaɪz] *v* (meg)-vizsgál, átvizsgál

scrutiny ['skru:tɪnɪ] *n* alapos vizsgálat

scuff [skʌf] *v* csoszog

scuffle ['skʌfl] *n* dulakodás

sculptor ['skʌlptə] *n* szobrász

sculpture ['skʌlptʃə] *n* (*art*) szobrászat; (*statue*) szobor

scum [skʌm] *n* (*on liquid*) hab; *fig* söpredék

scurf [skɜ:f] *n* (*on scalp*) korpa

scurry ['skʌrɪ] *v* surran

scurvy ['skɜ:vɪ] *n* skorbut

scuttle[1] ['skʌtl] *n* (*coal* ~) szenesvödör

scuttle[2] ['skʌtl] *n* (*on ship*) fedélzeti lejáró

scythe [saɪð] *n* kasza

SE = south-east(ern)

sea [si:] *n* tenger ‖ **across the** ~ tengeren túl; **by the** ~ a tenger mellett; **by** ~ tengeri úton, hajóval, hajón; **be all at** ~ *col* nem ismeri ki magát

seaboard ['si:bɔ:d] *n* tengerpart

sea breeze *n* tengeri szél

seafood ['si:fu:d] *n* tengeri hal/rák és kagyló

sea front *n* (*of town*) tengerparti rész

seagoing ['si:gəʊɪŋ] *a* tengerjáró

seagull ['si:gʌl] *n* (tengeri) sirály

seal[1] [si:l] **1.** *n* (*of wax*) pecsét **2.** *v* (*letter*) leragaszt

seal[2] [si:l] *n* (*animal*) fóka

sea level *n* tengerszint ‖ **100 metres above** ~ 100 méterre a tengerszint fölött

sea-lion *n* oroszlánfóka

seam [si:m] *n* varrat, varrás

seaman ['si:mən] *n* (*pl* **-men**) tengerész, hajós

seamy ['si:mɪ] *a* mocskos ‖ **the** ~ **side of life** az élet árnyoldala

seaplane ['si:pleɪn] *n* hidroplán
seaport ['si:pɔ:t] *n* tengeri kikötő
sear [sɪə] *v* kiéget
search [sɜ:tʃ] **1.** *n* kutatás/keresés (*for* vm után) ‖ **be in ~ of** sg kutatva keres vmt **2.** *v* (*look for*) keres, kutat; (*examine*) átvizsgál **search for** sg (*look for*) keres; (*look up*) kikeres **search through** átkutat
searcher ['sɜ:tʃə] *n* (*person*) kutató; (*device*) szonda
searching ['sɜ:tʃɪŋ] *a* kutató; (*look*) fürkésző
searchlight ['sɜ:tʃlaɪt] *n* (*reflector*) fényszóró; (*beam*) fénykéve
search party *n* mentőosztag
search warrant *n* házkutatási parancs
sea shell *n* tengeri kagyló
seashore ['si:ʃɔ:] *n* tengerpart
seasick ['si:sɪk] *a* tengeribeteg
seasickness ['si:sɪknɪs] *n* tengeribetegség
seaside ['si:saɪd] *n/a* tengerpart(i) ‖ **~ resort** tenger(part)i üdülőhely
season ['si:zn] **1.** *n* (*of year*) évszak; (*for activity*) idény, szezon ‖ **off ~** holt szezon; **the ~'s greetings!** kellemes ünnepeket (kívánunk)! **2.** *v* (*food*) fűszerez
seasonal ['si:zənl] *a* idényjellegű, idény-
seasoned ['si:znd] *a* (*food*) fűszeres
seasoning ['si:znɪŋ] *n* fűszer(ezés)
season ticket *n* bérlet(jegy)
seat [si:t] **1.** *n* ülés, (ülő)hely; (*in Parliament*) képviselői mandátum; (*buttock*) ülep ‖ **take a ~** helyet foglal **2.** *v* **please be ~ed** (kérem,) foglaljon helyet; **the hall**

~s 500 people a terem befogadóképessége 500 személy
seat belt *n* biztonsági öv
seat reservation *n* helyfoglalás
sea water *n* tengeri víz
seaweed ['si:wi:d] *n* tengeri hínár
seaworthy ['si:wɜ:ðɪ] *a* hajózásra alkalmas
sec = *second* másodperc, s
secession [sɪ'seʃn] *n* (*from state*) elszakadás
secluded [sɪ'klu:dɪd] *a* félreeső, magányos
seclusion [sɪ'klu:ʒn] *n* **live in ~** elvonultan él
second ['sekənd] **1.** *a* második ‖ **~ floor** *GB* második emelet; *US* első emelet **2.** *n* másodperc, pillanat; (*gear*) kettes, második sebesség ‖ **just this ~** ebben a percben **3.** *v* (*support*) támogat
secondary ['sekəndrɪ] *a* (*subordinate*) másodlagos; (*less important*) mellékes
secondary school *n* középiskola
second-class *a* másodosztályú
second hand *n* másodpercmutató
second-hand 1. *a* használt, antikvár **2.** *adv* másodkézből, használtan
secondly ['sekəndlɪ] *adv* másodszor, másodsorban
second-rate *a* másodrendű, silány
Second World War, the *n* a második világháború
secrecy ['si:krəsɪ] *n* titoktartás
secret ['si:krɪt] **1.** *a* titkos **2.** *n* titok ‖ **in ~** titokban
secretarial [sekrə'teərɪəl] *a* titkári, titkárnői
secretary ['sekrətrɪ] *n* titkár, titkárnő ‖ **S~** miniszter; *GB* államtitkár;

S~-General *n* főtitkár; S~ of Defense *n US* védelmi miniszter; S~ of State *GB* miniszter; *US* külügyminiszter; S~ of the Treasury *US* pénzügyminiszter

secretly ['siːkrətlı] *adv* titkon

sect [sekt] *n rel* szekta

sectarian [sek'teərıən] *a* szektariánus, szektás

section ['sekʃn] *n* (*part*) rész; (*department*) osztályrészleg; (*at conference*) szekció; (*of book, law*) szakasz, paragrafus

sector ['sektə] *n* (*branch*) szektor; (*of circle*) körcikk

secular ['sekjʊlə] *a* világi

secure [sı'kjʊə] 1. *a* biztonságos ‖ ~ job biztos állás/megélhetés 2. *v* (*make safe*) biztosít, megvéd; (*obtain*) kieszközöl

securities *n pl* értékpapír(ok), kötvény(ek)

security [sı'kjʊərətı] *n* (*safety*) biztonság; (*money*) biztosíték; → securities

security forces *n pl* állambiztonsági erők/rendőrség

sedan [sı'dæn] *n US* négyajtós (nagy)kocsi

sedation [sı'deıʃn] *n med* nyugtatás, szedálás, csillapítás

sedative ['sedətıv] *n* nyugtató(szer)

sedentary ['sedntrı] *a* ~ job ülő foglalkozás

sedge [sedʒ] *n* sás

sediment ['sedımənt] *n* üledék

seditious [sı'dıʃəs] *a* államellenes, lázító

seduce [sı'djuːs] *v* elcsábít

seducer [sı'djuːsə] *n* csábító

seduction [sı'dʌkʃn] *n* (el)csábítás

seductive [sı'dʌktıv] *a* csábító

see [siː] *v* (*pt* saw [sɔː], *pp* seen [siːn]) lát; (*understand*) felfog; (meg)ért; (*visit*) meglátogat; (*receive*) fogad; (*take care*) gondoskodik, utánanéz ‖ I ~! értem!; I'll/we'll ~ majd meglátjuk!; you have to ~ a doctor orvoshoz kell fordulni; ~ you (*soon*) (mielőbbi) viszontlátásra

see about vmnek utánanéz

see sy off kikísér (*állomásra*)

see sy out kikísér (*ajtóhoz*)

see through sy/sg átlát vkn, vmn

see to sg (*or* doing sg) intézkedik, utánanéz (vmnek)

seed [siːd] *n bot* mag

seeded player ['siːdıd] *n* kiemelt játékos

seedless ['siːdlıs] *a* (*fruit*) mag nélküli

seedy ['siːdı] *a* (*fruit*) magvas, sokmagvú; *col* (*shabby*) topis, rongyos, ágrólszakadt

seeing ['siːıŋ] 1. *conj* ~ (that) tekintettel arra(, hogy) ... 2. *n* látás

seek [siːk] *v* (*pt/pp* sought [sɔːt]) keres

seem [siːm] *v* látszik, tűnik ‖ it ~s as if ... úgy tűnik, mintha

seemingly ['siːmıŋlı] *adv* látszólag

seen [siːn] *pp* → see

seep [siːp] *v* szivárog

see-saw *n* mérleghinta, libikóka

segment ['segmənt] *n math* (*of circle*) szelet; (*of orange*) gerezd

segregate ['segrıgeıt] *v* elkülönít

segregation [segrı'geıʃn] *n* faji elkülönítés

seismic ['saızmık] *a* földrengési, szeizmikus

seize [siːz] *v* (*grasp*) megfog, megragad; (*take hold of*) elvesz; (*take legally*) lefoglal || **be ~d with sg** vm rájön vkre, elfogja vm
seize on/upon kapva kap vmn
seize up (*engine*) besül
seizure [ˈsiːʒə] *n law* lefoglalás, elkobzás; *med* roham
seldom [ˈseldəm] *adv* ritkán
select [sɪˈlekt] *v* kiválogat
selection [sɪˈlekʃn] *n* válogatás, (ki)választás
self [self] *n* (*pl* **selves** [selvz]) (saját) maga
self-adhesive *a* öntapadó(s)
self-assured *a* magabiztos
self-catering *a* (*holiday flat*) ellátás nélkül; önkiszolgálással
self-centred (*US* **-centered**) *a* önző, egocentrikus
self-confidence *n* önbizalom
self-conscious *a* öntudatos
self-contained *a* (*person*) zárkózott; *GB* (*flat*) külön bejáratú
self-contented *a* önelégült
self-defence (*US* **-se**) *n* önvédelem
self-denial *n* önmegtagadás
self-discipline *n* önfegyelem
self-employed *a* önálló, maszek
self-government *n* önkormányzat, autonómia
self-interest *n* önérdek
selfish [ˈselfɪʃ] *a* önző
selfishness [ˈselfɪʃnɪs] *n* önzés
selfless [ˈselflɪs] *a* önzetlen
selflessly [ˈselflɪslɪ] *adv* önzetlenül
self-made man *n* (*pl* **men**) aki a maga erejéből lett azzá, ami
self-pity *n* önsajnálat
self-portrait *n* önarckép
self-possessed *a* nagy önuralommal rendelkező

self-possession *n* önuralom
self-reliant *a* magabízó, önmagában bízó
self-respect *n* önbecsülés
self-sacrifice *n* önfeláldozás
selfsame [ˈselfseɪm] *a* ugyanaz
self-satisfied *a* öntelt
self-serve *a US* önkiszolgáló
self-service 1. *a* önkiszolgáló 2. *n* (*in restaurant*) önkiszolgálás
sell [sel] *v* (*pt/pp* **sold** [səʊld]) *vt* árul, árusít, elad | *vi* || **be ~ing** (*goods*) fogy; **be ~ing like hot cakes** veszik, mint a cukrot
sell off kiárusít
sell out mindent elad
seller [ˈselə] *n* eladó
selling [ˈselɪŋ] *n* eladás
selling price *n* eladási ár
Sellotape [ˈseləʊteɪp] *n* cellux
sell-out *n* (*event*) telt ház, „minden jegy elkelt"; *col* (*betrayal*) (el)árulás
selves [selvz] *pl* → **self**
semaphore [ˈseməfɔː] *n* szemafor
semblance [ˈsembləns] *n* (*appearance*) látszat
semester [sɪˈmestə] *n school* félév, szemeszter
semi [ˈsemɪ] *n* = **semidetached house**
semicircle [ˈsemɪsɜːkl] *n* félkör
semicolon [ˈsemɪkəʊlən] *n* pontosveszsző
semiconductor [ˈsemɪkənˈdʌktə] *n el* félvezető
semi-detached house *n* ikerház
semifinal [ˈsemɪˈfaɪnl] *n* középdöntő; elődöntő
seminar [ˈsemɪnɑː] *n* (*class*) szeminárium
seminarist [ˈsemɪnərɪst] *n* kispap

seminary ['semɪnərɪ] *n rel* szeminárium
semi-official *a* félhivatalos
semiskilled [semɪ'skɪld] *a* (*worker*) betanított
senate ['senɪt] *n* szenátus
senator ['senətə] *n* szenátor
send [send] *v* (*pt/pp* **sent** [sent]) (el)küld, továbbít ‖ ~ (sy) sg by post postán küld vmt
send away vkt vhonnan elküld
send down (*from university*) eltanácsol, kizár
send for (*thing*) hozat; (*person*) (oda)hívat
send off (*goods*) elküld; *GB sp* (*player*) leküld a pályáról, kiállít
send out (to) vhová kiküld
sender ['sendə] *n* küldő
send-off *n sp* kiállítás
senior ['siːnɪə] **1.** *a* (*higher in rank*) rangidős; (*older*) idősebb, öregebb; (*after name*) idős(b), id. ‖ **he is two years my ~** két évvel öregebb nálam **2.** *n* (*at university*) *US* végzős; *US* felsőéves
senior citizen *n* nyugdíjas
senior high school *n US approx* általános iskola felső tagozata
seniority [siːnɪ'ɒrətɪ] *n* (*in rank*) rangidősség, magasabb rang
sensation [sen'seɪʃn] *n* (*sense*) érzékelés; (*physical feeling*) érzés, érzet; (*event*) szenzáció
sensational [sen'seɪʃnəl] *a* szenzációs
sense [sens] **1.** *n* (*organ*) érzékszerv; (*understanding*) értelem, ész; (*meaning*) jelentés, értelem ‖ ~ **of duty** kötelességérzet; ~ **of humour** humorérzék **2.** *v* érzékel, érez

senseless ['senslɪs] *a* értelmetlen; (*unconscious*) öntudatlan, eszméletlen
sensibility [sensə'bɪlətɪ] *n* érzékenység
sensible ['sensəbl] *a* bölcs, okos; (*reasonable*) ésszerű
sensibly ['sensəblɪ] *adv* okosan; (*reasonably*) ésszerűen
sensitive ['sensətɪv] *a* érzékeny (*to* vmre)
sensitivity [sensə'tɪvətɪ] *n* érzékenység
sensual ['senʃʊəl] *a* érzéki, testi
sensuality [senʃʊ'ælətɪ] *n* érzékiség
sensuous ['senʃʊəs] *a* érzéki
sent [sent] *pt/pp* → **send**
sentence ['sentəns] **1.** *n law* ítélet; *gram* mondat **2.** *v* elítél (*to* vmre) ‖ ~ **sy to death** halálra ítél
sentiment ['sentɪmənt] *n* érzelem, érzés
sentimental [sentɪ'mentl] *a* érzelmes, szentimentális
sentry ['sentrɪ] *n mil* őr(szem)
separable ['seprəbl] *a* elválasztható
separate 1. ['seprət] *a* elkülönített; különálló ‖ **under ~ cover** külön levélben **2.** ['sepəreɪt] *vt* elválaszt ‖ *vi* elválik ‖ **they are ~d** (*couple*) külön élnek; elváltak
separately ['seprətlɪ] *adv* külön, külön-külön
separation [sepə'reɪʃn] *n* (*separating*) elválasztás; (*being separated*) elkülönülés; *law* különélés
September [sep'tembə] *n* szeptember; → **August**
septic ['septɪk] *a* **go ~** elgennyed, elmérgesedik
sequel ['siːkwəl] *n* folytatás

sequence ['siːkwəns] *n* sorrendi következés, sorrend
sequential [sɪ'kwenʃl] *a* (*events*) egymás utáni; *comput* szekvenciális
Serbian ['sɜːbiən] *a/n* szerb
serenade [serə'neɪd] *n* szerenád
serene [sɪ'riːn] *a* derűs, nyugodt; (*unclouded*) derült
serenity [sɪ'renətɪ] *n* derű, nyugalom; (*of sky*) derültség
sergeant ['sɑːdʒənt] *n* őrmester
sergeant-major *n* törzsőrmester
serial ['sɪərɪəl] **1.** *a* (*novel*) folytatásos; *comput* soros **2.** *n* (*novel*) folytatásos regény; (*series*) tv-sorozat
serial number *n* sorszám; sorozatszám, gyártási szám
series ['sɪəriːz] *n* (*pl ~*) sorozat, széria; *TV* tévésorozat
serious ['sɪərɪəs] *a* komoly; (*illnes, injury*) súlyos
seriously ['sɪərɪəslɪ] *adv* komolyan; (*hurt*) súlyosan ‖ **take sg ~** vkt/vmt komolyan vesz
seriousness ['sɪərɪəsnɪs] *n* komolyság; súlyosság
sermon ['sɜːmən] *n* igehirdetés, prédikáció, szentbeszéd
serum ['sɪərəm] *n* (*pl* **-rums** *or* **-ra** [-rə]) szérum, védőoltás
servant ['sɜːvənt] *n* szolga ‖ **~s** *pl* házi személyzet
serve [sɜːv] *vt* szolgál; (*customer*) kiszolgál; (*food*) felszolgál ‖ *vi* szolgál (*as* vmül/vmként); (*in tennis*) adogat ‖ **~ for (sg)** vmre szolgál; **are you being ~d?** (*in restaurant*) tetszett már rendelni?; **it ~s him right** úgy kell neki!; megérdemelte!; **~ in the army**

katonai szolgálatot teljesít; **~ one's sentence** büntetését (ki)tölti
serve up tálal
server ['sɜːvə] *n* (*in restaurant*) felszolgáló; (*in tennis player*) adogató; (*tray*) tálca; *comput* szerver
service ['sɜːvɪs] **1.** *n* (*help, work*) szolgálat; (*of car*) átvizsgálás, szerviz; (*trains, buses*) viszonylat; járat; (*in church*) istentisztelet; (*in tennis*) adogatás; (*set of dishes*) szerviz; (*of food*) felszolgálás ‖ **~s** *pl* szolgáltatások ‖ **at your ~!** parancsára!; **~ included** kiszolgálással együtt; → **Services 2.** *v* átvizsgál; (*car*) szervizel
serviceable ['sɜːvɪsəbl] *a* használható, hasznos
service area *n* (*on motorway*) pihenőhely (szervizzel)
service charge *n* kiszolgálási díj
serviceman ['sɜːvɪsmən] *n* (*pl* **-men**) sorkatona, kiskatona
Services, the ['sɜːvɪsɪz] *n pl* a fegyveres erők
service station *n* benzinkút szervizállomással
serviette [sɜːvɪ'et] *n* szalvéta
servile ['sɜːvaɪl] *a* szolgai
session ['seʃn] *n* (*at university*) tanév, *US* évharmad; (*period of discussion*) ülés, ülésszak ‖ **be in ~** ülést tart, ülésezik
set [set] **1.** *a* (*rigid*) szilárd; (*fixed*) kötött; (*arranged*) megállapított; (*prescribed*) kötelező (*olvasmány*) ‖ **~ phrase** állandósult szókapcsolat **2.** *n* (*of cutlery, garment*) készlet, szerviz, szett; *tech* (*apparatus*) készülék; (*in tennis*) játszma, szett; (*in theatre*) díszlet; (*of*

hair) berakás || ~ **of china** porcelán étkészlet; ~ **of furniture** szobaberendezés **3.** *v* (*pt/pp* **set; -tt-**) *vt* (*place*) helyez, tesz, rak; (*adjust*) beállít; beszabályoz; (*fix*) kijelöl, kitűz; (*give a task*) felad (*leckét*); *print* (ki)szed | *vi* (*solidify*) megköt; megmerevedik; (*join*) összeforr || ~ **in motion** (*machine*) elindít; ~ **sail for** vhová elhajózik; ~ **free** (*sy*) szabadon enged, szabadjára enged (*sg*); ~ **sg on fire** lángra lobbant, felgyújt; ~ **the table** megterít
set about (doing) sg vmnek nekilát, vmhez hozzáfog
set aside (*hostilities*) félretesz, eltesz; (*money*) szán
set (sg) back (*put back*) visszatesz; (*retard*) visszavet || ~ **the clock back one hour** egy órával visszaállítja az órát
set off (*start*) útra kel, elindul; (*break out*) kirobbant || ~ **off to do sg** vmhez hozzáfog
set out elindul, útnak indul || ~ **out to do sg** elhatározza magát vmre
set to (*work*) vmnek nekilát; (*fight*) összeverekedik
set up (*institution*) létesít; (*building*) felépít; (*statue*) emel; (*committee*) alakít; (*business*) elindít || ~ **up a record** csúcsot felállít
set-back *n* balsiker, kudarc
settee [se'ti:] *n* kanapé
setter ['setə] *n* (hosszú szőrű) vizsla, szetter
setting ['setɪŋ] *n* (*of jewel*) foglalat; (*scene*) színhely; *tech* beállítás
settle ['setl] *vt* (*arrange*) elintéz, lezár; (*decide*) megold; (*bill*) kie-

gyenlít, kifizet | *vi* (*make home*) letelepedik, megállapodik; megtalálja a helyét; (*sink down*) leülepedik || **the matter is** ~**d** az ügy el van intézve; **be** ~**d** rendben van
settle down letelepedik; *fig* (*calm down*) megállapodik, rendbe jön || ~ (**oneself) down in a chair** székbe letelepedik
settle on (*dust*) rászáll, rárakódik
settle up (*bill*) elintéz, kiegyenlít
settlement ['setlmənt] *n* (*arrangement*) elintézés; (*payment*) kiegyenlítés; (*making home*) letelepedés; (*village*) település
settler ['setlə] *n* betelepülő, telepes
set-up *n* (*of committee*) összetétel; (*of organization*) felépítés
seven ['sevn] *num* hét || **at** ~ hét órakor, hétkor; **by** ~ hétre; ~ **hundred** hétszáz; ~ **of them** heten; ~ **times** hétszer
seventeen [sevn'ti:n] *num* tizenhét
seventeenth [sevn'ti:nθ] *num/a* tizenhetedik
seventh ['sevnθ] **1.** *num/a* hetedik **2.** *n* heted
seventieth ['sevntɪəθ] *num a* hetvenedik
seventy ['sevntɪ] *num* hetven || **the seventies** (*or* **the 70s** *or* **the 1970s**) a hetvenes évek
sever ['sevə] *v* leválaszt, kettéválaszt
several ['sevrəl] *a/pron* (*some*) néhány, több; (*separate*) különféle, különböző || ~ **of them** többen (közülük); ~ **times** többször
severally ['sevrəlɪ] *adv* külön-külön
severance ['sevərəns] *n* (*of relations*) megszakítás || ~ **pay** végkielégítés

severe [sɪ'vɪə] *a* szigorú; (*serious*) súlyos

severity [sɪ'verətɪ] *n* szigor; *fig* (*seriousness*) súlyosság

sew [səʊ] *v* (*pt* **sewed,** *pp* **sewn** [səʊn] *or* **sewed**) (*garment*) (meg)varr; (*book*) fűz

sew sg on rávarr, felvarr

sewage ['suːɪdʒ] *n* szennyvíz

sewer ['səʊə] *n* szennycsatorna

sewing ['səʊɪŋ] *n* varrás ‖ ~ **machine** varrógép

sewn [səʊn] *pp* → **sew**

sex [seks] **1.** *a* nemi, szexuális **2.** *n* (*condition*) szex, nemiség; (*act*) szex; (*gender*) nem ‖ **have ~ with sy** *col* vkvel közösül, lefekszik

sex act *n* nemi aktus

sexpot ['sekspɒt] *n* szexbomba

sextet [seks'tet] *n* szextett

sexual ['sekʃʊəl] *a* nemi, szexuális ‖ ~ **intercourse** nemi közösülés

sexually ['sekʃʊəlɪ] *adv* nemileg, szexuálisan ‖ ~ **transmitted disease** nemi úton terjedő betegség

sexy ['seksɪ] *a col* szexi(s)

SF [es 'ef] = **science fiction**

shabby ['ʃæbɪ] *a* (*dress*) kopott, ócska; *col* (*person*) topis

shack [ʃæk] *n* putri, viskó

shackles ['ʃæklz] *n pl* bilincs

shade [ʃeɪd] **1.** *n* árnyék; (*for lamp*) lámpaernyő; (*colour*) (szín)árnyalat ‖ **a ~ better** egy árnyalattal jobb; ~ **of colour** árnyalat; **in the ~ of sg** vmnek az árnyékában **2.** *v* megvéd, árnyékot csinál (*nap ellen*)

shadow ['ʃædəʊ] **1.** *n* árnyék ‖ **cast a ~ (on/over sy/sg)** árnyékot vet **2.** *v* ~ **sy** (észrevétlenül) követ vkt

shadow cabinet *n* árnyékkormány

shadowy ['ʃædəʊɪ] *a* árnyékos, árnyas

shady ['ʃeɪdɪ] *a* árnyas, árnyékos; (*transaction*) kétes, gyanús

shaft [ʃɑːft] *n* (*of tool*) nyél; (*of wheel*) tengely; (*in a mine*) akna

shaggy ['ʃægɪ] *a* bozontos

shake [ʃeɪk] **1.** *n* rázás, rázkódás; (*drink*) turmix **2.** *v* (*pt* **shook** [ʃʊk],* pp* **shaken** ['ʃeɪkən]) *vt* (meg)ráz ‖ *vi* (*quake*) reng; (*tremble*) (meg)rázkódik, reszket ‖ **to be ~n before use** használat előtt felrázandó; ~ **hands with sy** kezet fog vkvel; ~ **one's head** fejét rázza

shake off (*apple, snow*) leráz

shake (sy) up *also fig* felráz

shaken ['ʃeɪkən] *pp* → **shake**

shaky ['ʃeɪkɪ] *a* remegő; (*building*) rozoga

shall [ʃæl] *v* (*auxiliary verb for future tense*) fog ‖ **I ~** (*or* **I'll**) **go** el fogok menni, elmegyek; **I ~ not** (*or* **shan't**) **stay** nem fogok maradni, nem maradok

shallow ['ʃæləʊ] *a* (*water*) sekély; (*person*) felületes, felszínes

shallows ['ʃæləʊz] *n pl* sekély víz

sham [ʃæm] **1.** *a* tettetett **2.** *v* tettet, színlel

shambles ['ʃæmblz] *n sing.* rendetlenség, „kupi"

shame [ʃeɪm] *n* szégyen ‖ **bring ~ on sy** szégyent hoz vkre; **for ~!** szégyelld magad!, pfuj!; **what a ~!** milyen kár!

shameful ['ʃeɪmfəl] *a* szégyenletes, gyalázatos

shameless ['ʃeɪmlɪs] *a* szégyentelen, szemérmetlen

shampoo [ʃæm'puː] *n* sampon; (*washing*) hajmosás
shan't [ʃɑːnt] = **shall not**
shantytown ['ʃæntɪtaʊn] *n* viskótelep, kalibanegyed
shape [ʃeɪp] **1.** *n* alak, forma ‖ **be in bad ~** rossz bőrben van; **take ~** alakot/testet ölt, kialakul **2.** *vt* (meg)formál, (ki)alakít ‖ *vi* fejlődik, (ki)alakul
shape up alakul, fejlődik ‖ **be shaping up** formába lendül/jön
-shaped [ʃeɪpt] *a* alakú
shapeless ['ʃeɪplɪs] *a* alaktalan
shapely ['ʃeɪplɪ] *a* formás, jó alakú
share [ʃeə] **1.** *n* (osztály)rész; (*stock*) részvény **2.** eloszt ‖ **~ a room with sy** megosztozik vkivel a szobán
share in sg vmben részesül
share out vmt szétoszt/kioszt
shareholder ['ʃeəhəʊldə] *n* részvényes
share-out *n* osztozkodás
shark [ʃɑːk] *n* cápa; *pejor* (*swindler*) csaló
sharp [ʃɑːp] **1.** *a* (*knife, pain, wits, eyes*) éles ‖ *mus* **C ~ minor** ciszmoll; **~ bend** éles kanyar **2.** *adv* pontosan ‖ **at five (o'clock) ~** pontban ötkor **3.** *n mus* kereszt
sharpen ['ʃɑːpən] *v* (*knife*) (meg)élesít; (*pencil*) kihegyez
sharpener ['ʃɑːpənə] *n* (*pencil ~*) hegyező
sharp-eyed *a also fig* éles látású/szemű
sharply ['ʃɑːplɪ] *adv* élesen; (*stop*) hirtelen
sharpshooter ['ʃɑːpʃuːtə] *n* mesterlövész

shatter ['ʃætə] *vt* darabokra tör; *fig* letör
shave [ʃeɪv] **1.** *n* borotválás ‖ **have a ~** megborotválkozik; **he had a very close ~** egy hajszálon múlt, hogy elkerülte a bajt **2.** *vt* megborotvál ‖ *vi* megborotválkozik
shave off leborotvál
shaven ['ʃeɪvn] *a* borotvált
shaver ['ʃeɪvə] *n* villanyborotva
shaving cream *n* borotvakrém
shaving soap *n* borotvaszappan
shawl [ʃɔːl] *n* kendő
she [ʃiː] *pron* (*feminine*) ő; (*animal*) nőstény
she- *pref* nőstény
sheaf [ʃiːf] *n* (*pl* **sheaves** [ʃiːvz]) kéve
shear [ʃɪə] *v* (*pt* **sheared**, *pp* **shorn** [ʃɔːn] *or* **sheared**) (*sheep*) (meg)nyír ‖ **be shorn of sg** megfosztanak vkt vmtől
shears [ʃɪəz] *n pl* nyíróolló
sheath [ʃiːθ] *n* (*of sword*) hüvely; (*condom*) óvszer
sheave *v* kévét köt
sheaves [ʃiːvz] *pl* → **sheaf**
shed [ʃed] **1.** *n* fészer, szín, pajta **2.** *v* (*pt/pp* **shed** [ʃed]; **-dd-**) (*leaves, tears, blood*) hullat ‖ **~ its coat** vedlik; **~ its leaves** leveleit hullatja
she'd [ʃiːd] = **she had; she would; she should**
sheen [ʃiːn] *n* ragyogás, fény(esség)
sheep [ʃiːp] *n* (*pl ~*) juh, birka
sheepdog ['ʃiːpdɒg] *n* juhászkutya
sheepish ['ʃiːpɪʃ] *a* szégyenlős
sheepskin ['ʃiːpskɪn] *n* báránybőr, birkabőr
sheer [ʃɪə] *a* teljes, tiszta, igazi ‖ **by ~ accident** puszta véletlenségből

sheet [ʃiːt] *n* (*of linen*) lepedő; (*of paper*) (papír)lap, ív; (*of metal*) lemez

shelf [ʃelf] *n* (*pl* **shelves** [ʃelvz]) polc, állvány

shell [ʃel] **1.** *n* (*of egg, nut*) héj; *zoo* (*shellfish*) kagyló; *mil* gránát **2.** *v* (*peas*) (ki)fejt, lehánt; (*enemy*) ágyúz, (gránátokkal) lő/lövet

shell out kiguberál

she'll [ʃiːl] = **she will**

shellfish [ʃelfiʃ] *n zoo* kagyló

shelter [ʃeltə] **1.** *n* menedék(ház); (*at station, stop*) váróhely, bódé; (*in war*) óvóhely **2.** *v* behúzódik (*from* vm elől)

sheltered [ʃeltəd] *a* védett

shelve [ʃelv] *v* ad acta tesz

shelves [ʃelvz] *pl* → **shelf**

shepherd [ʃepəd] *n* (birka)pásztor, juhász

sheriff [ʃerif] *n* seriff

she's [ʃiːz] = **she has; she is**

shield [ʃiːld] **1.** *n* (*armour*) pajzs; *el* árnyékolás **2.** *v* (*protect*) megvéd (*from* vmtől); *el* árnyékol

shift [ʃift] **1.** *n* eltolódás; (*working period*) műszak, turnus **2.** *vi* elmozdul, eltolódik I *vt* megmozdít

shift key *n* váltóbillentyű

shift work *n* műszakban végzett munka, műszakmunka

shifty [ʃifti] *a* sunyi, hamis

shilling [ʃiliŋ] *n* (*coin*) shilling

shimmer [ʃimə] **1.** *n* pislákolás **2.** *v* pislákol

shin [ʃin] *n* lábszár (elülső része); (*bone*) sípcsont

shin up (*tree*) felkúszik

shin-bone *n* sípcsont

shine [ʃain] **1.** *n* fény, ragyogás II **take a ~ to** *col* „csíp" vkt **2.** *vi*

(*pt/pp* **shone** [ʃɒn]) ragyog; (*sun*) süt I *vt* (*pt/pp* **shined**) (*shoe*) kifényesít; kipucol

shingle [ʃiŋgl] *n* (*on beach*) kavics

shingles [ʃiŋglz] *n sing. med* övsömör

shiny [ʃaini] *a* fényes

ship [ʃip] **1.** *n* hajó **2.** *v* **-pp-** (*put in ship*) hajóba/hajóra rak; (*transport*) fuvaroz, szállít

shipbuilding [ʃipbildiŋ] *n* hajóépítés, hajógyártás

shipment [ʃipmənt] *n* (*transportation*) fuvarozás, szállítás; (*goods*) szállítmány

shipper [ʃipə] *n* tengeri szállító

shipping [ʃipiŋ] *n* (*ships*) hajózás; (*transportation*) szállítás

shipshape [ʃipʃeip] **1.** *a* rendes, kifogástalan **2.** *adv* rendesen, kifogástalanul

shipwreck [ʃiprek] **1.** *n* (*accident*) hajótörés; (*wreckage*) hajóroncs **2.** *v* **be ~ed** hajótörést szenved

shipyard [ʃipjɑːd] *n* hajógyár

shire [ʃaiə] *n GB* grófság, megye

shirk [ʃɜːk] *v* kitér (vm elől)

shirt [ʃɜːt] *n* ing II **keep one's ~ on** *col* megőrzi hidegvérét

shirty [ʃɜːti] *a col* ideges, ingerült

shiver [ʃivə] *v* borzong; reszket

shivers [ʃivəz] *n pl* hidegrázás

shoal [ʃəʊl] *n* (*sandbank*) (homok)zátony

shock [ʃɒk] **1.** *n* ütődés, lökés; (*emotional*) megrázkódtatás, sokk; *el* áramütés; *med* sokk **2.** *v* megdöbbent, megráz; sokkol

shock absorber *n* lengéscsillapító

shocking [ʃɒkiŋ] *a* botrányos, felháborító

shod [ʃɒd] *pt/pp* → **shoe**

shoddiness [ˈʃɒdɪnɪs] *n* gyenge minőség
shoddy [ˈʃɒdɪ] *a* gyenge minőségű, vacak
shoe [ʃuː] **1.** *n* (fél)cipő; (*of horse*) patkó ‖ **a pair of ~s** cipő; I **should not like to be in his ~s** nem szeretnék a bőrében lenni **2.** *v* (*pt/pp* **shod** [ʃɒd]) megpatkol
shoe brush *n* cipőkefe
shoelace [ˈʃuːleɪs] *n* cipőfűző
shoe polish *n* cipőkrém
shoe shop (*US* **store**) *n* cipőbolt
shoestring [ˈʃuːstrɪŋ] *n US* cipőfűző
shone [ʃɒn] *pt/pp* → **shine**
shook [ʃʊk] *pt* → **shake**
shoot [ʃuːt] **1.** *n* (*plant*) hajtás, sarj; (*party*) vadásztársaság **2.** *v* (*pt/pp* **shot** [ʃɒt]) *vt/vi* (*with gun*) lő; (*animal*) kilő; (*hunt*) vadászik (*sg* vmre); (*film*) forgat ‖ *vi* (*plant*) hajt, sarjad ‖ **~ a goal** gólt lő
shoot at sy vkre rálő
shoot forth a branch ágat hajt
shoot off eliramodik
shooting [ˈʃuːtɪŋ] **1.** *a* (*pain*) éles, nyilalló **2.** *n* (film)felvétel, forgatás
shooting star *n* hullócsillag, meteor
shop [ʃɒp] **1.** *n* bolt, üzlet; (*workshop*) műhely **2.** *v* -pp- vásárol ‖ **go ~ping** (be)vásárol
shop around *col* körülnéz az üzletekben
shop assistant *n* bolti eladó
shop-floor, the *n col* az üzem dolgozói
shopkeeper [ˈʃɒpkiːpə] *n* boltvezető, tulajdonos
shoplifting [ˈʃɒplɪftɪŋ] *n* (áruházi) lopás

shopper [ˈʃɒpə] *n* vásárló
shopping [ˈʃɒpɪŋ] *n* vásárlás ‖ **do one's/the ~** bevásárol
shopping bag *n* bevásárlószatyor
shopping centre (*US* **-ter**) *n* bevásárlóközpont
shopping precinct (*US* **mall**) *n* vásárlóutca, bevásárlóközpont
shop-soiled *a* összefogdosott
shop window *n* kirakat
shore [ʃɔː] **1.** *n* part **2.** *v* **~ up** aládúcol, feltámaszt
short [ʃɔːt] **1.** *a* rövid; (*person*) alacsony ‖ **I am 10 dollars ~** 10 dollárom hiányzik; **in ~** röviden, mindent összevéve; **~ of money** pénztelen; **sg is in ~ supply** kevés van belőle; **a ~ time ago** kevéssel/röviddel ezelőtt; **after a ~ while** egy kis idő múlva **2.** *adv* röviden; (*suddenly*) hirtelen ‖ **stop ~** hirtelen megáll; **fall ~ of sg** nem üti meg a kívánt mértéket; **~ of...** hacsak (vm nem történik)..., vmn kívül; **run ~ (of)** kifogy, elfogy (vm); → **shorts**
shortage [ˈʃɔːtɪdʒ] *n* (*of goods*) hiány ‖ **~ of cash** pénzzavar
shortbread [ˈʃɔːtbred] *n approx* omlós (vajas)keksz
short circuit *n* rövidzárlat
shortcomings [ˈʃɔːtkʌmɪŋz] *n pl* fogyatékosság
short cut *n* (*way*) átvágás
short drinks *n pl* röviditalok
shorten [ˈʃɔːtn] *vt* (meg)rövidít; (*clothes*) felhajt ‖ *vi* (meg)rövidül
shorter [ˈʃɔːtə] *a* **become ~** megrövidül
shortest [ˈʃɔːtɪst] *a* legrövidebb
shortfall [ˈʃɔːtfɔːl] *n* hiány, deficit

shorthand [ˈʃɔːthænd] *n* GB gyorsírás ‖ ~ **typist** gép- és gyorsíró- (nő)
shortly [ˈʃɔːtlɪ] *adv* rövidesen ‖ ~ **after** kevéssel azután
shorts [ʃɔːts] *n pl* rövidnadrág, sort
short-sighted *a also fig* rövidlátó
short story *n* novella
short-tempered *a* indulatos
short-term *a* rövid távú/lejáratú
short wave *n* rövidhullám
shot[1] [ʃɒt] *n* (*shooting*) lövés; (*of film*) filmfelvétel; (*projectile*) lövedék, sörét; (*kick*) rúgás, lövés; (*injection*) injekció; *sp* súly ‖ **like a ~** mintha puskából lőtték volna ki
shot[2] [ʃɒt] *pt/pp* → **shoot**
shotgun [ˈʃɒtɡʌn] *n* vadászpuska
should [ʃəd, ʃʊd] *v* (*auxiliary verb*) kellene; volna ‖ **I ~ like to...** szeretnék...; **~ he come** abban az esetben, ha eljönne; **I ~ think so** meghiszem azt!; **you ~ not** (*or* **shouldn't**) **drink** nem kellene (*v.* nem lenne szabad) innod
shoulder [ˈʃəʊldə] *n* váll ‖ **give sy the cold ~** *col* ridegen elutasít vkt; **~ to ~** vállvetve
shoulder bag *n* oldaltáska
shoulder blade *n* lapocka
shoulder-high *a* vállmagasságú
shoulder strap *n* vállszíj
shouldn't [ˈʃʊdnt] = **should not**
shout [ʃaʊt] **1.** *n* kiáltás ‖ **give a ~** felkiált **2.** *v* kiált, kiabál, ordít
shout at sy rákiált vkre
shout sy down lehurrog
shouting [ˈʃaʊtɪŋ] *n* kiabálás
shove [ʃʌv] **1.** *n* taszítás, tolás, lökés **2.** *v* (*push*) lök, tol; (*jostle*) lökdösődik, furakodik

shove aside félrelök
shovel [ˈʃʌvl] *n* lapát
show [ʃəʊ] **1.** *n* (*performance*) előadás, show; (*exhibition*) kiállítás; *col* (*business*) vállalkozás, üzlet, buli ‖ **the ~ is on** az előadás folyik; **put up a good ~** szép teljesítményt ér el; **a poor ~** *col* gyenge dolog/szereplés **2.** *v* (*pt* **showed**, *pp* **shown** [ʃəʊn]) (*let be seen*) (meg)mutat; (*present*) bemutat; (*display*) kiállít; (*indicate*) vmre rámutat; (*appear*) látszik, kilátszik ‖ **~ one's hands** nyílt kártyával játszik
show in bevezet
show off nagyzol, fitogtat
show sy out (*to door*) kikísér
show up *vt* (*reveal*) felmutat | *vi* (*appear*) látszik, mutatkozik
showbiz [ˈʃəʊbɪz] *n* = **show business**
show business *n* szórakoztatóipar
showcase [ˈʃəʊkeɪs] *n* tárló, vitrin
shower [ˈʃaʊə] **1.** *n* (*rain*) zápor, zivatar; (*bath*) zuhany ‖ **have/take a ~** (le)zuhanyozik **2.** *v* eláraszt, záporoz ‖ **~ sy with sg** vkt vmvel elhalmoz
showerproof [ˈʃaʊəpruːf] *n* esőálló
showing [ˈʃəʊɪŋ] *n* (film)vetítés
show jumping *n* díjugratás
shown [ʃəʊn] *pp* → **show**
show-off *n* hencegő, felvágós (alak)
showpiece [ˈʃəʊpiːs] *n* (látványos) kiállítási darab
showroom [ˈʃəʊrum] *n* bemutatóterem, mintaterem
showy [ˈʃəʊɪ] *a* (*clothes*) mutatós, feltűnő; (*person*) hatásvadász(ó)
shrank [ʃræŋk] *pt* → **shrink**

shred [ʃred] 1. n (of cloth) rongy-darab(ka) 2. v -dd- darabokra tép ‖ ~ vegetables zöldséget gyalul
shredder [ʃredə] n (for vegetables) gyalu
shrewd [ʃru:d] a éles eszű, okos
shriek [ʃri:k] 1. n sikoltás, sikoly 2. v rikácsol, sikít
shrine [ʃraɪn] n szentély
shrink [ʃrɪŋk] v (pt shrank [ʃræŋk]; pp shrunk [ʃrʌŋk] or shrunken [ʃrʌŋkən]) tex összemegy, (össze)-zsugorodik
shrinkage [ʃrɪŋkɪdʒ] n (shrinking) zsugorodás, összemenés; (in hot water) beavatás
shrivel [ʃrɪvl] v -ll- (US -l-) össze-zsugorodik, (el)fonnyad
Shrove Tuesday [ʃrəʊv] n húshagyó kedd
shrub [ʃrʌb] n bokor, cserje
shrubbery [ʃrʌbərɪ] n bozót, bokrok
shrug [ʃrʌg] 1. n ~ (of the shoulders) vállrándítás 2. v -gg- ~ one's shoulders vállat von
shrunk [ʃrʌŋk] pp → shrink
shrunken [ʃrʌŋkən] pt → shrink
shudder [ʃʌdə] v borzong, reszket
shudder at sg irtózik vmtől
shuffle [ʃʌfl] 1. n csoszogás 2. v (cards) (meg)kever
shun [ʃʌn] v -nn- vkt (szándékosan) elkerül
shunt [ʃʌnt] v vasút tolat
shut [ʃʌt] v (pt/pp shut [ʃʌt]; -tt-) vt becsuk, (be)zár I vi (be)csukódik, (be)záródik ‖ ~ one's eyes to sg szemet huny vm fölött
shut down (lid) becsuk
shut in bezár, elzár

shut out (person, noise) kizár, vmből kirekeszt, kicsuk
shut up vmt vhová elzár ‖ ~ up! fogd be a szád!, csend legyen!
shutdown [ʃʌtdaʊn] n (in factory) üzemszünet
shutter [ʃʌtə] n photo zár
shutters [ʃʌtəz] n pl zsalu ‖ put up the ~ lehúzza a redőnyt
shuttle [ʃʌtl] 1. n (train etc) ingajá-rat; (space ~) űrkomp 2. v (by train, plane) ingázik
shuttlecock [ʃʌtlkɒk] n (game) tollaslabda
shuttle service n ingajárat
shy [ʃaɪ] a félénk, szégyenlős
shyster [ʃaɪstə] n US zugügyvéd
sibling [sɪblɪŋ] n testvér
sick [sɪk] 1. a (ill) beteg; (humour) fekete ‖ be ~ (vomiting) hány; fall ~ megbetegszik (with vmben); feel ~ betegnek érzi magát; be ~ of sg col torkig van vmvel, un vmt 2. n the ~ a betegek
sickbay [sɪkbeɪ] n betegszoba, gyengélkedő
sicken [sɪkn] v émelyít
sickening [sɪkənɪŋ] a émelyítő; fig gusztustalan, undorító
sickle [sɪkl] n sarló
sick leave n betegszabadság ‖ be on ~ táppénzen van
sickly [sɪklɪ] a beteges, vézna
sickness [sɪknɪs] n betegség ‖ ~ benefit táppénz
sick pay n táppénz
sick-room n betegszoba
side [saɪd] 1. n (of body, mountain, subject) oldal ‖ ~ by ~ egymás mellett; on this ~ of sg vmn innen; from all ~s mindenfelől; take ~s (in dispute) állást foglal

vm ügyben; **take ~s against sy** állást foglal vk ellen **2.** *a* mellék- **3.** *v* **~ with sy** vknek az oldalára áll

side-aisle *n archit* mellékhajó

sideboard ['saɪdbɔːd] *n* tálaló

sideboards ['saɪdbɔːdz] *n pl* oldalszakáll

sideburns ['saɪdbɜːnz] *n pl US* oldalszakáll

side-car *n* oldalkocsi

side-effect *n* mellékhatás

side-issue *n* másodrendű kérdés, mellékszempont, mellékes dolog

sidelight ['saɪdlaɪt] *n* oldalvilágítás; *GB* (*on car*) helyzetjelző

sideline ['saɪdlaɪn] *n* (*extra job*) mellékfoglalkozás; *sp* oldalvonal

sidelong ['saɪdlɒŋ] **1.** *a* ferde, oldalsó **2.** *adv* oldalra, oldalt

side road *n* bekötőút, mellékút

side-show *n* (*exhibition*) mellékkiállítás; (*amusement*) vurstli, mutatványosbódé

side street *n* mellékutca

sidewalk [saɪdwɔːk] *n US* járda

sidewards (*US* **sideward**) ['saɪdwəd(z)] *adv* = **sideways**

sideways ['saɪdweɪz] *adv* (fél)oldalt, oldalról

siding ['saɪdɪŋ] *n* kitérővágány

sidle ['saɪdl] *v* oldalaz

siege [siːdʒ] *n* ostrom

sieve [sɪv] **1.** *n* szita, rosta **2.** *v* (*sift*) (át)szitál

sift [sɪft] *v* átszitál; *also fig* (meg)rostál

sigh [saɪ] **1.** *n* sóhaj, sóhajtás ‖ **give a ~** sóhajt egyet **2.** *v* (fel)sóhajt

sight [saɪt] *n* (*power of seeing*) látás; (*view*) látvány, látványosság; (*of gun*) irányzék ‖ **at first ~,**

on ~ első látásra; **within ~** látótávolságon belül; **~s** *pl* látnivalók, nevezetességek

-sighted ['saɪtɪd] *a* -látású, -látó

sightless ['saɪtlɪs] *a* világtalan

sightseer ['saɪtsiːə] *n* városnéző, turista

sightseeing ['saɪtsiːɪŋ] *n* városnézés ‖ **go ~** megnézi a látnivalókat, városnézésre megy

sign [saɪn] **1.** *n* jel; (*indication*) tünet; (*traffic*) jelzőtábla ‖ **make a ~** jelt ad; **show no ~ of life** nem ad életjelt **2.** *v* aláír

sign in (*at hotel*) bejelentkezik

sign on (*for work*) munkát vállal

sign out (*of hotel*) kijelentkezik

sign up (*worker*) (le)szerződtet

signal ['sɪgnəl] **1.** *n* jel, jelzés; (*device*) szemafor ‖ **give a ~** jelt ad **2.** *v* **-ll-** (*US* **-l-**) jelt ad, jelez

signal-box *n railw* őrház

signature ['sɪgnətʃə] *n* aláírás

signboard ['saɪnbɔːd] *n* cégtábla

significance [sɪg'nɪfɪkəns] *n* jelentőség, fontosság

significant [sɪg'nɪfɪkənt] *a* jelentős, fontos

signify ['sɪgnɪfaɪ] *v* jelent vmt (*vm jelentése van*)

signpost ['saɪnpəʊst] *n* jelzőtábla

silence ['saɪləns] **1.** *n* csend; (*of person*) hallgatás ‖ **in ~** csendben; **~ please!** csendet kérek!; **reduce sy to ~** elhallgattat vkt **2.** *v* (el)csendesít, elhallgattat

silencer ['saɪlənsə] *n* (*of gun*) hangtompító; *GB* (*of car*) kipufogódob

silent ['saɪlənt] *a* (*quiet*) csendes, szótlan; (*mute*) néma ‖ **remain ~** nem szól, hallgat

silent film *n* némafilm

silhouette [sɪluːˈet] *n* árnykép, sziluett
silk [sɪlk] *n* selyem
silky [ˈsɪlkɪ] *a* selymes
sill [sɪl] *n* ablakpárkány
silly [ˈsɪlɪ] *a* buta, ostoba ‖ **don't be** ~ ne légy csacsi!
silt [sɪlt] *n* hordalék, iszap
silver [ˈsɪlvə] *n* ezüst; (*tablewear*) ezüst; evőeszköz(ök); (*coin*) ezüstpénz
silver paper *n* ezüstpapír
silver-plated *a* ezüstözött
silversmith [ˈsɪlvəsmɪθ] *n* ezüstműves
silverware [ˈsɪlvəweə] *n* ezüsttárgyak
silvery [ˈsɪlvərɪ] *a* ezüstös
similar [ˈsɪmɪlə] *a* (*resembling*) hasonló; (*like*) ugyanolyan ‖ **be** ~ **to sg** hasonlít vkhez/vmhez *or* vkre/vmre
similarity [sɪmɪˈlærətɪ] *n* hasonlóság
similarly [ˈsɪmələlɪ] *adv* ugyanúgy
simile [ˈsɪmɪlɪ] *n* hasonlat
simmer [ˈsɪmə] *vi* lassú tűzön fő ǀ *vt* lassú tűzön főz
simple [ˈsɪmpl] *a* egyszerű, szimpla; *math* elsőfokú ‖ **it's not so** ~ ez nem olyan egyszerű
simple-minded *a* naiv, hiszékeny
simpleton [ˈsɪmpltən] *n* együgyű ember, mulya
simplicity [sɪmˈplɪsətɪ] *n* egyszerűség; (*foolishness*) együgyűség
simplify [ˈsɪmplɪfaɪ] *v* (le)egyszerűsít
simply [ˈsɪmplɪ] *adv* egyszerűen
simulate [ˈsɪmjʊleɪt] *v* színlel; *tech* szimulál
simulation [sɪmjʊˈleɪʃn] *n* színlelés; *tech* szimuláció

simultaneous [sɪmlˈteɪnɪəs] *a* egyidejű, szimultán (*with* vmvel) ‖ ~ **translation** szinkrón tolmácsolás
simultaneously [sɪmlˈteɪnɪəslɪ] *adv* egyidejűleg, szimultán
sin [sɪn] 1. *n rel* bűn, vétek 2. *v* -nn- ~ **against sy/sg** vétkezik vk/vm ellen
since [sɪns] 1. *adv/prep* (*from that time*) azóta, hogy; (*after*) óta, attól fogva, -tól, -től ‖ ~ **Monday** hétfő óta; **ever** ~ azóta is, amióta csak... 2. *conj* (*because*) mivel, minthogy, mert
sincere [sɪnˈsɪə] *a* őszinte
sincerely [sɪnˈsɪəlɪ] *adv* őszintén ‖ **Yours** ~ (*or US* **S**~ **yours**) szívélyes üdvözlettel
sincerity [sɪnˈserətɪ] *n* őszinteség
sinew [ˈsɪnjuː] *n* ín
sinful [ˈsɪnfəl] *a* bűnös, vétkes
sing [sɪŋ] *v* (*pt* **sang** [sæŋ], *pp* **sung** [sʌŋ]) énekel, dalol
singe [sɪndʒ] *v* (*pres p* **singeing**) (meg)perzsel, pörköl
singer [ˈsɪŋə] *n* énekes
single [ˈsɪŋgl] 1. *a* (*sole*) egyes, egyedüli; (*happening once*) egyszeri; (*unmarried*) egyedülálló, (*woman*) hajadon, (*man*) nőtlen ‖ **in** ~ **file** sorban egyesével 2. *n* (*ticket*) egyszeri utazásra szóló jegy ‖ ~**(s** *pl*) *sp* egyes; **men's** ~ férfi egyes 3. *v* ~ **out** kiválogat
single bedroom *n* egyágyas szoba
single-breasted *a* (*coat*) egysoros
single-handed *a/adv* egyedül
single-minded *a* (*purposeful*) céltudatos; (*frank*) őszinte, nyílt
single room *n* egyágyas szoba
single-sided *a* egyoldalú; *comput* egyoldalas

single-storey *a* földszintes
singlet ['sɪŋglɪt] *n* atlétatrikó
single ticket *n* egyszeri utazásra szóló jegy
singly ['sɪŋglɪ] *adv* (*solely*) egyedül; (*one by one*) egyenként
singular ['sɪŋgjʊlə] **1.** *a gram* egyes számú; (*strange*) különös, furcsa **2.** *n gram* egyes szám
sinister ['sɪnɪstə] *a* vészjósló
sink [sɪŋk] **1.** *n* (konyhai) mosogató; kiöntő **2.** *v* (*pt* **sank** [sæŋk], *pp* **sunk** [sʌŋk]) *vi* (*ship*) (el)süllyed | *vt* elsüllyeszt; (*hole, voice*) mélyít ‖ ~ **or swim** vagy megszokik, vagy megszökik
sink into belemerül, belesüpped ‖ ~ **into oblivion** feledésbe merül
sinner ['sɪnə] *n rel* bűnös
sip [sɪp] **1.** *n* korty **2.** *v* **-pp-** kortyol(gat)
siphon ['saɪfn] **1.** *n* (*tube*) szívócső; (*stink-trap*) bűzelzáró; (*bottle*) autoszifon **2.** *v* ~ **off/out** szívócsővel elvezet/kiszív
sir [sɜː] *n* (*in addressing*) uram!; (*teacher*) tanár úr (kérem), (*at lower school*) tanító bácsi (kérem); *GB* (*knight*) ‖ **yes** ~ igenis (uram); (*in letter*) **Dear S~(s)** Tisztelt Uram/Uraim; **S~ Winston (Churchill)** (*lovag címe, mindig keresztnévvel együtt*)
siren ['saɪərən] *n* sziréna
sirloin ['sɜːlɔɪn] *n* bélszín, hátszín
sister ['sɪstə] *n* (*daughter of the same parents*) (lány)testvér, (*elder*) nővér; (*younger*) húg; (*nun*) nővér; (*nurse*) (ápoló)nővér
sister-in-law *n* (*pl* **sisters-in-law**) sógornő

sit [sɪt] *v* (*pt/pp* **sat** [sæt]; **-tt-**) ül; (*hold meeting*) ülésezik ‖ ~ **an exam** vizsgázik
sit down (*on chair*) leül ‖ **will you ~ down please** tessék helyet foglalni!
sit for (*exam*)) jelentkezik ‖ ~ **for an exam** vizsgázni megy, vizsgázik
sit in on (*discussion*) részt vesz
sit up (*not go to bed*) fenn marad; (*in bed*) felül
sit-down strike *n* ülősztrájk
site [saɪt] *n* telek, házhely ‖ **on the** ~ a helyszínen
sit-in *n* ülősztrájk
siting ['saɪtɪŋ] *n* elhelyezés
sitting ['sɪtɪŋ] *n* (*of committee*) ülés ‖ ~ **room** nappali (szoba)
situated ['sɪtjʊeɪtɪd] *a* **be** ~ (*town, building*) fekszik, elterül
situation [sɪtjʊ'eɪʃn] *n* (*position*) helyzet; fekvés; (*condition*) szituáció; (*job*) állás; (*in advertisement*) ~**s vacant** felveszünk:
six [sɪks] *num* hat ‖ **at six (o'clock)** hatkor
sixteen [sɪk'stiːn] *num* tizenhat
sixteenth [siːk'stiːnθ] *num a* tizenhatodik
sixth [sɪksθ] **1.** *num a* hatodik **2.** *n* hatod
sixtieth ['sɪkstɪəθ] *num a* hatvanadik
sixty ['sɪkstɪ] *num* hatvan ‖ **the sixties** (*or* **the 60s** *or* **1960s**) *a* hatvanas évek
size[1] [saɪz] **1.** *n* (*extent*) terjedelem; (*of clothing*) méret; nagyság, szám ‖ ~ **15 collar** 39-es nyakbőség **2.** *v* felmér, felbecsül ‖ ~ **up the situation** felméri a helyzetet

size² [saɪz] *n* (*glue*) csiriz
sizzle ['sɪzl] **1.** *n* sercegés **2.** *v* serceg
skate [skeɪt] **1.** *n* korcsolya ‖ **get/put one's ~s on** *col* vedd föl a nyúlcipőt **2.** *v* korcsolyázik
skateboard ['skeɪtbɔːd] *n* gördeszka
skater ['skeɪtə] *n* korcsolyázó
skating ['skeɪtɪŋ] *n* korcsolyázás ‖ **~ rink** műjég(pálya)
skeet [skiːt] *n* agyaggalamb-lövészet
skeleton ['skelɪtn] *n* csontváz ‖ **a ~ in the cupboard** titkolt (családi) szégyenfolt
skeleton key *n* álkulcs
skeptic ['skeptɪk] *US* → **sceptic**
sketch [sketʃ] **1.** *n* vázlat, skicc; *theat* szkeccs **2.** *v* (fel)vázol, leskiccel
sketch-block *n* vázlattömb
sketchy ['sketʃɪ] *a* vázlatos
skewer ['skjʊə] *n* kis nyárs, pecek
ski [skiː] **1.** *n* (*pl* **skis** *or* **ski**) sí ‖ **a pair of ~s** sí **2.** *v* (*pt/pp* **ski'd** *or* **skied**; *pres p* **skiing**) síel, sízik
ski boot(s) *n* (*pl*) sícipő
ski course *n* sípálya
skid [skɪd] **1.** *n* (*for brake*) féksaru; (*sliding*) farolás, (meg)csúszás **2.** *v* **-dd-** (*vehicle*) megcsúszik, megfarol
skiing ['skiːɪŋ] *n* síelés, sízés
ski-jumping *n* síugrás
skilful (*US* **skillful**) ['skɪlfəl] *a* (*adroit*) ügyes; (*skilled*) szakképzett
ski-lift *n* sífelvonó, sílift
skill [skɪl] *n* jártasság; szakértelem, ügyesség

skilled [skɪld] *a* képzett, gyakorlott, (szak)képzett, hozzáértő ‖ **~ worker** szakmunkás
skim [skɪm] *v* **-mm-** lefölöz, leszed ‖ **~ the cream off sg** leszedi vmnek a javát
skim over/through átnéz, átolvas, átfut
skimp [skɪmp] *v* (*work*) gyorsan összecsap
skimpy ['skɪmpɪ] *a* hiányos, szegényes, snassz
skin [skɪn] **1.** *n* bőr; (*of fruit*) héj; (*of milk*) bőr, föl **2.** *v* **-nn-** (*animal*) megnyúz; (*wound*) lehorzsol
skin cream *n* (kozmetikai) krém
skin-deep *a* felületes, felszínes; (*knowledge*) sekélyes
skin-diver *n* könnyűbúvár
skinhead ['skɪnhed] *n* bőrfejű
skinny ['skɪnɪ] *a* sovány
skintight [skɪn'taɪt] *a* (*dress*) tapadó(s), testhezálló
skip [skɪp] *v* **-pp-** (*jump*) szökdécsel; szökell; (*jump over*) átugrik; (*omit*) kihagy
ski pole *n* síbot
skipper ['skɪpə] *n* *sp* (csapat)kapitány
skipping-rope *n* ugrókötél
ski resort *n* téli üdülőhely, síparadicsom
skirt [skɜːt] *n* szoknya
ski suit *n* síruha, síöltöny
skit [skɪt] *n* (rövid) tréfás jelenet, paródia
skittle ['skɪtl] *n* tekebábu; → **skittles**
skittles ['skɪtlz] *n sing.* kugli, tekejáték (*9 fával*)
skive [skaɪv] *v col* (*from school*) lóg

skulk [skʌlk] **1.** *n* lógós **2.** *v* leselkedik
skull [skʌl] *n* koponya
sky [skaɪ] *n* ég(bolt), mennybolt
skylight ['skaɪlaɪt] *n* tetőablak
skyscraper [skaɪskreɪpə] *n* felhőkarcoló
slab [slæb] *n* kőlap
slack [slæk] **1.** *a* (*skin*) petyhüdt; (*muscles*) ernyedt; (*business*) lanyha, gyenge **2.** *v* (*rope*) lazán lóg; (*person*) lazít, lazsál
slacken ['slækn] *vi* (meg)lazul; (*careless*) hanyag I *vt* (meg)lazít
slacks [slæks] *n pl* (hosszú)nadrág
slag [slæg] *n* salak
slain [sleɪn] *pp* → **slay**
slalom ['slɑːləm] **1.** *n* műlesiklás, szlalom **2.** *v* szlalomozik
slam [slæm] **-mm-** *v* (*door*) *vi* bevágódik I *vt* bevág
slander ['slɑːndə] **1.** *n* rágalmazás, rágalom **2.** *v* (meg)rágalmaz
slang [slæŋ] *n* szleng
slant [slɑːnt] **1.** *n* (*slope*) lejtő, dőlés; (*presentation*) vmlyen beállítás II **on the** ~ ferdén **2.** *v* (*lean*) dől; (*slope*) lejt; (*distort*) elferdít, vmlyen beállításban ad elő
slanting ['slɑːntɪŋ] *a* ferde
slap [slæp] **1.** *n* könnyed ütés, legyintés; (*on face*) pofon **2.** *v* **-pp-** (meg)üt, (meg)legyint
slapdash ['slæpdæʃ] *a* felületes II **in a** ~ **manner** felületesen, felibeharmadába
slash [slæʃ] *v* (*face*) összeszabdal; (*expenditure*) radikálisan csökkent
slate [sleɪt] **1.** *n* (*rock* or *roof cover*) pala; (*board*) palatábla **2.** *v* (*cover*) palával fed; *col* (*criticize*) lehúz

slaughter ['slɔːtə] *v* (*animal*) levág; (*people*) lemészárol
slaughterhouse ['slɔːtəhaʊs] *n* vágóhíd
Slav [slɑːv] *a/n* szláv
slave [sleɪv] **1.** *n* rabszolga II **be a** ~ **of/to sg** rabja vmnek **2.** *v* ~ **away** *fig* robotol
slavery ['sleɪvərɪ] *n* rabszolgaság
slavish ['sleɪvɪʃ] *a* szolgai
Slavonic [slə'vɒnɪk] **1.** *a* szláv **2.** *n* szláv nyelv
slay [sleɪ] *v* (*pt* **slew** [sluː], *pp* **slain** [sleɪn]) (meg)öl
sled [sled] *n*; *v* **-dd-** *US* = **sledge**
sledge [sledʒ] **1.** *n* szán(kó) **2.** *v* szánkózik
sleek [sliːk] *a* (*hair*) sima, fényes; (*person*) sima (modorú)
sleep [sliːp] **1.** *n* alvás **2.** *v* (*pt/pp* **slept** [slept]) alszik II **go to** ~ (*person*) elalszik; (*leg*) elzsibbad; ~ **well!** szép álmokat!
sleep in *US* (jó) sokáig alszik
sleep with sy *col* lefekszik vkvel
sleeper ['sliːpə] *n* (*person*) (jó/rossz) alvó; *railw* (*car*) hálókocsi; (*on track*) talpfa
sleepily ['sliːpɪlɪ] *adv* álmosan
sleeping ['sliːpɪŋ] *a* alvó II ~ **bag** hálózsák; ~ **car** hálókocsi; ~ **pill** altató(szer)
sleepless ['sliːplɪs] *a* álmatlan
sleeplessness ['sliːplɪsnɪs] *n* álmatlanság
sleepwalker ['sliːpwɔːkə] *n* alvajáró, holdkóros
sleepy ['sliːpɪ] *a* álmos; (*inactive*) unalmas, álmosító
sleet [sliːt] *n* havas eső, dara
sleeve [sliːv] *n* ruhaujj; (*for record*) hanglemezborító

sleeveless ['sliːvlıs] *a* ujjatlan
sleigh [sleı] *n* szán(kó)
sleight [slaıt] *n* ~ **of hand** bűvész-
mutatvány
slender ['slendə] *a* karcsú; (*not
enough*) csekély
slept [slept] *pt/pp* → **sleep**
slew[1] [sluː] *v* csavarodik
slew[2] [sluː] *pt* → **slay**
slice [slaıs] **1.** *n* (*of fruit*) gerezd;
(*of bread*) szelet **2.** *v* szel(etel)
sliced bacon [slaıst] *n* (szeletelt)
angolszalonna
slick [slık] **1.** *a* (*skilful*) ügyes;
(*smart*) elegáns; (*sly*) ravasz,
„dörzsölt" **2.** *n* (**oil**) ~ (*on sea*)
olajréteg **3.** *v* (*hair*) lenyal
slid [slıd] *pt/pp* → **slide**
slide [slaıd] **1.** *n* (*sliding*) csúszás;
(*in playground*) csúszda; (*picture*)
dia **2.** *v* (*pt/pp* **slid** [slıd]) csúszik,
siklik
slide projector *n* diavetítő
sliding door ['slaıdıŋ] *n* tolóajtó
slight [slaıt] **1.** *a* (*small*) csekély,
kevés; (*trivial*) jelentéktelen ‖ **not
in the ~est (degree)** a legcseké-
lyebb mértékben sem **2.** megbá-
nás, sértés **3.** *v* (*offend*) megbánt,
megsért
slightly ['slaıtlı] *adv* kissé, némi-
képp(en), valamivel
slim [slım] **1.** *a* karcsú **2.** *v* -mm-
fogyó(kúrá)zik
slime [slaım] *n* (*mud*) iszap;
(*mucus*) nyálka
slimming cure ['slımıŋ] *n* fogyókú-
ra
slimy ['slaımı] *a* nyálkás
sling [slıŋ] **1.** *n* parittya **2.** *v* (*pt/pp*
slung [slʌŋ]) (*stone*) hajít, parity-
tyáz

slingshot ['slıŋʃɒt] *n US* parittya
slip [slıp] **1.** *n* (*slipping*) (meg)csú-
szás; (*mistake*) hiba, botlás; (*of
paper*) cédula; (*of pillow*) (pár-
na)huzat; (*undergarment*) kombi-
né ‖ ~ **of the tongue** nyelvbotlás,
col baki **2.** *v* -pp- (*glide*) megcsú-
szik; (*escape*) kicsúszik (*from
vmből, vhonnan*) ‖ **let** ~ (*chance*)
elszalaszt; ~ **sy (money)** *col* jattot
ad; **sg ~s one's mind** kiesik az
emlékezetéből
slip away búcsú nélkül (*or* ango-
losan) távozik
slip in beoson, besomfordál
slip into/on (*garment*) bebújik
slip up *col* bakizik
slipped disc [slıpt] *n med* porcko-
rongsérv
slippers ['slıpəz] *n pl* papucs
slippery ['slıpərı] *a* csúszós
slipping ['slıpıŋ] *a* csúszó
slip-road *n* (*off/onto motorway*) le-
ágazás, bekötőút, ráhajtóút
slipshod ['slıpʃɒd] *a* (*work*) tre-
hány; (*style*) pongyola
slip-up *n col* baki
slipway ['slıpweı] *n* sólya(pálya)
slit [slıt] **1.** *n* rés, nyílás **2.** *v* (*pt/pp*
slit; -tt-) felvág, metsz
slither ['slıðə] *v* (meg)csúszik
slithery ['slıðərı] *a* síkos
sliver ['slıvə] *n* (*of wood*) forgács;
(*of glass*) szilánk **2.** *vt* leszakít, le-
repeszt (vmről); *vi* leszakad, leha-
sad
slog [slɒg] **1.** *n col* (*effort*) nagy
hajtás **2.** *v* -gg- *v* (*work*) erőlkö-
dik; ~ **away at** *col* hajt
slogan ['sləʊgən] *n* jelszó; szlogen
slop [slɒp] **1.** *n* (*dish-water*) moso-
gatólé; szennyvíz; (*swill*) moslék

2. *v* **-pp-** *vi* kiloccsan I *vt* kilocs-csant

slope [sləʊp] **1.** *n* (*slant*) lejtő, emelkedő; (*direction*) lejtés **2.** *v* lejt

sloping ['sləʊpɪŋ] *a* lejtős

sloppily ['slɒpɪlɪ] *col* rendetlenül

sloppy ['slɒpɪ] *a col* (*work*) rendetlen, trehány; (*style*) pongyola

slot [slɒt] *n* (*for coins, letters*) nyílás; *col* (*place*) lehetőség, alkalom, hely

slot machine *n* (*for tickets, cigarettes*) (pénzbedobós) automata; (*for gambling*) játékautomata

slouch [slaʊtʃ] *v* lomhán csoszog/áll/ül II **don't ~!** húzd ki magad!

Slovak ['sləʊvæk] **1.** *a* szlovák **2.** *n* (*language, person*) szlovák

Slovakia [sləʊ'vækɪə] *n* Szlovákia

Slovakian [sləʊ'vækɪən] *a* szlovák

Slovene ['sləʊviːn] *n* (*language*) szlovén

Slovenia [sləʊ'viːnɪə] *n* Szlovénia

Slovenian [sləʊ'viːnɪən] *a* szlovén

slovenly ['slʌvnlɪ] *a* elhanyagolt (külsejű), slampos

slow [sləʊ] **1.** *a* lassú; (*stupid*) nehézfejű; (*dull*) vontatott II **be ~** (*watch*) késik; **his watch is five minutes ~** öt percet késik az órája **2.** *adv* lassan **3.** *v* (*vk, vm*) lassít

slow down (*vehicle*) (le)lassít, lefékez; (le)lassul

slow up (*vehicle*) lelassít

slowly ['sləʊlɪ] *adv* lassan II **~!** (*road sign*) lassan!

slowness ['sləʊnɪs] *n* lassúság

slow-witted *a* lassú észjárású

sludge [slʌdʒ] *n* lucsok

slug[1] [slʌg] *n* (*animal*) meztelen csiga; (*bullet*) (puska)golyó

slug[2] [slʌg] *v* **-gg-** *US col* (erősen) üt, püföl

sluggish ['slʌgɪʃ] *a* lomha, rest

sluice [sluːs] *n* zsilip

slum [slʌm] *n* szegénynegyed

slumber ['slʌmbə] **1.** *n* szendergés **2.** *v* szendereg

slump [slʌmp] *n* gazdasági válság, depresszió II **~ in prices** árzuhanás

slung [slʌŋ] *pt/pp* → **sling**

slunk [slʌŋ] *pt/pp* → **slink**

slur [slɜː] **1.** *n* (*stain*) gyalázat, szégyenfolt; (*bad pronounciation*) nem tiszta (ki)ejtés, hadarás **2.** *v* **-rr-** (*disregard*) átsiklik (*over* vmn), semmibe vesz; (*depreciate*) becsmérel; (*pronounce indistinctly*) hibásan/hadarva beszél

slush [slʌʃ] *n* csatak, latyak

slushy ['slʌʃɪ] *a* (*ice*) kásás, latyakos

sly [slaɪ] *a* alattomos, ravasz II **on the ~** alattomban

slyness ['slaɪnɪs] *n* ravaszság, alattomosság

smack[1] [smæk] **1.** *n* (*on face*) pofon **2.** *v* megüt II **~ one's lips** csettint

smack[2] [smæk] *v* **~ of** vm érzik vmn

small [smɔːl] *a* kis, kicsi, kevés; (*short*) alacsony, kicsi II **~ ads** *pl* apróhirdetések; **~ change** aprópénz

smaller ['smɔːlə] *a* kisebb

smallest ['smɔːlɪst] *a* legkisebb

smallholder ['smɔːlhəʊldə] *n* kisgazda

smallholding ['smɔːlhəʊldɪŋ] *n* kisbirtok

small hours *n pl* **the ~** a kora hajnali órák

smallish ['smɔːlɪʃ] *a* meglehetősen kicsi

small-minded *a* (szellemileg) korlátolt

smallpox ['smɔːlpɒks] *n* himlő

small talk *n* bájcsevegés

small-time *a US col* kisszerű, kisstílű, piti

smart [smɑːt] **1.** *a* csinos, elegáns; (*clever*) okos, eszes; (*quick*) gyors ‖ **the ~ set** az előkelő/elegáns világ **2.** *v* **my eyes are ~ing** ég a szemem

smarten (oneself) up ['smɔːtn] *v* csinosítja magát

smash [smæʃ] **1.** *n* (*noise*) csattanás; (*collision*) (súlyos) összeütközés, szerencsétlenség; (*in tennis*) lecsapás **3.** *v* (*crash*) (össze)tör, összezúz, eltör; (*break*) betör; (*in tennis*) lecsap
smash up összetör, összezúz, összerombol, szétzúz ‖ **my car got ~ed up** összetörték a kocsimat

smash-hit *n col* bombasiker

smashing ['smæʃɪŋ] *a col* bomba jó, klassz

smattering ['smætərɪŋ] *n* **a ~ of knowledge** *col* csekélyke tudás

smear [smɪə] **1.** *n med* kenet **2.** *v* elken, elmaszatol

smear campaign *n* (politikai) rágalomhadjárat

smell [smel] **1.** *n* szag; (*sense*) szaglás ‖ **~ of gas** gázszag **2.** *v* (*pt/pp* **smelt** [smelt]) (meg)szagol, szimatol ‖ **~ good** jó szaga van; **~ of sg** vmlyen szaga van

smelly ['smelɪ] *a* büdös

smelt[1] [smelt] *v* (*metal*) olvaszt

smelt[2] [smelt] *pt/pp* → **smell**

smelter ['smeltə] *n* olvasztár

smile [smaɪl] **1.** *n* mosoly **2.** *v* mosolyog ‖ **keep smiling** légy mindig derűs

smite [smaɪt] *v* (*pt* **smote** [sməʊt], *pp* **smitten** ['smɪtn]) megüt, rásújt ‖ **smitten with** vmvel sújtott

smith [smɪθ] *n* kovács

smitten ['smɪtn] *pp* → **smite**

smog [smɒg] *n* füstköd, szmog

smoke [sməʊk] **1.** *n* füst ‖ **have a ~** elszív egy cigarettát **2.** *vi* (*chimney*) füstöl; (*smoker*) dohányzik, cigarettázik ‖ *vt* (*a cigarette*) elszív; (*cigarettes*) dohányzik; (*food*) füstöl

smoked [sməʊkt] *a* (*meat*) füstölt

smoker ['sməʊkə] *n* (*person*) dohányos; *railw* dohányzó szakasz ‖ **heavy ~** erős dohányos

smoking ['sməʊkɪŋ] *n* dohányzás ‖ **no ~** tilos a dohányzás!

smoky ['sməʊkɪ] *a* füstös

smooth [smuːð] **1.** *a* sima **2.** *v* (le)simít
smooth out kisimít; (*difficulty*) áthidal

smote [sməʊt] *pt* → **smite**

smother ['smʌðə] *v* (*choke*) megfojt; (*stifle*) elfojt

smoulder (*US* -ol-) ['sməʊldə] *v* hamvad, parázslik

smudge [smʌdʒ] **1.** *n* folt, pecsét **2.** *vt* elmaszatol ‖ *vi* elkenődik

smudged [smʌdʒd] *a* maszatos

smug [smʌg] *a* önelégült

smuggle ['smʌgl] *v* csempész(ik)

smuggler ['smʌglə] *n* csempész

smuggling ['smʌglɪŋ] *n* csempészés

snack [snæk] *n* gyors ebéd, harapnivaló ‖ **let's have a ~** *col* harapjunk valamit!

snack bar *n* ételbár, gyorsbüfé
snag [snæg] *n* (*difficulty*) váratlan akadály
snail [sneɪl] *n* csiga
snake [sneɪk] *v* kígyó
snap [snæp] **1.** *n* (*sound*) csattanás; (*photo*) (gyors)fénykép **2.** *v* **-pp-** *vi* (*break*) elpattan; (*make sound*) csattan | *vt col* (*take photo*) lekap || ~ **at sy's heels** (*kutya*) belekap (vk lábába); ~ **shut** (*lock*) bekattan
snap up elkapkod (*árut*)
snap-fastener *n* patentkapocs
snappy ['snæpɪ] *a* talpraesett, szellemes; (*smart*) csinos, divatos
snapshot ['snæpʃɒt] *n* (fény)kép
snare [sneə] *n* (*for catching animals*) hurok, csapda
snarl [snɑːl] *v* ~ **at sy** rávicsorog/ráförmed vkre
snatch [snætʃ] **1.** *n* (*seizing*) odakapás; (*portion*) töredék **2.** *v* (*seize*) elkap, vm után kap; (*grab*) megkaparint
sneak [sniːk] *vi* (*go quietly*) settenkedik | *vt* (*steal*) elcsen
sneak in besurran
sneak out (of) vhonnan kisomfordál
sneakers ['sniːkəz] *n pl US* edzőcipő, szabadidőcipő
sneaky ['sniːkɪ] *a* sunyi
sneer [snɪə] **1.** *n* gúnyos mosoly **2.** *v* gúnyosan mosolyog (*at* vmn)
sneeze [sniːz] **1.** *n* tüsszentés **2.** *v* tüsszent
snide [snaɪd] *a* rosszindulatú, epés
sniff [snɪf] **1.** *n* (*of air*) szippantás **2.** *v* (*air*) szippant; (*flower*) vmbe beleszagol
snip [snɪp] **1.** *n* (lemetszett) darab; (*cutting*) (le)metszés; *col* (*bar-*

gain) olcsó dolog || **it's a** ~ megéri! **2.** *v* **-pp-** lemetsz
sniper ['snaɪpə] *n* orvlövész
snivelling (*US* **-l-**) ['snɪvlɪŋ] *a col* (*snotty*) taknyos; (*crying*) bőgő, siránkozó
snob [snɒb] *n* sznob
snooker ['snuːkə] *n* sznúker (*biliárdféle*)
snoop [snuːp] *v US col* szimatol, spicliskedik
snooty ['snuːtɪ] *a col* felvágós, beképzelt
snooze [snuːz] *col* **1.** *n* szundikálás **2.** *v* szundít
snore [snɔː] *v* horkol
snorkel ['snɔːkl] *n* (*for diver*) légzőcső
snout [snaʊt] *n* (*of animal*) orr
snow [snəʊ] **1.** *n* hó **2.** *v* havazik || **be** ~**ing** havazik
snowball ['snəʊbɔːl] *n* hógolyó
snow-bank *n* hófúvás, hóakadály
snow-bound *a* behavazott, hóban elakadt
snow-chain *n* hólánc
snowdrift ['snəʊdrɪft] *n* hóakadály, hófúvás
snowdrop ['snəʊdrɒp] *n* hóvirág
snowfall ['snəʊfɔːl] *n* havazás, hóesés
snowflake ['snəʊfleɪk] *n* hópehely
snow goggles *n pl* hószemüveg
snowman ['snəʊmæn] *n* (*pl* **-men**) hóember
snowplough (*US* **-plow**) ['snəʊplaʊ] *n* hóeke
snow-tyre (*US* **-tire**) *n* téli gumi
snowy ['snəʊɪ] *a* havas; (*white*) hófehér
snub [snʌb] **1.** *n* visszautasítás **2.** *v* **-bb-** visszautasít

snub-nosed *a* fitos (orrú), pisze
snuffle ['snʌfl] *v* (*from flu*) szipog, szipákol
snug [snʌg] *a* -gg- kényelmes; lakályos
so [səʊ] *adv/conj* (*to such extent*) olyan, ilyen, annyira; (*in this manner*) úgy, így; (*therefore*) úgyhogy, tehát ‖ **isn't it** ~ vagy nem?; ~ **as to** abból a célból, hogy ...; úgy ..., hogy; **not** ~ **bad** *col* megjárja; ~ **did I** én is (*így tettem*); ~ **far** (mind) a mai napig; **in** ~ **far as** már amennyire; ~ **long!** *int* viszontlátásra!; ~ **many** oly sok; annyi; ~ **much** olyan nagyon; úgy, annyi; **and** ~ **on** és így tovább; ~ **that** úgy ..., hogy; ~ **to say** hogy úgy mondjam; ~ **what?** na és (aztán)?
soak [səʊk] *vt* (*wet*) áztat; (*saturate*) átitat vmvel ‖ *vi* (*become wet*) ázik ‖ **be ~ed through** teljesen átázott
soaking (wet) ['səʊkɪŋ] *a* bőrig ázott, csuromvizes
so-and-so ['səʊənsəʊ] *n* X. Y.
soap [səʊp] **1.** *n* szappan; *US* (*money*) csúszópénz **2.** *v* szappanoz
soap-flakes *n pl* szappanpehely
soap opera *n* (*in TV, radio*) családsorozat, „szappanopera"
soapy ['səʊpɪ] *a* szappanos
soar [sɔː] *v* szárnyal
soaring ['sɔːrɪŋ] *a* szárnyaló
sob [sɒb] *v* -bb- zokog
sober ['səʊbə] **1.** *a* józan, higgadt **2.** *v* ~ **up** kijózanodik
sobriety [sə'braɪətɪ] *n* józanság
so-called *a* úgynevezett
soccer ['sɒkə] *n col* futball, foci
sociable ['səʊʃəbl] *a* barátságos

social ['səʊʃl] *a* szociális, társas
social democrat *n* szociáldemokrata
socialism ['səʊʃəlɪzəm] *n* szocializmus
socialist ['səʊʃəlɪst] *n* szocialista
social security *n* társadalombiztosítás
social work *n* szociális (gondozói) munka
social worker *n* szociális munkás/szervező
society [sə'saɪətɪ] *n* társadalom; (*company*) társaság; (*organization*) egyesület
sociologist [səʊsɪ'ɒlədʒɪst] *n* szociológus
sociology [səʊsɪ'ɒlədʒɪ] *n* szociológia
sock [sɒk] → **socks**
socket ['sɒkɪt] *n el* dugaszolóaljzat; (*of eye*) szemgödör
socks [sɒks] *n pl* **(a pair of)** ~ zokni
soda (water) ['səʊdə] *n* szódavíz
sodden ['sɒdn] *a* átitatott
sodium ['səʊdɪəm] *n* nátrium
sofa ['səʊfə] *n* pamlag, szófa
soft [sɒft] *a* lágy, puha; (*not loud*) halk ‖ ~ **boiled egg** lágy tojás; ~ **drink** alkoholmentes ital, üdítő ital; ~ **drugs** *pl* enyhébb kábítószer
soften ['sɒfn] *vt* (meg)puhít, (meg)lágyít; (*tone down*) letompít, lehalkít ‖ *vi also fig* (meg)puhul, (meg)lágyul
softener ['sɒfnə] *n* vízlágyító (szer)
soft-hearted *a* vajszívű
softly ['sɒftlɪ] *adv* lágyan; halkan
softness ['sɒftnɪs] *n* lágyság, puhaság

soft-spoken *a* csendes szavú
software ['sɒftweə] *n* szoftver
soggy ['sɒgɪ] *a* átázott, nedves
soil [sɔɪl] **1.** *n* talaj **2.** *v* bepiszkít
soiled [sɔɪld] *a* piszkos
solar ['səʊlə] *a astr* nap-, szoláris ‖ ~ **cell** napelem
solarium [sə'leərɪəm] *n* (*pl* **-iums** *or* **-ia** [-ɪə]) szolárium
sold [səʊld] *pt/pp* → **sell**
solder ['sɒldə] *v* (meg)forraszt
soldier ['səʊldʒə] *n* katona
sole[1] [səʊl] *a* egyedüli, egyetlen, kizárólagos ‖ ~ **agent/trader** *comm* kizárólagos képviselő, önálló üzletember
sole[2] [səʊl] *n* (*of shoe*) (cipő)talp; (*fish*) nyelvhal, szól
solely ['səʊllɪ] *adv* egyedül, kizárólag
solemn ['sɒləm] *a* ünnepélyes
solicitor [sə'lɪsɪtə] *n GB* (*lawyer*) ügyvéd; *US* (*attorney*) városi tiszti ügyész; *US comm* (*agent*) ügynök
solid ['sɒlɪd] **1.** *a* (*hard*) szilárd; (*of same material*) tömör; (*reliable*) megbízható, szolid **2.** *n math, phys* test
solidarity [sɒlɪ'dærətɪ] *n* szolidaritás
solidify [sə'lɪdɪfaɪ] *vi* megszilárdul ‖ *vt* megszilárdít
solid-state physics *n* szilárdtestfizika
solitaire [sɒlɪ'teə] *n* (*game*) egyedül játszható játék; *US* pasziánszjáték
solitary ['sɒlɪtrɪ] *a* (*sole*) magában álló; (*lonely*) magányos
solitude ['sɒlɪtjuːd] *n* magány
solo ['səʊləʊ] *n mus* szóló
soloist ['səʊləʊɪst] *n mus* szólista

solstice ['sɒlstɪs] *n* napforduló
soluble ['sɒljʊbl] *a* (*substance*) oldható; (*problem*) megoldható
solution [sə'luːʃn] *n* (*dissolving*) (fel)oldás; (*solving*) megoldás, megfejtés; (*liquid*) oldat
solve [sɒlv] *v also math* megold
solvent ['sɒlvənt] **1.** *a fin* fizetőképes **2.** *n chem* oldószer
sombre (*US* **-ber**) ['sɒmbə] *a* komor
some [səm, sʌm] **1.** *a/pron* (*certain*) némely, valami, (egy) bizonyos; (*a few, little*) (egy)néhány, egy kis/kevés, némi; egypár ‖ ~ **day** (*in future*) egyszer, egy szép napon; **in** ~ **places** helyenként; **in** ~ **way or (an)other** akár így, akár úgy; **can I have** ~ **more?** kérek még!; ~ **more (soup)?** no **more(,) thank you** parancsol még (levest)? köszönöm, elég!; ~ **years ago** néhány évvel ezelőtt **2.** *adv* mintegy, körülbelül
somebody ['sʌmbədɪ] *pron* valaki ‖ ~ **else** másvalaki; ~ **I know** egy ismerősöm
someday ['sʌmdeɪ] *adv US* majd egyszer/valamikor, egy napon
somehow ['sʌmhaʊ] *adv* valahogy(an)
someone ['sʌmwʌn] *pron* = **somebody**
somersault ['sʌməsɔːlt] **1.** *n* bukfenc **2.** *v* bukfencezik
something ['sʌmθɪŋ] *pron* valami ‖ ~ **to read** olvasnivaló
sometime ['sʌmtaɪm] **1.** *adv* (*in past*) egykor, valamikor; (*in future*) (majd) valamikor, egyszer majd **2.** *a* egykori, hajdani
sometimes ['sʌmtaɪmz] *adv* néha

someway ['sʌmweı] *adv US col* =
somehow
somewhat ['sʌmwɒt] *adv* némileg,
némiképp, egy kissé
somewhere ['sʌmweə] *adv* (*at
some place*) valahol; (*to some
place*) valahova ‖ **from** ~ vala-
honnan
son [sʌn] *n* **sy's** ~ (vk) fia
song [sɒŋ] *n* ének, dal
sonic ['sɒnık] *a* hang- ‖ ~ **boom**
hangrobbanás
son-in-law *n* (*pl* **sons-in-law**) vő
sonnet ['sɒnıt] *n* szonett
sonny ['sʌnı] *n* ~! kisfiam!, fiam!
soon [suːn] *adv* hamar, nemsokára
‖ ~ **after** röviddel azután; **as** ~ **as
possible** minél előbb, amint lehet
sooner ['suːnə] *adv* (*time*) koráb-
ban; (*preference*) inkább ‖ ~ **or
later** előbb vagy utóbb; **the** ~ **the
better** minél előbb, annál jobb
soot [sʊt] *n* korom
soothe [suːð] *v* (*relieve pain*)
enyhít; (*quiet*) lecsendesít; (*calm*)
megnyugtat
sophisticated [sə'fıstıkeıtıd] *a*
(*person*) igen művelt; (*machine,
method*) (igen) bonyolult
soporific [sɒpə'rıfık] *a* altató (hatá-
sú)
sopping (wet) ['sɒpıŋ] *a* alaposan
átázott
soppy ['sɒpı] *a* (*wet*) átázott, ned-
ves; *col* (*sentimental*) érzelgős
soprano [sə'prɑːnəʊ] *n* (*pl* **-nos** *or*
-ni [-niː]) szoprán
sorcerer ['sɔːsərə] *n* varázsló
sorceress ['sɔːsərıs] *n* varázslónő,
boszorkány
sordid ['sɔːdıd] *a also fig* (*dirty*)
piszkos; (*vile*) aljas

sore [sɔː] **1.** *a* fájó(s), sebes ‖
one's ~ **point** érzékeny pontja
vknek; **have a** ~ **throat** fáj a torka
2. *n* seb
sorely ['sɔːlı] *adv* súlyosan, na-
gyon
sorrow ['sɒrəʊ] **1.** *n* szomorúság,
bánat **2.** *v* bánkódik (*about/for/
over* vm miatt, vk után)
sorrowful ['sɒrəʊfəl] *a fig* fájó,
bánatos, bús
sorry ['sɒrı] **1.** *int* (**I'm**) ~! (*apol-
ogy*) elnézést (kérek)!, bocsánat!;
~**?** (*pardon*) tessék?, kérem? **2.**
adv **be** ~ **to** sajnál vmt, sajnálja,
hogy...; **be/feel** ~ **for** vkt sajnál,
sajnálkozik vk/vm miatt **3.** *a* saj-
nálatos, szomorú
sort [sɔːt] **1.** *n* fajta, féle ‖ **what** ~
of...? milyen?, kiféle?, miféle? **2.**
v ~ (**out**) rendez, kiválogat; ~ **out**
col (*arrange*) elrendez, elintéz
SOS [es əʊ 'es] *n* vészjel, SOS
so-so *adv* csak-csak, úgy-ahogy
soufflé ['suːfleı] *n* felfújt, szuflé
sought [sɔːt] *pt/pp* → **seek**
soul [səʊl] *n* lélek ‖ ~ (**music**)
soul-zene; **with all my** ~ teljes
szívemből
soulful ['səʊlfəl] *a* (*person*) mélyen
érző; (*eyes*) kifejezésteljes
sound[1] [saʊnd] **1.** *n* (*noise*) hang **2.**
vi (*be heard*) hangzik, hallatszik ‖
vt (*produce sound*) megszólaltat,
megfúj; (*pronounce*) hangoztat,
kimond ‖ **it** ~**s true** igaznak
hangzik; ~ **a horn** kürtöl; ~ **the
horn** (*in car*) kürtöl
sound[2] [saʊnd] *a* (*healthy*) ép,
egészséges; (*thorough*) alapos ‖
be ~ **asleep** mélyen alszik; **of** ~
mind épeszű

sound³ [saʊnd] **1.** *n med, naut* szonda **2.** *v (measure depth)* mélységet mér; *tech (test)* szondáz; *med (examine)* meghallgat, megkopogtat
sounding¹ ['saʊndɪŋ] **1.** *a* hangzó **2.** *n* hangzás
sounding² ['saʊndɪŋ] *n (of patient)* kopogtatás, hallgatózás; *(of depth)* mélységmérés, szondázás
sound insulation *n* hangszigetelés
soundly ['saʊndlɪ] *adv (beat)* alaposan; *(sleep)* mélyen
soundproof ['saʊndpruːf] *a* hangszigetelt
sound-track *n* hangsáv; *(music)* film zenéje
sound-wave *n* hanghullám
soup [suːp] *n* leves ‖ **be in the ~** *col* benne van a pácban
soup plate *n* levesestányér
soup spoon *n* leveseskanál
sour ['saʊə] *a fig* savanyú ‖ **~ grapes** savanyú a szőlő!
source [sɔːs] *n* forrás, eredet ‖ **~ of a river** forrásvidék; **~ of energy** energiaforrás
sour cream *n* tejföl, tejfel
sour milk *n* aludttej
south [saʊθ] **1.** *a* déli, dél- **2.** *adv* délre, dél felé **3.** *n geogr* dél
South Africa *n* Dél-Afrika
South-African *a* dél-afrikai
South America *n* Dél-Amerika
South-American *a* dél-amerikai
southbound ['saʊθbaʊnd] *a* dél felé haladó/tartó, délnek tartó
south-east *n* délkelet
south-eastern *a* délkeleti
southerly ['sʌðəlɪ] *a geogr* déli
southern ['sʌðən] *a* déli
South Pole, the *n* Déli-sark

South Sea, the *n* a Csendes-óceán déli része
southward(s) ['saʊθwəd(z)] *adv* délre, déli irányba(n)
south-west *n* délnyugat
south-western *a* délnyugati
souvenir [suːvə'nɪə] *n* emlék(tárgy); *(gift)* ajándék(tárgy)
sovereign ['sɒvrɪn] **1.** *a* szuverén **2.** *n* uralkodó; államfő
sovereignty ['sɒvrəntɪ] *n (antonomy)* szuverenitás; *(rights)* felségjog
Soviet ['səʊvɪət] *a/n hist* szovjet
Soviet Union *n hist* Szovjetunió
sow¹ [saʊ] *n* koca
sow² [səʊ] *v (pt* **sowed,** *pp* **sown** [səʊn] *or* **sowed)** *(seed)* elvet ‖ **~ the seeds of** *sg* elveti/elhinti vmnek a magvát
sown [səʊn] *pp* → **sow²**
soya ['sɔɪə], *US* **soy** [sɔɪ] *n* szója
soya bean, *US* **soybean** ['sɔɪbiːn] *n* szójabab
spa [spɑː] *n* gyógyfürdő, fürdőhely
space [speɪs] **1.** *n* tér, táv; *(room)* férőhely; *(between lines)* sorköz; *(between letters)* betűköz; *(universe)* (világ)űr; *(interval)* időköz ‖ **in the ~ of 5 weeks** öt hét leforgása alatt **2.** *v* **~ (out)** *(spread)* feloszt
space bar *n (on keyboard)* szóközbillentyű
spacecraft ['speɪskrɑːft] *n* űrhajó
spaceman ['speɪsmæn] *n (pl* **-men)** űrhajós
spaceship ['speɪsʃɪp] *n* űrhajó
space shuttle *n* űrrepülőgép, űrkomp
spacesuit ['speɪssuːt] *n* űrruha
space vehicle *n* űrhajó

spacing ['speısıŋ] *n* sorköz
spacious ['speıʃəs] *a* terjedelmes, kiterjedt, tágas
spade[1] [speıd] *n* (*tool*) ásó
spade[2] [speıd] *n*, **spades** [speıdz] *n pl* (*in cards*) pikk
spaghetti [spə'getı] *n* spagetti
Spain [speın] *n* Spanyolország
span [spæn] **1.** *n* (*of bridge*) fesztáv(olság); (*measurement*) arasz **2.** *v* **-nn-** (*bridge*) áthidal
Spaniard ['spænjəd] *n* spanyol (*ember*)
Spanish ['spænıʃ] **1.** *a* spanyol **2.** *n* spanyol (nyelv) ‖ **the ~** *pl* a spanyolok
spank [spæŋk] *v* elfenekel
spanner ['spænə] *n* csavarkulcs, villáskulcs
spare [speə] **1.** *a* tartalék-, pót- **2.** *n* (*tyre*) pótkerék ‖ **~s** *pl* (*parts*) (pót)alkatrészek **3.** *v* (*time, energy*) megtakarít ‖ **can you ~ me a cigarette?** tudsz adni egy cigarettát?
spare part(s) *n* (*pl*) alkatrész(ek), pótalkatrész(ek)
spare time *n* szabad idő
spare wheel *n* pótkerék
sparing ['speərıŋ] *a* takarékos
sparingly ['speərıŋlı] *adv* takarékosan
spark [spɑːk] **1.** *n* szikra **2.** *v* (*engine*) gyújt
spark(ing) plug *n* (*in car*) gyertya
sparkle ['spɑːkl] **1.** *n* ragyogás, szikrázás **2.** *v* (*diamond, eyes*) szikrázik, ragyog
sparkling ['spɑːklıŋ] *a* (*eyes, lights*) szikrázó, ragyogó; (*drink*) szénsavas
sparrow ['spærəʊ] *n* veréb

sparse [spɑːs] *a* ritka, gyér
spasm ['spæzəm] *n* görcs
spasmodic [spæz'mɒdık] *a med* görcsös; (*growth*) rapszodikus, lökésszerű
spat [spæt] *pt/pp* → **spit**[1]
spate [speıt] *n* árvíz, áradás ‖ **a ~ of...** rengeteg
spatter ['spætə] *v* **~ sg on/with sg** (vmt vmre) fröccsent
spatula ['spætʃʊlə] *n* spatula, nyelvlapoc
spawn [spɔːn] **1.** *n* (hal)ikra **2.** *v* ívik
speak [spiːk] *v* (*pt* **spoke** [spəʊk], *pp* **spoken** ['spəʊkən]) (*talk*) beszél, szól; (*make a speech*) beszédet mond; (*use a language*) beszél, tud ‖ **can you ~ English?** tud(sz) angolul?; **can I ~ to Judith?** Juditot kérem a telefonhoz
speak about sg beszél vmről
speak of beszél vkről/vmről
speak to vkvel/vkhez beszél, vknek/vkhez szól
speak up hangosa(bba)n beszél ‖ **~ up!** beszéljen hangosabban!
speaker ['spiːkə] *n* (*person*) szónok, előadó; (*loudspeaker*) hangfal ‖ **~ of English** angol anyanyelvű
Speaker, the *n GB* a képviselőház elnöke
spear [spıə] *n* dárda, lándzsa
spec [spek] *n col* **on ~** próbaképpen, próba szerencse; → **specs**
special ['speʃl] *a* különös, különleges, speciális ‖ **~ delivery letter** *US* expresszlevél
specialist ['speʃəlıst] *n* szakember, szakértő (*in* vmben); (*doctor*) specialista, szakorvos

speciality [speʃɪ'ælətɪ] *n* specialitás, különlegesség
specialization [speʃəlaɪ'zeɪʃn] *n* (*specializing*) specializálódás; (*field*) szakterület
specialize ['speʃəlaɪz] *v* specializálja magát (*in sg* vmre)
specialized ['speʃəlaɪzd] *a* szakosított
specially ['speʃlɪ] *adv* különösen
specialty ['speʃltɪ] *n US* = **speciality**
species ['spiːʃiːz] *n* (*pl* ~) *biol* faj
specific [spə'sɪfɪk] *a* (*particular*) különleges, specifikus; (*definite*) meghatározott
specifically [spə'sɪfɪklɪ] *adv* kifejezetten, speciálisan
specification [spesɪfɪ'keɪʃn] *n* részletezés, műleírás; (*stipulation*) kikötés ‖ ~s *pl tech* műszaki adatok
specify ['spesɪfaɪ] *v* (*determine*) pontosabban meghatároz; *comm* (*stipulate*) előír
specimen ['spesəmən] *n* minta(példány), mutatvány
speck [spek] *n* homokszem; porszem
speckled ['spekld] *a* pettyes, piszkos
specs [speks] *n pl col* szemüveg
spectacle ['spektəkl] *n* látvány; *theat* előadás ‖ ~s *pl* szemüveg
spectacular [spek'tækjʊlə] *a* látványos
spectator [spek'teɪtə] *n* néző ‖ ~s *pl* nézőközönség, nézők
spectre (*US* **specter**) ['spektə] *n* kísértet
speculate ['spekjʊleɪt] *v* elmélkedik, tűnődik ‖ ~ **in** *sg comm* vmvel spekulál

speculation [spekjʊ'leɪʃn] *n* elmélkedés, spekuláció; *comm* spekuláció, üzérkedés
sped [sped] *pt/pp* → **speed**
speech [spiːtʃ] *n* (*faculty*) beszéd (képessége); (*oration*) beszéd, szónoklat
speed [spiːd] **1.** *n* sebesség; (*gear*) sebesség(fokozat) **2.** *v* (*pt/pp* **sped** [sped] *or* **speeded**) *vi* (*move quickly*) siet; (*drive fast*) gyorsan hajt ‖ *vt* (*urge*) siettet; (*take quickly*) gyorsan (oda)szállít
speed up *vt* felgyorsít ‖ *vi* felgyorsul
speedboat ['spiːdbəʊt] *n* (gyorsasági) motorcsónak
speedily ['spiːdɪlɪ] *adv* gyorsan
speeding ['spiːdɪŋ] *n* gyorshajtás
speed limit *n* sebességkorlátozás
speedometer [spɪ'dɒmɪtə] *n* sebességmérő
speedway ['spiːdweɪ] *n* (*race*) salakpályaverseny
speedy ['spiːdɪ] *a* sebes, gyors
spell[1] [spel] *n* (*magic*) varázslat, bűvölet
spell[2] [spel] *v* (*pt/pp* **spelt** [spelt] *or* **spelled** [speld]) (*letters*) betűz; (*word*) lebetűz ‖ **he can't** ~ nem tud helyesen írni; **how do you** ~ **it?** hogyan írjuk (ezt a szót)?
spell[3] [spel] *n* (*period*) időszak
spellbound ['spelbaʊnd] *a* **hold sy** ~ lenyűgöz
spelling ['spelɪŋ] **1.** *a* helyesírási ‖ ~ **checker** *comput* helyesírás-ellenőrző (program) **2.** *n* helyesírás
spelt [spelt] *pt/pp* → **spell**[2]
spend [spend] *v* (*pt/pp* **spent** [spent]) (*time*) tölt; (*money*) (el)-

költ (*on* vmre) ‖ **how do you ~ your leisure?** mivel töltöd szabadidődet?
spending money *n* költőpénz
spendthrift ['spendθrɪft] *n* költekező, pazarló
spent [spent] *a* fáradt, kimerült; → **spend**
sperm [spɜːm] *n* sperma, ondó
sperm-whale *n* ámbráscet
spew [spjuː] *v* (*flame, smoke*) okád
sphere [sfɪə] *n* (*globe*) gömb; (*of activity*) (működési) kör, szféra, terület
spice [spaɪs] **1.** *n* fűszer **2.** *v* fűszerez
spick-and-span [spɪkən'spæn] *a* ragyogó tiszta, tipp-topp
spicy ['spaɪsɪ] *a* fűszeres; *also fig* pikáns
spider ['spaɪdə] *n zoo* pók
spider's web *n* pókháló
spike [spaɪk] *n* (*pointed metal*) (vas)hegy; (*on shoe*) szeg; *bot* kalász
spiky ['spaɪkɪ] *a* (*flower, leaf*) hegyes, szúrós; *fig* (*person*) tüskés
spill [spɪl] **1.** *n* bukás, (le)esés **2.** *v* (*pt/pp* **spilt** [spɪlt] *or* **spilled**) *vt* kiönt, kilöttyent I *vi* kiloccsan, kicsordul ‖ **it is no use crying over spilt milk** késő bánat ebgondolat
spilt [spɪlt] *pt/pp* → **spill**
spin [spɪn] **1.** *n* (*of wheel*) pörgés, forgás; (*trip in car*) autózás; *aviat* dugóhúzó **2.** *v* (*pt/pp* **spun** [spʌn]; **-nn-**) (*thread*) fon, sodor, sző; (*ball*) pörget
spin out (*meeting, story*) elhúz, elnyújt
spinach ['spɪnɪdʒ] *n* spenót

spinal ['spaɪnl] *a* gerinc- ‖ **~ column** gerincoszlop, hátgerinc; **~ cord** gerincvelő
spindle ['spɪndl] *n tech* orsó
spindly ['spɪndlɪ] *a* **having ~ legs** pipaszárlábú
spin-drier *n* (háztartási) centrifuga
spine [spaɪn] *n* (hát)gerinc; (*of plant*) tüske, tövis; (*of book*) gerinc
spine-chilling *a* (*story*) hátborzongató, horror
spineless ['spaɪnlɪs] *a* gerinctelen
spinning ['spɪnɪŋ] *n* (*of thread*) fonás; (*of ball*) pörgés, forgás ‖ **~ top** (*toy*) csiga; **~ wheel** rokka
spinster ['spɪnstə] *n* hajadon, vénkisasszony, vénlány
spiral ['spaɪərəl] **1.** *a* csigavonalú, spirális **2.** *n* csigavonal, spirál
spiral staircase *n* csigalépcső
spirit ['spɪrɪt] *n* szellem, lélek; (*mood*) kedély, kedv; (*alcohol*) szesz, alkohol ‖ **in the ~ of sg** vmnek a jegyében; **~s** *pl* röviditalok; **in good ~s** jókedvű
spirited ['spɪrɪtɪd] *a* élénk, talpraesett
spiritual ['spɪrɪtʃʊəl] *a* szellemi, lelki ‖ **~ life** szellemi élet
spit[1] [spɪt] **1.** *n* (*saliva*) köpés, köpet **2.** *v* (*pt/pp* **spat** [spæt]; **-tt-**) köp; (*rain*) szemerkél; (*oil*) serceg
spit[2] [spɪt] *n* (*for roasting*) nyárs
spite [spaɪt] *n* rosszakarat, rosszindulat ‖ **in ~ of** ellenére
spiteful ['spaɪtfəl] *a* gyűlölködő
spittle ['spɪtl] *n* köpés, köpet
splash [splæʃ] **1.** *n* (*noise*) loccsanás; (*spot*) folt ‖ **make a ~** nagy szenzációt kelt **2.** *vt* (le)fröcsköl, befröcsköl I *vi* (ki)loccsan

splash down (*spaceship*) leszáll
splash-down *n* (*of spaceship*) vízre szállás
spleen [spliːn] *n* (*organ*) lép
splendid ['splendɪd] *a fig* ragyogó, pompás
splendour (*US* **-or**) ['splendə] *n* ragyogás, pompa
splint [splɪnt] **1.** *n med* rögzítőkötés, sín **2.** *v* (*broken bone*) rögzít
splinter ['splɪntə] *n* szilánk, szálka; (*of bomb*) repesz
split [splɪt] **1.** *a* kettévágott, (ketté)hasított ‖ **in a ~ second** egy másodperc ezredrésze alatt **2.** *n* (el)hasadás; (*in wall*) rés, hasadék; (*of party*) pártszakadás **3.** *v* (*pt/pp* **split; -tt-**) (*tear*) *vi* (el)hasad, beszakad; (*break*) repedezik, bereped, szétreped, szétszakad ‖ *vt* (*cleave*) felhasít, széthasít; (*divide*) eloszt ‖ **~ in two** kettéhasít; kettéhasad
split up *vt* széthasít ‖ *vi* szétválnak
splitting ['splɪtɪŋ] *a* (*pain*) hasogató
spoil [spɔɪl] *v* (*pt/pp* **spoilt** [spɔɪlt] *or* **spoiled**) *vi* megromlik ‖ *vt* (*child*) (el)kényeztet; (*plan*) elront, felborít
spoils [spɔɪlz] *n* (*pl*) (*stolen goods*) zsákmány
spoilsport ['spɔɪlspɔːt] *n* ünneprontó
spoilt [spɔɪlt] *pt/pp* → **spoil**
spoke[1] [spəʊk] *n* küllő
spoke[2] [spəʊk] *pt* → **speak**
spoken ['spəʊkən] *pp* → **speak**
spoken language *n* a beszélt nyelv
spokesman ['spəʊksmən] *n* (*pl* **-men**) szóvivő

spokeswoman ['spəʊkswʊmən] *n* (*pl* **-women**) szóvivő(nő)
sponge [spʌndʒ] **1.** *n* szivacs **2.** *v col* ~ **on sy** vkn élősködik ‖ ~ (**up**) (*liquid*) felitat
sponge-cake *n* piskótatészta
spongy ['spʌndʒɪ] *a* szivacsos
sponsor ['spɒnsə] **1.** *n* szponzor; (*godfather*) keresztapa ‖ **~s** *pl* keresztszülők **2.** *v* szponzorál, finanszíroz, pénzel
sponsorship ['spɒnsəʃɪp] *n* támogatás, szponzorálás
spontaneous [spɒn'teɪnɪəs] *a* akaratlan, spontán
spooky ['spuːkɪ] *a* kísérteties
spool [spuːl] **1.** *n* orsó, tekercs **2.** *v* felteker(csel)
spoon [spuːn] *n* kanál
spoon-feed *v* (*pt/pp* **-fed**) (*feed*) kanállal etet; *fig* (*supply, teach*) szájába rág
spoonful ['spuːnfʊl] *n* kanálnyi ‖ **a level ~** egy csapott kanállal
sport [spɔːt] *n* (*game*) sport; (*branch*) sportág; (*amusement*) szórakozás, tréfa; → **sports**
sportcast ['spɔːtkast] *n US* sportközvetítés
sporting ['spɔːtɪŋ] *a* sport-; (*person*) sportos; (*fair*) sportszerű
sports [spɔːts] *n pl* sport, sportolás ‖ **~ car** sportkocsi
sportsman ['spɔːtsmən] *n* (*pl* **-men**) sportoló, sportember
sportsmanlike ['spɔːtsmənlaɪk] *a* sportszerű
sportsmanship ['spɔːtsmənʃɪp] *n* sportszerűség
sportswear ['spɔːtsweə] *n* sportöltözet

sportswoman ['spɔ:tswʊmən] *n* (*pl* **-women**) női sportoló
sporty ['spɔ:tɪ] *a* (*clothes*) sportos; (*person*) sportkedvelő
spot [spɒt] **1.** *n* (*mark, stain*) folt; (*locality*) vidék, hely; (*on face*) pattanás; (*announcement*) reklám || ~s *pl* pörsenés; **on the** ~ a helyszínen **2.** *v* -tt- észrevesz, „kiszúr"
spot check *n* szúrópróba
spotlight ['spɒtlaɪt] *n* (*light*) reflektorfény; (*lamp*) reflektor
spotted ['spɒtɪd] *a* (*pattern*) pettyes
spotty ['spɒtɪ] *a* (*face*) pattanásos
spouse [spaʊz] *n* házastárs
spout [spaʊt] **1.** *n* (*of jug*) csőr, kifolyó; (*stream*) vízsugár **2.** *v* ~ **out** (*of/from*) sugárban ömlik (vmből)
sprain [spreɪn] **1.** *n* ficam **2.** *v* kificamít
sprained ankle *n* bokaficam
sprang [spræŋ] *pt* → **spring**
sprawl [sprɔ:l] *v* terpeszkedik
spray [spreɪ] **1.** *n* (*liquid*) permet; (*atomizer*) permetezőpalack, spray **2.** *v* (*plant*) permetez; (*hair*) vmvel befúj; (*paint*) szór (*on/over* vmre), fényez (*autót*)
spread [spred] **1.** *n* (*extent*) kiterjedés, terjedelem; (*dispersion*) (szét)-szórás; (*advertisements*) egész oldalas hirdetés || **what a** ~! micsoda terülj-terülj asztalkám! **2.** *v* (*pt/pp* **spread** [spred]) *vi* (*extend*) terjed, elterjed, szóródik | *vt* (*distribute*) (el)terjeszt; (*bread*) megken (vmvel)
spread abroad/around (*news*) elterjeszt
spread out (*arms*) széttár; (*map*) szétterít

spreadsheet ['spredʃi:t] *n* comput táblázatkezelő (program)
spree [spri:] *n* col muri || **go on the** ~ col lumpol, kirúg a hámból
sprig [sprɪg] *n* gally
sprightly ['spraɪtlɪ] *a* vidám, fürge, élénk
spring [sprɪŋ] **1.** *n* (*source*) forrás; (*piece of metal*) rugó; (*leap*) ugrás; (*season*) tavasz || **in (the)** ~ tavasszal **2.** *v* (*pt* **sprang** [spræŋ], *pp* **sprung** [sprʌŋ]) (*leap*) ugrik; (*arise*) fakad, ered || ~ **a leak** léket kap
spring up *fig* keletkezik, támad
springboard ['sprɪŋbɔ:d] *n* ugródeszka || ~ **diving** műugrás
spring-cleaning *n* tavaszi nagytakarítás
springtime ['sprɪŋtaɪm] *n* tavasz
sprinkle ['sprɪŋkl] *v* (*with salt*) meghint, (be)szór; (*with liquid*) permetez, meglocsol
sprinkler ['sprɪŋklə] *n* szórófej
sprint [sprɪnt] **1.** *n* vágta, hajrá **2.** *v* vágtázik, sprintel
sprinter ['sprɪntə] *n* sp rövidtávfutó, vágtázó, sprinter || ~ **(in freestyle)** gyorsúszó
sprite [spraɪt] *n* tündér, manó
sprout [spraʊt] bot **1.** *n* hajtás, sarj **2.** *v* (*grow*) sarjad, kihajt; (*produce*) vmt hajt
spruce[1] [spru:s] *n* lucfenyő
spruce[2] [spru:s] *a* takaros, csinos
sprung [sprʌŋ] *pp* → **spring**
spry [spraɪ] *a* virgonc, fürge
spume [spju:m] *n* (*of sea*) hab, tajték
spun [spʌn] *a* fonott; → **spin**
spur [spɜ:] **1.** *n* sarkantyú **2.** *v* -rr- megsarkantyúz

spur sy on *fig* sarkantyúz ‖ **~ sy on to** vkt vmre sarkall, ösztönöz
spurious ['spjʊərɪəs] *a* hamis, álspurn [spɜːn] **1.** *n* elutasítás **2.** *v* elutasít, kiadja az útját
spurt [spɜːt] **1.** *n* (*jet*) sugár; (*burst*) kitörés; (*run*) hajrá(zás) **2.** *v* ~ (out) kifröccsen, kilövell
spy [spaɪ] **1.** *n* kém **2.** *v* kémkedik (*on* vk után; *for* vknek)
spying ['spaɪɪŋ] *n* kémkedés
sq = **square**
Sq = *Square* tér
squabble ['skwɒbl] *v* ~ (with sy) about sg (*apróságok miatt*) veszekszik (vkvel)
squad [skwɒd] *n* mil raj, szakasz, osztag; *sp* (*sportsmen*) keret
squadron ['skwɒdrən] *n* (*of aircrafts*) repülőszázad; (*of warships*) hajóraj; (*of cavalry*) lovasszázad
squalid ['skwɒlɪd] *a* (*dirty*) mocskos; (*mean*) hitvány
squall [skwɔːl] **1.** *n* sikoltás **2.** *v* sikolt, sikít
squander ['skwɒndə] *v* elpazarol, elherdál
square [skweə] **1.** *a* négyszögletes, négyzet alakú ‖ **we are now ~** kvittek vagyunk; **~ metre** négyzetméter; **a ~ meal** *col* kiadós étkezés **2.** *n* math (*shape or number*) négyzet; (*area*) tér **3.** *v* math négyzetre emel
squash¹ [skwɒʃ] **1.** *n* (*crowd*) tolongás, tumultus; (*drink*) szörp, üdítőital; *sp* (*game*) fallabda **2.** *v* szétnyom
squash² [skwɒʃ] *n US bot* sütőtök
squat [skwɒt] **1.** *a* tömzsi, zömök **2.** *v* -tt- ~ down leguggol

squatter ['skwɒtə] *n* (*of flat*) (jogcím nélküli) beköltöző
squawk [skwɔːk] *v* (*bird*) vijjog, rikolt
squeak [skwiːk] **1.** *n* (*of door*) nyikorgás; (*of mouse*) cincogás; (*of floor*) reccsenés **2.** *v* nyikorog; recseg; (*mouse*) cincog
squeal [skwiːl] *v* visít, rikolt
squeeze [skwiːz] **1.** *n* összenyomás; (*juice*) (kipréselt) gyümölcslé; *col* (*restriction*) korlátozás, megszorítás **2.** *v* (*press*) összenyom, összeprésel; (*get juice*) kicsavar, kinyom
squeeze in beleprésel, vmt be(le)nyom, begyömöszöl
squeeze out (*fruit*) kinyom
squid [skwɪd] *n* tintahal
squint [skwɪnt] **1.** *n* kancsalság ‖ **have a ~** kancsalít, kancsal **2.** *v* kancsalít
squint-eyed *a* kancsal
squire [skwaɪə] *n GB* földesúr
squirrel ['skwɪrəl] *n* mókus
squirt [skwɜːt] *v* spriccel
St = **Saint; Street**
stab [stæb] **1.** *n* szúrás; (*wound*) szúrt seb **2.** *v* -bb- átszúr; (*with knife*) megszúr ‖ **~ sy (to death)** vkt leszúr
stability [stə'bɪlətɪ] *n* állandóság, stabilitás
stabilization [steɪbəlaɪ'zeɪʃn] *n* állandósulás, stabilizáció
stabilize ['steɪbəlaɪz] *vt* állandósít, stabilizál | *vi* állandósul, stabilizálódik
stable¹ ['steɪbl] *a* állandó; stabil
stable² ['steɪbl] *n* (*building*) (ló)istálló
stack [stæk] **1.** *n* boglya, kazal **2.** *v* boglyába/kazalba rak

stadium ['steɪdɪəm] *n* (*pl* **-diums** *or* **-dia** [-dɪə]) stadion
staff [stɑːf] *n* (*stick*) bot, rúd; *mil* (*officers*) törzs(kar); (*personnel*) személyzet, az alkalmazottak || **teaching** ~ tantestület, tanári kar
staff cuts *n pl* létszámcsökkentés
staff room *n* tanári szoba
stag [stæg] *n* szarvas(bika)
stage [steɪdʒ] **1.** *n* színpad; (*period*) szakasz; (*degree*) fokozat; (*point*) stádium, fázis || **the** ~ színművészet, színészi pálya; **at this** ~ ezen a ponton; **travel by easy** ~**s** megszakításokkal utazik **2.** *v* színpadra állít vmt
stage door *n* színészbejáró
stage-manager *n theat* ügyelő
stagger ['stægə] *v* tántorog, botladozik || **was** ~**ed to hear** megdöbbenve hallotta, hogy...
staggering ['stægərɪŋ] *a* döbbenetes, megdöbbentő
stagnant ['stægnənt] *a* pangó, stagnáló || ~ **water** állóvíz
stagnate [stæg'neɪt] *v* stagnál
stain [steɪn] **1.** *n also fig* folt **2.** *v* bepiszkít || ~ **sg/sy with blood** összevérez vmt/vkt
stained [steɪnd] *a* foltos, pecsétes || ~ **glass window** festett/színes üvegablak
stainless ['steɪnlɪs] *a* (*steel*) rozsdamentes
stain remover *n* folttisztító (szer)
stair [steə] *n* lépcsőfok; → **stairs**
staircase ['steəkeɪs] *n* lépcsőház
stairs [steəz] *n pl* lépcső || **up/down the** ~**s** fel/le a lépcsőn
stairway ['steəweɪ] *n* lépcsőház
stake [steɪk] *n* (*post*) karó, cölöp; (*bet*) tét || **be at** ~ kockán forog

stale [steɪl] *a* (*not fresh*) áporodott, állott; (*bread*) száraz; (*air*) elhasznált
stalemate ['steɪlmeɪt] *n* (*in chess*) patt
stalk [stɔːk] *n bot* szár
stall [stɔːl] **1.** *n* (*in stable*) állás, rekesz; (*in market*) bódé; → **stalls** **2.** *vi* leáll, bedöglik | *vt* leállít
stalls [stɔːlz] *n pl theat* földszint, zsöllye
stamina ['stæmɪnə] *n* jó erőnlét, állóképesség
stammer ['stæmə] *v* dadog, hebeg
stamp [stæmp] **1.** *n* (*postage* ~) bélyeg; (*on document*) bélyegző, pecsét **2.** *v* (*stick a stamp on*) bélyeget ragaszt vmre, felbélyegez; (*mark by pressing*) lepecsétel, felülbélyegez; (*one's foot*) dobbant
stance [stæns] *n* (*posture*) állás, helyzet; (*attitude*) beállítottság, álláspont
stand [stænd] **1.** *n* (*support*) állvány; (*stall*) bódé, árusítóhely; (*station*) taxiállomás, stand; *sp* tribün || **come to a** ~ megáll; **take a** ~ **on sg** állást foglal vm ügyben **2.** *v* (*pt/pp* **stood** [stʊd]) *vi* (*be erect*) áll, megáll; (*be valid*) érvényes | *vt* (*place*) tesz, állít; (*withstand*) elvisel, (ki)bír, tűr || **it** ~**s to reason** magától értetődik; ~ **sy a drink** vknek fizet egy pohárral
stand by (*move uninvolved*) (csak) áll (és tétlenül néz); (*be ready*) készenlétben áll || ~ **by (one's evidence)** vallomását fenntartja
stand down (*candidate*) visszalép

stand for (*signify*) vmt jelent; (*be candidate*) jelölteti magát || **~ for (Parliament) election** képviselőjelöltként lép fel
stand in for sy vkt helyettesít || **~ in line** *US* sorba(n) áll (*for* vmért)
stand out vm vmből kiáll
stand up (*from sitting*) felkel, feláll
stand up for sg/sy kiáll vmért/vkért *or* vm/vk mellett
stand up to (*person*) szembeszáll vkvel; (*pressure*) ellenáll vmnek
standard ['stændəd] **1.** *a* szabványos, szabvány- **2.** *n* szabvány; (*flag*) zászló
standardize ['stændədaız] *v* szabványosít, egységesít
standard lamp *n* állólámpa
standard of living *n* életszínvonal
standard time *n* zónaidő
stand-by *n* (*reserve*) tartalék; (*help*) segítség || **~ (passenger)** helyre váró utas; **~ ticket** olcsóbb jegy helyre váróknak
stand-in *n* dublőr, dublőz
standing ['stændıŋ] **1.** *a* (*erect*) álló; (*permanent*) állandó; (*established*) fennálló, (még) érvényes || **~ crops** lábon álló termés **2.** *n* állás, pozíció, rang || **of high ~** magas állású/rangú
standing committee *n* állandó bizottság
standing room *n* állóhely
stand-offish [stænd'ɒfıʃ] *a* tartózkodó, hideg
standpoint ['stændpɔınt] *n* álláspont, nézőpont
standstill ['stændstıl] *n* nyugalmi állapot, leállás || **be at a ~** nyugalmi állapotban van; (*machine,*

trade) áll; **come to a ~** leáll, holtpontra jut
stank [stæŋk] *pt* → **stink**
staple[1] ['steıpl] **1.** *n* (*for papers*) fűzőkapocs, kapocs **2.** *v* összefűz
staple[2] ['steıpl] *n* (*article*) főtermék
stapler ['steıplə] *n* (irodai) fűzőgép
star [stɑː] **1.** *n* (*celestial body*) csillag; (*person*) sztár || **the S~s and Stripes** *US* csillagos-sávos lobogó **2.** *v* **-rr- ~ring...** a főszerepben...
starboard ['stɑːbəd] *n* (*of ship, aircraft*) jobb oldal
starch [stɑːtʃ] *n* keményítő
stardom ['stɑːdəm] *n* sztárok világa
stare [steə] **1.** *n* merev tekintet **2.** *v* mered, bámul
stare at sy megbámul, rábámul
starfish ['stɑːfıʃ] *n* tengeri csillag
stark [stɑːk] **1.** *a* merev **2.** *adv* teljesen || **~ naked** anyaszült meztelen(ül), pucér(an)
starless ['stɑːlıs] *a* csillagtalan
starling ['stɑːlıŋ] *n* seregély
starring [stɑːrıŋ] *a* → **star 2.**
starry ['stɑːrı] *a* (*sky*) csillagos
start [stɑːt] **1.** *n* (*beginning*) kezdet; (*departure*) indulás; *sp* (*of race*) rajt, start **2.** *vt* (*set off*) elindít; (*ignite*) begyújt; (*frighten*) megijeszt | *vi* (*leave*) (el)indul; (*ignite*) beindul; (*begin*) megkezdődik, elkezdődik; (*begin to do*) kezd, vmbe belefog; *sp* rajtol, startol || **be about to ~** indulóban/indulófélben van; **it ~ed raining** esni kezdett; **~ again** elölről kezdi, újrakezd; **~ doing sg** vmhez hozzáfog
start off útnak ered

starter ['stɑːtə] *n col* (*meal*) előétel; (*device*) indítómotor
starting block ['stɑːtɪŋ] *n* rajtgép
starting point *n* kiindulási pont
startle ['stɑːtl] *v* (*frighten*) felriaszt, megijeszt; (*astonish*) megdöbbent, meghökkent
startling ['stɑːtlɪŋ] *a* meglepő, megdöbbentő
starvation [stɑːˈveɪʃn] *n* éhezés, koplalás
starve [stɑːv] *vi* éhezik, koplal | *vt* éheztet
starving ['stɑːvɪŋ] *a* éhező
state [steɪt] **1.** *n* (*condition*) állapot; (*nation*) állam ‖ ~ **of emergency** szükségállapot, rendkívüli állapot; → **States 2.** *v* (*express*) kijelent, megállapít; (*quote*) megad ‖ ~ **one's case** kifejti az álláspontját
State Department *n US* külügyminisztérium
stately ['steɪtlɪ] *a* (*dignified*) mutatós, reprezentatív; (*lofty*) büszke
statement ['steɪtmənt] *n* (*of facts*) állítás, megállapítás, kijelentés, nyilatkozat ‖ ~ **of account** számlakivonat
statesman ['steɪtsmən] *n* (*pl* -**men**) államférfi(ú)
States, the *n pl* Amerikai Egyesült Államok, az USA
static ['stætɪk] **1.** *a* (*stationary*) nyugvó, statikus; (*of statics*) statikai **2.** *n* légköri zavarok
statics ['stætɪks] *n sing.* statika
station ['steɪʃn] **1.** *n* (*for train or bus*) állomás, pályaudvar; (*stop*) megállóhely **2.** *v* állomásoztat
stationary ['steɪʃənrɪ] *a* (*not moving*) álló; (*car*) parkoló

stationer ['steɪʃnə] *n* papírkereskedő ‖ ~**'s (shop)** papírkereskedés
stationery ['steɪʃənrɪ] *n* levélpapír, írószerek
station wagon *n* kombi
statistical [stəˈtɪstɪkl] *a* statisztikai
statistics [stəˈtɪstɪks] *n sing.* (*science*) statisztika; *pl* (*data*) statisztika(i adatok)
statue ['stætʃuː] *n* szobor
stature ['stætʃə] *n* (*of person*) alak, termet
status ['steɪtəs] *n* állapot, helyzet, státus
status symbol *n* státusszimbólum
statute ['stætʃuːt] *n* szabályrendelet, törvény
statute law *n* írott jog
statutory ['stætʃʊtrɪ] *a* törvényen alapuló, törvényes ‖ ~ **law** tételes jog
staunch [stɔːntʃ] *a* ragaszkodó
stave [steɪv] *n* (*of barrel*) hordódonga
stay [steɪ] **1.** *n* (*staying*) tartózkodás, időzés ‖ **during her** ~ ottléte alatt **2.** *v* vhol ideiglenesen tartózkodik, marad ‖ ~ **put** mozdulatlan marad
stay at (*hotel*) megszáll
stay in (*at hotel*) otthon marad
stay off (*food, work*) tartózkodik; távoltart
stay on (*remain after*) tovább marad
stay out (*of house*) kimarad, nem megy haza
stay with sy vknél megszáll
staying power ['steɪɪŋ] *n* állóképesség, jó erőnlét

STD [es ti: 'di:] = **sexually trans-
mitted disease**; *GB* **subscriber
trunk dialling**
STD call *n* belföldi távhívás
stead [sted] *n* **in sy's** ~ vk helyett
steadfast ['stedfɑːst] *a* állhatatos,
kitartó
steadily ['stedəlı] *adv* (*firmly*) szi-
lárdan; (*regularly*) egyenletesen;
(*constantly*) állandóan
steady ['stedı] **1.** *a* (*firm*) szilárd,
biztos; (*regular*) egyenletes, sza-
bályos; (*constant*) állandó;
(*reliable*) állhatatos ‖ ~! csak nyu-
godtan! **2.** *adv* **go** ~ **with** *col* jár
vkvel
steak [steık] *n* (hús)szelet, bifsztek
steal [stiːl] *v* (*pt* **stole** [stəʊl], *pp*
stolen ['stəʊlən]) (el)lop ‖ ~ **a
glance at** vmt lopva megnéz
stealth [stelθ] *n* **by** ~ lopva, tit-
kon,suttyomban
stealthy ['stelθı] *a* titkos, rejtett,
óvatos
steam [stiːm] **1.** *n* gőz **2.** *vi* gőzö-
lög, párolog ‖ *vt* párol
steam up (be)párásodik
steamed [stiːmd] *a* párolt
steam-engine *n* gőzgép
steamer ['stiːmə] *n* gőzhajó
steam iron *n* gőzölős vasaló
steam-roller *n* úthenger
steamy ['stiːmı] *a* gőzös, párás
steed [stiːd] *n* paripa
steel [stiːl] **1.** *n* acél **2.** *v* (*iron*) edz;
(*heart*) megacéloz; *fig* (*person*) edz
steel blade *n* acélpenge
steelworks [stiːlwɜːks] *n pl or sing.*
acélmű(vek)
steely ['stiːlı] *a* acélos
steep¹ [stiːp] *a* (*slope*) meredek;
(*price*) magas, csillagászati

steep² [stiːp] *vt* (be)áztat ‖ *vi* ázik
steeple ['stiːpl] *n* (*of church*) torony
steer [stıə] *v* (*ship, car*) irányít, ve-
zet, kormányoz
steering ['stıərıŋ] *n* (*of car*) kor-
mányzás ‖ ~ **lock** kormányzár; ~
wheel kormánykerék
stem [stem] *n* (*of pipe*) (pipa)szár;
(*of plant*) szár; (*of word*) szótő
stench [stentʃ] *n* bűz
stencil ['stensl] **1.** *n* (*metal*) sablon,
betűrajzoló minta; (*paper*) stencil
2. *v* **-ll-** (*US* **-l-**) sablonnal sokszo-
rosít; stencilez
step [step] **1.** *n* (*pace*) lépés; (*stair*)
lépcsőfok, lépcső ‖ ~**s** *pl* utaslép-
cső; ~ **by** ~ fokozatosan **2.** *v* **-pp-**
lép
step aside (*out of way*) félreáll
step in közbelép
step out kilép
step up növel, fokoz
stepbrother ['stepbrʌðə] *n* mostoha-
hatestvér
stepchild ['steptʃaıld] *n* (*pl*
-children) mostohagyermek
stepdaughter ['stepdɔːtə] *n* mostoha-
haleány
stepfather ['stepfɑːðə] *n* mostoha-
apa
stepladder ['steplædə] *n* szobalétra
stepmother ['stepmʌðə] *n* mostoha-
haanya
stepping stone ['stepıŋ] *n* gázlókő;
fig ugródeszka
stepsister ['stepsıstə] *n* mostoha-
nővér, mostohatestvér
stepson ['stepsʌn] *n* mostohafiú
stereo ['sterıəʊ] **1.** *n* (*pl* ~**s**) ~
(**system**) sztereó berendezés/ké-
szülék ‖ **in** ~ sztereóban **2.** *a* szte-
reo(-)

stereophonic [sterɪə'fɒnɪk] *a* sztereofonikus, sztereo

stereo radio cassette recorder *n* sztereó magnós rádió

stereotype ['sterɪətaɪp] *n print* klisé, nyomódúc; *fig (phrase, idea)* sablon

sterile ['steraɪl] *a* csíramentes, steril; *(person)* meddő

sterility [stə'rɪlətɪ] *n* sterilitás, meddőség

sterilization [sterəlaɪ'zeɪʃn] *n (of instrument)* fertőtlenítés, sterilizálás

sterling ['stɜːlɪŋ] 1. *a (silver)* törvényes finomságú 2. *n* sterling

stern[1] [stɜːn] *a* zord, szigorú

stern[2] [stɜːn] *n naut* tat; far

stew [stuː] 1. *n* párolt hús, ragu 2. *v (meat, vegetables)* párol, főz; gőzöl

steward ['stjuːəd] *n (on estate)* (gazdasági) gondnok; *(in ship)* (hajó)pincér

stewardess ['stuːədɪs] *n* légi utaskísérő (nő), stewardess

stick [stɪk] 1. *n (staff)* bot; *(for hockey)* ütő; *col (glue)* ragasztó 2. *v (pt/pp stuck [stʌk]) vt (pierce)* szúr, döf; *(glue)* (oda)ragaszt, összeragaszt | *vi (get stuck)* (össze)ragad; *(jam)* (meg)akad; → stuck

stick in beragaszt vmbe

stick on felragaszt

stick out *(point)* kiáll; *(ears)* eláll

stick up *(poster)* kifüggeszt; *(hair)* feltűz

sticker ['stɪkə] *n* matrica

sticking plaster ['stɪkɪŋ] *n (waterproof)* sebtapasz

stickler ['stɪklə] *n* szőrszálhasogató

stick-up *n col* (fegyveres) rablótámadás

sticky ['stɪkɪ] *a* ragadós

stiff [stɪf] *a* merev; *(hard)* kemény; *(difficult)* nehéz; *(drink)* erős

stiffen ['stɪfn] *vt* (meg)merevít | *vi* (meg)merevedik, (meg)keményedik

stiffening ['stɪfnɪŋ] 1. *a* zsibbasztó 2. *n* zsibbadás

stiffness ['stɪfnɪs] *n* merevség, keménység; *(numbness)* zsibbadtság

stifle ['staɪfl] *v* elnyom, elfojt

stifling ['staɪflɪŋ] *a* fullasztó

stigma ['stɪgmə] *n (of shame)* szégyenbélyeg; *(of flower)* bibe

stile [staɪl] *n (over fence)* lépcsős átjáró; *(turnstile)* forgókereszt

stiletto (heel) [stɪ'letəʊ] *n* tűsarok

still [stɪl] 1. *a* csendes, nyugodt 2. *adv* még mindig; (de azért) mégis || be ~ to come még hátravan 3. *n (quietness)* nyugalom 4. *v* csendesít, elcsendesít

stillborn ['stɪlbɔːn] *a* halva született

still life *n (pl* lifes) csendélet

stilts [stɪlts] *n pl* gólyalábak

stimulant ['stɪmjʊlənt] *n* dopping-szer, serkentőszer

stimulate ['stɪmjʊleɪt] *v* élénkít, stimulál, serkent

stimulation [stɪmju'leɪʃn] *n* ösztönzés, buzdítás, biztatás

stimulus ['stɪmjʊləs] *n (pl* -li [-laɪ]) *(of senses)* inger

sting [stɪŋ] 1. *n* csípés, szúrás; *(organ)* fullánk 2. *v (pt/pp stung [stʌŋ]) (insect)* (meg)csíp, megszúr; *(nettle)* éget

stinginess ['stɪndʒɪnɪs] *n col* fösvénység, fukarság

stingy ['stɪndʒɪ] *a col* fösvény, zsugori, smucig, sóher

stink [stɪŋk] **1.** *n* bűz **2.** *v* (*pt* **stank** [stæŋk] *or* **stunk** [stʌŋk], *pp* **stunk** [stʌŋk]) bűzlik

stinking ['stɪŋkɪŋ] *a* büdös; *fig* (*person*) ellenszenves

stint [stɪnt] **1.** *n* (*limit*) korlátozás; (*work*) előírt munka(feladat) ‖ **do one's daily** ~ végzi a napi robotot, melózik **2.** *v* fukarkodik vmvel

stipulate ['stɪpjʊleɪt] *v* feltételeket szab, kiköt

stipulation [stɪpjʊ'leɪʃn] *n* kikötés, feltétel

stir [stɜ:] **1.** *n* (*stirring*) kavarás, keverés; (*excitement*) kavarodás, sürgölődés; (*sensation*) szenzáció ‖ **create a general** ~ közfeltűnést kelt **2.** *v* **-rr-** *vt* (*with spoon*) (meg)kever, (meg)kavar; (*excite*) felkavar | *vi* (*move*) moccan

stir up (*fire*) felpiszkál; (*person*) felkavar; (*revolt*) szít

stitch [stɪtʃ] **1.** *n* (*in knitting*) szem; *also med* öltés; (*pain*) szúrás, szúró fájdalom **2.** *v* (össze)varr; ölt

stoat [stəʊt] *n* hermelin

stock [stɒk] **1.** *n* (*of goods*) készlet; *comm* raktár; (*of animals*) állatállomány; (*of rifle*) puskatus; (*shares*) részvény(tőke); (*capital*) alaptőke ‖ **be out of** ~ kifogyott; elfogyott **2.** *v* tárol, raktáron tart

stock with (*supplies*) ellát

stockade [stɒ'keɪd] *n* (*of fortress*) cölöpkerítés

stockbroker ['stɒkbrəʊkə] *n* tőzsdeügynök, alkusz

stock exchange *n* (érték)tőzsde

stocking ['stɒkɪŋ] *n* harisnya ‖ **a pair of** ~**s** harisnya

stockkeeper ['stɒkki:pə] *n* raktáros

stock market *n* (érték)tőzsde

stock phrase *n* közhely, klisé

stockpile ['stɒkpaɪl] **1.** *n* tartalékkészlet, árukészlet **2.** *v* felhalmoz

stocktaking ['stɒkteɪkɪŋ] *n* leltározás

stocky ['stɒkɪ] *a* zömök, köpcös

stodgy ['stɒdʒɪ] *a* (*food*) nehéz, nehezen emészthető

stole[1] [stəʊl] *n* stóla

stole[2] [stəʊl] *pt* → **steal**

stolen ['stəʊlən] *pp* → **steal**

stolid ['stɒlɪd] *a* közönyös

stomach ['stʌmək] **1.** *n* gyomor; (*belly*) has ‖ **his** ~ **is upset** gyomorrontása van **2.** *v fig* eltűr, lenyel ‖ **I can't** ~ **it** ezt nem veszi be a gyomrom

stomach ache *n* gyomorfájás ‖ **have (a)** ~ fáj a gyomra

stone [stəʊn] *n also med* kő; (*of fruit*) (gyümölcs)mag

stone-cold *a* jéghideg

stone-deaf *a* teljesen süket

stone-hard *a* kőkemény

stonework ['stəʊnwɜ:k] *n* kőfal

stony ['stəʊnɪ] *a* kőkemény

stood [stʊd] *pt/pp* → **stand**

stool [stu:l] *n* (támla nélküli) szék ‖ ~**(s** *pl*) *med* széklet

stoop [stu:p] *v* lehajol

stop [stɒp] **1.** *n* (*stopping*) megállás; (*place*) megálló; (*in punctuation*) pont **2.** *v* **-pp-** *vi* (*halt*) megáll; (*cease*) eláll, megszűnik | *vt* megállít; (*bring to end*) megszüntet, véget vet (vmnek); (*block*) eltöm, betöm ‖ ~**!** állj!; **it (has)** ~**ped raining** az eső elállt;

~ **doing sg** vmvel felhagy, abbahagy; ~ **it!** elég volt!, hagyd már abba!

stop at (*train, bus*) megáll
stop up (*hole*) eldugaszol, tömít ‖
~ **up a gap** lyukat betöm
stoplight ['stɒplaɪt] *n* (*US traffic light*) tilos jelzés; (*brakelight*) féklámpa, stoplámpa
stopover ['stɒpəʊvə] *n* útmegszakítás
stoppage ['stɒpɪdʒ] *n* megállás; (*in traffic*) torlódás; (*in work*) munkabeszüntetés
stopper ['stɒpə] *n* dugó
stop sign *n* stoptábla
stop-watch ['stɒpwɒtʃ] *n* stopper(óra)
storage ['stɔ:rɪdʒ] *n* (*of goods*) tárolás, raktározás; *comput* tár
store [stɔ:] **1.** *n* (áru)készlet; (*warehouse*) raktár; *GB* (*large shop*) áruház; *US* (*shop*) üzlet, bolt ‖
keep in ~ készenlétben tart **2.** *v* (el)raktároz, *also comput* tárol
storekeeper ['stɔ:ki:pə] *n US* = **shopkeeper**
storey (*US* **story**) ['stɔ:rɪ] *n* emelet
stork [stɔ:k] *n zoo* gólya
storm [stɔ:m] *n* vihar ‖ ~ **in a teacup** vihar egy pohár vízben
stormy ['stɔ:mɪ] *a* viharos
story[1] ['stɔ:rɪ] *n* elbeszélés, történet ‖ **that is quite another** ~ ez más lapra tartozik
story[2] ['stɔ:rɪ] *n US* = **storey**
storybook ['stɔ:rɪbʊk] *n* mesekönyv
stout [staʊt] **1.** *a* (*fat*) vaskos, testes **2.** *n* (*beer*) barna sör
stove [stəʊv] *n* (*for cooking*) tűzhely; (*for heating*) kályha

stow [stəʊ] *v* megrak, megpakol
stowaway ['stəʊəweɪ] *n col* (*on ship, aircraft*) potyautas
straddle ['strædl] *v* (*stand*) terpeszállásban áll; (*sit*) lovaglóülésben ül vmn ‖ ~ **(one's legs)** szétterpeszti a lábát, szétterpesztett lábbal áll/ül
straggle ['strægl] *v* (*stray*) (el)csatangol; (*lag behind*) lemaradozik
straight [streɪt] **1.** *a* egyenes; (*honest*) becsületes, egyenes; (*drink*) tiszta **2.** *adv* egyenesen; (*directly*) közvetlenül; (*frankly*) őszintén, egyenesen ‖ ~ **from the horse's mouth** első kézből; ~ **off** azonnal; ~ **on** egyenesen előre/tovább; ~ **out** egyenesen, nyíltan; ~ **up?** *GB col* komolyan?
straightaway [streɪtə'weɪ] *adv* azonnal, rögtön
straighten ['streɪtn] *v* ~ **(out)** egyenlővé tesz; (*misunderstanding*) elsimít
straight-faced *a* pléhpofájú
straightforward [streɪt'fɔ:wəd] *a* őszinte, egyenes
strain[1] [streɪn] **1.** *n* feszültség; (*effort*) erőlködés; (*sprain*) húzódás; (*overstressing*) túlterhelés **2.** *v* (*stretch*) megfeszít; (*overstrain*) (meg)erőltet; (*filter*) (le)szűr
strain[2] [streɪn] *n* (*tendency*) hajlam, vonás; (*breed*) fajta
strained [streɪnd] *a* (*relations*) feszült; (*smile*) erőltetett; (*person*) agyonhajszolt
strainer ['streɪnə] *n* szűrő
strait [streɪt] *n* (tenger)szoros
straitjacket ['streɪtdʒækɪt] *n* kényszerzubbony
strait-laced *a pej* prűd

strand¹ [strænd] **1.** *n* (*of thread*) szál, fonal; (*of hair*) hajtincs **2.** *v* (kötelet) ver

strand² [strænd] *v* **be ~ed** megfeneklett, zátonyra futott, vesztegel

strange [streɪndʒ] *a* különös, furcsa; (*unusual*) szokatlan; (*foreign*) idegen ‖ **~ to say...** fura módon

stranger ['streɪndʒə] *n* idegen, külföldi

strangle ['stræŋgl] *v* megfojt

stranglehold ['stræŋglhəʊld] *n* **have a ~ on sy** markában tart vkt

strap [stræp] **1.** *n* szíj; (*on clothes*) pánt **2.** *v* **-pp-** beszíjaz

strapping ['stræpɪŋ] *a* jókötésű; *col* stramm

strata ['strɑːtə] *n pl* → **stratum**

strategic [strə'tiːdʒɪk] *a* hadászati, stratégiai

strategy ['strætɪdʒɪ] *n* hadászat, *also fig* stratégia

stratum ['strɑːtəm] *n* (*pl* **-ta** [-tə]) *geod, also fig* réteg

straw [strɔː] *n* szalma; (*for drinking*) szívószál ‖ **a ~ in the wind** vmnek előszele

strawberry ['strɔːbrɪ] *n* (földi)eper ‖ **~ jam** eperdzsem

stray [streɪ] **1.** *a* (*animal*) kóbor **2.** *v* (*animal*) kóborol, bitangol ‖ **~ (from)** elkalandozik

streak [striːk] **1.** *n* (*stripe*) csík, sáv; (*ore*) ér ‖ **a ~ of** (van benne) valami... **2.** *vt* csíkoz ‖ *vi col* (*run away*) elhúzza a csíkot

streaky ['striːkɪ] *a* csíkos, sávos ‖ **~ bacon** szeletelt császárszalonna

stream [striːm] **1.** *n* (*current*) áramlás; (*river*) folyam, folyó **2.** *v* áramlik, özönlik

stream in beömlik, beözönlik

stream out kiárad, kizúdul

streamer ['striːmə] *n* (*flag*) (szalag)lobogó; (*of paper*) szerpentin(szalag); *comput* sztrímer

streamline ['striːmlaɪn] *n* áramvonal

street [striːt] *n* utca ‖ **across the ~** az utca túloldalán; **not up my ~** *col* nem az én asztalom

streetcar ['striːtkɑː] *n US* villamos

street-walker *n* utcalány

street-wise *a col* dörzsölt

strength [streŋθ] *n* erő, erősség

strengthen ['streŋθn] *vt* (meg)erősít ‖ *vi* megerősödik

strenuous ['strenjʊəs] *a* (*energetic*) fáradhatatlan, kitartó

stress [stres] **1.** *n* feszültség; *gram* hangsúly; (*mental, nervous*) sztressz ‖ **lay (great) ~ on sg** súlyt helyez vmre **2.** *v* hangsúlyoz, kiemel

stretch [stretʃ] **1.** *n* (*stretching*) nyúlás, rugalmasság ‖ **at a ~** egyhuzamban; **the home ~** a célegyenes **2.** *vt* (*strain*) (ki)nyújt, (ki)feszít; (*widen*) kitágít ‖ *vi* nyúlik, kifeszül ‖ **~ as far as** vmeddig ér; **~ (oneself)** nyújtózkodik

stretch out *vt* kinyújt ‖ *vi* vmeddig nyúlik

stretcher ['stretʃə] *n* hordágy

strew [struː] *v* (*pt* **strewed** [struːd], *pp* **strewed** *or* **strewn** [struːn]) (el)hint, szór

strewn [struːn] *pp* → **strew**

stricken ['strɪkn] *a* vmvel sújtott

strict [strɪkt] *a* (*severe*) szigorú; (*precise*) pontos

strictly ['strɪktlɪ] *adv* szigorúan ‖ **~ speaking** az igazat megvallva

stridden ['strɪdn] *pp* → **stride**

stride [straɪd] **1.** *n* (nagy) lépés **2.** *v* (*pt* **strode** [strəʊd], *pp* **stridden** ['strɪdn]) ~ **(along)** nagyokat lép **strident** ['straɪdnt] *a* (*sound*) fülhasogató, csikorgó; (*colour*) harsány **strife** [straɪf] *n* küzdelem **strike** [straɪk] **1.** *n* (*stopping of work*) sztrájk; (*attack*) csapás ‖ **go (out) on** ~ sztrájkba lép **2.** *v* (*pt/pp* **struck** [strʌk]) *vt* (*hit*) megüt; (*knock against*) (neki)ütődik; (*lightning*) becsap; (*find*) talál ‖ *vi* (*clock*) üt; (*stop working*) sztrájkol (*for* vmért, *against* vm ellen) ‖ **it struck me that** az jutott eszembe, hogy; ~ **camp** tábort bont; ~ **a match** gyufát gyújt **strike down** leüt, lever **strike out** töröl, kihúz **strike up a tune** énekre, zenére rákezd ‖ ~ **up a conversation with sy** beszélgetésbe kezd vkvel **strikebound** ['straɪkbaʊnd] *a* sztrájktól megbénított **striker** ['straɪkə] *n* (*worker*) sztrájkoló **striking** ['straɪkɪŋ] *a* (*appearance*) feltűnést keltő; (*worker*) sztrájkoló **string** [strɪŋ] **1.** *n* spárga, madzag; (*of beads*) (gyöngy)sor; *mus* húr; *comput* (karakter)sorozat ‖ **the ~s** *mus* a vonósok; **pull ~s** protekciót vesz igénybe **2.** *v* (*pt/pp* **strung** [strʌŋ]) (*beads*) felfűz; (*beans*) megtisztít **string up** *col* (*vkt*) felköt, felakaszt **string beans** *n pl US* zöldbab **stringed instrument** [strɪŋd] *n* húros/vonós hangszer

stringent ['strɪndʒənt] *a* (*rules*) szigorú; (*market*) pénzszűkében lévő **string quartet** *n* vonósnégyes **strip** [strɪp] **1.** *n* szalag, csík; *sp* mez; (*of clothes*) vetkőzés ‖ **a** ~ **of land** földsáv **2.** *v* **-pp-** *vt* (*deprive of*) (le)hánt, lehámoz; (*clothes*) levet ‖ *vi* (*undress*) (le)vetkőzik **strip cartoon** *n* (*in newspaper*) (tréfás) képregény **stripe** [straɪp] **1.** *n* csík, sáv ‖ ~**s** *pl* rangjelzés **2.** *v* csíkoz **striped** [straɪpt] *a* csíkos **strip light** *n* fénycső **stripper** ['strɪpə] *n* sztriptíztáncosnő **striptease** ['strɪptiːz] *n* sztriptíz **strive** [straɪv] *v* (*pt* **strove** [strəʊv], *pp* **striven** ['strɪvn]) ~ **after/for** (*or* **to do**) *sg* törekszik vmre **striven** ['strɪvn] *pp* → **strive** **strode** [strəʊd] *pt* → **stride** **stroke** [strəʊk] **1.** *n* (*blow*) ütés; csapás; (*of clock*) (óra)ütés; *med* agyvérzés, szélütés; (*of piston*) löket, ütem; (*caress*) simogatás; (*rowing person*) vezérevezős ‖ **at a** ~ egy csapásra/csapással; **on the** ~ **of 6** pontosan 6 órakor **2.** *v* simogat **stroll** [strəʊl] **1.** *n* séta **2.** *v* sétál, kószál **strong** [strɒŋ] *a* erős ‖ **a 30-~ delegation** 30 fős küldöttség; ~ **language** durva szavak **stronghold** ['strɒŋhəʊld] *n* erőd; *fig* védőbástya **strongly** ['strɒŋlɪ] *adv* erősen, nyomatékosan **strong-minded** *a* erélyes, határozott **strong-room** *n* páncélszoba **strove** [strəʊv] *pt* → **strive**

struck [strʌk] *pt/pp* → **strike**
structural ['strʌktʃərəl] *a* szerkezeti, strukturális
structure ['strʌktʃə] *n* szerkezet, struktúra, felépítés
struggle ['strʌgl] **1.** *n* küzdelem, harc || ~ **for life** küzdelem a létért **2.** *v* küzd, harcol
strung [strʌŋ] *pt/pp* → **string**
stub [stʌb] **1.** *n* (*of cheque*) (ellenőrző) szelvény; (*of cigarette*) csikk **2.** *v* **-bb-** (*foot*) beleüt (*lábat kőbe*)
stub out (*cigarette*) elolt
stubbly ['stʌblɪ] *a col* (*chin*) borostás
stubborn ['stʌbən] *a* makacs
stubby ['stʌbɪ] *a* köpcös, zömök
stuck [stʌk] *a* (*jammed*) elakadt || **be/get** ~ elakad(t) (*in* vmben); **(be)** ~ **on** *col* bele van esve vkbe; → **stick**
stuck-up *a col* elkapatott
stud[1] [stʌd] **1.** *n* (*button*) inggomb; (*on boots*) stopli **2.** *v* **-dd-** szeggel kirak/kiver
stud[2] [stʌd] *n* (*of horses*) ménes; (*stallion*) csődör; *fig col* (*man*) bika
studded ['stʌdɪd] *a* szegekkel kivert || ~ **with diamonds** gyémántokkal kirakott
student ['stjuːdənt] *n* (*at school*) tanuló, diák; (*at university, college*) hallgató; főiskolás || **medical** ~ orvostanhallgató; ~ **majoring in English** angol szakos hallgató
student driver *n US* tanulóvezető
studied ['stʌdɪd] *a* (*deliberate*) szándékolt; (*sophisticated*) keresett; → **study 2.**

studio ['stjuːdɪəʊ] *n* stúdió; (*of artist*) műterem; ~ **(flat,** *US* **apartment)** szoba-konyhás lakás, garzonlakás
studious ['stjuːdɪəs] *a* (*diligent*) szorgalmas, igyekvő
studiously ['stjuːdɪəslɪ] *adv* (*diligently*) szorgalmasan; (*painstakingly*) gondosan
study ['stʌdɪ] **1.** *n* (*studying*) tanulás; (*examination*) vizsgálat; (*essay*) tanulmány; *mus* etűd; (*room*) dolgozószoba || **one's studies** (*at school*) vk tanulmányai **2.** *vt* tanul vmt; (*examine*) (át)tanulmányoz, vizsgál / *vi* tanul, tanulmányokat folytat || ~ **law** jogi tanulmányokat folytat; ~ **at the university** egyetemre jár
stuff [stʌf] **1.** *n* (*substance, material*) anyag, dolog; *tex* (*fabrics*) szövet, anyag; *col* cucc **2.** *v* (ki)töm (*with* vmvel); (*food*) tölt || **get ~ed!** *col* menj a fenébe!
stuffed shirt *n col* nagyképű alak
stuffing ['stʌfɪŋ] *n* töltelék
stuffy ['stʌfɪ] *a* (*room*) fülledt, levegőtlen; (*person*) begyepesedett fejű
stumble ['stʌmbl] **1.** *n* botlás **2.** *v* (meg)botlik || ~ **(up)on** *sg* vmre akad
stumbling block *n* botránykő
stump [stʌmp] *n* (fa)tönk, (fa)tuskó
stun [stʌn] *v* **-nn-** (*make unconscious*) elkábít; (*stock*) megdöbbent || **I was ~ned to hear/learn** elképedve hallottam
stung [stʌŋ] *pt/pp* → **sting**
stunk [stʌŋk] *pt/pp* → **stink**
stunning ['stʌnɪŋ] *a* elképesztő; (*success*) szédítő

stunt [stʌnt] *n* (nyaktörő) mutatvány, kunszt
stunted ['stʌntɪd] *a* csenevész
stuntman [stʌntmən] *n* (*pl* -**men**) kaszkadőr
stupefy ['stjuːpɪfaɪ] *v* (*dazzle*) elkábít; (*amaze*) elképeszt
stupendous [stjuː'pendəs] *a* óriási, elképesztő(en nagy)
stupid ['stjuːpɪd] *a* buta, hülye
stupidity [stjuː'pɪdətɪ] *n* butaság, hülyeség
stupor ['stjuːpə] *n* kábulat
sturdy ['stɜːdɪ] *a* erős, izmos, stramm
sturgeon ['stɜːdʒən] *n* tok(hal)
stutter ['stʌtə] **1.** *n* dadogás, hebegés **2.** *v* dadog, hebeg
sty[1] [staɪ] *n* (*for pigs*) disznóól
sty[2] *or* **stye** [staɪ] *n* (*on eye*) árpa
style [staɪl] *n* stílus; (*fashion*) divat
stylish ['staɪlɪʃ] *a* divatos
stylist ['staɪlɪst] *n* (*hair* ~) fodrász(nő)
stylus ['staɪləs] *n* (lejátszó)tű
subconscious [sʌb'kɒnʃəs] **1.** *a* tudat alatti **2.** *n* tudatalatti
subdue [səb'djuː] *v* leigáz; (*lighting*) tompít ‖ **in a ~d voice** halkan
subject 1. ['sʌbdʒɪkt] *a* ~ **to sg** vm alá eső; ~ **to taxation** adóköteles **2.** ['sʌbdʒɪkt] *n* (*topic*) tárgy, téma; (*discipline*) tantárgy; *gram* alany; (*of kingdom*) alattvaló; (*citizen*) állampolgár ‖ **change the ~** témát vált **3.** [səb'dʒekt] *v* ~ **sg to sg** vmt vmnek alávet
subjective [səb'dʒektɪv] *a* egyéni, szubjektív
subject matter *n* (*of book*) téma

subjunctive [səb'dʒʌŋktɪv] *n* kötőmód
sublime [səb'laɪm] *a* fennkölt, emelkedett
submachine gun [sʌbmə'ʃn] *n* géppisztoly
submarine [sʌbmə'riːn] *n* tengeralattjáró
submerge [səb'mɜːdʒ] *vt* elmerít; (*food*) eláraszt ‖ *vi* elmerül
submission [səb'mɪʃn] *n* beadvány, felterjesztés
submissive [səb'mɪsɪv] *a* beletörődő; lemondó
submit [səb'mɪt] *v* -**tt**- *vt* bead; benyújt; (*plan*) előterjeszt ‖ *vi* behódol (*to* vknek)
subordinate [sə'bɔːdɪnət] *a* vknek, vmnek alárendelt
subordination [səbɔːdɪ'neɪʃn] *n* függő helyzet/viszony, függőség
subscribe [səb'skraɪb] *v* aláír; (*to newspaper*) előfizet (*to* vmre) ‖ **I do not ~ to it** nem azonosítom magam vele, ezt én nem írom alá
subscriber [səb'skraɪbə] *n* aláíró; (*to newspaper*) előfizető
subscriber trunk dialling *n* *GB* távhívás
subscription [səb'skrɪpʃn] *n* előfizetés; (*money*) előfizetési díj; (*for membership*) tagdíj
subsequent ['sʌbsɪkwənt] *a* későbbi, utólagos
subsequently ['sʌbsɪkwəntlɪ] *adv* pótlólag, utólag
subside [səb'saɪd] *v* (*flood*) apad; (*pain, wind*) enyhül
subsidiary [səb'sɪdɪən] *a* mellékes
subsidy ['sʌbsədɪ] *n* szubvenció, dotáció, (pénzbeli) támogatás

subsistence [səb'sıstəns] *n* létfenntartás || ~ **level** létminimum
substance ['sʌbstəns] *n* (*material*) anyag; (*essence*) lényeg
substantial [səb'stænʃl] *a* lényeges; (*considerable*) tekintélyes; (*meal*) kiadós
substantiate [səb'stænʃıeıt] *v* megindokol
substitute ['sʌbstıtjuːt] **1.** *n* (*person*) helyettes; *sp* csere(játékos); (*thing*) pótszer, pótlék **2.** *v* ~ **for sy** vkt helyettesít; ~ **sg for sg** vmt vmvel helyettesít
substitution [sʌbstı'tjuːʃn] *n* helyettesítés
subtitle ['sʌbtaıtl] *n* alcím || **with ~s** (*film*) feliratos
subtle ['sʌtl] *a* árnyalt, finom
subtract [səb'trækt] *v math* kivon, levon
subtraction [səb'trækʃn] *n math* kivonás
suburb ['sʌbɜːb] *n* külváros
suburban [sə'bɜːbən] *a* külvárosi, kültelki
subversive [səb'vɜːsıv] *a* felforgató, diverzáns
subway ['sʌbweı] *n GB* (*passage*) (gyalogos-)aluljáró; *US* (*railway*) metró
succeed [sək'siːd] *v* sikert ér el, érvényesül || ~ **sy (as...)** helyébe lép, követ (vkt); ~ **in doing sg** (vknek vm, vmt megtenni) sikerül; **(s)he ~ed** sikerült neki; ~ **to the throne** követ(kezik) a trónon
succeeding [sək'siːdıŋ] *a* következő, egymást követő
success [sək'ses] *n* siker || **have a ~** sikert arat
successful [sək'sesfl] *a* sikeres

successfully [sək'sesfəlı] *adv* eredményesen
succession [sək'seʃn] *n* (*following*) sorrend, egymásután; (*to title, property*) öröklés, utódlás
successive [sək'sesıv] *a* egymásra következő
successor [sək'sesə] *n* utód
succinct [sək'sıŋkt] *a* tömör, rövid
succulent ['sʌkjʊlənt] *a* (*fruit*) leveses; (*meat*) szaftos
succumb [sə'kʌm] *v* megadja magát; enged (*to* vmnek)
such [sʌtʃ] *a/pron* olyan, ilyen || **in ~ a manner (that/as)** oly módon; ~ **a(n)** (egy) olyan..., ilyen ...; ~ **as** úgymint, mint például; ~ **is life** ilyen az élet; **at ~ times** olyankor
such-and-such *a* ilyen és ilyen
suck [sʌk] *v* szív; (*baby*) szopik
sucker ['sʌkə] *n zoo* szívóka; *col* (*person*) balek
suction ['sʌkʃn] *n* szívás
sudden ['sʌdn] *a* hirtelen, váratlan || **all of a ~** hirtelen, egyszer csak
suddenly ['sʌdnlı] *adv* hirtelen
suds [sʌdz] *n pl* szappanlé, szappanhab
sue [suː] *v law* perel vmt/vkt
suede [sweıd] *n* szarvasbőr, őzbőr
suet ['suːıt] *n* faggyú
suffer ['sʌfə] *vi* szenved | *vt* (*tolerate*) elszenved, elvisel || ~ **defeat** *sp* vereséget szenved; ~ **from** vmben/vmtől szenved
suffering ['sʌfərıŋ] *n* szenvedés
suffice [sə'faıs] *v* ~ **it to say** *kif* elég az hozzá(, hogy)
sufficient [sə'fıʃnt] *a* elég, elegendő
sufficiently [sə'fıʃntlı] *adv* eléggé
suffix ['sʌfıks] *n gram* rag, képző

suffocate ['sʌfəkeɪt] *vt* (meg)fojt I *vi* megfullad
suffocating ['sʌfəkeɪtɪŋ] *a* fojtó
suffocation [sʌfə'keɪʃn] *n* fuldoklás, (meg)fulladás
sugar ['ʃʊgə] **1.** *n* cukor **2.** *v* (meg)cukroz
sugar cane *n* cukornád
sugary ['ʃʊgərɪ] *a* édes(kés)
suggest [sə'dʒest] *v* (*propose*) javasol, ajánl; (*indicate*) vmre utal ‖ **this would ~ that** ez amellett szól, hogy ...
suggestion [sə'dʒestʃən] *n* javaslat, indítvány
suggestive [sə'dʒestɪv] *a* emlékeztető/utaló (*of* vmre); (*indecent*) kétértelmű
suicide ['suːɪsaɪd] *n* (*act*) öngyilkosság; (*person*) öngyilkos
suit [suːt] **1.** *n* (*man's*) öltöny; (*woman's*) kosztüm; (*in cards*) szín; *law* per(es eljárás); kereset **2.** *v* **~ sy** (*be convenient*) alkalmas/megfelel vknek; (*fit*) jól áll vknek ‖ **~ sg well** jól illik vmhez; **it does not ~ me** nem felel meg nekem
suitable ['suːtəbl] *a* jó/alkalmas (*for* vmre)
suitably ['suːtəblɪ] *adv* megfelelően; (*for occasion*) az alkalomhoz illően
suitcase ['suːtkeɪs] *n* bőrönd, koffer
suite [swiːt] *n* (*of furniture*) garnitúra; *US* (*of rooms*) lakosztály; *mus* szvit; *comput* összefüggő programok készlete
suitor ['suːtə] *n* (*of woman*) kérő
sulf... *US* = **sulph...**
sulk [sʌlk] *v* duzzog
sulky ['sʌlkɪ] *a* duzzogó, durcás

sullen ['sʌlən] *a* mogorva
sully ['sʌlɪ] *v* bepiszkít
sulphur ['sʌlfə] *n* kén
sultana [sʌl'tɑːnə] *n* mazsola
sultry ['sʌltrɪ] *a* (*weather*) fullasztó, fülledt
sum [sʌm] **1.** *n* (pénz)összeg; (*problem*) számtanpélda **2.** *v* **- mm- ~ up** (*add up*) összead, összesít; (*summarize*) összefoglal
summarize ['sʌməraɪz] *v* összegez, összefoglal
summary ['sʌmərɪ] **1.** *n* összefoglalás; (*account*) összesítés **2.** *a law* **~ court** rögtönítélő bíróság
summer ['sʌmə] *n* nyár ‖ **in (the) ~** nyáron; **this ~** ezen a nyáron
summer-house *n* nyári lak
summer-time *n* (*daylight-saving time*) nyári időszámítás
summit ['sʌmɪt] *n* csúcs, hegycsúcs; (**~ meeting**) csúcs(találkozó)
summon ['sʌmən] *v law* (*gather*) összehív, behív
summons ['sʌmənz] *law* **1.** *n* (*pl* **-ses**) idézés, beidézés **2.** *v* beidéz
sump [sʌmp] *n GB* olajteknő
sumptuous ['sʌmptʃʊəs] *a* pompás
sun [sʌn] *n* nap (*égitest*)
sunbathe ['sʌnbeɪð] *v* napozik
sunburn ['sʌnbɜːn] *n* lesülés; (*painful*) leégés
sunburned ['sʌnbɜːnd], **sunburnt** ['sʌnbɜːnt] *a* napbarnított; (*painful*) leégett
Sunday ['sʌndɪ] *n* vasárnap ‖ **(on) ~** vasárnap; **one's ~ best** ünneplő(ruha); → **Monday**
Sunday school *n* vasárnapi iskola
sun-dial *n* napóra
sundown ['sʌndaʊn] *n* naplemente

sundries ['sʌndrɪz] *n pl* vegyes kiadások/tételek

sundry ['sʌndrɪ] *a* különböző, különféle || **all and ~** kivétel nélkül mind

sunflower ['sʌnflaʊə] *n* napraforgó

sung [sʌŋ] *pp* → **sing**

sun-glasses *n pl* napszemüveg

sunk [sʌŋk] *pp* → **sink**

sunken ['sʌŋkən] *a* elsüllyedt

sunlight ['sʌnlaɪt] *n* napfény

sunlit ['sʌnlɪt] *a* napfényes, napsütötte

sunny ['sʌnɪ] *a* napos; (*cheerful*) derűs || **it is ~** süt a nap

sunny-side up *n US* tükörtojás

sunrise ['sʌnraɪz] *n* napkelte

sunset ['sʌnset] *n* naplemente

sunshade ['sʌnʃeɪd] *n* (*over table*) napernyő

sunshine ['sʌnʃaɪn] *n* napsütés

sunstroke ['sʌnstrəʊk] *n* napszúrás

suntan ['sʌntæn] *n* lesülés, barnaság || **~ lotion** napolaj

super ['suːpə] *a col* nagyszerű, szuper

superannuation [suːpərænjʊ'eɪʃn] *n* (*pensioning*) nyugdíjazás; (*pension*) nyugdíj

superb [suː'pɜːb] *a* nagyszerű, remek, gyönyörű

supercilious [suːpə'sɪlɪəs] *a* fölényes, fennhéjázó

superficial [suːpə'fɪʃl] *a* felületi; *fig, pej* felületes, felszínes

superfluous [suː'pɜːfluəs] *a* felesleges, nélkülözhető

superimpose [suːpərɪm'pəʊz] *v* egymásra rak

superintendent [suːpərɪn'tendənt] *n* felügyelő

superior [suː'pɪərɪə] **1.** *a* felsőbb; (*better*) jobb minőségű **2.** *n* elöljáró, felettes

superiority [səpɪərɪ'ɒrətɪ] *n* felsőbbség, fölény

superlative (degree) [suː'pɜːlətɪv] *n gram* felsőfok

superman ['suːpəmən] *n* (*pl* **-men**) felsőbbrendű ember

supermarket ['suːpəmɑːkɪt] *n* ABC-áruház, szupermarket

supernatural [suːpə'nætʃrəl] *a* természetfölötti

superpower ['suːpəpaʊə] *n* szuperhatalom

supersede [suːpə'siːd] *v* (*exceed*) helyettesít, pótol

supersonic [suːpə'sɒnɪk] *a* szuperszonikus

superstition [suːpə'stɪʃn] *n* babona

superstitious [suːpə'stɪʃəs] *a* babonás

supervise ['suːpəvaɪz] *v* ellenőriz, felügyel

supervision [suːpə'vɪʒn] *n* felügyelet, ellenőrzés

supervisor ['suːpəvaɪzə] *n* ellenőr, felügyelő

supper ['sʌpə] *n* vacsora || **have (one's) ~** (meg)vacsorázik

supple ['sʌpl] *a* hajlékony; *also fig* rugalmas

supplement 1. ['sʌplɪmənt] *n* pótlás, kiegészítés; (*of book*) pótkötet **2.** [sʌplɪ'ment] *v* kiegészít

supplementary [sʌplɪ'mentrɪ] *a* kiegészítő, járulékos, pót-

supplier [sə'plaɪə] *n* szállító

supply [sə'plaɪ] **1.** *n* (*supplying*) ellátás, szállítás; (*stock*) készlet || **supplies** *pl* raktári készlet; **~ and demand** kereslet és kínálat **2.** *v*

(*electricity, gas*) szolgáltat; (*goods*) szállít (*sg to sy* vmt vknek)
support [sə'pɔːt] **1.** *n* (*aid, maintenance*) támasz, támogatás; *tech* támasz **2.** *v* (*sustain*) alátámaszt; (*uphold*) támogat, patronál; (*family*) fenntart, eltart ‖ ~ **(a team)** *col* szurkol (csapatnak)
supporter [sə'pɔːtə] *n pl* támogató; *sp* szurkoló
suppose [sə'pəʊz] *v* feltételez; (*imagine*) gondol ‖ **let's** ~ tegyük fel; **he is ~d (to)** az a kötelessége/dolga(, hogy)
supposedly [sə'pəʊzɪdlɪ] *adv* állítólag, feltehetően
supposing [sə'pəʊzɪŋ] *conj* ~ **(that)** feltéve, hogy
supposition [sʌpə'zɪʃn] *n* feltételezés, feltevés
suppository [sə'pɒzɪtrɪ] *n* (végbél)kúp
suppress [sə'pres] *v* lever, elnyom; (*yawn*) elfojt
suppression [sə'preʃn] *n* elnyomás, elfojtás
supremacy [sʊ'preməsɪ] *n* felsőbbrendűség, fennhatóság
supreme [sʊ'priːm] *a* legfelső, legfelsőbb
surcharge ['sɜːtʃɑːdʒ] *n* pótdíj, pótilleték
sure [ʃʊə] *a* biztos, bizonyos ‖ **make** ~ **of sg** meggyőződik vmről; **be** ~ **to write!** feltétlenül írj(on)!; ~**!** *US* hogyne!, persze!
sure-fire *a col* holtbiztos, tuti
sure-footed *a* biztos járású; *fig* céltudatosan haladó
surely ['ʃʊəlɪ] *adv* bizonyára, biztosan, hogyne; *US col* ~**!** (*in answer*) hogyne!, persze!

surety ['ʃʊərətɪ] *n* jótállás, kezesség; (*person*) kezes
surf [sɜːf] **1.** *n* (*foam*) hab; tajték; (*waves*) hullámverés **2.** *v* **go ~ing** szörfözik
surface ['sɜːfɪs] **1.** *n* felszín, felület **2.** *v* (*road*) burkol; (*submarine*) felmerül
surface mail *n* sima posta (*nem légi*)
surfboard ['sɜːfbɔːd] *n* szörf
surfeit ['sɜːfɪt] *n* csömör, undor
surfer ['sɜːfə] *n* hullámlovas, szörföző
surfing ['sɜːfɪŋ] *n* hullámlovaglás, szörfözés
surge [sɜːdʒ] **1.** *n* nagy hullám **2.** *v* hullámzik, hömpölyög
surgeon ['sɜːdʒən] *n* sebész
surgery ['sɜːdʒərɪ] *n* sebészet; (*operation*) műtét; (*room*) orvosi rendelő; (*time*) rendelés ‖ **undergo** ~ műtéten esik át
surgery hours *n pl* rendelési idő
surgical ['sɜːdʒɪkl] *a* sebészeti, műtéti ‖ ~ **ward** sebészeti osztály, sebészet
surly ['sɜːlɪ] *a* mogorva, barátságtalan
surmount [sə'maʊnt] *v* legyőz, leküzd
surname ['sɜːneɪm] *n* családi név, vezetéknév
surpass [sə'pɑːs] *v* felülmúl, túlszárnyal
surplus ['sɜːpləs] **1.** *a* fölös(leges), többlet- **2.** *n* felesleg, többlet
surprise [sə'praɪz] **1.** *n* meglepetés ‖ **much to my** ~ legnagyobb meglepetésemre **2.** *v* meglep ‖ **be ~d at sg** meglepődik vmn
surprising [sə'praɪzɪŋ] *a* meglepő

surprisingly [sə'praɪzɪŋlɪ] *adv* meglepően
surrender [sə'rendə] **1.** *n* fegyverletétel, kapituláció **2.** *v* megadja magát, kapitulál
surreptitious [sʌrəp'tɪʃəs] *a* titkos, lopva tett
surrogate ['sʌrəgət] *n* pótszer, pótlék ‖ ~ **mother** pótanya
surround [sə'raʊnd] *v* körülvesz, körülfog
surrounding [sə'raʊndɪŋ] *a* környező
surroundings [sə'raʊndɪŋz] *n pl* környék; (*environment*) környezet
surveillance [sə'veɪləns] *n* felügyelet, őrizet
survey 1. ['sɜːveɪ] *n* áttekintés; (*inquiry*) felmérés; szemle **2.** [sə'veɪ] *v* felmér, áttekint
surveyor [sə'veɪə] *n* földmérő, geodéta
survival [sə'vaɪvl] *n* túlélés ‖ ~ **kit** mentőláda
survive [sə'vaɪv] *v* (*person*) vmt túlél, életben marad; (*custom*) fennmarad
survivor [sə'vaɪvə] *n* túlélő
susceptible [sə'septəbl] *a* érzékeny, fogékony, hajlamos (*to* vmre)
suspect 1. ['sʌspekt] *a* gyanús **2.** ['sʌspekt] *n* gyanúsított **3.** [sə'spekt] *v* sejt, gyanít ‖ ~ **sy of (doing) sg** (meg)gyanúsít vkt vmvel
suspend [sə'spend] *v* (*from work*) felfüggeszt; (*hang*) felakaszt; (*stop*) leállít
suspended [sə'spendɪd] *a* (*sentence*) felfüggesztett; (*activity*) félbeszakadt

suspender (belt) [sə'spendə] *n* harisnyatartó
suspenders [sə'spendəz] *n pl US* (*for trousers*) nadrágtartó
suspense [sə'spens] *n* bizonytalanság, izgatott várakozás
suspension [sə'spenʃn] *n* (*from work*) felfüggesztés; (*of vehicle*) rugózás, felfüggesztés; (*of payment*) letiltás ‖ ~ **of sentence** ítélet felfüggesztése
suspicion [sə'spɪʃn] *n* gyanú, gyanakvás
suspicious [sə'spɪʃəs] *a* (*causing suspicion*) gyanús; (*feeling suspicion*) gyanakvó
sustain [sə'steɪn] *v* (*maintain*) (fenn)tart; (*endure*) (el)szenved; *law* (*uphold*) helyt ad (vmnek)
sustained [sə'steɪnd] *a* (*effort*) kitartó
sustenance ['sʌstɪnəns] *n* (*food*) táplálék
SW = south-west(ern)
swab [swɒb] *n med* tampon
swaggerer ['swægərə] *n* szájhős
swallow[1] ['swɒləʊ] *n* (*bird*) fecske
swallow[2] ['swɒləʊ] *v* nyel; *also fig* lenyel
swam [swæm] *pt* → **swim**
swamp [swɒmp] *n* mocsár
swan [swɒn] *n* hattyú
swap [swɒp] *v* **-pp-** *col* kicserél, elcserél, becserél
swarm [swɔːm] **1.** *n* (*of insects, people*) raj **2.** *v* nyüzsög (*with* vmtől)
swarthy ['swɔːðɪ] *a* sötét bőrű
swat [swɒt] *v* agyoncsap
swatter ['swɒtə] *n* légycsapó
sway [sweɪ] **1.** *n* ringás, himbálás **2.** *vt* ring, lebeg | *vi* himbál

swear [sweə] v (pt swore [swɔː],
pp sworn [swɔːn]) (take an oath)
(meg)esküszik (to vmre); (curse)
káromkodik, átkozódik
swearword ['sweəwɜːd] n károm-
kodás
sweat [swet] 1. n izzadság, veríték
2. v izzad, verítékezik
sweatband ['swetbænd] n (of
sportsman) homlokpánt
sweater ['swetə] n pulóver
sweatsuit ['swetsuːt] n tréningruha,
melegítő
sweaty ['swetɪ] a izzadt
Swede [swiːd] n svéd
Sweden ['swiːdn] n Svédország
Swedish ['swiːdɪʃ] 1. a svéd 2. n
svéd (language, person) || the ~ a
svédek
sweep [swiːp] 1. n (sweeping) söp-
rés; (curve) nagy kanyar/ív;
(range) átfogóképesség; col
(chimney ~) kéményseprő 2. v
(pt/pp swept [swept]) (clean) (le)-
söpör; (move quickly) végigsöpör
sweep away elsodor, félresöpör
sweeping ['swiːpɪŋ] 1. a rohanó,
elsöprő 2. ~s n pl összesöpört
szemét/hulladék
sweet [swiːt] 1. a édes; (charming)
aranyos 2. n ~(s pl) édesség, cu-
korka; desszert
sweet corn n csemegekukorica
sweeten ['swiːtn] v also fig (meg)-
édesít, cukroz
sweetener ['swiːtnə] n édesítőszer
sweetheart ['swiːthɑːt] n sy's ~
vknek a szerelme(se)
sweetness ['swiːtnɪs] n (taste)
édesség
sweet pea n szagosbükköny

swell [swel] 1. a US col elegáns,
csinos, klassz 2. n (of sea) hul-
lámzás 3. v (pt swelled [sweld],
pp swollen ['swəʊlən] or swel-
led) (wood) (meg)dagad, (meg)-
duzzad; (river) árad
swelling ['swelɪŋ] n (of body) daga-
nat, duzzanat
sweltering ['sweltərɪŋ] a tikkasztó
swept [swept] pt/pp → sweep
swerve [swɜːv] v (car) farol, meg-
farol
swift [swɪft] a gyors, fürge
swig [swɪg] n (of drink) slukk
swill [swɪl] n moslék
swim [swɪm] 1. n úszás || go for a ~
úszik (egyet) 2. v (pt swam
[swæm], pp swum [swʌm]; -mm-)
vi úszik I vt (cross) átúszik || ~
with the tide úszik az árral
swim float n úszódeszka
swimmer ['swɪmə] n úszó
swimming ['swɪmɪŋ] n úszás || ~
cap úszósapka; ~ costume fürdő-
ruha; ~ pool uszoda; ~ trunks pl
fürdőnadrág
swimsuit ['swɪmsuːt] n fürdőruha,
úszódressz
swindle ['swɪndl] 1. n csalás 2. v rá-
szed, becsap
swindler ['swɪndlə] n csaló, szél-
hámos
swine [swaɪn] n (pl ~) (pig) disznó
|| you ~ utolsó gazember!
swing [swɪŋ] 1. n (movement) ki-
lengés; (children's) hinta; mus
szving || be in full ~ javában fo-
lyik 2. v (pt/pp swung [swʌŋ]) vi
leng, kileng; (child) hintázik I vt
lenget, lóbál
swing door n lengőajtó

swingeing ['swɪndʒɪŋ] *a col* igen nagy, hatalmas, erős

swinging ['swɪŋɪŋ] *n sp* (*on bar*) lengés

swipe [swaɪp] *v* (*strike*) üt, csap, odavág (*at* -ra/-re); *col* (*steal*) zsebre tesz/vág vmt

swirl [swɜːl] **1.** *n* örvény **2.** *v* örvénylik

swish [swɪʃ] **1.** *n* zizegés, suhogás **2.** *v* suhog, zizeg

Swiss [swɪs] **1.** *a* svájci **2.** *n* **the** ~ a svájciak

switch [swɪtʃ] **1.** *n el* (villany)kapcsoló; (*change*) áttérés, átállás **2.** *v* (*turn on, off*) (át)kapcsol; (*change*) átvált, áttér (*to* vmre) **switch off** kikapcsol; (*light*) leolt **switch on** bekapcsol (*light*) meggyújt

switchboard ['swɪtʃbɔːd] *n* (*of institution*) telefonközpont, házi központ

Switzerland ['swɪtsələnd] *n* Svájc

swivel ['swɪvl] *n* forgattyú **2.** *v* -**ll**- (*US* -**l**-) forog

swollen ['swəʊlən] *a med* dagadt, duzzadt; → **swell**

swoon [swuːn] **1.** *n* ájulás **2.** *v* elájul

swoop [swuːp] **1.** *n* rajtaütés **2.** *v* ~ **down on** (*enemy*) lecsap

swop [swɒp] *v* -**pp**- = **swap**

sword [sɔːd] *n* kard

swore [swɔː] *pt* → **swear**

sworn [swɔːn] *a* esküt tett, hites ‖ ~ **enemy** esküdt ellenség; → **swear**

swot [swɒt] *col* **1.** *n* magoló **2.** *v* -**tt**- magol

swum [swʌm] *pp* → **swim**

swung [swʌŋ] *pt/pp* → **swing**

sycamore ['sɪkəmɔː] *n* szikomorfa, hegyi juhar; *US* platán(fa)

sycophantic [sɪkə'fæntɪk] *a* hízelgő

syllable ['sɪləbl] *n* szótag

syllabus ['sɪləbəs] *n* (*pl* -**buses** or -**bi** [-baɪ]) tanterv; tanmenet

symbol ['sɪmbl] *n* jel(kép), szimbólum

symbolic [sɪm'bɒlɪk] *a* jelképes, szimbolikus

symbolize ['sɪmbəlaɪz] *v* jelképez

symmetrical [sɪ'metrɪkl] *a* szimmetrikus

symmetry ['sɪmətrɪ] *n* szimmetria

sympathetic [sɪmpə'θetɪk] *a* együttérző, rokonszenvező

sympathetically [sɪmpə'θetɪklɪ] együttérzően

sympathize ['sɪmpəθaɪz] *v* ~ **with** együtt érez vkvel; azonosul vmvel

sympathy ['sɪmpəθɪ] *n* szimpátia; (*pity*) együttérzés ‖ **be in** ~ **with sy** szimpatizál

symphonic [sɪm'fɒnɪk] *a* szimfonikus

symphony ['sɪmfənɪ] *n* szimfónia

symposium [sɪm'pəʊzɪəm] *n* szimpózium

symptom ['sɪmptəm] *n* tünet, szimptóma

synagogue (*US* -**gog**) ['sɪnəgɒg] *n* zsinagóga

synchronize ['sɪŋkrənaɪz] *v* (*clocks*) összeigazít, szinkronizál

synchronous ['sɪŋkrənəs] *a* szinkrón, egyidejű

syndicate ['sɪndɪkət] *n* (*of firms*) egyesülés, szindikátus

syndrome ['sɪndrəʊm] *n* tünetcsoport, szindróma

synonym ['sɪnənɪm] *n* rokon értelmű szó, szinonima

synonymous [sɪ'nɒnɪməs] *a* rokon
értelmű, szinonim
synopsis [sɪ'nɒpsɪs] *n* (*pl* -ses
[-siːz]) összegzés, szinopszis
syntactic [sɪn'tæktɪk] *a* mondattani
syntax ['sɪntæks] *n* mondattan
synthesis ['sɪnθəsɪs] *n* (*pl* -ses
[-siːz]) szintézis
synthesizer ['sɪnθəsaɪzə] *n* szinte-
tizátor
synthetic [sɪn'θetɪk] *a* szintetikus
syphilis ['sɪfəlɪs] *n* szifilisz
syringe ['sɪrɪndʒ] *n* fecskendő
syrup ['sɪrəp] *n* szörp
system ['sɪstəm] *n* rendszer
systematic [sɪstə'mætɪk] *a* rendsze-
res, szisztematikus
systemic [sɪs'temɪk] *a* rendszersze-
rű

T

ta [taː] *int GB col* köszönöm
tab[1] [tæb] *n* (*on coat*) akasztó;
(*label*) címke || **keep a ~** (*or* **~s**)
on figyelemmel kísér
tab[2] [tæb] = **tabulator**
table ['teɪbl] **1.** *n* asztal; (*list*) táblá-
zat || **be at the ~** asztalnál ül **2.** *v*
előterjeszt
tablecloth ['teɪblklɒθ] *n* abrosz, terítő
table d'hôte [taːbl'dəʊt] *n* **~ (din-
ner)** menü
table salt *n* konyhasó
tablespoon ['teɪblspuːn] *n* leveses-
kanál, evőkanál
tablespoonful ['teɪblspuːnfʊl] *n*
evőkanálnyi

tablet ['tæblɪt] *n* tabletta, pirula
table tennis *n* asztalitenisz
table wine *n* asztali bor
taboo [tə'buː] *n* tabu || **~ words**
tabu szavak
tabulator ['tæbjuleɪtə] *n* tabulátor
tacit ['tæsɪt] *a* hallgatólagos
taciturn ['tæsɪtɜːn] *a* hallgatag
tack [tæk] **1.** *n* (*nail*) kis rövid szeg;
(*drawing pin*) rajzszeg; (*stitch*)
hosszú öltés; *naut* lavírozás;
(*course*) irányhelyzet **2.** *vt* (*nail*)
odaszögez; (*stitch*) összefércel,
tűz | *vi naut* lavíroz; (*change
course*) irányt változtat
tackle ['tækl] **1.** *n naut* kötélzet;
(*for lifting*) csigasor; *sp* (*with ball*)
szerelés; (*fishing ~*) (horgász)fel-
szerelés **2.** *v* (*seize*) (le)szerel;
(*deal with*) megbirkózik; *sp* sze-
rel
tacky ['tækɪ] *a* (*sticky*) ragacsos; *col*
(*worthless*) ócska
tact [tækt] *n* tapintat
tactful ['tæktfl] *a* tapintatos
tactical ['tæktɪkl] *a* harcászati, takti-
kai
tactics ['tæktɪks] *n sing.* harcászat,
taktika
tactless ['tæktlɪs] *a* tapintatlan
tadpole ['tædpəʊl] *n* ebihal
taffy ['tæfɪ] *n US* (*food*) karamella;
col (*flattery*) hízelgés
tag [tæg] **1.** *n* (*label*) (függő)címke;
(*with price*) árcédula; (*question*)
utókérdés; (*phrase*) elcsépelt szó-
lás **2.** *v* -**gg**- (fel)címkéz || **~ along**
vkvel (*együtt*) megy
tail [teɪl] **1.** *n* farok; (*end*) vég || **~s**
pl frakk **2.** *v* (*person*) szorosan
követ; (*fruit*) lecsutkáz

tail away/off (*become smaller*) elritkul, lecsökken; (*fall behind*) lemarad
tailback ['teɪlbæk] *n* forgalmi torlódás, autósor
tailcoat ['teɪlkəʊt] *n* frakk
tailgate ['teɪlgeɪt] *n* (*of car*) hátsó ajtó
tailor ['teɪlə] *n* szabó
tailor-made *a* mérték után készült
tail wind *n* hátszél
tainted ['teɪntɪd] *a* (*food*) romlott; (*water*) szennyezett
take [teɪk] **1.** *n cine* felvétel **2.** *v* (*pt* **took** [tʊk], *pp* **taken** ['teɪkən]) *vt* vesz, fog; (*grasp*) elvesz, megragad; (*carry*) elvisz, (oda)visz; *mil* (*capture*) elfoglal; (*catch*) elfog; (*consume*) eszik/iszik vmt; (*rent*) bérel, kivesz; (*need time*) tart (vmeddig); (*understand*) megért | *vi* (*plant, vaccination*) megered || **this will ~ time** ehhez idő kell; **what do you ~ for a headache?** mit szedsz fejfájás ellen?; **~ a bath** megfürdik; **~ a bus (to)** buszra száll; **~ a cab (to)** taxin/taxival megy (vhová); **~ a flat** (*US* **an apartment**) lakást bérel/kivesz; **~ a paper** újságot járat; **~ it from me** én mondom neked!; **~ lunch** ebédel; **~ place** végbemegy, lebonyolódik, lejátszódik, lezajlik; **~ sy by car** kocsin visz; **~ tea** (*or* **a cup of tea**) teázik; **~ it easy** csak nyugodtan!, lassan!; **~ your time** ne siesd el a dolgot!
take after sy vkre hasonlít
take apart szétszerel, szétszed
take away (*seize*) elvesz; (*carry off*) elvisz
take away from levon vmből

take back (*get back*) visszavesz; (*return*) visszavisz
take down (*get down*) levesz; (*lower*) levisz (*to* vhová); (*write down*) leír
take for tart vmnek || **what do you ~ me for?** minek nézel (te engem)?
take in (*receive in his home*) befogad; (*make narrower*) bevesz; *col* (*deceive*) rászed, becsap
take off *vi* (*start*) felszáll; *col* vk „eltűz" | *vt* (*clothing*) levet; (*imitate*) utánoz
take on (*employee*) felvesz; (*work*) vállal; (*opponent*) megküzd vkvel
take out (*book*) kivesz, kikölcsönöz; (*remove*) kivesz, eltávolít; (*accompany*) elvisz vkt || **~ out insurance** biztosítást köt; **~ sg out of sg** (*pocket, drawer*) elővesz vmt vmből
take over (*power*) átveszi a hatalmat; (*goods*) átvesz
take to rákap/rászokik vmre
take up (*raise*) vmt fölemel/felvesz; (*start doing*) vmbe/vmhez fog || **~ up a lot of room** sok helyet foglal el (*or* vesz igénybe)
take-away (*US* **~-out**) *n* kifőzés || **~ lunch/meal** ebéd/vacsora elvitelre
taken ['teɪkən] *pp* → **take**
take-off *n* (*leaving*) felszállás; (*imitation*) utánzás
take-out *n US* = **take-away**
take-over *n* (*of power*) hatalomátvétel; (*of business*) átvétel
takings ['teɪkɪŋz] *n pl comm* bevétel
talc [tælk] *n* hintőpor

talcum powder ['tælkəm] *n* hintőpor
tale [teɪl] *n* (*story*) elbeszélés; történet, mese; (*fiction*) kitalálás ‖ **tell ~s** árulkodik, fecseg
talent ['tælənt] *n* tehetség
talented ['tæləntɪd] *a* tehetséges
talisman ['tælɪsmən] *n* talizmán
talk [tɔːk] **1.** *n* (*conversation*) beszélgetés; megbeszélés; (*speech*) előadás; (*gossip*) csevegés ‖ **have a ~ with sy** megbeszélése van vkvel; **~s** *pl pol* tárgyalás(ok) **2.** *v* (*speak*) beszél; (*chatter*) beszélget ‖ **~ turkey** *US* nyíltan beszél
talk about beszél vmről/vkről
talk sy into (doing) sg rábeszél vkt vmre
talk (sg) over megvitat (*with* vkvel vmt)
talkative ['tɔːkətɪv] *a* beszédes
talk shaw *n* „telefere"
tall [tɔːl] *a* magas, nagy ‖ **he is ~ for his age** korához képest magas; **a ~ story** *col* képtelen történet
tallboy ['tɔːlbɔɪ] *n* GB fiókos szekrény
tally ['tælɪ] **1.** *n* (*account*) jegyzék **2.** *v* egybevág (*with* vmvel)
talon ['tælən] *n* (*claw*) karom; (*cards*) talon
tame [teɪm] **1.** *a* (*animal*) szelídített; *col* (*story*) unalmas, lapos **2.** *v* megszelídít
tamper with ['tæmpə] *v* (*meddle*) babrál vmt, bütyköl
tampon ['tæmpən] *n med* tampon
tan [tæn] **1.** *a* sárgásbarna **2.** *vt* **-nn-** (le)barnít | *vi* lebarnul, lesül
tandem ['tændəm] *n* (*bicycle*) kétüléses kerékpár, tandem

tang [tæŋ] *n* erős/csípős íz/szag
tangent ['tændʒənt] *n math* érintő, tangens
tangerine [tændʒə'riːn] *n* mandarin
tangible ['tændʒəbl] *a* kézzelfogható
tangle ['tæŋgl] **1.** *n* összevisszaság; (*difficulty*) bonyodalom **2.** *v* **~ up** összegubancol ‖ **get ~d up** összegubancolódik
tank [tæŋk] *n* (*container*) tartály, tank; (*vehicle*) harckocsi, tank
tankard ['tæŋkəd] *n* söröskancsó
tanker ['tæŋkə] *n* (*ship*) tartályhajó; (*truck*) tartálykocsi
tanned [tænd] *a* (*face*) napbarnított
tantamount ['tæntəmaʊnt] *a* egyértelmű (*to* vmvel)
tap [tæp] **1.** *n* (*of pipe*) csap; (*plug*) dugasz; *col* (*of telephone*) lehallgatókészülék **2.** *v* **-pp-** (*liquid*) lecsapol; (*on shoulder*) megvereget; (*telephone*) lehallgat ‖ **~ sy for money** megpumpol
tape [teɪp] **1.** *n* szalag; (*magnetic*) (magnó)szalag; (*adhesive*) ragasztószalag; (*on racetrack*) célszalag **2.** *v* (*record*) felvesz vmt
tape measure *n* mérőszalag
taper ['teɪpə] *v* csúcsban végződik
tape recorder *n* magnó
tapestry ['tæpɪstrɪ] *n* faliszőnyeg
tar [tɑː] *n* kátrány
tardy ['tɑːdɪ] *a* (*late*) elkésett; (*slow*) lassú, nehézkes
target ['tɑːgɪt] *n* cél; (*board*) céltábla ‖ **miss the ~** célt téveszt
target practice *n* céllövészet
tariff ['tærɪf] *n* díjszabás, vámtarifa
tarmac ['tɑːmæk] *n* (beton)kifutó, felszállópálya

tarnish ['tɑːnɪʃ] *also fig vt* elhomályosít I *vi* elhomályosul
tarpaulin [tɑːˈpɔːlɪn] *n* vízhatlan ponyva
tarry ['tærɪ] *a* kátrányos
tart[1] [tɑːt] *a* (*taste*) fanyar; *fig* (*remark*) csípős, éles
tart[2] [tɑːt] *n* (*pastry*) gyümölcstorta
tart[3] [tɑːt] *col* **1.** *n* (*woman*) lotyó **2.** *v* ~ **up** felcicomáz ‖ ~ **oneself** kicsípi magát
tartan ['tɑːtən] *n* skótkockás szövet/anyag, tartán
tartar ['tɑːtə] *n* (*of* wine) borkő; (*on* teeth) fogkő ‖ ~ **sauce** tartármártás
task [tɑːsk] *n* feladat ‖ **take sy to** ~ felelősségre von vkt vmért
tassel ['tæsl] *n* bojt, rojt
taste [teɪst] **1.** *n* (*flavour*) íz; (*sense*) ízlés; (*liking*) gusztus ‖ **be to sy's** ~ ínyére van, szája íze szerinti **2.** *v* ízlel, (meg)kóstol ‖ ~ **good** ízlik; ~ **like sg**, ~ **of sg** vmlyen íze van
tasteful ['teɪstfl] *a* ízléses
tasteless ['teɪstlɪs] *a* (*food*) ízetlen; (*joke*) ízléstelen
tasty ['teɪstɪ] *a* (*food*) jóízű
tatters ['tætəz] *n pl* rongy, foszlány
tattoo[1] [tæˈtuː] *n mil* (*show*) parádé
tattoo[2] [tæˈtuː] **1.** *n* (*on skin*) tetoválás **2.** *v* tetovál
tatty ['tætɪ] *a GB col* topis
taught [tɔːt] *pt/pp* → **teach**
taunt [tɔːnt] **1.** *n* gúnyos megjegyzés **2.** *v* kigúnyol
taut [tɔːt] *a* feszes, kifeszített
tavern ['tævən] *n* kocsma
tawdry ['tɔːdrɪ] *a* csiricsáré, csicsás
tawny ['tɔːnɪ] *a* homokszínű; (világos) sárgásbarna

tax [tæks] **1.** *n* adó ‖ **pay** ~ **(on sg)** adót fizet (vm után) **2.** *v* megadóztat; *fig* (*strain*) próbára tesz
taxable ['tæksəbl] *a* adóköteles, adó alá eső
taxation [tækˈseɪʃn] *n* adózás, (meg)adóztatás
tax avoidance *n* adófizetés alóli (legális) kibújás
tax fraud *n* adócsalás
tax-free *a* adómentes
taxi ['tæksɪ] **1.** *n* taxi ‖ **take a** ~ **(to)** taxin/taxival megy (vhová) **2.** *v* (*pt/pp* **taxied;** *pres p* **taxiing** *or* **taxying**) (*aircraft*) gurul
taxicab ['tæksɪkæb] *n* = **taxi**
taxi driver *n* taxisofőr, taxis
taximeter ['tæksɪmiːtə] *n* viteldíjmérő, taxaméter
taxi rank *n* taxiállomás
taxi stand *n* taxiállomás
taxpayer ['tækspeɪə] *n* adófizető
tax relief *n* adókedvezmény
tax return *n* adóbevallás
tea [tiː] *n* tea ‖ **have** ~ (*or* **a cup of tea**) teázik
tea bag *n* filteres/zacskós tea
tea break *n* teaszünet
teacake ['tiːkeɪk] *n* teasütemény
teach [tiːtʃ] *v* (*pt/pp* **taught** [tɔːt]) *vi* tanít, oktat I *vt* ~ **sy sg**, ~ **sg to sy** megtanít vkt vmre
teacher ['tiːtʃə] *n* (*in primary school*) tanító, tanítónő; (*in secondary school*) tanár, tanárnő ‖ ~ **of English, English** ~ angoltanár
teacher training college, *US* **teachers college** *n US* tanárképző főiskola
teaching ['tiːtʃɪŋ] *n* tanítás; (*doctrine*) vknek a tanításai/tanai ‖ ~ **staff** tanári kar, tantestület

tea cosy *n* teababa
teacup ['tiːkʌp] *n* teáscsésze
teak [tiːk] *n* tíkfa, indiai tölgyfa
tea kettle *n* teáskanna *(forraláshoz)*
tea-leaf *n* *(pl* -**leaves)** *n* tealevél
team [tiːm] *n* *sp* csapat; *(workers)*
(munka)csoport, team; *(of ani-*
mals) fogat
team game *n* csapatjáték
teamwork ['tiːmwɜːk] *n* csapatmun-
ka, összjáték
tea party *n* tea
teapot ['tiːpɒt] *n* teáskanna
tear[1] [teə] **1.** *n* szakadás, repedés **2.**
v (pt **tore** [tɔː], *pp* **torn** [tɔːn]) *vt*
(el)tép, (el)szakít, elrepeszt I *vi* el-
szakad, elreped II ~ **open** *(letter)*
kibont, felszakít, feltép
  tear along *fig col (on motor-*
  cycle) tép, repeszt, dönget
  tear out kitép
  tear up *(paper)* összetép
tear[2] [tɪə] *n* könny II **burst into** ~**s**
könnyekre fakad
tearful ['tɪəfl] *a* könnyes
teargas ['tɪəgæs] *n* könnygáz
tearoom ['tiːrʊm] *n* teázóhelyiség
tease [tiːz] *v* bosszant, ugrat
tea set *n* teakészlet, teáskészlet
teaspoon ['tiːspuːn] *n* káféskanál,
kiskanál
teaspoonful ['tiːspuːnfʊl] *n* kávés-
kanálnyi
teat [tiːt] *n* *(of woman)* mellbimbó;
(of bottle) cumi
tea time *n* teaidő, teázás ideje
tea towel *n* konyharuha, törlőruha
technical ['teknɪkl] *a* *(mechanical,*
practical) technikai, műszaki,
gyakorlati; *(of profession or*
technique) szakmai, szak- II ~
college *col tech GB* műszaki/

iparművészeti stb. főiskola; ~
term szakkifejezés
technically ['teknɪklɪ] *adv* gyakor-
latilag, technikailag II ~ **speaking**
a szó szoros értelmében
technician [tek'nɪʃn] *n* *(mechanic)*
műszerész, technikus; *(skilled*
worker) szakember
technique [tek'niːk] *n* *art, sp* tech-
nika
technological [teknə'lɒdʒɪkl] *a*
technikai, műszaki, technológiai
technology [tek'nɒlədʒɪ] *n*
(science) műszaki tudományok,
technika; *(methods)* technológia
teddy (bear) ['tedɪ] *n* (játék)mackó,
maci
tedious ['tiːdɪəs] *a* egyhangú, unal-
mas
tedium ['tiːdɪəm] *n* unalom, unal-
masság
tee[1] [tiː] *n* *(letter)* T-betű, té; *(pipe)*
T alakú cső, T idom
tee[2] [tiː] *n* *(in golf)* elütési hely,
„tee"
teem [tiːm] *v* ~ **with** *(insects)* nyü-
zsög vmtől; *(mistakes)* hemzseg
vmtől
teenage ['tiːneɪdʒ] *a* tizenéves, ti-
nédzser
teenager ['tiːneɪdʒə] *n* *col* tiné-
dzser, tizenéves, tini
teens [tiːnz] *n* *pl* **be in one's** ~
tizenéves
tee-shirt *n* póló(ing)
teeter ['tiːtə] *v* ingadozik, imbolyog
teeth [tiːθ] *pl* → **tooth**
teethe [tiːð] *v* fogzik
teething troubles ['tiːðɪŋ] *n* *pl*
kezdeti nehézségek
teetotal [tiː'təʊtl] *a* absztinens, anti-
alkoholista

teetotaller (*US* **-taler**) [tiː'təʊtlə] *n* absztinens, antialkoholista
telecommunications [telɪkəmjuːnɪ'keɪʃnz] *n pl* távközlés, híradástechnika
telefax ['telɪfæks] *n* telefax
telegram ['telɪgræm] *n* távirat
telepathy [tɪ'lepəθɪ] *n* telepátia
telephone ['telɪfəʊn] ['telɪfəʊn] **1.** *n* telefon(készülék) ‖ **answer the ~** felveszi a telefont/kagylót **2.** *v* telefonál (vknek)
telephone answering equipment *n* üzenetrögzítő
telephone box/booth *n* telefonfülke
telephone call *n* telefonbeszélgetés, hívás
telephone directory *n* telefonkönyv
telephone number *n* telefonszám
telephonist [tɪ'lefənɪst] *n* telefonkezelő
telephoto lens [telɪ'fəʊtəʊ] *n* teleobjektív
teleprinter ['telɪprɪntə] *n* telexgép
telescope ['telɪskəʊp] **1.** *n* (*monocular*) távcső, teleszkóp **2.** *v* **~ (together)** (*vehicles*) egymásba fúródnak
teletext ['telɪteks] *n* (*in TV*) képújság
televise ['telɪvaɪz] *v* tévében közvetít/ad
television ['telɪvɪʒn] *n* (*broadcasting, set*) televízió, tévé, tv ‖ **on (the) ~** a televízióban
telex ['teleks] **1.** *n* telex **2.** *v* telexezik
tell [tel] *v* (*pt/pp* **told** [təʊld]) (el)mond, (el)mesél ‖ **~ sy sg** vknek megmond vmt, közöl vkvel vmt; **I**

can't ~ nem tudom; **~ him to wait** mondd meg neki, hogy várjon; **can you ~ me the time?** hány óra van?; **I was told that ...** nekem azt mondták, hogy ...
tell sg from sg/sy vmt/vkt vmtől/vktől megkülönböztet
tell sy off *col* jól beolvas vknek, leszid vkt
tell on sy beárul, megmond; *school* árulkodik
teller ['telə] *n* (bank)pénztáros
telling ['telɪŋ] *a* hatásos
telling-off *n col* (le)szidás, letolás
telltale ['telteɪl] *a/n* (*sign*) áruló; (*person*) árulkodó
telly ['telɪ] *n GB col* tévé
temerity [tɪ'merətɪ] *n* vakmerőség
temper ['tempə] **1.** *n* (*disposition*) hangulat, kedv; (*anger*) düh ‖ **be in a bad/good ~** rossz/jó kedvében van; **lose one's ~** kijön a sodrából **2.** *v* (*metal*) edz; (*passion*) enyhít, mérsékel
temperament ['temprəmənt] *n* vérmérséklet, temperamentum
temperamental [temprə'mentl] *a* (*passionate*) temperamentumos; (*changeable*) szeszélyes
temperance ['tempərəns] *n* (*moderation*) mértékletesség; (*abstinence*) alkoholtól tartózkodás
temperate ['tempərət] *a* mértéktartó, mértékletes, józan; (*climate*) mérsékelt égöv
temperature ['temprətʃə] *n* hőmérséklet; (*degree of body*) láz ‖ **have you got a ~?** van láza(d)?; **have/run a ~** hőemelkedése/láza van
tempest ['tempɪst] *n* vihar
tempestuous [tem'pestʃʊəs] *a* viharos

tempi ['tempi:] *pl* → **tempo**
template ['templɪt] *n* sablon
temple[1] ['templ] *n rel* templom
temple[2] ['templ] *n med* halánték
tempo ['tempəʊ] *n* (*pl* **-pos**, *mus* **-pi** [-pi:]) sebesség; *also mus* tempó, ütem
temporal ['tempərəl] *a* (*of time*) időbeli; (*secular*) világi
temporary ['temprərɪ] *a* ideiglenes, átmeneti
tempt [tempt] *v* (meg)kísért, csábít ‖ ~ **sy into doing sg** rávesz vkt, hogy csináljon vmt
temptation [temp'teɪʃn] *n* kísértés, csábítás
tempting ['temptɪŋ] *a* csábító ‖ ~ **offer** csábító ajánlat
temptress ['temptrɪs] *n* (*woman*) csábító
ten [ten] *num* tíz ‖ **at** ~ **(o'clock) in the morning** délelőtt tízkor
tenacious [tɪ'neɪʃəs] *a* kitartó, szívós
tenaciously [tɪ'neɪʃəslɪ] *adv* kitartóan, szívósan
tenacity [tɪ'næsətɪ] *n* kitartás, szívósság, kitartás, makacsság; (*of memory*) megbízhatóság
tenancy ['tenənsɪ] *n* bérleti viszony
tenant ['tenənt] *n* (*of tenement*) lakó; (*of flat, land*) bérlő
tend[1] [tend] *v* (*sick person*) ápol, gondoz, ellát
tend[2] [tend] *v* (*be directed to*) irányul (*to* vmre) ‖ ~ **to do sg** hajlamos/hajlik vm megtételére
tendency ['tendənsɪ] *n* irányzat, tendencia; (*of person*) hajlam (*to* vmre)
tender[1] ['tendə] *a* lágy, puha; (*person, sore*) érzékeny; (*voice*)

szelíd; (*affectionate*) gyengéd ‖ ~ **spot** sebezhető pont
tender[2] ['tendə] **1.** *n* árajánlat ‖ **invite** ~**s** versenytárgyalást hirdet; **legal** ~ törvényes fizetőeszköz **2.** *v* felajánl, felkínál ‖ ~ **one's resignation** benyújtja lemondását
tenderloin ['tendəlɔɪn] *n US* ~ **(steak)** bélszínjava, vesepecsenye
tendon ['tendən] *n* ín
tenement ['tenɪmənt] *n* bérház
tenet ['tenɪt] *n* tan, hittétel
tennis ['tenɪs] *n* tenisz ‖ **play** ~ teniszezik
tennis ball *n* teniszlabda
tennis court *n* teniszpálya
tennis racket *n* teniszütő
tennis shoes *n pl* teniszcipő, tornacipő
tenor ['tenə] *n mus* (*voice*) tenor (hang); (*person*) tenorista
tenpins ['tenpɪnz] *n sing. US* teke(játék), kugli
tense[1] [tens] *n gram* (ige)idő
tense[2] [tens] *a* (*rope*) feszes; (*nerves*) feszült, megfeszített
tension ['tenʃn] *n* (*stretching*) feszesség; (*voltage*) feszültség
tent [tent] *n* sátor
tentative ['tentətɪv] *a* (*experimental*) kísérleti, próbaképpen tett; (*hesitant*) óvatos
tentatively ['tentətɪvlɪ] *adv* (*experimentally*) próbaképpen; (*hesitantly*) óvatosan, puhatolódzva
tenth [tenθ] **1.** *num* tizedik **2.** *n* tized
ten thousand *num* tízezer
tent peg *n* sátorcövek
tent rope *n* sátorkötél
tenuous ['tenjʊəs] *a* gyenge; (*thread*) vékony, finom

tenure ['tenjʊə] *n* (*period of office*) hivatali idő; (*holding a job*) megbízatás
tepid ['tepɪd] *a* langyos
term [tɜːm] **1.** *n* (*period of time*) időtartam; (*limit*) határidő; *school* (év)harmad; félév; (*word*) szakkifejezés, szakszó; (*condition*) feltétel; (*of session*) ülésszak; *math* tag, kifejezés || **come to ~s with sg** megalkuszik/kiegyezik vmvel; **in ~s of** vmnek az értelmében, szempontjából, tekintetében; **~s of payment** fizetési feltételek; **be on good/bad ~s with sy** jó/rossz viszonyban van vkvel **2.** *v* **~ sg sg** nevez vmt vmnek
terminal ['tɜːmɪnl] **1.** *a* végső; (*disease*) halálos **2.** *n* comput, aviat terminál; (*of rail, bus*) végállomás
terminate ['tɜːmɪneɪt] *vt* megszüntet | *vi* lezáródik
terminus ['tɜːmɪnəs] *n* (*pl* **-ni** [-naɪ] *or* **-nuses**) végállomás
terrace ['terəs] *n* terasz; (*row of houses*) sorház || **~s** *pl* lelátók
terraced ['terəst] *a* teraszos, lépcsőzetes || **~ house** *GB* sorház
terrain [te'reɪn] *n* terep
terrestrial [tə'restrɪəl] *a* földi
terrible ['terəbl] *a* borzalmas, borzasztó, rettenetes
terribly ['terəblɪ] *adv* szörnyen, rettenetesen
terrific [tə'rɪfɪk] *a* rettentő, félelmetes
terrify ['terɪfaɪ] *v* megfélemlít
territorial [terɪ'tɔːnəl] *a* területi
territory ['terətrɪ] *n also fig* terület
terror ['terə] *n* (*fear*) rémület; *pol* terror, rémuralom

terrorism ['terərɪzəm] *n* terrorizmus
terrorist ['terərɪst] *n* terrorista
terrorize ['terəraɪz] *v* rettegésben tart, terrorizál
terse [tɜːs] *a* tömör
test [test] **1.** *n* próba; *med* vizsgálat; *isk* (*examination*) vizsga; (*paper*) teszt; (*of scouts*) cserkészpróba; *psych* teszt **2.** *v* (*knowledge*) felmér, tesztel; (*person*) (meg)vizsgál
testament ['testəmənt] *n* végrendelet || **New T~** Újszövetség; **Old T~** Ószövetség
test case *n* próbaper
test drive *n* (*of car*) próbaút
testicle ['testɪkl] *n* here
testify ['testɪfaɪ] *v* **~ to sg** (*or that ...*) tanúsít vmt
testimony ['testɪmənɪ] *n* tanúság(tétel); *law* (tanú)vallomás
test match *n sp* nemzetközi mérkőzés (*krikett*)
test tube *n* kémcső
test-tube baby *n* lombikbébi
testy ['testɪ] *a* ingerlékeny
tetanus ['tetənəs] *n* tetanusz
tetchy ['tetʃɪ] *a* ingerlékeny
tether ['teðə] **1.** *n* **at the end of one's ~** elfogyott a cérnája, nem bírja (tovább) idegekkel **2.** *v* kipányváz/kiköt (*to* vmhez)
text [tekst] *n* szöveg
textbook ['tekstbʊk] *n* tankönyv
textile ['tekstaɪl] *n* szövet, textil
texture ['tekstʃə] *n* (*tissue*) szövet; (*structure*) szerkezet
Thames [temz] *n* **the ~** a Temze
than [ðən, ðæn] *conj* (*comparison*) mint, -nál, -nél || **I know you better ~ he does** én jobban ismerlek, mint ő

thank [θæŋk] *v* ~ **sy (for sg)** megköszön vknek vmt, köszönetet mond (vknek vmért) || ~ **you very much** köszönöm szépen; ~ **you in advance** előre is hálásan köszönöm

thankful ['θæŋkfl] *a* hálás (*for* vmért)

thankless ['θæŋklıs] *a* hálátlan

thanks [θæŋks] *n pl* köszönet || **no** ~ (*to offering*) nem kérek; **many** ~ köszönöm szépen; ~ **to** ... vknek/ vmnek köszönhető; → **thank**

Thanksgiving (Day) ['θæŋksgıvıŋ] *n US* hálaadó ünnep (*november negyedik csütörtöke*)

that¹ [ðæt] **1.** *pron/a* (*pl* **those** [ðəʊz]) az(t); aki(t); amelyik(et) || ~ **is (to say)** azaz; **who's** ~? ki az?; **at** ~ **time** abban az időben, az idő tájt; **in those days** azokban a napokban; **the watch** ~ **you gave me...** (az) az óra, amelyiket tőled kaptam; **those present** a jelenlevők; ~**'s all** ez minden, ez/ennyi az egész; ~**'s it!** ez az; ~**'s why** éppen azért/ezért **2.** *adv* ennyire, annyira || **it isn't all** ~ **cold** azért nincs annyira hideg; ~ **much** enynyi(t), nagyon sokat

that² [ðæt] *conj* hogy || **she said** ~ **the book...** azt mondta, hogy a könyv...

thatch [θætʃ] *n* zsúpfedél, nádfedél

thatched [θætʃt] *a* zsúpfedelű, nádfedeles || ~ **roof** zsúpfedél

thaw [θɔː] **1.** *n* olvadás; *fig* (*of person, weather*) enyhülés **2.** *v* (*ice*) (el)olvad; (*food*) felolvad; *fig* (*weather*) (meg)enyhül; (*person*) felenged

the [ðə; *before vowel*: ðiː] **1.** (*definite article*) a, az **2.** *adv* (*in comparisons*) ~ ... ~ minél ..., annál ...; ~ **sooner** ~ **better** mennél hamarabb, annál jobb

theatre (*US* **-ter**) ['θɪətə] *n* színház; (*for lectures*) előadóterem; (*for operations*) műtő

theatre-goer *n* színházlátogató

theatrical [θɪ'ætrıkl] *a* színházi; (*behaviour*) színpadias, teátrális

theft [θeft] *n* lopás, tolvajlás

their [ðeə] *pron* (az ő...) -(j)uk, -(j)ük, -(j)aik, -(j)eik || ~ **house** a(z ő) házuk; ~ **houses** a(z ő) házaik

theirs [ðeəz] *pron* övé(i)k || **our house is bigger than** ~ a mi házunk nagyobb, mint az övék

them [ðem, ðəm] *pron* (*accusative*) őket, azokat; (*dative*) nekik; || **with** ~ velük, náluk

thematic [θɪ'mætık] *a* tematikus

theme [θiːm] *n also mus* téma || ~ **song** fődal (filmé)

themselves [ðəm'selvz] *pron* (ők) maguk; (*accusative*) (őket) magukat; (*dative*) (nekik) maguknak

then [ðen] **1.** *adv* (*at that time*) akkor; (*next*) majd, azután || **by** ~ akkorára, akkorra; **since** ~ attól fogva, azóta; ~ **and there** azon nyomban **2.** *a* akkori || **the** ~ **prime minister** az akkori miniszterelnök

theologian [θɪə'ləʊdʒən] *n* hittudós, teológus

theological [θɪə'lɒdʒıkl] *a* teológiai

theology [θɪ'ɒlədʒı] *n* teológia, hittudomány

theorem ['θɪərəm] *n* tétel, szabály

theoretical [θɪə'retıkl] *a* elméleti

theory ['θɪərɪ] *n* elmélet
therapist ['θerəpɪst] *a* specialista (*vmlyen gyógymódban*)
therapy ['θerəpɪ] *n* kezelés, terápia
there [ðeə] *adv* (*at a place*) ott; (*to a place*) oda; (*grammatical subject:*) ~ **is** ... van; ~ **are** ... vannak; ~ **is a book on the table** az asztalon van egy könyv; ~ **you are!** na ugye!, nem megmondtam?;
from ~ onnan
thereafter [ðeər'ɑːftə] *adv* azután, attól kezdve
therefore ['ðeəfɔː] *adv* ezért, azért
thereof [ðeər'ɒv] *adv* arról, abból
there's = there is; there has
thermal ['θɜːml] *a* termál-, hő- ‖ ~ **baths** *pl* termálfürdő; ~ **waters** *pl* hévíz
thermometer [θə'mɒmɪtə] *n* hőmérő
Thermos (flask) (*US* **bottle**) ['θɜːmɒs] *n* termosz
thesaurus [θɪ'sɔːrəs] *n gram* (*dictionary*) tezaurusz; fogalomköri szótár
these [ðiːz] *pl* → this
thesis ['θiːsɪs] *n* (*pl* **theses** ['θiːsiːz]) (*theory*) (tan)tétel, tézis; (*dissertation*) értekezés, disszertáció
they [ðeɪ] *pron* (*persons*) ők; (*things*) azok; (*general subject*) az emberek ‖ ~ **say** ... azt mondják ...
they'd [ðeɪd] = they had; they would
they'll [ðeɪl] = they shall; they will
they're [ðeɪə] = they are
they've [ðeɪv] = they have
thick [θɪk] **1.** *a* (*not thin*) vastag; (*dense*) sűrű; *col* (*stupid*) ostoba ‖ **it's 5 cm** ~ 5 cm vastag **2.** *n*

vmnek a közepe ‖ **in the** ~ **of** vmnek a kellős közepén
thicken ['θɪkən] *vt* besűrít ‖ *vi* (be)sűrűsödik, megsűrűsödik
thickness ['θɪknɪs] *n* (*of wall, line*) vastagság; (*of forest, liquid*) sűrűség
thickset [θɪk'set] *a* (*person*) zömök; (*hedge*) sűrűn ültetett
thick-skinned *a also fig* vastagbőrű, érzéketlen
thief [θiːf] *n* (*pl* **thieves** [θiːvz]) tolvaj
thieving ['θiːvɪŋ] *n* lopás, tolvajlás
thigh [θaɪ] *n* comb
thighbone ['θaɪbəʊn] *n* combcsont
thimble ['θɪmbl] *n* gyűszű
thin [θɪn] **1.** *a* **-nn-** (*not thick*) vékony; (*watery*) híg; (*sparse*) ritka, gyér; (*slim*) sovány **2.** *v* **-nn-** *vt* (el)vékonyít; (*liquid*) hígít ‖ *vi* (el)vékonyodik; (*fog, hair*) megritkul
thing [θɪŋ] *n* (*object*) dolog; (*affair*) ügy ‖ ~**s** *pl* dolgok, holmi ‖ **the** ~ **is (that)** a helyzet az, hogy; **how do** ~**s stand?** hogy áll a dolog?
think [θɪŋk] *v* (*pt/pp* **thought** [θɔːt]) gondolkodik; (*consider, believe*) gondol/tart vmnek ‖ **don't you** ~? nem gondolja/gondolod?; **I** ~ úgy hiszem/vélem/látom; **I should** ~ **so** meghiszem azt!; **I** ~ **so!** azt hiszem, igen; ~ **better of sg** meggondolja magát; **what do you** ~ **(of it)?** mit szólsz hozzá?
think about (*have in mind*) vkre/vmre gondol; (*reflect on*) gondolkodik vmn
think of (*have in mind*) gondol vmre/vkre ‖ ~ **of doing sg** szándékozik vmt tenni

think out kigondol
think over (*plan*) átgondol, végiggondol
think up kigondol, kiagyal
third [θɜːd] **1.** *num* harmadik ‖ ~ **floor** harmadik emelet; *US* második emelet; **be in the** ~ **form** (*US* **grade**) *school* harmadikba jár; ~ **gear** hármas, harmadik sebesség **2.** *n* harmadrész, (egy)harmad
Third Age, the *n* az öregkor
third-degree *a* harmadfokú
thirdly [θɜːdlɪ] *adv* (*enumeration*) harmadszor
third-party insurance *n* kötelező (gépjármű-)felelősségbiztosítás
third-rate *a* harmadrangú, gyenge minőségű
Third World, the *n* a harmadik világ
thirst [θɜːst] **1.** *n* szomj(úság) ‖ ~ **for power** hatalomvágy **2.** *v* szomjazik
thirsty [θɜːstɪ] *a* szomjas ‖ **I'm** ~ szomjas vagyok; **get** ~ megszomjazik
thirteen [θɜːˈtiːn] *num* tizenhárom
thirty [θɜːtɪ] *num* harminc ‖ ~ **of us** harmincan; ~ **years old** harmincéves; **the thirties** (**30s** *or* **1930s**) a harmincas évek
this [ðɪs] **1.** *pron* (*pl* **these** [ðiːz]) ez ‖ **what's** ~? mi ez?; **who is** ~? ki ez?; ~ **morning** ma reggel/délelőtt; ~ **is Mr Brown** bemutatom Brown urat; **in these days** manapság **2.** *adv* ~ **much** ennyi (se több, se kevesebb); ~ **far** eddig, mind ez ideig
thistle [θɪsl] *n* bogáncs
thong [θɒŋ] *n* szíj
thorn [θɔːn] *n* tüske, tövis

thorny [θɔːnɪ] *a* tüskés, tövises ‖ ~ **question** fogas kérdés
thorough [θʌrə] *a* alapos, tüzetes
thoroughbred [θʌrəbred] *a/n* telivér
thoroughfare [θʌrəfeə] *n* (*road*) főútvonal ‖ **"no** ~**"** mindkét irányból behajtani tilos!
thoroughly [θʌrəlɪ] *adv* alaposan, behatóan
those [ðəʊz] *pl* → **that**
though [ðəʊ] *conj/adv* habár, (ám)bár, noha ‖ **strange** ~ **it may appear** bármily különösnek tűnik is
thought [θɔːt] *n* (*thinking*) gondolkodás; (*idea*) gondolat; (*consideration*) megfontolás ‖ **a** ~ **better** valamicskével jobb(an); → **think**
thoughtful [θɔːtfl] *a* (*thinking*) (el)gondolkodó; (*considerate*) megfontolt; (*attentive*) figyelmes
thoughtless [θɔːtlɪs] *a* meggondolatlan; (*inattentive*) figyelmetlen
thousand [θaʊznd] *num* ezer ‖ **by the** ~ ezrével; ~**s of** ezernyi
thousandth [θaʊzənθ] *num a* ezredik
thrash [θræʃ] *v col* elpáhol, elver
thrash out *fig* (*discuss*) kitárgyal
thread [θred] **1.** *n* fonal, cérna; (*on screw*) (csavar)menet **2.** *v* (*needle*) befűz ‖ ~ **one's way through the crowd** átfurakszik a tömegen
threadbare [θredbeə] *a* kopott, elnyűtt, viseltes
threat [θret] *n* fenyegetés
threaten [θretn] *v* (meg)fenyeget (*with sg* vmvel)
three [θriː] *num* három
three-course dinner *n* háromfogásos ebéd

three-dimensional, three-D *a* háromdimenziós
three-piece *a* (*suit*) háromrészes
three-quarter *a* háromnegyedes
three-storeyed (*US* **storied**) *a* (*house*) háromszintes
three-wheeler *n* háromkerekű jármű; tricikli
thresh [θreʃ] *v* (gabonát) csépel
threshold ['θreʃhəʊld] *n* küszöb
threw [θruː] *pt* → **throw**
thrice [θraɪs] *adv* háromszor
thrift [θrɪft] *n* takarékosság
thrifty ['θrɪftɪ] *a* (*saving*) takarékos; (*economical*) gazdaságos
thrill [θrɪl] *v* felvillanyoz, izgalomba hoz
thriller ['θrɪlə] *n* izgalmas olvasmány, krimi
thrilling ['θrɪlɪŋ] *a* izgalmas, érdekfeszítő; (*news*) szenzációs
thrive [θraɪv] *v* (*pt* **thrived** *or* **throve** [θrəʊv], *pp* **thrived** *or* **thriven** ['θrɪvn]) boldogul, jól megy (neki), prosperál
thriven ['θrɪvn] *pp* → **thrive**
thriving ['θraɪvɪŋ] *a* virágzó, jól menő, prosperáló
throat [θrəʊt] *n* torok, gége
throb [θrɒb] **1.** *n* dobbanás **2.** *v* **-bb-** (*heart*) dobog
throes [θrəʊz] *n pl* **in the ~ of** folyamán, közepette
thrombosis [θrɒm'bəʊsɪs] *n* (*pl* **-ses** [-siːz]) trombózis
throne [θrəʊn] *n* trón
throng [θrɒŋ] **1.** *n* tolongás, tömeg **2.** *v* (*crowd*) tolong
throttle ['θrɒtl] **1.** *n* (*valve*) fojtószelep; (*of motorcycle*) gázkar **2.** *v* (*throat*) fojtogat, megfojt; (*feelings*) elfojt

through [θruː] **1.** *prep/adv* (*place*) át, keresztül; (*time*) alatt; (*means*) vmnek a révén, vmnek az útján ‖ **drive ~ the red light** áthajt a piroson; **you are ~ now** *GB* (*connected*) tessék beszélni; *US* (*finished*) bontok, befejezték? **2.** *a* (*traffic*) átmenő; (*train*) közvetlen ‖ **No ~ road!** Behajtani tilos!
throughout [θruː'aʊt] *adv/prep* (*place, time*) át, keresztül; (*in every part*) mindenütt ‖· **~ the country** országszerte; **~ the week** egész héten át
throve [θrəʊv] *pt* → **thrive**
throw [θrəʊ] **1.** *n* dobás, hajítás **2.** *v* (*pt* **threw** [θruː], *pp* **thrown** [θrəʊn]) dob, vet, (el)hajít, repít ‖ **~ a party** vendégeket hív (vacsorára); **~ light on sg** fényt vet vmre
throw away kidob, eldob
throw back visszadob
throw off one's coat ledobja a kabátját
throw out (*rubbish*) kidob; (*chest*) kifeszít; (*suggestion*) elvet
throw (sg) together *col* (*food, also essay*) összecsap
throw up *col* (ki)hány, rókázik
throwaway ['θrəʊəweɪ] *a* (*wrapping*) eldobható
thrower ['θrəʊə] *n* dobó
throw-in *n sp* bedobás
thrown [θrəʊn] *pp* → **throw**
thru [θruː] *US* = **through**
thrush [θrʌʃ] *n* rigó
thrust [θrʌst] **1.** *n* (*push*) lökés; (*stab*) szúrás **2.** *v* (*pt/pp* **thrust**) (*push*) lök; (*stab*) szúr
thrusting ['θrʌstɪŋ] *a* tolakodó
thruway ['θruːweɪ] *n US* autópálya

thud [θʌd] *n* puffanás, koppanás
thumb [θʌm] **1.** *n* hüvelykujj ‖ **a rule of** ~ (*durva*) ökölszabály **2.** (*a book*) lapozgat ‖ ~ **a lift/ride** (*in car*) stoppol
thumb-index *n* élregiszter (*könyvön*)
thumbtack ['θʌmtæk] *n US* rajzszeg
thump [θʌmp] **1.** *n* (*blow*) ütés; (*sound*) puffanás **2.** *vt* (*strike*) üt, ver ‖ *vi* (*fall loudly*) puffan ‖ ~ **sy** (**one**) *col* vkre nagyot húz, egyet rásóz vkre; ~! zsupsz!
thunder ['θʌndə] **1.** *n* (menny)dörgés **2.** *v* dörög
thunderbolt ['θʌndəbəʊlt] *n* villámcsapás
thunderclap ['θʌndəklæp] *n* mennydörgés
thunderstorm ['θʌndəstɔːm] *n* zivatar mennydörgéssel
thunderstruck ['θʌndəstrʌk] *a* megdöbbent
thundery ['θʌndərı] *a* viharos, viharra hajló
Thursday ['θɜːzdı] *n* csütörtök; → **Monday**
thus [ðʌs] *adv* (*in this way*) így, ily módon; (*therefore*) következésképpen, tehát
thwart [θwɔːt] *v* meghiúsít, keresztülhúz
thyme [taım] *n* kakukkfű
thyroid (gland) ['θaırɔıd] *n* pajzsmirigy
tibia ['tıbıə] *n* (*pl* **-biae** [-bıiː]) sípcsont
tic [tık] *n* arcrángás
tick[1] [tık] **1.** *n* (*of clock*) ketyegés; *col* (*moment*) pillanat; (*on list*) pipa ‖ **on the** ~ hajszálpontosan;

wait a ~! *col* várj egy percig! **2.** *vi* (*clock*) ketyeg ‖ *vt* (*name*) kipipál
tick off kipipál ‖ **get** ~**ed off** *col* letolják
tick over (*engine*) alapjáratban jár
tick[2] [tık] *n zoo* kullancs
ticket ['tıkıt] *n* (*entrance*) (belépő)-jegy; (*travel*) (menet)jegy; (*label*) cédula; *US* (*of party*) pártprogram; (*parking* ~) bírság(cédula); (*permission*) parkolójegy ‖ **single** ~ egyszeri utazásra szóló jegy
ticket collector *n* jegyellenőr, kalauz
ticket office *n* jegypénztár
tickle ['tıkl] *vi* (*throat*) kapar ‖ *vt* csiklandoz; (*amuse*) megnevettet, mulattat
ticklish ['tıklıʃ] *a* csiklandós; (*question*) rázós ‖ ~ **situation** *col* ciki
tidal ['taıdl] *a* árapály- ‖ ~ **wave** szökőár
tidbit ['tıdbıt] *n US* = **titbit**
tide [taıd] **1.** *n* (*of sea, feeling*) ár, áradat ‖ **against the** ~ ár ellen
tidy ['taıdı] **1.** *a* rendes **2.** *v* ~ **oneself (up)** rendbe hozza magát; ~ **up the room** kitakarítja a szobát
tie [taı] **1.** *n* (*necktie*) nyakkendő; (*rope*) kötél, madzag; (*fastening*) csomó; kötés; *sp* (*equality*) holtverseny; döntetlen; (*match*) kupamérkőzés ‖ ~**s** *pl* kapcsolatok **2.** *v* (*pt/pp* **tied**; *pres p* **tying**) (*fasten*) (meg)köt; átköt; (*knot*) megkötöz ‖ ~ **a knot in one's handkerchief** csomót köt a zsebkendőjére
tie down leköt
tie on ráköt(öz)

tie up (*dog*) megköt; (*parcel*) átköt; (*boat*) kiköt ‖ **I'm ~d up** el vagyok (teljesen) foglalva
tie-break(er) *n sp* rövidített játék
tier [tɪə] *n* üléssor ‖ **a wedding cake with three ~s** háromemeletes menyasszonyi torta
tie-up *n* (*partnership*) társulás; *US* (*stoppage*) megbénulás
tiff [tɪf] *n* összezördülés
tiger ['taɪgə] *n* tigris
tight [taɪt] **1.** *a* (*close*) szoros, szűk; (*programme*) feszített zsúfolt; (*control*) szigorú; (*airtight, watertight*) légmentes, vízhatlan; (*difficult to obtain*) nehezen megszerezhető ‖ **a bit ~** *col* spicces; **be in a ~ corner/spot** *col* szorult/ nehéz helyzetben van **2.** *adv* szorosan, feszesen; → **tights**
tighten ['taɪtn] *vt* megszorít; megfeszít, szűkít; (*screw*) meghúz; (*rope*) kifeszít | *vi* (meg)feszül, szűkül
tight-fisted *a* szűkmarkú
tightly ['taɪtlɪ] *adv* (*closely*) szorosan, feszesen; (*airtight, watertight*) légmentesen, vízhatlanul
tightrope ['taɪtrəʊp] *n* kötél ‖ **~ walker** kötéltáncos
tights [taɪts] *n pl* (*on legs*) harisnyanadrág; (*on body*) trikó
tigress ['taɪgrɪs] *n* nőstény tigris
tile [taɪl] *n* (*on wall, floor*) csempe, (burkoló)lap; (*on roof*) (tető)cserép
till[1] [tɪl] *prep, conj* = **until**
till[2] [tɪl] *n* pénztár(fiók)
tiller ['tɪlə] *n naut* kormányrúd
tilt [tɪlt] **1.** *n* billenés **2.** *vi* (meg)billen, (meg)dől | *vt* (meg)billent, megdönt

timber ['tɪmbə] *n* (épület)fa, faanyag
time [taɪm] **1.** *n* idő; (*moment*) időpont; (*period*) időszak, kor(szak) ‖ **at the same ~** ugyanakkor; **at a ~** egyszerre, egy alkalommal; **be on ~** pontosan érkezik; **have you got the ~?** hány óra van?; **do one's ~** *col* kitölti a büntetését; **in due ~** kellő/megfelelő időben; **in no ~** *col* egy perc alatt; **in ~** megfelelő időben; **just in ~** éppen jókor; **since that ~** azóta; **this ~** ezúttal; **at what ~?** mikor?, hány órakor?; **we had a good/glorious ~** remekül éreztük magunkat; **for the ~ being** egyelőre, ideiglenesen; **it is ~ I went** ideje, hogy hazamenjek; **this ~ tomorrow** holnap ilyenkor; **from this ~ on** ezentúl, ettől az időtől kezdve; **from ~ to ~** időnként; **what ~ is it?** hány óra? **2.** *v* (*measure time*) mér, megállapít; *sp* stoppol, idejét méri; (*choose time*) időzít; → **times**
time bomb *n* időzített bomba
time clock *n* bélyegzőóra
time-lag *n* (*delay*) késés, lemaradás; (*interval*) időkülönbség
timeless ['taɪmlɪs] *a* időtlen
time limit *n* határidő
timely ['taɪmlɪ] *a* időszerű, (megfelelő) időben történő
time off *n* szabadidő
timer ['taɪmə] *n* (*person, watch*) időmérő; (*with sand*) homokóra; (*switch*) időkapcsoló
times [taɪmz] *n pl* -szor, -szer, -ször ‖ **how many ~?** hányszor; **five ~ two is/equals ten** ötször kettő (az) tíz

time-saving *a* időt megtakarító, időkímélő
time switch *n* időkapcsoló
timetable ['taɪmteɪbl] *n* *school* tanrend, órarend; (*in transport*) menetrend; (*schedule*) időbeosztás, program
time zone *n* időzóna, óraövezet
timid ['tɪmɪd] *a* félős, félénk
timidity [tɪ'mɪdətɪ] *n* félénkség
timing ['taɪmɪŋ] *n* időzítés; *sp* időmérés
tin [tɪn] *n* (*metal*) ón, cin; (*container*) konzerv ‖ ~ **foil** alufólia
tinge [tɪndʒ] **1.** *n* (halvány) árnyalat **2.** *v* (*colour*) árnyal, színez; (*affect*) kissé befolyásol
tingle ['tɪŋgl] **1.** *n* bizsergés **2.** *v* bizsereg
tinker ['tɪŋke] **1.** *n* (*worker*) (vándorló) üstfoltozó, bádogos; (*amateur*) kontár **2.** *v* (*mend*) megfoltoz, kijavít; (*patch up*) összeeszkábál
tinker with sg *col* (*patch*) bütyköl vmvel; (*fuss*) vacakol
tinkle ['tɪŋkl] **1.** *n* csengés **2.** *v* cseng, csilingel
tinned [tɪnd] *a* (*food*) -konzerv ‖ ~ **fish** halkonzerv
tin opener *n* konzervnyitó
tint [tɪnt] *n* (szín)árnyalat, tónus
tiny ['taɪnɪ] *a* kicsi, apró, pici
tip¹ [tɪp] *n* (*pointed end*) hegy, hegyes vég ‖ **have sg on the ~ of one's tongue** a nyelve hegyén van
tip² [tɪp] **1.** *n* (*money*) borravaló, jatt; *col* (*piece of advice*) tipp **2.** *v* **-pp-** (*give money*) borravalót ad (vknek); (*tilt*) (meg)billent, felborít

tip-off *n* *col* (*information*) „füles"
tipped [tɪpt] *a* (*cigarette*) filteres
tipsy ['tɪpsɪ] *a* *col* spicces
tiptoe ['tɪptəʊ] *n* lábujjhegy ‖ **on ~** lábujjhegyen
tiptop [tɪp'tɒp] *a* legjobb, elsőrendű, tipp-topp
tire¹ ['taɪə] *vt* (ki)fáraszt | *vi* elfárad (*of* vmben); ~ **out** elfáraszt, kifáraszt, kimerít, lestrapál; ~ **sy to death** agyoncsigáz; → **tired**
tire² ['taɪə] *n* *US* = **tyre**
tired ['taɪəd] *a* fáradt ‖ **I am (very)** ~ (nagyon) fáradt vagyok, elfáradtam; **get ~ of (sg)** belefárad/beleun vmbe; → **tire¹**
tireless ['taɪələs] *a* fáradhatatlan
tiresome ['taɪəsəm] *a* (*tiring*) fárasztó; (*boring*) unalmas
tiring ['taɪərɪŋ] *a* (*exhausting*) fárasztó, kimerítő; (*boring*) unalmas
tissue ['tɪʃuː] *n* *biol* szövet; (*handkerchief*) papírzsebkendő
tit¹ [tɪt] *n* (*bird*) cinege, cinke
tit² [tɪt] *n* *col* (*breast*) cici
titbit (*US* **tidbit**) ['tɪtbɪt] *n* (*of food*) ínyencfalat, csemege, nyalánkság; (*information*) füles
tit for tat *kif* szeget szeggel
titillate ['tɪtɪleɪt] *v* csiklandoz
title ['taɪtl] *n* (*of book*) cím; (*rank*) cím; *sp* bajnoki cím; (*right*) jog (*to* vmhez) ‖ ~ **deed** birtoklevél; ~ **role** címszerep
titter ['tɪtə] **1.** *n* kuncogás, vihogás **2.** *v* kuncog, vihog
titular ['tɪtjʊlə] *a* címzetes
to¹ [tuː, tə] **1.** *prep* (*direction*) -hoz, -hez, -höz; -ra, -re, -nak, -nek; -ba, -be; (*time*) -ig ‖ **the road ~ London** a Londonba vezető út; ~ **this**

day a mai napig; ~ **her** őhozzá, őneki

to^2 [tʊ, tə] *prep* (*infinitive*) -ni || ~ **be or not** ~ **be** lenni vagy nem lenni; ~ **be had** (*with verb*) kapható, beszerezhető

toad [təʊd] *n* varangy(os béka)

toast [təʊst] **1.** *n* (*bread*) pirítós (kenyér); (*drinking*) pohárköszöntő **2.** *vt* (meg)pirít; (*drink*) iszik vk egészségére | *vi* (meg)pirul

toaster [ˈtəʊstə] *n* kenyérpirító

tobacco [təˈbækəʊ] *n* dohány

tobacconist [təˈbækənɪst] *n* trafikos || ~'s dohánybolt, trafik

toboggan [təˈbɒgən] **1.** *n sp* szánkó, tobogán **2.** *v* szánkózik, tobogánozik

tocsin [ˈtɒksɪn] *n* (*bell*) vészharang; (*signal*) vészjel

today [təˈdeɪ] *adv/n* ma || **from** ~ mától fogva; **a week** ~ mához egy hétre

toddler [ˈtɒdlə] *n* (totyogós) kisgyerek

to-do *n col* hűhó, felhajtás

toe [təʊ] **1.** *n* lábujj; (*of shoe*) (cipő)orr **2.** *v* ~ **the line** (*or US* **mark**) rajthoz áll

toenail [ˈtəʊneɪl] *n* lábujjköröm

toffee [ˈtɒfɪ] *n* (tej)karamella

together [təˈgeðə] *adv* együtt || ~ **with** vmvel/vkvel együtt

togs [tɒgz] *n pl col* szerelés

toil [tɔɪl] **1.** *n* nehéz munka, robot **2.** *v* erőlködik

toilet [ˈtɔɪlɪt] *n* vécé, WC, toalett || ~ **articles** *pl* piperecikkek; ~ **bowl** vécékagyló; ~ **paper** vécépapír, toalettpapír; ~ **soap** piperesszappan; ~ **water** (gyenge) kölnivíz

token [ˈtəʊkən] *n* (*sign*) jel(kép); *fig* zálog; (*coin*) zseton || **book** ~ könyvutalvány

told [təʊld] *pt/pp* → **tell**

tolerable [ˈtɒlərəbl] *a* (*bearable*) elviselhető; (*fairly good*) tűrhető

tolerance [ˈtɒlərəns] *n* türelem, tolerancia

tolerate [ˈtɒləreɪt] *v* eltűr, elvisel

toll^1 [təʊl] *n* (*of road*) autópályadíj; (*tax*) vám

toll^2 [təʊl] **1.** *n* (*of bell*) harangszó **2.** *vi* (*bell*) szól | *vt* (*bell*) kongat

tomato [təˈmɑːtəʊ] *n* (*pl* **-toes**) *bot* paradicsom || ~ **soup** paradicsomleves

tomb [tuːm] *n* sír, sírbolt, kripta

tombola [tɒmˈbəʊlə] *n* tombola

tomboy [ˈtɒmbɔɪ] *n* fiús lány

tombstone [ˈtuːmstəʊn] *n* sírkő

tomcat [ˈtɒmkæt] *n* kandúr

tome [təʊm] *n* (vastag) kötet

tomorrow [təˈmɒrəʊ] *adv* holnap || ~ **evening** holnap este; ~ **week** holnaphoz egy hétre

tomtit [ˈtɒmtɪt] *n GB* (kék) cinege

ton [tʌn] *n* tonna (*GB* **long** ~ = 2240 font = 1016 kg; *US* **short** ~ = 2000 font = 907,18 kg) || **do a** ~ *col* (*vehicle*) repeszt, dönget

tone [təʊn] **1.** *n* modor, hangnem **2.** *v* színez, árnyal

tone down (*sound*) lehalkít; (*colour*) árnyal

tone up felélénkít

tone-deaf *a* botfülű

tongs [tɒŋz] *n pl* (*for coal, sugar*) fogó; (*for hair*) hajsütő vas

tongue [tʌŋ] *n* nyelv || **hold one's** ~ befogja a száját; **put out one's** ~ **at sy** kinyújtja a nyelvét vkre

tongue-lashing *n col* letolás

tongue-tied *a* kuka ‖ **he was ~** meg sem tudott mukkanni

tongue-twister *n* nyelvtörő

tonic ['tɒnɪk] *n* (*medicine*) erősítő(szer); (*drink*) tonik

tonight [təˈnaɪt] *adv* ma este/éjjel

tonne [tʌn] *n* (*metric ton*) tonna (1000 kg)

tonsil ['tɒnsɪl] *n med* mandula

tonsillitis [tɒnsɪˈlaɪtɪs] *n* mandulagyulladás

too [tuː] *conj* (*also*) szintén, is; (*very*) túl ‖ **I went ~ én is elmentem; ~ bad** de kár!, ez pech!

took [tʊk] *pt* → take

tool [tuːl] *n* szerszám; (*also person*) eszköz

toolkit ['tuːlkɪt] *n* szerszámkészlet

toot [tuːt] *v* ~ **one's/the horn** (*driver*) dudál

tooth [tuːθ] *n* (*pl* **teeth** [tiːθ]) *med, tech* fog ‖ **have a ~ (pulled) out** kihúzatja a fogát; **in the teeth of sg** vmnek ellenére

toothache ['tuːθeɪk] *n* fogfájás

toothbrush ['tuːθbrʌʃ] *n* fogkefe

toothpaste ['tuːθpeɪst] *n* fogkrém

toothpick ['tuːθpɪk] *n* fogpiszkáló

top [tɒp] **1.** *a* (leg)felső; (*in rank*) magas rangú, vezető; (*best*) menő ‖ **at ~ speed** teljes sebességgel; **~ dog** *fig* nagykutya, fejes **2.** *n* (*upper surface*) tető; (*summit*) csúcs; hegy; (*highest point*) tetőpont; (*toy*) pörgettyű ‖ **on ~ of it all** *col* tetejébe; **at the ~ of the hill** a hegy tetején; **from ~ to toe** tetőtől talpig **3.** *v* **-pp-** (*be at top*) első a listán

top up feltölt, utánatölt ‖ **can I ~ you up?** tölthetek még neked?

top hat *n* cilinder

top-heavy *a* fejnehéz

topic ['tɒpɪk] *n* (beszéd)téma; tárgy

topical ['tɒpɪkl] *a* időszerű, aktuális

topless ['tɒplɪs] *a* (*dress*) felsőrész nélküli

top-level *a* legmagasabb szintű

topmost ['tɒpməʊst] *a* legmagasabb; legfelső

topping ['tɒpɪŋ] *a col* remek, klassz

topple ['tɒpl] *vi* billen; (*fall*) ledől ‖ *vt* billent; ledönt; (*overturn*) megbuktat

top-secret *a* szigorúan bizalmas

topsy-turvy [ˌtɒpsɪˈtɜːvɪ] *a* **everything is ~** minden a feje tetején áll

top-up *n* **would you like a ~?** (*drink*) kér még egyet?

torch [tɔːtʃ] *n* (*wood*) fáklya; (*lamp*) zseblámpa

tore [tɔː] *pt* → tear[1]

torment 1. ['tɔːment] *n* kín, gyötrelem **2.** [tɔːˈment] *v* (meg)kínoz, (meg)gyötör

torn [tɔːn] *a* szakadt; → tear[1]

tornado [tɔːˈneɪdəʊ] *n* (*pl* **~es**) tornádó

torpedo [tɔːˈpiːdəʊ] *n* (*pl* **~es**) torpedó

torrent ['tɒrənt] *n* áradat, özön

torrential [təˈrenʃl] *a* (*rain*) zuhogó, szakadó, ömlő

torrid ['tɒrɪd] *a* perzselő

torso ['tɔːsəʊ] *n* (*trunk*) (emberi) felsőtest; (*statue*) torzó

tortoise ['tɔːtəs] *n* (szárazföldi) teknős(béka)

tortuous ['tɔːtʃʊəs] *a* tekervényes, görbe

torture ['tɔːtʃə] **1.** *n* (*pain*) kín; (*torturing*) kínvallatás, kínzás **2.** *v* (meg)kínoz

Tory ['tɔːrɪ] *a/n* *GB* konzervatív (párti), tory
toss [tɒs] **1.** *n* lökés ‖ ~ **of a coin** pénzfeldobás **2.** *v* (*throw*) lök; (*ship*) hány(kol)ódik ‖ ~ **and turn** (*in bed*) forgolódik; ~ **a coin**, ~ **up for** *sg* pénzfeldobással sorsot húz
toss-up *n* pénzfeldobás
tot [tɒt] *n* **tiny** ~ (*child*) csöppség; *col* (*drink*) (egy) kupica pálinka
total ['təʊtl] **1.** *a* egész, teljes, összes, globális ‖ ~ **consumption** összfogyasztás **2.** *n* (vég)összeg **3.** *v* **-ll-** (*US* **-l-**) (*amount to*) kitesz; (*add up*) összead
totalitarian [təʊˈtælɪˈteərɪən] *a* totalitárius állam
totally ['təʊtəlɪ] *adv* teljesen
totter ['tɒtə] *v* tántorog
touch [tʌtʃ] **1.** *n* (*touching*) fogás, érintés; (*sense of feeling*) tapintás ‖ **be in** ~ **with** *sy* kapcsolatban van vkvel **2.** *v* (meg)tapint; (*handle*) (meg)érint; (*refer to*) érint; (*affect*) meghat ‖ **don't** ~ (**it**)! ne nyúlj hozzá!
touch down (*aircraft*) leszáll
touch on (*subject*) érint
touch up (*photo*) retusál; (*picture*) kiszínez
touch-and-go *a col* **it was** ~ csak egy hajszálon múlt
touchdown ['tʌtʃdaʊn] *n* (*of aircraft*) földetérés
touched [tʌtʃt] *v* (*moved*) meghatódott
touching ['tʌtʃɪŋ] *a* megható
touch-line ['tʌtʃlaɪn] *n sp* partvonal
touchstone ['tʌtʃstəʊn] *n fig* próbakő

touchy ['tʌtʃɪ] *a* (*person*) sértődős, érzékeny
tough [tʌf] **1.** *a* edzett, szívós; (*difficult, hard*) kemény, nehéz; (*meat*) rágós ‖ **that's** ~! ez kellemetlen/ciki! **2.** *n col* vagány, huligán
toughen ['tʌfn] *vt* megkeményít; szívóssá tesz; (*make hard*) megszigorít ‖ *vi also fig* megkeményedik
tour [tʊə] **1.** *n* (*journey*) utazás; (*round trip*) körutazás; (*package tour*) társasutazás; (*guided*) megtekintés(e vmnek), vezetés; (*of theatre*) turné **2.** *vi* körutazást tesz; *theat* turnézik ‖ *vt* (*country*) beutazik
touring ['tʊərɪŋ] *n* (*journey*) (kör)utazás; (*tourism*) turizmus; *theat* turné ‖ ~ **by car** autótúra
tourism ['tʊərɪzəm] *n* turizmus, idegenforgalom
tourist ['tʊərɪst] *n* kiránduló, utazó, turista
tourist office *n* idegenforgalmi iroda
tournament ['tʊənəmənt] *n sp* verseny, torna
tousled ['taʊzld] *a* (*hair*) kusza, kócos
tout [taʊt] **1.** *n* **ticket** ~ jegyüzér **2.** *v* ~ (**for**) (*tickets*) üzérkedik; ~ **for customers** vevőket hajt fel
tow [təʊ] **1.** *n* vontatás **2.** *v* (*vehicle*) vontat
toward(s) [təˈwɔːd(z)] *prep* (*time, direction*) felé, vmlyen irányba; (*of attitude*) iránt
towel ['taʊəl] *n* törülköző ‖ **throw in the** ~ *col* bedobja a törülközőt

towelling (*US* -**l**-) ['taʊəlɪŋ] *a* frottír ǀǀ ~ **socks** frottírzokni
towel rail (*US* -**rack**) *n* törülközőtartó
tower ['taʊə] *n* torony ǀǀ ~ **block** toronyház
towering ['taʊərɪŋ] *a* (*building*) toronymagasságú; (*rage*) heves
town [taʊn] *n* város ǀǀ ~ **centre** (*US* -**ter**) városközpont, belváros; ~ **clerk** (városi) főjegyző; ~ **hall** városháza; ~ **plan** várostérkép
towrope [təʊrəʊp] *n* vontatókötél
tow truck *n US* autómentő
toxic ['tɒksɪk] *a* toxikus, mérgező
toy [tɔɪ] **1.** *n* játék(szer) **2.** *v* ~ (**with**) játszadozik (vmvel)
toyboy ['tɔɪbɔɪ] *n* selyemfiú
toyshop ['tɔɪʃɒp] *n* játékbolt
trace [treɪs] **1.** *n* nyom **2.** *v* (*find*) kinyomoz; (*copy*) átmásol
trace element *n biol* nyomelem
track [træk] **1.** *n* (*trail*) nyom, keréknyom; (*path*) ösvény, csapás; (*course*) (futó)pálya; (*rails*) sínpár, vágány; (*gauge*) nyomtáv ǀǀ **keep** ~ **of sy** nyomon követ vkt; ~ **events** *sp* futószámok **2.** *v* ~ (**down**) kinyomoz, felkutat
track suit *n* melegítő, tréningruha
tract[1] [trækt] *n* (*of land*) terület
tract[2] [trækt] *n* (*pamphlet*) értekezés
traction ['trækʃn] *n* vontatás
tractor ['træktə] *n also comput* traktor
trade [treɪd] **1.** *n* (*commerce*) kereskedelem; (*job*) szakma, foglalkozás; *comm* (*business*) forgalom **2.** *v* kereskedik, foglalkozik (*in* vmvel)
trade in sg *vt* (*new one*) kicserél ǀ *vi* (*business*) kereskedik/foglalkozik vmvel

trademark ['treɪdmɑːk] *n* védjegy, márka
trade name *n* márkanév, cégnév
tradesman ['treɪdzmən] *n* (*pl* -**men**) kereskedő
trade union *n* szakszervezet
trading ['treɪdɪŋ] *a* kereskedelmi ǀǀ ~ **estate** ipari negyed, gyárnegyed
tradition [trə'dɪʃn] *n* hagyomány, tradíció
traditional [trə'dɪʃnəl] *a* hagyományos
traffic ['træfɪk] **1.** *n* forgalom, közlekedés ǀǀ ~ **in drugs** kábítószer-kereskedelem **2.** *v* (*pt/pp* **trafficked**) kereskedik, üzérkedik (*in* vmvel)
traffic circle *n US* körforgalom
traffic island *n* járdasziget
traffic jam *n* (forgalmi) torlódás, dugó
traffic lane *n* forgalmi sáv
traffic-light(s) *n* (*pl*) (forgalmi) jelzőlámpa
traffic sign *n* közúti jelzőtábla, KRESZ-tábla
traffic warden *n GB approx* közterületi felügyelő
tragedy ['trædʒədɪ] *n* tragédia
tragic ['trædʒɪk] *a* tragikus
trail [treɪl] **1.** *n* (*track*) nyom; (*path*) ösvény; (*of dust*) porfelhő ǀǀ **be on sy's** ~ vk nyomában van **2.** *v* üldöz, követ ǀǀ ~ **after sy** vk után kullog; ~ **along** (*skirt*) a földet söpri; ~ **along behind** kullog vk után
trailer ['treɪlə] *n* utánfutó, pótkocsi; *US* (*caravan*) lakókocsi; (*of film*) (film)előzetes
train [treɪn] **1.** *n* vonat, szerelvény; (*of people*) kíséret; (*of dress*) uszály ǀǀ **go by** ~ vonaton utazik

2. *v* (*teach*) tanít, képez; *sp* (*prepare*) edz; előkészít; (*animals*) idomít
train on *sg* (*telescope*) ráirányít
train attendant *n US* hálókocsikalauz
trained [treɪnd] *a* tanult, (szak)képzett
trainee [treɪ'niː] *n* szakmunkástanuló, (bolti) tanuló, gyakornok
trainer ['treɪnə] *n sp* edző, oktató; (*of animals*) idomító ‖ ~(**s** *pl*) edzőcipő
training ['treɪnɪŋ] *n* (*education*) oktatás, képzés; *sp* edzés; *mil* (*drill*) gyakorlatozás ‖ ~ **college** tanárképző főiskola; ~ **shoe(s)** (*pl*) edzőcipő; ~ **teacher** *US* tanárjelölt
trait [treɪt] *n* jellemvonás, jellegzetesség
traitor ['treɪtə] *n* hazaáruló
tram(car) ['træm(kɑː)] *n* villamos
tramline ['træmlaɪn] *n* villamosjárat, villamosvonal
tramp [træmp] **1.** *n* (*vagabond*) csavargó; (*homeless person*) hajléktalan **2.** *v* (*hike*) kóborol; (*walk*) kutyagol
trample ['træmpl] *v* ~ (**down**) **sg** letipor, eltapos
trance [trɑːns] *n* révület, transz
tranquil ['træŋkwɪl] *a* nyugalmas, nyugodt, békés
tranquillity (*US* -l-) [træŋ'kwɪlətɪ] *n* nyugalom; békesség
tranquillizer (*US* -l-) ['træŋkwəlaɪzə] *n* nyugtató(szer)
transact [træn'zækt] *v comm* (le)bonyolít
transaction [træn'zækʃn] *n* tranzakció, üzletkötés

transatlantic [trænzət'læntɪk] *a* tengeren túli
transcendent [træn'sendənt] *a* páratlan, kitűnő
transcribe [træn'skraɪb] *v* átír
transcript ['trænskrɪpt] *n* (*transcription*) átírás; (*copy*) leírás, másolat
transcription [træn'skrɪpʃn] *n* leírás; (*phonetic*) átírás; (*broadcast*) (hang)felvétel
transept ['trænsept] *n archit* kereszthajó
transfer 1. ['trænsfɜː] *n* (*of person*) áthelyezés; (*of money*) átutalás; *sp* átigazolás; (*design*) levonókép, matrica; *comput* (adat)átvitel **2.** [træns'fɜː] *v* -**rr**- áthelyez; (*money*) átutal; *sp* átigazol; *comput* (*data*) átvisz
transform [træns'fɔːm] *v* átalakít, átváltoztat (*into* vmvé); újjávarázsol ‖ **be** ~**ed** átalakul, átváltozik (*into* vmvé)
transformation [trænsfə'meɪʃn] *n* átalakítás, átalakulás
transformer [træns'fɔːmə] *n* transzformátor
transfusion [træns'fjuːʒn] *n* vérátömlesztés, transzfúzió
transient ['trænzɪənt] *a* átmeneti
transistor [træn'zɪstə] *n* tranzisztor; (*radio*) tranzisztoros rádió
transit ['trænzɪt] **1.** *a* átutazó, tranzit- **2.** *n* átutazás, tranzit
transition [træn'zɪʃn] *n* átmenet
transitional [træn'zɪʃənl] *a* átmeneti
transitive verb ['trænzətɪv] *n* tárgyas ige
transit lounge *n* tranzitváró
transitory ['trænsɪtrɪ] *a* mulandó, átmeneti

transit passanger *n* tranzitutas

transit visa *n* átutazóvízum

translate [trænz'leɪt] *v* (le)fordít; (*interpret*) tolmácsol ‖ ~ from English into Hungarian angolból magyarra fordít

translation [trænz'leɪʃn] *n* fordítás; (*interpretation*) tolmácsolás

translator [trænz'leɪtə] *n* fordító

transmission [trænz'mɪʃn] *n* (*of news*) átadás, továbbítás; (*of power*) átvitel; (*radio, TV*) adás; közvetítés; (*of vehicle*) sebességváltó

transmit [trænz'mɪt] *v* -tt- (*message*) átad, továbbít; (*radio, TV*) sugároz, közvetít

transmitter [trænz'mɪtə] *n* (*person*) átadó; *el* (*station*) adó

transom ['trænsəm] *n* szemöldökfa

transparency [træn'spærənsɪ] *n* átlátszóság; *photo* dia

transparent [træn'spærənt] *a* átlátszó

transpire [træn'spaɪə] *v* (*plant*) kipárologtat; (*become known*) kitudódik, kiszivárog; *col* (*happen*) (meg)történik

transplant 1. ['trænsplɑːnt] *n* szervátültetés; (*organ*) átültetett szerv 2. [træns'plɑːnt] *v* (*plant, organ*) átültet

transport 1. ['trænspɔːt] *n* szállítás, fuvarozás; (*traffic*) közlekedés ‖ ~ by road tengelyen történő szállítás 2. [træns'pɔːt] *v* (el)szállít, fuvaroz

transportation [trænspɔː'teɪʃn] *n* *US* = transport 1.

transport café *n* *GB* autósbisztró

transversal [trænz'vɜːsl] *a* átlós, haránt

trap [træp] 1. *n* csapda 2. *v* -pp- csapdával fog

trapdoor ['træpdɔː] *n* *theat* süllyesztő

trapeze [trə'piːz] *n* (*in circus*) trapéz

trapezium [trə'piːzɪəm] *n* *math GB* trapéz; *US* négyszög

trapezoid ['træpɪzɔɪd] *n* *math GB* négyszög; *US* trapéz

trapper ['træpə] *n* *US* (csapdaállító) prémvadász

trappings ['træpɪŋz] *n* *pl* (*uniform*) ünnepi díszruha

trash [træʃ] *n* *lit* ponyvairodalom, giccs; (*goods*) bóvli

trashcan ['træʃkæn] *n* *US* kuka, szemétláda

trauma ['trɔːmə] *n* (*pl* -mas) sérülés, trauma

travel ['trævl] 1. *n* utazás 2. *v* -ll- (*US* -l-) *vi* (*person*) utazik; (*vehicle*) halad I *vt* (*distance*) megtesz; (*country*) beutazik ‖ ~ by sea hajóval megy

travel agency *n* utazási iroda

travel documents *n* *pl* úti okmányok

traveler *US* = traveller

traveler's check *n* *US* utazási csekk

traveller (*US* -l-) ['trævlə] *n* utazó, utas

traveller's cheque *n* utazási csekk

travelogue (*US* -log) ['trævəlɒg] *n* útleírás, útirajz

travel-sickness *n* útibetegség

travesty ['trævɪstɪ] *n* paródia

tray [treɪ] *n* tálca

treacherous ['tretʃərəs] *a* áruló

treachery ['tretʃərɪ] *n* árulás
tread [tred] **1.** *n* lépés; (*walking*) járás; (*of tyre*) futófelület **2.** *v* (*pt* **trod** [trɒd], *pp* **trodden** ['trɒdn]) (*walk*) lép(ked); (*step*) tapos **tread on sg** rátapos
treason ['triːzn] *n* (haza)árulás ‖ **high ~** felségárulás
treasure ['treʒə] **1.** *n* kincs **2.** *v* nagy becsben tart
treasurer ['treʒərə] *n* (*of society*) pénztáros
treasury ['treʒərɪ] *n* kincstár ‖ **the T~** pénzügyminisztérium
treat [triːt] **1.** *n* (*pleasure*) csemege, (ritka) élvezet **2.** *vt* bánik vkvel; (*cure*) gyógykezel; (*deal with*) foglalkozik vmvel, tárgyal ‖ **~ sy badly** rosszul bánik vkvel
treatise ['triːtɪz] *n* értekezés
treatment ['triːtmənt] *n* (*of person*) bánásmód, elbánás; *med* kezelés
treaty ['triːtɪ] *n* nemzetközi szerződés
treble ['trebl] **1.** *a* háromszoros **2.** *v* megháromszoroz
treble clef *n mus* G-kulcs
tree [triː] *n* fa (*élő*) ‖ **~ top** (fa)korona; **~ trunk** fatörzs
trek [trek] *n* utazás, nagy út
tremble ['trembl] **1.** *n* reszketés, remegés **2.** *v* reszket, remeg; (*ground*) reng
tremendous [trɪ'mendəs] *a* félelmetes, óriási, szédítő
tremor ['tremə] *n* remegés; (*of earth*) földrengés
trench [trentʃ] *n* árok; *mil* lövészárok ‖ **~es** *pl* fedezék
trend [trend] *n* irányzat, tendencia
trendy ['trendɪ] *a* divatos, menő

trepidation [trepɪ'deɪʃn] *n* izgalom, felindulás; remegés
trespass ['trespəs] *v* tilosban jár, megszegi a törvényt ‖ **~ on sy's estate** birtokháborítást követ el; **"no ~ing"** magánterület, belépni tilos
trestle ['tresl] *n* állvány, bak
trial ['traɪəl] *n* (*test*) próba; (*attempt*) kísérlet; *law* (bírósági) tárgyalás; (*hardship*) megpróbáltatás ‖ **on ~** próbaképpen
trial-and-error method *n math* fokozatos megközelítés módszere, találgatós módszer
triangle ['traɪæŋgl] *n* háromszög; *mus* triangulum
triangular [traɪ'æŋgjʊlə] *a* háromszögletű, háromszögű
tribal ['traɪbl] *a* törzsi
tribe [traɪb] *n* (nép)törzs
tribulation [trɪbjʊ'leɪʃn] *n* csapás, megpróbáltatás
tribunal [traɪ'bjuːnl] *n* bíróság
tributary ['trɪbjʊtrɪ] *n* (*river*) mellékfolyó
tribute ['trɪbjuːt] *n* (*admiration*) (köteles) tisztelet ‖ **pay ~ to sy** elismeréssel adózik vknek
trice [traɪs] *n* **in a ~** *col* egy szempillantás alatt
trick [trɪk] **1.** *n* trükk, csel; (*in cards*) ütés ‖ **play ~s on sy** megtréfál, bolonddá tesz vkt; **play sy a dirty ~** rútul becsap vkt **2.** *v* **~ sy into sg** vkt vmbe beugrat
trickery ['trɪkərɪ] *n* csalás, szemfényvesztés
trickster ['trɪkstə] *n col* szélhámos
tricky ['trɪkɪ] *a col* (*problem*) nehéz; (*situation*) cikis

tricolour (*US* -or) ['trɪkələ] *n* háromszínű (nemzeti) lobogó/zászló, trikolór

tricycle ['traɪsɪkl] *n* tricikli

trifle ['traɪfl] **1.** *n* csekélység, apróság; *approx* (*food*) somlói galuska ‖ **a ~ egy** kicsit **2.** *v* **~ with sy** vkvel packázik

trifling ['traɪflɪŋ] *a* jelentéktelen

trigger ['trɪgə] **1.** *n* (*of gun*) ravasz; (*of machine*) kioldógomb **2.** *v* (*effect*) kivált

trigger off (*war*) kirobbant

trim [trɪm] **1.** *a* rendes, csinos; *col* nett **2.** *v* **-mm-** (*cut*) levág; (*trees*) stuccol; (*decorate*) díszít; (*border*) szegélyez (*with* vmvel)

trimming ['trɪmɪŋ] *n* (*cutting*) stuccolás; (*border*) szegély(dísz) ‖ **~s** *pl* (*pieces cut off*) levágott darabok; (*for car*) extrák; (*for dish*) köret

trinity ['trɪnətɪ] *n* **the T~** a Szentháromság

trinket ['trɪŋkɪt] *n* (apró) dísztárgy, csecsebecse

trio ['triːəʊ] *n* trió

trip [trɪp] **1.** *n* utazás; (*outing*) kirándulás; (*stumble*) megbotlás ‖ **go on a ~** túrát tesz, túrázik **2.** *v* **-pp-** (*stumble*) megbotlik

trip over sg vmben megbotlik

trip (sy) up *vi* megbotlik; *fig* hibázik ‖ *vt* elgáncsol

tripe [traɪp] *n* (*food*) pacal; (*refuse*) ócskaság, vacakság

triple ['trɪpl] *a* hármas, háromszoros

triplets ['trɪplɪts] *n pl* hármas ikrek

tripod ['traɪpɒd] *a* háromlábú állvány

tripper ['trɪpə] *n* kiránduló

trite [traɪt] *a* elcsépelt, banális

triumph ['traɪəmf] **1.** *n* diadal **2.** *v* **~ (over)** *vk/vm felett*, vkn/vmn diadalmaskodik

triumphal [traɪ'ʌmfl] *a* diadalmi, győzelmi

triumphant [traɪ'ʌmfənt] *a* győzelmes, diadalmas

trivial ['trɪvɪəl] *a* jelentéktelen, elcsépelt, triviális

trod [trɒd] *pt* → tread

trodden ['trɒdn] *pp* → tread

trolley ['trɒlɪ] *n el* áramszedő; (*handcart*) targonca; (*for luggage*) kofferkuli; (*in shop*) bevásárlókocsi ‖ **~ bus** trolibusz; **~ car** *US* villamos

trombone [trɒm'bəʊn] *n* harsona

troop [truːp] **1.** *n* csapat ‖ **~s** *pl mil* csapatok, katonák; **in ~s** csapatosan **2.** *v* csoportosan vonul ‖ **~ in/out** betódul/kitódul; **~ing the colour** *GB* zászlós díszszemle

trooper ['truːpə] *n* (*soldier*) lovas katona; *US* (*policeman*) (lovas/motoros) rendőr

trophy ['trəʊfɪ] *n* trófea

tropic ['trɒpɪk] *n* **T~ of Cancer** Ráktérítő; **T~ of Capricorn** Baktérítő; → **tropics**

tropical ['trɒpɪkl] *a* tropikus, trópusi

tropics, the *n pl* a forró égöv, a trópusok

trot [trɒt] **1.** *n* (*pace*) ügetés; (*race*) ügetőverseny ‖ **on the ~** *GB fig col* egymás után **2.** *v* **-tt-** üget

trouble [trʌbl] **1.** *n* (*difficulty*) baj, nehézség; (*effort*) fáradság, vesződség; (*distress*) bánat; (*illness*) bántalom; (*defect*) üzemzavar ‖ **get sy into ~** bajba kever vkt;

take the ~ (to do sg) veszi magának a fáradságot, hogy; **What's the ~?** mi a baj? **2.** v *(worry)* nyugtalanít; *(distress)* zavar, bánt; *(disturb)* zaklat || **may I ~ you for** ... kérem szépen a ...; **may I ~ you for the salt** szabad a sót, kérem?

troubled [trʌbld] a *(person)* nyugtalan; *(life)* mozgalmas; *(water)* zavaros

trouble-free a üzembiztos

troublemaker ['trʌblmeɪkə] n rendbontó

troublemaking ['trʌblmeɪkɪŋ] n zavarkeltés

troubleshooter ['trʌblʃuːtə] n hibakereső (szerelő); *pol (mediator)* közvetítő

troublesome ['trʌblsəm] a *(problem)* vesződséges; *(person)* zavaró

trough [trɒf] n *(for animals)* vályú; *(of baker)* teknő; *(channel)* csatorna

trouser press ['traʊzə] n éltartósító nadrágakasztó

trousers ['traʊzəz] n pl **(a pair of)** ~ (hosszú)nadrág

trouser suit n nadrágkosztüm

trousseau ['truːsəʊ] n *(pl* **-seaux** *or* **-seaus** [-səʊz]) *(of bride)* kelengye, stafírung

trout [traʊt] n pisztráng

truant ['truːənt] n iskolakerülő || **play ~** *(from school)* lóg

truce [truːs] n fegyverszünet

truck [trʌk] n *US (lorry)* teherautó, kamion; *GB (wagon)* pőrekocsi

trucker ['trʌkə] n *US* kamionvezető, kamionos

truck farm n *US* bolgárkertészet, konyhakertészet

truckload ['trʌkləʊd] n teherkocsirakomány

trudge [trʌdʒ] v ballag, kutyagol

true [truː] a igaz; *(real)* igazi, valódi; *(accurate)* hiteles, pontos || **it can't be ~!** (ez) lehetetlen!

truly ['truːlɪ] adv *(really)* valóban || **Yours ~** *(in letter)* őszinte tisztelettel

trump [trʌmp] n ütőkártya, adu

trump-card n *(fig is)* ütőkártya

trumped-up ['trʌmptʌp] a *(story)* kitalált; *(charge)* koholt

trumpet ['trʌmpɪt] n trombita

trumpeter ['trʌmpɪtə] n trombitás; *mil* kürtös

truncated [trʌŋkeɪtɪd] a megcsonkított

truncheon ['trʌntʃən] n gumibot

trunk [trʌŋk] n *(of tree, person)* törzs; *(of elephant)* ormány; *(case)* bőrönd; *US (in car)* csomagtartó || **~ call** távolsági beszélgetés; **~s** pl fürdőnadrág

trust [trʌst] **1.** n *(confidence)* bizalom; *(property)* őrizet, letét; *(company)* tröszt || **in ~ for sy** vk részére letétben **2.** v (vkben/vmben) (meg)bízik || **~ sy with sg** vkre bíz vmt

trust in sy/sg bízik/bizakodik vkben/vmben

trusted ['trʌstɪd] a megbízható, bizalmas

trustee [trʌ'stiː] n *law* vagyonkezelő; *school* gondnok

trustful ['trʌstfl] a bizakodó

trustworthy ['trʌstwɜːðɪ] a megbízható, hitelt érdemlő

trusty ['trʌstɪ] a megbízható, becsületes

truth [tru:θ] *n* igazság ‖ **to tell the
~** az igazat megvallva
truthful ['tru:θfl] *a* (*person*) őszinte;
(*description*) hű
try [traɪ] 1. *n* kísérlet ‖ **have a ~ at**
megkísérel/megpróbál vmt 2. *v*
(*attempt*) kipróbál, (meg)próbál;
(*test*) próbára tesz; (*examine a
case*) tárgyal ‖ **~ one's best to
(do sg)** azon igyekszik, hogy
try on (*dress*) felpróbál
try sg out vmt kipróbál
trying ['traɪɪŋ] *a* fárasztó
T-shirt ['ti: ʃɜ:t] *n* póló
T-square ['ti: skweə] *n* fejes vonal-
zó
tub [tʌb] *n* dézsa; (*bath*) fürdőkád
tubby ['tʌbɪ] *a col* köpcös
tube [tju:b] *n* (*pipe*) cső; (*for water*)
tömlő; (*container*) tubus; (*for
tyre*) tömlő, belső; GB (*under-
ground railway*) földalatti
tuberculosis [tju:bɜ:kjʊ'ləʊsɪs] *n*
gümőkór, tuberkulózis, tbc
tubular ['tju:bjʊlə] *a* csővázas
TUC [ti: ju: 'si:] = GB *Trades Union
Congress approx* Szakszervezeti
Szövetség
tuck [tʌk] 1. *n* (*fold*) felhajtás, sze-
gély; GB *col* (*food*) nyalánkság 2.
v (*fold*) behajt; begyűr; (*pleat*)
ráncol, redőz
tuck away *col* (*person*) zabál,
burkol
tuck in (*cover*) betakar; (*fold*)
begyűr; *col* (*eat*) burkol
tuck up (*child*) bebugyolál
Tuesday ['tju:zdɪ] *n* kedd; → **Mon-
day**
tuft [tʌft] *n* (*of bird*) bóbita
tug [tʌg] 1. *n* (*ship*) vontatóhajó 2. *v*
-gg- (*ship*) vontat

tug-of-war *n* kötélhúzás
tuition [tju:'ɪʃn] *n* (*teaching*) oktatás,
tanítás; (*fee*) tandíj ‖ **private ~**
magántanítás, magánórák
tulip ['tju:lɪp] *n* tulipán
tumble ['tʌmbl] 1. *n* (le)esés, (le)-
bukfenc(ezés) 2. *v* (le)esik, bu-
kik
tumble down lezuhan, ledől,
lezúg
tumble-down ['tʌmbldaʊn] *a col*
düledező, rozoga
tumbler ['tʌmblə] *n* (*glass*) vizes-
pohár
tummy ['tʌmɪ] *n col* has, poci
tumour (*US* **-or**) ['tju:mə] *n* daga-
nat, tumor
tumult ['tju:mʌlt] *n* csődület
tumultuous [tju:'mʌltʃʊəs] *a* zajos,
lármás
tuna ['tju:nə] *n* tonhal
tune [tju:n] 1. *n* dallam, melódia ‖
sing out of ~ hamisan énekel 2. *v
mus* (fel)hangol; (*radio, TV, car*)
beállít
tune in (the radio) to a station
vmlyen állomásra beállítja a rá-
diót
tune up (*orchestra*) hangol
tuneful ['tju:nfl] *a* dallamos
tuner ['tju:nə] *n* (*person*) (zongora)-
hangoló; (*radio*) tuner
tungsten ['tʌŋstən] *n* volfrám
tunic ['tju:nɪk] *n* zubbony
tuning ['tju:nɪŋ] *n mus* hangolás;
(*radio, TV, car*) beállítás ‖ **~ fork**
hangvilla
tunnel ['tʌnl] 1. *n* alagút 2. *v* **-ll-** (*US*
-l-) alagutat fúr
turbojet [tɜ:bəʊ'dʒet] *n* gázturbinás
sugárhajtómű; (*plane*) turbó-su-
gárhajtású repülőgép

tureen [tjʊ'riːn] *n* (leveses)tál
turf [tɜːf] *n* gyep, pázsit; (*square of grass*) gyeptégla ‖ **the** ~ (*racecourse*) lóversenypálya, turf; (*horse-racing*) lóversenyzés
turgid ['tɜːdʒɪd] *a* dagadt; (*style*) dagályos
Turk [tɜːk] *n* török
Turkey ['tɜːkɪ] *n* Törökország
turkey ['tɜːkɪ] *n* pulyka
Turkish ['tɜːkɪʃ] **1.** *a* török **2.** *n* (*person, language*) török ‖ ~ **bath** gőzfürdő
turmoil ['tɜːmɔɪl] *n* forrongás, lázongás, izgalom
turn [tɜːn] **1.** *n* (*turning*) (meg)fordítás; (*turn around*) körfordulat, (meg)fordulás; *fig* (*change*) fordulat; (*bend*) kanyar(odás); (*shift*) váltás, műszak ‖ **by** ~**s** felváltva; **in** ~ egyik a másik után, sorban; **it's his** ~ ő következik, ő van soron; **"no left** ~**"** balra kanyarodni tilos; **do sy a good** ~ vkvel jót tesz; ~ **of mind** gondolkodásmód; ~ **of the century** századforduló **2.** *vt* (*revolve*) forgat; (*once*) (meg)fordít ǀ *vi* (*move round*) forog; (*once*) (meg)fordul; (*bend*) kanyarodik; (*milk*) összemegy; (*become*) lesz/válik vmvé ‖ ~ **a page** (egyet) lapoz; ~ **cool** hűvösödik; ~ **left** balra kanyarodik; ~ **pale** elsápad; ~ **the corner** befordul a sarkon; *fig* túljut a nehezén; ~ **twenty** huszadik évébe lép
turn away elfordul; (*refuse*) vkt elutasít
turn back *vi* visszafordul ǀ *vt* viszszafordít; (*clock*) visszaállít

turn down (*collar*) lehajt, kihajt; (*radio*) lehalkít; (*invitation*) viszszautasít
turn in *vi* col (*go to bed*) lefekszik ǀ *vt* (*fold*) behajt
turn off (*radio, TV*) kikapcsol; (*gas*) elolt, elzár; (*light*) elolt; (*road*) letér, lekanyarodik
turn on (*radio, TV*) bekapcsol; (*gas*) meggyújt, kinyit; (*light*) felgyújt; (*vehicle*) kivilágít
turn out (*light, gas*) elolt ‖ ~ **out that** ..., ~ **out to be** ..., ~ **out sg** kiderül, hogy ..., vmnek/vmlyennek bizonyul
turn over (*car*) felborul, felbillen ‖ **please** ~ **over** fordíts!
turn round (*car*) (meg)fordul; (*rotate*) forog
turn up (*collar*) felhajt; (*arrive*) megjelenik, eljön, beállít; (*lost object*) előkerül ‖ ~ **up (the radio)** (fel)hangosít
turn upside down fenekestül felforgat
turncoat ['tɜːnkəʊt] *n* köpönyegforgató
turned-up ['tɜːndp] *n* (*nose*) pisze
turning ['tɜːnɪŋ] *n* (*of car*) kanyarodás; (*in road*) kanyar ‖ ~ **point** fordulópont
turnip ['tɜːnɪp] *n* (fehér)répa
turn-out [tɜːn aʊt] *n* (*attendance*) megjelenés, részvétel ‖ **there was a good** ~ szép számmal voltak jelen
turnover ['tɜːnəʊvə] *n comm* forgalom ‖ **apple** ~ almáspite
turnpike ['tɜːnpaɪk] *n US* fizetőautópálya

turnstile ['tɜːnstaɪl] n (útelzáró) forgókereszt, forgósorompó
turntable ['tɜːnteɪbl] n (on record player) lemeztányér
turn-up(s) n (pl) (of trousers) felhajtás
turpentine ['tɜːpəntaɪn] n terpentin
turquoise ['tɜːkwɔɪz] 1. a türkiz(kék) 2. n (gem) türkiz
turret ['tʌrɪt] n (tower) tornyocska
turtle ['tɜːtl] n (tengeri) teknős(béka)
turtle-neck n garbó(nyak)
tusk [tʌsk] n agyar
tussle ['tʌsl] n verekedés, birkózás
tutor ['tjuːtə] 1. n (at university) approx konzultáló tanár, (egyetemi) oktató, tutor 2. v korrepetál, instruál, tutora vknek
tutorial [tjuːˈtɔːnəl] n GB (at university) approx szeminárium (max. 1-2 hallgatónak)
tuxedo [tʌkˈsiːdəʊ] n US szmoking
TV [tiː ˈviː] = television TV, tv, tévé
twang [twæŋ] 1. n pengés 2. v peng
'twas [twəz, twɒz] = it was
tweed [twiːd] n gyapjúszövet, tweed ǁ ~s pl tweedöltöny
tweezers ['twiːzəz] n pl csipesz
twelfth [twelfθ] num a tizenkettedik
twelve [twelv] num tizenkettő, tizenkét ǁ at ~ o'clock (midday) délben; (midnight) éjfélkor
twentieth ['twentɪəθ] num a huszadik ǁ in the ~ century a XX. században
twenty ['twentɪ] num húsz ǁ ~ of them húszan; the twenties (20s or 1920s) a húszas évek

twice [twaɪs] num adv kétszer ǁ ~ a day napjában kétszer
twig [twɪg] n gally, ág
twilight ['twaɪlaɪt] n alkony, szürkület
twin [twɪn] 1. a kettős, páros; iker- 2. n iker ǁ my ~ brother/sister az ikertestvérem; ~s pl ikerpár, ikrek
twin-bedded room n kétágyas szoba
twine [twaɪn] v (thread) sodor
twinge [twɪndʒ] 1. n szúró fájdalom, szúrás 2. v szúr
twinkle ['twɪŋkl] v (homályosan) csillámlik, pislog; (eyes) csillog
twirl [twɜːl] 1. n pörgés 2. vt (moustache) sodor, pödör ǀ vi (person) megperdül
twist [twɪst] 1. n (turning) (meg)-csavarás; (bend) kanyar; (in story) (váratlan) fordulat; (tendency) (különös) hajlam, fonákság 2. vt (head, key) (el)csavar, elfordít; (thread) sodor ǀ vi (plant) elcsavarodik; (road) kanyarog ǁ you can ~ him round your little finger az ujja köré csavarhatja
twit [twɪt] n col kis hülye, béna, tökfej
twitch [twɪtʃ] 1. n rángás 2. v (face) rángató(d)zik
two [tuː] num kettő, két ǁ not ~ alike ahány, annyiféle; the ~ of them ők ketten
two-door a kétajtós
two-faced a kétarcú, kétszínű
two-piece a kétrészes ǁ ~ swimsuit kétrészes fürdőruha
two-seater n kétüléses autó
twosome ['tuːsəm] n (people) kettős

two-way *a* (*traffic*) kétirányú
tying ['taɪɪŋ] → **tie**
tycoon [taɪ'kuːn] *n col* iparmágnás
type [taɪp] **1.** *n* (*kind*) jelleg, típus; (*letter*) betű(típus) ‖ **she is not my** ~ nem a zsánerem **2.** *vi* írógéppel ír | *vt* (le)gépel
type-cast *a* (*actor*) beskatulyázott
typescript ['taɪpskrɪpt] *n* gépelt kézirat
typewriter ['taɪpraɪtə] *n* írógép
typhoid (fever) ['taɪfɔɪd] *n* (has)tífusz
typhoon [taɪ'fuːn] *n* tájfun, forgószél
typhus ['taɪfəs] *n* kiütéses tífusz
typical ['tɪpɪkl] *a* jellemző, tipikus ‖ ~ **of sy** vkre jellemző
typify ['tɪpɪfaɪ] *v* megtestesít
typing ['taɪpɪŋ] *n* (*on typewriter*) gépelés
typist ['taɪpɪst] *n* gépíró(nő)
tyrannical [tɪ'rænɪkl] *a* zsarnoki
tyranny ['tɪrənɪ] *n* zsarnokság
tyrant ['taɪrənt] *n* zsarnok
tyre (*US* **tire**) [taɪə] *n* (autó)gumi, köpeny ‖ ~ **pressure** abroncsnyomás

U

ubiquitous [juː'bɪkwɪtəs] *a* mindenütt jelenvaló
udder ['ʌdə] *n* tőgy
UFO ['juːfəʊ] = **unidentified flying object**
ugh! [ɜːh] *int* jaj!, au!, pfuj!
ugliness ['ʌglɪnɪs] *n* csúnyaság
ugly ['ʌglɪ] *a* csúnya, ronda

UK [juː 'keɪ] = **United Kingdom**
ulcer ['ʌlsə] *n med* fekély
Ulster ['ʌlstə] *n* Ulster
ulterior [ʌl'tɪərɪə] *a* (*later*) későbbi; (*further*) túlsó ‖ ~ **motive** hátsó gondolat
ultimate ['ʌltɪmət] *a* utolsó, legvégső ‖ ~ **object** végső cél
ultimately ['ʌltɪmətlɪ] *adv* végtére, végül is
ultrasound ['ʌltrəsaʊnd] *n* ultrahang ‖ ~ **scan** ultrahangos vizsgálat
ultraviolet [ʌltrə'vaɪələt] *a* ibolyántúli
umbilical cord [ʌm'bɪlɪkl 'kɔːd] *n* köldökzsinór
umbrage ['ʌmbrɪdʒ] *n* **take** ~ **at sg** neheztel vm miatt
umbrella [ʌm'brelə] *n* esernyő
umpire ['ʌmpaɪə] **1.** *n sp* mérkőzésvezető, bíró **2.** *v* (*match*) (le)vezet
umpteen ['ʌmptiːn] *num a/n col* kismillió
umpteenth ['ʌmptiːnθ] *a* sokadik ‖ **for the** ~ **time** x-szer
UN [juː 'en] = **United Nations**
unabashed [ʌnə'bæʃt] *a* anélkül, hogy zavarba jönne
unabated [ʌnə'beɪtɪd] *a* nem csökkent, változatlan
unable [ʌn'eɪbl] *a* képtelen (*to* vmre) ‖ **be** ~ **to do sg** nem képes vmre
unaccompanied [ʌnə'kʌmpənɪd] *a* kíséret nélkül(i)
unaccountable ['ʌnə'kaʊntəbl] *a* megmagyarázhatatlan, rejtélyes
unaccustomed [ʌnə'kʌstəmd] *a* szokatlan ‖ **be** ~ **to sg** vmben járatlan, vmhez nem szokott

un-American *a* (*activity*) Amerika-ellenes

unanimous [juːˈnænɪməs] *a* egyhangú; egyértelmű

unarmed [ʌnˈɑːmd] *a* fegyvertelen

unashamed [ʌnəˈʃeɪmd] *a* nem szégyenlős; *pejor* pofátlan

unattached [ʌnəˈtætʃt] *a* (*not engaged*) egyedül élő, önálló

unattainable [ˈʌnəˈteɪnəbl] *a* *fig* elérhetetlen

unattended [ʌnəˈtendɪd] *a* őrizetlenül hagyott

unauthorized [ʌnˈɔːθəraɪzd] *a* illetéktelen, jogosulatlan ‖ **no ~ parking** csak parkolási engedéllyel

unavoidable [ʌnəˈvɔɪdəbl] *a* elkerülhetetlen

unaware [ʌnəˈweə] *a* **be ~ of sg** nincs tudomása vmről

unawares [ʌnəˈweəz] *adv* váratlanul

unbalanced [ʌnˈbælənst] *a* kiegyensúlyozatlan; (*mentally*) megháborodott

unbearable [ʌnˈbeərəbl] *a* kibírhatatlan

unbeatable [ʌnˈbiːtəbl] *a* verhetetlen; legyőzhetetlen

unbelievable [ʌnbɪˈliːvəbl] *a* hihetetlen

unbend [ʌnˈbend] *v* (*pt/pp* **unbent** [ʌnˈbent]) *vt* kiegyenesít | *vi* felenged, felszabadul

unbent [ʌnˈbent] *pt/pp* → **unbend**

unbias(s)ed [ʌnˈbaɪəst] *a* elfogulatlan, tárgyilagos

unbreakable [ʌnˈbreɪkəbl] *a* törhetetlen

unbroken [ʌnˈbrəʊkn] *a* (*intact*) ép, egész; (*continuous*) folytonos, összefüggő

unbuilt [ʌnˈbɪlt] *a* beépítetlen

unburden [ʌnˈbɜːdn] *v* **~ oneself (to sy)** kiönti a szívét

unbutton [ʌnˈbʌtn] *v* kigombol

uncalled-for [ʌnˈkɔːld fɔː] *a* szükségtelen; (*unjustified*) indokolatlan

uncanny [ʌnˈkænɪ] *a* szokatlan, rejtélyes

unceasing [ʌnˈsiːsɪŋ] *a* szakadatlan, szüntelen

uncertain [ʌnˈsɜːtn] *a* bizonytalan; (*doubtful*) kétséges

uncertainty [ʌnˈsɜːtntɪ] *n* bizonytalanság

unchanged [ʌnˈtʃeɪndʒd] *a* változatlan

uncharted [ʌnˈtʃɑːtɪd] *a* térképen nem szereplő, fel nem kutatott

unchecked [ʌnˈtʃekt] *a* ellenőrizetlen; (*not stopped*) akadálytalan

uncivilized [ʌnˈsɪvəlaɪzd] *a* műveletlen, kulturálatlan

uncle [ˈʌŋkl] *n* (*brother of father, mother*) nagybácsi; (*old man*) bácsi ‖ **U~ John** János bácsi

uncock [ʌnˈkɒk] *v* (*gun*) biztosít

uncomfortable [ʌnˈkʌmftəbl] *a* kényelmetlen

uncommon [ʌnˈkɒmən] *a* rendkívüli, kivételes, szokatlan

uncompromising [ʌnˈkɒmprəmaɪzɪŋ] *a* meg nem alkuvó

unconcealed [ʌnkənˈsiːld] *a* leplezetlen

unconcerned [ʌnkənˈsɜːnd] *a* (*indifferent*) közönyös; (*not involved*) semleges

unconditional [ʌnkən'dɪʃənl] *a* feltétlen, feltétel nélküli

unconscious [ʌn'kɒnʃəs] *a* öntudatlan, eszméletlen || **be ~ of** sg nincs tudatában vmnek

unconsciousness [ʌn'kɒnʃəsnɪs] *n* eszméletlenség, önkívület

uncooperative [ʌnkəʊ'ɒpərətɪv] *a* nem segítőkész

uncork [ʌn'kɔːk] *v* ~ **a bottle** kihúzza a dugót az üvegből

uncouth [ʌn'kuːθ] *a* (*behaviour*) durva

uncover [ʌn'kʌvə] *v* kitakar; felfed; (*scandal*) leleplez

unctuous ['ʌŋktʃʊəs] *a* kenetteljes, kenetes

undaunted [ʌn'dɔːntɪd] *a* rettenthetetlen

undecided [ʌndɪ'saɪdɪd] *a* eldöntetlen

undeclared war [ʌndɪ'kleəd] *n* hadüzenet nélküli háború

undeniable [ʌndɪ'naɪəbl] *a* megcáfolhatatlan, tagadhatatlan

under ['ʌndə] **1.** *a* alsó **2.** *prep/adv* alatt(a), alá, alul, lenn || **from ~** alulról; **see ~ l. ... alatt; ~ the circumstances** az adott körülmények között

underage [ʌndər'eɪdʒ] *a law* fiatalkorú, kiskorú

undercarriage ['ʌndəkærɪdʒ] *n* futómű

underclothes ['ʌndəkləʊðz] *n pl* (testi) fehérnemű, alsónemű

undercoat ['ʌndəkəʊt] *n* (*paint*) alapozófesték, alapozóréteg

undercover [ʌndə'kʌvə] *a* titkos || **~ agent** beépített ügynök

undercurrent ['ʌndəkʌrənt] *n* rejtett/ellentétes áramlat

undercut [ʌndə'kʌt] **1.** *n* ~ (**of sirloin**) hátszínszelet **2.** *v* (*pt/pp* **undercut**) olcsóbb áron ad

underdeveloped [ʌndədɪ'veləpt] *a* (fejlődésben) elmaradt

underdog ['ʌndədɒg] *n* esélytelenebb fél

underdone [ʌndə'dʌn] *a* (*meat*) félig (át)sült || **I want it ~** angolosan kérem

underestimate [ʌndər'estɪmeɪt] *v* alábecsül, lebecsül

underexposed [ʌndərɪk'spəʊzd] *a* alexponált

underfed [ʌndə'fed] *a* rosszul táplált, alultáplált

underfoot [ʌndə'fʊt] *adv* láb alatt, alul, lent || **be/get ~** útban van, lábatlankodik

undergo [ʌndə'gəʊ] *v* (*pt* **underwent** [ʌndə'went], *pp* **undergone** [ʌndə'gʌn]) *fig* átél vmt, keresztülmegy vmn || **~ an operation** aláveti magát egy műtétnek

undergone [ʌndə'gʌn] *pp* → **undergo**

undergraduate [ʌndə'grædjʊət] *n* (*of university*) (egyetemi) hallgató, egyetemista; (*of college*) főiskolás

underground ['ʌndəgraʊnd] **1.** *a* föld alatti **2.** *n* földalatti, metró

undergrowth ['ʌndəgrəʊθ] *n* bozót, haraszt, aljnövényzet

underhand [ʌndə'hænd] *a* (*business*) gyanús

underlie [ʌndə'laɪ] *v* (*pt* **underlay** [ʌndə'leɪ], *pp* **underlain** [ʌndə'leɪn]; *pres p* **underlying**) vmnek alapját alkotja

underline [ʌndə'laɪn] *v* aláhúz; (*emphasize*) aláhúz, hangsúlyoz

underling ['ʌndəlıŋ] *n* alantas, alárendeltje vknek

undermine [ʌndə'maın] *v also fig* aláás

underneath [ʌndə'niːθ] *adv/prep* alul, alatt; *(direction)* alá || **from ~** alulról

undernourished [ʌndə'nʌrıʃt] *a* rosszul táplált, alultáplált

underpaid [ʌndə'peıd] *a* rosszul fizetett; → **underpay**

underpants ['ʌndəpænts] *n pl GB* alsónadrág

underpass ['ʌndəpɑːs] *n* aluljáró

underpay [ʌndə'peı] *v* *(pt/pp* **underpaid** [ʌndə'peıd]) rosszul fizet

underprice [ʌndə'praıs] *v* leáraz

underprivileged [ʌndə'prıvılıdʒd] *a* hátrányos helyzetben levő

underrate [ʌndə'reıt] *v* alábecsül, aláértékel

undersecretary [ʌndə'sekrətərı] *n* államtitkár

undershirt ['ʌndəʃɜːt] *n US* alsóing, trikó

undershorts ['ʌndəʃɔːts] *n pl US* alsónadrág

underside [ʌndə'saıd] *n* alsó lap/rész

undersigned [ʌndə'saınd] *a/n* alulírott

underskirt ['ʌndəskɜːt] *n* alsószoknya

understand [ʌndə'stænd] *v* *(pt/pp* **understood** [ʌndə'stʊd]) *(comprehend)* (meg)ért; *(learn)* értesül || **give sy to ~** értésére ad vknek vmt; **I ~!** értem!; **I ~ he is in Paris** úgy értesültem/tudom, hogy Párizsban van; **make oneself understood** megérteti magát

understandable [ʌndə'stændəbl] *a* érthető

understanding [ʌndə'stændıŋ] **1.** *a* megértő **2.** *n* ész, felfogás, megértés

understood [ʌndə'stʊd] *a* közismert, tudott; → **understand**

understudy ['ʌndəstʌdı] *n* helyettesítő/beugró színész(nő)

undertake [ʌndə'teık] *v* *(pt* **undertook** [ʌndətʊk], *pp* **undertaken** [ʌndə'teıkən]) elvállal, felvállal, vmre vállalkozik || **~ (a piece of work)** (munkát) (el)vállal; **~ odd jobs** alkalmi munkát vállal

undertaker ['ʌndəteıkə] *n* temetkezési vállalkozó

undertaking [ʌndə'teıkıŋ] *n* *(enterprise)* vállalkozás; *(promise)* kötelezettség

undertook [ʌndə'tʊk] *pt* → **undertake**

underwater ['ʌndəwɔːtə] **1.** *a* víz alatti **2.** *adv* víz alatt

underwear ['ʌndəweə] *n* fehérnemű, alsónemű

underwent [ʌndə'went] *pt* → **undergo**

underworld ['ʌndəwɜːld] *n* *(criminals)* alvilág

underwriter [ʌndə'raıtə] *n* *(in insurance)* a biztosító fél

undesirable [ʌndı'zaıərəbl] *a* nem kívánatos

undid [ʌn'dıd] *pt* → **undo**

undies ['ʌndız] *n pl col* (női) fehérnemű/alsónemű

undisciplined [ʌn'dısıplınd] *a* fegyelmezetlen

undisputed [ʌndı'spjuːtıd] *a* vitathatatlan

undo [ʌn'duː] v (pt **undid** [ʌn'dɪd], pp **undone** [ʌn'dʌn]) (unfasten) kinyit, kibont; (untie) kiold; (unstitch) felfejt; (reverse) visszacsinál

undoing [ʌn'duːɪŋ] n sy's ~ vknek a veszte

undone [ʌn'dʌn] pp → undo

undoubted [ʌn'daʊtɪd] a kétségtelen

undoubtedly [ʌn'daʊtɪdlɪ] adv kétségkívül, tagadhatatlanul

undress [ʌn'dres] 1. n in ~ neglizsében 2. vi (le)vetkőzik | vt levetkőztet

undue [ʌn'djuː] a (excessive) túlzott; (improper) helytelen

undulate ['ʌndjʊleɪt] v hullámzik

undulating ['ʌndjʊleɪtɪŋ] a hullámzó; (countryside) dimbes-dombos

unduly [ʌn'djuːlɪ] adv (excessively) túlzottan, túlságosan; (impropely) helytelenül, indokolatlanul

unearth [ʌn'ɜːθ] v kiás; fig kibányász, előkotor

unearthly [ʌn'ɜːθlɪ] a (beauty) földöntúli; (hour) lehetetlenül korai

uneasy [ʌn'iːzɪ] a (worried) nyugtalan; (feeling) kényelmetlen, kínos

uneconomic [ʌniːkə'nɒmɪk] a gazdaságtalan

unemployed [ʌnɪm'plɔɪd] a (person) munkanélküli || the ~ a munkanélküliek

unemployment [ʌnɪm'plɔɪmənt] n munkanélküliség; ~ **benefit** (US **compensation**) munkanélkülisegély

unenjoyable [ʌnɪn'dʒɔɪəbl] a élvezhetetlen

unequivocal [ʌnɪ'kwɪvəkl] a egyértelmű, világos

unerring [ʌn'ɜːrɪŋ] a tévedhetetlen

uneven [ʌn'iːvn] a (road surface) göröngyös, hepehupás; (quality) egyenetlen

unexpected [ʌnɪk'spektɪd] a váratlan

unexplained [ʌnɪk'spleɪnd] a rejtélyes, tisztázatlan

unfailing [ʌn'feɪlɪŋ] a (endless) kifogyhatatlan; (sure) csalhatatlan; biztos

unfair [ʌn'feə] a comm tisztességtelen, sportszerűtlen

unfaithful [ʌn'feɪθfl] a hűtlen (to vkhez)

unfamiliar [ʌnfə'mɪlɪə] a (unknown) idegen, ismeretlen; (strange) szokatlan

unfashionable [ʌn'fæʃənəbl] a divatjamúlt

unfasten [ʌn'fɑːsn] v (belt) leold, kiold, kikapcsol

unfavourable (US **-or-**) [ʌn'feɪvərəbl] a kedvezőtlen

unfeeling [ʌn'fiːlɪŋ] a (hardhearted) lelketlen; (indifferent) érzéketlen

unfinished [ʌn'fɪnɪʃt] a befejezetlen

unfit [ʌn'fɪt] a képtelen, alkalmatlan (for vmre); (ill) beteg

unflappable [ʌn'flæpəbl] a col rendíthetetlen nyugalmú

unfold [ʌn'fəʊld] vt kinyit; fig felfed | vi kibomlik

unforeseeable [ʌnfɔː'siːəbl] a előre nem látható

unforeseen [ʌnfɔː'siːn] a váratlan, előre nem látott

unforgettable [ʌnfə'getəbl] a feledhetetlen

unforgivable [ʌnfə'gɪvəbl] a megbocsáthatatlan
unfortunate [ʌn'fɔːtʃənɪt] a szerencsétlen, sajnálatra méltó
unfortunately [ʌn'fɔːtʃənətlɪ] adv sajnos
unfounded [ʌn'faʊndɪd] a alaptalan
unfriendly [ʌn'frendlɪ] a barátságtalan
unfurnished [ʌn'fɜːnɪʃt] a bútorozatlan
ungainly [ʌn'geɪnlɪ] a esetlen, idétlen, otromba
ungodly [ʌn'gɒdlɪ] a istentelen ‖ at an ~ hour lehetetlen időpontban
ungrateful [ʌn'greɪtfəl] a hálátlan
unguarded [ʌn'gɑːdɪd] a (moment) óvatlan
unhappy [ʌn'hæpɪ] a boldogtalan ‖ ~ with (arrangements etc) elégedetlen vmvel
unharmed [ʌn'hɑːmd] a ép, sértetlen
unhealthy [ʌn'helθɪ] a egészségtelen; (person) beteges
unheard-of [ʌn'hɜːd əv] a soha nem hallott, hallatlan
unhinged [ʌn'hɪndʒd] a megzavarodott, meghibbant (elméjű)
unhook [ʌn'hʊk] v (dress) kikapcsol; (from wall) leakaszt
unhoped-for [ʌn'həʊpt fɔː] a nem remélt
unhurt [ʌn'hɜːt] 1. a ép, sértetlen 2. adv épen, sértetlenül
unidentified [ʌnaɪ'dentɪfaɪd] a ismeretlen ‖ ~ flying object UFO, ufó
uniform ['juːnɪfɔːm] 1. a egyforma, egységes 2. n egyenruha
uniformity [juːnɪ'fɔːmətɪ] n egyformaság

unify ['juːnɪfaɪ] v egységesít
unilateral [juːnɪ'lætərəl] a egyoldalú
unimaginable [ʌnɪ'mædʒɪnəbl] a elképzelhetetlen
uninhabited [ʌnɪn'hæbɪtɪd] a lakatlan
unintelligible [ʌnɪn'telɪdʒəbl] a értelmetlen, érthetetlen
unintentional [ʌnɪn'tenʃənl] a akaratlan, önkéntelen
union ['juːnɪən] n (uniting) egyesítés; (being united) egyesülés; (unity) egység; (association) unió; (trade ~) szakszervezet ‖ the U~ Jack az angol zászló
unique [juː'niːk] a egyedülálló, páratlan ‖ ~ of its kind páratlan a maga nemében
unisex ['juːnɪseks] a uniszex
unison ['juːnɪsn] 1. a egyszólamú 2. n (singing) egyszólamú éneklés ‖ in ~ mus egy szólamban, uniszónó; fig egyetértésben (with vkvel)
unit ['juːnɪt] n (measure) egység; mil (troop) alakulat, egység
unite [juː'naɪt] vi egyesül ǀ vt egyesít; (bones) összeilleszt
united [juː'naɪtɪd] a egyesített, egyesült ‖ the U~ Kingdom az Egyesült Királyság; the U~ Nations Organization, the U~ Nations sing. or pl az Egyesült Nemzetek Szervezete, az ENSZ; U~ States of America sing. or pl Amerikai Egyesült Államok, az USA
unit furniture n elemes bútor
unity ['juːnətɪ] n egység, egységesség
universal [juːnɪ'vɜːsl] a egyetemes, univerzális

universality [ˌjuːnɪvɜːˈsælətɪ] *n* egyetemesség

universally [ˌjuːnɪˈvɜːslɪ] *adv* általánosan, egyetemesen

universe [ˈjuːnɪvɜːs] *n* világegyetem, univerzum

university [ˌjuːnɪˈvɜːsətɪ] *n* egyetem ‖ ~ **degree** egyetemi végzettség

unjust [ʌnˈdʒʌst] *a* méltatlan, igazságtalan; (*claim*) jogtalan

unjustifiable [ʌndʒʌstɪˈfaɪəbl] *a* nem igazolható/menthető

unkempt [ʌnˈkempt] *a* ápolatlan, fésületlen, kócos

unkind [ʌnˈkaɪnd] *a* (*person*) nem kedves/szíves; (*fate*) mostoha

unknown [ʌnˈnəʊn] *a* ismeretlen

unlace [ʌnˈleɪs] *v* kifűz

unlawful [ʌnˈlɔːfl] *a* törvénytelen, törvényellenes

unleaded [ʌnˈledɪd] *a* ólommentes

unleash [ʌnˈliːʃ] *v* ~ **war** háborút kirobbant

unless [ənˈles] *conj* hacsak ... nem; kivéve, ha ‖ ~ **I am (very much) mistaken** ha nem tévedek; ~ **something happens** hacsak valami közbe nem jön

unlicensed [ʌnˈlaɪsnst] *a* GB (*restaurant*) alkoholt nem árusító étterem

unlike [ʌnˈlaɪk] *a/prep* eltérő, más ‖ **it's very ~ him...** ez egyáltalán nem jellemző rá

unlikely [ʌnˈlaɪklɪ] *a* (*not likely*) valószínűtlen ‖ **he's ~ to come** nem valószínű, hogy eljön

unlimited [ʌnˈlɪmɪtɪd] *a* határtalan, korlátlan

unlined [ʌnˈlaɪnd] *a* béleletlen

unlisted [ʌnˈlɪstɪd] *a* US (*telephone number*) titkos

unload [ʌnˈləʊd] *vt* kirak ‖ *vi* kirakodik

unlock [ʌnˈlɒk] *v* (*door*) kinyit

unlucky [ʌnˈlʌkɪ] *a* szerencsétlen; *col* peches; (*omen*) baljós

unmarried [ʌnˈmærɪd] *a* egyedül élő; (*woman only*) hajadon, (*man only*) nőtlen, egyedül élő

unmerciful [ʌnˈmɜːsɪfl] *a* könyörtelen, kíméletlen

unmistakable [ʌnmɪˈsteɪkəbl] *a* félreérthetetlen

unmitigated [ʌnˈmɪtɪɡeɪtɪd] *a* teljes, abszolút ‖ **an ~ scoundrel** hétpróbás gazember

unnatural [ʌnˈnætʃərəl] *a* természetellenes; (*affected*) mesterkélt, erőltetett

unnecessary [ʌnˈnesəsrɪ] *a* szükségtelen, felesleges

UNO [ˈjuːnəʊ] = **United Nations Organization**

unobserved [ʌnəbˈzɜːvd] *a/adv* észrevétlen(ül)

unobtainable [ʌnəbˈteɪnəbl] *a* beszerezhetetlen

unofficial [ʌnəˈfɪʃl] *a* félhivatalos, nem hivatalos

unopened [ʌnˈəʊpənd] *a* felbontatlan

unpack [ʌnˈpæk] *v* kicsomagol

unpalatable [ʌnˈpælətəbl] *a* (*food*) rossz ízű; (*fact, truth*) kellemetlen

unparalleled [ʌnˈpærəleld] *a* páratlan, hasonlíthatatlan

unpick [ʌnˈpɪk] *v* szétbont, felfejt

unpleasant [ʌnˈplezənt] *a* kellemetlen

unplug [ʌnˈplʌg] *v* **-gg-** falidugót kihúz

unpopular [ʌnˈpɒpjʊlə] *a* népszerűtlen

unpredictable [ʌnprɪ'dɪktəbl] *a* kiszámíthatatlan, előre meg nem mondható

unprepared [ʌnprɪ'peəd] *a* készületlen

unpretentious [ʌnprɪ'tenʃəs] *a* szerény, igénytelen

unqualified [ʌn'kwɒlɪfaɪd] *a* szakképzetlen, képesítés nélküli; (*success*) teljes

unravel [ʌn'rævl] *v* -ll- (*US* -l-) *also fig* kibogoz; megfejt ‖ **be ~led** (*plot*) kibontakozik

unreadable [ʌn'riːdəbl] *a* élvezhetetlen, olvashatatlan

unreasonable [ʌn'riːzənəbl] *a* ésszerűtlen

unrelated [ʌnrɪ'leɪtɪd] *a* **be ~ to** (*event*) nincs összefüggésben vmvel; (*person*) nincs rokonságban vkvel

unrelenting [ʌnrɪ'lentɪŋ] *a* kérlelhetetlen, könyörtelen

unreliable [ʌnrɪ'laɪəbl] *a* megbízhatatlan, komolytalan

unremitting [ʌnrɪ'mɪtɪŋ] *a* szüntelen, lankadatlan

unrepentant [ʌnrɪ'pentənt] *a* dacos

unresolved [ʌnrɪ'zɒlvd] *a* megoldatlan

unrest [ʌn'rest] *n* (*discontent*) nyugtalanság; (*fighting*) zavargások

unroll [ʌn'rəʊl] *v* (*carpet*) kigöngyöl

unruly [ʌn'ruːlɪ] *a* (*child*) izgága, nehezen kezelhető; (*hair*) fésülhetetlen

unsafe [ʌn'seɪf] *a* nem biztonságos

unsaid [ʌn'sed] *a* ki nem mondott

unsatisfied [ʌn'sætɪsfaɪd] *a* kielégítetlen

unsavoury (*US* -ory) [ʌn'seɪvərɪ] *a* (*food*) rossz ízű; (*person, district*) rossz hírű

unscathed [ʌn'skeɪðd] *a* ép, sértetlen

unscrew [ʌn'skruː] *v* (*screw*) kicsavar; (*lid*) lecsavar; (*tap*) kinyit

unseen [ʌn'siːn] *a* (*unobserved*) látatlan; (*invisible*) láthatatlan

unsettled [ʌn'setld] *a* (*undecided*) kialakulatlan; (*unpaid*) rendezetlen, fizetetlen; (*weather*) bizonytalan, változékony

unsightly [ʌn'saɪtlɪ] *a* csúnya

unskilled [ʌn'skɪld] *a* (*untrained*) szakképzetlen; (*inexperienced*) járatlan (*in* vmben) ‖ **~ worker** segédmunkás

unsold [ʌn'səʊld] *a* eladatlan

unspeakable [ʌn'spiːkəbl] *a* (*joy*) kimondhatatlan; (*crime*) szörnyű

unstable [ʌn'steɪbl] *a* ingatag, labilis, bizonytalan

unsteady [ʌn'stedɪ] *a* labilis, ingatag, nem állandó

unstuck [ʌn'stʌk] *a* **come ~** leválik, lejön; *fig* kútba esik

unsuccessful [ʌnsək'sesfl] *a* sikertelen

unsuitable [ʌn'suːtəbl] *a* nem megfelelő; (*person*) alkalmatlan (*for* vmre)

unsurpassable [ʌnsə'pɑːsəbl] *a* felülmúlhatatlan

unsuspecting [ʌnsə'spektɪŋ] *a* gyanútlan

untangle [ʌn'tæŋgl] *v* (*mystery*) kibogoz; (*hair*) kifésül

unthinkable [ʌn'θɪŋkəbl] *a* elképzelhetetlen

untidy [ʌnˈtaɪdɪ] *a* rendetlen
untie [ʌnˈtaɪ] *v* (*pres p* **untying**) kibont
until [ənˈtɪl] **1.** *prep* (*time*) -ig || ~ **5 o'clock** 5 óráig **2.** *conj* addig, amíg; **not** ~ mindaddig nem, amíg
untimely [ʌnˈtaɪmlɪ] *a* korai, idő előtti
untold [ʌnˈtəʊld] *a* elmondatlan; (*suffering*) leírhatatlan; (*wealth*) mérhetetlen
untouched [ʌnˈtʌtʃt] *a* érintetlen
untoward [ʌntəˈwɔːd] *a* kellemetlen, kínos
untrue [ʌnˈtruː] *a* nem igaz, valótlan
untrustworthy [ʌnˈtrʌstwɜːðɪ] *a* megbízhatatlan
unused [ʌnˈjuːzd] *a* használatlan
unusual [ʌnˈjuːʒʊəl] *a* különös, szokatlan
unutterable [ʌnˈʌtərəbl] *a* kimondhatatlan
unveil [ʌnˈveɪl] *v* (*statue*) leleplez
unwanted [ʌnˈwɒntɪd] *a* nem kívánatos
unwashed [ʌnˈwɒʃt] *a* (*person*) mosdatlan; (*clothes*) mosatlan
unwavering [ʌnˈweɪvərɪŋ] *a* megingathatatlan
unwell [ʌnˈwel] *a* **be/feel** ~ nem érzi jól magát, nincs jól
unwieldy [ʌnˈwiːldɪ] *a* otromba
unwilling [ʌnˈwɪlɪŋ] *a* vonakodó || **be** ~ **to do sg** nem akar vmt tenni, vmtől húzódozik
unwillingly [ʌnˈwɪlɪŋlɪ] *adv* kelletlenül, vonakodva
unwind [ʌnˈwaɪnd] *v* (*pt/pp* **unwound** [ʌnˈwaʊnd]) *vt* letekercsel | *vi* legombolyodik; (*relax*) kikapcsolódik

unwise [ʌnˈwaɪz] *a* esztelen
unwitting [ʌnˈwɪtɪŋ] *a/adv* szándékolatlan, akaratlan
unworthy [ʌnˈwɜːðɪ] *a* (*person*) méltatlan (*of* vmre)
unwound [ʌnˈwaʊnd] *pt/pp* → **unwind**
unwrap [ʌnˈræp] *v* -pp- kicsomagol, kibont
unwritten [ʌnˈrɪtn] *a* íratlan
unzip [ʌnˈzɪp] *v* -pp- cipzárját kinyitja/lehúzza (vmnek), kicipzároz
up [ʌp] **1.** *a* felfelé haladó || **the** ~ **train** a főváros felé menő vonat **2.** *adv* fenn, fent; (*direction*) fel, felfelé || **be** ~ fenn van; **be** ~ **and about** (*patient*) már fenn van, kijár; ~ **and down** fel és alá, lefel; ~ **there** odafenn, ott fenn/fent; ~ **to this day** (mind) a mai napig; **what's** ~? *col* (na) mi az?, mi baj?; **it's** ~ **to him** ez tőle függ **3.** *n* ~**s and downs** az élet viszontagságai
up-and-coming *a* *col* (*person*) sikeres
upbringing [ˈʌpbrɪŋɪŋ] *n* neveltetés
update [ʌpˈdeɪt] *v* korszerűsít, naprakész állapotba hoz
upgrade [ʌpˈgreɪd] *v* (*soil*) feljavít; (*person*) előléptet
upheaval [ʌpˈhiːvl] *n* forrongás, kavarodás
upheld [ʌpˈheld] *pt/pp* → **uphold**
uphill [ʌpˈhɪl] **1.** *a* (*sloping upward*) felfelé haladó; (*difficult*) nehéz **2.** *adv* hegynek fel, lejtőn felfelé, hegymenetben
uphold [ʌpˈhəʊld] *v* (*pt/pp* **upheld** [ʌpˈheld]) (*decision*) fenntart, megerősít, jóváhagy

upholstery [ʌp'həʊlstərɪ] n (trade) kárpitozás; (cover) kárpit; üléshuzat, bútorhuzat

upkeep ['ʌpkiːp] n üzemeltetési költségek

upon [ə'pɒn] prep -on, -en, -ön, -n; (direction) -ra, -re || once ~ a time egyszer volt, hol nem volt

upper ['ʌpə] a felső || get the ~ hand over sy fölébe kerekedik vknek; ~ arm felsőkar; the U~ Chamber/House a felsőház; the ~ crust a felső tízezer; → uppers

uppermost ['ʌpəməʊst] a legfelső, legmagasabb

uppers ['ʌpəz] n pl (cipő)felsőrész

uppish ['ʌpɪʃ] a fölényes, fennhéjázó

upright ['ʌpraɪt] 1. a függőleges, egyenes; (honest) tisztességes, becsületes || ~ (piano) pianínó 2. adv egyenesen; felfelé

uprising ['ʌpraɪzɪŋ] n (nép)felkelés

uproar ['ʌprɔː] n kavarodás, felfordulás

uproot [ʌp'ruːt] v gyökerestől kitép

upset 1. [ʌp'set] (person) feldúlt, zaklatott || easily ~ sértődős, érzékeny; have an ~ stomach gyomorrontása van 2. [ʌp'set] v (pt/pp upset; -tt-) (knock over) felborít, felforgat; (excite) felkavar, felzaklat; (disturb) felborít || ~ one's stomach felkavarja/elrontja a gyomrát, émelyít; ~ sy's plans keresztülhúzza vk számításait 3. ['ʌpset] n (excitement) felfordulás, izgalom; (indigestion) gyomorrontás

upshot ['ʌpʃɒt] n következmény, eredmény

upside-down [ʌpsaɪd'daʊn] adv fejjel lefelé; fig összevissza

upstairs [ʌp'steəz] 1. a emeleti, fenti 2. adv (fenn) az emeleten, (oda)fent; (go) fel az emeletre

upstart ['ʌpstɑːt] n parvenü

upstream [ʌp'striːm] adv folyón felfelé

upsy-daisy [ʌpsɪ'deɪzɪ] int (for child) hoppá

uptake ['ʌpteɪk] n értelem, felfogás || quick/slow on the ~ gyors/lassú felfogású

uptight [ʌp'taɪt] a feszült, ideges

up-to-date a mai, korszerű, modern || bring sg up to date col naprakész állapotba hoz, korszerűsít, modernizál

upturn ['ʌptɜːn] n fellendülés

upward ['ʌpwəd] 1. a felfelé irányuló || ~ tendency emelkedő irányzat 2. adv felfelé

upwards ['ʌpwədz] adv felfelé

uranium [jʊ'reɪnɪəm] n urán

urban ['ɜːbən] a városi, városias

urbane [ɜː'beɪn] a udvarias, finom modorú

urbanization [ɜːbənaɪ'zeɪʃn] n elvárosiasodás, urbanizáció

urchin ['ɜːtʃɪn] n csibész

urge [ɜːdʒ] 1. n belső kényszer/késztetés 2. v ~ sy to do sg ösztönöz/sarkall vkt vmre

urgency ['ɜːdʒənsɪ] n sürgősség

urgent ['ɜːdʒənt] a (letter) sürgős; (tone) sürgető || ~ need égető szükség

urinate ['jʊərɪneɪt] v vizel

urine ['jʊərɪn] n vizelet || pass ~ vizel

urn [ɜːn] n (for ashes) urna; (voting) szavazás

urology [juˈrɒlədʒɪ] *n* urológia
us [əs, ʌs] *pron* (*accusative*) minket; bennünket; (*dative*) nekünk; *col* (*we*) mi ǁ **to** ~ hozzánk; **with** ~ velünk; (*at home*) nálunk
US [ju 'es] = *United States* (*of America*) az Egyesült Államok
USA[1] [juː es 'eɪ] = **United States of America**
USA[2] [juː es 'eɪ] = *United States Army* az USA hadserege
usable [ˈjuːzəbl] *a* (fel)használható
USAF [juː es 'eɪ ef] = *United States Air Force* az USA légiereje
usage [ˈjuːsɪdʒ] *n* használat; (*of language*) nyelvhasználat, szóhasználat
use 1. [juːs] *n* (*employment*) felhasználás, használat; (*usefulness*) haszon, hasznosság ǁ **be of no** ~ hasznavehetetlen; **be of** ~ hasznos, vm vknek használ; **what's the** ~ **of it?** mire való ez?; **what's the** ~ **of...?** mi értelme van (annak)?; **it's no** ~ **talking to him** neki ugyan beszélhetsz 2. [juːz] *v* (fel)használ ǁ ~ **sg for/as sg** vmely célra felhasznál vmt; **what is it** ~**d for?** mire való?; → **used**[2]; **used to**
use up (*utilize*) felhasznál; (*consume*) elhasznál, felél
useable [ˈjuːzəbl] *a* (fel)használható
used[1] [juːzd] *a* (*car*) használt
used[2] [juːst] *a* vmhez hozzászokott ǁ **be** ~ **to sg** hozzá van szokva; **get** ~ **to sg** hozzászokik vmhez, megszokik vmt
used to [ˈjuːst tə] (*auxiliary verb*) **there** ~ **be a house here** azelőtt

volt itt egy ház; **it** ~ **be ...** régente szokás volt ...
useful [ˈjuːsfl] *a* hasznos ǁ **be** ~ **for sy** használ vknek
usefulness [ˈjuːsfəlnɪs] *n* hasznosság
useless [ˈjuːslɪs] *a* hasznavehetetlen, haszontalan
user [ˈjuːzə] *n* használó, felhasználó ǁ ~**s instructions** használati utasítás
user-friendly *a* comput felhasználóbarát
usher [ˈʌʃə] 1. *n* theat jegyszedő 2. *v* betessékel, bevezet
usherette [ʌʃəˈret] *n* theat jegyszedőnő
USN [juː es 'en] = *United States Navy* az USA haditengerészete
USS [juː es 'es] = *United States Ship* az USA hadihajója
USSR [juː es es 'ɑː] *n* **the** ~ *hist* a SZU
usual [ˈjuːʒʊəl] *a* szokásos ǁ **as** ~ a szokásos módon
usually [ˈjuːʒʊəlɪ] *adv* rendszerint, szokás szerint ǁ **he** ~ **comes this way** erre szokott jönni
usurp [juːˈzɜːp] *v* bitorol
usury [ˈjuːʒərɪ] *n* uzsora
utensil [juːˈtensl] *n* (háztartási) eszköz ǁ **kitchen** ~**s** konyhaedények
uterus [ˈjuːtərəs] *n* (*pl* -**ruses**) *med* (anya)méh
utility [juːˈtɪlətɪ] *n* hasznosság, használhatóság ǁ **public** ~ **company** közmű, szolgáltató vállalat
utilization [juːtɪlaɪˈzeɪʃn] *n* felhasználás
utilize [ˈjuːtɪlaɪz] *v* felhasznál, hasznosít

utmost ['ʌtməʊst] a/n (furthest)
(leg)végső; (greatest) a lehető leg-
nagyobb ‖ do one's ~ mindent el-
követ, minden tőle telhetőt meg-
tesz; to the ~ a végsőkig
utter¹ ['ʌtə] a (complete) teljes,
tökéletes; (total) végső ‖ in ~
despair végső kétségbeesésében
utter² ['ʌtə] v (word) kimond ‖
doesn't ~ a sound/word egy
kukkot sem szól, mélységesen
hallgat
utterance ['ʌtərəns] n (in words)
megnyilatkozás
utterly ['ʌtəlɪ] adv col teljesen;
tisztára
U-turn ['juː tɜːn] n make a ~ (car)
megfordul; no ~s megfordulni
tilos!

V

v = versus
vacancy ['veɪkənsɪ] n (job) álláskí-
nálat; (room) szabad szoba ‖ no
vacancies nincs üres/kiadó szo-
ba
vacant ['veɪkənt] a (empty) üres;
(unoccupied) szabad; (to be let)
kiadó; szabad ‖ ~ look kifejezéste-
len arc; ~ lot US beépítetlen telek
vacate [veɪ'keɪt] v (room) kiürít ‖ ~
the room (in hotel) elhagyja a
szobát
vacation [və'keɪʃn] n school US
(nyári) szünet, vakáció; (of wor-
ker) szabadság
vacationist [və'keɪʃnɪst] n nyaraló,
üdülő, vakációzó

vaccinate ['væksɪneɪt] v med be-
olt
vaccination [væksɪ'neɪʃn] n (védő)-
oltás
vaccine ['væksiːn] n med oltóa-
nyag, vakcina
vacillate ['væsɪleɪt] v tétovázik, in-
gadozik, meginog
vacuum ['vækjʊəm] 1. n légüres
tér, vákuum ‖ ~ bottle US ter-
mosz; ~ cleaner porszívó; ~ flask
termosz 2. v (ki)porszívóz
vacuum-packed ['vækjʊəmpækt] a
vakuumcsomagolású
vagary ['veɪgərɪ] n szeszély, hóbort
vagina [və'dʒaɪnə] n hüvely, vagi-
na
vagrant ['veɪgrənt] n csavargó
vague [veɪg] a (idea) bizonytalan,
ködös; (person) szórakozott
vaguely ['veɪglɪ] adv határozatlanul,
bizonytalanul
vain [veɪn] a (person) hiú; (attempt)
hasztalan, hiábavaló ‖ in ~ hiába
valentine ['væləntaɪn] n (card) Bá-
lint napi üdvözlet
valet ['vælɪt] n komornyik
valiant ['vælɪənt] a bátor
valid ['vælɪd] a érvényes; (law) ha-
tályos; (argument) elfogadható ‖ ~
until further notice visszavoná-
sig érvényes
validate ['vælɪdeɪt] v (document) ér-
vényesít
validity [və'lɪdətɪ] n érvényesség
valley ['vælɪ] n völgy
valour (US -or) ['vælə] n vitézség
valuable ['væljʊəbl] 1. a (jewel)
értékes; (time) drága 2. n ~s pl
értéktárgyak
value ['væljuː] 1. n érték ‖ of no ~
értéktelen 2. v (fix price) értékel;

(*estimate*) megbecsül, méltányol ‖ ~ **added tax (VAT)** általános forgalmi adó, ÁFA, értéktöbbletadó

valued ['vælju:d] *a* értékes, becses

valueless ['vælju:lıs] *a* értéktelen, hitvány

valve [vælv] *n* (*in engine*) szelep; (*in heart*) (szív)billentyű; (*in radio*) elektroncső

vamp [væmp] *n* (*woman*) csábító, démon

van [væn] *n* (zárt) teherautó; *railw* (zárt) tehervagon

vandal ['vændl] *a/n* vandál

vandalism ['vændəlızəm] *n* vandalizmus ‖ **piece of** ~ vandál pusztítás/rombolás

vanguard ['vænga:d] *n* élvonal, élgárda ‖ **in the** ~ a csapat élén

vanilla [və'nılə] *n* vanília

vanish ['vænıʃ] *v* (*hope*) szertefoszlik, eltűnik

vanity ['vænətı] *n* hiúság ‖ ~ **bag/ case** piperetáska

vanquish ['væŋkwıʃ] *v* (*enemy*) legyőz, (meg)hódít

vantage ['va:ntıdʒ] *n* előny ‖ ~ **point** jó kilátást nyújtó pont; *fig* előnyös helyzet, helyzeti előny

vaporize ['veıpəraız] *vi* elpárolog ⏐ *vt* elpárologtat

vapour (*US* **-or**) ['veıpə] *n* gőz, pára

variable ['veərıəbl] *a/n* változó

variance ['veərıəns] *n* különbség ‖ **be at** ~ nézeteltérése van vkvel

variant ['veərıənt] *n* változat, variáns

variation [veərı'eıʃn] *n* (*varying*) változás; *mus* változat, variáció; *math* variáció

varicose veins ['værıkəʊs] *n pl col* visszértágulat ‖ **have** ~ visszeres a lába, *col* visszere van

varied ['veərıd] *a* változatos, tarka

variety [və'raıətı] *n* (*sort*) fajta; (*diversity*) változatosság ‖ ~ **show** varietéműsor, revü

various ['veərıəs] *a* különböző, különféle

varnished ['va:nıʃt] *a* fényezett, politúrozott

vary ['veərı] *v* változik; (*price*) ingadozik; (*differ*) eltér, különbözik ‖ ~ **from ... to ...** (*between limits*) váltakozik

vase [va:z] *n* váza

vast [va:st] *a* kiterjedt, mérhetetlen; (*amount*) hatalmas

vastly ['va:stlı] *adv* mérhetetlenül

vat [væt] *n* erjesztőkád

VAT [væt] = **value added tax**

vaudeville ['vɔ:dəvıl] *n US* varieté(színház)

vault [vɔ:lt] **1.** *n* (*arch*) boltív, boltozat; (*in bank*) páncélterem; (*leap*) ugrás **2.** *v* ~ **(over)** átugrik

vaulted ['vɔ:ltıd] *a* boltíves, bolthajtásos

vaulting horse ['vɔ:ltıŋ] *n* (*for gymnastics*) bak

vaunt [vɔ:nt] henceg; büszkélkedik vmvel

vaunted ['vɔ:ntıd] *a* feldicsért, magasztalt ‖ **much-**~ agyondicsért

V-belt *n* ékszíj

VCR [vi: si: 'a:] = **video cassette recorder**

VD [vi: 'di:] = **venereal disease**

VDU [vi: di: 'ju:] = **visual display unit**

've [-v] = **have**

veal [viːl] *n* borjúhús ‖ ~ **cutlet/ escalope** natúrszelet; ~ **fillet** borjúszelet

veer [vɪə] *v* (el)kanyarodik ‖ ~ **back** visszakanyarodik; ~ **round** megfordul

vegetable ['vedʒtəbl] **1.** *a* (*of dish*) zöldség-; (*of plant*) növényi ‖ ~ **oil** növényi olaj **2.** *n* ~**s** *pl* zöldségfélék; főzelékfélék

vegetarian [vedʒɪ'teərɪən] *a/n* vegetáriánus

vegetate ['vedʒɪteɪt] *v* (*plant*) tenyészik; (*person*) vegetál

vegetation [vedʒɪ'teɪʃn] *n* növényzet, vegetáció

vehemence ['viːəməns] *n* (*of person, character*) hevesség

vehement ['viːəmənt] *a* vehemens

vehicle ['viːɪkl] *n* jármű ‖ **motor** ~ gépjármű, gépkocsi; ~ **licence** (*US* -**se**) forgalmi engedély

veil [veɪl] *n* fátyol

vein [veɪn] *n* *biol* véna, gyűjtőér; visszér; (*of ore*) telér; (*mood*) hajlam, véna

velcro ['velkrəʊ] *n* tépőzár

velocity [vɪ'lɒsətɪ] *n* sebesség

velour(s) [və'lʊə] *n* (*fabric*) velúr

velvet ['velvɪt] *n* bársony

vendetta [ven'detə] *n* vérbosszú

vending machine ['vendɪŋ] *n* (*of cigarette, food*) automata

vendor ['vendə] *n* (utcai) árus

veneer [vɪ'nɪə] *n* furnér

venerable ['venərəbl] *a* (*aged*) tiszteletre méltó

venereal disease [vɪnɪərɪəl dɪ'ziːz] *n* nemi betegség

Venetian [vɪni:ʃn] *a* velencei; ~ **blind** ablakredőny, *approx* reluxa

vengeance ['vendʒəns] *n* bosszú ‖ **take** ~ (**up**)**on sy for sg** bosszút áll vkn vmért

vengeful ['vendʒfl] *a* bosszúálló

Venice ['venɪs] *n* Velence

venison ['venɪzn] *n* (*of deer*) őzhús; vadhús, vadpecsenye

venom ['venəm] *n* (kígyó)méreg

venomous ['venəməs] *a* (*snake*) mérges; *fig* (*tone*) epés, dühös

vent [vent] **1.** *n* szellőztetőnyílás; (*in coat*) hasíték ‖ **give** ~ **to one's rage** kiadja a mérgét **2.** *v* (*one's feelings*) szabadjára enged

ventilate ['ventɪleɪt] *v* kiszellőztet

ventilation [ventɪ'leɪʃn] *n* szellőzés

ventilator ['ventɪleɪtə] *n* szellőztetőkészülék, ventilátor

ventriloquist [ven'trɪləkwɪst] *n* hasbeszélő

venture ['ventʃə] **1.** *n* (kockázatos) vállalkozás **2.** *v* (*risk*) megkockáztat ‖ **nothing** ~, **nothing gain/win** aki mer, az nyer; próba szerencse

venue ['venjuː] *n* (*of meeting, contest*) helyszín

veranda(h) [və'rændə] *n* tornác, veranda

verb [vɜːb] *n* *gram* ige

verbal ['vɜːbl] *a* (*of verb*) igei; (*of words*) szóbeli

verbally ['vɜːbəlɪ] *adv* (*in spoken words*) élőszóban

verbatim [vɜː'beɪtɪm] **1.** *a* szó szerinti **2.** *adv* szó szerint

verbose [vɜː'bəʊs] *a* szószátyár

verdict ['vɜːdɪkt] *n* ítélet

verge [vɜːdʒ] **1.** *n* (*edge*) szél; *fig* (*border*) határ ‖ **on the** ~ **of sg**

vexation

vmnek a szélén/határán **2.** v ~ **on sg** vmnek a határán mozog, vmvel határos
verification [verɪfɪ'keɪʃn] n (*proof*) igazolás; hitelesítés; (*check*) öszszeegyeztetés
verify ['verɪfaɪ] v ellenőriz; (*statement*) igazol, hitelesít; (*accounts*) összeegyeztet
veritable ['verɪtəbl] a valóságos, igaz
vermilion [və'mɪlɪən] a élénkpiros, cinóberpiros
vermin ['vɜːmɪn] n pl kártevők; (*insects*) férgek
vermouth ['vɜːməθ] n vermut
vernacular [və'nækjʊlə] **1.** a anyanyelvi **2.** n anyanyelv
versatile ['vɜːsətaɪl] a sokoldalú
verse [vɜːs] n (*poetry*) vers; költemény; (*stanza*) versszak || **in ~** versben
versed [vɜːst] a (**well ~**) járatos, verzátus (*in sg* vmben)
versify ['vɜːsɪfaɪ] v versel
version ['vɜːʃn] n változat, verzió; (*of car*) modell
verso ['vɜːsəʊ] n (*pl* **-sos**) (*of book*) bal/páros oldal; (*of coin*) hátlap
versus ['vɜːsəs] prep ellen, kontra
vertebra ['vɜːtɪbrə] n (*pl* **-brae** [-briː]) (hát)csigolya || **the vertebrae** a hátgerinc
vertebral column ['vɜːtɪbrəl] n gerincoszlop
vertebrate ['vɜːtɪbrət] a/n biol gerinces
vertical ['vɜːtɪkl] a függőleges
vertigo ['vɜːtɪgəʊ] n szédülés
verve [vɜːv] n lendület

very ['verɪ] adv/a (*extremely*) nagyon; (*itself*) maga a... || ~ **much so** nagyon is; ~ **soon** rövidesen; ~ **well** (nagyon) helyes!; **the ~ idea** maga a gondolat; **this ~ afternoon** még ma délután; **at the ~ back of sg** leghátul; **at the ~ best** a legjobb esetben; **the ~ same** egy és ugyanaz, pontosan ugyanaz
vespers ['vespəz] n pl vecsernye
vessel ['vesl] n (*ship*) hajó; (*bowl*) edény
vest [vest] **1.** n GB (*undergarment*) trikó, atlétatrikó; US (*waistcoat*) mellény **2.** v felruház (*with* vmvel); ráruház (*in* vmt)
vestibule ['vestɪbjuːl] n (*hall*) előcsarnok; (*of house*) előszoba
vestige ['vestɪdʒ] n (*trace*) nyom; (*remainder*) maradvány; (*rudiment*) csökevény
vestry ['vestrɪ] a (*office*) lelkészi hivatal; (*for vestment*) sekrestye
vet [vet] **1.** n col állatorvos **2.** v **-tt-** (*check*) ellenőriz; (*person*) átvilágít
veteran ['vetərən] n veterán || ~ **car** (*of the years before 1916*) veterán autó
veterinarian [vetərɪ'neərɪən] n US állatorvos
veterinary ['vetrɪnrɪ] a állatorvosi || ~ **surgeon** állatorvos
veto ['viːtəʊ] **1.** n (*pl* **vetoes**) vétó **2.** v (*pt/pp* **vetoed**; *pres p* **vetoing**) megvétóz
vex [veks] v vm vkt bosszant, ingerel || **be ~ed with sg** vm miatt bosszankodik
vexation [vek'seɪʃn] n bosszúság, méreg

via [vaɪə] *prep* (*travelling*) ...-n át/ keresztül ‖ ~ **Vienna** Bécsen keresztül
viable ['vaɪəbl] *a* (*plant*) életképes; *also fig* (*way*) járható; (*plan*) megvalósítható
viaduct ['vaɪədʌkt] *n* viadukt
vial [vaɪəl] *n* fiola
vibrant ['vaɪbrənt] *a* rezgő, vibráló
vibrate [vaɪ'breɪt] *v* rezeg, vibrál
vibration [vaɪ'breɪʃn] *n* rezgés
vicar ['vɪkə] *n* (*clergyman*) (anglikán) lelkész, vikárius; (*parson*) plébános
vicarage ['vɪkərɪdʒ] *n* lelkészlakás, parókia, paplak
vice[1] [vaɪs] *n* (*evil*) bűn, vétek
vice[2] (*US* **vise**) [vaɪs] *n tech* satu
vice- [vaɪs-] *pref* al-
vice-admiral *n* altengernagy
vice versa [vaɪsə 'vɜːsə] *adv* és viszont
vicinity [vɪ'sɪnəti] *n* szomszédság ‖ **in the ~** a közelben
vicious ['vɪʃəs] *a* (*remark*) rosszindulatú; (*attack*) brutális ‖ **a ~ circle** circulus vitiosus, ördögi kör
vicissitude [vaɪ'sɪsətjuːd] *n* viszontagság
victim ['vɪktɪm] *n* áldozat ‖ **fall a ~ to sg** áldozatul esik vmnek
victimize ['vɪktɪmaɪz] *v* feláldoz; (*after strike*) megtorlást gyakorol
victor ['vɪktə] *n* győztes, győző
Victorian [vɪk'tɔːrɪən] *a* viktoriánus; Viktória korabeli
victorious [vɪk'tɔːrɪəs] *a* győztes
victory ['vɪktəri] *n* győzelem ‖ **gain a ~** győzelmet arat
video ['vɪdɪəʊ] **1.** *n* (*pl* **videos**) (*system*) videó; (*act*) videózás;

(*cassette*) videokazetta; (*recorder*) videó, videomagnó; (*recording*) videofelvétel **2.** *v* (*pt/pp* **videoed**; *pres p* **videoing**) videóra felvesz vmt, videózik
video camera *n* videokamera
video cassette *n* videokazetta
video (cassette) recorder *n* videomagnó, videó
videoclip ['vɪdɪəʊklɪp] *n* videoklip
videodisc ['vɪdɪəʊdɪsk] *n* videolemez
video game *n* videojáték
videotape ['vɪdɪəʊteɪp] *n* videoszalag
videotext ['vɪdɪəʊtekst] *n* videotex(t), képújság
videotheque ['vɪdɪəʊtek] *n* videotéka, videokölcsönző
vie [vaɪ] *v* (*pres p* **vying** ['vaɪɪŋ]) verseng (*with sy* vkvel)
Vienna [vɪ'enə] *n* Bécs
Viennese [vɪə'niːz] *a/n* bécsi
view [vjuː] **1.** *n* (*sight*) látvány, kilátás; (*landscape*) látkép, tájkép; (*opinion*) vélemény ‖ **give one's ~s** kifejti nézeteit; **in my ~** véleményem szerint; **in ~ of** tekintetbe véve, tekintettel ...-ra, -re; **on ~** megtekinthető; **with a ~ to** abból a célból, hogy... **2.** *v* (meg)néz, megtekint
viewdata ['vjuːˌdeɪtə] *n* videotext, képújság
viewer ['vjuːə] *n* (*person*) (tévé)néző; (*apparatus for slides*) dianéző (készülék)
viewfinder ['vjuːfaɪndə] *n photo* kereső
viewpoint ['vjuːpɔɪnt] *n* szempont, álláspont
vigil ['vɪdʒɪl] *n* virrasztás, vigília

vigilance ['vɪdʒɪləns] n éberség
vigilant ['vɪdʒɪlənt] a éber
vigorous ['vɪgərəs] a viruló, élete-
rős; (protest) élénk, heves
vigour (US -or) ['vɪgə] n életerő,
energia; (of protest) hevesség
vile [vaɪl] a (person) alávaló, aljas;
(weather) pocsék
villa ['vɪlə] n nyaraló, villa
village ['vɪlɪdʒ] n falu, község
villager ['vɪlɪdʒə] n falubeli, falusi
villain ['vɪlən] n gazember, gazfic-
kó
vindicate ['vɪndɪkeɪt] v (justify) iga-
zol; (uphold) megvéd
vindictive [vɪn'dɪktɪv] a bosszúálló,
haragtartó
vine [vaɪn] n szőlőtő(ke), szőlő;
(climbing plant) kúszónövény
vinegar ['vɪnɪgə] n ecet
vine-grower n szőlősgazda
vine-stock n szőlőtőke, szőlőtő
vineyard ['vɪnjəd] n szőlő(hegy)
vintage ['vɪntɪdʒ] n (harvesting)
(szőlő)szüret; (wine) bortermés;
(year) évjárat ‖ ~ wine márkás
bor; ~ year jó bortermésű év
vinyl ['vaɪnɪl] n pévécé, PVC
viola [vɪ'əʊlə] n brácsa
violate ['vaɪəleɪt] v (law) (meg)sért,
megszeg; (woman) megerőszakol
violation [vaɪə'leɪʃn] n ~ of (a)
contract szerződésszegés; ~ of
the law törvénysértés
violence ['vaɪələns] n (brutality)
erőszak; (force) hevesség ‖ use ~
erőszakoskodik
violent ['vaɪələnt] a (forceful) erő-
szakos; (vehement) heves
violet ['vaɪələt] 1. a ibolyaszínű 2.
n (plant) ibolya; (colour) ibolya-
szín

violin [vaɪə'lɪn] n hegedű ‖ play the
~ hegedül
violinist [vaɪə'lɪnɪst] n hegedűmű-
vész, hegedűs
violoncellist [vaɪələn'tʃelɪst] n gor-
donkaművész, csellista
violoncello [vaɪələn'tʃeləʊ] n csel-
ló, gordonka
VIP [vi: aɪ 'pi:] n = very important
person fontos személyiség
viper ['vaɪpə] n vipera
VIP lounge n aviat kormányváró,
VIP-váró
viral ['vaɪərəl] a vírusos
virgin ['vɜːdʒɪn] a szűz ‖ ~ forest
őserdő
virginity [və'dʒɪnətɪ] n szüzesség
virile ['vɪraɪl] a férfias
virility [vɪ'rɪlətɪ] n férfiasság
virtual ['vɜːtʃʊəl] a tényleges, tulaj-
donképpeni
virtue ['vɜːtʃuː] n erény ‖ by ~ of
azon a jogcímen
virtuosity [vɜːtʃʊ'ɒsətɪ] n bravúr
virtuous ['vɜːtʃʊəs] a erényes, er-
kölcsös
virulent ['vɪrʊlənt] a (poison) erős,
halálos
virus ['vaɪrəs] n (pl ~es) vírus
visa ['viːzə] n vízum ‖ apply for a ~
vízumot kér
vis-à-vis [viːzə'viː] a szemközti
viscount ['vaɪkaʊnt] n (rank)
vicomte
vise [vaɪs] n US = vice²
visibility [vɪzə'bɪlətɪ] n látási viszo-
nyok pl
visible ['vɪzəbl] a látható
visibly ['vɪzəblɪ] adv szemmel látha-
tólag
vision ['vɪʒn] n (power of sight)
látás; (dream, imagination) láto-

más, vízió || **man of** ~ nagy koncepciójú ember

visit ['vɪzɪt] **1.** *n* látogatás, vizit || **pay a** ~ **(to sy), pay sy a** ~ vkhez ellátogat, vkt meglátogat **2.** *v* (*go to see*) vkt meglátogat || ~ **the places of interest** megnézi a látnivalókat

visiting ['vɪzɪtɪŋ] *a* vendég- || ~ **card** névjegy; ~ **hours** *pl* (*in hospital etc*) látogatási idő; ~ **professor** vendégtanár

visitor ['vɪzɪtə] *n* (*in house*) látogató; (*in hotel*) vendég || ~**s' book** vendégkönyv

visor ['vaɪzə] *n* (*of cap*) napellenző, szemellenző; (*of helmet*) (sisak)rostély

vista ['vɪstə] *n also fig* kilátás, távlat || **open up new** ~**s** új perspektívákat nyit

visual ['vɪʒʊəl] *a* látási, vizuális || ~ **aid** szemléltetőeszköz; ~ **display unit** *comput* képernyős megjelenítő, képernyő

visualize ['viːʒʊəlaɪz] *v* megjelenít, elképzel

vital ['vaɪtl] *a* életbevágó, létfontosságú || **of** ~ **importance** életbevágóan fontos

vitality [vaɪ'tæləti] *n* életerő, vitalitás

vitally ['vaɪtəli] *adv* életbevágóan

vitamin ['vɪtəmɪn] *n* vitamin

vivacious [vɪ'veɪʃəs] *a* élénk

vivacity [vɪ'væsəti] *n* élénkség

vivid ['vɪvɪd] *a* (*colour, imagination*) élénk; (*light*) erős

vivify ['vɪvɪfaɪ] *v* felélénkít

vixen ['vɪksn] *n* (*fox*) nőstény róka; *col* (*woman*) (női) sárkány

viz [vɪz] (= *Latin*: *videlicet, kimondva még*: *namely*) nevezetesen; tudniillik; ti.

V-neck ['viː-] *n* hegyes kivágás (*ruhán*)

vocabulary [və'kæbjʊləri] *n* (*of language*) szókincs; (*list of words*) szójegyzék, szószedet

vocal ['vəʊkl] *a* hang-; (*music*) vokális || ~ **cords** *pl* hangszálak

vocation [vəʊ'keɪʃn] *n* hivatás

vocational [vəʊ'keɪʃnl] *a* hivatásszerű, szakmai || ~ **guidance** pályaválasztási tanácsadás

vociferous [və'sɪfərəs] *a* lármás, zajos

vogue [vəʊg] *n* divat || **be in** ~ divatban van; **come into** ~ divatba jön

voice [vɔɪs] **1.** *n* hang (*emberé*) ; *gram* igealak || **active/passive** ~ aktív/passzív igealak; **give** ~ **to sg** hangot ad vmnek **2.** *v* kifejez, kimond || ~ **one's opinion** hallatja véleményét

voiced [vɔɪst] *a gram* zöngés

voiceless [vɔɪslɪs] *a gram* zöngétlen

void [vɔɪd] *a* (*empty*) üres; (*invalid*) érvénytelen || **(be)** ~ **of sg** mentes vmtől **2.** *n* űr **3.** *v* (*agreement*) érvénytelenít, felbont

volatile ['vɒlətaɪl] *a* illanó, illékony; *chem* illó

volcanic [vɒl'kænɪk] *a* vulkáni, vulkanikus

volcano [vɒl'keɪnəʊ] *n* (*pl* **-noes**) tűzhányó, vulkán

vole [vəʊl] *n zoo* pocok

volley ['vɒli] *n* (*of shots*) sortűz; *sp* (*in tennis*) röpte

volleyball ['vɒlibɔːl] *n* röplabda

volt [vəʊlt] *n el* volt

voltage ['vəʊltɪdʒ] *n el* feszültség

voluble ['vɒljʊbl] *a* beszédes

volume ['vɒljuːm] *n* (*space*) térfogat; (*book*) kötet; (*of newspapers*) évfolyam; (*of sound*) hangerő ‖ ~ **control** hangerő-szabályozó

voluminous [vəˈluːmɪnəs] *a* (*in space*) terjedelmes

voluntarily ['vɒləntrəlɪ] *adv* önként, önszántából

voluntary ['vɒləntrɪ] *a* önkéntes; spontán

volunteer [vɒlənˈtɪə] 1. *n mil* önkéntes 2. *v* ~ **for sg** (*or* **to do sg**) önként jelentkezik vmre

voluptuous [vəˈlʌptʃʊəs] *a* érzéki, kéjes; buja

vomit ['vɒmɪt] *v* (*food*) (ki)hány, (ki)okád; (*smoke*) okád

voracious [vəˈreɪʃəs] *a* telhetetlen, mohó

vote [vəʊt] 1. *n* szavazat, voks; (*right to* ~) (aktív) választójog ‖ **give one's** ~ **for sy** leadja szavazatát vkre 2. *v* (le)szavaz

voter ['vəʊtə] *n pol* választó, szavazó

voting ['vəʊtɪŋ] *n* választás, szavazás

vouch [vaʊtʃ] *v* ~ **for** felelősséget vállal (*or* felel) vkért/vmért, vmért jótáll

voucher ['vaʊtʃə] *n* (*document*) bon, bizonylat; (*receipt*) nyugta; (*token*) utalvány

vow [vaʊ] 1. *n* fogadalom; eskü 2. *v* (meg)fogad, szentül ígér vmt

vowel ['vaʊəl] *n* magánhangzó

voyage ['vɔɪɪdʒ] *n* (tengeri) utazás, hajóút

vs = versus

vulgar ['vʌlgə] *a pejor* közönséges, alantas, vulgáris

vulnerable ['vʌlnərəbl] *a* sebezhető ‖ ~ **point** gyenge pontja (vmnek)

vulture ['vʌltʃə] *n* keselyű

vying ['vaɪɪŋ] *pres p* → **vie**

W

W = west(ern)

wad [wɒd] *n* (*cotton-wool*) vatta-(csomó); (*tampon*) tampon; (*banknotes*) bankjegyköteg

waddle ['wɒdl] *v* tipeg

wade [weɪd] *v* ~ **through** (*river*) átgázol

wader ['weɪdə] *n* gázlómadár

wafer ['weɪfə] *n also rel* ostya

waffle[1] ['wɒfəl] *n US approx* gofri

waffle[2] ['wɒfəl] *col* 1. *n* (*empty talk*) süket duma 2. *v* ~ **on** nyomja a sódert

waft [wɒft] 1. *n* (*breeze*) fuvallat; (*floating*) lebegés 2. *v* fúj, sodor; (*on water*) lebegtet

wag [wæg] *v* **-gg-** (*tail*) (meg)csóvál

wage [weɪdʒ] 1. *n* ~(**s** *pl*) munkabér, kereset 2. *v* ~ **war on/against sy** hadat visel vk ellen

wage scale *n* bérskála

waggle ['wægl] *v* = **wag**

wag(g)on ['wægən] *n railw* (teher)-vagon; (*horse-drawn*) kocsi, szekér; *col* (*car*) kombi

wail [weɪl] 1. *n* jajgatás, siránkozás 2. *v* siránkozik, jajgat

waist [weɪst] n (of person) derék ‖ to the ~ derékig érő
waistcoat ['weɪskəʊt, US 'weskət] n (for men) mellény
waistline ['weɪstlaɪn] n derékbőség
wait [weɪt] 1. n várakozás ‖ lie in ~ for sy leselkedik vkre 2. v vár; várakozik ‖ ~ a minute! várj egy kicsit
wait at table felszolgál
wait for sg vár vkre/vmre, (meg)-vár vkt/vmt ‖ what are you ~ing for? mire vársz?
wait on (in restaurant) kiszolgál
waiter ['weɪtə] n felszolgáló, pincér
waiting ['weɪtɪŋ] 1. a váró, várakozó 2. n (staying, expectation) várakozás; (serving) felszolgálás, kiszolgálás ‖ ~ list várólista; ~ room váróterem
waitress ['weɪtrɪs] n felszolgálónő, pincérnő
waive [weɪv] vt lemond vmről
wake [weɪk] 1. n virrasztás 2. v (pt woke [wəʊk], pp woken ['wəʊkən]) (also ~ up) vi felébred I vt felébreszt ‖ ~ up with a start felriad álmából
waken ['weɪkən] vt felébreszt I vi felébred
Wales [weɪlz] n Wales
walk [wɔːk] 1. n séta; (way of walking) járás; (journey) gyalog-túra; (path) sétaút ‖ go for a ~, take a ~ elmegy sétálni; it is only an hour's ~ egy óra járásnyira van 2. vi megy; jár, megy; (stroll) sétál; (tour) túrázik I vt (distance) megtesz; (dog) sétáltat ‖ ~ home gyalog megy haza
walk off with meglóg vmvel
walk out on col cserbenhagy

walker ['wɔːkə] n gyalogos, sétáló; (hiker) természetjáró, turista
walkie-talkie [ˌwɔːkɪ'tɔːkɪ] n walkie-talkie, adó-vevő (készülék)
walking ['wɔːkɪŋ] 1. a sétáló 2. n gyaloglás, járás; (hiking) túrázás ‖ ~ stick sétabot
Walkman ['wɔːkmən] n (pl -mans) sétálómagnó, walkman
walkout ['wɔːkaʊt] n munkabeszünte-tés, sztrájk
walkover ['wɔːkəʊvə] n fölényes győzelem
walkway ['wɔːkweɪ] n (in park) sétány; (in factory) kezelőhíd, já-ró
wall [wɔːl] 1. n fal 2. v ~ up befalaz
walled [wɔːld] a fallal körülvett, -falú
wallet ['wɒlɪt] n pénztárca, levéltár-ca
wallow ['wɒləʊ] v fetreng, hentereg
wallpaper ['wɔːlpeɪpə] 1. n tapéta 2. v tapétáz
wally ['wɒlɪ] n col hülye
walnut ['wɔːlnʌt] n (nut) dió; (tree, wood) diófa
walrus ['wɔːlrəs] n rozmár
waltz [wɔːls] 1. n keringő, valcer 2. v keringőzik
wan [wɒn] a -nn- hal(o)vány, sá-padt (arcú)
wand [wɒnd] n (magic ~) varázs-pálca
wander ['wɒndə] v vándorol, kó-szál; (thoughts) csapong
wanderer ['wɒndərə] n vándor
wane [weɪn] v (moon) fogy
want [wɒnt] 1. n (lack) hiány; (need) nélkülözés ‖ live in ~ nél-külözések között él; for ~ of sg vmnek hiányában/híján 2. vt

(*desire*) akar, kíván; (*need*) szüksége van vmre, kell neki vm || **what do you ~?** mit akarsz?; **I don't ~ any** (*food*) nem kérek belőle; **sg is ~ed** szükség van vmre; **he ~s to leave** el akar menni; **be ~ing** nincs meg, hiányzik; **~s for nothing** semmiben nem szenved hiányt; **~ed...** (*in advertisement*) felveszünk; (*by police*) körözött

want ad(s) *n* (*pl*) *US col* apróhirdetés

wanting ['wɒntɪŋ] **1.** *a* (*missing*) hiányzó, hiányos; (*needly*) szűkölködő (*in* vmben) **2.** *prep* nélkül, híján

wanton ['wɒntən] **1.** *a* (*motiveless*) oktalan, értelmetlen; (*licentious*) szabados; (*capricious*) játékos, szeszélyes; (*luxuriant*) buja

war [wɔ:] *n* háború || **between the ~s** a két világháború közt; **make ~ (on)** háborút indít, hadat visel (*on/against sy* vk ellen)

ward [wɔ:d] **1.** *n* (*in hospital*) osztály, kórterem; *pol* választókerület; (*person*) gyámolt **2.** *v* **~ off** elhárít

warden ['wɔ:dn] *n* (*of museum*) (múzeumi) teremőr; (*of hostel*) gondnok; *US* (*of prison*) börtönigazgató

warder ['wɔ:də] *n* börtönőr

wardrobe ['wɔ:drəʊb] *n* (*cupboard*) ruhásszekrény; (*clothes*) vknek a ruhatára

ware [weə] *n* áru

warehouse ['weəhaʊs] *n* (áru)raktár

warfare ['wɔ:feə] *n* háborúskodás; hadviselés

warhead ['wɔ:hed] *n* robbanófej, robbanótöltet

warily ['weərɪlɪ] *adv* óvatosan

warlike ['wɔ:laɪk] *a* harcias

warm [wɔ:m] **1.** *a/n* meleg || **~ welcome** meleg fogadtatás; **I'm ~** melegem van; **it is ~** meleg van **2.** *vt* melegít | *vi* melegszik; *col* (*voice*) megélénkül

warm up *vt* (*food*) felmelegít, megmelegít; (*engine*) bemelegít | *vi* felmelegszik; (*sportsman*) bemelegít

warm-hearted *a* melegszívű, szívélyes, jóságos

warmly ['wɔ:mlɪ] *adv* (*clothe*) melegen; (*welcome*) szívélyesen; (*thank*) hálásan

warmonger ['wɔ:mʌŋgə] *n* háborús uszító

warmth [wɔ:mθ] *n also fig* melegség

warn [wɔ:n] *v* figyelmeztet; óv (*of/against* vmtől)

warning ['wɔ:nɪŋ] *n* figyelmeztetés || **~ light** figyelmeztető jelzőlámpa

warp [wɔ:p] **1.** *n* (*in wood*) vetemedés **2.** *v* megvetemedik

warrant ['wɒrənt] **1.** *n* (*order*) elfogatóparancs; (*voucher*) bizonylat **2.** *v* garantál, szavatol

warranty ['wɒrəntɪ] *n* garancia, jótállás, szavatosság

warrior ['wɒrɪə] *n* harcos

Warsaw ['wɔ:sɔ:] *n* Varsó

warship ['wɔ:ʃɪp] *n* hadihajó

wart [wɔ:t] *n* bibircsók, szemölcs

wartime ['wɔ:taɪm] **1.** háborús **2.** *n* háborús évek *pl* || **in ~** háború idején

warty ['wɔ:tɪ] *a* bibircsókos, szemölcsös

wary ['weərı] *a* óvatos, körültekintő

was [wɒz, wəz] → **be**

wash [wɒʃ] **1.** *n* (*of body*) mosdás, mosakodás; (*of clothes*) mosás ‖ **give sy/sg a** ~ megmosdat; lemos; **have a** ~ megmosdik **2.** *vt* (*clothes*) (ki)mos; (*child*) megmosdat ‖ *vi* mosakszik; (*do washing*) mos ‖ ~ **one's hair** hajat mos; ~ **the dishes** elmosogat **wash away** (*shore*) kimos **wash up** *GB* (el)mosogat; *US* mosakszik; kezet mos

washable ['wɒʃəbl] *a* mosható

washbasin ['wɒʃbeısn], *US* **washbowl** ['wɒʃbəʊl] *n* mosdókagyló

wash-down *n* (*of car*) lemosás

washer ['wɒʃə] *n* (*ring*) tömítőgyűrű; *US* (*machine*) mosógép

washing ['wɒʃıŋ] *n* mosás; (*dirty clothes*) szennyes; (*clean clothes*) kimosott ruha ‖ ~ **machine** mosógép; ~ **powder** mosópor

Washington ['wɒʃıŋtən] *n* Washington

washing-up *n* mosogatás ‖ **do the** ~ (el)mosogat

wash-out *n col* leégés, csőd

washroom ['wɒʃrʊm] *n US* illemhely (mosdóval), mosdó

wasn't ['wɒznt] = **was not**

wasp [wɒsp] *n* darázs ‖~**'s nest** darázsfészek

wastage ['weıstıdʒ] *n* (*rejects*) hulladék; (*loss*) veszteség; (*wasting*) pazarlás

waste [weıst] **1.** *a* (*useless*) selejt; (*left over*) fölösleges; (*land*) puszta ‖ **lay sg** ~ letarol vmt **2.** *n* (*wasting*) pazarlás; (*refuse*) hulladék, szemét; (*wasteland*) puszta-

ság ‖ ~ **of time** időpocsékolás **3.** *v* (*time, money*) elveszteget, elpocsékol ‖ ~ **effort on sg** fáradságot pazarol vmre; hiába beszél; **(s)he** ~**d no time in sg** nem sokat teketóriázott

wastebasket ['weıstbɑːskıt] *n US* papírkosár, szemétkosár

waste bin *GB n* szemétkosár, szemétvödör

waste disposal unit *n* konyhamalac, (konyhai) hulladékőrlő (és -nyelő) berendezés

wasteful ['weıstfl] *a* pazarló, könynyelmű

waste ground *n* (*in town*) üres/beépítetlen telek

waste oil *n* fáradt olaj

waste-paper basket *n* papírkosár

watch [wɒtʃ] **1.** *n* (*guard*) őr; (*duty*) őrség őrszolgálat; (*timepiece*) óra ‖ **keep a close** ~ **on sg/sy** éberen figyel/őriz vmt/vkt; **the** ~ **is (ten minutes) slow/fast** az óra (tíz percet) késik/siet **2.** *v* néz; (*observe*) figyel; (*guard*) őriz ‖ ~ **television** tévét néz

watch out vigyáz ‖ ~ **out!** vigyázz!

watchdog ['wɒtʃdɒg] *n* házőrző kutya

watchful ['wɒtʃfl] *a* éber

watchmaker ['wɒtʃmeıkə] *n* órás

watchman ['wɒtʃmən] *n* (*pl* -**men**) őr; (*night* ~) éjjeliőr

watch strap *n* óraszíj

water ['wɔːtə] **1.** *n* víz ‖ **by** ~ vízen, vízi úton; **make** ~ (*leak*) ereszt; **make/pass** ~ (*urinate*) vizel **2.** *vt* (*animal*) megitat; (*garden*) (meg)-locsol; (*wine*) vizez ‖ *vi* (*eye*) könnyezik

water-bottle *n* kulacs
water closet *n* vécé
watercolour (*US* **-or**) ['wɔːtəkʌlə] *n* (*picture*) akvarell; (*paint*) vízfesték
watercourse ['wɔːtəkɔːs] *n* (*stream*) vízfolyás; (*bed*) folyómeder
watercress ['wɔːtəkres] *n* vízitorma
waterfall ['wɔːtəfɔːl] *n* vízesés
water heater *n* vízmelegítő
watering can ['wɔːtərɪŋ] *n* öntözőkanna
water level *n* vízszint, vízállás
water lily *n* tavirózsa
waterline ['wɔːtəlaɪn] *n* (*of ship*) vízvonal, merülési vonal
waterlogged ['wɔːtəlɒgd] *a* vízzel teleivódott
water main *n* vízvezetéki főnyomócső
watermark ['wɔːtəmɑːk] *n* (*on paper*) vízjel
watermelon ['wɔːtəmelən] *n* görögdinnye
water polo *n* vízilabda
waterproof ['wɔːtəpruːf] *a* vízálló, vízhatlan
watershed ['wɔːtəʃed] *n* also *fig* vízválasztó
water-skis *n pl* vízisí
watertight ['wɔːtətaɪt] *a* vízhatlan
water tower *n* víztorony
waterway ['wɔːtəweɪ] *n* vízi út
waterworks ['wɔːtəwɜːks] *n pl* vízművek
watery ['wɔːtərɪ] *a* vizes; (*coffee*) gyenge, híg; (*colour*) fakó; (*eyes*) könnyes
wave [weɪv] **1.** *n* hullám; (*with hand*) integet **2.** *vt* (*flag*) lobogtat; (*handkerchief*) integet | *vi*

(*person*) integet; (*flag*) lobog ‖ ~ **sy goodbye** búcsút int vknek
wave down leint, leállít
waveband ['weɪvbænd] *n* hullámsáv
wavelength ['weɪvleŋθ] *n* hullámhossz
waver ['weɪvə] *v fig* vk meginog, ingadozik
wavy ['weɪvɪ] *a* (*hair*) hullámos
wax [wæks] *n* viasz
waxworks ['wækswɜːks] *n pl* panoptikum
way [weɪ] *n* (*road, route*) út; (*direction*) irány; (*method*) módszer, mód ‖ **this ~ please!** erre tessék!; **be on one's ~** útba esik; **be on the ~ to** útban van vhova; **on the ~** útközben, menet közben; **be under ~** folyamatban van; **by the ~** erről jut eszembe, apropó; **give ~** megadja az elsőbbséget (*to* vknek); **in one ~ or (an)other** akár így, akár úgy; **in this ~** ily módon; **no ~!** semmi esetre (sem)!, semmi szín alatt!; **in what ~?** milyen módon?; **by ~ of** vmlyen útvonalon, vmn át/keresztül; *fig* gyanánt, -képpen; **by ~ of introduction** bevezetésképpen; **~ of life** életforma
way in *n* bejárat
waylay [weɪ'leɪ] *v* (*pt/pp* **waylaid** [weɪ'leɪd]) (*bandit*) feltartóztat
way out *n* kijárat
wayward ['weɪwəd] *a* akaratos, önfejű, csökönyös
WC [dʌblju: 'siː] *n* vécé, WC
we [wiː] *pron* mi
weak [wiːk] *a* gyenge ‖ **be ~ at mathematics** gyenge a matematikában

weaken ['wi:kən] *vt* (le)gyengít I *vi* (le)gyengül

weakling ['wi:klɪŋ] *n* vézna (ember); *pejor* nyápic

weakly ['wi:klɪ] **1.** *a* gyenge; (*sickly*) beteges **2.** *adv* gyengén; betegesen

weakness ['wi:knɪs] *n* (*of body, character*) gyengeség; (*liking*) vknek a gyengéje

wealth [welθ] *n* gazdagság, vagyon

wealthy ['welθɪ] *a* jómódú, vagyonos, gazdag

weapon ['wepən] *n* fegyver

wear [weə] **1.** *n* (*use*) használat; (*damage caused by use*) kopás; (*clothing*) viselet II ~ **and tear** kopás; **ladies'** ~ női ruha/divatáru **2.** *v* (*pt* **wore** [wɔ:], *pp* **worn** [wɔ:n]) *vt* (*have on*) visel, hord I *vi* (*become used*) (el)kopik; (*last*) tart

wear away *vt* elkoptat I *vi* elkopik

wear down (*shoes*) elkoptat

wear (sg) into holes kilyukad

wear off *vt* lekoptat I *vi* lekopik

wear out *vt* nyúz, lestrapál (vmt, vkt); (*exhaust*) kimerít, kifáraszt I *vi* elkopik, elrongyolódik

wearily ['wɪərɪlɪ] *adv* fáradtan

weariness ['wɪərɪnɪs] *n* fáradtság, kimerültség

weary ['wɪərɪ] **1.** *a* (*tired*) fáradt; (*dispirited*) csüggedt II ~ **of life** életunt **2.** kimerít, fáraszt

weasel ['wi:zl] *n* menyét

weather ['weðə] *n* idő(járás) II **what is the** ~ **like?** milyen az idő?; **be under the** ~ *fig col* maga alatt van

weather-beaten *a* (*person*) viharedzett; (*building*) viharvert; (*skin*) cserzett (arcbőrű)

weather forecast *n* időjárás-jelentés, (időjárási) előrejelzés

weave [wi:v] **1.** *n* szövés(mód) **2.** *v* (*pt* **wove** [wəʊv], *or* **weaved**, *pp* **woven** ['wəʊvn] *or* **weaved**) sző II ~ **a plot against sy** összeesküvést sző vk ellen

web [web] *n* (*of spider*) (pók)háló; *fig* szövedék; (*of duck*) úszóhártya

wed [wed] *v* (*pt/pp* **wedded** ['wedɪd] *or* **wed** [wed]) *vt* összeesket I *vi* megesküszik

we'd [wi:d] = **we had**; **we would**; **we should**

wedded ['wedɪd] *pt/pp* → **wed**

wedding ['wedɪŋ] *n* esküvő II ~ **breakfast** esküvői ebéd; ~ **dress** menyasszonyi ruha; ~ **night** nászéjszaka; ~ **present** nászajándék; ~ **ring** jegygyűrű

wedge [wedʒ] **1.** *n* (*of wood*) ék; (*of cake*) szelet **2.** *v* kiékel

wedlock ['wedlɒk] *n* házasság

Wednesday ['wenzdɪ] *n* szerda; → **Monday**

wee [wi:] *a col* kicsike, pici

weed [wi:d] **1.** *n* gyom, gaz **2.** *v* (ki)gyomlál

weed out *fig* gyomlál; kihajigál

weed-killer *n* gyomirtó (szer)

weedy [wi:dɪ] *a* (*ground*) gyomos; (*person*) vézna, vékonydongájú II **become** ~ elburjánzik

week [wi:k] *n* hét II **for a** ~ egy hétre; **this** ~ ezen a héten; **a** ~ **(ago) today** ma egy hete; **a** ~ **(from) today, today** ~ mához egy hétre; ~ **in** ~ **out** hétről hétre; **a** ~ **later** rá egy hétre, egy héttel később

weekday ['wi:kdeɪ] *n* hétköznap

weekend [wi:k'end] *n* hétvég(e), víkend ‖ **spend the ~ at** vhol tölti a hétvégét; **at the ~** a hétvégén
weekend cottage *n* hétvégi ház; víkendház
weekly ['wi:klı] **1.** *a* heti ‖ **~ pass** hetijegy; **~ pay** hetibér **2.** *n* hetilap
weep [wi:p] **1.** *n* **have a good ~** jól kisírja magát **2.** *v* (*pt/pp* **wept** [wept]) sír ‖ **~ for/over** megsirat
weeping willow ['wi:pıŋ] *n* szomorúfűz
weepy ['wi:pı] *a* sírós
weigh [weı] *vt* (*find the weight of*) (meg)mér, lemér; *fig* (*consider*) mérlegel | *vi* (*have weight*) nyom (vmennyit) ‖ **how much does it ~?** hány kiló?; **~ anchor** horgonyt felszed; **it ~s 5 kilos** a súlya 5 kiló
weigh down nyomaszt(ólag hat vkre)
weigh up latolgat, megfontol ‖ **~ things up** felméri a helyzetet
weight [weıt] *n* (*heaviness*) súly; *fig* (*importance*) súly, nyomaték ‖ **~s** *pl* súlymértékek; **put on ~** hízik
weighting ['weıtıŋ] *n* (*allowance*) pótlék, pótdíj
weightlessness ['weıtlısnıs] *n* súlytalanság
weight-lifting *n* súlyemelés
weighty ['weıtı] *a* súlyos; (*argument*) nyomós
weir [wıə] *n* duzzasztómű
weird [wıəd] *a* (*unearthly*) természetfölötti; (*strange*) furcsa
welcome ['welkəm] **1.** *a* szívesen látott ‖ **~ news** örvendetes hír; **you're ~!** (*answer to "thanks"*) kérem!, szívesen! **2.** *n* fogadtatás ‖

give sy a warm ~ meleg/szívélyes fogadtatásban részesít vkt **3.** *v* (*greet*) üdvözöl, köszönt; (*receive*) fogad ‖ **~ sy** szívesen lát vkt **4.** *int* **~!** isten hozott!
weld [weld] **1.** *n* hegesztés(i varrat) **2.** *v* hegeszt
welder ['weldə] *n* hegesztő
welfare ['welfeə] *n* jólét ‖ **~ state** jóléti állam; **~ worker** szociális gondozó
well[1] [wel] **1.** *n* kút **2.** *v* ömlik, bugyog
well out from (*blood*) dől belőle
well up (*tear*) kibuggyan; (*water*) feltör
well[2] [wel] **1.** *a* jó, szerencsés; (*in good health*) egészséges ‖ **be ~** jól érzi magát; **get ~!** gyógyulj meg!; **all's ~ that ends ~** minden jó, ha jó a vége! **2.** *adv* jól; **as ~** szintén; **do sg ~** *col* jól csinálja (művész); **be doing ~** (*school, business*) jól megy (neki); (*health*) szépen javul; **be ~ off** jólétben él, jól megy neki; **as ~ as** továbbá, valamint; **~ done!** ez pompás!, bravó; **be ~ up in sg** ért vmhez, vmben jártas; **you'd do ~ to** jól tennéd, ha... **2.** *int* (*resuming*) nos, szóval, hát; (*question*) na!? ‖ **~ I never!** (no) de ilyet!, na hallod!
we'll [wi:l] = **we shall/we will**
well-behaved *a* jó magaviseletű
well-being *n* jólét
well-built *a* jó felépítésű, jókötésű
well-deserved *a* megérdemelt
well-dressed *a* jól öltözött
well-fed *a* jól táplált
well-groomed *a* ápolt (külsejű), jól öltözött
well-heeled *a col* jómódú, pénzes

wellingtons ['welɪŋtənz] *n pl* gumicsizma, hócsizma
well-kept *a* jól ápolt/gondozott
well-known *a* közismert, híres ‖ **it is ~ that** tudvalevő, hogy
well-matched *a* összeillő
well-meaning *a* jó szándékú
wellnigh ['welnaɪ] *adv* majdnem
well-off *a* jómódú
well-timed *a* jól időzített
well-to-do *a* jómódú
Welsh [welʃ] **1.** *a* walesi **2.** *n* walesi nyelv ‖ **the ~** a walesiek
Welshman ['welʃmən] *n* (*pl* **-men**) walesi (férfi)
Welsh rarebit *n* (sajtos) meleg szendvics
Welshwoman ['welʃwʊmən] *n* (*pl* **-women**) walesi nő
went [went] *pt* → **go**
wept [wept] *pt*/*pp* → **weep**
were [wɜ:] → **be**
we're [wɪə] = **we are**
weren't [wɜ:nt] = **were not**
west [west] **1.** *a* nyugati **2.** *adv* nyugatra, nyugat felé ‖ **~ of London** Londontól nyugatra **3.** *n* nyugat ‖ **in the ~** nyugaton; **the W~** *pol* a Nyugat
westerly ['westəlɪ] *a* (*wind*) nyugati
western ['westən] **1.** *a* nyugati **2.** *n* vadnyugati film, western
Western Europe *n* Nyugat-Európa
West Indian *a*/*n* nyugat-indiai
West Indies, the *n pl* Nyugat-India
westward(s) ['westwəd(z)] *adv* nyugat felé, nyugatra
wet [wet] **1.** *a* (*road*) vizes, nedves; (*weather*) nyirkos, esős; (*baby*) pisis ‖ **~ through** (*person*) csuromvizes; **get ~** vk megázik; **~ blanket** *col* ünneprontó, savanyú

alak/ember; **~ paint!** vigyázat, mázolva! **2.** *v* **-tt-** megvizez, benedvesít ‖ **~ one's pants, ~ oneself** *col* bepisil; **~ the bed** (*ágyba*) bevizel; **~ through** átnedvesít
wet suit *n* szörfruha
we've [wi:v] = **we have**
whack [wæk] *v col* megver
whale [weɪl] *n* bálna
wharf [wɔ:f] *n* (*pl* **wharfs** or **wharves** [wɔ:vz]) rakpart
what [wɒt] **1.** *pron* (*interrogative*) (*thing or things*) mi?, mit?; (*what kind of?*) milyen? ‖ **for ~?** mire?; **~ about a cup of tea?** mit szólnál/szólna egy csésze teához?; **~ am I to do?** mit tegyek?; **~ can I do for you?** (*in shop*) mi tetszik?; **~ for?** mi célból/végett?, miért?; **~'s this (thing) for?** ez (meg) mire való?; **~ is he talking about?** miről beszél?; **~ is it about?** miről szól?; **~ is ... like?** milyen?; **~ next?** (hát) még mit nem!, mi lesz?; **so ~?** hát aztán?, na és (aztán)?; **~ shall I do?** mit tegyek?; **~ size?** (*shoe*) hányas?; **~ time is it?** hány óra van?; **~ will you have?** (*to eat*) mit parancsol?; **~'s on (the) TV?** mi megy a tévében?; **~'s up?** mi történt/baj?; **~ a(n) ...** (*exclamation*) micsoda, mekkora; **~ a mess!** micsoda zsibvásár!; **~ an idea!** micsoda ötlet! **2.** *pron* (*relative*) ami(t), amely(et); az ami; ami csak; azt amit ‖ **~ I like is music** a zene az, amit szeretek; **and ~ is more** sőt mi több
whatever [wɒt'evə] *pron* (*anything that*) akármi(t), bármi(t), ami(t)

csak; (*of any sort*) bármilyen ‖
from ~ direction akármerről; ~
happens bármi történjék is
wheat [wiːt] *n* búza
wheatgerm ['wiːtdʒɜːm] *n* búzacsíra
wheel [wiːl] **1.** *n* kerék; (*steering* ~)
volán, kormány(kerék) **2.**
v US biciklizik, bringázik, kerekezik
wheelbarrow ['wiːlbærəʊ] *n* talicska
wheelchair ['wiːltʃeə] *n* tolószék
wheel clamp *n* kerékbilincs
wheeze [wiːz] **1.** *n* (*breath*) zihálás
2. *v* liheg, zihál
when [wen] **1.** *adv* (*interrogative*)
mikor? ‖ **since ~?** mióta?; **till/
until ~?** (*time*) meddig?; **since ~
have you been living here?**
mióta lakik itt? **2.** *adv* (*relative*)
mikor, amikor **3.** *conj* (amikor)
pedig, amikor, ha ‖ **just ~** éppen
akkor, amikor; ~ **due** esedékességkor
whenever [wen'evə] *adv* valahányszor, amikor csak ‖ ~ **you like**
amikor csak akarsz/akarja
where [weə] **1.** *adv* (*interrogative*)
hol?; (*direction*) hova? ‖ **from ~**
honnan?; ~ **do you live?** hol
laksz? **2.** *adv* (*relative*) ahol;
(*direction*) ahova ‖ **from ~** ahonnan; **this is ~ I live** itt lakom
whereabouts ['weərəbaʊts] **1.** *n*
hollét, tartózkodási hely **2.** *adv*
(*interrogative*) hol?; (*direction*)
merre?
whereas [weər'æz] *conj* (*while*)
míg, ezzel szemben; (*although*)
noha; (*since*) minthogy
wherever [weər'evə] *adv* akárhol;
(*direction*) akárhova, akármerre ‖
from ~ akárhonnan, ahonnan csak

whet [wet] *v* **-tt-** (meg)fen, kiélesít ‖
~ **sy's appetite** étvágyat csinál
vknek
whether ['weðə] *conj* vajon, -e ‖ **I
don't know ~ he's gone** nem
tudom, hogy elment-e; ~ **... or ...**
akár ..., akár ...; ~ **you like it or
not** akár tetszik, akár nem; ~ **or
no(t)** mindenképpen
whetstone ['wetstəʊn] *n* fenőkő
which [wɪtʃ] **1.** *pron* (*interrogative*)
melyik(et)?, mely(et)?; melyek(et)? ‖ **from ~** melyiktől?; ~
bus? hányas busz?; ~ **one?**
melyiket?; ~ **way?** merre?, hova? **2.** *pron* (*relative*) amely(et),
amelyek(et); azt, amit ‖ **from
among ~** amelyek közül; **that ~**
az, ami
whichever [wɪtʃ'evə] *pron* akármelyik(et)
whiff [wɪf] *n* (*puff*) fuvallat; (*smell*)
illat, beszippantás
while [waɪl] **1.** *conj* amíg, mialatt;
(*whereas*) míg (viszont), ezzel
szemben ‖ ~ **I was there** amíg ott
voltam; ~ **playing** játék közben **2.**
n (kis) idő ‖ **after a ~** kis idő múlva **3.** *v* ~ **away the time** időt eltölt, agyonüt
whim [wɪm] *n* szeszély, hóbort
whimper ['wɪmpə] *v* (*baby*) bőg,
nyafog; (*dog*) nyüszít
whimsical ['wɪmzɪkl] *a* szeszélyes,
hóbortos
whine [waɪn] **1.** *n* (*of child*) nyafogás; (*of dog*) nyüszítés **2.** *v* (*child*)
nyafog; (*dog*) nyüszít
whip [wɪp] **1.** *n* (*lash*) korbács; (*for
riding*) ostor, pálca; *pol* (*person*)
fegyelmi elöljáró **2.** *v* **-pp-** ostoroz; korbácsol

whip out (*sword*) előránt; (*dust*) felkavar

whipped cream [wɪpt] *n* tejszínhab

whip-round *n col* (*collection*) gyűjtés

whirl [wɜ:l] **1.** *n* forgás, pörgés; (*of water*) örvény **2.** *vt* megperdít | *vi* megperdül; (*water*) örvénylik

whirlpool ['wɜ:lpu:l] *n* örvény

whirlwind ['wɜ:lwɪnd] *n* forgószél

whirr (*US* **whir**) [wɜ:] **1.** *n* zúgás, búgás **2.** *v* (*machine*) zúg, búg

whisk [wɪsk] *v* (*eggs*) felver

whiskers ['wɪskəz] *n pl* (*of cat*) bajusz

whisky (*US* **whiskey**) ['wɪskɪ] *n* whisky

whisper ['wɪspə] **1.** *n* suttogás || **in a ~** suttogva, halkan **2.** *v* suttog

whistle ['wɪsl] **1.** *n* (*sound*) fütty; (*instrument*) síp **2.** *v* (*with lips*) fütyül; (*with a ~*) sípol

white [waɪt] **1.** *a* fehér || **~ coffee** tejeskávé **2.** *n* (*colour*) fehér (szín); (*person*) fehér (ember); (*in chess*) világos; (*of egg*) tojásfehérje

white-collar worker *n* értelmiségi/szellemi dolgozó

white elephant *n* haszontalan vagyontárgy

white lie *n* füllentés

whiten ['waɪtn] *vi* elfehéredik | *vt* fehérít

white pudding *n GB* májas hurka

whitewash ['waɪtwɒʃ] *v* kimeszel

Whitsun ['wɪtsn] *n* pünkösd

whiz(z) ['wɪz] *v* (*sword*) suhog; (*arrow*) süvít, (el)zúg

whiz(z)-kid *n col* sikerember, menő

who [hu:] **1.** *pron* (*interrogative*) ki?; kik? || **~ can tell?** ki tudja?; **~ is it?** ki az? **2.** *pron* (*relative*) aki, akik; azok, akik || **he ~** az, aki; **it was he ~ invented it** ezt ő ötlötte ki

whodunit [hu:'dʌnɪt] *n col* bűnügyi regény, krimi

whoever [hu:'evə] *pron* aki csak, akárki || **~ could that be?** ki lehetett az?

whole [həʊl] **1.** *a* (*complete*) egész, teljes; (*unbroken*) ép, hiánytalan || **go the ~ hog** ha (már) lúd, legyen kövér **2.** *n* **the ~** az egész; **on the ~** egészében véve, nagyjából

whole food(s) *n* (*pl*) természetes étel(ek)

whole-hearted [həʊl'hɑ:tɪd] *a* szívből jövő; (*support*) teljes mértékű

wholemeal ['həʊlmi:l] *a* (*bread, flour*) korpás (*kenyér*)

wholesale ['həʊlseɪl] *comm* **1.** *a* nagybani **2.** *adv* nagyban **3.** *n* nagybani árusítás

wholesaler ['həʊlseɪlə] *n* nagykereskedő

wholesome ['həʊlsəm] *a* (*food*) egészséges

whole-wheat *a* = **wholemeal**

wholly ['həʊllɪ] *adv* egészen, teljesen

whom [hu:m] **1.** *pron* (*interrogative*) kit? || **to ~** kinek? **2.** *pron* (*relative*) akit || **to ~** akinek

whooping cough ['hu:pɪŋ] *n* szamárköhögés

whopper ['wɒpə] *n col* irtó nagy dolog; (*lie*) bődületes hazugság

whopping ['wɒpɪŋ] *a col* óriási

whore [hɔː] *n vulg* kurva, szajha
who're ['huːə] = **who are**
who's [huːz] = **who is/who has**
whose [huːz] **1.** *pron (interrogative)* kié?, kinek a...? ‖ ~ **book is this?** kié ez a könyv? **2.** *pron (relative)* akié, akinek a... ‖ **the boy ~ father is abroad** a fiú, akinek az apja külföldön van
who've [huːv] = **who have**
why [waɪ] **1.** *adv (interrogative)* miért? ‖ ~ **did you go?** miért mentél el? **2.** *adv (relative)* amiért, ami miatt ‖ **that's the reason ~ ...** ezért **3.** *int (surprise)* no de, nocsak; *(certainty)* hát (persze); *(protest)* hiszen
wick [wɪk] *n* (gyertya)bél, kanóc
wicked ['wɪkɪd] *a* gonosz, bűnös; *(mischievious)* rosszindulatú; *(smile)* gúnyos
wicker basket *n* vesszőkosár
wicket ['wɪkɪt] *n* (krikett)kapu
wide [waɪd] **1.** *a* széles; *(knowledge)* széles körű; *(choice)* bő, bőséges ‖ **18 inches ~** két arasz széles; **too ~** *(dress)* bő; **a ~ selection** széles választék **2.** *adv* szélesen ‖ **be ~ open** szélesre tárt, tárva-nyitva van
wide-angle lens *n* nagy látószögű objektív
wideawake [waɪdə'weɪk] *a* szemfüles
wide-boy *n* vagány
widely ['waɪdlɪ] *adv* széleskörűen ‖ ~ **read** igen olvasott; **it is ~ known** széles körben ismert
widen ['waɪdn] *vi* kiszélesedik, kibővül | *vt* kiszélesít, kibővít
wide-open *a (gate)* szélesre tárt; *(eye)* tágra nyílt

widespread ['waɪdspred] *a* széleskörűen elterjedt; általános
widow ['wɪdəʊ] *n* özvegy(asszony)
widower ['wɪdəʊə] *n* özvegyember
width [wɪdθ] *n* szélesség
wield [wiːld] *v (sword, pen)* forgat; *(power)* gyakorol
wife [waɪf] *n (pl* **wives** [waɪvz]) feleség
wig [wɪg] *n* paróka
wild [waɪld] *a (animal, anger)* vad, szilaj; *(violent)* heves
wild cat *n* vadmacska
wilderness ['wɪldənɪs] *n* vadon, pusztaság
wild-goose chase *n fig* hiábavaló vállalkozás, ábrándkergetés
wildlife ['waɪldlaɪf] *n* vadvilág; állatvilág; állat- és növényvilág
wildly ['waɪldlɪ] *adv* vadul, féktelenül
Wild West, the *n* vadnyugat
wilful *(US* **willful**) ['wɪlfl] *a (person)* akaratos, önfejű; *(action, crime)* szándékos
will [wɪl] **1.** *n* akarat; *(testament)* végrendelet ‖ **at ~** tetszés szerint **2.** *v (auxiliary verb for future tense)* **he ~ come** el fog jönni; **you won't tell her, ~ you?** ugye nem mondod el neki? **3.** *v* akar ‖ **call it what you ~** nevezd, aminek akarod; → **would**
willful ['wɪlfl] *a US* = **wilful**
willing ['wɪlɪŋ] *a* készséges, segítőkész ‖ **be ~ to do sg** hajlandó vmre
willingly ['wɪlɪŋlɪ] *adv* önként, készséggel
willingness ['wɪlɪŋnɪs] *n* hajlandóság, jóakarat
willow ['wɪləʊ] *n* fűzfa

willpower ['wɪlpaʊə] *n* akaraterő
willy-nilly [wɪlɪ'nɪlɪ] *adv* akarva-akaratlan; ha tetszik, ha nem
wily ['waɪlɪ] *a* rafinált, furfangos, ravasz
win [wɪn] **1.** *n sp* győzelem ‖ **easy ~** fölényes győzelem **2.** *v* (*pt/pp* **won** [wʌn]; **-nn-**) (*be victorious*) győz, nyer; (*gain*) elnyer ‖ **~ a scholarship** elnyer/kap egy ösztöndíjat
win sy over/round rábeszéléssel megnyer
wince [wɪns] *v* (*face*) megvonaglik, megrándul
winch [wɪntʃ] *n* csörlő
wind[1] [wɪnd] **1.** *n* szél; *med* felfúvódás ‖ **before the ~** szélirányba(n) **2.** *v* (*pt/pp* **~ed** ['wɪndɪd]) (*running*) kifullaszt; (*dog*) megszimatol ‖ **be ~ed** elállt a lélegzete, kifulladt
wind[2] [waɪnd] *v* (*pt/pp* **wound** [waʊnd]) (*river, road*) *vi* kígyózik, kanyarog ‖ *vt* (*wool*) csévél, tekercsel; (*watch*) felhúz
wind off legombolyít, leteker
wind up (*debate*) bezár; (*company*) felszámol; *col* (*emotionally*) felizgat
windbreaker ['wɪndbreɪkə] *n US* széldzseki
windfall ['wɪndfɔːl] *n* talált pénz ‖ **have a ~** pénz áll a házhoz
winding ['waɪndɪŋ] *a* kanyargó(s)
wind instrument *n* fúvós hangszer
windmill ['wɪndmɪl] *n* szélmalom
window ['wɪndəʊ] *n* ablak; (*in shop*) kirakat; (*in bank*) pénztár ‖ **~ cleaner** (*person, agent*) ablaktisztító; **~ glass** ablaküveg; **~ seat** ablak melletti ülés

window-sill *n* ablakpárkány
windpipe ['wɪndpaɪp] *n* légcső
windscreen ['wɪndskriːn] *n* (*of car*) szélvédő (üveg) ‖ **~ washer** (*of car*) ablakmosó; **~ wiper** ablaktörlő
windshield(-) ['wɪndʃiːld] *n US* = **windscreen(-)**
windsurf ['wɪndsɜːf] *v* **be/go ~ing** szörfözik
windsurfer ['wɪndsɜːfə] *n* (*board*) szörf; (*person*) szörföző
windsurfing ['wɪndsɜːfɪŋ] *n* szörfözés
windswept ['wɪndswept] *a* (*place*) szeles, széljárta; (*hair*) összeborzolódott
windy ['wɪndɪ] *a* (*weather*) szeles ‖ **it is ~** fúj a szél
wine [waɪn] *n* bor ‖ **~ cellar** borospince
wineglass ['waɪnglɑːs] *n* borospohár
wine list *n* borárjegyzék, borlap
wine tasting *n* borkóstolás
wine waiter *n* italpincér
wing [wɪŋ] *n* *also mil, pol* szárny; (*of building*) szárnyépület; *sp* szélső ‖ **the ~s** *theat* kulisszák
winger ['wɪŋə] *n sp* szélső
wing mirror *n* (oldalsó) visszapillantó tükör
wink [wɪŋk] **1.** *n* **~ of the eye** szemvillanás **2.** *v* hunyorít, kacsint
wink at sy vkre kacsint
winner ['wɪnə] *n* nyertes; *sp* győztes ‖ **~ of a Nobel prize** Nobel-díjas
winning ['wɪnɪŋ] *a* nyerő; *sp* győztes; (*goal*) döntő → **winnings**
winning post *n* céloszlop

winnings ['wɪnɪŋz] *n pl* nyeremény
winter ['wɪntə] **1.** *n* tél ‖ **in** ~ télen; **this** ~ e télen **2.** *v* telel
winter clothes *n pl* téli ruha
winter sports *n pl* télisportok
wintry ['wɪntrɪ] *a* (*weather*) fagyos, télies
wipe [waɪp] **1.** *n* (le)törlés, feltörlés **2.** *v* (le)töröl, megtöröl ‖ ~ **one's feet (on the mat)** megtörli a lábát
wipe (sg) down (*window*) letöröl
wipe off (*tears*) kitöröl
wipe out (*bowl*) kitöröl; (*debt*) kifizet, rendez; (*annihilate*) megsemmisít
wipe up feltöröl
wire [waɪə] **1.** *n* drót, huzal; (*telegram*) távirat ‖ **by** ~ távirati úton, táviratilag **2.** *v* (*telegraph*) (meg)táviratoz
wireless ['waɪəlɪs] *n GB* rádió(készülék)
wire-tapping *n* (*of telephone*) lehallgatás
wiry ['waɪərɪ] *a* (*wire-like*) drótszerű, drót-; (*sinewy*) szívós és izmos (de sovány)
wisdom ['wɪzdəm] *n* bölcsesség ‖ ~ **tooth** (*pl* **-teeth**) bölcsességfog
wise[1] [waɪz] *a* bölcs, okos
wise[2] [waɪz] *adv* **in no** ~ sehogy(an)
wisecrack ['waɪzkræk] *n* beköpés, bemondás
wish [wɪʃ] **1.** *n* kívánság, óhaj ‖ **best** ~**es** (*on birthday etc*) jókívánságok; (*in letter*) szívélyes üdvözlettel **2.** *v* kíván, óhajt, akar ‖ ~ **sy sg** vknek vmt kíván; **as you** ~ ahogy akarod/tetszik; **I** ~ **he were here** (bár)csak itt lenne már!

wish for (*desire*) óhajt; (*long for*) vmt megkíván
wishy-washy ['wɪʃɪwɒʃɪ] *a* (*coulour*) halvány, elmosódott; (*food*) híg; se íze, se bűze
wisp [wɪsp] *n* (*of straw*) csutak, szalmacsomó; (*of hair*) hajfürt; (*of smoke*) füstfelhő
wistful ['wɪstfl] *a* vágyakozó, sóvárgó
wit [wɪt] *n* (~**s** *pl*) elme, ész; (*humour*) szellemesség ‖ **I am at my** ~**'s end** megáll az eszem(, amikor...)
witch [wɪtʃ] *n* boszorkány
witchcraft ['wɪtʃkrɑːft] *n* boszorkányság
with [wɪð, wɪθ] *prep* (*connection*) -val, -vel; (*nearness*) -nál, -nél ‖ **I am** ~ **you** benne vagyok!; ~ **her** vele, nála; ~ **sy** vkvel együtt
withdraw [wɪð'drɔː] *v* (*pt* **withdrew** [wɪð'druː], *pp* **withdrawn** [wɪð-'drɔːn]) *vt* visszavon; (*money*) kivesz, felvesz | *vi* (*retire*) visszavonul, visszahúzódik; (*retract*) viszszalép (*from* vmtől) ‖ ~ **from circulation** forgalomból kivon
withdrawal [wɪð'drɔːəl] *n* (*of troops, coins*) visszavonás; (*of money, drug*) megvonás; (*from bank*) kivét; (*of work*) visszavonulás ‖ ~ **symptoms** *pl med* elvonási tünetek
withdrawn [wɪð'drɔːn] *a* (*person*) zárkózott, visszavonult; → **withdraw**
withdrew [wɪð'druː] *pt* → **withdraw**
wither ['wɪðə] *v* (el)hervad
withhold [wɪð'həʊld] *v* (*pt/pp* **withheld** [wɪð'held]) (*truth, wage*) visszatart; (*money*) levon ‖ ~

sg/sy from sg visszatart vkt/vmt vmtől; ~ **sg from sy** *vmt vk elől* elhallgat

within [wɪ'ðɪn] *prep* benn; (*also in time, distances*) belül ‖ ~ **the week** még a héten

without [wɪ'ðaʊt] *prep* nélkül ‖ ~ **that/this** e nélkül; ~ **you** nélküled, nélkületek

withstand [wɪð'stænd] *v* (*pt/pp* **withstood** [wɪð'stʊd]) vmnek ellenáll

witness ['wɪtnɪs] **1.** *n* (*person*) tanú; (*evidence*) tanúbizonyság ‖ **bear false** ~ hamis tanúvallomást tesz **2.** *v* (*sign*) tanúsít, tanúként aláír; (*see*) szemtanúja vmnek

witness box (*US* **stand**) *n* tanúk padja

witticism ['wɪtɪsɪzəm] *n* elmés mondás, aranyköpés

witty ['wɪtɪ] *a* elmés, szellemes

wives [waɪvz] → **wife**

wizard ['wɪzəd] *n* varázsló

wobble ['wɒbl] *v* inog

woe [wəʊ] *n* szomorúság, bánat, baj ‖ ~ **is me!** jaj nekem!

woeful ['wəʊfl] *a* szánalmas

woke [wəʊk] *pt* → **wake**

woken ['wəʊkən] *pp* → **wake**

wolf [wʊlf] *n* (*pl* **wolves** [wʊlvz]) farkas

woman ['wʊmən] *n* (*pl* **women** ['wɪmɪn]) asszony, nő ‖ ~ **doctor** orvosnő; ~ **friend** barátnő

womanish ['wʊmənɪʃ] *a* (*man*) nőies

womb [wuːm] *n* (*organ*) méh

women ['wɪmɪn] *pl* → **woman**

women's lib, women's liberation *n* nőmozgalom

women's room *n US* női vécé, toalett, „nők"

won [wʌn] *pt/pp* → **win**

wonder ['wʌndə] **1.** *n* (*marvel*) csoda; (*surprise*) csodálkozás; (*admiration*) csodálat ‖ **it's no** ~ **that** nem csoda, hogy **2.** *v* ~ **at** vmn csodálkozik/meglepődik ‖ **I** ~ **if ...** szeretném tudni, vajon ...; **I** ~**!** erre aztán kíváncsi vagyok!

wonderful ['wʌndəfəl] *a* csodálatos, bámulatos

wonderfully ['wʌndəfəlɪ] *adv* csodálatosan

wonderland ['wʌndəlænd] *n* csodaország, tündérország

won't [wəʊnt] = **will not**

woo [wuː] *v* (*pt/pp* ~**ed**) ~ **sy** csapja a szelet vknek, udvarol vknek

wood [wʊd] *n* fa(anyag); (*firewood*) tüzelő, tűzifa; (*forest*) erdő ‖ ~ **carving** fafaragás

woodcut ['wʊdkʌt] *n* fametszet

wooded ['wʊdɪd] *a* (*area*) fás, erdős

wooden ['wʊdn] *a* fából készült, fa-; *fig* (*look*) kifejezéstelen

woodland ['wʊdlənd] *n* erdőség

woodpecker ['wʊdpekə] *n* harkály

woodwind ['wʊdwɪnd] *n pl mus* fafúvósok

woodwork ['wʊdwɜːk] *n* (*craft, subject*) famunka ‖ **do the** ~ ácsol

woodworm ['wʊdwɜːm] *n* szú

woody ['wʊdɪ] *a* (*area*) erdős, fás; (*plant*) pudvás, fás

wool [wʊl] *n* gyapjú

woollen (*US* **woolen**) ['wʊlən] *a* gyapjú-

woolly (*US* **wooly**) ['wʊlɪ] **1.** *a* gyapjas; *fig* (*mind*) zavaros, ködös

word [wɜːd] **1.** *n* szó; (*message*) üzenet ‖ ~**s** *pl* dalszöveg; ~ **for** ~ szó szerint; **in other** ~**s** más szóval; **keep one's** ~ ígéretét megtartja; **the last** ~ **(in)** a legutolsó divat (vmben); **upon my** ~ szavamra!; **the W~ (of God)** Isten igéje, az Ige **2.** *v* megfogalmaz, szövegez

wording ['wɜːdɪŋ] *n* megfogalmazás, szövegezés

word-perfect *a* kifogástalan, hibátlan

word processor *n* szövegszerkesztő

wordy ['wɜːdɪ] *a* terjengős, bőbeszédű

wore [wɔː] *pt* → **wear**

work [wɜːk] **1.** *n* munka; (*product, composition*) mű, munka ‖ **be at** ~ munkában van; **be out of** ~ munka nélkül van, nincs munkája; ~ **of art** műalkotás; → **works 2.** *v* dolgozik; (*funcion*) üzemel; működik; (*medicine*) hat ‖ **it did not** ~ nem vált be; ~ **hard** keményen dolgozik; ~ **(itself) loose** (*screw*) meglazul

work on tovább dolgozik ‖ ~ **on sg** vmn dolgozik

work out *vt* (*method*) kidolgoz | *vi* (*problem*) megoldódik; *sp* edz ‖ **it didn't** ~ **out** *col* (ez) nem jött össze

work up (*theme*) feldolgoz ‖ **get ~ed up** *col* indulatba jön

workable ['wɜːkəbl] *a* (*plan*) kivitelezhető, megvalósítható

workaholic [wɜːkə'hɒlɪk] *a col* a munka megszállottja, munkamániás

workday ['wɜːkdeɪ] *n US* = **working day**

worked up *a col* (fel)izgatott

worker ['wɜːkə] *n* munkás

working ['wɜːkɪŋ] **1.** *a* (*person*) dolgozó; (*machine*) működő **2.** *n* (*of person*) dolgozás; (*of machine*) működés ‖ ~ **class** munkásosztály; ~ **day** munkanap; **be in** ~ **order** üzemképes állapotban van; ~ **time** munkaidő

workman ['wɜːkmən] *n* (*pl* **-men**) munkás, *col* melós

work-out *n sp* edzés

workplace ['wɜːkpleɪs] *n US* munkahely

works [wɜːks] *n sing. or pl* (*factory*) gyár, üzem; (*plant*) telep; (*product*) művek ‖ **the** ~ (*establishment*) mű, művek; (*moving parts*) szerkezet

workshop ['wɜːkʃɒp] *n* műhely; (*discussion*) műhelymunka

workteam ['wɜːktiːm] *n* munkacsoport

work-to-rule *n* munkalassítás

world [wɜːld] *n* világ, föld ‖ **all over the** ~ az egész világon, világszerte

world-famous *a* világhírű

worldly ['wɜːldlɪ] *a* földi, világi

world record *n* világcsúcs, világrekord

world war *n* világháború

world-wide *a* világméretű

worm [wɜːm] *n* kukac, hernyó

wormy ['wɜːmɪ] *a* férges, kukacos

worn [wɔːn] *a* használt, kopott, nyűtt; → **wear**

worn-out *a* (*clothes*) ócska, elnyűtt; (*person*) kimerült, nyúzott

worried ['wʌrɪd] *a* aggódó, gondterhelt

worry ['wʌrɪ] **1.** *n* aggodalom, gond **2.** *vi* aggódik, nyugtalankodik (*about* vm miatt) | *vt* aggaszt, nyugtalanít || **don't** ~! ne aggódj!, ne izgulj!

worrying ['wʌrɪŋ] *a* nyugtalanító, kínzó

worse [wɜːs] **1.** *a* rosszabb || **2.** *adv* rosszabbul || **get** ~ rosszabbodik; ~ **and** ~ egyre rosszabb(ul) **3.** *n* rosszabb dolog/állapot || **change for the** ~ rosszra fordul

worsen ['wɜːsn] *v* (*situation*) rosszszabbodik, súlyosbodik; (*health*) romlik

worship ['wɜːʃɪp] **1.** *n* (*adoration*) imádás; (*religious service*) istentisztelet || **Your W~** méltóságod **2.** *v* **-pp-** *vt* (*God*) imád | *vi* (*in church*) istentiszteleten vesz részt (vhol)

worshipper (*US* **-p-**) ['wɜːʃɪpə] *n* **the** ~**s** a hívek, istentiszteleten részt vevők

worst [wɜːst] **1.** *a* legrosszabb **2.** *adv* legrosszabbul; ~ **of all** legesleg-rosszabb(ul) **3.** *n* **at (the)** ~ a legrosszabb (*or* végső) esetben; **the** ~ **is over** a nehezén már túl vagyunk

worsted ['wʊstɪd] *n* fésűsgyapjú fonal/szövet, kamgarn(szövet)

worth [wɜːθ] **1.** *a* értékű || **what is it** ~? mennyit ér?; **is it** ~ **it?** *col* megéri?, érdemes?; **be** ~ **one's while** megéri a fáradságot; **it isn't** ~ **the trouble** nem éri meg a fáradságot **2.** *n* érték || **10 pounds'** ~ **of** ... 10 font értékű ...

worthless ['wɜːθlɪs] *a* értéktelen, haszontalan

worthy ['wɜːðɪ] *a* érdemes, méltó (*of* vmre); **(be)** ~ **of credit** hitelt érdemel

would [wʊd] *v* (*auxiliary verb*) **1.** (*future in the past*: **will** *pt* **-e**) **he thought it** ~ **rain** azt hitte, esni fog **2.** (*request*) ~ **you please...**, ~ **you kindly...** lenne/legyen olyan szíves... **3.** (*wish*) **I** ~ **like to...** szeretnék..., szeretném... **4.** (*conditional*) **if I dropped it, it** ~ **explode** ha leejteném, felrobbanna **5.** (*habit*) **he** ~ **get up very early** nagyon korán szokott felkelni (régebben); → **will**

would-be *a* jövendőbeli; leendő

wouldn't ['wʊdnt] = **would not**

wound[1] [wuːnd] **1.** *n* seb **2.** *v* megsebesít

wound[2] [waʊnd] *pp* → **wind**[2]

wounded ['wuːndɪd] **1.** *a* (*person*) sebesült; (*pride*) sebzett **2.** *n* **the** ~ a sebesültek

wove [wəʊv] *pt* → **weave**

woven ['wəʊvən] *a* fonott, szövött; → **weave**

wow[1] [waʊ] *int* hű!

wow[2] [waʊ] *n* nagy siker

WP [dʌbljuː 'piː] = **word processor**

WPC ['dʌbljuː piː siː] = *woman police constable* női rendőr, rendőrnő

wrangle ['ræŋgl] **1.** *n* veszekedés, huzakodás **2.** *v* veszekedik, huzakodik

wrap [ræp] **1.** *n* (*shawl*) sál; (*dressing-gown*) pongyola **2.** *v* **-pp-** (be)csomagol, beburkol || **wrap up** (*cover*) becsomagol || ~ **oneself up** betakaródzik

wrapper ['ræpə] *n* csomagolóanyag, göngyöleg; (*of book*) burkoló

wrapping paper ['ræpɪŋ] *n* csomagolópapír
wrath [rɒθ] *n* harag
wreath [riːθ] *n* koszorú
wreathe [riːð] *v* (meg)koszorúz
wreck [rek] **1.** *n* roncs **2.** *v* szétroncsol; szétver ǁ **be ~ed** hajótörést szenved
wreckage ['rekɪdʒ] *n* (*of ship*) roncs
wrecker ['rekə] *a US* autómentő
wren [ren] *n* (*bird*) ökörszem
wrench [rentʃ] *n US* villáskulcs, csavarkulcs
wrestle ['resl] *v* **~ with** birkózik vkvel; (*with problem etc*) megbirkózik vmvel
wrestler ['reslə] *n* birkózó
wrestling ['reslɪŋ] *n* birkózás
wretched ['retʃɪd] *a* (*very poor*) nyomorúságos; (*unhappy*) szerencsétlen; (*weather, holiday*) pocsék
wriggle ['rɪgl] *v* vonaglik, vergődik ǁ **~ (about)** fészkelődik, izeg-mozog
wriggle out of sg kibújik vm alól, kihúzza magát vmből; **~ oneself out (of)** (*difficulty*) kievickél
wring [rɪŋ] **1.** *n* facsarás **2.** *v* (*pt/pp* **wrung** [rʌŋ]) kiteker; (*clothes*) kifacsar ǁ **~ sg from sy** vkből vmt kicsikar
wringer ['rɪŋə] *n* facsarógép
wringing (wet) ['rɪŋɪŋ] *a* csuromvíz, csöpög belőle a víz
wrinkle ['rɪŋkl] **1.** *n* (*in dress*) gyűrődés, ránc; (*on face*) ránc **2.** *vt* ráncol, gyűr ǀ *vi* ráncolódik, gyűrődik
wrist [rɪst] *n* (*of hand*) csukló

wristband ['rɪstbænd] *n sp* csuklóvédő
wristwatch ['rɪstwɒtʃ] *n* karóra
writ [rɪt] *n* bírói idézés
write [raɪt] *v* (*pt* **wrote** [rəʊt], *pp* **written** ['rɪtn]) ír, megír ǁ **~ sy a letter** ír vknek egy levelet; **~ in ink** tintával ír; **~ in pencil** ceruzával ír
write down leír
write off megír (és elküld); (*debt*) leír
write out (*cheque*) kiállít
write up (*event*) feldolgoz; (*diary*) napra kész állapotba hoz
write-off *n* **the car is/was a (complete) ~** totálkáros (a) (gép)kocsi, leírták (a kocsit)
writer ['raɪtə] *n* író, szerző
writing ['raɪtɪŋ] *n* írás ǁ **in ~** írásban
writing pad *n* (író)mappa
writing paper *n* levélpapír
written ['rɪtn] *pp* → **write**
wrong [rɒŋ] **1.** *a* rossz, téves ǁ **be ~** téved; **he is ~** nincs igaza; **what's ~ with you?** mid fáj?, mi bajod van?; **you've got the ~ number** rossz számot hívott, téves kapcsolás; **it's in the ~ place** nincs a helyén **2.** *adv* helytelenül, tévesen ǁ **get it ~** elhibáz; **go ~** hibázik, téved; (*machine*) meghibásodik, elromlik **3.** *n* (*injustice*) igazságtalanság, méltatlanság; (*error*) hiba, tévedés
wrongful ['rɒŋfl] *a* jogtalan, igazságtalan, törvénytelen
wrongly ['rɒŋlɪ] *adv* (*incorrectly*) rosszul, tévesen; (*unjustly*) ártatlanul, jogtalanul
wrote [rəʊt] *pt* → **write**
wrought iron [rɔːt] *n* kovácsoltvas

wrung [rʌŋ] *pt/pp* → **wring**
wry [raɪ] *a* (*smile*) kényszeredett; (*face*) savanyú
wt = **weight**

X

xerox ['zɪərɒks] **1.** *n* (*copy, machine*) xerox **2.** *v* fénymásol, xeroxoz
Xmas ['krɪsməs, 'eksməs] = **Christmas**
X-ray ['eks reɪ] **1.** *a* röntgen- **2.** *n* (*process*) (meg)röntgenezés; (*photograph*) röntgenfelvétel **3.** *v* (meg)röntgenez
xylophone ['zaɪləfəʊn] *n* xilofon

Y

yacht [jɒt] **1.** *n* jacht, luxushajó; (*for racing*) versenyvitorlás **2.** *v* vitorlázik
yachting ['jɒtɪŋ] *n sp* vitorlázás
yachtsman ['jɒtsmən] *n* (*pl* -**men**) vitorlázó, jachtozó
yak [jæk] *v* -**kk**- *col* szövegel
Yank [jæŋk] *n col* jenki
Yankee ['jæŋkɪ] *n col* jenki
yap [jæp] *v* -**pp**- (*dog*) vakkant
yard[1] [jɑːd] *n* (*measure*) yard (*0,91 m*)
yard[2] [jɑːd] *n* (*enclosed area*) udvar; ‖ **the Y**~ *col* a Scotland Yard
yardstick ['jɑːdstɪk] *n* egy yardos mérőrúd; *fig* mérce, etalon

yarn [jɑːn] *n* (*thread*) fonal; *col* (*tale*) mese
yawn [jɔːn] **1.** *n* ásítás **2.** *v* ásít
yawning ['jɔːnɪŋ] *a* (*person*) ásítozó; (*hole*) tátongó
yd(s) = **yard(s)**
yeah [jeə] *int US col* igen
year [jɪə] *n* év; *school* évfolyam ‖ **this** ~ (az) idén; **last** ~ tavaly; ~ **by** ~ évről évre; **be ten** ~**s old** tízéves; **a ten-**~**-old child** egy tízéves gyerek
year-long *a* egy évig tartó
yearly ['jɪəlɪ] **1.** *a* évi **2.** *adv* évenként, évente
yearn [jɜːn] *v* áhítozik (*for* vmre), sóvárog (vk után)
yearning ['jɜːnɪŋ] *n* sóvárgás
yeast [jiːst] *n* élesztő
yell [jel] **1.** *n* felordítás, felkiáltás **2.** *v* felordít, rivall, sipít
yellow ['jeləʊ] *a/n* sárga
yelp [jelp] *v* csahol, vakkant
Yeoman of the Guard ['jəʊmən] *n* (*pl* **Yeomen**) (*at the Tower*) testőr
yes [jes] **1.** *int* igen ‖ ~ **indeed** hogyne!, de igen!; ~ **(sir)!** igenis! **2.** *n* (*answer, vote*) igen
yesterday ['jestədɪ, -deɪ] *adv* tegnap ‖ ~ **evening** tegnap este; **the day before** ~ tegnapelőtt
yet [jet] **1.** *adv* (*in negatives*) még; (*in questions*) már ‖ **Has Peter come home** ~? — **No, not** ~. Hazajött már Péter? — Még nem.; **as** ~ mind ez ideig **2.** *conj* (*nevertheless*) mégis, de azért
yew [juː] *n* tiszafa
Yiddish ['jɪdɪʃ] *a/n* jiddis
yield [jiːld] **1.** *n* hozam, termés **2.** *vt agr* (*crop*) hoz, megterem; (*interest*) kamatozik; (*profit*) hoz;

(*concede*) átenged, felad I *vi* enged (*to* vknek/vmnek); *mil* megadja magát || ~ **(to)** *US* elsőbbséget ad; ~! *US* elsőbbségadás kötelező!

Y-junction *n* Y-elágazás
yoga ['jəʊgə] *n* jóga
yog(h)urt ['jɒgət] *n* joghurt
yoke [jəʊk] *n* iga, járom
yolk [jəʊk] *n* tojássárgája
yonder ['jɒndə] *adv* amott; (*direction*) amoda
you [juː] *pron* te; (*pl*) ti; (*polite form*) ön, maga; (*pl*) önök, maguk; (*accusative*) téged; (*pl*) titeket; önt, magát; (*pl*) önöket, magukat; (*indefinite pronoun*) az ember || **to** ~ neked; (*pl*) nektek; önnek, magának; (*pl*) önöknek, maguknak || **here's to** ~! (*drinking*) egészségére!; ~ **never can tell** nem lehet tudni, az ember sose tudja
you'd [juːd] = **you had; you should; you would**
you'll [juːl] = **you shall; you will**
young [jʌŋ] 1. *a* fiatal, ifjú || ~ **man** (*pl* **-men**) fiatalember, ifjú; ~ **people today** a mai fiatalok 2. *n* fióka, kölyök || **the** ~ a fiatalok/fiatalság
younger ['jʌŋgə] *a* fiatalabb, ifjabb || **my** ~ **brother** öcsém
youngish ['jʌŋgɪʃ] *a* fiatalos
youngster ['jʌŋstə] *n* ifjú
your [jɔː] *pron* (a te) -d; (az ön) -(j)a, -(j)e; (a ti) -atok, -etek; az önök -(j)a/-(j)e || ~ **bid** te licitálsz; **this is** ~ **book** ez a te könyved, ez az ön(ök) könyve; ~ **car** a (te) kocsid, az ön kocsija
you're [jɔː] = **you are**
yours [jɔːz] *pron* a tied, az öné, a magáé; a tietek, az önöké, a ma-

guké || **this is** ~ ez az ön(ök)é; **Y**~ **sincerely,** ... (*in letter*) szívélyes üdvözlettel; **Y**~ **truly,** ... őszinte tisztelettel
yourself [jɔː'self] *pron* (*pl* **yourselves** [jɔː'selvz]) **you** ~ (te) magad, (ti) magatok; **(all) by** ~ egyedül, egymagad, magadtól; **you can be proud of** ~ büszkék lehettek magatokra
youth [juːθ] *n* (*period, state*) fiatalság, ifjúság; (*young*) fiatal, fiatalember || ~ **s** *pl* [juːðz] fiatalok
youthful ['juːθfəl] *a* (*mistake*) fiatalkori; (*appearance*) fiatalos
youth hostel *n* ifjúsági (turista)-szálló, turistaház
you've [juːv] = **you have**
Yugoslav ['juːgəʊslɑːv] *a/n hist* jugoszláv
Yugoslavia [juːgə'slɑːvɪə] *n hist* Jugoszlávia

Z

zany ['zeɪnɪ] *a* dilis
zap [zæp] *v* **-pp-** *comput* töröl
zeal [ziːl] *n* lelkesedés, buzgalom
zealous ['zeləs] *a* buzgó, lelkes
zebra ['ziːbrə] *n zoo* zebra || ~ **crossing** *GB* (kijelölt) gyalogátkelőhely, zebra
zenith ['zenɪθ] *n also fig* zenit; delelő
zero ['zɪərəʊ] *n* nulla, zéró; (*on scale*) nullapont || **below** ~ fagypont alatt
zest [zest] *n* (*enthusiasm*) lelkesedés; (*flavour*) zamat

zigzag ['zɪgzæg] **1.** *a* zegzugos **2.** *n* cikcakk, zegzug **3.** *v* **-gg-** (*lightning*) cikázik; (*path*) cikcakkban halad

zinc [zɪŋk] *n* cink, horgany

zip [zɪp] **1.** *n* (*sound*) fütyülés; *GB* (*fastener*) cipzár **2.** *v* **-pp-** *vi* (*bullet*) fütyül I *vt* (*dress*) cipzárt behúz II ~ **sg open** (*bag*) kinyit

zip up *vt* cipzárt behúz I *vi* cipzárral záródik

zip code ['zɪp kəʊd] *n US* (postai) irányítószám

zip-fastener (*US* **zipper** ['zɪpə]) *n* cipzár

zodiac ['zəʊdɪæk] *n* állatöv

zombie ['zɒmbɪ] *n* zombi II **like a** ~ *fig* gépiesen

zone [zəʊn] *n* övezet, zóna; *geogr* égöv II ~ **time** zónaidő

zoo [zuː] *n* állatkert

zoological [ˌzəʊəˈlɒdʒɪkl] *a* állattani, zoológiai II ~ **gardens** *pl* állatkert

zoologist [zəʊˈɒlədʒɪst] *n* zoológus

zoology [zəʊˈɒlədʒɪ] *n* állattan, zoológia

zoom [zuːm] *v* ~ **in on (sg)** *photo* vmt (gumiobjektívvel) behoz

zoom lens *n* gumiobjektív

zucchini [zuːˈkiːnɪ] *n US* cukkini

NTC's
HUNGARIAN
and
ENGLISH
Dictionary

Preface

The present dictionary contains 18,000 headwords and 8,000 examples and set phrases. In selecting the vocabulary we have concentrated on the contemporary language as spoken and written today in Hungary. Essentially practical and modern in content, the dictionary gives a remarkably wide coverage of technical vocabulary to meet especially the interest of young people.

To the User

The layout of the dictionary is very simple, all headwords being in a strict alphabetical order.

Headwords spelled in the same way but radically different in meaning, called homographs, appear as separate headwords with superscript numbers, e.g., ég[1], ég[2].

A number of Hungarian words figure in two or more word classes or parts of speech (i.e., nouns or verbs, adjectives or adverbs). The various word classes are differentiated by means of bold Arabic numerals, e.g., **dolgozó 1.** *a...* **2.** *n...*, **csempész 1.** *v...* **2.** *n...*

As with English, the overwhelming majority of Hungarian words have more than one meaning. For this reason, the various meanings of the headwords, and their translations, are separated by a semicolon (;) preceded in each case by an italicized *guide word* or *usage label* in Hungarian. Wherever it was felt necessary, information on usage has been given by square bracketed *context words* following the English translations or equivalents, in English, e.g., **hallgat** *v* (*vmt, vkt*) listen to, hear*; (*egyetemi előadást*) attend [lectures on sg]; (*nem szól*) keep*/be* silent; (*vkre*) listen to sy; (*tanácsra*) take*/follow sy's [advice] ...; **gyakoriat** *n* practice; (*feladat*) exercise; *zene* étude; *sp* training; *kat* drill, etc.

Grammatical (syntactical) information is given in various forms such as prepositional usage following the *English* translations (as can be seen in the previous examples), the asterisk (*) that marks irregular verb in English and degree sign (°) that marks irregular plural forms of nouns.

Előszó

Ez a szótár 18 000 címszót és 8 000 állandósult szókapcsolatot valamint példát tartalmaz. A szóanyag kiválogatásában az vezérelt, hogy megfeleljen a ma élő új generáció nyelvhasználatának. Korszerű és gyakorlatias kíván tehát lenni, messzemenően figyelembe véve a mai köznyelvben is használt műszaki – és általában szaknyelvi – szavakat, fordulatokat is.

A szótár használatáról

A szótár felépítése igen egyszerű: CÍMSZAVAI szigorú ábécérendben követik egymást.

Az alakjukra nézve azonos, de gyökeresen eltérő jelentésű szavakat, vagyis a HOMONIMÁKAT, indexszámmal különböztetjük meg, pl. ég¹, ég².

Számos magyar szó több szófajban is előfordul (főnév, ige, melléknév stb.). Ezeket félkövér arab számokkal különbözteti meg a szótár, pl. **dolgozó 1.** *a* ... **2.** *n* ...; **csempész 1.** *v* ... **2.** *n* ...

Mint az angolban, a magyarban is a szavak túlnyomó többségének egynél több JELENTÉSE van. Az egyes jelentéseket, illetőleg azok angol *megfelelőit* (*egyenértékeseit, ekvivalenseit*) szótárunk gondosan megkülönbözteti egymástól zárójelbe tett dőlt betűs magyar *irányítószavakkal*, ill. szaknyelvi *rövidítésekkel*. Egy-egy ilyen egységet pontosvessző választ el egymástól. Segítséget jelent továbbá a magyar használónak az, hogy, ahol szükséges és lehetséges volt, az angol egyenértékes után szög-

5

letes zárójelben *szövegkörnyezeti szavakkal* ("context words") egészítettük ki a csupán egy-egy szóból álló egyenértékest. Pl. **hallgat** *v* (*vmt, vkt*) listen to, hear*; (*egyetemi előadást*) attend [lectures on sg]; (*nem szól*) keep*/be* silent; (*vkre*) listen to sy; (*tanácsra*) take*/follow sy's [advice].

A NYELVTANI (MONDATTANI) INFORMÁCIÓ különféle formában jelentkezik: mindenütt, ahol szükséges és lehetséges, megadjuk a *vonzatokat*. A rendhagyó igéket csillag (*), a rendhagyó többes számú főneveket kis felső karika (°) jelzi. A főnevek után álló *pl* azt jelzi, hogy többes számú igei szerkezettel kell fordítani. Pl. **bajusz** *n* moustache (*US* mus-); (*macskáé*) wh*i*skers *pl*. Mellékneveknél az *ut.* pedig arra figyelmeztet, hogy nem jelzőként, hanem *utótételként* használható a – rendszerint – többszavas jelzős szerkezet. Pl. **alkalmatlan** *a* (*vmre*) unf*i*t(ted)/ uns*ui*table for *ut.*; (*állásra*) unqualified for *ut.*; (*kellemetlen*) inconvenient.

Latin eredetű tudományos szavak esetében szótárunk megadja a latinos többes számokat is. Pl. **baktérium** *n* bacterium (*pl* -ria).

Az AMERIKAI ANGOL NYELVHASZNÁLATOT ez a szótár is igyekszik mindvégig feltüntetni, mindenütt *US* jelzéssel. Pl. **emelés** ... (*növelés pl. béré*) rise (*US* raise).

A TÖBBSZAVAS LEXIKAI EGYSÉGEKET (idiomatikus kifejezéseket és példákat) mindig a szócikk második felében, az egyes jelentések és azok angol megfelelői után szótározzuk, a két rész közé ‖ jelet téve. A kifejezések félkövér szedésűek, s bennük a címszót a tilde (~) helyettesíti. Pl. **gyenge 1.** *a* weak; (*csekély*) sl*e*nder, sl*i*ght etc ... ‖ **a ~bb nem** ...; **~ a matematikában** ...; **~ idegzetű** ...; **~ minőségű** ...; **~ oldala/pontja vknek** ...

6

Az angol szavak KIEJTÉSÉT ez a szótár *nem* adja meg; azt bárki megtalálhatja az angol–magyar részben. Ellenben minden angol szónak a HANGSÚLYÁT megadjuk, mégpedig a hangsúlyos szótag magánhangzójának, ill. magánhangzóinak dőlt szedésével. Pl. **gyenge** *a* (*erélytelen*) lenient, ind*u*lgent; (*erőtlen*) feeble.

Arra azonban itt is felhívjuk a figyelmet, hogy a magyar hangrendszer angol megfelelőit táblázatosan bemutatja a szótár a 10. lapon.

Kiejtés
Pronunciation

Phonetic Chart of Hungairian Speech Sounds

In the left column the letters of the Hungarian alphabet are given followed by the phonetic symbols representing the Hungarian vowels and consonants. This is followed by examples, first English or foreign words with approximate sound correspondences, and finally Hungarian examples in which the respective sounds occur.

Note that the stress of Hungarian words falls always on the first syllable.

Vowels*

a	[a]	as in *card*, but darker and shorter	**kar** arm,
			ablak window
á	[a:]	as in *baa*, but more open; German *Haar*	**tál** dish,
			hálás thankful
e	[e]	as in *get, pen*	**ember** man
é	[e:]	as in *cake;* French *thé*, German *See*	**kép** picture
i	[i]	as in *lip*, only somewhat tenser	**kit** whom
í	[i:]	as in *tea*	**híd** bridge
o	[ɔ]	as in *not* in Scottish pronunciation; French *pomme*	**toll** pen
ó	[ɔ:]	as in *all, short;* French *beau*, German *Boot*	**tó** lake
ö	[ø]	as in French *le*, German *Löffel*	**öröm** joy
ő	[ø]	as in French *deux*, German *schön, Öl*	**nő** woman
u	[u]	as in *put*, but more rounded	**ugrik** jump
ú	[u:]	as in *too, boot*	**húz** pull
ü	[y]	as in French *tu*, German *dünn*	**ül** sit
ű	[y:]	as in French *s–r, rue*, German *früh*	**tű** needle

*There are no diphthongs in Hungarian, except *au* [aú] in some words of foreign origin, as in **autó, augusztus** etc.

Consonants

a) *Represented by single letters of the Hungarian alphabet*
Consonants for which the phonetic symbol is the same as the letter itself, and which therefore cause no pronunciation difficulties, are as follow:

b, d, f, k, l, m, n, p, t, v, and z.

As for the rest:

c	[ts]	as in *tsetse, hats*	**ceruza** pencil
g	[g]	as in *get, give*	**gazdag** rich
h	[h]	as in *hip, he*	**ház** house
		Finally, however, and within a word preceding a consonant, it is mute	**méh** [me:] bee
j	[j]	as in *yet, you*	**jó** good
r	[r]	always rolled as in Scottish *rule, Burns*	**óra** watch, class
s	[ʃ]	as in *ship, shoe*	**só** salt, **és** and

b) *Double letters,* such as **bb, cc, dd** etc. represent consonants which are always pronounced *long,* as in *unnatural.*

c) *Digraphs*
i.e. the combination of twoöor in one case threeöletters which represent a single speech sound, as *gh* in English *tough.*

cs	[tʃ]	as in *church*	**csúcs** summit
dz	[dz]	short, as in *roads, bids*	**fogódznak** they cling on
		long, between two vowels	**edző** ['eddz ø:] coach
dzs	[dʒ]	short as in *page*	**lándzsa** ['la:ndʒa] lance
		long, in a few foreign words	**bridzs** [briddʒ] bridge
gy	[dj]	as in *due, during;* French *adieu*	**magyar** Hungarian
ly	[j]	as in *yet, you*	**gólya** stork
ny	[nj] or [ñ]	as in *new;* French *cognac, vigne*	**nyak** neck
sz	[s]	as in *see, slow*	**szép** nice
ty	[tj]	as in *student;* French *Étienne*	**tyúk** hen
zs	[ʒ]	as in *measure, usual;* French *jour*	**zseb** pocket

10

Rövidítések és jelek
Abbreviations and Signs

a	melléknév	adjective
adv	határozó	adverb
átv	átvitt	figurative
bány	bányászat	mining
biol	biológia	biology
biz	bizalmas	colloquial
bot	botanika, növénytan	botany
conj	kötőszó	conjunction
csill	csillagászat	astronomy
el	elektromosság	electricity
épít	építészet	architecture
etc	s a többi	et cetera
fil	filozófia	philosophy
film	filmművészet	cinema
fiz	fizika	physics
foto	fényképezés	photography
földr	földrajz	geography
GB	brit szóhasználat	British usage
geol	geológia	geology
H	Magyarországon	in Hungary
hajó	hajózás	nautical
hiv	hivatalos	formal
int	indulatszó	interjection
ir	irodalmi	literary
isk	iskola, oktatás	school
jog	jog	law
kat	katonai	military
kb.	körülbelül	approximately
kém	kémia	chemistry
ker	kereskedelem	commerce
kif	az angolban ilyen kifejezéssel	in English construed as ...

közg	közgazdaság	economics
közl	közlekedés	traffic
mat	matematika	mathematics
mezőg	mezőgazdaság	agriculture
műv	művészet	art
n	főnév	noun
num	számnév	numeral
nyelvt	nyelvtan	grammar
nyomd	nyomdászat	printing
orv	orvostudomány	medicine
pejor	pejoratív	pejorative
pénz	pénzügy	finance
pl	többes szám	plural
pl.	például	for example
pol	politika	politics
post	névutó	postposition
pref	előtag	prefix
prep	elöljáró	preposition
pron	névmás	pronoun
pszich	pszichológia	psychology
rep	repülés	aviation
sg	valami	something
sing.	egyes szám	singular
sp	sport	sports
stb.	s a többi	and so on
suff	utótag	suffix
swhere	valahol; valahova	somewhere
sy	valaki	somebody
szính	színház	theatre
szt	számítógép	computers
tech	technika	technology
tört	történelem	history
tréf	tréfás	humorous
TV	televízió	television
ua.	ugyanaz (mint)	the same (as)
US	amerikai szóhasználat	(North) American usage

ut.	csak utótételben	in apposition only
v	ige	verb
v.	vagy	or
vall	vallás	religion
vasút	vasút	railways
vhol	valahol	somewhere
vhova	valahova	somewhere
vi	tárgyatlan ige	intransitive verb
vk	valaki	somebody
vm	valami	something
vt	tárgyas ige	transitive verb
vulg	vulgáris, durva	vulgar
zene	zene	music
zoo	zoológia, állattan	zoology
~	tilde – a címszót helyettesíti	tilde – representing the headword
~́	ékezetes tilde – ha a címszó utolsó magánhangzója megnyúlik (**fa; ~́t=fát**)	tilde with acute accent – indicating the lengthening of the final vowel of the word it stands for
→	lásd még	see also, see under
=	ugyanaz, mint	same as
*	rendhagyó ige, lásd a függelékben, 413. o.	irregular verb, see Appendix, pp 413–419
°	rendhagyó főnév, lásd a függelékben, 420. o.	irregular noun, see Appendix, p 420
‖	a példákat választja el	separates the examples
|	a tárgyas és tárgyatlan jelentést választja el	separates the transitive and intransitive senses

A, Á

a (*határozott névelő*) the
á *int* oh, ah
à (*darabonként*) at ‖ **4 db szék ~ 400 Ft** four chairs at 400 forints each
abba *pron* into that, there
abbahagy *v* stop (doing sg), cease; (*végleg*) give* up
abbamarad *v* cease
abban *pron* in that
abból *pron* from/of that, out of that
ABC-áruház *n* supermarket
ábécé *n* alphabet, ABC
ablak *n* window; (*toló*) sash-window; (*földig érő*) French window; (*jegypénztáré*) (ticket) counter
ablakkeret *n* window/sash-frame
ablaktörlő *n* (*járművön*) windscreen-wiper, *US* windshield wiper
ablaküveg *n* window-glass
abortusz *n* abortion, miscarriage
ábra *n* illustration, picture; (*szövegközi, mértani*) figure
ábrándoz|ik *v* be* daydreaming
ábrázol *v* (*rajzol*) represent, delineate; (*személyt*) portray; (*leír*) describe
ábrázolás *n* (*rajzban*) delineation, portrayal, representation; (*írásban*) description
abroncs *n* (*keréken*) tyre, *US* tire
abszolút *a* absolute
absztinens *a* abstinent; (*alkoholtól*) teetotal
absztrakt *a* abstract; nonfigurative
acél *n* steel
acélos *a* steely; *átv* firm
acélszürke *a* steel-grey

ács *n* carpenter
ácsol *v* scaffold
ácsorog *v* stand* about; (*tétlenül*) lounge, loaf
ad *v* give*, present; (*adományoz*) grant, donate; (*rádió, tévé*) broadcast*, transmit; (*színházban stb. játsszák*) be* on ‖ **~om X urat** (*telefonon*) I'll put you through to Mr. X; **angolórákat ~** give* English lessons; **majd ~ok én neked!** I'll give you what for!; **sokat ~ vmre** lay* great stress on sg
adag *n* (*orvosság*) dose; (*élelmiszer*) ration, portion
adagol *v* portion/measure out; (*gyógyszert*) dose
adás *n* giving (to); (*rádió, tévé*) broadcast(ing), transmission
adásvétel *n* sale and purchase, trading
adat *n* **~(ok)** data (*többnyire sing.*); (*tények*) fact(s); (*tétel*) item ‖ **részletes ~ok** details; **személyi ~ok** sy's particulars
adatbank *n* data bank
adatbázis *n* data base
adatfeldolgozás *n* (*gépi*) data processing
adatlap *n* data sheet
addig *adv* (*hely*) as far as that; (*idő*) till, until ‖ **~ is** meanwhile, in the meantime
addigra *adv* by that time
adjunktus *n kb.* GB senior lecturer, US assistant/associate professor
adminisztratív *a* administrative, executive
adminisztrátor *n* administrator, executive
admirális *n* admiral

adó n (*állami*) tax; (*községi*) rate(s) || ~ **alá esik** be* t*a*xable; **leírható az ~ból** be tax-ded*u*ctable; **~t fizet** pay* t*a*x (*vm után* on sg); **~t kivet vkre/vmre** tax sy/sg, l*e*vy a tax on sy/sg

adóalap n t*a*xable *i*ncome

adócsalás n tax av*oi*dance/*e*vasion

adód|ik v vm happen, pres*e*nt its*e*lf; *vmből i*ssue (from), der*i*ve (from)

adófizetés n p*a*yment of t*a*xes/ rates

adófizető n t*a*xpayer, r*a*tepayer

adókedvezmény n t*a*x all*o*wance

adóköteles a t*a*xable, l*i*able to tax *ut*.

adomány n gift, don*a*tion

adományoz v don*a*te; (*kitüntetést*) aw*a*rd

adómentes a tax-fr*ee*, ex*e*mpt from tax *ut*.

adoptál v ad*o*pt

adós 1. a in debt *ut*., *o*wing *ut*. || ~ **vknek vmvel** owe sy sg **2.** n debtor || **~a marad vknek** rem*ai*n sy's d*e*btor (*v.* in sy's debt)

adóslevél n bond; *biz* IOU (= I owe you)

adósság n debt || **~ot csinál** contr*a*ct a debt

adottság n (*körülmények*) circumstances, cond*i*tions (*hajlam*) bent; (*képesség*) cap*a*city, ab*i*lity

adó-vevő (készülék) n transc*ei*ver, walkie-t*a*lk*i*e

adózás n tax*a*tion

adóz|ik v (*adót fizet*) pay* t*a*x(es)/ rates (*vm után* on)

aerobic n aerobics *sing.*

ÁFA, áfa n VAT, vat

afelől adv (*amiatt*) ~ **biztos lehetsz** you may be sure of that;

(*vm felől*) ~ **érdeklődött, hogy** he inqu*i*red ab*ou*t/wh*e*ther ...

afféle a of that sort *ut*, a sort of

afgán a/n Afgh*a*n

Afganisztán n Afgh*a*nistan

áfonya n cr*a*nberry || **fekete ~** wh*o*rtleberry, *US* h*u*ckleberry

Afrika n Africa

afrikai a/n African || ~ **amerikai** African American

ág n (*fáé, tudományé, szakmáé*) branch; (*gally*) twig; (*folyóé*) branch, arm

agancs n *a*ntlers *pl*

agár n gr*e*yhound

ágazat n (*fáé*) branches *pl*; (*egyéb*) section, s*e*ctor

agg a very old, aged

aggály n misgiving, scr*u*ple; (*aggodalom*) anx*i*ety, w*o*rry

aggályoskod|ik v be* *a*nxious (ab*ou*t d*o*ing sg), w*o*rry (ab*ou*t)

aggaszt v w*o*rry ||**~ja vm** be* w*o*rried ab*ou*t sg

agglegény n (*e*lderly) b*a*chelor

aggodalmas a *a*nxious, w*o*rried

aggodalom n anx*i*ety, w*o*rry

aggód|ik v (*vmért, vkért*) be* *a*nxious (for/ab*ou*t sg/sy), w*o*rry (ab*ou*t sg/sy) || **ne ~j!** don't w*o*rry!

agrármérnök n agric*u*ltural eng*i*neer

agrártudomány n agric*u*ltural science

agresszív a aggr*e*ssive

ágrólszakadt a d*o*wn-and-*ou*t

agronómus n agr*o*nomist, agric*u*lturist

agy n brain; (*puskáé*) butt(-end), stock; (*keréké*) hub || **az ~ára megy vm** it is dr*i*ving him mad

ágy *n* bed ‖ **felkel az ~ból** get* up, get* out of bed; **lefekszik az ~ba** go* to bed
agyafúrt *a* crafty, cunning
agyag *n* clay, potter's earth
agyagedény *n* earthen pot/vessel, earthenware
ágyás *n* (flower)bed
ágyaz *v* make* the bed(s)
ágyék *n* loins *pl*
ágyhuzat *n* bed linen
agyi *a* cerebral
agymunka *n* brain-work
ágynemű *n* bed-clothes *pl*, bed linen
agyondolgozza magát *v* overwork, work oneself to death
agyonhajszol *v* (*munkával*) work sy to death, over-fatigue ‖ **~t** tired/ fagged out *ut.*
agyontapos *v* trample/tread* sy/sg down
agyonüt *v* strike* sy dead ‖ **~i az időt** kill time
agyonver *v* beat* sy to death
agysebészet *n* brain surgery
ágytál *n* bedpan
ágyterítő *n* bedspread
ágyú *n* cannon
ágyúgolyó *n* cannon-shot/ball
ágyúlövés *n* cannon-shot
agyvelő *n* brain, cerebrum
agyvérzés *n* apoplexy, stroke ‖ **~t kap** have* a stroke
ah! *int* ah!
ahá! *int* I see!
ahány *pron* as many
ahelyett *adv* instead of [doing sg]
áhítat *n* (*összejövetel*) devotions *pl*; (*ima*) prayers *pl*
ahogy *adv* (*mód*) as; (*amint*) as soon as

ahol *adv* where
ahonnan *adv* from where
ahova *adv* where
aj! *int* oh!
ajaj! *int biz* oh dear!, *US* (that's) too bad!
ajak *n* lip ‖ **ajkát biggyeszti** purse one's lips, pout
ajakrúzs *n* lipstick
ajándék *n* gift, present ‖ **~ba kap** receive as a present; **~ot ad vknek** give* sy a present
ajándékoz *v* present (sy with sg)
ajánl *v* suggest (that), advise (sy that ... *v.* sy to ...); recommend (sg to sy *v.* sy sg); (*árut*) offer
ajánlás *n* recommendation; (*jelölté*) nomination
ajánlat *n* offer; (*indítvány*) move, proposition; (*árverésen*) bid(ding); (*árlejtésen*) tender ‖ **~ot tesz** make* an offer/tender for sg
ajánlatos *a* advisable, expedient
ajánlólevél *n* (letter of) recommendation; references *pl*
ajánlott *a* recommended ‖ **~ levél** registered letter
ajkú **1.** *a* **magyar ~** Hungarian-speaking **2.** *n* **magyar ~ak** Hungarian speakers, speakers of Hungarian
ajtó *n* door ‖ **~n belép** enter by/ through the door; **~t becsuk** close the door; **~t bezár** lock the door
ajtócsengő *n* doorbell
ájulás *n* swoon, faint(ing fit), collapse ‖ **~ba esik** faint
ájult *a* in a faint *ut.*, unconscious
akácfa *n bot* locust (tree); (*fája*) locust (wood)
akad *v vmben, vmn* get* stuck/ caught (in/on); (*előadódik*) occur,

turn up ‖ **kezébe** ~ get* *i*nto the hands of sy

akadály *n* (*tárgy*) *o*bstacle; (*úton*) *o*bstru*c*tion; (*gátló körülmény*) d*i*fficulty ‖ **~ba ütközik** meet* with d*i*fficulties; **forgalmi** ~ tra*f*fic jam

akadályoz *v* h*i*nder; (*vkt vmben*) prevent sy (from) doing sg ‖ **~za a forgalmat** is obstru*c*ting the traffic

akadémia *n* (*tudományos*) academy; (*főiskola*) college

akadémikus *n* academ*i*cian

akar *v* (*kíván*) want (sg *v.* to do sg), wish (sg to h*a*ppen *v.* for sg); (*szándékozik*) intend to, be* going to ‖ **ahogy ~od** as you like; **akár ~(ja), akár nem** wh*e*ther he wants to or not; **ha ~ja** if you like; **mit ~sz ezzel mondani?** what do you mean (by that)?; **tégy, ahogy ~sz** do as you wish/please

akár 1. *adv* (*megengedés*) **~ el se gyere** you might as well stay away **2.** *conj* (*hasonlítás*) just/ quite like; (*választás*) **~ hiszi, ~ nem** bel*i*eve it or not; **~ tetszik, ~ nem** wh*e*ther you like it or not

akarat *n* will, wish ‖ **~tal** on p*u*rpose, intentionally

akaraterő *n* w*i*ll-power

akaratlan *a* unintentional; (*véletlen*) accidental

akaratos *a* self-w*i*lled, *o*bstinate

akárcsak *conj* just like, (the) same as ...

akárhányszor *pron e*very time, when*e*ver

akárhogy(an) *adv* how*e*ver, what*e*ver way

akárhol *adv* wher*e*ver, *a*nywhere

akárhonnan *adv* from wher*e*ver; from *a*nywhere

akárhova *adv* wher*e*ver, *a*nywhere

akárki *pron* who*e*ver, *a*nyone

akármeddig *adv* (*hely*) how*e*ver far; (*idő*) however long

akármekkora *pron* however large

akármelyik *pron a*ny, which*e*ver, no m*a*tter which; (*kettő közül*) *ei*ther

akármennyi *pron* however much/ many

akármerre *adv* wher*e*ver

akármerről *adv* from wher*e*ver/ *a*nywhere

akármi *pron* what*e*ver, whatso*e*ver; *a*nything

akármikor *adv* (*bármely időben*) (at) *a*ny time, when*e*ver you wish/ like; (*valahányszor*) when*e*ver, *e*very time

akármilyen *pron* **nem ~ ember az!** he's not just *a*nybody

akaszt *v* (*embert*) hang; (*tárgyat*) hang* (up), suspend

akasztó *n* (*vállfa*) h*a*nger; (*kabáton*) loop

akcentus *n a*ccent ‖ **idegen(es) ~sal beszél** speak* with a f*o*reign accent

akció *n a*ction, act*i*vity; (*vállalkozás*) camp*a*ign; (*vásár*) sale

aki *pron* who ‖ **~ csak** who*e*ver; **~é** whose; **~ért** for whom; **~hez** to whom; **~nek** to whom; **~nél** (*hely*) with whom; (*hasonlítás*) than who; **~ről** ab*o*ut/of whom; **~t** whom; **~től** from/of whom; **~vel** with whom

akkor *adv* then, at the/that time

akkora *pron* such a ... ‖ **~, mint az apja** be* as tall as his f*a*ther

akkorára *adv* = **akkorra**
akkord *n* (*zenei*) chord
akkori *a* of that/the time *ut.*
akkoriban *adv* in those days, at that time
akkorra *adv* by then, by that time
akku(mulátor) *n* battery
akna *n* *bány* (mine) shaft; (*szellőző*) air-shaft; (*szerelő*) pit
aközben *adv* meanwhile, (in the) meantime
akt *n* nude
akta *n* document, paper, file
aktatáska *n* briefcase
aktív *a* active
aktíva *n* (*szerv*) action committee; (*ember*) activist, political/party worker; *ker* -*k* assets
aktivitás *n* activity
aktivizál *v* activate
aktuális *a* timely, topical, current ǁ **már nem ~** be* out of date
aktus *n* act; (*ünnepi*) ceremony
akvarell *n* watercolour (*US* -or)
akvárium *n* aquarium (*pl* -s *v.* -ria)
alá 1. *post* under, underneath, below 2. *adv* **fel s ~** up and down
alább *adv* lower down, below; down under ǁ **az ~ említett** the undermentioned; **lásd ~** see below
alábbhagy *v* diminish, lessen
alábbi *a* undermentioned, following
alábecsül *v* underrate, undervalue
alacsony *a* low; (*ember*) short, small ǁ **~ ár** low price
alacsonyan *adv* low ǁ **~ fekvő** low-lying
alacsonyrendű *a* inferior, lower
alagsor *n* basement
alagút *n* tunnel
aláhúz *v* underline

aláírás *n* signing (one's name); (*aláírt név*) signature
alak *n* form, shape; (*emberé*) figure; *biz* (*személyről*) fellow, chap
alakít *v* form, shape; (*ruhát*) alter; (*szerepet*) act, play
alakítás *n* formation; (*ruháé*) altering; (*színészi*) interpretation
alaktalan *a* formless, deformed
alakú *suff* -shaped, -formed
alakul *v* (*alakot ölt*) take* shape, assume a form, be* formed; *vmvé* become*; (*létrejön*) come* into being ǁ **úgy ~t, hogy** it so happened that
alakzat *n* form(ation), figure, configuration
alámerül *v* submerge, dive; (*hajó*) sink*
alamuszi *a* shifty, sly
alantas *a* base, vulgar
alany *n* *nyelvt* subject
alap *n* base; (*házé*) foundation; (*nem anyagi*) basis (*pl* bases); (*pénz*) funds *pl* ǁ **az iratok ~ján** on the evidence of the documents; **nincs semmi ~ja** have* no foundation; **vmnek ~ján** on the basis/grounds of
alapanyag *n* basic (raw) material, base
alapdíj *n* minimum charge
alapelem *n* essential element/component
alapelv *n* (fundamental/basic) principle
alapfeltétel *n* primary condition
alapfok *n* *nyelvt* positive (degree)
alapfokú *a* lower/first grade ǁ **~ nyelvtanfolyam** a course for beginners
alapít *v* found, establish

alapító *n* founder
alapítvány *n* foundation, endowment, fund
alapokmány *n* charter
alapos *a* (*ember*) thorough(-going); (*ok*) sound; (*tudás*) thorough, profound
alaposan *adv* thoroughly, soundly
alapoz *v* lay* the foundations (of)
alaprajz *n* ground-plan, sketch
alapszabály *n* fundamental rule; (*szabályzat*) constitution
alaptalan *a* (*vád*) unfounded; (*gyanú*) groundless
alapterület *n* (basic) area
alaptőke *n* capital
alapvető *a* fundamental, essential, basic
alapzat *n* foundation, groundwork
álarc *n* mask; *átv* disguise
alárendel *v* vknek, vmnek subordinate (to)
alárendelt *a/n* vknek, vmnek subordinate, inferior (to)
alátét *n* pad, support; (*asztali*) (table-)mat
alatt *post* (*hely*) under, below; (*idő*) in, during ‖ **ez ~ az idő ~** during this time; **öt nap ~** (with)in five days
alatta *adv* **~ áll** stand* underneath; **~ marad** *átv* fall* short of sg
alattomos *a* sneaking, sly
alattvaló *n* subject
alávet *v* vmnek submit/subject to sg
alázat *n* humility, humbleness
alázatos *a* humble
albán *a/n* Albanian
Albánia *n* Albania
albérlet *n* **~be megy** rent a room/flat; **~ben lakik** live in lodgings

albérlő *n* lodger
album *n* album
álcáz *v* mask, disguise
alcím *n* subtitle, subheading
áld *v* bless ‖ **Isten ~jon!** goodbye!
áldás *n* (*papi*) blessing, benediction
áldatlan *a* unfortunate ‖ **~ állapotok** evil conditions
áldomás *n* drink, toast (to sy)
áldott *a* blessed
áldoz *v* sacrifice, offer (sg to God); *átv* devote [time etc.] to
áldozat *n* vall sacrifice, offering; (*vm rosszé*) victim (of) ‖ **~ot hoz** make sacrifices (*vkért/vmért* for sy/sg); **~ul esik** fall* victim (*vmnek* to); **a halálos ~ok száma** death toll
alelnök *n* vice-president
alezredes *n* lieutenant-colonel (Lt-Col.)
alfabetikus *a* alphabetical
alföld *n* plain
alga *n* alga (*pl* algae)
algebra *n* algebra
alhadnagy *n* (*GB és US hadseregben*) 2nd lieutenant; (*tengerészetben*) sub-lieutenant, *US* master-sergeant
alig *adv* hardly, scarcely, barely ‖ **~ ismerem** I hardly know him; **már ~ várom** I can hardly wait (to do sg)
aligha *adv* scarcely, hardly
alighanem *adv* (most) probably, very likely
alighogy *adv* (*mihelyt*) hardly, scarcely
alja *n* (*alsó rész*) bottom, lower part, foot; (*üledék*) dregs *pl*, sediment
aljas *a* base, mean, vile

alkalmas *a vmre* (be*) suitable, fit (for sg); (*illő*) appropriate (for) ‖ ~ **időben** at a convenient time
alkalmatlan *a* (*vmre*) unfit(ted)/unsuitable for *ut.*; (*állásra*) unqualified for *ut.*; (*kellemetlen*) inconvenient
alkalmatlankod|ik *v vknek* bother sy, be* a trouble to sy
alkalmaz *v vmt vmre* apply (to), use (for); (*eljárást*) adopt; *vkt* employ, engage ‖ **színpadra** ~ adapt (sg) [for the stage]
alkalmazás *n vmé* application, use; (*eljárásé*) adoption; (*színre*) adaptation; (*vké*) employment
alkalmazható *a vm* be* applicable (*vmre* to)
alkalmazkod|ik *v vmhez* adjust (oneself) to sg, adapt (oneself) to sg
alkalmazott 1. *a* applied **2.** *n* employee ‖ **az** ~**ak** staff, personnel
alkalmi *a* occasional, incidental; (*véletlen*) casual ‖ ~ **ár** special/bargain price; ~ **vétel** (special) bargain
alkalom *n* occasion; (*lehetőség*) opportunity, chance ‖ **vmnek alkalmából** on the occasion of; **ez** ~**mal** this time
alkat *n* structure, build; (*emberé*) constitution; (*testi*) physique
alkatrész *n* part; (*pót~*) spare part(s)
alkohol *n* kém alcohol, spirit; (*szeszes ital*) alcoholic drinks *pl*
alkoholista *a/n* alcoholic, habitual/hard drinker
alkoholmentes ital *n* nonalcoholic/soft drink
alkony *n* twilight, nightfall

alkot *v* create; form; (*szellemi művet*) compose
alkotmány *n* pol constitution
alkotó 1. *a* creative, constructive **2.** *n* creator, composer
alkotóelem *n* = **alkotórészek**
alkotórészek *n pl* constituent parts, components
alku *n* bargain, deal
alkudoz|ik *v* (*vkvel vmről/vmn*) haggle (with sy over sg)
alkusz|ik *v* bargain (*vkvel vmre* with sy for sg)
áll[1] *n* chin ‖ **majd leesett az** ~**a** he stood gaping
áll[2] *v vhol* stand*; (*gép*) be* at a standstill; (*vonat*) stop; (*ruha*) fit/suit sy; (*vmből*) consist of sg; *átv* (*vkn, vmn*) depend on (sy, sg) ‖ **az** ~ **rajta, hogy** it says/reads ...; **esőre** ~ it looks like rain; **munkába** ~ begin* work; **5:1-re** ~**nak** the score stands at 5—1; ~**ja az ígéretét** keep* one's promise
állag *n* (*anyag*) substance; (*állapot*) condition
állam *n* state
állambiztonság *n* state security
államcsíny *n* coup (d'état) (*pl* coups d'état)
államelnök *n* president (of the state)
államforma *n* form of state
államfő *n* head of state; (*király*) sovereign, monarch
állami *a* state, public ‖ ~ **bevétel** public revenue; ~ **gazdaság** state farm; ~ **gondozott** child° in care; ~ **iskola** state school, *US* public school; ~ **tulajdon** state/national property; ~ **vállalat** state enterprise

államigazgatás *n* public administration
államkincstár *n* the (state) Treasury
államkölcsön *n* government loan
államosít *v* nationalize
állampolgár *n* citizen, GB subject *v*. citizen
állampolgárság *n* citizenship, nationality
államrend *n* political/social system
államszövetség *n* confederation
államtitkár *n* under-secretary (of state)
államügyész *n* public prosecutor
államvizsga *n* state examination
állandó 1. *a (tartós)* permanent, constant; *(szakadatlan)* continuous, perpetual; *(változatlan)* unchanging; *(rögzített)* fixed || ~ **lak(ó)hely** permanent address/residence; ~ **lakos** resident
állandóan *adv* constantly, permanently
állapot *n* state (of affairs), condition || ~**a javul** is (getting) better; **jó ~ban van** be* in good condition/repair
állapotos *a* pregnant
állás *n* stand(ing); *(helyzet)* state, position; *(alkalmazás)* job, employment; *(hivatal)* position || ~**t foglal vm ügyben** take* a stand on sg; **a játék ~a** the score (of the game); **a dolgok ~a** the state of things
állásfoglalás *n* attitude, stand(point)
álláspont *n* point of view, viewpoint, stand(point)
állástalan *a/n* jobless, unemployed
állásváltoztatás *n* change of job

állat *n* animal, beast
állatfaj *n* species *(pl ua.)*, breed
állatias *a* beastly, brutal
állatkereskedés *n* pet shop
állatkert *n* zoological gardens *pl*, zoo
állatorvos *n* veterinary surgeon, *biz* vet
állattan *n* zoology
állattenyésztés *n* animal husbandry
állatvilág *n* fauna
allergiás *a* allergic *(vmre* to)
állít *v (vmt vhová)* place, stand* (sg swhere); *(mondva)* assert, state
állítmány *n* predicate
állító *a* affirmative, positive
állítólag *adv* supposedly, allegedly || ~ **jön** he is said to be coming
állkapocs *n* jaw
álló *a (vhol)* standing; *(nem mozgó)* stationary, fixed; *(függőleges)* vertical, upright; *(vmből)* consisting of sg *ut.*
állomány *n (személyi)* staff; *(készlet)* stock || ~**ba vesz** engage, employ
állomás *n* station
állomáshely *n kat* garrison; *(diplomáciai)* post
állott *a (étel)* stale
állóvíz *n* standing/stagnant water
állvány *n* stand; *(épülethez)* scaffolding; *(könyvnek)* shelf°
alma *n* apple || **az ~ nem esik messze a fájától** like father like son
almabor *n* cider
almafa *n* apple-tree
almalé *n* apple-juice
almás *a* ~ **pite** apple-cake/pie; ~ **rétes** apple-turnover

álmatlan *a* sleepless
álmatlanság *n* sleeplessness, insomnia
álmélkod|ik *v* (*vmn*) wonder (at sg), be* am*a*zed (to see sg)
álmod|ik *v* dream (*vmről* of/ab*ou*t)
álmodozó *n* daydreamer
álmos *a* sl*ee*py, drowsy
alól *post* from ben*ea*th/*u*nder
álom *n* (*amit álmodunk*) dream; (*alvás*) sleep ‖ ~ba merül fall* asl*ee*p; rossz ~ nightmare; szép álmokat! sweet dreams!
alorvos *n* j*u*nior doctor
alosztály *n* subdivision; *zoo* subclass
alperes *n* defendant
Alpok *n pl* az ~ the Alps
álruha *n* disg*ui*se
alsó 1. *a* lower, *u*nder, bottom ‖ ~ fokú lower-grade; ~ fokú oktatás pr*i*mary education; ~ tagozat *isk kb.* primary (*US* elementary) school, j*u*nior school 2. *n* (*ruha*) *u*nderclothes, *u*nderwear; (*kártya*) knave, jack
alsóbbrendű *a* inferior (*vmnél* to) ‖ ~ út m*i*nor road
alsóház *n* (*parlamenti*) Lower House, *GB* House of Commons, *US* House of Representatives
alsónadrág *n* (*under*)pants, briefs, *US* shorts (*mind: pl*)
alsónemű *n* *u*nderwear, *u*nderclothes *pl*
alsószoknya *n* petticoat
alsz|ik *v* sleep*, be* asl*ee*p ‖ ~ik, mint a bunda sleep* like a top/log; aludni megy go* to bed
alt *a/n* (*nő*) contralto; (*énekes; férfi, fiú*) *a*lto

által 1. *post* by, by means/way of, through 2. *adv* ~a by/through him/her
általában *adv* in general, generally, *u*sually
általános *a* general; univ*e*rsal, common, overall ‖ ~ iskola *kb.* pr*i*mary school; ~ mérnök c*i*vil engin*ee*r; ~ műveltség general education
általánosság *n* gener*a*lity ‖ nagy ~ban l*a*rgely, on the whole
altat *v* (*gyereket*) lull (sy) to sleep; *orv* an*a*esthetize (*US* anes-)
áltat *v* del*u*de, mislead*, dec*ei*ve
altató 1. *a* (*hatású*) sleep-inducing, sopor*i*fic 2. *n* (*szer*) sleeping draught/pill; narc*o*tic
altatóorvos an*a*esthetist, *US* anesthesiologist
altemplom *n* crypt
aludttej *n* c*u*rdled/sour milk
alufólia *n* (t*i*n)foil
alul 1. *adv* (down) bel*o*w, underneath 2. *post* áron ~ ad *átv* sell* below cost (price)
alulírott *a/n* undersigned
aluljáró *n* (*autóknak*) underpass; (*gyalogosoknak*) subway
alulmarad *v* lose*, be* be*a*ten
alulnézet *n* bottom-view
alumínium *n* alum*i*nium, *US* al*u*minum
alvad *v* cong*e*al; (*vér*) clot
alvajáró *n* sl*ee*p-walker
alvás *n* sleep
alváz *n* frame; (*autóé*) chassis
alvilág *n* (*ókori*) the n*e*ther world; (*bűnözőké*) underworld
a. m. = annyi *mint*
ám 1. *adv/int* (*nyomatékként*) well, then ‖ ~ legyen! so be it!, all

right!; **de nem** ~! oh no, by no
means **2.** *conj* (*azonban*) yet,
though
amatőr *a/n* amateur
amaz *pron* that (one), yonder
ámbár *conj* (al)though
ambíció *n* ambition
ambulancia *n* (*hely*) outpatient
department; (*rendelés*) outpatient/
ambulant treatment
ameddig *adv* (*hely*) as far as, to;
(*idő*) as/so long as, till
amekkora *pron* as large/great as
amellett *adv* yet, besides ‖ ~, **hogy**
apart from the fact that
amely *pron* which, that ‖ **az autó,**
amellyel jöttem the car I came in
amelyik *pron* which, that ‖ ~**ünk**
előbb ér oda, az ... whoever gets
there first
amennyi *pron* as much as
amennyiben *conj* (*amely mérték-*
ben) in so far as, inasmuch as;
(*ha*) if
amennyire *adv* as/so far as ‖ ~ **én**
tudom as far as I know
Amerika *n* America
amerikai *a/n* American ‖ **A~**
Egyesült Államok United States
of America; ~ **angol (nyelv)**
American English; ~ **mogyoró**
peanut, groundnut
amerre *adv* where ‖ ~ **csak**
wherever
amerről *adv* from where
ami *pron* that, which ‖ **az(t), ~(t)**
what; ~ **engem illet** as far as I am
concerned; ~ **azt illeti** as a matter
of fact
amiatt *adv* because (of), owing to
amiért *pron* on account of, because
(of)

amíg *adv* (*vmely idő alatt*) as long
as, while; (*időpontig*) till, until
amikor *pron* when ‖ ~ **csak**
whenever; ~**ra** by the time
amilyen *pron* such as; as
amint 1. *conj* (*mihelyt*) as soon as;
(*amíg*) while, when ‖ ~ **lehet** as
soon as possible **2.** *adv* (*mód*) as
amióta *pron* since ‖ ~ **csak** ever
since
ámít *v* delude, deceive
ámítás *n* delusion, deception
amnesztia *n* amnesty
amolyan *pron* **ez** ~ **kabátféle** it's a
sort of coat
amortizáció *n* amortization
amott *adv* (over) there, yonder
amper *n* ampere
ampulla *n* ampoule, *US* ampule
amúgy *adv* otherwise ‖ ~ **is ...**
anyway
ámul *v* marvel (*US* -l), wonder
ámulat *n* amazement
-án *suff* **huszadikán (20-án)** on the
20th; on 20(th) May etc.
analfabéta *a/n* illiterate
analízis *n* analysis (*pl* -ses)
analóg *a* analogous (*vmvel* to/with)
analógia *n* analogy
ananász *n* pineapple
anarchia *n* anarchy
anatómia *n* anatomy
Andok *n pl* the Andes
Anglia *n* England; (*tágabb értelem-*
ben) Great Britain, the United
Kingdom
angliai *a* English, of England *ut.*;
(*tágabb ért.*) British, of Great
Britain *ut.*
anglicizmus *n* English idiom
anglikán *a* Anglican ‖ **az** ~ **egyház**
the Church of England

angol 1. *a* English; (*tágabb ért.*) British ‖ ~ **anyanyelvű** English-speaking; (*fönévvel*) a native speaker of English, English speaker; ~ **nyelvű** English; ~**osan távozik** take* French leave **2.** *n* (*férfi*) Englishman°; (*nő*) Englishwoman°; (*nyelv*) the English language, English ‖ **az** ~**ok** the English; (*tágabb ért.*) the British
angolna *n* eel
angolóra *n* English lesson/class
angolpark *n* amusement park, funfair
angolszász *a* Anglo-Saxon
angoltanár *n* English teacher
angolul *adv* (in) English ‖ **hogy van** ~**?** how do you say it/that in English?; ~ **beszél** speak* English; ~ **beszélő** English-speaking; ~ **tanul** learn* English; **tud(sz)** ~**?** can you speak English?
angyal *n* angel
annak *pron* (*birtokos*) of that; (*részeshatározó*) to/for that ‖ ~ **ellenére, hogy** in spite of
annál *pron* (*hely*) at/with that; (*középfok mellett*) all the, so much the ‖ ~ **is inkább, mert** (all) the more so since; ~ **kevésbé** all the less, let alone; **minél gyorsabb, ~ jobb** the quicker the better
anorák *n* anorak, shower coat
Antarktisz *n* the Antarctic
antenna *n* aerial, antenna
antialkoholista 1. *a* teetotal **2.** *n* teetotaller (*US* -totaler)
antibiotikum *n* antibiotic
antidemokratikus *a* antidemocratic
antifasiszta *a/n* antifascist
antik *a* antique

antikvárium *n* second-hand bookshop
antilop *n* antelope
antipátia *n* antipathy (to), aversion (to)
antiszemita *a* anti-Semitic
antiszemitizmus *n* anti-Semitism
antropológia *n* anthropology
anya *n* mother ‖ **anyja neve** (*űrlapon*) mother's maiden name; **Anyák napja** Mothering Sunday, *US* Mother's Day
anyacsavar *n* nut
anyag *n* matter, material, substance; *tex* cloth, fabric; (*írásműé*) subject-matter, theme; (*vitáé*) topic
anyagi 1. *a* material; (*pénzügyi*) financial ‖ ~ **eszközök** financial means; ~ **javak** material goods/assets; **rosszak az** ~ **körülményei** be* badly off **2.** *n* ~**ak** material resources
anyagias *a* materialistic
anyai *a* maternal; (*érzelmi*) motherly
anyajegy *n* birthmark
anyakönyvi *a* ~ **hivatal** registry office; ~ **kivonat** birth/marriage/death certificate
anyakönyvvezető *n* registrar
anyanyelv *n* mother tongue
anyanyelvű *a* = **ajkú**
anyaország *n* mother-country
anyaság *n* motherhood
anyasági segély *n* GB maternity grant
annyi *pron* so much/many, as much/many ‖ ~ **bizonyos, hogy** ... this much (*v.* one thing) is certain that; ~ **mint (a. m.)** that is (to say), i.e. *v.* ie

annyiban *adv* so much, so far as ‖ ~ **hagy** leave* at that
annyira *adv* (*távolság*) as far as; (*fok*) so, so much (that), to such a degree (*v.* an extent)
annyira-amennyire *adv* more or less, somehow (or *o*ther)
annyit *pron* so much/many ‖ **csak** ~ **mondott** ... all he said was ...
anyós *n* m*o*ther-in-law (*pl* m*o*thers-in-law)
anyu(ka) *n* M*u*m(my)
apa *n* father ‖ **apjára ütött** he takes* *a*fter his father
apáca *n* nun
apad *v* (*tenger*) ebb; (*folyó*) fall*; (*ár*) subs*i*de
apai *a* paternal; (*érzelmi*) fatherly
apály *n* ebb(-tide) ‖ ~ **és dagály** ebb and flow
apaság *n* paternity
apát *n a*bbot
apátság *n a*bbey
aperitif *n* aperit*i*f
ápol *v* (*beteget*) nurse; (*kultúrát*) foster, prom*o*te; (*gondoz*) take* care of, look *a*fter, (*barátságot, kertet*) cultivate
ápolatlan *a* (*külső*) unkempt
ápoló *n* nurse; (*állatkerti*) k*e*eper
ápolónő *n* (hospital) nurse
ápolt 1. *a* (*külső*) well-gr*o*omed, neat **2.** *n* (*beteg*) (in-)patient
áporodott *a* (*levegő*) stuffy
após *n* father-in-law (*pl* fathers-in-law)
apostol *n vall* apostle
apparátus *n* (*gépi*) apparatus, outfit
Appenninek *n pl* the Apennines
apránként *adv* l*i*ttle by l*i*ttle

április *n* April ‖ ~**ban**, ~ **folyamán** in (the course of) April; ~ **bolondja** April fool
áprilisi *a* April, of/in April *ut.* ‖ ~ **eső** April shower
aprít *v* chop (up)
apró 1. *a* small, l*i*ttle, t*i*ny **2.** *n* = **aprópénz**
apróhirdetés *n* classified ad(vertisement)
aprólékos *a* (*részlet*) min*u*te; (*ember*) meticulous
aprópénz *n* (small) change
apropó *int* by the way
apróság *n* (*dolog*) trifle, bagat*e*lle; (*gyerek*) t*i*ny tot
aprósütemény *n* = **teasütemény**
apu(ka) *n biz* Dad(dy)
ár[1] *n* (*árué*) price, cost ‖ **mi az ~a?** what is the price (of it)?; **10 forint az ~a** it costs 10 forints; **bármely ~on** at any cost
ár[2] *n* (*áradás*) inundation, flo*o*d; (*folyón*) current; (*tengeré*) tide ‖ **úszik az ~ral** go*/swim* with the tide
ár[3] *n* (*cipészé*) awl
arab 1. *a* Arabian, Arab(ic) **2.** *n* (*ember*) Arab; (*nyelv*) Arabic
árad *v* (*folyó*) rise*, swell*, flood; (*vmből ömlik*) flow, stream
árajánlat *n* quotation
áram *n el* (electric) current, power
áramforrás *n* source of current
áramkör *n* (electric) circuit
áramlás *n* stream, flow
áramlat *n* current; *átv* trend, tendency
áraml‖ik *v* stream, flow
áramszünet *n* power cut
arany 1. *a* gold ‖ ~ **középút** the golden mean **2.** *n* gold

arány *n* proportion, ratio || **százalékos** ~ percentage; **~ban áll** be* proportional (*vmvel* to)
aranyérem *n* gold medal
aranyeső *n bot* laburnum
aranyfedezet *n* gold reserve
aranygyűrű *n* gold ring
aranyhal *n* goldfish (*pl* goldfish)
aránylag *adv* relatively, comparatively
arányl‖ik *v* be* in proportion to || **2 úgy ~ik a 4-hez, mint 6 a 12-höz** 2 is to 4 as 6 is to 12
aranyos *a* (*kedves*) charming, sweet, lovely
arányos *a* proportional
aranyoz *v* gild*
aranyozott *a* gilt, gilded
aranypénz *n* gold piece/coin
aranysárga *a* golden yellow
aranyszőke *a* gold-blond(e)
aránytalan *a* disproportionate || **~ul nagy** disproportionately large/big
árapály *n* ebb and flow
áraszt *v* (*fényt*) shed*; (*hőt*) radiate; (*illatot*) breathe
arat *v* reap, harvest || **győzelmet ~** gain a victory; **sikert ~** have* a success
aratás *n* harvest(ing), reaping
árboc *n* mast
arc *n* face; (*orca*) cheek; (*arculat*) *image* || **~ul üt** slap sy in the face; **~cal vm felé** facing sg
arcápoló szerek *n pl* beauty products, cosmetics
arcátlan *a* impudent, impertinent
arcbőr *n* complexion
arcél *n* profile
arcfestés *n* make-up
archeológia *n* archaeology (*US* archeol-)

arckép *n* portrait
arckifejezés *n* expression, look
arckrém *n* face-cream
arcszín *n* complexion
arcú *suff* -faced, -featured
arculat *n* face; *átv* aspect
arcvíz *n* lotion
arcvonal *n* front (line)
arcvonás|ok *n pl* features
árcsökkentés *n* price cut/reduction
áremelés *n* rise of prices
aréna *n* arena
árengedmény *n* discount, rebate || **~es vásár** sale
árfolyam *n* (*tőzsdei*) (current) price(s), quotation(s); (*devizáé*) rate of exchange
argentin *a* Argentine, Argentinian
Argentína *n* Argentina
argó *n* (*tolvajnyelv*) argot; (*főleg ifjúsági*) slang
ária *n* aria
árindex *n* price index
arisztokrácia *n* aristocracy
árjegyzék *n* price-list, catalogue
árkedvezmény *n* (price) reduction
árkülönbözet *n* difference in price(s)
árleszállítás *n* price reduction/cut; (*kiárusítás*) sale
árny *n* shade, shadow
árnyalat *n* shade of colour || **~nyi különbség** a slight difference
árnyék *n* (*ahová a nap nem süt*) shade; (*amit vm/vk vet*) shadow
árnyékol *v* shade, overshadow
árnyékos *a* shaded, shady
árnyoldal *n* the dark side of sg
árok *n* ditch; (*ásott*) trench
aroma *n* aroma, flavour (*US* -or)
aromaterápia *n* aromatherapy
árpa *n bot* barley; (*szemen*) sty(e)

arra adv (vmre rá) on that, onto that; in that direction, that way ‖ ~ **fogta magát és elment** biz (thereupon) he upped and left; ~ **nézve pedig** as regards, as to/for
arrafelé adv (irány) in that direction, that way; (hely) thereabouts
árrendszer n price system
arról 1. adv (abból az irányból) from that direction, from there **2.** pron about that ‖ ~ **van szó, hogy** the question/point is that
árszint n price level
árt v (vknek/vmnek) harm (sy), hurt* (sy); átv be* harmful/injurious (to sy/sg) ‖ **nem fog ~ani** it won't hurt (you to ...); **vmbe ~ja magát** interfere in sg
ártalmas a injurious ‖ **egészségre** ~ unhealthy
ártalmatlan a harmless, inoffensive
ártalom n harm, injury, damage
ártatlan a innocent; (tréfa) harmless ‖ **adja az ~t** play the innocent; **~nak mondja magát** plead not guilty
artista n acrobat
áru n goods pl, merchandise (pl ua.); commodity, article
árubehozatal n importation (of goods)
árucikk n article, commodity, goods pl
áruforgalom n ker trade; (üzleté) turnover
áruház n (department) store
áruhiány n shortage of goods
árukészlet n stock (in/on hand)
árukiadás n dispatch, goods delivery
árukivitel n exportation (of goods)
árul v sell*

árulás n betrayal; pol, kat treachery
árulkod|ik v peach on sy; vmről reveal sg
áruló 1. a pol traitorous, treacherous; (nyom) telltale **2.** n traitor
áruminta n sample(s)
áruraktár n warehouse, store(house)
árus n seller; (utcai) vendor
árusít v sell*; (utcán) vend
árusítóhely n stand, stall
áruszállítás n transport (of goods); shipment
árutőzsde n merchandise exhange
árva 1. a orphaned **2.** n orphan
árvácska n pansy
árvaház n orphanage
árverés n (sale by) auction
árvíz n (high) flood, inundation
árvízkár n flood damage
arzén n arsenic
ás v dig* (out/up)
ásatás n excavation
ásít v yawn
ásó n spade
ásvány n mineral
ásványvíz n mineral water
ász n ace (in cards)
aszalt a dried
aszály n drought
aszerint adv ~, **hogy** accordingly, according to
aszfalt n asphalt
aszott a (föld) arid; (növény) withered
aszpik n aspic(-jelly)
asszisztál v vknek vmhez assist sy in sg
asszisztens n assistant
asszony n woman° ‖ **~om** Madam
asztal n table ‖ **~hoz ül** sit* down to table

asztalitenisz *n* table-tennis
asztalos *n* joiner; (*műbútor~*) cabinet-maker
asztma *n* asthma
asztrológia *n* astrology
asztronómia *n* astronomy
aszú *n* **tokaji** ~ (old) Tokay
át *adv* (*vmnek felszínén*) across; (*vm felett*) over; (*keresztül*) through; (*útiránynál*) via; (*időben*) throughout, during
átad *v vmt vknek* hand sg over to sy, give*/pass sg to sy; (*hőt stb.*) transmit || ~**ja magát vmnek** abandon oneself to sg
átalakít *v* (*épületet*) rebuild*, reconstruct; convert (*into*); (*ruhát*) alter; *vmvé* transform sg into sg
átalakul *v* be* transformed (*into*), turn into (sg)
átáll *v vhová* change sides; (*más módszerre*) switch over (from sg) to sg
átállít *v* switch over (to), convert (to)
átáz|ik *v* (*ember*) get* drenched (to the skin); (*tárgy*) get* soaked/wet through
átbocsát *v* = **átenged**
átbúj|ik *v vmn* creep*/slip through
átcsap *v vmn* sweep* through/across; *vmbe* change over into
átcsoportosít *v* regroup, rearrange
átcsúsz|ik *v* slip/slide* through; (*vizsgán*) scrape through (an examination)
átdob *v vm fölött* throw*/hurl over sg
átdolgoz *v* rewrite*, revise; (*irodalmi művet*) adapt; (*tervet*) redraft
átdolgozás *n* revision, rewriting; (*irodalmi műé*) adaptation
átdöf *v* pierce (through with sg)

ateista *a/n* atheist
ateizmus *n* atheism
átejt *v biz* do* sy, lead* sy up the garden path
átél *v* (*időben*) live through; *átv* experience; (*szerepet*) live (one's/the part)
átellenes *a* opposite, facing sg *ut.*
átemel *v* lift over/across
átenged *v vknek vmt* give* up, yield; (*vizsgán*) let* sy through
átépít *v* rebuild*, reconstruct
átér *v vmeddig* reach across; (*átjut*) get* to, reach
átereszt *v* = **átenged**
áteresztő *a* permeable || **át nem eresztő** impermeable
átérez *v vmt* be* conscious/aware of sg, feel* the significance of sg
átes|ik *v* (*tárgyon*) fall* over/through; (*túljut vmn*) get* over sg || ~**ik a ló másik oldalára** swing* to the other extreme
átfagy *v* = **átfázik**
átfáz|ik *v* freeze* to the bone/marrow, get* chilled through
átfedés *n* overlapping
átfest *v* paint over, repaint
átfésül *v* (*hajat*) comb (out); (*írást*) touch up; (*területet*) rake [a district for sg], comb
átfog *v* (*kezével*) grasp, seize; *átv* span, comprehend
átfogó 1. *a* overall, comprehensive; (*elme*) keen, sharp 2. *n* (*háromszögé*) hypotenuse
átfoly|ik *v* flow through
átfordul *v* turn over
átforrósod|ik *v* become* very hot; (*motor*) run* hot
átfut *v vhová* run* over to; (*átolvas*) take* a quick look at sg || **hi-**

deg futott át rajta he had the shivers

átgázol v (folyón) wade across; vkn trample on/over

átgondol v consider; think* over

átgondolt a jól ~ well thought-out

áthajol v vmn lean* over

áthalad v pass through; (úttesten) cross [the road]

átható a penetrating, pervasive; (pillantás) searching

áthatol v vmn make* one's way through sg; (erővel) break* through sg

áthelyez v vhová remove sg; (vkt más állásba) move, transfer; (időpontot) put* off

Athén n Athens

áthidal v bridge (over)

áthív v vkt ask sy over

áthívat v send* for sy

áthoz v (tárgyat) bring* over; (magával) bring* along

áthúz v vhová pull through (to); (ágyat) change the bedclothes; (szöveget) delete

átír v (szöveget) rewrite*; (zeneművet) arrange for; (ingatlant) transfer to sy by deed

átirányít v (vhová) direct (to)

átírás n (szövegé) rewriting; (átruházás) transfer

átismétel v go* over [a lesson] again

átitat v vmt vmvel soak, saturate (sg with sg)

átível v span

átizzad v drip with sweat

átjáró n (út) passage(-way)

átjut v get* across/over

átkapcsol v switch over (vmre to); (telefonon) connect sy

átkarol v vkt embrace

átkel v vmin cross

átkelőhely n (gyalogosoké) (pedestrian) crossing

átképzés n retraining

átkeresztel v rename

átkísér v escort/see* (sy) across

átkozód|ik v curse, swear*

átkozott a damned

átköltöz(köd)|ik v move house

átköt v (csomagot) tie up

átkutat v search through

átküld v vmt send* over to; vkért send* for sy

átlag 1. n average; (számításban) mean 2. adv on average

átlagjövedelem n average income

átlagos a average, ordinary, common

átlagosan adv on average

átlagsebesség n average speed

átlagteljesítmény n average output

atlanti a Atlantic

Atlanti-óceán n az ~ the Atlantic (Ocean)

átlapoz v (könyvet) leaf through; (másik oldalra) turn the page

atlasz n atlas

átlát v átv vmn/vkn see* through sg/sy; vmt comprehend

átlátsz|ik v show* through

átlátszó a transparent

átlép v vmn step over; vmt cross; (mértéket) exceed

atléta n athlete, sportsman°

atlétatrikó n vest, singlet

atlétika n athletics sing.

átlós a diagonal

átmegy v vhol pass (through); vhová go* over/across to; (úttesten) cross; (megpróbáltatáson) undergo* (sg); (vmn, tanulmányozva)

go* through sg ǁ ~ **a szomszéd-**
ba go* next door; **átment (a vizs-**
gán) (s)he passed (the exami-
n*a*tion); **betegségen megy át**
go* through a dis*ease*
átmeleged|ik *v* warm up
átmenet *n* trans*i*tion (from ... to) ǁ
~ **nélkül** s*u*ddenly
átmeneti *a* trans*i*tion(al); (*ideigle-*
nes) temporary
átmenő *a* tr*a*nsit ǁ ~ **forgalom** *közl*
thro*u*gh tr*a*ffic; *ker* tr*a*nsit trade
átmérő *n* di*a*meter
atmoszféra *n a*tmosphere
átnedvesed|ik *v* bec*o*me* damp/
wet
átnéz *v* (*nyíláson*) peep through;
(*vm fölött*) look *o*ver/across;
(*szomszédba*) *biz* dro**p** in (on sy);
(*írást*) look through
átnyújt *v vknek vmt* hand (*o*ver) sg
to sy, pres*e*nt sg to sy
átok *n* curse ǁ **átkokat szór vkre**
call down c*u*rses up*o*n sy
átolvas *v* read* through; (*futólag*)
look *o*ver
atom *n a*tom
atombomba *n* at*o*m(ic) bomb, A-
bomb
atomenergia *n* at*o*mic *e*nergy
atomerőmű *n* n*u*clear power
st*a*tion
atomfegyver *n* n*u*clear we*a*pon
atomfegyvermentes *a* n*u*clear-
free
atomfizika *n* n*u*clear physics *sing.*
atomháború *n* n*u*clear w*a*r(fare)
atomkísérlet *n* at*o*mic test, A-test
atommag *n* n*u*cleus
atomrakéta *n* n*u*clear m*i*ssile
atomrobbantás *n* at*o*mic blast
átölel *v* embr*a*ce

átöltöz(köd)|ik *v* change (one's
clothes)
átönt *v* pour *o*ver (*into*)
átpártol *v* change sides
átrajzol *v* (*másol*) trace
átrak *v* (*árut*) transf*e*r, transsh*i*p
átrepül *v* (*vm fölött*) fly* over/
across; *vhová* fly* to
átrohan *v vmn, vhol* rush through/
*o*ver; *vhova* run*/rush *o*ver to
átruház *v* (*értéket*) transf*e*r; (*jogot*)
grant (to)
átruházható *a* transf*e*rable
átsikl|ik *v* (*hibán*) pass *o*ver sg, over-
look (sg); (*tényeken*) disreg*a*rd
átszab *v* ref*a*shion
átszalad *v vhova* dash/run* *o*ver to
átszáll *v vmn át* fly* across/
through; (*járművön*) change ǁ ~ **a**
7-es buszra change to the n*u*m-
ber seven bus
átszállás *n* change
átszámít *v* conv*e*rt (*into*)
átszámol *v* (*újra*) count *o*ver;
(*ellenőriz*) v*e*rify
átszervez *v* re*o*rganize
átszervezés *n* reorganiz*a*tion
átszitál *v* sift
átszól *v* call *o*ver to sy
átszúr *v* pierce, sta**b**
átszűr *v* str*a*in, f*i*lter
átszűrőd|ik *v* f*i*lter through
áttanulmányoz *v* ex*a*mine, st*u*dy
attasé *n* att*a*ché
áttekint *v vmt* s*u*rvey, look *o*ver
áttekintés *n* (*szemle*) s*u*rvey, view;
(*tárgyköré*) s*u*mmary; (*eménye-*
ké) review
áttér *v* (*másik oldalra*) cross (*o*ver)
(to); (*más témára*) pass *o*ver/on to;
(*más módszerre*) switch *o*ver to,
turn to; (*más hitre*) be* conv*e*rted

to || **más témára tér át** change the
subject
átterjed v spread* (over) (vhová to)
áttesz v vkt/vmt máshová transfer
to; (időpontot) rearrange
áttétel n transfer; tech (gear) trans-
mission; orv metastasis (pl -ses)
áttetsző a semi-transparent
attól 1. pron from that || ~ **félek,**
hogy I am afraid that; **ez ~ van,**
hogy this is due to **2.** adv ~ **fogva**
from that time, since then
áttör v vmt/vmn break* through || ~
a tömegen squeeze through the
crowd
áttörés n átv is breakthrough
átugr|ik v vmn jump sg; (kihagy)
skip, leave* out
átúsz|ik v (folyót) swim* [a river]
átutal v (pénzt) remit, transfer
átutalás n remittance
átutazás n transit
átutaz|ik v vmn travel (US -l) (in
transit) through/across
átutazó 1. a passing, transit || ~
vendég temporary guest **2.** n
transit passenger || **~ban van vhol**
passing through (swhere)
átutazóvízum n transit visa
átültet v bot, orv transplant; (szöve-
get) translate (from ... into)
átültetés n bot, orv transplant;
(fordítás) translation
átütemezés n rescheduling
átvág v (mezőkön) take* a short
cut; vmt cut* through
átvált v (pénzt) exchange (vmre
for), convert into; el (másik csa-
tornára) switch over
átváltható a (valuta) convertible
(into)
átváltozás n transformation

átváltoz|ik v = **átalakul**
átváltoztat v transform, convert,
change
átvesz v vktől vmt take* over sg from
sy, receive; (rossz szokást) adopt
átvészel v go* through, (manage
to) survive; (betegséget) get* over
[an illness]
átvétel n taking over; (árué, pén-
zé) receipt (of) || **a hatalom ~e**
takeover (of power); **~kor fizetve**
cash on delivery
átvételi elismervény n (acknow-
ledgement of) receipt
átvezet v (út vmn) lead*/pass
through; (híd) pass over
átvilágítás n pol checking sy's
background, positive vetting
átvisz v vmt vhol take*/carry (sg)
over (sg); vkt vhol help sy cross
over; (tételt) carry forward, carry
over
átvitt értelemben adv figuratively
átvizsgál v examine, check; (szöve-
get) revise; (gépet) service
atya n father
atyafi n (rokon) relation, relative
au int ouch!
augusztus n August || **~ban, ~**
folyamán in (the course of)
August; **~ 5-én** on 5th August
augusztusi a August, in/of August
ut. || **~ napok** August days
aukció n auction
ausztrál a/n Australian
Ausztrália n Australia
Ausztria n Austria
autó n (motor)car, US automobile,
biz auto || **~n/~val megy** go*/
travel (US -l) by car; **vknek az**
~ján/~jával in sy's car
autóbaleset n car accident

autóbusz *n* bus; (*emeletes*) doubledecker; (*távolsági*) coach ‖ **a 12-es ~** bus number twelve; **autóbusszal** by bus/coach
autóbuszjárat *n* bus line
autóbuszjegy *n* bus ticket
autóbuszkalauz *n* bus conductor
autóbuszmegálló *n* bus-stop; (*távolsági*) coach-stop
autóbusz-pályaudvar *n* coach station
autóbuszvezető *n* bus-driver
autogram *n* autograph
autógumi *n* tyre, *US* tire
autójavító (műhely) *n* (car) repair shop
automata 1. *a* **~ sebváltó** automatic transmission **2.** *n* (*pénzbedobós*) automat, slot machine, *US* (*cigaretta-, büféáru- stb.*) vending machine
automatikus *a* automatic
autómentő *a/n* **~ (kocsi)** breakdown van, *US* tow truck
autómosó *n* (*hely*) carwash
autonómia *n* autonomy, self-government
autópálya *n* motorway, *US* expressway ‖ **fizető ~** *US* turnpike
autópályadíj *n* toll
autóparkoló *n* car park
autós *n* motorist
autósiskola *n* driving school
autóstop *n* **~pal utazik** hitchhike, thumb a lift
autószerelő *n* car/motor mechanic
autószerviz *n* service station
autóút *n* (*úttest*) motor road; (*megtett út*) motor tour, drive
autóverseny *n* motor race, car rally
autóvezető *n* (car) driver
autóz|ik *v* go* for a drive/ride

avagy *conj* or (else)
avas *a* rancid, rank
avat *v* (*emlékművet*) dedicate; (*épületet*) inaugurate
az[1] (*határozott névelő*) the
az[2] *pron* that (*pl* those) ‖ **~, aki** (he) who; **~, ami** what, that which; **ki ~?** who is that/it?; **én vagyok ~** it's me; **mi ~?** what's that?, what's the matter?; → **abba, abban, annak** *stb*
azalatt *adv* meanwhile, in the meantime
azáltal *adv* thereby, by that means
azaz *conj* that is (to say), namely
azelőtt *adv* before, earlier, previously, formerly ‖ **~ én is szerettem** I, too, used to like it; **úgy, mint ~** just as before
azért *adv/pron* (*azon okból*) therefore, for that reason, that's why; (*amiatt, cél*) for ‖ **~ is!** for all that!, still ...; **~, hogy** (*azzal a céllal*) in order that/to
áz|ik *v* (*lében*) soak, steep; (*esőben*) get* wet ‖ **bőrig ~ik** get* wet through
aznap *adv* that day; (*ugyanazon a napon*) the same day
azon[1] *adv/pron vmn* on that ‖ **~ az áron** at that price; **~ leszek, hogy** I shall do my best to ...
azon[2] **1.** *pron* (*az a ...*) that (*pl* those) **2.** *adv* **~ nyomban** there and then
azonban *conj* but, however
azonkívül *adv* besides, moreover
azonnal *adv* immediately, instantly, at once
azonos *a* *vmvel/vkvel* identical with sg/sy, the same as sg/sy *ut*. ‖ **~ értékű** equivalent

azonosít *v* identify (with)
azonosság *n* identity
azontúl *adv* (*idő*) after that
azóta *adv* since then, *e*ver since ‖ ~, **hogy** since
aztán *adv* (*azután*) then, afterwards, after that ‖ **na és ~?** so what
áztat *v* soak, we*t*; (*vegyszerben*) steep
azután *adv/conj* afterwards, after that, then
azzal *pron/adv vmvel* with that ‖ ~ **a feltétellel, hogy** on cond*i*tion that; ~ **már el is szaladt** h*a*ving said this he ran aw*a*y
Ázsia *n* Asia
ázsiai *a/n* Asian, Asi*a*tic

B

-ba, -be *suff* A) (*helyhatározó*) **a)** to ‖ **a városba megy** go* to the town; **b)** in, *i*nto ‖ **bemegy a házba** go* *i*n(to) the house; **c)** for ‖ **elutazott Sopronba** (s)he left for Sopron B) (*időhatározó*) **sok időmbe került** it took me a long time C) (*vmként*) as ‖ **ajándékba kap vmt** rece*i*ve/ge*t* sg as a present
bab *n* bo*t* bean
báb *n* (*baba*) doll; (*kézre húzható*) (glove) p*u*ppet; (*zsinóros*) marionette; (*rovaré*) p*u*pa
baba *n* (*játék*) doll; (*csecsemő*) b*a*by
babakocsi *n* = **gyermekkocsi**
babér *n* la*u*rel

babona *n* superst*i*tion
babrál *v* f*i*ddle with
bábszínház *n* p*u*ppet theatre
bábu *n* → **báb**
babusgat *v* fondle
bacilus *n* germ, bac*i*llus (*pl* -c*i*lli)
bácsi *n* *u*ncle ‖ **János ~** *U*ncle John
bádog *n* sh*ee*t m*e*tal, tin (plate)
bagoly *n* owl
bágyadt *a* we*a*ry, weak
baj *n* tro*u*ble, m*i*sery, grief, misfortune ‖ **annyi ~ legyen!** n*e*ver mind!; **~ban van** be* in tro*u*ble; **mi (a) ~?** what's the matter?; **nem ~!** it does not matter!
báj *n* charm
bajlód|ik *v vmvel* take* tro*u*ble with/over sg, b*o*ther ab*ou*t/with sg
bajnok *n sp* champion
bajnoki *a* ~ **cím** t*i*tle, championship
bajor *a/n* Bav*a*rian
Bajorország *n* Bav*a*ria
bajos *a* d*i*fficult
bájos *a* ch*a*rming, l*o*vely
bajtárs *n kat* comrade, mate
bajusz *n* moustache (*US* m*u*s-); (*macskáé*) whiskers *pl*
bak *n* (*őz stb.*) buck; (*hím állat*) male; (*favágóé*) sawhorse; (*kocsin*) (coach-)box
bakancs *n* boots *pl*, brogue
bakfis *n* teenage girl
baki *n biz* slip (of the tongue)
baklövés *n* bl*u*nder; (*vizsgán*) howler
baktat *v* trudge; (*ló*) *a*mble
Baktérítő *n* Tropic of Capricorn
baktérium *n* bacterium (*pl* -ria) ‖ ~ **okozta** bacterial

bal *a/n* left ‖ ~ **oldal** the left, the
left-hand side → **baloldal;** ~**ra** (to
the) left; ~**ra kanyarodik** turn left;
~**ra kanyarodni tilos!** no left
turn; ~**ról jobbra** from left to
right; ~**ul üt ki** turn out badly
bál *n* ball, dance
bála *n* bale
Balaton *n* Lake Balaton ‖ **a**
~**on/~nál** by Lake Balaton
balerina *n* ballet-dancer
baleset *n* accident ‖ **halálos** ~ a
fatal accident; ~ **érte** (s)he had an
accident;   ~   **következtében
meghalt** (s)he was killed in an
accident
baleset-biztosítás *n* accident in-
surance
balett *n* ballet
balga *a* silly, stupid
balgaság *n* (*viselkedés*) silliness;
(*kijelentés*) nonsense
balhé *n biz* row, shindy, fuss
balhéz|ik *v biz* kick up a fuss
baljós *a* ominous ‖ ~ **jel** ill omen
Balkán *n* the Balkans *pl*
balkáni *a* Balkan
balkezes *a* left-handed; (*ügyetlen*)
(s)he is all thumbs ‖ ~ **ember** left-
hander; ~ **ütés** left-hand stroke
balkon *n* balcony
ballada *n* ballad, lay
ballag *v jog* along, trudge
ballépés *n átv* blunder
ballon *n* balloon
ballonkabát *n* raincoat
bálna *n* whale
baloldal *n pol* the Left, left wing
baloldali *pol a* left(-wing), leftist
balsors *n* bad luck, misfortune
balszerencse *n* bad luck, misfor-
tune

balta *n* hatchet, ax(e)
balti *a* Baltic
Balti-tenger *n* the Baltic (Sea)
bálvány *n* idol
balzsam *n* balsam, balm
bamba *a* foolish, stupid
bámészkod|ik *v* gape/stare at sg ‖
az ott ~**ók** the bystanders
bámul *v* (*elképedve vmn*) wonder
at; (*vmt*) gaze at, stare at; (*csodál*)
admire (sy, sg)
bámulatos *a* surprising, amazing
-**ban, -ben** *suff* **A)** (*helyhatározó*)
a) in ‖ **ágyban marad** stay in bed;
Angliában in England; **b)** at ‖ **a
buszmegállóban** at the bus-stop;
iskolában van be* at school **B)**
(*időhatározó*) **a)** in ‖ **egész éle-
temben** (in) all my life; **idejében**
in (good) time; **júniusban** in
June; **b)** at ‖ **délben** at noon;
(*elöljáró nélkül*) **ebben az évben**
this year **C)** (*állapothatározó*) **a)**
in ‖ **bajban van** be* in trouble; **b)**
at ‖ **jó vmben** (*tevékenységben*)
be* good at sg
bán *v* regret, be* sorry for ‖ **nem**
~**om** I don't care/mind
banán *n* banana ‖ **unja a** ~**t** *biz* be*
fed up
bánásmód *n* treatment
bánat *n* sorrow, grief
bánatos *a* sorrowful, sad
banda *n* band; (*bűnöző*) gang
bandita *n* bandit, gangster
bán|ik *v* *vkvel* treat/handle sy;
vmvel deal* with sg
bank *n* bank ‖ ~**ba teszi a pénzét**
deposit one's money in a bank
bankár *n* banker
bankbetét *n* bank deposit
bankett *n* banquet, (public) dinner

bankhitel *n* bank credit
bankjegy *n* (bank)note, *US* (bank)-bill
bankjegykiadó automata *n* = pénzautomata
bánkód|ik *v* sorrow (about/over sg), grieve (for sy/sg)
bankrabló *n* bank robber
bankszámla *n* bank(ing) account
banktisztviselő *n* bank-clerk
bánt *v* hurt*, harm; (*bosszant*) annoy || ne ~sd! leave it alone!
bántalmaz *v* hurt, assault
bántalmazás *n* mistreatment
bántó *a* (*sértő*) offensive, insulting; (*bosszantó*) annoying
banya *n* hag, witch
bánya *n* mine
bányász *n* miner
bányászat *n* mining
bányász|ik *v* mine
baptista *a/n* Baptist
bár¹ 1. *conj* (*habár*) (al)though 2. *adv* = bárcsak
bár² *n* nightclub; bar
barack *n* (*sárga*) apricot; (*őszi*) peach
barangol *v* ramble, wander (*mind*: about)
bárány *n* lamb
bárányfelhő *n* fleecy/cirrus cloud
bárányhimlő *n* chicken-pox
barát *n* friend; (*nőé*) (boy)friend; (*szerzetes*) monk, friar || ~okat szerez make* friends
baráti *a* friendly, amicable
barátkoz|ik *v* make* friends (*vkvel* with)
barátnő *n* girlfriend
barátság *n* friendship || jó ~ban van vkvel be* on friendly terms

with sy; ~ot köt vkvel make* friends with sy
barátságos *a* friendly, amicable || ~ szoba cosy (*US* cozy) room
barátságtalan *a* (*modor*) unfriendly; (*időjárás*) dull
barázda *n* furrow
bárcsak *adv* if only || ~ velünk jöhetnél I wish you could come with us, if only you could come with us
bárd¹ *n* hatchet
bárd² *n* (*dalnok*) bard
bárdolatlan *a* uncouth; rough
bárgyú *a* idiotic, imbecile
bárhogy(an), bárhol, bárhonnan, bárhova = akár...
barikád *n* barricade
bariton *n* baritone (voice)
barka *n* catkin
bárka *n* boat || Noé ~ja Noah's Ark
barkácsol *v* do* a bit of carpentry
bárki *pron* = akárki
barlang *n* cave, cavern; (*állaté*) den
bármeddig, bármekkora, bármelyik, bármennyi, bármerre, bármerről, bármi, bármikor = akár...
bármilyen 1. *pron* whatever, any (kind of) || ~ áron at whatever price 2. *adv* (*bármennyire*) however || ~ különösnek tűnik is strange though it may appear
barna 1. *a* brown || ~ bőrű dark(-coloured); (*lesült*) (sun)tanned; ~ kenyér wholemeal (*US* wholewheat) bread; ~ nő brunette; ~ szemű brown-eyed 2. *n* brown (colour) || ~ra fest paint sg brown
barnaszén *n* brown coal, lignite

barnít v (make*) brown; (nap) bronze, tan

barnul v brown; (naptól) get* (sun)tanned

báró n baron

barokk a/n Baroque

barom n (állat) cattle pl; (szidás) brute

barométer n barometer

baromfi n poultry pl

bársony n velvet

bástya n (váré) bastion; (sakkfigura) castle

baszk a/n Basque ‖ ~ **sapka** beret

basszus n bass (voice)

batiszt a/n cambric, batiste

bátor a courageous, brave

bátorít v encourage

bátorság n courage, bravery

bátortalan a timid

bátran adv courageously, bravely; (nyugodtan) safely

bátya n (idősebb fivér) elder brother; (megszólítás) uncle

batyu n bundle, pack

bauxit n bauxite

bazalt n basalt

bazár n fancy goods shop, bazaar

bazilika n basilica, cathedral

bázis n base, basis (pl bases)

be adv into, in; (műszeren) on

-be suff → **-ba**

bead v vmt give*/hand in; (orvosságot vknek) administer [medicine to sy]; → **benyújt** ‖ ~ **vknek vmt** átv (try to) make* sy swallow sg (whole)

beadvány n (kérelem) application, petition; (javaslat) submission, proposal

beágyaz v vmt vmbe (em)bed (sg in sg); (ágyat) make* one's/the bed

beakad v vmbe get* caught in sg

beáll v vhová enter swhere, stand* in; (beköszönt) set* in ‖ ~ **a sorba** join the queue; **fordulat állt be** the tide has turned; **nem áll be a szája** biz his tongue is* always wagging/going

beállít vt vhova put* sg in(to); (beigazít) set*, adjust; sp (csúcsot) equal [the record] ‖ vi (bejön) turn up, drop in ‖ ~**ja a rádiót** tune in the radio; **úgy állítja be a dolgot, hogy** present an affair in such a way as

beállítás n adjustment, setting; (rádióé) tuning in; átv (feltüntetés) presentation

beállítottság n (mental) attitude (to sg), disposition ut.

beárul v vkt denounce sy

beatzene n beat (music)

beavat v vkt vmbe initiate/let* sy into sg; tex preshrink*

beavatkozás n intervention, interference ‖ **be nem avatkozás** nonintervention

beavatkoz|ik v vmbe intervene in (sg)

beáz|ik v leak

beáztat v steep, soak

bébi n baby

bebizonyít v prove, demonstrate

bebiztosít v insure

bebocsát v let* in, admit

bebocsátás n admission, admittance

beborít v cover

beborul v (ég) cloud over, get* cloudy

bebörtönöz v imprison

bebugyolál v wrap* up in

bebúj|ik v slip in; (nehezen) creep* in ‖ **bújj be!** tréf come on in!

beburkol v wrap*, cover

becenév *n* pet name; (*tréfás*) nickname
becéz *v* call by a pet name
Bécs *n* Vienna
becsap *vt* (*rászed*) swindle, cheat I *vi* (*villám*) strike* || ~ja az ajtót slam the door; ~ták he's been done/had
becsatol *v* (*iratot*) enclose with; (*csatot*) clasp; (*biztonsági övet*) fasten
becsavar *v* (*csavart*) screw in; (*begöngyöl*) roll up
becsavarod|ik *v* biz go* off one's nut/rocker
becses *a* precious, valuable
bécsi *a/n* Viennese, (of) Vienna
becsíp *v* pinch in; (*berúg*) get* a bit squiffy/tight || ~te az ujját az ajtóba he caught his finger in the door
becslés *n* estimate; (*értékelés*) estimation
becsmérel *v* disparage
becsomagol *v* (*árut*) pack, wrap* (up); (*ládába*) case, crate
becstelen *a* dishonest
becstelenség *n* infamy, dishonesty
becsuk *v* shut*, close; (*börtönbe*) lock up; → bezár
becsúsz|ik *v* (*tárgy*) slip in; (*élőlény*) sneak/creep* in || hiba csúszott be a számításába *átv* an error has crept into the figures
becsül *v* (*mennyiséget*) estimate; (*értéket*) value; (*vkt*) esteem; (*vmt értékel*) appreciate
becsület *n* honour (*US* -or); honesty; (*hírnév*) reputation || ~be vágó affecting one's honour *ut*.

becsületes *a* honest, honourable (*US* -or-), fair || ~en viselkedik behave decently/properly (towards sy)
becsületszó *n* word of honour (*US* -or) || becsületszavamra on my word; becsületszavát adja give*/pledge one's word
becsvágy *n* ambition
bediliz|ik *v* biz go* crazy
bedob *v* throw*/cast* in/into; (*postaládába*) drop [a letter in the letter-box]
bedögl|ik *v* fail; (*motor*) stall
bedől *v* (*fal*) fall* in, collapse; biz vknek be* taken in (by), be* fooled (by)
bedug *v* vmt vmbe put*/thrust* in; (*betöm*) stop, block, plug [a hole]
beenged *v* let* in, admit
beépített *a* (*terület*) built-up; (*bútor*) built-in || ~ ember biz mole
beépül *v* (*terület*) be* built up; (*szervezetbe*) infiltrate
beér *vi* (*vhova*) arrive (at/in), reach sg I *vt* catch* up with (sy) || ~i vmvel be*/rest content/satisfied with sg
beér|ik *v* ripen
beérkezés *n* arrival; ker receipt
beérkez|ik *v* arrive; vk átv make* one's name
beesteled|ik *v* it is* growing dark, night is* falling
befagy *v* freeze* in/over
befagyaszt *v* freeze*
befalaz *v* wall up
befed *v* cover (over); (*tetővel*) roof over/in
befejez *v* accomplish, end, finish

befejezés *n* finish(ing), conclusion, end(ing)

befejezetlen *a* unfinished, incomplete

befejezett *a* finished, complete

befejeződ|ik *v* end, come* to an end

befektet *v* lay* in; (*ágyba*) put* to bed; (*pénzt vmbe*) invest [money in sg]

befektetés *n* investment

befektető *n* investor

befelé *adv* inward(s)

befizet *v* pay* in [a sum] ‖ ~ **egy társasutazásra** book a tour

befog *v* (*szemet/fület/szájat*) stop, cover; (*lovat*) harness; (*vkt munkára*) make* sy work ‖ ~**ja a száját** hold* one's tongue; **fogd be a szád!** shut up!

befogad *v* *vkt vhova* receive into; (*tömeget terem*) hold*, accommodate

befolyás *n* (*hatás*) influence (on) ‖ **vk ~a alá kerül** fall* under sy's influence; ~**t gyakorol vmre/vkre** influence sg/sy

befolyásol *v* influence

befon *v* *vmt* entwine; (*hajat*) plait

befordul *v* (*fal felé*) turn in; (*utcába*) turn into [a street]

beforr *v* = **összeforr**

befőtt *n* (*üvegben*) bottled fruit

befőz *v* (*eltesz*) bottle, preserve; (*lekvárnak*) make* jam of

befúj *v* (*szél vhová*) blow* in/into in; *vmt vmvel* spray

befúr *v* *vmbe* bore into, pierce sg

befurakod|ik *v* *vk vhova* force/make* one's way in

befut *v* (*vonat*) enter (the station), arrive (at); (*hajó*) sail into [port];

(*futó*) run* in; (*pályát*) run* [a course]; *vk átv biz* be* a success

befűt *v* ~ **a kályhába** make* a fire in the stove; ~ **vknek** *biz* give* sy hell

befűz *v* (*tűt, filmet*) thread; (*cipőt*) lace (up)

begombolkoz|ik *v* button (up)

begöngyöl *v* roll up; (*becsomagol*) wrap*/pack up

begurul *v* roll in; *átv biz* lose* one's cool

begy *n* (*madáré*) crop, craw ‖ **a ~ében van** *átv* (*neheztel vmért*) resent sg; (*neheztel vkre*) bear* sy a grudge

begyömöszöl *v* stuff, cram, jam (*amibe mind*: in/into)

begyújt *v* (*kályhába*) light*/make* a fire; (*motort*) start

begyullad *v* (*motor*) start; *biz* (*ember*) get* scared

behajt[1] *v* (*ajtót*) half-close [door]; (*könyvet*) close

behajt[2] *v* (*állatot, kocsit*) drive* in; (*követelést*) collect [money], recover [a debt] ‖ ~**ani tilos!** no entry

behasad *v* (*ruha*) rip, tear*; (*köröm*) split*

behasít *v* cleave*; (*textilt*) tear*, split*

beható *a* intensive, profound

behatóan *adv* thoroughly

behatol *v* (*erőszakkal*) penetrate (into); (*betörő*) break* into [a building]

behint *v* dust/powder with

behív *v* call in, invite in; *kat* call up

behívat *v* ask/call sy in

behívó *n* *kat* call-up papers *pl*

behízelgő *a* (*modor*) winning, engaging

behorpad v be*/get* dented
behoz v vmt bring*/carry in; (árut külföldről) import; (elmaradást) make* up for, catch* up with ‖ ~ott áruk ker imported goods
behozatal n import(ation)
behunyja a szemét kif close one's eyes
behúz v pull/draw* in; biz vkt vmbe inveigle sy into doing sg ‖ ~ vknek (egyet) biz give* sy a clip (on the ear)
behűt v (ételt) refrigerate; (italt) chill
beidéz v summon (sy) to appear ‖ ~ik tanúnak be* summoned
beigazolód|ik v prove true
beígér v promise
beiktat v (állásba) install; (ceremóniával) inaugurate
beilleszked|ik v adapt (oneself) to
beilleszt v fit/set* in
beindít v (motort) start (up); (tevékenységet) launch
beindul v (motor) start; (tevékenység) be* launched
beír v vmt vmbe write* sg in/down; (nevet, tételt) enter/record sg; (számítógépbe) key in
beiratkozás n registration
beiratkoz|ik v register (at), enrol (US enroll)
beismer v admit, confess
beismerő a ~ vallomást tesz confess one's crime
bejár v (területet) walk/wander all over; (országot) tour ‖ ~ja a boltokat go* into the shops
bejárat[1] v (gépkocsit) run* [one's new car] in
bejárat[2] n entrance, entry; (kapu) gate
bejárónő n charwoman°

bejátszás n film insert
bejegyez v put* down; (hivatalosan) register, record; (névsorba) enter [sg in a book]
bejelent v announce, make* sg known ‖ **előzetesen ~i magát** vknél make* an appointment with sy
bejelentés n announcement, registration
bejelentkez|ik v (rendőrségen) register with; (szállodában, reptéren) check in
bejelentőlap n registration form
bejut v vhová get* in (to), manage to get in
béka n frog
békaember n frog-man°
bekalkulál v take* (sg) into account
bekanyarod|ik v turn into
bekap v (ételt) bolt, gulp down ‖ ~ vmt have* a snack
bekapcsol v (ruhát) fasten, clasp; (készüléket) switch/turn on ‖ **be van kapcsolva** it's on
béke n pol peace; (nyugalom) calmness, tranquillity ‖ **~t köt** make*/conclude a peace; **hagyj ~n!** leave me alone!
békegalamb n dove of peace
békekötés n conclusion of peace
békéltet v conciliate
békéltető 1. a conciliatory 2. n mediator
beken v spread* sg over sg, smear with; (mocsokkal) (be)daub, soil, dirty
békepipa n peace pipe
békepolitika n peace policy
beképzelt a conceited, self-important
bekeretez v frame

bekerít *v* enclose; *kat* surround, encircle
békés *a* peaceful ‖ ~ **egymás mellett élés** peaceful coexistence
békesség *n* peace(fulness); *(nyugalom)* tranquillity, quiet
békeszerződés *n* peace-treaty
béketárgyalás *n* peace-negotiations *pl*
béketűrés *n* patience ‖ **kijön a** ~**ből** lose* one's temper
béketűrő *a* tolerant, patient
bekezdés *n* paragraph
bekiált *v* cry in, shout in
bekísér *v* *vkt* *vhova* see* sy in; *(rendőr)* take* sy into custody
béklyó *n* *(lónak)* hobble
bekopogtat *v* knock (on the door)
beköltöz|ik *v* move in; *(házba)* move into [a house]
beköp *v* *biz* *vkt* grass on
beköszönt *v* *(idő)* set* in
beköt *v* bind*/tie up; *(sebet)* dress [a wound]; *(könyvet)* bind* [a book]; *(vezetéket)* connect up
bekötőút *n* access road
bekötöz *v* = **beköt**
bekövetkez|ik *v* result, follow
bekukucskál *v* *vmbe* peep/peer in
bél *n* *(emberé)* intestines *pl*, bowels *pl*; *(dióé)* kernel [of nut]; *(ceruzába)* lead
belakkoz *v* lacquer; *(képet, bútort, körmöt)* varnish
belát *v* *(területet)* survey; *(megért)* see*, realize; *(elismer)* admit ‖ **hibát** ~ admit a fault; **lásd be** you must realize
belátás *n* consideration, understanding
belátó *a* considerate
bele *adv* into, inwards

beleártja magát *v* *(vmbe)* meddle/interfere in
belebeszél *v* *(közbeszól)* interrupt, break* into [a conversation]
belebolondul *v* *(vmbe)* sg is driving sy mad/crazy; *(vkbe)* fall* head over heels in love with sy
belebonyolód|ik *v* *vmbe* get* entangled in (sg)
belebúj|ik *v* *(lyukba)* creep* into; *(ruhába)* get* into one's clothes
belebuk|ik *v* fall*, go* bankrupt
belecsap *v* ~**ott a villám a fába** (the) lightning struck the tree
beleegyezés *n* consent, approval
beleegyez|ik *v* *vmbe* consent/agree to ‖ **szülei nem egyeztek bele** his parents refused their consent
beleél *v* ~**i magát vmbe** enter into the spirit of sg
beleért *v* imply; *(összeget)* comprise, include ‖ ~**ve** including...
beleérzés *n* empathy
belees|ik *v* *(vmbe)* fall* into; *biz* *(vkbe)* fall* for sy, have* a crush on sy
belefárad *v* get* tired of (sg)
belefog *v* *vmbe* start/begin* sg; ~ **a munkába** get* down to work, start working
belefojt *v* *(vkt vízbe)* drown ‖ ~**ja a szót vkbe** *átv* silence sy
belefoly|ik *v* flow/pour into; *vk* *vmbe* have* a say in sg
belegázol *v* ~ **a vízbe** wade into the water; ~ **vk becsületébe** slander sy
belehal *v* *(betegségbe)* die of ‖ ~**t sérüléseibe** he died from his wounds; **majd** ~**tam** I nearly died
beleill|ik *v* *vmbe* fit; *vk* be* suitable for ‖ **a kulcs** ~**ik a zárba** the key fits the lock

beleír v = **beír**

beleizzad v (ruhába) sweat through [one's clothes] ‖ ~ **a munkába** sweat over a job

belejön v (vmbe beletanul) get* the hang of, get* into

belekapaszkod|ik v vmbe cling* (on) to sg, clutch sg; vkbe/vmbe hang* on to sy/sg

belekarol v vkbe take* sy's arm

belekényszerít v (vkt vmbe) browbeat* sy into sg

belekerül v (pénzbe) cost*, come* to; (időbe) = **beletelik**

belekever v mix with; vkt vmbe involve sy in sg

belekevered|ik v vk vmbe get* involved in sg

belekezd v vmbe start (...ing); undertake* (sg)

bélel v (ruhát) line; tech case

belélegzés n inhalation

belelép v vmbe step into sg

belemárt v vmbe dip in, immerse (in)

belemegy v vk/vm vmbe go*/get* into; átv vk vmbe consent to ‖ ~ **a játékba** enter into the game

belemerül v sink* into ‖ ~ **a munkába** be* wrapped up in one's work

belenéz v (have* a) look into

belenyom v vmt vmbe force/ squeeze sg into sg

belenyugsz|ik v vmbe resign/ reconcile oneself to sg

belenyúl v (kézzel) reach into ‖ ~ **a zsebébe** átv dip into one's pocket/purse

beleolvad v vmbe fade/melt into sg; (szín) shade into

beleöml|ik v flow/pour into

beleőrül v sg is driving sy mad

belép v (helyiségbe) go*/come* in, enter [a room] ‖ ~ **egy pártba** join a party; ~**ni tilos!** no admittance/ entrance

belépés n entry, entrance ‖ **a ~ díjtalan** admission free

belépődíj n entrance/entry fee

belépőjegy n (admission) ticket

belerak v = **berak**

bélés n (ruháé) lining

belesül v (beszédbe) biz dry up

beleszagol v vk vmbe sniff/smell* sg; átv biz dabble in (sg)

beleszámít v reckon in, include ‖ ~**va** including..., ...included

beleszeret v vkbe fall* in love with sy

beleszok|ik v vmbe get* accustomed/used (to sg)

beleszól v (beszélgetésbe) interrupt (the conversation); (ügybe) intervene (in)

beleszólás n átv say; (beavatkozás) intervention, interference

beleszúr v (tűt) stick* into ‖ ~**t az oldalamba** (a fájás) I have* a stitch in my side

beletalál v (célba) hit* [the mark]

beletanul v vmbe master/learn* sg

beletartoz|ik v belong (in)to, fit into; (hatáskörébe) come* within [one's competence]

beletel|ik v **két hét is** ~**ik abba, amíg** it will be/take a good 2 weeks before

beleun v vmbe tire of sg, get* fed up with sg

belevág v (vmbe késsel) cut* into; (villám) = **belecsap**; (vk szavába) interrupt sy; (*vállalkozásba*) take* on, undertake* (sg)

belezavarod|ik *v* get* muddled/confused || **~tam** I got* all mixed up

belföld *n* inland || **~ön** at home

belföldi **1.** *a* native, home, domestic, inland || **~ termék** home product **2.** *n* native

belga *a/n* Belgian

Belgium *n* Belgium

Belgrád *n* Belgrade, Beograd

belgyógyász *n* physician; *US* internist

belgyógyászat *n* (*ág*) internal medicine; (*belosztály*) medical ward

-beli *suff* (*hely*) of, belonging to *ut*.; (*idő*) dating from *ut*.

beljebb *adv* further in || **kerüljön ~** (please) walk in, *US* come right in

belkereskedelem *n* internal/home (*US* domestic) trade

belosztály *n* medical ward

belök *v* (*ajtót*) push/thrust* open; *vkt vhova* throw*/shove in

belőle *adv* out of it, from it/him || **nem kérek ~** (*ételből*) I don't want any(, thank you); **semmi sem lesz ~** (*dologból*) it will come to nothing

belpolitika *n* internal politics/affairs *pl*

belső **1.** *a* (*belül levő*) inside, internal, inner; (*bizalmas*) intimate, confidential || **~ égésű motor** internal-combustion engine; **~ sérülés** internal injury/lesion **2.** *n* (*futballé*) bladder; (*kerékgumié*) inner tube || **vmnek a belseje** the interior/inside of sg

belsőépítész *n* interior decorator/designer

belsőleg *adv* orv for internal application

belterület *n* (*városé*) *GB* inner city, the centre of the city, *US* downtown

belügy *n* (*országé*) home affairs *pl*

belügyminiszter *n* (the) Minister of the Interior, *GB* Home Secretary, *US* Secretary of Interior

belügyminisztérium *n* Ministry of the Interior, *GB* Home Office, *US* Department of the Interior

belül *adv/post* (*terület*) within, inside; (*idő*) within, in

belváros *n* city centre; (*Londonban*) the City, *US* downtown || **a ~ban** in town, *GB* in the City; *főleg US* downtown; **bemegy a ~ba** go* downtown

belvíz *n* inland waters *pl*

bélyeg *n* (*levélen*) (postage) stamp; (*jel*) mark; (*beégetett*) brand

bélyegez *v* (*bélyegzővel*) cancel (*US* -l-), postmark; (*munkahelyen érkezéskor*) clock in; (*távozáskor*) clock out

bélyegzőóra *n* time clock

bemárt *v* (*folyadékba*) = **belemárt**; *biz vkt vknél* blacken sy's character/name

bemegy *v vk* go* in, enter (sg); (*víz*) penetrate || **~ a házba** go* indoors/inside

bemelegít *v* (*helyiséget*) warm/heat up; (*motort*) warm up; (*sportoló*) warm/limber up

bemenet *n* entrance, entry; *el, szt* input || **tilos a ~** no admittance

bemér *v* (*távolságot*) find* the range of; (*mérőműszerrel*) locate

bemerít *v* immerse (in), dip in
bemerül *v* sink* *into*
bemetsz *v* notch, incise, indent
bemocskol *v* = bepiszkít
bemond *v* (*rádióban*) announce;
(*kártyában*) bid*, call
bemondás *n* (*bejelentés*) announ-
cement; (*kártyában*) bid, call;
(*bridzsben*) contract; *biz* (*szelle-
meskedő*) (wise)crack; (*színpadon*)
gag
bemondó *n* announcer
bemutat *v* *vkt* introduce sy (to sy),
(*magas rangúnak*) present sy (to
sy); (*okmányt*) present; (*színmű-
vet*) produce; (*filmet*) present,
show*; (*kísérletet*) demonstrate;
(*kiállításon*) exhibit, display; (*ál-
dozatot*) offer (up) ‖ ~om X urat
this is Mr X, *US* meet Mr X
bemutatás *n* (*személyé*) intro-
duction; (*okmányé, színműé*) pro-
duction, showing; (*árué*) display,
exhibit; (*kísérleté*) demonstration;
(*áldozaté*) offering
bemutatkoz|ik *v* *vknek* introduce
oneself to sy
bemutató *n* *szính* first night,
première; (*filmé*) first run; (*csekké*)
bearer
-ben *suff* → -ban
béna *a* (*végtag*) paralysed,
crippled; (*csak láb*) lame; *biz*
(*ügyetlen*) awkward, clumsy
Benelux államok *n* *pl* the Benelux
States
benevez *v* (*versenyre*) enter for
benéz *v* (*vmbe*) look into; *biz*
(*vkhez*) look/drop in (on sy)
benn *adv* inside, within ‖ ~ lakik
live in; ~ van (= *nincs házon kí-
vül*) (s)he is in

benne *adv* in it, inside (it), within
(it) ‖ nem vagyok ~ I am out of
it; ~ vagyok! agreed; I am all for
it
bennfentes *a* well-informed
bennlakásos (közép)iskola *n*
boarding school; (*GB zártkörű,
magán*) public school
bennszülött 1. *a* native, aboriginal
2. *n* native, aborigine
bensőséges *a* intimate, close
bent *adv* = benn
benti *a* inside
benzin *n* petrol, *US* gas(oline) ‖
kár a ~ért it is not worth the
trouble/candle
benzinkút *n* filling/petrol station,
US gas station; (*szervizzel*)
service station
benzinmotor *n* petrol engine
benyit *v* *vhova* enter (sg), go*/
come*/step in
benyom *v* *vmt* press/squeeze in;
(*jelzést vmbe*) impress on, stamp
sg
benyomás *n* *átv* impression ‖ az
volt a ~om, hogy I got the
impression that
benyújt *v* hand/send* in, present;
(*kérelmet*) put* in, *US* file ‖ ~ja
lemondását offer one's
resignation
beolajoz *v* oil, lubricate
beolt *v* *vkt* inoculate; (*himlő ellen*)
vaccinate; *mezőg* (*fát*) make* a
graft onto [a tree]
beolvad *v* (*tárgy*) melt into,
dissolve in/into; (*körvonal*) fade
into; (*szín*) merge into; (*nép*) be*
assimilated into; (*intézmény*)
merge with
beoml|ik *v* fall*/cave in, give* way

beoszt *v* arrange; (*több részre*) divide *into*; (*fokokra*) graduate; (*fizetést*) spread* out; (*takarékosan*) economize
beosztás *n* arrangement; (*hivatali*) assignment, duty ‖ **jó a lakás ~a** it is a well-arranged flat
beosztott *a/n* subordinate
bepanaszol *v vkt* complain about
beperel *v* sue sy/sg, take* sy/sg to court
bepillant *v* (*benéz*) (cast* a) glance *into*; *átv* obtain an insight (*into*)
bepiszkít *v* (*bemocskol*) make* (sg) dirty, make* (sg) filthy, stain; (*erkölcsileg*) taint, sully
bepiszkolód|ik *v* get* dirty
beprogramoz *v szt* program
bér *n* (*munkásé*) wage(s), pay; (*bérleté*) rent; ‖ **~be ad** (*házat, földet*) let*, *US* rent; (*rövidebb időre*) hire (sg) out, *US* rent (sg) out; **~be vesz** rent, lease; **~ből és fizetésből élők** wage- and salary-earners
beragad *v* be*/get* stuck
beragaszt *v vmbe* paste/stick* in
berak *v* (*behelyez*) put*/place in/into*; (*árut kocsiba*) load [goods] (in, on to); (*szoknyát*) pleat
berakod|ik *v* load (up)
bérbeadás *n* (*házé*) letting; (*földé*) leasing; (*rövidebb időre*) renting, hiring
bérbefagyasztás *n* wage-freeze
bereked *v* (*ember*) get*/become* hoarse
bérel *v* hire, *US* rent; (*hajót, repülőt*) charter; (*földet*) lease
béremelés *n* wage-increase
berendezés *n* (*folyamat*) furnishing; (*tárgyak*) furniture; (*üzem-* ben) equipment, fittings *pl*; *tech* (*készülék stb.*) apparatus, set
berendezked|ik *v* furnish one's house; *átv* settle down
bereteszel *v* bolt, secure [the door]
bérgyilkos *n* hired assassin
bérház *n* block of flats
bérlakás *n* flat
bérlemény *n* rented/leased property
bérlet *n* (*birtok*) lease; (*lakásé*) rent; *szính* subscription; (*vasúti, busz stb.*) season(-ticket), travelcard
bérleti *a* ~ **díj** (*földé, házé stb.*) rent; (*autóé, televízióé stb.*) rental; *szính* subscription ‖ ~ **szerződés** lease agreement/contract
bérletjegy *n* (*idényre*) season(-ticket); (*havi*) monthly ticket/pass
bérlő *n* (*földé*) lessee, tenant; (*lakásé*) renter, tenant; *szính* subscriber
bérmálás *n* confirmation
bérmentes *a* post-free/paid, carriage-free/paid
bermuda *n* Bermuda shorts *pl*
bérmunka *n* paid work
bérmunkás *n* wage labourer (*US* -or-)
berreg *v* (*hangosan*) buzz; (*motor*) throb, purr, hum, whirr
bérrendszer *n* wage-system
bérszínvonal *n* wage-level
berúg *v* (*ajtót*) kick in; *biz* (*italtól*) get* drunk/tipsy ‖ ~**ja a gólt** score (a goal)
beruházás *n* investment; (*nagyméretű*) project
besétál *v* walk/stroll in
beskatulyáz *v átv* label (*US* -l) sy/sg (as) sg, pigeonhole sy
besorol *v vkt vhova* include, put* (sy) on a list, classify; (*kocsival sávba*) get* into [lane]

besoroz v *kat* enlist (sy)
besóz v salt down ‖ **be van sózva**
átv be* like a cat on hot bricks
besötéted|ik v grow* dark
besúg v (*rendőrségnek*) inform
against/on sy
besúgó n (*rendőrségi*) spy, informer; (*beépített ember*) mole
besurran v slip/sneak/dart in/into
beszabályoz v *tech* adjust, regulate, set*
beszakad v break* in; (*köröm*) break*, split*
beszalad v run* in/into
beszáll v get* on(to)/in(to) sg; (*repülőbe, vonatba*) board sg; (*hajóba*) embark; (*ügybe*) join in (sg)
beszállókártya n boarding pass/ card
beszámít v (*költségeket*) include; (*szolgálati időt*) take* into account; (*körülményt*) make* allowance (for)
beszámíthatatlan a not accountable *ut.* ‖ ~ **állapotban** not responsible for (one's actions)
beszámol v *vmről* give* an account of sg; (*hírlap*) cover
beszed v collect, take* in; (*orvosságot*) take*
beszéd n (*képesség*) speech; (*módja*) speaking; (*beszélgetés*) conversation, talk; (*szónoklat*) speech; (*üdvözlő*) address ‖ ~**et mond** make*/deliver a speech; **se szó, se** ~ without much/further ado
beszédes a talkative; *biz* chatty
beszédkészség n fluency (in speech)
beszédtéma n subject/topic of conversation
beszeg v edge, border, fringe

beszél v speak*; *vkvel/vkhez* speak*/ talk to sy ‖ **arról nem is** ~**ve, hogy** to say nothing of; ~ **ön angolul?** do you speak *English*?; ~**nek róla** (*szó van róla*) it is in the wind/air; (*telefonban*) **ki** ~? who is speaking?; **azt** ~**ik, hogy** it is said that; **magában** ~ talk to oneself; **magyarul** ~ speak* Hungarian
beszélgetés n conversation, chat, talk; (*interjú*) interview; (*telefonbeszélgetés*) call
beszélő 1. a talking, speaking **2.** n talker, speaker; (*narrátor*) narrator; (*börtönben*) visiting hours *pl*
beszennyez v soil, dirty
beszerez v get*, obtain
beszervez v *vmbe* recruit sy (*into sg*)
beszerzés n (*árucikkeké*) purchase; (*szerzemény*) acquisition
beszív v (*légneműt*) inhale, draw* in; (*folyadékot*) suck in, absorb ‖ **jól** ~**ott** *biz* get* pickled/soaked
beszivárog v seep/filter/ooze in
beszólít v call sy in, summon (sy to swhere)
beszorul v *vm* get* stuck/jammed (in sg)
beszúr v *vmbe vmt* stick* sg' into sg; (*szövegbe*) insert
beszüntet v stop, cease ‖ **munkát** ~ stop work, walk out
beszűrőd|ik v (*fény*) filter in
betakar v cover up/over, wrap up; (*ágyban*) tuck in
betakarítás n gathering (in), harvest(ing)
betanított munkás n semi-skilled worker
betáplál v (*számítógépbe*) feed* [data/information] into [the/a computer]

betart v (*szabályt*) keep*, observe; (*vknek*) *sp biz* trip sy up

beteg 1. a *vk* ill, sick; (*testrész*) diseased; (*igével*) be* ill || ~ **lesz** fall* ill **2.** n (*páciens*) patient

betegállomány n sick-list || **~ban van** be* on the sick-list

betegbiztosítás n health insurance

betegfelvétel n (*kórházban*) reception [of patients]; (*feliratként*) admissions

beteglap n case sheet/card

betegség n (*állapot*) illness, sickness; (*kór*) disease || **~ben szenved** suffer from a disease; **~éből felgyógyul** recover from his/her illness

betegszállító 1. a ~ **kocsi** ambulance **2.** n (hospital) orderly/porter

betel|ik v *vmvel* have* enough of sg; (*étellel*) eat* one's fill || **~t a létszám** we arc full up; **~t a pohár** that was the last straw

betemet v bury; (*árkot*) fill up/in

beterjesztés n (*törvényjavaslaté*) introduction; (*költségvetésé*) presentation

betét n (*bankban*) deposit [in bank]; (*üvegért*) deposit; (*golyóstollban*) refill || **egészségügyi/intim** ~ sanitary pad

betétkönyv n bank-book, passbook

betétlap n (*cserélhető*) loose leaf°, insert || **elvették a ~ját** *kb.* have* one's licence endorsed

betétszámla n deposit account

betéve adv (*könyv nélkül*) by heart || ~ **tudja a szerepét** be* word-perfect

betilt v ban, suppress, prohibit

betol v push/shove in

betolakod|ik v barge in; (*hívatlanul*) gatecrash

betoldás n insertion

beton n concrete

betonkeverő n concrete/cement mixer

betonoz v concrete

betölt v (*folyadékot*) pour into; (*hiányt*) fill (in) [a gap]; (*hivatását*) perform, fulfil || **állást** ~ be* in office, occupy a post/job; **~ötte 20. életévét** he has turned 20; **filmet** ~ **fényképezőgépbe** load a camera

betöltetlen a (*állás*) vacant

betöm v (*lyukat*) stop (up); (*fogat*) fill

betör vt (*ablakot*) break* in; (*lovat*) break* in | vi; (*ellenség*) invade; (*betörő*) break* in(to a house), burgle

betörő n burglar

betud v (*összeget vmbe*) charge to, include; (*vknek vmt tulajdonít*) attribute to

betű n letter; (*írott*) script; (*nyomtatott*) character, type || **dőlt** ~ italics *pl*; ~ **szerinti** literal; **~ről ~re** letter by letter

betűrend n alphabet, alphabetical order

betűz[1] v (*betűket*) spell*

betűz[2] vt (*tűvel*) pin in/up | vi (*nap vhová*) shine* in

betyár n (*egykor*) highwayman°, outlaw; *pejor* rogue

beugratás n *átv* take-in, hoax

beugr|ik v *vk vhová* jump/spring* in; (*vízbe fejest*) dive into; (*szerepbe*) step in; *vkhez* look/drop in (on sy); *biz* (*tréfának*) be* taken in

beutaló n (*kórházi*) referral; (*üdülői*) *kb.* holiday voucher

beutazóvízum n entry visa
beül v (karosszékbe) sit* down in; (járműbe) get* in(to) [a car]
beültet v (kocsiba) seat sy in; (földbe) plant in; vmvel plant with
beüt v knock/hit* sg in/into
bevág v (vágást csinál) cut*; biz (leckét) learn* (sg) by heart || ~ja az ajtót slam/bang the door
bevágód|ik v (ajtó) slam, bang; biz vk vknél worm oneself (v. one's way) into sy's confidence
bevakol v plaster (over)
bevál|ik v vm prove (to be) good; (remény) come* true
bevall v confess, admit
bevált v (pénzt) (ex)change [vmre for]; (csekket) cash [a cheque]; (ígéretét) keep* [one's promise]; (reményeket) fulfil [hopes]
bevándorlás n immigration
bevándorol v immigrate (into)
bevarr v vmbe sew* in; (sebet) sew* up [a wound]
bevásárlás n shopping
bevásárlókocsi n (áruházi) (shopping) trolley
bevásárlókosár n shopping basket
bevásárlóközpont n shopping centre, hypermarket
bevásárol v do* one's/the shopping || ~ni megy go* shopping; jól ~t vmvel átv biz (s)he made a bad bargain with sg
bever v (szeget) drive*/hammer in; (ablakot) break* in || ~ az eső (az ablakon) the rain keeps* driving in (at the window)
bevés v (fémbe) engrave in/on || ~ vmt az emlékezetébe commit sg to (one's) memory

bevesz v (kívülről) take* in; (szövegbe) include; (várost) take*, capture; (ruhából) take* in; (orvosságot) take* [medicine]
bevet v (földet vmvel) crop/sow* [a field] with; kat put* into action || ~i az ágyat make* one's/the bed
bevétel n (jövedelem) income; (üzleti) returns pl; (előadásé) receipts pl
bevett szokás n generally accepted custom
bevezet v (helyiségbe) lead*/show* in/into; (társaságba) introduce into; (ismeretekbe) initiate (into); (villanyt) install; (tételt) enter; (módszert) introduce
bevezetés n (könyvben) introduction
bevezető 1. a introductory || ~ út access road 2. n introduction
bevisz vt vkt/vmt vhová take* in; (csomagot) carry in; (vkt rendőr) take* into custody; (számítógépbe) feed* [data] into [a/the computer], (beír) key in | vi (út vhová) lead* to
bevonul v enter; kat join up
bezár v close, shut*; (kulcscsal) lock (up); (intézmény stb.) close; (végleg) close down
bezzeg adv truly, to be sure
bezsúfol v cram/crush/squeeze into
biankó csekk n blank cheque (US check)
biblia n Bible, the Scriptures pl
bibliográfia n bibliography
bíboros n cardinal
bíborvörös a purple, scarlet
biccentés n nod
biceg v limp, hobble

bicikli *n* bicycle, bike
bicikliz|ik *v* ride* a bicycle
bicska *n* pocket/jack-knife°
bifsztek *n* beefsteak
bigámia *n* bigamy
bika *n* bull
bikini *n* bikini
bili *n biz* pot(ty)
biliárd *n* billiards *pl*
bilincs *n* shackles *pl*; (*kézre*) handcuffs *pl*; *tech* clamp
billeg *v* seesaw, be* loose
billen *v* tilt, tip over
billentyű *n* (*hangszeren*) key; *tech, orv* valve
billentyűzet *n* keyboard
billió *n GB* billion, *US* trillion
bimbó *n* bud
biológia *n* biology
biológus *n* biologist
bioritmus *n* biorhythm
bioszféra *n* biosphere
bír *v* (*fizikailag*) (be* able to) carry; (*elvisel*) (be* able to) bear*; (*képes*) can*, be* able to; *biz* (*kedvel*) take* a shine to (sy); *vkvel* equal (*US* -l) sy ‖ **~ja a hideget** he can take the cold; **~ja az italt** he can carry/hold his liquor (well); **nem ~ magával (jókedvében)** be* beside himself (with joy); **nem ~ok vele** he is too much (of a handful) for me
bírálat *n* judgement; (*szóban*) criticism
birka *n* (*állat*) sheep (*pl* ua.); (*hús*) lamb
birkózás *n* wrestling
birkózó *n* wrestler
bíró *n* (*bíróságon*) judge, magistrate; *sp* umpire, referee
birodalom *n* empire

bíróság *n* (*hatóság*) court (of law) ‖ **a ~on** in court; **~ elé állít** bring* to trial/justice
bírósági *a* judicial ‖ **~ tárgyalás** hearing, trial; **~ úton** legally, by law
birs *n* quince
bírság *n* fine, penalty
bírságol *v* fine
birtok *n* (*tulajdon*) possession; (*földbirtok*) estate, land ‖ **~ba vesz vmt** take*/get* possession of sg
birtokol *v* have*, possess
birtokos **1.** *a nyelvt* possessive ‖ **~ eset** genitive (case) **2.** *n* (*vagyoné*) owner, possessor
bisztró *n* snack bar, bistro
bit *n szt* bit
bitumen *n* bitumen, asphalt
bivaly *n* buffalo
bíz *v vkre vmt* trust sy with sg
bizakodó *a* hopeful, trustful
bizalmas **1.** *a* (*közlés*) confidential; (*hangulatú*) informal, colloquial ‖ **~ értesülés** inside information **2.** *n* **vknek a ~a** sy's intimate
bizalmatlan *a* distrustful (*vk iránt* of sy)
bizalmi *a* confidential ‖ **~ ember** confidential clerk/secretary
bizalom *n* confidence/trust (in) ‖ **bizalmat szavaz vknek** give* sy a vote of confidence
bizarr *a* bizarre
bíz|ik *v vkben/vmben* trust (in) sy/sg, have* confidence in ‖ **nem ~ik vkben** distrust sy
bizomány *n* commission; (*eladásra*) consignment
bizony *adv* certainly, really, surely ‖ **Isten ~!** so help me (God)!

bizonyára *adv* no doubt, in all probability || ~ **lekésett a vonatról** he must have missed the train
bizonyít *v* prove; (*okmánnyal*) certify; (*adattal*) verify
bizonyíték *n* proof, evidence || **tárgyi** ~ material proof; ~ **hiányában** in the absence of evidence
bizonyítvány *n* (*hivatali*) certificate, testimonial; *isk* school report
bizonyos *a* (*biztos*) certain, sure; (*kétségtelen*) undoubted || **annyi** ~, **hogy** one thing is certain (namely); **egy** ~ **fokig** to some extent
bizonyosan *adv* = **bizonyára**
bizonyosság *n* certainty
bizonytalan *a* (*dolog*) uncertain, dubious; (*kimenetelű*) doubtful; (*alapokon álló*) unstable; (*ember*) irresolute || ~ **időjárás** changeable weather; ~ **időre elhalaszt** postpone indefinitely
bizonytalankod|ik *v* hesitate
bizonyul *v* *vmnek/vmlyennek* prove (to be ...)
bizottság *n* committee, board; (*kiküldött*) commission
biztat *v* *vmre* encourage; (*vigasztalva*) reassure; *vmvel* allure
biztató *a* encouraging, promising || ~ **(elő)jel** hopeful sign
biztonság *n* safety, security || **a** ~ **kedvéért** to be* on the safe side
biztonságos *a* safe, secure
biztos *a* (*kétségtelen*) sure; certain || ~ **állás** secure job; ~ **vagyok benne, hogy** I'm sure ...
biztosan *adv* surely, certainly; (*kétségtelenül*) no doubt, undoubtedly || ~ **eljön** he is sure/certain to come

biztosít *v* (*biztonságossá tesz*) make* certain/sure; (*erősít*) make* safe, secure (from, against); (*vmt vknek nyújt*) provide sg for sy; (*biztosítást köt*) insure (sg against sg) || **vkt vmről** ~ assure sy of sg
biztosítás *n* insurance || ~**t köt** take* out insurance → **casco-, felelősségbiztosítás**
biztosíték *n* (*pénz*) security, deposit; (*erkölcsi*) guarantee; *el* fuse
biztosító (társaság) *n* insurance company
biztosítótű *n* safety-pin
bizsu *n* fashion/costume-jewellery
blokád *n* blockade
blokk *n* (*jegyzettömb*) (writing) pad; (*üzletben*) bill; (*háztömb*) block (of houses); (*bélyeg*) block
blokkolóóra *n* time clock
blöff *n* bluff
blúz *n* blouse
bob *n* bobsleigh
bóbiskol *v* nod, doze
bóbita *n* tuft, crest
bocsánat *n* pardon || ~**ot kér** beg sy's pardon, apologize (*vmért* for); ~**ot kérek!**, ~! pardon/excuse me!, I beg your pardon!, (I'm) sorry!
bocsát *v* let* go
bódé *n* (*piaci*) stall, stand; (*újságos*) newsstand, *GB* kiosk
bódító *a* (*illat*) overpowering
bodros *a* (*haj*) curly, frizzy
bodza *n* elder
bogáncs *n* thistle
bogár *n* *zoo* insect, beetle, *US* bug; *biz* (*szeszély*) whim, fad
bogrács *n* stew-pot, kettle
bográcsgulyás *n* *kb.* Hungarian kettle goulash

bogyó n berry
bohóc n clown; átv buffoon, fool ||
~ot csinál magából biz play the
fool
bohózat n farce, burlesque
bója n buoy
bojkott n boycott
bojler n (gáz) (gas) heater; (villany)
immersion heater
bojt n tassel, pompon
bók n compliment
boka n ankle || **megüti a ~ját** kb.
have*/get* one's fingers burnt
bókol v pay* sy a compliment
bokor n bush, shrub
bokréta n bunch of flowers
boksz¹ n (cipőkrém) shoe-polish
boksz² n (ökölvívás) boxing
boksz³ n (rekesz) box
bokszer n (verekedéshez) knuckle-
duster; (kutya) boxer
bokszoló n boxer; (profi)
prizefighter
-ból, -ből suff A) (helyhatározó) a)
from || a Debrecenből érkező
vonat the train from Debrecen; b)
out of || felkel az ágyból get* out
of bed B) (állapothatározó) a)
from || betegségből meggyó-
gyul recover from an illness; b)
out of || álmából ébred come*
out of one's sleep; c) of || áll
vmből consist of sg C) (eredethatá-
rozó) a) from || ered vmből átv
originate from sg, come* from sg;
vmből következik result from; b)
of, out of || készült vmből be*
(made) of sg D) (eszközhatározó)
él vmből live on/by sg E)
(okhatározó) a) for || mi okból?
for what reason?; b) from, out of,
of || féltékenységből from (v. out

of) jealousy; **kíváncsiságból**
from (v. out of) curiosity F) (cél-
határozó) **ebből a célból** for this
purpose; **abból a célból, hogy...**
in order to/that G) (módhatározó)
ebből a szempontból from this
point of view, in this respect;
látásból ismer vkt know* sy by
sight
boldog a happy; (igével) feel*/be*
glad || B~ **új évet (kívánok)!** (I
wish you a) Happy New Year!
boldogít v make* (sy) happy
boldogság n happiness, joy,
gladness
boldogtalan a unhappy
boldogtalanság n unhappiness
boldogul v (életben) get* on,
prosper, succeed; vmvel get* on
with sg
boldogult a the late
bólé n kb. (fruit) punch
bolgár a/n Bulgarian
bolha n flea
bólint v nod
bolond 1. a (őrült) mad, insane,
crazy; (viselkedés) foolish, silly,
stupid || **majd ~ leszek!** I am not
such a fool **2.** n (elmebajos)
madman°, lunatic; (bolondságokat
csináló) fool, idiot || ~**dá tesz vkt**
fool/dupe sy; ~**ja vmnek** be*
crazy about sg
bolondít v make* a fool of
bolondokháza n biz lunatic asylum
bolondoz|ik v play the fool
bolondság n (beszéd) nonsense;
(hóbort) folly, silliness
bolondul v vkért/vmért be* crazy
about sy/sg
bolt n (üzlet) shop, US store
boltív n arch(way)

boltos n shopkeeper
bolygó n planet ‖ **mesterséges** ~ (artificial) satellite
bolyhos a (szövet) napped, woolly
bolyong v roam, wander (about)
bomba 1. n bomb **2.** a ~ **jó** biz smashing, super, crazy, bang-up
bombariadó n bomb scare
bombasiker n biz overwhelming success
bombatámadás n bomb attack
bomlás n decay, disintegration; kém decomposition; (erkölcsé) depravation
boml|ik v (alkotórészeire) disintegrate, go* to pieces, decay; kém dissolve; biz vkért be* madly in love with sy
bon n (áruról) voucher; (pénzről) IOU
bonbon n bonbon, sweet
boncol v orv dissect; (kérdést) analyse (US -lyze)
boncolás n dissection
bonctan n anatomy
bont v take* to pieces, take* apart; kém decompose; (épületet) pull down; (telefonbeszélgetést) disconnect ‖ **részekre** ~ break* sg down into its component parts
bonyodalom n complication
bonyolít v complicate; ker (ügyletet) handle, manage
bonyolult a complicated, sophisticated
bor n wine ‖ **egy pohár** ~ a glass of wine
borbély n barber
borda n (emberi) rib; (borjú, ürü) cutlet; (sertés) pork chop
bordélyház n brothel
bordó a claret(-coloured)

borít v (vmvel fed) cover (with), cast*/spread* over; (feldönt) overturn
boríték n envelope
borjú n calf°
borjúhús n veal
borogatás n (hideg) (cold) compress; (meleg) poultice
boróka n juniper
borongós a melancholic, gloomy; (idő) cloudy
borospince n wine-vault/cellar
borostás a (zoo) bristly, unshaven
borostyán n ivy
borosüveg n wine-bottle
borotva n razor; (villany~) (electric) shaver ‖ **úgy vág az esze, mint a** ~ he is sharp-witted
borotvakrém n shaving cream
borotvál v shave
borotválkoz|ik v shave
borotvapenge n razor blade
borozó n wine bar, tavern
borravaló n tip ‖ ~**t ad vknek** give* sy a tip
bors n pepper ‖ ~**ot tör vk orra alá** play a trick on sy
borsó n pea ‖ **falra hányt** ~ it's like talking to a brick wall
borsos a peppered ‖ ~ **ár** biz stiff/steep price
bortermés n vintage
borul v (ég) cloud over; (vmbe) overturn (into sg), fall*
borús a (idő) dull, gloomy [weather]; (tekintet/hangulat) gloomy
borz n badger
borzad v shudder (with horror) (vmtől at), be* horrified/shocked (vmtől at)
borzalmas a horrible, terrible

borzalom *n* horror, dread
borzas *a* tousled, dishevelled
borzasztó *a* = **borzalmas**
borzol *v* (*szél*) ruffle, tousle
borzong *v* shiver [with cold/fear]
boszorkány *n* witch
bosszant *v* vk vkt annoy; *vm* vkt irritate
bosszú *n* revenge; (*megtorlás*) vengeance
bosszús *a* annoyed, irritated
bot *n* stick, staff || **a füle ~ját sem mozgatja** will not take the slightest notice of sg
botanika *n* botany
botanikus 1. *a* ~ **kert** botanical garden 2. *n* botanist
botfülű *a* unmusical
botkormány *n* control stick/column; *biz* joystick
botl|ik *v* vmbe stumble (on)
botorkál *v* (*fáradtan*) stagger along, totter; (*sötétben*) feel* one's way
botrány *n* scandal || ~**t csap** make* a scene
bóvli *n* junk, trash
bozontos *a* hairy, bushy; (*szakáll*) shaggy
bozót *n* thicket, brushwood
bő *a* (*tág*) roomy, loose; (*ruha*) (too) wide; (*bőséges*) full, rich
bőbeszédű *a* talkative
bőg *v* (*sír*) cry; (*csecsemő*) whimper; (*ordít*) bawl, roar; (*tehén*) low, moo
bőgő 1. *a* (*síró*) howling 2. *n* (*nagy~*) double-bass
bögöly *n* horse-fly
bögre *n* mug, jug
böjt *n* fast(ing)
bök *v* butt; (*ujjal*) poke

bőkezű *a* generous
-ből *suff* → **-ból**
bölcs 1. *a* wise 2. *n* wise man°
bölcsen *adv* wisely
bölcsesség *n* wisdom
bölcsészet(tudomány) *n* arts *pl*, *US* humanities *pl*
bölcsészkar *n* faculty of arts (*US* humanities)
bölcső *n* cradle
bölcsőde *n* GB crèche, *US* day nursery
bölény *n* bison, buffalo
bömböl *v* (*állat, vihar*) bellow, roar; (*csecsemő*) howl
bőr *n* (*élő*) skin; (*állaté*) hide; (*kiké-szített*) leather || ~**ig ázott** drenched to the skin *ut.*, wet through *ut.*; **jó ~** (*nőről*) *biz* a piece of crumpet; **majd kiugrik a ~éből** be* beside himself; **rossz ~ben van** be* in bad shape
bőrápoló krém *n* beauty cream
bőráru *n* leather goods
bőrgyógyászat *n* dermatology
bőrkiütés *n* (cutaneous) eruption
bőrönd *n* (*kézi*) suitcase; (*nagy*) trunk
börtön *n* prison || ~**be zár** imprison
bőség *n* abundance, plenty; (*vagyoni*) wealth, affluence
bőven *adv* plentifully, abundantly || ~ **elég** more than enough
bővít *v* enlarge, amplify, widen; (*kiegészít*) complete
bővül *v* (*szélességben*) widen; (*mennyiségben*) increase, grow*
brácsa *n* viola
bravó *int* bravo!, well done!
brazil *a/n* Brazilian
Brazília *n* Brazil
brekeg *v* croak

bridzs *n* bridge
brigád *n* brigade, team
briliáns *a/n* brilliant
briós *n* brioche
brit 1. *a* British || ~ **angol** British English; **B~ Nemzetközösség** British Commonwealth (of Nations); ~ **szigetek** the British Isles **2.** *n US* Britisher || **a ~ek** the British
Britannia *n* Britain
bronz *n* bronze
bronzérem *n* bronze medal
bross *n* brooch
brummog *v* growl, hum
brutális *a* brutal
bruttó *a* gross || ~ **hazai termék** gross domestic product (GDP); ~ **jövedelem** gross/total income; ~ **nemzeti termék** gross national product (GNP)
búb *n* crest, tuft
buborék *n* bubble
búcsú *n* (*távozáskor*) (saying) goodbye, farewell; (*templomi*) patronal festival || **~t mond vknek** say* goodbye to sy
búcsúzkod|ik *v* vktől take* leave (of sy), say* goodbye (to sy)
búcsúztat *v* bid* farewell to; (*állomáson stb.*) see* sy off
búgás *n* (*motoré*) hum(ming), purr(ing); (*repülőgépé*) drone
buggyos *a* baggy
bugyi *n biz* briefs, panties, knickers (*mind: pl*)
buja *a* (*ember*) sensual, lecherous; (*növényzet*) luxuriant
búj|ik *v* (*vm elől*) hide* (from), conceal oneself (from); *vmbe* slip into
bújócska *n* hide-and-seek

bújtat *v* (*rejt*) hide*, conceal
bujtogatás *n* incitement
bukás *n* (*esés*) fall; (*kormányé*) downfall, defeat; (*üzleti*) collapse, bankruptcy; (*vizsgán*) failure
bukfenc *n* somersault
bukfencez|ik *v* turn a somersault
buk|ik *v* (*esik*) fall*, tumble; (*víz alá*) dive, plunge; *isk* = **megbukik**; *biz* **~ik vkre/vmre** fall* for sy/sg
bukkan *v vmre* come* across sg
bukósisak *n* crash-helmet
buktató *n átv* pitfall
Bulgária *n* Bulgaria
buli *n biz* party || **benne van a ~ban** be* in on it; **kiszáll a ~ból** quit* it
bulvár *n* boulevard
bulvárlap *n* tabloid
bumeráng *n* boomerang
bumm *int* bang!, boom!
bunda *n* (*kabát*) fur-coat; (*állaté*) fur; *sp biz* fix || **alszik, mint a ~** sleep* like a log
bungaló *n* bungalow
bunkó *n* knob, butt; (*ember*) boor
búr *a/n* Boer
bura *n* (*üveg*) bell-jar/glass; (*lámpáé*) lampshade
burgonya *n* potato (*pl* -oes) || **sült ~** fried potatoes
burgonyapüré *n* mashed potatoes *pl*
burgonyaszirom *n* (potato) chips *pl*
burkol *v vmbe* cover with, wrap* (up) (in); (*utat*) pave; (*csempével*) tile
burkolat *n* cover, wrapper; (*úté*) pavement
burkolt *a* covered; *átv* hidden, disguised

burleszk *n* burlesque
burok *n* (*dióé*) shell; (*magzaté*) caul
búskomor *a* melancholic, depressed
búslakod|ik *v* be* sorrowful ‖ ~ik vm miatt be* grieved at/about sg
búsul *v* = búslakodik ‖ ne ~j! cheer up!, never mind!
busz *n* (*helyi*) bus; (*távolsági*) coach ‖ **felszáll a 2-es ~ra** take* a No 2 bus (*v.* bus No 2); **beszáll a ~ba** get* on (to) the bus; **leszáll a ~ról** get* off the bus; **busszal megy** go* by bus
buszjegy *n* bus ticket
buszmegálló *n* bus-stop
buta *a* stupid, foolish
butaság *n* stupidity, folly; (*beszéd*) nonsense
butik *n* boutique
bútor *n* (a piece of) furniture
bútorhuzat *n* furniture cover; (*kárpitozás*) upholstery
bútorozott *a* furnished ‖ ~ szoba lodgings *pl*
búvár *n* diver
búvóhely *n* hiding-place
búza *n* wheat
búzacsíra *n* wheat germ
búzadara *n* semolina
búzaliszt *n* wheat(en) flour
búzavirág *n* cornflower
buzdít *v* encourage, animate, stimulate (*amire mind*: to do sg)
buzgó *a* zealous, ardent, keen; (*vallásilag*) devout
buzi *a/n biz* gay, queer, *US* fag
bűbájos *a* *átv* enchanting, charming
büdös *a* stinking, smelly ‖ ~ neki a munka *biz* be* work-shy

büfé *n* (*önálló*) snack-bar; *szính* buffet; (*felirat*) "refreshments" *pl*; (*üzemben*) canteen
bükk(fa) *n* beech (tree/wood)
bűn *n jog* crime, offence; *vall* sin ‖ ~t követ el *jog* commit a crime
bűnhődés *n* punishment
bűnös **1.** *a jog* guilty; (*hibás*) be* responsible for sg; *átv* evil, wicked; *vall* sinful ‖ ~nek talál vkt find* sy guilty; ~nek vallja magát plead guilty **2.** *n jog* criminal; (*enyhébb*) offender
bűnözés *n* crime
bűnöző *n* criminal; (*enyhébb*) delinquent, offender ‖ **visszaeső ~** recidivist
bűntény *n* crime
büntet *v* punish; (*pénzzel*) fine (sy) ‖ **ötévi börtönnel ~ték** he was given (*v.* sentenced to) five years' imprisonment
büntetés *n* punishment; *jog* penalty; (*pénz*) fine ‖ ~t elenged remit a punishment/sentence
büntető *a* criminal; (*megtorló*) punitive
bűntudat *n* guilty conscience
bűnügyi *a* criminal ‖ ~ film detective film, (crime) thriller; ~ regény detective novel/story; *biz* whodunit
büszke *a vk* proud (*vmre* of)
büszkélked|ik *v* flaunt, swagger; (*vmvel*) be* proud of sg
büszkeség *n* pride
bűvész *n* conjurer, magician
bűvölet *n* charm, spell
bűvös *a* magic(al
bűz *n* stink, stench
bűzl|ik *v* stink*, smell* (bad)
bűzös *a* stinking, putrid, smelly, fetid

C

°**C** → **Celsius-fok**
cáfol *a* refute, disprove; (*tagad*) deny
cammog *v* trudge along, plod (along)
cápa *n* shark
cár *n* tsar, czar
casco(biztosítás) *n* comprehensive insurance
CD *n* CD (= compact disc)
CD-lejátszó *n* CD-player
CD-ROM *n* CD-ROM
cédrus(fa) *n* bot cedar
cédula *n* slip; (*katalógusé*) (index-) card
cég *n* firm, company
cégvezető *n* manager
céh *n* g(u)ild
cékla *n* beetroot
cél *n* (*szándék*) aim, object, purpose; (*végcél*) goal; (*végpont*) end, destination; (*célpont*) mark, target ‖ **a ~ból, hogy** in order to/that, so as to; **azzal a ~lal, hogy** with the aim of; **~ba lő** shoot* at a target; **e ~ból** for that/this purpose
célállomás *n* destination
célkitűzés *n* object, aim
cella *n* cell
cellulóz *n* cellulose
celofán *n* cellophane
céloz (*fegyverrel*) (take*) aim at; (*beszédben*) hint at, allude at ‖ **mire ~ (ezzel)?** what do* you mean by that?; **vkre ~** refer/allude to sy
célpont *n* target, mark; *átv* aim, goal

célratörő *a* determined, resolute
Celsius-fok, °**C** *n* 38 °**C** 38°C (38 degrees centigrade)
célszerű *a* expedient, suitable
céltábla *n* target
céltalan *a* aimless, purposeless
célzás *n* aiming; *átv* hint, allusion ‖ **~t tesz vmre** hint at sg
cement *n* cement
cent *n* cent
centenárium *n* centenary
centi(méter) *n* centimetre (*US* -meter); (*mérőszalag*) tape measure
centrifuga *n* spin-dryer
centrum *n* centre (*US* -ter); (*városé*) city centre
ceremónia *n* ceremony, formality
cérna *n* thread, (cotton) yarn
ceruza *n* pencil ‖ **~val ír** write* in pencil
cet(hal) *n* whale
cézár *n* Caesar, emperor
cián *n* cyanide
cibál *v* tug at, lug
cica *n* puss(y)
cifra *a* fancy, ornamented, adorned; *pejor* flashy, showy
cigány *a/n* gipsy ‖ **a ~ok, a ~ nép** the Gipsies, the Gipsy people; **~ nyelv** Romany; **magyar ~** Tzigane
cigánykereket hány *kif* turn cartwheels
cigányzene *n* gipsy/tzigane music
cigaretta *n* cigarette ‖ **~ra gyújt** light* a cigarette
cigarettáz|ik *v* smoke a cigarette
cigi *n biz* cig(gy), *GB biz* fag
cikáz|ik *v* (*villám*) flash
cikcakkos *a* zigzagged
ciki *a/n biz* dicey/ticklish situation

cikk *n* (*újságban*) article; (*áru*) article, goods *pl*; (*cikkely*) paragraph

cikkely *n* paragraph

ciklámen *n* cyclamen

ciklon *n* cyclone

ciklus *n* cycle; (*előadás*) series

cilinder *n* top/silk hat

cím *n* (*lakásé*) address; (*állásé/ könyvé*) title; (*rang*) rank; (*újságcikké*) headline, heading || **milyen ~en?** by what right?; **Tóth úr ~én** c/o Mr. T. (care of...)

cimbalom *n* cimbalom

cimbora *n* fellow, companion

címer *n* (*nemesi*) coat of arms, shield || **családi ~** family crest **nemzeti ~** the arms of [a nation] *pl*

címez *v vmt vknek* address to sy

címke *n* label, tag, sticker

címlap *n* (*könyvé*) title page; (*folyóiraté*) front-page

című *a* ... **~ könyv** a book entitled ...

címzés address

cin *n* tin

cincog *v* squeak; (*hegedűn*) scrape [his violin]

cinege *n* titmouse°

cingár *a* slight, lean, thin

cinizmus *n* cynicism

cink *n* zinc

cinkos *n* accomplice, accessory

cintányér *n zene* cymbal(s)

cipel *v* carry; (*nehezet*) drag

cipész *n* shoemaker, cobbler

cipó *n* loaf°

cipő *n* (*fél*) shoes; (*magas*) boots (*mind: pl*) || **~t húz** put* on (one's) shoes

cipőfűző *n* shoelace

cipőkrém *n* shoe cream/polish

cipőtalp *n* sole

ciprus *n* cypress

cipzár *n* zip (fastener), *US* zipper

cirill *a* Cyrillic || **~ (betűs) írás** Cyrillic script

ciripel *v* chirr, chirp

cirkáló 1. *a* cruising || **~ rakéta** cruise missile **2.** *n* (*hajó*) cruiser

cirkusz *n* circus; *átv biz* a fuss/ scene || **ne csinálj ~t!** don't make (such) a fuss/scene!

cirógat *v vkt* fondle, pet, caress

ciszta *n orv* cyst

ciszterna *n* cistern

citadella *n* citadel, fort(ress)

citera *n* zither

citrom *n* lemon

civakod|ik *v* wrangle, quarrel (*US* -l)

civil *a/n* civilian

civilizáció *n* civilization

civilizált *a* civilized

cm = centiméter

cm² = négyzetcentiméter

cm³ = köbcentiméter

colstok *n* folding rule

comb *n* thigh; (*étel*) ham; leg

copf *n* plait, pigtail

cölöp *n* stake, pile, post

cövek *n* peg, spike, pin

cucli *n* dummy; (*üvegen*) teat

cukkol *v biz* banter

cukor *n* sugar; (*kockacukor*) lump (of sugar)

cukorbeteg *a/n* diabetic

cukorka *n* sweets *pl*, *US* candy

cukrász *n* confectioner

cukrászda *n* confectioner's (shop), *US* candy store/shop

cukrászsütemény(ek) *n* confectionery
cukroz *v* sugar, sweeten
cumi *n* = cucli
C-vitamin *n* vitamin C

Cs

csábít *v* lure, entice ‖ **bűnre ~** tempt to evil/sin
csábító 1. *a* alluring, tempting **2.** *n* (*férfi*) seducer; (*nő*) temptress
csacsi 1. *a* silly, foolish **2.** *n* (*szamár*) donkey ‖ **ne légy ~** don't be silly
csaj *n biz* woman°, girl, lass
csak *adv* (*csupán*) only, merely; alone; (*nyomósítás*) just, only; (*óhajtás*) if only; (*válasz*) ~! (just) because! ‖ ~ **azért is!** for all that; go/carry on!; ~ **hárman vagyunk** there are only (the) three of us; ~ **jönne már!** if he would only come!; ~ **nem?** really?; ~ **nem akarsz elmenni?** you are not going yet, are you?; ~ **semmi izgalom!** take it easy!
csákány *n* pickaxe
csakhamar *adv* soon, before long
csakhogy 1. *conj* (*ellenkezés*) however, but (then) **2.** *adv* (*végre*) at last!
csakis *adv* (*csupán*) only, alone, merely ‖ ~ **abban az esetben** only if
csaknem *adv* almost, nearly
csakúgy *adv* (*ugyanúgy*) in the same way ‖ ~ **mint** just as (much as)

csakugyan *adv* (*erősítés*) really, indeed ‖ ~? is that so?, really?
csal *v* cheat, swindle ‖ ~**ja a feleségét** is unfaithful to his wife; **ha az emlékezetem nem** ~ unless I am (very much) mistaken
család *n* family; (*uralkodói*) dynasty ‖ ~**ot alapít** start/establish a family
családfa *n* family tree
családfő *n* head of a/the family
családi *a* family ‖ ~ **állapot(a)** marital status; ~ **ház** house, home; ~ **név** surname, family name
családias *a* familiar
családtag *n* member of the family
csalafinta *a* crafty, sly
Csalagút *n* Chunnel
csalamádé *n* mixed pickles *pl*
csalán *n* (stinging-)nettle
csalás *n* cheating; (*játékban*) swindle
csalétek *n* lure; (*halnak*) bait; *átv* decoy
csalfa *a* false, deceitful
csaló 1. *a* = csalóka; (*erkölcsileg*) deceitful **2.** *n* cheat, swindler
csalódás *n* disappointment (with); (*érzéki*) delusion, illusion
csalód|ik *v* be* disappointed (*vkben* in/with sy); (*téved vmben*) be* mistaken in sg ‖ **ha nem ~om** unless I am mistaken; **kellemesen ~ik** be* pleasantly surprised
csalódott *a* disappointed
csalogány *n* nightingale
csalogat *v vmvel* entice, (al)lure
csalóka *a* deceptive, illusory
csámcsog *v* champ, munch
csámpás *a* knock-kneed
csap[1] *n* tap, US faucet; (*hordóé*) spigot; (*fakötés*) peg, pin

csap[2] *v* (*üt*) strike*, hit*; (*dob*)
throw*, fling* ‖ **az asztalra** ~
bang/**hit*** the table
csáp *n* (*rovaré*) feeler
csapadék *n* rainfall
csapadékos *a* wet, rainy
csapágy *n* bearing
csapás[1] *n* (*ütés*) stroke, blow, hit;
kat strike; (*természeti*) calamity,
misfortune ‖ **egy ~ra** at a/one
stroke
csapás[2] *n* (*ösvény*) path, track
csapat *n* troop, band; (*kutatóké/
sport*) team
csapatmunka *n* teamwork
csapatverseny *n* team competition
csapda *n* trap, snare; *átv* pitfall ‖
~**ba esik** fall* into a trap
csapóajtó *n* trap-door; (*lengő*)
swing door
csapodár *a* fickle, inconstant
csapolt sör *n* draught (*US* draft)
beer, beer on draught (*US* draft)
csapongás *n* (*beszédben*) digres-
sion; (*képzeleté*) flight of fancy
csapszeg *n* bolt, pin
csapzott *a* (*haj*) matted
csárda *n* (wayside/village) inn
csarnok *n* hall; (*vásár~*) market-
hall ‖ ~ **5. vágány** platform 5
császár *n* emperor
császármetszés *n* C(a)esarean
section
császárné, császárnő *n* empress
császárság *n* (*ország*) empire;
(*uralom*) imperial rule/power
csat *n* clasp, buckle
csata *n* *kat* battle; *átv* fight(ing),
struggle
csatangol *v* *vhol* hang*/loaf about
csatár *n* (*futball*) forward
csatatér *n* battlefield

csatáz|ik *v* *vkvel* fight*/battle
(against/with sy)
csatlakozás *n* *vké vkhez* joining
(sy); (*vasúti*) connection; *el* termi-
nal, connection
csatlakoz|ik *v* *vkhez* join sy; (*tagja
lesz vmnek*) join [a club/union
etc.]
csatlakozó 1. *a* connecting, joining
‖ ~ **vonat** connecting train **2.** *n* *el*
plug
csatol *v* (*csattal*) buckle (up) sg,
clasp sg; (*vmhez hozzáerősít*) fas-
ten/bind* to; (*iratot*) enclose, at-
tach
csatorna *n* (*természetes*) channel;
(*mesterséges*) canal, ditch;
(*szennyvízlevezető*) drain; (*utcai*)
gutter; *tv* channel
csattan *v* clap; (*ostor*) crack
csattanó *n* point, punch line
csattog *v* crack, clack; (*szárny*) flap
csavar 1. *n* screw, bolt ‖ **meghúzza
a ~t** tighten a screw **2.** *v* (*elfordít*)
twist, turn; (*vm köré*) wind* around;
(*csavart*) screw (sg) in
csavaranya *n* nut
csavarhúzó *n* screwdriver
csavarkulcs *n* spanner, *US* wrench
csavarog *v* *vhol* loaf, wander
csavaros *a* screwed; (*üveg*) screw-
topped ‖ ~ **eszű** *biz* wily, cunning
csavarvonal *n* spiral
csecsebecse *n* knick-knack
csecsemő *n* infant, baby
csecsemőgondozás *n* infant care
cseh *a/n* Czech; ~ **Köztársaság**
Czech Republic
Csehország *n* Czech Republic
csehül *adv* (in) Czech; → **angolul**
‖ ~ **áll** be* in a bad way
csekély *a* trifling, small

csekélység *n* (*vmnek csekély vol-ta*) smallness; (*apróság*) bagatelle, trifle

csekk *n* cheque, *US* check ‖ **~et kiállít** write* out a cheque; **~el fizet** pay* by cheque/check

csekkfüzet, csekk-könyv *n* chequebook, *US* checkbook

csekkszámla *n* bank/current account

csel *n* ruse, trick; (*ravaszság*) contrivance

cseléd *n* servant, maid, domestic (*servant*)

cselekedet *n* action, act ‖ **jó ~** good deed; **rossz ~** misdeed

cseleksz|ik *v vhogyan* act; *vmt* do*

cseles *a biz* wily, tricky

cselgáncs *n* judo

cselló *n* cello

cselszövés *n* plot(ting), intrigue

csembaló *n* harpsichord

csemege *n* delicacy, dainty

csemegebolt *n* delicatessen (shop)

csemete *n* (*fa*) sapling, seedling; (*gyermek*) child°

csempe *n* tile

csempész 1. *v* smuggle **2.** *n* smuggler

csempéz *v* cover (sg) with tiles

csend *n* silence ‖ **~ legyen!** be/ keep quiet!; (*durván*) shut up!; **~ben** in silence

csendes *a* still, quiet; (*élet*) tranquil; (*ember*) silent; (*zavartalan*) undisturbed

csendesed|ik *v* calm down; (*szél*) drop; (*vihar*) abate

csendesít *v* calm, silence

Csendes-óceán *n* Pacific Ocean, the Pacific

csendül *v* (re)sound, ring* (out)

cseng *v* (*hang*) ring* (out), tinkle; (*üveg, fém*) clink; (*telefon*) ring*

csengő 1. *a* ringing, tinkling **2.** *n* bell ‖ **a ~ szól** the bell rings*

csepeg *v* drip, dribble

cséplőgép *n* threshing-machine

csepp *n* drop; (*nagyon kevés*) tiny, a (little) bit of sg ‖ (**egy**) **~et sem** not in the least

cseppfolyós *a* fluid, liquid

cseppkő *n* (*csüngő*) stalactite; (*álló*) stalagmite

cseppkőbarlang *n* stalactite/stalagmite cave

cseppnyi *a/n* a drop of, a little bit of, tiny

cser *n bot* Turkey oak

cserbenhagy *v* leave* sy in the lurch

cserbenhagyásos gázolás *n* hit-and-run accident

csere *n* change; (*áru*) exchange, trade; *sp* substitution ‖ **~be(n)** *vmért* in exchange/return for sg

cserebogár *n* cockchafer

cserél *v* change; (ex)change ‖ **lakást ~** change flats

cserép *n* (*tetőn*) tile; (*virág*) (flower) pot

cserepes *a* (*tető*) tiled; (*bőr*) chapped ‖ **~ növény** pot plant

cserépkályha *n* tile stove

cseresznye *n* cherry

cseresznyefa *n bot* cherry(-tree)

cseresznyepaprika *n* chilli

cserfes *a* chattery

cserje *n* shrub

cserkész *n* (boy) scout; (*leány*) girl scout

cserzett *a* tanned

csésze *n* cup ‖ **egy ~ tea** a cup of tea

csé023zealj *n* saucer
csettint *v* (*nyelvével*) click (one's tongue)
cseveg *v* chat, converse
csibe *n* chick(en)
csibész *n* urchin, rascal
csicsergés *n* twitter, chirp
csiga *n* zoo snail; (*gép*) pulley; (*álló*) hoist
csigalépcső *n* spiral stairs *pl*
csigavonal *n* spiral (line)
csigolya *n* vertebra (*pl* vertebrae)
csík *n* (*sáv*) stripe, band; (*szín*) streak
csikk *n* (cigarette-)stub, butt
csiklandós *a* ticklish
csiklandoz *v* tickle
csikó *n* foal
csikorgó *a* creaking, grating || ~ **hideg van** it is biting cold
csikorog *v* grate, grit, creak; (*fog*) gnash
csikós *n* horseherd, US cowboy
csíkos *a* striped
csilingel *v* ring*, tinkle
csillag *n* star || ~**okat lát** (*a fájdalomtól*) see* stars
csillagászat *n* astronomy
csillagászati *a* astronomical, sidereal || ~ **ár** *biz* sky-high price
csillaghullás *n* star/meteor shower
csillagkép *n* constellation
csillagszóró *n* sparkler
csillagvizsgáló *n* (*intézet*) observatory
csillan *v* flash, gleam
csillapít *v* (*éhséget*) appease; (*szomjúságot*) quench; (*fájdalmat*) relieve, ease; (*indulatot*) calm
csillapító *n* (*szer*) sedative, tranquillizer

csillapod|ik *v* become* quiet/calm; (*fájdalom*) abate, diminish; (*düh*) calm down; (*szél*) drop, die down
csillár *n* chandelier
csille *n* bány miner's truck; (*kötélpályán*) car, cabin
csillog *v* shine, glitter
csimpánz *n* chimpanzee
csinál *v* (*készít*) make*; (*tesz*) do* || „~**d magad"** do it yourself; **mit** ~**sz?** (*most*) what are you doing? (*mi a foglalkozásod?*) what do you do (for a living)?
csináltat *v* have* sg made
csinos *a* (*nő*) pretty, good-looking; (*öltözködésű*) smart; (*férfi*) handsome
csintalan *a* naughty
csíny *n* trick, prank || ~**t követ el** play a trick (on sy)
csíp *v* (*ujjal, fogóval*) pinch, nip; (*csalán, méh, füst a szemet*) sting*; (*szúnyog*) bite*; (*fagy*) nip; biz ~ **vmt** be* (very) keen on sg
csipeget *v* (*madár magot*) pick about || ~ **az ételből** pick at one's food
csiperkegomba *n* champignon
csipesz *n* tweezers *pl*; (*ruhaszárító*) clothes peg
csipke *n* lace
csipkebogyó *n* (rose)hip
csipkelődés *n* banter, teasing
csipog *v* cheep
csipogó *n* bleeper
csípő *n* hip || ~**re tett kézzel** with arm(s) akimbo
csípős *a* (*fűszer*) hot; (*hideg*) biting, severe; (*nyelv*) snappish || ~ **megjegyzés** cutting/biting re-

csíra

mark; ~ **paprika** hot pepper; ~ **szél fúj** there's a biting wind

csíra *n* germ, seed-bud; *biol* ovum (*pl* ova) || *~jában* **elfojt vmt** nip sg in the bud

csíramentes *a* sterile

csiripel *v* chirp

csiriz *n* flour-paste, size

csirke *n* chicken || **rántani való** ~ broiler

csirkefogó *n* *biz* rascal; *pejor* layabout

csiszol *v* (*tárgyat*) polish, rub; (*üveget*) grind*; (*stílust*) chisel

csiszolatlan *a* (*tárgy/stílus*) unpolished; *átv* crude, rude, rough

csiszolt *a* (*tárgy*) polished; (*gyémánt*) cut; (*üveg*) ground; *átv* refined

csitít *v* silence, hush

csitt! *int* hush!

csizma *n* (top-)boots *pl*

csobban *v* (s)plash, plop

csobog *v* plash, splash

csoda *n* vall miracle; (*rendkívüli dolog*) marvel, wonder || *~k ~ja* for/ what a wonder!; **hol a** *~ban* **lehet?** *biz* where on earth can it/he be?; **minden** ~ **három napig tart** it's a nine-days' wonder; **nem** ~**, hogy/ ha** no/little wonder (that/if)

csodabogár *n* (*ember*) queer fish

csodálat *n* (*vm/vk iránt*) admiration (for sg/sy); (*csodálkozás*) wonder, amazement || *~ba* **ejt** astonish, amaze

csodálatos *a* (*remek*) wonderful, marvellous (*US* -l-) || ~ **módon** surprisingly (enough)

csodálkoz|ik *v* vmn wonder at, marvel at (sg); (*meglepődik*) be* surprised/astonished at

csodás *a* marvellous

csók *n* kiss

csóka *n* (jack)daw

csoki *n* *biz* chocolate

csókol *v* kiss, give* sy a kiss || *~om!* *biz* *kb.* hello; **sokszor** ~ (*levél végén*) Love (from)

csokoládé *n* chocolate

csókolódz|ik *v* *biz* be* billing and cooing

csokor *n* bunch, bouquet

csokornyakkendő *n* bow-tie

csomag *n* package, parcel, packet; (*poggyász*) luggage (*pl* ua.); baggage (*pl* ua.) || *~ot* **felad** (*postán*) post a parcel; (*vonaton*) register one's luggage; **egy** ~ **cigaretta** a packet (*US* pack) of cigarettes; **egy** ~ **kártya** a pack of cards

csomagküldő áruház *n* mail-order firm/house

csomagmegőrző *n* = **poggyászmegőrző**

csomagol *v* pack (up); (*papírba stb.*) wrap (up)

csomagolás *n* pack(ag)ing; (*papírba*) wrapping; (*burkolat*) cover, wrapper

csomagtartó *n* (*vasúti fülkében*) luggage rack; (*autóban*) boot; (*tetőn*) roof rack

csomó *n* knot || *~t* **köt** tie/make* a knot (in sg); **egy** ~ **ember** a number/lot of people

csomópont *n* junction; (*különszintű*) interchange

csomóz *v* knot (sg)

csónak *n* boat

csonk *n* stump

csonka *a* mangled, broken; (*kéz, láb*) maimed; (*mű*) incomplete

csont *n* bone || **(csupa)** ~ **és bőr** nothing but skin and bone
csonthéjas gyümölcs *n* stone-fruit
csontos *a* bony
csonttörés *n* fracture (of bone)
csontváz *n* skeleton
csoport *n* group; (*munkás*) gang, team
csoportmunka *n* teamwork
csoportos *a* collective
csoportosítás *n* grouping, classification
csoportvezető *n* group leader/ chief; (*munkásoknál*) gang boss
csór *v biz* filch, nick
csorba **1.** *a* nicked; chipped **2.** *n* (*szerszámon*) notch, nick; (*poháron*) chip
csorda *n* herd
csorog *v* run*, flow
csoszog *v* shuffle (along)
csótány *n* cockroach
csóvál *n* **farkát** ~**ja** wag its tail; **fejét** ~**ja** shake* one's head
cső *n* tube, pipe; (*vízvezetéké*) conduit
csőd *n* bankruptcy, failure || ~**be jut** become* bankrupt; ~**öt mond** fail
csődület *n* throng, crowd
csökken *v* decrease, diminish, lessen; (*sebesség*) slow down
csökkent *v* reduce, diminish, lessen; (*árakat, létszámot*) reduce; (*kiadást/béreket*) cut* (down); (*termelést*) decrease
csökkentés *n* reduction, decrease
csökönyös *a* obstinate, stubborn
csőr *n* bill, beak
csőrepedés *n* pipe burst
csörget *v* clatter, clang; (*pénzt*) jingle

csörgő *n* (*játék*) rattle
csörög *v* jangle, clang, clatter; (*pénz*) chink
csörömpöl *v* rattle, clatter
csősz *n* (*közkertben*) park-keeper; (*mezőn*) field-guard
csőtészta *n* macaroni
csöves **1.** *a* (*cső alakú*) tubular; (*csővel ellátott*) piped **2.** *n biz* (*csőlakó*) dosser
csővezeték *n* pipe; (*nagy távolságra*) pipeline
csúcs *n* (*hegyes vég*) point, tip; (*hegyé*) peak, top; (*legmagasabb*) summit; *pol* summit (meeting); *sp* record
csúcsforgalom *n* peak period, the rush hour(s)
csúcsíves *a* pointed, ogival || ~ **stílus** Gothic (style)
csúcsos *a* pointed, peaked
csúcspont *n* (*hegyé*) summit; (*folyamaté*) culmination; (*életpályáé*) zenith
csúcstalálkozó *n* summit meeting
csúcstechnológia *n* high tech(nology)
csúf **1.** *a* ugly, hideous **2.** *n* ~**ot űz vkből** make* fun of sy
csúfnév *n* nickname
csúfolód|ik *v* mock, make* fun of (sy)
csuk *v* close, shut*
csuka *n zoo* pike; *biz* (*cipő*) creepers *pl*
csuklik *v* hiccup, hiccough
csukló *n* (*kézé*) wrist; *tech* joint, link
csuklós *a tech* hinged || ~ **autóbusz** articulated bus
csuklya *n* hood
csúnya *a* (*külsőleg*) ugly, hideous; (*idő*) foul

csupa *adv* all, mere, pure ‖ ~ **fül vagyok** I am all ears
csupán *adv* merely, only, purely ‖ ~ **azt mondtam** I said simply and solely (that)
csupasz *a* naked, nude; (*szőrtelen*) hairless
csúszda *n* slipway, slide
csúsz|ik *v* slide*, glide; (*siklik*) slip
csúszómászó *n* (*hüllő*) reptile; (*féreg*) crawling insect
csúszós *a* slippery
csutka *n* core
csücsök *n* (*kendőé*) point; (*sarok*) corner
csügged *v* despair ‖ **ne** ~**j!** cheer up!
csüggedt *a* discouraged
csülök *n* hoof (*pl* hooves)
csüng *v* *vmn* hang*; *átv* *vkn*, *vmn* cling* to
csűr *n* barn
csütörtök *n* Thursday ‖ ~**öt mond** (*terv*) fail, miscarry; → **kedd, keddi**

D

D = *dél* south, S
dac *n* spite; (*makacsság*) obstinacy
dacos *a* (*makacs*) defiant, obstinate; (*akaratos*) wilful
dada *n* nurse
dadog *v* stammer, stutter
dagad *v* (*testrész*) swell* (up)
dagadt *a* *orv* swollen; (*kövér*) fat
dagály *n* flood/incoming tide
daganat *n* (*külső*) swelling; (*ütéstől*) bump; (*belső*) tumour (*US* -or)

dajka *n* nurse
dal *n* song
daliás *a* strapping
dallam *n* melody, tune
dallamos *a* melodious, tuneful
dalol *v* sing*
dalszöveg *n* lyrics, words
dáma *n* (*hölgy*) lady; (*kártya*) queen
dán 1. *a* Danish ‖ ~ **nyelv** Danish (language) **2.** *n* (*ember*) Dane; (*nyelv*) Danish
Dánia *n* Denmark
dara *n* (*búza*) semolina; (*csapadék*) sleet
darab 1. *n* piece; (*kis*) bit; (*rész*) part; fragment; (*színdarab*) play, piece ‖ ~**ja öt forint** five forints each; ~**okban** in pieces; **egy** ~**ig** (*időben*) for a (little) while **2.** *a* **egy** ~ **szappan** a bar/piece of soap; **húsz** ~ **marha** twenty head of cattle
darabáru *n* piece goods *pl*
darabol *v* cut* up
darabonként *adv* piece by piece
darabos *a* (*anyag*) lumpy, coarse; (*ember*) rough
darál *v* (*őröl*) grind*; (*finomra*) mill; (*húst*) mince
darázs *n* wasp
darázsfészek *n* wasps' nest ‖ ~**be nyúl** stir up a hornet's nest
dárda *n* spear, lance
daru *n* crane
datolya *n* date
dátum *n* date ‖ ~**mal ellát** date (sg)
dauerol *v* *biz* perm
db. = *darab* piece, pc
de 1. *conj* but, still, however **2.** *int* ~ **igen!** yes indeed!, certainly!, of course!; ~ **hát nem sikerült** but it

just didn't work out; **nem látod?**
~! can't you see it/him/her? (Oh)
yes, I can
de. = **délelőtt**
december *n* December || **~ben, ~**
folyamán in/during December; **~**
5-én on 5th December
decemberi *a* December, in/of
December *ut.* || **egy ~ napon** on a
(certain) December day
deci *n* decilitre (*US* -liter)
decibel *n* decibel
decigramm *n* decigram(me)
deciliter *n* decilitre (*US* -liter)
decimális *a* decimal
deciméter *n* decimetre (*US* -meter)
dédanya *n* great-grandmother
dédapa *n* great-grandfather
dédelget *v* (*cirógat*) fondle, caress;
(*kényeztet*) pamper
dédszülő *n* great-grandparent
dédunoka *n* great-grandchild°
defekt *n* (*gumié*) puncture, flat tyre
(*US* tire), *US* flat || **~et kap** have*
a flat (tyre)
deficit *n* deficit, loss
definíció *n* definition
degenerált *a* degenerate
dehogy(is) *int* certainly not, by no
means, ... not at all
dehogy(is)nem *int* why not?, of
course
deka *n* decagram(me)
dekadens *a* decadent, declining
dekagramm *n* decagram(me)
dékán *n* dean
dekódol *v* decode
dekorál *v* decorate
dél *n* (*napszak*) noon, midday; (*ég-
táj*) south, (the) South || **a ház ~re**
néz the house faces south; **~ben**
at noon/midday; **~en** in the south;

~re southward(s), to (the) south;
élete delén in the prime of life
Dél-Afrika *n* South Africa
Dél-Amerika *n* South America
delegáció *n* delegation
délelőtt 1. *adv* in the morning || **~**
tízkor at ten (o'clock) in the
morning, at 10 a.m.; **ma ~** this
morning; **egész ~** all morning **2.** *n*
morning; **szabad ~** morning off
Dél-Európa *n* Southern Europe
delfin *n* dolphin
déli 1. *a* (*napszak*) noon, midday;
(*égtáj*) south(ern), southerly || **a ~**
órákban about noon; **~ fekvésű**
ház house facing south; **~ irány-**
ban southward(s), towards the
south; **~ népek** the Mediterranean
peoples **2.** *n* (*ember*) southerner
délibáb *n* mirage, Fata Morgana
déligyümölcs *n* southern/tropical
fruits *pl*
Déli-sark *n* the South Pole, the
Antarctic
délkelet *n* south-east
délkör *n* meridian
délnyugat *n* south-west
délután 1. *adv* in the afternoon ||
ma ~ this afternoon; **~ 3-kor** at
three (o'clock) in the afternoon, at
3 p.m.; **kedden ~** (on) Tuesday
afternoon; **minden ~** every after-
noon **2.** *n* afternoon
demokrácia *n* democracy
demokrata 1. *a* democratic || **~**
párt democratic party **2.** *n* demo-
crat
demokratikus *a* democratic
démon *n* demon
demonstráció *n* (*tüntetés*) demon-
stration; (*bizonyítás*) proof; (*szem-
léltetés*) display

denevér *n* bat
depresszió *n* depression
dér *n* (hoar)frost
derék[1] *a* (*jellem*) honest, straight ||
~ **dolog!** well done!; ~ **fickó** he is
a fine fellow
derék[2] *n* (*emberé/ruháé*) waist || **a**
nyár derekán in the middle of
summer; ~**ba törik** break*/split*
in two; ~**ig érő** to the waist *ut.*; **fáj**
a derekam my back aches
derékszíj *n* waist-belt
derékszög *n* right angle
derékszögű *a* rectangular
deres *a* (*színű*) grey; (*dértől*)
frosty
derít *v* (*fényt vmre*) throw* light on
sg; (*jókedvre vkt*) cheer sy up
dermedt *a* numb, stiff
derűlátás *n* optimism
derült *a* (*ég*) clear, cloudless,
bright; (*kedély*) cheerful
derűs *a* (*vk hangulata*) cheerful;
(*arc*) smiling
deszka *n* board, plank
desszert *n* dessert
desztillál *v* distil (*US* distill)
detektívfelügyelő *n* (detective-)
inspector
detektívregény *n* detective novel,
crime story; *biz* whodunit
deviza *n* foreign exchange
devizaárfolyam *n* exchange rate
devizanem *n* currency
dezertál *v* desert
dezodor *n* deodorant
dia *n* slide, transparency
diadal *n* triumph, victory
diafilm *n* film strip, slidefilm
diagnózis *n* diagnosis (*pl* diagnoses)
diagram *n* diagram, graph

diák *n* pupil, schoolboy, schoolgirl,
US high school boy/girl; (*főiskolás*) student
diáklány *n* schoolgirl
diákotthon *n* (students') hostel, *US*
dormitory
diákság *n* students *pl*, undergraduates *pl*
diákszálló *n* = **diákotthon**
dialektus *n* dialect || ~**ban beszél**
speak* a/in dialect
dialógus *n* dialogue
diavetítő *n* slide projector
dicseked|ik *v* vmvel boast (of/about
sg)
dicsér *v* vkt/vmt vmért praise sy/sg
for sg
dicsőít *v* glorify, praise
dicsőség *n* glory, honour (*US* -or)
didereg *v* shiver (with cold)
diéta *n* diet
diétáz|ik *v* be* on a diet
diftéria *n* diphtheria
digitális *a* digital
díj *n* (*kitűzött*) prize; (*honorárium*)
fee; (*munkáé*) pay, wages *pl*;
(*szolgáltatásért*) charge; (*illeték*)
tax || ~**at (el)nyer** win* a/the prize
díjaz *v* (*jutalmaz*) reward; *biz* (*méltányol*) appreciate
díjköteles *a* subject to dues/fees *ut.*
díjmentes(en) *a/adv* free (of
charge) *ut.*
díjnyertes *n* prize-winner
díjszabás *n* tariff
díjtalan *a* (*ingyenes*) free of charge
ut.
diktál *v* dictate (sg) (to sy)
dilettáns *n* dilettante (*pl* dilettanti),
amateur
dilis *a* liz crazy, cracked
dimenzió *n* dimension

dinamika *n* dynamics *sing.*
dinamit *n* dynamite
dinasztia *n* dynasty
dinnye *n* melon; (*görög*) watermelon; (*sárga*) musk-melon
dió *n* nut, walnut
diploma *n* *isk* diploma (in sg); (*egyetemi v. főiskolai*) degree (in sg); (*egyéb*) certificate || **~t szerez** take* a/one's diploma (in sg)
diplomáciai *a* diplomatic
diplomamunka *n* diploma work
diplomás *a/n* professional, graduate
diplomata *n* diplomat
diplomatatáska *n* attaché case
diplomatikus *a* diplomatic
direkt 1. *a* direct, straight **2.** *adv* directly
dirigál *v* direct; *zene* conduct
dísz *n* (*díszítés*) decoration, ornament; (*pompa*) pomp, parade
díszes *a* ornamental, decorative
diszharmónia *n* dissonance, disharmony
díszít *v* decorate, adorn, ornament
diszkó *n* disco
diszkrét *a* discreet, tactful
díszlet *n* scenery
disznó *n* pig; (*emberről*) swine || **~ vicc** dirty story
disznóhús *n* pork
disznóól *n* pigsty
disznóság *n* scandal, a shame; (*tett*) dirty/lousy trick
díszőrség *n* guard of honour (*US* -or)
díszszemle *n* (dress) parade
disszertáció *n* thesis (*pl* theses)
disszidál *v* (*külföldre*) defect
dísztárgy *n* (*árucikk*) fancy goods *pl*; (*lakásban*) bric-a-brac

dísztávirat *n* congratulatory telegram
díszterem *n* ceremonial hall
disztingvál *v* distinguish
dívány *n* divan, couch, sofa
divat *n* fashion, mode, vogue || **az utolsó ~** the latest fashion; **~ba jön** come* into fashion; **~ban van** be* in fashion; **kimegy a ~ból** go* out of fashion
divatáru *n* (*férfi*) men's wear; (*női*) ladies' wear
divatbemutató *n* fashion-show
divatjamúlt *a* old-fashioned
divatos *a* fashionable, stylish; in vogue *ut.*
dív|ik *v* be* in fashion
dízelmotor *n* diesel engine
dízelolaj *n* diesel oil/fuel
DK = *délkelet* south-east, SE
dkg = *dekagramm* → **deka**
DNy = *délnyugat* south-west, SW
dob[1] *n* drum; *tech* drum, cylinder, barrel
dob[2] *v* throw*; hurl
dobban *v* (*szív*) throb, beat*
dobbant *v* (*lábbal*) stamp (one's foot/feet); (*ugró*) jump off
dobhártya *n* eardrum
dobog *v* (*szív*) throb, beat*; (*lábbal*) stamp (one's foot/feet)
dobogó *n* (*előadóé*) platform; *szính* stage, podium
dobókocka *n* dice (*pl* ua.)
dobol *v* drum
doboz *n* box; (*karton*) cardboard box; (*bádog*) tin, *US* can; (*nagyobb*) case
dobozos *a* boxed, canned || **~ narancslé** a carton of orange juice; **~ sör** canned beer
docens *n* *kb. GB* reader, *US* associate professor

dogma *n* dogm*a*
dohány *n* *bot* tobacco; *biz* (*pénz*) dough
dohánybolt *n* tobacconist's
dohányos *n* sm*o*ker || **erős** ~ h*e*avy sm*o*ker
dohányzás *n* sm*o*king || **tilos a** ~! no sm*o*king
dohányz|ik *v* smoke
dohányzó 1. *a* sm*o*king **2.** *n* (*személy*) sm*o*ker; (*helyiség*) lounge; (*vasúti kocsi*) sm*o*ker
dohos *a* m*u*sty, f*u*sty; (*levegő*) stale
dokk *n* d*o*ck(yard)
doktor *n* (*egyetemi*) d*o*ctor (Dr); (*orvos*) phys*i*cian, d*o*ctor || **a tudomány** ~**a** D*o*ctor of Sc*i*ence (DSc); **jogi** ~ *kb.* D*o*ctor of Laws (*GB* LLD)
doktorál *v* take* one's d*o*ctorate
doktornő *n* w*o*man-doctor
dokumentál *v* prove, d*o*cument
dokumentum *n* d*o*cument
dolgos *a* ind*u*strious
dolgozat *n* p*a*per, *e*ssay, test
dolgoz|ik *v* work; (*gép*) r*u*n*, f*u*nction || **keményen** ~**ik** work hard; **mit** ~**ik?** what do you do (for a l*i*ving)?; **vknek** ~**ik** work for sy; **vmn** ~**ik** work on sg
dolgozó 1. *a* w*o*rking, l*a*bouring (*US* -or-) **2.** *n* w*o*rker; (*fizikai*) m*a*nual w*o*rker; (*szakmában*) w*o*rkman°; (*gyári*) blue-c*o*llar w*o*rker; (*segédmunkás*) l*a*bourer || **értelmiségi/szellemi** ~ white-c*o*llar w*o*rker
dolgozószoba *n* st*u*dy
dollár *n* d*o*llar
dolog *n* (*munka*) work, job, task; (*ügy*) m*a*tter, b*u*siness, aff*a*ir; (*tárgy*) thing, *o*bject || **az ő dolga, hogy** it's up to him to; **biztos a dolgában** be* sure of himself/herself; **ez ízlés dolga** it's a m*a*tter of taste; **micsoda** ~ **ez?** what are* you up to?, what does this mean?; **nem az én dolgom** it's none of my b*u*siness
dóm *n* cath*e*dral
domb *n* hill
dombormű *n* rel*i*ef
domború *a* c*o*nvex
domborzat *n* (*features pl* of) the terr*a*in
dombos *a* h*i*lly
dominál *v* prev*a*il (*over* sg), d*o*minate (sg)
dominó *n* d*o*mino (*pl* d*o*minoes)
dongó *n* b*u*mble-bee
donor *n* d*o*nor
doppingszer *n* dope, st*i*mulant
dór *a* (*oszlop*) D*o*ric [p*i*llar] || ~ **hangnem** *zene* D*o*rian mode
dorombol *v* purr
dosszié *n* file, d*o*ssier
dotál *v* (*intézményt*) s*u*bsidize; (*alkalmazottat*) pay*
dózis *n* dose
döcög *v* j*o*lt, adv*a*nce slowly
döf *v* (*kést*) r*u*n* a knife° *i*nto sy/sg; (*tőrrel*) sta**b**; (*szarvval*) butt
dög *n* c*a*rrion
döglött *a* dead [*a*nimal]
dől *v* (*hajlik*) lean* (to one side); *vmnek* lean* ag*a*inst; (*oldalt*) tilt; (*esik, bukik*) fall*, t*u*mble down; (*eső*) pour; (*folyadék*) gush (out/ forth from) || **ágynak** ~ take* to one's bed
dőlt *a* sl*a*nting, obl*i*que || ~ **betű** *italics pl*
dölyfös *a* *a*rrogant, h*a*ughty

dömper *n* dumper (truck)
dönget *v* bang, batter, rag
dönt *v* upset*, overturn; tilt; (*rekordot*) break*/beat*; (*elhatároz*) decide; (*bíróság*) rule, decree
döntés *n* (*fáé*) felling; (*elhatározás*) resolution, decision; (*esküdtszéké*) verdict ‖ **bírósági** ~ judg(e)ment of the court
döntetlen *a/n* ~ **(mérkőzés)** a drawn game, a draw/tie; ~**re állnak** the score/match is level
döntő 1. *a* decisive ‖ ~ **bizonyíték** conclusive proof; ~ **pillanat** critical/crucial moment **2.** *n sp* final(s)
döntőbíró *n* arbitrator
dörmög *v* (*medve*) growl; (*ember*) mutter; (*morog*) grumble
dörög *v* boom, thunder ‖ ~ **(az ég)** it is thundering
dörömböl *v* ~ **az ajtón** hammer/bang at/on the door
dörzsöl *v* rub
drága *a* (*költséges*) expensive, dear; (*értékes*) precious, valuable; *átv* dear ‖ ~**m** my dear, darling
drágakő *n* precious stone, jewel
dráma *n* drama
drámai *a* dramatic
drámaíró *n* dramatist
drapéria *n* drapery
drapp *a* beige
drazsé *n* chocolate drop, dragée
dressz *n sp* = **mez**
drog *n* drug
drót *n* wire
drukkol *v* (*fél*) be* in a (blue) funk; *vknek* keep* one's fingers crossed (for sy); → **szurkol**
drusza *n* namesake
du. = **délután**

duda *n* (*hangszer*) bagpipes *pl*; (*autón*) horn
dudál *v* (*hangszeren*) play the bagpipe(s); (*autós*) sound one's horn
dúdol *v* hum [a tune]
dudor *n* (*testen*) swelling, bump; (*ütéstől*) lump; (*tárgyon*) boss, knob
dug *v* *vmt vmbe* stick*/put* into; (*rejt*) hide*
dugaszol *v* (*palackot*) cork; (*lyukat*) stop (up)
dugattyú *n* piston
dugó *n* cork; (*üveg*) stopper; *el* plug; (*forgalmi*) (traffic) jam
dugóhúzó *n* corkscrew
dúl *v* (*pusztít*) ravage; (*vihar, háború*) rage
dulakodás *n* scrimmage, scuffle
duma *n biz* chatter, gossip
Duna *n* Danube
dunai *a* Danubian
Dunakanyar *n* the Danube bend
Dunántúl *n* Transdanubia
Duna-part *n* Danube embankment
dundi *a* chubby, plump
dupla 1. *a* double, twofold ‖ ~ **vagy semmi** double or quits **2.** *n* (*kávé*) espresso, coffee
dúr *a/n* major ‖ ~ **skála** major scale; **C-**~ C-major
durcás *a* sulky, peevish
durr! *int* bang!
durran *v* (*robbanószer*) explode, detonate; (*pezsgősüveg*) go* bang/pop
durrdefekt *n* burst tyre (*US* tire), blowout
durva *a* rough, coarse, rude ‖ ~ **beszéd** coarse words *pl*; ~ **hiba** gross error

durván *adv* roughly, rudely ‖ ~ **bánik vkvel** handle/treat sy roughly; ~ **(számítva)** roughly
dús *a* rich (in sg); plentiful
dutyi *n tréf* lockup
duzzad *v* swell*; (*izom*) bulge (out)
duzzadt *a* swollen
duzzogás *n* resentment
düh *n* fury, rage ‖ ~**be gurul** lose* one's temper
dühít *v vkt* enrage, infuriate (sy)
dühöng *v* rage, fume
dühös *a* furious, (very) angry
dülledt *a* ~ **szem** protruding/bulging eyes *pl*
dűne *n* (sand) dune
dünnyög *v* mumble

Dzs

dzseki *n* jacket
dzsem *n* jam
dzsessz *n* jazz
dzsip *n* jeep
dzsörzé *n* jersey
dzsúdó *n* judo
dzsungel *n* jungle
dzsúsz *n* juice

E, É

e *pron* (*ez*) this ‖ ~ **célból** for that purpose, to that end
-e *adv* (*vajon*) whether ‖ **szereted-e?** do you like it?
É = *észak* north, N

eb *n* dog
ebbe *pron* in/into this ‖ ~ **nem megyek bele** I won't agree to this, count me out
ebben *pron* in this, here(in)
ebből *pron* from/of this, out of this ‖ ~ **következik, hogy** it follows
ebéd *n* lunch, midday meal; (*este*) dinner ‖ ~ **után** after lunch
ebédel *v* lunch, take*/have lunch; (*este*) dine, have/eat* dinner
ebédlő *n* dining-room; *isk* dining hall; (*kollégiumi*) refectory
éber *a átv* watchful, vigilant
ébred *vi* wake* (up), awake*
ébreszt *vt* wake* (up); (*érzést*) (a)rouse, awaken
ébresztőóra *n* alarm-clock
ecet *n* vinegar
ecetes *a* vinegary, vinegarish ‖ ~ **uborka** pickled cucumber
ecset *n* brush
eddig *adv* (*hely*) up to this point; (*idő*) till now, so far ‖ ~ **még** as yet
edény *n* vessel, pot, bowl
édes 1. *a* (*íz*) sweet; (*dolog*) delightful **2.** *n* ~**em!** (my) dear(est), darling
édesanya *n* mother
édesapa *n* father
édesség *n* (*ennivaló*) sweet(s); (*cukrászati*) confectionery; *US* candy; (*mint fogás*) sweet, dessert
édességbolt *n* sweet-shop; *US* candy store
edz *vt* coach (sy for sg) | *vi* be* training (for a sport), have* a workout
edzés *n* (*acélé*) hardening; *sp* training, workout
edzett *a* (*test, ember*) fit, tough

edző *n sp* coach, trainer
edzőcipő *n* trainer/training shoe(s), trainers *pl*, *US* sneaker
efelől *adv* on this/that account, about that
effektív *a* real, actual, effective
efféle *a* such, of this kind *ut.*
ég¹ *n* (*égbolt*) sky, heavens *pl*; (*menny*) Heaven ‖ **az ~ szerelmére!** for Heaven's sake!
ég² *v* (*tűz*) burn*, be* on fire; (*lánggal*) flame, be* in flames; (*gáz, villany*) be* on
égbekiáltó *a* blatant, atrocious
égbolt *n* sky, firmament
egér *n szt is* mouse°
egérfogó *n* mousetrap
egész 1. *a* whole, entire, complete, all ‖ **~ éjjel** the whole night; **~ nap** all day (long); **~ napos** all-day; (*állás*) full-time **2.** *adv* = **egészen 3.** *n* the whole, totality
egészen *adv* entirely, wholly, quite, completely, altogether ‖ **~ Debrecenig** as far as D.
egészség *n* health ‖ **~ére!** (*iváskor*) your (good) health!, cheers!; *US* here's mud in your eye!; (*tüsszentéskor*) (God) bless you!
egészséges *a* (*ember*) healthy; (*étel*) wholesome, healthy ‖ **~en** healthily, in good health
egészségi *a* sanitary, relating to health *ut.* ‖ **~ állapot** state of health
egészségtelen *a* unhealthy, injurious to health *ut.*
egészségügyi *a* hygienic, sanitary ‖ **~ főiskola** (training) college for health workers/officers
éget *v* burn*; (*jelet tüzes vassal*) mark, brand; (*nap*) scorch ‖ **egész**

nap ~i a villanyt leave* the light on all day
égetett *a* burnt (*US* burned *is*) ‖ **~ szeszes ital(ok)** spirits *pl*
égető *a* burning ‖ **~ kérdés** burning question
éghajlat *n* climate
éghetetlen *a* incombustible, non-flammable ‖ **~ film** safety film
éghető *a* inflammable; *US* flammable
égi *a* heavenly, celestial
égitest *n* heavenly/celestial body
égő 1. *a* burning, flaming **2.** *n* (*villanykörte*) (light) bulb
égöv *n* zone ‖ **forró ~** torrid zone
egres *n* gooseberry
égtáj *n* point of the compass ‖ **a négy ~** the four cardinal points
egzisztencia *n* (*megélhetés*) living ‖ **kétes ~** (*egyén*) shady character
egy¹ *num* one ‖ **~ alkalommal** on one occasion ‖ **~ kettő!** one-two!; **~ null(a)** one-nil; **~kor** (*időpont*) at one o'clock; **még ~et** one more, another ‖ **egy-egy**
egy² (*határozatlan névelő*) a; (*magánhangzó előtt*) an ‖ **~ ismerősöm** an acquaintance
egyágyas szoba *n* single (bed)room
egyáltalán *adv* at all ‖ **~ nem** not at all, not in the least
egyben *adv* (*egyúttal*) at the same time; (*egy darabban*) in one piece/block
egybeolvaszt *v* blend, fuse
egybevág *v* coincide (*vmvel* with)
egybevágó *a* concordant, agreeing; *mat* congruent
egyből *adv* (*azonnal*) forthwith, on the spot, at once

egyéb *pron* other, else || **egyebek között** among others
egyébként *adv* otherwise; (*máskor*) ordinarily, normally
egyedi *a* individual
egyedül *adv* alone, by oneself; (*segítség nélkül*) single-handed
egyedülálló *a* (*személy*) unmarried, single; (*példátlan*) unique
egyedüllét *n* solitude, loneliness
egy-egy *num* **adott nekik ~ forintot** gave them a forint each, gave one forint to each (of them)
egyelőre *adv* for the time being
egyén *n* individual, person
egyenáram *n* direct current
egyenérték *n* equivalent; *ker* exchange value, par (value)
egyenes **1.** *a* (*vonal*) straight, direct; (*tartás*) erect, upright; (*becsületes*) straightforward, honest; (*határozott*) express || **~ beszéd** *nyelvt* direct speech, *átv* plain talk; **2.** *n mat* straight (line); *sp* straight
egyenesen *adv* straight, in a straight line; (*közvetlenül*) straight, directly; *átv* honestly
egyenetlen *a* uneven
egyéni *a* individual, personal, private; *sp* individual [event]
egyenirányító *n* rectifier
egyéniség *n* individuality
egyenjogúság *n* equality of rights || **női ~** the emancipation of women
egyenként *adv* one by one
egyenleg *n* balance
egyenlet *n* equation
egyenletes *a* (*felületű*) even, smooth; (*arányú*) equal, uniform
egyenlítő *n* **az E~** the equator

egyenlő *a* equal (*vmvel* to) || **a ~ vel** a equals (*v.* is equal to) b
egyenlőtlenség *n* inequality
egyenruha *n* uniform
egyensúly *n* balance, equilibrium
egyensúlyoz *v* balance
egyértelmű *a* unambiguous
egyes **1.** *a* (*külön*) single, individual; (*bizonyos*) certain, some || **~ busz** a No.1 (bus) [*kiolvasva*: number one] **2.** *n* (*szám*) (number) one; (*osztályzat*) very poor (marks *pl*); *sp* (*csónak*) scull; (*verseny*) singles *pl* || **~ek** certain people; *mat* units
egyesével *adv* one by one
egyesít *v* unite, join; (*vállalatokat*) amalgamate, merge
egyesül *v* unite, join; (*intézmény*) merge, amalgamate
egyesület *n* society, association; *sp* club
egyesült *a* united; (*vállalat*) amalgamated || **E~ Államok** → **amerikai**; **E~ Királyság** the United Kingdom (UK)
egyetem *n* university || **~re jár** study at a/the university
egyetemes *a* universal; *tech* universal, all-purpose
egyetemi *a* university, academic || **~ tanulmányok** university studies
egyetért *v* (*vkvel vmben*) agree (with sy about/on sg)
egyetértés *n* agreement, concord || **kölcsönös ~** mutual understanding
egyetlen *a* only, sole, single || **~ gyermek** an only child
egyez|ik *v* (*vmvel*) agree/correspond with
egyezmény *n* agreement, pact

egyező *a* identical (with *vmvel*)
egyezség *n* agreement
egyeztet *v* (*szövegezést*) harmonize; (*időpontot stb.*) agree, discuss, (*ellenőrizve*) check
egyfelé *adv* in the same direction
egyfelől *adv* (*irányból*) from the same direction || ~... **másfelől** on the one hand...on the *o*ther (hand)
egyfolytában *adv* uninterruptedly, continuously
egyforma *a* of the same form/shape/size *ut.*
egyformán *adv* al*i*ke, equally
egyhamar *adv* **nem** ~ not bef*o*re long
egyhangú *a* (*unalmas*) mon*o*tonous, dull, tedious
egyhangúság *n* (*unalmasság*) mon*o*tony, d*u*llness
egyharmad *num* a/one third
egyház *n* the Church; (*egyházközség*) (local) church
egyidejű *a* simult*a*neous (*vmvel* with)
egyidejűleg *adv* at the same time, simult*a*neously
egyidős *a* (of) the same age *ut.* || ~ **velem** he is my age
egyik *pron* one (of) || ~ **a kettő közül** one or *o*ther of the two, *ei*ther
Egyiptom *n* *E*gypt
egyirányú *a* one-way || ~ **közlekedés** one-way traffic
egy-két *num* one or two, a few || ~ **napon belül** in a day or two
egykettőre *adv* *biz* in a second, very fast
egykor *adv* (*régen*) at one time, f*o*rmerly, once (up*o*n a time); (*órakor*) at one (o'clock)
egykori *a* f*o*rmer, *o*ne-time

egykönnyen *adv* **nem** ~ not so *ea*sily
egykutya *a*/*int biz* all the same
egylet *n* soc*i*ety, associ*a*tion, club
egymaga *pron* al*o*ne, in its*e*lf; (*ember*) (all) by himself/hers*e*lf
egymás *pron* each one an*o*ther, *o*ther || ~ **közt** between/am*o*ng ours*e*lves/yours*e*lves/thems*e*lves; ~ **mellett** side by side; ~ **után** one *a*fter the *o*ther, one *a*fter an*o*ther, success*i*vely
egymásután *n* success*i*on || **gyors** ~**ban** in quick success*i*on
egynéhány *pron* some, a few, several || **harminc-**~ thirty-odd
egypár *num* one or two, a c*o*uple (of), a few
egyre *adv* (*mindig*) contin*u*ally, on and on; (*egy órára*) by one (o'clock) || ~ **inkább** more and more
egyre-másra *adv* contin*u*ously
egyrészt *adv* in one resp*e*ct || ~..., **másrészt** both... and, on the one hand ... on the *o*ther (hand)
egység *n mat, kat* *u*nit; (*egységesség*) unity
egységes *a u*niform; *u*nified
egyszer *adv* once; (*múltban*) once, one day; (*jövőben*) some day || ~ **használatos** disp*o*sable [hypod*e*rmic n*ee*dle]; ~ **s mindenkorra** once and for all
egyszeregy *n* multiplic*a*tion t*a*ble
egyszeri *a* h*a*ppening once *ut.*, single
egyszerre *adv* (*hirtelen*) s*u*ddenly; (*egy alkalomra*) for one occ*a*sion; = **egyidejűleg**
egyszerű *a* simple; (*viselkedés*) modest, unaff*e*cted

egyszerűen *adv* simply
egyszerűség *n* simplicity
egyszerűsít *v* simplify; *mat* reduce
egyszínű *a* single-coloured (*US* -colored), self-coloured
egyszobás lakás *n* one-room flat, *US* studio apartment
egyszóval *adv* in short/brief, in a word
egytálétel *n* one-course meal/dish
egyujjas kesztyű *n* mitten(s)
egyúttal *adv* at the same time
együgyű *a* simple(-minded)
együtt 1. *adv* together; (*vkvel*) with, in the company of || ~ **érez vkvel** sympathize with sy; ~ **jár vkvel** *biz* be* going out with sy **2.** *post* (together) with, including
együttérző *a* sympathizing
együttes 1. *a* joint, common, collective || ~ **felelősség** joint responsibility; **~en** jointly **2.** *n* zene (*kamara*) ensemble; (*zenekar*) orchestra; (*rock*) group
együttható *n* co-efficient, factor
együttlét *n* being together || **bizalmas** ~ tête-à-tête
együttműködés *n* cooperation
együttműköd|ik *v* cooperate (*vkvel* with), collaborate (with)
együttvéve *adv* (taken) all together
egyveleg *n* mixture, miscellany; zene potpourri, medley
ehelyett *adv* instead
éhes *a* hungry || ~ **marad** go* hungry
ehetetlen *a* uneatable
ehető *a* (*étel*) eatable; (*vadon termő növény*) edible
éhez|ik *v* hunger, starve, famish; *átv* (*vmre*) long (for)

ehhez *pron* to this || **mit szólsz** ~? what do you think of this?
éhség *n* hunger
éjfél *n* midnight || **~kor** at midnight
éjjel 1. *n* night **2.** *adv* at night, by night || **tegnap** ~ last night; **ma** ~ tonight
éjjeli 1. *a* night, nightly, nocturnal || ~ **lámpa** bedside lamp; ~ **műszak** nightshift; ~ **ügyelet** night duty **2.** *n* chamber-pot
éjjeliedény *n* chamber-pot
éjjel-nappal *adv* day and night, night and day, round the clock
ejnye! *int* now then; (*haragosan*) gosh!, hey!
éjszaka 1. *n* night || **jó ~t!** good night! **2.** *adv* = **éjjel 2.**
éjszakai *a* = **éjjeli 1.**
éjszakás *a* (*dolgozó*) night(-shift) worker; (*ügyeletes*) (sy) on night duty *ut.*
éjszakáz|ik *v* (*fenn marad*) keep* late hours; (*mulat*) make* a night of it
ejt *v* drop, let* (sg) fall; (*hangot, szót*) pronounce
ejtőernyő *n* parachute
ék *n* wedge
ÉK = *északkelet* north-east, NE
eke *n* plough, *US* plow
ékel *v* wedge (in)
ékezet *n* accent (mark)
EKG *n* ECG
ekkor *adv* then, at this time
ekkora *pron* as large as this/that *ut.*, this size/big *ut.*
ekkoriban *adv* at about that/this time
ekkorra *adv* by this/that time
ékkő *n* precious stone, gem

ekörül *adv* (*idő*) about this/that time
eközben *adv* meanwhile
ékszer *n* jewel, piece of jewellery (*US* jewelry)
ékszerész *n* jeweller (*US* -l-)
ékszíj *n* V-belt, fan-belt
eksztázis *n* ecstasy
éktelen *a* (*lárma*) infernal || ~ **haragra gerjed** fly into a violent rage
el *adv* away, off || ~ **innen!** be off!, get out!
él¹ *n* (*késé*) edge; (*nadrágé*) crease
él² *v* live, be* alive; (*vhol*) live, dwell* || ~ **vmből** earn/make* one's living by; ~**jen!** long live...!
elad *v* sell* || **nagyban** ~ sell* wholesale
eladás *n* sale, selling (of) || ~ **nagyban** wholesale
eladó 1. *a* for sale *ut.* || **ez a ház** ~ this house is (up) for sale **2.** *n* seller; (*üzleti*) shop assistant (*US* *így is:* salesclerk)
eladósod|ik *v* get*/run* into debt
elágaz|ik *v* (*út*) branch (off) [to the left/right etc.], fork
elajándékoz *v* give* away (sg to sy)
elájul *v* faint
elakad *v* (*beszédben*) come* to a sudden stop; (*autó*) break* down
elakadásjelző (**háromszög**) *n* warning triangle
eláll *v* (*tárgy*) stand*/stick* out; (*étel*) keep*; (*megszűnik*) cease, stop; *átv* (*vmtől*) give* up, desist (from); (*vmit*) block, stop || **az eső** ~**t** it (has) stopped raining; ~**t a lélegzete** *vmtől* sg took his/her breath away

elállít *v* (*vérzést*) stop
elalsz|ik *v* fall* asleep
elaltat *v* (*vkt*) put*/send* to sleep; *orv* anaesthetize (*US* anes-)
elalvás *n* (*vké*) falling asleep
elámul *v* be* amazed
elaprózód|ik *v* (*idő, energia*) be* frittered away
eláraszt *v* (*vízzel*) inundate, flood, overflow; *átv* shower sg upon sy || **fénnyel** ~ flood with light
elárul *v* (*ügyet*) betray; (*titkot*) reveal, disclose; *vkt* betray, denounce
elárulás *n* (*titoké*) disclosure; *vké* betrayal
elárverezés *n* selling by (*US* at) auction
elás *v* bury
elátkoz *v* curse, damn
elavult *a* out of date, obsolete
eláztat *v* (*eső*) soak through; (*vkt bemárt*) backbite* (sy)
elbájol *v* charm
elballag *v* (*vhonnan*) saunter/wander off; (*vhova*) walk slowly to
elbánás *n* treatment
elbán|ik *v* vkvel treat sy (scurvily)
elbátortalanod|ik *v* lose* courage
elbeszélés *n* (*folyamat*) narration, telling; (*novella*) (short) story
elbeszélget *v* vkvel have* a long (and friendly) conversation with sy, *biz* have* a chat with sy; (*jelölttel*) have* an interview with sy
elbír *v* (*súlyt*) be* able to carry; *átv* bear*, stand*, endure; (*pénzügyileg*) can afford
elbizakodott *a* (self-)conceited
elbliccel *v* *biz* give* (sg) a miss

elbóbiskol *v* doze/nod off
elbocsát *v* (*alkalmazottat*) dismiss
(from), discharge (from), *biz* fire
elbocsátás *n* (*alkalmazotté*) dis-
missal, discharge
elboldogul *v* (be* able to) manage
(somehow)
elborít *v* cover, overrun*; (*víz*)
inundate, flood
elbotl|ik *v vmben* slip (up) (on sg)
elbúcsúz|ik *v vktől* take* leave
(of), say* goodbye (to)
elbúcsúztat *v* (*elmenőt*) say*
farewell (to); (*halottat*) deliver a
speech at the funeral (of sy)
elbúj|ik *v* hide* (away), conceal
oneself; (*vk elől*) hide* (from sy)
elbuk|ik *v* (*elesik*) fall*, tumble
(over); *átv* fail
elbűvöl *v* charm, enchant
élcelőd|ik *v* joke, tease (sy); *vkvel*
joke with sy, banter sy
elcipel *v* carry off, drag away
elcsábít *v* (*nőt*) seduce; *biz vkt*
vhova entice away (to)
elcsal *v vkt vhonnan* (al)lure, entice
away
elcsap *v biz vkt* discharge, dismiss
elcsattan *v* go* off, crack
elcsavar *v* twist; (*fedelet*) twist off;
(*csapot*) turn off ‖ ~ja **vk fejét**
turn sy's head
elcsen *v biz* filch, walk off with
(sg)
elcsendesed|ik *v GB* quieten
(down), *US* quiet; (*vihar*) abate;
(*szél*) calm down
elcserél *v vmt vmért* exchange (sg
for sg); *biz* swap, swop
elcsigázott *a* tired out, exhausted
elcsíp *v biz* catch*
elcsúfít *v* disfigure, deform

elcsukl|ik *v* ~**ik a hangja** his voice
falters
elcsúsz|ik *v vk* slip (up) (on sg)
eldob *v* throw* away/off
eldobható *a* (*egyszer használatos*)
disposable
eldől *v* (*tárgy*) fall* down; (*ügy*)
be* decided
eldönt *v átv* decide, settle
eldugaszol *v* stop up, choke (up);
(*üveget*) cork
eldugott *a* hidden, concealed;
(*falu*) in the back of beyond
eldugulás *n* stoppage, blockage
eldurran *v* go* off, explode
eldurvul *v* grow* coarse, coarsen
elé *post* **vk** ~ **áll** (*sorban*) (go* and)
stand* in front of sy
elébe *adv* before, in front of ‖ ~
megy *vk vknek* go* to meet sy
eledel *n* food, provisions *pl*; (*álla-
té*) fodder
elefánt *n* elephant
elefántcsont *n* ivory
elég[1] **1.** *a* enough, sufficient ‖
nincs ~ **vmből** be* short of sg; ~
volt! enough!, stop it! **2.** *n* **elege
van vmből** *biz* be* fed up with sg
3. *adv* fairly, rather, quite ‖ ~
gyakran quite often
elég[2] *v* burn* (away/up)
elegáns *a* (*vk*) elegant, fashion-
able; (*ruha*) stylish, smart
elégedetlen *a* discontented, dis-
satisfied (*vmvel* with)
elégedett *a* content(ed); *vmvel*
satisfied/content with sg
elegen *adv* enough (people), in
sufficient numbers
eléget *v* burn* (up), incinerate;
(*ételt*) burn*, scorch
eléggé *adv* sufficiently, fairly

elégséges *a* sufficient, enough, satisfactory ‖ ~ **(osztályzat)** satisfactory (mark)
elégszer *adv* quite often
elégtelen *a* insufficient, not enough ‖ ~ **(osztályzat)** unsatisfactory (mark)
elégtétel *n* satisfaction, amends *pl*
elegyed|ik *v* mix, mingle, (*vmvel* with) ‖ **szóba ~ik vkvel** engage sy in conversation
elegyenget *v* make* even; (*földet*) level (*US* -l); *átv* adjust, settle [matters]
eleinte *adv* in the beginning
eleje *n vmnek* fore-part; (*időnek*) beginning ‖ **a nyár ~n** in early summer; **~től végig** (*időben*) from beginning to end; (*elolvas*) from cover to cover
elejt *v* (*leejt*) drop, let* drop/fall; (*vadat*) kill, bring* down
elektromérnök *n* electrical engineer
elektromos *a* electric(al)
elektromosság *n* electricity
elektronika *n* electronics *sing.*
elektronikus *a* electronic
elektrotechnika *n* electrical engineering
élelem *n* food, foodstuff(s)
élelmes *a* practical, resourceful
élelmiszer *n* **~(ek)** foodstuffs, food-products, foods (*mind: pl*)
élelmiszer-áruház *n* food-store, supermarket
élelmiszerbolt *n* grocer's, grocery, *US* grocery store
élelmiszeripar *n* food industry
élelmiszerosztály *n* (*áruházban*) food department

elem *n* element; *el* battery; *fiz* cell; *kém* element
elemes *a el* battery(-operated) ‖ ~ **bútor** unit furniture
elemez *v* analyse
elemi *a* elementary; *jog* basic, fundamental; (*természeti erők okozta*) elemental ‖ ~ **csapás** act of God; ~ **iskola** primary school, *US* grade school
elemzés *n* analysis
elenged *v* (*kezéből*) let* go/drop; (*szabadon enged*) let* go, set* free; (*vkt vhova menni*) let* sy go to; (*tartozást*) remit, cancel (*US* -l); (*büntetést*) let* off, remit ‖ ~**i magát** let* oneself go
élénk *a* lively; (*fürge*) agile, brisk; (*fantázia*) vivid ‖ ~ **érdeklődés** keen interest in sg
elér *v* (*kézzel*) reach; (*vkt üldözve*) catch* up (with sy); *vkt átv* reach, contact (sy); (*buszt stb.*) (manage to) catch*; *vmt átv* reach, attain; *vhova* reach, make*, arrive (at) ‖ ~**i a célt** achieve one's aim; ~**i a vonatot** (can) make* the train
elered *v* ~**t az eső** it began to rain
elérhetetlen *a* out of reach *ut.*; *átv* unattainable, inaccessible
elérhető *a* (*kézzel*) within reach *ut.*, accessible; *átv* attainable
elernyed *v* relax
elért *v* ~**i a tréfát** can see the joke; ~**i a célzást** take* a hint
elérzékenyül *v* be* touched
éles *a* (*kés*) sharp; (*arcvonások*) marked; (*ész*) sharp, keen; (*fájdalom*) sharp; (*fény*) strong, keen; (*fül, hallás*) sharp, keen, good; (*kanyar*) sharp; (*szem*) keen ‖ ~

szemű *átv is* sharp-eyed, clear-sighted
eleség *n* (*állaté*) provender, fodder; (*baromfinak*) (hen) feed
elesett 1. *a* (*egészségileg*) be* in poor health **2.** *n* (*háborúban*) **az ~ek** those killed in the war, the fallen
eles|ik *v* have* a fall, fall* (down); (*háborúban*) be* killed; (*város*) fall*; (*vk vmtől*) lose* (sg)
élesít *v* sharpen, make* sharp
éléskamra *n* larder, pantry
éleszt *v* (*embert*) revive, bring* to life; (*tüzet*) stir, poke [fire]
élesztő *n* yeast; (*kovász*) leaven
élet *n* life°; (*megélhetés*) living || **~be lép** come* into force, *US* become* effective; **~ben marad** survive; **~ét veszti** (*balesetben*) be* killed
életbelépés *n* coming into force
életbevágó *a* vital
életbiztosítás *n* life assurance/insurance
életfogytig *adv* for life
életfogytiglani szabadságvesztés *n* life imprisonment
élethű *a* lifelike, true to life *ut.*
életkedv *n* joy of life
életképes *a* capable of living *ut.*
életkor *n* age, time of life
életlen *a* blunt; *foto* fuzzy
életmentő 1. *a* life-saving **2.** *n* (*személy*) life-saver
életmód *n* way of life, life style
életmű *n* life-work, oeuvre
életösztön *n* instinct for life
életrajz *n* biography, life°
életszemlélet *n* view of life
életszínvonal *n* standard of living, living standard(s)

élettan *n* physiology
élettapasztalat *n* practical experience, an experience of life
élettárs *n* *jog* common-law wife/husband
élettartam *n* lifetime, life span
élettelen *a* (*holt*) lifeless, dead; *átv* inanimate, inert
életunt *a* tired/weary of life *ut.*
életveszély *n* mortal danger
életveszélyes *a* perilous; (*állapot*) critical || **a vezeték érintése ~** danger! high voltage!
életvidám *a* brimming with life *ut.*
eleve *adv* from the first
eleven 1. *a* (*élő*) live, living; (*élénk*) lively, vivid **2.** *n* **az ~ébe vág vknek** cut*/touch sy to the quick
elévül *v* be(come)* out of date, date; *jog* lapse
elévülhetetlen *a* undying
elévült *a* (out)dated, obsolete
elfagyott *a* frozen; (*testrész*) frost-bitten; (*termés*) frost-damaged
elfárad *v* vmtől, vmben get* tired (of); vhova take* the trouble to go (swhere) || **~tam** I am tired
elfáraszt *v* tire (out), fatigue
elfásult *a* indifferent, insensible
elfecsérel *v* (*idejét*) waste [one's time]; (*pénzt*) fritter away [one's money]
elfehéred|ik *v* turn white/pale
elfeketed|ik *v* turn black
elfekvő *a* **~ (áru)készlet** dead stock; **~ (kórház)** hospital/ward for incurables
elfelejt *v* forget* || **el ne felejtsd!** don't forget!, mind you [do* sg]
elfér *v* have* room, (can) hold*
elfog *v* vkt/vmt catch*

elfogad v accept; (javaslatot) carry, adopt || **nem fogad el** refuse, decline, reject
elfogadható a acceptable; (ár) reasonable
elfogadott a accepted, received
elfoglal v kat take*, occupy; (teret vm) take* up, occupy || **el van foglalva** be* busy/engaged
elfogódott a deeply moved ut.
elfogulatlan a unbias(s)ed, unprejudiced, impartial || ~**ul** impartially, without bias
elfogulatlanság n impartiality
elfogult a prejudiced, biassed, partial
elfogultság n prejudice, partiality, bias
elfogy v give* out, come* to an end; (készlet) become* exhausted; (pénz) be* spent, run* out; (könyv) be* out of print || ~ **a türelme** lose* one's patience; ~**ott** (áru) (be*) out of stock; (könyv) (be*) out of print
elfogyaszt v (ételt) eat* (up), consume
elfojt v (tüzet) extinguish; (érzelmet) stifle, suppress; (könnyeket) choke/gulp back; (lázadást) suppress, put* down
elfoly|ik v vm mellett flow/run* past; átv (pénz) drain away
elfordít v turn away || ~**ja a fejét** look the other way
elfordul v turn away/aside; vmtől abandon (sg), turn one's back on/to sg
elfullad v choke, suffocate
elfuserál v biz bungle, botch
elgáncsol v (futball) trip sy (up), bring* down

elgázol v (jármű) run* down/over || ~**ta egy autó** he was run down/over by a car
elgémbered|ik v grow* stiff
elgennyed v get* full of pus
elgondolás n idea, concept
elgondolkod|ik v be* thinking deeply/seriously (about)
elgörbül v bend*, get* crooked
elgurul v roll away/off
elgyötör v torment, torture
elgyötört a harrowed; (arc) haggard
elhagy v (vkt) leave*, abandon; (mellőz) leave* out, drop; (elveszít) lose* || ~**ja magát** (elcsügged) lose* heart, give* up
elhagyatott a (magányos) lonely, solitary; (hely) desolate
elhagyott a uncared-for || ~ **javak** abandoned property sing.
elhájasodás n obesity, fattyness
elhajl|ik v deviate, diverge; (vonal) bend*, curve; (iránytű) dip
elhajt v (elterel) drive* away/off; (kocsiban) drive* off/away
elhal v (testrész) necrose; (zaj) die down/away
elhalad v vm/vk mellett pass (by)
elhalaszt v put* off, delay; (ülést) adjourn
elhalasztás n putting off, delay; (ülésé) adjournment
elhalkul v grow* faint(er), die away/down
elhallgat v stop speaking/talking; (hirtelen) break* off; (zaj) stop; (vmt vk elől) keep* back, withhold* (sg from sy)
elhallgattat v silence; (letorkol) shut* sy up

elhalmoz *v vkt vmvel* shower sy with sg; (*munkával*) overburden (sy with work)

elhalványod|ik *v* (*fény, emlék stb.*) grow* dim, dim, fade

elhamarkodott *a* (*döntés*) rash, hasty; (*cselekedet*) hurried

elhamvaszt *v* (*halottat*) cremate

elhangz|ik *v vhova* be* heard in; (*előadás*) be* delivered ‖ ~**ott** ... (*rádióban*) you've been listening to ...

elhanyagol *v* neglect

elhanyagolt *a* neglected

elharapó(d)z|ik *v* spread*, gain ground

elhárít *v* (*akadályt*) clear away; (*felelősséget*) decline; (*támadást*) beat* off, repel; (*ütést*) parry; (*veszélyt*) avert

elhasznál *v* use up; (*ruhát*) wear* out

elhasznált *a* used up; (*ruha*) wornout, shabby; (*levegő*) stale

elhatároz *v vmt* decide (to *v.* that), resolve (to *v.* on ...ing)

elhatározás *n* decision, resolution

elhelyez *v vmt vhol/vhova* place, put*, plant sg swhere; (*elszállásol*) accommodate (sy swhere); (*árut*) place, sell*; (*pénzt bankban*) deposit ‖ **kórházban** ~ hospitalize

elhelyezked|ik *v* (*állásban*) find* employment; (*leül*) take* a seat

elhibáz *v* make* a mistake in (sg); (*lövést*) miss

elhibázott *a* unsuccessful

elhidegül *v vktől* become* estranged/alienated from sy

elhisz *v* believe [sg to be true] ‖ ~ **vknek vmt** believe sy

elhivatottság *n* calling, vocation

elhízás *n* obesity, corpulence

elhíz|ik *v* grow* fat/corpulent

elhódít *v* win* over; (*nőt vktől*) steal* sy's girl(friend)

elhomályosít *v* dim, obscure; (*köd*) mist (up/over), blur, cloud

elhomályosul *v* (*dolog*) become* dim/obscure, blur; (*üveg*) tarnish, become* dull

elhoz *v* (*magával*) bring*/carry along (with one); *vhonnan* fetch from swhere; (*csomagot*) collect

elhunyt 1. *a* dead, deceased **2.** *n az* ~ the deceased

elhurcol *v* (*vmt*) drag away/off; (*vkt börtönbe*) carry off

elhúz *v vmt vhonnan* draw*/drag away/off; (*időt*) drag/spin* out; *biz* (*vizsgán*) fail (sy), *US biz* flunk (sy) ‖ ~**ták** (**a vizsgán**) (s)he was ploughed (*US* flunked)

elhúzód|ik *v* (*ügy*) drag on; *vktől* draw* away from sy

elhűl *v* (*étel*) cool; *átv* be* amazed

eligazít *v vmt* arrange, adjust, settle; *vkt* direct; *kat* brief

eligazítás *n vmé* arrangement; *vké* orientation; *kat* briefing

eligazodás *n* orientation

elillan *v* (*folyadék*) evaporate, vaporize; *biz vk* slip away

elindít *v* start, set* (sg) off; (*gépet*) set* in motion; (*üzleti vállalkozást*) get* (sg) afloat

elindul *v vk* start, depart; *vk vhová* start/set* out for; (*kocsival*) drive* off, pull away; (*jármű*) start

elindulás *n* start, departure

elintéz *v* (*ügyet*) settle, arrange; (*adósságot*) settle up ‖ **majd én** ~**em!** I'll see to it

elintézés *n* arrangement, settling; (*ügyeké*) dispatch [of business]

elismer v (*elfogad*) admit, acknowledge; (*igazol*) recognize; (*követelést*) admit
elismerés n acknowledgement; (*adósságé*) admission; (*érdemeké*) appreciation, recognition
elismert a recognized, acknowledged, well-known
elismervény n receipt; (*átvételi*) acknowledgement (of receipt)
elissza v ~ **a pénzét** squander one's money on drink
elítél v condemn; *vmre* sentence to
elítélendő a condemnable
elítélt n convict, the condemned
eljár v (*vhova*) go* regularly to; (*idő*) pass || **becsületesen járt el** he played fair, he dealt fair and square with sy
eljárás n (*hivatalos*) (course of) action, procedure; (*bírósági*) proceedings pl; *tech* process, procedure, method
eljátsz|ik v (*zeneművet*) play, perform; (*pénzt*) gamble away
eljegyezték egymást *kif* they are/were engaged
eljegyzés n engagement
éljen! *int* (hip, hip,) hurray/hurrah!
éljenzés n cheers pl, ovation
eljön v *vhonnan* come* (away from); *vkért/vmért* come* for, (come* to) fetch/collect sy/sg
eljut v *vhová* get* to, come* to
elkábít v (*ütés*) stun, daze; *orv* narcotize; *átv* stupefy
elkalauzol v guide sy (to a place)
elkallód|ik v get* lost; (*tehetség*) run* to waste
elkanyarod|ik v turn/veer (to the right/left); (*út*) bend*, veer
elkap v *vmt* catch*; *vkt biz* collar, nab; *biz* (*buszt stb.*) catch*

elkápráztat v dazzle
elkártyáz v (*pénzt*) gamble away
elkedvetlened|ik v lose* heart
elkel v (*áru*) find* a (ready) sale/market || ~**ne már egy jó eső** we could do with some rain
elkényeztet v spoil*
elképed v be* stupefied, be* taken aback
elképeszt v stupefy
elképesztő a stunning, amazing
elképzel v imagine, fancy
elképzelés n idea, notion
elképzelhetetlen a unimaginable
elképzelhető a imaginable
elkér v *vktől vmt* ask sy for sg; (*kölcsön*) borrow sg from sy
elkerget v chase/drive* away
elkerül v (*helyet*) bypass; *vkt* avoid; (*büntetést*) evade, escape; *vhova* (happen to) get* swhere
elkerülhetetlen a inevitable
elkerülhető a avoidable
elkeseredés n despair
elkeseredett a bitter, embittered, desperate || ~**en** desperately
elkesered|ik v despair, become* embittered (*vm miatt* about/over)
elkés|ik v be* late (for sg)
elkészít v do*, achieve, finish (off); (*ételt, leckét*) prepare || ~**i a reggelit** get* the breakfast ready
elkészül v (*teljesen*) be* complete(d); *vk vmvel* be* ready with sg, finish sg; *vmre* get* ready (for)
elkever v mix, mingle, blend
elkevered|ik v mix, (inter)mingle
elkezd v begin*, start || ~ **esni** it starts raining
elkezdőd|ik v begin*, start
elkísér v *vkt* go*/walk with, accompany || ~ **vkt hazáig** see* sy home

elkoboz v confiscate, seize
elkomolyod|ik v turn serious
elkomorod|ik v become* gloomy
elkop|ik v wear* out/away; (cipő)
wear* out; (ruha) become*
threadbare
elkorhad v moulder (US -ol),
decay, rot* (away)
elkótyavetyél v sell* at any
price
elkölt v (pénzt) spend* (vmre on);
(könnyelműen) waste, squander
(vmre on); (ételt) consume
elköltöz|ik v move (house), move
away
elköszön v vktől take* leave (of),
say* goodbye/farewell (to)
elkötelezett a committed
elkötelezettség n commitment
elkövet v (rosszat) commit || **hibát
követ el** make* a mistake
elkövető n jog perpetrator
elküld v send* (off), dispatch;
(árut) forward, consign; (levelet)
post; vkt vhonnan send* away; vkt
vhová send* sy to
elkülönít v separate, isolate
elkülönülés n separation
ellankad v languish, droop
ellanyhul v (erőfeszítés) abate,
slacken; (erő) flag, weaken
ellát¹ vt (anyaggal) supply/furnish
with; (felszereléssel) equip with,
fit out with; (pénzzel) provide
(with); (beteget) look after (sy) ||
jó tanácsokkal ~ give* sy (some)
sound/good advice
ellát² vi (vmeddig) see* (as far
as)
ellátás n vmvel supply, provision ||
teljes ~ full board

ellátogat v vkhez go* to visit (sy),
pay* a visit (to sy)
ellátott a provided/supplied (vmvel
with) ut.
ellen post against || **egymás** ~ against
each other; **mit szedsz fejfájás
~?** what do you take for a head-
ache?
ellenállás n fiz, el is resistance; pol
opposition
ellenállhatatlan a irresistible
ellenálló 1. a (hatóságnak) insub-
ordinate, rebellious **2.** n pol resis-
tance fighter
ellenben conj on the other hand
ellene adv against, in opposition to
|| ~ **van vmnek** be* against sg,
be* opposed to sg
ellenében adv against, in return for
|| **nyugta** ~ against a receipt
ellenére adv in spite of, despite ||
annak ~(, **hogy)** in spite of the
fact (that), nevertheless
ellenérték n equivalent, value
ellenez v be* against sg, be*
opposed to (sg)
ellenfél n opponent, adversary; sp
opponent; (csapat) opposition
ellenhatás n reaction
elleni a anti- || **fogfájás** ~ **szer**
antiodontalgic, analgesic
ellenintézkedés n preventive
measure(s)
ellenjavallat n contraindication
ellenkezés n (ellenállás) opposi-
tion, resistance
ellenkez|ik v (szembeszáll) resist,
offer resistance to || **ne** ~**z(él)
vele!** don't contradict him
ellenkező 1. a contrary, opposite;
(ellenálló) resisting || ~ **esetben**

(or) else, *otherwise*; ~ **irányban** in the *opposite* direction **2. az ~je** just the (*very*) opposite
ellenkezőleg *adv* on the contrary
ellenméreg *n* (*gyógyszer*) antidote
ellenőr *n* controller; (*vasúti*) ticket inspector
ellenőriz *v* check, verify; (*minőséget*) control; (*útlevelet*) examine
ellenőrzés *n* check(ing); (*kísérleté*) control
ellenőrző *a* ~ **bizottság** control commission; ~ **könyv** *isk kb.* (*student's*) file/record
ellenpólus *n* (*átv is*) counterpole
ellenség *n* enemy
ellenséges *a* hostile, enemy
ellenségeskedés *n* hostility, enmity
ellenszavazat *n* (a vote of) no
ellenszenv *n* (*vk iránt*) antipathy (against); (*vm iránt*) repugnance (to), aversion (to)
ellenszenves *a* (*ember*) antipathetic; *vm* repugnant, offensive
ellenszer *n* (*méreg ellen*) antidote; *átv* remedy (for)
ellenszolgáltatás *n* (*anyagi*) ~ **fejében** in recompense for
ellentét *n* (*vm ellenkezője*) opposite, contrast; (*nézeteltérés*) antagonism, conflict; (*súlyos*) hostility ‖ ~**be kerül vmvel/vkvel** come* *into* conflict with sy; ~**ben van vmvel** contrast with sg, be*/run* counter to sg; ~**ben vkvel** (as) contrasted with sy; ~**ben vmvel** in contrast with/to sg
ellentétes *a* opposite, contrary
ellentmond *v vknek* contradict (sy), oppose (sy); *vmnek* contradict (sg)

ellentmondás *n* contradiction, opposition ‖ ~**ban van vmvel** be* inconsistent with sg
ellentmondásos *a* contradictory
ellenvélemény *n* contrary opinion
ellenvetés *n* objection (to)
ellenzék *n* opposition
ellenzéki *a* ~ **pártok** the opposition parties
ellenzés *n* opposition (to)
ellenző 1. *a* opposing **2.** *n* (*aki ellenez*) opposer, opponent; (*sapkán*) peak, visor
ellep *v* cover; (*víz*) flood
ellipszis *n* ellipse
elliptikus *a* elliptic(al), ellipsoidal
ellóg *biz v* ~ **az óráról** cut* a class, play truant
ellop *v* steal* (sg from sy), *biz* walk off with (sg); ~**ták az órámat** my watch has been stolen, someone has stolen my watch
elmarad *v* not happen/occur, not take* place; (*előadás*) be* cancelled (*US* -l-); (*fejlődésben*) be* backward
elmaradhatatlan *a* inevitable
elmaradott *a* backward
elmaradottság *n* backwardness
elmarasztal *v jog* find* guilty; (*erkölcsileg*) condemn
elmaszatol *v* smudge, smear
elme *n* mind, intellect
elmebajos 1. *a* insane, psychotic **2.** *n* lunatic, insane person
elmebeli *a* mental
elmegy *v vhonnan* go* away/off, leave*; (*gyalog*) walk away; (*autón*) drive* off/away; *vhova* go* to, leave* for; (*gyalog*) walk to; (*autón*) drive* to; (*kerékpáron, lóháton*) ride* to; *biz* (*elfogadható*

vmnek) pass as/for || ~ **hazulról** leave* home; ~ **vkért/vmért** go* for sy/sg, (go and) fetch sy/sg
elmegyógyintézet n mental hospital/home, lunatic asylum
elmélet n theory
elméleti a theoretical
elmélked|ik v (vmn) meditate (on)
elmélyed v (vmbe) become* absorbed/immersed in (sg)
elmélyít v deepen; (kapcsolatokat) strengthen
elmélyül v vk vmbe become* absorbed/immersed in (sg); (válság) become* more serious, deepen
elmenekül v get*/break* away, escape
elment v szt save
élmény n (interesting personal) experience; (kaland) adventure
elmeorvos n psychiatrist, mental specialist
elmérgesed|ik v (seb) go* septic; (helyzet) worsen, get* worse
elmérgesít v aggravate, embitter
elmerül v sink*; (hajó) go* under/down; átv vmben be* immersed/absorbed in sg
elmés a witty, smart, ingenious || ~ **mondás** witticism
elmesél v tell* [a story], narrate
elmeszesedés n orv calcification
elmezavar n insanity, mental disorder
élmezőny n leading group
elmond v tell*; (verset) recite
elmondhatatlan a unspeakable
elmos v (edényt) wash up; (árvíz) sweep*/carry away
elmosódott a (vonal) indistinct, blurred; (emlék) obscure, faded
elmozdít v (vmt helyéről) remove, move (sg out of the way)

elmozdul v move
elmúlás n (időé) passing; (halál) death, mortality
elmulaszt v (vmt megtenni) fail, omit (to do sg); (alkalmat) miss, let* slip; (kötelességet) neglect; (betegséget) cure
elmúl|ik v (idő) pass, elapse; (év) go* by; (eső, betegség) be* (all) over; (fájdalom) stop, cease || **ami** ~t, ~t kb. let bygones be bygones
elmúlt a past, bygone
elnagyol v do* sg superficially
elnapol v adjourn, put* off
elnapolás n adjournment
elnémít v silence, reduce to silence
elnéptelened|ik v become*/be* depopulated/deserted
elneveti magát v burst* out laughing
elnevez v call, name
elnéz v (hosszan) look at, watch; (vknek hibát) overlook (sg), close one's eyes to (sg); (tévedésből) overlook, miss
elnézés n (türelem) lenience, leniency; (tévedés) mistake, error || ~t kér (vktől vmért) apologize (to sy for sg); ~t (kérek)! (kérdezni akarok vmt) excuse me!; (bocsánatot kérek) sorry!, I beg your pardon!; ~t kérek a zavarásért (I'm) sorry to trouble you
elnéző a indulgent, lenient
elnök n (államé) president; (gyűlésen) chairman°; (igével) chair [a meeting]
elnökhelyettes n deputy/acting president
elnöki a presidential
elnöknő n lady president, (gyűlésen) chairwoman°

elnökség n (tisztség) presidency; (gyűlésen) chairmanship

elnökválasztás n presidential election

elnyel v swallow (up); absorb

elnyom v (népet) oppress; (érzelmet) repress; (csikket) put* out

elnyomás n (népé) oppression; (érzelemé) repression

elnyomó 1. a oppressive, tyrannical **2.** n (népé) oppressor, tyrant

elnyomott a oppressed, downtrodden

elnyújt v stretch/draw*/pull out; átv drag/spin* out; extend

elnyúl∥ik v (fekve) stretch oneself out; (vmeddig ér) reach (as far as v. to) extend (to)

elnyűhetetlen a hard-wearing

elnyűtt a worn-out, threadbare

elolt v (cigarettát) put*/stub out; (gázt) turn off; (villanyt) turn out, switch off; (tüzet) extinguish

elolvad v melt, liquefy; (hó) thaw

elolvaszt v melt, thaw out

eloszl∥ik v (kétség) be* resolved; (tömeg) disperse, break* up; (vm szétoszlik) be* distributed

eloszt v divide (into); (több dolgot vkk között) distribute (among); mat divide (vmvel by)

elosztás n (részekre) division, parcelling (US -l-) out; (több dologé) distribution

elosztó 1. a distributive, distributing **2.** n (autóban) distributor; (konnektorhoz) adapter

elosztófej n (autóban) distributor

élő 1. a living ‖ ~ **adás/közvetítés** (rádió, tévé) live broadcast/coverage; ~ **nyelvek** modern languages **2.** n az ~**k** the living

előad v (eseményeket) narrate, relate; (színdarabot) perform, act; (tényállást) set* forth; (verset) recite; (zeneművet) play ‖ **történelmet ad elő** lecture on history

előadás n (színházi, zenei) performance; (egyetemi) lecture; (konferencián) paper; presentation; (rádióban) talk ‖ **délutáni** ~ matinée, afternoon performance

előadó 1. a performing **2.** n (egyetemi) lecturer; (konferencián) speaker; (zeneműé) performer; (referens) executive (officer)

előadóterem n lecture room/hall

előáll v (előlép) step forward

előállít v (készít) produce, make*; (iparcikket) manufacture; (rendőrségen) arrest

előbb adv (korábban) sooner, earlier; (mielőtt vmt tesz) first ‖ **egy nappal** ~ (on) the day before; **minél** ~ as soon as possible

előbbi 1. a preceding, previous **2.** n az ~**ekben** in the foregoing

előbbre adv nearer, more foreward ‖ ~ **hoz** (időpontot) bring* forward

előcsarnok n (entrance) hall; (szállodáé) (hotel) lobby, foyer

előd n (hivatali) predecessor; (ős) ancestor, forefather

elődöntő n semifinals pl

előélet n antecedents pl, past ‖ **büntetlen** ~ a clean record

előérzet n presentiment, US hunch

előeste n eve ‖ **vmnek az ~jén** on the eve of

előétel n hors-d'oeuvre

előfeltétel n precondition

előfizetés n subscription

előfizetési díj n (újságra) subscription; (tv) TV licence fee
előfizető n (újság) subscriber; (tv) licence holder
előfordul v (történik) happen, occur, take* place
előfordulás n occurrence
előhívás n foto developing
előhoz v (tárgyat) bring* up/out; (szóban) mention
előhúz v draw* forth; (zsebéből) produce
előidéz v cause, make*, create
előír v prescribe; (hatóság) order; ker specify
előirányoz v schedule, estimate; (összeget) set* aside, earmark
előirányzott a set aside, allocated (mind: ut., vmre for)
előírás n prescription; ker specification
előírásos a prescribed; ker specified; (szabályos) regular
előírt a prescribed; ker specified
előítélet n prejudice, bias, preconception
előjáték n prelude
előjegyez v (vmt vm célra) earmark (for); (jegyet, szobát) book (in advance), reserve
előjel n (jövőre nézve) sign, omen; mat sign
előkelő 1. a distinguished, illustrious || ~ **társaság** fashionable society 2. n az ~k persons of high rank, notables
előkelőség n (személy) notability, man° of rank; (tulajdonság) distinction, nobility
előkerít v vhonnan bring* forth; (dolgot) hunt up; vkt get* hold of (sy)

előkerül v turn up, come* to light
előkészít vt prepare (vmre for)
előkészítés n preparation
előkészítő a preparatory
előkészület n preparations pl, arrangements pl
elöl adv ahead, in front || ~ **megy** lead* the way
elől post from before, away from || ~**em** from before me
előleg n (banktól) advance (payment); (vásárláskor) deposit, down payment
élőlény n living being, creature
előléptet v (rangban) promote (sy to sg)
előléptetés n promotion
elöl-hátul adv before and behind
elöljáró n (hivatali) superior, principal, chief; nyelvt preposition
elöljáróság n borough council
elölnézet n front-view/elevation
elölről adv (nézve) from the front; (kezdve) from the beginning || ~ **kezd** begin*/start again
előmenetel n progress, advance
elönt v (folyadék) inundate, flood, overflow || ~ **a düh** it makes me furious
előny n advantage, benefit; (haszon) profit; sp advantage; közl lead
előnyös a advantageous
előnytelen a (hátrányos) disadvantageous
előránt v pull/take* out suddenly
előre 1. adv (térben) forward(s), onward(s), ahead; (időben) in advance, beforehand || ~ **lát** foresee*, forecast*; ~ **megfontolt** premeditated, deliberate; ~ **nem látott** unforeseen 2. int ~! forward!, (go) on!

előregyártás n prefabrication
előrehalad v (térben) make* progress, progress; (fejlődésben) progress, get* on
előrehaladott a advanced
előre-hátra adv backwards and forwards, back and forth
előreigazít v (órát) put* forward
előrejelzés n forecast; (időjárási) weather forecast
előrelátás n foresight; (óvatos) caution, prudence
előrelátható a predictable, foreseeable
előreláthatólag adv in all probability
előrelátó a farsighted, farseeing; (óvatos) prudent, circumspect
előretör v forge ahead
előretörés n kat sudden advance
előreugr|ik v vk rush to the front; vm project, protrude
előreugró a protruding
élősdi 1. a parasitic(al) 2. n parasite
élősegít v help (on), further, promote, advance
élősköd|ik v biz vkn sponge/live on sy
élősövény n hedge
előszele n vmnek a straw in the wind, premonitory signs pl
előszeretet n predilection (for), preference (for)
előszezon n kb. early season
előszó n foreword, preface
előszoba n vestibule; (angol házban) hall; (hivatalé) anteroom
előszóban adv by word of mouth
először adv (első ízben) (for) the first time, first; (sorrendben) at first, first(ly) || ~ is (mindenekelőtt) first of all, to begin with
előszörre adv at one go

előtér n (terület) foreground; (lakásban) entrance-hall; (szính) forestage, proscenium
előteremt v vmt procure, produce; vkt hunt out/up, find* || **pénzt** ~ raise money (for)
előterjeszt v submit (sg to sy); (ügyet) report
előterjesztés n (javaslat) proposal, proposition; (jelentés) report
előtt post (időben) before; (megelőzően) prior to; (térben) in front of; (vk jelenlétében) in the presence of || **a bíróság** ~ in court, before a/the court
előtte adv in front of (v. before) him/her/it || **az** ~ **való napon** the day before; ~m before me, in front of me; (jelenlétemben) in my presence
előtti a (időben) before ut.; (térben) in front of ut. || **a ház** ~ **kert** the front garden; **a háború** ~ **évek** the pre-war years
előtűn|ik v appear
előváros n suburb
elővesz v (vhonnan, zsebből) produce; (betegség) exhaust, take* it out of one
elővétel n (jegyé) advance booking
elővigyázatlan a rash, careless
elővigyázatos a cautious, careful
előz v overtake*, US pass || ~**ni tilos!** no overtaking!, US no passing!
előzékeny a vk iránt obliging, attentive (mind: to)
előzékenység n consideration, courtesy
előzés n overtaking, US passing
előzetes 1. a previous, preliminary || ~**en** in advance, beforehand 2. n (filmé) trailer

előzmény *n* antecedents *pl*, precedents *pl*, preliminaries *pl*
előző *a* previous, preceding, former
előzőleg *adv* previously, before(hand), first
elpárolog *v* evaporate, vaporize
elpártol *v vktől* turn away (from)
elpirul *v* blush, turn red/crimson
elpityered|ik *v* start crying
elpocsékol *v* waste, squander
elpuhult *a* soft, enervate
elpuskáz *v biz* make* a mess of sg, bungle
elpusztít *v* destroy, demolish; (*megsemmisít*) annihilate; (*országot*) devastate; (*élőlényt*) kill; (*kiirt*) exterminate
elpusztul *v* be* destroyed; (*ország*) be* laid waste; (*élőlény*) perish, die, be* killed
elrabol *v* rob (*vktől vmt* sy of sg); (*embert*) kidnap; (*nőt és gyereket így is*) abduct; (*repülőt*) hijack
elragad *v vktől vmt* snatch, take* away (from); (*vkt indulat*) overcome*
elragadó *a* delightful, charming
elragadtat *v* **el van ragadtatva** be* in raptures (at, over), be* delighted (by, with)
elragadtatás *n* rapture, ecstasy
elragadtatott *a* ecstatic, rapturous
elrak *v vmt* put* away; (*útból*) clear away
elrákosod|ik *v* become* cancerous
elrejtőz|ik *v* hide* away
elrendel *v* order
elrendez *v* arrange, put* in order; (*ügyet*) settle, straighten out
elrendezés *n* (*folyamat*) arranging, (*eredmény*) arrangement; (*ügyé*) settlement

elreped *v* crack; (*ruha*) tear*
elrepül *v vk vm* fly* away; (*repülőgép*) take* off; (*vhova* fly* to
elrestelli magát *v* feel* ashamed
elreteszel *v* (*tolózárral*) bolt
elrettent *v* deter (sy from doing sg)
elrettentő *a* deterrent
elriaszt *v* scare/frighten away/off; *átv* discourage, deter
elringat *v* lull/rock to sleep
elrobog *v* (*járművön*) drive* away (at full speed), speed* away; (*vm mellett*) dash/rattle past
elroml|ik *v* go* bad/wrong, deteriorate; (*étel*) spoil*, go* bad/off; (*gép*) break* down || **~ott az idő** the weather has broken
elront *v* (*szerkezetet*) put* out of order; damage; (*szemet*) ruin; (*gyereket*) spoil* || **~ja a gyomrát** have* an upset stomach
elrothad *v* rot, decompose, putrefy
elrozsdásod|ik *v* become* rusty
elsajátít *v* (*tudást*) acquire, attain; (*nyelvet*) master
elsápad *v* pale, turn/grow* pale
elseje *n* the first (day of the month)
elsiet *v* hurry off/away (from); (*vk mellett*) rush past || **ne siesd el** take* your time
elsikkad *v* get* lost
elsikkaszt *v* embezzle, misappropriate; (*közpénzt*) peculate
elsikl|ik *v* **~ik vm felett** *átv* skate over sg; (*szándékosan*) turn a blind eye to sg
elsimít *v* smooth away/out, flatten; *átv* smooth over
elsimul *v* become*/get* smooth; (*nehézség*) disappear, vanish; (*ügy*) be* smoothed over
elsír *v* **~ja magát** burst* into tears

elsorvad v waste/pine away; (*szerv*) atrophy

elsóz v put* too much salt (in sg); *átv* fob off (*vknek* on sy)

első 1. num a (*sorrendben*) first (*számmal*: 1st); (*időben*) earliest, primary; (*rangsorban*) first, foremost, principal ‖ ~ **emelet** first floor, *US* second floor; ~ **fejezet** chapter one; ~ **látásra** at first sight; ~ **osztályos** first-form pupil; ~ **osztályú** first-class; ~ **sor** (*üléseké*) front row; ~ **számú** No. 1 (*szóban*: number one); ~ **ülés** front seat; **I. Henrik** Henry I (*szóban*: the first) **2.** n ~**be jár** be* in the first form

elsőbbség n priority; *közl* right of way, priority ‖ ~**et ad** give* way (to), *US* yield (*vknek* to)

elsőbbségadás kötelező! give way, *US* yield

elsődleges a primary

elsőéves 1. a first-year **2.** (*hallgató*) first-year student, freshman°

elsőfokú a ~ **bíróság** court of first instance; ~ **égés** first-degree burn; ~ **egyenlet** equation of the first-degree

elsöprő a ~ **győzelem** a clean sweep

elsőrangú a first-rate/class, of the first rank *ut.*

elsőrendű a = **elsőrangú** ‖ ~ **út** trunk-road, main road

elsős a/n ~ (**tanuló**) first-form pupil

elsősegély n first aid

elsősorban adv in the first place, first (of all), above all

elsőszülött a/n firstborn

elsötéted|ik v (*ég*) become/get* dark, darken

elsötétít v darken, make* dark

elsül v (*puska*) go* off, fire ‖ **rosszul sült el a dolog** the plan failed

elsüllyed v sink*, go* down/under

elsüllyeszt v sink*

elsüt v (*puskát*) fire (off); *biz* (*elsóz*) palm off ‖ ~ **egy viccet** *biz* crack a joke

elszabadul v (*rab*) get*/break* away/out; (*állat*) break* loose

elszakad v (*kötél*) break*; (*ruha*) tear*, be*/get* torn; (*tartomány*) secede (from)

elszakadás n (*kötélé*) breaking; (*ruháé*) tearing; (*államtól*) secession

elszakít v (*kötelet*) break*, snap; (*ruhát*) tear*, rip; *vmt vmtől* detach (from)

elszalaszt v *vkt vmért, vkért* send* sy (out) for (*v.* to fetch) sg/sy ‖ ~**ja az alkalmat** let* the opportunity slip

elszáll v fly* away; (*füst*) rise*

elszállásol v put* (sy) up, lodge, accommodate; *kat* billet, quarter

elszállít v *vhová* convey, transport, carry; (*árut hajón*) ship (*mind*: to)

elszámol v *vmről, vmvel* account for; *vkvel* settle up with (sy)

elszámolás n (*eljárás*) settling of accounts; (*írásos*) accounts *pl*

elszánja magát v *vmre* make* up one's mind (to do sg)

elszánt a determined, resolute

elszaporod|ik v multiply, increase (in number)

elszárad v dry (up)

elszédít v make* (sy) dizzy; *átv* turn sy's head
elszédül v become* (suddenly) dizzy
elszegényedés n impoverishment; (*általános*) pauperization
elszégyelli magát v feel* ashamed
elszigetelőd|ik v become* isolated
elszigetelt a isolated
elszigeteltség n isolation
elszíneződ|ik v discolo(u)r, fade
elszív v ~egy cigarettát smoke a cigarette, have* a smoke
elszok|ik v vmtől grow*/get*/ become* unused to sg
elszór v scatter (about), strew*
elszórakoz|ik v vmvel amuse oneself with
elszórakoztat v entertain, amuse
elszórtan adv sporadically
elszorul v átv get* stuck || ~t a szíve his heart sank
elszök|ik v run* away, escape (from)
elszörnyed v be* horrified (vmn at/by)
elszundít v doze off
elszúr v biz vmt bungle (sg)
eltakar v cover (up); (*elrejt*) hide*
eltakarít v clear away, remove
eltalál v (*fegyverrel*) hit* (the target); (*kitalál*) hit* upon, guess (right); vhová find* the way (to) || ~tad! you got it right!
eltapos v trample down/on, crush
eltart v vkt keep*, support; (*vmennyi ideig*) last, go* on; (*ruha, cipő*) wear*, last
eltávolít v vkt remove, send* off/ away; vmt remove, clear away; (*foltot*) remove
eltávolítás n removal
eltávolodás n átv estrangement

eltávolod|ik v (*térben*) move/go* away/off; átv retire, withdraw*
eltekint v vmtől disregard (sg) || ettől ~ve apart from this
eltel|ik v (*érzéssel*) fill (with); (*idő*) pass
eltér v (*iránytól*) deviate from, turn aside from; (*vélemény*) differ, diverge || ~ a tárgytól digress from the subject
elterel v (*forgalmat*) divert; (*figyelmet*) divert, distract
elterelés n (*figyelemé*) distraction; (*forgalomé*) diversion, US detour
eltérít v (*irányától*) divert; (*repülőt*) hijack; (*figyelmet, vkt vmtől*) divert, distract
eltérítés n (*repülőé*) hijack(ing)
elterjed v spread* || igen el van terjedve be* current, be* widely used
elterjedt a wide-spread, general
elterjeszt v spread* (abroad), propagate; (*szokást*) bring* into vogue
eltérő a different (from), unlike ut.; (*rendestől*) abnormal, irregular
elterül v (*terület*) lie*, be* situated; (*vk a földön*) fall* on the ground
eltesz v (*helyére*) put* sg in its place; (*máshová*) lay* aside || ~ láb alól biz do* away with, kill
éltet v (*életben tart*) keep* sy alive; (*éljenez*) cheer || Isten éltesse(n)! (*születésnapon*) many happy returns!
eltéved v lose* one's way
eltéveszt v (*célt*) miss; (*két dolgot*) confuse
eltitkol v keep* (sg) secret
eltol v (*térben*) shift; (*időben*) shift; put* off, postpone; biz (*elhibáz*) bungle

eltolható *a* (re)movable, mobile
eltolód|ik *v* (*térben*) be* moved away, be* shifted; (*időben*) be* postponed, be* put off
eltorlaszol *v* block (up/off)
eltorzít *v* deform, disfigure;   *átv* misrepresent; (*értelmet*) distort
eltökélt *a* (*ember*) resolved, resolute, determined
eltökéltség *n* determination, resolution
eltölt *v vmvel átv* fill; (*szánalommal*) touch; (*gyűlölettel*) imbue; (*étel*) fill up; (*időt*) pass; spend*
eltöpreng *v vmn* brood on (sg)
eltör *v* break*, shatter, smash || ~**te a lábát** he broke his leg
eltörlés *n* (*törvényé*) repeal, abrogation; (*intézményé*) abolition
eltöröl *v* (*nyomokat*) efface; (*edényt*) dry; (*törvényt*) repeal
eltörpül *v* (*vm mellett*) look small beside sg, be* dwarfed by sg
eltűn|ik *v* disappear, vanish; (*távolban*) fade away
eltűnőd|ik *v vmn* meditate (up)on (sg), reflect on (sg)
eltűnt *a* vanished; (*kat is*) missing
eltüntet *v* make* sy/sg disappear; (*elrejt*) hide*, conceal; (*foltot*) remove
eltűr *v* endure, tolerate, suffer
elutasít *v vmt* refuse, reject, decline; (*vádat*) deny, repudiate; *vkt* turn down
elutazás *n* departure, leaving
elutaz|ik *v* leave* (*ahonnan* swhere, *ahová* for)
elül *v* (*zaj*) die down; (*máshová*) sit* elsewhere || ~**t a szél** the wind has dropped
elülső *a* front(-), fore-

elültet *v* (*növényt*) plant, bed
elüt *v* (*autó vkt*) hit*, knock/run* down, run* over; *vm vmtől* differ (from), clash (with) || ~**i az időt** while away the time, kill time
elv *n* principle || ~**ben** in principle
elvadul *v* become* wild/savage; (*emberektől*) be* alienated (from); *bot* grow* wild
elvág *v* cut* (in two); (*összekötte-tést*) break* off
elvágód|ik *v* (*földön*) fall* flat (on the ground)
elvakít *v* (*fény*) blind, dazzle; *átv* delude, dupe
elválaszt *v* part, separate; (*szót*) divide; (*hajat*) part; (*bíróilag*) divorce
elválasztás *n* parting, separation; (*sor végi*) end-of-line division; (*házasfeleké*) divorce; *biol* secretion
elválaszthatatlan *a* inseparable
elvál|ik *v* (*ketté*) part, separate; (*házastárstól*) divorce (sy)
elvállal *v* undertake*, take* (on); (*megbízást*) accept
elvált *a* divorced, divorcee
elvámol *v* levy duty on (sg); (*árut*) clear [goods] (through the customs)
elvámolnivaló *n* **van ~juk?** have you anything to declare?
elvár *v vktől vmt* expect (sy to do sg) || ~**ják tőle(, hogy)** he is expected/supposed (to)
elvárások *n pl* expectations
élve *adv* alive, living || ~ **vagy halva** dead or alive
elvégez *v* (*befejez*) finish, bring* to an end, complete; (*megtesz*) do*, perform || ~**te az egyetemet** (s)he has a (university) degree

elver v vkt thrash; (vagyont) squander, fritter away
elvesz[1] v take* sg away/off from sy; (erőszakkal) seize; (feleségül) marry
elvesz[2], **elvész** v (tárgy) be*/get* lost; (kárba vész) be* wasted; (elpusztul) perish ‖ **elveszett az órám** I have lost my watch
elveszt v lose* ‖ **~i a fejét** lose* one's head, get* flurried
elvet v (magot) sow; (elutasít) reject, refuse
elvetél v miscarry, abort
elvetendő a rejectable, unacceptable
élvez v vmt enjoy, find*/take* pleasure (in); (jogot) enjoy; (előnyöket) benefit from
élvezet n pleasure, enjoyment, delight
elvi a of principle ut.
elvileg adv in principle, theoretically
elvirágz|ik v cease flowering; átv fade
elvisel v (eltűr) tolerate, suffer, bear*
elviselhetetlen a unbearable
elviselhető a tolerable, bearable
elvisz v (tárgyat) carry away/off, take* away; (elszállít) transport; (magával vmt) take* (sg) with one, take* along; (vkt magával) take* along; (járművel) drive* sy to [a place], give* sy a lift
elvon v (elhúz) draw* away/off; vktől vmt deprive sy of sg ‖ **~ja a figyelmet** distract attention (from)
elvonókúra n (alkoholtól) detoxication cure

elvont a abstract
elvontat v tow/haul away
elvonul v (vihar) pass, pass/blow* over; (sokaság) withdraw*
elzálogosít v put* in pawn, pawn
elzár v vmt vhová lock/shut* up/in; (csapot) turn [the tap] off; (készüléket) switch off ‖ **az út ~va** road closed
elzárás v vhová locking (up), shutting (up); jog custody
elzárkóz|ik v be* reserved, hold*/keep* aloof from
elzsibbad v go* numb; (végtag) go* to sleep
emancipáció n emancipation
embargó n embargo, ban (on)
ember n man (pl men); (szemben az állattal) human (being) ‖ **az ~** (mint általános alany) one, people pl, we, you; **az ~ sohasem tudja** one never knows, you never know; **~ek** people, US folks
embercsempészés n smuggling people (out/in)
emberélet n human life ‖ **~ben nem esett kár** there are/were no casualties
emberevő n cannibal
emberfölötti a superhuman
emberi a human; (emberies) humane ‖ **~ jogok** human rights
emberiség n humanity, mankind
emberismeret n knowledge of mankind
emberismerő a (keen) observer/judge of human nature
emberölés n murder, homicide ‖ **szándékos ~** manslaughter
emberöltő n generation
emberrablás n kidnapping ‖ **~t követ el** kidnap

emberséges *a* (*humánus*) humane; (*tisztességes*) honest, fair
embertan *n* anthropology
embertelen *a* inhuman, barbarous
embertelenség *n* inhumanity
embléma *n* emblem, symbol; (*kiadói*) imprint, logo
embólia *n* embolism
emel *v* lift, hoist; (*épületet*) build*, erect; (*szobrot*) erect, raise; (*árat*) raise, *US* boost
emelés *n* lifting (up), hoisting; (*növelés, pl. béré*) rise* (*US* raise), increase [in wages]
emelet *n* storey (*US* story), floor ‖ **az első ~en** on the first floor, *US* on the second floor; **felmegy az ~re** go* upstairs
emeletes *a* -storeyed, -storey, *US* -storied ‖ **~ autóbusz** double-decker
emelkedés *n* rise; (*értéké*) increase; (*áraké*) rise; (*lejtőé*) ascent
emelked|ik *v* rise*; (*út*) climb, ascend; *átv* rise*, increase, go* up (*vmre, mind:* to) ‖ **a levegőbe ~ik** (*repülőgép*) take* off
emelkedő **1.** *a* rising, ascending **2.** *n* (*úté*) rise, incline, (*upward*) slope, hill
emellett *adv* (*ezenkívül*) besides, in addition, moreover
emelő **1.** *a* raising, elevating **2.** *n* *tech* lever; (*kocsin*) jack
emelvény *n* platform, stand
émelygés *n* nausea, sickness
emészt *v* (*ételt*) digest ‖ **~i magát** worry (about)
emésztés *n* digestion
emészthető *a* digestible
emésztőrendszer *n* digestive tract
emiatt *adv* this is why, for this reason, because of this ‖ **~ ne**

aggódj don't (you) worry about that
emigrál *v* emigrate
emlék *n* (*tárgy*) souvenir (*US* sou-); (*régi becses*) relic ‖ **vk/vm ~ére** in memory of
emlékezet *n* (*képesség*) memory, recollection ‖ **~ből** by heart
emlékezetes *a* memorable
emlékezetkiesés *n* amnesia; (*pillanatnyi*) black-out
emlékez|ik *v* *vmre* remember, recollect, recall (*mind:* sg) ‖ **ha jól ~em** as far as I can remember
emlékezőtehetség *n* (power of) memory ‖ **gyenge ~** poor memory
emlékeztet *v* (*figyelmeztet vmre*) remind (sy that... *v.* sy to do sg *v.* sy of sg); (*vkben felidéz vmt/vkt*) remind sy of sg/sy
emlékeztető *n* reminder, memento
emlékirat *n* (*hivatalos*) memorandum (*pl* -da); (*magán*) memoirs *pl*
emlékmű *n* monument, memorial ‖ **hősi ~** war memorial
emléktábla *n* memorial plaque
említ *v* mention, make* mention of; (*futólag*) touch upon
említett *a* mentioned ‖ **az előbb ~** just mentioned *ut.*
emlő *n* breast; (*állaté*) udder
emlős(állat) *n* mammal
-en *suff* → **-on**
én **1.** *pron* (*személyes névmás*) I, *biz* me; (*birt. jelzőként*) my ‖ **az ~ anyám** my mother; **~ magam** I (...) myself; **~ vagyok** it is I, *biz* it's me **2.** *n* (*vk énje*) self°, ego
-én *suff* **ötödikén, 5-én** on the fifth/5th; **május 5-én** on 5(th) May
enciklopédia *n* encyclop(a)edia

enciklopédikus *a* encyclop(*a*)edic
ének *n* (*dal*) song; (*egyházi*) hymn; (*éneklés*) singing; (*madáré*) (bird) song, warble
énekel *v* sing*; (*madár*) warble
énekes *n* singer
énekkar *n* chorus, choir
energia *n* fiz, tech energy, power; (*emberi*) vigour (*US* -or), drive
energiaforrás *n* source of energy/power, energy source
energiahordozó *n* energy source/carrier
energiatakarékos(sági) *a* energy-saving
energikus *a* energetic, forceful
enged *v* vmt allow/permit (sy to do sg), let* (sy do sg); (*nem áll ellen*) yield, give* way (to); (*feszültség*) yield, give* way (under pressure) ‖ **a fagy** ~ the frost is breaking; **vk kérésének** ~ comply with sy's request
engedelmes *a* obedient
engedelmesked|ik *v* vknek obey (sy) ‖ **nem ~ik** disobey (sy)
engedély *n* permission; (*írott*) permit; (*hivatalos*) authorization; (*ipari*) licence ‖ **~t kap vmre** be* licensed for sg (*v.* to sell sg)
engedélyez *v* allow, permit; vknek vmt give*/grant (sy) permission (to do sg); (*hatóság*) authorize; (*ipart*) grant a licence (for), license sg
engedetlenség *n* disobedience
engedmény *n* (*vitában*) concession; ker discount, reduction
engedményes vásár *n* sale
engem *pron* me ‖ **ami** ~ **illet** as for myself
énmiattam *adv* because of me

ennek *pron* (*birtokos*) of this; (*részeshatározó*) to/for this ‖ ~ **a fiúnak add oda** give it to this boy; ~ **az embernek a háza** the house of this man, this man's house
ennél *pron* (*hely*) at this/that; (*középfok mellett*) than this/that ‖ **nincs** ~ **jobb** there is none/nothing better
enni *v* → **eszik**
ennivaló 1. *n* food 2. *a* biz (*aranyos*) lovely
ENSZ = Egyesült Nemzetek Szervezete The United Nations (Organization), UNO, UN
ÉNy = északnyugat north-west, NW
enyém *pron* mine ‖ **ez a könyv az** ~ this book is mine, this book belongs to me; **az enyéim** (*a családom*) my family/children/folks
enyhe *a* (*idő*) mild; (*éghajlat*) genial, mild; (*szél*) light; (*fájdalom*) slight; (*büntetés*) light, mild ‖ ~ **túlzás** biz slight exaggeration
enyhít *v* (*bánatot, fájdalmat*) ease, mitigate, alleviate; (*éhséget*) appease; (*feszültséget*) ease; (*ítéletet*) reduce
enyhítő *a* mitigating, alleviating ‖ ~ **körülmény** mitigating circumstances pl
enyhül *v* (*fájdalom*) subside, abate; (*feszültség*) ease, slacken, *US* let* up; (*idő*) turn milder
enyhülés *n* (*fájdalomé*) abatement, mitigation; pol détente
ennyi *pron* (*súly, terjedelem*) so much; (*számban*) so many ‖ ~ **az egész** that's all
enyv *n* glue

ép *a* (*egész*) whole; (*sértetlen*) unhurt; (*egészséges*) healthy, sound
epe *n* bile ‖ **elönti az** ~ lose* one's temper
epegörcs *n* bilious attack
epekő *n* gallstone ‖ **epeköve van** he has (got) gallstones
épen *adv* (*tárgy*) in perfect condition, unbroken; (*személy*) safe and sound, unhurt
eper *n* (*földi~*) strawberry
épeszű *a* of sound mind *ut.*
epikus *a* epic
epilepszia *n* epilepsy
epilepsziás *a/n* epileptic
epilógus *n* epilogue (*US* epilog)
épít *v* build*, construct; *átv vmre* build* (up)on, rely on (sg)
építés *n* building; (*gépé*) construction
építési *a* building, construction
építésügy *n kb.* housing and construction
építész *n* (*vállalkozó*) (general) builder, building contractor; = **építészmérnök**
építészet *n* architecture
építészmérnök *n* (qualified) architect, building engineer
építkezés *n* building; (*nagyobb*) construction
építmény *n* building, structure
építőipar *n* the building industry/trade
építőmunkás *n* construction/building worker, builder
epizód *n* episode, incident
éppen *adv* just, exactly ‖ ~ **ezért** for that very reason, that's why; ~ **most** just (now), *US* right now
épség *n* wholeness ‖ ~**ben** safe(ly), unharmed

épül *v vm* be* built/constructed; (*most*) be* being built; *vmn, vmre* be* founded/based on
épület *n* building
épületes *a átv* edifying
épületszárny *n* (side-)wing, annexe (*US* annex)
épülettömb *n* block (of houses)
ér[1] *n* (*testben*) blood-vessel; *bány* vein, lode; (*falevélen*) rib, vein; (*vízi*) brook(let), rill; (*kábelé*) core wire
ér[2] *v vhova* get* to, arrive at; *vmeddig* reach to; *vmhez* touch sg; (*értéket*) be* worth (sg); (*vmre megy vele*) be* of use (to sy); *vm vkt* hit*, happen to; *vkt vmn* catch* ‖ **baleset** ~**te** he had an accident; **tetten** ~ catch* sy in the (very) act of [doing sg]
éra *n* era, age, period
érc *n* (*nyers*) ore; (*fém*) metal; (*bronz*) bronze
érces *a bány* metallic, ore; (*hang*) sonorous, brazen
erdei *a* wood-, forest-
érdek *n* interest ‖ **vknek az** ~**ében** on sy's behalf, in the interests of sy
érdekel *v vkt vm* sg interest sy, sy is interested in sg ‖ **érdekli a zene** be* interested in music; **nem** ~ I don't care for it
érdekelt 1. *a* interested, concerned ‖ ~ **vmben** have* a(n) share/interest in sg **2.** *n az* ~**ek** those concerned/involved
érdekeltség *n* (*állapot*) interest, concern; (*pénzügyi*) interest, share; (*cég*) concern
érdekes *a* interesting
érdekesség *n* interest; (*tárgy*) thing of interest, curiosity

érdeklődés n (figyelem) interest (shown); (tudakozódás) inquiry
érdeklődési kör n sphere of interests
érdeklőd|ik v (vm iránt) be* interested (in sg); (tudakozódik) inquire, ask for information (vm felől mind: about) || ~ni szeretnék I should like to inquire about ...
érdektelen a uninteresting
Erdély n Transylvania
érdem n vké merit || ~ben on its merits, in all detail; **ez az ő ~e** this is due to him
érdemel v deserve, merit || **szót sem ~** it's not worth mentioning; (köszönetre) don't mention it!
érdemes a vmre worthy of ... ut.; (igével) deserve (sg) || ~ **elolvasni** it's worth reading
érdemleges a definitive, final
érdes a rough, rugged; (hang) rasping, harsh
erdész n forester, forest-ranger
erdő n forest; (kisebb) wood(s)
erdőmérnök n forestry engineer
erdős a wooded, woody
erdőtűz n forest-fire
ered v (folyó) have* its source (in); átv issue, derive (vmből mind: from); (időből) date from || **futásnak ~** take* (to) flight
eredet n átv origin; (folyóé) source
eredeti a/n original
eredetileg adv originally
eredetiség n originality
eredetű a of ... origin ut. || **latin ~ szó** word of Latin origin
eredmény n result, issue; mat result, answer || **jó ~ success,** happy issue; ~ek (pl. gazdasági életben) achievements; **vmlyen ~re vezet** result in sg, come* to sg

eredményes a successful, fruitful
eredményez v result in, yield (sg)
eredményhirdetés n publication/ announcement of the results
eredménytelen a unsuccessful
eredő 1. a vmből resulting/arising from ut. **2.** n resultant
ereklye n relic
érelmeszesedés n arteriosclerosis
erélyes a energetic(al), forceful
érem n medal; (nagyobb) medallion
erény n virtue
ereszcsatorna n (eaves) gutter
ereszked|ik v (alá) descend; (lejtő) slope; rep lose* height
ereszt v (vhová, vhonnan) let* go/pass; (lazul) slacken; (hordó, textilfesték) run* || ~ **az első kerék** one of the front tyres is flat
éretlen a (gyümölcs) unripe; átv immature, raw
eretnek 1. a heretical **2.** n heretic
érett a (gyümölcs) ripe; (bor, sajt) mellow; átv mature
érettségi 1. a ~ **bizonyítvány** certificate of final examination [in a Hungarian secondary school] **2.** n final examination
érettségiző a/n school-leaver, GB sixth-former
érez v feel* || **együtt ~ vkvel** sympathize with sy; **érzi magát** feel; **hogy érzi magát?** how are you (getting on)?; (betegtől) how are you feeling?; **jól érzem magam** I feel quite well, I am all right; **nem érzi jól magát** feel/be* unwell, be under the weather
érezhető a (felfogható) palpable, perceptible; (érzik vm vmn) smack of

éreztet *v vkvel vmt* make* sy feel sg, make sy conscious of sg
ér|ik *v* ripen; (*bor, sajt*) mature, mellow
érint *v* touch; (*érzelmileg*) concern, affect
érintkezés *n* (*emberi*) contact, relations *pl*, connection; contact
érintkez|ik *v* (*ember vkvel*) communicate, be* in contact (*vkvel* with); (*tárgyak*) touch; (*vezetékek*) be in contact
érintő 1. *a átv* touching, concerning, affecting (*mind: ut.*) 2. *n mat* tangent
erjedés *n* fermentation
erkély *n szính is* circle, balcony
érkezés *n vhová* arrival, coming; (*kiírás*) arrivals ‖ ~(e)kor on (sy's) arrival
érkez|ik *v vhova* arrive (*kisebb helyre:* at, *nagyobbra:* in), come* (to), get* to; (*vonat*) call at
érkező 1. *a* arriving 2. *n* arrival, person arriving
erkölcs *n* morals *pl*, morality
erkölcsös *a* moral, virtuous, ethical; (*nemileg*) chaste
erkölcsrendészet *n* the Vice Squad
erkölcstelen *a* immoral
erkölcstelenség *n* immorality
erkölcsű *a* jó ~ moral, of good morals *ut.*; rossz ~ immoral, morally bad *ut.*
érme *n* coin; (*tantusz*) token
ernyő *n* (*eső*) umbrella; (*lámpa*) shade; (*nap*) parasol, sunshade; *tech* screen
erotika *n* eroticism
erotikus *a* erotic
erő *n* power, strength; (*hangé*) intensity; (*fiz, jog, kat*) force ‖ teljes

~ből with all one's might; ereje teljében in the prime of life
erőd *n* fortress; *átv* stronghold
erőfeszítés *n* effort, exertion
erőforrás *n* source of energy, resources *pl*
erőleves *n* clear soup, consommé
erőlköd|ik *v* exert oneself (to)
erőltet *v* insist on (sg), urge (sg); (*vmely szervét*) strain
erőltetett *a* forced
erőmű *n* power station/plant
erős *a* strong, powerful; (*izmos*) muscular, robust; (*jellem*) firm, resolute; (*bor*) strong, heady; (*fűszer*) hot; (*szag*) penetrating, strong; (*szél*) high ‖ ~ dohányos heavy smoker
erősáram *n* heavy/power current
erősen *adv* strongly; (*dolgozik*) hard; (*nagyon*) very (much)
erősít *v* strengthen; (*beteget*) tone up; *kat* fortify; *vmt vhová* fix (to), fasten (to); *el* amplify; (*rádió hangját*) increase [volume]
erősítés *n* strengthening; *kat* fortification; *vmhez* fastening (to); *el* amplification
erőszak *n* force, violence; (*nemi*) rape; (*hatósági közeg elleni*) assault ‖ ~kal by (main) force
erőszakol *v* force [matters], press [things], insist on (sg)
erőszakos *a* violent, aggressive ‖ ~ nemi közösülés rape
erőszakoskod|ik *v* use violence; *vkvel* maltreat (sy); (*nővel*) rape (sy)
erőteljes *a* powerful, strong
erőtlen *a* weak, feeble
erre *adv* (*vmre rá*) on this, onto this; (*idevonatkozólag*) concerning this; (*irány*) this way, in this di-

rection || ~ **nézve** with regard to this, on this point
errefelé adv (irány) in this direction, this way; (hely) hereabouts, in these parts
érrendszer n vascular system
erről 1. adv (ebből az irányból) from this direction, from here **2.** pron about this || ~ **van szó!** that's the point, that is exactly what I mean
érsek n archbishop
erszény n purse
érszűkület n constriction of the arteries
ért v (megért) understand*, follow; (vkre, vmre) allude to, refer to; (vmhez) be* skilled/expert in sg || ~**em!** yes, I understand!, I see!; **nem ~ed?** don't you see?
érte adv vmért, vkért for it/him/her; (érdekében) for its/his/her sake || ~ **jön** vmért come* to fetch sg, collect sg; ~ **megy** vmért go* and get* it, (go* and) fetch sg; vkért pick sy up (at); ~**d** for you
érték n value, worth; (pénzbeli) value; (erkölcsi) worth; mat value || **minta** ~ **nélkül** sample (of no commercial value)
értékcikkek n pl (postai kb.) stamps, money orders and stationary issued by the P.O.
értékel v (méltányol) appreciate, esteem; (felbecsül) value, appraise, estimate || **nagyra** ~ value/rate sg highly
értékes a valuable, precious, of (great/high) value ut.
értékesít v (elad) sell*, realize
értekezlet n meeting; főleg US: conference

értékmegőrző n safe deposit
értékpapír n securities pl, bonds pl
értéktárgy n valuables pl
értéktelen a worthless, valueless
értéktöbbletadó n value added tax, VAT
értéktőzsde n the Stock Exchange
értékű a worth sg ut., of [great/little etc.] value ut. || **kétes** ~ of doubtful value ut.
értelem n (ész) intelligence, intellect; (jelentés) sense, meaning || **a szó szoros értelmében** literally, in the proper sense of the word
értelemszerűen adv (űrlapon) where/as appropriate
értelmes a (ember) intelligent; (érthető) intelligible, clear
értelmetlen a (beszéd) unintelligible, meaningless; (cselekedet) senseless, foolish
értelmetlenség n (emberi) unintelligence; (beszédé) unintelligibility; (cselekedeté) senselessness
értelmez v (felfog) interpret
értelmezés n (felfogás) interpretation, explanation; (vmlyen értelemben) acceptation
értelmező szótár n (explanatory) dictionary
értelmi a intellectual, mental || ~ **fogyatékos** mental defective, mentally retarded
értelmiségi 1. a intellectual **2.** n intellectual || **az ~ek** the intellectuals, the intelligentsia
értesít v vkt vmről inform sy about sg; ker advise
értesítés n information, notification; (üzenet) message; (hivatalos) notice; ker advice

értesül *v vmről* hear* of sg, learn* of sg, get* to know sg
értesülés *n* information (*pl*), news (*pl*)
értetőd|ik *v* **magától** ~ik it goes without saying, of course
értetődő *a* **magától** ~ obvious, self-evident
érthető *a* intelligible, clear; (*belátható*) understandable, comprehensible; (*füllel*) audible || **könnyen** ~ easy to understand *ut*.
érv *n* argument
érvel *v* argue, reason
érvény *n* validity, force || ~**be lép** come* into operation/force
érvényes *a* valid, effective; (*jogszabály*) be in force || **2 hónapig** ~ valid for 2 months
érvényesít *v* (*jogot*) enforce, assert; (*követelést*) put* forward; (*okiratot*) validate
érvényesítés *n* (*igényé*) enforcement, assertion; (*okiraté*) validation
érvényesíttet *v* (*repülőjegyet*) have (sg) confirmed, confirm
érvényesség *n* validity, force
érvényesül *v* (*ember*) get* on, succeed, make* one's way
érvényesülés *n* success
érvénytelen *a* invalid, void; (*szabály*) inoperative; (*jegy*) not good/valid *ut*., cancelled (*US* -l-) || ~ **szavazat** spoiled ballot
érvénytelenít *v* invalidate, annul; (*töröl*) cancel (*US* -l)
érvénytelenség *n* invalidity
érverés *n* pulse, pulsation
érzék *n* (*szerv*) sense; (*tehetség*) sense of/for (sg) || ~**e van a zenéhez** be* musical

érzékcsalódás *n* delusion, hallucination
érzékelés *n* perception, sensation
érzékeny *a* sensitive (*vmre* to); (*sértődős*) sensitive (about sg) || ~ **pontja vknek** one's sore spot
érzéketlen *a* (*testileg*) insensible (to); (*lelkileg*) insensitive (to)
érzéki *a* (*buja*) sensual, carnal
érzékszerv *n* (organ of) sense || **az öt** ~ the five senses *pl*
érzelem *n* sentiment, feeling, emotion
érzelgős *a* mawkishly sentimental
érzelmes *a* sentimental, emotional
érzelmi *a* emotional, sentimental
érzelmű *a* -hearted || **gyengéd** ~ tender-hearted, gentle
érzés *n* (*lelki*) feeling, sentiment; (*testi*) sensation, feeling
érzéstelenít *v orv* anaesthetize (*US* anes-)
érzéstelenítő *n* (*szer*) anaesthetic (*US* anes-)
érz|ik *v* (may) be* felt/perceptible
érző *a* sensitive, feeling
és *conj* and || ~ **a többi** and so on/forth, etc. (*kimondva:* etcetera)
esedékes *a* due
esedékesség *n* due-date; (*lejárat*) expiration || ~**kor** when due
esély *n* chance
esélyegyenlőség *n* equality of opportunity
esélyes 1. *a* having a (good) chance *ut*. 2. *n* probable winner, favourite (*US* -or-)
esemény *n* event, occurrence
esernyő *n* umbrella
esés *n* (*zuhanás*) fall(ing)
eset *n* case, instance; (*esemény*) event; (*ügy*) affair, business; (*tör-*

ténet) story, tale; *nyelvt* case ‖ **abban az ~ben, ha** if, *US* in case; **vmnek az ~én** in case of, in the event of; **semmi ~re (sem)** certainly not!, on no account, by no means

esetenként *adv* in each case (*separately*); from time to time

esetleg *adv* by chance, by accident

esetlen *a* awkward, clumsy

eshetőség *n* possibility, eventuality; (*lehetőség*) contingency

es|ik *v* fall*, drop; (*vk vmbe kerül*) get* into, fall into; (*eső*) it rains; (*most*) it is raining; (*ár*) fall, go* down; (*időpont*) fall on; *vkre vm átv* fall* to sy ‖ **adó alá ~ik** be* liable to taxation; **~ni kezdett** it started raining; **rosszul ~ik vm vknek** hurt* sy's feelings

esketés *n* marrying, marriage ceremony

eskü *n* oath ‖ **~t tesz** take*/swear* an oath (*vmre* on) **~t megszeg** break* an oath

esküdt 1. *a* sworn ‖ **~ ellenség** sworn/mortal enemy **2.** *n* (*bírósági*) juryman°, juror

esküdtszék *n* (common) jury

esküsz|ik *v* swear* (*vmre* on, *vkre* by); take an oath ‖ **~öm...** *biz* so help me

esküvő *n* wedding ‖ **egyházi ~** church wedding; **polgári ~** civil marriage

eső 1. *a* (*zuhanó*) falling, dropping ‖ **adó alá ~** liable to taxation *ut.*, taxable; **vm alá ~** falling under *ut.*, subject to *ut.* **2.** *n* rain ‖ **~re áll** it looks like rain; **szakad az ~** it is raining hard, it is pouring (with rain)

esőköpeny *n* raincoat, mackintosh

esős *a* rainy

este 1. *n* evening ‖ **jó ~t!** good evening! **2.** *adv* in the evening ‖ **ma ~** this evening, tonight

estefelé *adv* towards evening

esteled|ik *v* it is getting dark

estély *n* (evening) party, (social) evening, soirée

estélyi ruha *n* evening dress

esténként *adv* in the evenings

estére *adv* by evening/night

esti *a* evening ‖ **~ lap** evening paper; **~ mese** bedtime story

ész *n* reason, mind, brain ‖ **eszembe jut** it occurs to me; (*egy név/adat*) I remember; **nem jut eszembe** I (just) can't think of it; it escapes me; **~re tér** come* to one's senses, think* better (of)

észak *n* north ‖ **~on** in the north; **~ra** northward, (towards the) north, northerly; **vmtől ~ra fekszik** lie* north of sg

Észak-Amerika *n* North America

észak-atlanti *a* **É~ Szerződés Szervezete** North Atlantic Treaty Organization, NATO

északi *a* northern, north, of the north *ut.*; (*szél*) northerly ‖ **~ népek** the Nordic peoples

Északi-Jeges-tenger *n* the Arctic Ocean

Észak-Írország *n* Northern Ireland

Észak-sark *n* the North pole, the Arctic

északkelet *n* north-east

északnyugat *n* north-west

észbontó *a* biz mind-boggling

eszerint *adv* (*így*) (in) this way; (*tehát*) if that is the case

eszes *a* intelligent, clever, smart

esz|ik v eat*; → **étkezik**
eszkimó a/n Eskimo
eszköz n instrument, device; (*szerszám*) tool, appliance; (*háztartási*) utensil; *átv* means *sing.* v. *pl* ‖ **anyagi ~ök** resources, means, funds
észlel v observe, notice, perceive
eszme n idea, thought
eszmélet n consciousness ‖ **~ét veszti** lose* consciousness, faint
eszméletlen a unconscious
eszményi a ideal
eszpresszó n coffee-bar
eszpresszókávé n espresso
észrevehetetlen a imperceptible
észrevehető a perceptible, noticeable ‖ **~en** perceptibly, noticeably
észrevesz v observe, notice, perceive; (*megpillant*) catch* sight of
észrevétel n observation, noticing; (*megjegyzés*) remark, comment
észrevétlen(ül) adv unobserved, unnoticed; (*lopva*) by stealth
ésszerű a rational, reasonable
ésszerűtlen a unreasonable, illogical
észt a/n (*ember, nyelv*) Estonian
esztelen a unreasonable, foolish
esztendő n = **év**
esztétika n aesthetics (*US* es-) *sing.*
esztétikus a aesthetic (*US* es-)
Észtország n Estonia
étcsokoládé n bitter chocolate
étel n food; (*tálalva*) dish, meal
ételbár n snack bar
ételízesítő n stock (cube)
ételkülönlegesség n food speciality (*US* specialty)
etet v give* sy sg (to eat), feed; (*állatot*) feed*, give food (to)

etika n ethic; (*erkölcstan*) ethics *sing.*
etikett n etiquette, proprieties *pl*
etikus a ethical
étkészlet n tableware, dinner service/set
étkezde n eating-house; *kat* mess(-room); (*üzemi*) canteen; (*hajón*) dining saloon; *isk* refectory, dining hall
étkezés n (*egyszeri*) meal; (*rendszeres*) meals *pl*; (*ellátás*) board ‖ **~ előtt/után** before/after meal(s)
étkez|ik v eat*, have*/take* one's meals ‖ **nem otthon ~ik** eat* out, have a meal out
étkezőkocsi n dining car, *US* diner
étlap n menu, bill of fare
étolaj n cooking-oil, edible oil
étrend n menu; (*betegé*) diet
étterem n restaurant; (*kisebb szállodáé*) dining-room
ettől 1. pron from this ‖ **~ az embertől** from this man **2.** adv **~ kezdve** from this time onward
étvágy n appetite ‖ **jó ~a van** eat* well, have* an appetite
étvágygerjesztő a appetizing
étvágytalanság n lack/loss of appetite
Európa n Europe; (*Nagy-Britannia nélkül*) the Continent
európai a European; (*Nagy-Britannia nélkül*) continental ‖ **E~ Közösségek** European Communities (EC); **E~ Unió** European Union (EU)
Európa-szerte adv all over (*v.* throughout) Europe
év n year ‖ **jövő ~** next year; **múlt ~** last year; **ma egy ~e** a year ago today, this day last year; **három**

~vel ezelőtt three years ago (US back); **~ről ~re** year by year, year in year out
évad n season
evangélikus a Lutheran
evangélium n vall Gospel
évelő a perennial (plant)
évente adv every year, yearly, annually ‖ **~ kétszer** twice a year
evés n eating
éves a (vkről) ... years old ut., ... years of age, ... -year-old; (x évre szóló) for ... years ut.; (x évig tartó) lasting ... years ut. ‖ **hány ~ vagy?** how old are you?; **tizenhat ~** (igével) (s)he is sixteen years old (v. years of age), (jelzőként) 16-year-old, aged sixteen ut.; **tizennyolc ~ korában** at the age of eighteen
evez v row; (kajak) paddle
evezés n rowing
evező 1. a rowing 2. n oar; (rövidebb) scull; (kajakhoz, kenuhoz) paddle
évezredes a a thousand years old ut., millennial, a thousand-year-old
évfolyam n (folyóiraté) volume; isk class, year
évfolyamtárs n classmate ‖ **~am volt** (s)he was in my year/class
évforduló n anniversary
évi a yearly, annual, year's ‖ **ez ~** this year's, of this year ut.; **egy~** for one year ut.
evidens a evident, obvious
évjárat n (bor) vintage
évkönyv n almanac; (intézményé) yearbook; tört chronicle, annals pl
évnyitó n isk opening ceremony
evőeszköz(ök) n (pl) cutlery, silver

evőkanál n tablespoon ‖ **három ~lal** three tablespoonfuls (of...)
évszak n season ‖ **az ~hoz képest** for the time of the year
évszám n (dátum) date
évszázad n century
évszázados a century old
évtized n decade
évtizedes a decennial, ten years old
évzáró n isk speech-day
expedíció n kat, expedition
exponál v foto make* an exposure, expose
export n (művelet) exportation; (áru) export(s pl)
exportál v export
expressz 1. a (levél) express, GB first class; főleg US special delivery 2. adv **~ ad fel** send* sg express, GB send sg first class 3. n (vonat) express (train)
expresszáru n express goods pl
expresszvonat n express (train)
extra a extra ‖ **~ méretű** (ruha) outsize, extra large; (cigaretta) king-size
ez pron this (pl these), that (pl those) ‖ **~ a ház** this house; **~ az** that's it!; **~ek az emberek** these people; **~ek után** after that/these, thereupon; → **ebbe, ebben, ennek** stb.
ezalatt adv in the meantime, meanwhile
ezáltal adv hereby, by this means
ezelőtt adv formerly, in former times; (határozott időjelöléssel) ago ‖ **két évvel ~** two years ago, US two years back
ezen adv vmn at/on this ‖ **~ az asztalon** on this table

ezenkívül *adv* besides, in addition

ezennel *adv* herewith, hereby

ezentúl *adv* = **ezután**

ezer *num* (a/one) thousand ‖ ~ **dollár** a thousand dollars; **harminc~ lakos** thirty thousand inhabitants; ~ **éve nem láttalak!** I haven't seen you for ages!

ezermester *n* jack-of-all-trades

ezermillió *num* one/a thousand million(s), *US* one/a billion (10^9)

ezernyi *a* thousands of; *(igen sok)* millions of

ezerszer *adv* a thousand times

ezért *adv/pron* *(emiatt)* therefore, for this/that reason, so, that/this is why; *(evégett)* for that/this purpose, with that/this object, to that/this end ‖ ~ **vagyok itt** that's why I am here

eziránt *adv* *(erre nézve)* with regard to this, on this point

ezóta *adv* since this time, ever since

ezred *n kat* regiment; *(rész)* thousandth (part)

ezredes *n* colonel

ezredév *n* millennium *(pl* millennia)

ezredik *num* thousandth

ezredszer *adv* for the thousandth time

ezrelék *n* per thousand/mill/mil, one thousandth

ezres **1.** *a (tízes rendszerben)* thousand; ~ **szám** the number 1,000 **2.** *n (bankjegy)* a thousand pound/dollar/forint note

ezután *adv (ezentúl)* henceforth, from now on, from this time on

ezúton *adv (így)* thus; *(hivatalosan)* hereby, herewith

ezúttal *adv* this time, on this occasion

ezüst *n* silver

ezüstérem *n* silver medal

ezüstlakodalom *n* silver wedding

ezzel *adv vmvel* with this/that, herewith, hereby; *(időben)* on this ‖ ~ **szemben** whereas, on the other hand, while

F

f = **fillér**

fa *n (élő)* tree; *(anyag)* wood; *(építőanyag)* timber ‖ **maga alatt vágja a ~t** cut* the ground from under one's own feet; **nagy ~ba vágta a fejszéjét** bite* off more than one can chew

faág *n* branch; *(nagyobb)* bough

faanyag *n* timber, wood

fácán *n* pheasant

facsar *v* wring*

facsavar *n* screw

facsemete *n* sapling

fafúvósok *n pl (zenészek)* the woodwind *sing. v. pl*

faggat *v* (close) interrogate

fagott *n* bassoon

fagy **1.** *n* frost **2.** *v* freeze* ‖ ~ **(odakinn)** it's freezing

fagyálló **1.** *a* frost-resistant/proof **2.** *n (folyadék)* antifreeze

fagyaszt *v* freeze*; *(ételt)* chill, deep-freeze*

fagyasztóláda *n* (chest) freezer

fagyasztószekrény *n (háztartási)* freezer; *(frizsiderrel egybeépített)* fridge freezer

fagyasztott *a* frozen; *(mélyhűtött)* deep-frozen
fagylalt *n* ice-cream, ice
fagyos *a* *(idő)* frosty, chilly; *(út)* icy; *átv* *(tekintet)* chilling
fagyott *a* frozen
fagyöngy *n* mistletoe
fagypont *n* freezing-point
faház *n* wooden house, log cabin
fahéj *n* *(fűszer)* cinnamon
faj *n* *biol* species *(pl* species); *(emberfajta)* race; *(válfaj)* type, sort
fáj *v* *(élesen)* hurt*; *(tompán)* ache; *(vm lelkileg vknek)* pain sy || ~ **a fejem** I have* a headache; **mi ~?** what's wrong with you?
fájás *n* *(kis)* ache, hurt; *(nagy, szervi)* pain
fájdalmas *a* painful, aching, sore
fájdalom *n* *(testi)* pain, ache; *(lelki)* grief, sorrow || **nagy fájdalmai vannak** suffer/feel* great pains
fájdalomcsillapító *n* painkiller
faji *a* racial || ~ **megkülönböztetés** *n* racial discrimination
fájlal *v* complain of a pain (in sg); *átv* regret, be*/feel* sorry for
fajsúly *n* specific gravity
fajta 1. *n* sort, kind, variety, type 2. *a* *(fajtájú)* of the ... kind/type *ut.*
fajtatiszta *a* pure-bread, pedigree
fajüldözés n racism
fakad *v* *(forrás)* spring* (from); *vmből átv* arise* from || **sírva ~** burst* into tears
fakanál *n* wooden spoon
fáklya *n* torch
fakó *a* pale, faded
fakul *v* fade, discolour
fakultás *n* faculty
fakultatív *a* optional, *US* elective

fal[1] *n* wall || **négy ~ között** indoors; **akár a ~nak beszélne** it's like talking to a brick wall
fal[2] *v* devour
falánk *a* gluttonous, greedy
falat *n* mouthful, bit, bite || **nincs egy betevő ~ja** have* not a bite to eat
falevél *n* leaf°
falfestmény *n* wall-painting, fresco
fali *a* mural, wall
falióra *n* wall-clock, hanging clock
falka *n* pack (of hounds/wolves)
falu *n* village
falusi 1. *a* rural, village- 2. *n a* ~**ak** the villagers
fametszet *n* woodcut
fanatikus *a* fanatic(al)
fánk *n kb.* doughnut
fantasztikus *a* fantastic
fantázia *n* imagination
fanyar *a* *(íz)* tart, acrid; *(mosoly)* wry || ~ **humor** dry sense of humour
far *n* *(emberé)* bottom; *orv* buttocks *pl*; *(hajóé)* stern
fárad *v* *(elfárad)* get* tired; *(fáradozik)* take* the trouble (to do sg)
fáradhatatlan *a* tireless
fáradozás *n* trouble, pains *pl*, effort
fáradság *n* *(fáradozás)* trouble, pains *pl*, effort || **kár a ~ért** it isn't worth the trouble
fáradságos *a* tiring, exhausting
fáradt *a* tired, exhausted
fáradtság *n* tiredness, exhaustion, fatigue
farag *v* *(fát)* carve, cut*; *(követ)* hew*, trim; *(szobrot)* sculpt, sculpture
fáraó *n* Pharaoh
fáraszt *v* tire, fatigue

fark *n* tail
farkas *n* wolf°
farkasszemet néz vkvel *kif* stare sy out
farm *n* farm
farmer *n* (*gazdálkodó*) farmer; (*nadrág*) jeans *pl*
farol *v* (*oldalt*) skid; (*hátra*) reverse
farsang *n* carnival (time)
fás *a* (*terület*) wooded; (*zöldség*) stringy
fasírozott *n* meatball, hamburger
fasizmus *n* fascism
fasor *n* avenue
fatörzs *n* (tree-)trunk
fátyol *n* veil
fátyolos *a* veiled || ~ **hang** veiled voice
fattyú *n* bastard
fauna *n* fauna
favágó *n* woodman°, logger
fazék *n* pot
fazekas *n* potter
fáz|ik *v* be*/feel* cold; *átv vmtől* shrink* from
fázis *n* phase, stage
fazon *n* (*ruháé*) cut
február *n* February; → **december**
fecseg *v* chatter
fecske *n* swallow
fecskendez *v* squirt (*vmt vmbe sg* into sg), spray; (*tűzoltó*) play the hose (on sg); *orv* inject (*vkbe vmt* sy with sg)
fecskendő *n* orv syringe; (*tűzoltóé*) (fire-)hose
fed *v* (*takar*) cover (*vmvel* with sg); (*házat*) put* a roof on || **ez nem ~i a valóságot** this does not accord with the facts
fedd *v* reprove, rebuke

fedél *n* (*házé*) roof; (*dobozé*) lid; (*könyvé*) cover
fedélzet *n* (*hajóé*) deck || **a repülőgép ~én** on board the aircraft
fedett *a* covered || ~ **pályás** indoor
fedez *v* kat sp cover; (*költséget*) cover
fedezet *n* security; (*pénz*) funds *pl*
fedő *n* vmn cover, lid
fegyelem *n* discipline
fegyelmez *v* discipline || ~**i magát** control oneself
fegyelmi 1. *a* disciplinary 2. *n* disciplinary procedure || ~**t indít vk ellen** take* disciplinary action against sy
fegyenc *n* convict
fegyház *n* prison, *US* penitentiary
fegyver *n* weapon, arms *pl*; (*lőfegyver*) gun || ~**t fog vk ellen** take* up arms against sy; **leteszi a ~t** surrender
fegyveres 1. *a* armed || ~ **felkelés** armed uprising 2. *n* armed man°
fegyverkezés *n* military preparations *pl*
fegyverszünet *n* armistice || ~**et köt** conclude an armistice
fegyverzet *n* kat armament
fehér 1. *a* white || ~ **bőrű** white-skinned; ~ **ember** white man°; **a Fehér Ház** *US* the White House
fehérje *n* kém albumin, protein; (*tojás~*) egg-white
fehérnemű *n* underwear, underclothes *pl*
fehérvérűség *n* leukaemia (*US* -kem-)
fej[1] *n* átv is head; (*testületé*) head, chief || **egy ~jel nagyobb** a head taller; ~ ~ **mellett** neck and neck; ~ **vagy írás?** heads or tails?; ~**be**

ver vkt hit*/knock sy on the head; **~ből** by heart; **~en áll** stand* on one's head; **fel a ~jel!** cheer up!; **jó** ~ *biz* he's a good man **két ~ hagymát kérek** two onions, please; **nem fér a ~embe** I can't believe it; **teljesen elvesztette a ~ét** he completely lost his head; **vm jár a ~ében** be* thinking of sg
fej² *v* (*tehenet*) milk
fejedelem *n* (reigning) prince
fejel *v* head [the ball]
fejenként *adv* a/per head, each || **~ 10 forintot adott a fiúknak** he gave the boys 10 forints each
fejes 1. *a* ~ **saláta** (cabbage) lettuce **2.** *n biz* (*vezető*) bigwig; (*ugrás*) header, dive || **~t ugrik** dive/jump head first
fejetlenség *n* disorder, anarchy
fejezet *n* chapter
fejfájás *n* headache
fejhallgató *n* headphone(s), *US* headset
fejkendő *n* kerchief
fejlemény *n* developments *pl*, outcome
fejleszt *v* develop, improve; (*képességet*) develop, cultivate; (*áramot*) generate
fejlesztés *n* development, improvement
fejletlen *a* (*gyerek*) undeveloped, backward || **gazdaságilag ~ ország** underdeveloped country
fejlett *a* (*testileg*) fully/well developed; *átv* highly developed, advanced || **(iparilag)** ~ **ország** developed country
fejlődés *n* development, evolution; *átv* progress, advance || **~ben**

elmaradt ország underdeveloped country
fejlődlik *v* develop, progress, advance
fejlődő *a* developing || **~ ország** developing country
fejmosás *n* shampoo
fejsze *n* axe (*US* ax)
fejt *v* (*varrást*) undo*; (*kötést*) rip up; (*babot*) shell; (*szenet*) mine; (*rejtvényt*) solve
fejteget *v* expound, explain
fejtörő *n* puzzle
fejvesztett *a* crazy, panic-stricken || **~en menekül** flee* in terror
fék *n* brake || **~en tart** keep* in check, restrain
fekély *n orv* ulcer
fekete 1. *a* black; *átv* dark, dusky || ~ **bőrű** black(-skinned); ~ **doboz** *rep* black box **2.** *n* (*kávé*) black coffee || **a ~k** the Blacks
fekete-fehér *a* (*film*) black-and-white || ~ **tévé** monochrome TV
feketegazdaság *n* black economy
feketekereskedelem *n* the black market
feketepiac *n* black market
feketerigó *n* blackbird
Fekete-tenger *n* the Black Sea
feketézlik *v* (*kávézik*) drink* black coffee; *átv biz* trade/deal in/on the black market
fékez *v* brake; *átv* (*szenvedélyt*) bridle, restrain || **~i magát** control oneself
féklámpa *n* brake light, *US* stoplight
fekszlik *v* lie* (*vmn* on); (*ingatlan*) be* situated || **betegen ~ik** lie* ill, be* (ill) in bed; **későn ~ik** stay up (late); **korán ~ik** go* early to bed;

nekem ez a dolog nem ~ik *biz* it's not my cup of tea
féktelen *a* wild, unrestrained ‖ ~ jókedv high spirits *pl*; ~ harag unbridled fury
fektet *v vmt vhová* lay*, put*; (*pénzt vmbe*) invest [money] in sg ‖ vkt ágyba ~ put* sy to bed
fekvés *n* (*cselekvés*) lying; (*vidéké*) situation, location; (*házé*) aspect
fel *adv* up ‖ ~ és alá up and down; ~ a kezekkel! hands up!; ~ az emeletre upstairs; hegynek ~ uphill
fél[1] 1. *n* (*vmnek a fele*) half° (of sg); (*oldal*) side; (*ügyfél*) *ker* customer; (*perben*) party; (*ügyvédé*) client ‖ a szerződő felek the contracting parties; az utca túlsó fele the far/other side of the street; ennek a fele sem tréfa this is no joke; felébe vág cut* in half 2. *a* half; (*időpont*) half past ‖ ~ áron at/for half-price; ~ év half a year → félév; ~ füllel hallottam I have it only from hearsay; ~ kézzel with one hand; ~ nap half a day; ~ oldal one side; ~ óra half an hour → félóra; ~ ötkor at half past four; ~ szemére vak blind in one eye; fele arányban half-and-half
fél[2] *v vmtől, vktől* fear sg/sy, be* afraid of sg/sy ‖ ~ a kutyá(k)tól be* afraid of dogs; ~ek, hogy nem jön el I'm afraid he won't come; ne ~j! don't be afraid!, have no fear!
felad *v* (*vmt kézzel*) hand/pass sg up; (*levelet*) post, *US* mail; (*pogygyászt*) register; (*versenyt*) give* up; (*várat*) surrender; (*feladatot*) set* ‖ kabátot ~ vkre help sy on

with his coat; rendelést ~ place an order for goods
feladat *n* task, work; *átv* duty; *isk* exercise(s) ‖ ~ot megold solve a problem; házi ~ homework; teljesíti ~át perform one's task
feladatlap *n* test(-sheet), worksheet → feleletválasztós teszt
feladó *n* sender
feladvány *n* problem
felakaszt *v vmt* hang* up (*vmre* on); (*embert*) hang
feláldoz *v* sacrifice, devote
feláll *v* (*ülésből*) get*/stand* up, rise*; *vmre* stand* on sg
felállít *v* stand* sg upright; put* up; (*gépet*) install; (*sátrat*) put*/set* up (*intézményt*) establish, set* up
félárú *a* ~ jegy half-fare/price ticket
felavat *v* (*épületet*) inaugurate
felbecsül *v* appraise, assess, estimate
felbecsülhetetlen *a* priceless, inestimable
félbehagy *v* break*/leave* off
félbemaradt *a* unfinished, uncompleted
félbeszakít *v* interrupt; (*munkát*) break* off
felbiztat *v vkt vmre* encourage sy to do sg
felbocsát *v* (*űrhajót*) launch
felboml|ik *v* (*varrás*) come* apart; (*szervezet*) dissolve, disintegrate; (*házasság*) break* up; *kém* decompose
felbont *v* (*levelet*) open; (*vmt részeire*) break* down, dissolve; (*eljegyzést*) break* off; (*szerződést*) cancel (*US* -l); *kém* decompose
felborít *v* push/knock over, overturn; *átv* (*tervet*) upset*

felborul *v vk/vm* overturn, fall* over; (*autóval*) turn over
felbőszít *v* enrage, infuriate
felbukkan *v* (*személy*) appear suddenly; (*nehézség*) crop up
félcipő *n* shoes *pl*
felcsap *v* (*láng*) dart/shoot* up; (*katonának*) enlist, join up
felcsavar *v* roll/wind* sg on (to) sg; (*csavart*) screw on; (*hajat*) put* up
felcserél *v* (*sorrendben*) invert; (*tévedésből*) mistake* for
felcsillan *v* flash, gleam ‖ **~t a szeme** her eyes sparkled
feldagad *v* swell* (up)
feldarabol *v* cut* into pieces, cut*/ chop up, divide up
felderít *v* (*rejtélyt*) clear up, find* out; (*jókedvre hangol*) cheer (up)
feldíszít *v* decorate, adorn
feldob *v* throw*/fling* up ‖ **fel van dobva** *biz* he's elated
feldolgoz *v* process, prepare; (*hulladékot*) recycle; *biol* assimilate; (*témát*) write*/work up
feldönt *v* knock/push over, overturn
feldúl *v* ravage, devastate
felduzzad *v* swell* (up) ‖ **~t** (*folyó*) be* swollen
feldühít *v* make* (sy) angry
felé *adv* (*térben*) toward(s); (*időben*) towards, about, around ‖ **a ~ a ház ~** towards that house; **dél ~** (*térben*) southwards; (*időben*) towards noon; **~je se néz** he does not care for him; **ötven ~ jár** be* nearly fifty; **10 óra ~ gyere** come about ten
-féle *a* (*fajta*) a kind/sort of ...
felébred *v* wake* up, awake*
felébreszt *v* wake* (up)
feledékeny *a* forgetful

feledés *n* oblivion ‖ **~be merül** be* forgotten
felejt *v* forget* ‖ **hamar ~** have* a short memory; **otthon ~** leave* (sg) at home
felejthetetlen *a* unforgettable
felekezet *n* denomination
felekezeti *a* denominational
felel *v* (*válaszol*) answer, reply; (*iskolában*) recite (the lesson); (*vkért/vmért*) be* responsible for sy/sg ‖ **egyesre ~t** he got* an "unsatisfactory"; (*vizsgán*) he failed (the examination)
felél *v* consume, use up
feléled *v* (*magához tér*) revive, come* to/round, awaken; (*tűz*) rekindle
félelem *n* fear (of sg), dread (of sg) ‖ **~ fogta el** he was seized by fear; **félelmében tesz vmt** do* sg out of fear
felélénkít *v* vivify, revive
feléleszt *v* (*élőlényt*) revive; (*tüzet*) stir up
felelet *n* answer, reply
feleletválasztós teszt *n* multiple-choice exam
felelevenít *v* (*vm emlékét*) evoke, recall; (*nyelvtudást stb.*) brush up
félelme(te)s *a* dreadful, frightful
felelős **1.** *a* (*vmért/vkért*) be* responsible for sg/sy, be* in charge of sy/sg **2.** *n* person/official responsible for sg
felelősség *n* responsibility (for sg); (*bajért*) blame ‖ **vállalja a ~et** *vkért/vmért* take* the responsibility of sg
felelősségbiztosítás *n* **kötelező ~** *GB* third-party insurance, *US* automobile insurance

felelőtlen *a* irresponsible

feleltet *v* question, test [*pupil* on]

felemás *a* (*cipő stb.*) odd

felemel *v* (*magasba*) lift (up), raise; (*földről tárgyat*) pick/take* up; (*árakat/fizetést*) raise || ~**i a szavát vk/vm ellen** protest against

felemelked|ik *v* rise*; (*földről*) get* up; (*magasba*) ascend; (*repülőgép*) take* off

felenged *v vkt vhová* let* sy go up; (*hideg idő*) grow* milder; (*jég*) melt; (*feszültség*) ease; (*ember*) relax

félénk *a* shy, timid

felépít *v* build, erect, construct

felér *v* (*vhová*) reach up to; (*vmvel értékben*) be* worth (as much as) sg || **ésszel** ~ **vmt** comprehend/grasp sg

felerősít *v vmt vhová* fix/fasten sg to sg; (*rádiót stb.*) turn up (the sound)

feleség *n* wife° || ~**ül vesz vkt** marry sy

felesel *v* answer back

felesleg *n* surplus; (*többlet*) excess

felesleges *a* (*több*) superfluous; (*szükségtelen*) unnecessary, needless || ~**en** unnecessarily

féleszű *a* half-witted

felett *post* (*vmnél magasabb helyen*) above; (*vmn át*) over; *átv* about || **a föld** ~ above (the) ground; **fagypont** ~ above zero (centigrade); **fejem** ~ overhead

felette *adv* ~ **áll vknek** (*rangban*) be* above sy

felettes *n* superior

félév *n isk* semester, half-year; *GB* (*évharmad*) term

felez *v* halve, divide into halves

felfal *v* eat*/gobble up, devour

felfed *v* uncover; (*titkot*) disclose, reveal || ~**i a lapját** put* one's cards on the table

felfedez *v* (*új vmt*) discover; (*földr így is:*) explore; (*titkot*) find* out

felfedezés *n* discovery

felfelé *adv* (*irány*) upwards; (*dombra*) uphill; (*folyón*) upstream || ~ **megy** go* up(hill)

félfogadás *n* consulting hours *pl*, office hours *pl*

felfogás *n* = **felfogóképesség**; (*vélemény*) opinion, idea; (*megközelítés*) approach

felfogású *a* **gyors** ~ quick-witted; **nehéz/lassú** ~ slow-witted

felfoghatatlan *a* incomprehensible

felfogóképesség *n* grasp, (power of) comprehension

felfordul *v* (*felborul*) overturn, turn over; (*állat*) die || ~ **a gyomra** *vmtől* (it) makes one's stomach turn

felfordulás *n* confusion; (*lakásban*) disorder

felforr *v* (come* to the) boil

felföld *n* highlands *pl*

felfrissít *v* refresh; (*készletet*) restock || ~**i vk emlékezetét** refresh sy's memory

felfúj *v* (*léggömböt/ügyet*) blow* up

felfújt 1. *a* inflated 2. *n* soufflé

felfuttat *v* (*növényt vmre*) train [plant] on sg

felfúvód|ik *v* (*has*) become* distended/bloated; (*állat*) be* bloated

felfüggeszt *v* (*tárgyat*) hang up; (*állásából*) suspend; (*ülést*) interrupt

félgömb *n* hemisphere

felgöngyöl(ít) *v* roll/fold up; (*bandát*) crack down on sy

felgördül *v (függöny)* rise*
felgyógyul *v* recover
felgyorsul *v* accelerate, speed* up
felgyújt *v* set* sg on fire; *(lámpát)* turn/switch on (the light)
felgyullad *v* catch* fire
felgyüleml|ik *v* accumulate, pile up
felháborító *a* revolting, scandalous
felháborod|ik *v vmn* be* indignant at sg, be* shocked at sg
felhagy *v vmvel* give* up sg
felhajt¹ *v (járművel)* drive* up; *(vadat)* beat*; *biz (vmt)* chase up (sg)
felhajt² *v (felvarr)* turn up; *(italt)* gulp down
felhajtó *n (házhoz)* drive(way)
felhalmoz *v* accumulate, pile up
felhangz|ik *v* (re)sound, be* heard
felhasad *v* split*, crack; *(szövet)* tear*
felhasznál *v (elhasznál)* use up; *(pénzt vmre)* spend* [money] on; *(alkalmaz)* use, employ; *(hasznosít)* make* use of, utilize || ~**ja az alkalmat** take* the opportunity (to do sg); **újból** ~ reuse, recycle
felhatalmazás *n* authorization
felhígít *v* dilute
felhív *v vkt vhova* call up; *(telefonon)* ring* sy (up), (tele)phone sy || **hívj(on) fel (telefonon)!** give me a ring/call!, *US* call me (up)!
felhívás *n vmre* request, appeal; *(hivatalos hirdetmény)* warning, notice || ~**t intéz vkhez** appeal to sy
félhomály *n* semi-darkness; *(esti)* dusk, twilight
felhoz *v vmt vhova* bring* up; *(érvet)* bring* up/forward; *(példát)* mention, refer to

felhő *n* cloud
felhőkarcoló *n* skyscraper
felhős *a (ég)* clouded, cloudy; *(erősen)* overcast
felhőszakadás *n* cloudburst
felhúz *v* draw*/pull up; *(terhet/ zászlót)* hoist; *(ruhadarabot)* put* on; *(órát)* wind* (up); *(lőfegyver ravaszát)* cock; *(falat, épületet)* put* up, erect; *biz (felingerel vkt)* put* sy's back up, rile
felidegesít *v* set* sy's nerves on edge
felidéz *v (emléket)* recall
félidő *n* half; *(két félidő között)* half-time
félig *adv* half, partly || ~ **kész** half/semi-finished
félig-meddig *adv* partly, more or less
felindulás *n* emotion, excitement
felingerel *v* irritate, stir up
felír *v (feljegyez)* write* down, note (down); *orv* prescribe; *(vkt a rendőr)* take* sy's name and address
felirat *n* inscription; *(filmen)* (sub)titles *pl; (tárgyon)* label; *(utcán)* notice
felismer *v vkt/vmt* recognize (sy/sg); *(rájön vmre)* realize (sg)
felismerhetetlen *a* unrecognizable
felizgat *v* excite, agitate; *(szexuálisan)* turn (sy) on
feljáró *n* way up (to); *(kocsinak)* drive(way)
feljebb *adv* higher (up) || **egy emelettel** ~ on the next floor up; **lásd** ~ see above
feljebbvaló *a* superior
feljegyez *v* note (down); *(hivatalosan)* register (sg)

feljegyzés *n* note, record; (*irat*) *biz* memo
feljelent *v vkit* report sy, denounce sy
feljogosít *v vmre* authorize (to do sg)
felkap *v* (*tárgyat vhonnan*) snatch (up); (*ruhát magára*) tumble into; (*divatos dolgot*) bring* into fashion
felkapaszkod|ik *v* climb (up)
felkapott *a* in vogue *ut*., fashionable || ~ **könyv** best-seller
felkarol *v* (*ügyet*) take* up
felkavar *v* (*átv is*) stir up; (*vizet*) trouble; (*lelkileg*) upset*
felkel *v* (*ágyból*) get* up; (*helyéről*) stand* up, rise*; (*nép*) rise* (up), revolt (*vk ellen* against) || **a nap keleten kel fel** the sun rises in the east; **már ~t** (*beteg*) he is* up and about
felkelés *n* (*népé*) uprising, revolt
felkelt *v* (*álmából*) wake* (up); (*érzést*) awake*, arouse
felkér *v* ask, request
felkeres *v vkt* call on sy, visit sy
félkész *a* semi-finished
felkészül *v vmre* get* ready for; (*vizsgára*) prepare for; (*versenyre*) *sp* train for
félkör *n* semicircle
felköszönt *v* (*évfordulókor*) congratulate sy
felköt *v* bind*/tie up; (*embert*) string up, hang
felkutat *v* track sy/sg down; (*új területet*) explore
fellázad *v* rebel *v.* rise* (up) against
fellebbez *v vhova* appeal to
fellebbviteli bíróság *n* Court of Appeal

fellendül *v* prosper, boom, flourish
fellendülés *n* upswing, boom
fellép *v vmre* step up (onto sg); (*szerepben*) play, appear as; (*viselkedik*) act on; (*betegség*) set* in, occur
fellépés *n vmre* stepping up; (*színészé*) appearance; (*magatartás*) behaviour (*US* -or) || **határozott ~** self-assurance/confidence
fellobban *v* (*tűz*) blaze/flame up
fellő *v* (*rakétát*) launch, send* up
felmász|ik *v vmre* climb (up)
felmegy *v vhova, vmn* go* up; (*gyalog*) walk up; (*függöny*) rise*; (*láz*) go* up; (*ár*) rise*, go* up || **~ (az emeletre)** go* upstairs
felmeleged|ik *v* grow*/get* warm; (*motor*) warm up
felmelegít *v* heat, warm up
felment *v* (*vm alól*) exempt (sy from sg); (*vádlottat vm alól*) acquit [the accused] of sg (*v.* on the charge) || **állásából ~** relieve sy of his office
felmér *v* measure; (*földterületet*) survey; (*lehetőséget*) size up; (*jelentőséget*) assess; (*ismeretet*) test
felmérés *n* (*területé*) surveying; (*vizsgálat*) survey; (*felbecsülés*) assessment
felmérő *n isk* test
felmerül *v* (*víz felszínére*) emerge; (*kérdés, nehézség*) arise*, crop/come* up || **~t költségek** expenses incurred
felmond *v* (*leckét*) say*/repeat/recite; (*szerződést*) cancel (*US* -l); (*lakást, munkaviszonyt*) give* sy notice || **~ja a szolgálatot** (*gép*) break* down
felmondás *n* (*leckéé*) saying, repetition; (*munkaviszonyé*) no-

tice; (*szerződése*) cancellation (*US* -l-)

felmos *v* (*padlót*) scrub, wash

felmutat *v* show*, produce

felnevel *v* (*gyermeket*) bring* up; (*állatot*) raise, breed*

felnő *v vk* grow* up ‖ ~ **a feladathoz** rise* to the occasion

felnőtt *a/n* grown-up, adult

felnyit *v* open; (*zárat*) unfasten, unlock

felocsúd|ik *v* come* to (one's senses)

felold *v* (*folyadékban*) dissolve; (*vkt vm alól*) exempt, absolve (sy from sg); (*tilalmat*) lift

féloldalt *adv* on one side

feloldoz *v* (*pap*) absolve (from)

felolvas *v* (*hangosan*) read* (out); (*előad*) lecture (on sg), read* [a paper]

felolvaszt *v* melt*, dissolve; (*fagyasztott ételt*) defrost

félórás *a* of half an hour *ut.*, half-hour, half-hourly ‖ ~ **késéssel** half an hour late

feloszlat *v* (*testületet*) dissolve; (*céget*) liquidate; (*tömeget*) disperse; (*gyűlést*) dismiss

feloszl|ik *v* (*részekre*) be* divided (into); (*hulla*) rot (away)

feloszt *v* (*részekre*) divide (into); (*országot*) partition; (*szétoszt*) distribute (among)

felől *post* (*irány*) from; (*róla*) about, concerning

felöltő *n* (over)coat

felöltöz(köd)|ik *v* dress, put* on one's clothes

felöltöztet *v* dress; *átv* clothe sy

felőröl *v* wear* out; (*egészséget*) undermine

félős *a* timid, shy

felpakol *v* load

félpanzió *n* half-board

felpattan *v* (*kinyílik*) burst*/fly* open; (*helyéről*) spring*/jump up

felperes *n* plaintiff

felpofoz *v* box sy's ears

felpróbál *v* try on

felpumpál *v* inflate, pump/blow* up

felrak *v* (*terhet járműre*) load sg into/onto sg; (*festéket*) lay* on

felráz *v* shake* up; *átv* stir up, rouse

félre *adv* aside ‖ ~ **az útból!** (get) out of the way!

félreállít *v* set* aside; *átv vkt* remove (sy) from office

félrebeszél *v* be* delirious, rave

félreért *v* misunderstand*

félreértés *n* misunderstanding

félreérthetetlen *a* unmistakable

félreérthető *a* mistakable

félrefordul *v* turn away

félreismer *v* mistake* (sy/sg)

félrelép *v* (*hibáz*) blunder; *biz* (*házasfél*) be* unfaithful

félremagyaráz *v* misinterpret

félretesz *v* *vmt* put*/lay* aside; (*pénzt vmre*) save (up) for sg

félrevezet *v* mislead*

félrevonul *v* withdraw*, retire

felriad *v* start up

felriaszt *v* startle, alarm

felrobban *v* (*tárgy*) blow* up; (*robbanóanyag*) explode

felrúg *v* kick over ‖ ~**ja a szabályokat** disregard the regulations

felruház *v* clothe ‖ **vkt vmvel** ~ invest/endow sy with sg

felség *n* majesty ‖ **F~ed** Your Majesty

felséges *a* (*pompás*) splendid, magnificent
felsegít *v* (*földről*) help sy up ‖ ~i vkre a kabátot help sy on with her/his coat
felsóhajt *v* heave a sigh, sigh
felsorakoz|ik *v* line up
felsorol *v* enumerate, list
felső *a* upper, higher ‖ ~ korhatár (upper) age limit; ~ tagozat *kb.* the middle school; ~ tízezer the upper ten/crust
felsőbbrendű *a* superior
felsőfok *n* nyelvt superlative (degree)
felsőház *n* the Upper House, *GB* the House of Lords, *US* the Senate
felsőkabát *n* overcoat
felsőoktatás *n* higher education ‖ ~i intézmények institutions of higher education
felsőrész *n* (*cipőé*) uppers *pl* ‖ ~ nélküli (*fürdőruha*) topless
felsőruha *n* clothes *pl*
felsőtest *n* trunk
felsúrol *v* scrub, scour
felszabadít *v* set* free, liberate; (*zárolás alól*) release, declassify
felszabadítás *n* liberation, setting free
felszáll *v* fly* up; (*repülőgép*) take* off; (*köd*) lift; (*lóra*) mount [a horse]; (*vonatra*) get* into/on/onto, board [a/the train]; (*hajóra*) go* on board (the ship), embark; (*buszra, villamosra*) get* on/into; (*repülőgépre*) get* on/onto, board [a/the plane]
felszállás *n* (*levegőbe*) flying up; (*repülőgépé*) takeoff; (*vonatra, buszra*) getting into/on; (*hajóra*) embarking; (*repülőgépre*) getting on(to), boarding

felszállópálya *n* runway
felszámol *v* wind* up, liquidate
felszánt *v* plough (*US* plow) up
felszárít *v* dry* (up); (*könnyeket*) wipe away
felszed *v* pick/take* up; *biz* (*betegséget*) catch*; *biz* (*vmennyit hízik*) put* on; (*ismeretet, nyelvtudást*) pick up
félszeg *a* awkward, clumsy
felszeletel *v* slice (up), carve
felszerel *v* (*készlettel*) stock with; (*berendezéssel*) equip (with); (*gépet*) install, mount ‖ jól fel van szerelve (*árukészlettel*) be* well stocked (up) with
felszerelés *n* (*tartozékok*) accessories *pl*, gear; (*gépen*) mountings *pl*, fittings *pl*; (*berendezés*) equipment, installation, apparatus; (*konyhai*) (kitchen) utensils *pl*; (*lakásé*) fixtures *pl*; *sp* gear, kit
félsziget *n* peninsula
felszín *n* surface
felszít *v* (*tüzet*) stir/fan
felszólal *v* rise* to speak*
felszólaló *n* speaker
felszolgál *v* (*ételt*) serve (up); (*asztalnál*) wait at table
felszolgáló *n* waiter; (*nő*) waitress
felszólít *v* vmre call upon (sy); (*tanulót*) question, test [pupil on sg]
felszólítás *n* call, invitation
felszólító mód *n* imperative
felszök|ik *v* (*ár*) rise* suddenly; (*láz*) go* up
félt *v* vkt be* concerned/anxious about sy ‖ nem kell őt ~eni *biz* don't worry about him/her
feltalál *v* (*újat*) invent ‖ ~ja magát quickly find* one's feet

feltaláló *n* inventor
feltámadás *n vall* Resurrection
feltankol *v* fill up
feltár *v* (*bányát*) open up; (*régész vmt*) excavate; (*szívét vk előtt*) open [one's heart to sy]; (*helyzetet*) reveal; (*titkot*) disclose
feltárcsáz *v* dial (sy), ring* sy up
feltartóztat *v* (*mozgást*) arrest; (*útonálló*) hold* up; (*vkt munkában*) hinder (sy in sg)
feltárul *v* open (wide); (*ajtó*) fly* open; (*titok*) come* to light
feltehető *a* probable
feltehetően *adv* presumably
féltékeny *a* jealous (*vkre/vmre* of)
feltép *v* tear*/rip open
feltérképez *v* map, chart
féltestvér *n* (*férfi*) half-brother; (*nő*) half-sister
feltesz *v vmt vhova* put* (sg on) ‖ ~**i a levest** put* the soup on; ~**i a szemüvegét** put* one's glasses on; **kérdést tesz fel vknek** ask sy a question; **feltette magában** (s)he made up his/her mind to...
feltétel *n* condition, term; (*kikötés*) stipulation ‖ ~ **nélküli** unconditional; **azzal a ~lel, hogy** on condition that
feltételes *a* conditional ‖ ~ **megálló(hely)** (*busz*) request stop; ~ **mód** *nyelvt* conditional
feltételez *v* (*feltesz*) suppose, presume, assume ‖ **tételezzük fel, hogy** let us suppose that
feltételezhető *a* presumable, probable ‖ ~**en** presumably
feltétlen **1.** *a* (*bizalom*) absolute, implicit; (*feltétel nélküli*) unconditional **2.** *adv* = **feltétlenül**

feltétlenül *adv* absolutely; (*okvetlenül*) by all means ‖ ~ **írj(on)!** be* sure to write!
feltéve *adv* ~, **hogy** provided/ supposing that; ~, **hogy önnek igaza van** granted that you are right
feltör *vt* (*erőszakkal kinyit*) break* open; (*zárat*) force; (*diót*) crack; (*földet*) break*; (*ember bőrét*) chafe | *vi* (*víz*) rush/well up; (*vk felküzdi magát*) go* up in the world
feltöröl *v* wipe/mop up
feltűnés *n* (*felbukkanás*) appearance (of sg); *átv* sensation, stir ‖ ~**t keltő** striking, sensational
feltűn|ik *v* (*felbukkan*) appear, emerge; *átv* strike* the eye ‖ ~**t nekem** it struck me (that)
feltűnően *adv* strikingly
feltüntet *v* (*írásban stb.*) indicate, show*
felugr|ik *v* (*ültéből*) jump/leap* up ‖ ~**ik vkhez egy pillanatra** drop in on sy
felújítás *n* renovation, renewal; (*színdarabé*) revival; (*filmé*) rerun
félúton *adv* half-way, midway
felüdít *v* refresh
felügyel *v vkre/vmre* look after, take* care of (sy, sg) ‖ **gyerekekre** ~ (*rendszeresen*) be* a baby-sitter
felügyelő *n* superintendent, supervisor; (*rendőr~*) (police) inspector
felül[1] *v* (*ágyban*) sit* up; (*lóra/vonatra*) get* on; *biz vknek* be* taken in by
felül[2] *adv/post* (*vmn rajta*) above, over, on (the) top; (*mennyiségen*) over

felület *n* surface
felületes *a* superficial; (*munka*) perfunctory
felüljáró *n* flyover, *US* overpass; (*csak gyalogos*) footbridge
felülkereked|ik *v vkn* get* the upper hand (*over sy*), prevail (*over sy*); (*nehézségen*) overcome* (*sg*)
felülmúl *v* surpass, outdo* (*vmben mind*: in)
felülmúlhatatlan *a* unsurpassable
felülnézet *n* view from above
felültet *v vmre* seat sy on sg; (*becsap*) make* a fool of sy || **~ték** (s)he was taken in
felülvizsgálat *n* revision; (*számláé*) checking; *orv* checkup
felvágott *n* (*hideg*) cold meat
félvállról *adv* ~ **beszél vkvel** talk down to sy
felvált *v* (*pénzt*) give* sy change (for), change, break* into; (*helyébe lép*) be* succeeded/followed by
felváltva *adv* by turns, alternately || ~ **végeznek vmt** take* turns at doing sg
felvásárlás *n* buying up
felvázol *v* sketch, outline
felver *v* (*álmából*) awaken, rouse; (*vadat*) beat*; (*tejszínt*) whip; (*tojásfehérjét*) beat* (up); (*sátrat*) put* up; (*árakat*) bid*/force up prices
félvér *n* (*ember, állat*) half-breed
felvesz *v* (*vmt fölemel*) take*/pick/ lift up; (*járműre vkt*) give* sy a lift; (*vonat utast*) pick/take* up; (*ruhát*) put* on; (*járandóságot*) collect; (*kölcsönt*) take* out/up, raise; (*vkt munkahelyre*) engage, employ; (*egyetemre*) admit; (*adatokat*) take* down; (*magnóra*) re-

cord sg; (*videóra*) video sg, videotape sg; (*szokást, nevet*) adopt || **~i a kapcsolatot vkvel** get* in touch with sy; **~i a telefont** lift the receiver; **felvették az egyetemre** (s)he has been admitted to the/a university; **nem vették fel** (s)he has been rejected
felvet *v* (*víz vmt*) cast* up || **~i a kérdést** raise the question; **majd ~i a pénz** be* rolling in it/money
felvétel *n* (*adatoké*) inclusion, entry; (*vasúton poggyászé*) luggage/parcels office; (*állásba*) employment; (*munkásé*) hiring/ engaging of [workers]; (*egyetemre*) admission; (*fénykép*) photograph; (*film*) shooting; (*hangfelvétel*) recording || **~re jelentkezik** apply for admission; **nincs ~** (*munkára*) no vacancies
felvételi *a* ~ **beszélgetés** (*GB egyetemre*) interview (with); ~ **vizsga** entrance examination
felvételiz|ik *v* sit* (for) an/the entrance examination
felvidék *n* the highlands *pl*
felvidul *v* cheer up
felvilágosít *v vkt vmről* inform sy about sg
felvilágosítás *n* information || **nemi ~ sex(ual)** education; **~t kér vmről** inquire about sg
felvilágosult *a* enlightened
felvillan *v* (*fény*) flash, gleam
felvirágz|ik *v* thrive*, prosper
felvonás *n szính* act; (*zászlóé*) hoisting
felvonó *n* lift, *US* elevator
felvonul *v* march
felvonulás *n* (*ünnepélyes*) procession; (*tüntető*) demonstration

felzaklat *v* ups*e*t*
felzavar *v* (*álmából*) rouse, st*a*rtle
fém *n* m*e*tal
fémes *a* met*a*llic
feminista *a*/*n* feminist
fémkohászat *n* met*a*llurgy
fémötvözet *n* met*a*llic all*o*y
fémpénz *n* coin
fen *v* hone, sh*a*rpen || ~**i a fogát**
vmre h*a*nker *a*fter sg
fene 1. *a* damned **2.** *n* a ~ **egye**
meg! damn/blast (it)!; **menj a**
~**be!** go to hell!
fenegyerek *n* enf*a*nt terr*i*ble (*pl*
enf*a*nts terr*i*bles)
fenék *n* b*o*ttom; *biz* (*emberé*)
b*o*ttom, beh*i*nd; (*nadrágé*) seat ||
~**be rúg vkt** give* sy a kick in the
beh*i*nd; ~**ig üríti a poharat** drain
one's glass; **nagy feneket kerít**
vmnek spin* a long yarn (ab*o*ut
sg)
fenevad *n* (*vadállat*) wild beast;
(*ember*) brute
fenn *adv* above, up || ~ **az emele-**
ten upst*a*irs; ~ **hordja az orrát**
be* proud; ~ **marad** (*nem fekszik*
le) stay up; (*vízen*) float
fennakad *v* (*beleakad*) get* caught/
stuck; (*megütközik vmn*) find*
fault with; (*megakad*) sto**p**
fennakadás *n* (*megállás*) st*o*ppage;
(*forgalomé*) traffic-jam
fennállás *n* ~**a óta** since its foun-
d*a*tion
fennhangon *adv* al*o*ud
fennhatóság *n* auth*o*rity || **vk** ~**a**
alatt *u*nder sy's auth*o*rity
fennmarad *v* (*utókornak*) surv*i*ve,
rem*a*in; (*mennyiség*) be* left *o*ver
fennsík *n* plateau, t*a*ble-land

fenntart *v* (*víz színén*) buoy (up);
(*intézményt*) maint*a*in; (*rendet*)
keep*, pres*e*rve; (*családot*) keep*,
maint*a*in, supp*o*rt; (*helyet*) re-
s*e*rve; (*kapcsolatot*) maint*a*in ||
minden jog ~**va** all rights re-
served
fenntartás *n* (*intézményé*) mainte-
nance; (*családé*) keeping, supp*o*rt;
(*feltétel*) reservation || **azzal a**
~**sal** prov*i*ded that; ~ **nélkül** with-
*o*ut reserve; ~**sal** with reserv*a*tions
fent *adv* = **fenn** || **a** ~ **említett** the
above-mentioned
fenti *a*/*n* (*helyileg*) above; (*lakó*)
(sy) upst*a*irs; (*fent említett*) the
above-mentioned || **a** ~**ek értel-**
mében acc*o*rding to the above
fény *n* light; *átv* splendour (*US* -or),
pomp || ~**t vet vmre** throw*/shed*
light on sg; **vmnek** ~**ében** in the
light of sg
fenyeget *v* thre*a*ten, menace
fényes *a* (*fénylő*) sh*i*ning, bright;
(*fényesített*) shiny, p*o*lished; *átv*
splendid; (*győzelem*) gl*o*rious || ~
nappal in broad d*a*ylight
fényesít *v* p*o*lish, brighten
fényév *n* l*i*ght-year
fényez *v* p*o*lish; (*bútort*) v*a*rnish
fényezés *n* (*cselekvés*) p*o*lishing;
(*felület*) p*o*lish, v*a*rnish; (*autóé*)
p*a*intwork
fenyítés *n* p*u*nishment
fénykép *n* ph*o*to(graph), p*i*cture,
snap(shot) || ~**et készít vkről**/
vmről take* a ph*o*tograph of sy/sg
fényképészet *n* phot*o*graphy
fényképez *v* ph*o*tograph, take* a
photograph of sy/sg
fényképezőgép *n* c*a*mera

fényl|ik *v* shine*; (*csillogva*) glitter, glisten
fénymásolat *n* photocopy
fénymásoló gép *n* photocopier, copier
fenyő *n* fir(tree), pine(-tree)
fénypont *n* **az előadás ~ja** the highlight of the performance
fénysorompó *n* light-controlled level crossing
fényszóró *n* searchlight; (*autón*) headlight(s)
fénytan *n* optics *sing.*
fénytelen *a* dull, dim
fényűző *a* luxurious
fenyves *n* pinewood
fényvisszaverő prizma *n* reflector
fér *v* *vmbe* go* into sg, find* room in/on sg, get* in(to); (*vmhez hozzáfér*) have* access to sg
ferde *a* (*sík*) slanting, inclined; (*él, szél*) bevel ‖ **~ szemmel néz** vkre look askance at sy/sg
féreg *n* worm, insect
férfi *n* man (*pl* men); (*jelzőként*) male; (*sp és öltözködés*) men's ‖ **~ vécé** men's toilet(s), the gents; **légy ~!** be a man!
férfias *a* manly, masculine
férfidivatáru *n* menswear, men's clothes *pl*
férfifodrász *n* men's hairdresser, barber
férfikor *n* manhood
férfiruha *n* men's clothing, menswear
férfiszabó *n* tailor
férges *a* wormy
férj *n* husband ‖ **~hez megy** get* married (to sy), marry (sy); **~nél van** she is married

férőhely *n* space, room (for); (*szállás*) accommodation
fertőtlenítés *n* disinfection; (*műszeré*) sterilization
fertőz *v* infect, be* contagious/ infectious
fertőző *a* infectious, contagious
fest *v* (*falat*) decorate, paint; (*hajat, kelmét*) dye; (*arcot*) make* up; (*kifest*) colour (*US* -or); (*képet*) paint ‖ **~i magát** make* up (one's face); **úgy ~ a dolog, hogy** it looks as if
festék *n* paint; (*vízfesték*) watercolours (*US* -ors) *pl*; (*arcra*) rouge, make-up; (*falra*) paint; (*hajra, kelmére*) dye
festmény *n* painting, picture
festő *n* (*művész*) painter, artist; (*szoba~*) decorator
fésű *n* comb
fésülköd|ik *v* comb/do* one's hair
feszeget *v* (*zárat*) try to force open; (*kérdést*) harp on sg
fészek *n* nest ‖ **fészket rak** build* a nest
feszélyez *v* embarrass
feszes *a* (*ruha*) tight
feszít *vt* stretch, tighten; (*izmot*) flex, tense | *vi* (*hencegve*) show* off
fesztelen *a* uninhibited, relaxed
fesztivál *n* festival
feszül *v* (*ruha*) fit tightly
feszület *n* crucifix
feszült *a* (*izmok*) tense ‖ **~ figyelem** close attention
feszültség *n* (*politikai, lelki*) tension; *el* voltage
feudális *a* feudal
f. év = folyó év this year

f. hó = *folyó hó* this month, inst.
fiatal 1. *a* young ‖ **~abbnak látszik a koránál** he does* not look his age/years; **~ házasok** young couple; **két évvel ~abb nálam** he is* two years younger than I/me **2.** *n* young person, youth ‖ **a ~ok** the young people
fiatalkor *n* youth
fiatalkorú *a/n* youthful, juvenile
fiatalság *n* (*életkor*) youth; (*állapot*) youthfulness; (*fiatalok*) young people
ficam *n* dislocation
fickó *n* fellow, chap, lad; *biz* guy
figura *n* (*alak*) figure; (*sakk*) (chess-)piece; (*regényalak*) character
figyel *v* watch, keep* an eye on sy; *vmre* pay* attention to; (*tanuló*) listen attentively ‖ **~j!** listen!, pay attention!
figyelem *n* (*érdeklődés*) attention, notice; (*figyelembevétel*) regard; (*figyelmesség*) thoughtfulness, consideration ‖ **elkerüli a figyelmét** escape one's attention; **felhívja vknek a figyelmét vmre** call/draw* sy's attention to sg; **~!** attention (please)!; **~be vesz vmt** take* sg into consideration; **~mel kísér vmt/vkt** follow sg with attention; **~re méltó** notable, remarkable; **figyelmen kívül hagy vmt** leave* sg out of consideration
figyelmes *a* (*aki figyel*) attentive; (*gondos*) careful; (*előzékeny*) thoughtful, considerate
figyelmetlen *a* (*nem figyelő*) inattentive, careless; (*más iránt*) inconsiderate

figyelmeztet *v* (*vmre*) call/draw* sy's attention to sg; (*eszébe juttat*) remind sy of sg; (*rendőr*) give* sy a warning
filc *n* felt
filctoll *n* felt-tip (pen)
fillér *n* fillér ‖ **nincs egy ~em se** I have not a penny
film *n* (*filmszalag*) film; (*mozifilm*) film, picture, movie
filmez *v* film, shoot* (a film)
filmfelvevő (gép) *n* cine camera
filmhíradó *n* newsreel
filmrendező *n* director
filmvászon *n* screen
filmvetítés *n* screening, projection
filmvígjáték *n* comedy (film)
filológia *n* philology
filozófia *n* philosophy
filozófus *n* philosopher
finálé *n* finale
finanszíroz *v* finance; (*támogat*) subsidize, sponsor
finn 1. *a* Finnish ‖ **~ nyelven** = **finnül 2.** *n* (*ember*) Finn, Finlander; (*nyelv*) Finnish
Finnország *n* Finland
finnül *adv* Finnish → **angolul**
finom *a* (*minőségileg*) fine; (*íz*) delicious; (*ízlés*) refined ‖ **~an** gently
finomít *v* make* better; *átv* polish, improve, refine
fintorog *v* pull faces, pull
finnyás *a* fastidious, fussy
fiók *n* (*bútoré*) drawer; (*banké, cégé*) branch
fióka *n* young (of birds)
fiola *n* vial, phial
firkál *v* scribble, scrawl
firtat *v* pry into sg, be* inquisitive about sg

fitogtat *v* show* off
fitymál *v* bel*i*ttle
fiú *n* (young) boy, lad || (*vk*) **fia** (sy's) son; **apáról** ~**ra** (*száll*) (go*) from f*a*ther to son; **a** ~**ja** her boyfriend
fiús *a* boyish
fivér *n* brother
fix *a* fixed
fixál *v* fix (up)
fizet *v* pay*; (*adósságot, számlát*) discharge, settle (up); *átv vmért* pay* for sg || **csekkel** ~ pay* by cheque (*US* check); ~**ek!** (*vendéglőben*) the bill, please!; **készpénzzel** ~ pay* cash; **mennyit** ~**ek?** how much is it?; **nagy árat** ~**ett vmért** he paid d*e*arly for sg
fizetés *n* payment; (*vknek adott*) pay, salary; (*bér*) wages *pl* || ~ **nélküli szabadság** unp*a*id leave
fizetésemelés *n* rise (in salary)
fizetési *a* ~ **eszköz** means of payment *pl*; currency, money; **törvényes** ~ **eszköz** legal tender
fizetésképtelenség *n* insolvency, bankruptcy
fizetetlen *a* unp*a*id, unsettled
fizetett *a vk* paid, salaried || ~ **szabadság** paid holiday/leave
fizetőképes *a* solvent
fizetőparkoló *n* paying car park
fizika *n* physics *sing.*
fizikai *a* physical || ~ **dolgozó** manual worker
fizikum *n* phys*i*que, constit*u*tion
fizikus *n* physicist
fiziológia *n* physiology
F-kulcs *n zene* bass clef
flamand 1. *a* ~ **(nyelvű)** Flemish **2.** *n* (*ember, nyelv*) Flemish
flanel *n* flannel

flipper *n biz* = **játékautomata**
flóra *n* flora
flörtöl *v vkvel* flirt with sy
foci *n biz* soccer
fociz|**ik** *v biz* play soccer/football
fodor *n* (*ruhán*) frill; (*vízen*) ripple
fodrász *n* hairdresser || **női** ~ ladies' hairdresser
fodros *a* frilled, fr*i*lly
fodrozód|**ik** *v* (*víz*) ripple
fog[1] *n* tooth°; (*villáé*) prong; (*fogaskeréké*) cog || **fáj a** ~**a** have* (a) toothache; ~**ához veri a garast** count every penny; ~**at (be)töm** fill a tooth; ~**at** ~**ért** a tooth for a tooth; ~**at mos** brush/clean one's teeth; **jön a** ~**a** (*gyereknek*) be* teething; **lyukas** ~ carious/decaying tooth
fog[2] *v* (*tart*) hold*; (*megragad*) take*, seize, grasp; (*állatot*) catch*; (*rádión, tévén*) get*, pick up; *vkn vm* have* an effect/influence on sy; (*festék*) stain, dye || **halat** ~ catch* fish; **jól** ~ **az esze** be* quick on the *u*ptake; **nem** ~ **a toll** the pen won't write; **puskát** ~ **vkre** point a gun at sy; **vmbe/vmhez** ~ beg*i*n* to do sg, take* up sg
fog[3] *v* (*segédige*) shall; (*2. és 3. személyben*) will; be* going to; || ~ **esni?** is it going to rain?; ~ **vmt tenni** (*szándékában áll*) be* going to do sg; **ő tudni** ~**ja** (*valószínűség*) he will (*v.* is bound to) know
fogad *vt vkt* receive; (*vendéget*) welcome, rec*e*ive, entertain; (*ügyfelet*) see*; (*alkalmazottat*) engage, employ; (*elfogad*) accept, rec*e*ive, take* | *vi vkvel vmben* bet*/w*a*ger sy sg || ~ **3-5-ig** Con-

sulting Hours 3-5 p.m.; **~ja hálás köszönetemet** please accept my grateful thanks; **~ok, hogy** I('ll) bet (you) that; **szót ~ vknek** obey sy
fogadalom *n* pledge, oath
fogadás *n vké* reception; welcome; (*pénzben*) wager, bet || **~t ad** give*/hold* a reception; **~t köt make*** a bet (*vmre* on)
fogadó *n* inn, hostelry, lodge; (*pénzben*) punter
fogadóóra *n* consulting hours *pl*; *hiv* office/business hours *pl*
fogadott *a* (*gyermek*) adopted
fogalmazás *n* (*szöveg*) draft; *isk* composition
fogalom *n fil* concept, notion; (*elképzelés*) idea || **fogalmam sincs** I have no idea (*vmről* of)
fogamzás *n* conception
fogamzásgátló *a/n* contraceptive || **~ (tabletta)** contraceptive pill, *biz* the pill; **~t szed** *biz* be* on the pill
fogan *v* (*méhben*) conceive, become* pregnant; *átv* originate (in)
fogantyú *n* handle, holder
fogas[1] **1.** *a* (*élőlény*) toothed || **~ kérdés** thorny/difficult question **2.** *n* (*fali*) coat-rack; (*álló*) coatstand
fogas[2] *n* (*hal*) pike perch
fogás *n* (*megragadás*) grip, grasp, hold; (*vmnek a tapintása*) feel, touch; (*ügyes*) trick, knack; (*mesterségbeli*) technique; (*étel*) course, dish || **jó ~t csinál** make* a good catch; **ügyes ~** a good trick
fogaskerék *n* cogwheel
fogaskerekű (vasút) *n* rack/cog railway
fogász *n* = **fogorvos**

fogda *n* lock-up
fogékony *a* susceptible/sensitive to sg
fogfájás *n* toothache
fogház *n* prison, jail, *GB így is:* gaol
fogkefe *n* toothbrush
fogkrém *n* toothpaste
foglal *v* (*birtokba vesz*) seize, occupy, take* possession of || **asztalt ~** reserve a table; **írásba ~** put* in writing; **(kérem,) ~jon helyet** please take a seat; **magába(n) ~** contain, include; (*csak átv*) involve, imply; **szavakba ~ vmt** put* sg into words; **szobát ~** book a room
foglalat *n el* socket; (*drágakőé*) setting
foglalkozás *n* occupation, business; (*állás*) employment; (*szakma*) trade; (*szellemi pályán*) profession; *isk* class; (*tevékenység*) activity; *kat* drill || **mi a ~a?** what is his/her profession, what does (s)he do for a living?
foglalkoz|ik *v* (*vmvel tartósan*) be* employed/occupied/engaged in (doing) sg; (*érdeklődésből vmvel*) be* interested in sg; (*kérdéssel*) deal* with; (*témával*) study sg || **azzal a gondolattal ~ik, hogy** he is considering sg
foglalkoztatás *n* employment
foglalt *a* (*hely stb.*) occupied, engaged; (*asztal*) 'reserved'; (*taxi*) hired || **~ (a vonal)** (the number is) engaged, *US* (the line is) busy
fogó *n* (*harapó~*) pincers *pl*; (*kombinált, lapos*) pliers *pl*; (*orvosi*) forceps *pl*; (*fogantyú*) handle, holder
fogócskáz|ik *v* play tag/tig
fogódzkod|ik *v vkbe, vmbe* cling*/hold (on)to

fogoly[1] *n* (*hadi~*) prisoner (of war), captive; (*letartóztatott*) convict, prisoner

fogoly[2] *n* (*madár*) (grey) partridge

fogorvos *n* dentist, dental surgeon

fogpiszkáló *n* toothpick

fogság *n* captivity, imprisonment ‖ **~ban van** be* in prison

fogsor *n* (*saját*) row/set of teeth; (*hamis*) dentures *pl*

fogtömés *n* (*plomba*) filling

fogva 1. *post* (*időben*) from, since ‖ **attól (az időtől)** ~ from that time/moment (on); **vm oknál** ~ in consequence of, as a result of 2. *adv* ~ **tart** keep* in prison; **karjánál** ~ [take* sy] by the arm

fogy *v* lessen, grow* less, decrease; (*áru*) sell*, be* selling; (*készlet/pénz*) be* running out; (*súlyban ember*) lose* weight

fogyaszt *v* (*anyagot*) use up; (*áramot, energiát*) consume; (*ételt*) eat* ‖ **5 litert** ~ [the car] does 20 km to the litre

fogyasztási *a* ~ **cikkek** consumer goods; **tartós** ~ **cikk(ek)** consumer durable(s)

fogyatékos *a* (*hiányos*) deficient, insufficient ‖ **értelmileg** ~ mentally handicapped [person], educationally subnormal (ESN); **értelmileg** ~ **gyermekek** ESN children; **testileg** ~ **gyermekek** physically handicapped children

fogyókúra *n* slimming cure/diet

fogytán *adv* ~ **van** be* coming to an end; be* running out

fojt *v* choke, stifle; (*füst*) suffocate ‖ **vízbe** ~ drown

fok *n* (*beosztásban*) degree, scale; (*hőé*) degree(s); (*lépcsőé*) step;

(*fejlődési*) stage, phase ‖ **egy bizonyos ~ig** to a certain degree

fóka *n* seal

fokhagyma *n* garlic

fokoz *v* (*sebességet*) increase; (*termelést*) step up

fokozat *n* (*tudományos*) degree; (*hivatali*) grade, class; *kat* rank; (*fejlődési*) stage, phase

fokozatosan *adv* gradually, step by step

fókusz *n* focus (*pl* focuses *v.* foci)

fólia *n* (*fém*) foil; (*műanyagból*) clingfilm

folt *n* (*pecsét*) stain, spot; (*bőrön*) blotch, freckle; (*felvarrt*) patch; (*jellemen*) stain, blemish ‖ **~ot ejt vmn** stain sg

foltoz *v* (*ruhát*) patch

folyadék *n* liquid, fluid

folyamán *post* **vmnek** ~ in the course of, during

folyamat *n* process ‖ **~ban van** be* under way, be* going on

folyamatos *a* continuous; unbroken ‖ ~ **jelen (idő)** present continuous; **~an** continuously

folyamod|ik *v* **vmért** apply for sg, request sg; **vmhez** resort to

folyékony *a* (*halmazállapotú*) fluid, liquid; (*beszéd*) fluent

folyékonyan *adv* ~ **beszél angolul** speak* fluent English

foly|ik *v* (*folyadék*) flow, run*; (*hibás edény*) leak; (*tart*) go* on, be* in progress; (*beszélgetés vmről*) run* on; (*következik vmből*) follow, result ‖ **ebből ~ik, hogy** it follows from this that; **~ik az orra** (*náthás*) his nose is running; **mi ~ik itt?** what's going on here?

folyó 1. *a* ~ **hó** this month; ~ **ügyek** ordinary business; ~ **víz**

(*csapból*) running water 2. *n* river, stream
folyóirat *n* periodical; (*havi*) monthly
folyópart *n* (river-)bank
folyosó *n* corridor, passage; (*nézőtéren*) gangway
folyószámla *n* current account, *US* checking account
folyótorkolat *n* mouth (of river)
folytán *post* as a result of, owing/due to
folytat *v* continue, go* on/ahead (with), carry on; (*meghosszabbít*) extend, prolong; (*mesterséget*) follow, pursue ‖ **folytasd (csak)!** go on!, carry on!; **tanulmányokat ~ pursue/continue studies; viszonyt ~ vkvel** have* an affair with sy
folytatás *n* continuation ‖ **~a következik** to be continued
folytatásos *a* serial [novel]
folyton *adv* always, continually, continuously
folytonos *a* continuous; (*panasz*) continual
fon *v* (*fonalat*) spin*; (*hajat*) braid
fonal *n* yarn, thread; (*kötéshez*) knitting wool
fonetikus *a* phonetic
font *n* (*pénz*) pound (*röv* £); (*súly*) pound (*röv* lb) ‖ **10 ~ba kerül** it costs £10 (*szóban:* ten pounds); **kérek két ~ almát** two pounds of apples, please
fontolgat *v* ponder (over), consider
fontos *a* important; significant ‖ **nem ~, hogy ki** no matter who
fonnyadt *a* withered

fordít *v* (*vmlyen irányba*) turn; (*lapot*) turn over; (*meg~*) reverse; (*más nyelvre*) translate (sg from sg into sg); (*vmt vm célra*) devote to ‖ **~s!** (*lap alján*) please turn over; **angolról magyarra ~ vmt** translate sg from English into Hungarian; **vmre ~ja a pénzét** spend* money on sg
fordítás *n* (*más nyelvre*) translation
fordító *n* translator
fordított *a* reversed; (*nyelvből*) translated (from) ‖ **~ arányban** in reverse proportion (to); **~ sorrendben** in reverse order
fordítva *adv* inversely; (*ellenkezőleg*) on the contrary
fordul *v* (*vmlyen irányba*) turn (round); *vkhez* apply/appeal to sy (for sg) ‖ **a kocsi az árokba ~t** the car overturned into the ditch; **balra ~ az út** the road turns/bears* left; **jóra ~** take* a turn for the better; **orvoshoz ~** (go* to) see* a doctor; **vk ellen ~** turn against sy
fordulat *n* (*keréké*) revolution; *átv* (sudden) change, turn; (*nyelvi*) phrase ‖ **döntő ~** decisive change; **~ áll be** the tide is turning
forduló *n* (*úté*) turn(ing); (*versenypályán*) bend, curve; (*verseny*) round; leg
fordulópont *n* turning-point
forgalmas *a* busy
forgalmaz *v* (*forgalomba hoz*) put* into circulation; (*filmet*) distribute; *ker* bring* in, take*
forgalmi *a* **általános ~ adó (ÁFA** *v.* **áfa)** value-added tax (VAT);

~ csomópont junction, *inter*change; **~ dugó** traffic jam; **~ engedély** vehicle licence; **~ jelzőlámpa** traffic lights/signals *pl*

forgalom *n* (*közúti*) traffic; *ker* turnover, trade || **~ba hoz** put* *into* circulation

forgat *v* turn (round), revolve, rotate; (*filmet*) shoot*; (*könyvet*) read*; (*pénzt*) reinvest, circulate || **vmt ~ a fejében** turn over sg in one's mind

forgatókönyv *n film* script; (*rendezvényé*) scenario

forgolód|ik *v* (*sürögve*) busy oneself, bustle about; (*vm körökben*) move about (in); (*ágyban*) toss and turn

forgószél *n* whirlwind (*átv is*)

forgótőke *n* working capital

forint *n* (*magyar*) forint (ft *v.* fts); (*holland*) guilder, gulden

forma *n* (*alak*) form, shape; (*minta*) model || **(jó) ~ban van** be* in (good) form; **nincs ~ban** be* out of form

formál *v* form, mould (*US* mold), frame

formaság *n* formality, ceremony

formatervezés *n* (industrial) design

forog *v* (*körbe*) turn, revolve; (*pénz, könyv, hír*) circulate; (*társaságban*) move (in society) || **~ velem a világ** I feel* giddy

forr *v* boil; (*csendesen*) simmer; (*bor*) ferment || **~ benne a düh** boil with anger

forradalom *n* revolution

forradás *n* (*seb*) scar

forral *v* (*folyadékot*) boil; (*tejet*) scald; (*gonosz tervet*) hatch

forrás *n* (*felforrás*) boiling; (*víz előtörése*) spring; (*folyóé*) source; (*eredet*) source, *o*rigin

forrásvíz *n* spring-water

forraszt *v* (*fémet*) solder

forró *a* (very) hot; (*étel, ital*) steaming hot; (*égöv*) torrid; (*szerelem*) passionate

forrófejű *a* hotheaded

forróvérű *a* hot-blooded

fortély *n* trick

fortélyos *a* wily, tricky

fórum *n* forum; (*hatóság*) authority

foszfor *n* phosphorus

foszl|ik *v* fray; (*ruha*) get* threadbare

fosztogat *v* loot, pillage

fotel *n* armchair

fotó *n* = **fénykép**

fotokópia *n* photocopy

fotóriporter *n* press photographer

fő[1] **1.** *n* (*fej*) head; (*személy*) person || **~be lő vkt** shoot* sy in the head; **három ~ből álló bizottság** a committee of three **2.** *a* (*lényeges*) main, principal, (most) important, chief || **az a ~, hogy** the main thing is that

fő[2] *v* (*étel, ital*) boil, cook; (*lassú tűzön*) simmer || **~ a fejem** my head is reeling (with/from sg)

főbejárat *n* front door

főbérlő *n* tenant [of a flat]

főcím *n* main title; (*újságban*) headline

födém *n* floor

főépület *n* main building

főétkezés *n* main/principal meal

főfelügyelő *n* chief inspector

főhadiszállás n general headquarters pl v. sing.
főidény n high season
főiskola n college
főiskolás n student, undergraduate
főkapitányság n police headquarters pl v. sing.
főkapu n main gate
főként adv mainly, chiefly, mostly
föl[1] n (tejé) the top of the milk; átv the cream (of sg)
föl[2](...) adv up → **fel**(...)
föld n (égitest) the Earth; (világ) earth, world; (talaj) ground, earth, soil; (birtok) land, estate, property; = **földelés** ‖ a ~**ön** on the ground; (padlón) on the floor; **az egész** ~**ön** all over the world; ~ **alatti** underground → **földalatti**; ~ **feletti** overground; ~ **körüli** round the world ut.; ~**be gyökerezik a lába** stand* rooted to the spot; ~**höz vág** vmt throw* sg on the floor/ground; ~**et ér** (repülőgép) land; **majd a** ~ **alá bújik szégyenében** he wishes the earth would swallow him up
földalatti n (vasút) the underground (railway); (Londonban) tube; → **metró**
földbirtok n landed property/estate
földelés n el earth, US ground
földgáz n natural gas
földgömb n (the) globe
földi 1. a (földön termő) ground-; (evilági) earthly, worldly 2. n fellow-countryman°/townsman°
földieper n strawberry
földigiliszta n earthworm
földimogyoró n peanut
Földközi-tenger n the Mediterranean (Sea)

földmunka n earthwork
földművelés n agriculture
földműves n farmer, farmhand
földnyelv n promontory
földöntúli a (mosoly) unearthly; (boldogság) heavenly
földrajz n geography
földrajzi a geographical ‖ ~ **hosszúság** (geographical) longitude; ~ **szélesség** (geographical) latitude
földrengés n earthquake
földrész n continent
földszint n (házban) ground floor, US first floor; (színházban elöl) (front) stalls pl; (hátrább) GB pit
földszoros n isthmus, neck
földterület n area
földút n minor/dirt road
fölé adv/post over, above ‖ ~**be helyez** vmnek prefer sg to sg; ~**be/~je kerekedik** vknek get*/gain the upper hand over sy
főleg adv = **főként**
fölény n superiority, ascendancy ‖ ~**be kerül** vkvel szemben get* the upper hand over sy
fölényes a pejor superior ‖ ~ **győzelem** easy win/victory, walkover
fölös a extra, surplus ‖ ~ **számban** in excess
fölösleg(es) = **felesleg(es)**
fölöttébb adv exceedingly, extremely
főmondat n main clause
főnemes n aristocrat; GB peer
főnév n noun
főnök n (hivatali) principal, head [of department], biz boss
főnyeremény n top/first prize
főosztályvezető n head of department/section

főparancsnok *n* commander-in-chief (*pl* commanders-in-chief)
főparancsnokság *n* (*hely*) general headquarters *pl v. sing.*
főpincér *n* head waiter
főpolgármester *n* the Mayor (of Budapest); (*London*) Lord Mayor; (*Skócia*) Lord Provost
főpróba *n* dress rehearsal
főrendező *n szính* artistic director
fösvény 1. *a* miserly, avaricious 2. *n* miser, niggard
főszerep *n* leading part/role || **a ~ben ...** starring ...
főszerkesztő *n* general editor, editor-in-chief
főtér *n* main/principal square
főtitkár *n* secretary-general (*pl* secretaries-general)
főtt *a* boiled, cooked
főúr *n* = **főnemes**; = **főpincér** || **~, fizetek!** (the) bill please!
főutca *n* High (*US* Main) Street
főútvonal *n* (*gépjárműveknek*) main/principal road, (busy) thoroughfare; *főleg US*: highway; (*városi, elsőbbséggel*) major/main road
főügyész *n* (*állami*) public prosecutor
fővállalkozó *n* main contractor
főváros *n* capital
fővezér *n* = **főparancsnok**
főz *v* (*ételt*) cook, prepare; (*húst*) stew; (*lassú tűzön*) simmer; (*pálinkát*) distil; (*kávét, teát*) make* || **a feleségem ~** my wife° does the cooking
főzelék *n* vegetable (dish)
főző *n* electric hob, hotplate
főzőedény *n* pot, pan
főzőkanál *n* (stirring) spoon, stirrer

főzőlap *n* (*villanytűzhelyé*) hob, hotplate
frakk *n* tailcoat
francia 1. *a* French || **~ kártya** playing card; **~ kenyér** French stick 2. *n* (*ember*) Frenchman°, Frenchwoman°; (*nyelv*) French, the French language; → **angol**
franciaágy *n* double bed
Franciaország *n* France
franciasaláta *n* mixed salad
frappáns *a* striking, apt
frász *n vulg* (*pofon*) slap in the face; (*rémület*) fright
frázis *n pejor* (*közhely*) platitude, commonplace; (*főleg pol*) (empty) slogan
fregoli *n* (*ruhaszárító*) clothes drier/airer
frekvencia *n* frequency
freskó *n* fresco
frigy *n* alliance; (*házasság*) matrimony
friss *a* (*gyümölcs, víz stb.*) fresh; (*levegő*) fresh, cool, refreshing; (*hír*) recent; (*emlék*) green
frissítő 1. *a* refreshing 2. *n* **~k** refreshments
frizura *n* hair-style; (*női*) hair(-do); (*férfi*) (hair-)cut
front *n kat* front (line); = **homlokzat**; (*meteorológiai*) front || **hideg/meleg ~** cold/warm front
frontális ütközés *n* head-on collision
frontátvonulás *n* frontal passage
fröcsköl *v* splash
fruska *n* lass, filly
Ft = **forint**
fúj *v* blow*; (*fúvós hangszert*) blow*, sound; (*szél*) blow* || **északról ~ a szél** there's a north

wind blowing; **orrot** ~ blow* one's nose
fukar *a* miserly, stingy
fuldokl|ik *v* (*vízben*) be* drowning; (*nem kap levegőt*) gasp (for air/breath)
fullad *v* (*nem kap levegőt*) be* suffocating/choking || **vízbe** ~ drown
fullánk *n* sting
funkció *n* function
fúr *v* (*lyukat*) drill, bore; (*kutat*) sink*; *vkt kb.* scheme/plot against sy
fura *a* = **furcsa**
furakod|ik *v* push, intrude
furcsa *a* strange, odd, peculiar, curious
furfangos *a* smart, clever, wily
fúró *n* (*kézi*) gimlet; (*nagy kézi*) auger; (*villany~*) electric drill
fúrógép *n* drilling/boring machine; (*fognak*) (tooth/dental) drill
fúrótorony *n* derrick
furulya *n* flute, pipe
furulyáz|ik *v* play the flute/pipe
fut *v* (*szalad*) run*; *sp* (*rövid távon*) sprint; (*hosszú távon*) race; (*menekül*) flee*, run* away, escape || **erre már nem ~ja** (*a pénzemből*) I can't afford it; **ha ~ja az időből** if I have the time; **nők után** ~ run*/chase after women
futár *n* (*küldönc*) messenger; (*motoros*) dispatch-rider; (*diplomáciai*) courier; (*sakkban*) bishop
futball *n* football, *biz* soccer || **amerikai** ~ American football
futballbíró *n* referee
futballcsapat *n* football team/eleven

futó 1. *a* (*szaladó*) running, racing; = **futólagos** || ~ **zápor** passing/sudden shower **2.** *n sp* runner; (*sakkban*) bishop
futólagos *a* passing, hasty
futómű *n* undercarriage
futószalag *n* assembly/production line
futószámok *n pl sp* track events
fuvar *n* (*szállítás*) transport, carriage; (*szállítmány*) freight, cargo; (*szállítóeszköz*) conveyance, carriage, transport
fuvardíj *n* (freight) carriage
fuvaroz *v* carry, transport, ship
fuvarozás *n* transport(ation), carriage
fuvarozó *n* carrier, shipping agent
fuvola *n* flute
fuvoláz|ik *v* play the flute
fúvós hangszer *n* wind instrument
fű *n* (*gyep stb.*) grass; (*gyógyfű*) herb; *biz* (*marihuána*) grass, weed || **a ~re lépni tilos** keep off the grass; **~be harap** bite* the dust; **~höz-fához kapkod** clutch at straws
füge *n* fig
függ *v* hang* (down) (*vmről* from); *vmtől, vktől* depend on sg/sy || **attól** ~ it (all) depends; **tőled** ~ it's up to you
függelék *n* (*könyvhöz*) appendix (*pl* -dixes *v.* -dices); (*kiegészítés*) supplement
független *a* independent (*vktől/vmtől* of sy/sg) || **ez teljesen ~ attól** this has nothing to do with ...
függetlenség *n* independence; (*államé*) sovereignty
függetlenül *adv* independently || **ettől** ~ apart from this

függő 1. *a* (*lógó*) hanging, suspended ‖ **attól ~en, hogy** depending on whether ...; ~ **beszéd** *nyelvt* indirect/reported speech; ~ **játszma** (*sakk*) adjourned game; **vktől/vmtől** ~ dependent on/upon sy/sg *ut.* **2.** *n* (*ékszer*) pendant ‖ **~ben marad** be* pending/postponed

függőágy *n* hammock

függőhíd *n* suspension bridge

függőleges *a* perpendicular, vertical

függöny *n* (*szính is*) curtain ‖ **a ~ legördül** the curtain falls/drops; **a ~ felmegy** the curtain rises

függőség *n* dependence, subordination

függővasút *n* cable-railway

függvény *n* *mat* function

fül *n* (*testrész*) ear; (*fogó*) handle; (*sapkán, zseben*) flap; (*könyv borítólapján*) blurb ‖ **csupa ~ vagyok** I am all ears; **fáj a ~e** have* an earache; **~em hallatára** in my hearing; **~ig szerelmes vkbe** be* head over heels in love with sy; **jó ~e van** (*jól hall*) have* sharp ears; (*zenéhez*) have* an ear for music; **nem hisz a ~ének** he can't believe his ears

fülbemászó 1. *a* catching, melodious **2.** *n* *zoo* earwig

fülbevaló *n* ear ring/drop

fülel *v* be* all ears

fülemüle *n* nightingale

fülészet *n* otology

fülhallgató *n* earphone

fülke *n* (*falban*) niche; (*hajón*) cabin; (*lifté*) car; (*telefoné*) call/phone box, *US* (tele)phone booth; (*vasúti*) compartment

fülledt *a* close, sultry ‖ ~ **nyári nap** a stifling hot day

füllent *v* tell a fib

fülsiketítő *a* deafening

fültanú *n* ear-witness

fűnyíró (gép) *n* lawnmower

fürd|ik *v* (*kádban*) take*/have* a bath, bath; (*szabadban*) bathe

fürdő *n* (*kádban*) bath(ing); (*intézmény*) public baths *pl*

fürdőhely *n* health-resort, spa

fürdőkád *n* bath

fürdőköpeny *n* bathrobe

fürdőmedence *n* swimming pool

fürdőnadrág *n* swimming trunks *pl*

fürdőruha *n* bathing suit, swimsuit

fürdőszoba *n* bath(room)

fűrész *n* saw

fűrészel *v* saw* (off/up)

fürge *a* nimble, agile, quick

fürj *n* quail

fürt *n* (*szőlő*) bunch; (*haj*) lock (of hair)

füst *n* smoke ‖ **egy ~ alatt** at the same time; **~be megy** go* up in smoke

füstköd *n* smog

füstöl *v* (*kémény stb.*) give* off smoke; (*dohányzik*) smoke; (*húst*) smoke, cure

fűszer *n* spice

fűszeres 1. *a* (*étel*) spicy, (highly) spiced, seasoned **2.** *n* (*mint üzlet*) grocer's (shop), *US* grocery (store)

fűszerez *v* season, spice

fűt *v* (*szobát*) heat; (*kazánt*) stoke (up) ‖ **olajjal ~** have* oil heating

fűtés *n* heating

fűtőanyag *n* fuel

fűtőtest *n* radiator, heater

fütyül *v vk* whistle; (*színházban*) hiss, boo; (*madár*) pipe, sing*; **~ök rá!** *biz* I don't care a rap

füves *a* grassy

fűz[1] *n* = **fűzfa**

fűz[2] *v* (*könyvet*) stitch; (*tűbe*) thread [needle]; *vmhez vmt* attach, bind*, tie (*mind*: sg to sg); (*vmhez megjegyzést*) comment on sg; *biz* (*szédít vkt*) string* sy along

füzet *n* (*irka*) exercise book, copybook; (*nyomtatott*) booklet, brochure

fűzfa *n bot* willow (tree); (*fája*) willow (wood)

fűzött *a* (*könyv*) stitched || **a hozzá ~ remények** *vmhez* the hopes set/pinned on it; **~ könyv** paperback

G

g = *gramm* gram(me), g

gabona *n* grain, cereals *pl*; *GB* corn

gabonafélék *n* grains, cereals

gabonatermés *n* corn/grain crop

gágog *v* cackle, gaggle

gagyog *v* babble, gurgle

gála *a/n* gala

galád *a* base, vile, low

gálaest *n* gala night/evening

galagonya *n* hawthorn, may- (flower)

galaktika *n* galaxy

galamb *n zoo* pigeon; (*vad*) (turtle-) dove

galambszürke *a* dove-grey

gáláns *a* (*udvarias*) polite, gallant

gálaruha *n* gala/full dress

galeri *n biz* gang (of hooligans)

galéria *n* gallery

gall *a/n* Gallic || **a ~ok** the Gauls

gallér *n* (*ruhán*) collar; (*köpeny*) cape

galóca *n* agaric

galopp *n* (*vágta*) gallop; (*verseny*) the races *pl*

gally *n* twig, sprig

gáncsoskod|ik *v* find* fault with

garancia *n* guarantee, warranty || **még nem járt le a ~** sg is still under guarantee; **~t ad vmre** guarantee sg; **kétévi ~val** guaranteed for two years, have a two-year guarantee

garancialevél *n* warranty

garantál *v* guarantee, warrant || **ezt ~om** I can assure you

garat *n* (*torokban*) pharynx (*pl* pharynges *v.* -nxes)

garázda *a* ruffianly, rowdy

garázs *n* garage

garbó *n* polo-neck (sweater/ jumper), *US* turtleneck

gárda *n* (*testőrség*) the Guards *pl*

garnitúra *n* set || **egy ~ bútor** a suit (of furniture)

garzonlakás *n* (*kislakás*) flatlet; (*egyszobás*) one-room flat (*US* apartment)

gát *n* (*folyó menti*) dam, dike *v.* dyke; embankment; (*akadály*) impediment, obstacle, hindrance; *sp* hurdle || **~at vet vmnek** put* a stop to sg

gátlás *n* (*akadály*) hindrance, impediment; (*lelki*) inhibition

gátlástalan *a* shameless, uninhibited

gátol *v vmt* hinder sg; *vkt* throw* an obstacle in sy's way

gavallér n gallant
gavalléros a (bőkezű) generous, open-handed; (lovagias) chivalrous, gallant
gaz 1. a villainous, wicked 2. n (gyom) weed, rank grass; = **gazember**
gáz n gas; biz ~ van! the heat's on; ~t ad (motornak) step on it
gázcsap n gas-tap
gazda n mezőg farmer, smallholder; (tárgyé) owner, proprietor; (főnök) chief, boss || ~ja vmnek (felelőse) be* in charge of sg
gazdag 1. a (ember) rich, wealthy, affluent; (növényzet) rich, luxuriant; átv ample, abundant || ~ vmben (be*) rich in sg ut. 2. n a ~ok the rich/wealthy
gazdagság n (vagyon) riches pl, wealth; (bőség) abundance
gazdálkodás n mezőg farming, agriculture; (gazdasági rendszer) economy; (vállalati) management
gazdálkod|ik v mezőg run*/have* a farm, farm || jól ~ik vmvel make* good use of sg, manage sg well
gazdaság n mezőg farm; (nagyobb) estate; (gazdasági rendszer) economy
gazdasági a mezőg agricultural, farming; (közgazdasági) economic; (anyagi ügyeket intéző) financial || ~ élet economic life, economy; ~ helyzet economic situation; ~ válság economic crisis, depression
gazdaságos a economical, profitable
gazdaságpolitika n economic policy
gazdaságtan n economics sing.

gazdasszony n housewife°
gazdátlan a (tulajdon) unclaimed; (állat) stray
gazember n villain, scoundrel
gázégő n gas ring, US burner
gázfőző n gas ring
gázfűtés n gas heating
gázló n (folyóban) ford, shallows pl
gázol v (autó) run* over/down || halálra ~ run* over and kill; térdig ~ a vízben be* up to the knees in water; vk becsületébe ~ blacken sy's good name
gázolaj n gas/fuel/diesel oil
gázóra n gas meter
gázöngyújtó n gas/butane lighter
gázpedál n accelerator (pedal), US gas pedal
gaztett n outrage
gáztűzhely n gas cooker (US stove)
gázvezeték n gas piping
gázsi n pay, (alkalomszerű) fee
gége n larynx (pl larynges v. -nxes), throat
gégészet n laryngology
gejzír n geyser
gél n gel
gém n (madár) heron; (kúté) sweep
gemkapocs n (paper-)clip
gén n gene
generáció n generation
generátor n generator, dynamo
genetika n genetics sing.
gengszter n gangster
génsebészet n genetic engineering
genny n pus
geodézia n geodesy
geológia n geology
geometria n geometry
gép n machine; (eszköz, készülék) apparatus, appliance || ~pel ír

type; **~pel mosható** mach*i*ne w*a*shable; **~pel varr** mach*i*ne
gépalkatrész(ek) *n* (*pl*) mach*i*ne/*e*ngine parts *pl*; (*pót*) spare parts *pl*
gepárd *n* cheetah
gépel *v* (*írógépen*) type; (*varrógépen*) machine(-sew*)
gépesít *v* mechanize; *kat, mezőg* motorize
gépész *n* (*gépkezelő*) mechanic; (*hajón*) (mar*i*ne) engin*e*er
gépészet *n* (mech*a*nical) engin*ee*ring
gépészmérnök *n* mech*a*nical engin*e*er
gépezet *n* mach*i*nery
gépi *a* mech*a*nical, p*o*wer(-driven); (*géppel készült*) mach*i*ne-made || **~ adatfeldolgozás** d*a*ta processing
gépies *a* mech*a*nical, autom*a*tic; (*önkéntelen*) unc*o*nscious; r*e*flex || **~ munka** rout*i*ne (work/job)
gépipar *n* engin*ee*ring *i*ndustry
gépíró(nő) *n* typist
gépjármű *n* (m*o*tor) v*e*hicle
gépjármű-biztosítás *n* car (*US* a*u*tomobile) ins*u*rance
gépkocsi *n* (m*o*tor) car, *US* a*u*to- (mobile)
gépkocsivezető *n* dr*i*ver; (*sofőr*) cha*u*ffeur
gépolaj *n* mach*i*ne/l*u*bricating oil
géppuska *n* mach*i*ne-gun
géptan *n* mech*a*nics *sing.*
gépterem *n* mach*i*ne room; (*nyomdában*) pr*i*nt(ing) shop
gereblye *n* rake
gerely *n* *sp* javelin
gerenda *n* beam; (*szarufa*) r*a*fter, joist

gerezd *n* (*gyümölcs*) slice; (*narancs*) segment; (*fokhagyma*) clove
gerinc *n* (*emberi*) spine, b*a*ckbone; (*hegyé*) ridge
gerinces 1. *a zoo* v*e*rtebrate; (*jellemes*) of strong ch*a*racter *ut.*, steadfast **2.** *n* **~ek** vertebr*a*ta
gerinctelen *a zoo* inv*e*rtebrate; (*jellemtelen*) sp*i*neless
gerjeszt *v el* exc*i*te || **haragra ~** make* sy *a*ngry
gerle *n* t*u*rtle-dove
gerontológia *n* geront*o*logy
gesztenye *n* (*szelíd*) chestnut; (*vad*) horse chestnut
gesztikulál *v* gest*i*culate, gesture
gesztus *n* gesture, m*o*tion
gettó *n* ghetto
géz *n* (antis*e*ptic) gauze
Gibraltári-szoros *n* Strait of Gibraltar
giccses *a* kitsch, *US* tr*a*shy
gida *n* (*kecske*) kid; (*őz*) fawn
giliszta *n* (*földi*) e*a*rthworm; (*bélben*) tapeworm
gimnasztika *n* gymn*a*stics *sing.*
gimnazista *n* gramm*a*r-school *v.* *US* high-school boy/girl
gimnázium *n* *GB* gr*a*mmar school, *US* high school
gipsz *n* (*természetes*) gypsum; (*égetett*) plaster of Paris || **~be tesz** (*végtagot*) put* [a limb] in plaster
gitár *n* guitar
gitt *n* putty
G-kulcs *n zene* G clef
gleccser *n* gl*a*cier
globális *a* t*o*tal, incl*u*sive, *o*verall
glória *n* h*a*lo, n*i*mbus, gl*o*ry

gnóm *a/n* gnome, dwarf (*pl* -fs *v.* dwarves)

góc *n* (*gyújtópont*) focus (*pl* -ses *v.* foci); (*betegségé*) focus, centre (*US* -ter)

gól *n* goal ǁ **~t rúg/lő** kick/score a goal

golf *n* golf

Golf-áram *n* the Gulf Stream

golfütő *n* (golf) club

gólya *n zoo* stork; (*elsőéves*) fresher

golyó *n* ball; (*játék~*) marble; (*puskába*) bullet, cartridge

golyóscsapágy *n* ball bearing

golyóstoll *n* ballpoint (pen), ballpen

golyóstollbetét *n* (ball-pen) refill

gomb *n* button; (*ajtón*) knob

gomba *n bot* fungus (*pl* -gi *v.* -uses); (*ehető*) mushroom; (*mérges*) toadstool; *orv* fungus

gomblyuk *n* buttonhole

gombóc *n* dumpling; (*húsból, burgonyából*) ball

gombol *v* button (up)

gombolyag *n* ball; (*fonal*) skein

gombostű *n* pin

gond *n* (*aggódás*) worry, concern, anxiety; (*nehézség*) difficulty, problem, trouble; (*törődés*) care (for sg), concern, attention ǁ **anyagi ~ok** financial difficulties; **ez nem ~** that's no problem; **majd ~om lesz rá** I'll see to it; **nagy ~ot fordít vmre** devote great care to sg

gondatlan *a* careless, negligent

gondnok *n* (*kiskorúé*) guardian; (*intézményé*) warden, caretaker

gondol *v* think*, (*fontolva*) consider; (*vmlyennek vél*) think*, judge, find*; *vkre/vmre* think* of/about sy/sg ǁ **~hattam volna** I

might have known; **hova ~sz?** how can you think of such a thing?; **miből ~od, hogy megbízható?** what makes you think you can trust him?; **mindjárt ~tam** I thought as much; **mire ~sz?** what are you thinking of?; **mit ~(sz)?** what do you think?; **úgy ~om, hogy ...** I think/believe/ expect that, *US* I guess/reckon that

gondolat *n* thought, idea, reflection ǁ **~ban** mentally, in thought

gondolatjel *n* dash

gondolkodásmód *n* way of thinking, mentality

gondolkod|ik *v* think* (*vmről, vmn* of/about); (*fontolgatva*) consider (sg) ǁ **~j(ál) (csak)!** use your brains!, think (again)!

gondos *a* careful

gondosan *adv* carefully

gondoskod|ik *v vkről, vmről* take* care of, provide for, look after; *vmről* see* to sg ǁ **arról majd én ~om!** I shall see to it

gondoz *v* look after, take* care of, attend to; (*beteget*) nurse

gondozó *n vk* caretaker

gondtalan *a* carefree, light-hearted ǁ **~ élet** easy life

gondterhelt *a* troubled, worried

gondviselés *n* providence

gonosz *a* evil(-minded), wicked, vicious, vile

gonoszság *n* evil, wickedness, viciousness

gordonka *n* (violon)cello

gorilla *n átv is* gorilla

goromba *a* rough, rude

gorombáskod|ik *v* be* rude/ offensive (to sy)

gót stílus *n* Gothic style

gótika *n* Gothic art
gödör *n* pit, hole
gőg *n* arrogance, haughtiness, pride
gőgös *a* arrogant, haughty, proud
gömb *n* ball, orb; sphere; *földr* globe ‖ ~ alakú spherical, globular
gömbölyű *a* round, spherical
gönc *n* (*ócska ruha*) cast-off clothing; (*limlom*) odds and ends *pl*
göndör *a* curly
göngyöleg *n* (*csomag*) bundle, bale, package; (*csomagolóanyag*) wrapping
görbe 1. *a* curved; (*hajlított*) bent 2. *n mat* curve; (*grafikon*) graph
görbít *v* bend*, make* crooked
görcs *n* (*fában*) knot, gnarl; (*kötött*) knot; (*izomé*) cramp, spasm
görcsoldó *a/n* ~ (szer) antispasmodic
gördeszka *n* skateboard
gördül *v* roll (along)
gördülékeny *a* (*stílus*) easy(-flowing), fluent
görény *n* polecat
görgő *n* (*bútoron*) caster *v*. castor
görkorcsolya *n* roller-skates *pl*
görnyedt *a* bent, bowed
görög 1. *a* Greek; (*kultúra*) Hellenic 2. *n* (*ember, nyelv*) Greek ‖ a ~ök the Greeks
görögdinnye *n* water-melon
görögkeleti *a* (Greek) Orthodox
Görögország *n* Greece
göröngyös *a* uneven, rough
gőz *n* vapour (*US* -or); evaporation; (*mint hajtóerő*) steam ‖ halvány ~öm sincs róla *biz* I haven't the faintest idea; teljes ~zel (at) full steam/tilt, at full speed

gőzgép *n* steam-engine
gőzhajó *n* steamer; steamboat
gőzmozdony *n* steam-engine
gőzölög *v* steam
gőzölős vasaló *n* steam iron
grafika *n műv* graphic arts *pl*; *nyomd* artwork, graphics *pl*
grafikon *n* graph
grafikus 1. *a* graphic 2. *n* (*művész*) graphic artist
grafológia *n* graphology
gramm *n* gram(me)
gránát[1] *n* (*robbanó*) grenade, shell
gránát[2] *n* (*kő*) garnet
gránit *n* granite
gratulál *v* (*vknek vmely alkalomból*) congratulate sy (on sg) ‖ ~ok! congratulations! ~ok születésnapjára (I wish you) many happy returns (of the day)
gravitáció *n* gravitation
grépfrút *n* grapefruit
grill(sütő) *n* (*konyhában*) grill, *US* broiler; (*szabadban*) barbecue ‖ grillen süt grill, *US* broil
grimasz *n* grimace ‖ ~okat vág make*/pull faces
gríz *n* semolina
gróf *n* (*a kontinensen*) count; *GB* earl
grófnő *n* countess
grófság *n GB* shire
groteszk *a* grotesque
Grönland *n* Greenland
guberál *v* rake/grab about
gubó *n* (*rovaré*) cocoon
guggol *v* squat (on one's heels), crouch (down)
gúla *n* pyramid ‖ ~ alakú pyramidal
gulya *n* herd
gulyás *n* herdsman°

gulyásleves *n* goulash soup
gumi *n* (*anyag*) rubber; (*radír*) (*India-*)rubber, eraser; (*gumiabroncs*) tyre, *US* tire; (*óvszer*) sheath, condom
gumiabroncs *n* tyre, *US* tire
gumicsizma *n* gumboots *pl, GB* wellingtons *pl*
gumicsónak *n* inflatable boat
gumimatrac *n* air mattress
gumó *n* (*burgonyáé*) tuber, root
gúny *n* ridicule, mockery; (*finom*) irony || **~t űz vkből/vmből** make* fun of sy/sg, ridicule/mock sy
gúnynév *n* nickname
gúnyos *a* sarcastic, ironic(al)
gúnyrajz *n* caricature, cartoon
gurít *v* roll; (*labdát, tekét*) bowl
gurul *v* roll; (*repülőgép*) taxi
gusztus *n biz* (*ízlés*) taste || **~a van vmre** fancy sg, feel like (doing) sg
gusztusos *a* appetizing, inviting
gusztustalan *a* disgusting, repulsive, unappetizing
guta *n* apoplexy, stroke || **megüt a ~, ha** I shall have a fit if

Gy

gyakori *a* frequent
gyakorlás *n* practicing
gyakorlat *n* practice; (*feladat*) exercise; *zene* étude; *sp* exercise; *kat* drill || **a ~ban** in practice; **kijött a ~ból** be*/get* out of practice
gyakorlati *a* practical || **~ érzék** (practical) common sense

gyakorlatias *a* practical, down-to-earth
gyakorlatilag *adv* in practice, practically
gyakorlatlan *a* inexperienced, unpractised
gyakorlott *a* practised, trained, experienced
gyakornok *n* trainee; (*irodában*) junior clerk; (*üzletben*) assistant
gyakorol *v* practise (*US* -ce); *biz* (*szakmai gyakorlatot folytat*) be* on probation || **befolyást ~ vkre/vmre** exert influence on sy/sg
gyakran *adv* often, frequently
gyalázatos *a* shameful, dishonourable
gyalog **1.** *adv* on foot **2.** *n* (*sakkban*) pawn
gyalogátkelőhely *n* zebra crossing, (pedestrian) crossing, *US* crosswalk
gyalogol *v* go* on foot, walk; *kat* march
gyalogos *n* walker, pedestrian
gyalogtúra *n* walking tour, hike
gyalogút *n* footpath, footway, lane
gyalu *n tech* plane; (*káposztának stb.*) slicer, cutter; (*zöldségnek*) shredder
gyám *n jog* (*gyermeké*) (legal) guardian; (*tulajdoné*) trustee
gyámfiú *n* ward, foster-son
gyámleány *n* ward, foster-daughter
gyámolít *v* support, aid, protect
gyámoltalan *a* (*tehetetlen*) helpless; (*ügyetlen*) awkward, clumsy
gyámság *n jog* guardianship || **~ alá helyez** place under the care of a guardian
gyanakod|ik *v* vkre be*/feel* suspicious about/of sy, suspect sy
gyanakvó *a* suspicious

gyanánt *post* as, by way of
gyanít *v* suspect, presume
gyanta *n* resin
gyanú *n* suspicion || **az a ~m, hogy** I suspect that; **~ba kerül** fall* under suspicion; **~ba kever vkt** cast* suspicion on sy; **~n felül áll** be* above suspicion
gyanús *a* (*dolog, viselkedés*) suspicious, suspect; (*ügy*) shady; (*ember*) shifty
gyanúsít *v* suspect sy of sg; (*alattomosan*) insinuate
gyanútlan *a* unsuspecting, naive *v.* naïve
gyapjú *n* wool; (*állaton*) fleece; (*jelzőként*) woollen (*US* woolen)
gyapot *n* cotton
gyár *n* factory, works *sing. v. pl*, plant
gyarapít *v* increase, add to, augment; (*gyűjteményt, ismereteket*) expand, enrich
gyarapod|ik *v* (*nő*) increase, grow*; (*testileg*) grow* strong(er); (*tudásban*) know* more about sg
gyári *a* (*áru*) factory/machine-made, manufactured || **~ munkás** factory worker/hand
gyarló *a* (*ember*) frail, feeble
gyarmat *n* colony
gyárt *v* manufacture, produce || **szériában ~** mass-produce
gyártásvezető *n film* producer
gyártmány *n* product (*márka*) make || **milyen ~?** what make is it?; **hazai ~** home product
gyász *n* (*gyászolás*) mourning; (*gyászeset*) bereavement
gyászjelentés *n* death-notice; (*újságban*) obituary

gyászol *v* mourn for sy, be* in mourning; (*gyászruhát visel*) wear* mourning || **~ vkt** mourn for sy
gyászszertartás *n* funeral service
gyáva 1. *a* cowardly **2.** *n* coward
gyékény *n* (*növény*) bulrush; (*fonat*) mat(ting); (*lábtörlő*) door-mat
gyémánt *n* diamond || **csiszolt ~** cut diamond, brilliant
gyenge 1. *a* weak; (*csekély*) slender, slight; (*erélytelen*) lenient, indulgent; (*erőtlen*) feeble; (*törékeny*) frail, fragile; (*elégtelen fokú/ értékű*) poor || **a ~bb nem** the gentle(r) sex; **~ a matematikában** be* bad/weak at mathematics; **~ idegzetű** weak-nerved; **~ minőségű** of poor quality *ut.*; **~ oldala/pontja** *vmnek* vulnerable point, weakness, *vknek* sy's weak side/point **2.** *n* **a ~bbek kedvéért** *kif* let me spell it out; **vknek a ~je** weakness (for), foible
gyengeáram *n* light/weak current
gyengéd *a* gentle, tender(-hearted), affectionate
gyengeelméjű *a* mentally retarded
gyengeség *n* (*múló*) weakness, feebleness; (*alkati, erkölcsi*) weakness, frailty; (*tehetetlenség*) impotence
gyengül *v* weaken; (*erő*) decline || **vk ~** sy is* losing strength
gyep *n* grass, lawn
gyeplő *n* reins *pl*
gyér *a* sparse, scanty; (*haj*) thin; (*növényzet*) straggling || **~en lakott** underpopulated
gyere! *int* come (on)! || **~ ide!** come (over) here!
gyerek *n* child°; (*fiú*) boy; (*leány*) girl; (*felnőttről*) kid, fellow
gyerekes *a* childish, infantile

gyerekjáték *n* (*könnyű dolog*) ch*i*ld's play; = **gyermekjáték**

gyermek *n* = **gyerek**

gyermekbetegség *n* ch*i*ldren's dis*ea*se/*i*llness

gyermekdal *n* ch*i*ldren's song, n*u*rsery rhyme

gyermekes *a* = **gyerekes** ‖ **három~ anya** m*o*ther of three

gyermekjáték *n* (*fogócska*) ch*i*ldren's game; (*játékszer*) toy

gyermekklinika *n* ch*i*ldren's/ p(a)edi*a*tric cl*i*nic

gyermekkocsi *n* pram; (*összecsukható, könnyű*) p*u*shchair

gyermekkor *n* ch*i*ldhood; (*korai*) *i*nfancy

gyermekláncfű *n* d*a*ndelion

gyermekmegőrző *n* crèche

gyermekorvos *n* p(a)edi*a*trician

gyermekotthon *n* ch*i*ldren's home

gyermekőrző *n* b*a*by-sitter, ch*i*ldminder

gyermekrablás *n* k*i*dnapping

gyermekruha *n* ch*i*ldren's wear

gyermekszülés *n* ch*i*ld-bearing, ch*i*ldbirth

gyertya *n* (*fényforrás*) c*a*ndle; (*autóban*) sp*a*rk(ing) plug; (*tornában*) c*a*ndle

gyertyatartó *n* c*a*ndlestick

gyerünk! *int* let's go; (*siettetve*) come/go on!, h*u*rry up!

gyík *n* l*i*zard

gyilkol *v* m*u*rder, k*i*ll

gyilkos 1. *a* m*u*rderous, bl*oo*dy **2.** *n* m*u*rderer, k*i*ller; *pol* ass*a*ssin

gyilkosság *n* *jog* m*u*rder; *pol* assassin*a*tion ‖ **~ot követ el** comm*i*t m*u*rder

gyógyászat *n* m*e*dicine, therap*eu*tics *sing.*

gyógyfürdő *n* (*víz*) med*i*cinal bath(s); (*hely*) w*a*tering-place, spa; (*vízgyógyintézet*) h*ea*lth res*o*rt

gyógyintézet *n* (*kórház*) h*o*spital; (*szanatórium jellegű*) sanat*o*rium (*pl* -ums *v.* -ria)

gyógyít *v* cure

gyógykezelés *n* (medical) treatment, cure

gyógynövény *n* med*i*cinal plant/ herb

gyógypedagógia *n* educ*a*tion of b*a*ckward/h*a*ndicapped ch*i*ldren

gyógyszer (*orvosság*) m*e*dicine, drug; *átv* remedy

gyógyszerész *n* ch*e*mist, pharmacist, *US* dr*u*ggist

gyógyszertár *n* ph*a*rmacy, chemist's (shop); *US* (*és illatszertár*) dr*u*gstore

gyógytea *n* herb(al) tea

gyógytorna *n* physioth*e*rapy

gyógyul *v* (*vk*) be* recovering (from sg); (*seb*) be* h*ea*ling (up)

gyom *n* weed(s)

gyomirtó(szer) *n* w*ee*d-killer, herbicide

gyomlál *v* (*kertet*) weed; *átv* weed out

gyomor *n* st*o*mach; (*tehéné*) maw

gyomorfájás *n* st*o*machache

gyomorfekély *n* gastric/peptic *u*lcer

gyomorhurut *n* g*a*stric influ*e*nza

gyomoridegesség *n* nervous st*o*mach

gyomorrontás *n* indig*e*stion ‖ **~a van** he has a st*o*mach *u*pset

gyomorsav *n* gastric *a*cid

gyón *v* make* a confession

gyors 1. *a* quick; (*állat*) swift; (*futó*) fast; (*mozgó tárgy*) rapid;

(*rövid időt igénylő*) speedy, prompt, immediate; (*mozgékony*) nimble, agile, brisk || ~ **beszédű** fast-talking; ~ **észjárású** smart, quick/ready-witted; ~ **lábú** swift/nimble-footed **2.** *n* = **gyorsvonat; gyorsúszás**

gyorsan *adv* quickly, fast, rapidly

gyorsbüfé *n* snack bar

gyors- és gépírás *n* shorthand typing

gyorsfagyasztott *a* quick-frozen

gyorsforgalmi út *n* GB clearway, US freeway

gyorshajtás *n* speeding

gyorsít *v* increase the speed (of), step/speed* up, accelerate

gyorsjárat *n* (*busz*) express bus/coach service

gyorssegély *n* emergency aid

gyorsul *v* gather speed, speed* up, accelerate, quicken

gyorsúszás *n* freestyle (swimming)

gyorsvasút *n* (*urban*) rapid transit system

gyorsvonat *n* express (train)

gyök *n* *mat* root || ~**öt von** extract a root

gyökér *n* root; (*petrezselyemé*) paisley root

gyökeres *a* (*növény*) rooted; *átv* radical, thorough

gyökerez|ik *v* *vmben* be* rooted in sg

gyökvonás *n* extraction of root

gyömbér *n* ginger

gyöngy *n* (*igazgyöngy*) pearl; (*üveg, izzadság*) bead; = **gyöngysor;** (*italban*) bubble

gyöngyház *n* mother-of-pearl

gyöngyöz|ik *v* (*ital*) sparkle, bubble; (*csillogva*) glisten, glitter

gyöngysor *n* pearls *pl,* pearl necklace

gyöngyvirág *n* lily of the valley

gyönyör *n* (*érzés*) pleasure; *átv* delight

gyönyörköd|ik *v* *vmben* take* delight in sg, enjoy sg

gyönyörű *a* wonderful, magnificent, superb, splendid

gyötör *v* (*testileg*) torture, torment; (*belsőleg*) worry; (*zaklatva*) pester || **a féltékenység gyötri** be* eaten up with jealousy

gyötrelem *n* (*testi*) pain, suffering, torture; (*lelki*) anguish, worry

gyötrőd|ik *v* be* worried (*vm miatt* about)

győz *v* (*harcban*) gain a victory, win*, (*választáson*) come*/get* in, win*; *sp* win*; (*munkát*) manage to do; (*vmt pénzzel*) (can) afford || **nem ~öm** I can't afford sg; **nem ~i kivárni** become* impatient

győzelem *n* victory; *sp* win || **győzelmet arat** gain a victory

győztes 1. *a* (*harcban*) victorious, triumphant; *sp* winning **2.** *n* (*harcban*) victor, conqueror; *sp* winner

gyufa *n* match || **egy doboz ~** a box of matches

gyújt *v* (*motor*) spark, fire || **cigarettára ~** light* a cigarette, *biz* light* up; **gyufát ~** strike* a match; **tüzet ~** light* a fire

gyújtás *n* (*motorban*) ignition

gyújtogat *v* set* (sg) on fire

gyújtópont *n* focus (*pl* -es *v.* foci), focal point

gyúlékony *a* inflammable, *US és GB tech* flammable || **nem ~** non-flammable

gyullad *v* catch*/take* f*i*re
gyulladás *n orv* inflamm*a*tion
gyúr *v* (*tésztát*) knead; (*masszőr*)
m*a*ssage
gyurma *n* Pl*a*sticine
gyúró *n* masse*u*r
gyűjt *v* g*a*ther (together), coll*e*ct;
(*vagyont*) am*a*ss, hoard; *v*m*re* save
(up) (for sg); (*erőt*) gather
gyűjtemény *n* collection
gyülekezet *n* (*egyházi*) congregation
gyülekez|ik *v* gather (together),
assemble
gyűlés *n* (*összejövetel*) meeting,
assembly, gathering; (*US párté*)
c*a*ucus
gyűl|ik *v* (*tömeg*) assemble, come*/
get* together; (*seb*) gather; (*pénz*)
be* acc*u*mulating, be* p*i*ling up
gyűlöl *v* hate/loathe/det*e*st sg/sy
gyűlölet *n* h*a*tred, hate
gyümölcs *n bot* fruit; (*eredmény*)
fruit(s), res*u*lt
gyümölcsfa *n* fru*i*t-tree
gyümölcshéj *n* peel, rind, skin
gyümölcsös *a* *o*rchard, fru*i*t-
garden
gyümölcsöző *a átv* fru*i*tful, profit-
able
gyümölcstermés *n* fruit crop
gyűr *v* cr*u*mple, r*u*mple, crush,
crease
gyűrhetetlen *a* cre*a*se-resistant/
proof
gyűrőd|ik *v* crease, cr*u*mple
gyűrött *a* (*szövet*) crumpled, r*u*m-
pled, creased; (*arc*) worn, tired,
wr*i*nkled
gyűrű *n* (*kézen*) ring; *tech* hoop,
c*o*llet, c*i*rcle; *sp* rings *pl*
gyűrűsujj *n* r*i*ng/third-finger
gyűszű *n* th*i*mble

H

h. = *helyett* for; = helyettes
ha[1] *conj* if, supp*o*sing, when ‖ ~ én
volnék a helyedben if I were you;
~ nem if not, *o*therwise; ~ tetszik,
~ nem (wh*e*ther you) like it or not;
~ tudnám if (*o*nly) I knew (it)
ha[2] = *hektár* hectare, ha
hab *n* (*parti hullámon*) surf; (*tenge-
ren*) foam; (*söré*) froth; (*szappané*)
lather; (*tejszíné*) whipped cream;
(*tojásé*) beaten white [of egg] ‖ ~ot
ver (*tejszínt*) whip [cream]; (*tojás-
fehérjét*) beat* up, whisk [eggs]
habar *v* stir, mix
habár *conj* (al)though, even if/
though, notwithstanding
habarcs *n* m*o*rtar
habfürdő *n* foam bath
háborgat *v* dist*u*rb, b*o*ther
háborog *v* (*tenger*) be* st*o*rmy/
rough; (*tömeg*) be* discont*e*nted;
(*ember*) grumble
háború *n* war ‖ ~ idején in w*a*r-
time; kitör a ~ war breaks out; ~
utáni p*o*st-war; ~t indít start a
war
habos *a* fr*o*thy, f*o*amy; (*sütemény*)
cream
haboz|ik *v* hesitate (ab*o*ut sg *v.* to
do sg), be* rel*u*ctant to do sg
habverő *n* egg-whisk
habz|ik *v* (*szappan*) lather; (*sör*)
froth, foam
habzsol *v* (*ételt*) eat* greedily; *átv*
dev*ou*r
hacsak *conj* if *o*nly, if at all ‖ ~
lehet if (at all) p*o*ssible; ~ (...)
nem *u*nless

had n (sereg) army, troops pl, forces pl ‖ ~at üzen declare war (vknek on); ~at visel make*/wage war (vk ellen on/against sy)
hadar v jabber (away), gabble
hadd int ~ lám! let me see!; ~ fusson! let him run!
haderő n military force, (armed) forces pl
hadgyakorlat n army exercises pl
hadi a military, war-
hadiállapot n state of war
hadiflotta n naval force, fleet
hadifogoly n prisoner of war
hadifogság n being a prisoner of war ‖ ~ba esik be* taken prisoner of war
hadihajó n warship
haditengerészet n the navy, naval forces pl
haditerv n plan of campaign
haditudósító n war correspondent
hadjárat n campaign
hadművelet n (military) operations pl
hadnagy n second lieutenant
hadonász|ik v gesticulate
hadsereg n army
hadügyminiszter n Minister of War
hadügyminisztérium n Ministry of War
hadüzenet n declaration of war
hadvezér n general, (supreme) commander
hadviselés n war(fare)
hágó n (mountain) pass, col
hagy v let*, leave*, allow, permit; (örökül) leave*/bequeath sg to sy (v. sy sg) ‖ **magára** ~ leave* sy alone (v. to oneself); **nem ~ja magát** not give* in

hagyaték n legacy, bequest, inheritance
hagyma n (vörös~) onion; (fok~) garlic; (növényé) bulb
hagyomány n tradition
hagyományos a traditional
haj n hair ‖ **égnek áll a ~a** his hair stands on end; **~at mos** wash/shampoo one's hair; **~at vágat** have* one's hair cut
háj n (disznóé) (leaf-)lard; (emberen) fat, flab
hajadon 1. a unmarried; (családi állapot) single 2. n girl, a single woman°
hajadonfőtt adv bare-headed
hájas a (very) fat, flabby, obese
hajbókol v (vk előtt) kowtow (to sy)
hajcsat n hairgrip
hajcsavaró n hair-curler
hajdan(ában) adv in olden days/times
hajfestés n (hair) dyeing
hajfürt n lock (of hair)
hajít v throw*, hurl
hajlam n vmre inclination (to), bent (for); (betegségre) susceptibility (to)
hajlandó a ~ vmre be* ready/willing/prepared to do sg
hajlás n bend; (felületé) inclination, slope; (függőlegestől) lean(ing)
hajlékony a flexible, pliable
hajléktalan a/n homeless
hajl|ik v bend*; (ívben) arch; (vm oldalirányba) curve; (tárgy vm fölé) hang* over; átv (vmre) incline to, tend to
hajmosás n shampoo
hajnal n dawn, daybreak ‖ **(kora) ~ban** at dawn

hajnalod|ik *v* dawn, day is breaking
hajó *n* (*nagyobb*) ship; (*kisebb*) boat; (*óceánjáró*) (*o*cean) liner; (*teher~*) freighter; (*templom~*) nave || **~n** on board (ship); **~ra száll** go* on board (ship), embark (*vhol* at); **~val megy** go* by ship/sea, sail
hajóállomás *n* landing place
hajógyár *n* dockyard, sh*i*pyard
hajóhad *n* fleet
hajóhíd *n* (*folyón*) pont*o*on/floating bridge; (*hajóról partra*) gangway; (*hajón*) bridge
hajókürt *n* (ship's) horn; (*ködkürt*) foghorn
hajol *v* bend* (down), stoop
hajórakomány *n* sh*i*pload, cargo, sh*i*pment
hajóroncs *n* (sh*i*p)wreck
hajóskapitány *n* captain; (*kereskedelmi hajón*) master
hajótörés *n* sh*i*pwreck || **~t szenved** be* sh*i*pwrecked
hajóút *n* v*o*yage
hajózás *n* sh*i*pping, sailing
hajóz|ik *v* sail, go* by sea, v*o*yage
hajrá 1. *int* forward! **2.** *n* (*verseny finise*) sprint, the finish; (*munkában*) rush
hajsza *n* (*vm után*) hunt after sg, chase/pursu*i*t of sg; (*vk ellen*) persecution of sy; (*munkával*) rush
hajszál *n* (s*i*ngle) hair || **egy ~ híján** within a hair; **csak egy ~on múlt** (*megmenekülés*) *biz* it was a close shave
hajszárító *n* (electric) hair dryer
hajszol *v* chase/hunt after, pursu*e*
hajt[1] *v* (*állatot/járművet*) drive*; (*vadat*) beat*; (*gépet erő*) drive*,

propel, work; *biz* (*erősen dolgozik*) slave away || **hasznot ~** yield a profit; **jobbra ~s!** keep (to the) right!
hajt[2] *v* (*hajlít*) bend*; (*papírt stb.*) fold || **álomra ~ja fejét** go* (off) to sleep
hajt[3] *v* (*növény*) sprout (up), shoot*
hajtás[1] *n* (*állaté/járműé*) driving; (*vadászaton*) beat(ing), battu*e*; *biz* (*nagy erőkifejtés*) rush (at work)
hajtás[2] (*ruhán*) pleat, fold || **egy ~ra** at one gulp
hajtás[3] *n bot* sprout, bud, shoot
hajthatatlan *a átv* uny*i*elding
hajtóerő *n* motive power; *átv* driving force
hajtű *n* hairpin
hajvágás *n* haircut
hajviselet *n* hair(style)
hal[1] *n* fish (*pl* ua; *de több fajtából:* fishes)
hal[2] *v* die
hál *v* sleep*, spend*/pass the night; *vkvel* sleep* with sy
hála *n* gratitude, thanks *pl* || **~t ad vknek** thank sy
hálaadás *n* vall thanksgiving
halad *v* (*megy*) go*, advance, go* on; (*jármű*) travel (*US* -l); *átv* advance, progress, get* on; (*minőségileg*) improve || **az idő ~** time passes; **jól ~** (*munka*) be* coming along/on well/fine
haladás *n* progress, advance
haladék *n* (*késedelem*) delay
haladéktalanul *adv* immediately, without delay
haladó 1. *a átv* progressive, advanced **2.** *n isk* advanced student
halál *n* death || **~án van** be* dying; **~ra gázolja vm** be* killed in an

accident; ~ra **ítél** sentence/ condemn to death
halálbüntetés n capital punishment
halálos a deadly, mortal; (végzetes) fatal || ~ **adag** lethal dose; ~ **betegség** deadly disease; ~ **bűn** deadly/mortal sin; ~ **ítélet** sentence of death
halandó a/n mortal
halandzsa n gibberish
halánték n temple
hálapénz n thank-you money
hálás a vknek vmért grateful (to sy for sg), thankful (for sg) || ~ **köszönet!** (many) thanks!; **nagyon ~ak lennénk, ha** we should greatly appreciate it if
halastó n fish pond
halász n fisher(man°)
halász|ik v fish (vmre for sg)
halászlé n fish-soup
halaszt v postpone, put* off/back, adjourn
halaszthatatlan a pressing, urgent
hálátlan a vk ungrateful; (munka) thankless
haldokl|ik v be* dying
halhatatlan a immortal
halk a (hang) soft, low || ~ **szavú** soft-spoken
halkít v (beszédhangot) lower one's voice; (rádiót, tévét) turn down
halkul v become* faint
hall¹ n (lakásban) hall; (szállodában) lobby, lounge
hall² v (hangot) hear*; (értesül) hear* (vkről/vmről of), learn* (vmről of) || **nagyot ~** be* hard of hearing
hallás n (sense of) hearing || **jó ~a van** (zeneileg) have* an ear for music
hallássérült a hearing-impaired

hallatsz|ik v be* heard/audible, sound
hallgat v (vmt, vkt) listen to, hear*; (egyetemi előadást) attend [lectures on sg]; (nem szól) keep*/be* silent; vkre listen to sy; (tanácsra) take*/follow sy's [advice] || **ne hallgass rá!** you mustn't mind him/her; **ide hallgass!** look here!, listen!; **hallgass!** silence!, be/ keep quiet!; **jogot ~** read* law; **rádiót ~** listen to the radio
hallgatag a taciturn, silent
hallgató n (rádióé) listener; (egyetemi) undergraduate, student
hallgatóság n audience; (egyetemi) students pl
halló int (telefonban) hello!, hullo!, hallo!; (vkre rákiáltva) I say!, hey!
hallókészülék n hearing-aid
halmaz n heap, pile; mat set
halmazállapot n state, physical condition
halmoz v heap/pile (up); (árut) hoard, stockpile
háló¹ n net; (halászé) trawl; (vadászé) mesh
háló² n bedroom
halogat v keep postponing/delaying
hálóing n (férfi) nightshirt; (női) nightdress, US nightgown
hálókocsi n sleeping-car, sleeper
hálóköntös n dressing-gown, US bathrobe
halom n (domb) hill, mound; (tárgyakból) heap, pile
hálószoba n bedroom || **kétágyas ~** double bedroom
hálóterem n dormitory
halott 1. a dead; (elhunyt) deceased 2. n a dead person; (az elhunyt) the deceased; (holttest) corpse

hálózat *n* network; *el* mains *sing. v. pl*

hálózsák *n* sleeping-bag

halvány *a* pale; (*arcú*) wan, pallid; (*szín*) faint; *átv* faint, vague ‖ ~ **fogalmam sincs** (*róla*) I haven't the faintest idea; ~ **remény** faint hope

hám *n* (*lószerszám*) harness ‖ **kirúg a ~ból** *átv* go* on the razzle

hamar *adv* soon, quickly, fast

hamarosan *adv* before long, shortly, in a little while

hamis *a* (*nem valódi*) false, not genuine, fake(d); (*pénz*) counterfeit; (*aláírás*) forged; (*érzelem*) feigned, untrue; (*ember*) treacherous, cunning; (*hang*) false ‖ ~ **ékszer** imitation jewellery; ~ **eskü** false oath; ~ **tanú** false witness

hamisan *adv* ~ **énekel** sing* off key; ~ **játszik** (*hangszeren*) play out of tune

hamisít *v* falsify; (*aláírást*) forge; (*pénzt*) counterfeit

hamisítvány *n* forgery, counterfeit; (*műtárgyé*) fake

hám|lik *v* peel

hámoz *v* (*gyümölcsöt*) peel

hamu *n* ash(es *pl*)

hamutartó *n* ash-tray

hancúroz|ik *v* romp/frisk about

hanem *conj* but; → **nemcsak**

hang *n* sound; (*emberé*) voice; (*állati*) cry; (*zenei*) note, tone; (*modor*) tone ‖ ~**ot ad vmnek** give* voice to sg; **más ~ot üt meg** change one's tune

hangadó *a* leading, dominant, influential

hangár *n* hangar

hangerő *n* (*rádió, tévé*) volume

hangerősítő *n* (*sound*) amplifier

hangfal *n* (*sztereó berendezésé*) speaker

hangfelvétel *n* (*készítése*) recording; (*a felvett szalag*) tape (recording)

hanghordozás *n* tone, accent

hangjegy *n* note

hanglejtés *n* intonation

hanglemez *n* record, disc (*US* disk)

hangmérnök *n* (*film, rádió*) sound/audio engineer/editor; (*hanglemezgyári*) recording engineer

hangnem *n zene* key; *átv* tone

hangol *v* (*hangszert*) tune; (*zenekar*) tune up ‖ **jókedvre** ~ cheer sy up; **vkt vk ellen** ~ set*/turn sy against sy

hangos *a* loud; (*lármás*) noisy

hangosan *adv* (*fennhangon*) aloud; (*erős hangon*) loudly ‖ **beszéljen hangosabban!** speak up!

hangosbemondó *n* loudspeaker

hangoztat *v* emphasize, stress

hangsebesség *n* speed of sound ‖ ~ **feletti** supersonic

hangsúly *n* emphasis, *nyelvt is* stress

hangsúlyoz *v* (*szótagot*) stress; *átv* emphasize

hangszalag *n biol* ~**ok** vocal cords; (*magnó*) (magnetic) tape

hangszer *n* (musical) instrument ‖ **vmlyen ~en játszik** play (on) an instrument

hangszigetelt *a* soundproof

hangszín *n* timbre, tone(-colour)

hangszóró *n* (loud)speaker

hangtan *n fiz* acoustics *sing.*; *nyelvt* phonetics *sing.*

hangulat *n* (*kedély*) mood, spirit(s); (*társaságé/helyé*) atmosphere ‖ **jó**

~**ban van** be* in good/high spirits; **rossz ~ban van** be* in low spirits

hangverseny n concert; (*szólóest*) recital

hangversenyterem n concert hall

hangvétel n tone

hangzás n sound, tone, resonance

hangzavar n cacophony, discord

hangz|ik v (*hang és átv*) sound; (*szöveg*) run*, read*

hangya n ant

hangyaboly n ant-hill

hány[1] pron how many? || ~ **éves?** how old is (s)he?; ~ **óra van?** what's the time?, what time is it?

hány[2] v (*okád*) vomit; (*csak GB*) be* sick; (*dob*) throw*, cast*

hányad n proportion

hányadik pron which [of a given number]? || ~ **lap?** which page?; ~**a van ma?** what is the date (today)?

hányados n quotient

hanyag a (*ember*) negligent, careless; (*munka*) slipshod

hányas pron what number?; (*cipő*) what size? || ~ **busz?** which bus?

hanyatl|ik v decline, decay; (*egészségileg*) sink*, fail

hanyatt adv ~ **esik** fall* backwards; ~ **fekszik** lie* on one's back

hányinger n nausea || ~**em van tőle** it makes me feel sick

hányszor adv how many times?, how often?

hapci! int atishoo!

hápog v (*kacsa*) quack, gaggle

hapsi n biz chap, fellow, guy

harag n anger, rage || ~**ban van vkvel** be* on bad terms with sy;

~**ra gerjed** fly* into a temper/passion

haragos 1. a angry, furious 2. n enemy

haragsz|ik v be* angry, be* furious || ~**ik vm miatt** be* angry at/about sg; ~**ik vkre** be* angry with sy; **ne haragudjon, hogy zavarom** I'm sorry to disturb/trouble you

harang n (church) bell

harangoz v ring* the (church) bells

harangvirág n bluebell

haránt 1. a transversal 2. adv transversely, diagonally

harap v bite* || ~ **vmre** biz vk leap*/jump at sg; ~**junk valamit!** biz let's have a snack

harapófogó n pincers pl

harapós a biting; átv snappish || ~ **kutya** vicious dog

harc n fight(ing), combat, battle

harcias a warlike; (*ember*) pugnacious, aggressive

harckocsi n tank

harcmező n battlefield

harcol v átv is fight* (*vmért* for sg, *vk ellen* against sy, *vkvel* with sy), battle (*vkvel* with/against sy)

harcos 1. a (*harcoló*) fighting; combative; átv bellicose 2. n fighter, warrior

harctér n the front/field

harcsa n catfish

hardver n szt hardware

hárfa n harp

harisnya n (pair of) stockings pl

harisnyanadrág n tights pl, US pantihose

hárít v (*felelősséget*) shift [the responsibility]; (*költségeket*) charge [the expenses]

harkály n woodpecker

harmad *num* (*rész*) third (part)
harmadfokú *a* ~ **égés** third-degree burn; ~ **egyenlet** equation of the third degree
harmadik 1. *num a* third, 3rd ǁ ~ **személy** *nyelvt* third person; *jog* third party/person; ~ **világ** Third World **2.** *n* (*osztály*) the third form/class
harmadrész *n* third part, a third
harmadszor *adv* (*harmadszorra*) for the third time; (*felsorolásban*) third(ly)
hárman *adv* the three of us/you/them
hármas 1. *a* (*három részből álló*) threefold, treble, triple ǁ ~ **ikrek** triplets **2.** *n* (*szám*) (the number/figure) three; *isk* satisfactory, fair ǁ ~**ban** the three of us/you/them
harmat *n* dew
harminc *num* thirty
harmincadik *num a* thirtieth
harmónia *n* harmony
harmonika *n* (*tangó~*) (piano) accordion; (*kisebb*) concertina; (*száj~*) mouth-organ
harmónium *n* harmonium
három *num* three ǁ ~ **ízben** three times; ~ **példányban** in triplicate; ~**kor** at 3 (o'clock); ~**ra** by 3 (o'clock)
háromdimenziós *a* three-dimensional, 3-D
háromféle *a* three kinds/sorts of
háromnegyed *num/n* (*rész*) three-quarters *pl*; (*idő*) ~ **öt** a quarter to five
háromszáz *num* three hundred
háromszínű *a* three-colour(ed) ǁ ~ **lobogó** tricolour (*US* -or)

háromszor *adv* three times
háromszoros *a* triple, threefold, triplex
háromszög *n* triangle ǁ **szerelmi** ~ the eternal triangle
háromszögű *a* triangular
hárs(fa) *n* lime/linden tree
harsány *a* loud, ringing, shrill
harsona *n* trombone
hártya *n* membrane, film
hárul *v vkre* fall* to the lot of sy
has *n orv* abdomen; (*, ill. gyomor*) stomach; *biz* tummy, belly ǁ **fáj a** ~**a** have* stomach-ache; ~**ra esik** fall* prone/flat
hasáb *n* (*fa*) log; (*újságban*) column; *mat* prism
hasábburgonya *n* fried potato(es), chips *pl*, *US* French fries *pl*
hasad *v* burst*, crack; (*szövet*) tear*
hasadék *n* split, crack
hasal *v* lie* on one's stomach; *biz* (*mellébeszél*) talk drivel
hasfájás *n* stomach-ache
hashajtó *n* laxative, purgative
hasít *v* cleave*, split*; (*fát*) chop (up); (*szövetet*) rip, tear*
hasmenés *n* diarrhoea (*US* -rhea)
hasnyálmirigy *n* pancreas
hasonlat *n* simile; comparison
hasonlít *v vkhez, vmhez v. vkre, vmre* resemble sy/sg, be* similar to sy/sg; *vkhez, vmhez vkt, vmt* compare sy/sg to sy/sg ǁ **apjához** ~ the boy takes after his father
hasonló *a* similar; *vkhez/vmhez* (*igével*) be* similar to sy/sg, be*/look like sy/sg ǁ **hozzám** ~ such as me *ut.*
hasonmás *n* (*kép*) likeness, portrait; (*személy*) double

használ *vt* use, make* use of; (*képességet*) utilize; (*módszert*) employ, apply I *vi vm vknek* be* of use, be* *useful* (to sy); (*gyógyszer, eljárás*) do* (sy) good II ~t neki vm sg did him good
használat *n* use; (*tárgyé*) handling; (*ruháé*) wear(ing); (*szóé*) usage; (*eljárásé*) application, employment II ~ előtt felrázandó to be shaken before use; ~ba vesz put* to use
használhatatlan *a* unusable, useless
használható *a* serviceable, useful
használt *a* used, second-hand
hasznos *a* useful, serviceable; (*vmre*) be* good for; (*egészségre*) beneficial
hasznosít *v* utilize, make* use of; (*hulladékanyagot*) recycle
haszon *n* (*előny, hasznosság*) advantage, benefit; (*nyereség*) profit, gain II hasznát veszi vmnek make* use of sg; hasznot húz vmből make* a profit out of (*v.* on) sg
haszontalan *a* (*hasznavehetetlen*) useless; *biz* (*ember*) good-for-nothing, worthless; (*kölyök*) naughty
hasztalan 1. *a* useless, vain 2. *adv* in vain
hat[1] *num* six II ~kor at six (o'clock); ~ra by six (o'clock)
hat[2] *v* (*gyógyszer stb.*) act, take* effect; *vm vkre* impress/affect sy; *vk vkre* influence sy; (*vmnek tűnik*) give* the impression of
hát[1] *adv/conj* well, why, then II ~ aztán? so (what)?; ~ persze of course, to be sure

hát[2] *n* (*vké, vmé*) back (of); (*vm visszája*) reverse II vk ~a mögött (*átv is*) behind sy's back; ~at fordít vknek (*átv is*) turn one's back on sy/sg; ~ba támad attack (sy) from/in the rear; ~tal ül vmnek sit* with one's back to sg
hatalmas *a* (*óriási*) very large, huge, gigantic; (*épület*) enormous, monumental; (*uralkodó*) mighty, powerful
hatalom *n* (*erő*) power, might, strength, force; (*tekintély*) authority, power II hatalmába kerít get* control over (sg), (*országot*) conquer; hatalmon van (*kormány, párt*) be* in power/office; ~ra jut come* to power
hatalomátvétel *n* takeover
hatály *n* force, power II ~ba lép come* into force/effect; azonnali hatállyal with immediate effect
hatálytalanít *v* repeal, annul, cancel (*US* -l), nullify
hatan *num adv* six (people), six of them/us/you
határ *n* (*területé*) boundary; (*országé*) border, frontier; (*képességé*) limit II a ~on at/on the border; mindennek van ~a that's the limit!
határátkelőhely *n* crossing point, checkpoint
határérték *n* limit
határidő *n* (*vm benyújtására*) deadline, time limit II a fizetési ~ augusztus 31. payment due by 31 August
határidőnapló *n* date calendar
határoz *v* decide (*vmről, vmben* on sg *v.* to do sg), determine (sg); (*hivatalos szerv*) resolve; (*bíróság*) rule

határozat *n* decision, resolution ‖ **~ot hoz** (*hivatalos szerv*) pass/ adopt a resolution; (*bíróság*) pass judg(e)ment/sentence
határozatlan *a* (*dolog*) indefinite, undetermined; (*ember*) irresolute, hesitant ‖ ~ **névelő** indefinite article; ~ **válasz** vague reply
határozószó *n* adverb
határozott *a* (*jellemben*) determined, resolute; (*fellépés*) self-confident; (*körülírt*) definite, precise; (*időpont*) settled, fixed ‖ ~ **kérés** express wish; ~ **névelő** definite article
határőr *n* frontier/border guard
határtalan *a* (*átv is*) unlimited, boundless
hatás *n* effect, influence, impression; (*vegyi, belső*) action ‖ **érezteti ~át** make* itself felt; **~sal van** *vkre* have*/produce an effect on sy, influence/impress sy; *vmre* affect sg
hatásfok *n* efficiency, efficacy ‖ **nagy ~kal** very efficiently
hatáskör *n* (sphere of) authority, powers *pl*; (*bírói*) competence, jurisdiction ‖ **vk ~ébe tartozik** fall*/be* within the competence of sy
hatásos *a* effective, effectual; (*megjelenés*) impressive; (*beszéd*) powerful; (*érv*) potent; (*orvosság*) efficacious
hatástalan *a* ineffective, ineffectual; (*beszéd stb.*) unimpressive
hatékony *a* efficient, effective, powerful
hatéves *a* six-year-old; ~ **kor(á)ban** at the age of six
hátgerinc *n* spine, backbone

hátha *adv* supposing, maybe
hátizsák *n* rucksack, *US* backpack
hátlap *n* back; (*éremé*) reverse (side), verso
hatóanyag *n* agent
hatod *n* (*hatodrész*) (a/one) sixth; *zene* sixth
hatodik 1. *num* *a* sixth; 6th 2. *n* (*osztály*) the sixth class/form (*US* grade) → **első**
hatodrész *n* a sixth part, (one) sixth
hatóerő *n* (active) force
hatol *v* (*vmbe*) penetrate into
hatos 1. *a* six(fold) 2. *n* (*számjegy*) (the number/figure) six; *zene* sextet(te)
hatóság *n* authority
hatótávolság *n* range
hátra *adv* (*irány*) back(wards) ‖ ~ **arc!** about turn!
hátrább *adv* further/farther back
hátradől *v* sit*/lean* back
hátrafelé *adv* back(wards)
hátrafordul *v* turn (a)round; (*csak fejjel*) look round/back
hátrahagy *v* (*otthagy*) leave* (sg) behind; (*vknek örökséget*) bequeath (sg to sy)
hátraigazít *v* (*órát*) put* [the clock] back
hátrál *v* (*ember*) back away, draw* back; (*sereg*) retreat; (*jármű*) reverse
hátralék *n* arrears *pl*, remainder (of debt); (*restancia*) backlog
hátráltat *v* hinder, impede
hátramarad *v* (*lemarad*) fall*/stay behind; (*vk után*) be* left behind
hátrány *n* disadvantage, drawback
hátravan *v* (*ezután kerül sorra*) remain (to be done), be* still left ‖

nincs más hátra, mint there's nothing for it but to
hátsó *a* (*hátul levő*) back(-), rear(-) ‖ ~ **gondolat** ulterior motive; ~ **lábak** (*állaté*) hind legs; ~ **lépcső** backstairs *pl*; ~ **rész** *vmé* (the) rear; (*állaté*) hindquarters *pl*; ~ **ülés** back seat
hatszáz *num* six hundred
hatszor *num adv* six times
hatszoros *a* sextuple, sixfold
háttér *n* background
hátul *adv* at the back, in/at the rear, behind
hátúszás *n* backstroke (swimming)
hatvan *num* sixty
hatvanadik *num a* sixtieth, 60th
hatvány *n* power [of a number] ‖ **második** ~ second power, square; **harmadik** ~ third power, cube; **a második** ~**ra emel** raise [a number] to the second power
hattyú *n* swan
havas 1. *a* (*hóval borított*) snowy ‖ ~ **eső** sleet **2.** *n a* ~**ok** snow-covered mountains
havazás *n* snowfall
havaz|ik *v* snow, be* snowing
haver *n biz* pal, *US* buddy
havi *a* monthly
havibérlet *n* monthly season ticket
havonta *adv* a/every/per month, monthly ‖ ~ **kétszer** twice a month
Hawaii *n* Hawaii(an Islands)
ház *n* house; (*nagyobb*) residence; (*otthon*) home; (*képviselőház*) The House, *GB* House of Commons, *US* House of Representatives; (*uralkodói*) dynasty ‖ ~**hoz szállít** deliver; ~**on kívül van** is out, is not in; **telt** ~ *szính* full house

haza 1. *n* native land, country, mother country, home(land) ‖ ~**nkban** in Hungary, (*ritkábban*) in this country **2.** *adv* home ‖ **elindult** ~ he started (back) for home
hazaáruló *n* traitor
hazaenged *v* let* sy (go) home; (*iskolából tanítás után*) dismiss; (*hadifoglyot*) release
hazaérkez|ik *v* return/come*/arrive home ‖ ~**ett már?** is (s)he back yet?
hazafelé *adv* homewards, on the way home
hazafi *n* patriot
hazafiság *n* patriotism
hazahoz *v* bring*/fetch home
hazai 1. *a* native, domestic, home, national ‖ **a** ~ **csapat** the home team; ~ **termék** home produce/product **2.** *n* **kap egy kis** ~**t** get* a hamper from home
hazáig *adv* (as far as) home, to one's house/home
hazajön *v* come* home, return
hazakísér *v* see*/take* sy home
hazamegy *v* go*/walk home
hazárdjátékos *n* gambler
házas 1. *a* married **2.** *n* ~**ok** married couple
házasodik *v* get* married, marry
házaspár *n* (married) couple
házasság *n* marriage ‖ ~**ot köt** get* married, *vkvel* marry sy
házasságtörés *n* adultery
házastárs *n* spouse, one's husband/wife
hazaszeretet *n* love of one's country, patriotism
hazavisz *v* (*vkt*) take* sy home; (*vmt*) carry home

házbér *n* rent
házfelügyelő *n* caretaker, porter
házi 1. *a* home-; (*otthon készült*) home-made ‖ ~ feladat homework 2. *n* a ~ak the tenants
háziállat *n* domestic/farm animal
házias *a* house-proud; (*férfi*) domesticated
háziasszony *n* housewife°; (*vendégségkor*) hostess; (*szállásadó*) landlady
házibuli *n biz* party
házigazda *n* (*vendégségkor*) host
háziipar *n* handicraft(s)
házimunka *n* housework
háziorvos *n* family doctor, general practitioner (GP)
házirend *n* rules of the house *pl*
háziúr *n* landlord
házszám *n* street-number
háztartás *n vké* household; (*tevékenység*) housekeeping ‖ ~t vezet keep* house (*vkét* for sy)
háztartásbeli *n* housewife°, *US* homemaker
háztartási *a* ~ alkalmazott domestic, (home) help; ~ bolt household stores *pl*; ~ gépek household appliances, labour-saving devices; ~ munka housework
háztető *n* roof
háztömb *n* block (of houses)
hazud|ik *v* tell* a lie, lie*
hazug *a* (*ember*) lying; (*valótlan*) untrue ‖ ~ ember liar
házvezetőnő *n* houskeeper
hé! *int* hey!, hello!, hi!
hébe-hóba *adv* now and then/again
héber *a/n* ~ (nyelv) Hebrew
heccel *v* (*ugrat*) tease, chaff, kid; (*vkt vk ellen*) egg sy on
heg *n* scar

hegedű *n* violin
hegedül *v* play the violin
hegedűs *n* violinist
hegeszt *v* (*fémet*) weld
hegy¹ *n földr* mountain; (*kisebb*) hill ‖ a ~ oldalán on the hillside; ~nek föl uphill; ~ről le downhill
hegy² *n* (*ceruzáé, tűé*) point; (*ujjé, nyelvé, orré*) tip
hegycsúcs *n* peak, mountaintop, summit
hegyes¹ *a* (*vidék*) mountainous
hegyes² *a* (*tárgy*) pointed, sharp
hegyesszög *n* acute angle
hegyez *v* (*ceruzát*) sharpen ‖ ~i a fülét prick up one's ears
hegylánc *n* mountain range
hegymászás *n* mountaineering, alpinism
hegymenetben *adv* uphill
hegyoldal *n* mountainside, hillside
hegység *n* mountains *pl*
hegyszoros *n* (mountain) pass, defile
hegytető *n* mountain-top
hegyvidék *n* mountainous region/area
hej! *int* oh!; (*lelkesítve*) hey!
héj *n* skin; (*tojás, dió*) shell; (*kenyér*) crust; (*lehámozott*) peel, parings *pl*
héja *n* hawk
hektár *n* hectare
helikopter *n* helicopter
hélium *n* helium
hely *n* place; (*férő*) room, space; (*ülő~*) seat; (*szín~*) spot, scene; (*épületé*) site; (*vidék*) locality, spot ‖ (én) a (te) ~edben if I were you; foglaljon ~et! please take a seat ~ben in/at the place, on the spot; (*levélen*) local; ~ére tesz

vmt (*vissza*) return sg to its place; **~et kérek!** make* way please!; **~hez köt** localize; **~t ad vmnek** admít sg; (*fellebbezésnek*) grant [an app*ea*l]
helybeli a/n local
helyenként *adv* here and there
helyénvaló *a* fitting, proper, appropriate
helyes *a* (*helyénvaló*) right, proper; (*korrekt*) correct; (*számszerűen*) accurate; *biz* (*vkről*) nice, sweet; lovely ‖ **~ angolság** good English; **(nagyon) ~!** (that's) right!
helyesbít *v* correct, set*/put* (sg) right
helyesel *v vmt* approve of sg, agree to/on sg
helyesírás *n* spelling, orthography ‖ **rossz ~sal ír vmt** misspell*
helyett *post* instead of, in place of
helyettes 1. *a* deputy, assistant **2.** *n* (*állandó*) deputy, assistant; (*alkalmilag*) sy's substitute
helyettesít *v vkt* deputize/substitute for sy, be* sy's substitute/deputy; *vmt vmvel* replace sg by/with sg
helyez *v vmt vhova* place, put*, lay* (*mind: sg swhere*); (*vkt hivatalba*) appoint (sy) to, place sy swhere
helyezked‖ik *v vhol* take* up a place somewhere; *sp* position oneself; (*érvényesülést keresve*) jockey/manoeuvre (*US* maneuver) for position
helyfoglalás *n* (*seat*) reservation, advance booking
helyhatóság *n* local authority
helyi *a* local ‖ **~ beszélgetés** local call
helyiérdekű vasút *n* suburban/local railway/line

helyiség *n* room, premises *pl*
helyjegy *n* reserved seat (ticket)
helyreállít *v* restore, repair
helyrehoz *v* repair; (*épületet*) restore; (*jóvátesz*) put* sg right
helyreigazít *v* adjust; set* (sg) right; *átv* rectify, correct
helység *n* place, locality; (*község*) community
helyszín *n* (*pl. konferenciáé*) venue ‖ **a ~en** on the spot/scene
helyszíni *a* ~ **bírságolás** on-the-spot fine; (*tilos parkolásért*) parking ticket; **~ közvetítés** running commentary (on)
helytáll *v* (*küzdelemben*) hold*/ stand* one's ground; (*megállja a helyét vmben*) cope with sg; (*állítás*) be* (still) valid
helytelen *a* incorrect, wrong; (*viselkedés*) improper, inappropriate
helytelenít *v* disapprove of
helyzet *n* (*tárgyé*) situation, position; (*testi*) posture, attitude; (*fekvés*) setting, site; (*társadalmi*) social standing/status; position ‖ **a ~ az, hogy** the fact/thing is* (that); **abban a ~ben van, hogy** he is in a position to...; **a jelen ~ben** as things stand
henceg *v* brag, boast
henger *n* cylinder; (*simító, textilnyomó*) roller ‖ **~ alakú** cylindrical
hentes *n* (pork-)butcher
hentesüzlet *n* butcher's shop, the butcher's
henyél *v* idle/laze/lounge around/about
hepehupás *a* bumpy, rough, uneven

herceg *n* (*GB királyi*) prince; (*nem királyi*) duke
hercegnő *n* (*GB királyi*) princess; (*nem királyi*) duchess
here *n* (*méh*) drone; (*emberről*) idler, parasite; (*testrész*) ˊ**k** testicles
hering *n* herring || (**sózott és**) **füstölt** ~ kipper
hernyó *n* caterpillar, worm
hervad *v* fade, wither
hess *int* shoo!, boo!
hét¹ *num* seven || ~**kor** at seven; ~**re** (*időpont*) at seven; (*határidő*) by seven
hét² *n* (*hét nap*) week || **két** ~ two weeks *pl*, *GB* a fortnight; **jövő** ~**en** next week; **kétszer egy** ~**en** twice a week; **minden** ~**en** every week; **mához egy** ~**re** today week, a week (from) today; **egy** ~**re** for a week; ~**ről** ~**re** from week to week
heted *n* seventh
hetedik *num a* seventh; 7th || ~ **osztály** the seventh class/from (*US* grade)
heten *num adv* seven (people), seven of them/us/you
hetente *num adv* weekly, every week
hetes¹ 1. *a* seven(fold) 2. *n* (*szám*) (the number/figure) seven
hetes² 1. *a* (*életkor*) ... weeks old *ut.*, of ... weeks *ut.* 2. *n* (*szolgálatban*) person on duty for a/the week; *isk* monitor
hétfő *n* Monday; → **kedd, keddi**
heti *a* weekly, a week's
hetilap *n* weekly (paper)
hétköznap *n* weekday
hétköznapi *a* (*hétköznapra eső*) weekday-; *átv* everyday

hétszáz *num* seven hundred
hétszer *num adv* seven times
hétszeres *a* sevenfold
hétvég(e) *n* weekend || **vhol tölti a** ~**ét** spend* the weekend (at); **a** ~**én** during/at the weekend
hetven *num* seventy
hetvenedik *num a* seventieth
hetvenes *a a* ~ **évek** the seventies (70s)
hév *n* heat || **nagy** ~**vel dolgozik** hammer away
HÉV *n* = helyiérdekű vasút
heveder *n* strap, band; (*gépé*) belt
heveny *a* acute
hever *v vk* lie*, be* lying
heverő *n* (*bútor*) single bed, couch, divan
heves *a* violent; (*ember*) passionate, hot(-tempered); (*fájdalom*) intense, sharp; (*harc*) fierce, bitter; (*vita*) heated
hevít *v* (*forróvá tesz*) heat; *átv* fire, incite, stimulate
-hez *suff* → **-hoz**
hézag *n* (*nyílás*) gap; *tech* clearance; *átv* deficiency
hiába *adv* in vain, to no purpose || ~ **minden!** all is in vain; **nem** ~ not for nothing
hiábavaló *a* useless, vain, fruitless
hiány *n* want (of sg), lack, absence; (*áruban stb.*) shortage of (sg); (*elégtelenség*) deficiency; (*költségvetési*) deficit; (*pénztári*) amount missing || **vmnek** ~**ában** for want/lack of sg; **vmnek** ~**át érzi** feel* the want of sg
hiánycikk *n* article/commodity/ goods in short supply; (*eladó válasza*) (sorry,) it's out of stock
hiányol *v* (*hiányát érzi*) miss (sg/sy)

hiányos *a* defective, imperfect, deficient, incomplete

hiánytalan *a* complete, entire, full, whole

hiányz|ik *v* (*nincs jelen*) be* absent; (*nincs meg*) be* missing/wanting/lacking; (*szükség volna rá*) miss, need, be* wanting (in) sg || **még csak ez ~ott!** that's the last straw!

hiba *n* (*tévedés, mulasztás*) mistake, error, fault; (*tökéletlenség*) deficiency; (*szervi*) defect; (*működési*) trouble; (*jellembeli*) failing, blemish, fault || **beismeri a ~ját** admit one's mistake; **ez nem az én ~m** it is not my fault; **~t követ el** make* a mistake

hibás *a vm* defective; deficient, faulty; (*bűnös*) guilty, at fault *ut.* || **ki a ~?** who is to blame?

hibátlan *a* faultless, perfect; (*áru*) undamaged; (*jellem*) perfect; (*nyelvileg*) correct; (*számítás*) exact

hibáz|ik *v* make* a mistake, commit an error

híd *n* bridge

hideg 1. *a* cold, chilly || **~ étel(ek)** cold foods/dish(es)/meal(s); **~ vacsora** buffet supper; **~ víz** cold water **2.** *n* cold, chill || **rázza a ~** (*láztól*) be* shivering with fever; **5 fok ~ van** it is 5 degrees below [zero]; **~re fordul** [weather] turns cold

hidegkonyha *n* buffet meals *pl*

hidegvér *n* coolness, sang froid || **megőrzi a ~ét** keep* one's head/temper (*v. biz* cool); **~rel** in cold blood

hidrogén *n* hydrogen

hidrogénbomba *n* hydrogen bomb, H-bomb

hiéna *n* hyena

hifitorony hi-fi equipment/set/unit, hi-fi

híg *a* thin, watery, diluted

higany *n* mercury

higgadt *a* sober, settled, calm

higiénia *n* hygiene

hígít *v* (*bort*) dilute; (*festéket*) thin (*vmvel* with)

hígító *n* (*oldat*) thinner

hihetetlen *a* unbelievable, incredible

hihető *a* credible, believable

híja *n* vmnek ~ lack/want of sg; **kis ~, hogy ... nem** all but, almost, nearly; **jobb ~n** for want/lack of something better

hím 1. *a* male, he- **2.** *n* male

hímez *v* embroider

himlő *n* smallpox

hímnem *n* *nyelvt* masculine (gender)

hímnemű *a* *biol* male; *nyelvt* masculine

himnusz *n* (*nemzeti*) national anthem

hímzés *n* embroidery

hínár *n* (*édesvízi*) reed-grass; (*tengeri*) seaweed

hinta *n* (*kötélen*) swing; (*deszka*) seesaw

hintaszék *n* rocking chair

hintáz|ik *v* (*kötélen*) swing*; (*deszkán*) seesaw; (*hintaszéken*) rock

hipnotizál *v* hypnotize

hír *n* (*értesülés*) news (*pl* ua.) (*vmről* of sg), information (*pl* ua.); (*hírnév*) reputation, fame || **az a ~ járja, hogy** rumour has it that; **~ek** (*rádió, tv*) the news *sing.*; **~ből ismer** know* sy (only) by repute/report

híradástechnika *n* telecommunications *sing.*

híradó *n* (*moziban*) newsreel; (*tévé*) (TV) news *sing.*

hirdet *v* (*eseményt tudtul ad*) announce, proclaim; (*újságban*) advertise; (*plakáttal*) put* up a poster about sg; (*tant, eszmét*) advocate, propagate ‖ **eredményt** ~ declare/publish the result(s); **ítéletet** ~ pass sentence (on sy)

hirdetés *n* (*cselekvés*) advertising; (*szöveg*) advertisement; (*apró*) (classified/small) ad; (*plakát*) poster, bill

hirdetőtábla *n* notice board; (*nagyobb*) hoarding, *US* billboard

híres *a vk, vm* famous, celebrated, well-known ‖ **vmről** ~ famous/noted for sg *ut.*

híresztelés *n* report, rumour (*US* -or), talk

hírhedt *a* notorious, ill-famed

hírközlés *n* telecommunications *sing.*

hírközlő szervek *n pl* the (mass) media *pl v. sing.*

hírlap *n* (news)paper; (*napi*) daily

hírnév *n* reputation, fame

hírnök *n* herald, messenger

hírszerző szolgálat *n* intelligence service

hirtelen 1. *a* sudden, unexpected; (*mozdulat*) quick, rapid; (*ember*) hasty, impulsive 2. *adv* suddenly, all of a sudden

hírügynökség *n* news agency

história *n* (*történelem*) history; (*történet*) story, tale

hisz *v vmt, vmben* believe (in) sg; (*vél*) believe, think*, expect, *US* guess; *vknek* believe sy, trust sy ‖

ki hitte volna! who'd have thought it!; **nem akart hinni a szemének** he couldn't believe his eyes

hiszékeny *a* credulous, naive

hiszen *adv/conj* (*magyarázva*) for, as, since; (*elvégre*) after all ‖ **de** ~ but then, why

hisztérikus *a* hysteric(al) ‖ ~ **rohama van** have* hysterics

hit *n* (*meggyőződés*) belief (in sg), faith, trust, confidence; (*vallás*) faith, religion ‖ (*vmlyen*) ~**re tér** be* converted (to)

hiteget *v* feed* (sy) with promises/hopes

hitel *n ker* credit; (*hihetőség*) authenticity, trustworthiness; (*elhivés*) belief (in sg) ‖ ~**re vesz** buy* sg on credit; ~**t ad vmnek** believe sg; ~**t érdemlő** authentic, credible

hiteles *a* (*valódi*) authentic, genuine; (*hitelesített*) authenticated, certified

hitelesít *v* authenticate, certify; (*mértéket*) check, test

hitelez *v* (*pénzt*) credit sy with

hitelkártya *n* credit card

hitetlen *a* (*kétkedő*) incredulous, sceptical (of sg); (*nem hívő*) unbelieving, faithless

hitoktatás *n* religious education

hitoktató *n* teacher of religious education, RE teacher

hitszegő *a* perfidious

hittan *n* (*tantárgy*) religious education; (*elmélet*) theology, divinity

hittérítő *n* missionary

hittudomány *n* theology, divinity

hitvallás *n vall* confession (of faith); (*hiszekegy*) creed

hitvány a (minőségileg) worthless, valueless; (erkölcsileg) base, mean ‖ ~ **áru** rubbish

hitves n (feleség) wife°; (házastárs) spouse

hiú a (ember) vain, conceited ‖ ~ **remény** vain hope

hív[1] n ~e (vknek, vmnek) follower, adherent (of sy/sg); vall a ~ek the congregation/flock sing.

hív[2] v vkt vhová call (to); (telefonon) ring* sy (up), (tele)phone sy; (nevez) call, name ‖ **ebédre** ~ invite/ask to dinner; **hogy ~nak?** what's your name?; **orvost** ~ send* for a doctor; **segítségül** ~ call sy to one's aid

hívat v send* for sy; (magához) summon sy

hivatal n (hely) office, bureau (pl -s v. -x); (állás) position, function, post, job ‖ **~ba lép** take* up (v. enter) office; **~ból** officially

hivatalnok n (state) official, civil servant, clerk

hivatalos a (hatóságtól előírt) official; (hivatali) official, administrative, professional; (vhová meghíva) be* invited (to) ‖ ~ **idő** office/business hours pl; ~ **ügyben** on business; **nem** ~ unofficial, informal

hivatás n (elhivatottság) calling, vocation (to); (szakma) profession, trade, career

hivatásos a professional ‖ **nem** ~ non-professional, amateur

hivatkoz|ik v vmre refer to sg; vkre (pl. állásnál) give* sy as a reference ‖ **aug. 10-i levelére ~va** with reference to your letter of 10 August

hívatlan a uninvited

híve n → **hív**[1]

hívő 1. a believing **2.** n believer

hízeleg v vknek flatter sy, fawn on sy

híz|ik v put* on weight, grow*/get* fat; fatten; (dicsérettől) swell* (with pride)

hizlal v (állatot) fatten (up); vm vkt make* (sy) fat

hó[1] n snow ‖ **esik a** ~ it is snowing

hó[2] n = **hónap**

hobbi n hobby

hóbort n (szeszély) whim, fad, caprice; (divat) craze, mania

hóbortos a eccentric, cranky, crazy

hód n beaver

hódít v (földet, országot) conquer; (nő, férfi) make* a conquest of sy

hódító 1. a conquering ‖ ~ **háború** war of conquest **2.** n conqueror

hódol v vknek pay* homage (to sy); (szenvedélynek) have* a passion (for sg); (divatnak) follow

hódoló n admirer, devotee, follower

hófúvás n (hóvihar) snow-storm; (akadály) snowdrift

hógolyó n snowball

hogy[1] adv (hogyan) how, in what manner; (mennyire) how ‖ **de még ~!** and how!; ~ **a szilva?** how much are the(se) plums?; ~ **mondják ezt angolul?** how do you say it/that in English?; ~ **vagy?** how are you (getting on)?; ~ **volt!** encore!

hogy[2] conj that; (célhatározó) in order to/that, so that; (függő kérdésben) whether ‖ **kérdezte, ~ elmegyek-e** he asked me whether

I was going; **kért, ~ siessek** he asked me to hurry

hogyha *conj* if, supposing, presuming

hogyhogy *adv* what do you mean?

hogyisne *int* certainly not, nothing of the sort!

hogyne *adv* of course, naturally, sure, certainly

hoki *n* hockey

hol[1] *adv* **A)** (*kérdő*) where?, in what place?, whereabouts? **B)** (*vonatkozó*) = **ahol**

hol[2] *conj* ~ **hideg,** ~ **meleg** now hot now cold; ~ **volt,** ~ **nem volt** once upon a time there was ...

hold[1] *n csill* moon; (*más bolygóé*) satellite, moon || **mesterséges ~** earth satellite

hold[2] *n* (*mérték*) Hungarian acre <0,57 hectares or 1,42 English acres>

holdfény *n* moonlight

holdfogyatkozás *n* eclipse of the moon

holdkóros *n* sleepwalker

holdtölte *n* full moon

holdvilág *n* moonlight

holland *a/n* Dutch || ~ **(nyelv)** Dutch; ~ **férfi** Dutchman°; **a ~ok** the Dutch

Hollandia *n* the Netherlands *pl*, Holland

holló *n* raven

holmi *n* sy's things *pl*, belongings *pl*

holnap 1. *adv* tomorrow || ~ **reggel** tomorrow morning, in the morning; ~**ra** (by) tomorrow **2.** *n* (*másnap*) the next day

holnapután *adv* the day after tomorrow

holott *conj* (al)though, whereas

holt *a* dead, deceased || ~ **nyelv** dead language; ~ **szezon** off season

holtidő *n* (*munkában*) idle time

holtjáték *n* play; (*túl nagy*) backlash

holtpontra jut *v* come* to a deadlock

holtsúly *n* dead-weight/load

Holt-tenger *n* Dead Sea

holttest *n* dead body, corpse

holtverseny *n* dead heat, tie, draw

hólyag *n* (*szerv*) bladder; (*bőrön*) blister; *biz* (*emberről*) fathead, idiot

homály *n* (*sötétség*) obscurity, darkness, dimness; (*esti*) twilight, dusk; *átv* obscurity, mystery

homályos *a* (*sötét*) dim, obscure; (*fémfelület*) dull; (*célzás*) not clear *ut.*, obscure

homár *n* lobster

homlok *n* forehead, brow

homlokzat *n* front, façade

homogén *a* homogeneous

homok *n* sand

homokóra *n* sand-glass

homokos[1] *a* sandy, sanded; ~ **part** sandy beach, sands *pl*

homokos[2] *a biz* (*homoszexuális*) gay, queer

homonima *n* homonym

homorú *a* concave, hollow

homoszexuális *a* homosexual

hónalj *n* armpit

hónap *n* month || **egy ~ leforgása alatt** within a month

hónaponként *adv* a/per month, monthly

hónapos *a* ...-month-old; monthly

honfitárs *n* compatriot, fellow-countryman°

honnan *adv* **A)** (*kérdő*) (*irány, hely*) from where?, where ... from?, from what place?; *átv* how?, why? || ~ **tudja?** how do* you know? **B)** (*vonatkozó*) = **ahonnan**
honorál *v* recompense
honorárium *n* fee; (*szerzői*) royalty
honpolgár *n* citizen, subject
hontalan 1. *a* homeless, exiled **2.** *n* displaced person
honvágy *n* homesickness; ~**a van** be* homesick
honvédelmi *a* of national defence (*US* -se) *ut.* || ~ **miniszter** Minister of Defence, *GB* Defence *US* Defense Secretary; ~ **minisztérium** *H, GB* Ministry of Defence, *US* Department of Defense
hópehely *n* snowflake
hopp! *int* oops!
hord *v* (*visz*) carry; (*ruhát, cipőt*) wear*, have* sg on
hordágy *n* stretcher
hordár *n* porter
hordó *n* (*fa v. fém*) barrel; (*fa*) cask; (*kisebb*) keg
hordozható *a* portable
horgany *n* zinc
horgász *n* angler
horgászbot *n* fishing-rod
horgászfelszerelés *n* fishing tackle
horgász|ik *v* angle/fish (*vmre* for sg)
horgol *v* crochet
horgony *n* anchor || ~**t vet** cast*/ drop anchor
horgonyoz *v* anchor
horizont *n* horizon; (*város sziluettjével*) skyline
horkol *v* snore

hormon *n* hormone
horog *n* (*kampó*) hook; (*horgászé*) fish-hook || ~**ra akad** (*hal*) take* the hook
horoszkóp *n* horoscope
horpadás *n* dent (in sg); (*talajban*) dip
horvát 1. *a* Croatian **2.** (*ember, nyelv*) Croatian, Croat
Horvátország *n* Croatia
hossz *n* length
hosszában *adv* lengthways, lengthwise || **vmnek** ~ along(side) sg
hosszabbít *v* lengthen; (*időt*) prolong; *sp* extend the time
hosszas *a* (*hosszadalmas*) lengthy
hosszú *a* *vm* long; (*emberről*) tall || **3 méter** ~ three metres long; ~ **életű** long-lived; ~ **ideig** for a long time; ~ **lejáratú** long-range, (*hitel*) long-term; ~ **távon** in the long run
hosszúság *n* length; *földr* longitude
hosszútávfutás *n* long-distance running
hotel *n* hotel
hova *adv* **A)** (*kérdő*) in which direction?, where?, which way? || ~ **mész?** where are* you going (to); ~ **valósi (vagy)?** where do you come from? **B)** (*vonatkozó*) = **ahova**
hóvihar *n* snow-storm, blizzard
hóvirág *n* snowdrop
hoz *v* bring*, carry; (*érte menve*) fetch; (*eredményez*) bring* in; (*jövedelmet*) yield; (*kamatot*) bear*; (*gyümölcsöt*) produce || **Isten** ~**ott!** welcome!
-hoz, -hez, -höz *suff* **A)** (*helyhatározó*) **a)** to || **házhoz szállít** de-

l*i*ver to one's house; **b)** (*elöljáró nélkül*) **közel vmhez** near sg; **menj (el) az orvoshoz** go to see the d*o*ctor! **B)** (*időhatározó*) **mához egy hétre** tod*a*y week, a week (from) tod*a*y **C)** (*véghatározó*) **a)** to ‖ **fordul vkhez** apply to sy for sg; **szól vkhez** speak* to sy; **b)** to (*v. elöljáró nélkül*) **csatlakozik vkhez** join sy; **c)** (*különféle elöljáróval v. elöljáró nélkül*) **ért vmhez** be* proficient in sg; **hozzáfog vmhez** set*/go* ab*o*ut sg, beg*i*n*/start/commence sg; **semmihez sincs kedve** take* no *i*nterest in *a*nything **D)** (*hasonlításban*) **hasonlít vkhez/vmhez** resemble sy/sg, be* s*i*milar to sy/sg; **jól illik vmhez** suit sg well, go* well with sg

hozam *n* o*u*tput, yield

hozomány *n* d*o*wry

hozzá *adv* to/tow*a*rds sy ‖ **~m** to me; **~d** to you; **~nk** to us; **~tok** to you; **~juk** to them

hozzáad *v vmhez* vmt add (sg to sg) ‖ **~ja a lányát vkhez** m*a*rry one's d*a*ughter (off) to sy

hozzáállás *n vmhez* *a*ttitude, appr*o*ach (to sg)

hozzáér *v vmhez* touch sg

hozzáerősít *v vmhez* f*a*sten/fix sg to sg

hozzáértő *a* c*o*mpetent, *e*xpert

hozzáfér *v vmhez* reach (sg); *vkhez* come*/get* near (en*o*ugh) to sy

hozzáfog *v vmhez* set* ab*o*ut sg, start/beg*i*n* to do sg, start d*o*ing sg ‖ **~ a munkához** get* down to work

hozzáfűz *v vmhez* tie (sg) on (sg), bind*/f*a*sten (sg) to (sg); (*megjegy-*

zést) add ‖ **(ehhez) nincs mit ~ni** I've n*o*thing to add, no c*o*mment

hozzáillő *a* s*u*itable, f*i*tting ‖ **színben ~ ...** to match

hozzájárulás *n* c*o*ntribution (*vmhez* to); (*beleegyezés*) assent, consent

hozzájut *v* (*térben vmhez*) get* at; (*időben*) find* time (for sg)

hozzálát *v* (*evéshez*) settle down to sg; → **hozzáfog**

hozzámegy *v* (*feleségül vkhez*) get* m*a*rried to (sy)

hozzányúl *v vmhez* touch/h*a*ndle sg ‖ **ne nyúlj hozzá!** don't touch (it)!, leave it al*o*ne

hozzászámít *v vmhez* add on, incl*u*de (in sg)

hozzászok|ik *v vmhez* get* acc*u*stomed to sg, get* used to sg

hozzászól *v vmhez* speak* (on a s*u*bject), comment on sg ‖ **mit szólsz hozzá?** what do you think (of it)?

hozzászólás *n* (*ülésen*) contrib*u*tion, rem*a*rks *pl*

hozzátapad *v vmhez* stick*/adh*e*re to sg

hozzátartoz|ik *v vmhez* bel*o*ng to sg

hozzátartozó *n* (*rokon*) relative, relation

hozzátesz *v vmt vmhez* add (sg to sg) ‖ **nincs semmi hozzátennivalóm** I have n*o*thing to add

hozzávaló *n* (*kellékek*) accessories *pl*; (*ételhez*) ingredients *pl*

hozzávetőleg *adv* appr*o*ximately, ab*o*ut

hő *n* heat

hőálló *a* h*e*at-resistant, h*e*atproof

hőemelkedés *n orv* slight fever/temperature ‖ **~e van** have*/run* a temperature

hőfok n temperature
hőguta n heat-stroke, sunstroke
hőhullám n heat-wave
hőlégballon n hot-air balloon
hölgy n lady ‖ **~eim és uraim!** Ladies and Gentlemen!
hőmérő n thermometer
hőmérséklet n temperature
hörcsög n hamster, US gopher
hörghurut n bronchitis
hős n hero ‖ **a regény ~ei** the main characters of the novel
hőség n (great) heat ‖ **nagy ~ van** it is very hot
hősnő n heroine
hősugárzó n (electric) heater
hőszigetelés n heat insulation
-höz suff → **hoz**
húg n younger sister
húgy n urine
huligán n hooligan
hull v fall* (off), drop (down/off); (könny) flow ‖ **~ a haja** his hair is falling out; **~ a hó** it is snowing
hulla n corpse; (állati) carcass
hulladék n waste (material), refuse, US garbage
hullám n wave; (nagy tengeri) billow ‖ **tartós ~** permanent wave
hullámhossz n wavelength
hullámlovaglás n surfing
hullámos a (haj) wavy, curly
hullámsáv n waveband
hullámvasút n roller coaster
hullámz|ik v (szelíden) ripple, undulate; (erősen) surge, billow, swell*; (árak) fluctuate
hullócsillag n shooting star
humán a **~ beállítottságú** interested in (v. oriented towards) the arts/humanities ut.; **~ műveltség** education in the humanities/

classics; **~ tárgyak** arts, US humanities
humanista a/n humanist
humánus a humane
humor n humour (US -or)
humorérzék n sense of humour (US -or)
huncut a waggish, prankish, impish; (nem becsületes) wily, crafty
hunyorít v (egyet) wink
húr n zene string; mat chord ‖ **egy ~on pendülnek** they are thick as thieves
hurcol v drag, haul
hurka n sausage
hurok n noose, slip-knot, loop
húros hangszer n string(ed) instrument
hurrá int (hip, hip) hurray! ‖ **háromszoros ~** three cheers (for sy)
hús n (élő) flesh; (ennivaló) meat; (vadé) game
húsbolt n butcher's (shop)
húsdaráló n mincer, US meat grinder
húsleves n meat-soup
hússzelet n steak
húsvét n Easter ‖ **~kor** at Easter
húsz num twenty ‖ **~ óra** twenty hours, 8 p.m.
huszadik num a twentieth ‖ **a XX. század** the 20th century
huszár n hussar, cavalryman°; (sakkban) knight
huszonegyedik num a twenty-first (21st)
húz v draw*, pull; (vonszolva) drag, haul; (ruhát) put* on; biz (ugrat vkt) kid (sy), pull sy's leg; (vonzódik vkhez) feel* drawn towards sy ‖ **ágyat ~** change/make*

the bed; **cipőt** ~ put* on one's shoes

huzal *n* wire; (*erősebb*) cable

huzamos *a* protracted, (long-) lasting || ~ **időre** for a long time

huzat *n* (*lég~*) draught (*US* draft); (*bútor~*) cover; (*párna~*) case

húzód|ik *v* (*anyag*) stretch; (*ügy*) drag on; (*terület vmeddig*) extend to/over; (*vk vhová bújik*) withdraw* to, hide* in

húzódoz|ik *v* vmtől be*/feel* reluctant/loath to do sg

hű[1] *a* faithful, loyal, true (*vkhez, vmhez mind*: to sy/sg) || ~ **marad vkhez** remain faithful/loyal to sy

hű[2] *int* oh!, wow!

hűhó *n* ado || **nagy ~t csap vmért** make* a fuss about sg

hűl *v* grow*/get* cool

hüllő *n* reptile

hülye 1. *a* idiotic, stupid **2.** *n* idiot

hülyeség *n* idiocy, stupidity; *biz* ~! (stuff and) nonsense!

hülyésked|ik *v* act foolishly || **ne ~j!** don't be silly!

hűséges *a* faithful, loyal, true

hűsít *v* refresh

hűsítők *n pl* soft drinks

hűt *v* cool; (*hűtőkészülékkel*) refrigerate, chill

hűtlen *a* faithless, unfaithful, disloyal

hűtőfolyadék *n* coolant

hűtőláda *n* chest freezer

hűtőszekrény *n* refrigerator, *biz* fridge || ~ **mélyhűtővel egybeépítve** fridge freezer

hűtőtáska *n* freezer bag

hűtővíz *n* cooling water

hüvely *n* (*kardé*) scabbard; (*töltényé*) cartridge-case; (*tok*) case;

tech sleeve, jacket; *bot* legume, pod; (*női*) vagina

hüvelyk *n* (*mérték*) inch (= 2,54 cm)

hüvelykujj *n* (*kézen*) thumb; (*lábon*) big toe

hűvös 1. *a* (*idő, kellemesen*) cool, fresh; (*kellemetlenül*) chilly; (*modor*) stiff, icy || ~ **fogadtatás** cold/frosty reception; ~ **helyen tartandó** to be kept in a cool place **2.** *n biz* (*börtön*) the cooler || ~**re tesz** clap (sy) in jail/jug

I, Í

-i *suff* (*vhonnan származó*) **budapesti** of Budapest *ut.*

ibolya *n* violet

ibolyántúli *a* ultraviolet

ibolyaszínű *a* violet(-coloured) (*US* -or-)

idáig *adv* (*időben*) up to now, till now, so far; (*térben*) as far as here, this far

ide *adv* here, to this place || **gyere ~!** come here!; ~ **figyelj!** listen!, look here

ideál *n* ideal

idealista 1. *a* idealistic **2.** *n* idealist

ideát *adv* over here

idébb *adv* further this way, nearer here

ideg *n* nerve || **az ~eire megy vm/vk** sg/sy gets on one's/sy's nerves

idegbeteg *a/n* neurotic

idegcsillapító *n* sedative, tranquilizer (*US* -l-)

idegen 1. *a (ismeretlen)* foreign, strange; *(külföldi)* foreign, alien **2.** *n* stranger, outsider; *(külföldi)* foreigner, alien ‖ ~eknek tilos a bemenet no admittance (except on business)
idegenforgalom *n* tourism
idegenvezető *n* guide
ideges *a* nervous; *(nyugtalan)* restless
idegesked|ik *v* be* nervous
ideggyógyászat *n* neurology
ideggyógyintézet *n* neurological clinic
idegkimerültség *n* nervous breakdown
idehoz *v* bring* (sg/sy) here, fetch (sg)
idei *a* (ez) ~ this year's, of this year ut.
idejekorán *adv* in (good) time
idejétmúlt *a* out-of-date, outdated, old-fashioned
idejön *v* come* here
idén *adv* this year
idenéz *v* look here
ide-oda *adv* here and there; *(előrehátra)* to and fro
ideológia *n* ideology
idetartoz|ik *v (vk, vm)* belong here; *(ügyhöz átv)* pertain/relate to
idétlen *a (alakra)* misshapen; *(megjegyzés)* inept, foolish; *(ügyetlen)* clumsy, awkward
idevágó *a* relevant
idevaló *a* local; *(ideillő)* suitable, proper, relevant ‖ ~ vagyok I belong here; **nem vagyok** ~ I am a stranger here
idéz *v (szöveget)* quote *(vmt* sg, *vkt* sy), cite (sy/sg); *(hatóság elé)* summon

idézet *n* quotation (from)
idézőjel *n* quotation marks *pl*
idióta 1. *a* idiotic **2.** *n* idiot
idom *n* mat figure; *(női)* figure, form
idomít *v (állatot)* train; *(vadállatot)* tame
idő *n* time; *(~tartam)* (length of) time, period, term; *(~pont)* (point of) time, date; *(kor)* age, period; *(időjárás)* weather; *nyelvt* tense ‖ **a pontos** ~ ... time now ...; **annak idején** *(akkor)* at the/that time; *(jövőben)* when the time comes; **az egész** ~ **alatt** all the time; **az** ~ **pénz** time is money; **egy** ~ **óta** for some time (past), lately; **egy ~ben** *(valamikor)* at one time; **egy ~re** for a while/time; **ettől az ~től kezdve** from this time on; **ez ideig** up to now, so far; **húzza az ~t** be* marking time; **ideje, hogy** it is time to; **~ben, idejében** in (good) time; **~ről ~re** from time to time; **kis** ~ **múlva** after a while/time/bit, before long; **mennyi az ~?** what's the time?, what time is it?; **milyen** ~ **van?** what's the weather like (today)?; **sok idejébe került** it took him a long time; **szép** ~ **van** it's fine; **vmvel tölti (az) idejét** spend* one's time (doing sg); **vknek/ vmnek az idején** in the days/time of
időhiány *n* lack of time
időjárás *n* weather
időjárás-jelentés *n* weather-report; *(előjelzés)* weather forecast
időjelzés *n* time-signal; *(rádióban biz)* (the) pips *pl*
időköz *n* interval, space of time

időközben *adv* meanwhile, (in the) meantime
időnként *adv* from time to time, (every) now and then
időpont *n* (point of) time, date ‖ **megbeszél egy ~ot vkvel** make*/fix an appointment with sy (*v.* to see sy)
idős *a* old, aged, elderly ‖ **mennyi ~?** how old is he?; **nem látszik annyi ~nek** he does not look his age; **~ebb** older; (*testvéreknél*) elder; **három évvel ~ebb nálam** he is three years older than me
időszak *n* period, term
időszámítás *n* (*rendszere*) time ‖ **~unk előtt (i. e.)** B.C. (= before Christ); **~unk szerint (i. sz.)** A.D. (= *Anno Domini*, in the year of our Lord); **helyi ~** local time; **nyári ~** summer time
időszerű *a* timely, topical
időtartam *n* length of time, period
időtöltés *n* pastime, recreation, hobby
időváltozás *n* change in the weather
időz|ik *v* stay (*vknél* with sy, *vhol* at/in); (*tárgynál*) dwell* on sg
időzít *v* time
idült *a* chronic
i. e. → **időszámításunk előtt**
ifjabb *a* younger; (*személynévvel*) Junior
ifjú 1. *a* young ‖ **az ~ pár** the young (*v.* newly married) couple, the newly-weds **2.** *n* young man°, youth
ifjúság *n* (*kor*) youth; (*ifjak*) youth, young people *pl*, the young *pl*
ifjúsági *a* of/for youth *ut.*; *sp* junior ‖ **~ (turista)szálló** youth hostel; **~ válogatott** junior team

-ig *suff* **A)** (*helyhatározó*) **a)** to ‖ **Londontól Edinburghig** from London to Edinburgh; **b)** as far as ‖ **(egészen) Londonig** as far as London **B)** (*időhatározó*) **a)** (*időpont*) to, up to ‖ **elejétől végig** from beginning to end; **b)** (*vmely időpontig nem*) not before ... **c)** (*időtartamon belül valameddig*) till, until ‖ **három óra utánig** until after three o'clock; **reggeltől estig** from morning till night; **d)** (*időtartam alatt*) for ‖ **két évig tanult angolul** he learnt English for two years **C)** (*fokhatározó*) to (*v.* elöljáró nélkül) ‖ **az utolsó emberig elestek** they fell to a man; → határozókban, *pl.* **eddig, sokáig** *stb.*
iga *n* yoke
igaz 1. *a* (*való*) true, genuine, real; (*becsületes*) true, straight, just ‖ **egy szó sem ~ belőle** there is not a word/grain of truth in it; **~, hogy ...** (*állításban*) true (enough) (that), no doubt; (*elismerem*) I admit; **~ (is)** (*most jut eszembe*) by the way; **(nem) ~?** isn't that so? **2.** *n* (*valóság*) truth ‖ **~a van** he is right; **az ~at megvallva** to tell the truth
igazán *adv* (*állítva*) really, truly, indeed; (*kérdve*) really?, indeed?
igazgató *n* (*vállalaté, banké*) manager, director, head; (*múzeumé*) custodian, keeper; *isk* headmaster; (the) head [of the school]
igazgatóhelyettes *n* (*banké, vállalaté*) deputy/assistant manager; *isk* deputy headmaster (*nő:* headmistress)
igazgatónő *n* (*banké, vállalaté*) directress; *isk* headmistress

igazgatóság n (*testület*) management, board of directors; (*állás*) managership, directorship; (*helyiség*) manager's/director's office
igazi a true, real
igazít v put* (sg) right; (*beállít*) adjust, set*
igazod|ik v vk vmhez go* by sg, adjust to sg; vk vkhez adjust to sy
igazol v (*cselekedetet*) justify; (*tudományosan*) prove*, verify,; (*mulasztást*) excuse; (*okmánnyal vmt*) certify; (*vmnek átvételét*) acknowledge [receipt of]; sp vhova be* transferred to ‖ ~ja magát! your identity card please!
igazolás n (*cselekedeté*) justification, (*állításé*) verification; (*okmánnyal*) certification; (*az irat*) certificate
igazolvány n certificate‖ **személyi** ~ identity card
igazság n truth ‖ ~ **szerint** to tell the truth, as a matter of fact
igazságos a just, fair
igazságszolgáltatás n jurisdiction
igazságtalan a unjust, unfair
igazságügy n justice
igazságügy-miniszter n Minister of Justice, GB Lord Chancellor, US Attorney-General
ige n nyelvt verb; vall the Word; ~t **hirdet** preach
igehirdetés n sermon
igeidő n tense
igekötő n verb prefix
igemód n mood
igen[1] 1. int yes ‖ **Nem is láttad. - De** ~! You didn't see it. - But I did. 2. n yes; ~**nel felel** answer in the affirmative
igen[2] adv = **nagyon**

igenév n **főnévi** ~ infinitive; **melléknévi** ~ participle
igenis int (*igen*) yes (sir)!, yes indeed! ‖ **de** ~ **így lesz!** well, that's how it's going to be
igenlő a affirmative, positive ‖ ~ **válasz** affirmative answer
igény n vmre claim (to), demand (on) ‖ ~**be vesz** make use of, employ; **túl nagyok az** ~**ei** has too many expectations
igényel v (*jogot formál vmre*) claim (sg); (*szükségessé tesz*) demand, require
igényes a (*vk*) exacting, demanding; (*munka stb.*) taxing; (*színvonalas*) of a high standard ut.
igénytelen a (*szerény*) unassuming, modest; (*egyszerű*) simple, plain; (*jelentéktelen*) insignificant
ígér v vk vmt promise; ker bi**d***, offer ‖ **sokat** ~ be* promising
igeragozás n conjugation
ígéret n promise; (*ünnepélyes*) pledge
így 1. adv so, thus, in this way/manner ‖ **a szöveg** ~ **szólt** the text went as follows; **és** ~ **tovább** and so on/forth; ~ **áll a dolog** that's how it is;~ **van?** am I right? 2. conj (*eszerint*) so, thus; (*tehát, következésképpen*) thus, consequently, therefore
igyeksz|ik v (*szorgalmas*) work hard; vhová make*/head for ‖ **azon** ~**ik, hogy** try/do* one's best to (do sg)
ihlet 1. v inspire 2. n inspiration
íj n bow
íjászat n archery
ijedt a frightened, scared
ijedtség n fright, alarm, fear

ijeszt v frighten, alarm, terrify
ijesztő a frightening, frightful
iker n twin || **hármas ikrek** triplets
ikerház n semi-detached (US duplex) house
iktat v (hivatalban) file, register || **törvénybe** ~ enact
ill. = **illetőleg**
illat n fragrance, scent || **jó/kellemes** ~**a van** have a pleasant smell/scent
illatszer n scent, perfume
illatszerbolt n kb. chemist's (shop), US drugstore
illedelmes a well-behaved/mannered, polite
illegális a illegal; pol underground
illem n proper/decent behaviour (US -or), good manners pl
illemhely n toilet, (női) powder room, US washroom
illeszt v vmbe/vmhez fit (to, into)
illet v (vm vké) belong/appertain to sy; (vonatkozik vkre/vmre) concern sy/sg, refer/relate to || **ami azt** ~**i** as a matter of fact; **ami engem** ~ as for/regards me, as far as I am concerned; **akit** ~ to whom it may concern
illeték n dues pl, fee, tax; (nagyobb) duty
illetékes a (vk) competent (to), authorized (to); (intézmény) appropriate (authority)
illetlen a improper, indecent
illető 1. a (szóban forgó) in question/point ut., the said ...; (vkre vonatkozó) concerning; (vknek járó) due/belonging to (mind: ut.) 2. n (ember) the person in question
illetőleg 1. adv vkt/vmt ~ concerning/regarding sy/sg 2. conj ...

respectively; (pontosabban) or rather; **5, ill. 8% a kamat** interest is 5 and 8 per cent resp./respectively
ill|ik v vhova, vmbe fit (into); vmhez vm go* (well) with sg; vkhez vm become*/suit sy; (színek) the colours go well together || **ahogy** ~**ik** in a due manner, duly; ~**enek egymáshoz** they are made for each other; (ruhadarabok) they match well; (viselkedésben) **nem** ~**ik vkhez vm** it does not become him/her to ...
illő a proper, fitting, due, suitable; (vkhez, vmhez) appropriate for/to ut.
illusztráció n illustration
illúzió n illusion || **nincsenek** ~**i vkt/vmt illetően** have* no illusions about sy/sg
ilyen 1. pron such, such a(n), of this/the kind/sort ut. || ~ **az élet** such is life, that's life; ~ **még nem volt** it is unprecedented 2. adv so, such a(n) || **egy** ~ **okos ember** such a clever man° 3. n **nekem senki se mondjon** ~**eket!** don't try to fool me!
ilyenformán adv (így) in this manner/way, in such a way; (így tehát) thus
ilyenkor adv (ilyen időben) at such a time; (ilyen esetben) in such a case || **holnap** ~ tomorrow at this time
ilyesmi pron such a thing, something of the kind
ima n prayer
imád v adore, worship
imádkoz|ik v pray
imádság n prayer

imakönyv *n* prayer-book
íme *int* there (you are)!, lo! ‖ ~
néhány példa here are some
examples
immúnis *a* immune (*vmvel szem-*
ben to/against sg)
immunrendszer *n* immune system
imperializmus *n* imperialism
import *n* (*művelet*) importation;
(*áru*) import(s *pl*)
importál *v* import
impotencia *n* impotence
impresszionizmus *n* impression-
ism
improvizál *v* improvise, extempo-
rize
impulzus *n* impulse, impetus
ín *n* tendon, sinew ‖ **inába száll a**
bátorsága get*/have* cold feet
inas[1] *a* (*hús*) stringy
inas[2] *n* (*ipari tanuló*) apprentice;
(*gazdagoknál*) valet, man-servant
(*pl* men-servants), footman°
inda *n* trailer, creeper
index *n* = **indexszám**; = **irányjel-**
ző; (*műszeren*) pointer, hand, *indi-*
cator; *isk kb.* record/report (card);
(*névmutató*) index (*pl* indexes)
indexel *v* = **jelez**
indexszám *n mat* index (*pl* indices)
India *n* India
indiai *a/n* Indian; (*hindu*) Hindu
Indiai-óceán *n* Indian Ocean
indián *a/n* (American) Indian
indiszkrét *a* indiscreet, tactless
indít *v* (*járművet*) start (up), set*
(sg) in motion; (*űrhajót*) launch;
sp (*jeladással*) give* the starting
signal ‖ **folyóiratot** ~ launch a
periodical; **pert** ~ bring* an action
(against)
indíték *n* motive, reason

indítókulcs *n* ignition key
indítvány *n* motion, proposal ‖ ~t
tesz make* a proposal
indítványoz *v* propose, suggest;
(*tervet*) put* forward
indok *n* motive, reason, ground;
(*érv*) argument
indokol *v* (*vk vmt*) give*/offer
(one's) reasons for sg, account for
sg
indokolatlan *a* unjustified
indokolt *a* justified ‖ ~ **esetben** for
good cause
indul *v* (*gép*) start; (*repülőgép*)
take* off, (*hajó*) sail, (*busz, vonat*)
depart, leave (*vhonnan* from, *vho-*
vá for); *sp* take* part, (*benevez*)
enter for [a race] ‖ (**éppen**) ~**ni**
készül be (just) about to start/
leave; ~**junk!** let's go/start!
indulás *n* (*gépé*) start; (*repülőgépé*)
takeoff; (*hajóé*) sailing; (*buszé,*
vonaté) departure; (*kiírás*) depar-
tures; *sp* start
indulat *n* (*harag*) temper ‖ ~**ba jön**
lose* one's temper
indulatos *a* passionate, hot-
tempered
indulatszó *n* interjection
induló **1.** *a* starting, departing **2.** *n*
sp competitor, entrant; (*autóverse-*
nyen) starter, *zene* march
infarktus *n* infarction, heart attack
infláció *n* inflation
influenza *n* influenza, *biz* (the) flu
információ *n* information (*pl* ua.);
(*adatok*) particulars *pl*; (*vkről*
munkavállalásnál) reference ‖
téves ~ misinformation
informál *v* vkt vmről inform sy of sg
informálód|ik *v* make* inquiries
(about sg/sy)

informatika *n* information science/ technology

infrastruktúra *n* infrastructure

infravörös *a* infrared

ing *n* shirt

inga *n* pendulum

ingadoz|ik *v* (*mennyiség*) fluctuate (between ... and ...); *vk* vacillate, hesitate

ingatlan *n* real estate, property

inger *n* (*érzékszervi*) stimulus (*pl* -li)

ingerlékeny *a* irritable, excitable, hot/short-tempered

ingerült *a* irritated

ingóságok *n pl* personal/movable property *sing.*

ingyen *adv* free (of charge), gratis, for nothing

ingyenes *a* free, gratuitous

injekció *n* injection ||~**t ad** give* sy an injection

injekciós tű *n* hypodermic needle

inkább *adv* rather, sooner|| ~ **várok** I prefer to wait, I'd rather wait; **minél** ~ **...**, **annál kevésbé ...** the more ... the less ...; ~ **mint** rather than

innen *adv* (*hely*) from here, hence || **menj** ~**!** be off!, get out of here!; **vmn** ~ (on) this side of sg

inog *v* (*tárgy*) be* unsteady, wobble, shake*

int *v* make* a sign, (*kézzel*) beckon, wave; (*fejjel*) nod; *vkt vmre* warn sy to do sg || **óva** ~ **vkt** (*vmtől*) caution/warn sy against sg

integet *v* wave (one's hand)

intelligencia *n* (*értelem*) intelligence

intelligens *a* intelligent

intenzív *a* intensive; ~ **osztály** intensive care unit (ICU)

interjú *n* interview

intéz *v* (*ügyet*) manage; (*elrendez*) arrange; *vmt vkhez* address sg to sy

intézet *n* (*tudományos stb.*) institute; = **nevelőintézet**

intézkedés *n* measure(s), step(s); (*törvényé*) provision

intézmény *n* institution, establishment, institute

intő 1. *a* exhorting, warning **2.** *n isk kb.* warning

invázió *n* invasion

íny *n* (*szájpadlás*) palate; (*fogíny*) gums *pl* || **nincs** ~**emre** it is not to my taste/liking

ínyenc *n* gourmet

ion *n fiz* ion

ipar *n* (*gazdaság ága*) industry; (*egy bizonyos*) trade; (*mesterség*) trade, (handi)craft

iparcikk *n* (industrial) product, manufacture

ipari *a* industrial, industry-, trade- || ~ **tanuló** (industrial/trade) apprentice; ~ **termelés** industrial production, output

iparművész *n* industrial designer/artist

iparos *n* (*kis*) craftsman°

iparosít *v* industrialize

ír¹ 1. *a* Irish **2.** *n* (*férfi*) Irishman°, (*nő*) Irish woman°; (*nyelv*) Irish || **az** ~**ek** the Irish

ír² *v* write*; (*írógéppel*) type || **csúnyán** ~ have* poor handwriting; **hogyan** ~**juk (ezt a szót)?** how do you spell it?; ~**j majd pár sort!** drop me a line!

iram *n* pace, speed ‖ **nem győzi az ~ot** (s)he can't stand the pace
iránt *post* (*vk/vm felé és átv*) towards, to ‖ **érdeklődik vk ~** ask after sy; **érdeklődik vm ~** inquire after/about sg
iránti *a* concerning *ut.*, regarding *ut.* ‖ **az ön ~ tiszteletből** out of respect for you
irány *n* (*földrajzi*) direction, course; (*hajó*) bearing; = **irányzat** ‖ **~t változtat** change (one's) direction; **vmlyen ~ba(n)** in the direction of, towards sg
irányelv *n* directive, guiding principle
irányít *v vkt vhova* direct (to), guide (to); *vkt vkhez* refer sy to sy, (*küldeményt vhova*) send*, address; (*intézményt*) direct, manage
irányítószám *n* (*postai*) postal code, *US* zip code
irányjelző *n* (*gépkocsin*) direction indicator signals *pl*, (*rövidebben:*) indicator, *US* (turn) signal; **használja az ~t** signal, give* signals
iránytű *n* compass
irányzat *n* tendency, trend
írás *n* writing; (*kézírás*) (hand)-writing ‖ **~ban** in writing
írásbeli (vizsga) *n* (examination) paper
írásjel *n* (*vessző stb.*) punctuation mark
írástudatlan *a* illiterate
írásvetítő *n* overhead projector
irat *n* (*hivatalos stb.*) document ‖ **az ~aim** my papers
irattár *n* archives *pl*, files *pl*
irattáska *n* briefcase
irgalom *n* (*könyörület*) mercy, pity; (*kegyelem*) clemency, pardon

irigy *a* envious (*vkre, vmre* of sy/sg)
irigyel *v vkt, vmt* envy (sy, sg)
irka *n* exercise book, copy-book
író *n* writer, author
íróasztal *n* desk
iroda *n* office, bureau (*pl* -s *v.* -x)
irodai *a* office ‖ **~ dolgozó** office worker, *biz* white-collar worker; **~ órák** office hours
irodalom *n* (*írott művek*) literature; (*felhasznált*) ~ bibliography; (*folyóiratcikk végén*) references *pl*
írógép *n* typewriter ‖ **~pel ír** type
irónia *n* irony
Írország *n* Ireland, Eire
írószerbolt *n* stationer's (shop)
írott *a* written ‖ **kézzel ~** handwritten; **géppel ~** typewritten
irt *v* (*rovart*) kill [insects]
irtózatos *a* horrible, dreadful
is *conj* also, too ‖ **én ~ voltam Bécsben** I too have been to Vienna; **Bécsben ~ voltam** I have been in Vienna, too; **még akkor ~** even if; **látni fogod Pestet ~, Budát ~** you will see both Pest and Buda; **én ~!** me too!
iskola *n* (*intézmény, irányzat*) school ‖ **ma nincs ~** there are no lessons/classes today; **~ba jár** go* to school, attend school
iskolás *a/n* **~ (gyermek)** schoolboy, schoolgirl, pupil
iskolaszék *n* school board
iskolatárs *n* schoolmate, schoolfellow
iskolázott *a* educated
ismer *v vkt, vmt* know* (sy, sg), be* acquainted with (sy, sg); (*jártas vmben*) be* familiar with (sg)
ismeret *n* knowledge
ismeretes *a* (well-)known

ismeretlen 1. *a* unknown (to sy); (*arc*) unfamiliar **2.** *n mat* unknown (quantity)
ismeretség *n* acquaintance || **~ben van vkvel** be* acquainted with sy
ismerked|ik *v* get* to know* (sy, sg); → **megismerkedik**
ismerős 1. *a* known (*vk számára to*) || **ebben a városban nem vagyok** ~ I am a stranger here **2.** *n* acquaintance
ismert *a* (well-)known
ismertetőjel *n* distinctive feature, characteristic
ismét *adv* again, once more
ismétel *v* repeat; (*összefoglalva*) recapitulate; *isk* (*vizsgára*) do* some revision [for the exam]
istálló *n* (*ló*) stable(s); (*marha*) cow-shed/house
isten (*tulajdonnévként:* **Isten**) *n* god, God || **~ hozott!** welcome!; **~ vele(d)!** goodbye!; **~ ments!** God/heaven forbid
istennő *n* goddess
istentagadás *n* atheism
istentisztelet *n* service || **~en részt vesz** attend a/the service, worship (swhere)
i. sz. → **időszámításunk szerint**
iszákos *n* drunkard, alcoholic
iszap *n* mud; (*folyóhordalék*) silt
isz|ik *v* drink*; (*iszákos*) drink*, be* a drunkard || **~ik egyet** have* a drink; **mit ~ol?** what will you drink/have?; **vk egészségére ~ik** drink* to sy
iszlám *n* Islam
iszonyatos *a* horrible, terrible, dreadful, awful
ital *n* drink; (*gyűjtőnév*) beverage || **meleg ~ok** (*tea, kávé*) warm/hot beverages; **szeszes ~** alcoholic drink(s)/beverage(s)
italbolt *n* (*kocsma*) pub(lic house), bar
Itália *n* Italy
itáliai *a/n* Italian
itat *v* (*inni ad*) give* sy sg to drink; (*állatot*) water
ítél *v* (*törvényszéken*) pass sentence on; **börtönre ~** sentence sy to imprisonment; **vmlyennek ~ vmt** consider, think*, hold*
ítélet *n* judg(e)ment, decision; (*büntető*) sentence
itt *adv* here, in this place || **~ vagyok** here I am; **tessék, ~ van** here you are; **~ Kovács (beszél)** (*telefonon*) (this is) Kovács speaking
ittas *a* drunk, tipsy || **~ vezetés** drink-driving; **~ vezető** drink-driver
itthon *adv* (here) at home || **~ van** he is (at) home, he is in; **nincs ~** he is not at home, he is out; **egy óra múlva ~ leszek** I'll be back in an hour
ív *n* (*boltozat*) arch; (*hídé*) span; *mat, fiz* arc; (*vonal*) curve; (*papírlap*) sheet
ível *v* arch, bend || **pályája felfelé ~** his star is rising
ivó *n* (*ember*) drinker; (*kocsma*) bar
ivólé *n* juice
ivóvíz *n* drinking-water
íz *n* (*ennivalóé*) taste, flavour (*US* -or); (*lekvár*) jam, jelly || **vmlyen ~e van** taste like/of sg
izé *n* (*dolog*) what's-it('s name), what-d'you-call-it; (*mondat elején*) I say; (*közben*) er
ízesít *v* flavour (*US* -or); (*fűszerrel*) season, spice

ízetlen *a* tasteless, flavourless (*US* -or-); *átv* (*száraz, lapos*) dull, flat; (*ízléstelen*) tasteless
izgalmas *a* exciting; (*esemény*) sensational, thrilling
izgalom *n* excitement
izgat *v* (*vkt kellemetlenül érint*) excite, upset*; (*érzéket*) excite, stimulate; (*tömeget*) stir (up), inflame, provoke || **ne izgasd magad!** don't worry (about it), keep calm!, take it easy!
izgatószer *n* stimulant
izgatott *a* excited, agitated
izgul *v* be* excited/anxious, worry (*vm miatt mind*: about sg); *vkért* keep* one's fingers crossed || **ne ~j!** don't get excited!, don't worry!
Izland *n* Iceland
izlandi **1.** *a* Icelandic, of Iceland *ut.* **2.** *n* (*ember*) Icelander; (*nyelv*) Icelandic
ízlel *v* taste
ízlés *n* (*ízek érzékelése*) sense of taste, tasting; *átv* taste || **~ kérdése** a matter of taste; **jó ~** (good) taste
ízléses *a* tasteful, neat
ízléstelen *a* tasteless, in bad/poor taste *ut.*
ízletes *a* tasty
ízl|ik *v* taste good; *vknek vm* sy likes sg || **hogy ~ik?** how do you like it?
izmos *a* muscular
izom *n* muscle
Izrael *n* Israel
izraeli *a/n* Israeli
izraelita **1.** *a* Jewish **2.** *n* Jew; (*bibliai*) Israelite
ízület *n* joint

izzad *v* sweat, perspire; *átv* (*munkában*) toil (away)
izzadt *a* sweaty, sweating
izzasztó *a* (*meleg*) sweltering || **~ munka** sweaty work
izz|ik *v* glow; be* red-hot
izzó **1.** *a* (*parázs*) glowing; *átv* ardent, fervent **2.** *n* (light) bulb

J

ja *int* ah
jácint *n* hyacinth
jaguár *n* jaguar
jaj *int* ow!, ouch!, oh!, ah! || **~ de szép!** how beautiful; **~ nekem!** oh dear!
jámbor *a* (*vallásos*) pious, devout; (*jó*) simple, meek; (*állat*) tame
január *n* January; → **december**
Japán *n* Japan
japán **1.** *a* Japanese || **~ nyelv** Japanese **2.** *n* (*ember, nyelv*) Japanese || **a ~ok** the Japanese
jár *v* (*helyét változtatja*) go* (about); (*jármű közlekedik*) go*, run*; (*vmlyen ruhában*) wear* sg; (*gép, szerkezet*) work; (*vmvel*) involve sg, bring* about sg; (*vknek pénz stb.*) sg is due to sy || **autón ~** go* by car; **az idő már későre ~** it is* getting late; **az órám jól ~** my watch keeps* good time; **egyetemre ~** attend (a) university; **gyalog ~** go* on foot; (*vhova*) walk (to); **iskolába ~** go* to school; **úszni ~** swims regularly; **~ a szája** his tongue is (*always*) going/wagging; **~ vkvel,**

~**nak** *biz* go* out with [a girl/boy]; **jól** ~**t** he came off well; **súlyos következményekkel** ~**t** it involved grave/serious consequences; **5 év szabadságvesztés** ~ **érte** it is punishable by 5 years in prison

járat 1. *n* (*hajó, busz*) line, service; (*repülő*) flight; *bány* gallery; (*egyéb anyagban*) channel || **mi** ~**ban van?** what are you doing here? **2.** *v* run*, operate || **a bolondját** ~**ja vkvel** make* a fool of sy; **a Magyar Nemzetet** ~**ja** (s)he takes/gets Magyar Nemzet

járda *n* pavement, *US* sidewalk

járdaszegély *n* kerb, *US* curb

jármű *n* vehicle

járóbeteg *n* outpatient

járóka *n* (*ketrec*) playpen; (*kerekes*) baby-walker

járókelő *n* passer-by (*pl* passers-by)

jártas *a* (*vmben*) be well up in sg, be an expert in sg

járul *v* (*vk elé*) appear (before sy); (*vk vmhez*) approach (sg); (*vmhez vm*) add to (sg)

járvány *n* epidemic

játék *n* (*sp is*) play; (*csapatjáték*) game; (*szerencsejáték*) gambling; (*színészi*) acting, playing; (*hangszeren*) play(ing); (*játékszer*) toy || ~**ból** for fun

játékautomata *n GB* one-armed bandit, fruit machine, *US* slot machine

játékfilm *n* feature film

játékos 1. *a* playful **2.** *n sp* player; (*csapatban*) member/one of the team; (*szerencsejátékban*) gambler

játékszabály *n* laws/rules of the game *pl*

játékszer *n* toy

játékvezető *n* referee, umpire; (*vetélkedőben*) quizmaster

játsz|ik *v sp is* play; (*előadóművész*) perform, play; (*színész szerepet*) play, act; (*szerencsejátékban*) gamble || **az Otellót játszszák** Othello is on; **bújócskát** ~**ik** play (at) hide-and-seek; **életével** ~**ik** trifle with one's life, risk one's life; **hangszeren** ~**ik** play an instrument

játszma *n* game; (*tenisz*) set

játszótér *n* playground

java 1. *a* best || **vmnek a** ~ **része** the better/best/greater part of sg **2.** *n* (*embereknek*) pick (of men), élite; (*üdve*) good, benefit || **a** ~ **még hátra van** the best is yet to come

javak *n pl* goods, possessions

javára *adv* for the good/benefit of || **egy null a javadra** one up to you; **3:1 a Fradi** ~ 3-1 to Fradi; **a számlám** ~ to my credit

javaslat *n* proposal, suggestion; (*ülésen*) motion || ~**ot tesz** put* foward a proposal (for sg)

javasol *v* propose, suggest, recommend

javít *v* (*tárgyat*) mend, repair; (*épületet*) restore; *átv* improve; (*hibát*) correct; (*rekordot*) break*

javítóintézet *n GB* approved school, *US* reformatory

javítóműhely *n* garage, (*főleg US*) service station

javul *v* improve; (*egészségileg*) be* getting better; (*idő*) change for the better

jázmin *n* jasmine

jég *n* ice; (*eső*) hail || ~ **esik** it's hailing; ~**be hűtött** icecooled

jégcsap *n* icicle
jegenye(fa) *n* poplar
jegesmedve *n* polar bear
jégeső *n* hail
jéghideg *a* ice-cold, icy
jégkocka *n* ice cube || ~val (*felszolgálva*) on the rocks
jégkrém *n* ice lolly
jégpálya *n* skating rink; (*fedett, mű*) ice-rink
jégszekrény *n* (*villamos*) refrigerator; *biz* fridge
jegy *n* (*közlekedési, színház- stb.*) ticket; (*ismertetőjel*) (distinguishing) mark; (*jel*) sign, token; *isk* mark, *US* grade || **a ~eket kérem!** (*járművön*) tickets please!; **~ben jár vkvel** be* engaged to sy; **~et vesz/vált** (*vasúton*) buy* a ticket (*vhová* to, for); *szính* book a seat
jegybank *n* National Bank
jegyes *n* (*férfi*) fiancé; (*nő*) fiancée
jegyespár *n* engaged couple; (*az esküvőn*) the bride and groom
jegyez *v* (*ír*) make*/take* notes (of sg), write* down; *ker* (*céget*) sign (the firm); (*részvényt*) subscribe for [shares]
jegygyűrű *n* (*esküvő előtt*) engagement ring; (*utána*) wedding ring
jegypénztár *n* booking-office, ticket office; *szính* box-office
jegyszedő *n* *szính* usher; (*nő*) usherette; *vasút* ticket collector
jegyzék *n* list; (*névsor*) roll; (*választókról*) register; (*diplomáciai*) (diplomatic) note
jegyzet *n* note; (*egyetemi*) lecture notes *pl*
jegyzetel *v* make*/take* notes (*vmt* of sg)
jegyzetfüzet *n* notebook

jegyzőkönyv *n* (*ülésen*) minutes *pl*; (*diplomáciai*) protocol
jel *n* sign, mark; (*betegségé*) symptom; (*vmre utaló*) indication; (*figyelmeztető*) signal, sign || **~t ad** give* a/the signal
jelen **1.** *a* present || **a ~ esetben** in the present case; **~ (idő)** present tense; **a ~ pillanatban** the present time **2.** *adv* **~ van** be* present; **nincs ~** be* absent **3.** *int* Sir!, Madam!, present!
jelenet *n* scene
jelenleg *adv* at present, for the time being
jelenség *n* (*tünet*) phenomenon (*pl* -mena), symptom
jelent *v* (*közöl*) report (sg to sy), notify (sy of sg); (*vm jelentése van*) mean*, signify || **beteget ~** report sick; **(ez) mit ~?** what does it mean?
jelentékeny *a* important, significant, considerable
jelentéktelen *a* unimportant, insignificant
jelentés *n* (*közlés*) report (*vmről* on); (*hivatalos*) official statement; (*szóé*) meaning, sense
jelentkez|ik *v* *vk* present oneself, report; *vknél* call on (sy); (*állásra*) apply for; (*vizsgára*) enter for; (*betegség*) break* out; (*nehézség*) arise*
jelentőség *n* importance, significance
jeles **1.** *a* *isk* excellent, very good; (*nevezetes*) excellent, famous **2.** *n* (*osztályzat*) very good (mark), an A (in)
jelez *v* (*jelt ad*) signal (*US* -l); (*mutat*) indicate, show*; (*autóban*

irányjelzőt használ) signal, give* signals; **jobbra/balra** ~ give a right/left turn signal
jelige *n* motto, slogan
jelkép *n* symbol
jelleg *n* character, type
jellegzetes *a* typical, characteristic
jellem *n* (personal) character, personality || **erős** ~ man° of (strong) character
jellemző *a* *vkre* characteristic/ typical of sy; *vmre* peculiar to sg || ~ **tulajdonság** (characteristic) feature
jelmez *n szính* costume; (*jelmezbálon*) fancy dress
jelmezbál *n* fancy-dress ball
jelöl *v vmt vmvel* mark (sg with sg); (*jelez*) indicate, show*; (*állásra*) propose as [candidate], nominate (for)
jelölt *n* candidate (for); (*állásra*) nominee
jelszó *n* (*párté*) slogan, watchword; *kat* password
jelvény *n* (*kitűzhető*) badge
jelzés *n* (*megjelölés*) marking, stamping; (*a jel*) mark, stamp; *ker* brand, label; (*jeladás*) signalling (*US* -l-); (*figyelmeztető*) warning || **közúti** ~**ek** traffic signs and signals; **piros** ~ red (light)
jelző *n nyelvt* attribute
jelzőlámpa *n* (*forgalmi*) traffic lights *pl*
jelzőtábla *n* (*közúti*) (road/traffic) sign; (*veszélyt jelző*) warning signs *pl*
jó 1. *a* good; (*alkalmas, célszerű*) fit, suitable, proper; (*ember*) upright, good, honest; (*íz*) pleasing, delicious; (*levegő*) fresh; (*sok*)

rather, pretty, fairly || **ez nem** ~ **rám** it doesn't fit me; (**ez**) ~ **lesz** that'll do; (*beleegyezés*) ~! (all) right!, okay!, OK!; ~ **minőségű** good quality, first-rate; ~ **modorú** well-mannered; ~ **nagy** pretty big, fairly large; ~ **napot (kívánok)!** (*délig*) good morning!; (*délután*) good afternoon!; (*búcsúzáskor*) good-bye; ~ **utat!** have a pleasant journey!; ~ **vknél** *biz* be* well in with sy; ~ **vmben** (*vk*) be good at sg; **mire** ~? what is it good for?; **nem** ~ **szemmel néz** disapprove of **2.** *n* good (thing); (*osztályzat*) good, a B (for/in) || ~**ban van vkvel** be* on good terms with sy; ~**ra fordul** change for the better; ~**t akar vknek** have* good intentions towards sy; ~**t fog tenni** it will do you good; **minden** ~**t kívánok** (my) best wishes (to); (*születésnapra*) many happy returns
jobb[1] *a* (*a jó középfoka*) better (*vmnél* than) || **annál** ~ all the better; ~ **volna (ha)** it would be better (to/if), one had better
jobb[2] *a/n* (*kéz, oldal stb.*) right [hand], right(-hand) [side] || ~ **kéz felől** to the right; ~ **oldal** the right, the right-hand side → **jobboldal**; ~**ra** to(wards) the right, right; ~**ra hajt(s)!** keep (to the) right!; ~**ra kanyarodik** turn right; ~**ról balra** (from) right to left
jobban *adv* better; (*erősebben*) more, harder || ~ **van** be* better; **egyre** ~ better and better; (*erősebben*) more and more; ~ **mondva** or rather, that is to say; ~ **szeret** *vmt vmnél* (*v. vmt tenni*) prefer sg

to sg; ~ **tennéd, ha mennél** you'd better leave now
jobbkézszabály *n* priority on the right
jobboldal *n pol* the Right, right wing
jobboldali 1. *a pol* right(-wing), rightist **2.** *n* right-winger, rightist
jód *n* iodine
jóformán *adv* practically, virtually
jog *n* law, jurisprudence; *vmhez* right (to), title (to) || **emberi ~ok** human rights; **~a van vmhez** have* the right to (do) sg; **~gal** rightly, with good reason; **mi ~on?** by what right?; **minden ~ fenntartva** all rights reserved
jogállam(iság) *n* the rule of law
jogar *n* sceptre (*US* -ter)
jogász *n* (*ügyvéd*) lawyer, jurist
jóga *n* yoga
jogcím *n* (legal) title || **azon a ~en** by right/virtue of, on/under the pretext of
joghézag *n biz* loophole
joghurt *n* yog(h)urt
jogi *a* legal || **~ képviselő** legal representative; **~ személy** legal entity
jogkör *n* sphere of authority, jurisdiction
jogos *a* lawful, rightful, legitimate, legal; (*igény*) just || **~ panasz** justified complaint; **~an** rightly, by right
jogosít *v* entitle (to), authorize (to)
jogosítvány *n* licence (*US* -se); = **vezetői engedély**
jogszabály *n* law, rule
jogszerű *a* lawful, legal || **~en** by right
jogtalan *a* unlawful, illegal

jogtanácsos *n* legal adviser, counsel
jóhiszemű *a* well-meaning, honest
jóindulat *n* goodwill, benevolence
jóindulatú *a* (*ember*) well-meaning; (*daganat*) benign [tumour]
jóízű *a* (*étel*) tasty, delicious
jókedvű *a* cheerful, jolly, merry
jóképű *a* good-looking, handsome
jókívánság *n* best wishes *pl*
jókor *adv* (*idejében*) in (good) time; (*korán*) early
jól *adv* well; (*helyesen*) properly, fairly; (*hibátlanul*) correctly || **~ áll** *vknek* suit sy; (*ruha*) fit sy well; **~ értesült** well-informed; **~ érzi magát** be* well/fine, be* all right; **~ jön** *vknek vm* come* in useful/handy; **~ megy** (*vállalkozás, ember boldogul*) prosper, get* along/on; **~ nevelt** well-bred/educated; **~ van** feel*/be* well; **~ van!** (all) right, that's right, *US* OK
jóles|ik *v vknek vm* be* pleased (with sg), be* flattered by (sg); (*étel*) enjoy (sg)
jólét *n* (*anyagi*) well-being; (*bőség*) wealth, plenty || **~ben él** be* well off
jóllak|ik *v* eat* one's fill, have* enough
jómódú *a* well-to-do, wealthy, well-off
jópofa *n* jolly good fellow; (*jelzőként*) funny
jós *n* prophet, seer, oracle
jóságos *a* good, kind(ly)
jóslat *n* prophecy, prediction
jósnő *n* prophetess, fortune-teller
jósol *v* prophesy, foretell*, predict

jószág *n* (*állat*) cattle *pl*
jószívű *a* kind-hearted
jótállás *n* guarantee ‖ **kétévi ~** a
two-year guarantee
jótékonyság *n* charity
jóváhagy *v* (*tervet stb.*) approve
(sg), agree to (sg)
jóváír *v* credit [an amount *v.*
sy with an amount]
jóval *adv* much, far ‖ **~ előbb** long
before; **~ idősebb** much older
jóvátesz *v* (*hibát*) remedy, repair;
(*sérelmet*) make* amends for;
(*veszteséget*) compensate for
józan *a* (*nem iszik*) temperate; (*nem
részeg*) sober; (*higgadt*) restrained
‖ **~ ész** common sense
jön *v* come*, be* coming; (*érkezik*)
arrive; (*származik*) come* (from);
(*pénzbe*) cost* ‖ **honnan ~ (ön)?**
where do you come from?; **jól ~**
(*vm vknek*) come* in handy/
useful; **rögtön jövök** I'll be back
in a minute
jövedelem *n* (*magán*) income;
(*vállalaté*) receipts *pl*; (*állami*)
revenue; **havi jövedelme ... Ft**
(s)he earns ... fts a month
jövendő *n* the future
jövevény *n* newcomer
jövő 1. *a* (*vhonnan*) coming (from)
ut.; (*eljövendő*) future, coming ‖ **~
héten** next week **2.** *n* (*jövendő*)
the future, the time to come;
nyelvt future tense ‖ **a ~ben** in the
future; **nagy ~ vár rá** have* fine
prospects
jövőre *adv* next year
jubileum *n* jubilee, anniversary
juh *n* sheep (*pl* ua.)
juharfa *n* maple(-tree/wood)
juhász *n* shepherd

juj *int* oh!, my goodness!
július *n* July; → **december**
június *n* June; → **december**
jut *v* (*vhová térben*) come* (to),
get* to; *átv vmre* arrive at; (*álla-
potba*) become* (sg); *vmhez* get*
at sg, obtain sg; *vknek vm* fall* to
the share/lot of sy ‖ **~ is, marad
is** there is enough and to spare;
szóhoz ~ have* a chance of
speaking
jutalmaz *v* reward, recompense
jutalom *n* (*jó teljesítményért*)
reward; (*pályadíj*) prize, award;
(*teljesítménytöbbletért*) premium,
bonus
juttat *v vkt vhová* bring*/get* sy to;
vkt vmhez let* sy get sg; (*kiutal*)
allocate (sg to sy)
juttatás *n* (*pénzbeni*) allowance

K

K = *kelet* east, E
kabala *n* (*babona*) superstition;
(*tárgy*) mascot
kabaré *n szính kb.* cabaret, *GB*
music hall; (*műsor*) cabaret,
(floor) show; **kész ~!** this is sheer
comedy!
kabát *n* (*felső*) (over)coat; (*zakó*)
jacket
kábel *n* cable
kábeltelevízió *n* cable television
kabin *n* (*strandon, uszodában*)
(changing) cubicle, beach hut;
(*hajón*) cabin, stateroom
kabinet *n* (*kormány*) cabinet,
government, *US* administration

kábítószer *n* drug, narcotic ‖ ~**es cigaretta** *biz* joint
kábítószer-élvező *n* drug-addict
kábult *a* dazed; *(ütéstől)* stunned
kacag *v* laugh heartily
kacat *n biz* junk, lumber
kacér *a* coquettish
kacérkod|ik *v vkvel* flirt with sy
kacifántos *a* convoluted, complicated
kacsa *n (állat)* duck; *(hírlapi)* false report, canard
kacsasült *n* roast duck
kacsint *v* wink
kád *n (fürdő)* bath; *(erjesztő, cserző)* vat
kagyló *n (állat)* shellfish, mollusc *(US* -sk); *(kagylóhéj)* (cockle-) shell; *(emberi füle)* concha; *(telefoné)* receiver; *(mosdóé)* wash basin
kaja *n biz* grub, nosh, eats *pl*
kajak *n* kayak; *(összecsukható)* faltboat; ~ **egyes** the single, K–1
kalandor *n* adventurer
kajszi(barack) *n* apricot
kaka *n biz* shit
kakál *v vulg* shit*
kakaó *n bot* cacao; *(por és ital)* cocoa; *(ital még)* hot chocolate
kakas *n zoo* cock, *csak US:* rooster; *(fegyveré)* cock
kakasülő *n biz szính* the gods *pl*
kaktusz *n* cactus *(pl* -es *v.* cacti)
kakukk *n* cuckoo
kakukktojás *n átv* odd man out
kalács *n kb.* milk loaf°
kaland *n* adventure; *(szerelmi)* (love) affair
kalandos *a* adventurous
kalap *n (fejfedő)* hat; *(gombáé)* cap ‖ **egy** ~ **alá vesz** lump together,

treat (sy) alike; **le a** ~**pal!** I take my hat off to you/him etc.; **megemeli a** ~**ját** take* off *(v.* raise) one's hat
kalapács *n orv is* hammer; *(elnöki, árverező)* gavel
kalapácsvetés *n* throwing the hammer
kalapál *v* hammer
kalarábé *n* kohlrabi
kalász *n* ear
kalauz *n (villamoson, buszon)* conductor; *(vonaton)* ticket-inspector; *(útikönyv)* guide(-book)
kalauzol *v* guide (sy); *(körbevezetve)* show* (sy) round
kalcium *n* calcium
kaliber *n (csőé)* calibre *(US* -ber); *(furat)* bore ‖ **nagy** ~**ű ember** a man of high calibre
kalitka *n* cage
kálium *n* potassium
kalkulál *v* calculate, reckon; *(árat)* cost sg
kalória *n* calorie
kalóz *n* pirate
kályha *n* stove
kamara *n (testület)* chamber
kamaraszínház *n* studio/fringe theatre
kamarazene *n* chamber music
kamasz *n* adolescent
kamaszkor *n* adolescence, puberty
kamat *n* interest ‖ **15%** ~**ra ad kölcsönt** lend* money at 15% interest
kamatláb *n* rate of interest
kamera *n* camera
kamilla *n* camomile
kamion *n* (articulated) lorry, *US* truck
kampány *n* campaign

kamra *n* (*éléskamra*) pantry, larder; (*egyéb*) shed; (*lomtár*) lumber-room; (*gépé, zsilipé*) chamber
kan *n* (*állat hímje*) male [animal]
Kanada *n* Canada
kanadai *a/n* Canadian
kanál *n* spoon; (*merítő*) ladle
kanális *n* sewer
kanapé *n* settee, sofa, couch
kanári *n* canary
Kanári-szigetek *n pl* Canary *I*slands
kanca *n* mare
kancellár *n* chancellor
kancsal *a* cross/squint-eyed
kancsó *n* pitcher, jug, carafe
kandalló *n* fireplace
kandikál *v* peep, peek, pry
kandúr *n* tomcat
kánikula *n* heatwave, dog days *pl*
kankalin *n* primrose
kanna *n* can; (*teás*) (*tea*)pot; (*vízforralásra*) (*tea*)kettle
kánya *n* kite
kanyar *n* bend, curve, turn(ing) || **éles** ~ sharp bend/turn
kanyaró *n* measles *sing. v. pl*
kanyarod|ik *v* turn, bend || **jobbra** ~**ni tilos!** no right turn!
kanyarog *v* wind*, meander
kap *v* (*ajándékot*) get*, receive; (*hozzájut*) get* (hold of), obtain; (*betegséget*) catch* || **ruhát** ~ **magára** slip on one's clothes; **szívéhez** ~**ott** he clutched his chest; **utána**~ try to catch/reach
kapa *n* hoe
kapál *v* hoe
kapar *v* scratch, scrape
kapásból *adv* off the cuff, extempore, on the spot || ~ **válaszol** answer like a shot

kapaszkod|ik *v vmre fel* climb up (on); *vmbe* grasp sg, hang*/hold* on to sg, cling* (on) to sg
kapaszkodósáv *n* crawler lane
kapcsol *v* connect, join; (*áramkört*) connect [the wires] (*telefonon*) connect sy (to/with); *biz* (*megért*) catch* on
kapcsolat *n* (*személyes*) connection, contact; (*dolgoké*) link, tie(s) || ~**ban van vkvel** be* in touch/contact with sy; **üzleti** ~**ok** business relations; **vmvel** ~**ban** in connection with sg
kapcsoló *n* switch
kapcsolótábla *n* switchboard
kapható *a* obtainable, available || **nem** ~ be* out of stock, be* sold out
kapitalista *a/n* capitalist
kapitalizmus *n* capitalism
kapitány *n* captain || **szövetségi** ~ manager
kapitányság *n* (*rendőri*) district police station
kapkod *v* (*árut*) snap up, buy* up; (*vm után*) catch*/grab/snatch at sg || **levegő után** ~ gasp/pant for breath
kapocs *n* hook, fastener; (*ruhán*) hook and eye; (*patent*) snap (fastener); (*gem~*) clip
kápolna *n* chapel
kapor *n* dill
káposzta *n* cabbage
káposztasaláta *n* coleslaw
kápráz|ik *v* ~**ik a szeme** (*fénytől*) be* dazzled
kapu *n* (*kerti*) gate; (*házé*) (street) door, entrance door; (*futballban*) goal
kapualj *n* gateway, doorway

kapucni *n* hood
kapus *n* (*portás*) gate/door-keeper, porter; (*futball*) goalkeeper
kaputelefon *n* entryphone
kapzsi *a* greedy, grasping
kar[1] *n* (*emberé*) arm; *tech* (*emelőé*) arm; (*mérlegé*) (scale-)beam ‖ **jó ~ban** in good repair/condition; **~on fog** take* sy by the arm; **~on ülő gyermek** child°/babe in arms
kar[2] *n* (*egyetemi*) faculty; (*ének~*) choir, chorus; (*tánc~*) (corps de) ballet ‖ **tanári ~** (teaching) staff; **bölcsészettudományi ~** Faculty of Arts (*US* Humanities)
kár *n* (*anyagi*) damage, loss; (*pénzbeli*) cost, expense; (*erkölcsi*) harm, injury, wrong ‖ **de ~!** what a pity!; **~ a fáradságért** it's not worth the trouble; **~ba vész** be* wasted; **~t okoz** *vknek/vmnek* cause/do* damage (to sy/sg)
karácsony *n* Christmas ‖ **~kor** at Christmas; → **szenteste**
karácsonyfa *n* Christmas tree
karácsonyi *a* Christmas ‖ **~ ajándék** Christmas present; **kellemes ~ ünnepeket (kívánok)!** (I wish you a) merry Christmas
karaj *n* (*sertés*) (pork) chop
karakter *n szt is* character
karalábé *n* kohlrabi
karambol *n* collision, (road) accident
karbantartás *n* maintenance, servicing
karcol *v* (*kapar*) scratch, scrape
karcsú *a* slim, slender
kard *n* sword; (*lovassági és sp*) sabre (*US* -ber)
kardigán *n* cardigan
karéj *n* (*kenyér*) slice (of bread)

káreset *n* damage
karfiol *n* cauliflower
karhatalom *n* force of arms, armed force ‖ **~mal** by force
kari ülés *n* faculty meeting
kárigény *n* claim for damages
karika *n* ring; (*rajzolt*) circle; (*játék, abroncs*) hoop
karikás *a* ringed ‖ **~ a szeme** have* rings round one's eyes
karikatúra *n* caricature
karima *n* edge, border, rim; (*kalapé*) brim
karkötő *n* bracelet
karmester *n* conductor
karmol *v* claw
karnevál *n* carnival
karó *n mezőg* stake, pale, post; (*szőlőé*) stick
káró *n* (*kártya*) diamond
káromkod|ik *v* swear*
káros *a* injurious, harmful
karosszék *n* armchair
karosszéria *n* bodywork
káröröm *n* malicious joy/glee
Kárpát-medence *n* Carpathian basin
Kárpátok *n pl* the Carpathians
karperec *n* bracelet, bangle
kárpitos *n* upholsterer
kárpótol *v vkt vmért* compensate sy for sg, make* amends to sy for sg
karrier *n* career ‖ **~t csinál** make* one's fortune
kártékony *a* harmful, damaging, detrimental
kártérítés *n* compensation, damages *pl* ‖ **~t fizet vknek vmért** pay* damages to sy for sg
karton[1] *n* (*papír*) cardboard; (*keményebb*) pasteboard; (*doboz*) carton
karton[2] *n tex* cotton

kartonált *a (könyv)* paperback
kartonruha *n* print dress
kártya *n (játék)* card; *(cédula)* slip; *(bank~)* bank card; *(ügyfél~)* cash card || ~t vet tell* fortune by cards; keveri a ~t *átv* stir it/things up
karzat *n szính* gallery; *(templomi)* choir
kása *n* mush, pap; *(dara~)* gruel; *(zab~)* porridge
kastély *n* mansion (house); *(palota)* palace; *(várkastély)* castle
kasza *n* scythe
kaszál *v (füvet)* mow
kaszinótojás *n* egg mayonnaise
kassza *n (boltban)* cash desk; *(pénztárgép)* cash register; *(szupermarketben)* checkout
katalizátor *n* catalytic converter
katalógus *n (jegyzék)* catalogue *(US* -log); *(névsorolvasás)* roll-call
katapultál *v* eject
katasztrófa *n* catastrophe, disaster
katedra *n isk (dobogó)* platform; *(tanári asztal)* teacher's desk
katedrális *n* cathedral
kategória *n* category; *(osztály)* class
katicabogár *n* ladybird, *US* ladybug
katolikus *a/n* Catholic || a ~ egyház the (Roman) Catholic Church
katona *n* soldier, serviceman° || ~nak megy join the army/services
katonai *a* military || ~ behívó call-up papers *pl*; ~ szolgálat military service
katonaság *n* the army/military, armed forces *pl*
kátrány *n* tar
kattog *v* click

kavar *v* stir
kavarog *v* whirl, swirl || ~ a gyomra feel* sick
kávé *n* coffee; *(eszpresszókávé)* espresso; *(tejes)* white coffee || ~t főz make* coffee
kávédaráló *n (elektromos)* coffee grinder
kávéfőző *n (gép)* (coffee) percolator; *(nagyobb)* coffee maker
kávéház *n* café
kávéscsésze *n* coffee-cup
kávéskanál *n* teaspoon || ~nyi teaspoonful
kaviár *n* caviar
kavics *n* pebble(s *pl*); *(murva)* gravel; *(tengerparton)* shingle
kazal *n* rick, stack
kazán *n* boiler
kazetta *n (ládika)* case, casket; *(foto, magnó, video)* cassette
kazettás magnó *n* cassette recorder
kb. = *körülbelül* approximately, approx.
kebel *n (mell)* bosom, breast; *átv* heart
kecses *a* graceful, charming
kecske *n zoo* goat
kecskebéka *n* bull-frog
kecskegida *n* kid
kecskeszakáll *n (emberé)* goatee
kedd *n* Tuesday || ~ reggel Tuesday morning; ~en on Tuesday; jövő ~en next Tuesday; minden ~en on Tuesdays; múlt ~en last Tuesday; ~re by Tuesday
keddenként *adv* every Tuesday, on Tuesdays, *US* Tuesdays
keddi *a* Tuesday, of Tuesday *ut.*, Tuesday's || a múlt ~ hangverseny last Tuesday's concert

kedély *n* temper(ament) (*US* -or), spirit, mood || **jó ~** good humour, high spirits *pl*
kedélyes *a* jovial, merry
kedv *n* (*hangulat*) mood, temper; (*hajlam*) disposition; (*öröm vmben*) liking, pleasure || **jó ~e van** be* in good humour (*US* -or), be* in high spirits; **rossz ~e van** be* in bad humour, feel* blue; **~e van vmhez** feel* like ...ing; **nincs ~em hozzá** I don't feel like it; **vknek a ~éért** for the sake of sy; **vmnek a ~éért** (*vm érdekében*) because of sg
kedvenc 1. *a* favourite (*US* -or-); (*egyetlen*) pet **2.** *n* favourite
kedves 1. *a* (*szeretett*) dear; (*nyájas*) kind, gentle, nice; (*bájos*) sweet, charming, lovely || **ez igen ~ tőled** that's very kind/nice of you; **legyen olyan ~ és** be so kind as to (do sg) **2.** *n* (*nő*) his sweetheart; (*férfi*) her lover || **~em!** my dear!, darling!
kedvetlen *a* moody, dispirited
kedvez *v vk vknek* favour (*US* -or) sy; *vm vknek/vmnek* be* favourable (*US* -or-) to sy/sg
kedvezmény *n* (*előny*) advantage, favour (*US* -or); (*engedmény*) allowance, discount || **~ben részesít** grant/give* sy a (special) discount
kedvező *a* favourable (*US* -or-), advantageous
kedvtelés *n* (*öröm*) pleasure, fancy, delight; (*időtöltés*) diversion, pastime, hobby
kefe *n* brush
kefél *v* brush
kefír *n* kephir, kefir

kegyelem *n* mercy; (*büntetés enyhítése*) clemency; (*elengedése*) pardon; *vall* grace
kegyetlen *a* cruel, merciless, brutal (*vkhez mind*: to)
kehely *n* (*ivó*) drinking cup; *vall* (*katolikus*) chalice, (*prot.*) cup; (*virágé*) flower-cup
kéj *n* pleasure, delight
kék 1. *a* blue || **~ szemű** blue-eyed **2.** *n* (*szín*) blue || **~re fest** paint (*sg*) blue
keksz *n* biscuit; (*sós*) cracker
kel *v* (*ágyból*) rise*, get* up; (*égitest*) rise*; (*növény*) shoot*, sprout; (*tészta*) rise*, swell* || **levele okt. 25-én ~t** his letter was dated 25 October
kelbimbó *n* Brussels sprouts *pl*
kelendő *a* **~ áru** marketable goods *pl*, goods much in demand *pl*
kelengye *n* (*menyasszonyé*) trousseau (*pl* -seaux *v.* -seaus)
kelepce *n* trap, pitfall, snare
kelet¹ *n* (*égtáj*) East, east; (*vidék*) the (far) East, the Orient || **~en** in the east; **~re** to(wards) the east; **~ről** from the east
kelet² *n* = **keltezés**
kelet³ *n* **nagy ~je van** be* much in demand
Kelet-Európa *n* Eastern Europe
keleti *a* eastern, of the East/east *ut.*, east; (*távol~*) oriental || **~ irányban** eastward(s), towards the east
keletkez|ik *v* come* into being; *vmből* originate in/from sg, (a)rise*/issue from sg
Kelet-Közép-Európa *n* East-Central Europe
kelkáposzta *n* savoy cabbage
kell *v* (*vm szükséges*) be* needed; *vknek vm* sy wants/needs sg;

vmhez be* necessary/required for sg ‖ **ehhez idő** ~ it will take (some) time to ...; **el** ~ **mennem** I must go; **el** ~**ett mennem** I had to go; *(feltételes)* **el** ~**ett volna hoznom** I should *(v.* ought to) have fetched/brought it; **mondanom sem** ~ I need hardly say, needless to say

kellék *n* ~**ek** *(felszerelések)* accessories, *US* fixings; *(főzéshez)* ingredients; *(színpadi)* props; *(varráshoz)* trimmings

kellemes *a* agreeable, pleasant, nice ‖ ~ **ünnepeket!** *(karácsonykor)* I wish you a merry Christmas, *(formálisabban)* the season's greetings

kellemetlen *a* disagreeable, unpleasant

kelletlen *a* unwilling, reluctant

kellő *a* proper, right, due ‖ ~ **időben** in due time

kellőképpen *adv* duly, properly, as required

kelme *n* material, fabric, cloth

kelt[1] *a* ~ **tészta** leavened/raised dough/pie/cake

kelt[2] *a* **hivatkozva f. hó 10-én** ~ **levelére** with reference to your letter of the 10th inst.

kelt[3] *v (alvót)* wake* (up); *(gyanút)* give* rise to [suspicion]; *(hatást)* produce; *(szánalmat)* arouse ‖ **azt a benyomást** ~**i, hogy** ... it gives* the impression of ...ing *(v.* that...); **életre** ~ *(ájultat)* revive

kelta 1. *a* Celtic ‖ ~ **nyelv** Celtic **2.** *n (ember)* Celt

keltezés *n* date ‖ **okt. 24-i** ~**ű levél** letter dated 24 October

kém *n* spy

kémcső *n* test tube

kemence *n (péké)* oven; *(olvasztó)* furnace

kemény *a* hard, stiff; *átv* severe; harsh; *(elhatározott)* resolute ‖ ~ **hideg** severe cold; ~ **munka** hard work; ~ **tojás** hard-boiled egg

kémény *n* chimney

keményítő *n* starch

kémia *n* chemistry

kémked|ik *v* spy *(vk után* on sy)

kémlel *v (fürkészve)* pry into, scrutinize, investigate

kemping *n* campsite, camping ground/site

kempingbicikli *n* fold-up bicycle

kempingez|ik *v* camp ‖ ~**ni megy** go* camping

kempingfelszerelés *n* camping equipment

kémtörténet *n* spy story/thriller

ken *v vmt vmvel* smear sg with sg; *vmt vmre* smear/spread* sg on/ over sg; *(gépet)* grease ‖ **másra** ~ **vmt** lay* sg at sy's door; **vajat** ~ **a kenyérre** spread* butter on the/ one's bread

kén *n* sulphur, *US* sulfur

kender *n* hemp

kendő *n (fejre, vállra)* shawl; *(nyakra, vállra)* scarf°

kenguru *n zoo* kangaroo; *(kis fajtájú)* wallaby; *(gyermekhordó)* (baby) carrier

kengyel *n* stirrup

kenőcs *n* ointment, cream

kenőolaj *n* lubricant

-ként *suff* as *(v. elöljáró nélkül)* ‖ **edzőként működik** act as coach to; *(hasonlító)* **egy emberként** as one man

kenu *n* canoe

kényelem *n* comfort, ease, convenience
kényelmes *a vm* comfortable; (*lakályos*) cosy, *US* cozy; (*alkalmas*) convenient; (*emberről*) comfortloving, easy-going
kényelmetlen *a* uncomfortable; (*alkalmatlan*) inconvenient; (*kellemetlen*) awkward
kényelmetlenség *n* discomfort, lack of comfort; (*kellemetlenség*) inconvenience
kenyér *n* bread; (*kereset*) livelihood, a living ‖ **vajas** ~ a slice of bread and butter
kenyérhéj *n* (bread)crust
kenyérpirító *n* toaster
kényes *a* (*nem ellenálló*) delicate, tender, fragile; (*ízlésre*) refined, fastidious; (*kínos*) thorny, awkward ‖ ~ **ügy** delicate matter, ticklish affair; ~ **vmre** (*érzékeny*) be* sensitive to sg
kényeztet *v* pamper, spoil*
kényszer *n* compulsion, force, pressure
kényszeredett *a* constrained; (*mosoly*) wry ‖ ~**en** with a bad grace
kényszerít *v vkt vmre* compel/force/press sy to do sg
kénytelen *a* be* forced/compelled/obliged to (do sg) ‖ ~ **vagyok** I can't help [doing sg], I cannot choose but
kénytelen-kelletlen *adv* willynilly, unwillingly, reluctantly
kép *n* picture; (*arckép*) portrait; (*fénykép*) photo(graph), snap(shot); (*festmény*) painting; (*képmás*) image; (*könyvben*) illustration; *biz* (*arc*) face, visage; (*lát-*

vány) sight, view, prospect ‖ a ~**en** in the picture; **van ~e hozzá** have* the nerve/cheek/face to sg
képcsarnok *n* (art) gallery
képernyő *n* screen
képes[1] *a* (*képpel ellátott*) with pictures *ut.*, illustrated
képes[2] *a* (*vmre*) (be*) able (to do sg), (be*) capable of (doing) sg
képesít *v* (*képessé tesz vkt vmre*) enable sy to do sg; (*képesítést ad vknek*) qualify sy for sg
képesítés *n* qualification ‖ ~**t szerez** (*egyetemit*) take* a degree (at); ~ **nélküli** unqualified [teacher etc.]
képesített *a* qualified
képeslap *n* (*újság*) (illustrated) magazine; (*levelezőlap*) (picture) postcard
képesség *n* ability, capacity; (*különleges*) talent, gift ‖ **jó** ~**ű** gifted, talented
képest *post* compared to/with sg ‖ **hozzá** ~ compared to/with her/him/it; **korához** ~ **magas** he is tall for his age
képez *v* (*tanít*) instruct, train, teach*; (*alkot*) form, constitute, compose
képlet *n* formula (*pl* -las *v.* -lae)
képmagnó *n* video (cassette recorder), videorecorder
képmás *n* picture, image; (*arckép*) portrait
képmutatás *n* hypocrisy
képregény *n* comic strip(s *pl*), strip cartoon; *US* comics *pl*
képtár *n* picture/art gallery
képtelen *a vmre* incapable of, unable to; (*lehetetlen*) absurd, impossible

képtelenség *n* (*lehetetlenség*) absurdity, impossibility
képújság *n* (*tévében*) teletext
képvisel *v* represent (sy); (*vk nevében eljár*) act on behalf of sy, act for sy || **vk érdekeit ~i** promote/protect sy's interests
képviselet *n* representation; *ker* agency
képviselő *n* representative; (*küldött*) delegate || **(országgyűlési)** ~ GB, H Member of Parliament (MP, *pl* Mps), representative, Congressman, -woman
képviselőház *n* GB House of Commons, (*US, Ausztrália*) House of Representatives
képviselőtestület *n* (*önkormányzaté*) (elected) representatives (of the local government), municipal corporation
képzel *v* imagine, suppose || **magát vknek/vmnek ~i** he imagines/fancies himself (to be) sy/sg; **~je (csak), mi történt!** just imagine what happened!
képzelet *n* imagination, fantasy
képzett *a* (*tanult*) educated, trained, skilled; (*képesített*) qualified
képzőművészet *n* the fine arts *pl*
kér *v vmt* ask for (sg), request (sg); (*kérvényez*) apply for || **csendet ~ek!** silence please!; **~ek ...** I should like to have ..., please give me ...; **~em** (*könyörögve*) please; (*mint megszólítás*) excuse me, *US* pardon me; (*tessék?*) sorry?, (I beg your) pardon? (*„köszönöm"-re adott válaszban*) not at all!, you're welcome!; **önt ~ik a telefonhoz** you are wanted on the phone
kerámia *n* pottery, ceramics *pl*

kérdés *n* question, query; (*érdeklődés*) inquiry; (*probléma*) question, problem, issue || **ez más ~** that's another matter; **ízlés ~e** (it's) a matter/question of taste; (*kétséges dolog*) ~, **hogy** ... I wonder whether/if...
kérdéses *a* (*szóban forgó*) in question *ut.*; (*eldöntetlen*) problematical; (*bizonytalan*) questionable, doubtful
kérdez *v* ask, put* a question; (*érdeklődve*) inquire (about/after sg)
kérdezősködés *n* inquiring, inquiry
kérdőív *n* questionnaire
kérdőjel *n* question mark
kéreg *n* (*fáé*) bark; (*földé*) crust
kéreget *v* beg (alms), go* begging
kerek *a* (*kör alakú*) round(ed), circular; (*egész*) round || **~ elutasítás** flat refusal; **~ összeg** a round sum
kerék *n* wheel || **kereket old** take* to one's heels
kereken *adv* (*nyíltan*) bluntly, flatly || **~ megmond** tell* (sy sg) straight; **~ visszautasít** flatly refuse sg
kerekes *a* wheeled || **~ kút** drawwell
kerékpár *n* bicycle, *biz* bike
kerékpároz|ik *v* cycle, ride* (on) a bicycle
kerékpárút *n* cycle path
keres *v vmt* look for sg, seek* sg; (*kutatva*) search for/after sg; *vkt* seek*, look for; (*alkalmazottat*) want; (*pénzt*) earn; (*üzlettel*) make* [money] || **gépírónőt ~ünk** (*hirdetésben*) typist wanted; **havi ... Ft-ot ~** he earns (*v. biz* makes) ... fts a month

kérés n request ‖ **vk ~ére** at sy's request
keresés n search, seeking, pursuit
kereset n (*megélhetés*) living; (*jövedelem*) income, earnings pl; (*fizetés*) salary; (*munkabér*) wages pl; jog action, suit
kereskedelem n trade, commerce
kereskedelmi a commercial, of commerce ut., trade, business ‖ **~ egyezmény** trade agreement; **~ kamara** Chamber of Commerce, US board of trade; **~ minisztérium** Ministry of Internal Trade
keresked|ik v trade; (*vkvel*) transact/do* business with sy, trade with sy; (*vmvel*) trade/deal* in sg
kereskedő n (*boltos*) tradesman°, shopkeeper; (*üzletember*) merchant, trader, businessman°
kereslet n demand ‖ **~ és kínálat** supply and demand
kereszt n cross; (*feszület*) crucifix; zene sharp (sign) ‖ **~et vet** cross oneself; **~re feszít vkt** crucify
keresztanya n godmother
keresztapa n godfather
keresztbe(n) adv across, crosswise
keresztel v baptize, christen
keresztelő n baptism, christening
keresztény a Christian
kereszténység n Christianity, Christian faith
keresztez v cross; (*meghiúsít*) cross; mezőg (*állatot*) cross(-breed*); bot cross(-fertilize)
kereszteződés n crossing
kereszthajó n épít transept
keresztmetszet n cross-section
keresztnév n first/Christian name
keresztrejtvény n crossword (puzzle)

keresztszülők n pl godparents
keresztút n crossroad(s); vall the stations of the Cross pl
keresztutca n side street
keresztül adv (*térben*) through, across, over; (*utazásnál*) via; (*segítségével*) by means of; (*időben*) for, during ‖ **a réten ~** across the fields; **a sajtón ~** by means of (v. through) the press; **Bécsen ~** via Vienna; **tíz éven ~** (for) ten years
keresztülmegy v (*halad*) pass (through), cross; (*átél*) undergo*, go* through; (*vizsgán*) pass
keresztvas n cross-bar, cross-piece
keresztyén = **keresztény**
keret n frame; kat cadre; (*határ*) compass, range, limits pl; (*váz*) framework ‖ **nincs rá ~** it is not budgeted for; **vm ~ében** (with)in the scope/framework of sg
kéret v send* for sy
kérges a (*kéz*) horny, callous
kerget v chase, pursue
kering v (*bolygó*) revolve (*vm körül* round); (*űrhajó*) orbit; (*vm a levegőben*) circle; (*hír*) circulate
keringő n waltz
kerít v (*szerez*) get* hold of, obtain
kerítés n fence
kérked|ik v talk big; (*vmvel*) boast of sg
kérő 1. a asking, requesting **2.** n (*leányé*) suitor
kérődző a ruminant
kert n garden; (*gyümölcsös*) orchard; (*konyha~*) kitchen-garden
kertészet n (*foglalkozás*) gardening horticulture; (*üzem*) garden
kertmozi n open-air cinema
kertváros n garden city/suburb

kerül *v vhova* get* somewhere, arrive at; *vmre* come* to; (*vmbe, pénzbe*) cost*; (*időbe*) take*, require; *vkt, vmt* avoid; (*kerülőt tesz*) go* a roundabout way, go* round || **az életébe ~t** it cost him his life; **csak egy szavadba ~** you need only say a/the word; **hát te hogy ~tél ide?** how (on earth) did you get here?; **mennyibe ~?** how much is it?, what does it cost?; **rá ~ a sor** it is his/her turn now; **sokba ~** it costs a lot

kerület *n* (*körvonal*) outline; *mat* circumference; (*közigazgatási*) district

kerülő *n* (*út*) detour

kérvény *n* application, request, petition

kérvényez *v* make*/submit an application (for sg), apply for (sg)

kés *n* knife°

késedelem *n* delay; (*fizetési*) default || **~ nélkül** without delay

keselyű *n* vulture

keserű *a* bitter

keserűség *n* (*íz*) bitterness; (*szomorúság*) bitterness, grief, distress

keserves *a* (*fájó*) painful; (*keserű*) bitter; (*nehéz*) troublesome, hard

kés|ik *v* be* late || **két órát ~ett** he was two hours late; **öt percet ~ik az órája** his watch is five minutes slow

keskeny *a* narrow, tight; (*szűk*) strait

késő 1. *a* (*elkésett*) late, coming (too) late *ut.* || **~ éjszakáig** far into the night **2.** *adv* (too) late || **már ~ van** it is getting late; **már ~** (*nincs tovább*) it is too late

később *adv* later (on), afterwards || **egy évvel ~** a year later; **~re halaszt vmt** put* off sg

későn *adv* (too) late || **~ fekszik le** stay up late; **~ kel(ő)** get* up late, be* a late riser

kész *a* (*befejezett*) ready, finished; (*készen kapható*) ready-made, ready-to-wear; (*készséges*) obliging, willing || **~ örömmel** with pleasure; **~ vagyok** I am ready; *vmvel* I have finished/done it; **mindenre ~** be* ready for anything

készakarva *adv* deliberately, on purpose, intentionally

keszeg *n* bream

készít *v* (*csinál*) make*, prepare; (*előállít vmből*) produce; (*gyárilag*) manufacture; (*ételt*) prepare, cook; (*összeállít*) construct

készítmény *n* product, manufacture; *kém* preparation

készlet *n* (*áru*) store, stock (in hand); (*tartalék*) reserve (fund), supply; (*összetartozó dolgok*) set; (*szerszámok*) kit

készpénz *n* cash, ready money || **~zel fizet** pay* in cash

készruha *n* ready-to-wear clothes *pl*

készség *n* (*szerzett*) skill; (*hajlandóság*) readiness, willingness || **~gel** readily, willingly

készséges *a* ready, willing

kesztyű *n* glove(s)

készül *v* (*munkában van*) be* being made; (*gyártott*) be* made from/of sg; (*előkészületeket tesz*) make* preparations/arrangements for; (*szándékozik vmt tenni*) be* going to do sg, be* about to do sg; *vhova* be* about to go somewhere; (tanul) study for; (diák a másnapi órákra stb.) prepare for

készülék n apparatus, appliance; (rádió, tévé) (radio/TV) set

készültség n (készenlét) preparedness, readiness, standby || **~ben van** kat be* on (the) alert; (orvos) be* on call

két num two

kétágyas szoba n double bedroom

kétbalkezes a ham-fisted/handed, clumsy

kételkedés n doubt(ing), scepticism (US skepticism)

kételked|ik v doubt; vmben be* doubtful/sceptical (US skep-) (about)

kétéltű 1. a amphibious 2. n amphibian || **~ek** amphibia

kétely n doubt, scruple

kétemeletes a **~ ház** three-storey(ed) (US three-storied) house

kétértelmű a having a double meaning ut., ambiguous

kétes a doubtful, dubious; (bizonytalan) uncertain; (vitás) disputed; (gyanús) suspicious

kétféle a of two (different) kinds/sorts ut.

kétharmad adv two-thirds pl

kétirányú a two-way, two directional

kétjegyű a **~ betű** digraph; **~ szám** double figures pl

kétoldalú a bilateral

kétpályás autóút n dual carriageway road

ketrec n cage; (baromfinak) coop

kétrészes a two-piece || **~ fürdőruha** two-piece bathing suit, bikini

kétség n doubt || **ehhez ~ nem fér** there is no doubt about it; **~be ejt** drive* sy to despair; **~be von** question, doubt; (vitat) dispute; (tagad) deny

kétségbeesett a desperate

kétségbees|ik v despair, lose* heart

kétségkívül adv undoubtedly, without doubt

kétségtelen a unquestionable

kétszáz num two hundred

kétszemélyes a for two (people) ut. || **~ ágy** double bed

kétszer num adv twice || **~ annyi** twice as much/many

kétszeres a double

kétszersült n zwieback, rusk

kétszintes a (ház) two-storey(ed), US two-storied

kétszínű a átv hypocritical, double-dealing

ketté pref in two (halves)

ketten adv (in) two, the two of us/you/them || **mind a ~** both (of us/you/them)

kettes 1. a (számú) (number) two 2. n (számjegy) figure/number two; (osztályzat) rather weak (mark)

kettesben adv (párosan) in pairs/twos; (együtt) (the two of them/us/you) together

kettesével adv by/in twos, two by/and two

kettő num two; vmből a couple of || **mind a ~** both

kettős 1. a (kétszeres) double, twofold 2. n zene duet

kettőspont n colon

ketyeg v tick

kétüléses autó n two-seater

kéve *n* sheaf°, bundle
kever *v* (*össze*) mix; (*főzéskor*) stir; (*vegyileg*) combine; (*kártyát*) shuffle; (*átv, vmbe*) involve in || **bajba** ~ **vkt** get* sy into trouble
keverék *n* mixture; (*dohány, kávé*) blend; (*rendszertelen*) medley, mishmash
kevés *num* little, few (*utána: pl*), small; (*valamennyi*) some; (*idő*) short; (*csekély*) slight; (*nem elég*) wanting, not enough || ~ **a pénzem** I have* little money; ~**sel azután** shortly/soon after
kevésbé *adv* (the) less || **annál** ~, **mert** all the less since
kevesebb *a* less, fewer || **valamivel** ~ a little/trifle less
kevéssé *adv* a little/trifle, somewhat, a little bit
kéz *n* hand || **kezébe vesz** vkt/vmt take* sy/sg into one's hands; **vmt** (**jól**) ~**ben tart** átv keep* one's hands on sg; ~**en fog vkt** take* sy by the hand; ~**en fogva** hand in hand; ~**nél van** be* to hand; **kezet fog vkvel** shake* hands with sy; ~**zel festett** hand-painted; **fel a kezekkel!** hands up!
kézápolás *n* manicure
kézbesít *v* deliver, hand
kezd *v* vmt, vmbe, vmhez begin*/start sg (*v.* to do sg); set* out to (do sg) || **most mihez** ~**jünk?** what (are we to do) now?; ~**em megszokni** I'm getting used to it
kezdeményez *v* take* the initiative (in sg)
kezdet *n* beginning, start || ~**ben** in the beginning; ~**től fogva** from the beginning/outset

kezdeti *a* initial || ~ **stádium** early/initial stage
kezdetleges *a* primitive
kezdő *n* beginner
kezdőbetű *n* initial (letter)
kezdőd|ik *vi* begin*, start, commence
kezdősebesség *n* initial velocity
kezel *v* (*beteget*) treat (*vkt vm ellen* sy for sg), attend (sy); (*gépet*) handle; (*karbantart*) maintain, service; (*jegyet*) check, control; (*ügyeket*) manage; (*vkt vhogyan*) treat (sy), deal* with (sy)
kezelés *n* orv treatment, therapy; (*gépé*) handling; (*jegyeké*) check, control; (*pénzé, ügyeké*) administration, managing
kezelő *n* (*gépé*) operator, mechanic; (*kórházi*) surgery; (*telefoné*) operator; (*ügyé*) administrator, manager; (*vagyoné*) trustee
kézenfekvő *a* obvious, (self-)evident, clear
kezes[1] *a* (*szelíd*) tame, meek
kezes[2] *n* (*összegért*) guarantor
kezesked|ik *v* vmért guarantee sg, vouch for sg; vkért stand*/be* security/surety for sy, vouch for sy; (*feltételesen szabadlábra helyezettért*) go* bail for sy
kézfogás *n* handshake
kézi *a* (*kéz-*) hand-, of the hand(s) ut.; (*kézzel végzett*) manual; (*kézi működtetésű*) hand-operated || ~ **vezérlés** manual controls pl
kézifék *n* handbrake || **be van húzva a** ~ the handbrake is on
kézikönyv *n* manual, handbook
kézilabda *n* handball
kézimunka *n* (*kötés, hímzés, horgolás*) needlework, fancywork;

(*főleg hímzés*) embroidery; (*a tárgy*) a piece of needlework/ fancywork/embroidery
kézipoggyász *n* hand luggage (*US* baggage), personal luggage (*US* baggage)
kézírás *n* (hand)writing
kézirat *n* manuscript
kézitáska *n* (*női*) handbag, csak *US*: purse; (*kis bőrönd*) suitcase
kézjegy *n* initials *pl*
kézműves *n* craftsman°, artisan
kézszorítás *n* handshake, handgrip
kézügyesség *n* manual skill ‖ **jó a ~e** be* good with one's hands
kft. = *korlátolt felelősségű társaság* limited liability company, Ltd, *US* Inc (= incorporated)
ki¹ *pron* **A)** (*kérdő*) who? ‖ **~ az?** who is that/it/there?; **~é?** whose?; **~ért?** for whom?, for whose sake?; **~hez?** to whom?; **~nek?** for/to whom?; **~re gondolsz?** who are you thinking of?; **~t? whom?; ~t láttál?** who did you see?; **~t vár?** who are you waiting for?; **~től?** from whom?, who ... from?; **~vel?** with whom?, who ... with? **B)** (*vonatkozó*) → **aki C)** (*határozatlan: némelyik*) **~ erre, ~ arra** some this way and some that (way)
ki² *adv* (*irány*) out; (*kifelé*) outwards ‖ **~ innen!** get out!
kiabál *v* (*ember*) shout, cry; (*ordít*) bawl
kiábrándító *a* disappointing, disillusioning
kiad *v* (*vhonnan*) give* out; (*kiszolgáltat*) deliver, give* up, hand over; (*bűnözőt*) extradite; (*munkát*) assign, distribute; (*parancsot*)

give*; (*rendeletet, sajtóterméket*) publish, issue; (*házat*) let* (out), csak *US* rent (sg) out; (*pénzt*) spend*
kiadás *n* (*kiszolgáltatás*) handing out, delivery; (*sajtóterméké*) publication, issue; (*könyvé*) edition; (*költségek*) expenses *pl*; (*kormányé stb.*) expenditure
kiadó 1. *a* (*bérbe vehető*) to (be) let *ut.*, vacant, *US* for rent *ut.* ‖ **~ lakás/szoba** flat/room to let **2.** *n* (*vállalat*) publisher(s), publishing house
kiadós *a* abundant, plentiful ‖ **~ ebéd** a substantial lunch; **~ eső** a heavy rain, heavy rains *pl*
kiadvány *n* publication
kialakul *v* form, take* shape; (*kifejlődik*) develop
kiáll *v* *vk* *vhová* go*/stand* out; (*vhonnan előlép*) step out; *vm vmből* stand*/stick* out; *vkvel* stand* up to (sy), accept the challenge of; *vmért/vkért* fight* for sg; (*fájás megszűnik*) cease, stop; (*kibír vmt*) endure, suffer, stand*, bear* ‖ **ki nem állhatom** I can't stand/bear him; **~ja a próbát** pass/stand* the test
kiállít *v* *vhová* put*/place out; *sp* send* off, exclude; (*kiállításon*) exhibit; (*bemutat*) display, show*; (*okmányt, számlát*) make* out
kiállítás *n* exhibition, show; (*külső*) finish, presentation; *sp* (*játékosé*) send(ing)-off; (*iraté*) issue
kialsz|ik *v* (*lámpa*) go* out; (*tűz*) burn* (itself) out, be* extinguished; *átv* die away, fade; *vmt* sleep* off ‖ **kialussza magát** have* a good night's rest

kiált v cry, shout
kiáltvány n proclamation
kiárad v (folyó) flood; (fény) stream out, emanate
kibékít v vkt vkvel reconcile sy with sy
kibékül v vkvel be reconciled (with sy)
kibélel v line
kibérel v (csónakot stb.) hire (out); (házat hosszabb időre v. földet) lease; (házat/szobát rövidebbre v. autót) rent
kibetűz v make* out, decipher; (jeleket) decode
kibírhatatlan a unbearable
kibocsát v send* out; (hőt, szagot) emit, give* off/out; (sugarat) radiate; (bankjegyet) put* into circulation, issue; (rendeletet) publish, issue
kibont v (csomót stb.) undo*, untie; (csomagot) open, unpack, unwrap; (vitorlát, zászlót) unfurl, unfold
kiborít v (edényt) overturn; (folyadékot) spill*; biz vkt upset* sy
kiborul v biz get* upset; (idegileg) break* down
kibök v (szemet) poke out; biz (szót) utter, blurt out
kibúj|ik v vhonnan creep*/crawl out, emerge from, come* out
kibúvó n (ürügy) pretext; (mentség) excuse
kicsal v vkt vhonnan coax into coming out; vkből vmt wheedle/worm sg out of sy; (pénzt vktől) cheat/swindle/do* sy out of sg
kicsavar v (csavart) unscrew; (vizes ruhát) wring* (out); (gyümölcsöt) squeeze

kicselez v dodge, elude
kicserél v vmt vmért/vmre exchange sg for sg; biz swap sg for sg; (újjal) replace (sg with/by sg); (becserél) trade sg for sg; (nézeteket) exchange [views]
kicsi 1. a little, small; (nagyon kicsi) tiny; (termetre) short; (jelentéktelen) petty, insignificant, trifling 2. n (gyerek) little one/boy/girl, csak US: junior || **egy ~t** a little/bit/trifle; **~re nem adunk** we are not so very particular
kicsinyes a small/petty-minded; (aprólékos) fussy, pedantic; (szűkmarkú) niggardly
kicsíráz|ik v sprout, bud, germinate
kicsoda pron who(ever)?
kicsomagol v unpack
kicsúfol v mock sy, make* fun of sy
kicsúsz|ik v (kézből) slip (out) || **~ott vm a száján** sg slipped from his lips
kiderít v find* out, bring* to light; (rejtélyt) unravel, clear up
kiderül v (idő) clear up, get* brighter; (ég) clear || **~t, hogy** it came to light that, it turned out that
kidob v vmt throw* out; (pénzt) throw* away, waste; biz vkt vhonnan throw*/turn* sy out (of swhere); (állásából) sack sy
kidolgoz v (anyagot) make* up; (kikészít) process; (részleteiben vmt) work out, elaborate (sg)
kidönt v (fát) fell; (falat) pull/knock down, demolish; (kiborít) spill*, overturn, upset*
kié → ki[1]
kiég v (ház) burn* out || **~ett az égő** the bulb has gone; **~ett a biztosíték** the fuse has blown

kiegészítés *n* completion, add*i*tion, supplement; (*könyvben*) addendum (*pl* addenda)
kiegyenlít *v* (*egyenlővé tesz*) equalize, stra*i*ghten, *e*ven out/up; (*számlát*) settle; (*adósságot*) clear, pay* (off)
kiegyensúlyozott *a* balanced ‖ ~ **ember** well-b*a*lanced man°
kiegyezés *n* compromise, con*ci*liation, acc*o*rd
kiejt *v* (*kezéből*) drop, let* sg fall/ slip; (*szót*) pron*o*unce
kiejtés *n* (*szóé*) pronunci*a*tion
kielégít *v* vk*t* satisfy, give* satisfaction to; (*óhajt*) fulf*i*l (*US* -fill) ‖ ~**i az igényeket** meet*/satisfy all dem*a*nds/req*u*irements
kielégítő *a* satisf*a*ctory; (*megfelelő*) *a*dequate; (*elég*) suff*i*cient
kielégületlen *a* uns*a*tisfied, frustrated
kiélvez *v* enj*o*y (sg) f*u*lly
kiemel *v* vmb*ől* take*/lift sg out (of sg); (*sok közül*) pick (out); (*hangsúlyoz*) stress, *e*mphasize; (*mint fontosat*) highlight (sg)
kiemelked|ik *v* v*h*onnan rise* (from); *vm fölé* tower above
kiemelkedő *a* (*kiugró*) proj*e*cting, prominent; (*kiváló*) outst*a*nding, *e*xcellent
kiemelt *a* (*hangsúlyozott*) stressed
kienged *v* vk*t* let* (sy) out; *vmt* emit; (*gázt*/*levegőt vmből*) defl*a*te sg; (*ruhát*) let* out
kiengesztel *v* conc*i*liate
kiérdemel *v* merit, des*e*rve, earn
kiértékel *v* *e*valuate, appr*ai*se
kies|ik *v* (*vhonnan*) fall*/dr*o*p out (of sg); *sp* be* el*i*minated ‖ ~**ik az emlékezetéből** sg slips one's mind

kieszel *v* invent, think* up
kifacsar *v* (*ruhafélét*) wring* (out); (*gyümölcsöt*) squeeze
kifakad *v* (*kelés*) burst*; (*bimbó*) burst* *o*pen, *o*pen; (*vk*) break* out into *a*ngry words
kifakul *v* fade, lose* c*o*lour (*US* -or)
kifárad *v* vmt*ől* t*i*re (of), bec*o*me*/ get* t*i*red (of/from)
kifáraszt *v* t*i*re (out), make* sy t*i*red/we*a*ry
kifecseg *v* blurt out ‖ **titkot** ~ *biz* let* the cat out of the bag
kifejez *v* (*szavakkal*) express ‖ ~**i magát** express ones*e*lf
kifejezés *n* expression, (*nyelvben még*) idiom
kifejezetten *adv* expressly, definitely
kifejleszt *v* develop
kifejlődik *v* develop, grow*
kifejt *v* (*varrást*) und*o**, unp*i*ck; (*borsót*) hull, shell; (*képességet*) display, show*; (*magyaráz*) explain, make* clear
kifelé *adv* (*irány*) out, *o*utward(s) ‖ (mars) ~! out you go!
kifényesít *v* p*o*lish, buff up, shine*
kifér *v* vm/vk vmn ge**t*** out through, pass through sg
kifest *v* (*szobát*) decorate; (*arcot*) make* up; (*kiszínez*) c*o*lour ‖ ~**i magát** make* up (one's face)
kifeszít *v* (*feszessé tesz*) stretch (out), t*i*ghten; (*felfeszít*) break*/ force *o*pen
kificamít *v* sprain
kifinomult *v* ref*i*ned
kifizet *v* p*a*y (up/out)
kifli *n* cro*i*ssant
kifog *v* (*vízből*) fish; (*halat*) catch*; *biz* vkn get*/have* the better of sy

‖ **ez ~ott rajtam** that beats me; **ezt jól ~tuk** (*rosszat*) it's not our day; (*jót*) we're in luck

kifogás *n* (*helytelenítés*) objection; (*panaszos*) complaint, protest; (*mentség*) pretext, excuse ‖ **ha nincs ellene ~od** if you don't mind

kifogásol *v* object to, protest against; (*hibáztat*) disapprove of

kifogástalan *a* unexceptionable, unobjectionable; (*hibátlan*) faultless; (*minőség*) excellent

kifogy *v* (*elfogy*) come* to an end, run*/be* short; (*készlet*) give*/ run* out ‖ **~ott** (*pl. mosogatószer*) it's run out; (*áru*) be* out of stock; (*könyv*) be* out of print

kifordít *v* (*megfordít*) reverse; (*ruhát*) turn (out/over)

kifoszt *v* *vkt* rob; (*háborúban*) plunder

kifőtt tészta *n* pasta

kifőz *v* (*tésztát*) boil, cook; (*fertőtlenít*) sterilize (sg by boiling); (*tervet*) brew, plot

kifúj *v* (*füstöt stb. vmből*) blow* out ‖ **~ja az orrát** blow* one's nose; **~ja magát** get* one's breath (back)

kifullad *v* get* out of breath

kifúr *v* bore (out/through), drill

kifut *v* (*kirohan*) run* out; (*hajó*) sail; (*tej*) boil over; **~ az időből** *biz* run* out of time

kifutópálya *n rep* runway

kifürkész *v* ferret out

kigombol *v* unbutton

kigondol *v* think* up, conceive, invent; (*tervet*) think*/work out

kigúnyol *v* ridicule, mock, make* game/fun of sy

kígyó *v* snake; *ir* serpent

kigyógyít *v* *vkt vmből* cure sy of sg

kigyógyul *v* recover, be* cured

kígyóz|ik *v* (*út, folyó*) twist and turn, wind*

kigyullad *v* (*lámpa, fény*) be* lit, light* up; (*tüzet fog*) catch* fire

kihagy *v* (*mellőz*) leave* out, omit; (*lehetőséget*) miss ‖ **~(ott) a pulzusa** his pulse missed a beat; **~ott az emlékezete** (s)he had a lapse

kihajol *v* lean* out (of) ‖ **~ni veszélyes** do not lean out of the window

kihajt *v* (*állatot*) drive* out; (*gallért*) turn down [one's collar]; *bot* sprout, put* out shoots; (*rügyezik*) bud

kihal *v* (*család*) die out; (*terület elnéptelenedik*) become*/be* deserted; (*állatfaj*) become* extinct

kihallgat *v* (*kikérdez*) interrogate, question; (*beszélgetést*) overhear* =; (*tanút*) hear*

kihallgatás *n* (*kikérdezés*) examination, questioning; (*államfőnél stb.*) audience

kihány *v* (*kidob*) throw* out; (*ételt*) vomit

kihasznál *v* *vmt* utilize, exploit, take* (full) advantage of (sg); (*anyagi haszonra*) profit by/from; *vkt* (*tisztességtelenül*) take* advantage of sy, exploit sy ‖ **~ja az alkalmat** take the opportunity [to... *v.* of ...ing]

kihatás *n* effect, influence, impact; (*eredmény*) result ‖ **~sal van vmre** have* an effect/impact on sg

kihever *v* (*bajt*) get* over; (*betegséget*) recover from; (*csapást*) survive; (*balesetet*) get* over

kihirdet v announce, proclaim
kihív v vkt vhová call out/to; (küz-
delemre) challenge; (diákot felel-
ni) call upon, ask sy questions ||
~**ja a rendőrséget** call (out) the
police
kihoz v vhonnan bring*/get*/take*
out; biz (vmből vm eredményt)
produce || ~ **vkt a béketűréséből**
exasperate sy, provoke sy
kihúz v vhonnan draw*/pull out;
(töröl) cross/strike* out, delete;
(sorsjegyet) draw* || **dugót** ~ **az
üvegből** uncork a bottle; **falidu-
gót** ~ unplug sg; **fogat** ~ extract a
tooth°; átv ~ **vkből vmt** drag/
draw* sg out of sy; ~**za magát**
draw* oneself up; ~**za magát
vmből** (v. **vm alól)** wriggle out of
sg
kihűl v cool, get* cold/cool
kiír v (kimásol) copy out; (számító-
gép) print out; (vhonnan) write*
out; (pályázatot) announce; orv
biz (táppénzesnek) put* sy on
sickness benefit || **választásokat**
~ call elections
kiirt v wipe out; (gyökerestől) root
out; (erdőt) clear; (megsemmisít)
annihilate, destroy; (állatfajt) kill
(off); (népet) exterminate
kiismer v vkt come*/get* to know
sy; (átlát vkn) see* through sy || ~**i
magát** vhol find*/know* one's
way about/around; **nem ismeri ki
magát** vhol be* lost
kiismerhetetlen a inscrutable
kiizzad v get* hot, work up a
sweat; (náthát) sweat out [a cold]
|| **ki van izzadva** he is hot and
sweaty

kijár v vm vmből come* off/out;
vknek vm be* due/owing to; (vknél
vk számára vmt) manage to ob-
tain/get sg for sy; (iskolát) fin-
ish/complete one's studies
kijárat n way out, exit
kijátsz|ik v (kártyát) lead*; (be-
csap) cheat, take* (sy) in || ~**ik vkt
vk ellen** play off one person
against the other; **kijátssza a
törvényt** evade the law
kijavít v (hibát, dolgozatot) correct;
isk (dolgozatokat) mark, US grade;
(szöveget) revise; (helyesbít) rec-
tify; (gépet) repair; (házat) repair,
renovate; (ruhát) mend
kijelentés n (nyilatkozat) declara-
tion, statement
kijelöl v (helyet) designate, indi-
cate, point/mark/stake out; (időt)
fix, set*, appoint; (vknek vmlyen
munkát) assign [a/the job] to sy
kijelző n el display
kijön v vhonnan come* out (of);
(folt vmből) come* out/off; biz
(könyv) come* out; (számítás) be*
right; (számtanpélda) work out;
biz vkvel get* on well with sy ||
ebből az jön ki, hogy it follows
from this that; **jól** ~**nek egymás-
sal** they get* along/on well
(together); **nem lehet vele** ~**ni**
(s)he is not easy to get on with;
kijött a gyakorlatból he is out of
practice; **nem jön ki a fizetésé-
ből** he can't manage on his salary
kijut v vhonnan (manage to) get*
out (of); vhova find* one's way
(to) || **ugyancsak** ~**ott neki!** he
(has) had a hard time (of it)!
kikalkulál v calculate

kikap *v* (*kiragad*) snatch (sg *v.* sg from sy *v.* sg out of sy's hand); (*megkap*) get*, receive, obtain; (*megszidják*) be* told/ticked off, get* a telling off (*vmért mind*: for sg); *biz* (*vereséget szenved*) be* defeated/beaten

kikapcsol *v* (*ruhát stb.*) undo*, unfasten; (*áramot, gázt*) cut* off; (*telefont*) disconnect; (*készüléket*) switch/turn off

kikapcsolódás *n átv* getting away from it all, relaxation

kikapcsolód|ik *v* (*kapocs, ruha stb.*) come* undone/unfastened; *vk átv* relax, get* away from it all

kikefél *v* (*ruhát*) brush, give* sg a brush; (*cipőt*) polish

kikel *v* (*ágyból*) rise* (from bed); (*tojásból*) hatch out; *bot* spring*, sprout ‖ ~ **magából** lose* one's temper/patience

kiképez *v vkt* train, instruct, teach*; *kat* drill; (*kialakít*) form, shape

kikérdez *v* (*rendőr*) (cross-)question, interrogate ‖ ~**i a leckét** hear* the lesson

kikeres *v* look/search for, seek* (out); (*kiválogat*) choose*, select; (*szót*) look up [a word in the dictionary]

kikerics *n* (*őszi*) ~ meadow-saffron, autumn crocus

kikerül *v* (*tócsát*) go*/walk round; (*autóval*) drive* round; *vkt* get* out of the way of sy, evade sy; (*bajt*) avoid; (*vk vmből*) come* out; *átv* get* out of

kikerülhetetlen *a* inevitable, unavoidable

kikészít *v* (*előkészít*) put*/set* out, arrange, prepare; (*bőrt*) curry; *biz* (*vkt vm kimerít*) finish sy (off)

kikísér *v* (*ajtóig*) show* sy to the door; (*állomásra*) see* sy off

kikölcsönöz *v* borrow, *US* loan

kikölt *v* (*fiókát, tojást*) hatch

kiköltekez|ik *v* run* out of money

kiköltöz|ik *v* (*lakásból*) move (out)

kikötés *n* (*feltétel*) stipulation, condition; (*hajóval*) landing ‖ **azzal a ~sel, hogy** on condition that

kikötő *n* (*tengeri*) harbour (*US* -or), port; (*menetrendszerű*) port of call; (*kisebb*) (landing-)pier

kiközösít *v* (*közösségből*) expel, exclude (from); (*társadalomból*) ostracise; (*egyházból*) excommunicate

kikúrál *v* cure (sy of sg)

kiküld *v vhonnan* send* out (of); *vhová* send* out (to), dispatch (to); (*megbíz*) delegate; **bizottságot küld ki** appoint a committee

kiküldetés *n* posting, mission ‖ ~**ben van vhol** be* on a mission/posting swhere

kiküszöböl *v* eliminate, get* rid of

kilakoltatás *n* eviction

kilátás *n vhonnan* view, prospect, panorama; *átv* (*távlati*) outlook, prospect(s) (for sg); (*egyéni*) chance ‖ ~**ba helyez** hold* out the prospect of

kilátástalan *a* without prospects *ut.*, hopeless

kilátótorony *n* look-out (tower)

kilenc *num* nine

kilenced *n* ninth

kilencedik *num a* ninth, 9th

kilencedszer *num adv* for the ninth time

kilencen *num adv* nine (people) ‖ ~ **vagyunk** there are nine of us

kilences 1. *a (számú)* number nine **2.** *n (számjegy)* (the number) nine
kilencszáz *num* nine hundred
kilencszer *num adv* nine times
kilencszeres *a* ninefold
kilencven *num* ninety
kilencvenedik *num a* ninetieth
kilencvenes *a* **a ~ évek** the nineties (90s)
kilép *v vhonnan* step/come* out; *(siet)* walk quickly, step out ‖ **~ a vállalattól** leave* the company/ firm; **~ egy pártból** resign from *(v.* leave*) a party
kilincs *n* door-handle; *(kerek)* (door)knob
kiló *n biz* kilo; **62 ~ vagyok** I weigh 62 kilos
kilóg *v vm vhonnan* hang*/stick* out; *(látszik)* show* ‖ **~ a sorból** *biz (nem illik bele)* be* the odd one out
kilogramm *n* kilogram(me)
kilométer *n* kilometre *(US* -ter)
kilométeres *a* **80 ~ sebességgel haladt** he drove at 50 miles per hour
kilométerkő *n* kilometre mark/ stone, *GB* milestone
kilométeróra *n* mil(e)ometer
kilő *v vhonnan* shoot*/fire out (of); *(puskából)* fire, shoot*; *(rakétát)* launch; *(vadat)* shoot*, bag
kilyukad *v (lyukas lesz)* wear* through ‖ **hova akarsz ezzel ~ni?** what are you driving/aiming/ getting at?
kilyukaszt *v* perforate, make* a hole in (sg); *(jegyet)* punch
kimagasló *a* outstanding, eminent
kimarad *v (kihagyták)* be* left out, be* omitted; *(iskolából)* drop out;

(sokáig távolmarad) stay away too long; *(nem alszik otthon)* sleep* out
kimegy *v vhonnan* go*/pass/get* out (of) ‖ **~ vk elé az állomásra** (go* to) meet* sy at the station; **~ a fejéből** go* out of *(v.* slip) one's mind
kímél *v (óv)* take* care of; *(megtakarít)* spare ‖ **nem ~i magát** he doesn't spare himself; **nem ~i a fáradságot** spare no pains
kímélet *n* forbearance, regard, consideration
kíméletlen *a vkvel szemben (tapintatlan)* inconsiderate (to/towards); *(kegyetlen)* cruel (to), unsparing (of/in)
kimenetel *n* issue, outcome, result
kiment *v vkt vmből* rescue/save sy from sg
kimér *v (távolságot)* measure (out); *(földet)* survey; *(bort)* sell* by the litre; *(húst)* weigh (out)
kimereszt *v* **~i a szemét** goggle, stare
kimerít *v (tartalékot/témát)* exhaust; *(kifáraszt)* wear* out
kimerítő *a (alapos)* exhaustive; *(fárasztó)* exhausting, tiring
kimerül *v (elfárad)* get* exhausted, be*/feel*/look run down; *(elfogy)* be* used up, be* exhausted; *(készlet)* give* out
kimerült *a (ember)* exhausted, run-down, worn-out; *(igével)* be*/feel* worn out
kimerültség *n* exhaustion, weariness
kimond *v (szót)* pronounce, utter; *(érthetően)* articulate; *(kijelent)* state, declare; *(véleményt)* express

kimos *v* (*ruhát*) wash, *US* launder; (*sebet*) bathe; (*üveget*) rinse

kín *n* pain, torture, torment

Kína *n* China

kínai *a/n* Chinese

kínál *v vkt vmvel* offer sy sg; (*árut*) offer (sg) for sale; (*áruért összeget*) offer [a price] ‖ **étellel ~** help sy to [food]; **hellyel ~** offer sy a seat

kínálat *n* supply, offer

kincs *n* treasure, jewel

kinevet *v* (have* a) laugh at, make* fun of

kinevez *v* (*állásba*) appoint (sy sg); (*tisztségre*) name (as/for)

kinevezés *n* appointment, nomination

kinéz *v* (*magának vmt*) pick/look out, choose*, select*; (*vhonnan*) look out [of the window] ‖ **jól néz ki** look well; **úgy néz ki, hogy esni fog** it looks like rain; **nem néz ki olyan idősnek, mint amennyi** he doesn't look his age; **jól nézünk ki!** now we are in a fine mess!; **~tem magamnak egy színes tévét** I've got my eyes on a colour TV

kínlód‖ik *v* (*szenved*) suffer pain; *átv vmvel* struggle (with), bother with/about sg

kinn *adv* outside, out (of doors), outdoors; (*külföldön*) abroad ‖ **~ a szabadban** in the open (air)

kínos *a* (*fájdalmas*) painful; (*kellemetlen*) embarrassing, awkward, unpleasant

kínoz *v* torment, torture

kinő *v* (*földből*) grow*, spring* forth; (*ruhát, rossz szokást*) grow* out of

kint *adv* = **kinn**

kinti *a* outside; (*külföldi*) foreign

kinyíl‖ik *v* open; (*virág*) blossom, bloom

kinyit *v* (*ablakot, ajtót*) open; (*zárat*) unlock; (*boltot; bolt*) open; (*összecsukott vmt*) open; (*kibont*) unfold; (*vm csavarosat*) unscrew; (*csapot*) turn on ‖ **kinyissam az ablakot?** shall I open the window?; **~ja a szemét** open one's eyes; **a bolt 10-kor nyit ki** the shop opens at 10 a.m.

kinyomoz *v* trace, track (down), hunt down

kinyomtat *v* print

kinyújt *v* (*kezét stb.*) stretch/reach out; (*meghosszabbít*) draw*/pull out, lengthen; (*tésztát*) roll out ‖ **~ja a nyelvét** put*/stick* one's tongue out

kioktat *v vmre* brief sy on sg, instruct sy in sg; *pejor* put* sy wise (to)

kiolvas *v* (*könyvet*) finish (reading) a book

kioszk *v* kiosk; stall, stand

kioszt *v* (*vmt szét*) distribute, give*/ share out, divide (among); (*díjat*) award; (*kiadagol*) portion out; *biz vkt* give* sy a (good) dressing down

kiöblít *v* rinse (out)

kiöml‖ik *v* run*/pour/spill* out

kiönt *v* (*vizet stb.*) pour out, spill*; (*folyó*) overflow ‖ **~i a szívét** pour one's heart out

kipakol *v* unpack

kipattan *v* (*rügy*) burst*; (*szikra*) fly* out; (*titok, hír*) leak/come* out

kipiheni magát *v* have* a rest

kipipál *v* tick, *US* check
kipirul *v* flush
kiporol *v* dust; (*szőnyeget*) beat* (the dust from) ‖ **jól ~ják a nadrágját** get* a sound thrashing
kiporszívóz *v* vacuum (out), *GB* hoover (sg)
kipótol *v* (*hiányzó dolgot*) supply, add; (*kiegészít*) supplement; (*veszteséget*) make* up [the loss]; (*mulasztást*) make* up for sg
kipödör *v* (*bajuszt*) twist
kiprésel *v* (*szőlőt*) press; (*egyéb gyümölcsöt*) squeeze; *átv* (*vkből*) extort sg from sy
kipróbál *v* *vmt* try sg (out); *vkt* put* sy to the test
kipucol *v* clean; (*cipőt*) shine*, polish
kipufogó(cső) *n* exhaust (pipe)
kipuhatol *v* *biz* (try to) find* out; (*vk szándékát*) sound sy out [on sg]
kipukkad *v* burst*, split*; (*gumi*) puncture
kirabol *v* (*házat, személyt*) burgle; (*vkt úton*) rob, hold* up
kiradíroz *v* rub out, erase
kirak *v* *vmt vmből* take* sg out of sg; (*árut/hajót*) unload; (*megtekintésre*) display; *vmvel* stud, trim (with); *biz* (*állásból*) turn out, dismiss
kirakat *n* shop-window ‖ **~o(ka)t néz(eget)** (*vásárlás nélkül*) window-shop
kirakójáték *n* jigsaw puzzle
király *n* king
királyfi *n* prince
királyi *a* royal; (*királyhoz méltó*) regal, kingly, king's ‖ **~ ház** dynasty; **~ palota** royal palace; **~ udvar** royal court, the Court
királykisasszony *n* princess

királyleány *n* princess
királyné *n* queen (consort)
királynő *n* queen ‖ **a ~ férje** the prince consort; **az angol ~** the Queen of England
királyság *n* (*ország*) kingdom, realm; (*államforma*) kingdom, monarchy
kirándul *v* *vhova* go* on an excursion/outing (to), take* a trip (to); (*egy napra, hideg élelemmel*) go* on a picnic ‖ **~t a bokája** he has sprained his ankle
kirándulás *n* excursion, trip
kirándulóhely *n* beauty spot
kiránt[1] *v* *vmt vhonnan* pull out (violently)
kiránt[2] *v* (*húst*) fry (sg) in breadcrumbs
kirekesztés *n* discrimination
kirepül *v* (*madár*) fly* away, take* wing; (*golyó puskából*) fly*/shoot* out
kiró *v* (*vkre büntetést*) inflict [punishment] (up)on ‖ **bírságot ró ki vkre** fine sy
kirobban *v* *átv* burst*, break* out ‖ **~t a válság** there was a sudden crisis
kiröhög *v* *vkt* laugh in sy's face, laugh at sy
kiről *pron* **A)** (*kérdő*) about whom? ‖ **~ beszél?** who are you talking about? **B)** (*vonatkozó*) = **akiről** → **aki**
kirúg *v* *vmt* kick out; (*állásból*) sack, fire, give* sy the sack ‖ **~ja a labdát** *sp* (*kapuból*) take* the goal-kick
kirügyez|ik *v* bud
kis *a* little, small; (*nem magas*) short ‖ **egy ~** a little, a bit of,

some; **egy ~ ideig** for a (little) while, for a/some time; **egy ~ idő múlva** shortly, in/after a (short) while
kisasszony n miss, young lady
kisautó n mini
kisbaba n baby, infant ‖ **~t vár** be* expecting a baby
kisbetű n small letter; nyomd lower case
kisdiák n schoolboy, schoolgirl
kisebb a (méretre) smaller; (menynyiségre, fontosságra) less; (fiatalabb) younger; (kisebbfajta) lesser, minor ‖ **a ~ testvér** (the) younger brother/sister; **jóval ~ a kelleténél** much too small
kisebbítés n diminution, reduction
kisebbség n pol minority
kisegít v (vkt munkájában) assist/help sy [in his work]; (helyettesít) deputize (for sy)
kisegítő iskola n special school
kísér v vkt go* with, accompany; kat escort ‖ **zongorán ~** accompany on/at the piano
kísérlet n (megpróbálás) attempt (vmre at sg); experiment ‖ **~et tesz vmre** make* an attempt at sg (v. to do sg)
kísérletez|ik v vmvel make* experiments (with sg), experiment (with sg)
kísérő 1. a accompanying; (velejáró) concomitant 2. n (társ) companion, follower, attendant; (gyerek mellett) guardian; zene accompanist; biz (ital) a glass of soda (water); (gyengébb alkohol) chaser
kísért v (megkísért) tempt; (szellem) haunt

kísértés n temptation ‖ **~be esik** be* (sorely) tempted; **enged a ~nek** yield (v. give* in) to temptation
kísértet v ghost, phantom, spirit
kisfilm n (játékfilm) short (film); (dokumentumfilm) (short) documentary (film)
kisfiú n little boy; (megszólítás) **kisfiam!** son!, sonny!
kisgazda n small-holder
kisgyerek n small/little child°
kisikl|ik v (vonat) get* derailed
kisimul v become* smooth
kisipar n small(-scale) industry; (egy ága) craft
kisiparos n craftsman°
kiskabát n jacket
kiskanál n teaspoon ‖ **két ~ cukor** two teaspoonfuls of sugar
kiskapu n átv the back door
kiskereskedelem n retail trade
kiskereskedő n retailer, shopkeeper
kiskorú 1. a not of age ut., under age ut., underage 2. n minor
kislány n little/young girl; (akiknek vk udvarol) [one's] girl(friend)
kismama n young mother(-to-be), mother-to-be
kismutató n hour hand
kisorsol v draw*, select (sg) by a draw
kisöpör v sweep* out
kisportolt a athletic
kisregény n long short-story, short novel
kissé adv a little (bit), a bit, slightly ‖ **egy ~** a little, rather, somewhat
kistányér n dessert plate
kisugároz v radiate, emit
kisujj n little finger ‖ **a ~ában van** he has it at his fingertips

kisül v (*kenyér, tésztaféle*) get*
baked; (*hús*) get* roasted; (*kiderül*) turn/come* out, come* to
light; *fiz* discharge
kisüsti a/n home distilled (brandy)
kisüt v (*kenyeret*) bake; (*húst sütőben*) roast; (*zsírban*) fry; (*roston*) grill; *biz* (*kieszel*) concoct, invent;
(*nap*) begin* to shine
kisvállalkozás n small business
kisvállalkozó n small businessman°
kisvendéglő n intimate/small
restaurant
kiszab v (*ruhát*) cut* out; (*határidőt*) fix, set* [a date]; (*büntetést vkre*) impose [a fine/punishment on sy]
kiszabadít v (*rabot*) liberate,
release, set* free; (*állatot*) let*
out; (*veszedelemből*) rescue, save
kiszáll v (*járműből*) get* off/out
(*vhol* at); (*hajóból*) land, go*
ashore; (*helyszínre*) visit the
scene/spot; *biz* (*játszmából, üzletből*) pull/get*/back out
kiszállás n (*járműből*) getting off;
(*helyszínre*) on-the-spot investigation; (*tanulmányi céllal*) field
trip
kiszámít v calculate, count, compute
kiszárad v (*kút*) dry up, run*/go*
dry; (*élő fa*) die; (*növény*) wither;
(*torok*) get* parched/dry
kiszed v *vhonnan* take* out (of
swhere), pick out; (*válogatva*) sort
out; *nyomd* set* up; *biz vkből vmt*
get*/drag sg out of sy
kiszemel v *vkt vmre* select/
choose*/pick sy for sg; (*kiválaszt*

vmt) look/pick out sg (*vknek* for
sy)
kiszivárog v (*folyadék/hír*) leak out
kiszolgál v *vkt* serve (sy), attend on
sy; (*étteremben*) wait on, serve
[guests]; (*üzletben*) serve, attend
to [customers] || **szolgáld ki magad** help yourself
kiszolgálás n service; ~**sal** service
included
kiszolgáltat v (*vmt átad*) deliver,
hand over (sg); (*vknek átad vkt*)
give*/hand sy over to sy; (*bűnöst*)
extradite
kiszótároz v look up the words [in
a dictionary]
kiszögellés n projection
kiszúr v (*hegyes tárggyal*) pierce,
prick; *biz* (*kiszemel*) pick out; *biz
vkvel* do* sy in
kitagad v (*gyereket*) disown; (*örökségből*) disinherit
kitágít v (*rugalmas dolgot*) stretch,
expand; (*ruhát, övet*) loosen,
slacken; (*lyukat*) enlarge; *átv* (*látókört*) widen/broaden [one's horizons]
kitakar v uncover, bare
kitakarít v (*szobát*) do* [the room],
clean up, tidy up [the room]
kitalál v (*eltalál*) guess, find* out;
(*kiötöl*) invent, devise; (*nem tisztességes dolgot*) make* up, concoct; *vhonnan* find* one's way out
|| ~**ja vk gondolatát** read* sy's
thoughts
kitapasztal v learn* by experience
kitapétáz v paper [the room]
kitár v (*ablakot, ajtót*) open (wide)
|| **szívét ~ja vk előtt** open one's
heart to sy

kitart *v* (*kezével*) hold* out; (*állhatatos*) be* persistent, hold* out/on; (*ügy mellett*) hold* firm to || ~ **amellett, hogy** (s)he maintains that ...; ~ **vk mellett** remain loyal to sy, stand* by sy; ~ **vm mellett** persist in, insist on
kitartás *n* (*állhatatosság*) persistence, steadfastness; (*vk/vm mellett*) sticking (to sy/sg), standing by sy/sg || **csak ~!** hold on!
kitárul *v* open (out), be* thrown open
kitel|ik *v* *vmből* be* enough/sufficient (for); *vm vktől* be* capable of sg
kitér *v* (*útból*) get* out of the way; (*helyet adva*) make* way, let* pass; (*vk elől*) shun/avoid sy; *vmre* (also) touch upon sg, mention || ~ **egy kérdés elől** dodge/evade a question
kiterjed *v* *fiz* expand; (*terület vmeddig*) extend (to/over), spread* over, range (as far as); *vmre* cover/include sg
kiterjedés *n* (*test növekedése*) expansion; (*terjedelem*) extension; *fiz* dimension
kitervel *v* (*ravaszul*) scheme (to do sg)
kitesz *v* (*kihelyez*) put* out(side); (*kirakatba*) display, show* (in the shop-window); (*írásjeleket*) punctuate [a text]; (*ékezeteket*) put* on (the) diacritics; (*állásból*) turn out, dismiss || **az ár(a) 5000 Ft-ot tesz ki** the price amounts to (*v. totals*) 5,000 fts; ~ **magáért** do* one's utmost; **veszélynek teszi ki magát** expose oneself to danger

kitilt *v* (*országból*) expel/banish (from); (*házból*) forbid* (to enter) the house
kitisztít *v* clean
kitol *v* *biz* *vkvel* do* sy down
kitoloncol *v* deport, expel
kitölt *v* (*folyadékot edénybe*) pour out; (*űrt*) fill in/up; (*űrlapot*) fill in (*v. US* out) [a form]
kitör *v* (*ablakot*) break*, smash; (*testrészt*) break*, fracture; (*háború, járvány, vihar*) break* out; (*tűzhányó*) erupt || ~**te a karját** (s)he broke his/her arm; **nevetésben tör ki** break*/burst* into laughter
kitöröl *v* (*edényfélét*) wipe (out); (*írást*) erase, rub out; (*könyvből*) expunge; (*emlékezetből*) wipe [from memory]
kitűn|ik *v* (*több közül*) excel, be* prominent among; *vmben* excel (*szellemiekben* in sg; *sportban:* at sg); *vmből* appear (from), be* evident (from)
kitűnő 1. *a* excellent, eminent, splendid, first-class/rate || ~ **minőség** top quality; ~**en érzem magam** I am/feel fine **2.** *n isk* (an) excellent (mark)
kitüntetés *n* medal, decoration || ~**sel érettségizik** obtain en excellent school-leaving certificate
kitűz *v* (*jelvényt*) pin on/up, put* on; (*zászlót*) hoist, set* up; (*helyet*) mark/set* out; (*időt*) set*, appoint, fix; (*célt*) set* [oneself a(n) aim/target]
kitűző *n* badge
kiugr|ik *v* (*vhonnan, vmből*) jump/leap* out; *átv biz* (*vk vmből*)

break* aw*a*y (from), dro**p** out (of), dese**r**t sg
kiutal *v* (*pénzt*) rem*i*t, grant
kiutaz|ik *v* go* abr*o*ad, leave* for
kiürít *v* empty; (*fiókot*) clear out; (*poharat*) drain; (*helyiséget*) vacate, qui**t**; (*várost*) evacuate
kiüt *v* (*vkt bokszban*) knock out, KO [*alakjai*: KO's, KO'ing, KO'd]; (*sakkfigurát*) take*, remove [chess-man°]; (*tűz, járvány*) break* out || **rosszul üt ki vm** *biz* sg has a bad *e*nding
kiütés *n* (*bokszban*) kn*o*ck-out, KO; (*bőrön*) rash, spot(s), erup-tion
kiűz *v* *vhonnan* drive*/chase ou̇t
kivág *v* (*ollóval, késsel*) cut*/clip* (sg) out; (*fát*) fell, cut* down; (*rögtönöz*) improvise, g*e*t* up || **~ja magát** give* a smart *a*nswer; (*nehézségekből*) extricate/free ones*e*lf (from)
kivágás *n* (*ruhán*) neckline, décolletage
kiválaszt *v* (*több közül*) choose*, sel*e*ct, pick out
kiváló *a* *e*minent, *e*xcellent, outstanding, very good
kivált *v* (*zálogot*) red*ee*m [*a*rticle in pawn]; (*foglyot*) ransom, buy*/bail out; (*bérletet, jogosítványt*) take* out; (*hatást*) produce, bring* abo*u*t, evoke; (*helyettesít*) replace
kiváltság *n* privilege
kíván *v* *vknek vmt* wish (sy sg); *vmt* wish/want sg; (*vágyódik vm után*) des*i*re sg, long for sg; (*megkövetel vmt*) demand/expect sg of sy, requi*r*e || **jó estét ~ok!** good evening!; **minden jót ~ok!** (my) best wishes

kívánalom *n* requ*i*rement, dem*a*nd
kíváncsi *a* c*u*rious, inqu*i*sitive || **~ vmre** be* curious/*e*ager to know/learn; **~ vagyok, vajon** ... I wonder wh*e*ther/if ...; **~ vagyok, mi történt** I wonder what h*a*ppened
kivándorlás *n* emigr*a*tion
kivándorló **1.** *a* emigrating **2.** *n* emigrant
kivándorol *v* emigrate (to)
kívánság *n* wish, des*i*re, requ*e*st || *vknek* **~ára** at sy's requ*e*st; **~ra** on requ*e*st
kivasal *v* *i*ron, press
kivéd *v* ward/fend off, p*a*rry; *átv* hold* one's ground || **lövést ~** (*futballban*) save a shot
kivégez *v* execute
kivégzés *n* execution
kiver *v* (*ellenséget*) drive* out, chase aw*a*y; (*szőnyeget*) beat* || **ezt verd ki a fejedből** get that out of your head
kivesz *v* *vmből vmt* take* out (of), rem*o*ve (from); (*lakást*) rent, take* (out); (*szemmel*) disc*e*rn, make* out; (*következtetve*) g*a*ther (from) || **~i a részét vmből** (*részesedik*) take* one's share (of sg); (*munkából*) do* one's share/bit; **~i a szabadságát** take* one's/a holiday
kivet *v* (*idegen anyagot*) reject; (*társadalomból*) cast* out || **adót vet ki** *vkre* impose/levy a tax on sy
kivét *n* (*bankból*) withdr*a*wal
kivétel *n* exception || **~ nélkül** without exception; **vmnek/vknek ~ével** with the exception of, except for
kivételes *a* exceptional, uncommon || **~en** (*rendkívülien*) exception-

ally; (*most az egyszer*) just this
once
kivetít *v* project
kivéve *adv* except, but for, all but ‖
~, **ha** unless
kivisz *v* (*vmt*) take*/carry out;
(*árut*) transport/convey (to); (*külföldre*) export (*vhova* to); (*mosószer piszkot*) take* out, remove
kivitel *n* (*külföldre*) export; (*minőség*) quality
kivizsgálás *n orv* check-up
kivív *v* achieve, reach, effect; (*eredményt*) obtain; (*győzelmet*) win*
kivizsgál *v vmt* examine, investigate; (*ügyet*) look into [the matter], inquire into sg ‖ ~**ják a klinikán** have*/get* a check-up at the hospital
kivon *v* (*kihúz*) drag/draw*/pull out; (*munka alól*) keep* away from; (*felelősség alól*) avoid; *mat* subtract ‖ ~ **a forgalomból** withdraw* from circulation; ~**ja magát vm alól** back out of sg
kivonat *n* (*irat*) extract; (*könyvé*) abridgement, summary; (*főleg . cikké*) abstract; *kém* essence
kivonul *v vhova* turn out; *kat vhonnan* withdraw* (troops) from
kívül 1. *adv* (*vhol kinn*) outside, outdoors ‖ ~ **marad** stay outside; *átv* stand* aloof/apart, keep* out (of) 2. *post* (*helyileg*) outside (of); (*vkn/vmn felül*) beside(s), in addition to ‖ **ezen**~ beyond that; **rajta** ~ besides him; **rajta** ~ **álló okokból** for reasons beyond his control; *vkn* ~ (*kivéve*) except *vmn* ~ (*vmtől eltekintve*) apart/aside from sg
kívülálló *n* stranger, outsider

kívülről *adv* (*helyileg*) from outside; (*könyv nélkül*) by heart
kizár *v* (*kapun*) lock/shut* out; (*egyesületből*) exclude; (*iskolából, pártból*) expel (from); (*versenyből*) disqualify; (*vmnek a lehetőségét*) preclude (the possibility of) sg ‖ **ki van zárva** it is out of the question, no way; **nincs** ~**va** it's just possible (that)
kizárólag *adv* exclusively, solely
kizöldül *v* (*fa*) come* into leaf
kizsákmányol *v* (*munkást*) exploit; (*energiaforrást*) exploit, utilize
klarinét *n* clarinet
klassz *a biz* great, *US* slick
klasszicizmus *n* classicism
klasszikus 1. *a műv* classical; (*mintaszerű*) classic ‖ ~ **zene** classical music 2. *n az angol* ~**ok** the English classics
klerikális *a* clerical
klikk *n* clique
klíma *n* climate
klímaberendezés *n* air-conditioner
klimax *n orv* menopause
klinika *n* teaching/university hospital; (*egyes klinikák*) department of ...
klór *n* chlorine
klub *n* club
koalíció *n* coalition ‖ ~**ba lép** form a coalition
kóbor *a* vagrant, roving ‖ ~ **kutya** stray dog
kóborol *v* roam/wander/stroll about; (*állat*) stray
koccan *v* knock against (sg); (*autók*) bump each other
koccanás(os baleset) *n* a (slight) bump

koccint v clink [glasses] || ~ **vknek az egészségére** drink* sy's health
kocka n (mat is) cube; (dobó) dice (pl ua.); (mintában) square, check || ~ **alakú** cube-shaped; **~n forog** be* at stake; **~ra tesz vmt** risk/hazard sg
kockacukor n lump sugar; (darab) a lump (of sugar)
kockás a squared, checked, chequered (US checkered)
kockázat n risk, hazard, venture
kockázatos a risky
kockáztat v risk, chance, venture
kocog v (ló) trot; (ember) jog
kocogás n jogging
kócos a tousled, dishevelled
kócsag n heron, egret
kocsi n (lófogatú) carriage; (kétkerekű) cart; (négykerekű) wagon; (hintó) coach; (autó) car, főleg US: auto; (közlekedési eszköz) vehicle; (zárt, szállító) van; (vasúti, metró) carriage; (kötélpályán) cabin; (kézikocsi) handcart; (poggyásznak) trolley; (gyermekkocsi) pram ||; **~val** by car, (de:) **a(z új) ~mmal** in my (new) car; **~n visz vkt** drive* sy swhere, take* sy by car
kocsimosás n car-wash
kocsis a driver, coachman°
kocsiút n dirt road, track
kocsma n inn, tavern, pub
kocsonya n meat jelly
kód n code
kódex n codex (pl codices)
kódol v (en)code
koedukáció n coeducation
kofa n (piaci) fish wife°, marketwoman°
koffein n caffeine

kohó n furnace
koholmány n forgery, invention
kokárda n cockade, rosette
koksz n coke
koktél n cocktail
kókuszdió n coconut
kóla n biz Coke
kolbász n kb. sausage
koldus n beggar
kolera n cholera
koleszterin n cholesterol
kolléga n colleague
kollégium n isk tört (bennlakásos, nyolcosztályos) college; (szállás) hall (of residence), US dormitory; (testület) board, college; (előadássorozat egyetemen) course (of lectures)
kollekció n collection; ker samples pl
kollektív a collective
kollokvium n oral exam
kolónia n colony, community
kolostor n monastery, cloister; (apáca~) convent, nunnery
koma n (barát) crony, old friend
kóma n coma
kombi n (önállóan) estate (car), US (station) wagon
kombinál v vmvel combine sg with sg
kombiné n slip
komédia n comedy, farce
komfort n comfort, ease, convenience || ~ **nélküli lakás** cold water flat
komisz a (erkölcsileg) bad, vile, nasty; (dolog) abominable, wretched || ~ **kölyök** naughty brat
kommentár n vmhez commentary (on sg) || **~t fűz vmhez** comment on sg

kommentátor *n sp* commentator
kommersz *a* mass-produced
kommunista *a/n* communist
kommunizmus *n* communism
komoly *a* serious, grave; (*arc*) stern; (*ember*) earnest; (*jelentős*) considerable ‖ ~ **zene** classical music
komolyan *adv* seriously, earnestly ‖ ~? really?; **nem gondolta** ~ he did not mean it; ~ **vesz vmt** take* sg seriously
komor *a* gloomy, sombre (*US* -ber); (*ember*) grave
komp *n* ferry(boat); (*autós*) carferry
kompaktlemez *n* compact disc
komplett *a* complete, entire, whole
komponál *v* compose
kompót *n* stewed fruit, compote; (*konzerv*) tinned (*US* canned) fruit
kompromisszum *n* compromise, concession
koncentrál *v* concentrate ‖ **vmre** ~ concentrate on sg
koncert *n* (*előadás*) concert
koncertmester *n* leader, *US* concertmaster
kondíció *n* (*feltétel*) condition, terms *pl*; (*erőnlét*) (physical) condition, form; (*fitness*) ‖ **jó ~ban van** *vk* be* fit, be* in good condition/form
konferencia *n* conference
konfliktus *n* conflict, dispute, quarrel
kong *v* ring*/sound hollow/empty
kongresszus *n* (*tanácskozás*) congress, *US pol* convention, *US* (*törvényhozó testület*) Congress
konjunktúra *n* boom, prosperity

konkrét *a* concrete, particular ‖ **ebben a** ~ **esetben** in this particular case
konkurencia *n* competition, rivalry
konkurens **1.** *a* rivalling (*US* -l-), competing **2.** *n* rival, competitor
konnektor *n* (*dugója*) plug; (*aljzata*) (power) point, socket
konok *a* obstinate, stubborn
konstrukció *n* construction; (*szerkezet*) structure
kontaktlencse *n* contact lens
kontár **1.** *a* bungling, bungled ‖ ~ **munka** botched (piece of) work **2.** *n* bungler, botcher
konténer *n* container
kontinens *n* continent
kontraszt *n* contrast
kontroll *n* check(ing), control
konty *n* knot (of hair)
konvektor *n* convector
konvertibilis *a* convertible [currency]
konvex *a* convex
konzekvencia *n* consequence, issue, outcome ‖ **levonja a ~t** draw* the conclusion (from sg)
konzerv *n* (*fémdobozban*) tinned (*US* canned) food; (*gyümölcs*) preserve, conserve
konzervatív *a/n* conservative
konzervatórium *n* conservatoire, *US* conservatory
konzervdoboz *n* tin, *US* can
konzervnyitó *n* tin (*US* can) opener
konzul *n* consul
konzulátus *n* consulate
konyak *n* cognac, brandy
konyakos meggy *n* liqueur(-filled) chocolate, liqueur

konyha n (*helyiség*) kitchen; (*főzésmód*) cuisine, cooking
konyhakert n kitchen/vegetable-garden
konyhakész a oven-ready
kooperáció n cooperation
kopár a (*föld*) barren, bare; (*fa*) leafless
kopasz a bald(headed), hairless
kópé n biz (*furfangos ember*) rascal, rogue; (*gyerek*) scamp
kópia n copy; (*papírkép*) print; (*film*) print, copy
kop|ik v wear* away/out; (*szövet*) become* threadbare/frayed
kopjafa n wooden headboard [on a tomb]
koplal v (*szándékosan*) fast, go* on a hunger cure; (*nincs mit ennie*) starve
kopog v (*ajtón*) knock (at the door); (*máson*) tap/rap at/on sg; (*eső, láb*) patter; (*motor*) knock
kopoltyú n gill
koponya n skull; átv head, brain
koporsó n coffin
kopott a vm worn; (*ruha*) shabby, threadbare, frayed
kor n (*életkor*) age; (*időegység*) age, epoch, era, period, time ‖ (a) mai ~ our age/time, the present day; ~ához képest nagy be* tall for one's age; 15 éves ~a óta since he was fifteen (years old); 30 éves ~ában at (the age of) thirty
-kor suff (*időhatározó*) a) at ‖ hány órakor? at what time?, when?; öt órakor at five o'clock; b) on, elutazásakor on leaving; c) during, while ‖ ottlétemkor during my stay (there)
kór n disease, illness

kora a early ‖ ~ délután early in the afternoon; ~ tavasszal in early spring
korább(an) adv (*hamarabb*) earlier, sooner; (*azelőtt*) previously, before ‖ 10 perccel ~ jött (s)he came/was 10 minutes early
korabeli a (*egyidejű*) contemporary; (*akkori*) period-, of the age/time ut.‖ Mátyás ~ of the age of Matthias I Corvinus (v. Mátyás) ut.; Erzsébet ~ Elizabethan
korai a early; (*idő előtti*) premature, untimely
korall n coral
korán adv early, in good time ‖ ~ fekszik go* early to bed; ~ kel rise* early; ~ jön arrive/come* too soon; még ~ van it's early yet
korántsem adv by no means, not at all
koraszülött n premature baby
koravén a prematurely old/aged; (*gyerek*) precocious
korbács n lash, whip, scourge
korcsolya n skate(s)
korcsolyapálya n skating/ice rink
korcsolyáz|ik v skate
kordbársony n corduroy ‖ ~ nadrág corduroys pl, cords pl
Korea n Korea
koreai a Korean
koreográfia n choreography
korhadt a rotten, decayed
korhatár n age limit
kórház n hospital ‖ ~ba szállít vkt take* sy to hospital
korhol v chide*/scold/reprove sy, nag (at) sy
korlát n (*védő*) bar, barrier, guard; (*karfa*) banister, railing; (*hajón, mozgólépcsőn*) handrail; (*torna-*

szer) parallel bars *pl*; *átv* limit, bounds *pl*
korlátlan *a* boundless; (*lehetőség*) unlimited; (*mennyiség*) unrestricted; (*hatalom*) absolute
korlátozás *n* restriction, limitation
kormány *n* (*kerék*) steering wheel; (*hajón a kerék*) (steering/pilot) wheel, helm; (*kerékpáron*) handlebar(s); (*repülőgépen*) control stick/column; *biz* joystick; *pol* government, cabinet, regime, *US* administration ‖ **~on van** be* in power; **~t alakít** form a cabinet/government
kormányfő *n* premier, prime minister
kormánykerék *n* steering wheel
kormányoz *v* (*járművet*) steer; *pol* govern, rule
kormánypárt *n* government/ governing party
kormányzat *n* (system of) government, regime, *US* administration
kormányzó **1.** *a* governing, ruling ‖ **~ párt** governing/ruling party **2.** *n* *US és tört* governor; (*1920 után*) regent
kormos *a* sooty, smoky
korog *v* rumble, grumble ‖ **~ a gyomra** his stomach is rumbling
korom *n* soot
korona *n* crown
korong *n* disc, *US* disk; (*hoki*) puck
koros *a* elderly, aged
kóros *a* morbid, pathological, abnormal
korosztály *n* age-group/bracket
korpa *n* (*őrlési termék*) bran; (*fejbőrön*) dandruff
korrekt *a* correct, straight, fair ‖ **nem ~** unfair

korrepetál *v* coach (sy)
korrigál *v* correct, rectify, check
korrózió *n* corrosion
korrupció *n* corruption; (*vesztegetés*) bribery
korsó *n* jug; (*agyag*) pitcher; (*kő*) jar, pot; (*sörös*) mug, stein; (*üveg/vizes*) carafe ‖ **egy ~ sör** a pint/ mug of beer
korszak *n* period, era, epoch
korszerű *a* modern, up-to-date
korszerűsít *v* modernize, bring* up to date, update
korszerűtlen *a* out-of-date
kortárs *n* contemporary
korty *n* (*nagy*) draught; (*kis*) sip, drop ‖ **egy ~ra** at a gulp
kórus *n* choir, chorus
korzó *n* promenade, walk
kos *n* ram
kosár *n* (*sp is*) basket ‖ **kosarat ad vknek** turn sy down, refuse sy
kosárlabda *n* basketball
kosárlabdáz|ik *v* play basketball
kóstol *v* taste, try, sample
kosz *n* *biz* (*piszok*) dirt
kósza *a* stray, idle ‖ **~ hírek** vague rumours (*US* -ors)
koszorú *n* wreath
koszos *a* *biz* dirty
koszt *n* (*élelem*) food; (*étkezés*) meal(s); (*rendszeres*) board
kosztol *v* board, eat*, take* one's meals
kosztüm *n* (*női*) suit, ensemble, outfit; (*korabeli viselet*) costume
kotor *v* scoop; (*medret*) dredge
kotta *n* (sheet) music; (*partitúra*) score ‖ **~ból játszik** play from music
kovács *n* (black)smith; (*patkoló*) farrier

kóvályog *v* (*kóborol*) wander about, stroll || ~ **a fejem** my head is swimming

kozmetika *n* beauty culture, cosmetology

kozmetikus *n* beautician, cosmetician

kozmikus *a* cosmic || ~ **fegyverek** space weapons

kő *n* stone; (*drágakő*) precious stone; (*órában*) jewel; (*epe, vese*) stone, calculus (*pl* -li *v.* -luses) || ~**vé dermed** be* petrified; **nagy ~ esett le a szívemről** (it's) a load/weight off my mind!

köb *n* cube || ~**re emel** raise to the third power

kőbánya *n* quarry

köbcenti(méter) *n* cubic centimetre (*US* -ter)

köbméter *n* cubic metre (*US* -ter)

köcsög *n* jug, *US* pitcher

köd *n* (*sűrű*) fog; (*ritka*) mist, haze || ~ **van** it's foggy

ködös *a* (*sűrű*) foggy; (*párás*) hazy, misty || ~ **elmélet** muddled theory

ködszitálás *n* (misty) drizzle

kőfal *n* stonewall, stonework

kőfaragás *n* stone-cutting/masonry

köhög *v* cough, have* a cough

kökény *n* blackthorn; (*bogyója*) sloe

kökörcsin *n* pasqueflower

kölcsön **1.** *n* (*bankból*) (bank) loan || ~**t ad** vknek lend* sy [money]; ~**t felvesz** vktől borrow money (from sy); (*bankból*) raise a loan; **visszaadja a** ~**t** *átv* pay* sy back **2.** *adv* (*kölcsönbe*) **elviszem ezt** ~ I'll borrow that/it **3.** *a* borrowed, on loan *ut.*

kölcsönad *v* vmt vknek lend* sg to sy

kölcsönkér *v* vktől vmt borrow sg from sy

kölcsönkönyvtár *n* lending library

kölcsönös *a* mutual, reciprocal

kölcsönöz *v* vknek vmt lend* sg to sy (*v.* sy sg), *US* loan sg to sy (*v.* sy sg); (*könyvtár könyvet*) lend* [books]; vktől vmt borrow sg from sy; (*rövidebb időre*) hire [a boat, car etc.]; (*hosszabb időre és US*) rent [a television etc.]; *átv* lend*, add (to) || **vmlyen jelleget** ~ **vmnek** endow sg with sg

kölcsönvesz *v* vktől vmt borrow sg from sy

kölcsönző *n* (*kölcsönadó*) loaner, lender; (*vállalat*) hire/leasing service/company; (*autóé*) car rental (firm); (*kölcsönvevő*) borrower

köldök *n* navel

kölni(víz) *n* eau de cologne

költ¹ *v* (*felébreszt*) wake* (up)

költ² *v* (*madár*) brood; (*fiókákat*) hatch

költ³ *v* (*pénzt*) spend* (*vmre* on)

költ⁴ *v* (*verset*) compose/write* [a poem]

költemény *n* poem

költészet *n* poetry

költő *n* poet

költőpénz *n* pocket/spending money

költöz|ik *v* vk move (*vhova* to, *vmbe* in), remove (*vhova* to)

költöző madár *n* migratory bird

költség *n* expense(s); (*kiadás*) expenditure, cost || ~**ek** expenses, charges, costs; **megélhetési** ~**ek** living costs; **saját** ~**én** at one's own expense

költséges *a* expensive, costly, dear
költségvetés *n* estimate (of the cost), calculation; (*állami*) budget, estimates *pl*
kölyök *n* (*állaté*) young [of an animal]; (*kutya*) pup(py); (*macska*) kitten, puss(y); (*gyerek*) kid, brat
köménymag *n* caraway seed
kőműves *n* bricklayer
köntös *n* (*köpeny*) (dressing) gown, *US* (bath)robe
könny *n* tear || ~**ek között** in tears; ~**ekre fakad** break*/burst* into tears
könnycsepp *n* tear(drop)
könnyed *a* easy; (*lépés, mozdulat*) light; (*modor*) free (and easy); (*stílus*) easy-flowing, fluent
könnyedén *adv* lightly, easily
könnyelmű *a* light-headed, rash; (*veszélyben*) heedless; (*nemtörődöm*) happy-go-lucky, careless; (*pénzügyileg*) prodigal, wasteful
könnyen *adv* easily, lightly || **ő** ~ **beszél** it's easy for him to talk
könnyít *v* (*terhen*) lighten; *átv vmn* make* sg easier, facilitate; (*fájdalmon*) ease, lessen
könnyű *a* (*súly*) light; (*anyag*) thin; *átv* easy || ~ **étel** light food; ~ **ezt mondani** that's easy to say; ~ **olvasmány** light reading; ~ **sérülés** minor/slight injury
könnyűbúvár *n* skin-diver
könnyűipar *n* light industry
könnyűvérű *a* (*nő*) fast, loose, easy
könnyűzene *n* light music
könyök *n* elbow || **már a** ~**ömön jön ki** I am fed up with it

könyörög *v vmért* beg/supplicate for sg; *vkhez* beg, entreat
könyörtelen *a* merciless, unmerciful, pitiless
könyörület *n* mercy, compassion, pity
könyv *n* book; (*kötet*) volume || ~ **nélkül megtanul** learn* (sg) by heart; *ker* (**üzleti**) ~ **books** (of account) *pl*
könyvel *v ker* (*bevezet vmt*) enter sg into the books; (*könyvelést végez*) keep* the books/accounts
könyvelő *n* bookkeeper
könyvesbolt *n* bookshop, *US* bookstore
könyvespolc *n* bookshelf°
könyvjelző *n* bookmark(er)
könyvkereskedő *n* bookseller
könyvkiadó *n* publisher, publishing house
könyvnyomtatás *n* printing (of books)
könyvsiker *n* best-seller
könyvszekrény *n* bookcase
könyvtár *n* library
kőolaj *n* (crude) oil, petroleum
kőolajvezeték *n* pipeline
köp *v* spit*; (*bűnöző*) sing*, grass (on sy)
köpeny *n* (*ruhadarab*) cloak, gown; (*női*) wrap; (*ujjatlan*) cape; (*munkaköpeny*) white coat
köpönyegforgató *n* time-server, turncoat
kör *n* (*vonal*) circle; (*emberekből stb. álló*) ring; (*versenypályán*) lap; (*társas*) club, circle || **baráti** ~ circle of friends; **hosszúsági** ~ *földr* (line of) longitude; **írói** ~**ökben** in the literary world; ~

alakú circular, round; **szélességi** ~ *földr* (line of) latitude
kőr *n* (*kártya*) heart(s)
körbe *adv* round
körben *adv* (a)round
köré *adv/post* (a)round
köret *n* trimmings *pl*, vegetables and potatoes/chips
körforgalom *n* roundabout, *US* traffic circle
körforgás *n* circulation, rotation; (*égiteslé*) revolution; (*jelenségeké*) recurrence, cycle
körhinta *n* merry-go-round, roundabout
körív *n mat* arc; *épít* arch, bow
körlevél *n* circular
körmenet *n* procession
környék *n* environs *pl*; (*vidék*) countryside ‖ **a város ~e** the environs/outskirts of the town *pl*
környezet *n* (*természeti*) environment, surroundings *pl*; (*személyi*) milieu
környezetszennyezés *n* environmental pollution
környezetvédelem *n* environmental protection
környező *a* surrounding, neighbouring
köröm *n* (*emberé*) (finger)nail; (*állalé*) claw ‖ **körmöt ápol** (*kézen*) manicure; (*lábon*) pedicure
körömlakk *n* nail polish/varnish
körös-körül *adv* all (a)round
köröz *v* (*kört ír le*) circle; *vkt* issue a warrant for the arrest of sy; (*írást*) send*/pass round, circulate ‖ **~i a rendőrség** he is wanted by the police
körte *n* (*gyümölcs*) pear; (*égő*) (light) bulb

körút *n* (*utca*) boulevard; (*utazás*) tour, trip; (*szolgálati*) round
körutazás *n* round trip
körül *post* (*körben*) (a)round; (*időben: táján*) (at) about, round; (*megközelítőleg*) about, near ‖ **az ára 10 Ft ~ lehet** it costs about 10 fts; **az asztal ~** (a)round the table; **9 óra ~** around (*v.* at about) 9 o'clock
körülbelül *adv* about, roughly, approximately, some, *US* around ‖ **~ ötvenen voltak ott** there were about/some/approximately 50 people there; **~ egy hét múlva** in a week or so
körülfog = **körülvesz**
körüli *a* about *ut*.; **50 év ~** [a man] about fifty
körülmegy *v* go*/walk round
körülmény *n* circumstance, conditions *pl* ‖ **nehéz ~ek között él** be* badly off; **a ~ekhez képest** considering
körülnéz *v* look/glance (a)round
körültekintés *n* (*szemlélve*) looking round; *átv* circumspection, caution ‖ **kellő ~sel** cautiously, with circumspection
körülvesz *v vmt* surround, enclose, encircle (*vmvel mind:* with); *vkt* surround sy
körülzár *v* surround, encircle; *kat* cut* off, blockade
körvonal *n* outline, contour
körvonalaz *v átv* outline/sketch sg
körzet *n* (*igazgatási*) district, zone; (*terület*) area
körzeti *a* district ‖ **~ hívószám** area code; **~ orvos** panel/district doctor; (*háziorvos GB*) family doctor, GP

körző *n* compasses *pl*
kösz! *int biz* thanks
köszön *v* (*vknek, üdvözölve*) greet
sy; *vknek vmt* thank sy for sg;
(*vknek köszönhet vmt*) have* sy to
thank for sg ‖ **~öm!** thank you
(very much)!, many thanks!; **~öm,
nem (kérek)** no, thank you; **neki
~hetem, hogy** it was thanks to
him that
köszönés *n* greeting
köszönet *n* thanks *pl*, acknow-
ledgement ‖ **~et mond vknek
vmért** thank sy for sg; **~tel vesz**
receive with thanks
köszönhető *a vmnek* due/thanks
to; *vknek* **neki ~, hogy** it is due/
thanks to him that
köszönt *v* (*üdvözöl*) greet, wel-
come, salute; (*beszéddel*) address
‖ **vmlyen alkalomból ~** con-
gratulate sy on sg
köszöntő *a* **~ szavak** words of
welcome
köszörű *n* grinding machine, grinder
köszörül *v* (*élesít*) grind*, sharpen
‖ **torkát ~i** clear one's throat
köszvény *n* gout
köt *v* (*megköt*) bind*, tie; *vmhez*
tie/fasten/attach to; (*pulóvert*)
knit*; (*könyvet*) bind* ‖ **barátsá-
got ~** make* friends (with sy);
biztosítást ~ take* out insurance;
csomót ~ tie/make* a knot (in
sg); **házasságot ~** marry sy; **üz-
letet ~** do*/transact business
(*vkvel* with sy)
köteg *n* bundle, parcel, packet,
bunch
kötél *n* cord, rope; (*hajó*) cable
köteles (*vmt megtenni*) be bound/
obliged (to do sg)

kötelesség *n* duty, obligation, task
‖ **~em vmt megtenni** I am
obliged/bound to do sg
kötelez *v vmre* oblige, bind*,
compel (sy to do sg) ‖ **~i magát**
vmre undertake* (to do sg),
bind*/commit oneself (to do sg)
kötelezettség *n* obligation, engage-
ment, duty ‖ **~et vállal** undertake*
(to), assume an obligation
kötelező *a* obligatory, compulsory
‖ **~ olvasmány** set book; **~ el-
menni** one/sy is required to go
kötélpálya *n* cable-railway, rope-
way
kötéltáncos *n* tightrope walker
kötény *n* apron
kötés *n* (*művelet*) binding, tying;
(*csomóra*) knotting; (*a csomó*)
knot, tie; (*seben*) bandage; (*kézi-
munka*) knitting; (*könyvé, művelet*)
(book-)binding; (*a könyv kötése*)
binding, cover; *tech* bond, link,
joint; (*sílécen*) bindings *pl*
kötet *n* volume
kötetlen *a* informal
kötőgép *n* knitting machine
kötőjel *n* hyphen
kötőmód *n* subjunctive
kötőszó *n* conjunction
kötött *a* (*össze*) tied, bound; (*vmhez
erősített*) fixed, attached, fastened
(*mind:* to); (*kézimunka*) knitted;
(*könyv*) bound; (*meghatározott*)
defined, settled
kötöttáru *n* knitwear
kötöttség *n* restriction, constraint
kötöz *v* (*sebet*) dress
kötözés *n* (*sebé*) dressing
kötszer *n* dressing, bandage
kötvény *n* (*pénz*) bond, security ‖
biztosítási ~ insurance policy

kövér a (ember) fat, stout, corpulent
követ[1] n (diplomáciai) minister
követ[2] v (utána megy) follow (sy),
go*/be* after; (sorrendben) succeed (sy/sg); (példát) imitate; (utasítást) observe ‖ ~i vk tanácsát
take* sy's advice
követel v vktől vmt claim, demand;
(szükségessé tesz) require, necessitate; (tanár) be* exacting ‖ a
számla ~ oldalán ker on the
credit side of the account
követelés n claim, demand; ker
credit balance
követelmény n requirement, demand ‖ a ~eknek megfelel comply with (v. meet*) the requirements
követelődző a clamorous, insistent
követési távolság n safety gap
kövezet n paving, road surface
következésképpen adv consequently, as a consequence, therefore
következetes a consistent
következ|ik v (sorrendben) follow;
succeed; be*/come* next; vmből
result (from), follow (from) ‖ a
fentiekből ~ik, hogy it follows
from the foregoing that; ki ~ik?
who is/comes next?
következmény n consequence;
(eredmény) result
következő 1. a following; (legközelebbi) next ‖ a ~ alkalommal
next time; a ~ évben in the following year 2. n (személy) the
next; (közlendő) the following ‖ a
~kben in the following
következtében adv vmnek ~ in
consequence of sg, owing/due to
sg; ennek ~ therefore, thereupon

következtetés n (eredménye) conclusion, inference, deduction ‖
arra a ~re jut, hogy come* to (v.
reach) the conclusion that; levonja a ~t vmből draw* the/a
conclusion from sg
követség n (hivatal) legation;
(nagykövetség) embassy; (küldöttség) mission
köz n (idő) interval, pause; (tér)
distance; (utcácska) close, lane,
passage; (közösség) community,
public ‖ a ~ érdekében in the
public interest; ~e van vmhez
have* to do with sg; mi ~öd hozzá? (it's) none of your business
közalkalmazott n civil servant,
public employee
közbejön v intervene, occur, happen
közbejött akadály n unforeseen
obstacle
közbelép v intervene, interfere
közben 1. adv (ezalatt) meanwhile,
(in the) meantime; (térben) in
between 2. post (idő) during,
while
közbeszól v biz chime/cut* in
közbeszólás n interruption
közbiztonság n public security
közbotrány n public scandal
közé 1. adv in between, among(st)
‖ ~jük való be* one of them; állj
(be) ~nk! join us! 2. post vknek a
szeme ~ néz look sy in the eye,
look into sy's eyes
közeg n vm medium (pl media),
agent; vk official
közel 1. adv (térben) near, not far
off; (időben) near, towards,
around; (csaknem) nearly, about ‖
egészen ~ close to; ~ ezer forint

about/almost a thousand forints; ~ **jár az igazsághoz** be* near the truth; ~ **sem** not by a long way/ chalk, far from... **2.** *n* vicinity, proximity, neighbourhood (*US* -bor-) || **a ~ben** in the vicinity, not far off/away
közelálló *n* **a ~k** (*barátok*) close friends, intimates; (*bennfentesek*) the inner circle
közelebb *adv* nearer
közeled|ik *v* vmhez approach/near sg, come* nearer/closer to sg || **az ötvenedik évéhez ~ik** he is approaching fifty, he is getting on for fifty
közéleti *a* public || **~ személyiség** public figure, VIP
közelgő *a* approaching, coming
közeli *a* (*közel levő*) near, close, neighbouring (*US* -bor-); (*jövő*) immediate; (*napok*) coming || **a ~ napokban** in the near future; **~ rokonok** they are close/near relatives
közelít *v* vmhez approach sg, come*/draw* near to sg
Közel-Kelet *n* the Middle East, *US* the Mideast
közelmúlt *n* recent past || **a ~ban** recently, lately
közép *n* (*vmnek a közepe*) the middle of sg; the centre (*US* -ter); *mat* mean || **a tél kellős közepén** in midwinter; **vmnek a (kellős) közepén** right in the middle of sg
Közép-Amerika *n* Central America
Közép-Ázsia *n* Central-Asia
középcsatár *n* sp centre (*US* ter) forward
középen *adv* in the middle/centre (*US* -ter)

középérték *n* mat mean (value), average
közepes 1. *a* (*minőségű*) medium; (*középszerű*) mediocre (in quality); *biz* middling; (*átlagos*) mean, average || **~ méretű** medium(-) sized, middle-sized **2.** *n* (*osztályzat*) satisfactory, fair
közepette *adv* amid, in the midst/middle of
Közép-Európa *n* Central Europe
közép-európai *a* Central European, of Central Europe ut. || **~ idő** Central European time; CET
középfedezet *n* sp centre-half (*US* center-)
középfok *n* nyelvt comparative (degree)
középfokú *a* isk secondary || **~ oktatás** secondary education
középhaladó *a* intermediate
középhullám *n* medium wave
középiskola *n* secondary school; *GB* (*állami*) comprehensive (school); *GB* (*magán, bentlakással*) public school; *GB* (*kb. gimnázium*) grammar school, *US* high school, secondary school
középiskolás *n* secondary school student
Közép-Kelet *n* the Middle East, *US* Mideast
középkor *n* Middle Ages *pl*
középkori *a* medieval
középkorú *a* middle-aged
középosztály *n* the middle class
középpályás *n* sp midfielder
középpont *n* centre (*US* center), central point; middle || **az érdeklődés ~jában** in the centre of interest
középső *a* central, centre (*US* -ter), middle

középszerű *a* middling, *a*verage; *pejor* medi*o*cre

középút *n átv* m*i*ddle course, middle-of-the-r*o*ad || **az arany ~** the g*o*lden mean

középület *n* p*u*blic b*ui*lding

közérdek *n* general/p*u*blic *i*nterest

közért *n* groc*e*r's, *US* gr*o*cery

közérzet *n* general state of health; general fe*e*ling || **rossz ~** indispo*si*tion, mal*ai*se; **jó a ~em** I feel well

kőzet *n* rock

közfelfogás *n* public op*i*nion

közgazdaságtan *n* econ*o*mics *sing.*

közgazdász *n* econ*o*mist

közgyűlés *n* general assembly

közhely *n* cl*i*ché, c*o*mmonplace, ban*a*lity

közhír *n* **~ré tesz** inf*o*rm the public, ann*o*unce

közhivatal *n* p*u*blic *o*ffice

közigazgatás *n* (p*u*blic) administration

közismert *a* well-kn*o*wn, w*i*dely known || **~ tény** it's c*o*mmon kn*o*wledge

közjegyző *n* n*o*tary (p*u*blic)

közkedvelt *a* p*o*pular

közkegyelem *n* (general) *a*mnesty, (general) p*a*rdon

közkeletű *a* c*u*rrent, *e*veryday, c*o*mmon

közlekedés *n* tr*a*ffic, tr*a*nsport, *főleg US* transport*a*tion || **egyirányú ~** one-way tr*a*ffic

közlekedési *a* traffic, transport || **~ baleset** (*közúti*) r*o*ad *a*ccident, traffic *a*ccident; **~ eszköz** means of transport, vehicle; **~ szabályok**

rules of the road *pl*, the H*i*ghway Code

közlekedésügy *n* transp*o*rt, *US* transport*a*tion

közleked|ik *v* (*jármű*) go*, be* on the road; (*gyalogos*) walk, go* on foot; (*menetrendszerűen*) run*

közlékeny *a* comm*u*nicative, t*a*lkative

közlemény *n* communic*a*tion, ann*o*uncement; (*hivatalos*) comm*u*niqué, stat*e*ment; (*hírlapi*) *a*rticle, news*i*tem; (*rádióban, tévében rövid*) newsflash

közlöny *n* (*kormányé*) gaz*e*tte; (*egyéb*) jo*u*rnal, b*u*lletin

közmondás *n* pr*o*verb

közművek *n pl* public ut*i*lities/services

közművelődés *n* general educ*a*tion

köznyelv *n* st*a*ndard *E*nglish/Hung*a*rian etc.

közoktatás *n* p*u*blic/general educ*a*tion

közöl *v* (*hírt stb.*) tell*, rep*o*rt, ann*o*unce, discl*o*se, make* known; (*közzétesz*) p*u*blish || **bizalmasan ~ vkvel vmt** tell* sy sg in c*o*nfidence; **cikket ~** p*u*blish an *a*rticle (*vmről* on); **sajnálattal közlöm** I regr*e*t to inf*o*rm you

közömbös *a* ind*i*fferent, un*i*nterested, p*a*ssive; *pol* apol*i*tical; *kém* ne*u*tral

közönség *n* (*nagy~*) the p*u*blic; (*színházi*) *a*udience, p*u*blic

közönséges *a* (*általános*) general, *u*sual, c*o*mmon, *e*veryday, *o*rdinary; *pejor* v*u*lgar, gross, coarse

közönyös *a* ind*i*fferent, un*i*nterested

közös *a* common, collective, public, joint; (*kölcsönös*) mutual; (*közösen használt*) communal ‖ ~ **tulajdon** joint property; *jog* collective/joint/public ownership; ~ **vállalat** joint venture
közösség *n* community; *vall* fellowship
közösül *v vkvel* have* sexual intercourse (with)
között *adv* (*kettő* ~) between; (*több mint kettő* ~) among; *ir amid* ‖ **többek** ~ among others; aug. 10-e **és 15-e** ~ from 10th to 15th August, between 10 and 15 August; **a** ~ **a két ház** ~ between those/the two houses
központ *n* (*középpont*) centre (*US* center), middle; (*hivatal*) central office, headquarters *pl*
központi *a* central ‖ ~ **fűtés** central heating
közrefog *v* surround
közrejátsz|ik *v vmben* take* part in, contribute to sg
közreműködik *v vmben* take part in, participate in
község *n* community, village
közszükségleti cikkek *n pl* consumer goods
közt post = **között**
köztársaság *n* republic ‖ **a Magyar K~** the Hungarian Republic
közterhek *n pl* rates and taxes
közterület *n* public domain
köztisztviselő *n* civil/public servant, government official/worker
köztudomású *a* generally known ‖ ~, **hogy...** it is well-known that...
köztulajdon *n* (*viszony*) public ownership; (*tárgya*) public/common property

közút *n* public road, *US* highway
közúti *a* road ‖ ~ **baleset** road accident; ~ **jelzőtábla** traffic/road sign
közügy *n* public affair/matter ‖ ~**ek** public affairs
közül post from (among), among, one (of), (out) of ‖ **melyik a kettő** ~ **?** which of the two?; **hat** ~ **kettő** two out of six
közüzemi díjak *n pl* heating and lighting charges
közvélemény-kutatás *n* public opinion poll
közvetett *a* indirect
közvetít *v* (*vm ügyben*) mediate, act as (a) go-between; (*rádión/televízión*) broadcast*
közvetítés *n* (*ügyben*) mediation; (*rádió, tv*) broadcast, coverage
közvetlen 1. *a* (*direkt*) direct, immediate; (*modor*) informal, free and *easy* **2.** *adv* = **közvetlenül**
közvetlenül *adv* (*térben*) directly; (*időben is*) immediately
közvetve *adv* indirectly
krákog *v* clear one's throat, croak
kráter *n* crater
kreatív *a* creative
krém *n* (*étel*) cream, mousse; (*kozmetikai*) (skin/face) cream ‖ **vmnek a** ~**je** *átv* the cream/pick of sg
krémszínű *a* cream-coloured (*US* -or-)
kreol *a/n* creole ‖ ~ **bőr** dark skin
KRESZ = *A közúti közlekedés szabályai* the Highway Code
KRESZ-tábla *n* traffic/road sign
KRESZ-vizsga *n* driving test
Kréta *n* Crete
kréta *n* chalk; (*színes*) crayon, pastel

krikett n cricket
krimi n (crime) thriller, biz whodunit, crime story/film
kripta n burial vault, tomb; (templomi) crypt
kristály n crystal
kristálycukor n granulated sugar
kristályvíz n mineral water
Krisztus n Christ
kritérium n criterion (pl -ria)
kritika n (rövidebb, szóban is) criticism; (írásban) review; (hosszabb, tudományos, írásban) critique
kritizál v criticize
krízis n crisis (pl crises)
krokett n sp croquet; (étel) croquette
krokodil n crocodile
króm n kém chromium; tech chrome
kromoszóma n chromosome
krónika n chronicle; átv is annals pl
krónikus a orv chronic
krumpli n potato (pl potatoes) → burgonya
kucsma n furcap
kudarc n failure, defeat, setback, fiasco ‖ ~ot vall fail, be* defeated
kugli n (tenpin) bowling, US tenpins sing.
kuglóf n kb. ring-cake, deep-dish cake
kuka n (tartály) dustbin, rubbish bin ‖ (kocsi) dustcart, US garbage truck
kukac n (giliszta) worm; (gyümölcsben) maggot
kukorékol v crow
kukorica n maize, Indian corn, US corn
kukoricapehely n cornflakes pl
kuksol v crouch, cower, squat

kukta n (fiú) cook's/kitchen boy; (edény) pressure cooker, steamer
kukucskál v peep/peek at/into
kulacs n canteen, flask
kulcs n (zárba) key; (feladatok megoldásához) key; átv (vmnek a nyitja) key, clue; zene (kottán) clef ‖ ~ra zár lock (up)
kulcslyuk n keyhole
kulcspozíció n key position
kulcsszó n key word
kulissza n szính wings pl
kullancs n tick; átv barnacle ‖ olyan, mint a ~ he sticks like a leech
kullog v (baktat) trudge ‖ vk után ~ trail after sy
kultúra n civilization; culture; vké culture, taste
kulturált a (nép) civilized; (személy) cultured, cultivated
kuncsaft n biz customer, client
kunyhó n hut, hovel, cabin
kúp n cone ‖ ~ alakú conical
kupa n (serleg) cup, goblet; sp cup
kupac n small heap/pile
kupadöntő n cup final
kupak n (palackon) cap
kupamérkőzés n cup tie
kupé n (vasúti) compartment
kupleráj n biz brothel, US whorehouse
kuplung n clutch ‖ felengedi a ~ot let* in/up the clutch
kupola n dome; (kisebb) cupola
kúrál v treat, cure
kuratórium n board of trustees
kúria n (vidéki) country-house/mansion
kuruttyol v croak
kuruzsló n quack(-doctor), charlatan

kurva *n vulg* whore
kurzus *n* (*tanfolyam*) course; (*árfolyam*) (exchange) rate
kusza *a* (en)tangled; (*haj*) dishevelled (*US* -l-); (*beszéd*) confused
kút *n* (*vízé*) well; (*szivattyús*) pump; (*benzintöltő állomás*) filling station, *US* gas station
kutat *v* (*vm után*) try to find, look for; (*vk után*) search for sy; (*vmlyen témakörben*) do* research on sg
kutatás *n* (*tudományos*) research, researches *pl*
kutató *n* (*tudományos*) researcher, research worker/fellow; (*csak természettudományban*) scientist
kutatóintézet *n* research institute
kutya 1. *n* dog ‖ a ~ **se törődik vele** nobody cares for him; **a ˜nak sem kell** be* beneath contempt 2. *a* ~ **baja sincs** *biz* he is as fit as a fiddle 3. *adv* (*nagyon*) ~ **hideg van** it is bitterly/damned cold
kutyakölyök *n* pup(py)
kutyatej *n bot* spurge, wolf's-milk
kutyaugatás *n* bark(ing) (of dogs)
kutyául van *kif* feel* wretched/miserable
kuvik *n* little owl
külalak *n* outward form, exterior, (external) appearance
küld *v* send*; (*árut*) dispatch, consign; (*levelet*) send*, forward; (*pénzt*) remit
küldemény *n ker* consignment, parcel; (*pénz*) remittance
küldetés *n átv is* mission
küldő *n* sender
küldönc *n* messenger, runner; (*kifutó*) errand-boy
küldöttség *n* delegation; (*főleg alkalmi*) deputation

külföld *n* foreign countries/lands *pl* ‖ ~**ön** abroad, *GB* overseas; ~**re megy** go* abroad; ~**ről** from abroad
külföldi 1. *a* foreign ‖ ~ **áruk** imports; ~ **fizetőeszköz** foreign currency; ~ **utazás** trip abroad 2. *n* foreigner
külképviselet *n* foreign representation
külkereskedelem *n* foreign trade
külkereskedelmi *a* (of/for) foreign trade *ut.* ‖ ~ **kirendeltség** trade representation; ~ **miniszter** Minister of Foreign Trade; ~ **vállalat** foreign trade company
küllem *n* looks *pl*
küllő *n* spoke
külön 1. *a* (*mástól elválasztott*) separate, different, distinct; (*saját*) private; (*különleges*) special, particular ‖ ~ **bejáratú szoba** room with a private entrance; ~ **utakon jár** go* one's own way 2. *adv* (*elválasztva*) separately, separated, apart; (*magában*) by itself, individually; (*kizárólag*) especially, particularly ‖ ~ **élnek** (*házasok*) they live separately/apart
különálló *a* (*független*) independent; (*elkülönített*) separate, separated ‖ ~ **ház** detached house
különb *a* ~ vknél/vmnél (be*) better than sy/sg, (be*) superior to sy/sg
különben *adv* (*másként*) otherwise, or else ‖ ~ **is** besides, in any case, moreover
különböz|ik *v* vmtől differ (from sg, vmben in sg); vk vktől be* different (from sy); (*eltér*) diverge (from)
különböző *a* different; (*különféle*) various, diverse

különbség *n* difference (between), disparity, variance

különc *a* eccentric, queer, odd-(ball)

különféle *a* various, diverse (*mind után*: *pl*)

különjárat *n* (*busz*) 'private'; (*bérelt repülőgép*) charter flight

különleges *a* special, particular, peculiar, extra

különös *a* (*furcsa*) strange, unusual, peculiar; (*személy így is*) odd; (*különleges*) special || **semmi ~** nothing special; **~ tekintettel vmre** with special regard to sg

különösen *adv* (*főként*) in particular, particularly, especially; (*furcsán*) oddly, peculiarly, strangely, singularly

különváltan élnek *kif* they are separated, they live apart/separately

külpolitika *n* foreign affairs *pl*, foreign policy

külső 1. *a* exterior, external, outside; (*szabadban lévő*) outdoor || **~ megjelenés** outward appearance(s); **~ munkatárs** (outside) contributor **2.** *n* (*személyé*) (outward) appearance, looks *pl*; (*tárgyé*) exterior, surface

külsőleg *adv* *orv* for external use only

külügy *n* **~ek** foreign affairs

külügyminiszter *n* Foreign Minister, Minister of/for Foreign Affairs, *GB* Foreign Secretary, *US* Secretary of State

külügyminisztérium *n* Ministry of Foreign Affairs, Foreign Ministry, *GB* Foreign Office, *US* State Department

külváros *n* suburb, the outskirts *pl*

kürt *n* *zene* horn; *kat* bugle

kürtöl *v* (*autón*) sound the horn

küszköd|ik *v* struggle, strive* (hard)

küszöb *n* threshold, doorstep || **a ~ön áll** *átv* be* at hand

küzd *v* struggle, fight*; *vmért* struggle/fight*/strive* for sg; *vk/vm ellen* v. *vkvel/vmvel* fight*/battle/combat against/with sy/sg

küzdelem *n* struggle, fight

kvarc *n* quartz

kvarcóra *n* quartz clock/watch

kvartett *n* quartet

kvintett *n* quintet

kvittek vagyunk *kif* we are quits, we are (now) square/even

L

l. = lásd

láb *n* (*lábszár*) leg; (*lábfej*) foot°; (*bútoré*) leg; (*hegyé*) foot°; *tech* rest, stand, support, leg; (*hídé*) pier, pillar; (*hosszmérték*) foot° (= 30,48 cm) || **alig áll a ~án** (*fáradtságtól*) be* ready/fit to drop; **eltörte a ~át** he has broken his leg; **keresztbe teszi a ~át** cross one's legs; **~a kel vmnek** disappear, get* lost; **~ra áll** (*beteg*) get* about again; (*anyagilag*) get* back on one's feet; **nagy ~on él** live in (great/grand) style

lábas *n* (cooking) pot, casserole; (*nyeles*) (sauce)pan

lábazat *n* *épít* skirting board, *US* baseboard, mopboard

lábbeli *n* footwear

labda *n* ball
labdarúgás *n* (Association) football, *biz* soccer
labdarúgó *n* = futballista
labdarúgócsapat *n* football team/ eleven
labdarúgó-mérkőzés *n* football match
labdarúgó-világbajnokság *n* World Cup
labdáz|ik *v* play (at/with a) ball
lábfej *n* foot°
labilis *a* unstable, unsteady
labirintus *n* maze
lábjegyzet *n* footnote
lábnyom *n* footprint
laboratórium *n* laboratory
lábszag *n* smell of sweaty feet
lábszár *n* leg
lábtörés *n* broken leg/foot
lábtörlő *n* (door)mat
lábujj *n* toe
lábujjhegy *n* tiptoe || ~en jár (walk on) tiptoe
láda *n* chest, box; (*csomagolásra*) (packing) case
lágy *a* soft; (*akaratgyenge*) soft, weak; (*hang*) gentle, sweet; (*szellő*) soft, gentle, light || ~ **tojás** (soft) boiled egg
lagymatag *a* wishy-washy, lukewarm, half-hearted
lágyszívű *a* soft/tender-hearted
laikus 1. *a* (*nem hozzáértő*) amateurish; (*nem hivatásos*) nonprofessional, lay; *vall* (*világi*) lay 2. *n* (*nem hozzáértő személy*) amateur; *vall* layman° || **a** ~ok the laity
lajhár *n zoo* sloth; *átv* sluggard
lakályos *a* comfortable, cosy, *US* cozy

lakás *n* (*nagyobb házban*) flat, *US* apartment; (*otthon*) home; (*albérleti*) lodgings *pl*, rooms *pl*; (*tartózkodás*) living, residence; (*átmenetileg*) stay || **háromszobás** ~ three-room(ed) flat; **kiadó** ~ flat/rooms to let; (*hirdetésben*) accommodation vacant; ~t **bérel/ kivesz** rent rooms, take* a flat; ~t **cserél** change flats; ~t **kiad** rent a flat (to sy), let* out rooms (to sy)
lakáscím *n* (home) address
lakásépítés *n* building (of) flats/houses; (*lakásügy*) housing
lakásfoglaló *n* (*önkényes*) squatter
lakáshiány *n* housing shortage
lakásszentelő *n* housewarming
lakat *n* padlock
lakatlan *a* uninhabited; (*ház*) unoccupied, vacant; (*elhagyatott*) deserted
lakatos *n* (*zárlakatos*) locksmith; (*géplakatos*) mechanic, fitter
lakbér *n* (house-)rent
lakberendezés *n* (*bútorzat*) (interior) furnishings *pl*, furniture; (*folyamat*) interior decorating
lakcím *n* (home) address
lakcímváltozás *n* change of address
lak|ik *v* (*állandóan*) live; *hiv* reside; (*lakást*) occupy || **hol** ~sz? where do you live?; **vknél** ~ik (*állandóan*) live in sy's house/flat; (*átmenetileg*) stay with sy
lakk *n* lacquer, shellac; (*körömlakk*) nail polish/varnish
lakkoz *v* lacquer, shellac (*múlt időben*: shellacked)
lakli *a biz* gangling fellow
lakó *n* (*bérházé*) tenant; (*öröklakásé*) occupant; (*szobáé* bérlőként)

lodger; (*városé*) inhabitant, resident
lakóautó *n* motor caravan, *US* camper
lakodalom *n* wedding (celebrations *pl*), nuptials *pl*
lakóház *n* (dwelling) house; (*soklakásos*) block of flats
lakóhely *n* (*állandó*) permanent address/residence; *hiv* domicile
lakókocsi *n* caravan, *US* trailer || ~**val utazik** caravan
lakoma *n* (rich) repast, feast || **ünnepi** ~ (festive) banquet; **nagy** ~**t csap** throw*/give* a big dinner
lakónegyed *n* residential district/area
lakos *n* inhabitant; (*állandó*) resident
lakosság *n* inhabitants *pl*, population
lakószoba *n* living/sitting room
lakosztály *n* suite, apartments *pl*
lakótelep *n* housing/council estate
lakott terület *n* built-up area || ~**en kívül** in open country
laktanya *n* barrack(s), *US* army post
laktató *a* (*étel*) filling, substantial, rich
lám *int* (*íme*) (you) see!, well! || **hadd** ~ **csak!** let me see!
láma[1] *n* (*buddhista szerzetes*) lama
láma[2] *n zoo* llama
La Manche-csatorna *n* the English Channel
lámpa *n* lamp; (*járművön*) light(s); (*fényszóró*) headlight; (*forgalmi jelzőlámpa*) traffic lights *pl*
lámpaernyő *n* lamp-shade
lámpaláz *n* stage fright
lampion *n* Chinese/Japanese lantern

lánc *n* chain; (*rablánc*) chains *pl;* (*szállodáké stb.*) chain [of hotels etc.]
láncfűrész *n* chain-saw
lánchíd *n* chain/suspension bridge
láncreakció *n* chain reaction
láncszem *n* link, ring, loop (of a chain)
lándzsa *n* lance, spear
láng *n* flame; (*égő tűzhelyen stb.*) burner || **kis** ~**on főz** cook sg gently (*v.* in a slow *oven*); ~**ba borít** *vmt* set* sg on fire, set* fire to sg; ~**ra lobban** catch* fire, burst* into flames
lángész *n* genius
lángol *v* be* in flames, be* on fire
lángos *n* 'langosh' (*fried dough*)
lángszóró *n* flame-thrower
langyos *a* (*víz*) lukewarm, tepid; (*idő*) mild
lankad *v* flag, droop; (*gyengül*) weaken; (*érdeklődés*) flag, decline; (*figyelem*) flag, fade
lankás *a* (*lejtős*) gently sloping || ~ **vidék** downs *pl*
lant *n zene* lute
lány *n kislány* girl; (*fiatal nő*) young woman°; (*vknek a* ~**a**) (sy's) daughter; (*férjezetlen*) unmarried woman°; → **leány-**
lanyha *a* (*langyos*) lukewarm; (*érdeklődés*) waning, lukewarm; *ker* (*piac*) sagging
lanyhul *v* (*gyengül*) lose* vigour (*US* -or), lose* intensity || **lelkesedése** ~ one's enthusiasm is flagging
lap *n* (*sima felület*) (flat) surface, flat; *mat* (*síklap*) plane; (*fémből*) plate, sheet; (*papírból*) sheet, leaf; (*könyvé*) page, leaf°; (*hírlap*)

newspaper, paper, journal; (*levelező*) (post)card; (*egy kártya*) card || **az más ~ra tartozik** *átv* that's quite another thing/matter; **mindent egy ~ra tesz (fel)** *átv* put* all one's eggs in one basket; **veszi a ~ot** *biz* (*érti*) catch* on, get* the message

láp *n* bog, fen, marsh(-land), moor
lapát *n* (*szerszám*) shovel; (*öblös*) scoop; (*evező*) oar
lapátol *v* shovel (*US* -l); scoop
lapít *v* (*lapossá tesz*) make* flat, flat(ten); *biz* (*rejtőzik*) lie* low/ doggo
lapocka *n* shoulder-blade
lapos *a* flat; (*sík*) plain, even; *átv* (*unalmas*) flat, dull; (*stílus*) flat, prosy || **~ sarkú** (*cipő*) low-heeled (shoes); **~ tető** flat roof
lapostányér *n* dinner plate
lapoz *v* (*egyet*) turn the/a page; (*többet*) turn over pages/leaves [of book]
lappang *v* (*rejtőzik*) lurk, be*/lie* hidden; (*szunnyad vkben vm*) be* latent (in sy); (*betegség*) incubate
lappangó *a orv* latent || **~ betegség** latent disease
lapszemle *n* press review, review of the press
lapul *v* (*laposodik*) become* flat(tened out); (*észrevétlenül marad*) lurk, skulk; *biz* lie* doggo/low
lapzárta *n* deadline
lárma *n* (loud) noise, din
lármáz|ik *v* make* a noise
lárva *n zoo* larva (*pl* larvae)
lásd *int* see
lassan *adv* slowly; (*ráérősen*) in a leisurely way || **~, de biztosan** slowly but surely; **~ járj, tovább**

érsz more haste less speed; **~ a testtel!** take it *easy*!
lassanként *adv* (*fokozatosan*) gradually, little by little; (*nemsokára*) before long
lassít *v* slow down
lassú *a* slow; (*ráérős*) leisurely || **~ észjárású** slow(-witted), dull; **~ tűzön** in a gentle/slow oven
lat *n* **~ba veti befolyását** use one's influence, pull strings; **sokat nyom a ~ban** be* of great account/weight
lát¹ *v* see*; (*vmlyennek ítél*) think*, find*, deem, consider; (*felfog, ért*) see*, perceive; *vmhez* set* to do sg, see* about sg || **ahogy én ~om** in my view/opinion; **jónak ~ vmt** think* sg proper/fit; **lássuk csak!** let us/me see!; **~ja, kérem ...** you see!; **munkához ~** set* to work; **rosszul ~** have* poor eyesight, not see well; **szívesen ~ vkt** welcome sy; **vendégül ~ vkt** entertain sy to [dinner]
lát² *n ker* **~ra fizetendő** payable at/on sight *ut.*
látás *n* (*képesség*) sight, vision || **első ~ra** at first sight; **~ból ismer vkt** know* sy by sight
látcső *n* (*kétcsövű*) binoculars *pl*, field glasses *pl*; (*színházi*) opera glasses *pl*
láthatatlan *a* invisible, imperceptible (to the eye *ut.*)
látható *a* visible; (*kivehető*) discernible || **ebből ~** this goes* to show (that); it is* apparent (that)
latin 1. *a* Latin || **~ betűk** Roman letters/characters; **a ~ nyelv** Latin; **~ nyelvek** (*román nyelvek*)

Romance languages **2.** *n* **a ~ok**
the Latin people
Latin-Amerika *n* Latin America
látkép *n* view, panorama
látlelet *n* doctor's/medical statement/report
látnivaló *n* sight(s), place(s) of interest || **megnézi/megtekinti a ~kat** see* the sights, go* sightseeing
látogat *v vkt* visit sy, pay* a visit to sy, call on sy; (*tanfolyamot*) attend; (*vmt gyakran felkeres*) frequent
látogatás *n vknél* visit; (*rövid*) call; (*kórházban*) visiting times/hours *pl*
látogató *n* visitor, caller || **színház~** theatre-goer; **~ba megy** call on sy, go*/call to see sy
látóhatár *n* horizon
látókör *n átv* horizon, scope || **széles ~ű** with a wide intellectual horizon *ut.*
latolgat *v* ponder [the matter]; (*kérdést*) consider (sg)
látomás *n* vision
látszat *n* appearance || **a ~ kedvéért** for the sake of appearances; **~ra** in appearance
látszerész *n* optician
látsz|ik *v* (*látható*) be* visible, can* be seen; (*vélhető*) appear, seem, look || **betegnek ~ik** he seems (to be) ill, he looks ill; **úgy ~ik** so it appears; **úgy ~ik, hogy** it appears/seems that; **úgy ~ik, esni fog** it looks like rain
látszólagos *a* apparent, seeming
látvány *n* spectacle
látványos *a* spectacular
látványosság *n* spectacle, sight; (*vásári*) show

latyak *n* slush
láva *n* lava
lavina *n* avalanche
lavíroz *v hajó* tack (about); *átv biz* tack, manoeuvre (*US* maneuver)
lavór *n* basin, bowl
láz *n* (*betegé*) temperature, fever; (*izgalom*) fever; (*divatőrület*) craze || **~a van** have*/run* a temperature; **~at mér** take* sy's temperature
laza *a* loose, slack
lazac *n* salmon
lázad *v* be* in (a state of) revolt, revolt (against)
lázadás *n* revolt, rebellion; *kat* mutiny
lázas *a* feverish, febrile
lázcsillapító *a/n* antipyretic, febrifuge
lazít *v* (*vmt*) loosen; (*vk*) relax
lázít *v* incite sy to revolt/rebel/rebellion
lázmérő *n* clinical thermometer
lazul *v* loosen, slack(en); (*fegyelem*) become* lax
le *adv* down; downwards; (*hegyről*) downhill; (*folyón*) downstream
lé *n* (*folyadék*) liquid, fluid; (*gyümölcsé*) juice || **minden ~ben kanál** have* a finger in every pie
lead *v* (*nyújt*) give*/hand down; (*lövést*) fire [a shot]; *sp* (*labdát*) pass
leágazás *n közl* exit road, slip road
leáll *v* (*megáll*) stop, halt; (*forgalom*) come* to a standstill; (*motor, gép*) stall, break* down
leállás *n* stop(page); (*motoré*) breakdown
leállít *v* (*motort, kocsit*) stop; (*karjelzéssel*) flag down

leállósáv *n* hard shoulder, verge, lay-by (*pl* lay-bys)
leányanya *n* unmarried mother
leánycserkész *n* girl guide
leánygimnázium *n* girls' grammar school
leánykérés *n* proposal (of marriage), suit
leánykori név *n* (*űrlapon*) maiden name
leányvállalat *n* affiliated company
lebecsül *v* (*alábecsül*) underestimate, undervalue; (*ócsárol*) belittle, depreciate
lebeg *v* float; (*madár*) hover; (*vízen*) float, drift (on)
lebeszél *v* vmről talk sy out of (doing) sg
lebilincselő *a* captivating, enthralling, fascinating
leblokkol *v* (*vizsgán*) go* blank
lebombáz *v* bomb (out)
lebont *v* (*házat*) pull down, demolish; *kém* break* down
lebonyolít *v* arrange, settle || **ügyletet** ~ close/complete/conclude a deal (with sy)
leborul *v* vhonnan tumble down; (*vk előtt*) fall* on one's knees before sy
lebukik *v* (*vízbe*) dive; *biz* (*bűnöző*) be* nabbed/caught/collared/pinched
lebzsel *v* loiter/idle around/about
léc *n* lath, batten, slat; (*magasugró*) bar
lecke *n* homework; *átv is* lesson
lecsap *v* (*madár*) swoop (down) on sg; (*rendőrség*) crack down on; (*ellenségre*) bear*/swoop down on [enemy]; (*villám*) thunderbolt strikes*; (*vm fedelét*) bang/slam sg shut; (*teniszlabdát*) smash, kill [the

ball]; (*nőt vk kezéről*) cut* sy out || ~ (**egy**) **hibára** pounce on a mistake; *vk* ~ **vmre** (*hogy megszerezze*) pounce on sg, snap sg up; **~ott a villám** lightning struck swhere
lecsapható *a* ~ **ülés** tip-up seat
lecsapol *v* (*vizet*) drain, draw*; (*kiszárít*) dry out
lecsavar *v* vmt vmről unscrew; (*leteker*) unroll || **~ható** (*tető*) screw(-)top
lecsendesed|ik *v* (*vihar*) subside, abate, calm/die down
lecsiszol *v* (*simít*) smooth; (*ledörzsöl*) scrape
lecsó *n* 'letcho' (*paprika and tomato stew*)
lecsuk *v* (*fedelet*) close, shut*; (*börtönbe*) lock up
lecsúsz|ik *v* (*lesiklik*) slide*/slither/glide/slip down; (*szánkón*) coast down; *vk, átv* come*/go* down in the world, fail; *vk* vmről, *átv* fail to achieve/reach sg
ledér *a* licentious, lascivious || ~ **nő** a loose/fast woman°; *vulg* an easy lay
ledob *v* throw* down, drop
ledől *v* vm collapse, tumble/topple/come* down; (*szunyókálni*) take* a siesta/nap
ledönt *v* (*falat*) pull/knock down; (*fát*) fell; (*szobrot*) demolish; (*bábut*) knock down
leég *v* (*ház*) burn* down; (*kudarcot vall*) fail; (*anyagilag*) lose* one's shirt
leegyszerűsít *v* simplify; *vmre, vmvé* reduce sg to
leejt *v* drop, let* (sg) fall
leendő *a* future, prospective; -to-be *ut.*

leépítés n (*létszámé*) reduction, *biz* the axe

leereszt v vmt let* down, lower; (*színházi függönyt*) drop; (*ruhát*) let* down; (*gumi*) go* down/flat, be* deflated

leérettségiz|ik v pass/take* the final examination [at a secondary school], US graduate [from a high school]

leértékel v (*pénzt*) devalue; (*árut*) reduce the price of || ~t áru goods sold at reduced prices, (*helye*) bargain counter (US basement)

leértékelés n (*pénzé*) devaluation; (*áraké*) price reduction; (*vásár*) sale

lefegyverzés n disarming, disarmament

lefékez v (*járművet*) brake, put* on the brakes; *átv* slow down, hold* back

lefeksz|ik v vmre lie* down; (*aludni*) go* to bed; *biz* (*férfi nővel*) go* to bed with sy, sleep* with sy

lefelé adv down(wards) || fejjel ~ upside down

lefényképez v take a photo/snapshot of sy/sg

lefest v (*festő*) paint; (*szavakkal*) depict

lefitymál v belittle, pooh-pooh

lefizet v (*összeget*) pay* down deposit; (*megveszteget*) bribe (sy)

lefoglal v (*helyet, jegyet, szobát stb.*) book (in advance), reserve; make* the reservations/bookings; (*hatóság ingatlant*) seize; (*ingóságot*) distrain (upon) [sy's goods]

lefogy v vk lose* weight

lefoly|ik v (*felülről*) flow, run*; (*vm vhogy*) take* a ... course, pass off, take* place

lefolyó n (*kagylón*) plug-hole; (*konyhai mosogató*) sink

lefordít v (*vmlyen nyelvről vmlyen nyelvre*) translate (from ... into ...)

leforráz v (*forró vízzel*) scald, pour boiling water (*over*); (*teát*) infuse || ~va távozott he left rather crestfallen/deflated

le-föl adv up and down

lefőz v *biz* vkt outdo* sy

lefröcsköl v (*vízzel*) sprinkle [with water]

lefúj v (*rendezvényt*) call off, cancel; *sp* stop

leg- pref (*egyszótagú mellékneveknél, ill. -er, -y, -ly végű kétszótagúaknál*) -(e)st; (*két- és többszótagúaknál*) most ... [+ melléknév] || ~fiatalabb youngest; ~szebb most beautiful

legalább adv at (the very) least || ha ~ igaz volna! if only it were true!

legalábbis adv (*helyeselve*) at least, or rather; (*legalább*) at least || ~ én így gondolom I think so, anyway

legalsó a lowest, bottom

legalul adv down below, lowest down

légáramlat n air current, breeze

legázol v *átv* run* down

légcsavar n airscrew, propeller

légcső n wind pipe, trachea

legel v graze, browse

legelő n pasture, grazing ground

legelöl adv in the very front, in the forefront

legelőször adv first(ly), at first, first of all

legelső a (the very) first; (*legelülső*) foremost

legenda *n* legend
legény *n* (*fiatal ember*) young man°, lad; (*nőtlen*) bachelor
legénység *n* kat men (of the rank and file) *pl*; troops *pl*; (*hajóé/repülőgépé*) crew
légfék *n* air brake(s)
legfeljebb *adv* at most, at the (very) most
legfelső *a* (*legmagasabb*) highest, top(most); (*hatóság*) supreme
legfelül *adv* uppermost, topmost, at the top (of sg)
legfőbb *a* chief, main, most important, principal ‖ ~ **ideje, hogy (el)induljunk** it's high time we went
legfőképpen *adv* chiefly, mainly
légfrissítő *n* air-freshener
léggömb *n* balloon
léghajó *n* airship, balloon
leghátul *adv* farthest/right back/ behind, at the end/rear of sg
leghátulsó *a* hindmost, backmost
légi *a* (*összet*) air- ‖ ~ **fuvar** air cargo; ~ **járat** flight; ~ **közlekedés** air transport/service; ~ **úton** by air
légierő *n* airforce
légihíd *n* airlift
leginkább *adv* most(ly), most of all, principally, especially
légiposta *n* airmail ‖ ~**val** by airmail
légitámadás *n* air raid/attack
légitársaság *n* airline (company)
légiutas-kísérő *n* stewardess, air hostess
legjobb *a* best ‖ ~ **lesz, ha** (*vmt teszel*) you had better do sg, it would be better, if ...; ~ **esetben** at (the very) best; ~**an** (the) best
legjobbkor *adv* a ~ just in time

legkésőbb *adv* at the latest, not later than
legkevésbé *adv* (the) least, least of all ‖ **a** ~ **sem** not in the least
legkevesebb *adv* → **legalább**
legkisebb *a* smallest, least, minimum ‖ **a** ~ **gyerek** the youngest child°
légkondicionálás *n* air-conditioning
légkondicionáló *n* air-conditioner
légkör *n* atmospherie
legközelebb *adv* (*térben vmhez*) nearest to sg; (*közvetlenül*) next to sg; (*időben*) next (time)
legközelebbi *a* next, nearest
légmentes *a* airtight, hermetically sealed
legnagyobb *a* biggest, largest, greatest ‖ **a** ~ **gyerek(e vknek)** sy's eldest child°
légnemű *a* gaseous, aerial
légnyomás *n* fiz (atmospheric) pressure; air pressure; (*bombarobbanáskor*) blast (of explosion)
légnyomásmérő *n* barometer
legorombít *v* biz vkt abuse sy, eff and blind at sy
légpárna *n* aircushion
légpárnás hajó *n* hovercraft
légpuska *n* air rifle
legrosszabb *a* worst ‖ **a** ~ **esetben** if the worst comes to the worst
légszennyezés *n* air pollution
legtöbb *a* most, the greatest number/quantity/part (of sg) ‖ **a** ~**en** most people
legtöbbször *adv* most often/times
leguggol *v* crouch (down), squat (oneself) down
legújabb *a* newest, latest ‖ ~ **divat** latest fashion

legutóbb adv (nemrég) recently, lately; (utoljára) last
legutóbbi a recent, latest, last; (legújabb) newest ‖ a ~ időkben recently, of late
legutoljára adv (utoljára) last (of all); (végül) at last, finally
legutolsó a (very) last, latest
légüres tér n vacuum
légvédelem n anti-aircraft defence (US -se), air defence (US -se)
legvégső a (very) last, extreme, ultimate, final ‖ a ~ esetben in the last resort
legvégül adv at the (very) end, at last, finally
légvonalban adv as the crow flies
légzés n breathing, respiration
légzőszervek n pl respiratory organs
légzsák n (autóban) airbag
légy[1] n (house) fly ‖ egy csapásra két legyet üt kill two birds with one stone
légy[2] v be ‖ ~ szíves be so kind as to...
légycsapó n (fly-)swatter, swat
legyen v be ‖ ~ olyan szíves (will/would you) be so kind as to..., would you mind ...-ing
legyező n fan
legyint v wave one's hand
legyőz v (ellenfelet) defeat, conquer; sp beat*; (nehézséget) overcome*, surmount
léha a frivolous, light-minded; (életmód) loose
lehagy v (megelőz) outstrip, outrun*; (egy körrel) lap; (járművel) pass, overtake*
lehajol v bend*/bow down

lehalkít v deaden, soften; (rádiót, tévét) turn down
lehallgatókészülék n biz bug, tap
lehámoz v peel off, hull
lehangolt a (ember) depressed ‖ nagyon ~ biz feel* blue/low
lehel v breathe
lehelet n breath
lehet v (lehetséges) be* possible, (it) may/can be; (talán) maybe, perhaps, possibly; (szabad) sy can/may do sg ‖ amenynyire (csak) ~ as far as possible; az nem ~! that/it is impossible; itt nem ~ játszani! you may/must not play here!; legfeljebb 30 éves ~ he can't be more than 30; ~, hogy igazad van you may (well) be right; ~, hogy késni fog he is likely to be late; mihelyt ~ as soon as possible
lehetetlen a (nem lehetséges) impossible; (képtelen) impossible, absurd
lehetőleg adv possibly, as far as possible ‖ ~ délelőtt preferably a.m. (v. in the morning)
lehetőség n possibility; (érvényesülési) chance; (lappangó) potentialities pl; (főzési, sportolási stb.) [cooking/sports etc.] facilities pl; (kétféle, többféle) alternative, option ‖ ~ szerint as far as possible; nincs más ~e have* no option/alternative (but to ...)
lehetséges a possible
lehiggad v calm down
lehorgonyoz v cast* anchor
lehorzsol v (bőrt) graze, scrape off [skin]
lehull v fall* (down), drop

lehuny *v* ~**ja a szemét** close one's eyes

lehúz *v* (*felülről*) pull down; *vmt vmről* pull/strip sg off/from sg; (*kritikus*) slate ‖ ~**za a cipőjét** take* off one's shoes; ~**za a vécét** flush the toilet

lehűt *v* cool (down), chill; (*lelkesedést*) cool

leigáz *v* subjugate

leír *v* write*/take*/put* down; (*másol*) copy; (*eseményt*) describe; (*ábrázol*) depict; (*veszteséget*) write* off

leírás *n* (*eseményé*) description

leitat *v* *vkt* make* sy drunk; (*írást*) blot (the ink)

lejár *v* (*levehető*) be* detachable/removable; (*szerkezet*) run* down; (*óra*) stop; (*határidő/igazolvány*) expire; (*árukon*) sell* by, best before ‖ ~**ja a lábát** be* (clean) run off one's feet; ~**t az idő** time is up

lejárat *n* (*vhova*) way (leading) down; (*letelte*) expiry (date)

lejátszás *n* (*magnón*) playback, replay

lejátszód|ik *v* take* place

lejjebb *adv* lower (down), below, deeper, further down

lejön *v* *vk vhonnan* come* down, descend

lejt *v* (*út*) slope

lejtmenet *n* downhill ride

lejtő *n* (*hegyé*) slope, gradient, *US* grade ‖ ~**n lefelé** downhill; ~**n felfelé** uphill; ~**re kerül** (*ember*) *átv* go* to the bad/dogs, go* downhill

lejtős *a* sloping

lék *n* (*hajón*) leak; (*jégen*) ice hole ‖ ~**et kap** spring* a leak

lekapar *v* scratch/scrape (off)

lekés|ik *v* *vmről/vmt* come*/arrive late for (sg), miss (sg) ‖ ~**ik a vonatról** miss the train

lekezel *v* (*kezet ráz vkvel*) shake* hands with (sy); *vkt pejor* treat (sy) in an off-hand manner

lekicsinyel *v* belittle

lekop|ik *v* wear* off/down ‖ **kopj le!** *biz* shove off!, get lost!

lekopog *v* (*írógépen*) type (out); *biz* (*babonából*) **kopogjuk/kopogd le!** touch wood!, *US* knock on wood!

leköp *v* spit* on (sy)

leköszön *v* (*tisztségről*) resign [one's post], resign/retire from, withdraw*

leköt *v* (*kötelékkel*) bind*, tie/fasten down; (*árut*) contract, secure an option on goods; (*szerződéssel*) bind* (sy by contract); (*figyelmet*) hold*/arrest [sy's attention]; (*munka*) occupy

lekötelez *v* oblige ‖ **nagyon** ~**ne, ha ...** I would be much obliged to you if ...

lektor *n* (*egyetemen*) lector (*usually a native speaker*); (*könyvkiadónál*) (publisher's) reader; (*szótáré stb.*) consultant editor

lektorál *v* (*kéziratot*) read* [a manuscript]; (*nyelvileg*) check sg linguistically

lektorátus *n* (*egyetemen*) modern languages department/centre

leküld *v* send* down

leküzd *v* (*akadályokat*) overcome*, get* over

lekvár *n* jam, preserve; (*citrom, narancs*) marmalade

lekváros *a* ~ **bukta** *kb.* jam roll; ~ **kenyér** bread and jam

lel v (talál) (happen to) find*, come* across (sg)

lelassít v slow down/up

lelátó n grandstand

lélegzet n breath || ~et vesz take* (a) breath, breathe

lélegzetelállító a breath-taking

lélegz|ik v breathe || mélyet ~ik take* a deep breath

lélek n (test ellentéte) soul, spirit; (lényege/mozgatója vmnek) (life and) soul || az ő lelkén szárad he will have it on his conscience; egy (árva) ~ sem volt ott not a (living) soul was there; lelkem mélyén in my heart of hearts; nyugodt ~kel (megtesz) (do*/ state sg) in good conscience/faith

lélekharang n deathbell

lélekjelenlét n presence of mind, composure

lélekölő a soul-destroying || ~ munka drudgery, biz grind, slog

lélekszakadva adv out of breath, breathless(ly)

lélektan n psychology

leleményes a inventive, ingenious

leleplez v (szobrot) unveil; átv expose, uncover, reveal

lelet n (régészeti) find || orv ~ek (laboratory) findings

lelkes a enthusiastic, keen, ardent

lelkesedés n enthusiasm, ardour (US -or)

lelkesed|ik v vmért be* enthusiastic (about sg)

lelkész n (katolikus) (parish-)priest, clergyman°; (anglikán) parson, vicar; (egyéb protestáns) minister, (nem GB) pastor

lelketlen a heartless, unfeeling, callous

lelki a pszich mental, psychic(al); vall is spiritual || ~ alkat mentality

lelkiállapot n state of mind

lelkierő n strength of mind

lelkiismeret n conscience || tiszta a ~e have* a clear conscience

lelkiismeretes a conscientious

lelkiismeret-furdalás n pangs/ qualms of conscience pl || ~a van have* a (guilty) conscience (about sg)

lelkiismeretlen a unconscientious

lelkipásztor n minister; (nem GB) pastor

lelkivilág n frame of mind, mentality

lelohad v (daganat) go* down; (lelkesedés) abate, cool off

leltár n (jegyzék) inventory

leltároz v inventory, take*/make* an inventory of (sg)

lemarad v (csoporttól) drop/fall* behind; (tanulásban) slip/fall* behind; (fejlődésben) lag behind; vk vmről be* late for sg, miss sg

lemásol v copy, make* a copy (of sg)

lemberdzsek n (casual) jacket, anorak

lemegy v vk vhová go* down, descend; (lépcsőn) go* downstairs; (árvíz, láz) abate, subside, drop; (árak) fall*; (nap) go* down, set*

lemér v measure; (mérlegen) weigh

lemerül v (akku) go* flat, be* run down

lemészárol v butcher, slaughter; (embereket) massacre

lemez n (fém) plate; (vékonyabb) sheet; (hanglemez) record, disc, US disk; szt (magnetic) disk || hajlékony ~ floppy disk

lemezjátszó n record-player
lemezlovas n disc (US disk) jockey
lemond v (vmről) give* up; (igényről) renounce; (tisztségről) resign; (előadást, jegyet) cancel (US -l), call off; (újságot) cancel (US -l) (one's) subscription to || ~ a dohányzásról give* up smoking; ~ott a kormány the Cabinet/Government has resigned
lemondás n (tisztségről) resignation
lemos v wash (down)
lemosható tapéta n spongeable wallpaper
len n flax
lencse n bot lentil; (üveg) lens
lencseleves n lentil soup
lendít v swing*, fling*
lendkerék n flywheel
lendület n (cselekvésre) impetus, drive, impulse; (emberben) energy, vigour (US -or); (fejlődése) rate (of progress), pace; (szónoki) dynamism
lenéz v vkre (fentről) look down at/on sy; vkt pejor look down on sy, despise/disdain/scorn sy
leng v (inga) swing*, oscillate
lengőajtó n swing(ing) door
lengyel 1. a Polish 2. n (ember) Pole; (nyelv) Polish; → angol
Lengyelország n Poland
lenn adv (down) below, down; (földszinten) downstairs
lenni v to be || mi akar ~? what is (s)he going to be?; → légy², legyen, lesz, van, volna
lent adv = lenn
lenvászon n linen
lény n (living) being, individual || vknek a ~e sy's nature/temper/character

lényeg n essence, substance || a ~ az, hogy ... the (main) point/thing is that/to
lényeges a substantial, essential; (fontos) important
lényegtelen a unimportant, of no importance ut.
lenyel v átv is swallow; (egyszerre) gulp (down)
lenyom v press down; (víz alá) submerge, duck; (árakat) force down; (kilincset) turn
lenyomat n (vm nyoma) mark, print, impression; nyomd impression, reprint
leolt v (villanyt) switch off, turn out [the light]
leolvas v (műszert) read*; (vmt vknek az arcáról) see*/read* sg in sy's eyes
leolvaszt v (hűtőszekrényt) defrost
leopárd n leopard
leöblít v rinse
leönt v (abroszt) spill* sg [on the tablecloth] || ~ vkt vízzel spill* water on sy
lép¹ n (szerv) spleen
lép² v vk step; (egyet) take* a step; (sakkban) make* a move [with a piece] || házasságra ~ vkvel be*/get* married to sy; huszadik évébe ~ turn twenty
lép³ n (méhé) honeycomb
leparkol v park one's car
lepárlás n distillation
lépcső n (sor) stairs pl; (lépcsőfok) step, stair || felmegy a ~n go* upstairs; lemegy a ~n go* downstairs
lépcsőforduló n landing
lépcsőház n staircase
lépcsőzetes a stepped, terraced; átv gradual, staggered

lepecsétel *v* (*iratot*) stamp (sg), seal (sg); (*bélyeget*) postmark
lepedő *n* (*ágyon*) sheet
lepény *n* flan; (*töltött*) pie
lépés *n* (*egy*) (foot)step; (*járásmód*) step, tread; (*sakk*) move; (*intézkedés*) step(s), measures *pl* || **~ben** at walking pace; **~eket tesz** (*vmnek az érdekében*) take* steps (to do sg); **~ről ~re** step by step, gradually; **~t tart vkvel/vmvel** *átv is* keep* pace/up with sy/sg
lepihen *v* have* a rest, lie* down
lepipál *v biz vkt* beat* sy hollow; *kif* run* rings round sy
lepke *n* butterfly; (*éjjeli*) moth
leplez *v* conceal, hide*
leporol *v* dust (off)
lepra *a/n* (*betegség*) leprosy
leprésel *v* (*virágot*) press
lépték *n* scale
lépten-nyomon *adv* at every step/turn/moment
lerág *v* gnaw off/away
leragaszt *v* stick* (down); (*levelet*) seal
lerajzol *v* draw*, sketch
lerak *v* (*letesz*) put*/set*/lay* down, deposit; (*iratokat*) file; (*tojásokat*) lay* || **~ja vmnek az alapjait** lay* the foundations of sg
lerakat *n* depot, store, warehouse
lerakódás *n* deposit; (*üledék*) sediment
leráz *v* (*gyümölcsöt*) shake* down; (*magáról vkt*) get* rid of sy
lerendez *v biz* sort out
leró *v* (*illetéket*) discharge, pay* off; (*kötelezettséget*) fulfil (*US* -fill) || **~ja kegyeletét vk iránt** pay* a tribute to sy

lerobban *v biz* (*autó*) conk out, break* down; *vk* **~(t)** (*egészségileg*) be* (thoroughly) run down, crack up
lerogy *v* (*székbe*) sink*/drop (into a chair); (*ájultan*) (faint and) sink* to the ground, collapse
lerohan *v vk vhová* run*/rush (down); *vkt* rush at sy; (*országot*) overrun* [a country]
lerombol *v* (*épületet*) pull down, demolish; *átv* destroy, ruin
lerövidít *v* (*szöveget*) cut*, abridge, shorten
lerúg *v* (*labdarúgót*) foul
les 1. *n* (*kat*) ambush || **~ben áll** (*vmre/vkre*) be*/lie in ambush/wait (for); **~en van** *sp* be* off side **2.** *v vkt/vmt* watch/eye sy/sg; *vkre/vmre* watch (out) for sy/sg
leselked|ik *v vkre* be* on the watch/lookout for sy; (*vk után*) spy (up)on sy
lesiklás *n sp* (*sí*) downhill (run), run
lesiklópálya *n* downhill course
lesoványod|ik *v* grow* thin, lose* weight
lesöpör *v* (*járdát*) sweep*; *vmt vmről* sweep*/brush (sg) off/away/down
lesújtó *a* (*hír*) stunning, appalling || **~ pillantás** withering look, look of scorn
lesül *v* (*ember*) get* sunburnt/tanned; (*hús*) be*/get* burnt
lesüllyed *v* sink* (down), dip; (*erkölcsileg*) degenerate, come* down
lesz *v* (*történni fog*) will be; *vmvé* become* (sg), make* (sg) *vmlyenné* become*, get*, grow* || **ha ~**

időm if I have time; **jó ~ sietni** we'd better hurry (up); **~, ami ~!** come what may; **~/lenne olyan szíves ...** would you (please) ...; **tanár lett belőle** he became a teacher
leszakad v (gomb) come* off; biz (hátramarad) drop behind/back
leszakít v vmt vmről tear* (sg from/ off sg); (virágot) pluck, pick
leszáll v (madár ágra) settle, perch [on a twig], (a)light; (repülőgép) land, touch down; (mélybe) descend, go* down; (vm fentről) fall* (down), drop, come* down; (járműről) get* off [the bus/train]; (lóról) dismount (from a horse); (köd) descend, fall*, come* down || **~ az éjszaka** night is falling; **szállj le rólam!** biz get off my back(, will you)!
leszállít v (árakat) reduce, lower, cut*; (színvonalat) level (US -l) down
leszállópálya n landing strip, runway
leszámol v (elszámol) settle up, settle/balance one's account; (pénzt) count out; vkvel, átv get* even/square with sy
leszavaz v vote down, outvote
leszerel v vmt vmről strip (sg off sg), take* down; remove; kat demobilize; vkt átv biz get* round sy, disarm sy; sp (támadást) check, stop; (játékost) tackle
leszerelés n kat disarmament, arms reduction
leszerepel v (csúfosan) be* badly beaten/defeated; biz be* a washout
leszid v give* sy a (good) dressing-down

leszok|ik v vmről give* up sg || **~ik a dohányzásról** give* up smoking
leszól v (fentről) shout down; vkt speak* disparagingly of sy, run* sy down
leszögez v (tényt) state, make* it clear, establish
leszúr v vkt stab sy (to death); (disznót/karót) stick*; biz = **leszid**
leszűr v (folyadékot) filter, strain; átv (tanulságot) draw* the conclusion
lét n (létezés) existence, (state of) being, life° || **küzdelem a ~ért** struggle for life; **öreg ~ére** old as he is, though old
letáboroz v pitch one's tent swhere, pitch (v. set* up) camp swhere
letagad v deny [the truth/fact]
letakar v cover (over/up)
letapogat v el scan
letapos v tread*/trample/stamp down
letartóztat v arrest, take* (sy) into custody
létbizonytalanság n uncertainty of existence
leteker v unroll, uncoil, wind* off
leteleped|ik v settle (down)
letel|ik v (határidő) come* to an end, expire; (idő) elapse || **~t az idő** time is up
letép v tear*/rip off/away; (virágot) pluck, pick; (szelvényt) tear* off, detach
letér v (útról) turn off, leave* [a road] || **~ a helyes útról** átv go* wrong
létérdek n vital interest
letérdel v kneel* down

leterít v (*földre vmt*) spread*/lay* out [sg on the ground/floor]; (*letakar vmt vmvel*) cover (sg) with (sg); (*vadat*) bring* down; *vkt* knock/strike* (sy) down

létesít v *i*nstitute, est*a*blish, set* up

létesítmény n (*szervezet*) establishment; (*intézmény*) institution; (*beruházási*) (construction) project

létesül v be* est*a*blished, be* set up

letesz v *vmt vhová* put*/set*/lay* down; (*fegyvert*) lay* down; (*megőrzésre*) dep*o*sit; (*vkt hivatalról*) dism*i*ss, rem*o*ve [sy from *o*ffice]; (*vizsgát*) pass ‖ **esküt** ~ take*/swear* an oath; (*ötletről*) abandon, dr*o*p, give* up; **~i a telefonkagylót** hang* up the rec*e*iver

letét n (*megőrzésre*) dep*o*sit ‖ **~be helyez vmt** dep*o*sit sg, leave* sg in safe c*u*stody

létezés n ex*i*stence, b*e*ing

létez|ik v ex*i*st, be* (in ex*i*stence) ‖ **(az) nem ~ik!** it can't be (true)!

létfenntartás n ex*i*stence, subs*i*stence

létfontosságú a of v*i*tal impor*tance ut.*

letisztít v clean, make* (sg) clean

létkérdés n qu*e*stion of life and death

letol v *vmt* push/shove down; *biz vkt* give* sy a dr*e*ssing-down, tear* sy off a strip

letör v *vmt* break* down; *vmről* break* off/aw*a*y; (*lázadást*) put* down, crush, suppr*e*ss; *vkt* (*elcsüggeszt*) disc*ou*rage, disp*i*rit, depr*e*ss ‖ **~te a hír** (s)he was stunned by the news

letöröl v (*tárgyat*) wipe (sg) (down/off), wipe (sg) clean; (*porosat*) dust (sg); (*nedveset*) dry (sg)

létra n ladder

létrehoz v (*intézményt*) bring* *i*nto ex*i*stence, est*a*blish, found; (*folyamatot*) bring* ab*o*ut, or*i*ginate; (*művet*) cr*e*ate, prod*u*ce

létrejön v come* *i*nto b*e*ing/ex*i*stence; (*intézmény*) be* est*a*blished (*v.* set up); (*esemény*) happen, take* place

létszám n number, staff (numbers); (*résztvevőké*) number of part*i*cipants ‖ ~ **feletti** supern*u*merary, red*u*ndant

leül v (*székre*) s*i*t* down, take* a seat; (*büntetést*) serve one's sentence ‖ **üljön le, kérem!** (*udvariasan*) will you sit down please, please take a seat

leüt v *vkt* knock/strike* down; *vmt* knock/strike* off

levág v cut* (off); ch*o*p off; (*hajat*) cut*, crop [sy's hair]; (*állatot*) sl*a*ughter, b*u*tcher; (*utat*) take* a short cut to

levágat v **~ja a haját** have* one's hair cut

levált v (*állásból*) rel*i*eve [sy of one's post], repl*a*ce sy; *kat* (*őrséget*) rel*i*eve

levegő n air; *átv a*tmosphere ‖ **a ~ben** (up) in the air; **a szabad ~n** in the fresh/open air; **rossz a ~** (*szobában*) it is st*u*ffy in here; **tiszta a ~** *átv* the coast is clear

levegős a *a*iry, br*e*ezy

levegőtlen a *a*irless; (*szoba*) st*u*ffy, close

levél n (*fán*) leaf°; (*írott*) letter ‖ **~ben** by l*e*tter/mail/post; **márc. 6-**

i **levelére válaszolva** in reply to your letter of 6 March; **Tokaji úr leveleivel** (*borítékon*) c/o Mr. Tokaji [= care of ...]
levelez *v* correspond (with sy) || **~nek egymással** they write* to each other (regularly)
levelező 1. *a isk* ~ **hallgató** correspondence student; ~ **tag** corresponding member; **~társ** pen friend/pal **2.** *n* correspondent
levelezőlap *n* (*nyílt*) postcard || **képes** ~ picture postcard
levélpapír *n* writing paper, notepaper
levélszekrény *n* (*falon*) *GB* postbox, letterbox, *US* mailbox; *GB* (*járdán*) pillar box; (*lakásajtón*) letterbox
levéltár *n* archives *pl*
levéltárca *n* wallet
levélváltás *n* exchange of letters
levendula *n* lavender
lever *v* (*vmt földbe*) drive* (sg into the earth); (*vmt véletlenül*) knock down/off; (*felkelést*) put* down, suppress; (*letör*) depress, dispirit
levert *a* depressed, dejected
leves *n* soup
leveses *a* juicy
levesestányér *n* soup-plate
leveszöldség *n* vegetables/greens [for soup/stock] *pl*
levesz *v* take*/get* down; *vmről* take* off, remove (from); (*ruhadarabot*) take* off; = **lefényképez** || ~ **vkt a lábáról** (*betegség*) put* sy out of action/circulation; (*megtöri ellenállását*) get* round sy, charm sy off his feet; **nem tudja levenni a szemét vmről** he cannot take his eyes off sg

levetít *v* (*filmet*) show*, screen
levetkőz|ik *v* undress, take* one's clothes off
levezet *v vkt* lead* (sy) down; (*vizet*) carry away/off; (*indulatot*) work off [one's temper]; (*ülést*) chair [a meeting]; (*szülést*) conduct [a delivery]; (*mérkőzést*) referee; *átv* (*vmt vmből*) trace (sg) back (to sg), deduce
levisz *v vmt* carry/take* down; (*piszkot*) take* out
levizsgáz|ik *v* pass one's/an examination
levon *v* (*mennyiségből elvesz*) subtract; (*pénzösszegből*) deduct; (*engedményként*) discount
lexikon *n* (*ismerettár*) encyclopaedia (*US* -pedia)
lezár *v* (*kulccsal*) lock (up); (*levelet*) close, seal; (*vizet, fűtést stb.*) turn off; (*ügyet*) close, settle; (*vitát*) end, finish, conclude
lézeng *v* linger, loiter, hang* around
lézer *n* laser
lézernyomtató *n* laser printer
lezuhan *v* (*repülőgép*) crash
lezuhanyoz|ik *v* take*/have* a shower
liba *n zoo* goose°
libabőr *n* **~ös lesz vmtől** sg gives* him the creeps, sg makes* his flesh creep
libasorban megy *v* go* in single/Indian file
libeg *v* (*felfüggesztve*) dangle, hang* loose; (*szélben*) flap, flutter, float
libegő *n* chair-lift; (*kétüléses*) double chair-lift
liberális *a* (*párti*) liberal; *átv* broad/open-minded

liberalizmus n liberalism
lift n lift, US elevator ‖ **a ~ nem működik** the lift is out of order
liget n grove, green wood, park
liheg v pant, gasp (for breath)
likőr n liqueur
lila a (szín) violet
liliom n lily
limlom n odds and ends pl
limonádé n (ital) lemonade, lemon-squash
líra n (pénznem) lira; (görög lant) lyre; (költészet) lyric poetry
lista n list, roll, register
liszt n flour; (durvább) meal
litánia n vall litany
liter n litre, US liter
ló n zoo horse; (sakk) knight; (tornaszer) horse ‖ **~ra ül** mount [a/one's horse], get* on horseback; **~ról leszáll** dismount (from a horse), get* off a horse; **~vá tesz** make* a fool of sy; **lovon jár** ride*, go* on horseback
lóbál v swing*, dangle
lobbanékony a (természetű) (in)-flammable; (ingerlékeny) irascible
lobog v (tűz) flame, blaze; (zászló) wave
lobogó n flag, standard, banner
locsog v vk chatter/prattle on/away
locsol v (virágokat) water, sprinkle
lódít v (egyet vmn) give* sg a push/toss; (hazudik) tell* a fib/lie
lódobogás n clatter of hoofs
lóerő n horsepower (h.p.)
lóg v hang*, be* suspended (from), dangle; biz (kószál) loaf (about/around); (iskolából) play truant; (munkából) swing* the lead
logaritmus n logarithm
lógás n biz (iskolából) playing truant

logika n logic
logikus a logical; (ésszerű) reasonable
logopédus n speech therapist
lóhalálában adv at breakneck speed
lóhát n **~on** on horseback; **~on megy** ride*
lóhere n bot trefoil, clover
lojális a loyal, faithful
lokálpatriotizmus n parochialism, localism
lokátor v radar
lóláb n **kilóg a ~** the cloven hoof is showing
lom n lumber, odds and ends pl
lomb n foliage, leaves pl
lombhullás n falling of the leaves
lombik n test-tube
lombikbébi n test-tube baby
lomha a sluggish, inactive
lompos a slovenly, slatternly
lomtalanítás n house/junk-clearance
lomtár n junk/lumber room, box-room
londiner n boy, page, porter
londoni 1. a of London ut., London 2. n Londoner
lop v steal*; (apróságot) pilfer, filch ‖ **~ja a napot** idle/fritter away one's time
lopás n stealing; (jog) theft; (üzletben) shop-lifting ‖ **betöréses ~** burglary
lopó n (lopótökből) gourd; (üvegből) sampling-tube
lósport n horse-racing, the turf
lószerszám n harness
lottó n lottery
lovag n knight; átv tréf sy's boyfriend/steady

lovagias *a* chivalrous; *(nőkkel)* gallant
lovaglás *n* riding
lovagol *v* ride* (a horse) ‖ **jól** ~ be a good rider/horseman/-woman; **mindig ugyanazon** ~ *átv* be* always harping on sg
lovas 1. *a (mounted)* on horseback *ut.*; *kat* mounted, cavalry ‖ ~ **kocsi** horse/horsed carriage; ~ **rendőr** mounted policeman° **2.** *n* rider; horseman°, *(nő)* horsewoman°
lovasság *n* cavalry
lovasverseny *n* equestrian competition
lovász *n* groom, stableman°
lóverseny *n* horse-race
lóversenypálya *n* racecourse, the turf
lő *v* shoot*; *(tüzel)* fire; *(ágyúval)* shell; *sp (labdát)* shoot* ‖ **gólt** ~ shoot*/kick a goal
lődörög *v* loaf/loiter/hang* about/around
lőfegyver *n* firearm, gun
lök *v* give* (sg) a push/shove, push; *(durván)* thrust*, knock; *(hirtelen)* jerk
lökhajtásos *a* jet-propelled ‖ ~ **repülőgép** jet(-plane)
lökhárító *n* bumper
lőszer *n* ammunition, munition(s)
lötyög *v (ruha vkn)* hang* loose(ly) (on sy); *(tárgy)* be* loose; *(folyadék vmben)* slop about (in sg)
lövedék *n* shot, bullet, projectile, missile
löveg *n* gun, cannon
lucerna *n (takarmány)* alfalfa, lucerne
lucfenyő *n* spruce
lucskos *a (idő)* wet

lúd *n* goose°
lúg *n* lye; *kém* alkali
lugas *n* bower, arbour
lumpol *v biz* carouse, have* a night out on the tiles
lusta *a (munkára)* lazy, idle; *(mozgásban)* sluggish, sleepy
lustálkod|ik *v* idle (away one's time), laze
luxus *n* luxury, luxuriousness
luxuscikk *n* luxury article/item
lüktet *v (szív, ér)* beat* (strongly/rapidly), pulsate

Ly

lyuk *n* hole; *(nyílás)* opening, gap, mouth; *(fogban)* cavity
lyukas *a (ruha)* holed, with holes (in it) *ut.*; *(fog)* decayed, hollow; *(autógumi)* punctured, flat ‖ ~ **a zoknim** there's a hole in my sock; ~ **óra** *isk* free hour, an hour off
lyukaszt *v* make* a hole (in sg); *(jegyet)* punch

M

ma *adv* today; *(manapság)* nowadays, these days ‖ ~ **egy hete** this day last week; ~ **este** this evening, tonight; **~hoz egy hétre** today week, a week today; **~ig** up to this day, up to now; **~ra** *(a mai napra)* for today; *(legkésőbb*

máig) by today; **~tól fogva** from
now on, from today
macerál *v biz* vex, pester, nag
mackó *n* (*állat*) bear (cub); (*játék*)
teddy (bear)
macska *n* cat
macskajaj *n* hangover
macskaszem *n* (*járművön*) reflec-
tor; (*úttestben*) cat's eye
madám *n* (*szülésznő*) midwife°
madár *n zoo* bird
madárfióka *n* nestling
madárijesztő *n átv is* scarecrow
madártávlat *n* bird's eye view (of
sg)
madártej *n* (*étel*) oeufs à la neige,
floating islands *pl*
madzag *n* string, twine
maffia *n* mafia
mafla 1. *a* stupid, thick(headed) 2.
n blockhead, thickhead
mag *n bot* seed; (*csonthéjasé*)
stone, pit; (*belseje*) kernel; (*almáé,
körtéé, narancsé*) pip; (*szőlőé*)
seed; (*atommag*) nucleus; *tech*
core [of mould] || **vmnek a ~va**
átv (*lényege*) the nub/gist/kernel
of sg
maga¹ 1. *pron* (*saját*) one's own;
(*visszaható*) (**én**) **~m** (I) myself;
(*egyedül*) (all) by oneself; **gon-
dolta ~ban** he said*/thought* to
himself; **~ a gondolat** the very
idea; **~ban** (*egyedül*) alone, apart;
(*magában véve*) in itself; **~ban
beszél** talk to oneself; **~ba(n)
foglal** include, contain; **~hoz tér**
(*ájult*) recover/regain conscious-
ness, come* to/round; **~ra hagy
vkt** leave* sy to oneself; **~tól** (*be-
avatkozás nélkül*) by/of itself/
oneself; (*kérés nélkül*) [do sg]

unasked; **~tól értetődik** it goes*
without saying; **megkapja a ~ét**
get* one's due; **törődj a ~d dol-
gával** mind your own business 2.
adv (*egyedül, saját maga*) alone,
(all) by himself/herself
maga² *pron* (*ön*) you; (*birtokos*)
your || **ez a ~/maguk háza?** is
that your house?; **maguk(at)** you
magabiztos *a* sure of oneself *ut.*,
confident, self-assured
magáé *pron* (*sajátja*) sy's/one's
own; (*öné*) yours
magáncélra *adv* for personal use
magánélet *n* private/personal life,
privacy
magángyűjtemény *n* private col-
lection
magánhangzó *n* vowel
magánóra *n* private lesson
magános *a* = **magányos**
magánosítás *n* privatization
magánpraxis *n* private practice
(*US* -ise)
magánszám *n* (*ének, zene*) solo
magántermészetű *a* private
magánterület *n* private property;
(*kiírás*) Private
magántulajdon *n* (*viszony*) private
ownership; (*tárgyak*) private prop-
erty
magánügy *n* private/personal
affair/matter
magánvállalkozás *n* private enter-
prise
magánvélemény *n* personal opin-
ion
magány *n* solitude, loneliness
magányos *a* (*elhagyatott*) lonely,
solitary; (*különálló*) isolated; (*fél-
reeső*) secluded || **~ nő** an unat-
tached woman°

magas *a* high; (*ember*) tall; (*szint*) high(-level) || **ez nekem** ~ *biz* it's beyond me; **két méter** ~ **fal** a two-metre high wall; ~ **állás** high office/position; ~ **hangú** high-pitched; ~ **szárú cipő** boots *pl*; ~ **színvonalú** high-class/level

magaslat *n* height, elevation, altitude

magasl|ik *v* (*vm fölött*) tower above/over sg

magasság *n* height; (*csak dolgoké*) altitude; (*vízé*) depth; *vké* height

magasztal *v* praise (highly), extol (*US* extoll), eulogize

magatartás *n* (*viselkedés*) conduct, behaviour (*US* -or); (*állásfoglalás*) attitude

magaviselet *n* conduct, behaviour (*US* -or)

magazin *n* (*folyóirat*) (*illustrated*) magazine

magfizika *n* nuclear physics *sing.*

mágikus *a* magic(al)

máglya *n* bonfire

mágnes *n* magnet

mágneskártya *n* credit card

mágneslemez *n* (magnetic) disk || **hajlékony** ~ floppy disk

magnetofon *n* tape-recorder

magnó *n* tape-recorder || ~**ra felvesz** tape sg

magnókazetta *n* (audio)cassette

magnós rádió *n* radio/cassette recorder

magol *biz v* swot/mug up sg; cram

magtár *n* granary, barn

magzat *n biol* embryo; f(o)etus; *ir* (*utód*) descendant, offspring

magyar *a/n* Hungarian, Magyar || ~ **ajkú/anyanyelvű** Hungarian-speaking, (*főnévvel*) Hungarian

speaker(s), native speaker(s) of Hungarian; **M~ Köztársaság** Hungarian Republic; ~ **nyelv** Hungarian (language); ~**t tanít** teach* Hungarian (language and literature)

magyaráz *v* explain; (*kifejt*) expound; (*értelmezve*) interpret; (*szöveget*) comment on; (*vmt indokol*) account for (sg)

magyarázat *n* explanation, explication; (*értelmezve*) interpretation; (*szöveghez*) comment(ary); (*indok, ok*) reason, motive

magyarázkod|ik *v* (*mentegetődzve*) excuse oneself, apologize (for)

Magyarország *n* Hungary || ~**on** in Hungary

magyarság *n* (*nép*) Hungarians *pl*, the Magyars *pl*, the Hungarian people/nation; (*nyelvi*) Hungarian

magyartanár *n* Hungarian teacher, teacher of Hungarian

magyarul *adv* (in) Hungarian || ~ **beszél** speak* Hungarian; ~ **beszélő** Hungarian-speaking (*főnévvel*) native speaker(s) of Hungarian, Hungarian speaker(s)

mai *a* today's, this day's, of today *ut.*, of this day *ut.*; (*jelenlegi*) present-day; (*kortárs*) contemporary; (*korszerű*) up-to-date, modern || **a ~ naptól** from this date/day; **(mind) a ~ napig** up to the present, up to now

máj *n* (*szerv, étel*) liver

majd *adv* (*valamikor*) sometime, someday (in the future); (*később, aztán*) then, later (on); (*majdnem*) almost, nearly

majdnem *adv* almost, (very) nearly, all but || **a vonat már** ~

indult, amikor ... the train was about/going to leave when ...

májgyulladás *n* hepat*i*tis

majom *n zoo* monkey; (*emberszabású*) ape; *átv* ape

majonéz *n* mayonn*a*ise

majoránna *n* m*a*rjoram

májpástétom *n* l*i*ver paste, pâté

majszol *v* munch, n*i*bble

május *n* May || ~ **elseje** 1st May, *US* May 1st; (*mint ünnep*) May Day; → **december**

mák *n* (*növény*) p*o*ppy; (*magja*) p*o*ppy-seed

makacs *a* (*ember*) st*u*bborn, *o*bstinate

makett *n* m*o*del, m*o*ck-up

makk *n* (*termés*) *a*corn; (*disznóeleség*) mast; (*kártya*) club(s)

mákvirág *n* iron **díszes** ~ bad lot, scapegrace

malac **1.** *n zoo* (young) pig, p*i*glet; (*emberről*) pig **2.** *a* obscene, f*o*ul(-mouthed)

malacság *n* obscenity, smut

malária *n* mal*a*ria

maláta *n* malt

málha *n* l*u*ggage

málna *n* r*a*spberry

malom *n* (fl*o*ur-)mill, *US* gristmill; (*játék*) n*i*ne-men's m*o*rris

malomkerék *n* m*i*ll-wheel

Málta *n* M*a*lta

máltai *a* M*a*ltese

malter *n* m*o*rtar

mályva *n* m*a*llow, h*o*llyhock

mama *n biz* m*u*m(my), ma, *US* m*o*m(my)

mamlasz **1.** *a* s*i*mple(-minded) **2.** *n* s*i*mpleton

mámoros *a* int*o*xicated; (*szesztől*) drunk, *biz* t*i*psy; (*örömtől*) rapturous, ecst*a*tic

mamut *n* (*átv is, jelzőként is*) m*a*mmoth

manapság *adv* n*o*wadays, these days

mancs *n* paw

mandarin *n* (*gyümölcs*) m*a*ndarin (*o*range); tanger*i*ne; (*kínai*) mandarin || **A csodálatos** ~ The Miraculous M*a*ndarin

mandula *n bot* *a*lmond; (*szerv*) t*o*nsil

mandulakivétel *n* rem*o*val of t*o*nsils

mangán *n* m*a*nganese

mánia *n* m*a*nia

mankó *n* crutch, cr*u*tches *pl*

manó *n* imp, g*o*blin

manöken *n* m*o*del

manőverez *v* man*oeu*vre (*US* man*eu*ver)

manzárd *n* m*a*nsard, g*a*rret, *a*ttic

mappa *n* (*írómappa*) (wr*i*ting) pad; (*konferencián stb.*) folder

mar[1] *v* (*állat*) bite*; (*sav*) corr*o*de; (*rozsda*) fret, corr*o*de; *tech* mill

mar[2] *n* (*lóé*) withers *pl*

már *adv* already; (*kérdésben*) alre*a*dy, yet; (*kérdésben: valaha, egyáltalán*) ever; (*tagadásban*) *a*ny more || ~ **amennyire** (in) so far as; ~ **egy éve beteg** (s)he has been ill for a year; ~ **nem** no longer/more; **megjött** ~? has he come yet?; **siess** ~! come on now!

marad *v* (*vm állapotban*) rem*a*in, rest; *vhol* stay, rem*a*in, stop (*swhere*); *vmennyi* be* left (*over*) || **ágyban** ~ stay in bed; **ennyiben** ~**unk** we'll leave it at that; **életben** ~ surv*i*ve; **ha 5-ből elveszünk 2-t,** ~ **3** *mat* five minus two

leaves three; **hű ~ vmhez** rem*ai*n
f*ai*thful/l*o*yal to sg; **minden ~ a
régiben** everything rem*ai*ns un-
changed; **ne ~j soká!** don't be
long; **nem ~t más, mint ...** noth-
ing was left to me but ...; **otthon ~**
stay at home
maradandó *a* lasting, end*u*ring
maradék 1. *n* rem*ai*nder, rem*ai*ns
pl, rest; (*kevés*) remnant(s); (*étel*)
leftover(s)
maradéktalanul *adv* f*u*lly, ent*i*rely
maradi *a vk* b*a*ckward(-looking);
(*eszme*) old-fashioned
maradvány *n* (*pusztulás után*) **~ok**
rem*ai*ns *pl*
marasztal *v vkt* det*ai*n, ask (sy) to
stay (on/longer)
maratoni futás *n* m*a*rathon
marcipán *n* m*a*rzipan
március *n* March; **→ december**
marék *n* (*mennyiség*) h*a*ndful
margaréta *n* d*ai*sy
margarin *n* margar*i*ne
marha 1. *n* (*állat*) cattle (*pl* ua.);
(*ember*) bl*o*ckhead, f*a*thead, *i*diot
2. *a vulg* (*emberről*) idi*o*tic, st*u*pid
|| **~ jó** bl*o*ody (*US* damn) good
marhahús *n* beef || **sült ~** roast
beef
marhaság *n* nonsense, r*u*bbish
marhasült *n* roast beef, b*e*efsteak
marihuána *n* mariju*a*na
máris *adv* (*azonnal*) at *o*nce, im-
m*e*diately; (*már most*) already,
just now
márka *n* (*védjegy*) trademark;
(*gyártmány*) make, brand; (*pénz*)
mark
márkás *a* a good brand (of sg),
quality || **~ áru** br*a*nded goods *pl*,
qu*a*lity pr*o*ducts *pl*

marketing *n* m*a*rketing
markol *v* grasp, grip, clutch, seize
markos *a* (*férfi*) m*u*scular, strap-
ping
már-már *adv* *a*lmost, (very) n*e*arly
mármint *conj* (*tudniillik*) namely
maró *a kém* corr*o*sive, corr*o*ding;
(*megjegyzés*) b*i*ting || **~ anyag**
corr*o*dent; **~ gúny** s*a*rcasm
marok *n* (*kéz*) (h*o*llow/palm of the)
hand; (*mennyiség*) a h*a*ndful/
fistful of ...
marós *n* m*i*ller
márpedig (*ellenkezés*) but; (*meg-
okolás*) and
mars (ki)! *int* get out (of here)!, *US*
scram!
marsall *n* m*a*rshal
márt *v* (*folyadékba*) dunk (in),
dip (*i*nto), imm*e*rse (in), plunge
(*i*nto)
mártás *n* (*húshoz*) sauce, gravy
mártír *n* m*a*rtyr
márvány *n* m*a*rble
más 1. *pron a o*ther, different || **~
szóval** in *o*ther words **2.** *pron n vk*
somebody/someone else; (*kérdés-
ben*) *a*nyone else; *vm* something
else; (*kérdésben*) *a*nything else;
(*vk mása*) (sy's) *a*lter *e*go, second
self; (*vm mása*) copy, d*u*plicate,
replica || **az már ~!** that's more
like it; **bárki ~** *a*nyone else; **~ok**
*o*thers, *o*ther people; **semmi ~**
n*o*thing else
másállapot *n* pregnancy
másfajta *pron* an*o*ther/d*i*fferent
kind/sort of ...
másfél *num* one and a half || **~ óra**
an hour and a half
másféle *pron* of an*o*ther kind/sort/
type *ut*.

másfelől adv (irány) from another direction; (viszont) on the other hand

máshol adv elsewhere, somewhere else

másik pron another ‖ **egyik is, ~ is** both

maskara n (jelmez) fancy dress, masquerade; (nevetséges öltözet) ridiculous clothes pl (v. outfit)

másként adv (eltérően) differently, in another manner/way

máskor adv another time, at some other time/date

másmilyen pron = más 1., **másféle**

másnap 1. adv the next day, (on) the following day ‖ ~ **reggel** the following/next morning; **minden** ~ every other day **2.** n **karácsony** **~ja** GB Boxing Day, US December 26

másnapos a (ivás után) hung-over, liverish; kif have* a hangover

másnaposág n hangover

masni n bow, ribbon

másodállás n second(ary) job/ employment, part-time job

másodéves n second-year student, US sophomore

másodfokú a ~ **bíróság** court of the second instance; ~ **égés** second-degree burn; ~ **egyenlet** equation of the second degree

második 1. num a second ‖ ~ **emelet** second floor, US third floor; ~ **helyezett** runner-up (pl runners-up); **minden** ~ **héten** every other/second week **2.** n **május** ~**a** 2 May, 2nd May; isk ~**ba jár** go* to (v. attend) the second form/class; → **első**

másodikos n second-form student

másodkézből adv second-hand ‖ ~ **vesz vmt** buy* sg second-hand

másodlagos a secondary

másodpéldány n duplicate (copy)

másodperc n second

másodpercmutató n second hand

másodrendű a (áru) second-rate/ class/best, inferior (vmhez képest to)

másodszor adv (másodízben) (for) the second time; (másodsorban) secondly, in the second place

másol v (szöveget) copy; foto print

másolat n (szövegé) copy, duplicate (copy); műv replica, reproduction; foto print

másológép n copier

másrészt adv on the other hand

mássalhangzó n consonant

másutt = máshol

másvalaki pron somebody/someone else

másvilág n the other world

maszatos a stained, smudged

maszek a/n self-employed (person)

mász|ik v vmre climb sg; (csúszik) crawl; (négykézláb) creep*

maszk n mask; (színészé) make-up

maszlag n bot thorn-apple; átv eyewash, bunkum, humbug

mászóka n (játszótéri) climbing frame

massza n mass

masszíroz v massage

masszív a massive, solid

masszőr n masseur, (női) masseuse

matat v rummage

matek n biz maths sing v. pl, US math

matematika n mathematics sing.

materialista a/n materialist

materializmus *n* materialism
matiné *n* morning performance/ concert
matrac *n* mattress
matróz *n* sailor, (ordinary) seaman°
matt¹ *a* (*fém*) mat(t), unpolished; (*szín*) dull, flat
matt² *n* (*sakk*) (check)mate
MÁV = *Magyar Államvasutak* Hungarian State Railways
maximális *a* maximum, utmost, top ‖ ~ **ár** maximum/ceiling price; ~ **sebességgel** at maximum/top speed
maximalista *a/n* perfectionist
maximum 1. *a/n* maximum **2.** *adv* at the (very) outside, at (the) most
máz *n* (*kerámián*) glaze; (*fémen*) enamel
mázli *n* *biz* bit of luck, fluke ‖ **micsoda ~!** what a fluke!
mázol *v* paint
mázsa *n* 100 kilos, quintal
mazsola *n* raisin, sultana
mechanika *n* *fiz* mechanics *sing.*; (*szerkezet*) mechanism
mécs *n* night-light
meccs *n* match
mecset *n* mosque
medál *n* (*nyakban*) medallion, pendant
meddig *adv* (*térben*) how far?; (*időben*) (for) how long?
meddő *a* *orv* infertile, barren, sterile; (*föld*) unproductive; (*munka*) unproductive, ineffective, vain
medence *n* (*edény*) basin; (*úszó*) (swimming) pool; *földr* basin; *biol* pelvis
meder *n* (*folyóé*) bed; *átv* channel
médium *n* **elektronikus ~ok** the media

medve *n* *zoo* bear
meg *conj* (*felsorolásban*) and ‖ **kettő ~ kettő az négy** two and/ plus two make/is/are four
még *adv* (*időben: ami még tart*) still; (*tagadó mondatban*) yet ‖ ~ **akkor is, ha** even if; ~ **eddig** so far; ~ **egyszer** once more/again; ~ **kevésbé** even/still less; ~ **mindig** still; ~ **mit nem!** *biz* not in the least!, by no means!; ~ **nem** not yet
megad *v* (*ami megilleti*) give* sy his/her due; (*adósságot*) repay* sy [a sum]; (*adatokat*) give*, supply [information] ‖ ~ **vknek vmt** grant sy sg; ~**ja a gólt** (*játékvezető*) allow the goal; ~**ja magát** surrender, give* in
megágyaz *v* make* the bed(s)
megakad *v* (*szerkezet*) stop; (*alkatrész*) catch*, get* stuck/caught; (*beszélő, szavaló*) falter
megakadályoz *v* vkt vmben prevent (*v.* keep* back) sy from (doing) sg
megalakít *v* form, (*bizottságot*) set* up
megalakulás *n* forming, formation
megalapít *v* found, establish; *ker* (*társaságot*) set* up
megaláz *v* humiliate, humble
megáld *v* (*pap*) bless ‖ **az Isten áldjon meg!** God bless you!
megalkot *v* create
megalkuvás *n* compromise; *pejor* opportunism
megáll *v* stop, come* to a stop/ standstill; (*egy időre*) halt, pause; (*vonat állomáson*) call at, stop (at); (*gép leáll*) stall, stop ‖ ~**ni tilos!** no stopping; (*mint jelző-*

tábla) clearway; **nem állja meg szó nélkül** he can't res*i*st; **nem tudja ~ni, hogy ne** ... he can't help doing sg
megállapít *v* (*kiderít*) establish, ascertain; (*kijelent*) state; (*kimutat*) find*, point out (that); (*meghatároz*) determine, fix, settle, decide; (*betegséget*) diagnose
megállapítás *n* statement
megállapodás *n* (*két fél között*) agreement, understanding; (*szerződés*) contract ‖ **~t köt vkvel** make*/conclude (*v.* enter *i*nto) an agreement with sy
megállapod|ik *v vkvel vmben* agree with sy on/about sg, make* (*v.* come* to) an agreement (with sy on/about sg); *átv vk* settle (down)
megállít *v* stop
megálló(hely) *n* stop
megalsz|ik *v* (*tej*) curdle; *vk vhol* put* up for the night
megalvad *v* (*vér*) clot, cake
megárt *v vknek* do* sy harm
megátkoz *v* curse, damn
megáz|ik *v vk* get* wet; *vm* become* wet
megbán *v* regret; *vall* repent [of sin]
megbánt *v* offend (sy), hurt* sy's feelings
megbarátkoz|ik *v vkvel* make* friends (with sy)
megbecstelenít *v* (*nőt*) rape (sy)
megbecsülés *n* (*személyé*) esteem, appreciation; (*vm értéké*) estimation
megbénít *v átv is* paralyse (*US* -lyze)
megbeszél *v* talk (sg) over; (*megvitat*) discuss, debate; (*találkozót*

stb.) arrange ‖ **időpontot ~ vkvel** make*/fix an appo*i*ntment with sy
megbeszélés *n* talk, discussion; (*értekezlet*) meeting; (*találkozó*) appointment
megbetegsz|ik *v* fall*/get* ill
megbillen *v vm* tilt; *vk* lose* one's balance
megbirkóz|ik *v vmvel* (can*) manage sg, cope with sg; (*betegséggel*) overcome* [an *i*llness]
megbíz *v vkt vmvel* charge sy with sg
megbízás *n* comm*i*ssion, charge, ass*i*gnment ‖ **vk ~ából** on behalf of sy
megbízhatatlan *a* unrel*i*able
megbízható *a* reliable
megbíz|ik *v vkben/vmben* trust sy/sg, rely/depend on sy
megbízott 1. *a vmvel* in charge of sg *ut.* **2.** *n pol* deputy; (*diplomáciai*) representative; *jog* delegate; *ker* agent
megbocsát *v vknek vmt* forgive* sy sg (*v.* sy for do*i*ng sg), excuse sy for sg (*v.* for do*i*ng sg) ‖ **bocsáss meg!** excuse me!, I'm sorry!, I beg your pardon!
megboldogult 1. *a* the late **2.** *n* **a ~** deceas*e*d
megbolondul *v* go* mad/crazy
megboml|ik *v* (*rend*) break* down
megborotválkoz|ik *v* shave* (oneself)
megbosszul *v vmt vkn* avenge/revenge sg on sy ‖ **(vm) ~ja magát** sg brings* its own punishment
megbotránkozás *n* indignation, disgust, shock
megbuk|ik *v* (*vizsgán*) fail (in an examination); (*vállalkozás stb.*)

fail, fall* through; (*pénzügyileg*)
go*/become* bankrupt; (*kormány*)
fall*; (*színdarab*) fail, be* a *fail-
ure*
megbüntet *v* punish; (*pénzbírság-
gal*) fine
megcáfol *v* refute; (*hírt*) contradict,
deny
megcéloz *v* vmt/vkt (*vmvel*) aim
(sg) at sg/sy
megcímez *v* address
megcsal *v* deceive, cheat; (*házas-
társat*) be* cheating on (one's
wife/husband)
megcsiklandoz *v* tickle
megcsinál *v* (*elkészít*) do*; (*készre*)
get* sg ready, carry out, finish
(off); (*ételt*) prepare, cook, make*
[meal]; (*megjavít*) repair, fix,
mend || **ezt jól ~tad!** *iron* you've
made a fine mess of it!
megcsíp *v* (*ujjával*) pinch, nip;
(*élősdi*) bite*; (*csalán, darázs*)
sting*
megcsodál *v* admire
megcsókol *v* kiss sy
megcsúnyul *v* grow*/become* ugly
megcsúsz|ik *v* vk slip; (*jármű*) skid
megdagad *v* swell* (up)
megdarál *v* grind*, mill
megdézsmál *v* biz lift, filch, pinch
megdicsér *v* vkt vmért praise (sy
for sg)
megdorgál *v* reprimand, rebuke,
reprove
megdöbben *v* vmtől be* shocked
(at sg), be* startled/astonished (at
sg *v.* to see/hear sg);
megdögl|ik *v* die, perish
megdönt *v* (*uralmat*) overthrow*;
(*rekordot*) beat*, break* [a rec-
ord]; (*érvet*) refute, disprove

megduzzad *v* swell* (up)
megdühöd|ik *v* become* enraged/
furious, lose* one's temper
megebédel *v* have* lunch
megegyez|ik *v* (*vkvel vmben*) agree
(with sy on sg), come* to (*v.* ar-
rive at) an agreement (with sy on
sg); (*egyező vmvel*) correspond to/
with, agree/accord with
megéhez|ik *v* get*/feel*/grow*
hungry
megél *v* (*eleget keres*) earn/make*
one's/a living; *vmből* live on sg;
(*vmely életkort*) live to see sg;
(*időszakot stb.*) experience
megelégsz|ik *v* vmvel be* satis-
fied/content(ed) (with)
megélesít *v* sharpen (the edge of
sg)
megélhetés *n* living; (*szűkösen*)
subsistence || **~i költségek** cost
of living
megelőz *v* (*veszélyt*) prevent; (*sor-
rendben*) precede; (*jármű*) over-
take*
megelőző *a* (*előző*) previous,
preceding, former; (*előzetes*) pre-
liminary; *orv* preventive
megemészt *v* átv is digest
megemlít *v* mention
megenged *v* vknek vmt allow/
permit sy sg; (*lehetővé tesz*) sg
admits/allows of sg || **engedje
meg (kérem), hogy** (please) al-
low me to, let me ...; **~i?** (*elnézést
kérek*) excuse me!; (*szabad?*) may
I?; **nem engedhetem meg ma-
gamnak** I can't afford it
megér[1] *v* (*él addig*) live to see
megér[2] *v* (*értékben*) be* worth || **~i
a fáradságot** be* worth the trou-
ble

megérdemel *v* deserve || **~te!** (*úgy kell neki!*) it serves him right
megérez *v* (*szagot, ízt*) can* smell/taste sg; (*ösztönösen felfog*) feel*; (*vmt előre*) have* a presentiment of sg
megér|ik *v* (*gyümölcs*) grow*, ripen; *átv* be*/become* ripe/fit for sg
megérint *v* touch (lightly)
megérkezés *n* **~(e)kor** on (one's) arrival
megérkez|ik *v* arrive (*országba, nagyvárosba*: in, *kisebb helységbe, repülőtérre stb*.: at), come*
megerőltetés *n* (*fizikai*) exertion, effort; (*szellemi*) mental strain
megerősít *v* (*erősebbé tesz*) strengthen, reinforce; *átv* confirm
megerőszakol *v* *vkt* rape (sy)
megért *v* (*felfog*) understand*, comprehend || **~ette?** is that clear?
megértő *a* considerate (to sy)
megérzés *n* (*ösztönös*) intuition
meges|ik *v* (*megtörténik*) happen, occur, take* place; *vkvel vm* sg befalls* sy, sg happens to sy
megesküsz|ik *v* (*esküt tesz*) take*/swear* an oath (to); swear* (*amire* on); (*házasságot köt*) get* married (to sy)
megesz|ik *v* *vmt* eat* up
megetet *v* feed*; (*csak embert*) give* sy to eat; *biz* (*elhitet vkvel vmt*) sy swallows sg hook
megfagy *v* freeze*
megfájdul *v* begin to hurt/ache || **~t a feje** she has a headache
megfáz|ik *v* catch* (a) cold
megfejt *v* solve; (*kódot*) decode, break*; (*titkot*) unravel (*US* -l)
megfékez *v* (*szenvedélyt*) curb, master, control; (*támadást*) stop

megfeledkez|ik *v* *vkről, vmről* forget* sy/sg || **~ik magáról** forget* oneself, lose* control (of oneself)
megfelel *v* (*válaszol*) answer sy, reply to sy; (*vmlyen célra*) be* suitable for; *vknek vm* sg suits sy; (*vm megegyezik vmvel*) correspond to, equal (*US* -l) (sg) || **a követelményeknek ~** suit/meet* the requirements; **ha így ~ önnek** if this is convenient to you
megfelelő 1. *a* (*alkalmas*) suitable (for, to), adequate; (*hely, idő*) convenient; (*megkívánt*) appropriate **2.** *n* equivalent
megfelez *v* halve, cut* in half, divide in(to) two || **felezzük meg!** let's go halves
megfenyeget *v* *vmvel* threaten/menace sy (with sg)
megfertőz *v* (*élőlényt*) infect; (*levegőt, vizet*) pollute, poison
megfésülköd|ik *v* comb one's hair
megfeszít *v* tighten, stretch; (*izmot*) flex, tense
megfiatalod|ik *v* grow*/get* younger, be* rejuvenated
megfigyel *v* observe, notice; *vkt, vmt* watch, have*/keep* one's eye on
megfizet *v* (*tartozást*) pay* sg to sy; (*számlát*) settle; *vmért* pay* for (sg)
megfog *v* (*kézzel*) seize, catch*; (*megragad*) grip, grasp; (*állatot*) catch*, trap; (*tolvajt*) catch*, seize; (*festék*) stain
megfogad *v* (*megígér vmt*) pledge (oneself) to do sg || **~ja vk tanácsát** take* sy's advice
megfogalmaz *v* draft, draw* up, formulate

megfoghatatlan *a átv* inconceivable, unfathomable

megfogódz|ik *v vmben* grip sg, hold* on to sg (*ti*ghtly), cling* (on) to sg

megfojt *v átv is* strangle; suffocate; (*vízben*) drown

megfontol *v* (*latolgatva*) weigh (up), think* (sg) *over*, ponder; (*meggondol*) consider (sg) (*ca*refully)

megfontolt *a* (*tett*) del*i*berate; (*vélemény*) considered; (*ember*) jud*i*cious, thoughtful

megfordul *v* turn (round); (*visszafordul*) turn back; (*vk után*) look back (after); (*autó*) turn (back/round), make* a U-turn; (*vk vhol, társaságban*) mix (in society *v*. with p*e*ople)

megfoszt *v vmtől* depr*i*ve (sy/sg) of sg; (*állástól*) remove [from office], dism*i*ss

megfőz *v* (*ebédet* stb.) make*, cook

megfullad *v* suffocate, st*i*fle; (*torkán akadt vmtől*) choke (to death); (*vízben*) drown

megfutamodás *n* flight, r*u*nning away, escape

megfürd|ik *v* have* a bath

meggátol *v vkt vmben* h*i*nder sy in (d*o*ing) sg, prevent sy from doing sg

meggazdagod|ik *v* grow*/get*/become* rich

meggondol *v* (*megfontol*) think* (sg) *over*, cons*i*der || **jól gondold meg!** think it *over!*; **ha jól ~om** when you come to think of it; **~ja magát** change one's mind

meggondolatlan *a* (*cselekedet*) irresp*o*nsible, th*o*ughtless; (*ember*) unth*i*nking, incons*i*derate

meggondolt *a* (*cselekedet*) del*i*berate, cons*i*dered; (*ember*) th*o*ughtful, serious

meggyengül *v* grow*/become* w*e*ak(er)

meggyilkol *v* m*u*rder; *pol* assassinate

meggyógyít *v* cure [sy of a disease]

meggyógyul *v vk* rec*o*ver (*vmből* from), be* cured (of sg)

meggyón *v* confess (one's sins)

meggyötör *v* torture, torment

meggyőz *v* (*vkt vmről*) convince/persu*a*de sy of sg; (*vmnek a szükségességéről*) talk sy *i*nto d*o*ing sg

meggyőzés *n* persu*a*sion

meggyőződés *n* conviction, persu*a*sion, bel*i*ef

meggyőződ|ik *v* make* sure of sg, make* sure/c*e*rtain (that) ... || **meg van győződve vmről** be* conv*i*nced/persu*a*ded of sg (*v*. that ...)

meggyújt *v* (*tüzet*) light*; (*gázt*) turn on; (*villanyt*) switch/turn on

meggyullad *v* catch* fire

meghajlít *v* bend*, bow, curve

meghajol *v* bow (*vk előtt* before sy, *átv* to sy)

meghal *v* die || **baleset következtében ~t** (s)he died in an *a*ccident; **rákban halt meg** (s)he died of cancer

meghalad *v* (*árban, súlyban*) exceed (sg); (*erőben, képességben*) surpass (sg *v*. sy in sg), go*/be* bey*o*nd sg/sy

meghall *v* hear* sg; (*véletlenül*) overhe*a*r*; (*megtud*) ge*t* to know/hear (of)

meghallgat *v vkt, vmt* l*i*sten to, hear* (sy); *orv* sound

meghamisít *v* falsify, (*okmányé*) forge

meghámoz *v* peel, pare, skin

megharagsz|ik *v* get* angry (*vkre* with sy)

megharap *v* bite*

meghatalmazás *n* authorization || **~t ad vknek** *au*thorize sy to do sg

meghatároz *v* determine; (*vmt közelebbről*) specify; (*fogalmat*) define; (*időpontot*) fix, settle

megható *a* moving, touching

meghatód|ik *v* be* moved

meghatottság *n* emotion

megházasod|ik *v* marry, get* married

meghibásod|ik *v* (*gép*) go* wrong; (*jármű*) break* down

meghiúsul *v* fail, fall* through, be* frustrated

meghív *v* invite (*vhová* to); || **~ vkt vacsorára** (*saját házába*) ask/invite sy to dinner; (*étterembe*) take* sy out to dinner

meghívás *n* invitation

meghívó *n* invitation (card)

meghíz|ik *v* put* on weight, grow*/get* fat

meghódít *v* (*területet*) conquer; *vkt* make* a conquest of sy

meghosszabbít *v* (*tárgyat*) lengthen, elongate; (*érvényességet*) extend; (*tartózkodást*) prolong

méghozzá *conj* besides, moreover, in addition

meghökken *v* be* taken aback, be* startled/astounded

meghunyászkod|ik *v* *vk* humble oneself, grovel (*US* -l)

meghurcol *v* *vkt, átv* calumniate, slander, vilify

meghúz *v* pull || **~ták kémiából** *biz* (s)he flunked chemistry, (s)he was flunked in chemistry

meghűl *v* catch* (a) cold

megígér *v* promise (*vknek vmt sy* sg *v.* sy that ...)

megigéz *v* bewitch, charm

megihlet *v* inspire

megijed *v* be*/become*/get* frightened || **meg van ijedve** be*/feel* frightened, have* a fright; **ne ijedj meg!** don't be afraid!, have no fear!

megijeszt *v* frighten, scare

megillet *v* (*jár vknek*) be* due to

megillető d|ik *v* be* (deeply) moved/touched

megindít *v* (*mozgásba hoz*) start, set* (sg) in motion; (*mozgalmat*) launch, start up; (*meghat*) affect, touch, move

megindokol *v* give* grounds/reasons for (doing) sg

megindul *v* (*elkezdődik*) begin*, commence; (*gép, jármű*) start, get* moving/going

megint[1] *adv* again, once more

megint[2] *v* warn

mégis *adv* yet, nevertheless, still

mégiscsak *adv* after all

megismer *v* (*megismerkedik vkvel*) get*/become* acquainted with sy; (*ismeretet szerez vmről*) get* to know* sg; (*felismer vkt*) recognize (*vmről* by/from sg) || **örülök, hogy ~hetem** pleased to meet you

megismerked|ik *v* *vkvel* get* acquainted with sy, make* sy's acquaintance

megismétel *v* repeat

megismétlő d|ik *v* repeat itself

megisz|ik v (italt) drink*
megítélés n vmé judgement (of); (bírói) awarding, adjudication ‖ ~**em szerint** in my opinion
megjár v (utat) do*, cover [distance]; (rosszul jár vmvel) make* a bad bargain with sg ‖ **jól** ~**ta!** he's been had/done; ~**ja** (tűrhető) not (so) bad
megjátsz|ik v (szerepet) act, play; (színlel) pretend, feign ‖ **megjátssza magát** put* on airs, playact
megjavít v (jobbá tesz) improve, make* better; (gépet) repair, mend; (rekordot) break* [a record]
megjegyez v note sg, remember sg; (megjegyzést tesz) remark, comment on sg
megjegyzés n remark, note, comment
megjelenés n vké vhol appearance, presence; (könyvé) publication; (külső) (outward) appearance, look ‖ **jó** ~**ű** (be*) good-looking
megjelen|ik v appear; (személy) show*/turn up; (könyv) be* published, come* out; (rendelet) be* issued ‖ **most jelent meg** just out/published
megjelöl v (jellel) mark; átv indicate, point out
megjósol v vmt predict, foretell*; (időjárást) forecast*
megjön v (megérkezik) come*, arrive; (visszatér) be* back, return; (menstruáció) she's having a period
megjutalmaz v reward (vkt vmért sy for sg)

megkap v get*, receive; (elnyer) win*, obtain; (betegséget) catch*, get*; (mély hatást tesz vkre) affect sy deeply ‖ ~**hatnám?** may I have it?; ~**tad a magadét** you got what you deserved
megkapaszkod|ik v vmben clutch at, cling* to
megkarmol v claw, sratch
megkegyelmez v vknek pardon (sy), have* mercy on
megkel v (tészta) rise*
megken v (gépet) lubricate, grease; átv vkt bribe/square sy, slip sy money ‖ ~**i a kenyeret vajjal** spread* butter on bread
megkér v vkt vmre ask/request sy to do sg ‖ ~**i vk kezét** propose to sy
megkérdez v vkt ask sy; (megérdeklődik vmt) ask sy about sg, inquire sg of sy; inquire about sg
megkeres v look for; hiv (vkhez fordul) apply/turn to; (folyamodik) appeal to; (pénzt) earn; (szót a szótárban) look up
megkeresztel vall baptize; (névadás, hajót is) christen
megkerül v (előkerül) be* found, turn up; (járva) go*/walk/come* round, skirt; átv (kérdést) evade, skirt, get* round [the question]
megkezd vt vmt begin*/start (to do) sg; hiv commence; (munkát) start work, set* about (sg)
megkezdőd|ik vi begin*, start; hiv commence
megkímél v vkt vmtől spare sy sg
megkínál v vmvel offer sy sg
megkísérel v attempt (sg v. to do sg), try (to do sg)

megkíván v vk vmt desire/want sg, wish for sg; (férfi nőt) lust after [a woman]; (elvár vmt vktől) require sg of sy

megkóstol v taste, try

megkönnyebbülés n (a sense of) relief || **micsoda ~!** what a relief!

megkönnyít v (vk helyzetét) facilitate, make* it/sg easier/easy for sy

megkönyörül v vkn have*/take* pity on sy, have* mercy on sy

megköt v (csomóra vmt) tie (up), knot (sg); (ruhadarabot) knit; (szerződést) sign [a contract]; (üzletet) do* business with (sy)

megkövetel v (vk vktől vmt) demand [that sy (should) do sg], require (sy to do sg v. sg of sy); (vm vmt szükségessé tesz) require, call for, demand

megközelít v (közelébe megy) approach; (minőségileg) be* nearly as (good/bad) as; (mennyiségileg) approximate || **meg sem közelíti** be* far from

megközelítés n (átv is) approach

megközelítőleg adv approximately

megkülönböztet v vmt/vkt vmtől vktől distinguish/differentiate sg/ sy from sg/sy || **nem tudom ~ni** I can't tell one from the other

megkülönböztetés n distinction, differentiation

megkülönböztető a distinctive, characteristic || **~ jegy** distinctive feature

megküzd v vmért fight*/struggle for sg; vkvel fight* with; (nehézségekkel) tackle

meglát v (megpillant) catch* sight of; (észrevesz) notice || **majd ~juk!** we'll/I'll see

meglátogat v vkt pay* sy a visit, visit sy, call on sy || **látogass meg!** come and see me

meglazít v loosen, slacken; (fegyelmet) relax

meglehet 1. v (valószínűleg megvan) may be **2.** adv (lehetséges) maybe, perhaps

meglehetősen adv (eléggé) rather, fairly, pretty, quite; (jelentékeny mértékben) considerably

meglep v (meglepetést okoz) surprise (sy); (megdöbbent) astonish; (rajtakap) take* sy/sg by surprise

meglepetés n surprise; (megdöbbenés) astonishment; (ajándék) present, gift

meglepő a surprising, astonishing || **nem ~, hogy** no wonder that

meglocsol v water; (kertet) hose [the garden]; (vkt húsvétkor) sprinkle water/perfume on

meglóg v biz decamp, skip off, slip away

meglő v shoot* || **meg vagyok lőve** biz I'm stumped, I'm high and dry

megmagyaráz v explain

megmakacsolja magát v vk biz dig* one's heels in; (ló) jib, ba(u)lk (at sg)

megmarad v vhol stay; (vmely állapotban) remain; (életben marad) survive; (fennmarad) last, endure; vmből be* left, remain; (vm mellett) stick*/keep*/adhere to

megmásít v modify, alter, change

megmelegít v warm (up)

megmenekül v vhonnan, vmből escape (from); vmtől, vm elől escape/evade sg; vktől, vk elől escape sy, get* rid of sy

megment *v* save (*vmtől/vhonnan vkt* sy from sg), rescue (sy from sg); (*megóv vkt vmtől*) save/ protect sy (from sg)
megmér *v* (*hosszt, mennyiséget*) measure; (*lázat*) take* the/one's/ sy's temperature; (*súlyt*) weigh
megmérgez *v* poison (sy, sg)
megmond *v* tell*; (*megjósol*) tell* (sy), predict; (*beárul*) tell*/split* on sy ‖ ~ja a véleményét vmről give* one's opinion of/on sg
megmos *v* vmt wash sg
megmotoz *v* search (sy), go* through sy's pockets
megmozdít *v* move, shift, stir
megmozdul *v* move, stir
megmukkan *v* meg se tudott mukkanni words failed him/her
megmutat *v* show* (*vknek vmt* sy sg *v.* sg to sy); (*rámutat vmre/ vkre*) point to sg/sy; (*kimutat*) show*, prove* ‖ majd ~om neki I'll teach/show him
megművel *v* (*földet*) cultivate, till [land]
megnedvesít *v* moisten, wet, dampen
megnehezít *v* render/make* sg more difficult
megnémul *v* become* mute/dumb
megneszel *v* scent sg, smell* out sg, *biz* get* wind of (sg)
megnevez *v* name, denominate
megnéz *v* look at, take*/have* a look at; (*előadást*) (go* to) see* [a play/performance/film etc.]; (*tévében*) watch sg [on (the) television] ‖ ~i a látnivalókat go* sightseeing, see* the sights [of London etc.]; ~i a szótárban look it up in the dictionary

megnő *v* (*ember*) grow* up/tall; (*növény*) shoot*/sprout up, grow*
megnősül *v* marry (sy), get* married
megnövel *v* (*terjedelemben*) enlarge; (*hatásfokban*) increase, add to, augment
megnyálaz *v* lick, moisten
megnyer *v* win*; (*díjat*) obtain, get*, win*; (*vkt vm ügynek*) win* sy over/round to sg
megnyerő *a* (*modor, külső*) winning, pleasuring, attractive
megnyíl|ik *v* open, be* opened
megnyilvánul *v* show*/reveal/ manifest itself
megnyír *v* (*hajat*) cut*; (*rövidre*) trim, clip; (*birkát*) shear*
megnyit *v* open
megnyitó *a/n* (*beszéd*) opening speech/address ‖ hivatalos ~ official opening, opening ceremony
megnyugsz|ik *v* relax, calm down; *vmben* resign/reconcile oneself to sg
megnyugtat *v* (*aggódót*) reassure (*vkt vm felől* sy about sg); (*izgatottat*) calm/soothe sy
megnyúz *v* (*állatot*) flay, skin; *átv* fleece
megokol *v* give* (one's) reasons for (doing) sg; justify
megolajoz *v* (*gépet*) oil, lubricate
megold *v* (*csomót*) untie, undo*; *mat* solve; (*kérdést*) solve, settle
megoldás *n* solution; (*példáé, rejtvényé*) answer, solution
megoldód|ik *v* (*probléma*) be* solved, work out
megoperál *v* operate on sy (for sg) ‖ tegnap ~ták he was operated on yesterday

megorrol *v vmért* take* sg am*i*ss/ b*a*dly

megoszlás *n* di*v*ision, distrib*u*tion

megosztoz|ik *v vmn vkvel* share sg with sy

megóv *v vmtől* prese*r*ve, pro*t*ect from sg

megöl *v vkt* kill, m*u*rder; (*állatot*) kill, sl*a*ughter || **~i magát** comm*i*t s*u*icide

megölel *v* embr*a*ce, p*u*t* one's arms round (sy)

megöntöz *v* w*a*ter; (*tömlővel kertet*) hose [the g*a*rden]

megőriz *v* (*tárgyat*) prese*r*ve, pro*t*ect, (s*a*fe)guard; (*megtart*) ret*a*in, hold*

megőrjít *v* m*a*dden, drive* sy mad/ crazy

megőrül *v* go* mad, go* out of one's mind || **~tél?** are you crazy?

megpályáz *v* (*állást*) apply for

mégpedig *conj* namely

megpihen *v* have* a rest, take* a break, rest, rel*a*x

megpillant *v* catch* sight of

megpofoz *v* sl*a*p sy's face

megpróbál *v* try; (*kipróbál*) test; (*megkísérel*) attempt

megpuhít *v* s*o*ften

megragad *v* (*kézzel*) seize, grasp, catch*; *átv* (*magával ragad*) cap*t*ivate, f*a*scinate

megrak *v* (*kocsit, hajót stb.*) load sg (up) (*vmvel* with); *biz* (*megver*) give* sy a good h*i*ding

megrándul *v* **egy arcizma sem rándult meg** he didn't bat an *e*yelid, he didn't move a m*u*scle; **~t a bokám** I've spr*a*ined my *a*nkle, I have* a spr*a*ined *a*nkle

megráz *v* shake*; (*áram vkt*) get* a(n) el*e*ctric) shock; (*lelkileg*) shake* sy (up) || **~za a fejét** (*tagadólag*) shake* one's head; **~za vknek a kezét** shake* hands with sy

megrázó *a* sh*o*cking, upsetting

megreked *v* (*jármű*) be*/get* stuck; (*ügy*) come* to a deadlock/ standstill

megrémít *v* frighten, terrify, scare

megrendel *v ker* (*árut stb.*) *o*rder sg, give* sy an *o*rder for sg; (*szobát, jegyet stb.*) book (*US így is:* reserve) || **előre ~ vmt** book sg in adv*a*nce

megrendelő *n ker* customer

megrendít *v* sh*a*tter, stagger; (*vknek hitét*) shake* [sy's faith]

megreped *v* split*, crack

megritkul *v* (*levegő*) r*a*refy; (*haj, növény*) become* thin

megrokkan *v* become* dis*a*bled/ *i*nvalid

megroml|ik *v* (*étel*) go* off/bad, spoil*; (*egészség*) be* bec*o*ming worse, det*e*riorate; (*helyzet*) worsen

megrögzött *a* **~ agglegény** confirmed b*a*chelor; **~ bűnöző** hab*i*tual/h*a*rdened cr*i*minal, *biz* an old lag

megröntgenez *v* X-ray (sy)

megrövidít *v* sh*o*rten

megsaccol *v biz* size sg up, make* a g*u*esstimate

megsavanyod|ik *v* turn/go* sour

megsebesít *v* (*csatában*) wound; (*balesetben*) *i*njure

megsebesül *v* get* injured

mégsem *adv/conj* not ... *a*fter all, still not

megsemmisít v (*elpusztít*) annihilate; *jog* (*érvénytelenít*) declare sg null and void; (*ítéletet*) quash; (*szerződést*) cancel (*US* -l), annul
megsért v (*testileg*) injure, hurt; *vkt átv* insult, offend sy
megsérül v *vk* be*/get* injured; (*kicsit*) be*/get* hurt; *vm* become*/get* damaged ‖ **súlyosan ~t** was badly/seriously injured
megsokall v have* enough (*v.* one's fill) of, *biz* get*/be* fed up with (sg)
megsüketít v deafen
megszab v determine, lay* down, prescribe, fix
megszabadít v *vkt/vmt vmtől/vktől* free/liberate sy/sg from sg/sy; relieve sy of sg
megszabadul v *vmtől/vktől* get* rid of sy/sg
megszagol v smell* sg; *átv* get* wind of sg
megszakít v break*, interrupt; (*beszélgetést*) interrupt, break* off; (*telefon-összeköttetést*) cut* off; (*áramot*) disconnect
megszakítás n break(ing) ‖ **~ nélkül** without a break
megszakító n el contact breaker
megszáll v (*szállóban*) stay at, put* up at [a hotel]; *vknél* stay with sy; *kat* occupy/invade [a country]; (*egyéb*) take* possession of; (*sztrájkolók gyárat*) take* over, occupy ‖ **~ta a félelem** be* overcome with fear
megszállás n kat occupation
megszállott n (*személy*) fanatic
megszámlálhatatlan a countless, innumerable

megszámol v count
megszán v pity
megszárít v dry
megszavaz v (*indítványt*) adopt, carry; (*törvényjavaslatot*) vote for, pass
megszed v **~i magát** feather one's nest, line one's pocket
megszeg v (*esküt*) break*; (*ígéretet*) renege on [a promise]; (*törvényt*) break*, violate; (*kenyeret*) cut*
megszelídít v tame, domesticate
megszentel v consecrate, sanctify
megszeppen v be*/get* scared of/ at, get*/have* cold feet
megszépül v grow* more handsome/beautiful
megszeret v *vkt* become* attached to, become* fond of, take* to sy
megszerez v get*, obtain, acquire
megszerkeszt v (*szöveget*) draw* up, draft, word; (*kéziratot, könyvet*) edit; (*szótárt*) compile, edit; (*gépet*) construct, design
megszervez v organize
megszilárdít v strengthen, reinforce; *átv* strengthen, stabilize
megszok|ik v *vmt* get*/become* used/accustomed to sg, get* into the habit of doing sg; *vkt* get* used to sy; *vhol* get*/become* acclimatized, adapt to
megszokott a (*szokásos*) usual, habitual, customary; (*rendszeres*) regular; (*látvány*) everyday
megszól v *vkt* speak* ill/badly of sy, backbite* sy, *csak US:* badmouth sy
megszólal v *vk* begin* to speak, start speaking

megszólítás *n* (*szóval*) address; (*levélben*) form of address
megszök|ik *v* *vhonnan* escape/ flee* from, run*/break* away from || ~**ik vkvel** elope with sy
megszűn|ik *v* (*véget ér*) stop, come* to an end; cease; (*üzlet, gyár stb.*) close down
megszüntet v stop, end
megtakarít *v* (*pénzt*) save (up) [money]
megtakarított pénz *n* savings *pl*
megtalál *v* find*
megtámad *v* attack, assault; (*országot*) invade
megtapogat *v* feel*, touch
megtart *v* (*birtokában*) keep*, retain; (*magának*) keep* (sg) for oneself; (*előadást*) give*, deliver [a lecture]; (*értekezletet*) hold* [a meeting]; (*esküvőt*) celebrate [one's wedding]; (*szokást, ünnepet*) observe; (*ígéretet*) keep [one's promise]
megtartóztat *v* ~**ja magát** abstain/refrain from (doing) sg
megtekint *v* inspect, view; → **látnivaló**
megtér *v* (*visszaérkezik*) return, come* back; *vall* be* converted [to Christianity etc.]
megterhel *v* (*rakománnyal*) weigh/ load (down) (*vmvel* with sg); (*túlságosan*) overload, overburden (*vmvel* with sg); *átv vkt* trouble/ burden sy (*vmvel* with sg) || ~**i vk számláját 1000 Ft-tal** debit sy's account with 1,000 forints
megterít *v* lay* the table
megtérít *v* (*megfizet*) pay* [a sum] for sg; (*kárt*) pay* compensation for [damage]; (*vm hitre*) convert sy to [a faith]

megtermékenyít *v* *biol* (*petesejtet*) fertilize [an *ovum*]; (*nőnemű lényt*) make* sy pregnant, impregnate; *bot* pollinate
megtérül *v* (*vknek a pénze*) get* one's money back
megtestesült *a* **maga a ~ egészség** (be* the) picture of health
megtesz *v* *vmt* do*; (*teljesít*) perform, achieve, accomplish; *vkt vmnek* make* sy sg, appoint sy (to) sg; (*utat, távolságot*) do*, cover || **az is ~i** that'll do; ~ **minden tőle telhetőt** do* one's utmost/best, do* everything possible
megtetsz|ik *v* *vknek vk* be* taken with sy; *vknek vm* fall* for sg
megtéveszt *v* *vkt* deceive sy, delude sy
megtilt *v* *vknek vmt* forbid* sy sg
megtiszteltetés *n* honour (*US* -or)
megtorol *v* (*megbosszul*) avenge, revenge (oneself for); (*megbüntet*) punish
megtorpan *v* stop short, come* to a sudden stop/standstill
megtölt *v* (*teletölt*) fill (up) (*vmvel* sg with sg); (*töltelékkel*) stuff (sg with sg); (*puskát*) charge, load
megtörtén|ik *v* happen (*vkvel vm* to sy)
megtörülköz|ik *v* dry oneself (with a towel)
megtud *v* come*/get* to know, learn*, hear*
megújít *v* renew
megúsz|ik *v* **éppen hogy ~ta** (s)he had a narrow escape; **ezt nem úszod meg** you can't get away with it
megüt *v* strike*, hit* || **azt hittem, ~ a guta** I was ready to burst; ~ **vmlyen hangot** *átv* strike* a

note/chord; **~i az ᔞram** get* an electric shock
megᔞzen *v* send* sy a message
megvadul *v* get*/become* wild (*vmtᔞl* with sg); (*lᔞ*) bolt, shy
megvakul *v* go* blind
megvᔞlaszt *v* elect (sy sg *v.* as sg)
megvᔞl‖ik *v vmtᔞl* part with sg
megvall *v* (*bᔞnöket*) confess; (*elismer*) admit, acknowledge ‖ **az igazat ~va** to tell the truth, as a matter of fact
megvalᔞsít *v* realize, carry out
megvᔞltoz|ik *v* change
megvᔞltoztat *v* change, alter ‖ **~ja elhatározásᔞt** change one's mind
megvan *v* (*létezik*) exist, be*; (*kész*) be* ready/finished/done; (*végbemegy*) take* place ‖ **ez a könyv nekem ~** I have (got) this book; (*egészségileg*) **Hogy van?** — **(Csak) megvagyok** How are you?—I'm not too bad, I'm all right; **~!** here it is!, (I've) got it
megvᔞd *v* (*vk/vm ellen*) defend sg/sy against sy/sg; (*vk/vm védelmet nyᔞjt*) protect sg/sy from sg/sy; (*megelᔞzve*) safeguard sg/sy against sg; (*kiᔞll vk mellett*) stand* up for sy
megvendᔞgel *v* (*otthon*) entertain/invite sy to [dinner, tea etc]
megvesz *v* buy*, purchase
megveszteget *v* bribe, buy* sy off
megvet *v* (*lenᔞz*) despise, scorn ‖ **~i az ᔞgyat** *biz* make* the bed
megvetemed|ik *v* warp, buckle
megvigasztal *v* consol, comfort
megvilᔞgítás *n* lighting, illumination; *foto* exposure
megvisel *v vkt* try, wear* sy out
megvitat *v* discuss, talk sg over, debate

megvizsgᔞl *v* examine, inspect, investigate
megzabolᔞz *v átv is* bridle
megy *v* (*vhova, vmn, vhogy*) go* (*vhova* to); (*utazik*) go*, travel (*US* -l); *biz* (*mᔞködik*) work; *biz* (*mᔞsoron van*) be* on; *biz* (*idᔞ*) fly* by ‖ **a blᔞz ~ a szoknyᔞjᔞhoz** the blouse matches her skirt; **autᔞn ~** go* by car; **fᔞrjhez ~** marry; **hogy ~ a sora?** how are you doing (*v.* getting on)?; **jᔞl ~ vknek** (*munka, tanulás*) be* going well; (*anyagilag*) be* well off; **~ek mᔞr!** (I'm) coming!; **mi ~ a tᔞvᔞben?** what's on (the) television/TV?; **tanárnak ~** go* in for (*v.* take* up) teaching, become* a teacher
megye *n* county, *GB néha* shire
meggy *n* morello (cherry), sour cherry
méh[1] *n zoo* (honey-)bee
méh[2] *n* (*testrész*) womb
méhkas *n* beehive
mekeg *v* bleat
mekkora *pron* **A)** (*kérdés*) how large/big?, what size? **B)** (*felkiáltás*) what a(n) ...
méla *a* dreamy, musing, wistful ‖ **~ undor** mild disgust
mélabᔞs *a* melancholy, gloomy
mélᔞz *v* muse (on), ponder over
meleg 1. *a* warm, hot; (*szín*) mellow ‖ **~ fogadtatás** warm reception/welcome; **~ víz** hot water **2.** *n* (*meleg idᔞszak*) warm weather, heat ‖ **~em van** I am hot
meleged|ik *v* (*idᔞ*) get*/become* warm(er); (*motor*) be* overheating
meleghᔞz *n* greenhouse, glasshouse

melegít v warm, heat
melegítő n (tréningruha) tracksuit, US így is: sweat suit
melenget v warm (up) ‖ **kezét ~i a tűznél** warm one's hands by the fire; átv (gondolatot stb.) cherish, nurse
mell n (főleg férfié, gyereké) chest; (főleg nőé) breast ‖ **~be vág vkt** átv touch sy on a tender spot; **nem kell ~re szívni** átv don't take it to heart
mellé post/adv next to, beside, close to
melléfog v biz be*/fall* wide of the mark, make* a blunder
mellék n (környék) the environs/ surroundings of sg pl; (telefon) extension
mellékel v vmt vmhez add, attach (to); (iratot) enclose
melléképület n outhouse, outbuilding
mellékes a subsidiary, secondary, subordinate
mellékesen adv (közbevetőleg) by the way
mellékfoglalkozás n second job/ occupation, sideline; (részfoglalkozás) part-time job
mellékhajó n épít side-aisle
mellékhatás n side-effect
mellékhelyiség n (illemhely) toilet
mellékíz n after-taste
mellékjövedelem n second(ary)/ supplementary income, extra earnings pl
melléklet n (újsághoz) supplement; (levélhez) enclosure; (könyvben) insert
melléknév n nyelvt adjective
melléktermék n by-product

mellékutca n side street, US back alley
mellékvese n adrenal glands pl
mellény n (férfi) waistcoat, US vest; (bebújós) slipover; (női) bodice
mellesleg adv by the way, besides
mellett post (hely) beside, by, next to; (vmn felül) in addition to, over and above ‖ **e~** next to this; **egymás ~** side by side; **elmegy vk ~** pass sy by; **vk ~ lakik** live next door to sy
mellette adv (hely) by/near/beside him/her/it ‖ **a ~ és ellene szóló érvek** the pros and cons; **minden ~ szól** he has everything in his favour
mellkas n chest
mellkép n half-length portrait
mellőz v (cselekvést) omit (to do sg), leave* out, biz skip [a meeting etc.]; (nem vesz figyelembe) ignore, disregard; (vkt háttérbe szorít) ignore, neglect
mellső a anterior, front-, fore- ‖ **~ lábak** forelegs
mellszobor n bust
melltartó n brassière, biz bra
melltű n breast-pin, brooch
meló n biz work, biz slog
melódia n melody, tune
méltán adv deservedly, justly, rightly
méltányol v appreciate
méltányos a (elbánás) fair (and square), equitable, just; (ár) reasonable
méltat v favour (US -or) sy with ‖ **figyelemre sem ~ vkt** ignore/ overlook sy; **vkt vmre ~** deem a person worthy of

méltatlankod|ik *v* be* ind*i*gnant (*vm miatt* at sg)
méltó *a vkhez* be* worthy of sy; *vmre* be* worthy/deserving of sg ‖ **ez nem ~ hozzád** this is unworthy of you; **~ büntetés** fit/deserved/just p*u*nishment
méltóság *n* (*fogalom, állás*) dignity, honour (*US* -or); (*személy*) dignitary
mely *pron* **A)** (*kérdő*) which? **B)** (*vonatkozó*) = **amely**
mély 1. *a* deep; (*alacsonyan fekvő*) low; *átv* prof*o*und ‖ **~ álom** deep/sound sleep; **~ hang** deep voice; **~ tisztelet** high respect; **~ víz** deep w*a*ter **2.** *n* the deep, the depth(s); **az erdő ~e** the depths/heart of the forest/wood
mélyed *v átv vmbe* be*/become* absorbed/immersed in ‖ **gondolatokba ~** be* lost in thought; **vmbe ~** sink* *into* sg
mélyedés *n* c*a*vity, dent
mélyhegedű *n* vi*o*la
mélyhűt *v* deep-fr*e*eze*
mélyhűtő *n* (*frizsider része*) freezing/freezer comp*a*rtment; (*önálló*) freezer
mélyhűtött *a* deep-fr*o*zen; (*zöldség*) freeze-dri*e*d
melyik *pron* **A)** (*kérdő*) which (one)?; (*csak személyre*) who?; ‖ **~ tetszik jobban?** which do* you prefer? **B)** (*vonatkozó*) = **amelyik**
mélypont *n* lowest/d*e*epest point; (*pl. vk pályájának*) n*a*dir
mélyreható *a* **~ elemzés** searching/th*o*rough(going) an*a*lysis; **~ változások** r*a*dical/prof*o*und ch*a*nges
mélység *n átv is* the deep, the depths *pl*

memória *n szt is* memory
mén *n* st*a*llion
menedék *n* refuge, shelter ‖ **politikai ~et ad vknek** grant sy pol*i*tical asylum
menedékház *n* (*turistáké*) (to*u*rist) hostel; (*kunyhó*) shelter, hut
menedzsel *v ker vmt* m*a*nage; (*pénzügyileg fenntart*) sponsor, finance, supp*o*rt
menedzser *n* m*a*nager; *szính* impres*a*rio
menedzsment *n* man*a*gement
menekül *v* flee*, fly*, run* aw*a*y; (*vk/vm elől v. vhonnan*) escape from
menekült *n* refug*ee*
ménes *n* st*u*d (farm)
meneszt *v vhová* send* sy swhere; (*állásból*) dismiss, *biz* fire, sack
menet 1. *n* (*vonulás*) march, procession; (*lefolyás*) course; (*gépé*) working, motion; *sp* round; (*csavaré*) thread ‖ **~ közben** on the way, *u*nder way **2.** *adv vhova* on the/one's way [to a place] ‖ **hazafelé ~** on the way home, homeward bound
menetdíj *n* fare
menetidő *n* running-time, j*ou*rney time; (*repülőgépé*) flight time
menetirány *n* direction, course
menetjegy *n* (r*a*ilway/b*u*s/tr*a*m-) ticket
menetlevél *n* w*a*ybill
menetrend *n* t*i*metable, *US* schedule; (*vasúti, nagyobb*) r*a*ilway guide; (*rendezvényé*) programme (*US* -gram) ‖ **~ szerint** on schedule
menettérti jegy *n* ret*u*rn (t*i*cket), *US* round-trip ticket

mennél *adv* ~ ..., **annál** ... the ... the ...; ~ **több, annál jobb** the more the better

menstruáció *n* menstruation, menses *pl, biz* period

ment *v vmtől* save, rescue, snatch (from) || **Isten ~s!** God forbid!

menta *n* mint

mentalitás *n* mentality, disposition

mentegetődz|ik *v vmért* apologize, excuse oneself (for sg *v*. for doing sg)

menten *adv* (*rögtön*) at once, on the spot, immediately

mentén *post* along, by the side of || **a part** ~ along the bank (*v. tengernél* beach); **vm** ~ **halad** go*/run* along sg

mentes *a vmtől* free from; *vm alól, vmtől* exempt from

mentesül *v vm alól* be* exempted/freed from sg

menthetetlen *a* lost, irretrievable; (*mulasztás*) irremediable; (*megbocsáthatatlan*) inexcusable, unpardonable || ~ **beteg** patient past recovery/help

mentol *n* menthol

mentő 1. *a* life-saving, rescuing || ~ **ötlet** saving idea **2.** *n* (life-)saver, rescuer || **a ~k** *orv* ambulance

mentőautó *n* ambulance

mentőcsónak *n* lifeboat

mentőláda *n* first-aid box/kit

mentőöv *n* life-belt/buoy

mentség *n* excuse || ~**ére legyen mondva** be it said in his favour (*US* -or)

menü *n* set dinner/meal/menu; *szt* menu

menza *n* refectory, canteen

meny *n* daughter-in-law (*pl* daughters-in-law)

menyasszony *n* fiancée; (*esküvő napján*) bride

menyegző *n* wedding-feast

menyét *n* weasel

mennydörgés *n* thunder

mennyezet *n* (*szobáé*) ceiling; (*ágyé*) canopy

mennyi *pron* **A)** (*kérdő*) (*megszámlálható mennyiség*) how many?; (*tömeg*) how much? || ~ **az idő?** what's the time?, what time is it?; ~ **ideig?** (for) how long ...?; ~**be kerül?** how much is it?, what's the/its price? ~**vel tartozom?** how much do I owe you? **B)** (*vonatkozó*) = **amennyi**

mennyire *pron* **A)** how far? **B)** (*felkiáltásban*) how || **de még ~!** I should think so!, by all means!

mennyiség *n* quantity; (*tömeg*) mass || **nagy ~ben** in large quantities, in bulk

mennykő *n* thunderbolt || **a ~ üssön belé!** the devil take him!, confound him!

mennyország *n* heaven

mer[1] *v* (*vizet*) draw*, scoop (out) || ~**j** *a* **levesből** help yourself to (some) soup

mer[2] *v* dare (to do sg); (*veszi a bátorságot*) make* (so) bold (as) to do sg || ~**em állítani** I dare say (*v.* daresay) (that); **fogadni** ~**nék** I could/would bet; **nem** ~ **vmt (meg)tenni** [I/he etc.] dare not (*v.* daren't) do sg

mér *v* measure; (*súlyt*) weigh; (*időt, sebességet*) clock, time

mérce *n* measure, scale

meredek *a* (*lejtő*) steep

méreg *n* poison; (*düh*) anger; (*bosszúság*) annoyance, vexation || **~be jön** get*/fly* into a passion/ rage, lose* one's temper

méregzöld *a* ivy green

merengés *n* reverie, daydream(ing), musing

merénylet *n* attempt || **~et követ el vk ellen** make* an attempt on sy's life

merész *a* bold, daring, audacious

merészel *v* dare

méret *n* measurement, dimension; (*öltözékdarabé*) size; *átv* magnitude, proportions *pl* || **nemzetközi ~ekben** on an international scale

merev *a* stiff, rigid; (*testrész*) numb; (*tekintet*) fixed; *átv* rigorous, inflexible, stiff; (*mozgás, viselkedés*) angular

merevgörcs *n* tetanus, lockjaw

merevítő *n* stay, prop, brace

mérföld *n* mile || **angol ~** statute mile (*1609,34 m*); **tengeri ~** nautical mile (*1852 m*)

mérgelőd|ik *v* be* angry (*vm miatt* at/about sg, *vk miatt* with sy)

mérges *a* (*állat*) poisonous; *biz* (*dühös*) angry || **~ gáz** poison-gas; **~ gomba** toadstool; **~ vkre** be* angry/cross with sy

mérgesít *v* anger, vex, irritate, enrage

mérgez *v* (*átv is*) poison, envenom

mérgező *a* poisonous

merít *v* *vmbe* dip (sg) into (sg); *vmből* draw* (sg) from (sg); *átv* *vmből* take*/derive (sg) from (sg); (*átvesz vmből*) draw* on (sg)

mérkőzés *n* *sp* match

mérleg *n* (*eszköz*) (pair of) scales; (*konyhai*) scale, scales *pl*; (*patika-* *mérleg*) balance; *ker* balance (sheet) || **kereskedelmi ~** balance of trade

mérlegel *v* *átv* weigh, ponder [matter], consider

mérleghinta *n* see-saw

mérnök *n* engineer

merő *a* (*tiszta*) pure, mere, sheer || **~ hazugság** downright lie; **~ véletlen** a mere (*v.* sheer) accident

merőkanál *n* ladle, *US* *így is*: dipper

merőleges 1. *a* perpendicular || **~en vmre** at right angles to sg **2.** *n* perpendicular

merre *pron* **A)** (*kérdő*: *hol?*) where?, whereabouts?; (*hová?*) which way?, in which direction? **B)** (*vonatkozó*) = **amerre**

mérsékel *v* moderate; (*fájdalmat, büntetést*) mitigate; (*árat*) reduce

mérsékelt *a* (*éghajlat*) temperate; (*ár*) moderate, reasonable

mert *conj* (*objektív ok*) because; (*a beszélő szubjektív szempontja*) for, since, as || **~ különben** or else

mértan *n* geometry

mérték *n* (*a mérés egysége*) measure(ment); (*vké, ruha*) measurement(s); (*versmérték*) metre (*US* meter); (*térképen*) scale || **a legnagyobb ~ben** to the highest degree; **egy bizonyos ~ig** to a certain extent; **~ után készült** (*ruha*) made-to-measure; **teljes ~ben** fully, completely

mértékegység *n* measure, unit (of measurement)

mértékletes *a* (*személy*) temperate, sober || **~ vmben** (be*) moderate in sg

mértéktartás *n* moderation, temperance, temperateness
mértéktelen *a* immoderate, excessive, extravagant; (*evésben, ivásban*) intemperate
merül *v* (*vízbe*) dive, dip, submerge, plunge || **álomba** ~ fall* asleep; **gondolatokba** ~ be* absorbed/deep in thought
mérvadó *a* authoritative, competent; *vm* standard
mese *n* (*gyermek~*) (nursery) tale; (*tündér~*) fairy tale/story; (*tan~*) fable; (*regényé stb.*) story, plot; (*kitalálás*) biz story, yarn || **~be illő** fabulous; **nincs ~!** *kb.* there's no getting away from it
mesejáték *n* fairy play
mesekönyv *n* story-book
mesél *v* (*mesét mond*) tell* a tale/story; (*elbeszél*) tell*, relate, narrate
mesés *a* fabulous
mester *n* (*iparos*) (master) craftsman°, master; (*művész, sakk és átv*) master; *átv* (*vk szellemi vezetője*) sy's mentor
mesterember *n* craftsman°
mesterkélt *a* (*viselkedés*) affected; (*hamis*) artificial
mestermű *n* masterpiece
mesterség *n* trade, profession, craft
mesterséges *a* artificial, manmade
mész *n* lime; (*meszeléshez*) whitening; (*emberi szervezetben*) calcium
mészárlás *n* (*embereké*) massacre, slaughter(ing)
mészáros *n* butcher
meszel *v* whitewash

meszesedés *n orv* calcification
mészkő *n* limestone
messze 1. *a* far-off, faraway, remote, distant || ~ **földön híres** far-famed **2.** *adv* far; (*kimagaslóan*) by far || **nincs** ~ **innen** it is not far from here; ~ **a legjobb** by far the best, much the best; ~**bb** farther, further
messzeség *n* distance, remoteness
messzire *adv* far, a long way || ~ **megy** go* far
messziről *adv* from afar
metélt *n* vermicelli, noodles *pl*
métely *n* (*féreg*) fluke; (*állatbetegség*) (the) rot [in sheep]; *átv* corruption, infection, contagion
meteor *n* meteor
meteorológia *n* meteorology
meteorológiai *a* meteorological || ~ **előrejelzés** weather forecast; ~ **jelentés** weather report
méter *n* metre, *US* meter
méteráru *n* drapery, *US* dry goods *pl*
metodista *n* Methodist
metró *n* (the) underground, *GB biz* the tube, *US* subway, (*Európában több országban*) metro
metszet *n* (*szelet*) cut, segment; *műv* engraving
metszés *n* (*vágás*) cut(ting); *mezőg* pruning, dressing; *műv* engraving; *mat* intersection
metszet *n* (*szelet*) cut, segment; *műv* engraving
metsző *a* ~ **fájdalom** acute/sharp pain; ~ **gúny** piercing irony
mettől *adv* (*időben*) since when? || ~ **meddig voltál Angliában?** for how long were you in England?
mez *n sp* strip, *US* jersey

méz *n* honey

mezei *a bot* field-, meadow-; *mezőg* country, agricultural, farm- || ~ **munka** work in the fields, agricultural work; ~ **nyúl** hare; ~ **virág** wild flower

mézeshetek *n pl* honeymoon *sing.*

mézeskalács *n* honey-cake

mézesmázos *a* honeyed, soapy; (*igével*) be* all sugar and honey

mezítláb *adv* barefoot(ed)

mező *n* field

mezőgazdaság *n* agriculture

mezőgazdasági *a* agricultural || ~ **munkás** agricultural worker, farm hand

mezőny *n* (*versenyzők*) field

meztelen *a* (*ember*) naked, nude; (*tagok*) bare || **a** ~ **igazság** the naked truth

mi[1] *pron* (*személyes névmás*) we; (*birtokos jelzőként*) our || **a** ~ **házunk** our house; ~ **magunk** we ourselves

mi[2] *pron* **A)** (*kérdő*) what? || ~ **az?** what's that?, what's going on?; ~ **célból?** for what purpose?, what for?; ~ **okból?** for what reason?, why?; ~ **történt?** what happened?, what's the matter?; ~ **újság?** what's the news?; ~ **van X-szel?** how about X?; ~**ről szól?** what is* it about?; *biz* **(na)** ~ **van?** what's up? **B)** (*vonatkozó*) = **ami**

mialatt *adv* while

miatt *post vm* because of, owing to, on account of; *vk* for the sake of

micsoda *pron* **A)** (*kérdés*) what (on earth)?; (*meglepődéskor*) what do you mean? **B)** (*felkiáltásban*) what a(n) ...

mielőbb *adv* as soon as possible

mielőtt *conj* before

mienk *pron* ours

miért *adv* (*ok*) why?, for what reason?; (*cél*) why?, for what purpose?, what for? || ~ **ne?** why not?; **nincs** ~ (*köszönetre*) you're welcome, don't mention it

miféle *pron* what kind/sort of?, what?

mifelénk *adv* in our parts, *biz* round our way

míg *adv/conj* (*ellentétes értelemben*) while; = **amíg**

mihaszna *a* good-for-nothing

mihelyt *conj* as soon as, the moment that

mikor 1. *pron* **A)** (*kérdő*) when?, at what time? || ~ **hogy!** it depends **B)** (*vonatkozó*) = **amikor 2.** *conj* (*hiszen*) since; (*ha*) when

miközben *adv* while

mikrofilm *n* microfilm

mikrofon *n* microphone, *biz* mike

mikrohullámú sütő *n* microwave (oven/cooker)

mikroprocesszor *n* microprocessor

mikroszámítógép *n* microcomputer

mikroszkóp *n* microscope

milliárd *num* a thousand million, *US* billion

milligramm *n* milligram(me)

milliméter *n* millimetre (*US* -ter)

millió *num* million

milliomos *n* millionaire

milyen *pron* **A)** (*kérdésben*) what?, what kind/sort of?, what is ... like? || ~ **az idő?** what is the weather like?; ~ **messze van?** how far is it? **B)** (*felkiáltásban*) how;

what a(n)... ‖ ~ **szerencse!** what luck!
mimika *n* mimicking
mimikri *n* mimicry, mimesis
minap *adv* a ~ the other day, recently, lately
mind 1. *pron* (*valamennyi*) all (+ *pl*), every/each (+ *sing.*) ‖ ~ **a kettő** both; ~ **az öt ember** all five men; ~ **az öten** the/all five of us/them/you **2.** *adv* (*középfokkal*) ~ **nagyobb lesz** it is getting larger and larger, it keeps (on) growing; ~ **ez ideig** (*állításban*) so/thus far, till now, up to now **3.** *conj* ~ **az egyik,** ~ **a másik** both the one and the other
mindaddig *adv* ~, **amíg** until, as long as
mindamellett *conj* nevertheless, all the same
mindannyian *pron* all (of us/you/them)
mindazonáltal *conj* nevertheless, after all
mindeddig *adv* so/thus far, till now, up to now
mindegy (*állítmányként*) (it is) all the same ‖ ~, **hogy hol** no matter where
mindegyik *pron* each, every ‖ ~**ünk** each (one) of us; (*ha kettőről van szó*) both of us
minden 1. *pron* every (+ *sing.*), all (+ *pl*) ‖ ~ **egyes** each (and every), every single; ~ **másnap** every other day **2.** *n* all, everything; (*bármi*) anything ‖ **ez** ~ that's all; ~**nek vége** it is all over, this is the end; ~**re képes** capable of anything *ut.*; ~**t összevéve** after all,

taking everything into consideration
mindenáron *adv* at any price, at all costs
mindenekelőtt *adv* first of all, in the first place, above all
mindenesetre *adv* in any case, by all means
mindenestül *adv* bag and baggage; (*teljesen*) entirely, completely
mindenfelé *adv* (*irány*) in every direction; (*mindenhol*) everywhere
mindenféle *pron* all sorts/kinds of
mindenhogyan *adv* anyhow, in any case
mindenhol *adv* everywhere
mindenképp(en) *adv* in any case, by all means, anyway
mindenki *pron* everybody/everyone (+ *sing.*), all (+ *pl*); (*bárki*) anyone, whoever
mindenkor *adv* always, at all times; (*bármikor*) (at) any time
mindennap *adv* every day, daily
mindennapi *a* daily, day-to-day; (*hétköznapi*) everyday, common ‖ **a** ~ **életben** in everyday life; **nem** ~ uncommon, unusual
mindenség *n* (*világegyetem*) universe, world ‖ **az egész** ~ *biz* the whole caboodle; ~**it!** the deuce!, damn!
mindentudó *a* omniscient; *iron* know-all
mindenütt *adv* = **mindenfelé, mindenhol**
mindez *pron* all this/these
mindhalálig *adv* to the very last, to the grave, till death
mindig *adv* always, at all times ‖ **még** ~ still

mindjárt *adv* (*időben*) *i*nstantly, immediately, at once, promptly; (*térben*) immediately, right [on ..., at ...] || ~! just a m*i*nute!

mindkét *num* both (*utána pl*); *ei*ther (*utána sing.*)

mindkettő *num* both (of us/you/ them)

mindnyájan *pron* all (of us/you/ them)

mindörökre *adv* for *e*ver (and *e*ver)

mindössze *adv* altogether, all in all, no(t) more than

minduntalan *adv* incessantly, perpetually, time *a*fter time

mindvégig *adv* from first to last, all the time

minek 1. *pron* ~ **következtében** as a consequence of which; ~ **nézel (te engem)?** who do you think I am? **2.** *adv* (*cél*) why?, what ... for?, for what p*u*rpose?

minél *adv* ~ **előbb** as soon as possible; ~ **előbb, annál jobb** the sooner the better; ~ **inkább** ..., annál kevésbé the more ... the less

minimális *a* m*i*nimum, m*i*nimal

minimum 1. *n* m*i*nimum **2.** *adv* at the least

miniszter *n* M*i*nister, *GB* S*e*cretary of State, *US* S*e*cretary

miniszterelnök *n* Prime M*i*nister, Premier

miniszteri *a* m*i*niste*ri*al || ~ **ren- delet** departm*e*ntal *o*rder, ministe- rial act, *GB* Order in C*o*uncil, *US* executive decr*ee*; ~ **tárca** (ministe*ri*al) portf*o*lio

minisztérium *n* m*i*nistry, departm*e*nt

minőség *n* (*áru*é) qu*a*lity, class, var*i*ety, kind; (*szerep*) cap*a*city || **milyen ~ben?** in what cap*a*city?

minőségű *a* kiv*á*ló ~ first-cl*a*ss, first-r*a*te, excellent

minősít *v* qu*a*lify

minősítés *n* classific*a*tion, qualifi- c*a*tion; (*rang*) degr*ee*

mint *conj* (*azonos, vmlyen minőség- ben tevékenykedő*) as; (*hasonló*) like; (*összehasonlítás középfokkal*) than, as || **olyan nagy,** ~ **én** he is as tall as I/me; **olyan,** ~ **be*** like; **több,** ~ more than

minta *n* vm*ből* sample, specimen; (*modell*) model, pattern; (*dísz*) pattern, des*i*gn

mintakép *n* model, pattern

mintás *a* (*szövet, tapéta stb.*) patterned

mintáz *v* (*szobrász*) model (*US* -l), sculpture (sy)

mintegy *adv* (*körülbelül*) about, some, approximately; (*mondhatni*) as it were, so to speak

mintha *conj* as if/though || **úgy tesz,** ~ pretend to

minthogy *conj* as, since

mintsem *conj* than

mínusz 1. *a* (*zéró alatt*) m*i*nus; (*kivonásnál*) minus, less || ~ **10 fok van** it is ten degr*ee*s below zero; **8** ~ **5 az 3** eight m*i*nus five leaves/is three **2.** *n* (*hiány*) deficit, lack

mióta *pron* **A)** (*kérdő*) since when? **B)** (*vonatkozó*) + **amióta**

mire 1. *pron* (*kérdő: cél*) for what?, what ... for?; (*hely*) on/up*o*n what?; (*vonatkozó*) = **amire** || ~ **való ez?** what is it good for?; ~ **vársz?** what are you w*ai*ting for?

2. adv (és erre) thereupon; (amikorra) by the time ...
mirelit 1. a (deep-)frozen **2.** n frozen food
mirigy n gland
mise n mass
misztikus a (titokzatos) mysterious
mitévő a ~ **legyek?** what am I to do?; **nem tudja, ~ legyen** be* in a quandary
mítosz n myth, legend
miután conj (idő) after (having ...), when; (mivel) because, since, as
mivel conj (mert) because, since, as
mixer n (bárban) barman°; (nő) barmaid; (keverőgép) mixer
mobiltelefon n mobile (tele)phone, carphone
moccan v budge, stir, move
mocsár n marsh, bog, fen
mocskol v (gyaláz) abuse, slander, defame
mocskos a (piszkos) dirty, soiled, filthy; átv dirty, smutty
mód n (eljárásé) mode [of action], manner, fashion, method, way; (lehetőség) possibility; nyelvt mood; (anyagi helyzet) resources pl, means pl || **ily ~on** in this way/manner, thus; **a maga ~ján** after his/her own fashion, in his/her own way; **~jával** keeping within bounds
modell n model
modellező n modeller
modern a modern, up-to-date, new, recent
modernizál v modernize, bring* up-to-date
módjával adv in moderation
modor n (viselkedés) manners pl; (stílus) manner

modoros a affected, mannered
modortalan a ill-mannered
módos a well-to-do, wealthy, of means ut.
módosít v modify, alter, change; (helyesbítve) rectify; (javaslatot) amend
módosítószó n modifier
módszer n method; tech process, treatment
mogorva a peevish, sullen
mogyoró n hazel-nut
moha n moss
mohamedán a/n Mohammedan, Muhammadan; Muslim
mohó a eager, greedy
móka n fun, joke
mókás a witty, droll
mókáz|ik v joke, play tricks, make* fun
mokkacukor n sugar cubes pl, lump sugar
mokkáskanál n coffee-spoon
mókus n squirrel
molekula n molecule
molett a roundish, plump
moll a/n minor || **~ skála** minor scale; **D-~** D-minor
molnár n miller
móló n pier; (kisebb) jetty
moly n (clothes) moth
mond v say* (sg); (közöl vmt vkvel) tell* sy sg; (említ) mention; (vmnek nyilvánít) call, declare, pronounce; (szöveg, írásmű kifejez vmt) express sg || **azt ~ják, hogy** it is said/reported that; **beszédet ~** make*/deliver/give* a speech; **búcsút ~** bid* farewell, say* good-bye; **hogy ~ják angolul?** how do you say that/it in English?; **igazat ~** tell* the truth; **jobban**

~va to be more precise, or rather; **köszönetet ~** (*vknek vmért*) thank sy for sg; **~anom sem kell** needless to say; **~hatnám** (*akár, szinte*) I might as well say; **~juk, hogy** (*tegyük fel*) let's say/ suppose, shall we say; **ne ~d!, ne ~ja!** really!, you don't say (so)!, you don't mean it; **rosszat ~ vkről** speak* ill of sy

monda *n* legend, saga, myth

mondanivaló *n* what one has got to say; (*főleg írásműé stb.*) message || **nincs semmi ~ja** have* nothing to say

mondat *n* sentence

mondattan *n* syntax

mondvacsinált *a* trumped up, invented

monitor *n* monitor

monogram *n* monogram, initials *pl*

monológ *n* monologue (*US* -log)

monopólium *n* monopoly

monoton *a* monotonous [voice, work etc.], dull [life]

monszun *n* monsoon

monumentális *a* monumental, huge

moraj(lás) *n* murmur; (*hullámoké*) roar(ing); (*ágyúzásé, tengeré*) boom

morál *n* morality, ethics *pl*, morals *pl*

morbid *a* morbid || **~ humor** black humour (*US* -or)

morcos *a* peevish, sullen

morfium *n* morphine

mormol *v* murmur, mumble, mutter

mormon *a/n* Mormon

mormota *n* marmot, *US* woodchuck

morog *v* (*állat*) growl, snarl; (*ember*) grumble (*vm miatt* at/over/ about sg)

morzejel *n* Morse signal

morzsa *n* (*kenyér*) (bread)crumbs *pl*; *átv* morsel, bit, crumbs *pl*

mos *v* wash || **fogat ~** brush one's teeth; **a haját ~sa** wash/shampoo one's hair; **~sa a kezeit** *átv* wash one's hands of sg

mosakod|ik *v* wash (oneself), have* a wash

mosdó *n* (*helyiség*) toilet, lavatory, *US* restroom, washroom; = **mosdókagyló**

mosdókagyló *n* washbasin, basin, *US* így is: washbowl

mosdószappan *n* toilet soap

mosható *a* washable, washproof, washfast || **jól ~** it washes/ launders well

moslék *n* swill, slop(s), kitchen waste; *átv* dishwater

mosoda *n* laundry

mosogat *v* wash up

mosogató *n* (*medence*) sink

mosogatógép *n* dish-washer

mosógép *n* washing machine || **automata ~** automatic washing machine

mosoly *n* smile || **gúnyos ~** derisive smile, sneer

mosolyog *v* smile (*vmn/vkn* at sg/sy; *vkre* at/upon sy)

mosópor *n* washing powder

most *adv* now, at present || **éppen ~** right/just now; **~ nem** not now; **~ is** still, even now; **~ az egyszer** for/just this once

mostanában *adv* (*nemrég*) lately, (quite) recently; (*manapság*) nowadays

mostoha 1. *a átv* harsh, hostile, cruel **2.** *n* (*~anya*) stepmother; (*~apa*) stepfather

moszat *n* seaweed

motel *n* motel

motívum *n* (*indíték*) incentive, motive; (*díszítő*) motif, pattern

motor *n* motor; (*főleg autóé*) engine; = **motorkerékpár**

motorcsónak *n* motor boat, powerboat

motorkerékpár *n* motorcycle; *biz* motorbike

motorolaj *n* motor oil

motoros 1. *a* motor-(driven), power(-) **2.** *n* motorcycle rider, motorcyclist

motorverseny *n* speed-race, motorcycle race

motoszkál *v* fumble/grope about, rummage ‖ *vm* ~ **a fejében** sg is* running through one's head

motoz *v vkt* search sy

motyog *v* mumble, mutter

mozaik *n* mosaic

mozdítható *a* movable, mobile

mozdony *n* engine, locomotive

mozdulat *n* movement, move, motion

mozdulatlan *a* motionless, still, immobile

mózeskosár *n* carry-basket, Moses basket

mozgalmas *a* (*eseménydús*) eventful, busy, lively ‖ ~ **nap** a busy day

mozgalom *n pol* movement, campaign, drive

mozgás *n* movement, motion, moving; (*testedzés*) exercise ‖ ~! get a move on!, hurry up!

mozgássérült *a/n* (**a ~ek**) (the) (physically) handicapped

mozgékony *a* mobile, agile, lively

mozgólépcső *n* escalator, moving staircase

mozgolódás *n* movement, moving; *átv* commotion

mozgósít *v kat, ker* mobilize

mozi *n* cinema, the pictures *pl*, *US* (the) movies *pl*

mozog *v vk* move; (*szerkezet*) work, go*, run*; (*vm pályán*) travel (*US* -l); (*inog*) shake*, totter; (*testedzést végez*) exercise ‖ **többet kell mozognod** you should exercise more, you should take more exercise

mozzanat *n* moment; (*körülmény*) circumstance, motif

mögé *post* behind

mögött *post* behind, at the back of ‖ **maga** ~ **hagy** *vkt* leave* sy behind; (*megelőz*) overtake* sy; **vknek a háta** ~ behind sy('s back)

mögül *post* from behind sg/sy

mukkanás *n* ~ **nélkül** without (breathing) a word

mulaszt *v* (*alkalmat*) miss, let* slip [opportunity]; (*távol marad*) be* absent (from), fail to appear (swhere); (*órát*) skip [a class]; (*nem teljesít*) neglect [duty], omit/ fail to [do sg]; *jog* default

mulat *v* (*szórakozik*) pass time, amuse/enjoy oneself, have* (great) fun at; (*lumpol*) carouse, revel (*US* -l); (*nevet vmn*) laugh at; be* amused at/by sg

mulatóhely *n* night-club, bar

mulatság *n* (*szórakozás*) amusement, entertainment, fun

mulatságos *a* amusing, entertaining

mulattat v amuse, entertain
múlékony a passing, ephemeral, momentary, transient
múl‖ik v (idő) pass, elapse; (fájdalom) stop, cease; vkn/vmn depend on sy/sg ‖ ~tak az évek the years have gone by; 25 éves ~t he is past 25; 6 (óra) ~t tíz perccel it is ten past (US after) six
múlt 1. a past, last ‖ ~ alkalommal last time; ~ évi of last year ut.; ~ héten last week; ~ idő past; nyelvt past tense **2.** n = ~ idő
múltán adv after (the lapse of)
múltkor adv the other day, (the) last time
múlva post in ‖ (kb) egy óra ~ jövök I'll come in an hour (or so); 3 hét ~ in three weeks; évek ~ several years later
mulya 1. a simple, foolish **2.** n simpleton, dolt
munka n work; (állás) job; (erőfeszítés) effort, toil; (feladat) task, job; (mű) (piece of) work ‖ ~ba áll enter work/service; ~hoz lát set* to work; ~t ad vknek engage/employ sy; ~t keres look for a job; ~t vállal take* on a job
munkabér n wage(s), pay
munkabeszüntetés n stoppage, walkout, strike
munkadíj n cost, charge, price
munkaerő n manpower; workforce, labour (US -or) force; (munkavállaló, fizikai) worker, workman°, (common) labour; (alkalmazott) employee, clerk
munkaerő-vándorlás n migration of manpower, biz floating
munkaeszköz n (working) tool, implement

munkafüzet n workbook
munkahely n place of work/employment, US workplace; (állás) employment, job ‖ ~et változtat change one's job
munkaidő n working hours pl, working time ‖ részleges/teljes ~ben dolgozik work part-time/full-time
munkakör n sphere/field of work/activity; (beosztás) duty
munkaközösség n (állandó) co-operative, collective; (alkalmi, főleg szellemi munkára) team, work(ing)/study-group
munkaközvetítő iroda n employment agency/exchange, job centre
munkálat n work, operation ‖ a ~ok folynak work is in progress
munkáltató n employer
munkanap n working day, US workday
munkanélküli n unemployed; (igével) be* unemployed/jobless; ‖ a ~ek the unemployed; a ~ száma the number of unemployed
munkanélküliség n unemployment
munkanélküli-segély n unemployment benefit/compensation, biz dole ‖ ~en él biz be* on the dole
munkás n (industrial) worker; workman° ‖ nehéz testi ~ labourer (US -or-), heavy manual worker; szellemi ~ white-collar worker
munkaszervezés n organization of work
munkaszünet n holiday, rest
munkaszüneti nap n public holiday, GB bank holiday
munkatárs n colleague; (könyvé) contributor; (beosztás) employee

(of) ‖ **tudományos** ~ research fellow/worker

munkavállaló *n* employee

munkaviszony *n* employment ‖ ~**ban van** be* employed

muri *n biz* fun, lark, spree

murva *n bot* bract; (*kő*) gravel

musical *n* musical

muskátli *n* geranium, pelargonium

muslica *n* vinegar/fruit/wine fly

must *n* must

mustár *n* mustard

muszáj *v* must, be* obliged to, have* (got) to; → **kell**

mutat *v* show*; *vmre/vkre* point to/towards sg/sy; (*műszer*) read*, register, show*; (*jelez, bizonyít vmt*) show*/indicate sg, point at sg; (*kifejez érzést*) express; (*vmlyennek látszik*) look, seem, appear ‖ **a hőmérő 7 fokot** ~ the thermometer reads/registers 7 degrees; **minden (jel) arra** ~, **hogy** everything points to ...; **mutasd csak!** let me see (it)!

mutató *n* (*órán*) hand; (*mérőműszeré*) pointer; (*könyvé*) index (*pl* indexes); (*minta*) sample, specimen

mutatóujj *n* forefinger

mutatvány *n* spectacle, exhibition, show; (*könyvből*) specimen

mutogat *v vmt* keep* showing/displaying (sg); (*vmt dicsekedve*) boast of/about sg; (*jelez*) make* signs

múzeum *n* museum

muzulmán *a/n* Muslim

muzsikál *v* make* music, play (an instrument)

muzsikus *n* musician

mű *n* work; (*irodalmi*) (literary) work, writing; (*zenei*) opus, composition; (*ipari létesítmény*) (the) works *pl* ‖ **a véletlen** ~**ve volt** it was a matter of chance

mű- *a* (*mesterséges*) artificial

műalkotás *n* work of art

műanyag *n* plastic

műbútorasztalos *n* cabinet-maker

műcsarnok *n* art gallery

műemlék *n* (ancient/historic/national) monument ‖ ~ **épület** historic building

műértő *n* connoisseur, art expert

műfaj *n* (literary) genre

műfordítás *n* (literary) translation

műgyűjtő *n* art collector

műhely *n* workshop; (*autójavító*) garage

műhelymunka *n* workshop

műhiba *n orv* malpractice

műhold *n* artificial satellite

műjég(pálya) *n* (skating) rink

műkedvelő 1. *a* amateur, nonprofessional 2. *n* amateur

műkereskedés *n* art(-dealer's) shop

műkincs *n* art treasure

műkorcsolyázás *n* figure skating

működ|ik *v* (*gép, szerkezet*) work, run*, operate, function; (*szerv*) function; (*ember*) work, act as ‖ **a lift nem** ~**ik** the lift (*v. US* elevator) is out of order

működő tőke *n* working capital

műlesiklás *n* slalom, downhill (run)

műremek *n* work of art, masterpiece

műrepülés *n* stunt flying, aerobatics

műsor *n* programme (*US* program); (*könnyű műfajbeli*) show; (*állandóan játszott darabok*) repertoire || **mi van ~on?** what's on (just now)?

műsorvezető(-szerkesztő) *n* (*rádió*) broadcaster, presenter; (*tévé*) presenter

műszak *n* shift, turn || **éjjeli ~** night shift

műszaki *a* technological; technical || **~ egyetem** technological university; **~ értelmiség** technical intelligentsia, (the) technocrats *pl*; **~ hiba** breakdown, mechanical trouble; **~ rajzoló** draughtsman°; **~ segélyhely** (*autópályán stb.*) mechanical help/assistance; **~ vizsga** (*gépkocsié*) GB MOT (test)

műszál *n* synthetic fibre (*US* -ber)

műszempilla *n* false eyelashes *pl*

műszer *n* instrument; (*készülék*) apparatus, appliance

műszeres *a* **~ repülés** instrument/blind flying

műszerész *n* mechanic, technician

műtárgy *n* műv work of art

műterem *n* studio; (*művészé*) atelier

műtét *n* (surgical) operation, surgery || **~et végez vkn** operate on sy (for sg)

műtő *n* (operating) theatre, *US* főleg: operating room

műtős *n* theatre orderly || **~nő** theatre nurse

műtrágya *n* artificial fertilizer

műugrás *n* springboard diving

műúszás *n* synchronized swimming

műút *n* high road, highway

művel *v* (*tesz*) do*; || **földet ~** cultivate the land, farm

művelet *n* mat is operation; *pénz, ker* transaction

művelhető *a* mezőg arable

művelődés *n* education, culture

művelt *a* (*ember*) educated, cultured, cultivated; (*nép*) civilized

műveltség *n* vké education; (*népé*) civilization || **humán ~** arts education; **természettudományos ~** science/scientific education

művész *n* artist

művészegyüttes *n* ensemble

művészettörténet *n* history of art

művészi *a* artistic || **~ torna** eurhythmics

művészlemez *n* classical record

művezető *n* works manager

művirág *n* artificial flower

N

-n *suff* → **-on**

na *int* (*biztatólag*) **~!** go on!; (*kérdőleg*) **~?** what's the news?, well? || **~ és (aztán)?** so what?; **~ mi (baj) van?** what's up?; **~ végre!** at (long) last!

nacionalizmus *n* nationalism

nád *n* bot reed; (*szára*) cane

nádas *n* reeds *pl*

nadrág *n* (*hosszú*) (a pair of) trousers, *US* pants *pl*; (*könnyebb*) slacks *pl*, (a pair of) slacks; (*női alsó*) briefs, panties, knickers, pants (*mind: pl*)

nadrágszíj *n* (waist-)belt

nadrágszoknya *n* culottes *pl*
nadrágtartó *n* braces *pl, US* suspenders *pl*
nagy 1. *a (méretre)* big, large; *(magas vk)* tall; *(erkölcsileg)* great, grand || **igen ~ méretű** *e*xtra large, *out*size(d); **~ A-val** with a *c*apital A; **~ ember** great man°; **~ fontosságú** of con*s*iderable/great impo*r*tance *ut.*; **~ hírű** *f*amous, well-kno*w*n; **~ mennyiségű** a lot of..., great m*a*ny; **~ sikerű** h*i*ghly suc*c*essful; **~ teljesítményű** *(gép)* high-p*o*wered; **~ tudású** very le*a*rned, sch*o*larly **2.** *n* a **~ok** *(fel-nőttek)* the gr*o*wn-ups; **~okat mond** talk big, *(lódít)* **fib; ~ra becsül** *vkt* appreciate, est*ee*m, re*s*pect; **~ra van vmvel** pride one-self on (d*o*ing) sg; **vm ~ja** *(zöme)* the gr*ea*ter part of sg, the bulk of sg **3.** *adv* **~ nehezen** with (great) d*i*fficulty
nagyanya *n* grandmother, *biz* gr*a*ndma(ma), gr*a*nny
nagyapa *n* grandfather, *biz* gr*a*ndpa(pa)
nagybácsi *n u*ncle
nagyban *adv ker* (at) wh*o*lesale, in bulk; *(nagymértékben)* to a great extent || **ekkor már ~ állt a bál** *(javában)* the ball was alr*ea*dy in full swing; **~ vásárol** buy* sg wholesale
nagybetű *n (kezdő)* capital (letter) || **~kkel** in block letters
nagybőgő *n d*ouble bass
Nagy-Britannia *n* Great Br*i*tain, *(nem hiv)* Br*i*tain || **~ és Észak-Ír-ország Egyesült Királysága** Un*i*ted K*i*ngdom of Great Br*i*tain and N*o*rthern *I*reland

nagyfeszültség *n* high v*o*ltage
nagyfilm *n f*eature (film)
nagyfokú *a* int*e*nse, cons*i*derable
nagygyűlés *n* congress, general assembly
nagyhangú *a (ember)* loud-mouthed, r*a*nting; *(kijelentés)* grand*i*loquent
nagyipar *n* big *i*ndustry
nagyít *v foto* enl*a*rge; *(optikailag)* m*a*gnify; *(túloz)* exagger*a*te
nagyító *n (üveg)* magnifying glass
nagyjából *adv* by and large, r*o*ughly
nagykabát *n o*vercoat
nagyképű *a* b*u*mptious, self-important
nagykereskedő *n* wh*o*lesaler
nagykorúság *n* (one's) maj*o*rity || **eléri a ~ot** come* of age
nagykövet *n* ambassador
nagykövetség *n (hely)* embassy
nagylelkű *a* generous
nagymama *n* grandma(ma), granny
nagyméretű *a* l*a*rge-size(d), large-scale
nagymértékben *adv* to a great extent
nagymutató *n (órán)* m*i*nute hand
nagynéni *n* aunt
nagyobb *a (méretre)* l*a*rger, big-ger; *(magasabb)* t*a*ller *(...mint:* than); *(belső tulajdonságra)* gr*ea*ter (than); *(elég nagy)* f*ai*rly big; *(fontosabb)* major
nagyobbrészt *adv* mostly
nagyon *adv* very; *(rendkívül)* most, highly; *(meglehetősen)* quite; *(igével)* very much || **~ helyes!** quite right!; **~ örülök** I am very pleased/glad/h*a*ppy; **~ sajnálom** I

am very sorry (for... *v.* that...); ~ **sok** very much, a great many; ~ **szépen köszönöm** thank you very much

nagyothalló *a* hard of hearing *ut.*

nagyothalló-készülék *n* hearing aid

nagypapa *n* grand-dad, grandpa(pa)

nagypéntek *n* Good Friday

nagyrabecsülés *n* (high) esteem, appreciation, respect

nagyravágyó *a* ambitious, high-flying

nagyrészt *adv* largely, mostly

nagyság *n* bigness, largeness; (*fokozat*) scale, grade; (*kiterjedés*) dimension, extent; (*magasság*) height; (*mennyiség*) volume; (*méret*) size, measure; (*lelki, szellemi*) greatness [of soul/mind]; (*személyiség*) notability ‖ ~ **szerint** in order of size/height

nagystílű *a vk* high-living (and high-spending); (*terv*) large-scale, grand

nagyszabású *a* vast, large-scale

nagyszájú *a pejor* (*feleselő*) saucy, pert

nagyszerű *a* grand, magnificent, splendid; *biz* great, super ‖ ~! splendid!, that's fine!

nagyszülők *n pl* grandparents

nagytakarítás *n* house-cleaning

nagyvad *n* big game

nagyvállalat *n* (*ipari*) big/large enterprise/company

nagyváros *n* city

nagyvonalú *a* generous; (*terv*) grandiose

nahát! *int* (*meglepődés*) well, I never!; come come!

naiv *a* (*jóhiszemű*) naive, artless, ingenuous; (*hiszékeny*) simpleminded

-nak, -nek *suff* A) (*helyhatározó*; *különféle elöljáróval*) **nekirohan vmnek/vknek** fly*/rush at sg/sy; **a falnak támaszkodik** he is leaning against the wall B) (*részeshatározó*) a) to-*val v.* to *nélkül* ‖ **ad vknek vmt** give* sg to sy *v.* give* sy sg; b) (*csak tárgyesettel, elöljáró nélkül*) **fizet vknek** pay* sy; **segít vknek** help sy; c) *csak* to-*val* **árt az egészségnek** be* injurious to health; **enged vmnek/vknek** yield to sg/sy; d) for ‖ **használ vknek** be* useful for sy C) (*birtokos jelző, birtokos eset*) ... of sg, ...'s; **ennek a fiúnak az apja** the father of this boy, this boy's father D) (*kell, lehet, szabad igék mellett*) **Jánosnak el kell mennie** John has (got) to go E) (*mondást, véleményt jelentő igék mellett*) (*elöljáró nélkül, tárgyesettel*) **jónak bizonyul** prove good; **betegnek látszik** seem (to be) ill, look ill F) (*vmvé tesz/lesz; többnyire elöljáró nélkül*) **tanárnak megy** become* a teacher

-nál, -nél *suff* A) (*helyhatározó*) a) at ‖ **az ablaknál** at the window; b) by ‖ **a kandallónál** by the fireside; c) with ‖ **tartózkodik vknél** stay with sy; d) on ‖ **vknél van vm** (*pénz, igazolvány*) sy has got [money *v.* his/her ID card etc.] on him/her; e) in ‖ **a televíziónál dolgozik** (s)he works in television B) (*állapothatározó; különféle elöljáróval v. elöljáró nélkül*) **kéznél van** be* (ready) at hand C) (*időhatározó*; *különféle elöljáróval v. körülírással*) **ebédnél** at dinner **D)** (*eszközhatározó*) by ‖ **orránál fogva vezet** lead* sy by the nose **E)** (*középfok mellett*) **mennél több, annál jobb** the more the better/merrier; **X idősebb Y-nál** X is older than Y (is) **nála** *adv* (*vknél, vkvel, vhol*) with him/her etc.; (*birtokában*) on him; (*összehasonlításnál*) than he ‖ **én idősebb vagyok ~** I am older than he (is); **én ~ lakom** I live at his place; **nincs nálunk pénz** we have no money on us **nana!** *int* not so fast!

nap *n* (*égitest*) sun; (*napsütés*) sun(shine); (*24 óra*) day ‖ **a mai ~tól** from this day/date; **az utóbbi ~okban** lately; **egész ~** all day (long); **egy ~on** (*régen*) one day; (*majd*) some day; **jó ~ot (kívánok)!** good morning/afternoon; **milyen ~ van ma?** what day is (it) today?; **mind a mai ~ig** to this day, until now, so far; **~ mint ~** day after/by day, day in day out; **~jainkban** in our time, nowadays; **~ról ~ra** from day to day; **süt a ~** the sun is shining/out, it is sunny; **ugyanazon a ~on** the same day **napbarnított** *a* sunburnt, suntanned **napelem** *n* solar cell **napellenző** *n* (*ablak fölött*) awning; (*ponyva*) canopy; (*sapkán*) peak, visor **napenergia** *n* solar energy **napernyő** *n* parasol **napfény** *n* sunlight; (*napsütés*) sunshine **napi** *a* (*egy napi*) a/the day's, day-; (*mindennapi*) daily; (*ismétlődő*)

day-to-day ‖ **egy ~ járásra van innen** it is a days' walk from here; **~ áron** at the current/market price **napidíj** *n* per diem **napilap** *n* daily (paper) **napirend** *n* (*ülésé stb.*) agenda; (*parlamentben*) order of the day ‖ **~en van** be*/appear on the agenda; **~en levő ügy** the point/case/matter at issue; **~re tér vm fölött** *átv* get* over sg **napkelte** *n* sunrise ‖ **~kor** at sunrise/daybreak **napközben** *adv* in the daytime, during the day, by day **napközi** *n* **~ (otthon)** day-nursery, day-care centre **naplemente** *n* sunset, sundown ‖ **~kor** at sunset/sundown **napló** *n* (personal) diary ‖ **~t vezet** keep* a diary **naplopó** *a* idler, lounger **napolaj** *n* suntan oil/lotion **naponként** *adv* (*egy-egy nap*) a/per day; (*mindennap*) every day, daily **napos**[1] *a* (*napsütötte*) sunny **napos**[2] **1.** *a* (*valahány napig tartó*) lasting ... days *ut.*; (*szolgálatra beosztott*) on duty *ut.* **2.** *n* person on duty **napoz|ik** *v* sunbathe, sun **nappal 1.** *adv* by day, in the daytime ‖ **fényes ~** in broad daylight **2.** *n* day(time) **nappali 1.** *a* day-, of the day *ut.* ‖ **~ fény** daylight; **~ műszakban dolgozik** be*/work on the day-shift **2.** *n* (*szoba*) sitting/living-room **napraforgó** *n* sunflower **naprakész** *a* current, up-to-date **napszemüveg** *n* sunglasses *pl*

napszúrás *n* sunstroke || **~t kap** get* a touch of sunstroke
naptár *n* calendar
narancs *n* orange
narancslé *n* orange juice
narancssárga *a* orange(-coloured) (*US* -or-)
nárcisz *n* narcissus (*pl* narcissi)
narkós *a biz* junkie, drug-addict
narkózis *n* narcosis
nászajándék *n* wedding-present
nászút *n* honeymoon || **~ra megy** go* on (one's) honeymoon
nátha *n* (common) cold || **~t kap** catch* (a) cold
náthás *a* having a cold *ut.* || **(nagyon) ~ vagyok** I have* (got) a (bad) cold
nátrium *n* sodium
natúra bolt *n* health-food shop
natúrszelet *n* veal/pork cutlet
ne *int* (*felszólító módú igével*) don't; (*tiltószó*) no!, don't!, stop it/that!; (*feltételes módú igével*) **bár ~ jönne** I wish he wouldn't come; **miért ~?** why not?; **~ mondd!** (*nem hiszem*) you don't say (so)!; **~ tedd ezt!** don't do that!
-né *suff* (*családnévvel*) Mrs ... || **Kovács Pálné** Mrs Pál Kovács; **Kovácsné Varga Katalin** Mrs Katalin Kovács, née Varga
nedv *n* moisture, fluid; (*gyümölcsé, húsé*) juice
nedves *a* wet, humid, (*kissé*) moist, damp
nefelejcs *n* forget-me-not
negatív 1. *a* negative **2.** *n foto* negative
néger *a/n* Black, *pejor* Negro; *főleg US* African-American(s)

négy *num* four || **~ lábon jár** walk on all fours; **~re megjövök** I will be back at/by four
negyed 1. *a* (a) quarter (of) || **~ kettőkor** at a quarter past (*US* after) one **2.** *n* quarter, fourth part; (*városrész*) district, quarter; *sp* (*vízilabda*) period; = **negyedév**
negyedév *n* quarter [of a year]
negyedéves *n* (*hallgató*) fourth-year student; *US* (*ha ötéves az egyetem*) senior
negyedik 1. *num a* fourth; 4th **2.** *n* (*osztály*) **~be jár** attend (*v.* be* in) the fourth class/form (*US* grade); → **első**
negyedikes *n* forth-form pupil, fourth-former
negyedóra *n a* quarter of an hour
negyedrész *n* quarter, fourth part
negyedszer *num adv* for the fourth time; (*felsorolásnál*) fourthly
négyen *num adv* four || **~ vannak** there are four of them
négyes 1. *a* **~ fogat** four-horse carriage, coach and four **2.** *n* (*szám, mennyiség*) four; (*osztályzat*) good; *zene* quartet; (*hajóegység*) fours *pl*
négykézláb *adv* on all fours
négylábú *a* four-legged; *zoo* quadruped
négyszáz *num* four hundred
négyszemközt *adv* in private, privately, between ourselves
négyszer *num adv* four times; (*négy alkalommal*) on four occasions
négyszeres *a* fourfold || **vmnek a ~e** the quadruple of sg
négyszög *n* quadrilateral
négyszögletes *a* square; *mat* rectangular

négyszögöl *n* (= 3.57 m² = 38.32 square feet)
négyüléses autó *n* four-seater
négyütemű *a* (*motor*) four-stroke, *US* four-cycle
negyven *num* forty
negyvenedik *a/n* fortieth
negyvenes évek *n pl* the forties (40s)
negyvenéves *a* forty years old *ut.*, forty-year-old
négyzet *n mat* (*alakzat*) square; (*hatvány*) square || ~ **alakú** square, quadrate; **~re emel** raise to the second power
négyzetcentiméter *n* square centimetre (*US* -ter)
négyzetgyök *n mat* square root
négyzetkilométer *n* square kilometre
négyzetméter *n* square metre
néha *adv* sometimes
néhai *a* late, deceased *ut.*
néhány *pron* some, a few, several
néhányszor *adv* (*többször*) several times
nehéz 1. *a* (*súly*) heavy; *átv* difficult, hard; (*fárasztó*) tiring, fatiguing; (*probléma*) knotty, intricate || **milyen ~?** (*súlyra*) how much does it weigh?; **~ ember** he is a difficult person; **~ étel** heavy/stodgy food; **~ helyzetben van** be* in an awkward (*v.* a difficult) situation, (*anyagilag*) be* badly off; **~ idők** hard times; **~ kérdés** a difficult question; **~ munka** (*fizikai*) hard (manual) work, (*szellemi*) difficult/hard (piece of) work; **~ ügy** a difficult case **2.** *n* **a nehezén már túl vagyunk** we are over the worst

nehezen *adv* with difficulty *ut.* || **~ kezelhető gyerek** (s)he is a problem/difficult child
nehézkes *a* clumsy, cumbrous; (*stílus*) ponderous, laboured; (*személy*) difficult
nehezményez *v* (*rossz néven vesz vmt*) take* exception to sg, take* offence at sg; (*helytelenít*) disapprove of sg, object to sg
nehézség *n átv* difficulty; (*technikai*) hitch, snag, trouble || **legyőzi a ~eket** overcome* the difficulties; **~ei vannak** have* difficulty in doing sg
nehézségi erő *n* gravitational force/pull
nehézsúlyú *a* heavyweight
neheztel *v vkre vmért* bear*/have* a grudge against sy for sg
nehogy *conj* so that ... not, lest || **~ elfelejtsd!** don't forget (it)!
néhol *adv* here and there, in (some) places
nejlon *n* nylon
nejlonzacskó *n* plastic bag
-nek → **-nak**
neki *adv* (to/for) him/her; (*birtoklás*) **~ van** he has, he has (*v.* he's) got (sg) || **megmondtam ~k** I told them; **neked, nektek** (to/for) you; **nekem** (to/for) me; **~k** (to/for) them; **nekünk** (to/for) us
nekidől *v vmnek* lean*/rest against sg
nekies|ik *v vmnek* fall*/bump against sg; (*támadólag*) turn on (sy), attack (sy); *vmnek* set* upon (sg), fall* to
nekifog *v* = **nekilát**
nekilát *v vmnek* set about (doing) sg, set*/fall* to || **~ a munkának** get* down to work

nekimegy v (*ütközve vmnek/vknek*) knock/run*/bang *into*/ag*ai*nst sg, bump *into* sy; (*átv is vknek*) attack sy, fall* (up)*on* sy, *biz* se**t*** about sy

nekitámaszkod|ik v *vmnek* lean*/ rest ag*ai*nst sg

nekiütköz|ik v *vmnek* bump/knock/ hit* ag*ai*nst sg

nekivág v se**t***/go* ab*ou*t (d*oi*ng) sg, se**t*** out (to do sg) ‖ **vágj neki!** go ah*ea*d!

-nél → **-nál**

nélkül *post* with*ou*t ‖ **könyv** ~ by heart; **szó** ~ with*ou*t (w*a*st*i*ng/ *u*tter*i*ng) a word

nélküle *adv* with*ou*t him/her

nélkülöz v (*megvan vm nélkül*) be*/ do* with*ou*t, lack (sg); (*hiányol*) miss (sy, sg); (*ínséget szenved*) live/be* in w*a*nt/priv*a*tion

nélkülözhetetlen a indispensable, essential

nem¹ n (*nő, férfi*) sex; (*rendszertani*) genus (*pl* genera); (*fajta*) kind, sort; *nyelvt* gender ‖ **az emberi** ~ h*u*man race/species, mank*i*nd; **páratlan a maga ~ében** un*i*que of its kind

nem² 1. *adv* (*az egész mondat tagadására*) no; (*csak igével*) not, ...n't ‖ **egyáltalán** ~ not at all; **már** ~ no more/l*o*nger; **még** ~ not yet; ~ **egészen** not quite; ~ **igaz?** isn't it true?; ~ **kérek** (*kínálásra válaszolva*) no, thanks; **vagy ~?** is it so?, isn't it so? 2. n no ‖ **~et mond** say* no

néma a (*személy*) dumb; (*főleg átmenetileg*) mute; (*hangtalan*) s*i*lent ‖ ~ **csend** prof*ou*nd s*i*lence

némafilm n s*i*lent film

némajáték n pantomime

nemcsak *conj* not *o*nly ‖ **ő** ~ **szép, hanem okos is** she is both pretty and int*e*lligent

nemdohányzó 1. a non-sm*o*king ‖ ~ **szakasz** non-sm*o*ker 2. n non-smoker

némely 1. *pron* some ‖ ~ **esetben** in c*e*rtain/some cases 2. n ~**ek** some, some people

némelyik *pron* a some ‖ ~**ünk** some of us *pl*

nemes 1. a (*származásra*) noble; *átv* noble, generous 2. n noble(man°)

német 1. a German; *összet* Germano-; *tört* Germanic 2. n (*ember*) German; (*nyelv*) German ‖ ~**ek** Germans; → **angol**

Németország n Germany

németül *adv* (in) German → **angolul**

nemez v felt

nemhiába *adv* not for n*o*thing ‖ ~ **tanult oly sokat** his st*u*dies were not in vain

nemhogy *conj* ~ **hálás lett volna érte!** he could at least have been grateful!

nemi a (*szexuális*) sexual ‖ ~ **betegség** ven*e*real dise*a*se; ~ **élet** sex life; ~ **erőszak** sexual ass*au*lt, rape; ~ **szervek** genitals

némi a some, (a) c*e*rtain, a l*i*ttle

nemigen *adv* (*aligha*) sc*a*rcely, h*a*rdly

némiképp(en) *adv* in a way, to some (*v*. a certain) extent

nemkívánatos a undes*i*rable ‖ ~ **személy** pers*o*na non grata

nemleges a negative ‖ ~ **válasz** negative *a*nswer

nemrég *adv* recently, not long ag*o*
nemsokára *adv* soon, shortly, before long, presently
nemzedék *n* generation
nemzet *n* nation
nemzetgazdaság *n* national economy
nemzeti *a* national ‖ ~ **jövedelem** national *i*ncome; ~ **ünnep** national holiday
nemzetiség *n* (*kisebbség*) (national/*e*thnic) min*o*rity; (*hovatartozás*) nationality
nemzetiségi *a* *e*thnic ‖ ~ **kisebbség** *e*thnic min*o*rity; **a szlovák** ~**ek** *e*thnic Slovaks
nemzetközi *a* international
nemzetközösség *n* **Brit N**~ the Commonwealth
néni *n* *a*unt(y), *a*untie ‖ **Mary** ~ Aunt Mary
neon *n* neon
nép *n* (*nemzet*) people *sing.*; (*lakosság*) the people *pl* (of ...) ‖ **a magyar** ~ the Hungarian people
népdal *n* folk-song
népes *a* p*o*pulous ‖ ~ **család** large family
népesség *n* population, inhabitants *pl*
népi *a* people's, of the people *ut.* ‖ ~ **tánc** = **néptánc**
népköltészet *n* folk-poetry
népművészet *n* folk art
néprajz *n* ethnography
népsűrűség *n* density of population
népszámlálás *n* (national) census
népszavazás *n* referendum (*pl* referenda)
népszerű *a* popular
népszokás *n* national/folk custom

néptánc *n* folk-dance; (*angol*) country dance
néptelen *a* (*gyéren lakott*) under-populated ‖ ~ **utca** deserted street
népvándorlás *n* *tört* migration of nations, the great migrations
népviselet *n* national/trad*i*tional costume
népzene *n* folk-music
nerc *n* mink
nesz *n* slight noise
nesze! *int* take it/this!, here you are!
nesztelen *a* soundless, n*o*iseless
netán *conj* by (any) chance ‖ **ha** ~ **megérkeznék** should he arr*i*ve
nettó *a* net ‖ ~ **jövedelem** net income; ~ **súly** net weight
neurotikus *a* *orv* neurotic
neurózis *n* *orv* neurosis (*pl* neuroses)
név *n* name; (*elnevezés*) designation; (*hírnév*) renown, reputation ‖ **más** ~**en** *a*lias, *o*therwise/also known as; **mi a** ~**e?** what is his/her name?; **rossz** ~**en vesz vmt** take* sg in bad part; **saját nevemben** in my own name; **vknek/vmnek a nevében** on (*US* in) behalf of sy
nevel *v* (*gyermeket*) bring* up, *főleg US*: raise; (*oktatva*) educate; (*állatot*) rear, breed*; (*növényt*) grow*, cultivate
nevelés *n* (*gyermeké*) upbringing, *US* raising (one's ch*i*ldren); (*iskolában*) education
neveletlen *a* (*rosszul nevelt*) badly brought-up, spoilt; (*modortalan*) ill-mannered/bred; (*komisz gyermekről*) naughty
nevelő *n* teacher, *US* educator

nevelő *n* article
nevelőintézet *n* (*bennlakásos*) *főleg GB*: boarding-school, *US* preparatory school; (*fiatalkorú bűnözőké*) *GB* community home, *US* reformatory
nevelőnő *n* governess
nevelőszülők *n pl* foster-parents
nevelt *a* **jól** ~ well brought up, well-bred; ~ **gyermek** foster-child°
neves *a* famous, renowned, well-known
nevet *v* laugh at (sy/sg), be* amused at/by sg || **nincs ezen semmi ~ni való** it's no laughing matter; **mit/min ~sz?** what are you laughing at?
nevetséges *a* ridiculous, funny || **~sé tesz** *vmt/vkt* make* (sg/sy) ridiculous
nevez *v* *vkt vmnek* call/name sy sg; *vmt/vkt vmről/vkről* name sg/sy after sg/sy; *sp* enter sy [in/for a competition]
nevezetes *a* *vk* notable, renowned, celebrated; *vm* remarkable; (*vmről*) famous/famed/known for sg
nevező *n* *mat* denominator; *sp* entrant (for), competitor || **közös** ~ common denominator
névjegy *n* (visiting) card, *US így is*: calling card; (*üzletemberé*) (business) card
névleges *a* nominal, titular; *ker* nominal
névmás *n* *nyelvt* pronoun || **birtokos** ~ possessive pronoun; **határozatlan** ~ indefinite pronoun; **kérdő** ~ interrogative pronoun; **mutató** ~ demonstrative pronoun;

személyes ~ personal pronoun; **visszaható** ~ reflexive pronoun; **vonatkozó** ~ relative pronoun
névnap *n* name-day
névsor *n* list (of names), register, roll || **~t olvas** call the roll
névtelen *a* unnamed, nameless, anonymous; (*ismeretlen*) unknown
névutó *n* postposition
New York-i *n* New Yorker
néz *v* *vmt/vkt v. vmre/vkre* look at sg/sy; (*előadást, televíziót*) watch; *biz* (*keres*) look for sg; (*tekint*) consider, *vmt/vkt vmnek/vknek* take* sg/sy for sg/sy; (*nyílik vmre*) look out on sg, face/front sg || **a ház délnek** ~ the house faces south; **állás után** ~ look for a job; **hadd ~zem!** *biz* let me see; **minek** ~ **maga engem?** what do you take me for?; **~d csak!** (just) look at that!
nézet n = **vélemény**
nézeteltérés *n* difference of opinion, disagreement || **~e van vkvel** disagree with sy
néző *n* (*meccsen stb.*) spectator; (*tévéadásé*) viewer || **~k szính** the audience
nézőközönség *n* public, audience, spectators *pl*
nézőpont *n* point of view, standpoint
nézőtér *n* auditorium
nikotin *n* nicotine
nincs *v* (*nem létezik*) there is no(t); (*nem kapható*) is out of stock || **~ hely** (there is) no room; **~ idő** there is no time; **~ itthon** he is out; **~ jól** be* unwell; **~ miért** (*köszönetre válasz*) you're welcome, don't mention it; **~ mit tenni** there

is nothing to do; ~ **pénzem** I have no money; ~ **semmi bajom** I'm all right
nívó *n* level; *átv* standard
-nként *suff* **apránként** l*i*ttle by l*i*ttle, gr*a*dually; **egyenként** one by one; **helyenként** here and there, in some pl*a*ces; **személyenként** per head/p*er*son, ... each
no *int* ~ **mi az?** what is it?; ~, **megjöttél?** so you're here; ~ **de ilyet!** well, I n*e*ver!
Nobel-díj *n* N*o*bel prize
nocsak! *int* well, well!
noha *conj* (al)tho*u*gh, where*a*s
nomád *a* n*o*mad, nom*a*dic
norma *n* standard
normális *a* (*rendes*) n*o*rmal; (*épeszű*) be* in one's right mind || ~ **körülmények között** n*o*rmally, *u*nder n*o*rmal cond*i*tions
normatív *a* n*o*rmative
norvég *a/n* Norw*e*gian
norvégül *adv* (in) Norwegian → **angolul**
Norvégia *n* N*o*rway
nos *int* well (now), ...
nosztalgia *n* nost*a*lgia
nóta *n* (*magyar*) (Hung*a*rian) song; (*mai*) pop song
notesz *n* note-book, d*i*ary
novella *n* short st*o*ry
november *n* November; → **december**
novemberi *a* November, in/of November *ut.*; → **decemberi**
nő[1] *v bot is* grow*; (*nagyobbodik*) grow*, incr*e*ase, augm*e*nt; (*fejlődik*) develop
nő[2] *n* woman°; (*udvariasan*) lady; (*feleség*) wife° || ~**k** (*felirat női WC-n*) (the) L*a*dies

nőcsábász *n* lady-killer
nőgyógyászat *n* gynaec*o*logy (*US* gynec-)
női *a* woman-, woman's, women's, ladies('), female || ~ **divat(áru)** ladies' wear; ~ **fodrász** ladies' h*a*irdresser; **a** ~ **nem** wom*a*nkind, the fair/gentle sex; ~ **vécé** (the) ladies, *US* ladies' room
nőies *a* (*nő*) w*o*manly, f*e*minine; (*férfi*) eff*e*minate, w*o*manish
nőnem *n nyelvt* f*e*minine (gender)
nőnemű *a biol* female; *nyelvt* f*e*minine
nős *a* m*a*rried
nőstény *n* female (*animal*); *összet* female, she-; (*őz, nyúl*) doe- || ~ **elefánt** cow-elephant; ~ **macska** she-cat; ~ **nyúl** doe-rabbit; ~ **tigris** t*i*gress
nősül *v* get* m*a*rried, m*a*rry
nőtlen *a* unm*a*rried; *hiv* (*nyomtatványokon*) single
növeked|ik *v* (*élő szervezet is*) grow*; (*mennyiségben*) incr*e*ase; (*terjedelemben*) grow* larger/ b*i*gger, exp*a*nd
növel *v* incr*e*ase, swell*; (*terjedelemben*) enl*a*rge, exp*a*nd, ext*e*nd; (*értéket*) enh*a*nce; (*szókincset*) enr*i*ch; (*termelést*) ste**p** up; (*tudást*) impr*o*ve
növendék *n* pupil; (*főleg főiskolai*) student; (*intézeti*) bo*a*rder; (*állatról*) young
növény *n* plant
növényevő *a* plant-eating, herb*i*vo-rous
növénytan *n* b*o*tany
növénytermesztés *n* cultiv*a*tion of plants
növényvédelem *n* plant prot*e*ction

növényvédő szer *n* plant-protecting *a*gent/mat*e*rial
növényvilág *n* fl*o*ra (*pl* -ras *v*. -rae)
növényzet *n* plants *pl*, veget*a*tion
nővér *n* (*testvér és ápoló*) sister
növeszt *v* make* grow, grow*
nudista *n* n*u*dist
nudizmus *n* n*u*dism
nukleáris *a* n*u*clear ‖ ~ **energia** n*u*clear *e*nergy; ~ **leszerelés** n*u*clear dis*a*rmament
nulla *num* (*számjegy*) z*e*ro, nought, nil; (*számban kiolvasva*: ou) ‖ *sp* **három ~ (3:0)** three goals to nil; ~ **egész 6 tized (0,6)** (nought) point six (0.6); ~ **fok (van)** (it's) z*e*ro (centigrade); ~ **óra 35 perckor** at z*e*ro (*v*. 0-0) thirty-f*i*ve hours
nulladik óra *n* class beg*i*nning at 7 a.m.
nullpont *n* z*e*ro (point)

Ny

nyafog *v* whine, wh*i*mper
nyáj *n* flock
nyak *n* neck; (*ingé*) n*e*ck(-piece) ‖ ~**ába borul** fall* on sy's neck; ~**át töri** *átv is* break* one's neck; ~**on csíp vkt** c*o*llar sy, get*/catch* hold of
nyakkendő *n* tie, *US* necktie
nyaklánc *n* chain, n*e*cklace, n*e*cklet
nyal *v vmt* lick, la**p**; *biz vknek* suck up to sy
nyál *n* sal*i*va, sp*i*ttle
nyaláb *n* b*u*ndle (of sg)
nyálas *a* sl*o*bbering, sl*o*bbery
nyálkás *a* m*u*cous, sl*i*my

nyalóka *n* l*o*llipop, *biz* l*o*lly
nyamvadt *a* (*ember*) w*e*edy, s*i*ckly, p*u*ny; (*dolog*) l*ou*sy, r*o*tten
nyár[1] *n* summer ‖ ~**on** in (the) summer; **ezen a ~on** this summer; **a múlt ~on** last summer; **jövő ~on** next summer
nyár[2] *n* p*o*plar
nyaral *v* spend* one's summer holiday(s) (at) ‖ ~**ni megy** go* swhere for the summer holiday(s)
nyaraló *n* (*épület*) holiday home/chalet, summer cottage; v*i*lla; (*személy*) holiday-maker, *US* így *is*: vacationer
nyaralóhely *n* summer resort
nyárfa *n* p*o*plar
nyári *a* summer ‖ ~ **időszámítás** summer time, *US* daylight s*a*ving time, DST; ~ **ruha** summer clothes *pl*, summer suit/dress; ~ **szünet** *isk* summer holiday(s), *US* vacation; *szính* summer break
nyárs *n* ~**on süt** b*a*rbecue
nyársonsült *n* b*a*rbecued [ch*i*cken etc.]
nyavalyog *v* (*siránkozik*) lament, whine, wail; (*betegeskedik*) be* in poor health
nyávog *v* mew, me*o*w, mi*a*ow
nyel *v* swallow
nyél *n* (*szerszámé*) handle; (*hosszú*) shaft; (*kalapácsé*) helve; (*késé*) haft
nyelv *n* (*szerv*) tongue; (*cipőé*) tongue; (*mérlegé*) pointer; (*a társadalmi érintkezés eszköze*) language ‖ **a ~e hegyén van** have* sg on the tip of one's tongue; **az angol ~** the *E*nglish l*a*nguage; **három ~en jól tud(ó)** (be*) fl*u*ent in three l*a*nguages *ut*.

nyelvbotlás *n* slip of the tongue, *lapsus linguae*
nyelvérzék *n* linguistic instinct, sense of language
nyelvészet *n* linquistics *sing.*
nyelvezet *n* language; (*írásé*) style; (*szónoké*) diction
nyelvhasználat *n* usage
nyelvileg *adv* linguistically
nyelvjárás *n* dialect
nyelvkönyv *n* course (book)
nyelvlecke *n* language lesson
nyelvoktatás *n* language teaching
nyelvóra *n* language lesson
nyelvtan *n* grammar
nyelvtanár *n* language teacher || **angol ~** English teacher, teacher of English
nyelvtanfolyam *n* (language) course
nyelvtanítás *n* language teaching
nyelvtanulás *n* language learning
nyelvtanuló *n* learner [of English etc.]
nyelvterület *n* language/speech area
nyelvtudás *n* (*egy nyelvé*) knowledge/command of a language; (*több nyelvé*) foreign language skills *pl* || **angol ~a** ... her/his English...
nyelvű *a* (*beszélt nyelven*) -speaking, of ... language *ut.* || **angol ~ lakosság** English-speaking population; **angol ~ szöveg** a text (written) in English
nyelvvizsga *n* **alapfokú angol ~** lower (state) examination in English; **középfokú angol ~** intermediate (state) examination in English; **felsőfokú angol ~** higher/advanced (state) examination in English

nyer *v* (*játékban*) win*, gain; (*versenyen*) win*; (*megkap, szerez*) get*, obtain; (*haszna van vmből*) *átv* profit/gain by/from (sg) || **időt ~** gain/save time; **játékban ~** win* the game
nyereg *n* saddle
nyeremény *n* (*sorsjátékban*) prize; (*csak pénz*) the winnings *pl*
nyereség *n* (*üzletileg*) profit, gain; *átv* benefit, advantage
nyers *a* (*anyag*) raw, crude, unmanufactured; (*étel*) raw, uncooked; (*ember*) rough, coarse; *ker* gross || **~ bánásmód** rough treatment; **~ modorú** blunt, bluff; **~ tej** fresh/unboiled milk
nyersanyag *n* raw material
nyersfordítás *n* rough translation
nyersolaj *n* crude oil
nyersvas *n* crude iron
nyertes *n* winner
nyest *n* (beech-)marten
nyikorog *v* creak, squeak
nyíl *n* arrow || **a ~ irányában** (*halad*) follow the arrows
nyilas 1. *a* (*nyíllal felszerelt*) armed/equipped with arrows *ut.* 2. *n* (*íjász*) archer, bowman°; *pol tört* arrow-cross man°
nyílás *n* opening, aperture; (*hézag*) gap; (*automatáé*) slot
nyilatkozat *n* declaration, statement; *hiv* communiqué || **~ot ad/tesz** make* a statement
nyilatkoz|ik *v* make* a statement/declaration
nyíl|ik *v* open; (*virág*) bloom || **az ablakok a kertre ~nak** the windows give* onto the garden; **befelé ~ik** opens inwards; **itt ~ik** open here

nyílt *a* open; (*nem titkolt*) undisguised, unconcealed; (*jellem*) open, direct, straight; (*őszinte*) frank; (*szókimondó*) outspoken, candid || ~ **láng** naked flame; ~ **levél** open letter; ~ **seb** open wound; ~ **tekintet** straight look; ~ **tenger** the open sea; ~ **törés** (*csonté*) compound fracture

nyíltszívű *a* open-hearted

nyilván *adv* evidently, obviously

nyilvánít *v* (*akaratot, hálát*) give* expression to; (*érzést*) manifest, show*, reveal; *vmnek, vmvé* declare, pronounce

nyilvános *a* public; open [to the public]

nyilvánosság *n* (*vmnek nyilvános volta*) publicity; openness; (*közönség*) public || ~**ra hoz vmt** make* sg public, publish sg

nyilvántartás *n* (*tény*) recording, registering; (*az írások*) records *pl*, register, file

nyilvánvaló *a* evident, obvious

nyír[1] *n bot* birch(-tree)

nyír[2] *v* (*hajat*) cut*; (*birkát*) shear*; (*füvet*) mow

nyírfa *n* birch(-tree)

nyirkos *a* (*éghajlat*) moist, humid; (*idő*) damp, raw

nyit *v* open || **ajtót** ~ **vknek** answer the door to/for sy; **folyószámlát** ~ open an account

nyitány *n* overture

nyitás *n* opening (time)

nyitott *a* open || ~ **uszoda** outdoor swimming-pool

nyitva *adv* open || ~ **9 órától 17 óráig** opening hours 9 a.m. to 5 p.m.; **a (nagy)közönség számára** ~ open to the public [Mon-Fri

2-4] ~ **tartja a szemét** *átv* keep* one's eyes open/skinned

nyitvatartási idő *n* opening/office/business hours *pl*

nyolc *num* eight || **reggel** ~**kor** at eight in the morning (*v.* at 8 a.m.)

nyolcad *n* (*rész*) eighth (part)

nyolcadik 1. *num a* eighth; 8th 2. *n* (*osztály*) ~**ba jár** go* to the eighth form/class (*US* form); → **első**

nyolcadikos (tanuló) *n* eigth-form pupil, school-leaver

nyolcadrész *n* eighth (part), one eighth

nyolcadszor *num adv* (*nyolcadik alkalommal*) (for) the eighth time

nyolcan *num adv* eight (of them/us/you)

nyolcas 1. *a* (*számú*) number eight 2. *n* (*számjegy*) the figure/number eight

nyolcevezős *n* eight

nyolcszáz *num* eight hundred

nyolcszor *num adv* eight times

nyolcszoros *a* eightfold

nyolcszög *n* octagon

nyolcvan *num* eighty

nyolcvanadik *num a* eightieth

nyolcvanas *a* **a** ~ **évek** the eighties (80s)

nyolcvanéves *a* eighty years old *ut.*, eighty-year-old

nyom[1] *n* trace, trail, track, mark; (*lábé*) foot-print(s *pl*); (*erkölcsi hatásé*) impression, sign || ~**a sincs** there is no trace of it; ~**ában van** be* hot on the scent/track of sy; **hamis** ~**on van** be* on the wrong track; **vm** ~**án** on the basis of, after

nyom[2] *v* (*szorít, ránehezedik*) *átv* is press; (*súlyban*) weigh; *nyomd, tex*

print; (*elnyom vkt*) oppress (sy) ‖
~ja a lelkét sg is (*weighing*) on
his mind; ~ja az ágyat be* con-
fined to bed
nyomás *n* pressure; (*embertömegé*)
pushing; *fiz* pressure; *nyomd* (*fo-
lyamata*) printing; *biz* ~! get a
move on! ‖ enged a ~nak yield to
pressure; ~t gyakorol vkre put*
pressure on sy
nyomásmérő *n* manometer, pres-
sure gauge (*US* gage)
nyomasztó *a* oppressive, depressing
nyomaték *n* (*hangsúly*) emphasis;
(*fonetikai is*) stress; *fiz* moment
nyomban *adv* at once, immediately
‖ azon ~ on the spot
nyomda *n* printing house/press/
office, *US* így is: printery
nyomdász *n* printer
nyomelem *n* biol trace element
nyomógomb *n* push button
nyomógombos *a* push-button
nyomor *n* misery, distress, need ‖
~ba jut sink*/fall* into poverty
nyomorék 1. *a* crippled, disabled
2. *n* cripple
nyomornegyed *n* slum(s *pl*)
nyomorult *a* (*szerencsétlen*) miser-
able, wretched; (*szánalmas*) woe-
ful, pitiful; (*hitvány*) knavish,
villainous
nyomoz *v* (*bűnügyben*) investigate
[a crime]
nyomozó *n* detective
nyomtalan *a* traceless ‖ ~ul eltűnt
disappeared/vanished without (a)
trace
nyomtat *v* nyomd print
nyomtató *n* printer
nyomtatott *a* (*szöveg*) printed ‖ ~
áramkör printed circuit; ~ betűk-

kel kérjük please print [your
name and address] clearly in
capital letters
nyomtatvány *n* (*nyomdatermék*)
print(ed publication); (*postai kül-
deményként*) printed matter; (*űr-
lap*) form
nyög *v* groan, moan
nyugágy *n* deck chair
nyugállomány *n* retirement
nyugalom *n* rest, standstill; (*békes-
ség*) calmness, quiet(ness), tran-
quillity
nyugat *n* west ‖ ~on in the west; ~
felé, ~ra (towards the) west,
westward(s); ~ felől, ~ról from
the west
Nyugat-Európa *n* Western Europe
nyugati *a* west(ern), of the west *ut.*;
(*szél, áram*) westerly ‖ ~ irány-
ban westward(s), towards the
west; Anglia ~ részén in the west
of England/Britain
nyugdíj *n* (retirement *v.* old-age)
pension ‖ ~ba megy retire; ~ban
van be* retired, be* a pensioner
nyugdíjas 1. *a* pensioned-off,
retired 2. *n* pensioner
nyugdíjaz *v* pension off
nyughatatlan *a* restless
nyugi! *int* biz steady!, take it easy!,
cool down!
nyugodt *a* tranquil, quiet, calm,
peaceful; (*ember*) calm, steady;
(*lelkiismeret*) undisturbed, easy ‖
~ vm felől be* easy about sg; ~
lélekkel with a clear/clean con-
science
nyugodtan *adv* quietly ‖ csak ~!
steady!, take it easy!; ~ elme-
hetsz you can go (there) all right
(*v.* safely)

nyugsz|ik v (*pihen*) lie*, (take* a) rest; (*lemegy, égitest*) set*; *átv vmn* rest (up)on; (*szünetel*) be* at a standstill || **addig nem ~ik, amíg** he won't rest unt*i*l/till; **itt ~ik** here lies … (b*u*ried)
nyugta n (*elismervény*) rece*i*pt || ~ **ellenében** ag*a*inst a rece*i*pt
nyugtalan a restless, restive; (*álom*) tro*u*bled; (*életmód*) unsettled, hectic; (*ember*) restless; (*aggódó*) *a*nxious, wo*r*ried, un*e*asy (*vk/vm miatt mind*: ab*o*ut)
nyugtalankod|ik v (*aggódik vm/vk miatt, vmért, vkért*) be* *a*nxious (for/about sg/sy), wo*r*ry (about sg/sy)
nyugtat v *vkt* calm sy (down)
nyugtató(szer) n *s*edative, tranquillizer (*US* -l-)
nyugton marad v keep* still/qu*i*et
nyújt v (*terjedelemben*) stretch, extend, exp*a*nd; (*hosszában*) lengthen, *e*longate; (*kezet*) stretch/ hold* out [one's hand]; (*tárgyat vknek*) pass, hand; (*ad vmt*) give*/ *o*ffer sy sg, provide sg for sy (*v.* sy with sg); (*lehetőséget*) afford; (*kölcsönt*) grant; (*szolgáltatást*) supply, prov*i*de
nyújtózkod|ik v stretch (onese*l*f)
nyúl¹ n (*mezei*) hare; (*üregi*) r*a*bbit
nyúl² v *vkhez, vmhez* touch (sy, sg), lay* hands on (sy, sg); (*vmhez folyamodik*) res*o*rt to || **ne ~j hozzá!** leave it al*o*ne!, don't touch it!
nyúl|ik v (*anyag*) stretch, ext*e*nd, exp*a*nd; *vmeddig* reach (as far as)
nyúlvány n (*tárgyé*) ext*e*nsion, continu*a*tion; (*hegyé*) spur, f*o*othills *pl*
nyurga a lanky
nyuszi n b*u*nny (r*a*bbit)

nyúz v (*bőrt*) skin, flay; (*koptat*) wear* sg out
nyűg n *átv* (*teher*) burden, load; (*kellemetlenség*) bother, n*u*isance
nyűgös a *átv* p*e*evish, grumpy; (*gyermek*) wh*i*ning
nyüzsög v (*féreg is*) swarm, teem; (*tömeg*) mill (ab*o*ut/around); *biz* (*fontoskodik*) bustle ab*o*ut/around

O, Ó

ó *int* o!, oh!, ah! || ~ **jaj!** oh dear!, dear me!
oázis n o*a*sis (*pl* o*a*ses)
óbégatás n lament*a*tion, lamenting, yammering
objektív 1. a objective; (*elfogulatlan*) imp*a*rtial **2.** n (*tárgylencse*) objective
oboa n *o*boe
óbor n aged wine, *o*lder v*i*ntage(s)
obszervatórium n obs*e*rvatory
óceán n *o*cean, sea
óceánjáró n hajó (*o*cean) l*i*ner
ócska a (*öreg*) old; (*értéktelen, silány*) worthless, r*u*bbishy, trashy
ócskapiac n fl*e*a-market
ocsmány a *u*gly, h*i*deous, n*a*sty, foul; (*erkölcstelen*) dirty, f*i*lthy
ocsúd|ik v *vmből* come* to, recover, awake* (*mind*: from)
oda *adv* there || ~ **és vissza** there and back; (*jegy*) ret*u*rn (t*i*cket); ~ **se neki** never mind!
óda n ode
odaad v *vknek* vmt give*/hand/pass sy sg (*v.* sg to sy), hand *o*ver sg to sy

odaadó *a* devoted
odaát *adv* over there
odább *adv* farther/further (away/on)
odabenn *adv* inside, in there
odacsal *v vkt vhová* entice/lure sy to [swhere, a place]
odaég *v (étel)* get* burnt
odaér *v (odaérkezik)* get* to [a place], reach sg/swhere; *vmhez* touch sg ‖ **mikor érünk oda?** when do we get there?
oda- és visszautazás *n* the journey there and back, the return journey
odafelé *adv* on the way there
odafenn *adv* up there
odafordul *v vkhez/vmhez* turn to/towards sy/sg
odahamisít *v ~ja az aláírást* fake the/sy's signature on sg
odahaza *adv* at home
odahoz *v* carry/take* sg/sy to, fetch sg/sy
odáig *adv* as far as (that)
odaítél *v (díjat vknek)* award [a prize] to sy; *jog* adjudge/award sg to sy
odajár *v (gyakran egy helyre)* frequent [a place]
odajön *v vhova* come* (up) to
odakiált *v* shout (to sy), call out (to sy)
odakinn *adv (kívül)* outside, outdoors, out there
odaküld *v* send*, dispatch; *(árut)* forward
odalenn *adv* down there
odalép *v vkhez/vmhez* come*/go*/walk up to sy/sg
odamegy *v vhova* go* to [a place]
odamerészked|ik *v vhova* venture

odanéz *v vkre, vmre* look at
odanyújt *v vknek vmt* hand (sg to sy)
odaragaszt *v* stick*, glue *(vmt vmhez* sg on/to sg)
odarohan *v vkhez* rush/dash up to (sy)
odasimul *v vkhez* press/nestle close to
odaszól *v* speak* to (sy); *(telefonon)* phone (sy), give* sy a ring
odatalál *v vhova* find* one's way swhere *(v.* to sg)
odatapad *v* adhere to, stick* on/to
odatartoz|ik *v* belong to (sg/sy)
odautaz|ik *v* go*, travel *(US* -l); *(kocsival)* drive* *(mind:* to)
odavan *v (elvész)* be*/get* lost; *(kétségbeeséstől)* be* in utter despair, be* dismayed; *(vkért) (akit szeret)* be* head over heels in love with sy, *biz* be* crazy about sy
odavet *v (dob)* throw*/fling* there/down; *(néhány sort)* dash off [a few lines] ‖ **~ egy megjegyzést** drop a remark
odavisz *v vmt/vkt* take*, carry [sg/sy there *v.* to a place]; *(út)* lead* to
oda-vissza *adv* there and back ‖ **~ jegy** return (ticket)
odébb *adv* farther/further (away/on)
ódon *a* ancient, old, antique
odú *n (fában)* hollow, cavity; *(állaté)* den, lair, hole
óhajt *v* desire, want, wish for; *(vmt tenni)* should/would like to (do sg) ‖ **mit ~?** what can I do for you?
óhatatlan *a* inevitable, unavoidable

ok *n* cause (of sg), reason (for sg); (*indíték*) motive (for sg) ‖ **bizonyos ~oknál fogva** for certain reasons; **én vagyok az ~a** it's my fault, I am to blame; **~ nélkül** without any reason

okád *v* (*hány*) vomit, throw* up; (*tüzet*) belch/spout (out)

okfejtés *n* reasoning, argumentation

okker *n* ochre (*US* ocher)

oklevél *n* (*okirat*) charter, document, deed

okmány *n* document, record, certificate, paper

okmánybélyeg *n* deed/receipt stamp

okol *v* vkt vmért blame (sy for sg)

ókor *n* antiquity, ancient times *pl*

okos *a* (*értelmes*) clever, intelligent, bright; (*gyors felfogású*) apt; (*bölcs, tapasztalt*) wise, sensible

okoskod|ik *v* reason, argue

okoz *v* cause, bring* about, give* rise to ‖ **bajt ~ vknek** cause/give* trouble to sy

oktalan *a* (*nem okos*) foolish, stupid

oktánszám *n* octane number ‖ **nagy ~ú** high-octane

oktat *v* educate, teach (sy sg), instruct

oktatás *n* education, teaching, instruction

oktató *n* isk teacher, instructor; (*magán*) tutor; (*egyetemi*) academic, lecturer

oktáv *n* zene octave

október *n* October; → **december**

októberi *a* October, in/of October ut.; → **decemberi**

okul *v* vmn/vmből sg teaches* sy a lesson

okvetlen(ül) *adv* without fail, by all means; (*feleletben*) Certainly (I will)!, Surely!

ól *n* (*disznóé*) sty, pigsty; (*kutyáé*) kennel; (*baromfié*) hen-house

ó-lábú *a* bandy/bow-legged

olaj *n* oil ‖ **~jal fest** paint in oils

olajbogyó *n* olive

olajfa *n* olive-tree

olajfestmény *n* oil painting

olajfinomító *n* oil refinery

olajipar *n* oil industry

olajkályha *n* oil(-fired) stove

olajkép *n* oil painting

olajos *a* oily, greasy ‖ **~ hal** fish in oil

olajoz *v* oil, grease, lubricate

olajvezeték *n* pipeline

olajzöld *a* olive(-green)

ólálkod|ik *v* vm körül prowl/hang* around, lurk swhere

olasz *a/n* Italian ‖ **az ~ok** the Italians; → **angol**

Olaszország *n* Italy

olaszul *adv* (in) Italian; → **angolul**

olcsó *a* cheap, inexpensive ‖ **~ ár** low price

olcsón *adv* cheap, at a low price

old *v* (*folyadék vmt*) dissolve, melt; (*csomót*) undo*, untie

oldal *n* side; (*könyvé*) page; (*tulajdonság*) aspect, quality, side, point ‖ **a dolog jogi ~a** the legal aspect(s) of the matter; **a jó ~a** vmé the bright side of sg, vké sy's good point; **az úttest bal ~a** the left-hand side of the road; **erős ~a** sy's strong point (*v.* forte)

oldalas *a* 500 ~ **könyv** a book of 500 pages

oldalhajó *n épít* aisle

oldalkocsis motorkerékpár *n* motor cycle with side-car

oldalnézet *n* side/lateral view/elevation, profile ‖ ~**ből** in profile, from the side

oldalszalonna *n* side of bacon; (*füstölt*) flitch of bacon

oldalszél *n* cross-wind

oldalt *adv* from the side, laterally, sideways, aside ‖ ~ **fordul** turn aside

oldat *n* solution

oldható *a* soluble, dissolvable

oldószer *n* solvent

oldott *a* ~ **hangulat** relaxed atmosphere

olimpia *n* (the) Olympic Games *pl*, the Olympics *sing. v. pl*

olimpiai *a* Olympic ‖ ~ **bajnok** Olympic champion

olló *n* (*eszköz*) a pair of scissors, scissors *pl*; (*ráké*) claw, pincers *pl*

ólmos *a* (*ólomból való*) lead(en); (*ólmozott*) leaded ‖ ~ **eső** sleet

ólom *n* lead

ólomkristály *n* lead-glass

ólommentes benzin *n* unleaded (*v.* lead-free) petrol

olt[1] *v* (*tüzet*) put* out, extinguish; (*meszet*) slake, slack [lime]; (*szomjúságot*) quench

olt[2] *v mezőg* graft [a plant]; *orv* inoculate, vaccinate (*vm ellen* against)

oltalmaz *v vmtől* protect (from/against), guard, defend (against)

oltár *n* altar

olthatatlan *a* (*tűz*) inextinguishable; (*szomjúság*) unquenchable

olvad *v* melt, liquefy; (*fém*) melt, fuse; (*hó, jég*) thaw*; (*időről*) it thaws

olvadáspont *n* melting point

olvas *v* (*szöveget*) read*; (*pénzt*) count

olvashatatlan *a* (*írás*) illegible; (*szerző*) unreadable

olvasmány *n* (piece of) reading

olvasmányos *a* highly readable

olvasójegy *n* library ticket

olvasott *a* (*ember*) a well-read [person], (*igével*) be* widely read; (*könyv*) much read

olvaszt *v* melt, (*fémet*) smelt; (*havat, jeget*) thaw

oly *pron* = **olyan** ‖ ~ **módon** in such a way/manner (that/as)

olyan *pron* (*hasonlítás*) that/this kind of ...; (*határozószerűen*) so ‖ **ne** ~ **hangosan!** not so loud!; **nem** ~ **öreg, mint én** (he is) not as old as I (am); ~, **mint** such as ..., just like ...; ~ **boldog vagyok!** I am so happy!; *hiv* **mint** ~ as such

olyanféle *pron* of such (a) kind *ut.*

olyankor *adv* on such occasions, at such times

olyannyira *adv* ~, **hogy** to such an extent that, to such a degree that

olyasmi *pron* something (like)

olykor *adv* sometimes, now and then/again

olykor-olykor *adv* every now and then, once in a blue moon

omlett *n* omelet(te)

omlik *v* (*szétesik*) fall* to pieces, collapse, crumble

ón *n* tin

-on, -en, -ön, -n *suff* A) (*helyhatározó*) a) on ‖ **az asztalon** on the table; **b)** at ‖ **a végén** at the end; **az állomáson** at the station; **c)** in ‖ **az utcán** in the street; **Budapesten lakik** live in Budapest; **d)** by ‖ **a parton** by the riverside; **e)** (*különféle elöljáróval*) **lemegy a lépcsőn** go* downstairs; **szerte az egész világon** all over the world, (all) the world over; **f)** (*elöljáró nélkül*) **az egyetemen tanul** attend the university **B)** (*hely- és eszközhatározó*) by ‖ **autón megy** go* by car **C)** (*időhatározó*) **a)** at ‖ **az év végén** at the end of the year; **b)** on ‖ **hétfőn** on Monday; **c)** in ‖ **nyáron** in summer **d)** (*elöljáró nélkül*) **egy szép napon** one/some day; **ezen a héten** this week **D)** (*állapothatározó*) **a)** at ‖ **szabadlábon van** be* at large/liberty; **b)** on, upon ‖ **szabadságon van** be* on holiday; **c)** (*elöljáró nélkül*) **talpon van** be* up **E)** (*állapothatározó, irányulás*) **a)** (*különféle elöljáróval*) **bosszankodik vmn** be* annoyed at sg; **b)** (*elöljáró nélkül*) **segít vkn** help sy **F)** (*módhatározó*) **a)** in, at ‖ **ezen a módon** in this way/manner; **b)** (*elöljáró nélkül*) **ennek folytán** consequently, therefore **G)** (*eszközhatározó*) **a)** at ‖ **veszít a kártyán** lose* at cards; **b)** by ‖ **kézen fogva vezet** lead* sy by the hand; **c)** in ‖ **angol nyelven** in English; **d)** on, of ‖ **vknek a címén** care of sy (c/o...); **e)** (*elöljáró nélkül*) **zongorán játszik** play the piano

onkológia *n* oncology
onnan *adv* from there, from that place

opál *n* opal
opera *n* (*ház is*) opera
operáció *n orv* operation
operaház *n* opera-house
operettszínház *n* operetta theatre (*US* -ter)
optimista *n* optimist
operál *v* operate (*vkt* on sy)
operatőr *n* (*film*) cameraman°
operett *n* operetta
ópium *n* opium
optika *n fiz* optics sing.; *foto* lens
optikus *n* optician
optimizmus *n* optimism
óra *n* (*fali, asztali, torony*) clock; (*zseb, kar*) watch; (*60 perc*) hour; *isk* class, lesson; (*mérő~*) meter ‖ **hány ~ van?** what's the time?, what time is it?; **hány ~kor?** at what time?, when?; **három ~ig** (*tartam*) for three hours; (*időpont*) till three o'clock; **másfél ~** an hour and a half; **nyolc ~kor** at eight (o'clock)
órabér *n* wage(s)/pay(ment) by the hour, hourly rate ‖ **~ben fizetik** be* paid by the hour
órai *a* **az 5 ~ vonat** the 5 o'clock train
óramutató *n* hand
óramű *n* clockwork ‖ **~pontossággal** with clockwork precision
óránként *adv* (*átlagban*) hourly; (*minden órában*) every hour ‖ **~ 100 km-es sebességgel** (at) 100 km(s) per/an hour
órarend *n* timetable
órás 1. *a* of ... hours ‖ **öt~ út** a five-hour journey **2.** *n* watchmaker, clockmaker
óraszíj *n* (watch-)strap
óratorony *n* clock tower

óraütés *n* striking (of clock), (*toronyóráé*) chime(s)
ordít *v* (*ember*) shout, howl, roar; (*kisgyerek*) cry, scream
orgazda *n* receiver (of stolen goods), *biz* fence
orgona *n zene* organ; *bot* lilac, syringa
orgyilkosság *n* assassination, murder
óriás 1. *n* giant **2.** *a* = **óriási**
óriási *a* (*rendkívül nagy*) gigantic, giant, huge, colossal, enormous; *biz* (*remek*) ~! great!, fantastic! ‖ ~ **siker** tremendous success; ~ **tömeg** huge crowd
óriáskerék *n* (*vurstliban*) big wheel, *főleg US* Ferris wheel
óriáskifli *n* giant croissant
óriáskígyó *n* boa (constrictor), python
orkán *n* hurricane, tornado
ormány *n* (*elefánté*) trunk
ormótlan *a* (*személy*) clumsy, awkward; (*tárgy*) awkward, cumbersome, unwieldy
orom *n* (*házé*) gable (end); (*hegyé*) summit, peak
orosz *a/n* Russian; → **angol**
oroszlán *n* lion ‖ **nőstény** ~ lioness
oroszlánrész *n* ~**ét vállalja vmnek** do* (*v.* take* upon oneself) the bulk of sg
Oroszország *n* Russia
oroszul *adv* (in) Russian; → **angolul**
orr *n* (*emberé*) nose; (*állaté*) snout, muzzle; (*cipőé*) toe; (*hajóé*) prow, bow‖ **az** ~**a után megy** follow one's nose; **beleüti az** ~**át vmbe** *biz* stick*/poke one's nose into;

fönn hordja az ~**át** put* on airs; ~**a bukik** tumble; ~**a előtt** under his (very) nose; ~**ánál fogva vezet vkt** lead* sy by the nose
orrcimpa *n* wing/ala (of the nose) (*pl* alae)
orrcseppek *n pl* nasal drops
orrhang *n nyelvt* nasal (sound)
orrszarvú *n* rhinoceros
orrvérzés *n* nose-bleed
orsó *n tech* spindle; *tex* reel, (*fonógépen*) bobbin; (*cérnának, filmnek*) reel, *US* spool
ország *n* country, land; (*állam*) state
országgyűlés *n* parliament
országgyűlési *a* → **képviselő**
országhatár *n* frontier [of a country]
Országház *n* Parliament (building), *GB* the Houses of Parliament *pl*, *US* the Capitol
országos *a* national, nationwide, country-wide ‖ ~ **bajnok** national champion; ~ **választás** general election
országszerte *adv* all over the country
országút *n* highway, main road
országúti *a* ~ **fény** (main) driving beam, *US* high beam; ~ **segélyszolgálat** road patrol service
ortodox *a vall* orthodox
ortopédia *n* orthopaedics (*US* -pe-) sing.
orvlövész *n* sniper
orvos *n* doctor, physician; (*általános*) general practitioner ‖ **körzeti** ~ *kb.* family/local doctor; ~**hoz megy** (go* to) see* a/the doctor; ~**t hívat/hív** send* for a/the doctor

orvosi *a* medical ‖ ~ **rendelő** surgery, consulting room; ~ **vizsgálat** medical examination
orvosol *v* (*betegséget*) cure, treat, heal; *átv* remedy, help
orvosság *n* (*gyógyszer*) medicine, drug; *átv* remedy, cure ‖ ~**ot bevesz** take* (a/the) medicine
orvostudomány *n* medical science, medicine
orvostudományi *a* ~ **egyetem** *GB, US* medical school, (*máshol*) medical university
orvul *adv* treacherously, in an underhand manner ‖ ~ **meggyilkol vkt** assassinate sy
orvvadász *n* poacher
oson *v* sneak, slip by, flit
ostoba *a* (*személy*) stupid, silly, foolish
ostor *n* whip, lash
ostrom *n* siege
ostya *n* wafer
oszcilloszkóp *n* oscilloscope
oszl|ik *v* (*részekre*) divide into; (*tömeg, köd*) disperse; (*holttest*) decompose, rot, decay
oszlop *n* épít column, (*pillér*) pillar, post, (*távvezetéké*) pylon, (*hídé*) pier
oszlopcsarnok *n* colonnade, portico
Ószövetség *n* Old Testament
oszt *v* mat divide; (*részekre*) divide/split* into [parts]; (*kioszt*) distribute, dispense; (*kártyát*) deal*; (*parancsot*) issue, give*; (*véleményt*) share [sy's opinion] ‖ **15 ~va 3-mal annyi mint 5** 15 divided by 3 is 5, 3 divides into 15 5 times
osztalék *n* dividend

osztály *n* (*társadalmi*) class; isk (*tanulók*) class, form; (*terem*) classroom; (*hivatalban, áruházban*) department; (*kórházban*) ward, department; (*vasúton, hajón*) class; (*kategória*) section, category; division ‖ **első ~on utazik** travel (*US* -l) first-class
osztálykirándulás *n* isk school/class outing
osztályos *a* ~ **orvos** ward physician
osztályoz *v* isk mark, *US* grade
osztályozás *n* (*árué*) sorting; isk giving/awarding marks (*US* grades), marking, *US* grading
osztálytalálkozó *n* class reunion
osztálytárs *n* class-mate
osztályú *a* **első** ~ (*minőség*) first-class/rate [quality]
osztályzat *n* mark, *US* grade
osztogat *v* distribute; (*adományt, igazságot*) dispense, deal* out
osztott pályás úttest *n* dual carriageway, *US* divided highway
osztoz|ik *v* ~**ik vkvel vmn** (*megoszt vmt vkvel*) share sg with sy; (*osztozkodik vmn*) share in sg (with sy); ~**ik vk véleményében** agree with sy, share sy's opinion
osztrák *a/n* Austrian
osztriga *n* oyster
óta *post* (*időpont*) since; (*tartam*) for ‖ **tegnap** ~ since yesterday; **1989** ~ since 1989
OTP (= *Országos Takarékpénztár*) National Savings Bank
otromba *a* vk clumsy, vm unwieldy; *átv* boorish, vulgar, rude
ott *adv* there ‖ ~, **ahol** where; ~ **marad** stay/remain there

ottfelejt *v* leave* (sg) beh*i*nd, forget* sg
otthagy *v vkt* desert, ab*a*ndon; *vmit* leave (sg) behind
otthon 1. *adv* at home || ~ **érzi magát** feel* at home; ~ **felejt vmt** forg*e*t* sg; ~ **marad** stay at home **2.** *n* (*családi*) home, *i*r fireside, hearth || **szociális** ~ old p*e*ople's home
otthonos *a* homely, homelike, cosy; **~an érzi magát** make* oneself at home
óv *v* (*vkt vmtől, figyelmeztetve*) warn/c*au*tion sy ag*ai*nst sg; (*vmt/ vkt vmből, megvédve*) protect sy/ sg from/ag*ai*nst sg, save sy from sg
óvadék *n* c*au*tion money
óvakod|ik *v vmből/vktől* bew*a*re of sg/sy, keep* away from sg; (*tartózkodik vmből*) refr*a*in from sg (*v.* from d*o*ing sg)
ovális *a* *o*val
óváros *n* *o*ld(er part of a) town/ c*i*ty
óvatos *a* c*au*tious, c*a*reful || **légy ~!** take care!, be c*a*reful!, watch/ look out!
óvatosan *adv* c*a*refully, c*au*tiously
óvoda *n* (*2–5 éveseknek*) n*u*rsery school, playgroup; (*ötéveseknek*) kindergarten
óvóhely *n* r*e*fuge; (*légó*) *ai*r-raid sh*e*lter
óvónő *n* n*u*rsery-school (*v.* k*i*ndergarten) teacher
óvszer *n* (*gumi*) c*o*ndom, sheath
oxigén *n o*xygen
ózon *n o*zone
ózonpajzs *n o*zone layer

Ö, Ő

ő 1. *pron* (*hímnemű*) he; (*nőnemű*) she; (*semlegesnemű*) it || ~ **maga** he ... himself, she ... herself, it ... itself **2.** (*birtokos jelzőként*) (*egyes, hímn.*) his; (*nőn.*) her; (*seml. n.*) its; (*többes*) their || **az** ~ **könyve** his/her book; **az** ~ **könyvei** his/her books; **az** ~ **könyveik** their books; **az** ~ **könyvük** their book
öblít *v* rinse (sg out)
öböl *n* (*nagy*) gulf; (*közepes*) bay; (*kicsi*) *i*nlet
öcsém *n* (*testvérem*) my y*ou*nger br*o*ther
őfelsége *n* (*király, királynő*) His/ Her Majesty
ők *pron* they || ~ **maguk** they (...) themselves
öklendez|ik *v* retch
öklömnyi *a* (*nagy*) (as) big as my fist; *biz* (*kicsi*) t*i*ny, pint-s*i*zed
ökológia *n* ecology
ököl *n* fist || **~be szorítja a kezét** clench one's fist(s)
ökölvívás *n* b*o*xing
ökör *n* (*állat*) ox°, bullock
ökörnyál *n* gossamer, *ai*r-threads *pl*
ökumenikus *a* ecumenical
öl[1] *n* (*testrész*) lap || **~be tett kézzel** *átv* idly; **vk ~ébe ül** sit* in/on sy's lap
öl[2] *v* (*embert*) kill, slay*; (*marhát*) slaughter; (*disznót*) butcher
öldöklés *n* massacre, b*u*tchery, slaughter
ölel *v* embr*a*ce, hug, put* one's arms round sy || **szeretettel** ~ (*levél végén*) with (much) love

ölelkez|ik v (*személyek*) embrace; *biz* (*szerelmeskedve*) bill and coo, neck
ölt v (*varr*) stitch; *átv* (*magatartást stb.*) assume ‖ **óriási méreteket** ~ assume considerable proportions
öltöny n suit
öltözet n clothing, clothes *pl*
öltöz|ik v dress, put* on one's clothes ‖ **jól ~ött** well-dressed
öltöző n dressing room; (*uszodában*) cubicle
ömlesztett a *ker* in bulk *ut.* ‖ ~ **áru** goods in bulk *pl*, bulk goods *pl*; ~ **sajt** processed cheese
öml|ik v flow (*vmből* from, *vmbe into* sg), run* (*vmbe into*) ‖ ~**ik az eső** it's pouring (with rain)
ön 1. *pron* you ‖ ~**t**, ~**ök(et)** you; **ez az** ~**(ök)é** this is yours 2. (*birtokos jelzőként*) your ‖ **ez az** ~**(ök) könyve** this is your book; **ezek az** ~**(ök) könyvei** these are your books
-ön *suff* → **-on**
önálló a *vk* independent, self-supporting; (*önállóan dolgozó*) self-employed; (*szabadúszó*) freelance
önállóság n independence
önarckép n self-portrait
önbecsülés n self-respect/esteem
önbizalom n (self-)confidence/assurance
öndicséret n self-praise/advertisement
önelégült a complacent, self-satisfied/contented, smug
önéletrajz n *ir* autobiography; (*álláshoz, pályázathoz*) curriculum vitae (*pl* curricula vitae)
önellátó a *vk* self-supporting
önérzet n self-esteem/respect

önfegyelem n self-discipline/control
önfejű a headstrong, self-willed
önfeláldozó a (*életét feláldozó*) self-sacrificing; (*áldozatvállaló*) self-denying
önfeledt a (self-)abandoned
önfenntartás n self-support(ing)
öngól n own goal
öngúny n self-mockery/irony
öngyilkosság n suicide ‖ ~**ot követ el** commit suicide
öngyújtó n lighter
önhiba n ~**jából történt** the fault is his, he has only himself to blame; ~**ján kívül** through no fault of his (own)
önhittség n conceit, arrogance
önigazgatás n self-management
önként *adv* voluntarily, of one's own free will, willingly ‖ ~ **vállalkozik vmre** volunteer to do sg
önkéntelen a involuntary
önkéntes 1. a voluntary 2. n *kat* (*és önként vállalkozó*) volunteer
önkény n *pol* absolutism, totalitarianism
önképzés n self-education
önkínzás n self-torment/torture
önkiszolgáló a self-service ‖ ~ **étterem** cafeteria, self-service restaurant; ~ **bolt** self-service shop (*US* store)
önkormányzat n (**helyi**) ~ local government, local authority; (*GB* *így is*) (local) council, city/borough council
önköltségi ár n cost/production price
önkritika n self-criticism
önmaga *pron* (*hímn.*) himself; (*nőn.*) herself; (*seml. n.*) itself;

(*nyomatékosan*) he himself, she herself ‖ ~ban in/by itself; (ez) ~ért beszél it speaks for itself önmegtartóztatás *n* self-restraint; (*italtól*) abstinence, teetotalism
önműködő *a* automatic
önrendelkezés(i jog) *n* (right to/of) self-determination
önt *v* (*folyadékot*) pour; (*fémet*) (*die-*)cast*, found
öntapadó(s) *a* self-adhesive
öntelt *a* conceited
öntet *n* flavouring (*US* -vor-) sauce; (*saláta*) dressing
öntöde *n* foundry
öntörvényű *a* autonomous
öntöz *v* (*utcát, növényt*) water; (*gyepet*) sprinkle, hose; (*csatornákkal*) irrigate
öntözőcsatorna *n* irrigation canal
öntözőkanna *n* watering can
öntudat *n* (*eszmélet*) consciousness ‖ ~ánál van be* conscious; elvesztette ~át he lost consciousness
öntudatlan *a* unconscious
öntudatos *a* (self-)conscious, self-respecting
öntvény *n* cast(ing), mould(ing) (*US* molding)
önuralom *n* self-command/control
önvédelem *n* self-defence (*US* -se)
önzés *n* selfishness, ego(t)ism
önzetlen *a* unselfish, selfless; (*magatartás*) altruistic
önző *a* selfish, ego(t)istic
őr *n* keeper, guard, watchman°; (*börtön*) warder; kat sentry; átv guardian, protector
ördög *n* devil ‖ az ~be is! hang/ damn it!, hell!; hol az ~ben van? where on earth is he/it?

öreg 1. *a* old; (*koros*) aged, elderly 2. *n* old man°, greybeard ‖ az ~ (*vk apja*) biz the old man; ~ek otthona old people's home, oldage home; ~em! I say (*v*. listen) old chap/thing/boy
öregúr *n* biz old gentleman°
öregsz|ik *v* grow* old, age
őrhely *n* post; átv watch
őriz *v* watch (over), guard
őrizetlen *a* ~ül hagy leave* sg unattended
őrköd|ik *v* (*őrségben*) watch over, keep* guard over; vkre/vmre take* care of sy/sg
őrmester *n* sergeant
örök 1. *a* eternal; (*örökkévaló*) everlasting; (*állandó*) permanent; (*folytonos*) perpetual ‖ ~ élet eternal life 2. *n* ~be fogad adopt
örökbefogadás *n* adoption
örökké adv (*örökre*) eternally, for ever; (*folytonosan*) continually, perpetually
örökkévalóság *n* eternity, perpetuity ‖ egy ~nak tűnt it seemed like an eternity
öröklakás *n* owner-occupied flat, *US* condominium
örökletes *a* (*betegség*) hereditary
örököl *v* inherit (sg)
örökös[1] *a* (*folytonos*) perpetual; (*örök*) eternal
örökös[2] *n* heir, inheritor; (*nő*) heiress
örökre adv for ever
örökség *n* inheritance, *US* estate; (*ingóvagyon*) legacy, bequest
örökzöld *a* bot és átv evergreen
őröl *v* grind*, mill
öröm *n* joy, pleasure, gladness, happiness, delight ‖ vk nagy ~ére

much to the delight of sy; **~et szerez vknek** please/delight sy; **~ét leli vmben** take* pleasure in sg, enjoy sg; **~mel** gladly, with pleasure; **~mel várjuk a találko- zást** we look (v. we're looking) forward to seeing you
örömhír n good news, glad tidings pl
örömmámor n ecstasy of joy || **~ban úszik** be* overjoyed, be* in an ecstasy of joy
örömteli a joyful, glad, merry
örömujjongás n jubilation, accla- mations of joy pl
örömünnep n festival, high day, jubilee
őrség n kat guard, watch; (hely, vár) garrison
őrtorony n watch-tower
örül v vmnek rejoice at/over (sg), be* glad (that ... v. of sg), be* delighted (that ... v. at/with sg); be* pleased (that ... v. with sg) || **előre ~ vmnek** look forward to (doing) sg; **~ök, hogy megis- merhetem** pleased to meet you
őrület n madness, insanity
őrült 1. a vk mad, insane; biz crazy; (cselekedet) foolish, stupid || **~ si- ker** sweeping/overwhelming suc- cess **2.** n madman°, maniac, luna- tic **3.** adv **~(en)** madly, extremely
örvendetes a pleasing, happy, fortunate || **nagyon ~, hogy** ... it is a good thing that ...
örvény n (vízé) whirlpool, eddy; átv whirl, turmoil
ős n ancestor, forefather
őserdő n virgin forest, jungle; (trópusi) rain-forest
őshonos a native

ősi a (nagyon régi) ancient; (ősök idejéből származó) ancestral
őskor n prehistoric/primitive age
őskori lelet n fossil
őslakosság n original inhabitants pl, aborigines pl
őslénytan n palaeontology (US paleon-)
ősrégi a (very) old/ancient
ösvény n path
ősz[1] a/n (szín) grey(-haired), US gray || **~ haj** grey (US gray) hair
ősz[2] n (évszak) autumn, US fall || **~re** by autumn/fall; **ősszel** in autumn, US in (the) fall
őszi a autumnal, of autumn ut., of fall ut. || **~ búza** winter/autumn wheat
őszibarack n peach
őszinte a sincere, frank, candid || **~ vkvel** be* plain/open with sy; **~ tisztelettel** (levélben) Yours truly/sincerely, ...; főleg US: Sin- cerely yours, ...
őszintén adv sincerely, frankly || **~ szólva** frankly, ...; to tell the truth
őszirózsa n aster, Michaelmas daisy
összamerikai a Pan-American
összbenyomás n general/overall impression
összead v (számokat) add (up/to- gether); biz tot up; (összeesket) marry, wed
összeadás n mat addition
összeáll v (csoportba) assemble, gather/get* together; (munkára) team up with sy; (egyesül) unite; (vkvel) take* up with sy
összeállít v (részeket) assemble, put*/fit together; (csapatot, kor- mányt) form; (írásművet) compile;

(*listát*) draw* up; (*műsort*) draw* up

összeállítás *n* (*csapaté, műsoré*) line-up; (*írásműé*) compilation

összebarátkoz|ik *v vkvel* make* friends with sy

összecsap *v* (*kezet*) clap; *biz* (*munkát*) knock/throw* (sg) together; (*könyvet*) shut*/close with a bang; (*ellenféllel*) join battle with

összecsomagol *v* (*utazásra*) pack (up); *vmt* do*/tie up sg *into* a parcel

összedől *v* collapse, tumble down, crumble

összeegyeztet *v* (*adatokat*) compare, collate [data]; (*nézeteket*) reconcile [views]

összeér *v* (*két vége vmnek*) meet, abut on; (*két tárgy*) touch

összees|ik *v* (*személy*) collapse, drop; (*lelkileg*) break* down; (*események időben*) coincide (with), concur

összeesküvés *n* conspiracy || ~**t sző vk ellen** conspire/plot against sy

összefagy *v biz* ~**tam** I am frozen, I am* chilled to the bone

összefér *v vkvel* get* on (well) with sy; *vmvel* be* compatible/ consistent with sg

összefirkál *v* scrawl on; (*falat*) cover [a/the wall] with graffiti

összefogás *n* union, joining (of) forces, collaboration

összefoglalás *n* summing up, summary

összefon *v* (*hajat*) plait, *főleg US:* braid [one's hair] || **karját ~ja** fold/cross one's arms

összeforr *v* (*törött csont*) knit*, set*; (*seb*) heal (*over*)

összeforraszt *v* (*fémet*) solder (together)

összefut *v* (*emberek*) assemble/ flock together, gather; (*két autó*) bump (together), collide || ~ **a nyála vmtől** *biz* sy makes one's mouth water; ~ **vkvel** bump/run* *into* sy, come* across sy

összefügg *v vmvel* be* connected with sg

összefüggés *n* connection, relation; (*belső*) inherence; (*beszédben*) coherence; (*szövegé*) context; *mat* relation(ship) || ~**ben van vmvel** be* connected with sg, have* to do with sg; **ezzel ~ben** in connection with that/this

összeg *n* sum, amount; (*végösszeg*) (sum) total || **egy ~ben fizet** pay* cash

összegez *v* (*összead*) add up; (*eredményt stb.*) summarize, sum up

összegyűjt *v* collect, gather (together); (*készletet*) stockpile, store

összegyűl|ik *v* (*tömeg*) assemble, gather/come* together; (*pénz*) pile up; (*kiadás*) accumulate

összegyűr *v* (*ruhát*) crease, crumple

összegyűrőd|ik *v* (*papír*) get* crumpled (up); (*ruha*) become*/get* creased

összehajt *v* fold (up)

összehasonlít *v* (*két v. több dolgot*) compare, make* a comparison between [...] and [...]; (*ellentéteket*) set* sg/sy against sg/sy

összehasonlíthatatlan *a* incomparable (to/with), beyond compare/comparison *ut.*

összeházasod|ik *v* get* married (*vkvel* to sy), marry (*vkvel* sy)

összehív *v* (*embereket*) call [people] together, summon; (*országgyűlést*) convoke

összehord *v vmt* collect, heap/pile up ‖ **hetet-havat** ~ drivel (*US* -l) on, talk nonsense

összeilleszt *v* assemble, join (up/together), fit

összeill|ik *v* fit, suit, agree; (*stílus, szín*) match, harmonize

összeillő *a* well-matched, harmonious, suitable

összejátsz|ik *v pejor vkvel* act in collusion with sy, conspire with sy

összejön *v* gather, come*/get* together; meet*; (*felgyülemlik*) pile/heap up, accumulate ‖ **(ez) nem jött össze** *biz* it hasn't worked out

összejövetel *n* meeting, gathering

összekapcsol *v* (*dolgokat*) connect (*vmvel* with), join (*vmt vmvel* sg to sg), link (*vmvel* with); (*kapoccsal*) clip (together); *tech* clamp; (*fogalmakat*) relate, associate

összeken *v* (*ruhát, testrészt*) get* sg all covered in/with sg

összekerül *v* (*vkvel véletlenül*) run* into, come* across

összekever *v* (*többfajta anyagot*) mix/blend [components] (together); (*összetéveszt*) confuse sg (with sg)

összeköltöz|ik *v* move in with sy, go* to live with sy

összeköt *v* tie (up), bind* (together); (*összekapcsol*) connect, link, join; *átv* combine, unite

összeköttetés *n* (*kapcsolat*) connection, contact; (*személyi*) relations *pl*; (*üzleti*) business contacts/connections *pl*; (*közlekedés*) communications *pl*; (*vasúti*) railway/train service; (*telefon*) telephone service; (*protekció*) influence, connections *pl* ‖ **közvetlen** ~ through train; **légi** ~ air links *pl*; **~ben áll vkvel** be* in touch/contact with sy

összemaszatol *v* smudge, smear with dirt

összemegy *v tex* shrink*; (*kisebb lesz*) contract; (*tej*) turn, curdle

összenéz *v* (*tekintetük találkozik*) exchange (knowing) glances

összenyom *v* press, compress, crush

összeoml|ik *v* collapse; (*épület*) come* tumbling down, fall down/in; (*birodalom*) decay, break* up; (*erkölcsileg vk*) break* down

összepiszkít *v* make* (sg) dirty

összeragad *v* stick* (together), be*/get* stuck together

összeragaszt *v* glue/stick* together

összerak *v* (*rendbe rak*) put*/place sg in order; (*összeállít*) assemble, fit together; (*összeilleszt*) join (together)

összerakó játék *n* puzzle

összeráncol *v* **~ja a homlokát** knit* one's brows, frown

összerezzen *v* (*félelemtől*) shudder at, quiver (with fear); (*meglepetéstől*) give* a start

összerogy *v* collapse, drop

összerombol *v* destroy, shatter, ruin

összeroppan *v* collapse; (*lelkileg*) have* a breakdown

összes *adv* (*egész, teljes*) all, all the ... (+ *pl*); total (+ *pl v. sing.*);

(*minden*) every (+ *sing.*) || **Jókai ~ művei** the complete works of Jókai; **az ~ kiadás** total expenditure
összesen *adv* altogether, ... in all; (*számoszlop összegezésekor*) sum total
összesít *v* (*összead*) add/total (*US* -l) up; (*eredményeket*) summarize, sum up
összesöpör *v* sweep* up
összespórol *v* (*pénzt*) save (up) [money] (*vmre* for sg)
összesűrít *v* condense; (*folyadékot*) concentrate
összeszed *v* *vmt* collect/gather sg; (*felszed*) pick up; (*pénzt*) scrape together; (*betegséget*) *biz* contract || **~i a bátorságát** *biz* pluck up courage; **~i magát** *biz* (*egészségileg*) pick up; (*lelkileg*) collect/compose oneself
összeszerel *v* assemble [cars]
összeszerelő üzem *n* assembly plant
összeszid *v* scold
összeszok|ik *v* (*egyik a másikkal*) get* used to each other, get*/grow*/become* accustomed to each other
összeszorít *v* compress, press together; (*fogóval*) clamp, clip
összeszoroz *v* multiply
összetart *v* *vmt, vkt* hold*/keep* together; *vkvel* hang*/stick* together
összetartás *n* *vkvel* solidarity
összetartozás *n* connection, relation
összetép *v* tear* (up)
összetétel *n* composition, makeup; *kém* compound

összetett *a* complex, combined; (*bonyolult*) intricate, complicated || **~ mondat** complex/compound sentence; **~ szó** *nyelvt* compound
összetéveszt *v* *vmt vmvel* mistake* sg for sg, confuse sg and/with sg, mix sg up with sg
összetevő *n* component, constituent
összetör *v* *vmt* break* (up), break* to pieces; (*mozsárban*) pound, crush, grind*
összetör|ik *v* break* (up) || **~t a kocsim** my car was/got smashed up
összetűzés *n* (*civakodás*) quarrel, clash, altercation
összeül *v* (*ülésre*) assemble, come*/get* together [for a conference/meeting]
összeütköz|ik *v* (*jármű*) collide (*vmvel* with sg), run* into one another; *átv* have* a conflict with
összevarr *v* sew*/stitch up/together
összever *v* *vkt* beat* (sy) up, beat* (sy) black and blue, thrash || **~i a tenyerét** clap one's hands
összevet *v* *vmvel* compare (*hasonlóval* with, *eltérővel* to)
összevissza *adv* (*rendetlenül*) upside down, topsy-turvy; (*válogatás nélkül*) at random; (*összesen*) altogether || **~ beszél** talk nonsense/rubbish
összezavar *v* (*keveredést okoz*) muddle (up) sg; (*vizet*) stir up; *vkt* confuse, upset*
összezúz *v* crush, smash
összezsugorod|ik *v* shrivel (*US* -l) (up)
összhang *n* *zene* harmony, consonance; *átv* harmony, agreement || **~ban van vmvel** be* in harmony/line/keeping with sg

összhatás *n* general/overall impression
összjáték *n* team-work
összjövedelem *n* total income
összkép *n* overall view/picture (of sg)
összkomfort *n* all modern conveniences *pl, biz* mod cons *pl*
összköltség *n* total expenditure/cost
összpontosít *v* concentrate (*vmre* on)
összpontosítás *n* concentration
össztermék *n* total output, overall yield ‖ **hazai** ~ Gross Domestic Product (GDP); **nemzeti** ~ Gross National Product (GNP)
ösztön *n* instinct
ösztöndíj *n* scholarship, (*az összeg*) stipend
ösztöndíjas *n* holder of a scholarship
ösztönös *a* instinctive, intuitive, spontaneous ‖ **~en** instinctively, spontaneously
ösztönöz *v vkt vmre* urge (sy to do sg), stimulate/encourage sy (to do sg)
őszül *v* (*haj*) turn white, become* grey (*US* gray)
öszvér *n* mule
öt *num* five
ötágú *a* five-pointed
ötajtós kocsi *n* hatchback
öten *num adv* five (people), five of us/you/them
ötlet *n* idea, (ingenious) thought ‖ **jó** ~ a good idea
ötletes *a* (*szellemes*) witty; (*találékony*) resourceful, ingenious, inventive
ötórai *n* ~ **tea** five o'clock tea

ötöd *n* (*rész*) fifth (part)
ötödéves *n* fifth-year student, *US* senior
ötödik 1. *num a* fifth, 5th **2.** *n* (*osztály*) **~be jár** be* in (*v.* attend) the fifth form/class (*v. US* grade); → **első**
ötödikes **(tanuló)** *n* fifth-form pupil
ötödször *num adv* fifthly, for the fifth time
ötöl-hatol *v* hedge, hum (*US* hem) and haw
ötös 1. *a* (*ötszörös, öt részből álló*) fivefold, quintuple; (*ötös számú*) ~ **autóbusz** the number five bus, bus number five (*v.* No. 5) **2.** *n* (*számjegy*) the number/figure five; (*isk osztályzat*) very good, excellent, an A ‖ **~t kapott matekból** (s)he got and A in math(s)
ötszáz *num* five hundred
ötszázas, **ötszázforintos** *n* (*bankjegy*) a five hundred forint note
ötszög *n* pentagon
ötször *num adv* five times
ötszörös *a* fivefold, quintuple
öttusa *n* modern pentathlon
ötven *num* fifty
ötvenedik *num a* fiftieth (50th)
ötvenen *num adv* fifty (of us/you/them) ‖ ~ **voltak** there were fifty of them
ötvenes évek *n pl* the fifties (50s)
ötvenhat *num* (= 1956) **az ~os forradalom és szabadságharc** the revolution (and freedom fight) of 1956, the 1956 uprising
ötvös *n* goldsmith
ötvöz *v* alloy, mix
öv *n* (*ruhán*) belt; (*föld*) zone

öve *pron* his, hers || **ez a ház az ~** this house is his/hers; **ezek a könyvek az ~i** these books are his/hers

öve(i)k *pron* theirs

övezet *n* (*terület*) zone, area

őz *n* deer (*pl* ua.), roe(-deer)

őzike *n* fawn

özön *n* (*áradat*) deluge, torrent, flood; (*csak átv*) abundance, plenty (of sg) || **szavak ~e** torrent of words

özönl|ik *v* stream, flow, flood, rush; (*tömeg*) flock/throng to [a place]

özönvíz *n* deluge; (*bibliai*) the Flood

özvegy *n* (*asszony*) widow; (*férfi*) widower

P

pác *n* (*élelmiszeré*) pickle; (*bőripari*) steep, tanning ooze/liquor || **~ban van** *átv biz* be* in a pickle/jam/mess

pacák *n biz* guy, fellow

páciens *n* patient

packáz|ik *v vkvel* trifle with sy || **nem hagy magával ~ni** he is not to be trifled with

pácol *v* (*élelmiszert*) pickle, cure; (*bőrt*) steep

pacsirta *n* (sky)lark

pad *n* bench; (*támla nélkül*) form; *isk* desk

padlás *n* loft, garret, attic

padlizsán *n bot* aubergine

padló *n* floor

páfrány *n* fern

páholy *n szính* box

pajkos *a* elfish; (*játékos*) playful, frolicsome

pajtás *n* friend, companion, mate, *biz* pal

pajzán *a* (*sikamlós*) risqué, near the bone *ut.*; (*illetlen*) brazen, naughty || **~ történet** racy story

pajzsmirigy *n* thyroid gland

pakli *n* (*csomag*) packet, package || **egy ~ kártya** a pack (*US* deck) of cards

pakol *v* (*csomagol*) pack/wrap (up)

paktál *v* conspire, enter into a pact with

paktum *n* agreement, pact

pala *n* (roof-)slate

palack *n* bottle; (*lapos*) flask

palackzöld *a* bottle-green

palacsinta *n* pancake(s *pl*), crêpe

palánta *n* plant, seedling

palást *n* cloak, (long) mantle

pálca *n* stick, rod, staff; (*karmesteri*) baton; (*fenyítő*) cane

palesztin *a/n* Palestinian

Palesztina *n* Palestine

pali *n biz* sucker, *GB* mug || **~ra vesz vkt** take* sy for a fool, dupe sy

pálinka *n* brandy, spirit

pálma *n bot* palm(-tree) || **elviszi a ~t** bear* the palm

pálmaház *n* glasshouse, greenhouse

palota *n* palace, mansion (house)

pálya *n* course, path; (*égiteste, űrhajóé stb.*) orbit; (*vasúti*) (railway) track, railway (line), *US* railroad (line); *sp* (sports) ground, (playing) field; (*futó*) track; (*tenisz*) court; (*életpálya*) career, profession, occupation || **~!** *sp* stand clear, please!, Gangway!; ~t választ choose* a profession

pályafutás *n* career

pályaudvar *n vasút* railway (*US* railroad) station; (*autóbusz*) bus/coach station/terminal

pályázat *n* (*versengés*) competition; (*vm elnyerésére*) application (for sg) || **nyertes** ~ prize-winning entry/work

pályáz|ik *v* (*vm elnyerésére*) compete for, apply (*v.* put* in) for [a job, a scholarship etc.]; (*pályázaton vesz részt*) compete, enter (for) [a competition]

pamlag *n* couch, settee, sofa, *US* davenport

pamut *n* cotton

pamutáru *n* cotton goods *pl*, cottons *pl*

pamutszövet *n* cotton (fabric/cloth)

pamutvászon *n* calico

panasz *n jog is* complaint; (*vk ellen*) accusation, charge || **mi a ~a?** (*betegtől*) what is your complaint?; **~t tesz vk ellen** make*/lodge a complaint against sy (*vknél* with sy)

panaszkod|ik *v vkre, vmre* complain about/of (sy/sg); (*vmről, pl. fejfájásról*) complain of [a headache etc.]

páncél *n* (*lovagi*) (suit of) armour (*US* -or), mail; (*rovaré*) carapace, shell

páncélszekrény *n* safe

pancser *n biz* duffer, muff, bungler, *US* sad sack

pancsol *v* splash (about), paddle

panelház *n* prefabricated house; *biz* prefab; (*toronyház*) high-rise (block), tower block

pangás *n átv is* stagnation, depression, slump, recession

pánik *n* panic || **csak semmi ~!** don't panic!

panoptikum *n* waxworks *pl v. sing.*; (*Londonban*) Madame Tussaud's

panoráma *n* view, panorama

pánt *n* band, hold-fast; (*ruhán*) strap

pantalló *n* trousers, slacks, *US* pants (*mind: pl*)

pantomim *n* pantomime, mime

panzió *n* = **penzió**

pap *n* (*katolikus, anglikán, ortodox*) priest; (*anglikán így is*) clergyman°, vicar; (*főleg református*) minister, pastor

papa *n biz* Dad(dy), Papa, *US* Pa

pápa *n* Pope

papagáj *n* parrot

papír *n* (*anyag*) paper; (*egy darab*) a piece of paper || **vknek a ~jai** *biz* (*személyi okmányok*) sy's/one's (identity) papers/documents *pl*

papírbolt *n* stationer('s)

papírforma *n* ~ **szerint** on paper, in theory; ~ **szerint győz** the odds are that he will win

papírkosár *n* waste-paper basket, *US* wastebasket

papírkötés *n* (*könyvé*) paper covers *pl*, paperboards *pl*

papírpelenka *n* (*betét*) nappy-liner; (*eldobható*) disposable nappy (*US* diaper)

papírpénz *n* paper money, (bank-)notes *pl*, *US* bills *pl*

papírszalvéta *n* paper napkin

papírzsebkendő *n* paper tissue

paplan *n* (*steppelt*) duvet, continental quilt; (*pehely*) eiderdown

paprika n (*növény és termése, zöld-paprika*) green pepper; (*piros*) red pepper; (*fűszer*) (Hungarian) paprika
papucs n slippers *pl*; *sp biz* speedboat; = **papucsférj**
papucscipő n slip-on, *US* főleg loafer
papucsférj n henpe usband
pár 1. n (*kettő*) pair; (*házas, szerelmes*) couple; (*egyenértékű*) match, the counterpart, analogue ‖ **élete ~ja** (one's/a) partner for life **2.** a (*kettő*) pair of; (*néhány*) a couple (of), some, few (*mind után: pl*) ‖ **egy ~ kesztyű** a pair of gloves; **egy ~ szót szólt csak** he said only a few words
pára n (*gőz*) steam, vapour (*US* -or); (*kipárolgás*) fumes *pl*, exhalation
parabolaantenna n (satellite) dish
parádé n (*felvonulás*) parade, pageantry; (*pompa*) pomp, (spectacular) show
paradicsom n *bot* tomato (*pl* -toes); *vall* paradise
paradicsomleves n tomato soup
paradicsommártás n tomato sauce
parafa n cork ‖ **~ dugó** cork
paragrafus n (*szakasz*) section, paragraph; (*törvénycikk*) article
paraj n spinach
paralel a parallel
paraméter n parameter
parancs n command, order; *kat* order, directive; (*utasítást tartalmazó*) direction ‖ **vk ~ára** by order of sy
parancsnok n *kat* commander, commanding officer

parancsnokság n (*szerv*) headquarters (of the commander) *sing. v. pl*
parancsol v vknek vmt command/order/direct sy [to do sg]; (*udvariassági kifejezésekben*) **~?** I beg your pardon(?) ‖ **mit ~?** what can I do for you?, can I help you?; **~jon helyet foglalni!** please take a seat!; **tessék ~ni!** (*kínálva*) (please) help yourself
parányi a minute, tiny
párás a (*levegő*) humid, misty, hazy; (*ablak*) steamed/misted up
párásodik v (*ablak*) steam/mist up
paraszt n peasant, countryman°; (*sakkban*) pawn; *pejor* (*faragatlan személy*) boor(ish fellow), lout
parasztház n farmhouse, peasant cottage/house
páratartalom n humidity
páratlan a *mat is* odd; (*ritka*) unrivalled (*US* -l-), peerless; matchless, unequalled (*US* -l-) ‖ **~ a maga nemében** unique (of its kind)
parázna a/n ir lecherous, libidinous; (*nő*) lewd
parázs n glowing embers *pl*
párbaj n duel
párbajtőr n épée
párbeszéd n dialogue (*US* -log)
pardon! int pardon/excuse me!, I beg your pardon!, (I'm) sorry!
párduc n leopard, panther
parfé n parfait
parfüm n scent, perfume
párhuzamos a/n parallel
párhuzamosan adv parallel to/with sg
paripa n steed, (saddle-)horse
Párizs n Paris

párizsi *a/n* Parisian || ~ **szelet** 'Parisian' cutlet; *(felvágott) US* bologna s*au*sage
park *n (kert)* park, garden; *(járműállomány)* pool, fleet
párkány *n* edge, rim; *(ablaké)* sill
parkett *n (padló)* p*a*rquet (floor/ flooring); *(táncparkett)* (dance) floor
parkol *v* park (the/one's car) swhere
parkoló **1.** *a* ~ **gépkocsi** parked car **2.** *n* car park, *US* p*a*rking lot
parkolóház *n* multistorey car park, *US* parking garage
parkolóhely *n (férőhely)* parking (space), place to park || **kijelölt** ~ designated bay
parkolóóra *n* parking meter
parlament *n* Parliament; *(épület)* parliamentary bu*i*lding(s); *(GB, H az épület)* the H*ou*ses of Parliament, *US* Congress, Capitol Hill
parlamentáris *a* parliamentary || ~ **demokrácia** parliamentary democracy
parlamentarizmus *n* parliamentarism
parlamenti *a* parliamentary || ~ **képviselő** *GB, H* member of parliament, *US* Congressman°, Congresswoman°
párna *n (ágyban)* pillow; *(ülésre)* cushion
paródia *n* p*a*rody, travesty
paróka *n* wig
parókia *n (lelkészlakás)* vicarage, p*a*rsonage; *(presbiteriánus, baptista)* manse; *(egyházközség)* parish
párol *v* steam, cook (sg) in steam, *(húst)* stew, braise

párolog *v* steam, ev*a*porate, v*a*pour *(US -or)*
páros **1.** *a (kettős)* paired, twin; *mat* even || ~ **oldal** *(utcáé)* evennumbered side **2.** *n sp* doubles || **férfi** ~ men's doubles *pl*; **női** ~ women's d*ou*bles *pl*
párosával *adv* in/by pairs/twos
párosít *v* pair; *zoo* mate; *átv* join, comb*i*ne, un*i*te
párszor *adv* once or twice, a few times
part *n (állóvízé)* shore; *(tengeré, tágabb ért.)* coast; *(a part)* *(sea)*shore; *(homokos)* beach; *(folyóé)* bank, riverside || **a** ~**on** on the shore; ~**ot ér** touch/make* land; ~**ra száll** go* on shore *(v. ashore); kat is* land, disemb*a*rk
párt *n pol* p*a*rty; *(pártfogás)* protection, p*a*tronage || **belép egy** ~**ba** join a party; ~**ját fogja** take* sy's part
pártatlan *a* impartial
partdobás *n sp* throw-in
partedli *n* bib
pártfogó *n* p*a*tron, protector; *(támogató)* benefactor, b*a*cker, supporter
pártfogol *v (segít)* p*a*tronize, support, back (up), sponsor; *(véd)* protect
parti[1] *a (tengeri)* coastal; *(folyóé)* riverside
parti[2] *n (játszma)* game; *(öszszejövetel)* party; *(házasság)* **jó** ~**t csinál** make* a good match
partitúra *n zene* score
partner *n* partner; *film, szính* costar; *(szexuálisan)* partner, friend
pártonkívüli *n* non-p*a*rty man°

partőr *n* coast-guard, *US* *főleg:* coastguardsman°
pártprogram *n* party programme, *US* party platform
párttag *n* party member
párttagság *n* (*állapot*) party membership; (*tagok*) party members *pl*
partvédelem *n* coastal defence
partvidék *n* (*tengeré*) maritime/ coastal district/region
partvis *n* broom
partvonal *n* shoreline, coastline
párzás *n* mating
párz|ik *v* mate
pasa *n tört* pasha
pasas *n biz* fellow, chap, (*csak GB*) bloke, *US* guy
pástétom *n* pâté
passzió *n* hobby
passzíroz *v* pass through a sieve
passzív *a* passive, inactive
passzol *v* (*ráillik méretben*) fit; (*kártyajátékban*) pass, say "no bid"; (*futballban*) pass [the ball to sy]
paszta *n* (*kenőcs*) polish; (*étel*) spread, paste
pásztáz *v mezőg* work a field by strips; *kat* rake, enfilade; (*repülőgépről*) strafe; (*fényszóróval*) sweep* (with); (*filmfelvevővel*) pan
pasztell *n* pastel (*US* pastel)
pásztor *n* (*marháké*) herdsman°; (*birkáké*) shepherd
pasztőröz *v* pasteurize ‖ ~ött tej pasteurized milk
pata *n* hoof°
patak *n* brook, stream(let)
patália *n biz* noise, row ‖ ~t csap kick up a row/shindy
patentkapocs *n* press-stud, snap-fastener

patika *n* pharmacy, chemist's (shop)
patikus *n* chemist, pharmacist, *US* druggist
patkány *n* rat
patkó *n* (*lóé*) horseshoe
pátosz *n* emotion(al style), loftiness ‖ hamis ~ bathos
patronál *v* sponsor, support, patronize
patt *n* stalemate
pattanás *n* (*zaj*) crack; (*bőrön*) pimple, spot, acne
pattog *v* (*tűz*) crackle; *átv* (*vk*) rail, fume
pattogatott kukorica *n* popcorn
páva *n* peacock; (*nőstény*) peahen
pávián *n* baboon, mandrill
pavilon *n* (*kiállító*) pavilion; (*árusítóbódé*) kiosk
pazar *a* (*fényűző*) luxurious; (*pompás*) brilliant, lavish, splendid
pazarol *v* squander, lavish, waste
pázsit *n* grass, lawn, turf
pecáz|ik *v biz* angle, go* angling
pech *n biz* bad luck
peches *a biz* unlucky, unfortunate; (*igével*) have* bad luck
pecsenye *n* roast
pecsenyebor *n* full-bodied wine
pecsét *n* (*viaszból stb.*) seal; (*lebélyegzés*) stamp; (*folt*) stain, blotch, spot
pecsétgyűrű *n* signet/seal ring
pedagógia *n* the study of teaching methods, pedagogy, education
pedagógus *n* teacher; (*általánosabban*) educator
pedál *n* pedal
pedáns *a* (*rendszerető*) thorough, meticulous, precise, particular; (*túlzón*) fussy, overparticular

pedig *conj* (*viszont*) while, and; (*azonban*) but, however; (*noha*) (al)though ‖ **ez kék, az ~ piros** this is blue, while that one is red; **én ~ azt mondom** as for me I say; **nem jött el, ~ megígérte** (s)he didn't come, (al)though (s)he promised (s)he would
pedikűrös *a* chiropodist, pedicurist
pehely *n* (*hó, szappan*) flake; (*szőr, toll*) (*ei*der)down, fluff
pék *n* baker('s)
péksütemény *n* rolls *pl*, baker's ware
péküzlet *n* baker's (shop), bakery
példa *n* example, *i*nstance, case, precedent; *mat* problem; (*nyelvtani*) example ‖ **mint ˜ul** as, for example ...; such as ...; **˜ként felhoz** cite/give* (sg) as an example; **˜t megold** solve a problem
példamutató *a* exemplary
példány *n* (*könyvé, újságé*) copy; (*minta*) sample, specimen
példás *a* exemplary
példátlan *a* unprecedented, with*out* precedent *ut.*
például *adv* for example/*i*nstance
pelenka *n* nappy, *US* d*i*aper
pelenkabetét *n* (disp*o*sable) nappy-liner
pelenkáz *v* change [the baby's] nappy (*v. US* d*i*aper), change the baby
pelerin *n* cape, cloak
pelikán *n* pelican
penész *n* m*i*ldew, mould (*US* mold)
penge *n* blade
penget *v* sound; (*hangszerhúrt*) pluck [the strings]
penicillin *n* penic*i*llin
péntek *n* Friday; → **kedd, keddi**

pénz *n* money; (*érme*) coin; (*papírpénz*) (bank)notes *pl, US* bills *pl*; (*pénzalap*) fund; (*fizetési eszköz*) currency ‖ **jó ˜ért** at a price; **nincs nálam ~** (*készpénz*) I've no (ready) cash on/with me; **semmi ˜ért (sem)** not for love or/nor money; **˜t keres** earn/make* money; **˜t vált** change money
pénzalap *n* funds *pl*
pénzátutalás *n* (money) transfer
pénzautomata *n* cash dispenser, *US* ATM (= aut*o*matic teller mach*i*ne)
pénzbedobós *a* coin-*o*perated ‖ **~ automata** v*e*nding machine, *US* slot-machine; **~ telefon** coin-*o*perated telephone
pénzbírság *n* = **pénzbüntetés**
pénzbüntetés *n* fine, penalty ‖ **˜re ítél** *vkt* fine *sy*
pénzel *v* supply (*sy*) with money, fund; (*támogat*) sponsor
pénzesutalvány *n* money *o*rder
pénzhamisító *n* forger, counterfeiter
penzió *n* (*szálló*) boarding-house, guest-house, (*Anglián kívül*) pension; (*ellátás*) board ‖ **fél˜** half board; **teljes ~** full board
pénzjutalom *n* (money) reward, bonus
pénznem *n* currency
pénzösszeg *n* am*o*unt, sum (of money)
pénzromlás *n* depreciation, devaluation
pénztár *n* (*üzletben stb.*) cash desk/point, cash*i*er; (*ABC-áruházban*) checkout; (*bankban*) counter; (*jegy˜*) ticket office; *szính* box-office; *vasút* booking office

pénztárca n (bankjegynek) wallet; (erszény) purse
pénztári órák n hours of business, business hours
pénztáros n cashier; (banké) cashier, bank clerk, teller; (vasúti) booking clerk
pénztelenség n impecuniousness, poverty
pénzügyek n pl finances v. finances
pénzügyi a financial, finance || ~ helyzet (országé) financial situation; (vállalaté) state of the ...'s finances
pénzügyminiszter n Minister of Finance, GB Chancellor (of the Exchequer), US Secretary of the Treasury, Treasury Secretary
pénzügyminisztérium n Ministry of Finance, GB, US the Treasury
pénzügyőrség n (testület) customs
pénzváltás n exchange (of currency); (helye) bureau de change
pénzváltó n (money-)changer; (automata) change machine
pénzverde n mint
pép n pulp, mush; (püré) purée
pepita a checked, chequered, US checkered
per n jog (law)suit, (legal) action proceedings pl; (court) case || ~t indít vk ellen take* legal proceedings/action against sy
perc n (időegység) minute; (rövid idő) moment, instant || csak egy ~re (just) for a moment; ebben a ~ben just this moment; egy ~ alatt in an instant, in a second/minute; néhány ~e a few minutes ago; tíz ~ múlva hat ten (minutes) to six; tíz ~cel múlt hat ten (minutes) past (US after) six; tíz ~et késik (be*) ten minutes late

percenként adv every minute; tech per minute
percmutató n minute-hand, big-hand
perdöntő a decisive
perec n pretzel
pereg v (forog) spin*/whirl/turn round, twirl || ~ a dob the drum rolls (out)
perel v ~ vkt jog sue sy, take* sy to court, take* legal action against sy; (veszekszik) quarrel, dispute
perem n border, edge, margin; (edényé, kalapé) rim, brim; tech flange || a város ~én on the outskirts of [a/the city]
peremváros n suburb, (the) suburbs pl
peres ügy n lawsuit
pereskedǀik v jog litigate, go* to law; (öncélúan) be* litigious
perfekt a perfect, accomplished || ~ angol he speaks good/fluent English
periódus n period; el cycle
permanens a permanent, lasting
permetez v (eső) drizzle, sprinkle; (permetezővel) spray
peron n (pályaudvari) platform
persely n (takarék) (money-)box; (gyereké) piggy bank; (templomi) collecting box; tech bush
perspektíva n (távlat) perspective || új ~kat nyit open up new vistas
persze conj of course, certainly || ~ hogy nem of course not, certainly not; hát ~ why, certainly
perverz a perverted
perzsel v (nap) scorch, broil

pesti *a* **a ~ oldalon** on the Pest/left bank (of the Danube)
pestis *n* (bubonic) plague
pesszárium *n orv* pessary
pesszimista 1. *a* pessimistic **2.** *n* pessimist
pesszimizmus *n* pessimism
petárda *n* firecracker
pete *n biol* egg (cell)
petefészek *n biol* ovary
petíció *n* petition
petrezselyem *n bot* parsley
petróleum *n GB* paraffin, *US* kerosene
petúnia *n bot* petunia
petyhüdt *a* (*bőr*) loose, slack; (*mell*) sagging; (*izomzat*) soft, flabby
petty *n* (*állaton*) spot; (*minta*) (polka) dot
pettyes *a* spotted, spotty; (*minta*) dotted
pévécé *n* PVC, vinyl
pezseg *v* (*folyadék*) sparkle, fizz, fizzle, bubble; (*utca forgalomtól*) swarm/teem/bustle with [activity/life etc.]
pezsgő 1. *a* sparkling; *átv* **~ élet** bustling/teeming life **2.** *n* champagne
Pf. = *postafiók* post office box, PO Box, P.O.B.
pfuj *int* fie!, (for) shame!; (*undor*) pooh!, ugh!, yuck!
pia *n biz* booze, *US* liquor
piac *n* market ‖ **a ~** the marketplace; **nincs ~a** there is no demand/call/market for it
piacgazdaság *n* market economy
piaci *a* **~ ár** market price
piackutatás *n* market research
piál *v biz* booze, soak

pianínó *n* upright/cottage piano
pici *a* tiny, minute, *biz* weeny
pihen *v* rest, take a rest, relax
pihenőhely *n* (*autópályán*) lay-by (*pl* -bys), *US* rest stop
pihenőnap *n* day off, rest day, holiday
pikáns *a* (*történet*) naughty, spicy, juicy, racy; (*íz*) (highly) seasoned, piquant
pikk *n* (*kártya*) spade(s)
pikkely *n* scale
piknik *n kb.* bottle party
pillanat *n* instant, moment, second ‖ **egy ~(ra)!** just/wait a moment!; **egy ~ alatt** in an instant; **ebben a ~ban** this (very) instant/moment
pillanatfelvétel *n* snapshot
pillanatnyi *a* momentary, temporary ‖ **~ csend** a moment of silence
pillanatnyilag *adv* at/for the moment, just/right now
pillanatragasztó *n* Superglue
pillangó *n zoo* butterfly
pillant *v* **vkre, vmre** glance at sy/sg
pillér *n* pillar, column, post; (*hídé*) pier
pilóta *n rep* (airline) pilot
pimasz *a* impudent, insolent, impertinent
pince *n* cellar
pincér *n* waiter; (*hajón*) steward; (*söntésben*) barman°
pincérnő *n* waitress; (*hajón*) stewardess; (*söntésben*) barmaid
pingpong *n* table tennis, ping-pong
pingvin *n* penguin
pinty *n zoo* chaffinch
pióca *n zoo* leech
pipa *n* pipe

pipacs n (red/corn/field) poppy
pipál v (*pipázik*) smoke a pipe
piperecikkek n pl toilet/cosmetic articles; (*főleg feliratként*) toiletries
piperetáska n cosmetic/vanity bag
piperkőc a/n dandy, fop, coxcomb
pír n (*arcé*) flush, blush
piramis n pyramid
pirítós (kenyér) n toast
pirkad v the day is breaking
piros 1. a red; (*rózsaszínű*) pink ‖ ~ arc rosy/ruddy face (v. cheeks pl) **2.** n (*szín*) red; (*fény, jelzőlámpában*) red light; (*kártya*) heart(s)
pirosító n (*ajak*) lipstick; (*arc*) rouge
pirospaprika n (*őrölt*) (Hungarian) paprika
pirospozsgás a rosy/ruddy-cheeked
pirul v redden; (*arc*) blush (*vmtől* with/at sg), flush (*vmtől* with sg); (*hús*) (begin* to) brown
pirula n pill, pastille
pisi n biz pee, wee(-wee), piddle
pisil v biz pee, piddle, widdle
piskóta n (*rudacskák*) spongefinger, sponge biscuit; (*tészta*) sponge(-cake)
pislog v blink
pisze a retroussé, pug/snub-nosed ‖ ~ orr snub/pug-nose, turned-up nose
piszkál v (*vmt, tüzet*) poke, stir; vkt badger, chivvy; (*bosszantva*) needle, annoy
piszkálód|ik v (*kellemetlenkedik*) nag sy, pick at sy
piszkavas n poker
piszkos a (*tárgy*) dirty; (*erkölcsileg*) filthy, foul ‖ ~ beszéd foul

language, dirty talk; ~ munka dirty/messy work
piszkosfehér a off-white
piszmog v vmn, vmvel dawdle over sg, tinker with (v. away at) sg
piszok 1. n dirt, filth, biz muck **2.** a ~ alak dirty rat/dog
pisztoly n pistol, (hand) gun ‖ önműködő ~ automatic (pistol); ~t fog vkre aim a gun at sy
pisztráng n trout
pisszegés n hiss, hissing, booing
pite n fruit-flan, pie, tart
pityereg v whimper, whine, snivel (*US* -l)
pitypang n bot dandelion
pizsama n pyjamas pl, US pajamas pl
pl. = *például* for example/instance, e.g.
plafon n ceiling
plakát n bill, poster, placard
pláne adv biz particularly, especially
plasztik n plastic
plasztika n műv the plastic arts pl
plasztikai műtét n plastic surgery
platán(fa) n plane(tree)
platina n platinum
plébánia n (*egyházközség*) parish; (*épület*) parsonage, vicarage, rectory
plébános n parson, parish priest, vicar
pléd n (travelling-)rug (*US* -l-)
pléh n tin
plenáris ülés n plenary session
plénum n public ‖ a ~ előtt before the public, in public
pletyka n (piece of) gossip, tittle-tattle; (*rosszindulatú*) scandal(-mongering)

pletykafészek *n* (*személy*) scandalmonger, gossip, newsmonger, tattler, *US* tattletale
pletykál *v* gossip, tittle-tattle
plusz 1. *a* (*előjel*) plus ‖ **a hőmérséklet ~ 10 oC** the temperature is ten degrees centigrade/celsius (*v.* 10°C) **2.** *n* (*többlet*) excess, surplus **3.** *adv mat* plus; *biz* (*azonfelül*) plus ‖ **öt ~ három** five plus three
pluszmunka *n biz* additional/extra work
pocak *n* paunch, pot(belly)
pocok *n zoo* vole, fieldmouse°
pocsék *a* (*vacak*) worthless; (*komisz*) atrocious, rotten, lousy, foul
pocsékol *v* (*pazarol*) squander, waste
pocsolya *n* puddle, muddy pool, mire
pódium *n* stage, platform
poén *n* (*viccé*) point (of a joke), punch line
pofa *n* (*emberé, lóé*) cheek, jowl; (*más állaté*) chops *pl*; *biz* = **pasas** ‖ **fogd be a ~dat!** *vulg* shut/dry up!; **~kat vág** make* faces; **van ~ja** have* the cheek/gall
pofaszakáll *n* (side-)whiskers, *GB* side-boards, *US* sideburns (*mind: pl*)
pofátlan *a* bare-faced, insolent
pofon 1. *n* (*kézzel*) slap/smack in the face, box on the ear **2.** *adv* **~ vág** slap/smack sy in the face
pogácsa *n kb.* savoury scone, scones *pl*
pogány *a* (*nem keresztény*) heathen; (*istentelen*) pagan
poggyász *n* luggage (*pl* ua.), *főleg US*: baggage (*pl* ua.) ‖ **~t felad** check in one's baggage

poggyászkiadás *n* (*repülőtéren*) baggage reclaim
poggyászkuli *n* (baggage) trolley
poggyászmegőrző *n* left-luggage (office), *US* checkroom, baggage room
poggyásztartó *n* (luggage/baggage) rack
pohár *n* glass ‖ **egy ~ bor** a glass of wine
pohárköszöntő *n* toast ‖ **~t mond** give* a toast
pók *n zoo* spider
pókháló *n* (spider's) web, cobweb
pokol *n* hell; (*alvilág*) the underworld ‖ **eredj a ~ba** go to blazes/ hell
pokolgép *n* time bomb
pokoli *a* hellish, infernal; *biz* (*rendkívüli*) frightful, fiendish ‖ **~ fejfájás** splitting headache; **~ zajt csap** raise Cain, kick up an infernal row
pokróc *n* coarse/heavy blanket
polc *n* shelf°
polgár *n* (*államé*) citizen; (*nem katona*) civilian
polgárháború *n* civil war
polgári *a* (*élet, intézmény*) civil; (*nem katonai*) civilian; *pol* bourgeois, middle-class ‖ **~ bíróság** civil court; **~ demokrácia** bourgeois democracy; **~ jogok** civil rights/liberties; **~ lakosság** civilian population
polgárjog *n* **~ok** civil rights *pl*
polgárjogi *a* **~ harcos** civil rights leader/activist; **~ mozgalom** civil rights movement
polgármester *n* mayor
polgármesteri hivatal *n* the mayor's office, municipal office

polgárság n (vmely város lakossága) citizens pl; (középosztály) bourgeoisie, the middle classes pl
polip n zoo octopus (pl -puses)
politika n (tudomány és rendszer) politics sing.; (tevékenység és vk pol. nézetei) politics pl; (irányzat, elvek) policy
politikai a political || ~ **fogoly** political prisoner; ~ **pártok** political parties
pollen n pollen
pólóing, póló n T-shirt
poloska n zoo bedbug, US így is: chinch; biz (lehallgató) bug
pólus n pole
pólya n (csecsemőé) swaddling-clothes pl; (ma) baby's wrap-around/shawl; orv (sebre) bandage, dressing
pólyás a/n ~ **(baba)** babe-in-arms, infant
pompa n (látványosság) pageantry, pomp; (ünnepi) ceremony
pompás a (fényűző) luxurious, magnificent; (látványosan szép) splendid, glorious; (ember vmben) excellent, first-rate
pongyola 1. n dressing gown, wrap, US bathrobe 2. a careless, negligent; (stílus) loose
póni n pony
pont 1. n (térben) point; (mondat végén) full stop, US period; (ékezet) dot; (petty) dot; (időben) point; (mérték) point, stage, extent, degree; (részlet, szakasz) point, paragraph, article; (sp játék) score, mark || **a szerződés ~ja** clause/article/paragraph of the contact; **egy bizonyos ~ig** to a certain extent/degree; **~ról ~ra** point by/for

point; 2. adv just, exactly, precisely || ~ **a közepén** right (v. biz bang/slap) in the middle
pontatlan a (vk időben) late, unpunctual; (nem precíz) inaccurate, inexact
pontos a (időben) punctual, exact; (precíz) accurate, exact, correct, precise || **az órám** ~ my watch keeps* good/excellent time; ~ **idő** right/correct time
pontosabban adv or rather; (or,) to be more precise
pontosan adv (időben) punctually; (precízen) accurately; (teljesen, egészen) exactly, precisely || ~ **érkezik** be*/come* on time; ~ **ugyanaz** just/exactly the same (thing)
pontosít v state precisely, specify
pontosság n (időben) punctuality; (precizitás) accuracy, precision
pontosvessző n semicolon
pontoz v (ponttal megjelöl) dot; sp score
pontszám n főleg sp score, points pl
ponty n carp
ponyva n (anyag) canvas; (üzleté, kirakaté) awning
popzene n pop music
por n (úté) dust; (gyógyszer) powder || **nagy ~t ver fel** átv cause a stir/sensation; ~**t töröl** dust (the room)
póráz n lead, leash
porcelán n porcelain, china || ~ **étkészlet** (a set of) china
porció n portion, dole; (asztalnál) helping
porcukor n GB castor/icing sugar, US granulated/confectionery sugar

póréhagyma n leek
porfelhő n cloud of dust, dust-cloud
porhó n powder(y) snow
porlaszt v (folyadékot) atomize,
vaporize
porlasztó n pulverizer; (motoré)
carburettor (US -retor)
pormentes a dustless, dust-free,
dustproof
pornográf a pornographic
pornográfia n pornography
porol v (port csinál) raise the dust;
(ruhát) beat* the dust out of sg,
dust sg
porolás n beating (the dust out of)
sg, dusting, carpet beating
poroltó n fire-extinguisher
porond n (cirkuszi) ring, arena; átv
(küzdőtér) arena
poros a dusty
porszívó n vacuum cleaner, GB
hoover
porta n (szállodai) reception (desk)
portás n (kapus) doorman, GB
porter, gatekeeper, US janitor;
(szállodai) receptionist
portó n excess postage, postage
due stamp
portré n portrait
pórul jár v come* (badly) unstuck
(v. to grief)
porzó n bot stamen (pl stamens v.
stamina)
poshadt a (víz) stagnant; (más)
stale, rotten
posta n (intézmény) post; (hivatal)
post office; (küldemény) post, mail
|| ~n küld vmt post sg (to sy),
send* (sy) sg by post
postabélyeg n postage stamp
postacím n postal address, US
mailing address

postafiók n post office box
postafordultával adv ~ válaszol
answer by return (of post)
postahivatal n post office
postai a postal, post-office || ~
díjszabás postal rates pl,
postal/mail tariff; ~ küldemény
mail, hiv postal packet
postaláda n post-box, GB pillar-
box; (fali) letter-box, US mailbox
postás n postman°
postautalvány n money order;
csak GB: postal order
postáz v post, US mail
posvány n bog, fen, swamp; átv is
slough
poszt n (őrhely) guardpost; átv biz
post, position
poszter n poster
posztgraduális a postgraduate
[course]
posztó n (broad-)cloth
pótágy n spare bed
pótalkatrész n spare (part)
pótdíj n additional/extra charge;
(vasúton) excess fare
potenciális a potential, possible
pótjegy n (vasúton) excess fare
pótkávé n coffee substitute
pótkerék n spare wheel/tyre (US
tire)
pótkocsi n trailer
pótkötet n supplement, supple-
mentary volume
pótlás n substitution, replacement,
supplement; (veszteségé) compen-
sation
pótlék n (vm helyett) substitute
(for); (díj) bonus, allowance
pótmama n baby-sitter
pótol v (helyettesít) replace (vmt
vmvel sg by/with sg), substitute

(sg for sg); (*kiegészít*) supply (sg) with; (*elmulasztott dolgot*) make* up for (sg); (*veszteséget, kárt*) make* sg good, ref*u*nd, compensate

pótolhatatlan *a vk, vm* irreplaceable, indispensable; (*veszteség*) irrecoverable

potom *a* trifling, insignificant ‖ ~ **pénzen** *biz* for a song, dirt cheap

potroh *n* (*rovaroké*) abdomen

potya *biz* **1.** *a* (*ingyenes*) free (of charge), gratis; (*könnyű*) (*igével*) be* a cinch, *US* be* a steal **2** *n* (*alkalom, ajándék stb.*) freebie

pottyan *v* plop, plump, flop

póz *n* attitude, pose

pozíció *n* (*helyzet*) position; (*állás*) post, situation

pozitív 1. *a orv* is positive **2.** *n foto* print

pózna *n* pole, post, staff

pöcegödör *n* cesspool, cesspit

pödör *v* twirl, twist; (*bajuszt*) twirl one's moustache (*US* mustache)

pöfög *v* bubble (away), *átv* fume

pökhendi *a* arrogant, insolent

pörget *v* spin*/whirl (round), rotate

pörkölt *n kb.* (Hungarian) stew

pösze *a* lisping ‖ ~**n beszél** have* a lisp

pöttöm(nyi) *a* tiny, min*u*te

Prága *n* Prague

praktikus *a* practical; (*hasznos*) useful; (*könnyen kezelhető*) easy to handle *ut.*, handy

praxis *n* practice (*US* -ise), practical experience; (*orvosé, ügyvédé*) practice

precedens *n* precedent ‖ ~ **nélkül** without precedent

precíz *a* precise, exact, accurate

préda *n* (*zsákmány*) prey, quarry; (*áldozat*) victim ‖ **vmnek ~jává lesz** fall*/be*/become* prey to sg

prédikál *v vall* preach/deliver/give* a sermon (*vmről* on/about sg); *biz* preach (*vknek* to, *vmről* about/on)

prédikátor *n* preacher; (*evangelizátor*) evangelist

prém *n* fur

premier *n* first/opening night [of a play], première

prémium *n* bonus, premium, incentive

préri *n* prairie

présel *v* press; (*gyümölcsöt*) squeeze, press

presszó *n* coffee-bar

presztízs *n* prestige, (high) reputation

prézli *n* breadcrumbs *pl* [for frying]

priccs *n* plank-bed, berth

príma *a* first-class/rate

primadonna *n* prima donna, leading lady, star

prímás *n vall* primate; (*cigányzenekaré*) leader (of a gipsy-band)

primitív *a* primitive

primőr *n* first-fruits *pl*, early fruit and vegetables *pl*

primula *n* primrose, primula, cowslip

priusz *n* criminal record ‖ ~**a van** have* a record

privát *a* (*magán*) private, personal; (*bizalmas*) confidential

privatizáció *n* privatization

privatizál *v* privatize

privilégium *n* privilege

prizma *n* (*fénytani*) prism; (*gépkocsin*) reflector

próba *n* test; (*kísérlet*) test(ing), trial, proof, try-out, experiment;

(*áruból*) sample, specimen; (*ruha*) trying on, fitting [of clothes]; (*nemesfémen*) hallmark; *szính* rehearsal

próbafülke *n* fitting room

próbaidő *n* (term of) probation

próbál *v* (*kipróbál*) try out, test; (*kísérletezik*) try, make* a trial; (*ruhát*) try on; (*színdarabot*) rehearse; (*merészkedik*) venture, dare ‖ ~ **vmt tenni** try/attempt to do sg

probléma *n* problem, question ‖ **ez nem** ~ (it's) no problem; **~ja van vmvel** have* difficulty in doing sg

produkál *v* produce

produkció *n* production, performance

profán *a* profane, secular; (*tiszteletlen*) irreverent

professzor *n* professor

próféta *n* prophet

profi *a* biz (real) pro

profil *n* (*oldalnézet*) profile, sideface; *tech* profile, contour, outline

profitál *v* vmből profit/benefit/gain by/from

prognózis *n* prognosis, forecast; (*időjárási*) weather forecast

program *n* programme, *US* program; (*terv*) schedule; (*szórakozás*) entertainment; *pol* [party's] platform; *szt* program ‖ **~ja van** have* an engagement

programoz *v* program (*US* -m- *is*)

progresszív *a* progressive

proletár *a/n* proletarian

prolongál *v* prolong, protract, extend

propaganda *n* pol propaganda; *ker* (*reklám*) publicity

propeller *n* propeller, (*air*)screw

prospektus *n* prospectus; (*könyvecske*) brochure, leaflet; (*összehajtható*) folder

prostituált *n* prostitute, call-girl

protekció *n* influence, backing ‖ **~ja van** have* influential friends [in high places etc.], be* well-connected ‖ **~t vesz igénybe** pull strings [to]

protestáns *a/n* Protestant

protézis *n* (*végtag*) prosthesis (*pl* -theses); (*fog*) denture

provokál *v* provoke

próza *n* prose

prűd *a* prudish, straight-laced, prim, *US* így is: prissy

prüszköl *v* sneeze

pszichiáter *n* psychiatrist

pszichiátria *n* psychiatry

pszichológia *n* psychology

pszichológus *n* psychologist

pszt! *int* hush!, (s)sh!, shush!

publikál *v* (*nyilvánosságra hoz*) make* public/known, announce, proclaim; (*megjelentet*) publish

publikum *n* the public, audience

pucér *a* (stark) naked, *biz* in the buff *ut.*

pucol *v* (*ruhát, ablakot*) clean; (*cipőt*) polish; (*krumplit*) peel; *biz* (*eliszkol*) skedaddle, clear/make* off

puccs *n* coup (d'état) (*pl* coups d'état)

púder *n* (face) powder

puding *n* pudding

puff *int* bang!, plop!

puffan *v* plop, plump, thump

pufók *a* chubby

puha *a* soft; (*gyümölcs*) mellow; (*húsétel*) tender ‖ ~ **fedelű könyv** paperback

puhány *n átv* weakling, spineless person
puhatolódzás *n* investigation
puhít *v* soften; (*húst*) tenderize; *vkt* soften sy up
pukkaszt *v* (*mérgesít*) vex, annoy
puli *n* puli <Hungarian sheep-dog>
pulóver *n* (*női, férfi*) sweater; *csak GB*: jumper; (*főleg férfi*) pullover
pult *n* (*üzletben*) counter; (*bárban*) bar (*counter*) ‖ **a ~ alatt** under the counter
pulzus *n* pulse ‖ **megtapogatja vk ~át** feel* sy's pulse
pulyka *n* turkey
pumpa *n* pump
púp *n* hump, hunch
púpos *a/n* hunchback(ed)
puska *n* rifle, gun; *isk* crib
puskáz|ik *v* crib, use a crib (*US* pony)
puszi *n biz* kiss
puszil *v biz* peck, kiss
puszta 1. *a* (*elhagyott*) deserted, abandoned, uninhabited; (*kopár*) bare, bleak; (*nyomatékosító szóként*) bare, mere ‖ **már a ~ látása is** the mere sight of it; **~ kézzel** with one's bare hands 2. *n* (*síkság*) (the) puszta <Hungarian plain>; (*major*) farm(stead), *US* ranch
pusztán *adv* merely, only, solely
pusztaság *n* lowland, plain
pusztít *v* devastate, destroy
pusztulás *n* destruction, ruin
puttony *n* <basket for gathering grapes>
pünkösd *n* Whitsun(tide), *US* Pentecost
pünkösdirózsa *n* (common) peony
püré *n* purée, mash
püspök *n* bishop

püspökfalat *n* parson's nose, *US* pope's nose
püspökkenyér *n* fruit cake, spicecake

R

-ra, -re *suff* A) (*helyhatározó*) a) on ‖ **tedd az asztalra** put it on the table; b) to ‖ **vidékre megy** go* to the country; c) at ‖ **ujjal mutat vmre** point at sg; d) (*elöljáró nélkül*) **innen egy kilométerre van** it is a kilometre from here B) (*időhatározó*) a) (*időpontra*) by ‖ **ötre ott leszek** I'll be there by five (o'clock); b) (*idő tartamára*) for ‖ **egy hétre** for a week; c) to ‖ **hétről hétre** from week to week; d) (*elöljáró nélkül*) **mához egy hétre** today week, this day week C) (*állapothatározó*) (*különféle elöljáróval v. elöljáró nélkül*) **szabadlábra helyez** set* at large; **könnyekre fakad** burst* into tears D) (*vmvé válik/tesz*) a) to ‖ **darabokra törik** break*/come*/fall*/go* to pieces; b) (*különféle elöljáróval v. elöljáró nélkül*) **három részre oszt** divide into three parts E) (*véghatározó*) a) at ‖ **céloz vkre** *átv* hint at sy; b) for ‖ **vár vkre/vmre** wait for sy/sg; c) of ‖ **emlékeztet vkt vmre** remind sy of sg; (*rendszerint főnévi igenévvel rövidített szerkezettel v. elöljáró nélkül*) **kér vkt vmre** ask/request sy to do sg F) (*módhatározó*) a) at ‖ **első látásra** at first sight; **b)** (*különféle elöljáróval*) **szóról szóra** word for word **G)** (*hasonlításban*) **hasonlít az apjára** he resembles his father **H)** (*fokhatározó; különféle elöljáróval v. elöljáró nélkül*) **felére csökkent** reduce by half **I)** (*tekintethatározó; különféle elöljáróval*) **fél szemére vak** he is blind in one eye; **vmre nézve** with regard to sg **J)** (*célhatározó*) to, for ‖ **nagy örömömre** to my great joy

rá *adv* upon/on/onto him/her/it ‖ **emlékszem** ~ I remember him/her/it; **haragszom** ~ I am angry with him/her; ~ **egy hétre** a week later/after

ráadás *n* sg extra, plus; (*művésztől*) encore

ráadásul *adv* besides, at that *ut*., (and) what is more, moreover

rab *n* prisoner; (*fegyenc*) convict ‖ **a kábítószer ~ja** be* addicted to a drug (*v*. drugs), be* a drugaddict; **a televízió ~ja** be* a slave to television, be* glued to the television

rabbi *n* rabbi

rábeszél *v vkt vmre* persuade sy to do sg

rábíz *v vkre vmt* entrust sg to sy (*v*. sy with sg); *vkre vkt* put* sy in sy's charge/care

rábizonyít *v vkre vmt* convict sy of sg, prove sy guilty of sg

rablás *n* robbery

rabló *n* robber, thief°

rablógazdálkodás *n* ruthless/ruinous exploitation

rablógyilkosság *n* robbery and murder

rabol *v* rob; (*fosztogat*) pillage, plunder; (*embert*) kidnap (*US* -p) ‖ **időt** ~ take* up a great deal of time

raboskod|ik *v* be*/languish in prison

rabság *n* (*fogság*) captivity; (*leigázottság*) bondage

rabszolga *n* slave

rábukkan *v vkre, vmre* come* across, come*/hit* on/upon

racionális *a* rational

rács *n* grating, screen; (*rostély*) grill(e), grid, grate ‖ ~ **mögött** behind bars

rácsavar *v* (*csavarozással*) screw (sg) on (to sg); (*fonalat, kötelet*) wind* on, coil on/round

rácsodálkoz|ik *v* stare at sy/sg (in wonderment)

rácsuk *v* close/shut* sg on sy ‖ ~**ja az ajtót** *vkre* shut* sy in

radar *n* radar

radarkontroll *n* radar speed check/trap

radiátor *n* radiator

rádió *n* (*intézmény*) radio, broadcasting company; (*készülék*) radio ‖ **a ~ban hallottam** I heard it on the radio; ~**n közvetít** broadcast*; ~**t hallgat** listen to the radio

radioaktív *a* radioactive ‖ ~ **hulladék** radioactive waste

radioaktivitás *n* radioactivity

rádióbemondó *n* announcer

rádióközvetítés *n* broadcast(ing)

rádiólokátor *n* radar

rádióműsor *n* radio programme (*US* -ram), broadcast

rádiótelefon *n* radiotelephone, radiophone

rádióz|ik v listen in (on the radio), listen to the radio
radír n rubber, eraser
rádium n radium
rádöbben v vmre realize sg suddenly, become* aware/conscious of sg
ráér v have* (plenty of) time, find* time (vmre for sg v. to do sg) || **nem érek rá** I am busy
ráérő a ~ **idő** leisure/spare/ free time; ~ **idejében** at one's leisure
ráerőszakol v vmt vkre force/ thrust*/press sg on sy
ráfér v (felfér vmre) there is room for sg/sy (swhere); vkre vm átv be* (badly) in need of
ráfizet v (üzletre) lose* [money] by/on sg; átv vmre come* off a loser (in sg)
ráfog v vkre (lőfegyvert) point/aim/ level (US -l) [a gun] at sy; vkre vmt (falsely) accuse sy of (doing) sg
ráfordít v (összeget) spend* money on sg; (erőt, fáradságot) put* [a great deal of effort] into sg
ráfordítás n expenditure, cost
ráförmed v vkre bawl/snarl at sy, round (up)on sy
rag n nyelvt inflection, suffix
rág v chew; (rágcsáló) gnaw, nibble (at) || **körmét ~ja** bite* one's nails
ragad v (vmhez, egymáshoz) stick* (together), adhere (to each other); (ragadós) be* sticky; (megragad) seize, grasp || **magához ~ja a hatalmat** seize power; **magával ~** átv thrill, captivate; **ott ~** (vk vhol) stick* around

ragadozó 1. a predatory || ~ **madár** bird of prey **2.** n beast of prey, predator; ~**k** zoo carnivores
rágalmaz v (szóban) slander, calumniate
rágalom n (szóval) slander, calumny
rágalomhadjárat n campaign of slander/vilification
ragályos a (betegség) infectious
ragaszkod|ik v vkhez cling*/stick* to sy, be* loyal/devoted/attached to sy; vmhez stick*/cling*/adhere to sg, insist on sg
ragaszt v stick*/glue to (sg)
ragasztó n adhesive, glue, biz stick
ragasztószalag n adhesive tape
rágcsálók n pl rodents
rágógumi n chewing gum; (felfújható) bubble gum
rágós a tough (as leather), leathery, rubbery
ragozás n nyelvt inflection; (igéé) conjugation; (főnévé) declension
ragu(leves) n veal/chicken-broth, ragout
ragyog v shine*, glitter, glisten
ragyogó a bright, shining, gleaming; átv brilliant, excellent, splendid || ~ **formában van** be* in great shape/form; ~ **idő** gorgeous weather; ~ **ötlet** brilliant/bright idea
rágyújt v (cigarettára) light* [a cigarette]
ráhagy v (örökséget) leave* sg (by will) to sy, bequeath sg to sy; (nem ellenkezik) indulge sy in sg, agree to
ráijeszt v vkre frighten/alarm sy || **alaposan ~** scare sy out of his/her senses

ráill|ik *v vmre/vkre* suit sg/sy
raj *n* (*méheké, rovaroké*) swarm; (*madaraké*) flock, flight; *kat* squad, detachment; (*hajó*) squadron
rajcsúroz *v* be* romping about
rajong *v vmért* be* enthusiastic about/over sg, have* a passion for sg
rájön *v* (*megtud*) find* (sg) out, discover (sg) ‖ **rájöttem, hogy** I realized that; **vm ~ vkre** sg comes* over sy
rajt *n sp* start ‖ **~hoz áll** toe the line (*v. US* mark)
rajta 1. *adv* (*vmn, vm felületén, vkn*) (up)on him/her/it, over it ‖ **~ a sor** it is his turn; **~ áll** *vkn* it is (all) up to him; **segít ~** help sy (with sg) **2.** *int sp* go!
rajtakap *v vkt vmn* catch* sy in the act (of doing sg), *biz* catch* sy red-handed
rajtaütés *n* (surprise) attack, raid, swoop
rajtol *v* start
rajz *n* (*rajzolás, kész rajz*) drawing
rajzás *n* swarming
rajzfilm *n* (animated) cartoon
rajzol *v* draw*, sketch
rajzszeg *n* drawing-pin
rak *v* (*helyez*) put*, set*, lay*, place; (*elrendez*) arrange ‖ **egymásra ~** stack/pile (up); **tüzet ~** make* a fire
rák *n zoo* (*rákok*) crustaceans *pl*; (*folyami*) crayfish (*tengeri*) crab; (*homár*) lobster; *orv* cancer
rákap *v vmre* take* to, get*/fall* into the habit of
rakás *n* (*halom*) pile, stack, heap
rákbeteg *n* cancer patient

ráken *v* (*kenyérre stb.*) spread* sg on sg; (*bemázol*) smear sg on sg; *biz vmt vkre* lay*/put* the blame on sy for sg
rakéta *n* rocket; (*lövedék*) missile
rakétakilövő pálya *n* lauching pad/site
rakétatámaszpont *n* rocket base
rákkeltő *a* carcinogenic ‖ **~ anyag** carcinogen
rákkutatás *n* cancer research
rakodás *n* (*berakodás*) loading, lading; (*kirakás*) unloading
rakodómunkás *n* stevedore; (*dokkmunkás*) docker, dock-worker; (*egyéb*) loader, packer
rakomány *n* load; (*hajóé, repülőgépé*) cargo
rákos daganat *n* malignant tumour (*US* -or), cancer
rakott *n* **~ káposzta** layered cabbage (with rice, pork and sour cream); **~ krumpli** *kb.* layered potato casserole; **~ szoknya** pleated skirt
rakpart *n* quay(side), wharf
raktár *n* store(-room), storehouse; *ker* warehouse; (*készlet*) stock, supply ‖ **nincs ~on** it is out of stock; **~on tart vmt** have*/keep* sg in stock
raktároz *v* store
Ráktérítő *n* Tropic of Cancer
ráma *n* (*képé*) frame
rámenős *a* aggressive, pushy
rámutat *v* (*hibára*) point out (sg)
ránc *n* (*arcon*) wrinkle, (*homlokon*) furrow; (*ruhán*) fold, pleat ‖ **~ba szed vkt** (*fegyelmez*) bring* sy to heel
ráncol *v* (*ruhát*) pleat ‖ **~ja homlokát** knit/furrow one's brow(s)

ráncos *a* (*arc*) wrinkled, wizened
randalíroz *v* run* riot, brawl, kick up a row
randevú *n* date
randevúz|ik, *biz* **randiz|ik** *v* have a date with
rang *n* rank; (*társadalmi*) rank, standing, status
rángató(d)z|ik *v* (*görcsösen*) jerk; (*ajak, arc*) twitch
rangidős *a* senior
rangjelzés *n* stripes *pl*
rangsorol *v* rank, grade
ránt *v* pluck, pull, jerk
rántott *a* (*hús*) fried in breadcrumbs *ut.*
rántotta *n* scrambled eggs *pl*
ráparancsol *v* *vkre* charge/command sy to do sg
rapszódia *n* rhapsody
rárakód|ik *v* *vmre* settle on
rárivall *v* *vkre* scold sy, bawl sy out (for sg), shout at sy
ráruház *v* (*jogot vkre*) transfer sg to sy; (*pénzt, tulajdont*) settle sg on sy
rászáll *v* (*rárepül*) fly* on; (*por, korom*) settle on; (*tulajdon*) fall*/descend to; *biz* (*nem tágít vktől*) ~ **vkre** descend on sy
rászán *v* (*összeget vmre*) assign/allot [a sum] to || ~**ja magát vmre** decide to do sg
rászed *v* *vkt* deceive/dupe sy, take* sy in
rászegeződ|ik *v* **minden szem** ~**ött** all eyes were (focussed) on him/her
rászok|ik *v* *vmre* become*/get* accustomed to sg || ~**ik az ivásra** take* to drink
rászól *v* (*rosszallólag*) rebuke sy

rászorul *v* *vmre* be* in need of sg, be* reduced to doing sg
rászorult *a/n* **a** ~**ak** those in need, the poor
rátalál *v* (*kitalál*) discover, find* out; (*keresés után*) trace, track down; (*véletlenül*) hit*/chance (up)on sg
rátarti *a* uppish, priggish, uppity
rátermett *a* *vmre* (be) suitable/fitted for sg
rátesz *v* *vmt vmre* put*/lay*/place sg on sg || ~**i a kezét vmre** lay*/take* hold of sg
rátör *v* *vkre/vmre* attack sy/sg
ravasz *a* sly, cunning, artful
ravatal *n* bier, catafalque
ravatalozó *n* mortuary, funeral parlour (*US* -or)
rávesz *v* *vmre* persuade sy to do sg
rávezet *v* *átv vkt vmre* give* sy a clue/hint
ráz *v* shake*; (*jármű*) jolt; (*áram, vezeték*) shock, be* live || **kezet** ~ **vkvel** shake* hands with sy
rázendít *v* (*dalra*) break* into [a song], begin* [to sing]; (*zenére*) strike* up [a tune]
rázós *a* (*út*) rough, bumpy; (*ügy*) *biz* ticklish, tricky, touchy
razzia *n* (police-)raid
-re *suff* → **-ra**
reagál *v* *vk vmre* react/respond to sg
reakció *n* *pol, fiz is* reaction
reális *a* (*valóságos*) real, actual, true || **nem** ~ unreal
realizmus *n* realism
reáljövedelem *n* real income
rebarbara *n* rhubarb
recenzió *n* review; (*rövid*) (short) notice

recepció *n* reception desk
recept *n* (*főzéshez*) recipe; *orv* prescription
recseg *v* crack, creak
redőny *n n* searchlight; *szính* projector, (*spotlámpa*) spotlight; (*autón*) headlight(s *pl*)
reflex *n* reflex
reform *n* reform
reformáció *n vall* Reformation
református *a/n* reformed, Calvinist
refrén *n* refrain, burden
rég *adv* = **régen, régóta**
rege *n* tale, saga, legend
régebben *adv* previously, before(hand), formerly
régebbi *a* former, earlier, previous ‖ ~ **szám** (*folyóiraté*) back number
régen *adv* long ago, a long time/ while ago, formerly ‖ **nagyon** ~ a long time ago; ~ **nem láttam** I haven't seen him for a long (*v.* some) time
régente *adv* ~ **mondogatta nekem** he used to tell me that...
regény *n* novel
regényhős *n* hero, romantic hero
regényíró *n* novelist, novel-writer
regényirodalom *n* fiction, the novel
régész *n* archeologist
régészet *n* archeology
reggel 1. *adv* in the morning ‖ **ma** ~ this morning; **korán** ~ early in the morning **2.** *n* morning ‖ **jó** ~**t** (**kívánok)!** good morning!
reggelenként *adv* every/each morning, in the morning(s)
reggeli 1. *a* morning ‖ ~ **hírek** the (morning) news *sing.* **2.** *n* breakfast ‖ **angol** ~ English breakfast; (**sima)** ~ continental breakfast

reggeliz|ik *v* have* (one's) breakfast
régi *a* (*régóta meglevő*) old, longstanding; (*a múltban megvolt*) ancient, old, early, bygone, past; (*előző*) former, late; (*ócska*) dilapidated, worn(-out), old ‖ ~ **barátom** an old friend of mine
régies *a* antiquated, archaic
régimódi *a* old-fashioned
régiség *n* (*tárgy*) antique ‖ ~**ek** antiquities
régiségbolt *n* antique(s) shop
régóta *adv* for a long time/while, for ages
rejl|ik *v vmben* lie*/be* in/behind *sg* ‖ **mi** ~**ik a hír mögött?** what's behind this piece of news?
rejt *v* hide*; (*leplez*) conceal
rejtekhely *n* hiding place
rejtély *n* riddle, puzzle, enigma, secret; (*titokzatosság*) mystery
rejtett *a* (*eldugott, titkos*) hidden, concealed, secret; (*lappangó*) latent ‖ ~ **hiba** (*árué, gépé*) latent defect, hidden fault, *biz* bug; ~ **mikrofon** hidden microphone
rejtjel *n* code, cipher
rejtőzés *n* concealment, hiding
rejtvény *n* riddle, puzzle ‖ ~**t** (**meg)fejt** solve a riddle/puzzle
rekamié *n* sofabed, (studio) couch
rekedt *a* (*hang*) hoarse, husky, harsh
rekesz *n* compartment; (*láda*) crate
reklám *n* (*reklámozás*) advertising, publicity, (sales) promotion; (*maga a reklám*) advertisement, *biz* ad; (*tévében, rádióban*) commercial
reklamáció *n* complaint
reklamál *v* (*panaszt tesz*) complain about *sg*; (*követel vknél vmt*) demand *sg* from *sy*, claim *sg* from *sy*

reklámfüzet *n* (*kötött*) brochure, booklet, prospectus; (*hajtogatott*) leaflet

reklámoz *v* advertise, promote, publicize, *biz* push

rekord *n sp* record

rekordtermés *n* bumper crop, record yield

rektor *n H* Rector [of the University], *GB* Vice-Chancellor, *US* Rector, President [of the University]

rektori hivatal *n H* Rector's Office, *GB* Vice-Chancellor's Office

rekviem *n* Requiem

relatív *a* relative

relief *n* relief; (*magas*) high relief; (*fél*) bas-relief

rém *n* (*kísértet*) spectre (*US* -ter), ghost, apparition, phantom ‖ **~eket lát** he is an alarmist

remeg *v* tremble, quake, shake, quiver

remek 1. *a* superb, magnificent, splendid **2.** *int* great!, splendid!

remekmű *n* masterpiece

remél *v* hope (*vmt* for sg); (*vmt vár*) expect (sg), look forward to (sg *v.* doing sg)

remény *n* hope, expectation ‖ **abban a ~ben, hogy** in the hope that (*v.* of ...)

reménytelen *a* **~ eset** hopeless matter/case; **~ szerelem** unrequited love

rémes *a* awful, frightful, dreadful, horrible

remete *n* hermit, recluse

rémhír *n* rumour (*US* -or)

rémít *v* terrify, frighten, alarm

rémkép *n* nightmare

réml‖ik *v vknek* seem, appear to sy ‖ **úgy ~ik, mintha** I seem to remember (that)

rémregény *n* horror story, thriller, *US* dime novel

rémuralom *n* terror(ism), reign of terror

rémület *n* terror, horror

rémült *a* horrified, terrified

rend *n* (*elrendezettség*) order; (*szobáé*) tidiness; (*sor*) row, line; *zoo, bot* order; (*társadalmi*) order, class [of society] ‖ **itt valami nincs ~ben** there is something wrong (here); **~be hoz** *vmt* put*/set* sg/ things to rights; (*megjavít*) repair/ mend sg; **~be tesz vmt** put*/set*/ get* sg in order, (*szobát*) do* [the room]; **~ben van** be* in order; (*elintézett*) be* done/settled; **~ben (van)!** (*helyeslés, beleegyezés*) (all) right!, fine!, *biz* OK, okay!

rendel *v* (*árut*) order; (*ruhát, cipőt*) have* (sg) made for oneself; (*orvosságot*) prescribe [a medicine] for [an illness]; (*orvos rendelést tart*) have*/hold* one's surgery ‖ **~ 2-től 4-ig** surgery/consulting hours 2 p.m. to 4 p.m.; **magához ~ vkt** summon sy, send* for sy; **tetszett már ~ni?** are you being served?

rendelet *n jog* order, decree

rendeletileg *adv* by order/decree

rendelkezés *n* disposition, disposal, direction ‖ **miben állhatok ~ére?** what can I do for you?; **~re bocsát** place/put* sg at sy's disposal

rendelkez‖ik *v* (*parancsot ad*) give* orders; (*vm felett*) dispose of/over ‖ ~ik vmvel (*birtokol*) possess sg

rendellenes *a* abnormal

rendeltetés *n* purpose, destination

rendeltetési hely *n* destination

rendelő *n* *orv* consulting room, surgery

rendes *a* (*rendszerető*) tidy, neat; (*rendben tartott*) tidy, neat (and tidy), orderly; (*derék*) decent, nice, good; (*megszokott*) usual, normal

rendetlen *a* (*nem rendes*) untidy, disorderly; (*hanyag*) careless, negligent

rendetlenked|ik *v* (*gyerek*) misbehave, be* mischievous

rendetlenség *n* disorder, confusion, *biz* mess

rendez *n* (*elrendez*) arrange, order; (*elintéz*) put*/set* sg to rights, settle; (*szervez*) organize; (*filmet, színdarabot*) direct ‖ **adósságot ~** pay*/settle one's debts

rendezetlen *a* disordered; *átv* unsettled ‖ ~ **adósság** outstanding/unsettled debt

rendező *n* (*szervező*) organizer; *szính, film* director

rendezvény *n* programme (*US* program)

rendfokozat *n* *kat* rank

rendhagyó *a* *nyelvt* irregular

rendkívüli *a* (*szokatlan*) extraordinary, unusual, (*kivételes*) exceptional, (*különleges*) singular

rendőr *n* policeman°; (*női*) policewoman°

rendőrfelügyelő *n* inspector

rendőrkéz *n* ~**re kerül** be* taken into custody, be* arrested

rendőrség *n* police *pl*

rendőrspicli *n* *biz* *pejor* (police-) spy, informer

rendreutasít *v* call sy to order

rendszabály(ok) *n* (*intézkedés*) measures *pl*, steps *pl*

rendszám *n* registration number

rendszámtábla *n* number plate, *US* license plate

rendszer *n* system; (*módszer*) method; (*politikai*) regime

rendszeres *a* (*rendszerezett*) systematic, methodical; (*állandó*) constant, permanent; (*megszokott*) habitual, regular

rendszerint *adv* as a rule, usually, generally

rendszertan *n* taxonomy, taxology

rendtartás *n* rules *pl*, regulations *pl*

rendületlen *a* firm, resolute, steadfast

reneszánsz *n* the Renaissance

reng *v* shake*, tremble, quiver; (*föld*) quake

rengeteg *num* *a* (*számra*) vast number of; *biz* lots of; (*tömegre*) huge, enormous, vast ‖ ~ **dolgom van** I'm very busy

rénszarvas *n* reindeer

renyhe *a* inert, inactive, torpid; (*bélműködés*) sluggish

répa *n* (*fehér*) turnip; (*sárga*) carrot; (*cukor*) (sugar-)beet

repce *n* rape, colza

reped *v* crack, burst*, split*; (*bőr*) chap, crack; (*ruha*) tear*

repesz *n* shrapnel, splinter

repkény *n* ground ivy

reprezentál *v* (*képvisel*) represent; (*szerepel a közéletben*) act in one's official capacity

reprodukció *n* reproduction

republikánus a/n republican || ~ **párt** US Republican Party
repül v fly*; (repülőgépen utazik) fly*, travel (US -l) (v. go*) by air
repülő n (személy) pilot; kat aircraft(s)man, US airman; (gép) → **repülőgép**
repülőgép n aircraft (pl ua.), GB (aero)plane, US airplane, biz plane, (utasszállító) airliner
repülőgép-hordozó n aircraft carrier
repülőjárat n flight || ~ **száma** flight number
repülőjegy n air/passenger ticket
repülőszerencsétlenség n aircrash
repülőtér n (polgári) airport, (kisebb) aerodrome
rés n slit, rift; (repedés) fissure, crack, split; (nyílás) aperture, orifice; (lyuk) hole, gap || ~**en van** be*/stand* on guard (v. on the alert/watch)
rest a lazy, slothful
restaurátor n (picture-)restorer
restell v (szégyell vmt) be* ashamed of/that ...; (vmt megtenni) be* loth/reluctant to do sg
rész n part, piece; (osztályrész) share, proportion; (terület) section, region; átv part, side || **a rá eső** ~ one's share; **kiveszi a** ~**ét vmből** take* a share in sg; **legnagyobb** ~**ben** for the most/greater/greatest part; ~**t vesz** vmben, vmn take* part in sg, participate in sg; vk ~**ére** for sy; vk ~**éről** on sy's part
részben adv partly, in part
részecske n particle, fragment || **elemi** ~ elementary particle

részeg a drunk(en), intoxicated; (kissé) tight, tipsy
reszel v (fát, fémet, körmöt) file; (ráspollyal) rasp; (ételfélét) grate
részes 1. a (érdekelt vmben, igével) have* a(n) interest/hand/share in sg; (vmben részt vevő) participating (v. taking part) in sg ut. || **ő is** ~ **a dologban** he is also involved 2. n participant (in)
részesedés n (nyereségből stb.) share, dividend
részeshatározó (eset) n dative (case)
reszket v tremble; (borzong) shiver, shudder; átv (fél) tremble (with fear) || **hidegtől** ~ shiver with cold
reszkíroz v risk, take* chances, take* a risk/chance
részleg n section, department
részleges a partial
részlet n (vmnek a részei) detail, particulars pl; (irodalmi, zenei műből) extract, passage; (részletfizetésnél) instalment (US -ll-); payment || ~**ekbe bocsátkozik** go* into detail(s); ~**re vesz** buy* (sg) on hire-purchase
részletes a detailed
részletez v go* into detail about sg; (leírásban) specify
részletezés n (felsorolás) details pl; ker is: specification, itemization
részletfizetés n hire-purchase
részrehajlás n partiality, bias
részvény n share, US stock
részvénytársaság (Rt.) n joint-stock company, US így is: stock company

részvét *n* (*együttérzés*) compassion, sympathy (for) ‖ ~et érez vk iránt feel* sympathy for sy; fogadja őszinte ~emet please accept my condolences

részvétel *n* participation, taking part (in) ‖ ~i díj participation fee, (*konferencián így is*) registration fee

részvételi díj *n* participation fee, charges *pl*

részvevő 1. *n* participant, attendant ‖ a ~k those present **2.** *a* (*sajnálkozó*) compassionate, sympathizing

rét *n* meadow, field

réteg *n* layer; (*felületen*) coating; (*társadalmi*) stratum (*pl* strata), layer

rétegeződés *n* (*társadalmi is*) stratification

retek *n* radish

rétes *n* strudel

retesz *n* bolt, fastener

retikül *n* (hand)bag, *US* purse

retina *n* retina

retteg *v* vktől/vmtől dread/fear sy/sg, be* afraid/terrified of sy/sg

rettenetes *a* terrible, dreadful, frightful, awful

rettenthetetlen *a* intrepid, fearless

rettentő 1. *a* terrific, horrific **2.** *adv* ~ nagy colossal, enormous

retúrjegy *n* return (ticket), *US* round-trip ticket

reuma *n* rheumatism

reumás *a/n* rheumatic

rév *n* (*révátkelés*) ferry; (*kikötő*) harbour (*US* -or), port

révén *post/adv* vknek a ~ through (the intervention of) sy; vmnek a ~ through sg, by means of sg

révész *n* ferryman°

revizor *n ker* auditor

revolver *n* revolver, pistol, *US* (hand)gun

revü *n* revue, variety show

révület *n* trance, entrancement, ecstasy ‖ ~be esik fall* into a trance

réz *n* (*vörös*) copper, (*sárga*) brass

rezeda *n bot* mignonette, reseda

rezervátum *n* (nature) reserve

rezesbanda *n* brass band

rezgés *n* quiver(ing), flutter; *fiz* vibration, oscillation

rézkarc *n* etching

rézmetszet *n* copperplate (engraving)

rezsi(költség) *n* overhead costs/expenses *pl*

rezsim *n* régime, (system of) government

rezsó *n* (*gáz*) gas ring/cooker, (*villany*) hot plate

rézsútos *a* (*ferde*) slanting, oblique, askew *ut.*, awry *ut.*

riadalom *n* panic, commotion, chaos

riadó *n* alarm, *kat* alert

riadt *a* startled, alarmed

riaszt *v* (*rendőrséget*) alert; (*ijeszt*) frighten, alarm

riasztó 1. *a* (*ijesztő*) alarming, startling, frightening; (*félelmetes*) fearful, frightful **2.** *n* alarm ‖ megszólalt a ~ the alarm went off

ribiszke, ribizli *n bot* currant ‖ vörös ~ redcurrant; fekete ~ blackcurrant

ricsaj *n biz* (*zaj*) din, shindy, row

rideg *a* (*ember*) cold, unfriendly; (*éghajlat*) bleak, severe; (*anyag*) brittle || **a ~ valóság** the sober/naked truth

rigó n thrush

rigolyás a crotchety, whimsical

rikácsol v screech, scream, shriek

rikító a (szín) glaring, garish; (szembeszökő) conspicuous, striking

rikkancs n newsboy, GB paperboy

rím n rhyme

ringat v (bölcsőt) rock; (karban) cradle

ringli n (étel) anchovy-rings pl

ringlispíl n merry-go-round

ringló n greengage

ringyó n vulg tramp, trollop

ripacs n (színész) ham, (US szónok is) barnstormer

ripityára adv biz **~ ver** beat* sy to pulp/jelly

riport n report (on sg)

riporter n reporter, (tudósító) correspondent; sp commentator

ripsz-ropsz adv in a hurry, in haste, in a slapdash manner

ritka a (nem gyakori) rare, infrequent, scarce; (nem sűrű) thin, sparse, scanty

ritkán adv (nem gyakran) rarely, seldom

ritmikus a rhythmic(al) || **~ sportgimnasztika** rhythmic gymnastics

ritmus n rhythm

rivális n rival

rivalizál v vkvel rival (US -l) sy, compete/vie with sy

rizikó n risk, hazard

rizs n rice

rizsfelfújt n rice-pudding, rice soufflé

ró v (bevés jelet) cut* (in), carve || **az utcát ~ja** walk/roam the streets; **bírságot ~ vkre** fine sy

robaj n din, loud noise, (összeomlásé, törésé) crash

robban v explode

robbanás n explosion

robbant v (tárgyat) blow* up, (bombát) explode

robog v (rohan) thunder/speed*/ rattle past, rush

robotember n robot, automaton (pl -tons v. -ta)

robotgép n (háztartási) foodprocessor

robotpilóta n automatic pilot, autopilot

rock n zene rock (music)

rockopera n rock opera

roham n (támadó) attack, assault, charge; (betegségé) bout, fit, attack

rohamkocsi n (mentő) mobile clinic

rohammunka n rush(ed) work, rush job

rohamos a rapid, swift, fast, speedy

rohamoz v attack, charge

rohan v run* (along), hurry

rojt n fringe, tassel

róka n zoo fox || **ravasz ~** átv a sly fox/dog

rókáz|ik v biz be* sick, throw* up

rokka n spinning wheel

rokkant 1. a (ember) disabled, crippled **2.** n disabled person, cripple || **a ~ak** the disabled

rokkantkocsi n invalid car

rokkantsági nyugdíj n disability pension

rokokó n rococo

rokon 1. a vkvel related to sy/sg. **2.** n (családi kapcsolatban) relative, relation

rokonság n (*kapcsolat*) relationship; (*rokonok összessége*) family, relatives pl, relations pl
rokonszenv n sympathy
rokonszenvez v vkvel take* to sy, be* drawn/attracted to(wards) sy
-ról, -ről suff A) (*helyhatározó*) a) from ‖ **Pécsről érkezik** arrive from Pécs; b) off ‖ **leszáll a vonatról** get* off the train B) (*időhatározó*) from ‖ **időről időre** from time to time C) (*eredet, irányulás*) a) of, about, on ‖ **álmodik vkről/vmről** dream* about/of a person/matter; **ír vmről** write* on sg; b) (*elöljáró nélkül*) **megfeledkezik vkről/vmről** forget* sy/sg; c) (*különféle elöljáróval*) **magyarról angolra fordít** translate from English into Hungarian D) (*módhatározó*) **szóról szóra** word for word
róla adv (*vkről, vmről*) from him/her/it, of it; (*felőle*) of/about him/her/it ‖ **gondoskodik** ~ vkről take* care of sy, look after sy; vmről see* to it that ...; **nem tehetek** ~ I can't help it; **szó sincs** ~ it is out of the question
roller n scooter
roló n (*vászon*) blind(s), US így is: window shade; (*redőny*) (rolling) shutter, roller-blind
rom n ruin; (*maradvány*) remains pl ‖ ~**ba dől** fall* into ruin
Róma n Rome
római a/n Roman ‖ **katolikus** Roman Catholic; ~ **számok** Roman numerals
román 1. a (*romániai*) Romanian, Rumanian ‖ ~ **nyelvek** Romance languages; ~ **stílus** Romanesque

style, GB Norman style **2.** n (*ember, nyelv*) Romanian, Rumanian
románc n romance
Románia n Romania, Rumania
romantikus a romantic
rombol v destroy, lay* sg waste, ravage, devastate
rombolás n destruction, devastation
rombusz n rhombus (pl -buses v. -bi)
romlandó a (*áru*) perishable
romlás n deterioration; (*pénzé*) devaluation, depreciation; (*erkölcsi*) corruption
roml‖ik v (*anyag*) deteriorate, spoil*; (*szerszám stb.*) go* wrong; (*étel*) spoil*, go* off; (*pénz*) be* devalued, depreciate; átv worsen
romlott a (*anyag*) spoiled, deteriorated, damaged; (*rothadt*) rotten; átv corrupt(ed)
romos a (*partly*) ruined
roncs n (*hajóé, járműé*) wreck(age); átv wreck
ronda a (*csúnya*) ugly, (*undorító*) disgusting; (*kellemetlen*) wretched, nasty; (*utálatos*) horrid, horrible
rongál v damage, (*köztulajdont*) vandalize
rongy n rag; (*padlóhoz*) (floor) cloth; (*ruhanemű*) old rag
rongyos a (*ruha*) ragged, tattered, frayed
ront v (*rongál*) spoil*, damage (sg); vkt corrupt (sy); (*rohan*) **vhová** ~ rush, dash (to); **vkre/vknek** ~ attack sy, rush at sy
ropog v crack; (*tűz*) crackle; (*fegyver*) rattle; (*hó*) crunch
ropogós a crisp; (*nassolni való*) crunchy

rósejbni *n* chips *pl*
roskatag *a* (*épület*) dilapidated, tumbledown ‖ ~ **aggastyán** decrepit old man°
rost[1] *n* (*szerves*) fibre (*US* fiber)
rost[2] *n* (*sütőrostély*) grill, gridiron ‖ ~**on süt** grill, *US* broil
rostál *v* riddle, sift; *átv* select
rostély *n* grate, grating; = **rost**[2]
rostokol *v biz vk* be* hanging around, be* kept waiting; *vm* be* held up
rosttoll *n* fibre (*US* fiber) tip pen
rossz 1. *a* bad; (*gonosz*) evil, wicked, vicious; (*káros vmre*) injurious (to); (*nem megfelelő*) poor, inadequate, unsuitable, inconvenient; (*téves*) wrong; (*nem működő*) out of order *ut.*; (*elromlott*) be* broken down ‖ ~ **gyerek** naughty/mischievous child°; ~ **hírű** notorious, ill-famed; ~ **közérzet** malaise, indisposition; ~ **lelkiismeret** bad/uneasy conscience; ~ **minőségű** of poor/inferior quality *ut.*, low-grade; ~ **néven vesz vmt** be* offended by sg, resent sg; ~ **szemmel néz vmt** disapprove of sg, dislike sg; ~ **útra téved** go* astray, lose* one's way; ~ **vége lesz** it will come to no good; ~ **viszonyban van vkvel** be* on bad terms with sy **2.** *n* evil; (*helytelenség*) wrong ‖ **nem akarok ~at neked** I mean you no harm; ~**at sejt** have* misgivings; ~**ban vannak** they are on bad terms
rosszabb *a* worse (*vmnél* than), inferior (*vmnél* to) ‖ **annál** ~ so much the worse
rosszabbod|ik *v* grow*/get*/become* worse, worsen

rosszall *v* disapprove of
rosszallás *n* disapproval
rosszhiszemű *a* (*bizalmatlan*) mistrustful, distrustful (*vkvel szemben* of sy) ‖ ~**en** (*csalárdul*) in bad faith
rosszindulatú *a* malicious, evilminded, malevolent; *orv* malignant
rosszízű *a* (*bántó*) distasteful, tasteless ‖ ~ **tréfa** a joke in poor taste
rosszkedvű *a* moody, huffy, out of sorts *ut.*, in a bad mood/temper *ut.*, bad-tempered
rosszmájú *a* malicious, sarcastic
rosszul *adv* ill, badly, poorly; (*helytelenül*) wrong(ly) ‖ ~ **érzi magát** (*beteg*) feel* unwell; (*feszélyezett*) feel* ill at ease; ~ **lett** *vmtől* (s)he became* unwell, (*elájult*) (s)he fainted; ~ **sikerül** fail, miscarry
rosszullét *n* indisposition; (*émelygés*) nausea; (*ájulás*) faint, collapse
rothad *v* rot, decay
rovar *n* insect, *US* így is: bug
rovartan *n* entomology
rovat *n* column
rozmár *n* walrus
rozmaring *n* rosemary
rozoga *a* (*épület*) dilapidated, ramshackle, shaky; (*bútor*) rickety; (*beteges*) frail, delicate
rozs *n* rye
rózsa *n bot* rose ‖ **nincsen** ~ **tövis nélkül** (there's) no rose without a thorn
rózsadísz *n* rosette, rose
rózsahimlő *n* German measles *sing.*, rubella

rózsás *a átv* rosy || **nem valami ~ a helyzet** the situation is not bright/rosy; **~ arc** rosy cheeks *pl*
rózsaszín *a/n* pink, rose
rozsda *n* rust, corrosion
rozsdamentes *a* (*rozsdaálló*) rustproof, (*acél*) stainless
rozsdavörös *a* rusty-red, russet
rozskenyér *n* rye-bread
röfög *v* grunt
rög *n* (*göröngy*) clod, lump, sod; (*arany*) nugget; (*vér*) clot; (*föld*) soil
rögbi *n* rugby (football)
rögeszme *n* fixed idea, obsession
rögtön *adv* at once, immediately, without delay, right/straight away, in a moment || **~ jövök** back in a minute
rögtönöz *v* improvise
rögzít *v vmt* secure, fix, fasten, stabilize; (*törött végtagot*) immobilize, splint; (*írásban vmt*) put* sg down (in writing); (*hangot, képet*) record, make* a recording of
röhej *n vulg* guffaw, horse-laugh || **kész ~** it is (simply/just) ridiculous, it's a joke
röhög *v vulg* guffaw
-ről *suff* **-ról**
rönk *n* stump, block, log
röntgen *n* (*készülék*) x-ray machine/equipment; (*röntgenezés*) x-ray(ing) || **~re megy** go* for an x-ray
röpcédula *n* leaflet, flyer, handbill
röpke *a* (*mulandó*) fleeting, ephemeral, passing
röplabda *n* volleyball
rőt *a ir* red, russet
rövid 1. *a* short; (*idő*) brief; (*tömör*) brief, concise || **egy ~ ideig** for a

short time, for a while; **~ idő alatt** in a short time; **~ idő múlva** in a short time, shortly; **~ lejáratú** short-term [credit, loan]; **~ távú** short-distance, (*terv*) short-range **2.** *n* **~del ... előtt** shortly before ...; **~re fog vmt** cut*/make* sg short
rövidáru *n GB* haberdashery
röviden *adv* (*tömören*) in short/brief, briefly
rövidesen *adv* shortly, before long
rövidfilm *n* short film/feature
rövidhullám *n* short wave
rövidít *v* shorten, cut*/make* (sg) short(er)
rövidital ok *n pl* short drinks
rövidítés *n* (*szövegé*) abridgement; (*betűk*) abbreviation
rövidített *a* **~ játék** (*tenisz*) tie-break(er)
rövidlátás *n* short-sightedness
rövidnadrág *n* shorts *pl*
rövidzárlat *n* short circuit
rőzse *n* brushwood, twigs *pl*
Rt. = részvénytársaság
rubeóla = rózsahimlő
rubin *n* ruby
rúd *n* bar, rod, beam; (*kocsié*) shaft, pole
rúdugrás *n* pole-vault
rúg *v* kick; (*gólt*) score/kick [a goal]; (*összeg vmre*) amount/come* to sg
rugalmas *a* elastic; (*átv is*) flexible
ruganyos *a* elastic, springy
rugó *n tech* spring; *átv vmé* mainspring (of), motive (for)
rugóz|ik *v* recoil, spring*/fly* back
ruha *n* (*ruházat*) clothes *pl*, clothing; (*női*) dress, (*férfiöltöny*) suit || **~t levet** take* off one's clothes; **~t vált** change (one's clothes)

ruhaakasztó n (clothes) hanger
ruhafogas n (akasztó) hat-rack; (álló) coat-stand
ruhakefe n clothes brush
ruhanemű n clothes pl, clothing, garments pl
ruhástul adv fully dressed, with (all) one's clothes on
ruhaszárító kötél n clothesline
ruhásszekrény n wardrobe
ruhatár n (színházban stb.) cloakroom; (pályaudvaron) left-luggage office, US checkroom
ruhatisztító n (dry-)cleaner, (dry-) cleaner's
ruhátlan a unclothed, undressed
ruhaujj n sleeve
ruház v (ruhával ellát) clothe, dress; vmt vkre confer, bestow (on)
ruházat n clothes pl, clothing
rumli n biz commotion, rumpus || **nagy volt a** ~ there was a great to-do
rút a (csúnya) ugly, hideous; (aljas) base, mean
rutin n (tapasztalat) experience, practice, skill; (megszokás) routine
rutinmunka n routine job
rúzs n lipstick
rügy n bud

S

s conj and || ~ **a többi** and so on/forth, etc. (kimondva: etcetera)
sablon n (minta) pattern, model; (lyuggatott) stencil; átv commonplace

saccol v guess, estimate; biz gues(s)timate
sáfrány n (virág) crocus; (fűszernövény) saffron
sah n shah
saját pron own; (magán) private || ~ **érdeke** one's own interest; **a** ~ **feje után megy** s(he) has a will of his/her own; ~ **maga** he himself, she herself; ~ **szemével** with one's own eyes
sajátkezű aláírás n signature, autograph
sajátos a particular, peculiar, specific, characteristic
sajátság n characteristic, feature
sajnál v vkt be*/feel* sorry for, feel* pity for, pity (sy); (bánkódik vm miatt) regret sg (v. doing sg v. that ...) || **nagyon** ~**om!** I am very/awfully sorry!
sajnálat n (szánalom) pity; (bánkódás) regret || **legnagyobb** ~**omra** to my great regret
sajnálatos a regrettable, sad, pitiable
sajnálkoz|ik v (történtekért) be* sorry for/about, regret; (bocsánatkérően) apologize for; vkn feel* sorry/pity for
sajnos int unfortunately, sorry (to say)
sajog v throb, ache, smart || ~ **minden tagom** I ache all over
sajt n cheese
sajtó n (nyomdai gép) printing press/machine; (prés) press || **a** ~ **átv** the press; ~ **alatt van** be* in the press (US in press), is being printed
sajtóértekezlet n press conference
sajtóhiba n misprint, printer's error

sajtóközlemény *n* communiqué, press release

sajtol *v* (*kisajtol*) press, squeeze (sg out of sg); *tech* extrude

sajtos *a* chese ‖ ~ **makaróni** macaroni cheese

sajtószabadság *n* freedom of the press

sajtótájékoztató *n* press conference

sajtóvisszhang *n* press reaction ‖ **jó ~ja van** get* a good press/coverage

sakál *n* jackal

sakk *n* chess ‖ ~**ot ad vknek** give* check to sy; ~**ban tart vkt** keep*/hold* sy in check

sakkoz|ik *v* play (a game of) chess

sakktábla *n* chessboard

sál *n* scarf°

salak *n* (*anyag*) slag; (*fémé*) dross; (*széné*) clinker; *biol* excrement; *átv* scum, refuse

saláta *n* *bot* lettuce; (*elkészített*) salad

salátaöntet *n* (salad) dressing

salátástál *n* salad-bowl

samesz *n* *biz* factotum, bottle-washer

sámfa *n* shoetree, boot tree

sámli *n* (foot)stool

sampon *n* shampoo

sánc *n* (*erődrész*) rampart; (*földből*) mound

sánta *a* lame, limping

sántikál *v* limp, hobble (along), walk with a limp ‖ **rosszban** ~ he is up to some mischief

sántít *v* limp

sanzon *n* song, chanson

sanzonénekes *n* (*férfi*) crooner; (*nő*) chanteuse

sápadt *a* pale

sapka *n* cap

sár *n* mud; *átv* dirt

sárga 1. *a* yellow ‖ ~ **angyal** (*a szervezet*) patrol (car) service; (*a szerelő*) an AA patrolman; ~ **az irigységtől** be* green with envy **2.** *n* (*szín*) yellow; (*forgalmi jelzőlámpán*) amber (light); (*tojássárgája*) (egg) yolk

sárgabarack *n* apricot

sárgaborsó *n* split/dry peas *pl*

sárgadinnye *n* honeydew melon, cantaloup (*US* cantaloupe) (melon), musk-melon

sárgarépa *n* carrot

sárgaréz *n/a* brass

sárgarigó *n* golden oriole

sárhányó *n* mudguard, *US* fender

sarj *n* *bot* shoot, sprout; *vké* offspring, descendant

sark *n* *földr* pole

sarkalatos *a* cardinal, fundamental, pivotal

sarkall *v* *vkt vmre* stimulate, encourage, urge (*mind*: sy to do sg)

sarkantyú *n* spur

sárkány *n* (*mesebeli*) dragon; (*játék*) kite ‖ ~**t ereget** fly* a kite

sárkányrepülés *n* hang-gliding

sárkányrepülő *n* hang-glider

sarkcsillag *n* the Pole Star, the North Star, Polaris

sarkvidéki *a* polar; (*déli*) antarctic; (*északi*) arctic ‖ ~ **hideg** arctic cold/weather

sarló *n* sickle

sarok *n* (*cipőé, lábé*) heel; (*szobáé, utcáé*) corner; (*zug*) nook; *el* pole ‖ **a sarkában van vknek** be* (hard) at/on sy's heels; ~**ba szorít vkt** *átv* drive* sy into a corner; **sarkon fordul** turn on one's heels

sarokkő n cornerstone
sáros a muddy
sárvédő n = **sárhányó**
saru n (lábbeli) sandal; tech shoe
sas n eagle
sás n sedge
sáska n locust
sasszemű a eagle/hawk/gimlet-eyed
sátán n Satan
sátor n tent; (cirkuszi) big top; (vásári) booth, stall
sátoros a ~ **cigány** wandering/nomadic gipsy; **minden** ~ **ünnepen** tréf on high days and holidays
satrafa n biz **vén** ~ old hag
satu n vice, US vise
sav n acid
sáv n (csík) stripe, streak; földr strip (of land), zone; közl lane; (hullámsáv) (wave)band ‖ **belső** ~ outside/offside lane; **külső** ~ inside/nearside lane; ~ot **vált** change lanes
savanyú a sour ‖ ~ **alak** wet blanket, biz misery; ~ **képet vág** make*/pull a sour/long face
savanyúság n (ételhez) pickles pl
savhiány n orv acid deficiency, anacidity
sávkapcsoló n el band switch/selector
sávnyújtás n (rádión) bandspreading
savó n (tejé) whey; (véré) (blood) serum
sci-fi n science fiction, sci-fi
se conj/adv neither ‖ **egyikőtöknek** ~ **hiszek** (kettő közül) I don't believe either of you, (több közül) I don't believe any of you; ~ **jó**, ~ **rossz** neither god nor bad

seb n wound; (sérülés) injury; (égett) burn; (horzsolt) abrasion
sebes[1] a (gyors) quick, swift, speedy, rapid, fast
sebes[2] a (sérült) wounded, hurt
sebesség n speed; tech velocity; (tempó) rate, pace; (autó sebesség-fokozata) gear ‖ **első** ~ first/low/bottom gear; **megengedett legnagyobb** ~ speed limit, maximum speed; **teljes** ~**gel** at full speed; ~**et vált** change gear
sebességkorlátozás n speed limit
sebességmérő n speedometer
sebességváltó n (szerkezet) gearbox, gearcase, gears pl ‖ ~ **(kar)** gear-lever, gear-stick, US gear shift
sebesült a/n wounded
sebész n surgeon
sebészet n surgery; (kórházi osztály) surgical department/ward
sebészi a ~ **beavatkozás** surgical intervention, surgery
sebhely n scar, mark; orv cicatrice
sebkenőcs n (healing) ointment
sebtapasz n klastoplast, US Band-aid
sebtében adv hastily, in haste, in a hurry
segéd n (bolti) (shop) assistant, (női) saleswoman°, salesgirl, US (sales-)clerk
segédeszköz n aid (vmben in sg)
segédige n auxiliary (verb)
segédkez|ik v vknek help sy, assist sy
segédmunkás n unskilled worker, biz hand
segély n (segítség) help, aid; (anyagi támogatás) grant, financial support/assistance; (intéz-

ménynek) subsidy, aid, grant; (*rendszeres juttatás*) allowance; (*országnak*) rel*i*ef || **anyasági** ~ *GB* maternity benefit (*US* allowance); **szociális** ~ *GB* social security (benefits/payments), *US* welfare (handouts/payments)
segélyez *v* ass*i*st, support, subsidize
segélyhely *n* (*orvosi*) first-*ai*d station; (*műszaki*) *ai*d station, *ai*dpoint
segélyhívó telefon *n* emergency/roadside telephone/call-box
segélyszolgálat *n* (*javítószolgálat*) (emergency) rep*ai*r service || **országúti** ~ patr*o*l service
segg *n vulg* arse, *US* ass || **~be rúg** kick (sy) in the pants
segít *v* (*vknek, ill. vkt vmben*) help sy (*vmben* with sg *v.* to do *v.* do sg); assist sy (in doing sg *v.* to do sg); *vkn* help sy, (*munkában*) help sy (with one's work); (*segélyez*) help sy financially/out || **ezen nem tudok ~eni** I can't help (you there); **kérlek, ~s!** please help (me); **~hetek valamiben?** can I help you?; **rám ~ené a kabátot?** would you help me on with my coat, please?
segítőkész *a* helpful, willing
segítség *n* (*vkn/vmn való segítés*) help, aid, assistance; (*támogatás*) support; (*könnyítő*) rel*i*ef; (*személy*) help, aid(e); (*eszköz*) help, aid || **~!** help!; **miben lehetek a ~ére?** what can I do for you?; **~et nyújt vknek** help sy, lend*/give* sy a (helping) hand, (*elsősegélyt*) give* sy first-*ai*d; **vknek a ~ével** thanks to sy's help; **vmnek a ~ével** by means of sg

sehogy(an) *adv* by no means, in no way/wise
sehol *adv* nowhere, not *a*nywhere || **~ másutt** nowhere else
sehonnan *adv* from nowhere, not from *a*nywhere
sehova *adv* nowhere, not *a*nywhere
sejt[1] *n biol* cell
sejt[2] *v vmt* suspect (sg), have* an idea that || **mit sem ~ve** quite unsuspectingly; **rosszat ~** have* a premon*i*tion/pres*e*ntiment of sg; **nem is ~i** have* not the sl*i*ghtest/rem*o*test idea
sejtelem *n* (*előérzet*) susp*i*cion, feeling, presentiment; (*rossz*) susp*i*cion, premon*i*tion || **halvány sejtelmem sincs róla** I haven't the f*ai*ntest/f*o*ggiest idea
sejtelmes *a* mysterious, enigmatical
sejtés *n* conjecture, guess
sekély *a átv is* shallow, flat
sekrestye *n* sacristy, vestry
sekrestyés *n* sacristan
selejt *n* (*termék*) faulty product, reject
selejtes *a* inferior, faulty, substandard || **~ áru** rejects *pl*; **~ gyártmány** faulty product
selejtez *v* weed/sort out, discard
sellő *n* mermaid
selyem *n* silk
selyemfiú *n* gigolo
selyempapír *n* t*i*ssue paper
selyemsál *n* silk scarf°; (*vállra*) silk shawl
selymes *a* (*tapintású, fényű*) s*i*lky, s*i*lk-like
selypít *v* lisp
sem *conj/adv* (*tagadószó*) neither, not ... *ei*ther, nor; (*nyomatékot*

adva) not ... *even* || **egy** ~ none, not *any*; **egyikük** ~ neither (*kettőnél több*: none) of them; **én** ~ nor I/me (*either*); **még látni** ~ **akarja** she will not *even* see him; ~ ... ~ ... neither ... nor ...; ~ **a feleségem,** ~ **én nem voltam ott** neither my wife nor I were there; **semmi** ~ nothing (of the kind *v.* whatever); **senki** ~ nobody, no one

séma *n* (*vázlatos rajz*) (rough) sketch diagram; (*minta*) pattern; (*sablon, modell*) model, scheme

semelyik *pron* none, not one of them

semennyi *pron* nothing at all, not *any*

semleges *a pol, kém* neutral; (*állást nem foglaló*) non-comm*i*ttal; (*közömbös*) indifferent

semlegesség *n* neutrality || **megőrzi** ~**ét** remain/stand* neutral

semmi 1. *a* no || ~ **esetre (sem)** certainly not, by no means; ~ **közöd hozzá** it is no business of yours; ~ **más** nothing else; ~ **pénzért** not ... at *any* price; ~ **szín alatt** by no means, on no account **2.** *n/pron* nothing, none; (*tagadásban*) *a*nything, (not) ... any; (*szám*) nought, zero; (*űr*) space, the void || **ez mind** ~! that's nothing; **nem tesz** ~! never mind, it doesn't matter; ~**be vesz** ignore/disregard sy/sg; ~**re sem jó** good for nothing; ~**t sem ér** be* (of) no use (at all), be* worthless

semmiféle *pron* no, no kind/sort of, not ... any

semmiképpen (sem) *adv* by no means, in no way, not at all

semmikor *adv* never, at no time

semmilyen *pron* no, not ... any

semmiség *n* (*csekélység*) (a mere) nothing, trifle

semmitmondó *a* meaningless || ~ **tekintet** vacant look

semmittevés *n* idleness, idling; (*pihenés*) leisure || **édes** ~ dolce far niente, pleasant idleness

senki *pron* nobody, no one *v.* no-one, none || ~ **közülük** none of them; ~ **más** no one else, nobody else; ~ **többet? harmadszor!** going! going! gone!

serdülő(korú) *a/n* adolescent, teenager

serdülőkor *n* puberty, adolescence

sereg *n kat biz* army; (*madár*) flock

seregély *n* starling

sérelem *n* affront, grief, injury

seriff *n* sheriff

serkentőszer *n* stimulant

serleg *n* (*díjként*) cup; (*ivásra*) goblet

serpenyő *n* (*konyhai*) frying pan; (*mérlegé*) (scale) pan

sért *v* (*testileg*) hurt*; (*érzelmileg*) hurt* sy's feelings, offend [sy *v.* sy's sensib*i*lities]; (*jogot, törvényt*) trespass on [sy's rights],v*i*olate [a law] || ~**i vk érdekeit** interfere with sy's interests

sertés *n* pig; (*sertéshús*) pork

sértés *n* (*becsületbeli*) insult, offence (*US* -se) || ~**nek vesz vmt** be* offended by sg, take* sg as an offence (*US* -se); **testi** ~ *jog* bodily harm, assault

sertésflekken *n* barbecued pork

sertéshús *n* pork

sertéskaraj *n* pork chop/cutlet

sertéssült *n* roast pork
sertésszelet *n* pork chop, fillet of pork
sertészsír *n* lard
sértetlen *a* (*testileg*) unhurt, unharmed, uninjured; *átv* intact || ~ **állapotban** in good condition
sértett 1. *a* (*testileg*) hurt, injured; (*erkölcsileg*) harmed, wounded **2.** *n* a ~ the offended/injured party
sérthetetlen *a* invulnerable, inviolable
sértő *a* offending, offensive || ~ **szavak** insulting words, abusive language
sértődött *a* offended
sérülés *n* (*személyi*) injury; (*tárgyé*) damage || ~**t szenved** be*/ get* injured
sérült 1. *a* (*személy*) injured; (*tárgy*) damaged **2.** *n* injured (person) || **a ~ek** the injured (people)
sérv *n orv* hernia
séta *n* walk, stroll || ~**t tesz** take*/have* a walk
sétahajózás *n* boat trip, a cruise [on the Thames/Danube etc.]
sétál *v* walk (about), stroll || **elmegy ~ni** take* a walk, go* for a walk
sétálómagnó *n* Walkman (*pl* -mans)
sétálóutca *n* pedestrian precinct, *US* mall; (*vásárlóutca*) downtown shopping precinct (*v. US* mall)
sétány *n* promenade, esplanade
sí *n* (*eszköz*) ski(s), a pair of skis
síbot *n* ski stick/pole
sícipő *n* ski boot(s *pl*)
síel *v* ski
siet *v* hurry (up); (*nem ér rá*) be* in a hurry, have* no time (to spare);

(*óra*) be* fast; *vhová* hurry/hasten to || **az órám öt percet ~ my** watch is five minutes fast; **siess!** hurry up!, be quick!; **vk segítségére ~ run** * to help sy
sietős *a* (*sürgős*) urgent, pressing || ~ **a dolga (vknek)** be* in a hurry; ~ **léptek** hurried steps
sífelszerelés *n* ski(ing) equipment
sífelvonó *n* ski-lift, chair lift
sík 1. *a* (*egyenletes*) even; (*lapos*) flat; (*vízszintes*) level; (*sima*) smooth **2.** *n* (*síkság*) plains *sing.*; *mat* plane || **elméleti ~on** theoretically; **gyakorlati ~on** in practice
sikamlós *a átv* risqué, lascivious || ~ **vicc** blue/risqué/dirty joke, *US* így is: off-color joke
sikátor *n* alley(way), passage
siker *n* success; (*eredmény*) result, achievement || **nagy ~ volt** (*színdarab stb.*) it was a box-office hit/ smash
sikeres *a* successful
sikertelen *a* unsuccessful
sikertelenség *n* failure, lack of success
sikerül *v vm* work, turn out well; (*vknek vm, vmt megtenni*) succeed in doing sg, manage (*v.* be* able) to do sg || **nem ~** fail, be* unsuccessful, not work; ~**t átmennie a vizsgán** (s)he succeeded in passing his/her/the examination; ~**t elérnem a vonatot** I managed to catch the train
síkfutás *n* **100 m-es ~** 100 metres *pl*
síkidom *n* geometric figure
sikít *v* scream
sikkaszt *v* embezzle, misappropriate

sikkes *a* chic, stylish, *(igével)* have* style
sikl|ik *v* glide, slide*
sikló *n zoo* grass snake; *(jármű)* funicular (railway), cable-car, cable railway
siklórepülés *n* glide; *(a sport)* gliding
sikolt *v* scream, shriek
sikoltás, sikoly *n* scream, shriek, screech
síkos *a* slippery, slithery
síkság *n* plain, lowlands *pl*
silány *a* inferior, poor; *(eredmény)* second-rate, mediocre
sildes sapka *n* peaked cap
síléc *n* = **sí**
sílift *n* = **sífelvonó**
siló *n* silo *(pl* -s)
sima *a* smooth; *(egyenletes)* even; *(egyszerű)* plain, simple
simán *adv* smoothly, evenly; *(könnyen)* easily, without difficulty ‖ **~ megy** it is going quite smoothly
simít *v vmt* smooth, even; *(talajt)* level *(US* -l), plane
simogat *v* stroke; *(szeretve)* caress
sín *n (vasúti)* rail(s); *orv* splint
sincs *v* is not *(v.* isn't) ... either, is not *(v.* isn't) even ... ‖ **neked ~, nekem ~** neither have you nor have I; **nekem egy ~** I haven't got any; **sehol ~** I can't find it anywhere
sintér *n* dogcatcher, poundmaster
sínylőd|ik *v* pine away, languish
síp *n* whistle; *(pásztoré)* (shepherd's) pipe, reed; *(orgonáé)* pipe
sípálya *n* (ski) course, ski-run
sípcsont *n* shin-bone, tibia ‖ **~on rúg** *vkt* kick sy on the shin(s), shin sy

sír¹ *n* grave; *(sírbolt)* tomb ‖ **hallgat, mint a ~** be* as silent as the grave; **~ba visz** *vkt* drive* a nail into one's coffin
sír² *v (hangosan)* cry; *(halkan)* weep*; *(zokogva)* sob; *átv* complain ‖ **~va fakad** burst* into tears
siralmas *a* deplorable, lamentable, miserable
sirály *n* gull; *(tengeri)* seagull
siránkozik *v* lament *(vmn, vm miatt* for/over sg)
sírás-rívás *n* weeping, whining, wail(ing)
sírbolt *n* burial vault, tomb; *(templomi)* crypt
síremlék *n* tomb(stone), sepulchre *(US* -cher)
sisak *n* helmet; *(vívóé)* mask
sivár *a (látvány)* bleak, dismal; *(élet)* dreary; *(vidék)* desolate
sivatag *n* desert
skála *n (zene is)* scale; *(rádión)* (tuning) dial ‖ **széles ~ja vmnek** *átv* a wide range of sg
Skandinávia *n* Scandinavia
skandináv(iai) *a/n* Scandinavian
skarlát *a/n (szín)* scarlet; *(betegség)* scarlet-fever
Skócia *n* Scotland
skorpió *n* scorpion
skót 1. *a (ember, nép)* Scottish, Scots; *(whisky, szövet)* Scotch; *(szokás, történelem)* Scottish; *biz (fukar)* tight-fisted, niggardly, stingy ‖ **a ~ felvidék** the (Scottish) Highlands *pl*; **~ szoknya** kilt; **~ whisky** Scotch (whisky) **2.** *n (ember)* Scot, *(férfi)* Scotsman°, *(nő)* Scotswoman° ‖ **a ~ok** the Scots, the Scottish people

skótmintás *a* tartan ‖ ~ **szövet** tartan

sláger *n* (*dal*) hit(-song), pop-song; (*áru stb.*) hit, top seller

slampos *a* (*személy*) slovenly, slatternly; (*munka*) careless, slipshod

slejm *n* phlegm, mucus

slicc *n* fly, flies *pl*

slusszkulcs *n* ignition key

smaragdzöld *a* emerald (green)

smirgli *n biz* emery paper, sandpaper

smink *n* make-up

snassz *a pejor vk* tight, mean; (*ruha*) shabby, tatty

snidling *n* chives *pl*

só *n* salt

sóder *n* (*építőanyag*) (sand and) gravel, ballast; *biz* (*duma*) waffle

sodor *v* (*fonalat*) twist, twine; (*cigarettát, tésztát*) roll

sodrófa *n* rolling-pin

sodrony *n* wire, cable

sofőr *n* driver; (*taxié*) cab-driver

sógor *n* brother-in-law (*pl* brothers-in-law)

sógornő *n* sister-in-law (*pl* sisters-in-law)

soha *adv* never ‖ ~ **többé** never again

sóhajt *v* sigh, heave* a sigh

sohase(m) *adv* never ‖ **még** ~ **láttam** I have never seen it/him/her before

sóher *a pejor* stingy, niggardly

sóhivatal *n* **menj a** ~**ba!** go to blazes

sok 1. *a* (*egyes számmal*) much, (*többes számmal*) many, a lot of, a large number of, a good/great many, lots/heaps/loads of ‖ ~ **idő**

a long time, much time; ~ **időt vesz igénybe** it takes sy a long time; ~ **pénz** a lot of money, much money; ~ **pénze van** (s)he has lots of money **2.** *n* ~ **a jóból** it's too much of a good thing; ~**ba kerül** it costs* a lot; ~**ra tart vkt** think* highly of sy; ~**ra viszi még** he'll go far; ~**at ad vkre** have* a high opinion of sy

soká *adv* for long, (for) a long time ‖ ~ **tart** take* long (*vknek vm megtétele* to do sg); **nem tart** ~ (*előadás stb.*) this it won't take long, (*hamar jövök*) I shan't be long

sokadik *num a/n* umpteenth

sokall *v* (*soknak tart*) find* sg too much; (*árat*) find* [the price] too high

sokan *adv* (a great) many people, a number/lot of people ‖ ~ **közülünk** many of us

sokatmondó *a* significant, meaningful

sokféle *a* many kinds of

sokk *n orv* shock

sokkal *adv* (*hasonlításban*) far, much ‖ ~ **jobb** far/much better; ~ **később** much later

sokoldalú *a* many-sided, (*csak vk*) versatile, all-round; (*egyezmény stb.*) multilateral

sokrétű *a* (*összetett*) complex, intricate; (*sokoldalú*) many-sided, varied

sokszor *num adv* many times, frequently, often

sokszorosít *v* duplicate, copy; (*fénymásol*) photocopy, (*xeroxszal*) xerox

sokszög *n* polygon

sólyom *n* falcon, hawk
sompolyog *v* creep*/steal* (off/away *v. vkhez* up to sy)
sonka *n* ham
sopánkod|ik *v* wail, lament, yammer
sor *n* (*emberekből, tárgyakból*) row, line; (*ülőhelyekből*) row; (*sorállásnál*) queue, *US* line; (*könyvben*) line; (*sorozat*) series (of events); (*sors*) lot, fate ‖ **beáll a ~ba** (*üzletben*) join the queue; **egy ~ ...** (*sok*) a large number of, a good/great many; **ha arra kerül a ~** if it comes to that; **rajtam a ~** it's my turn [to do sg]; **rosszul megy a ~a** have* a hard/tough time (of it), (*anyagilag*) be* badly off; *mat* **~ kerül vmre** happen, take* place, occur; **~ban** in turn, by turns; **~ba(n) áll** (*pénztárnál stb.*) queue (up); (*felsorakozik*) line up (behind sy); **~on kívül** out of (one's) turn; **várjon a ~ára!** wait (until it is) your turn!; **vmnek (a) ~án** in the course of sg, during sg
sorakoz|ik *v* align, line up ‖ **~ó!** fall in!
sorbaállás *n* queuing up
sorház *n* terraced house, terrace-house, *US* row house
sorkatona *n* soldier, regular
sorköteles *a* liable to conscription *ut.*, of military age *ut.*, *US* draftable
sorjában *adv* in turn, by turns
sorol *v* *vkt vhova* rank sy among/with, reckon sy among; *vmt vhova* rank/count/class sg among
sorompó *n* barrier, gate
soros *a* -line; (*soron következő*) next ‖ **ő a ~** (*következő*) it is

his/her turn, (s)he is next; (*szolgálatos*) he is on duty; **~ kapcsolás** series connection
soroz *v* *kat* recruit, enlist
sorozat *n* series (*pl* ua.); (*dolgok egymásutánja*) sequence, succession; (*tárgyakból*) set
sorrend *n* order, sequence ‖ **~ben az első** first in line/order
sors *n* (*végzet*) fate; *vké* destiny; (*vk életkörülményei*) lot ‖ **~ára hagy vkt** leave* sy to his fate; **~ot húz** draw*/cast* lots, (*pénzfeldobással*) toss up [to see ...]
sorscsapás *n* terrible blow, calamity
sorsdöntő *a* decisive, crucial; (*esemény*) historic
sorsjáték *n* lottery
sorsol *v* draw* lots for
sorstárs *n* companion in misfortune, fellow (sufferer)
sorszám *n* serial number
sorvadás *n* atrophy
sós *a* salt(y), salted
sósav *n* hydrochloric acid
sóska *n* (common) sorrel
sóskeksz *n* cracker
sóskifli *n* salted roll
sótalan *a* saltless, salt-free; *átv* insipid, flat
sótartó *n* (*vállgödröcske is*) salt-cellar
sovány *a* (*élőlény*) lean, thin; (*étel*) meagre; (*hús*) lean; (*tej*) low-fat; (*eredmény, fizetés*) meagre, poor
sóvárog *v* *vk/vm után* long/sigh/yearn for sy/sg
sóz *v* (*ételt*) salt; (*hintve*) sprinkle with salt; (*tartósítva*) salt (down), pickle
sózott *a* salted

sömör *n* herpes
söpör *v* sweep*
söpredék *n* átv riff-raff, mob, rabble || a társadalom ~e the scum (*v*. dregs *pl*) of society
söprű *n* broom
sör *n* beer; (*világos angol*) (pale) ale; (*könnyebb*) lager; (*barna*) bitter; (*egészen sötét*) stout
sörény *n* mane
sörét *n* shot
söröző *n* (*hely*) brasserie, (*kerthelyiség*) beer-garden
sőt *conj* (and) even, (and) indeed, in fact, besides, moreover || ~ ellenkezőleg! on the contrary; ~ mi több and what is more
sötét 1. *a* dark; *átv* gloomy, obscure || ~ alak shady/shifty character; a ~ bőrűek the Black; ~ szándék evil intention; ~ szemű dark-eyed; ~ színben látja a dolgokat look on the dark side (of things) 2. *n* dark(ness); (*sakk*) black || ~ van it is dark
sötéted|ik *v* (*anyag*) darken; (*esteledik*) it is* growing/getting dark
sötétít *v* darken, dim
sötétkék *a* dark/navy-blue
sötétség *n* dark(ness), gloom; *átv* obscurity
sövény *n* hedge(row)
spagetti *n* spaghetti
spanyol 1. *a* Spanish 2. *n* (*ember*) Spaniard; (*nyelv*) Spanish; → angol
spanyolfal *n* folding screen
Spanyolország *n* Spain
spárga¹ *n* (*kötözéshez*) string, cord; (*tornában*) the splits *pl*
spárga² *n* bot asparagus

speciális *a* special || ~an (*különösen*) specially; (*kifejezetten*) specifically
specializálja magát *v* specialize in sg, *US* (*egyetemen, hallgató*) major in [a subject]
spékel *v* lard
spekulál *v* (*töpreng vmn*) speculate/meditate on/about (sg); *ker vmvel* speculate in (sg)
spenót *n* spinach
spicli *n* biz informer; (*diák*) peacher
spontán 1. *a* spontaneous, (*készséges*) willing, (*önkéntes*) unasked-for, voluntary 2. *adv* spontaneously
spórol *v* save; economize (*vmn* on sg) || régóta ~ok erre az alkalomra *átv* I've long been waiting for this occasion
sport *n* sport, sports *pl* || vmlyen ~ot űz go* in for [some sport]
sportág *n* (a) sport; (*olimpián*) event
sportcsarnok *n* sports hall
sportegyesület *n* (sports) club
sportkocsi *n* (*autó*) sports car; (*kisbabáé*) pushchair, stroller
sportol *v* go* in for sports, go* in for [some sport], be* a sportsman°/sportswoman°
sportoló *n* sportsman°, athlete, (*női*) sportswoman°
sportos *a* sporting; (*ruhadarab stb.*) sporty || ~ életmód outdoor life; ~an vezet (*autót*) be* a sporty driver
sportpálya *n* sports ground/field
sportrovat *n* sports column
sportszerű *a* sportsmanlike, fair

sportverseny *n* match, contest, race, competition
spriccel *v* squirt, spurt, spray; (*sugárban*) jet
srác *n biz* kid ‖ **kis** ~ scamp; ~**ok!** *biz* fellers, *US* you guys
srég(en) *a/adv* askew, awry *ut.*
stáb *n* (*filmé*) crew
stabilizáció *n* stabilization
stadion *n* stadium (*pl* -diums *v.* -dia)
stagnál *v* stagnate, *US* stagnate
standard *a/n* standard
stangli *n* (*sós*) salty roll, saltstick
start *n* start
statiszta *n* extra
statisztika *n* (*tudomány*) statistics *sing.*; (*adatok*) statistics *pl*
státus *n* (*állomány*) list (of civil servants)
stb.= *s a többi* et cetera, and so on, etc.
stég *n* landing-stage
steril *a orv* sterile
stílbútor *n* period furniture/piece
stílszerű *a* in style *ut.*, suitable, appropriate (in style *ut.*), fitting
stílus *n* style
stimmel *v biz* (*egyezik*) be* correct, *vmvel* agree/tally with sg ‖ **itt valami nem** ~ there is something wrong here
stop *v* (*állj!*) stop!, halt!
stoplámpa *n* brake-light, *US főleg* stoplight
stoppol *v* (*lyukat*) darn, mend; *sp* (*időt*) clock, time; (*autót*) hitch (a ride), thumb a lift/ride
stoptábla *n* stop sign
stopvonal *n* stop-line
stramm *a biz vk* sturdy, tough, strapping

strand *n* (*természetes*) beach; (*mesterséges*) open-air (swimming-) pool, lido
strandol *v* (*fürdik*) bathe; be* at the lido; (*tenger- v. tóparton*) be* on the beach
strandtáska *n* beach bag
strapa *n* hard/tiring work, *biz* sweat
strapál *v biz* (*tárgyat*) wear* sg out, punish sg ‖ ~**ja magát** overexert oneself, wear* oneself out
stratégia *n* strategy
strázsál *v kat* do* sentry-duty, be* on duty; (*sokáig vár*) be* waiting around
stréber *n biz pejor* go-getter, (social) climber; *isk* swot
strici *n vulg* (*utcanőé*) pimp, ponce
strucc *n* ostrich
stúdió *n* studio
-stul, -stül *suff vkvel* **családostul** with all his/her family; *vmvel* **gyökerestül** by the roots
súg *v vknek vmt* whisper (sg to sy *v.* in sy's ear); *isk, szính* prompt
sugár *n* (*fény*) ray, beam; (*víz*) jet; *mat* radius (*pl* -dii *v.* -diuses)
sugárhajtású repülőgép *n* jet(-propelled plane)
sugároz *v* (*sugarakat kibocsát és átv*) radiate, beam; (*rádió műsort*) transmit, broadcast*
sugárút *n* avenue
sugárvédelem *n* radiation protection
sugárveszély *n* radiation danger
sugárz|ik *v* radiate
sugárzás *n* radiation
súgó *n isk, szính* prompter
suhan *v* glide, flit
suhanc *n* youth, teenager, lad
sújt *v* strike*, hit*; *átv* afflict; (*csapás*) come* upon sy ‖ **büntetés-**

sel ~ **vkt** punish sy; **villám** ~**otta** was struck by lightning
sujtás n (ruhán) soutache, braid(ing)
súly n (mérhető) weight; sp shot; (súlyemelésben) weight; átv emphasis, stress; (jelentőség) importance || **(nagy)** ~**t helyez vmre** lay* stress on sg; **tiszta** ~ net weight
súlydobás n shot-putt(ing)
súlyemelés n weight-lifting
súlyfelesleg n overweight
sulyok n **elveti a sulykot** (túloz) exaggerate, tell* a tall story
súlyos a heavy, weighty; (bűn) heinous; (probléma, hiba) grave; (betegség) serious || ~ **baleset** a serious/bad accident; ~ **beteg** (igével) be* seriously ill; ~ **csapás** átv heavy/crushing blow; ~ **műtét** major operation
súlypont n centre (US center) of gravity; átv focal point, focus
súlyzó n dumb-bell, weight
summa n amount || **szép kis** ~ a tidy sum
sunyi a shifty, sly
súrlódás n (tárgyaké) friction; (személyek között) disagreement
súrol v (edényt) scour, clean; (padlót) scrub
súrolókefe n scrubbing-brush, US scrub-brush
surran v scuttle, scurry, slide*
susog v (falevél) whisper, rustle; (szél) breathe, sigh, sough
suszter n shoemaker
suta a (balkezes) left-handed; (ügyetlen) awkward, clumsy
suttog v whisper
suttyomban adv biz on the sly, stealthily, by stealth

süket a deaf; (ostoba) stupid, silly, US dumb || ~ **a telefon** the phone/receiver is (v. has gone) dead; ~ **duma** empty words pl, empty talk
süketnéma a/n deaf-and-dumb, deaf-mute
sül v (tésztaféle) bake; (zsírban) fry; (pecsenye) roast; (vk napon barnára) get* a tan, go* brown
süllő n zander, pike perch
sült 1. a (tésztaféle) baked; (húsféle) roast(ed); (zsírban) fried || ~ **csirke** roast/fried chicken; ~ **hús** roast meat **2.** n roast
sülve-főve adv ~ **együtt vannak** they are inseparable, they are as thick as thieves
süllyed v sink*; (barométer, hőmérő) fall*
sün(disznó) n hedgehog
süpped v (talaj) sink*, subside
sürgés-forgás n bustle, stir
sürget v vkt/vmt hurry/rush/urge sy/sg; (pénzét) press sy [for one's money]; (vízumot stb.) expedite || **az idő** ~ time presses
sürgölődés n bustle, stir
sürgős a urgent, pressing || ~ **dolga van** have* some urgent things/business to attend to; ~ **esetben** in case of (v. in an) emergency
sűrít v (anyagában) thicken; (folyadékot) concentrate, condense
sűrítmény n concentrate
sűrű a thick, dense; (tömör) compact; (gyakori) frequent || ~ **haj** thick hair; ~ **köd** dense/thick fog
sűrűn adv (gyakran) frequently, often || ~ **lakott terület** densely populated area

süt v (*kenyeret, tésztát*) bake; (*húst*) roast; (*olajban*) fry; (*roston*) grill, US broil; (*a szabadban*) barbecue; (*éget*) burn*, scorch; (*égitest*) shine* || ~ **a nap** the sun is shining
sütemény n (*édes*) cake, pastry, US cookie; (*péké, édes*) patisserie; (*nem édes*) rolls (and buns) pl
sütkérez|ik v (*napon*) bask in the sun(shine), sun oneself
sütnivaló n **nincs (valami) sok** ~**ja** he doesn't seem to have much gumption
sütő n (*tűzhelyrész*) oven
svábbogár n cockroach, US főleg roach
Svájc n Switzerland
svájci a/n Swiss || **a** ~**ak** the Swiss pl
svájcisapka n beret
svéd **1.** a Swedish || ~ **ember** Swede; ~ **nyelv** the Swedish language, Swedish **2.** n (*ember*) Swede; (*nyelv*) Swedish || **a** ~**ek** the Swedish/Swedes pl; → **angol**
svédasztal n smörgåsbord, cold buffet
svédül adv (in) Swedish; → **angolul**
Svédország n Sweden

Sz

szab v (*ruhát*) cut* (out), tailor
szabad **1.** a free, (*nyitott*) open; (*nem foglalt*) free, unoccupied, vacant; (*nem fogoly*) free; (*ország*) free, independent, sovereign; (*meg*

van engedve) [sg is] permitted/allowed, [sy is] allowed to ..., you/he etc. may [do sg] || **ezt nem lett volna** ~ **megtenned** you ought not to have done this, you should not have done this; **nem** ~ must not; ~ **akarat** free will; ~ **az út** the way/road is clear/open; ~ **árak** uncontrolled prices; ~ **délelőtt** morning off; ~ **ez a hely?** is this seat free/vacant?; ~ **ég alatt** in the open air; ~ **fordítás** free translation; ~ **kezet ad vknek** give*/allow sy a free hand; ~ **szellemű** free-thinking, emancipated; ~**!** (*kopogtatásra feleletül*) (please/do) come in!; ~**?** (*kopogtatás helyett*) may I come in?; ~, **kérem?** (*utat kérve*) excuse me please! **2.** n ~**ban** in the open air, outdoors; ~**jára enged** release (sy/sg), set* (sy/sg) free
szabadalom n patent
szabadelvű a liberal
szabadgondolkodó n free-thinker
szabadidő n (*pihenőidő*) leisure, free/spare time
szabadidőruha n leisure suit, jogging suit/outfit
szabadít v free, set* free, liberate
szabadjegy n free pass/ticket, complimentary ticket
szabadkoz|ik v demur, offer/make* excuses
szabadkőművesség n freemasonry
szabadlábon van kif be* at large/liberty
szabadnap n day off (pl days off)
szabadon adv (*nyíltan*) openly, frankly; (*korlátozás nélkül*) without restriction/restraint, unim-

peded || ~ **bocsát** *vkt* (*foglyot*) set* sy free, release sy; ~ **választható** (*tantárgy stb.*) optional [*subject* etc.], *US* (*főnévvel*) an elective

szabados *a* (*kicsapongó*) licentious, loose, libidinous; (*viselkedés*) indecent

szabadság *n* (*állapot*) liberty; (*kivívott*) freedom; (*dolgozóé*) holiday, leave, *US* vacation || **fizetett** ~ holiday(s) with pay, paid holiday(s)/leave; **fizetés nélküli** ~ unpaid leave; **~on van** be* (away) on holiday/leave

szabadságharc *n* war of independence

szabadságjogok *n pl* human rights

szabadtéri színpad *n* open-air theatre (*US* -ter)

szabadul *v* (*börtönből*) be* set free; *vktől, vmtől* get* rid of

szabadúszó *n átv biz* free lance, freelancer

szabály *n* law, rule; (*rendelkezés*) order; *mat, kém* formula (*pl* -las *v.* -lae), theorem

szabályos *a* (*elrendezés*) regular, symmetrical; (*előírásos*) standard, normal, proper

szabályoz *v* (*intézkedéssel*) regulate, control sg; (*szerkezetet*) adjust, set*

szabálysértés *n* (*kihágás*) contravention, (petty) offence (*US* -se) || **~t követ el** commit an offence (*US* -se)

szabályszerű *a* regular, normal

szabálytalan *a* irregular, abnormal

szabásminta *n* pattern (for a dress)

szabatos *a* precise, exact, accurate || ~ **stílus** spare (prose) style

szabó *n* tailor

szabotál *v* sabotage

szabvány *n* standard, norm

szabványos *a* standard, normal

szadista *n* sadist

szadizmus *n* sadism

szag *n* smell, odour (*US* -or); (*illatszeré, virágé*) scent || **jó ~a van** smell* good; **rossz ~a van** smell* bad/foul

szagelszívó *n* (*konyhai*) extractor fan

szaggatott *a* (*alvás, hang*) interrupted, broken || ~ **vonal** broken line

szagol *v* smell*

szagos *a* fragrant, odorous; (*hús*) high, tainted; (*kellemetlenül*) smelly

szagtalanít *v* deodorize

száguld *v* tear* along, fly*; (*jármű*) hurtle/race along

Szahara *n* Sahara

száj *n* (*emberé*) mouth; (*állaté*) mouth, muzzle; (*barlangé*) opening || **fogd be a szád!** shut up!; **jár a ~a** his tongue is wagging; **~ról ~ra** from mouth to mouth

szajha *n vulg* whore, prostitute

szájhagyomány *n* oral tradition

szájharmonika *n* mouth-organ, harmonica

szájhős *n* braggart, swaggerer, boaster, loudmouth

szájtátva *adv* agape, open-mouthed, gawping

szájvíz *n* mouthwash, gargle

szak *n* (*időé*) period, age, era; (*vmnek egy része*) section, part, division; (*képesítés*) profession, branch || **milyen ~on tanulsz?** what are your main subjects [at

college/university]?, *US* what are you m*a*joring in?, what's your major?; **magyar–angol ~ra jár** be* a st*u*dent of Hung*a*rian and *E*nglish, *US* be* m*a*joring in H and E
szakács *n* cook, chef
szakácskönyv *n* co*o*kery book, *US* c*oo*kbook
szakad *v* (*ruha*) tear*, ri**p**; (*kötél*) break* ‖ ~ **az eső** it is po*u*ring with rain
szakadár *n vall* heretic, schism*a*tic; *pol* diss*i*dent ‖ ~ **csoport** spl*i*nter group
szakadatlan *a* unce*a*sing, cease-less, *e*ndless, uninter*r*upted
szakadék *n* prec*i*pice, abyss, chasm; *átv* gap, gulf
szakadt *a* torn, rent
szakáll *n* (*férfié*) beard; (*állaté*) barb ‖ **saját ~ára** on one's own hook/acco*u*nt
szakasz *n* (*útvonalé*, *pályáé*) section; (*rész*) part; (*könyvben*) p*a*ssage, p*a*ragraph; (*törvényben*) clause, *a*rticle; (*folyamatban*) period, phase, stage; (*vasúti koc-siban*) comp*a*rtment; *kat* plato*o*n
szakasztott *a* ~ **olyan, mint ...** ex*a*ctly the same as ...; ~ **mása** (*vknek*) l*i*ving *i*mage of sy
szakdolgozat *n* dissert*a*tion
szakértelem *n* expert*i*se, special knowledge, competence; *biz* know-how
szakértő 1. *a* expert, competent **2.** *n* expert (*vmben* on), specialist (in)
szakirodalom *n* (specialized) l*i*terature, bibli*o*graphy
szakiskola *n* technical/prof*e*ssional school

szakít *v* (*vmt*) tear*, rend*, ri**p**, spli**t***; (*virágot*) pluck; *vkvel* break* with sy ‖ **időt ~ vmre** spare/find* time for sg; **~ottunk** we broke off rel*a*tions
szakképesítés *n* qualific*a*tion
szakképzés *n* professional/tech-nical/voc*a*tional tr*a*ining
szakképzett *a* qu*a*lified, skilled, trained
szakkifejezés *n* technical term/ex-pression, term
szakkönyv *n* technical/specialist book
szakkör *n isk* st*u*dy group/c*i*rcle
szakközépiskola *n* specialized/ voc*a*tional sec*o*ndary school
szakma *n* trade, prof*e*ssion; (*pálya*) care*e*r ‖ **mi a ~ja?** what is his/her line/b*u*siness?
szakmai *a* professional; ~ **(ön)élet-rajz** CV (= curriculum v*i*tae)
szakmunkás *n* skilled l*a*bourer/ worker/workman
szakmunkásképző iskola *n* industrial/trade school
szakorvos *n* specialist (in sg), *GB* cons*u*ltant
szakos *a* **angol ~ hallgató** (a) student of *E*nglish, *US* (an) Eng-lish m*a*jor
szakszervezet *n* trade *u*nion
szakszó *n* (technical) term
szaktanácsadás *n* consult*a*tion
szaktekintély *n* (be* a) great auth*o*rity (on sg)
szaktudás *n* specialist/professional knowledge, expert*i*se
szaküzlet *n* specialist shop, speci-*a*lity (*US* specialty) shop
szakvizsga *n* (*orvosi*) speci*a*lity (*v. US* specialty) ex*a*m

szál n (fonál) thread; (rost) fibre (US fiber) ‖ **három ~ rózsát kérek** I'd like three roses, please; **mind egy ~ig** to a man
szalad v run* ‖ **~ vm elől** flee*/fly* from sg
szalag n (textil) ribbon, band; (magnó, videó) tape
szalagcím n banner headline
szalámi n salami
szálka n (fáé) splinter; (halé) (fish)-bone
szálkás a (hal) bony; (hús, zöldbab) stringy, fibrous; (deszka) rough-hewn, raw
száll v (gép, madár) fly*; (járműre) take* [a bus/tram/train]; (beszáll vmlyen járműbe) get* on/in(to) [a train/bus], get* on(to) [a plane/ship], board [a ship/plane/bus/train]; get* in(to) [a taxi/car]; (fogadóba, szállodába) put* up at, stay at [a hostel/hotel] ‖ **földre ~** land (at); **lóra ~** mount (v. get* on) a horse; **örökség ~ vkre** inheritance/heritage passes/goes* to sy; **vitába ~ vkvel** get* involved in a dispute with sy
szállás n accommodation; (nem szálloda) lodgings pl
szállásadó n (nő) landlady; (férfi) landlord
szállásfoglalás n booking (of room/accommodation); (felirat) hotel bookings
szállít v vmt vhová carry, transport, forward, dispatch ‖ **házhoz ~** deliver [to sy's door/house]
szállítmány n consignment, shipment; (rakomány) cargo, freight
szállító n carrier; (rendszeresen ellátó) supplier, contractor

szállítószalag n conveyor belt
szálló n (szálloda) hotel; (diák~) hostel; (panzió) guesthouse
szálloda n hotel
szállodaportás n receptionist
szállóige n (common) saying
szállóvendég n staying guest; (egy éjszakára) overnight guest ‖ **~eink vannak** we have friends staying with us
szalma n straw
szalmakalap n straw hat
szalon n (lakásban) drawing room; (kiállítási) exhibition room
szaloncukor n (Christmas) fondant
szalonképes a (ember) well-bred, presentable ‖ **nem ~ vicc** blue (US off-color) joke
szalonna n (angol) bacon; (húsos) streaky bacon ‖ **füstölt ~** smoked bacon
szalonnasütés n kb. barbecue
szaltó n somersault
szalvéta n (table) napkin, serviette
szám n number; (számjegy) figure, digit; (méret) size; (műsoré) number, item; (sportversenyen) event; (folyóiraté) number, copy, (napilapé) issue ‖ **egyes ~ nyelvt** singular; **két ~mal nagyobb** two sizes larger; **~ba vesz** (tekintetbe vesz) take* into account/consideration; (összeszámol) take* stock of, calculate; **~on kér vmt** demand an account/explanation of sg; **~on tart vmt** bear*/keep* sg in mind, keep* sg in evidence; **többes ~ nyelvt** plural
szamár n zoo donkey, ass; átv ass, jackass, blockhead
számára adv for him/her

szamárfül *n* (*könyvben*) dog-ear ‖ **~et mutat vknek** cock a snook at sy

szamárköhögés *n* whooping cough

számít *v vmt* count, calculate, reckon; (*felszámít*) charge sy [a sum] (for sg); (*vkk közé vkt*) number/count/reckon sy among ...; (*fontos*) count, matter; *vmre, vkre* reckon/count on sg/sy; *vmnek* count as, pass for ‖ **nem ~ it** doesn't matter, no matter; **nem ~ottam rá, hogy** I did not expect to; **nem ~va** not counting, not including; **~ok reád** I'm counting on you

számítás *n mat* counting, calculation; (*tervezés*) estimate ‖ **~ba vesz vmt** take* sg into account/consideration

számítástechnika *n* computer/computing technique, computing

számító *a* (*önző*) selfish, self-seeking, calculating

számítógép *n* computer ‖ **~pel feldolgoz** process [data] by computer, computerize [data]

számítógépes *a* computational ‖ **~ program** computer program

számítóközpont *n* data processing centre (*US* -ter)

számjegy *n* figure, digit

számkivetés *n* banishment, exile ‖ **~be megy** go* into exile

számla *n ker* invoice, bill; (*étteremben*) bill, *US* check; (*könyvelési*) account; (*folyószámla*) current account, *US* checking account ‖ **~t kiállít** make* out a bill

számlatulajdonos *n* account holder

számláz *v* invoice, bill (sy for sg)

számnév *n* numeral

szamóca *n* strawberry

számol *v* (*számolást végez*) count; *vmért* render/give* an account of sg; *vmvel/vkvel* reckon with sg/sy, take* sg/sy into account/consideration ‖ **(ezért) még ~unk!** we'll see about that!

számolás *n isk* arithmetic; (*művelet*) counting, calculation

számológép *n* calculating machine, calculator

számos *a* numerous, many (*utánuk: pl*)

számozás *n* numbering; (*lapé*) pagination

számrendszer *n* numerical/number system ‖ **tízes ~** decimal system

számtalan *a* innumerable, countless (*utánuk: pl*)

számtan *n* arithmetic

számtani *a* arithmetic(al) ‖ **~ sor** arithmetic progression

számtankönyv *n* maths book

száműz *v* exile, banish

számvetés *n* (*összegezés*) reckoning

számzár *n* combination lock

szán[1] *n* sledge, sleigh, *US* sled

szán[2] *v* (*sajnál*) pity, be*/feel* sorry for; *vknek* intend/mean* sg for sy/sg; (*vmre összeget*) set* aside ‖ **időt ~ vmre** find* time to do sg (*v. for sg*)

szánalom *n* pity, compassion, commiseration

szanaszét *adv* all over the place, far and wide ‖ **~ hagy vmt** leave* sg lying about

szanatórium *n* sanatorium, *US* sanitarium (*pl* -riums *v.* -ria), convalescent home/hospital

szandál *n* sandal

szándék *n* intention, purpose; (*terv*) plan, scheme ‖ **az a ~om, hogy** I intend/mean* to

szándéknyilatkozat *n* statement of intention

szándékosan *adv* intentionally, wilfully (*US* willfully), deliberately ‖ **nem ~ csinálta** he didn't mean it

szándékoz|ik *v* intend/plan/mean* to do sg

szánkó *n* sledge, sleigh, *US* sled

szánkóz|ik *v* sledge

szánt *v* plough (*US* plow)

szántóföld *n* plough-land (*US* plow-), arable land

szántóvető *n* ploughman° (*US* plow-), farmer

szapora *a* (*jól szaporodó*) prolific, fruitful; (*gyors*) quick, rapid, hurried

szaporít *v* (*növel*) increase, augment, multiply; *bot, zoo* propagate

szaporodás *n* (*élőlényé*) reproduction, multiplication, propagation; (*mennyiségi*) increase

szappan *n* soap ‖ **egy darab ~ a** bar/cake of soap

szappanhab *n* (*borotvaszappané*) lather; (*egyéb*) (soap)suds *pl*

szar *n* vulg shit; *átv* crap

szár *n* *bot* stem, stalk; (*nadrágé*) leg

szárad *v* dry (up), become* dry ‖ **az ő lelkén ~** he will have it on his conscience

száraz *a* (*nem nedves*) dry; (*éghajlatilag*) arid; *átv* dry, dull

szárazföld *n* mainland ‖ **~re lép** go* ashore, land

szárazság *n* (*aszály*) drought

szardella *n* anchovy

szardínia *n* sardine

szárít *v* dry, make* dry

szarka *n* magpie

szarkaláb *n* *bot* common larkspur; *biz* (*ránc*) crow's-foot°

származás *n* (*személyé*) descent, origin, birth; (*dologé*) origin, derivation

származ|ik *v* (*személy vhonnan*) come* from; *vm vmből/vmtől* derive/spring*/come* from sg; (*időbelileg*) date from ‖ **Romániából ~ik** he comes* from Rumania; **a vár a XIV. századból ~ik** the castle dates back to the 14th century

szárny *n* wing; (*ajtóé, ablaké*) leaf°; (*épületé*) (side-)wing; (*hadseregé*) wing, flank; *pol* wing

szárnyashajó *n* hydrofoil

szárnyépület *n* annexe (*főleg US:* annex), wing, extension

szarv *n* (*állaté*) horn

szarvas *n* zoo deer (*pl* ua.); (*hím*) stag; (*nőstény*) hind (*pl* hinds *v.* hind

szarvasbogár *n* stag-beetle

szarvasbőr *a/n* deerskin, buckskin

szarvashús *n* venison

szarvasmarha *n* cattle (*pl* ua.)

szász *a/n* Saxon ‖ **a ~ok** the Saxons

szatíra *n* satire

szatyor *n* shopping bag, carrier(-bag)

szavahihető *a* (*személy*) trustworthy, reliable

szaval *v* recite/read* poetry

szavatol *v* vmt, vmért guarantee/warrant sg; vkért vouch/answer for sy

szavatosság n guarantee, warranty
szavaz v vote, go* to the poll(s) ‖
igennel ~ vote for sy; **nemmel** ~
vote against sy; **titkosan** ~ ballot
(vk mellett for, vk ellen against sy)
szavazat n vote
szaxofon n saxophone
száz num (a/one) hundred ‖ ~ával
by hundreds
század 1. n (idő) century; kat (gyalogos) company, (lovas) squadron
‖ a XX. ~ban in the twentieth/20th
century **2.** num (századrész) hundredth (part)
századik num a hundredth ‖ ~
évforduló centenary
százados n kat captain
századrész n a hundredth (part)
századszor num adv for the hundredth time
százalék n per cent, percentage ‖
száz ~ig igaza van he is perfectly
right
százas 1. a a ~ szoba room number 100 (v. No. 100) **2.** n (szám)
hundred; (bankjegy) a hundred forint/pound/dollar note (v. US bill)
százezer num a/one hundred thousand
százféle a hundred (different)
kinds/sorts of, all sorts of
százlábú n zoo centipede
százszámra adv by/in hundreds,
by the hundred
százszor num adv a hundred times
százszorszép n bot daisy
szecesszió n secession
szed v (gyűjt) gather, collect; (gyümölcsöt, virágot) pick; (díjat, vámot) collect, levy; (ételből) help
oneself; (orvosságot) take* [medicine]; nyomd set* (up) [type],

compose ‖ **honnan** ~i **ezt?** where
do/did you get that from?; ~i a
lábát biz step out briskly
szeder n (földi) blackberry
szederjes a violet(-coloured v. US
-colored), purple-blue ‖ ~sé vált
az arca he went blue (in the face)
szédítő a giddy, dizzying, dizzy ‖
~ árak scandalous/exorbitant
prices; ~ magasság dizzy/giddy
height
szédül v be*/feel* dizzy/giddy
széf n safe
szeg¹ n nail; (szegecs) pin ‖ fején
találja a ~et hit* the nail on the
head; ~et üt a fejébe set* sy
thinking (about sg)
szeg² v (szegélyez) border, hem,
fringe; (esküt) break*
szegély n border, edge; (függönyé)
trimming; (ruháé) hem; (járdáé)
kerb (US curb)
szegény 1. a poor, needy; (sajnálkozva) poor **2.** n a ~ek the poor
szegényes a (hiányos) deficient;
(nyomorúságos) miserable ‖ ~en in
reduced/straitened circumstances
szegénynegyed n poor district,
deprived area
szegénység n poverty, indigence,
want
szegez v (szeggel) nail (vmhez
on/to sg)
szegfű n carnation, (clove) pink
szegfűszeg n clove
szégyell v vmt be*/feel* ashamed
(of sg) ‖ ~d magad! you should
be ashamed of yourself!
szégyen n shame; (szégyellnivaló)
disgrace; (botrány) scandal
szégyenfolt n (jó hírén) a slur/blot
[on one's reputation]

szégyenkez|ik v (vm miatt) be*/ feel* ashamed of sg (v. of having done sg), feel* shame at (having done) sg
szégyenletes a shameful, disgraceful
szégyenlős a shy, bashful
szégyenszemre adv to one's shame
széjjel adv (irány) asunder, apart
szék n chair; (támla nélküli) stool; (ülés) seat
szekér n (farm-)wagon, cart
székesegyház n cathedral
székfoglaló n inaugural (lecture)
székház n centre (US -ter), headquarters pl
székhely n centre (US center), residence, seat, headquarters pl
széklet n motions pl, stool(s pl)
szekrény n (akasztós) wardrobe, US closet; (fali) cupboard; (öltözőben) locker || **beépített** ~ built-in wardrobe/cupboard, US closet
szekta n vall sect
szel v (kenyeret) slice (up), cut*; (húst) carve
szél[1] n wind; (gyenge) breeze; (erős tengeri) gale; (bélben) flatulence; (szélütés) apoplexy, stroke || **csapja a szelet vknek** court/woo sy; **fúj a** ~ the wind is blowing, it is windy; **mi** ~ **hozott ide?** what brings you here?; ~ **ellen** into/ against the wind; **tudja, honnan fúj a** ~ átv he knows which way the wind blows
szél[2] n (papíré, úté, asztalé, erdőé) edge; (szakadéké, síré) brink, verge; (edényé) rim; (városé) outskirts pl, fringes pl
szélárnyék n lee; rep sheltered zone

szélcsend n calm, lull
szelektál v select, choose*
szelep n valve
szélerősség n force of the wind, wind-force
szeles a (időjárás) windy; (gyengén) breezy; (meggondolatlan) thoughtless, inconsiderate, rash
széles a broad, wide || ~ **körű** wide-ranging, extensive; ~ **vállú** broad/square-shouldered
szélesség n breadth, width; földr latitude
szélesvásznú a film wide-screen
szelet n (kenyér) slice, piece; (hús) steak, cutlet; (hal) fillet; mat segment
szeletel v cut* (sg) into slices
szélhámos n swindler, fraud, impostor
szelíd a (ember) gentle, meek, mild-mannered; (hang, érzelem) soft, gentle, tender; (állat) tame
szelídgesztenye n sweet/edible chestnut, marron
szelídít v (állatot) tame, domesticate
szélkakas n átv is weather-cock
szellem n (erkölcsiség) spirit; (felfogás) spirit, turn of mind, mentality, attitude; (kísértet) ghost, spirit, spectre (US specter), phantom; (elme) mind, intellect; (személy) genius
szellemes a (szerkezet) ingenious; vk witty
szellemi a mental, intellectual, spiritual || ~ **dolgozó** white-collar worker, intellectual; ~ **fogyatékosság** mental deficiency
szellemkép n (tévén) ghost image, ghosting

szellent v break* wind
széllovaglás n windsurfing
szellő n breeze
szellős a breezy; (levegős) airy
szellőzés n ventilation, airing
szellőztet v air, ventilate
szélmalom n windmill
szélső a outside
szélsőséges a/n extremist
széltében-hosszában adv far and wide, everywhere
szélvédő n (autón) windscreen (US windshield)
szelvény n (értékpapíré) coupon; (ellenőrző) counterfoil, stub, US check; tech profile, section
szélvész n hurricane, high wind
szélvihar n (wind-)storm; (erős) gale
szem n (látószerv) eye; (tekintet) eye(s), gaze, sight; bot grain; (kötés) stitch; (lánc) link; (homok) grain (of sand), (por) speck || **fél ~ére vak** be* blind in one eye; **jó a ~e** have* good eyesight; **mit látnak ~eim!** what a sight!, what do I see!; **~ elől téveszt** lose* sight of; **~ előtt tart** keep* sg in view; **~et ~ért(, fogat fogért)** an eye for an eye (and a tooth for a tooth), tit for tat; **~ére hány vmt vknek** reproach/upbraid sy with sg, blame sy for sg; **~et szúr vknek** vm strike* sy, catch* one's eye; **~mel látható** (nyilvánvaló) obvious, evident; **~mel tart vkt/vmt** keep* an eye on sy/sg; **~től ~be** face to face (with sy); **vknek a ~e láttára** before sy's very eyes
szemafor n semaphore
szembe adv opposite, in the face of
szembeáll v vkvel/vmvel face sy/sg

szembeállít v contrast [two things], compare sg with sg
szembefordul v turn to(wards) (sy)
szembejövő forgalom n oncoming traffic
szemben adv (térben) opposite (to), facing (sg); (ellentétben vmvel) in contrast with/to sg, contrary to sg || **ezzel ~** on the other hand, while; **~ áll vkvel/vmvel** face sy/sg, oppose sy/sg
szembenállás n opposition
szembenéz v vkvel/vmvel face sy/sg
szembeszáll v vkvel/vmvel brave, oppose (sy, sg)
szembogár n pupil
szemceruza n eyeliner
szemcse n grain; (apró) granule
szemcsepp n eye-drop
szemelvény n selected passage, selection, extract
személy n person (pl people, US és jog, ill. pejor persons); (egyén) individual || **~ek** (színdarabban) characters; **~ szerint** personally, in person
személyazonossági igazolvány n identity card, ID (card)
személydíjszabás n passenger tariff
személyes a personal, (egyéni) individual || **~ ügyben keresem** I want to see him about a private matter; **12 ~ asztal** a 12-seater table
személyesen adv personally, in person || **~ ismer vkt** know* sy personally
személyeskedés n personal remarks pl, personalities pl
személyi a personal, private, individual || **~ adatok** particulars;

~ **igazolvány** identity card, ID card; ~ **kultusz** personality cult; ~ **okmányok** one's papers; ~ **szám** identity number; ~ **számítógép** personal computer
személyiség *n* personality
személyleírás *n* description (of a person)
személyvonat *n* slow train
személyzet *n* (*alkalmazottak*) staff, personnel, employees *pl*; (*hajóé, járműé*) crew; (*házi*) staff, servants *pl*
szeméremsértő *a* obscene
szemérmes *a* bashful, modest, demure, shy
szemérmetlen *a* (*nem szemérmes*) shameless, unabashed, indecent; (*arcátlan*) impudent, barefaced; (*viselkedés*) immodest
szemész *n* ophthalmologist, *US* oculist
szemészet *n* ophthalmology
szemét *n* (*házi*) rubbish, refuse, *US* garbage; (*szanaszét heverő hulladék*) waste, litter; (*piszok*) dirt, filth; *pejor* (*áruról*) junk, trash ‖ ~ **alak** *biz* louse, rat
szemétdomb *n* rubbish (*v. US* garbage) tip/heap, refuse dump
szemeteskocsi *n* (*kuka*) dustcart, *US* garbage truck
szemeteszsák *n* litterbag
szemétkosár *n* waste-paper basket, *US* wastebasket
szemétláda *n* dustbin, (*rubbish*) bin; (*utcán*) litterbin
szemfenék *n* fundus
szemfényvesztés *n* (*bűvészkedés is*) conjuring, jugglery; *átv* eyewash, deception, trickery
szemfog *n* eye-tooth°

szemhéj *n* eyelid
szemhéjpúder *n* eye shadow
szeminárium *n* (*papi*) seminary; (*egyetemi és tudományos*) seminar; *GB kb.* tutorial
szemkenőcs *n* eye ointment
szemkihúzó *n* eyeliner
szemközt *adv/post* opposite (to), facing, face to face with
szemle *n* review, inspection, survey
szemlél *v* watch, contemplate
szemléletes *a* clear, graphic
szemléltet *v* demonstrate, illustrate
szemlencse *n* (*szemé*) lens; (*műszeré*) eyepiece, ocular
szemölcs *n* wart
szemöldök *n* eyebrow
szemöldökceruza *n* eye(brow) pencil
szempilla *n* eyelashes *pl*
szempillafesték *n* mascara
szempillantás *n* (*pillantás*) glance, blink; (*pillanat*) instant, moment, second ‖ **egy** ~ **alatt** in the twinkling of an eye
szempont *n* (*álláspont*) point of view, standpoint, viewpoint; (*meggondolás*) consideration ‖ **ebből a** ~**ból** in this respect, from this point of view; **nyelvi** ~**ból** linguistically, from the linguistic point of view
szemrehányás *n* reproach, reproof ‖ ~**t tesz** *vknek* reproach sy (with/ for sg), reprove sy (for sg)
szemtanú *n* (eye)witness ‖ ~**ja vmnek** witness sg
szemtelen *a* impudent, impertinent, insolent
szemüveg *n* spectacles *pl*, glasses *pl* ‖ ~**et visel** be* wearing spectacles

szén *n* (*fűtőanyag*) coal; *kém* carbon; (*rajzszén*) charcoal

széna *n* hay

szénakazal *n* haystack, hayrick

szénanátha *n* hay-fever

szenátus *n* senate

szénbánya *n* coal-mine, pit, colliery

szendereg *v* doze, take* a nap, slumber

szén-dioxid *n* carbon dioxide

szendvics *n* sandwich

szén-monoxid *n* carbon monoxide

szénrajz *n* charcoal (drawing)

szénsavas *a* (*ital*) carbonated, effervescent, aerated, sparkling ‖ **nem ~** still [drink]

szent 1. *a* holy; (*szentelt*) sacred ‖ **Sz~** (*v.* **Szt.**) **István** St. Stephen; **~ Isten!** *biz* God Almighty!, heavens!; **~ül hiszi** believe firmly **2.** *n* saint

szentel *v vall* consecrate; *átv* devote (to), dedicate (to) ‖ **időt ~ vmre** spend* time on sg; **pappá ~** ordain; **vmnek ~i az életét** dedicate/devote one's life to sg

szenteltvíz *n* holy/consecrated water

szentesít *v* (*törvényt*) sanction; (*megerősít*) approve, confirm, sanction

szenteste *n* Christmas Eve

Szentháromság *n vall* the Holy Trinity

szentimentális *a* sentimental, emotional

szentírás *n vall* **a Sz~** the Holy Scripture, the Bible

szentjánosbogár *n* glow-worm, firefly

szentmise *n* (holy) mass

szentség *n* (*állapot*) sanctity, holiness; (*keresztség stb.*) sacrament

szentségtörés *n* sacrilege, profanation

szenved *v* suffer, undergo*, bear* ‖ **vereséget ~** suffer defeat, be* defeated; **vmben/vmtől ~** suffer from

szenvedély *n* (*érzelem*) passion; (*szórakozás*) hobby; (*káros*) addiction ‖ **~e a sport** (s)he is a sports fan

szenvedélyes *a* passionate

szenvedés *n* suffering

szenvedő alak *n nyelvt* the passive (voice)

szenzáció *n* sensation; (*hírlapi*) *biz* scoop, *US* beat

szenzációs *a* sensationel, wonderful

szennyes 1. *a* dirty, filthy, unclean; *átv* foul, filthy **2.** *n* (*ruha*) dirty linen, laundry

szennyez *v* (*vizet, levegőt stb.*) pollute, (*vizet így is*) contaminate; (*ruhát*) soil, dirty, *átv* sully

szennyező anyagok *n pl* pollutants

szennyvíz *n* sewage, dirty/slop water

szennyvízcsatorna *n* sewer

szép 1. *a* beautiful, nice; (*nő*) lovely, pretty, attractive; (*férfi*) handsome; (*férfi, nő*) good-looking; (*idő*) fine, nice ‖ **ez nem ~ tőle** that's not (very) nice of him/her; **~ álmokat!** sleep well!, sweet dreams! **2.** *n* (*fogalom*) beauty, the beautiful ‖ **a falu ~e** the belle/beauty of the village; **sok ~et hallottam Önről** I've heard a lot of good things about you

szépen *adv* be*au*tifully, n*i*cely, pr*e*ttily || **kérem** ~ will you please/ k*i*ndly; please ...; **köszönöm** ~ thank you v*e*ry much, (m*a*ny) thanks

szépfiú *n* d*a*ndy

szépirodalom *n* belles-lettres *sing*.

szépít *v* (*díszít*) emb*e*llish, ad*o*rn; (*szebbé tesz*) be*au*tify; (*kimagyaráz*) gloss *o*ver, wh*i*tewash

szépítőszer *n* cosmetics *pl*, make-up

szeplő *n* (*bőrön*) freckle; *átv* blot

széppróza *n* (pr*o*se) f*i*ction, works of fiction *pl*

szépség *n* be*au*ty

szeptember *n* Sept*e*mber; → **december**

szeptemberi *a* of/in September *ut.*, September; → **decemberi**

szer *n* (*eszköz*) implement, appli*a*nce; (*vegyszer*) chemical (*a*gent), *a*gent; (*orvosság*) remedy, drug, medicine; (*tornaszer*) appar*a*tus (*pl* -*a*tus *v.* -*a*tuses) || **~enkénti döntő** (*tornában*) finals for each appar*a*tus *pl*; **~enkénti gyakorlatok** exercises on each appar*a*tus; **~t tesz vmre** get*/obt*ai*n/acqu*i*re sg, get* hold of sg

-szer *suff* → **-szor**

szerb *a/n* S*e*rbian; → **angol**

Szerbia *n* S*e*rbia

szerda *n* W*e*dnesday; → **kedd, keddi**

szerdánként *adv* *e*very W*e*dnesday, on W*e*dnesdays, *US* W*e*dnesdays

szerel *v* (*gépet egybe*) mount, assemble, set* up; *sp* t*a*ckle

szerelem *n* love (*vk iránt* of/for sy); (*személy*) love, sw*ee*thart || **az Isten szerelmére** for God's/ Goodness(') sake; **szerelmem!** (my) d*a*rling!, my love!; **szerelmet vall vknek** decl*a*re one's love to sy

szerelés *n sp* gear kit; *biz* (*öltözék*) gear

szerelmes 1. *a vkbe* be* in love with sy, love sy || **~ lesz vkbe** fall* in love with sy; **~ levél** love-letter; **~ vers** love-poem **2.** *n* (*férfi*) lover, (*nő*) sweetheart, lover

szerelmespár *n* the (young) lovers *pl*, loving c*o*uple

szerelő *n* (*autó*) (c*a*r/m*o*tor) mechanic; (*gépgyári*) f*i*tter

szerelvény *n* (*vonat*) train

szerencse *n* (piece of good) luck || **nincs ~je** have* no/hard/bad luck (*vmben* in), be* unl*u*cky; **részemről a** ~ it's my pl*ea*sure; **~, hogy** fortunately ...; **~je van** have* good luck, be* l*u*cky/fortunate (*vmben* in); **~re** l*u*ckily, fortunately

szerencsés *a* l*u*cky, fortunate

szerencsésen *adv* ~ **megérkeztem** I (have) arrived s*a*fely; ~ **megmenekült** he got off ch*ea*ply

szerencsétlen *a vk* unl*u*cky, unf*o*rtunate; (*esemény*) disastrous, calamitous; (*körülmény*) adverse

szerencsétlenség *n* (*balszerencse*) misfortune, bad/ill luck; (*baleset*) accident; (*katasztrófa*) disaster, catastrophe || **halálos (kimenetelű)** ~ fatal *a*ccident

szerény *a vk* (*nem dicsekvő*) modest, h*u*mble; (*igényeiben*) unassuming, unpretentious; (*visszahúzódó*) ret*i*ring, d*i*ffident, shy;

(*mérsékelt*) moderate || ~ **(anyagi) körülmények** moderate means **szerep** *n* part, role; *szính* (*a szöveg*) part; (*funkció*) role, part, function || **fontos ~et játszik vmben** play a significant role in sg **szerepel** *v* (*fellép vmben, vhol*) appear (in/as), play sy in sg; (*vmlyen funkciója van*) act/ function as; (*jelen van*) figure; (*benne foglaltatik*) be* included (in) || **a televízióban** ~ appear/be* on television; **gyengén ~t a vizsgán** (s)he did* poorly in the exam/examination **szereplő 1.** *a* **az ügyben** ~ **személyek** the persons involved in the affair **2.** *n* (*színész*) actor; (*alak irodalmi műben*) character; (*színdarabban, filmben*) cast; (*vmely eseményben*) participant **szereposztás** *n* cast **szeret** *v* (*vkt szeretettel*) love, like, be* fond of; (*vkt szerelmesen*) love, be* in love with; *vmt* like (sg *v.* to do sg *v.* doing sg), care for (sg *v.* to do sg), be* fond of (sg *v.* doing sg); (*nagyon*) be* keen on sg || **~ik egymást** (*szerelmesek*) they are in love (with each other); **~ne eljönni?** would you like to come?; **~ném, ha otthon lennénk** I wish we were (at) home; **vmt vmnél jobban** ~ prefer sg to sg **szeretet** *n* love, affection || **~tel** (*levél végén*) With (much) love, ...; Yours affectionately, ... **szeretetotthon** *n* (*öregeké*) old people's home [run by a church], rest-home **szeretkez|ik** *v* (*vkvel*) make* love (to sy)

szerető *n* (*nőé*) lover; (*férfié*) mistress **szerez** *v* (*magának*) obtain, get*, acquire; *vknek vmt* procure (sg for sy) || **állást** ~ find*/get* a job; **barátokat** ~ make* friends; **pénzt** ~ raise money; **tudomást** ~ **vmről** sg comes to one's knowledge; **zenét** ~ compose [music] **széria** *n* series (*pl ua.*) || **~ban gyárt** mass-produce **szerint** *post* according to, in accordance with || **ezek** ~ so, accordingly; **név** ~ **említ** mention by name; **tetszés** ~ as you wish/ please; **~em** to my mind, in my opinion **szerkentyű** *n* gadget **szerkeszt** *v* (*lapot, könyvet*) edit; (*szótárt, lexikont*) compile, make*; (*rádió-, tévéműsort*) produce; (*okiratot*) draft, draw* up; (*gépet*) design, construct **szerkesztő** *n* (*lapé, könyvé*) editor; (*szótáré stb.*) editor, compiler; (*műsoré*) editor; (*gépé*) constructor || **felelős** ~ senior editor; **~-riporter** presenter **szerkesztőség** *n* (*helyiség*) editorial office; (*személyzet*) editorial staff **szerkezet** *n* (*vmé*) structure, construction; (*gép*) machine, apparatus; (*mechanizmus*) mechanism; (*óráé*) works *pl*; (*ötletes*) contraption, device; (*épületé*) structure **szerszám** *n* tool **szerszámkészlet** *n* tool kit, tool set **szertartás** *n* ceremony, formalities *pl*; *vall* rite, ritual; (*istentisztelet*) service **-szerte** *suff* **ország~** all over the country

szerteágazó *a* branching out, ramifying

szerteszéjjel *adv* in *utter* confusion; (*rendetlenségben*) in disorder

szertorna *n* gymnastics [on the apparatus] (*mint sportág: sing.*)

szérum *n* serum (*pl* serums *v.* sera)

-szerű *suff*-like, resembling sg *ut.*

szerv *n* (*emberi, állati*) organ; (*állami*) organ [of the/a government], government institution

szerves *a* organic || **~kémia** organic chemistry; **~ része vmnek** an *integral* part of sg

szervetlen *a* inorganic

szervez *v* organize; (*kisebb találkozót stb.*) arrange; (*intézményt*) set* up, found, establish

szervezet *n* (*élő*) organism; (*alkat*) constitution; (*létesített*) organization, establishment

szervezett *a* organized || **~ társas-utazás** conducted tour

szervezőbizottság *n* organizing committee

szervi *a* **~ szívbaj** organic heart disease

szerviz *n* (*készlet*) service, set; (*gépkocsi és egyéb*) service, servicing || **~be viszi a kocsit** have* the car serviced

szervizállomás *n* service station, garage

szervusz *int* hello!, *US* hi!; (*távozásnál*) bye(-bye)!, cheerio!, *US* so long!

szerzemény *n* (*szerzett tulajdon*) acquisition, purchase; (*zenei*) work, composition

szerzetes *n* monk, friar

szerző *n* author, writer; (*zene~*) composer

szerződés *n* (*magánjogi*) contract, agreement; (*szolgálati, szính*) engagement; (*nemzetközi nagyobb*) treaty || **~t köt vkvel** contract with sy, conclude an agreement with sy

szesz *n kém* alcohol, spirit

szeszélyes *a* capricious, whimsical; (*időjárás*) changeable

szeszes *a* alcoholic, spirituous || **~ ital** alcohol, alcoholic drinks *pl*, *US* liquor; (*röviditalok*) spirits *pl*

szeszipar *n* distilling industry

szesztartalmú *a* alcoholic, containing alcohol *ut.*

szétes|ik *v* (*tárgy*) disintegrate, go*/fall*/come* to pieces, break* up; (*felbomlik*) dissolve; (*intézmény*) fall* apart

szétforgácsol *v* (*erőt, időt*) fritter away || **~ja erejét** dissipate one's energies

széthord *v* (*leveleket*) deliver; (*gazdátlan holmit*) carry off; (*szél*) scatter, disperse

széthúzás *n* discord, disagreement

szétkapcsol *v* uncouple; (*összeköttetést*) disconnect || **~tak** we were cut off

szétmegy *v* (*személyek*) drift away, separate, part (company); (*ruha*) fall*/go* to pieces; (*tárgy*) come*/fall* apart

szétnéz *v* look round

szétnyíl|ik *v* (*összehajtott holmi*) unfold; (*függöny*) open

szétoszlat *v* (*tömeget*) disperse, break* up [the crowd]

szétoszt *v* (*vkk között*) distribute (sg among people); (*pénzt*) share out sg (among people)

szétreped *v* burst*, split*; (*üveg*) crack

szétrobban *v* explode, blow* up, burst*

szétszed *v* vmt take* (sg) apart, take* (sg) to pieces; (*gépet*) dismantle

szétszedhető *a* (*bútor*) knockdown ‖ ~ **(fa)ház** portable (prefabricated) hut/house; ~ **csónak** collapsible boat

szétszerel *v* take* apart; (*gépet*) dismantle; (*bútort*) knock down

szétszór *v* (*tárgyakat*) strew*/ spread* about, scatter about/over, disperse

széttár *v* open (wide) ‖ ~**ja a két karját** open one's arms

széttép *v* tear* (sg) to pieces/bits/ shreds

széttör *v* break* (sg) into pieces, shatter (sg)

szétválaszt *v* (*több részre*) separate, take* (sg) apart; (*ketté*) divide; (*megkülönböztet*) distinguish

szétver *v* (*darabokra*) break* (sg) into bits, smash sg up; (*ellenséget*) rout, destroy

szex *n* sex

szexuális *a* sexual, sex ‖ ~ **élet** sex-life

szezon *n* season

szezonvégi kiárusítás *n* (end-of-season) sale

szia! *int biz* (*köszönés*) hello!, *US* hi!; (*távozáskor*) bye(-bye)!, see you!

szid *v* scold, reprimand

sziget *n* island; (*nevekben*) isle

szigetelés *n* insulation

szigetvilág *n* archipelago

szignál[1] *n* signature tune

szignál[2] *v* sign, put*/set* one's name to

szigony *n* harpoon

szigorító *a* ~ **intézkedés(ek)** restrictive measures, *biz* clampdown (*vmben on*)

szigorú *a* strict, rigorous, severe; (*követelményekben*) demanding, exacting ‖ ~ **ítélet** severe sentence; ~ **törvények** stringent laws

szíj *n* strap, thong, belt; (*póráz*) leash

szike *n* scalpel

szikla *n* rock, cliff

sziklafal *n* rock face; (*tengerparti*) cliff

sziklakert *n* rock-garden, rockery

sziklás *a* rocky, craggy

szikra *n* spark

szikráz|ik *v* give* off sparks, spark; (*villan*) sparkle; (*csillog*) glitter, gleam, flash

szilaj *a* (*legény*) hotheaded, impetuous; (*természet*) boisterous, irrepressible; (*csikó*) wild

szilánk *n* splinter

szilárd *a* (*kemény*) firm, solid, massive; (*erős*) strong; (*állhatatos*) firm, steadfast, steady; (*mozdulatlan*) stable, fixed ‖ ~ **jellem** strong character; ~ **meggyőződésem** it's my firm conviction; ~ **test** *fiz* solid

szilárdul *v* harden, solidify

szilícium *n* (*elem*) silicon

szilikon *n* (*műanyag*) silicone

sziluett *n* silhouette; outline; (*nagyvárosé távolból*) skyline

szilva *n* plum; (*aszalt*) prune

szilvapálinka *n* plum brandy, slivovitz

szilvás *a* ~ **gombóc** *kb.* plumdumpling(s); ~ **lepény** *kb.* plum pie

szilveszter(est) *n* New Year's Eve
szilveszterez|ik *v* have* a New
Year's Eve party, see* the old
year out
szimat *n* (*állati*) scent, (sense of)
smell; *átv* (*emberi*) nose, feel
szimbolikus *a* symbolic
szimbólum *n* symbol
szimfónia *n* symphony
szimfonikus *a* ~ **zenekar** symphony orchestra
szimmetrikus *a* symmetrical
szimpátia *n* sympathy
szimpatikus *a* nice, lik(e)able
szimpatizál *v* = **rokonszenvez**
szimpla *a* (*egyszeres*) simple,
single; (*egyszerű*) ordinary, simple, common
szimulál *v* *biz* put* on, feign,
pretend; *tech* simulate
szimultán tolmácsolás *n* simultaneous translation/interpretation
szín¹ *n* colour (*US* -or); (*árnyalat*)
tint, hue, shade; (*arcszín*) complexion; (*látszat*) (*outward*) appearance, look; (*kártyaszín*) suit;
(*szöveté visszájával szemben*)
right side [of the fabric]; (*felszín*)
surface, exterior, level ‖ **jó ~ben**
tüntet fel vmt put* sg in a favourable light; **jó ~ben van** look
well; **semmi ~ alatt** by no means,
on no account; **vknek ~e előtt** in
the presence of sy
szín² *n* (*fészer*) shed, lean-to
szín³ *n* (*színpad*) stage; (*színdarab*
része) scene ‖ **~re visz** vmt
stage/produce/present [a play]
színarany *a/n* pure gold; (*gyűrű*
stb.) solid gold
színárnyalat *n* shade, hue, tint
színdarab *n* play

színes *a* coloured (*US* -or-); *átv*
colourful, picturesque, vivid ‖ ~
bőrűek coloured people; ~ **ceruza** colour(ed) pencil, crayon; ~
negatív colour negative; ~ **papírkép** colour print; ~ **televízió** colour television
színész *n* actor, player
színésznő *n* actress
színez *v* colour (*US* -or), tint, paint
színház *n* theatre (*US* -ter)
színhely *n* (*szính*) scene; (*eseményé*)
scene, spot; (*konferenciáé stb.*)
venue
színjáték *n* play, drama
színjátszó *a* ~ **csoport** dramatic
society
szinkrón tolmács *n* simultaneous
translator
szinkronizál *v* synchronize; (*filmet*)
dub
színlap *n* playbill, programme (*US*
-ram)
színleg *adv* apparently, seemingly
‖ ~ **belemegy** pretend to agree
(to)
színlel *v* feign, simulate, pretend to
[do/have/be]
színmű *n* play, drama
színművész *n* actor, (*nő*) actress
szinonima *n* synonym
színpad *n* stage; *ir* the boards *pl* ‖
~**ra alkalmaz** adapt for the stage;
~**ra állít** stage, put* on the stage
színszűrő *n* colour (*US* -or) filter
szint *n* level
színtartó *a* colourfast (*US* -or-),
non-fading, fast [dye]
szintbeni kereszteződés *n* levelcrossing, *US* grade crossing
szinte *adv* almost, nearly, all but ‖
~ **alig van, aki** there is hardly

anyone who; ~ **hallom a hangját**
I seem to hear his voice; ~ **lehe-
tetlen** it's all but impossible
színtelen *a* colourless (*US* -or-);
(*arc*) pale; *átv* flat, dull
szintén *conj* also, too, as well,
similarly
szintetikus *a* synthetic, artificial
szintetizátor *n* synthesizer
színtévesztés *n* (*vörös és zöld*)
Daltonism, red-blindness
színű *a* -coloured (*US* -colored), of
... colour(s) *ut.* || **milyen ~?** what
colour is it?
színvak *a* colour-blind (*US* color-)
színvonal *n* level, standard
színvonalú *a* **alacsony** ~ low-
standard; **magas** ~ of a high stan-
dard *ut.*, high-level
szipog *v* (*náthás*) sniffle, snuffle;
(*sírós*) whimper, whine
sziporkáz|ik *v* sparkle, scintillate;
(*szellemes ember*) scintillate/co-
ruscate (with wit)
szipózás *n biz* glue-sniffing
szirénáz|ik *v* sound/blow* the
siren/horn/hooter/whistle, (*kocsi*)
with its siren screaming
szirom(levél) *n* petal
szirt *n* rock, cliff; (*zátony*) reef
szirup *n* (golden) syrup
sziszeg *v* hiss
szít *v* (*tüzet*) poke [the fire] (up),
fan [the fire]; *átv* fan, inflame,
excite, incite, stir up || **lázadást ~**
instigate rebellion
szita *n* sieve
szitakötő *n zoo* dragonfly
szitkozód|ik *v* curse, swear*
szív[1] *n* (*szerv*) heart; (*városé,
országé*) heart, centre (*US* -ter) ||
majd megszakad a ~e (s)he is

heartbroken (*vm miatt* because of
sg); ~**ből** cordially, with all one's
heart; ~**e mélyén** in one's heart of
hearts, at heart; (*megszólítás*)
~**em!** my dear!, darling!; **teljes
~vel** with all one's heart
szív[2] *v* (*légneműt*) inhale, breathe/
draw* in; (*folyadékot*) suck, draw*
[liquid from]; (*cigarettát*) smoke
[a cigarette] || **magába ~** (*folyadé-
kot*) absorb; (*szellemi hatást*) im-
bibe [ideas, knowledge]
szivacs *n* sponge
szivar *n* cigar
szivargyújtó *n* (*autóban*) cigar-
lighter
szivárog *v* (*folyadék*) ooze (*vmből*
from *v.* out of), leak; (*gáz*) escape
szivárvány *n* rainbow
szivattyú *n* pump
szívbaj *n* heart disease/trouble
szívderítő *a* cheering, heartwarm-
ing
szívélyes *a* hearty, cordial, warm(-
hearted) || ~ **üdvözlettel** (*levél
végén*) Yours sincerely, ...; (*for-
málisabban*) Yours truly, ...
szível *v* like, be* fond of, care for ||
nem ~ dislike, cannot (*v.* can't)
bear, not care for
szíverősítő *n* (*itóka*) pick-me-up,
bracer
szíves *a* kind, cordial, hearty,
friendly || ~ **engedelmével** with
your kind permission; **legyen/
légy** ~ be so kind as to, will you
kindly ...
szívesen *adv* (*készséggel*) with
pleasure, readily, willingly; (*ked-
vesen*) kindly, cordially, heartily ||
nem ~ unwillingly, reluctantly;
nagyon ~ with (great) pleasure;

~! (*köszönöm*-re *adott válaszként*) you're welcome, don't mention it, not at all

szívesség n (*szolgálat*) favour (*US* -vor) ‖ **~et kér vktől** ask sy a favour; **~et tesz vknek** do* sy a favour

szívfájdalom n átv heart-ache, grief

szívinfarktus n cardiac infarct, heart attack

szívós a (*anyag*) tough, leathery; (*tartós*) durable; átv stubborn, persistent

szívószál n straw ‖ **~lal** through a straw

szívroham n heart attack

szívtelen a heartless, hard/stony-hearted

szívvel-lélekkel adv with all one's heart (and soul) ‖ **~ csinál vmt** have* one's heart in sg

szívverés n heartbeat

szláv 1. a Slavonic, *US* Slavic ‖ **~ népek** Slavonic peoples, the Slavs; **~ nyelv** Slavonic, *US* Slavic **2.** n (*ember*) Slav; (*nyelv*) Slavonic, *US* Slavic ‖ **a ~ok** the Slavs

szlovák 1. a Slovak, Slovakian ‖ **~ul** (*beszél*) Slovak; (*ír*) in Slovak **2.** n (*ember*) Slovak; (*nyelv*) Slovak

Szlovákia n Slovakia, hiv Slovak Republic

szlovén 1. a Slovene, Slovenian **2.** n (*ember*) Slovene, Slovenian; (*nyelv*) Slovene

Szlovénia n Slovenia

szmog n smog

szmoking n dinner jacket, *US* tuxedo

sznobizmus n snobbery

szó n word ‖ **~ nélkül** without (saying) a word; **arról van ~, hogy** the question is (that), the point/thing is* (that); **egy ~t sem értek belőle** I can't/don't understand a word of it; **erről van ~!** absolutely!; **ért a ~ból** he can take the hint; **se ~, se beszéd** suddenly, out of the blue; **szavába vág vknek** cut* sy short, interrupt sy; **~ sincs róla** not at all, nothing of the kind/sort; **~ szerint** literally, word for word; **~ba áll vkvel** speak* to sy; **~hoz jut** be* able to put in a word; **~ra sem érdemes** it's not worth mentioning; **~ról ~ra megtanul vmt** learn* sg (*v.* get* sg off) by heart; **~t fogad** obey (*akinek* sy)

szoba n room ‖ **~ kiadó** room to let; **~ reggelivel** bed and breakfast

szobaasszony n chambermaid

szobabútor n furniture (*pl* ua.)

szobafoglalás n booking, *US* reservation

szobafogság n house arrest, detention

szobalány n housemaid; (*szállóban*) chambermaid

szobanövény n house plant, indoor plant

szobatiszta a (*állat*) house-trained, *US* housebroken; (*gyermek*) potty-trained

szóbeli a oral, verbal ‖ **~ vizsgát tesz** take* (*v.* sit* for) an oral examination

szobor n statue

szobrász n sculptor

szobrászat n sculpture

szociális a social ‖ **~ gondozó** social/welfare worker; **~ otthon** old people's home

szociológia *n* sociology
szociológus *n* sociologist
szócső *n* (*tölcsér*) speaking tube/
trumpet; *átv* mouthpiece (of)
szóda *n kém* sodium carbonate; *biz*
soda water
szódavíz *n* soda (water)
szófogadó *a* obedient, dutiful
szófukar *a* tight-lipped, laconic,
uncommunicative
szoftver *n szt* software
szójabab *n* soya bean
szójáték *n* pun, play on words
szójegyzék *n* list of words
szokás *n* (*egyéni, megrögzött*)
habit; (*közösségi*) custom; (*gyakorlat*) practice; (*társadalmi*) convention ‖ **rossz** ~ a bad habit; **~a**
szerint as is/was his custom;
~ban van it is customary; **a ~tól**
eltérően unusually
szokásjog *n* customary/unwritten
law
szokásos *a* usual, customary,
habitual
szok|ik *v vmhez* get* used to sg,
become*/be*/grow* accustomed
to sg ‖ **ehhez nem vagyok ~va** I
am not used/accustomed to it; **6-**
kor ~tam fölkelni I generally get
up at six (o'clock)
szókimondó *a* outspoken, *kif*
speak* one's mind
szókincs *n* vocabulary
szoknya *n* skirt ‖ **rakott ~** pleated
skirt; **skót ~** kilt
szoknyavadász *n tréf* lady-killer,
ladies' man°
szokott *a vmhez* used/accustomed
to sg *ut.*; (*szokásos*) usual, habitual, customary
szokványos *a* customary

szól *v* (*beszél*) speak*; *vknek/vkhez*
speak* to sy; (*írás vknek*) be*
addressed to sy, be* meant for sy;
(*könyv, cikk stb. vmről*) be* about
(sg), deal* with (sg); (*szöveg*)
read*, run*; (*csengő, harang*)
ring*; (*hang, hangszer, zene*)
sound ‖ **a rádió ~** the wireless/
radio is on; **a szöveg így ~** the
text reads/runs thus; **a telefon ~**
the telephone rings (*v.* is ringing);
mit ~nál/~na egy csésze teá-
hoz? how/what about a cup of
tea?; **miről ~?** what is it about?;
ez nem arról ~ that's not the
point; **... arról szól (hogy)** the
point (at issue) is this...; **őszintén**
~va to tell the truth; **vk mellett ~**
speak* for (*v.* in favour of) sy
szolárium *n* solarium (*pl* -ia *v*
-iums)
szólás *n* idiom, saying
szolga *n* servant, attendant, domestic
szolgál *v vhol, vknél, vkt* serve (sy),
be* in (sy's) service; *vmvel* serve
(with); *vmként* serve as (sg); *vmre*
serve for (sg) ‖ **a hadseregben ~**
serve/be* in the army; **hogy ~ az**
egészsége? how are you (getting
on)?; **milyen célt ~?** what is it
used for?; **mivel ~hatok?** can I
help you (in any way)?; (*üzletben*)
what can I do for you?
szolgálat *n* service; (*ügyelet, készenlét*) duty; (*állás*) post, job; *kat*
service ‖ **~ban van** (*ügyeletes*)
be* on duty; **~ot tesz vknek** do*/
render sy a service
szolgálatkész *a* helpful, willing to
help *ut.*
szolgalelkű *a* servile

szolgalmi jog *n easement*, wayleave

szolgáltat *v* supply, furnish, provide; (*okot*) give*

szolgáltatás(ok) *n* supply, services *pl*

szolgáltatóipar *n* service industry

szolid *a* (*személy*) steady, respectable, serious(-minded); (*öltözködés*) sober, discreet; (*vállalkozás*) safe, reliable; (*ár*) reasonable

szolidaritás *n* solidarity

szólista¹ *n zene* soloist

szólista² *n* (*szójegyzék*) list of words

szólít *v vhova* call sy swhere; (*felszólít*) call upon/on [sy for sg] ‖ **vmnek ~ vkt** address sy as; **nevén ~** call sy by his name

szolmizál *v* solmizate, practise tonic sol-fa

szóló¹ 1. *a* **névre ~ meghívó** a personal invitation; **két személyre ~** (*jegy*) [tickets] for two; **vmről ~ könyv** a book about/on ... **2.** *n* (*beszélő*) speaker

szóló² *n zene* solo

szombat *n* Saturday; → **kedd, keddi**

szomjan hal *kif* die of thirst

szomjas *a* (be*) thirsty

szomjaz|ik *v* thirst, be* thirsting (*vmre átv is*: for sg)

szomorkod|ik *v* grieve (*vmn* over sg), be* sad (about sg)

szomorú *a* sad, sorrowful, (*esemény*) tragic

szomorúfűz *n* weeping willow

szomorúság *n* sadness, sorrow, grief

szomszéd 1. *a* = **szomszédos 2.** *n vk* neighbour (*US* -bor) ‖ **a (közvetlen) ~om** my next-door neighbour; **a ~ban lakik** live next door

szomszédos *a vmvel* neighbouring (*US* -bor-), next-door, close/near by *ut*.; (*ház, szoba stb.*) next, adjoining

szomszédság *n* neighbourhood (*US* -bor-), vicinity

szonáta *n* sonata

szonda *n orv* (*hajlékony*) bougie; (*tömör*) probe, sound; *tech* probe; (*meteorológiai*) sonde; (*alkohol*) breathalyser (*v. US* -lyzer), *US* drunkometer

szondázás *n* breath test

szonett *n* sonnet

szónok *n* speaker

szónoklat *n* speech, oration

szop|ik *v* suck

szopogat *v* suck (at) (sg), be* sucking away at sg

szoprán *n* soprano

szoptat *v* suckle, nurse

-szor, -szer, -ször *suff* times ‖ **hatszor kettő egyenlő tizenkettő** six times two is/equals twelve

szór *v vmt* sprinkle, scatter, spread* ‖ **~ja a pénzt** squander money

szórakozás *n* amusement, entertainment; (*szórakozóhelyen*) evening out; (*kikapcsolódás*) relaxation, recreation; (*időtöltés*) hobby, pastime

szórakoz|ik *v vhol* enjoy/amuse oneself, have* a good time

szórakozóhely *n* place of entertainment/amusement

szórakozott *a* absent-minded

szórakoztat *v* amuse, entertain

szórend *n* word-order

szorgalmas *a* (*tanulmányokban*) d*i*ligent; (*munkában*) hardw*o*rking, ind*u*strious
szorgalom *n* d*i*ligence, *i*ndustry
szorgoskod|ik *v* be* b*u*sy [d*o*ing sg]
szorít *v* (*nyomva*) press; (*kézben*) grasp, gri**p**; (*cselekvésre*) urge (sy to do sg), drive*, force; (*cipő*) pinch; *biz vknek* keep* one's fingers crossed for sy (that) || **kezet ~ vkvel** shake* hands with sy
szóród|ik *v* (*hull*) fall*, dro**p**; (*terjed*) spread*, sc*a*tter
szorong *v* (*helyileg*) be* squashed/pressed/cr*o*wded together; *átv* be* *a*nxious/tense, w*o*rry
szoros 1. *a* tight, close; *átv* close, narrow || ~ **barátság** close/*i*ntimate fr*i*endship; ~ **ruha** t*i*ghtfitting clothes *pl* **2.** *n* (*hegy~*) pass, defile; (*tenger~*) strait
szorosan *adv* close(ly), t*i*ght(ly) || ~ **egymás mellett** side by side, cl*o*sely, packed like sard*i*nes
szoroz *v* m*u*ltiply (*vmvel* by)
szorul *v vm vmben* ja**m**, ge**t***/stand* in need of (sg), want (sg); *vkre* be* dep*e*ndent on (sy) || **magyarázatra ~** call for expl*a*nation
szórványos *a* spor*a*dic; (*időben*) occ*a*sional
szorzás *n* multiplic*a*tion
szorzat *n* pr*o*duct
szorzó *n* m*u*ltiplier
szorzótábla *n* multiplic*a*tion t*a*ble
szósz *n* sauce
szószátyár 1. *a* verb*o*se, g*a*rrulous, wordy **2.** *n* windbag, sp*o*uter
szószegő *a* f*a*ithless, perf*i*dious
szószék *n* p*u*lpit

szótag *n* s*y*llable
szótagolás *n* syllabific*a*tion
szótár *n* d*i*ctionary; (*latin, görög*) l*e*xicon || **kikeres egy szót a ~ból** look up a word in the d*i*ctionary
szótlan *a* s*i*lent, tac*i*turn
szótöbbség *n* maj*o*rity || **nagy ~gel megszavaz** pass by an overwh*e*lming maj*o*rity
szóval *adv* (*röviden*) br*i*efly, in a word; (*vagyis*) (well,) anyway/anyhow, that is (to say), so
szóváltás *n* (*vita*) *a*rgument, disp*u*te
szóvivő *n* spokesman°
szovjet *a/n* *tört* Soviet || **a ~ek** the Soviets
Szovjetunió *n* *tört* Soviet U*n*ion
szózat *n* app*e*al
sző *v* (*szövetet*) weave*; (*pók*) spin*; (*összeesküvést*) plot ag*a*inst (sy); (*tervet*) hatch [a plan]
szöcske *n* gr*a*sshopper
szög^1 *n* → **szeg^2**
szög^2 *n* *mat* *a*ngle || **90°-os ~ben** at an *a*ngle of 90°
szöglet *n* (*sarok*) c*o*rner; (*zug*) nook; (*kiszögellés*) *a*ngle; *sp* corner (kick)
szögletes *a* *a*ngular, *a*ngled, cornered; (*zoo, váll*) square; (*modor*) *a*wkward, clumsy
szögletrúgás *n* **~t végez** take* a c*o*rner kick
szökdécsel *v* ski**p**, c*a*per, bounce
szőke *a* blond, f*a*ir(-haired)
szökevény *n* fugitive, r*u*naway, escap*ee*; *kat* deserter
szök|ik *v* (*menekül*) escape, flee*, run* *a*way; (*disszidál*) defect; (*ugrik*) leap*, jump

szökőár *n* spring tide, tidal wave
szökőév *n* leap year
szökőkút *n* fountain
szöktet *v* (*vkt*) help sy escape; (*leányt*) elope with [a girl]
szőlő *n* (*gyümölcs*) grapes *pl*; (*terület*) vineyard
szőlőcukor *n* grape sugar, glucose
szőlőfürt *n* a bunch/cluster of grapes
szőlőskert *n* vineyard
szőnyeg *n* carpet; (*kisebb*) rug
szőnyegpadló *n* (wall-to-wall) carpet, fitted carpet
-ször *suff* → **-szor**
szőr *n* (body) hair; (*disznóé, keféé*) bristles *pl*
szörf *n* (*eszköz*) (sail)board, windsurfer; (*sportág*) → **szörfözés**
szörfözés *n* windsurfing, boardsailing
szörfözik *v* go*/be* windsurfing/ boardsailing
szörföző *n* windsurfer, boardsailor
szőrme *n* fur
szörny *n* monster
szörnyen *adv biz* horribly, awfully, dreadfully, terribly
szörnyethal *v* die on the spot, be* killed instantly
szörnyű *a* (*irtózatot keltő*) horrible, dreadful, frightful; *biz* (*rendkívüli*) horrible, ghastly, awful
szőrös *a* hairy, shaggy
szörp *n* (*sűrű*) syrup; (*üdítőital*) squash
szőrszál *n* a hair
szőrtelenít *v* depilate, remove the hair (from)
szőrzet *n* (*emberé*) (body) hair; (*állaté*) fur, coat

szösz *n* tow, fluff || **mi a ~!** what the devil!
szöveg *n* text; (*dalé*) words *pl*, lyrics *pl*; (*dalműé*) libretto; (*filmé, színdarabé*) script; (*kép alatt*) caption; (*okiraté*) wording
szövegesl *v biz* jaw, yak
szöveghű *a* (*fordítás*) faithful, close
szövegkiemelő *n* marker (pen), see-through marker
szövegkönyv *n* (*zenés műé*) libretto; (*filmé*) screenplay, scenario, script
szövegkörnyezet *n* context
szövegszerkesztés *n* word processing
szövegszerkesztő *n szt* word processor
szövés *n* weaving
szövet *n tex* cloth, fabric, material, textile; *orv* tissue
szövetkezet *n* co-operative
szövetség *n pol* alliance, union, league, (con)federation; (*egyesület*) association
szövetséges 1. *a* allied 2. *n* ally
szövetségi *a* federal || **~ állam** federal state; **~ köztársaság** federal republic
szövettan *n* histology
szövődmény *n orv* complication
szövőszék *n* loom
szövött *a* woven || **~ áru** fabric, textile
sztár *n* film star; *sp* ace
sztereo(-) *a* stereo(-) || **~ lemezjátszó** stereo (player); **~ rádió** stereo radio
SZTK → **társadalombiztosítás, TB**

sztráda n motorway, US expressway

sztrájk n strike; (rövidebb) walkout || ~ba lép go* (out) on strike

sztrájkol v be* on strike, strike* (vm miatt for)

szú n woodborer, woodworm

szuggerál v vkt influence sy by suggestion

szuggesztív a forceful, potent; (egyéniség) magnetic

szuka n bitch

szultán n sultan

szúnyog n mosquito, gnat

szunnyad v slumber, sleep* lightly; (vkben tehetség) lie* dormant

szuper int biz super!, excellent!

szupermarket n supermarket

szuperszonikus a supersonic

szúr v (tű, tövis) prick; (fegyverrel) stab (vk felé at sy); (rovar) sting*, bite* || ~ az oldalam I have a stitch in my side

szurkol v (csapatnak) support [a team], be* a [Fradi etc.] fan

szurkoló n fan, supporter [of a team]

szurok n pitch, tar

szurony n bayonet

szúrópróba n spot-check/test, random sample || ~szerűen at random, randomly

szúrós a stinging, pricking; (tekintet) piercing [glance/look]

szuszog v pant, puff

szuterén n basement

szuvas a worm-eaten, decayed; (fog) carious

szuverenitás n sovereignty

szűcs n furrier, fur-trader

szűk 1. a (út, nyílás) narrow; (ruha) tight(-fitting); (hely) cramped,

confined || ~ látókörű parochial, narrow-minded **2.** n scarcity, dearth, deficiency || ~ében van vmnek lack sg, be* short of sg; (időnek) be* pressed for time

szűkít v tighten, restrict; (ruhát) take* in

szűklátókörűség n narrow-mindedness, parochialism

szűkmarkú a tight(-fisted), parsimonious

szükség n vmre need, necessity (for); (hiány) necessity, need, want || ~ esetén if necessary/needed/required, (ha baj van) in case of emergency; ~ szerint as required/needed; ~ van vmre sg is wanted/needed/necessary; (testi) ~ét végzi relieve oneself

szükséges a necessary, needed, required

szükséghelyzet n (state of) emergency

szükséglet n need, want, demands pl, requirements pl || ~et kielégít meet* demands

szükségmegoldás n stopgap arrangement; (vm eszköz) makeshift

szükségtelen a unnecessary, needless

szűkszavú a taciturn, laconic

szűkület n bottleneck, constriction; orv stricture

szül v (gyermeket) bear*, give* birth to; (folyamatban van a szülés) labour; átv beget*

szülés n childbirth

szülésznő n midwife°, maternity nurse

születés n birth

születésnap n birthday || boldog ~ot! (I wish you) many happy returns (of the day)!, happy birthday (to you)!

születésszabályozás *n* birth control

szület|ik *v* (*világra jön*) be* born; *átv* spring* up, (a)rise*

szülő *n* parent || ~k (one's) parents

szülőváros *n* home/native town

szünet *n* pause; (*események között*) break; *isk* (*óraközi*) (school) break, playtime; *isk* (*egésznapos*) holiday; *szính* interval; (*munkában*) break, rest || ~ **nélkül** without stopping/interruption; ~**et tart** make* a pause

szüneteltet *v* stop, break*

szünetjel *n* *zene* rest; (*rádió*) station/interval signal

szünnap *n* (*intézményé*) holiday; *vké* a day off

szüntelen *a* unceasing, uninterrupted

szűr *v* (*folyadékot*) strain, filter; *kém* filtrate; *átv és orv* screen

szűrés *n* (*folyadéké*) filtering; *orv* screening test

szüret *n* (*szőlőé*) vintage, grape harvest; (*gyümölcsé*) gathering, picking [of fruit]

szürke 1. *a* (*szín*) grey, *US* gray; *átv* ordinary

szürkeállomány *n* *biol* grey matter

szürkeség *n* (*szín*) greyness, *US* grayness; (*egyhangúság*) drabness, monotony, dullness

szürkület *n* twilight; (*hajnali*) dawn; (*esti*) nightfall

szűrő *n* (*folyadéknak*) filter, strainer

szűrővizsgálat *n* *orv* screening test

szürrealizmus *n* surrealism

szűz 1. *a vk* virgin, pure || ~ **föld** virgin/unbroken soil; *vall* **Sz~**

Mária Virgin Mary, the Virgin 2. *n* virgin, *ir* maid(en)

szüzesség *n* virginity || ~**et fogad** take* a vow of chastity

szvetter *n* sweater, cardigan, *GB* jumper

szvit *n* *zene* suite

T

-t *suff* **A)** (*iránytárgy*) **a)** at || **néz vkt/vmt** look at sy/sg; **b)** for || **pénzt kér** ask for money; **c)** (*elöljáró nélkül*) **háztartást vezet** keep* house **B)** (*eredménytárgy*) **kenyeret süt** bake bread **C)** (*helyhatározói*) **átússza a folyót** swim* the river **D)** (*időhatározói*) **naponta tíz órát dolgozik** work ten hours a day **E)** (*módhatározói*) **jóízűt nevetett** laughed heartily **F)** (*számhatározói*) **sétálok egyet** I am going for a walk **G)** (*mértékhatározói*) **egy kilót hízott** he put on one kilogramme **H)** (*fokhatározó*) **sokat változtál** you have changed a lot **I)** (*ok- és célhatározói*) **mit sírsz?** why are you crying?

tábla *n* board; (*hirdető~*) noticeboard; *isk* blackboard; (*könyvben*) table; (*könyv~*) cover; *mezőg* field || **egy ~ csokoládé** a bar of chocolate

táblázat *n* table, chart

tabletta *n* tablet, pill || ~**t szed** (*fogamzásgátlót*) be* on the pill

tábor *n* camp || ~**t üt** pitch (one's) camp

tábornok n general
tábortűz n camp-fire
tabu n taboo
tag n (testé) limb, member, part; (cégé) member, partner; (egyesületé) member; (tudományos munkatárs) fellow, associate
tág a (laza, bő) loose, wide; (cipő stb.) loose-fitting; (széles nyílású) wide(-open); (tágas) large, spacious; átv wide; (keretek) broad; (fogalom) vague || **~ra nyit** vmt open sg wide
tagad v deny; (ellentmond) contradict, gainsay*; (nem ismer el) disclaim, refuse to admit* || **nem lehet ~ni** there is no denying it; **~ja bűnösségét** plead* not guilty
tagadhatatlan a undeniable
tagadó a negative || **~ mondat** negative sentence
tágas a spacious, large, roomy
tagbaszakadt a sturdy, robust
tagdíj n membership fee, subscription
tágít v (szűk tárgyat) widen, enlarge; (cipőt) stretch || **nem ~** (s)he won't back down
tagozat n section, branch
tagság n (intézményhez való tartozás) membership; (tagok) members pl
táj n (hely) region, country, land || **a világ minden ~áról** from all corners/parts of the world; **öt óra ~ban** (round) about (v. around) 5 (o'clock)
tájék n region
tájékozód|ik v (térben) orientate, US orient oneself; (érdeklődik) inquire about/into

tájékozott a vmben (be*) familiar with sg
tájékoztat v vkt vmről inform sy about/of sg
tájékoztató 1. a ~ **(jellegű)** informative; **~ szolgálat** information (service) 2. n (ismertető) guide, prospectus, brochure
tájfutás n orienteering
tájfutó n orienteer
tájkép n landscape, scene
takács n weaver
takar v (fed) cover (vmvel with); vmt vmbe wrap/bundle sg (up) in sg; átv (rejt) hide*
takarékbetétkönyv n savings book
takarékos a economical
takarékoskod|ik v vmn/vmvel save/ economize on sg; (félretesz) save (up) (for sg)
takarékpénztár n savings bank
takarít v clean/tidy up, make* [the room/flat] tidy
takarító(nő) n cleaner; (bejárónő) cleaning woman°/lady, biz daily
takaró n (pokróc) blanket; (paplan) quilt, duvet
takaró(d)z|ik v (takaróval) cover/ wrap/muffle oneself up; átv vmvel plead* sg
taknyos a snotty; (náthás, igével) snivel (US -l)
taktika n tactics pl v. sing
taktus n time || **üti a ~t** beat* time
tál n dish; (leveses) tureen; (nagy lapos) platter; (kisebb gömbölyű) bowl; (tűzálló) casserole; (fogás) course, dish
talaj n (föld) soil, earth; ground, land
talál v find*; (véletlenül) discover; vmlyennek find*, consider, think*,

deem; *vmre/vkre* meet*, come* across (*mind:* sg/sy); (*lövés*) hit* the target/mark; *átv* (*megjegyzés stb.*) strike* home ‖ **ha esni ~na az eső** if it should rain; **úgy ~om, hogy** as far as I can judge, in my opinion **tálal** *v* (*ételt*) serve (up); *átv vhogyan* present, serve/dress up **találat** *n sp is* hit ‖ **ötös ~a van** (*lottóban*) (s)he hit the jackpot **találékony** *a* inventive, ingenious **találka** *n* rendezvous, date **találkoz|ik** *v vkk* meet* (*vkvel* sy); (*véletlenül*) run* *into* sy; (*dolgok*) meet*; (*utak*) meet*, join ‖ **du. 2-kor ~om X-szel** I have an appointment with X at 2 p.m.; **még sohasem ~tunk** we've never met (before) **találkozó** *n* meeting, appointment, rendezvous; *sp* sports meeting, match ‖ **~t beszél meg vkvel** make*/fix an appointment (*v. US* a date) with sy **találmány** *n* invention **tálalóasztal** *n* dumb waiter, sideboard **találomra** *adv* at random **találós kérdés** *n* riddle, puzzle **talán** *adv* perhaps, *biz* maybe **talány** *n* riddle, puzzle, enigma **tálca** *n* tray, platter **talicska** *n* (wheel)barrow **talp** *n* (*emberé, cipőé*) sole; (*macskaféléké*) paw; (*más állatoké így is*) pad, foot°; *tech* support ‖ **~ig becsületes** absolutely honest; **~on van** (*fent van*) be* up and about; (*sokat áll*) be* on one's feet **talpraesett** *a* **~ gyerek** bright (*v.* quick-witted) child°; **~ válasz** snappy/smart repartee

tályog *n* abscess **támad** *v* (*keletkezik*) arise*, crop up, spring* up; *vkre, vkt/vmt* attack (sy/sg) **támasz** *n* brace, support, stay; *átv* mainstay, support **támaszkod|ik** *v vmhez, vmre* lean*/prop *against* sg, lean* on sg; (*átv vkre*) depend/rely/lean* on sy **támla** *n* back [of chair] **támogat** *v* (*fizikailag*) support, prop up; (*erkölcsileg*) aid, assist, back (up), help (*mind:* sy); (*pénzzel*) give* financial assistance to, support, sponsor; (*államilag*) subsidize **tampon** *n orv* tampon; (*sebhez*) swab; (*egészségügyi*) tampon, sanitary pad **támpont** *n* basis **tan** *n* (*tétel*) doctrine, thesis (*pl* theses); (*tudományág*) science (of), study, theory **tanács** *n* (*baráti stb.*) piece of advice, advice (*pl* ua.); (*tipp*) (important) tip, hint; (*tanácsadó testület*) council, board ‖ **~ot ad vknek** give* advice to sy; **~ot kér vktől** ask for sy's advice, consult sy (on sg); **városi ~** city/town (*US* municipal) council **tanácsadó 1.** *a* advisory, consultative **2.** *n* (*személy*) adviser, advisor, counsellor (*US* -selor); (*szakmai*) consultant **tanácskoz|ik** *v* hold* a meeting/conference; (*vkvel vmről*) confer with sy (on/about sg), consult (with) sy (about sg) **tanácsol** *v vknek vmt* advise sy to ... (*v.* that ...) **tanácsos 1.** *a* advisable, wise ‖ **~ lesz itthon maradni** we had better/best stay at home 2. *n* councillor ‖ **miniszteri** ~ ministerial counsellor

tanácstalan *a* helpless, perplexed; (*igével*) be* at a loss (what to do)

tanár *n* (*iskolai*) (school) teacher, schoolmaster; (*nő*) schoolmistress; (*professzor*) professor ‖ **angol~** teacher of English, English teacher

tanári *a* ~ **kar** (teaching) staff; ~ **oklevél** teacher's diploma; ~ **szoba** senior common room

tanárképző főiskola *n* teacher training college

tanárnő *n* teacher, schoolmistress

tanársegéd *n* assistant lecturer, US instructor

tánc *n* (*cselekvés*) dance, (*alkalom*) dance; ball

táncdal *n* pop song

táncház *n* (*hely*) dance hall; (*alkalom*) barn dance

táncol *v* dance

táncos *n* dancer

táncosnő *n* (professional/ballet) dancer, ballerina

tánczene *n* dance music

tandíj *n* school fees; (*főleg főiskolán v. egyetemen*) tuition fees *pl*, (*főleg US*) tuition ‖ **egyévi** ~ a year's tuition

tanegység *n* credit

tanév *n* (*iskolai*) school year; (*egyetemi*) academic year

tanfolyam *n* course

tanít *v* teach* [at school]; *vkt vmre* teach* sy sg, instruct sy in sg

tanítás *n* teaching; (*az órák*) classes *pl*

tanítási *a* ~ **nap** teaching day; **angol** ~ **nyelvű iskola** English medium school

tanító *n* teacher, schoolmaster

tanítónő *n* (woman°) teacher, schoolmistress

tanítvány *n* (*tanuló*) pupil, student; (*eszmei*) disciple, follower

tankol *v* fill up

tankönyv *n* textbook, coursebook

tanrend *n* timetable

tanszék *n* department ‖ **az angol** ~ the Department of English, the English Department

tanszékvezető *n* Head of Department

tantárgy *n* subject

tanterem *n* classroom, schoolroom; (*főiskolán, egyetemen*) lecture room

tanú *n jog is* witness ‖ **~ja vmnek** be* a witness to sg

tanújel *n* proof, evidence ‖ **~ét adja vmnek** give*/provide proof of sg

tanul *v vmt* learn*; (*tanulmányokat folytat*) study ‖ **angolul** ~ learn* English; **az orvosi egyetemen** ~ study medicine

tanulás *n* learning, (*készülés*) preparation

tanulatlan *a* uneducated

tanulmány *n* (*tanulás*) study; (*írott*) study; (*rövidebb*) essay ‖ **jogi ~okat folytat** study (*v. GB így is:* read*) law

tanulmányi *a* ~ **kirándulás** school trip; ~ **osztály** Registrar's department

tanulmányoz *v* study

tanuló *n* (*kisiskolás*) pupil; (*felsőtagozatos és középiskolai*) student; (*szakmunkás~*) trainee

tanulóifjúság *n* schoolchildren *pl*

tanulság *n* lesson ‖ **erkölcsi** ~ the moral [of a story]

tanúság n evidence, testimony ‖ **~ot tesz vmről** give* evidence/ proof of sg
tanúsít v (jelét adja) give* proof/ evidence of; (igazol) attest to (sg), certify (sg)
tanúsítvány n certificate
tanúvallomás n evidence, testimony, statement ‖ **~t tesz** give* evidence (v. witness) (vk mellett for sy, vk ellen against sy)
tanya n mezőg small farm, homestead, US ranch
tányér n plate
táp n mezőg nutrient, feed
tapad v vmhez stick*/adhere/cling* to
tapasz n (sebre) (sticking) plaster, US adhesive tape
tapaszt v vmhez stick* sg to sg
tapasztal v experience, learn*
tapasztalat n experience; (megfigyelés) observation
tapasztalatlan a inexperienced, green
tapéta n wallpaper
tapint v touch, feel
tapintat n tact, discretion
tapintatlan a tactless, indiscreet
tapintatos a tactful, discreet
táplál v feed*, nourish; (gépet) feed*; (érzelmet) cherish, foster
táplálék n (emberi) food, nourishment, nutriment; (állati) nutrient, feed
táplálkoz|ik v (ember) eat* sg; (állat) feed* (vmvel on sg)
tápláló a (kalóriadús) nourishing, nutritious; (étkezés) substantial
tapogat v feel* (vm után for sg)
tapogatódz|ik v (kézzel vm után) feel*/grope for sg; átv feel* one's way, take* soundings

tapos v vmre, vmt tread*/trample on sg
táppénz n sickness benefit, sick pay ‖ **~en van** be* on sick-leave/ pay
taps n applause
tapsol v clap; vknek applaud sy
tápszer n nutriment, nutritive; (készítmény) food preparation
tár[1] n (tárolóhely) depot, store(-house), magazine; szt store, storage, memory; (fegyverben) magazine
tár[2] v (kinyit) throw* open, open wide ‖ **vk elé ~** disclose/show* (sg) to sy
tárca n (zsebbe) wallet, US billfold; (miniszteri) portfolio, (hírlapi) feuilleton
tárcsa n tech disc, US disk; (telefonon) dial
tárcsáz v (telefonon) dial (US -l)
tárgy n object, article, thing; (írásműé, képé) subject, theme; (beszélgetésé) topic, subject; isk subject; nyelvt (direct) object ‖ **a ~ra tér** come*/get* to the point
tárgyal v jog (bíróság tárgyalást folytat) hold* a trial/hearing; (egy ügyet tárgyal) hear* a case; (büntetőügyet) try a case; (fejteget) discuss (sg), treat [a subject], deal* with (sg) ‖ **~ vkvel** have* discussions/talks with sy, negotiate/confer with sy
tárgyalás n conference, discussion(s), negotiation(s pl), talk(s pl); (ülésen) debate; pol negotiation(s pl), talks pl; ker (üzleti) trade talks pl; (bírósági) hearing, proceedings pl; (büntető) trial; (írásműben) treatment

tárgyilagos *a* objective
tárgytalan *a* (*érvénytelen*) (null and) void; (*már nem időszerű*) off the agenda *ut.*
tarifa *n* tariff
tarisznya *n* satchel, bag
tarka *a* brightly-coloured, multicoloured, colourful (*US* -or-); (*változatos*) colourful (*US* -or-), varied
tárlat *n* (*art*) exhibition
tárló *n* show case
tarokk *n* tarot
tárol *v* store, stock, keep*; *szt* store
társ *n* companion, *biz* mate; *ker* partner
társadalmi *a* social ‖ **vk ~ helyzete** sy's social position/status; **~ munka** (*ingyenes*) voluntary work
társadalom *n* society, community
társadalombiztosítás (**TB**) *n* social insurance, *GB* National Insurance (NI)
társalgás *n* conversation, talk
társalog *v* *vkvel* talk/converse with sy, *biz* chat with sy
társas *a* social; (*együttes*) joint, collective, common
társaság *n* (*emberek együtt*) society, company; (*összejövetel*) party, gathering; (*egyesület*) society, association; *ker* company ‖ **rossz ~ba keveredik** get* into bad company; **vknek ~ában** in the company of
társasjáték *n* parlour (*US* -or) game; (*táblán játszott*) board game
társasutazás *n* package tour/holiday
társul *v* *vkvel* associate with sy; (*vállalkozásban*) enter into partnership with sy

tart¹ *v vkt, vmt* hold*, keep*; (*alkalmazottat*) employ; (*állatot*) keep*; (*vmnek ítél*) think*, consider, hold* ‖ **jónak ~ vmt** find*/think* sg good; (**kérem,**) **~sa a vonalat!** hold/hang on!; **magánál ~ vmt** keep* sg by/on oneself; **nagyra ~** esteem (sg/sy) highly; **ülést ~** hold* a meeting
tart² *v* (*időben*) last, continue; (*tartós*) last*, keep* well; (*ruhaféle*) durable, long-lasting; (*vmeddig eljutott*) be* (*v.* have got) swhere; *vmerre* make* for, keep* to; *vkvel* accompany (sy), go* (along) with (sy); *vmtől, vktől* be* afraid of (sg/sy) ‖ **attól ~ok, hogy** I am afraid (that); **balra ~** keep* to the left; **meddig ~?** how long does it last?; → **soká**
tartalék *n* reserve, reserves *pl*
tartalmaz *v* contain, hold*; (*magában foglal*) comprise, include
tartalom *n* (*vmnek a lényege*) content, essence; (*tartalomjegyzék*) contents *pl*
tartalomjegyzék *n* contents *pl*
tartály *n* container; (*folyadéknak*) tank, reservoir
tartam *n* duration, period, term
tartármártás *n* tartar sauce
tartás *n* (*jellembeli*) strength of character, *biz* backbone
tartásdíj *n* *jog* (*elvált feleségnek*) maintenance
tarthatatlan *a* untenable, insupportable ‖ **~ helyzet** intolerable situation
tartó **1.** *a* (*súlyt*) holding, keeping; (*időben*) lasting, enduring ‖ **rövid ideig ~** short-lived, passing **2.** *n* (*súlyt*) support, prop, stay; (*tok*) case, holder

tartomány n (országé) land, territory; (vidék) province
tartós a lasting; (hosszú ideig tartó) long-lasting, permanent; (árucikk) durable; (élelmiszer) long-life || ~ fogyasztási cikkek consumer durables
tartósított élelmiszerek n pl processed food, (konzerv) tinned (US canned) food/goods
tartozékok n pl accessories
tartoz|ik v vknek vmvel owe sy sg; (vmt tenni) be* obliged to [do sg], (kötelessége) ought to do sg; vkhez/vmhez belong to sy/sg; vmbe fall* under/within; vkre concern sy || ez nem ~ik rám it's no business of mine; mivel ~om? vknek what (v. how much) do I owe you?; ker ~ik és követel debit and credit
tartózkodás n (vhol ideiglenesen) stay; (tartósan) residence; (testi dologtól) abstinence; (magatartás) reserve; (szavazástól) abstention
tartózkod|ik v (vhol ideiglenesen) stay; (hosszabb időre) reside, dwell*; (alkoholtól) abstain from; (élvezetektől) refrain from; (bizonyos ételektől) keep*/stay off
táska n bag; (női) (hand)bag, US purse; (akta~) briefcase; (iskola~) (school) satchel, schoolbag; (úti~) suitcase
taszít v (lök) push, thrust*; fiz repulse; átv vkt repel
tatár n Tartar
tataroz v (házat) renovate
táv n (távolság) distance, space; sp distance
tavaly adv last year || ~ nyáron last summer

tavasz n spring || tavasszal in (the) spring
távbeszélő n = telefon
távcső n (kétcsövű) binoculars pl; (egycsövű) telescope
távfűtés n district-heating
távhívás n (belföldi) GB subscriber trunk dialling (STD) || ~sal hív (külföldit) dial straight through
távirányítás n remote control
távirányító n (tévéhez) remote control (handset/panel)
távirat n telegram, biz főleg US: wire
táviratoz v vknek send* a telegram to sy; főleg US, biz wire sy; (tengeren túlra) cable sy
távközlés n telecommunications pl
távlat n (perspektíva) perspective; (kilátás) prospect, outlook, view; (időbeli távolság) distance
távol 1. adv far (away) || ~ áll tőlem it is alien/foreign to my nature; ~ esik vmtől be* far away from sg; ~ tart vkt vmtől (óv) shield/protect/keep* sy from sg; ~ tartja magát vmtől/vktől keep* away from sg/sy 2. n distance, remoteness || a ~ban far away, in the distance; ~ból from a/the distance; ~ról sem not in the least, far from it, not at all
távolabb adv (térben) farther (off/away); átv further
távoli a far-away, distant, remote
Távol-Kelet n the Far East
távollátó a long-sighted
távollét n absence, non-attendance || vk ~ében in the absence of sy
távolság n (térben) distance; (útdarab) stretch; (időben) interval, space of time

távoz|ik v leave*, depart; (*szállodából*) check out ‖ **angolosan ~ik** take* French leave
távszabályozó n = távirányító
távvezérlés n = távirányítás
távvezeték n el high-tension line, power line; (*olajé*) pipeline
taxi n taxi, cab ‖ **~ba ül** take* a taxi/cab
taxisofőr n taxi/cab driver
TB = társadalombiztosítás; **~kártya** kb. NI (=National Insurance) card/number; **~járulék** kb. National Insurance Contribution
te pron you; (*régen és vall*) thou; (*birtokos*) your ‖ **a ~ házad** your house; **~ magad** you yourself
tea n (*bot és ital*) tea
teáskanna n (*felszolgáláshoz*) teapot; (*teavízforraláshoz*) teakettle
teasütemény n teacake(s pl), biscuit(s pl)
teaszűrő n tea-strainer
teáz|ik v have*/drink*/take* tea
technika n (*tudomány*) technology; (*szűkebb értelemben*) engineering; (*művészé, sportolóé stb.*) technique
technikum n technical school
technológia n technology
teendő n task, work (to do), duty ‖ **mi (most) a ~?** what is to be done?
téged pron you
tegez v be* on first-name basis/terms with sy
tégla n brick
téglalap n rectangle
téglavörös a brick-red
tegnap adv yesterday ‖ **~ éjjel** last night

tegnapelőtt adv the day before yesterday
tehát conj (*következésképpen*) so, thus, consequently; (*ez okból*) for this reason, therefore, accordingly; (*úgyhogy*) so
tehén n cow
teher n burden, load, weight; (*rakomány*) cargo, freight; *átv* burden ‖ **büntetés terhe mellett** jog on/under pain of punishment; **számlám terhére** to the debit of my account; **~be esik** get*/become* pregnant; **terhére van vknek** be* a nuisance/burden/bother to sy
teheráru n goods pl, US freight
teherautó n lorry, US truck; (*zárt, árukihordó*) van
teherbírás n load/weight-bearing capacity; (*maximális terhelés*) maximum load; (*hajóé*) tonnage; *átv* (*emberé*) stamina, endurance ‖ **nagy ~ú** heavy-duty
teherfuvarozás n carriage/transport (v. US transportation) of goods/freight
teherhajó n cargo boat/vessel, freighter
tehervonat n goods train, US freight train
tehetetlen a (*személy*) helpless, impotent, powerless
tehetős a well-to-do
tehetség n (*tulajdonság*) talent, gift, ability ‖ **~e van vmhez** have* talent/gift for sg
tej n milk
tejbolt n dairy
tejeskávé n white coffee
tejfog n milk-tooth°
tejföl n sour cream
tejipar n dairy industry

tejpor *n* powdered/dried milk
tejszínhab *n* whipped cream
tejtermék(ek) *n* dairy products *pl*
tejút *n* Milky Way
teke *n* (*golyó*) ball, bowl; = **tekejáték**
tekejáték *n* (*teremjáték 10 fával*) (tenpin) bowling, *US* tenpins, bowls; (*9 fával*) skittles, ninepins (*mind*: *sing*.)
teker *v* (*vm köré*) wind* sg around sg; *biz* (*kerékpározik*) pedal (*US -* l) away || **orsóra ~ vmt** wind* sg on(to) a reel
tekercs *n* (*feltekercselt film, magnószalag stb*.) reel; (*film, kelme*) roll; *el* coil
tekint *v* *vkre/vmre* look at (sy/sg); (*pillant*) glance at (sy/sg); (*vmnek tart*) consider (sg), regard as (sg); (*számításba vesz*) take* (sg) into account/consideration
tekintély *n* *vké* prestige; authority; (*befolyás*) influence || **nagy a ~e** have* great influence, be* highly respected
tekintet *n* (*pillantás*) look, glance; (*figyelembevétel*) regard, respect, consideration; (*vonatkozás*) relation || **ebben a ~ben** in this respect/regard; **~be vesz vmt** take* sg into consideration/account; **~tel arra, hogy** considering that
tekintve *adv* *vkt, vmt* considering, regarding, as regards
teknős(béka) *n* (*szárazföldi, édesvízi*) tortoise; (*tengeri*) turtle
tél *n* winter || **~en** in winter
Télapó *n* Father Christmas, Santa Claus
tele *adv* full, filled || **~ van vmvel** be* full of sg, be* filled with sg

telefax *n* fax (number)
telefon *n* telephone, *biz* phone || **ki van a ~nál?** who is speaking?; **szól a ~** the (tele)phone is ringing; **~hoz kér vkt** ask sy to the phone
telefonál *v* telephone, *biz* phone || **~ vknek** telephone sy, *biz* phone sy (up), call sy, ring* sy (up)
telefonfülke *n* phone-booth/box, call-box
telefonhívás *n* call
telefonkagyló *n* receiver || **felveszi a ~t** lift the receiver
telefonkártya *n* telephone card, phonecard
telefonkezelő *n* operator
telefonkönyv *n* (telephone) directory, phone book; (*közületi*) yellow pages *pl*
telefonközpont *n* (*postai*) telephone exchange; (*intézményé*) switchboard
telehold = telihold
telek *n* (*hétvégi*) plot; (*veteményes*) patch; (*házhely*) building plot/site
telep *n* (*település*) settlement, colony; (*ipari stb*.) works *sing. v. pl*, establishment; (*erőműé stb*.) plant; *el* battery
telepít *v* (*telepeseket*) settle; (*gyümölcsöt*) plant; *kat* deploy
település *n* settlement
teleszkóp *n* telescope
teletölt *v* fill (up) (*vmivel* with)
teletöm *v* *vmivel* cram/stuff sg with sg
televízió *n* (*intézmény és adás*) television; (*készülék*) television (set), TV (set), *biz* telly || **fekete-fehér ~** black-and-white television, monochrome TV; **mi megy**

a ~ban ma este? what's on (the) television tonight?; **nézi a ~t** watch television/TV; **színes ~** colour (*US* -or) television **televíziós** *a* **~ adás** television broadcast/programme (*US* -ram) **telex(gép)** *n* teleprinter (*US* teletypewriter), *biz* telex **telexez|ik** *v* telex (*vknek* sy) **telhetetlen** *a* insatiable, voracious **telhető** *n* **minden tőle ~t megtesz** do* one's best/utmost **téli** *a* winter(-) ‖ **~ álom** winter sleep, hibernation **telihold** *n* full moon **tel|ik** *v* (*tele lesz*) be* filling up; (*idő*) pass, go* by; *vmből* be* enough/sufficient (for) ‖ **ami tőlem ~ik** to the best of my ability; **erre nekem nem ~ik** I can't manage/afford it **télikabát** *n* winter coat **teljes** *a* (*egész*) complete, full, entire, total, whole ‖ **~ egészében** in full/toto, completely; **~ ellátás** full board; **~ erejéből** with all one's might; **~ gőzzel** *átv* at full steam/speed; **~ mértékben** completely, fully **teljesen** *adv* entirely, fully, totally ‖ **~ egyedül** all alone; **~ igaza van** he's absolutely right **teljesít** *v* (*feladatot*) perform, carry out [one's/the/a task]; (*fizetést*) make* [payment]; (*kérést*) fulfil (*US* -fill), grant; (*utasítást*) follow, carry out; (*tervet*) fulfil, execute **teljesítmény** *n* vké performance, achievement, accomplishment; (*üzemé, gépé*) output **teljesítőképesség** *n* vké efficiency, productivity; (*gépé*) efficiency

telt *a* vmvel full of sg *ut.*; (*alak*) fleshy, plump ‖ **~ arc** round face; **~ ház** full house **téma** *n* (*írásműé stb.*) theme, subject(-matter); (*beszélgetésé, előadásé stb.*) topic; (*kutatási*) project **témakör** *n* topic, subject; (*konferencián*) main theme **temet** *v* bury **temetés** *n* (*szertartás*) funeral **temető** *n* cemetery **temperamentum** *n* (*vérmérséklet*) temperament; (*lobbanékony természet*) temper **templom** *n* church ‖ **~ba jár** go* to church regularly, be* a church-goer **tempó** *n* zene tempo; (*sebesség*) speed, rate; (*járásban és átv*) pace **tendencia** *n* tendency, trend **tengely** *n* (*keréké*) axle, shaft; *mat* axis (*pl* axes) **tenger** *n* sea, ocean ‖ **~ alatti** submarine, undersea; **átkel a ~en** cross the sea/ocean; **~en túli** overseas, (*Atlanti-óceánon túli*) transatlantic **tengeralattjáró** *n* submarine **tengerész** *n* sailor, seaman° **tengerhajózás** *n* (*high-seas* v. maritime) navigation **tengeri**[1] *a* sea(-); (*tengerészeti*) naval, maritime ‖ **~ állat** sea animal; **~ fürdő(hely)** seaside resort; **~ kikötő** seaport, harbour (*US* -or) **tengeri**[2] *n* (*kukorica*) maize, *US* corn **tengeribeteg** *a* seasick **tengerjáró** *n* (*hajó*) cruiser; (*nem hadi*) (ocean) liner **tengerpart** *n* (*partvidék*) coast; (*amit a tenger mos*) (sea)shore; (*üdülési szempontból*) seaside

tengerszint *n* sea-level || ~ **fölötti magasság** height above sea-level
tenisz *n* (lawn-)tennis
teniszez|ik *v* play tennis
teniszlabda *n* (tennis) ball
teniszpálya *n* tennis court
teniszütő *n* (tennis) racket
tenorista *n* tenor
tény *n* (*valóság*) fact; (*cselekedet*) act, deed
tenyér *n* palm
tenyészt *v* breed*, rear, raise
tényező *n* *mat is* factor
tényleg *adv* really, indeed
tényleges *a* real, actual, effective, true
ténylegesen *adv* effectively, actually, de facto, in fact
teológia *n* theology
teológiai *a* ~ **hallgató** theological/divinity student
teória *n* theory
tép *v* (*eltép*) tear*, rip; (*darabokra*) pull/tear*/rip to pieces, shred*; (*virágot, tollat*) pluck
tépelőd|ik *v* worry (about), fret
tépőzár *n* velcro
tepsi *n* roasting/baking dish/tin
tér¹ *n* (*űr*) space; (*férőhely*) room, space; (*városban*) square; (*szakmai*) field, sphere || **e ~en** in this respect
tér² *v* vhová, vmerre turn || **jobbra ~** turn (to the) right; **magához ~** regain consciousness, come* to; **más tárgyra ~** change the subject
terápia *n* cure, therapy
terasz *n* terrace
térd *n* knee || **~en állva** on bended knee(s); **~re borul** go* down (*v.* fall*) on one's knees
térdel *v* kneel*

terebélyes *a* (*fa*) spreading, branchy; (*férfi*) corpulent, portly; (*nő*) matronly
tereget *v* (*ruhát*) hang* out/up (to dry)
terel *v* direct, turn; (*nyájat*) drive* || **másra ~i a szót** change the subject
terelőút *n* diversion, *US* detour
terelővonal *n* broken white line
terem¹ *n* hall, large room, chamber; (*múzeumi, kiállítási*) gallery
terem² *v* *bot* produce, yield; *átv* give* birth/rise to, originate; *vk* vhol appear suddenly || **gyümölcsöt ~** bear* fruit
teremt *v* (*alkot*) create, make*, produce
teremtés *n* (*alkotás*) creation; (*személy*) creature, person, individual
terep *n* ground, land, area; *kat* terrain || **a ~en tanulmányoz** do* field-work
terepjáró *n* jeep, landrover
térfogat *n* volume, capacity
térhatású *a* (*kép stb.*) three-dimensional, stereoscopic; *zene* stereophonic
terhel *v* vmvel burden, load (with); (*adóval*) impose [a tax] on sy; (*terhére van*) inconvenience, trouble, bother || **őt ~i a felelősség** (s)he is responsible
terhelő *a* ~ **bizonyíték** incriminating evidence; ~ **tanú** witness for the prosecution
terhelt *n* *jog* the accused
terhes **1.** *a* (*vm vknek*) burdensome, irksome; (*kötelesség*) onerous, hard; (*nő*) pregnant **2.** *n* pregnant woman°
terhesgondozás *n* antenatal care

terhesgondozó *n* antenatal clinic
terhességmegszakítás *n* (induced) abortion
tériszony *n* agoraphobia
terít *v vmt vhová* spread* sg on/ over sg/sy; (*asztalt*) lay* the table
térít *v vmerre* turn, direct [sy swhere *v.* to a place]; *vall* convert [to another faith]
térítésmentes *a* free of charge *ut.*
terítő *n* (*asztalon*) (table-)cloth, cover; (*ágyon*) bedspread
terjed *v* spread*, expand, increase; (*hír*) spread*, get* about/round, circulate; (*fény, hang*) travel (*US* -l); (*terület*) stretch, extend (from ... to)
terjedelem *n* (*kiterjedés*) extent, size, dimensions *pl*; (*térbeli*) volume
terjedelmes *a* (*síkban*) extensive, spacious, wide; (*térben*) voluminous, big, large; *átv* long; (*mű*) lengthy
terjeszt *v* (*betegséget*) spread*; (*eszméket*) disseminate, diffuse; (*hírt*) spread* [news] about/ around, circulate; (*sajtóterméket*) distribute; (*vmt vk/vm elé*) submit/present/refer sg to sy
térkép *n* map
termálfürdő *n* (*forrás, intézmény*) hot springs *pl*; (*kezelés*) thermal baths *pl*
termék *n* (*ipari*) product; *mezőg* produce; (*szellemi*) production
termékeny *n* fertile, productive
terméketlen *a* barren, unfruitful, infertile, unproductive
termel *v* produce; *mezőg* grow*; (*ipar*) manufacture, turn out
termelékeny *a* productive, efficient

termelés *n* (*folyamat*) production; (*teljesítmény*) *mezőg* yield; (*ipari*) output
termelőeszközök *n pl* means of production
termelőszövetkezet *n* **mezőgazdasági** ~ farmers'/agricultural cooperative
termény *n* (agricultural) produce; (*szemes*) corn
termés *n mezőg* crop, yield; *bot* fruit ‖ **jó ~ünk volt** we had* a good harvest
természet *n* nature; (*alkat*) nature, character, (*embernél még*) disposition, temper(ament) ‖ **jó ~e van** have* a happy disposition
természetes *a* natural
természetesen *adv* naturally, of course
természeti *a* natural ‖ ~ **csapás** natural disaster; ~ **erők** natural forces
természettudomány *n* (the) natural science(s)
természettudományi *a* ~ **kar** (**TTK**) faculty of science
természetvédelem *n* nature conservation
természetvédelmi *a* ~ **terület** nature reserve
termeszt *v* grow*, produce
termet *n* stature, figure, build
terminál *n szt rep* terminal
termosz *n* thermos (flask), vacuum flask, *US* thermos bottle
termőföld *n* arable/agricultural land
terpentin *n* turpentine
terrárium *n* terrarium (*pl* -riums *v.* -ria)
terrorista *a/n* terrorist

terrorizmus *n* terrorism
térség *n area*, region
terület *n* (*föld*) territory, *area*, region; (*kisebb*) ground, field; (*szellemi*) dom*a*in, sphere; *mat* surface
terv *n* plan, scheme; (*szándék*) intention, p*u*rpose; (*ütemterv*) schedule; (*gazdasági*) plan; *épít* design; (*vázlatos*) rough sketch/draft/plan || ~ **szerint** according to plan; (*menetrend szerint*) on schedule; ~**be vesz** plan
tervez *v* (*épületet, ruhát*) design; *vk vmt* plan; (*fontolgat*) consider; (*szándékozik*) intend
tervezet *n* draft (plan); (*törvényé*) bill
tervrajz *n* blueprint, plan, draft
tessék *int* (*szíveskedjék*) please ..., would you kindly ...; (*átnyújtva vmt*) here you are; (*asztalnál*) help yourself! (*v. pl* yourselves)!; (*kopogásra*) come in!; (*nem értettem*) (I) beg your pardon; sorry? || **erre** ~! this way please!; ~ **helyet foglalni** please, sit down; take a seat
test *n fiz is* body || **mértani** ~ *mat* geometric solid
testalkat *n* build; (*férfié*) physique
testápoló (szer) *n* skin/body lotion
testgyakorlás *n* physical tr*a*ining, (gymnastic) exercises *pl*, gymnastics *pl* || ~**t végez** take* exercise
testi *a* bodily, physical || ~ **épség** (good) health; ~ **fogyatékosság** physical defect → **sértés**
testnevelés *n* physical tr*a*ining/education

testnevelő tanár *n* physical/PT/PE instructor
testőr *n* bodyguard; (*a Towerben*) Yeoman° of the Guard, *biz* beefeater
testrész *n* part of the body
testtartás *n* be*a*ring, posture
testület *n* body, corporation
testvér *n* (*férfi*) brother; (*nő*) sister || **János és Mária** ~**ek** John and M*a*ry are brother(s) and sister(s)
tesz *v* (*cselekszik*) do*; (*helyez*) put*, place, lay*; *vmvé* make*, render; *vmről* help || **boldoggá tette** made* him h*a*ppy; **jobban tennéd, ha** ... you had better [go etc.]; **mit tegyek?** what shall I do?; **nem** ~ **semmit!** never mind!, (it) doesn't matter!; **nincs mit tenni** there is nothing to do; ~**em azt** suppos*ing, (let us) say, for example; **úgy** ~, **mintha** ... (s)he pretends to [be, do sg etc.], make* as if/though
teszt *n* test
tészta *n* (*sült, édes*) cake, pie, pastry; (*kifőtt*) pasta; (*cérnametéltből*) vermicelli; (*vastagabb*) spaghetti; (*egyéb*) noodles *pl*
tesztel *v* test
tesz-vesz *v* (*tevékenykedik*) potter (*US* putter) around; (*sürög-forog*) busy
tét *n* (*játékban*) stake, amount staked
tétel *n* theorem; *fil* proposition; *zene* movement; (*felsorolásban*) *i*tem; (*vizsgáé*) question, topic; (*matematikai stb.*) problem || **kis** ~**ben** *ker* in small amounts/lots; **nagy** ~**ben** in bulk

tetem *n* (*emberi*) corpse, (dead) body; (*állaté*) carcass
tetemes *a* considerable, large
tétlenség *n* idleness, inactivity
tetovál *v* tattoo (*alakjai*: tattoos, tattooed, tattooing)
tétováz|ik *v* hesitate
tető *n* (*házé*) roof; (*ládáé, bőröndé*) lid, top; (*legmagasabb pont*) top, summit; (*hegyé*) peak ‖ **ez mindennek a teteje** that's the limit; **~től talpig** from top to toe, from head to foot
tetőfok *n* pitch, peak, summit
tetőpont *n* high(est) point, culmination, height, summit, peak, top
tetőz|ik *v* culminate
tetszés *n* approval, appreciation, satisfaction ‖ **elnyeri vk ~ét** gain/win* sy's approval; **~ szerint** at will, as you please/wish; **~t arat** meet* with success, be* successful
tetszetős *a* attractive, appealing
tetsz|ik *v* (*látszik*) seem, appear, look ‖ **..., ha (úgy) ~ik, ...,** if you like/wish **...; ahogy ~ik** as you like; **~ik vknek vm/vk** sy likes sg/sy; **hogy ~ik (neked) a ...?** how do you like ...?; **hogy ~ik lenni?** how are you getting on?; **mi ~ik?** (*üzletben stb.*) what can I do for you?, can I help you?
tett *n* action, act ‖ **~en ér vkt** catch* sy in the very act (*v.* redhanded)
tettes *n* perpetrator [of a crime], culprit
tettet *v* pretend (to ... *v.* that), sham, feign (sg)
tetű *n* louse°
teve *n* camel

téved *v* (*hibázik*) be* mistaken/wrong, err; (*számításban*) be* out in [one's calculations]; (*véletlenül vhová*) stray swhere, go*/get* swhere by mistake ‖ **ha nem ~ek** if I am not mistaken
tévedés *n* error, mistake, fault; (*számításban*) miscalculation ‖ **~ből** by mistake
tevékeny *a* active, busy
tevékenység *n* activity, work
tévékészülék *n* television, TV (set), *biz* telly
téves *a* (*hibás*) wrong, mistaken; (*nézet*) erroneous; (*pontatlan*) inaccurate ‖ **~ kapcsolás** (*telefon*) wrong number
tévéz|ik *v* watch television/TV
textil *n* textile
tézis *n* (*állítás*) proposition; (*tömör összefoglalás*) abstract, the main points/topics *pl* [of a thesis etc.]
ti *pron* you; (*birtokos*) your ‖ **a ~ kocsitok** your car; **~ magatok** you yourselves
ti. = *tudniillik* (*azaz*) that is, i.e.; (*nevezetesen*) namely, viz.
tied, tieid, tie(i)tek *pron* yours
tífusz *n* (*hastífusz*) typhoid (fever) ‖ **kiütéses ~** typhus
tigris *n* tiger
tilalom *n* prohibition ‖ **kiviteli ~** embargo
tilos *a* (be*) forbidden/prohibited ‖ **~ a dohányzás** no smoking; **a fűre lépni ~** keep off the grass; **~ az átjárás** no thoroughfare
tilt *v* prohibit, forbid*
tiltakoz|ik *v* *vm ellen* protest against sg
timsó *n* *kém* alum
tincs *n* curl, lock, ringlet

tinédzser, tini *n biz* teenager
tinta *n* ink || ~**val ír** write* in ink
tipeg *v* waddle; (*gyerek*) toddle
tipikus *a* typical, characteristic
tipográfia *n* typography
tipor *v* trample (down) sg, tread* on sg
tipp *n biz* tip, hint
tippel *v* give* one's tip, guess
típus *n* type, category
tiszt *n kat* officer; (*hivatali hatáskör*) office, duty
tiszta 1. *a* clean; (*megtisztított*) clear; (*nem kevert*) pure; (*világos és átv*) clear; (*erkölcsileg*) pure, innocent, virtuous; *ker* net, clear; (*fokozó szóként*: *merő*) sheer, nothing but ... || ~ **bevétel** net proceeds *pl*; ~ **ég** clear/cloudless sky; ~ **hülye** a total/perfect idiot; ~ **levegő** clean/pure air; ~ **szesz** (neat/pure) alcohol; ~ **ügy** plain sailing **2.** *n* **teljesen ~ban vagyok azzal, hogy** I am fully aware that ...; ~**ba tesz** (*csecsemőt*) change the baby('s nappy *v. US* diaper)
tisztálkod|ik *v* wash, get* tidied up
tisztán *adv* (*nem piszkosan*) cleanly, neatly; (*világosan*) clearly; *biz* (*csak, pusztán*) merely, purely; *ker* clear, net || **(kérek) két whiskyt** ~ two neat (*US* straight) whiskies, please; ~ **énekel** sing* in a clear/pure voice
tisztás *n* clearing, glade
tisztáz *v* (*ügyet*) clear (up), make* sg clear; (*helyzetet*) clarify; (*megvilágít*) elucidate; (*személyt vm alól*) clear (sy of sg) || ~**za magát** clear oneself

tisztel *v* (*tiszteletben tart*) respect, esteem
tiszteleg *v kat* salute; (*vk/vm előtt*) bow before sy/sg
tisztelendő *a* reverend [+ vezetéknév] || **Varga** ~ **úr** Reverend Varga
tisztelet *n* (*megbecsülés*) respect, esteem || **(őszinte) ~tel** (*hivatalos levél végén*) yours truly/faithfully; (*ismerősnek*) yours sincerely; ~**re méltó** respectable, honourable (*US* -or-); *vk* ~**ére** in honour (*US* -or) of sy
tiszteletdíj *n* (*szerzői*) royalty; (*orvosnak, ügyvédnek stb.*) fee(s *pl*)
tiszteletes *a* (*protestáns szóhasználat; címzésben*) the Reverend (*v.* Rev.) [+ teljes név]; (*megszólításban*) Mr. [+ vezetéknév] || **Kovács** ~ **úr** Mr. Kovács
tisztelettudó *a* respectful
tisztelt *a* ~ **hallgatóim!** Ladies and gentlemen!; **T~ Uraim!** (*levélben*) Dear Sirs
tisztességes *a* (*becsületes*) honest, decent; (*korrekt*) honourable (*US* -or-), fair
tisztességtelen *a* (*becstelen*) dishonest; *ker* unfair
tisztít *v* make* (sg) clean, clean(se); (*cipőt*) clean, brush; (*ruhát*) clean; (*vegyszeresen*) dry-clean; (*babot, borsót*) shell
tisztító *n* (*vegytisztító*) dry-cleaner('s)
tisztítószer *n* detergent
tisztviselő *n* (*állami*) civil servant; (*irodai*) clerk; (*alkalmazott*) employee
titkár(nő) *n* secretary

titkárság *n* secretariat; (*kisebb*) general office

titkol *v* hide*, conceal || **nem ~ja** make* no secret of

titkos *a* secret; (*rejtett*) hidden, concealed || **~ szavazás** secret ballot

titok *n* secret || **titkot tart** keep* a secret; **~ban** in secret; (*lopva*) stealthily; **~ban tart vmt** keep* sg secret/private

titokzatos *a* mysterious

tíz *num* ten

tized *n* (*rész*) tenth (part) || **három egész öt ~ (3,5)** three point five (*írva*: 3.5)

tizedes **1.** *a* decimal || **~ tört** decimal fraction **2.** *n kat* corporal; *mat* decimal

tizedesjegy *n* decimal

tizedesvessző *n* decimal point

tizedik **1.** *num a* tenth; 10th; → **első**

tizedszer *adv* (*ismétlődés*) for the tenth time; (*felsorolás*) tenthly

tízen *num adv* ten (of us/you/them)

tizenegy *num* eleven

tizenéves **1.** *a* teenage **2.** *n* teenager

tizenhárom *num* thirteen

tizenhat *num* sixteen

tizenhét *num* seventeen

tizenkét, tizenkettő *num* twelve

tizenkilenc *num* nineteen

tizennégy *num* fourteen

tizennyolc *num* eighteen

tizenöt *num* fifteen

tízes **1.** *a* **~ szám** number ten; **a ~ számrendszer** the decimal system **2.** *n* (*bankjegy*) a ten-forint note, *GB* a £10 note, *US* a $10 bill; (*érme*) a ten-forint piece, *GB* a ten-pence piece

tízezer *num* ten thousand || **a felső ~** the upper ten(-thousand)

tízórai *n* (*étkezés*) morning coffee; *GB néha* elevenses *pl*

tízparancsolat *n* Ten Commandments *pl*

tízszer *adv* ten times

tízszeres *a* tenfold

tó *n* lake; (*kisebb*) pond

toalett *n* (*ruha*) woman's dress; (*vécé*) toilet, lavatory

toboroz *v* (*embereket*) recruit; *biz* (*vevőket*) drum up

toboz *n* cone

tócsa *n* puddle, (stagnant) pool

tojás *n* egg

tojásfehérje *n* egg white

tojáshéj *n* egg-shell

tojásrántotta *n* scrambled eggs *pl*

tojássárgája *n* (egg) yolk

toj||ik *v* lay* (eggs)

tok *n* (*tartó*) case, box; (*szerszámé*) tool-chest/box

tol *v* push; (*nehezebb tárgyat*) trundle, *biz* shove (*vhová mind*: to, into)

-tól, -től *suff* **A)** (*helyhatározó*) from || **Londontól Edinburghig** from London to Edinburgh **B)** (*időhatározó*) **a)** from || **háromtól négyig** from three (o'clock) to four; **b)** from, since || **attól az időtől fogva** from that time (on), ever since then **C)** (*eredethatározó*) **a)** from || **megóv vkt vmtől** protect/safeguard sy from sg; **b)** of || **kér vmt vktől** ask sg of sy; **c)** (*különféle elöljáróval*) **elbúcsúzik vktől** take* leave of sy, say* goodbye to sy; **d)** (*elöljáró nélkül*) **kér vmt vktől** ask sy for sg **D)** (*okhatározó*) **a)** with || **elájul az**

éhségtől faint with hunger; **b)** of || **fél a kutyáktól** he is afraid of dogs; **c)** for || **fától nem látja az erdőt** does not see the wood for the trees; **d)** (*különféle elöljáróval*) **irtózik vmtől** have* a horror of sg, shudder at sg; **e)** (*elöljáró nélkül*) **fél vktől/vmtől** fear sy/sg **E)** (*különbözők összehasonlításában*) from || **különbözik vmtől** differ from sg

tolakod|ik *v* (*tömegben*) push (and shove) (one's way) forward; (*szemtelenül*) push oneself

tolat *v vasút* shunt; (*autóval*) reverse/back (the/one's car)

told *v* lengthen, make* (sg) longer || **vmhez vmt** ~ add sg to sg

toldalék *n nyelvt* suffix

toll *n* (*madáré*) feather; (*írásra*) pen

tollaslabda *n* (*játék*) badminton; (*a labda*) shuttlecock, *US* birdie

tollbamondás *n* dictation

tolltartó *n isk* pencil-case

tolmács *n* interpreter

tolmácsol *v* interpret

tolmácsolás *n* interpreting, translating, translation

tolong *v* (*tömeg*) throng, swarm, teem

tolószék *n* wheelchair

tolózár *n bolt*, latch

tolvaj *n* thief°

tombol *v* (*személy, háború, járvány, vihar*) rage

tombola *n* tombola

tompa *a* blunt, dull; (*ész*) dull, slow; (*hang*) dull, hollow

tompít *v* blunt (sg); (*fényt*) soften, subdue; (*fájdalmat*) dull, palliate

tonhal *n* tuna, tunny

tonna *n* (*1000 kg*) metric ton, tonne; *GB* (*2240 font = 1016 kg*) (long) ton, *US* (*2000 font = 907 kg*) (short) ton

toporzékol *v vk* be* stamping one's feet (*angrily*)

toprongyos *a* ragged, tattered

torkolat *n* (*folyóé*) mouth, estuary; (*lőfegyver csövéé*) muzzle

torkoll|ik *v* (*folyó*) fall*/flow/discharge; (*utca*) lead* into

torkos *a* (*falánk*) greedy, gluttonous

torlasz *n* (*folyón*) obstruction, blockage

torlódás *n* (*forgalmi*) traffic congestion/jam, tailback

torma *n* horse-radish

torna *n* (*sportág*) gymnastics *sing.*; (*testgyakorlás*) (physical) exercises *pl*, gymnastics *pl*

tornacipő *n* gym shoes *pl*, tennis shoes *pl*, *US* sneakers *pl*

tornaóra *n* physical training, *biz* gym (class)

tornaruha *n* gym vest and shorts *pl*; (*testhezálló, lányoknak*) leotard

torok *n vké* throat || **fáj a torka** have* a sore throat; **torkig van vmvel** *biz* be* fed up with sg

torokgyulladás *n* inflammation of the throat, sore throat

torony *n* tower; (*kicsi*) turret, pinnacle; (*templomé*) (bell/church) tower, steeple

toronyház *n* tower block, high-rise (block)

toronyugrás *n* high-board diving

torpedó *n* torpedo (*pl* -does)

torta *n* (*fancy*) cake, gâteau (*pl* -teaux)

tortúra *n* (*fizikai*) torture; *átv* torment

torz *a* deformed, misshapen

torzít *v* (*elcsúfít*) deform, disfigure; (*tényeket, képet, hangot*) distort

tószt *n* toast

totális *a* total, entire, complete

totó *n* football pools *pl*, the pools *pl* || **nyer a ~n** win* sg on the pools

totyog *v* (*kisgyerek*) toddle

tova *adv* ir far off/away, yonder

tovább *adv* (*térben*) further, on-(ward); (*időben*) longer, more, on; (*folytatva*) on(ward), forth || **csak így ~!** keep it up!, keep at it!; **és így ~** and so on/forth, etcetera, etc.; **nem bírom ~** I can't bear/stand it any longer; **~!** (= *folytasd*) go/carry on!; **~ képezi magát** study on one's own; **~ tanul** continue one's studies, attend further education classes

továbbá *adv* besides, moreover, further(more)

továbbad *v* (*tárgyat vknek*) hand/pass sg on to sy; (*megvett tárgyat elad*) resell* sg

továbbfejleszt *v* (*tudást*) improve

további 1. *a* further; (*újabb*) additional || **~ intézkedésig** until further notice **2.** *n* **minden ~ nélkül** without more/further ado; **a ~akban** in what follows

továbbképzés *n* further education; (*egyetemen*) postgraduate studies *pl*

továbbmegy *v* go* on, proceed on one's way; *vmvel* go* on (with sg)

továbbtanulás *n* further education (classes *pl*)

tő *n bot* stock, stem; (*szőlőtő*) vinestock/plant; *nyelvt* root

több 1. *num a* (*összehasonlításban*) more; (*néhány*) several, a few, some || **ez ~ a soknál** this is (far) too much, that is more than enough; **sőt, mi ~** what is more; **~ mint egy éve** (*amióta*) it is more than a year (since); (*amikor*) more than a year ago; **~ mint egy órán át** for over an hour **2.** *n* **~ek között** among others

többé *adv* (no) more, (no) longer || **~ (már) nem** no more/longer, not ... any more; **soha ~** nevermore, never again

többé-kevésbé *adv* more or less

többes szám *n* plural

többfelé *adv* in various/several directions

többféle *a* of many/several (different) kinds *ut*.

többi *a/n* **a ~** (*ember*) the rest/others *pl*; (*tárgy stb.*) the rest (of it/them), the remainder; **a ~ek** the others, the rest (of us/them); **(é)s a ~** (*stb.*) and so on/forth (etc.)

többlet *n ker* surplus; (*súly*) excess

többnyire *adv* mostly, for the most part

többoldalú *a* (*szerződés*) multilateral

többség *n* majority

többször *adv* (*több ízben*) several times, on several occasions

többszörös 1. *a* manifold, multiple **2.** *n mat* multiple || **legkisebb közös ~** lowest common multiple

tök *n bot* (*főző*) (vegetable) marrow; (*sütő*) pumpkin, *US* (marrow) squash; (*kártya*) diamonds *pl* || **~ jó!** *biz* great!, dead good!; **~ mindegy** *biz* it's all the same

tőke[1] *n* (*mészárosé stb.*) block; (*szőlőé*) vine(-stock)
tőke[2] *n ker* capital
tökéletes *a* perfect, faultless, excellent
tökéletesen *adv* (*kitűnően*) perfectly; (*teljesen*) completely, absolutely ‖ ~ **beszél angolul** (s)he speaks perfect English; ~ **igaza van** he's absolutely right
tökéletlen *a* (*tárgy*) imperfect, defective; (*személy*) half-witted
tőkés *a/n* capitalist
tőkesúly *n hajó* keel
-től *suff* → **-tól**
tölcsér *n* funnel; (*fagylalt*) cone, cornet; (*tűzhányóé, bombáé*) crater
tőle *adv* from/by/of him/her/it ‖ **ez nem szép** ~ that is not nice of him
tölgyfa *n* (*élő*) oak(-tree); (*anyag*) oak(-wood)
tölt *v* (*folyadékot vmbe*) pour (sg into sg); (*vmt levegővel/gázzal stb.*) fill (up); (*ételneműt*) stuff; (*fegyvert*) load; (*akkut*) charge; (*időt*) pass, spend* ‖ **szállodában ~i az éjszakát** stay the night at a hotel; **vmvel ~i az idejét** spend* one's time [doing sg]
töltelék *n* (*ételben, húsféle*) stuffing; (*édes*) filling
töltény *n* cartridge
töltőállomás *n* filling/petrol station, *US* gas(oline) station
töltőtoll *n* fountain-pen
töltött *a* (*étel*) stuffed ‖ ~ **káposzta** stuffed cabbage
töm *v* stuff, cram; (*pipát, fogat*) fill
tömb *n* block
tömeg *n fiz is* mass; *ker* (*terjedelem*) bulk; (*emberek*) crowd

tömeggyártás *n* mass production
tömegközlekedés(i eszközök) *n* public transport (*US* transportation)
tömegszerencsétlenség *n* serious accident
tömegtájékoztatás(i eszközök) *n* mass communications/media *pl*, the media *pl*
töméntelen *a* innumerable, countless
tömény *a* concentrated
tömés *n* (*fogé*) filling; (*válié*) padding, wadding
tömlő *n* (*cső*) hose(pipe); (*gumibelső*) inner tube
tömlöc *n* dungeon
tömör *a* (*anyag*) solid, massive, compact; (*stílus*) concise
tömzsi *a* thick-set, stocky
tönk *n* (*fa*) stump; (*húsvágó*) block
tönkremegy *v* (*dolog*) be*/get* spoiled/ruined/damaged; (*vk, vm, anyagilag*) be* ruined, be*/go* bankrupt
tönkretesz *v* vkt ruin (sy); vmt ruin, spoil*
töpreng *v* vmn brood (over/about), meditate (on), ponder
tör *v* break*, smash, crush; (*diót*) crack; (*vm cél felé*) aim for sg, aspire to sg ‖ **darabokra** ~ break* (sg) into (small) pieces; **~i a cipő a lábát** the shoe pinches; **~i a fejét** rack one's brains; **~i magát** slave (away) (at sg), overwork oneself; vmért push oneself [to obtain sg]; **~i az angolt** speak* broken English
tőr *n* (*fegyver*) dagger; (*vívó*) foil
töredék *n* (*irodalmi*) fragment; (*rész*) portion, fraction

törékeny a (*tárgy*) fragile; (*egészség*) frail, delicate
töreksz|ik v (*igyekszik*) endeavour (*US* -or) (to do sg), make* an/ every effort (to); *vmre* strive* (for/after sg v. to do sg), aspire to
tör|ik v break* ‖ **ha ~ik, ha szakad** by hook or by crook
törleszt v (*adósságot, kölcsönt*) pay* off (by/in instalments)
törmelék n debris pl; (*kő*) rubble
törőd|ik v vkvel/vmvel take* care of sy/sg, care for sy/sg; (*bajlódik*) bother about/with sg ‖ **~j a magad dolgával!** mind your own business
török 1. a Turkish, Turkic ‖ **a ~ nyelvek** the Turkic languages; **~ kávé** Turkish coffee 2. n (*ember*) Turk; (*nyelv*) Turkish; *tört* **a ~** (= *törökök*) the (*Osmanli*) Turks; **~öt fog** catch* a Tartar
Törökország n Turkey
töröl v wipe; (*feltöröl*) wipe up; (*edényt*) dry; (*radírral*) rub* out; (*nevet vhonnan*) strike* off/out, cross out; (*szöveget*) delete; (*magnó- stb. felvételt*) erase; (*rendelkezést*) annul ‖ **~ték** (*a járatot*) [the flight] has been cancelled (*US* -l-)
törölget v (*edényt*) dry [(the) dishes], dry up; (*bútort*) dust
törött a (*eltört*) broken ‖ **~ bors** ground pepper
törpe a/n dwarf (*pl* dwarfs)
tört n mat fraction
történelem n history ‖ **~ előtti** prehistoric
történelmi a historic(al) ‖ **~ esemény** historic(al) event
történész n historian

történet n story, tale, narrative ‖ **a ~ arról szól, hogy...** biz the point/thing is that...
történettudomány n history
történ|ik v happen, occur; *vm vkvel* happen to (sy); (*vm rossz*) befall* (sy) ‖ **bármi ~jék is** whatever happens, come what may; **mi ~t?** what('s) happened?, what('s) the matter?; **nem ~t semmi!** (= *felejtsük el*) forget it!
törülköz|ik v dry (oneself)
törülköző n towel
törvény n jog, fiz, kém law; (*a törvényhozó testület határozata*) Act ‖ **a ~ előtt** in the eyes of the law; (*bíróságon*) before the court; **~be iktat** enact, codify
törvényalkotás n legislation
törvénycikk n Act, law
törvényellenes a illegal, unlawful
törvényes a legal; (*törvényben lefektetett*) statutory; (*eljárás*) lawful; (*jogos*) legitimate
törvényjavaslat n bill, the Bill ‖ **~ot beterjeszt** propose (v. put* forward, GB table) a Bill
törvénysértés n violation/ infringement of the law, offence (*US* -se) (against the law)
törvényszék n court of law, lawcourt
törvénytelen a (*cselekedet*) illegal, unlawful; (*gyermek*) illegitimate
tőrvívás n foil fencing ‖ **~ban** at foil
törzs n (*testé, fáé*) trunk; (*hajóé*) hull, hulk, body; (*repülőgépé*) fuselage; *kat* staff; (*nép*) tribe; *bot, zoo* phylum (*pl* -la)
törzsvendég n regular (customer)
tövis n thorn

tőzeg *n* peat
tőzsde *n* stock exchange
tradíció *n* tradition
trafik *n* tobacconist('s), *US* cigar store
trágár *a* obscene, indecent
tragédia *n* tragedy
tragikus *a* tragic
trágya *n* dung, manure
tranzakció *n* transaction, deal
tranzisztor *n* transistor
tranzit *n* transit
tréfa *n* joke, fun || **ennek a fele se** ~ that is (*v.* has gone) beyond a joke; **ízetlen** ~ stupid/silly joke; **~ból** in fun/jest; **~t űz vkből** pull sy's leg, make* fun of sy
tréfál *v* joke; (*vicceket mond*) crack jokes
tréfás *a* (*történet stb.*) amusing, funny; *vk* funny
trehány *a vulg* (*emberről*) slovenly, sloppy; (*munka*) slipshod, shoddy
trikó *n* (*alsóruha*) vest, *US* undershirt; (*sportolóé, ujjatlan*) singlet; (*rövid ujjú*) T-shirt
trillió *num* (10^{18}) *GB* trillion, *US* quintillion
tripla *a* triple, threefold
trolibusz *n* trolley-bus
trombita *n* trumpet
trón *n* throne || **~ra lép** ascend the throne
trónörökös *n* heir apparent (to the throne); *GB* the Prince of Wales
trópusi *a* tropical || ~ **éghajlat** tropical climate; ~ **őserdő** rain forest
trópus(ok) *n* (*pl*) *földr* the tropics *pl*
tröszt *n* trust
trükk *n* trick, device
trükkfilm *n* special effects film

TTK (= **Természettudományi Kar**) Faculty of Science
tubus *n* tube
tucat *adv/n* dozen || **egy** ~ **tojás** a dozen eggs
tud *v* (*ismer*) know* (sg); (*tudomása van vmről*) be* aware of; (*képes*) can* [do sg], be* able to [do sg] || **amennyire én ~om** as far as I know; **honnan ~ja?** how do you know?; **jól** ~ **angolul** know* English well; **ki ~ja?** who knows?; **mit ~om én?** how should I know?; **nem ~om** I don't know, I can't tell; **nem** ~ **úszni** he can't swim; **szeretném ~ni** ... I should like to know ...; **~od mit?** (I'll) tell you what; **úgy ~om, (hogy) Angliában van** as far as I know (s)he is in Britain
tudakozó *n* inquiry office, information
tudakozód|ik *v* (*vk/vm felől/után*) make* inquiries about (sy/sg), inquire/ask about/after (sy/sg)
tudás *n* (*szellemi*) knowledge, learning; (*jártasság*) skill || **legjobb ~om szerint** to the best of my knowledge
tudat[1] *n* consciousness || ~ **alatt** subconsciously; **~ában van vmnek** be* conscious/aware of sg
tudat[2] *v* **vkvel vmt** let* sy know sg, notify/inform sy of sg
tudatlan *a* ignorant
tudatos *a* (*tudaton alapuló*) conscious; (*szándékos*) deliberate || **nem** ~ unconscious
tudniillik (ti.) *conj* (*ugyanis*) for ..., because; (*jobban mondva*) that is to say; (*mégpedig*) namely (*írásban*: viz.)

tudnivalók *n* (*pl*) information (*pl* ua.); (*utasítás*) instructions *pl*
tudomány *n* (*főleg természettudomány*) science; (*egyéb*) the (*scientific*) study of ...; [economic/ historical etc.] studies *pl*; (*tudás, tudományosság*) scholarship, learning, knowledge
tudományág *n* branch of learning/science, discipline
tudományegyetem *n* university
tudományos *a* (*főleg természettudományok*) scientific; (*humán tud.*) scholarly, learned; (*elméleti; humán és társadalomtud.*) academic ‖ **Magyar T~ Akadémia** Hungarian Academy of Sciences; **~ fokozat** (academic) degree; **~ kutatás** (scientific) research (into/on sg), researches into *pl*; **~ kutatást** (*v.* **kutatómunkát**) **végez vmben** be* doing (some) research into/on sg, be* researching in/into/on sg; **~ kutató** research worker/fellow; researcher
tudomás *n* knowledge ‖ **~a van vmről** have* knowledge of sg, be* aware/informed of sg; **~om szerint** to my knowledge, as far as I know; **~ul vesz vmt** take* notice of sg, acknowledge sg
tudós **1.** *a* scholarly **2.** *n* (*főleg természettudós*) scientist; (*humán*) scholar
tudósít *v vkt vmről* inform sy of/ about sg, notify sy of sg; (*újságnak, rádiónak stb.*) report on sg; (*külföldről*) be* a correspondent
tudósítás *n* information; (*eseményről, újságnak stb., tevékenység*) (news) reporting, reportage; (*egyes*) report

tudósító *n* correspondent
tudta *n* **vk ~ nélkül, ~n kívül** without sy's knowledge; **tudtommal** as far as I know, to my knowledge; **vk ~val (és beleegyezésével)** with sy's knowledge (and approval)
túl¹ *adv vmn* beyond, over, across; (*időben*) beyond, after, over ‖ **~ van a negyvenen** he is past (*v.* has turned) forty; **~ van a nehezén** be* over the worst
túl² *adv* (*túlságosan*) too, excessively
tulajdon **1.** *a* own ‖ **a ~ szememmel láttam** I saw it with my own/very eyes **2.** *n* (*tárgy stb.*) property ‖ **közös ~** common/joint property; **vknek a ~ában van** be* one's/sy's property, belong to sy
tulajdonít *v* (*vknek/vmnek vmt*) attribute (sg to sy/sg)
tulajdonképpen *adv* in fact, actually, as a matter of fact
tulajdonos *n* owner; (*üzleté*) proprietor; (*igazolványé*) holder; (*öröklakásé*) owner-occupier; (*útlevélé*) bearer
tulajdonság *n* quality, attribute, property, feature ‖ **jó ~ vké** virtue, sy's good point
túlbecsül *v vmt* overestimate
túlél *v vmt* survive (sg); *vkt* outlive (sy)
túlélő *n* survivor
túlerőltet *v* overwork, overstrain
túlérzékeny *a* hypersensitive
túlfeszített *a* overstrained ‖ **~ munka** overwork
túlhalad *v* (*térben*) pass, go* beyond/past; (*elavulttá tesz*) supersede; *átv* (*költség*) surpass, exceed
tulipán *n* tulip

túljár *v* ~ **vknek az eszén** outw*i*t*/ outsmart sy

túljut *v* get* *o*ver sg, pass ‖ ~ **a nehezén** be* *o*ver the hump

túlkapás *n* ab*u*se(s) (of) ‖ ~**ok** exc*e*sses

túllép *v* (*mértéket*) exc*ee*d, *o*verst*e*p the mark ‖ ~**i a hatáskörét** *o*ver-st*e*p/exc*ee*d one's auth*o*rity

túlmunka *n* (w*o*rking) *o*vertime ‖ ~**t végez** work *o*vertime

túlnépesedés *n* overpopul*a*tion

túlnyomó *a* pred*o*minant, prep*o*n-derant ‖ **az esetek** ~ **többségé-ben** in the overwh*e*lming maj*o*rity of c*a*ses

túlnyomórészt *adv* pred*o*minantly, for the most part

túlóra *n o*vertime

túlóráz|ik *v* work *o*vertime

túloz *v* ex*a*ggerate

túlságosan *adv* (far) too, exces-sively

túlsó *a o*pposite, of/on the *o*ther side *ut*. ‖ **a** ~ **oldalon** (*utcán*) acr*o*ss/*o*ver the street/road

túlsúly *n* overw*e*ight; excess weight; (*repülőgépen*) excess b*a*ggage; *átv* prep*o*nderance, pre-d*o*minance (*o*ver)

túlszárnyal *v* v*k*t v*m*ben surp*a*ss/out-sh*i*ne* sy (in sg); v*m*t impr*o*ve on sg

túlteljesít *v* exc*ee*d [the t*a*rget/plan]

túlterhel *v* overl*o*ad, overb*u*rden

túltesz *v* v*k*n surp*a*ss/outd*o** sy (in sg) ‖ ~**i magát vmn** disreg*a*rd sg, get* *o*ver sg

túlvilág *n* the next/*o*ther world

túlzás *n* exagger*a*tion; (*nyilatkozat-ban*) overst*a*tement; (*viselkedés-ben*) extrav*a*gance ‖ ~**ba visz vmt** overd*o** sg

túr *v* (*földet*) dig*; (*disznó*) root ab*o*ut

túra *n* tour, trip; (*rövidebb*) *o*uting, exc*u*rsion; (*gyalog*) walk, hike; (*kocsin*) run; (*kerékpáron*) ride; (*csónakon*) trip

túráz|ik *v* (*gyalog*) go* on a hike, hike, walk

turista *n* t*o*urist; (*városnéző*) sight-seer; (*gyalogos*) h*i*ker

turistajelzés *n* blaze

turistaszállás *n* t*o*urist hostel/lodge

turistaút *n* (*jelzett út*) f*o*otpath

turisztika, turizmus *n* t*o*urism; (*utazás*) t*o*uring

turmix *n* m*i*lk-shake

turnus *n* (*munkában*) shift; (*étkezéskor*) s*i*tting

túró *n* (milk) curds *pl*, curd (cheese)

tus[1] *n* (*festék*) *I*ndian ink

tus[2] *n* (*zuhany*) shower

tuskó *n* (*fa*) stump, block

tusol *v* = **zuhanyozik**

túsz *n* h*o*stage ‖ ~**okat szed** take* h*o*stages

tutaj *n* raft

tuti *a biz* a (dead) cert

tű *n* (*varró, kötő*) needle; (*gombos és más*) pin; (*fenyőé*) pine-needle ‖ **injekciós** ~ hypodermic n*ee*dle

tücsök *n zoo* cricket

tüdő *n* lung, lungs *pl*

tüdőgyulladás *n* pneum*o*nia

tükör *n* m*i*rror; (*főleg öltözködés-hez*) looking-glass ‖ **a víz tükre** surface of the w*a*ter

tükörkép *n* (m*i*rror) *i*mage, reflection

tükörtojás *n* fried egg

tükröz *v* reflect, m*i*rror

tülekedés *n* j*o*stling

tündér *n* f*a*iry

tündérmese *n* f*a*iry tale

tünet *n* symptom, sign

tün|ik *v* (*vmlyennek látszik*) seem (to be), appear (to be *v.* as if); (*eltűnik*) disappear, vanish || **nekem úgy ~ik, hogy ...** it seems to me that...

tűnőd|ik *v* reflect (on), meditate (on) || **azon ~öm** I wonder (whether)

tüntetés *n* (*vm mellett/ellen*) demonstration (for/against sg)

tűr *v* have* patience; put* up with sg, endure/suffer/tolerate sg

türelem *n* patience, forbearance; *vall, pol* tolerance

türelmes *a* patient (*vkvel* with sy); (*vall, pol is*) tolerant (*vmvel szemben* of sg)

türelmetlen *a* impatient (*vkvel* with sy); *vall* intolerant

tűrhetetlen *a* (*fájdalom*) unbearable; (*viselkedés*) intolerable, insupportable

tűrhető passable, bearable, tolerable

türkiz(kék) *a* turquoise

türtőztet *v* **~i magát** contain/control/restrain oneself

tüske *n bot* thorn, prick(le); *tech* mandrel

tüszős mandulagyulladás *n* follicular tonsillitis

tüsszent *v* sneeze

tűz[1] *n* fire; *átv* fire, heat, ardour (*US* -or) || **két ~ között** between two fires; **tüzet ad** give* (sy) a light; **tüzet fog** catch* fire; **tüzet kiolt** put* out the fire; **tüzet nyit** open fire; **tüzet rak** make*/lay*/light* a fire

tűz[2] *v* (*tűvel*) pin, fasten (sg) with a pin; (*öltéssel*) stitch; (*steppel*)

quilt || **célul ~ maga elé vmt** set* oneself to do sg (*v.* a task); **~ a nap** the sun is beating/blazing down

tűzálló *a* (*tégla stb.*) fireproof, fire-resistant; (*edény*) heatproof, heat-resistant

tüzel *v* (*fűt*) burn* wood/coal; (*kályha*) be* burning hot; *kat* fire, shoot*; (*állat*) be* on (*US* in) heat

tüzelőanyag *n* fuel

tüzes *a* (*tárgy*) red/white-hot; *átv* fiery, ardent, passionate

tüzetes *a* minute, precise, detailed; (*vizsgálat*) thorough

tűzhányó *n* volcano (*pl* -noes)

tűzhely *n* (*konyhai*) (gas/electric) cooker, *US* stove

tűzifa *n* firewood

tűzijáték *n* fireworks *pl*

tűzoltó *n* fireman°

tűzoltóautó *n* fire-engine

tűzoltó készülék *n* (portable) fire-extinguisher

tűzoltóság *n* fire brigade, *US* fire department

tűzszünet *n kat* ceasefire

tűzvész *n* fire, blaze, conflagration

tűzveszélyes *a* (highly) inflammable

TV, tv → **televízió, tévé**

Ty

tyúk *n zoo* hen; *biz* (*nő*) chick

tyúkól *n* henhouse

tyúkszem *n* corn

tyű *int* goodness!; *biz* wow!, *US* gee!

U, Ú

uborka *n* cucumber; (*kicsi*) gherkin
udvar *n* (*épülete̋*) (court)yard; (*hátsó*) backyard; (*királyi*) (royal) court
udvarias *a* polite, courteous
udvariasság *n* politeness, courtesy
udvariatlan *a* impolite, ill-mannered
udvarló *n* (*régen*) suitor; (*ma*) sy's boyfriend
udvarol *v* vknek court (sy)
ugat *v* bark
ugrál *v* jump (about/around), caper
ugrás *n* jump(ing); (*toronyugróé*) dive ‖ **csak egy ~ra van ide** *biz* it is only a stone's throw away
ugrat *v* (*lóval*) jump [one's horse over sg]; *átv biz* vkt pull sy's leg
ugratás *n* (*lóval*) jumping; (*tréfából*) *biz* pulling sy's leg
ugr|ik *v* jump; (*szökellve*) leap* ‖ **~ott egy százas** *biz* bang went a hundred forints
úgy *adv* (*olyan módon*) so, in that way/manner; (*olyan nagyon*) so much, to such an extent, to such a degree, so ... that; (*körülbelül*) (just) about ‖ **~ hallom** I am told (that); **~ hiszem** I think, *US* (I) guess; **~ látszik, hogy** it appears/seems that, it looks like; **~ tudom(, hogy)** as far as I know; **~ van!** that's right, that's it, certainly!; **~ volt, hogy 6-kor találkozunk** we were (supposed) to meet at six; **~ 10 óra felé** about ten o'clock
úgy-ahogy *adv* so-so

ugyan *adv/int* (*bár*) though; (*bizony*) **én ~ nem megyek el** I am certainly not going; (*kételkedve*) **ha ~ megérti** in case he can ever understand it; **~ hol járhat?** I wonder where on earth he can be?; (*lekicsinyelve*) **~ kérlek!** come now!; **~ minek?** what on earth for?; (*csodálkozólag*) **~?!** what?, you don't say!
ugyan- *pref* **~akkor** (*ugyanabban az időben*) at the same time; (*másfelől*) on the other hand; **~akkora** of/just the same size *ut.*; **~annyi** of/just the same quantity/amount *ut.*, just as many/much (as); **~az** the same [person, thing]; **~csak** (*szintén*) similarly, likewise, also, too; (*nagyon is*) right well; **~is** (**ui.**) (*tudniillik, minthogy*) for ..., since; (*azaz*) namely (viz.); (*jobban mondva*) or rather, that is to say; **~oda** to the same place, just there; **~olyan** of the same kind *ut.*, similar, just like, identical; **~ott** in/at the same place; **~úgy** in the same way, likewise, similarly
ugye *adv* **na ~!** (*megmondtam*) there (now)!, there you are!; (*kérdésben*) **~, itt van?** (s)he/it is here, isn't (s)he/it?; **~ megteszi?** you will do it, won't you?; **~ nincs itt?** she isn't here, is she?
úgyhogy *conj* so (that)
úgyis *conj/adv* in any case, anyway
úgynevezett *a* so-called
úgyse, úgysem *conj/adv* not, by no means, not at all
ui. = *ugyanis* namely, that is, i.e.; (*nevezetesen*) namely, viz.
Ui. = *utóirat* postscript, P.S.

új *a* new, fresh; (*mai*) recent, modern; (*használatlan*) new, unused ‖ ~ **divatú** fashionable, up-to-date; ~ **életet kezd** start a new life; ~ **keletű** recent, modern

újabban *adv* recently, lately

újból *adv* anew, afresh

újdonság *n* (*tárgy*) novelty; (*hír*) news

újesztendő, újév *n* (*napja*) New Year's Day

újítás *n* innovation

ujj *n* (*kézen*) finger; (*lábon*) toe; (*ruháé*) sleeve, arm

újjáépít *v* rebuild*, reconstruct

újjászervez *v* reorganize, restructe

ujjatlan *a* (*ruha*) sleeveless

ujjé! *int* hooray!

ujjlenyomat *n* fingerprint

ujjnyi *a* (*hosszú*) inch long; (*vastag, széles*) inch thick/broad

újkor *n* modern age/era/period, modern times *pl*

újonc *n* kat raw recruit; (*kezdő*) beginner

újra *adv* (*ismét*) again, anew, afresh, once more ‖ ~ **meg** ~ again and again; ~ **átél** relive

újrahasznosítás *n* (*hulladéké stb.*) recycling [of waste]

újrakezdés *n* beginning again, recommencement

újság *n* (*hír*) news *sing.*; (*lap*) newspaper, *biz* paper ‖ **mi** ~? what's the news?

újságárus *n* newsagent, *US* newsdealer; (*utcán álló*) newsvendor

újságcikk *n* (newspaper) article

újsághirdetés *n* (newspaper) advertisement, *biz* ad

újságíró *n* journalist

újságkihordó *n* paperboy

újságosbódé *n* newsagent's (shop), newsstand, kiosk

Újszövetség *n* New Testament

újszülött *n* newborn baby, infant

Új-Zéland *n* New Zealand

új-zélandi **1.** *a* New Zealand **2.** *n* (*ember*) New Zealander

Ukrajna *n* the Ukraine

ukrajnai, ukrán *a/n* Ukrainian; → **angol**

-ul, -ül *suff* **A)** (*helyhatározó*) **arcul üt** box sy's ears **B)** (*állapothatározó, rendszerint elöljáró nélkül*) **feleségül vesz vkt** marry/wed sy; **rosszul van** be*/feel* ill/unwell **C)** (*módhatározó, elöljáró nélkül, ill. különféle elöljáróval*) **rosszul bánik vkvel** treat/use sy badly, mistreat/maltreat sy; **angolul beszél** speak* English **D)** (*célhatározó*) **segítségül hív vkt** call sy to help **E)** *vmként* as (*ill. elöljáró nélkül*); **bizonyítékul szolgál** serve as evidence

ultimátum *n* ultimatum (*pl* -tums, *v.* -ta)

ultrahang *n* ultrasound ‖ ~**gal megvizsgál** examine sy using an ultrasound scanner

ultraibolya *a* ultraviolet [rays]

ultrarövidhullám (URH) *n* ultrashort wave, very high frequency, VHF

un *v* be* sick/tired/weary of, be* bored with/by (sy/sg), *biz* be* fed up with sy/sg

ún. = **úgynevezett**

unalmas *a* dull, boring, tedious ‖ ~ **alak/dolog** *biz* a bore

unatkoz|ik *v* be* bored (by sg)

undok *a* disgusting, loathsome, nasty

undor *n vmitől* disgust (of)
undorító *a* disgusting, loathsome
undorod|ik *v vktől, vmtől* have*/ take* an aversion to sg/sy, be* disgusted at/by/with sg/sy
unió *n* union, alliance
unitárius *a/n* Unitarian ‖ **az U~ Egyház** the Unitarian Church
univerzális *a* universal, general(-purpose); (*szakember*) all-round
univerzum *n* the universe
unoka *n* grandchild°; (*fiú*) grandson; (*leány*) granddaughter
unokahúg *n* niece
unokaöcs *n* nephew
unokatestvér *n* cousin
unszol *v* press, urge
untat *v* bore/tire sy
uo. = *ugyanott* (*könyvben stb.*) in the same place, ibid.
úr *n* gentleman°; (*gazda*) master; *vmn* get*/bring* sg under control ‖ **a maga ura** be* one's own master/boss; (*férj*) **az uram** my husband; *vall* **az Ú~** (= *Isten, ill. Jézus Krisztus*) the Lord; **elnézést, uram** excuse me, sir; **Hölgyeim és uraim!** Ladies and Gentlemen!; **Kedves Brown Úr** Dear Mr Brown; (*levélben*) **Kedves** (*v.* **Igen tisztelt**) **Uram!** Dear Sir, ...; **~rá lesz** *vm vkn* get* the whip/upper hand (over/of sy); *vk vmn* (*nehézségen*) overcome* [difficulties]
uralkod|ik *v* (*uralkodó*) reign, rule (*vkn over*); (*túlsúlyban van*) prevail, (pre)dominate, be* predominant ‖ **~ik magán** control/restrain oneself
uralkodó 1. *a* ruling, reigning; (*túlsúlyban levő*) prevailing, (pre)do-

minant ‖ **~ szél** prevailing wind **2.** *n* ruler, monarch, sovereign
uralkodóház *n* dynasty
uralom *n* domination, reign, rule; (*mint rendszer*) regime; (*hatalom*) power ‖ **uralmon van** be* in power; **~ra jut** come* to power
urán *n* uranium
URH = **ultrarövidhullám**
URH-kocsi *n* patrol car
úri *a* (*viselkedés*) gentlemanly
úriember *n* gentleman°
úrinő *n* lady
Úristen! *int* Good Heavens!, Dear me!
urna *n* (*hamvaknak*) (cinerary) urn; (*választásnál*) ballot box
urológia *n* urology
urológus *n* urologist
úrvacsora *n vall* (the) Lord's Supper, (Holy) Communion ‖ **~t vesz** take* Communion
uszály *n* (*hajó*) barge, tow-boat; (*ruháé*) train
úszás *n* swimming
úsz|ik *v* (*élőlény*) swim*; (*tárgy vízen*) float, drift; (*hajó*) sail ‖ **gyerünk ~ni!** let's go for a swim
uszít *v vkt* (*vmre*) incite/instigate sy (to sg *v.* to do sg) ‖ **vk ellen ~ vkt** set* sy against sy
úszó 1. *a* (*élőlény*) swimming; (*tárgy*) floating **2.** *n vk* swimmer; (*horgászzsinóron*) float
uszoda *n* (*fedett*) (indoor) swimming pool; (*nyitott*) open-air (swimming) pool, lido
úszódressz *n* swimming/bathing costume, swimsuit, *US* bathing suit
úszómedence *n* (*fedett*) swimming bath; (*nyitott is*) swimming pool

úszónadrág n swimming/bathing trunks pl

út n átv is way; (közút) road; (városban, széles) avenue, road; (néha) street; (ösvény) path; (utazás) journey; (hosszabb) travel; (hajóval) voyage; (repülővel) flight; (módszer) way, method, means (főleg: sing.) || **eredj az utamból!** (get) out of my way!; **jó/szerencsés utat!** have a pleasant journey!, have a good/nice trip!; **meg tudja mondani az utat ...?** can you tell me the way to ...?; **rossz ~ra tér** átv is go* wrong, go* astray; **utat enged vknek/vmnek** make* way for sy/sg; **~ba ejt** pass (v. stop at) (sg) on the way; **~ban van** (elállja az utat) be* in the/one's way; (vhová) be* on the way (to); **~nak indul** set* out/off (on a trip), start out; **törvényes ~on** legally, by legal means; **vmnek az ~ján** by means of sg, through sg

utal v vkre, vmre refer to (sy, sg); (céloz) allude/point to, hint at (sy, sg); (vkt vhová) refer (sy) to (sy) || **vkre van ~va** be* dependent on sy; **vmre ~** (sejtet, kimutat) suggest/indicate sg

utál v hate, abhor, detest, loathe

utalás n reference

utálatos a disgusting

után post (időben) after, subsequent to, following (sg); (térben és vmt követően) after; (szerint, nyomán) according to, by; (felől, iránt) about, after || **a dolga ~ jár** attend to one's business; **az ~ érdeklődik** he is inquiring about/after ...; **egyik a másik ~** one

after another (v. the other); **tíz (óra) ~** after 10 (o'clock); **vk ~ megy** follow sy

utána adv (vm/vk után) after (him/her/it); (azután) after(wards) || **jóval ~** long after; **rövidgel ~** soon after; **~ küld** (küldeményt) send* on, forward

utánajár v (tájékozódva) inquire/see* about; (vizsgálódva) try to find out sg, look into sg

utánanéz v vmnek, vknek see* to/about (sg/sy); (ellenőrizve) check (sg); (keres) try to find

utánfutó n (autóé) trailer

utánnyomás n nyomd (régi műé) reprint; (változatlan új lenyomat) impression

utánoz v imitate, copy

utánpótlás n supply; kat reserves pl; (fiatalok) recruit(ment), biz new blood

utánvét(tel) n cash (v. US collect) on delivery

utánzat n imitation, copy; (hamisítvány, főleg pénz) counterfeit; (műtárgy) forgery

utas n passenger; (utazó) traveller (US -l-); (taxiban) fare

utasít v (felszólít vmre) instruct/direct/order/tell* sy [to do sg]; (vkt vkhez) send*/refer sy (to sy)

utasítás n order(s), direction(s), instruction(s); (vké vhová) referral (to); szt instruction, command || **használati ~** directions (for use) pl; **vk ~ait követi** follow sy's/the instructions

utaskísérő n légi ~ (nő) stewardess, air-hostess

utasszállító repülőgép n airliner, passenger plane

utazás n (turisztikai) travelling (US -l-), travel; (maga az út) journey, tour; (rövidebb) trip ‖ ~ hajón/vonaton/repülőgépen/busz on travelling (US -l-) by ship/train/air/plane/coach; **szervezett** ~ package tour, group travel

utazási a travel(ling) ‖ ~ **csekk** traveller's cheque, US traveller's check; ~ **iroda** travel agency

utaz|ik v vhova go* to, leave* for; (turisztikai célból) travel, be* touring (round) [a place] ‖ **autóbusszal/vonattal** ~ik travel (US -l) (v. go*) by coach/train

utca n street ‖ **az ~n** in the street; **~ra néző** facing the street ut.

utcai a street ‖ ~ **árus** street vendor, GB (néha) costermonger; ~ **zenész** street musician, busker

utcalány n street-walker/girl, prostitute

utcaseprő n street sweeper/cleaner

útelágazás n fork [in the road], (road) junction

útiköltség n travel expenses pl, fare

útikönyv n guide(book)

útirány n direction, route, course

útjelző tábla n guide-post

útkereszteződés n (városban) junction, crossing; (vidéken) crossroads pl; (nagyobb) intersection

útközben adv on the way

útlevél n passport ‖ **francia útlevele van** she holds a French passport; **útlevelet kér** (kérvényez) apply for a passport; **szolgálati** ~ service passport

útmutatás n direction, instruction, guidance; (tanács) advice

utóbb adv at a later date/time, later (on), afterwards ‖ **előbb vagy** ~ sooner or later

utóbbi a (térben) latter; (időben) last ‖ **(az)** ~ **esetben** in the latter case; **az** ~ **években** in/for the last few years; **az** ~ **időben** recently, lately

utód n (hivatali) successor; **az ~ok** (leszármazottak) descendants, offspring pl

utóhatás n after-effect

utóirat n postscript

utókor n posterity

utólag adv subsequently; (később) later, at a later date

utolér v catch* up with (sy)

utoljára adv last, (the) last time

utolsó a last; (jelenhez legközelebbi) latest; (vmt lezáró) final, ultimate; (rangban, értékben) lowest, bottom, (aljas) mean, base, low ‖ **az** ~ **divat** the latest (fashion); **az** ~ **pillanatban** in/at the last minute; ~ **előtti** (be*) last but one

útonálló n highwayman°

utónév n first/given/Christian name

utószezon n late season, off-season

utószó n epilogue (US -log)

útpadka n (hard) shoulder

útszakasz n stretch

útszéli a (út menti) roadside, wayside; (közönséges) common, vulgar

útszűkület n bottleneck; (KRESZ-ben) narrow road/stretch

úttest n carriageway, roadway

úttörő **1.** n pioneer; átv pioneer, trailblazer; (felderítő) pathfinder **2.** a pioneering

útvesztő *n* labyrinth, maze
útvonal *n* route; (*vasút*) line ‖
vmlyen ~on by way of, (*vmn át*)
via
uzsonna *n* (*afternoon*) tea
uzsonnáz|ik *v* have* tea

Ü, Ű

üde *a* fresh, healthy, youthful
üdítő 1. *a* refreshing **2.** *n* = **üdítő-
ital**
üdítőital(ok) *n* soft drink(s), non-
alcoholic drink(s)
üdül *v* (*szabadságát tölti*) be*
(away) on holiday, *US* be* on
vacation; (*üdülőben*) stay at a
holiday home
üdülőhely *n* holiday resort
üdvösség *n* vall salvation
üdvözlet *n* greeting(s *pl*), kind
regards *pl* ‖ **adja át szíves ~emet**
Please give my kind regards to
[your mother etc.], Give him/her
my best regards; **~ét küldi** give*
sy one's best regards, (*közelebb
állónak*) send* one's love to sy;
szívélyes ~tel (*levél végén*)
Yours sincerely; (*formálisabban*)
Yours truly
üdvözöl *v* (*köszönt*) greet (sy);
(*megérkezéskor*) welcome (sy);
(*vki vmlyen alkalomból*) con-
gratulate (sy on ...); (*üdvözletét
küldi*) give* sy one's (best) re-
gards, send* one's love to sy
üget *v* trot
ügy *n* (*dolog*) business, affair,
matter; (*kérdés*) issue; *jog* case;

ker business, transaction, (busi-
ness) deal; (*eszméé*) cause ‖ **bíró-
sági ~** court case; **nem nagy ~** it
is no great matter (*v. biz* big deal);
peres ~ case at law; **üzleti ~ben**
on business
ügyel *v* vkre, vmre take* care of
sy/sg, pay* attention to sy/sg;
(*figyelembe vesz*) mind, note; *biz*
(*ügyeletet tart*) be* on (night)
duty, be* on call
ügyelet *n* duty ‖ **éjszakai ~** all-
night service; *orv* night duty
ügyeletes 1. *a* on duty/call *ut.* ‖ **~
orvos** doctor on duty/call **2.** *n*
person/officer/official on duty ‖ **ki
az ~?** who is on duty?
ügyes *a* (*ember*) clever, skilful (*US*
skillful), smart, (cap)able; (*vmben*)
(be*) good/clever at sg
ügyész *n* (*a vád képviselője*) public
prosecutor, *US* prosecuting/district
attorney
ügyetlen *a* clumsy, inept ‖ **~
vmben** be* no good at sg
ügyfél *n* (*ügyvédé*) client; *ker*
customer
ügyfélkártya *n* cash card
ügyintéző *n* administrator
ügynök *n ker* broker, (business)
agent; (*utazó*) (commercial) trav-
eller (*US* -l-); *pol* agent
ügynökség *n* agency
ügyvéd *n* lawyer, *US* attorney; *GB*
(*polgári ügyekben*) solicitor; *GB*
(*bűnügyben és magasabb bírósá-
gon eljáró*) barrister
ügyvédi *a* **~ felszólítás** solicitor's
letter; **~ költség** retainer
ügyvezető 1. *a* managing ‖ **~
igazgató** managing director **2.** *n*
manager, director

ül *v vhol* sit*, be* sitting/seated; (*madár ágon*) perch; (*tyúk tojáson*) sit* (on eggs), brood; *vhová* sit* (*swhere*); *biz* (*börtönben*) be* in jail ‖ **autóba** ~ get* *in*(to) a car; **két évet** ~t (s)he was ins*i*de for two years; **lóra** ~ mount (a horse); **taxiba** ~ take* a t*a*xi

-ül *suff* → **-ul**

üldöz *v* (*kerget*) chase, purs*u*e; *vkt átv* harass, hound

üledék *n* s*e*diment, dregs *pl*, deposit

ülés *n* (*tény*) (act of) s*i*tting; (*hely*) seat; (*testületé*) meeting, session ‖ **első** ~ front seat; **hátsó** ~ backseat; **~t tart** hold* a meeting

ülésszak *n* (*testületé*) session, term

ülőhely *n* seat

ültet *v vkt* seat, sit* sy down; (*növényt*) plant

ültetvény *n* plant*a*tion

ünnep *n* holiday; (*munkaszüneti nap*) (public) holiday, (*csak GB*) bank holiday, *US* legal holiday; (*egyházi*) festival; (*ünnepség szűkebb körben*) celebration, party ‖ **kellemes ~eket (kívánunk)!** (*formálisabban*) The season's greetings!, (*karácsonykor*) Merry Christmas!

ünnepel *v vmt* celebrate; *vkt* honour (*US* -or) ‖ **lelkesen** ~ *vkt* give* sy an ov*a*tion

ünnepély *n* celebration, ceremony

ünnepélyes *a* ~ **megnyitó** the *o*pening of [the new sports centre]

ünnepi *a* festive, cerem*o*nial; (*előadás, játékok stb.*) gala ‖ ~ **beszéd** (*megnyitó*) *o*pening speech/address; ~ **ebéd/vacsora** banquet, formal/gala d*i*nner

ünnepnap *n* holiday

ünnepség *n* (*ünneplés*) celebration; (*ünnepi aktus*) ceremony; (*hosszabb, sorozat*) festivities *pl*

úr *n* void, gap, (empty) space; (*világűr*) (*out*er) space

úrállomás *n* space station

üreg *n* hollow, cavity, hole, pit; *orv* cavity

üres *a* empty; (*ház, szoba, állás*) vacant; (*nem foglalt*) free, unoccupied ‖ ~ **fecsegés** *i*dle talk; ~ **a gyomra** have* an empty st*o*mach; ~ **óráiban** in his free/le*i*sure time/hours; ~ **a zsebe** have* empty pockets

üresjárat *n* neutral (gear)

ürge *n zoo* ground squ*i*rrel; *biz* = **pasas**

úrhajó *n* spacecraft (*pl* ua.), spaceship

úrhajós *n* spaceman°/-woman°, astronaut

ürít *v* empty, vac*a*te, evacuate ‖ ~i **poharát** *vk* **egészségére** drink* (to) sy's health

úrkutatás *n* space research

úrlap *n* form ‖ ~ot **kitölt** fill in (*US* out) a form

úrmérték *n* me*a*sure of capacity

úrrepülés *n* space flight; (*tudomány*) astronautics *sing.*

úrrepülőgép *n* space shuttle

úrtartalom *n* cubic capacity, volume

ürügy *n* pretext, pretence (*US* -se) ‖ **azzal az ürüggyel, hogy** on the pretext that

ürülék *n* excreta *pl*; (*bélsár*) excrement, faeces (*US* feces)

üst *n* cauldron, pot, kettle

üstökös *n* comet

üt *v* strike*, hit*; (*ver*) beat*; (*labdát*) hit*, strike*; (*óra*) strike*; (*kártyában*) take*, trump; (*sakkban*) take*; (*szín másikat*) clash (with); (*hasonlít vkre*) take* after sy ‖ **egészen az apjára ~ött** he takes after his father; **mi ~ött beléd?** *biz* what's come over you (to/that)?, what's wrong with you?; **négyet ~ött az óra** the clock has struck four; **~ött az óra** *átv* the time has come; **pofon ~** strike*/slap/smack sy in the face

ütem *n zene* time, beat, rhythm; (*sebesség*) pace, rate, tempo ‖ **gyors ~ben** in quick time, at a rapid/quick pace; **jelzi az ~et** beat*/mark time

ütés *n* blow, hit; (*hangja*) bang; *sp* (*ökölvívás*) hit, blow; (*tenisz, asztalitenisz*) stroke, shot; (*golf*) stroke; (*kártyában*) trick; (*óráé*) stroke

ütközet *n* battle, combat, fight

ütköz|ik *v* (*tárgy vmbe*) knock/ bang/bump against sg; (*két program*) clash/coincide (*vmvel* with) ‖ **akadályba ~ik** meet* with obstacles/difficulties; **törvénybe ~ik** offend against the law

ütő *n* (*személy*) hitter, beater; (*tenisz*) racket; (*asztalitenisz*) bat, *US* paddle; (*jégkorong*) stick; (*golf*) club; *zene* stick

ütőhangszer *n* percussion instrument

ütött-kopott *a* battered; (*ruhaféle*) shabby

üveg *n* glass; (*ablaké*) (window-) pane; (*palack*) bottle, flask ‖ **egy ~ bor** a bottle of wine

üveges 1. *a* (*palackozott*) bottled; (*üvegszerű*) glassy; (*tekintet*) vacant **2.** *n* (*iparos*) glazier

üvegház *n* glasshouse, greenhouse

üvölt *v* howl, roar; (*dühösen*) bawl

űz *v* (*hajt*) drive*, chase, hunt, pursue; (*foglalkozást*) practise (*US* -ice), carry on

üzem *n* (*nagyobb*) plant, factory, works *sing. v. pl*; (*kisebb*) workshop; (*működés*) functioning, working, running, operation ‖ **~be helyez** (*gyárat, intézményt*) start up, put* sg into operation; (*gépet*) install (*US* instal *is*); **~ben tart** run*; **teljes ~mel dolgozik** work at full capacity

üzemanyag *n* fuel

üzemanyagtöltő állomás *n* filling/petrol (*v. US* gas) station

üzemel *v* work, run*, operate

üzemképtelen *a* out of order *ut.*

üzemzavar *n* breakdown

üzen *v* vmt vknek send* a message (to), send* word (to) ‖ **azt ~i, hogy ...** (s)he said to tell you that ...

üzenet *n átv is* message ‖ **~et átad** deliver a message; **~et kap** have*/ receive a message

üzenetrögzítő *n* answering machine, answerphone

üzlet *n* (*adásvétel*) business; (*ügylet*) (business) deal, (business) transaction; (*egy ügylet*) a good deal, a bargain; (*helyiség, bolt*) shop, *US* store ‖ **~et köt vkvel** do* business with sy, do* a deal with sy

üzletember *n* businessman°

üzletfél *n* (*business*) connection; (*vásárló*) customer, client

üzlethelyiség *n* (business) premises *pl*, shop, *US* store
üzleti *a* business || ~ **kapcsolatban van vkvel** have* business connections/dealings with sy; ~ **tárgyalás(ok)** business/trade talks; ~ **titok** trade secret
üzletkötés *n* transaction, deal
üzletkötő *n* businessman°/-woman°, sales executive
üzlettárs *n* (business) partner/associate
üzletvezető *n* (business) manager; (*áruházban*) sales manager

V

-vá, -vé *suff* into, in; (*v. elöljáró nélkül, tárgyesettel*) || **lesz/válik vmvé** become* sg, turn into sg; **vmt vmvé változtat** transform/convert/turn/change sg into sg
vacak 1. *a* (*silány*) worthless, rubbishy, trashy 2. *n* rubbish, trash, tat, junk
vacakol *v biz* (*vmvel*) tinker/potter (*US* putter) about/around
vacillál *v* vacillate, waver, hesitate
vacog *v* shiver/tremble/shake* (*hidegtől*: with cold, *félelemtől*: with fear)
vacsora *n* (*GB és US*) dinner; (*a kontinensen*) supper *v.* dinner || **hideg** ~ buffet supper
vacsoráz|ik *v* have* dinner, dine; have* supper || **házon kívül ~ik** eat*/dine out
vad 1. *a* (*állat*) wild, untamed, undomesticated [beast]; *bot* wild;

(*műveletlen*) savage, uncivilized; (*kegyetlen*) ferocious; (*erőszakos*) fierce; (*erős*) violent, wild, fierce 2. *n* (*vadon élő állatok*) game, wildlife; (*ember*) savage
vád *n jog* (*vk ellen*) charge, accusation; (*vádhatóság*) the prosecution || ~**at emel vk ellen** bring*/prefer charges against sy
vadállat *n* wild animal; *átv* brute, beast
vadas *a* ~ **marha(hús)** *kb.* braised beef in a piquant brown sauce
vadaspark *n* wildlife/game park
vadász *n* hunter, huntsman°
vadász|ik *v* (*vadra*) shoot* (*vmre* sg); hunt (*vmre* sg); *átv vmre/vkre* hunt for/after sg/sy, search for sg/sy
vadászkürt *n* hunting-horn, bugle
vádbeszéd *n* (Public Prosecutor's) charge
vaddisznó *n* wild boar
vadgesztenye *n* horse-chestnut
vadhajtás *n növ* sucker
vadhús *n* (*étel*) game; (*őzé, szarvasé*) venison
vádirat *n* (*bűnügyben*) (bill of) indictment
vadkacsa *n* wild duck
vadkörte *n* wild pear
vádli *n biz* calf°
vádlott *n* (*bíróságon*) the accused, defendant
vadnyugat *n* the Wild West
vádol *v vkt vmvel* accuse sy of sg, charge sy with sg
vadon *n* wilderness, wild, desert
vadonatúj *a* brand-new
vadőr *n* game-keeper
vadpecsenye *n* game; (*őz, szarvas*) venison

vadrózsa *n* dog/wild rose, briar *v.* brier

vadszőlő *n* Virginia creeper, *US* American ivy, woodbine

vadvirág *n* wild flower

vág *v* cut*; (*állatot*) slaughter; (*disznót, csirkét*) kill; (*dob*) throw*; (*üt, csap*) strike* ‖ **fát ~** chop wood; **~ egy szelet kenyeret** cut* off/oneself a slice of bread

vagány *a/n biz* tough

vágány *n* (*sínpár*) (railway) track, rails *pl*; (*pályaudvaron peron*) platform ‖ **a 3. ~ra érkezik** is arriving at platform 3

vagdalt *a* chopped (up) ‖ **~ hús** minced meat, mince; (*pogácsa*) meatball, hamburger (steak)

vágó *n film* editor

vágóállat *n* meat/fat stock; (*marha*) slaughter cattle

vágódeszka *n* chopping board/block

vágóhíd *n* slaughterhouse

vagon *n* (*személy~*) carriage, coach, *US* car; (*teher~*) wagon (*GB* -gg- is), *US* freight car

vagy *conj* (*választás*) or; (*körülbelül*) about, some ‖ **~ ..., ~ ...** either ... or ...; **~ egy mérföld(nyi)re** a mile or so; **~ így, ~ úgy** one way or the other; **~ pedig** or else; **~ úgy!** (now) I see!

vágy *n* (*vm után*) desire, wish, longing (*mind:* for) ‖ **érzéki ~** sexual desire, lust

vágyálom *n* pipe dream

vágy|ik *v vmre* desire (sg), wish for sg

vagyis *conj* that is to say, in other words; namely; I mean

vágyód|ik *v vmre, vm után* yearn/long for sg/sy

vagyon *n* (*nagy*) fortune, wealth, riches *pl*; (*tulajdon*) (personal) property, possessions *pl* ‖ **~a van** be* well off; **~t szerez** make* a fortune

vagyonos *a* wealthy, well-to-do, well off *ut.*

vagyontalan *a* unpropertied

vagyontárgy *n* property, asset

vaj *n* butter

vajas *a* buttered ‖ **~ kenyér** (a slice of) bread and butter

vajaskifli *n* (*vajjal sütött*) croissant, roll

vajmi *a* **~ kevés** precious/very little

vajon *adv* (*kérdés előtt*) if, whether ‖ **~ igaz-e?** I wonder whether it is true; **~ ki ő?** I wonder who (s)he is?

vajúd|ik *v orv* labour (*US* -or)

vajszívű *a* soft/tender-hearted

vak **1.** *a* (*ember*) blind, sightless **2.** *n* blind man°/person, (*nő*) blind woman° ‖ **a ~ok** the blind

vakablak *n* blind/dummy window ‖ **világos, mint a ~** as clear as mud

vakáció *n* (*summer*) holiday, *US* vacation

vakar *v* (*saját magát*) scratch; (*bőrt*) scrape

vakbélgyulladás *n* appendicitis

vakító *a* blinding, dazzling

vaklárma *n* false alarm

vakmerő *a* daring, audacious, bold; *pejor* reckless

vakolat *n* plaster

vakond(ok) *n zoo* mole

vakrepülés *n* blind flying/flight

vaktában *adv* (*találomra*) at random

vaktöltény *n* blank charge

vaku *n* flash(-gun), flashlight
vakvágány *n* dead-end
-val, -vel *suff* **A)** (*eszközhatározó*) **a)** with ‖ **ellát vmvel** supply/ provide/furnish/equip with sg; **b)** by ‖ **busszal megy** go by bus; **c)** in ‖ **ceruzával ír** write* in pencil; **d)** of ‖ **gyanúsít vkt vmvel** suspect sy of sg **B)** (*állapot- és eszközhatározó*) with, of ‖ **tele van vmvel** be* filled with sg, be* full of sg **C)** (*társhatározó*) **a)** with ‖ **barátkozik vkvel** make* friends with sy; **b)** (*elöljáró nélkül*) **találkozik vkvel** meet* sy **D)** (*állapot- és társhatározó*) with ‖ **vkvel együtt** (in company) with sy **E)** (*irányulás*) (*cselekvésé, különféle elöljáróval*) **jót tesz vkvel** do* good to sy; (*elöljáró nélkül*) **bír vmvel** (*birtokol*) have*/possess/ own sg; (*magatartásé, különféle elöljáróval*) **szigorú vkvel szemben** be* hard on sy, be* strict with sy; (*tartós irányulás, különféle elöljáróval*) **bánik vkvel** treat/ handle sy, deal* with sy; **foglalkozik vmvel** be* employed in (doing) sg **F)** (*módhatározó*) (*különféle elöljáróval*) **kész örömmel** with pleasure; **tudtommal** to my knowledge **G)** (*hasonlítás*) **egyenlő vmvel** (be*) equal to sg; **felér vmvel** (*értékben*) be* worth of, come* up to **H)** (*mértékhatározó*) (*különféle elöljáróval v. elöljáró nélkül*) **százával** by hundreds; **két évvel idősebb nálam** he is two years older than I **I)** (*időhatározó*) (*főleg elöljáró nélkül*) **egy órával indulása után** one hour after his/her departure

váladék *n* discharge, secretion, mucus
valaha *adv* (*valamikor régen*) once, at one time; (*a jövőben*) ever ‖ **itt ~ egy ház állt** there used to be a house here; **szebb, mint ~** more beautiful than ever
valahány *pron* all, any, every (one)
valahányszor *adv* whenever, every time
valahára *adv* (**végre**) ~ at (long) last, finally
valahogy(an) *adv* (*vmlyen módon*) somehow (or other), in some way (or other), someway, anyhow ‖ **majd csak lesz ~** it will turn out all right
valahol *adv* somewhere
valahonnan *adv* from somewhere, from anywhere
valahova *adv* somewhere, anywhere
valaki *pron* (*állításokban*) somebody, someone, one; (*kérdés, tagadás esetén*) anyone, anybody
valamelyest *adv* somewhat, to a certain extent/degree
valamelyik *pron* one (of them), one or the other; (*a kettő közül*) either of them
valamennyi *pron* (*mind*) all, every, all (of them); (*kevés*) some, a little
valamennyire *adv* (*valameddig*) in some measure; (*úgy-ahogy*) somehow or other, in some way or other
valamerre *adv* somewhere
valami 1. *pron* (*állításban*) something; (*kérdésben, tagadásban*) anything ‖ **fáj ~d?** is anything wrong with you?; **viszi ~re** go* far, get* on, *biz* make it **2.** *a* (*állí-*

tásban) some; (*egy kevés*) some, a little; (*kérdésben, tagadásban*) any || **van ~ elvámolni valója?** have you anything to declare? **3.** *adv* **nem ~ nagyon** not very much, not particularly

valamikor *adv* (*múlt*) sometime; (*egyszer régen*) once (upon a time); (*valaha*) ever; (*jövő*) some day, sometime *v.* some time || **ebben az utcában ~ egy mozi volt** there used to be a cinema in this street; **jártál ott ~?** have you ever been there?

valamilyen *pron* some kind/sort of, some (... or other)

valamint *conj* (*továbbá*) and, as well as

valamivel *adv* somewhat, a little || **~ jobb** slightly better; **~ jobban van** be* a bit/shade/little better

válás *n jog* divorce

válasz *n* answer, reply || **~ul vmre** in reply/answer to sg

válaszfal *n* dividing wall, partition

válaszol *v* *vknek/vmre* answer sy/sg, reply to sy/sg, (*reagál*) respond to

választ *v* choose* (*kettő közül* between, *több közül* from among), pick, select; (*képviselőt*) elect

választás *n* (*több közül*) choice, choosing, selection; *pol* election || **időközi ~** by-election; **nem volt más ~a, mint ...** he had* no choice/option (but to ...)

választék *n* (*több közül*) selection, choice, variety

választékos *a* carefully-chosen || **~ stílus** polished/elegant style

választó *n pol* voter; (*akinek választójoga van*) constituent || **a ~k** the electorate

választójog *n* suffrage, the (right to) vote

válaszút *n átv is* crossroads

válfaj *n* variety, species°, kind

vál|ik *v* (*vk/vm vmvé*) become* (sg), turn (*into* sg); *vm vmvé* be* converted (*into* sg); (*házastárstól*) divorce (sy) || **jó orvos ~ik majd belőle** he will make a good doctor; **~ik a feleségétől** he is divorcing his wife

vall *v* (*bíróságon*) confess (sg *v.* to sg to doing sg *v.* to have done sg); (*vmlyen hitet*) profess [a faith] || **bűnösnek ~ja magát** plead* guilty; **ez rád ~** that's just like you

váll *n* shoulder || **~at von** shrug (one's shoulders)

vállal *v* *vmt* undertake* (sg *v.* to do sg), take* on; (*megbízást*) accept || **~ja a felelősséget vmért** take*/accept/assume (full) responsibility for sg; **~ja a költségeket** meet* the expenses; **magára ~ vmt** take* it upon oneself to ...

vállalat *n* company, firm, enterprise

vállalatvezető *n* managing director, manager

vállalkozás *n* (*nagyobb*) undertaking, enterprise, venture; (*kisebb*) small business

vállalkozó 1. *a* **~ (szellemű)** enterprising, venturesome; **~ szellem** entrepreneurial flair/skills etc. **2.** *n ker* (*rizikót vállaló*) entrepreneur || **építési ~** building contractor

vallás *n* religion; (*hit*) faith

vállas *a* broad/square-shouldered

vallásos *a* religious

vallástanár *n* RE teacher, religious education teacher

vallatás *n* examination, interrogation

vállfa *n* (clothes/coat) hanger

vallomás *n* evidence, statement; (*beismerő*) confession ‖ **~t tesz** (*terhelt*) make* a (full) confession; (*tanú*) give* evidence

vállpánt *n* (*ruhán*) shoulder-strap

válltömés *n* shoulder-pad

vállvetve *adv* shoulder to shoulder

való 1. *a* (*valóságos, igaz*) real, true; (*alkalmas vmre*) (be*) suited/suitable for sg, (be*) fit/right for sg; (*illő*) proper, fit(ting), appropriate (*mind*: for); (*készült vmből*) be* made of sg ‖ **fából ~** (be*) made of wood; **gyermekekenek ~ könyv** a book for children; **hova ~ vagy?** where do you come from?; **kék nem ~ a zöldhöz** blue doesn't go (well) with green; **mire ~?** what is it (good/used) for?; **~ igaz** it is absolutely/quite true **2.** *n* (*valóság*) reality, truth ‖ **~ra válik** (*terv, remény*) be* realized, come* true

valóban *adv* indeed, truly, really, actually ‖ **~?** is that so?, really?, indeed?

valódi *a* real, true; (*nem mű*) genuine

válófélben *adv* **~ vannak** they are getting divorced

válogat *v* (*kiválaszt*) choose*, pick (out), select; (*finnyás*) be* particular

válogatós *a* particular (about sg), choos(e)y, *US* picky

válogatott 1. *a* (carefully) chosen, picked, selected team **2.** *n sp* **17-szeres ~** (*játékos*) [he's been] capped 17 times [for Hungary]; **a magyar labdarúgó-~** the Hungarian team/eleven

valójában *adv* actually, in fact/reality, really

valóság *n* reality; (*igazság*) truth; (*tény*) fact ‖ **a ~ban** in reality/practice/effect; **megfelel a ~nak** it is true, it corresponds to the facts

valószínű *a* probable, likely ‖ **nem ~, hogy eljön** he is not likely to come

valószínűleg *adv* probably, very likely, in all probability/likelihood ‖ **~ esni fog** it is likely to rain

valószínűtlen *a* improbable, unlikely

valótlan *a* untrue, untruthful, false

válság *n* crisis (*pl* -ses), critical stage/period ‖ **gazdasági ~** economic crisis/slump; (*huzamosabb*) depression; **~ba jut** come* to (*v*. reach) a crisis

válságos *a* critical

vált *v* (*másra cserél*) change; (*pénzt*) change [money] ‖ **ágyneműt ~** change the bed linen; **jegyet ~ vhová** (*vasúton*) buy*/book a ticket to ...; (*színházba*) buy*/book/get* seats/tickets for [the theatre]; **sávot ~** (*úton*) change lanes; **sebességet ~** change gear

váltakozó *a* alternate, alternating ‖ **el ~ áram** alternating current

váltás *n* change; (*pénzé, ruháé*) changing; (*pl. üdülőben*) change-over (day) ‖ **egy ~ fehérnemű** a change of underwear

váltó *n ker* bill (of exchange), draft; *vasút* points *pl*, *US* switches *pl*; *sp* relay (race)

váltogat v keep* changing, chop and change || ~**ja egymást** alternate
váltóhamisítás n bill forgery
váltópénz n small coin/change
változás n change || ~**on megy át** undergo* a change
változat n version; (helyesírási, kiejtési) variant; (zenei) variation; zoo, bot variety
változatlan a unchanged, constant, invariable
változatos a varied, diverse; (mozgalmas, színes) variegated, varied
változatosság n variety, diversity || **a ~ kedvéért** for a change
változékony a changeable, changing
változ|ik v change, undergo* a change (v. some minor/major changes); vmvé turn/change into, be* converted into
változtat v change, alter; vmt vmvé transform/convert/turn/change sg into sg
váltságdíj n ransom
valuta n currency
valutaárfolyam n exchange rate, rate of exchange
vályú n trough
vám n (hely) (the) customs pl; (díj) customs duty || ~**ot fizet vmért** pay* (customs) duty on sg
vámhivatal n customs pl
vámkezeltet v vmt clear sg through customs
vámköteles a liable/subject to duty ut., dutiable
vámmentes a duty-free
vámnyilatkozat n customs declaration
vámpír n vampire

vámszabad a ~ **raktár** n bonded warehouse
vámtarifa n customs tariff
van v (lenni: to be*) (létezik) is, exists; vm vhol there is ..., pl there are ...; (van neki) have* sg; biz have got sg; (birtokol) possess, own (sg) || **én vagyok** it's me; **hogy ~?** how are you?; **mi ~ magával?** what is the matter with you?; **na mi ~?** biz well?, what's up?; ~ **egy új kocsim** I've got a new car; ~ **itt egy orvos?** is there a doctor present?; ~ **nálad pénz?** have you got (some/any) money on you?; **vmből ~** (készült) is made of sg
vandál a/n (személy) vandal || ~ **pusztítás** piece of vandalism
vándorlás n wandering(s), travels pl; (állaté, törzsé) migration
vándormadár n (átv is) bird of passage
vándorol v (rendeltetés nélkül) wander, travel (US -l) (on foot); (kóborol) roam; (céllal) migrate
vaníliafagylalt n vanilla ice
var n scrab, crust
vár[1] n (épület) castle || **királyi ~** royal castle/palace
vár[2] v (várakozik) wait, be* waiting; vkre/vmre, vkt/vmt wait for sy/sg; (elvár vktől vmt) expect (sg of sy v. sy to do sg); (vm kellemetlen vkre) sg lies* ahead of sy || **alig ~om, hogy láthassalak** I am looking forward to seeing you; **ezt nem ~tam volna** I should not have expected that; **kisbabát ~** she is expecting a baby; **sokat ~nak tőle** they have high hopes of him; ~**j!** wait a moment!, hang on!

várakozás n (várás) wait(ing); (remény) expectation(s) ‖ **minden ~t felülmúl** it is beyond expectation; **~ának megfelel** live up to one's expectations; **~sal tekint vm elé** be* looking forward to sg (v. to ...ing sy/sg)

várakoz|ik v wait (vkre/vmre for sy/sg); (parkol) park (one's/the car) swhere

várakoztat v keep* sy waiting

varangy(os béka) n toad

váratlan a unexpected, unlooked-for, unforeseen ‖ **~ vendég** chance visitor

váratlanul adv unexpectedly ‖ **~ ér vkt** take* sy by surprise

varázs n (varázslat) magic (power); (vonzás) fascination, charm

varázserő n magic power

varázslat n witchcraft, magic

varázsló n magician, wizard

varázsol v (varázsló) practise magic; vmt vmvé change/transform/transmute sg into sg by magic

varázsszem n el magic eye

várfal n (castle) wall, wall of a fortress

varga n shoemaker

vargánya n növ yellow boletus (pl -tuses v. -ti), mushroom

várható a probable, prospective

varieté n (műsor) variety show/programme (US -ram); (színház) variety; music-hall

varjú n crow

várkastély n fortified castle

vármegye n county

várócsarnok n waiting hall, lounge

várólista n waiting list

várócsarnok n waiting hall, lounge

várólista n waiting list

város n (kisebb) town; (nagyobb) city; (belváros) town, US downtown

városháza n town hall, US city hall

városi a town; city ‖ **~ emberek** townspeople; **~ iroda** (légitársaságé) city office

városiasodás n urbanization

városközpont n town/city centre (US -ter)

városlakó n townsman°, city-dweller

városnézés n sightseeing ‖ **~re megy** go* sightseeing

városrész n quarter, district

városszerte adv all over the town/city

váróterem n waiting hall/room

varr v sew*; (varrógéppel) machine

varrás n sewing, needlework; (varrat) seam

varrat n (varrás) seam; orv stitch, suture

varrógép n sewing machine

várrom n ruins of a castle/fortress pl

varrónő n (fehérnemű) seamstress, needlewoman°; (ruha) dressmaker

vártorony n (nagy) donjon, keep; (saroktorony) turret

vas 1. a iron, made of iron ut. 2. n (fém) iron; (bilincs) irons (pl), chains (pl) ‖ **egy ~am sincs** biz I am (stony) broke; **~ból van** be* made of iron

vasajtó n iron door

vasal v (vasalással ellát) fit/cover sg with iron; (ruhát) press, iron

vasaló n iron

vásár n (kisebb) market; (országos) fair; (üzlet) bargain ‖ **(engedmé-**

nyes) ~ sale; **jó ~t csinál** make* a good bargain

vásárcsarnok *n* market(-hall), covered market

vásári *a elít* cheap, shoddy [goods], trash || ~ **árus** stallholder [at a fair]

vásárlás *n* (*vétel*) purchasing, buying; (*üzletjárás*) shopping

vásárló *n* shopper; (*rendszeres*) customer

vasárnap 1. *n* Sunday **2.** *adv* (on) Sunday; → **kedd, keddi**

vásárol *v vmt* purchase, buy*; (*üzleteket jár*) go*/be* shopping, do* one's/the shopping

vasáru *n* hardware

vasbeton *n* reinforced concrete

vasérc *n* iron ore

vaskereskedés *n* ironmonger's (shop)

vaskohászat *n* iron metallurgy

vaskos *a* massive, bulky; (*személy*) stocky, stout || ~ **tréfa** coarse/practical joke

vasmacska *n* anchor

vasmarok *n* ~**kal fog** hold* in a steel grip

vasorrú bába *n* old witch; *átv* harridan

vasrács *n* (*ablaké*) iron bars *pl*, grille; (*szobor körül*) railings *pl*

vastag *a vm* thick; (*személy*) stout, fat || **3 cm** ~ **deszka** a board/plank 3 centimetres thick; ~ **hang** thick voice

vastagság *n* thickness

vastaps *n* frenetic applause

vastüdő *n* iron lung

vasút *n* railway, *US* railroad; (*a brit „MÁV"*) British Rail; (*vonat*) train

vasútállomás *n* railway (*US* railroad) station

vasúti *a* railway-, *US* railroad- || ~ **átjáró** (*szintbeni*) level (*v. US* grade) crossing; ~ **csomópont** railway (*US* railroad) junction; ~ **kocsi** (*személy*) railway carriage, *US* railroad coach/carriage/car; (*teher*) goods wag(g)on

vasútvonal *n* railway (*US* railroad) line

vasvilla *n* (*többágú*) fork; (*kétágú*) pitchfork

vászon *n* (*anyag*) linen; (*könyvkötéshez*) cloth; (*festőé*) canvas; (*vetítőfelület*) screen

vászoncipő *n* canvas shoes *pl*

vászonruha *n* (*férfi*) linen suit; (*női*) linen dress

vatelin *n* (cotton) wadding

Vatikán(város) *n* Vatican City

vatta *n* cotton wool

váz *n átv is* framework; (*házé*) shell, skeleton

váza *n* vase

vázlat *n* sketch; (*rajzos*) line diagram; (*festőé*) (rough) sketch; (*írásműé*) draft, sketch; (*kivonat*) outline; summary

vázlattömb *n* sketch-block

vázol *v* sketch, outline, draft; (*képet, tervet*) sketch out; (*szóban*) outline

-vé *suff* → **-vá**

vécé *n* toilet, lavatory

vécépapír *n* toilet paper

véd *v* (*vktől, vmtől, vk/vm ellen*) defend/protect/guard (sy) from/against sy/sg; (*eső ellen*) shelter (from); (*vádlottat*) defend || ~**i vk érdekeit** safeguard/protect (*v.* stand* up for) sy's interests

vedel *v* *elít* drink* (to excess), *biz*
swill, down, knock it back
védelem *n* defence (*US* -se), pro-
tection; *jog* defence (*US* -se) ‖ **a ~**
sp the defence (*US* -se); **védelmet**
nyújt vm ellen provide/offer
shelter from sg
védenc *n* protégé, charge; (*ügyvé-*
dé) client
védjegy *n* trademark, brand
védnökség *n* *vké* patronage, aegis;
pol protectorate ‖ **vknek a ~e**
alatt under the auspices of
védőgát *n* dike *v.* dyke, dam,
embankment
védőoltás *n* (*folyamat*) vaccina-
tion; (*anyaga*) serum, vaccine
védőszent *n* patron saint
védőügyvéd *n* counsel for the
defence (*US* -se)
védővám *n* protective tariff
védtelen *a* unprotected, defence-
less, undefended
vég *n* (*befejezés, kimenetel*) end;
(*tárgyé*) tip, end; (*levélé*) close;
(*szóé*) suffix, ending; (*cél*) end,
object, aim ‖ **a hét ~én** at the
weekend; **a ~én** (*végül*) in the
end; **augusztus ~én** at the end of
August; **az út ~én** at the end of
the road; **nem lesz jó ~e** it will
come to no good; **~ nélküli** end-
less; **~e van** it has come to an
end, it is finished, it is over; **~ére**
ér reach the end of sg; **~et ér** =
végződik
végállomás *n* terminus (*pl* -ni *v.*
-nuses)
végcél *n* final end/goal
végeláthatatlan *a* immense, vast
végelgyengülés *n* senile decay ‖
~ben meghal die of old age

végelszámolás *n* final settlement
végeredmény *n* final result/out-
come; (*futball*) final score ‖ **~ben**
after all
vegetáriánus *a*/*n* vegetarian
végett *post* with a view to sg, in
order to
végez *v* (*munkát*) do*, perform,
carry out; (*erdeményt elérve*) ac-
complish; (*befejez vmt*) finish/
complete sg; *isk* (*tanulmányokat*
folytat) study; *isk* (*tanulmányait*
befejezi) complete one's school-
ing; (*főiskolán*) finish; (*egyete-*
men) graduate from ‖ **a harmadik**
helyen végzett (s)he finished
third; **jogot végzett** (s)he gradu-
ated in law; **kísérleteket ~** per-
form (*v.* carry out) experiments; **~**
vmvel finish off sg; **végzi a kö-**
telességét do*/fulfil (*US* fulfill)
one's duty; **~ vkvel** (*megöl*) do*
away with sy
végeztével *adv* **munkája ~** having
done his work, his work done (he
...)
végig *adv* to the (very) end
végigcsinál *v* carry through (sg),
go* through with (sg)
végigmér *v* *vkt* measure sy with
one's eye; (*megvetően*) look sy up
and down
végignéz *v* see* sg to the end
végigsétál *v* walk along
végkiárusítás *n* closing-down sale
végkifejlet *n* denouement, resolution
végkimerülés *n* complete exhaus-
tion
végleg *adv* finally, once and for all;
(*örökre*) for good
végleges *a* (*állás*) permanent;
(*elhatározás*) definitive, final

végösszeg *n* (sum) total
végpont *n* extremity, furthest point; *átv* end, goal
végre *adv* at last, finally || **na ~!** at long last!
végrehajt *v* carry out
végrehajtás *n* (*megvalósítás*) execution, fulfilment; (*parancsé*) carrying out; (*törvényé*) enforcement
végrendelet *n* will; *hiv* last will and testament
végre-valahára *adv* at long last
végső *a* (*utolsó*) last; (*határ, pont*) farthest, utmost, extreme; (*szükség*) extreme [necessity] || **~ esetben** in the last resort, if the worst comes to the worst; **~ soron** after all
végsőkig *adv* **a** ~ to the utmost, to the last ditch; **a ~ kitart** hold* out to the very end/last
végszükség *n* extreme necessity/need, emergency || **~ben** in case of emergency
végtag *n* limb
végtelen **1.** *a* (*vég nélküli*) endless, infinite; (*időtlen*) timeless; *mat* infinite **2.** *adv* infinitely, endlessly, extremely || **~ sok** innumerable, a vast number of
végtére *adv* ultimately || **~ is** after all
végtermék *n* end-product
végül *adv* in the end, finally, ultimately || **~ is** in the end, after all
végzet *n* fate, destiny
végzetes *a* fatal, disastrous; (*halálos*) fatal, mortal
végzettség *n* qualification(s *pl*) || **egyetemi ~** (academic) qualification(s), university degree
végződés *n* (*befejezés*) ending, end

végződ|ik *v* (*véget ér*) finish, end, come* to an end || **kudarccal ~ik** end in failure; **szerencsésen ~ik** turn out well
vegyes *a* mixed, assorted; (*főleg szellemi termék*) miscellaneous || **~ érzelmekkel** with mixed feelings; **~ saláta** mixed pickles *pl*; **~ vállalat** joint venture
vegyesbolt *n* grocer('s)
vegyész *n* chemist
vegyészet *n* chemistry
vegyészmérnök *n* chemical engineer
vegyipar *n* the chemical industry
vegyít *v* vmt vmvel mix (sg with sg), combine (sg with sg)
vegyjel *n* chemical symbol
vegyszer *n* chemical
vegytiszta *a* chemically pure
vegytisztító *n* dry-cleaner('s)
vegyül *v* vmvel mix, mingle; *kém* combine || **a tömegbe ~** mingle with the crowd
vekker *n* alarm-clock
vékony *a* thin; (*ember*) slender, slim; (*hosszú is*) lank(y) || **~ hang** thin/piping voice
vékonyod|ik *v* grow* thin(ner), thin; (*tárgy a végén*) taper (off)
-vel *suff* → **-val**
vél *v* think*, believe, reckon, *US biz* guess
vele *adv* with him/her/it || **~m** with me; **~d, ~tek** with you; **velünk** with us; **velük** with them; **mi van ~?** (*mi baja?*) what's the matter with him?
véleked|ik *v* vmről have*/express/ hold* an opinion (on/about sg), judge (sg) || **másképp ~ik a dologról** be* of a different opinion

vélemény *n* opinion, view ‖ **jó véleménnyel van vkről/vmről** have* a good/high opinion of sy/ sg; **más ~en van** differ from sy, disagree with sy (on/about sg); **~em szerint** in my opinion/view, to my mind; **~t mond vmről** express/give* an opinion on sg **veleszületett** *a orv* congenital; *átv* innate, inborn, inherent ‖ **~ hajlam** natural bent **véletlen 1.** *a* chance, accidental, casual ‖ **nem ~** it is no accident, it is not accidental; **~ találkozás** chance/accidental meeting; (*egybeesés*) coincidence **2.** *n* chance, luck ‖ **szerencsés ~ folytán** by a fortunate/lucky accident **véletlenül** *adv* by chance/accident, accidentally ‖ **~ találkoztam vele** I ran across him, I chanced/ happened to meet him; **ha ~ ...** if, by any chance, ...

velő *n* (*csonté*) marrow; (*étel*) brains *pl* ‖ **vmnek a veleje** *átv* the (quint)essence of sg, the gist of it

velúr *n* (*textil*) velour(s); (*bőr*) suede [coat]

vén *a* old, aged

véna *n* vein

vénasszony *n* old woman° ‖ **~ok nyara** Indian summer, St. Martin's summer

vendég *n* (*hívott*) guest; (*vendéglőben*) customer; (*látogató*) visitor ‖ **~e(ke)t hív** invite guests; **~ül lát vkt** receive/entertain sy at home

vendégesked|ik *v* vknél stay (as a guest) at sy's house, be* staying with sy

vendégkönyv *n* visitors' book

vendéglátás *n* hospitality, entertainment of guests

vendéglátó *n* (*férfi*) host; (*nő*) hostess

vendéglátóipar *n* catering industry/trade

vendéglő *n* restaurant

vendégmunkás *n* Gastarbeiter, (im)migrant/foreign worker

vendégség *n* (*összejövetel*) party, company ‖ **~be megy vkhez** go* to a (dinner) party [at sy's house]

vendégszeretet *n* hospitality

vendégszoba *n* (*magánházban*) spare (bed)room; (*szállodában*) (guest-)room

vénkisasszony, vénlány *n* old maid, spinster

vénség *n* (*öregkor*) (old) age; (*öreg nő*) old girl; (*öreg férfi*) old chap/codger

ventilátor *n* ventilator, fan

vény *n* prescription ‖ **~ nélküli gyógyszer** a drug without a prescription

ver *v* beat*; (*megüt*) strike*, hit; (*vmt vmbe*) drive* sg into sg; (*ellenfelet*) beat*, defeat; (*szív*) beat* ‖ **erősen ~t a szívem** (*izgalomtól*) my heart was pounding (with excitement); **szöget ~ a falba** drive* a nail into the wall

vér *n* blood ‖ **ez ~ig sértette** it offended him mortally; **~ szerinti rokon** blood relation; **~t ad** give* blood (to); **~t vesz vktől** *orv* take* a sample of sy's blood

véradó *a/n* blood donor

véraláfutás *n* bruising

véralkohol-vizsgálat *n* blood test

veranda *n* veranda(h), *US* porch

vérátömlesztés n blood transfusion
vérbaj n syphilis
vércsoport n blood group/type
vérdíj n blood-money
veréb n sparrow
véreb n bloodhound
verekedés n fight, scuffle, brawl
verem n pit(fall), hole; (állaté) den, cave
verés n beating
véres a (vérrel borított) covered with blood ut., bloodstained; (vérző) bleeding; (ritkán) bloody; átv bloodstained ‖ ~ **csata** bloody battle; ~ **szemek** bloodshot eyes
vereség n defeat ‖ ~**et szenved** be* defeated, suffer defeat; sp be* beaten
véresen adv ~ **komoly** it is in deadly earnest
vérfolt n bloodstain
vérhas n dysentery
veríték n sweat
verítékes a (homlok stb.) sweating, sweaty; átv laborious, toilsome
verítékez|ik v sweat
vérkeringés n (blood) circulation
vérmérgezés n blood poisoning
vérmérséklet n temperament
vermut n verm(o)uth
vérnyomás n blood pressure ‖ **alacsony/magas** ~ low/high blood pressure
verőér n artery
verőfényes a sunny, sunlit ‖ ~ **ég** bright sky
vérpad n scaffold
vérrokonság n blood relationship
vers n (költemény) poem, piece of poetry ‖ ~**et ír** (egyet) write* a poem; (versel) write* poetry; ~**et mond** recite a poem

versciklus n cycle (of poems)
vérsejtsüllyedés n (mértéke) sedimentation rate
verseng v compete (for sg)
versengés n competition, contest, rivalry (between)
verseny n competition, contest; (üzleti) competition; sp (atlétikai) athletic meet(ing) competition; (gyorsasági) race; (sakk, tenisz, bridzs) tournament ‖ **tisztességtelen** ~ unfair competition; ~**ben van vkvel** compete against/with sy; ~**t fut vkvel** run* a race with sy
versenyautó n racing car
versenybíró n (tenisz, úszás stb.) umpire; (ökölvívás) referee
versenyez v (vkvel vmért) compete/contend with sy for sg; sp compete (with sy), race
versenyfutó n runner, racer
versenyképes a (ár) competitive [price]; (áru) marketable
versenymű n (zenei) concerto
versenyszám n event
versenytárgyalás n (public) tender ‖ ~**t hirdet** publish an invitation for tenders
versenyző n sp competitor
verseskötet n book of verse; (gyűjteményes) anthology
versmondás n reciting poetry
vérszemet kap kif become*/grow* bold, get* carried away (by/with sg)
vérszomjas a bloodthirsty, sanguinary
vért n armour (US -or); (mellen) cuirass
vértanú n martyr
vertikális a vertical

vérvizsgálat *n* blood test

vérzés *n* bleeding; *orv* haemorrhage (*US* hem-) ‖ **belső** ~ internal h(*a*)emorrhage; **havi** ~ menstruation, period, menses *pl*

vérzéscsillapító *n* blood-clotting (*agent*), astringent (*drug*)

vérz|ik *v* bleed*

verzió *n* version; (*olvasat*) reading

vés *v* (*vésővel stb.*) chisel (*US* -l), cut*; (*bevés vmt vmbe*) engrave sg on sg ‖ **emlékezetébe** ~ engrave sg on sy's/one's memory

vese *n biol* kidney

vesekő *n* (*kidney*) stone

vesepecsenye *n* sirloin (steak), tenderloin

vésnök *n* engraver

véső *n* chisel; (*vésnöké*) burin

vesz *v* (*megfogva*) take*; (*ruhát magára*) put* on; (*szerez*) get*, take* (*vhonnan* from); (*vásárol*) buy*, purchase; (*rádión*) receive, pick up; (*vkt/vmt tekint vmnek*) consider/ deem sy/sg sg; (*vhogyan fogad, kezel*) accept as ‖ **angolórákat** ~ take* English lessons; **bizonyosra** ~ vmt take* sg for granted; **komolyan** ~ vkt/vmt take* sy/sg seriously; **rossz néven** ~ vmt take* sg amiss; **semmibe** ~ vmt/vkt ignore sg/sy; **vegyen még!** help yourself/-selves to some more

vész *n* (*járvány*) plague, pestilence, disease; (*vihar*) tempest; (*baj*) disaster, catastrophe, calamity

vészcsengő *n* alarm bell

veszeked|ik *v* vkvel vm miatt quarrel/wrangle with sy over/ about sg

veszély *n* danger; (*súlyosabb*) peril ‖ ~ **esetén** (if) in danger, in an emergency; ~**ben forog** be* in danger/trouble; ~**t jelző tábla** warning sign

veszélyes *a* dangerous, perilous; (*kockázatos*) risky, hazardous; (*válságos*) critical ‖ **kihajolni** ~ do not lean out of the window

veszélytelen *a* safe, secure, harmless

vészes *a* (*veszedelmes*) dangerous; (*végzetes*) baleful, fateful

veszett *a* rabid, mad

veszettség *n* rabies

vészfék *n* communication cord, emergency brake ‖ **meghúzza a** ~**et** pull the communication cord

veszít *v* lose* (*vmn* by/on sg) ‖ **kártyán** ~ lose* at cards; **súlyból** ~ lose* (in) weight

vészjel *n* distress/danger signal, SOS

vészkijárat *n* emergency exit

vesződ|ik *v* vmvel bother about/ with sg, take* the trouble to do sg; (*kérdéssel*) wrestle (with); (*nehéz munkát végez*) plod, drudge

vessző *n* (*vékony ág*) twig, rod, switch; (*szőlő*) (vine-)shoot; (*fenyítéshez*) cane; (*ékezet*) (acute) accent; (*írásjel*) comma

veszt *v* lose* ‖ **nincs** ~**eni való időnk** we have no time to lose

vesztébe rohan *v* be* heading for disaster

veszteg *adv* **maradj** ~! keep quiet, will you?

vesztegel *v* (*nem tud tovább jutni*) be* stranded; (*időjárás miatt*) be* weather-bound; (*vk mert visszatartják*) be* held up

veszteget *v* (*fecsérel*) squander, trifle away; (*időt*) waste; (*lepén-*

zel) bribe (sy), buy* sy off, *US biz* graft ‖ **kár a szót ~ni rá** (it's) not worth (*v.* no good) talking about it
vesztes *n* loser
vesztés *n* losing, loss ‖ **~re áll** be* losing
veszteség *n* loss; (*idő*é) loss (of time), waste; (*kár*) damage, detriment; (*üzletben*) loss, deficit ‖ **~et szenved** suffer losses
vet *v* (*dob*) throw*, fling*, cast*; (*magot*) sow* ‖ **magára vessen, ha** you have only yourself to blame if
vét *v* (*hibázik*) make* a mistake, commit an error ‖ **~ vk ellen** do* harm to sy; **~ vm ellen** offend against sg
vétek *n* (*bűn*) sin, transgression; (*hiba*) fault, wrong ‖ **halálos ~ volna** it would be a sin
vétel *n* (*vásárlás*) purchase, buying; (*levélé*) receipt; (*rádió, tévé*) reception ‖ **alkalmi ~** bargain
vetélés *n* **spontán ~** spontaneous abortion, miscarriage; **művi ~** induced abortion
vetélked|ik *v* (*verseng vkvel vmben*) compete (with sy in doing sg), rival (*US* -l) (sy in sg)
vetélkedő *n* contest; (*tévében*) quiz show/game
vetélytárs *n* rival, competitor
veteményeskert *n* kitchen garden; *GB* (*bérbe adott*) allotment
veterán *n* veteran, *biz* old-timer, old campaigner
vetés *n* mezőg (*cselekvés*) sowing; (*ami kinőtt*) green/standing corn, crop; (*dobás*) throw(ing), cast(ing)
vetít *v* film, mat project
vetítő(gép) *n* projector

vetítővászon *n* screen
vétkes 1. *a vk* guilty; *vm* culpable, sinful **2.** *n* sinner, transgressor
vétkez|ik *v* sin ‖ **vk/vm ellen ~ik** sin/offend against sy/sg
vetkőz|ik *v* undress, take* off one's clothes ‖ **meztelenre ~ik** strip off
vétlen *a jog* blameless, innocent
vétójog *n* right of veto
vetőmag *n* seed grain, seeds *pl*
vétség *n* offence (*US* -se)
vetület *n* projection
vevő *n ker* purchaser, buyer; (*állandó*) (regular) customer
vevőkészülék *n* (*távközlési*) receiver
vevőszolgálat *n* service department
vezeklés *n* penance, penitence [for wrongdoing], atonement
vezényel *v kat* (*vezényszót ad*) command; (*karmester*) conduct [an orchestra]
vezényszó *n* (word of) command
vezér *n* (*vezető*) leader, chief, head; (*sakkban*) queen
vezércikk *n* leader, leading article, *US* editorial
vezérel *v* (*vezet*) guide, conduct, direct; *tech* control
vezérfonal *n* guidelines *pl*
vezérigazgató *n* director(-)general; (*ha van elnök is:*) managing director
vezérszólam *n zene* leading part/voice
vezet *v vkt vhová* lead* (to), guide (to), conduct (to); (*autót*) drive*; (*hajót, repülőgépet*) pilot; (*irányít*) direct, control; (*ügyeket*) manage; (*üzemet*) run*; (*sereget*) command, lead*; (*mérkőzést*) referee

[the match]; (*áramot, hőt*) conduct; (*út stb. visz vhova*) lead* to; *sp* lead* || **egy góllal** ~ be* one goal up/ahead; **orránál fogva** ~ **vkt** lead* sy by the nose; **vmre/ vmhez** ~ lead* to sg, result/end in sg

vezeték *n* (*huzal*) wires *pl*, line; (*cső gáznak, víznek stb.*) pipe, tube; (*olajé*) pipeline

vezetéknév *n* surname, family name

vezető **1.** *a* leading; (*irányító*) directing, managing || **az oda** ~ **út** the way there, approach; ~ **állásban van** hold* a top/leading post; ~ **szerep** *pol stb.* leadership; *szính* lead (part) **2.** *n* (*autóé*) driver; (*mozdonyé*) (engine) driver; (*vállalkozásé, bolté*) manager; (*államé*) leader, head; *el, fiz* conductor

vezetői *a* ~ **engedély** (*gépkocsira*) driving licence

vezetőség *n* (*vezetők*) leadership; (*testületé, intézményé*) board (of directors), management

vézna *a* puny, sickly

viadukt *n* viaduct

viaskod|ik *v vkvel, vmvel* wrestle/fight* with sy/sg

viasz *n* wax

vicc *n* (*anekdota*) anecdote, (funny) story; (*tréfa*) joke; (*viccelődés*) fun, trick || **ez nem** ~ (*hanem komoly*) that is no joke; ~**ből** for/ in fun, as a joke; ~**eket mond** crack jokes

viccel *v* joke (*vkvel* with sy) || **csak** ~**ek!** I'm only kidding!

vicces *a* funny, comic, droll

vicsorít *v* **fogát** ~**ja** show*/bare one's teeth (in anger), snarl

vidám *a* cheerful, merry, jolly || **V~ Park** fun-fair, amusement park

vidék *n* (*város ellentéte*) country-(side); (*főváros ellentéte*) the provinces *pl*; *földr* (*terület*) region, country || ~**en** in the country

videó *n* (*videózás*) video; (*készülék*) video (cassette) recorder, video (*pl* videos) || ~**ra felvesz** video sg (*alakjai:* videoed, videoing), record sg on video

videofelvétel *n* video (recording)

videokamera *n* video camera

videokazetta *n* video cassette

videokészülék, videomagnó *n* video (cassette) recorder, video

videoszalag *n* videotape

videotéka *n* videotheque, video library

videóz|ik *v* (*nézi*) watch videos; (*filmez*) make* videos, video (*alakjai:* videoed, videoing)

vidra *n* otter

víg *a* cheerful, lively, merry

vigasz *n* comfort, solace, consolation

vigasztal *v vmért* console/comfort (sy for sg)

vigasztalhatatlan *a* inconsolable, disconsolate

vígjáték *n* comedy

vigyáz *v* (*figyel/ügyel vmre/vkre*) take* care of sg/sy, look after sg/ sy; (*veszélyre*) look out, take* care; (*figyelmet szentel vmnek*) pay* attention to; (*őriz vmt/vkt*) guard sg/sy, watch over sg/sy || ~**z!** be careful!, take care!, look/ watch out!; ~**z, kész, rajt!** on your marks, get set, go!; ~**z! lépcső!** mind the/that step!

vigyázat *n* (*óvatosság*) caution, care, attention; (*elő~*) precaution,

guard ‖ ~! take care!, look out!; ~! **lépcső!** mind the step!; ~! **mázolva!** wet paint
vigyázatlan *a* careless
vigyázz 1. *int* look out!; *kat* attention! **2.** *n kat* attention ‖ ~**ban áll** stand* at attention
vigyorog *v* grin, smirk
vihar *n* storm, *ir* tempest
viharjelzés *n* storm warning, storm-signal
viharos *a* stormy, windy, thundery ‖ ~ **szél** storm-wind, gale; ~ **taps** tumultuous applause
vihog *v* giggle, titter
vijjog *v* scream, screech, shriek
víkend *n* weekend (*US* weekend)
víkendez|ik *v* weekend, spend* the weekend swhere
víkendház *n* weekend cottage/house
világ *n* world; (*föld*) earth, globe; (*mindenség*) universe; (*az élet vmely területe*) world, realm ‖ **a film ~a** the world of the screen, the film world; **a harmadik** ~ the Third World; **a ~ért sem** not for (all) the world; **az egész ~on** all over the world; **éli ~át** (*jól él*) live in plenty/clover; (*könnyen*) have* a good time; ~**ra hoz** bring* [a child°] into the world, give* birth to; ~**gá megy** go* out into the world; **vk szeme ~a** sy's (eye)-sight
világatlasz *n* world atlas
világbajnok *n* world champion
világbajnokság *n* world championship; (*labdarúgó*) World Cup
világcsúcs *n* world record
világégés *n kb.* world war, holocaust

világegyetem *n* universe, cosmos
világéletemben *adv* all my life, in all my born days
világháború *n* world war ‖ **a második** ~ the Second World War, World War II
világhatalom *n* world power
világhírű *a* world-famous, known all the world over *ut.*
világítás *n* lighting; (*autóé*) lights *pl*
világítótorony *n* lighthouse
világítóudvar *n* airshaft
világjelenség *n* universal phenomenon (*pl* -mena)
világmárka *n* world-famous make
világméretű *a* world-wide
világnézet *n* ideology, outlook on life
világnézeti *a* ideological
világos 1. *a* (*tiszta, ragyogó*) clear, bright; (*nem sötét, szín*) light(-coloured) (*US* -or-); (*egyszerű*) plain, simple; (*könnyen érthető, nyilvánvaló*) clear, obvious, manifest ‖ ~**?** *biz* got that?; ~, **hogy** it is obvious that ...; ~ **nappal** in broad daylight **2.** *n* (*sakkfigura*) white; (*sör*) light/pale ale, lager
világoskék *a/n* light blue
világosod|ik *v* become*/grow* light, lighten ‖ ~**ik** (*reggel*) day is breaking, it is dawning
világosság *n* (*fény*) (day)light; *el* luminance, brightness; (*érthetőség*) clearness, clarity
világpiac *n* world market
világraszóló *a* sensational
világrekord *n* world record
világrengető *a* world-shattering, worldshaking
világrész *n* (*földrész*) continent

világszerte adv all over the world
világszínvonal n world standard ‖ ~**ú** state-of-the-art
világtáj n (*égtáj*) point of the compass ‖ **a négy** ~ the cardinal points pl
világtalan a sightless, blind
világválság n world slump, general depression
világváros n metropolis
villa[1] n (*evőeszköz*) (table/dinner) fork; *mezőg* (*többágú*) fork; (*kétágú*) pitchfork
villa[2] n (*ház*) villa, (*kisebb*) (summer) cottage/bungalow
villám n lightning; (*villámcsapás*) thunderbolt ‖ ~ **csap vmbe** sg is struck by lightning; **mint a** ~ (as) quick as lightning
villámgyors a lightning-fast ‖ ~**an** with lightning speed, like a shot
villámhárító n lightning-conductor/rod
villáml|ik v it is lightning
villamos 1. a electric(al), power ‖ ~ **áram** electric current; ~ **energia** electrical energy, electric power; ~ **feszültség** voltage; ~ **háztartási gépek** electrical appliances; ~ **vezeték** wiring 2. n tram(car), US streetcar ‖ ~**sal megy** go* by tram
villamosbérlet n tramway (US streetcar) season ticket, GB travelcard
villamosít v electrify
villamosjárat n tram(line), US streetcar (line)
villamoskocsi n tram(car), US streetcar
villamosmérnök n electrical engineer
villamosság n electricity

villámtréfa n short skit
villan v flash, blink
villanegyed n affluent (leafy) suburb
villanófény n flashlight
villany n (*villamosság*) electricity; (*villanyvilágítás*) (electric) light ‖ **gyújtsd fel a** ~**t** turn the lights on; **oltsd el a** ~**t** turn the lights off
villanyáram n electric current, electricity
villanybojler n electric water heater, immersion heater
villanyborotva n electric razor/shaver, shaver
villanydrót n electric wire, (*készülékben, szigetelt, hajlékony*) flex
villanyfúró n power drill
villanykályha n electric heater/stove
villanykapcsoló n (light) switch
villanykörte n (light-)bulb
villanymelegítő n electric heater
villanyóra n (*árammérő*) (electricity) meter; (*időmérő*) electric clock
villanyoszlop n pole; (*távvezetéké*) pylon
villanyrendőr n biz traffic lights pl
villanytűzhely n electric cooker (US stove)
villanyvezeték n electric wire/cable, wiring
villásreggeli n luncheon
villog v flash, gleam, sparkle
vinnyog v whimper, whine
viola n bot stock
violaszín(ű) a violet-coloured (US -ored)
vipera n viper, adder
virág n bot flower; (*gyümölcsfáé*) blossom; (*java vmnek*) cream ‖

élete ~(j)ában in the prime/flower of life; ~ot szed pick flowers

virágárus n (boltos) florist; (utcai) flower-seller

virágcsendélet n flower painting, still life (pl still lifes)

virágcserép n flower-pot

virágcsokor n bunch of flower, bouquet

virágfüzér n garland, festoon (of flowers)

virágkor n flowering, golden age; (életé) prime

virágláda n (ablakban) window-box

virágmag n flower-seed(s)

virágméz n honey

virágos a (mező) flowery; (virággal díszített) flowered

virágpor n pollen

virágszál n a (single) flower

virágszirom n petal

virágvasárnap n Palm Sunday

virágzik v bot flower, bloom; (gyümölcsfa) blossom; átv prosper

virrad v (hajnalodik) dawn, the day is* breaking

virradat n dawn, daybreak || ~kor at dawn

virraszt v be*/keep* awake, sit*/ stay up (for sy)

virsli n kb. Vienna sausage, US wiener(-wurst)

virul v bot flower, bloom; átv vk, vm prosper

vírus n virus

visel v (öltözéket) wear*, have* (sg) on || gondját ~i vmnek/ vknek take* care of sg/sy; roszszul ~i magát misbehave, behave badly; ~i a költségeket bear* the costs/expenses of sg

viselet n (ruházat) costume, dress || nemzeti ~ national costume/dress

viselkedés n (vkvel szemben) behaviour (US -or) (towards sy), conduct, attitude

viselked|ik v (vkvel szemben) conduct oneself, behave (towards sy) || ~j rendesen! behave (yourself)!

viselt a (használt) worn, old; (kopott) shabby, threadbare || vknek a ~ dolgai sy's acts/deeds/past

visít(oz|ik) v shriek, scream

viskó n hovel, hut

visz v (szállít vkt/vmt vhova) carry, take* [sy/sg to a place], transport; (vezet) lead*, conduct; (terhet) bear*; (hírt) convey; (rávesz vkt vmre) induce/get* sy to do sg || az ördög vigye! the devil take him/it!; ez az út a városba ~ this road leads to the town; magával ~ vkt take* sy with one; nem ~i semmire fail to get on; sikerre ~ vmt make* a success of sg

viszály n discord, conflict, hostility

viszket v itch

viszonoz v return, requite

viszont 1. conj (másfelől) on the other hand; (mégis) nevertheless, however, still 2. adv (kölcsönösen) mutually || és ~ and vice versa; köszönöm, ~ thanks, and the same to you

viszontagság n vicissitude, adversity, hardship

viszontlátásra! int (good)bye!, biz bye-bye!, so long!, see you (later/ soon)!

viszonzás n (szívességé) return (service) || ~ul in return (for sg)

viszony n (kapcsolat) relation(ship) (vkk között between); (nemi) af-

fair; (*dolgoké*) relation(ship) (between); (*összefüggő*) correlation (between); (*főleg anyagi*) circumstances, situation || **jó anyagi ~ok közt él** be* comfortably/well off; **jó ~ban van vkvel** be* on good/ friendly terms with sy; **~a van vkvel** have* a love affair (*v.* an affair) with sy; **~ok** (*helyzet*) conditions
viszonyít *v vmhez* compare (sg) to/with sg
viszonylagos *a* relative, comparative
viszonylat *n* (*vonatkozás*) relation, respect; *vasút* service || **nemzetközi ~ban** internationally; **országos ~ban** nationally, nationwide
viszonyul *v* **hogy ~ hozzá?** what is his attitude to this?
vissza *adv* back, backwards
visszaad *v vmt* give*/hand back, return; (*pénzt*) repay*, return; (*fordításnál*) render; (*viszonoz*) return; (*nagyobb címletű pénzből*) give*/ hand sy his/her change
visszaáll *v* (*helyreáll*) be* restored
visszacsinál *v* undo*
visszaél *v vmvel* misuse/abuse sg
visszaemlékez|ik *v vmre* remember/recall/recollect sg
visszaérkezés *n* return
visszafejlődés *n* regress(ion)
visszafelé *adv* back(wards) || **~ sült el** it backfired on him
visszafizet *v vknek vmt* repay*/ refund sy [the money], refund [the money]
visszafizetés *n* repayment, refund; *ker* (*visszatérítés*) rebate
visszafogottan *adv* in a low key

visszafojt *v* hold* (sg) back, restrain || **~ott lélegzettel** with bated breath
visszafordíthatatlan *a* irreversible
visszagondol *v vmre* think* back (on/to sg); *vmre/vkre* recall/remember sg/sy
visszahatás *n* reaction
visszahív *v* call (sy) back; (*követet, képviselőt*) recall (sy); (*vkt telefonon*) call/ring* (sy) back (later)
visszahódít *v* reconquer, win* back (sy/sg from sy)
visszahonosít *v* repatriate
visszahúzód|ik *v* withdraw*, draw* back
visszaigazol *v* acknowledge [receipt of sg]
visszája *n* (*anyagé*) the reverse/ back/wrong side (of the cloth) || **~ra fordít vmt** turn sg inside out
visszajáró pénz *n* change
visszajátszás *n* (*magnó*) playback, replay
visszajátsz|ik *v* play back; (*újra*) replay
visszakap *v* get*/receive back
visszakeres *v* (*adatot*) check, look up; *szt* retrieve
visszakézből *adv* backhanded(ly)
visszakísér *v* see*/escort (sy) home/back
visszaköszön *v vknek* return sy's greeting
visszakövetel *v* claim/demand sg back
visszaküld *v vmt vknek* return (sg to sy); (*vkt/vmt vkhez*) send* sy/sg back (to sy)
visszalép *v* (*hátralép*) step/stand* back; *átv vmtől* pull/back out (of sg), withdraw* (from)

visszamegy *v vhova* go* back (to), return (to); (*visszanyúlik*) date/go* back (to)

visszaminősít *v* demote, downgrade

visszamond *v* (*közlést*) repeat; (*meghívást, rendelést*) cancel (*US* -l); (*írásban*) turn down

visszanyer *v* regain, recover, win*/get* back

visszapillantó tükör *n* rear-view mirror

visszariad *v vmtől* shrink* back (from)

visszáru *n ker* return(ed) goods *pl*, returns *pl*

visszás *a* (*kellemetlen*) troublesome, tiresome; (*lehetetlen*) absurd || ~ **helyzetben van** be* in an awkward position

visszaszámlálás *n* countdown

visszaszerez *v* get*/win* back, (*elveszett tárgyat*) recover (sg from sy)

visszatáncol *v* go* back on (one's word), renege on sg

visszatart *v vkt vmben* keep*/hold* (sy) back; *vmtől* hinder/prevent sy from [doing sg]; *vmt* retain sg || ~**ja lélegzetét** hold* one's breath

visszataszító *a* repulsive, repellent, repugnant

visszatér *v vhova* return (to), go*/get* back (to a place); *vmre* revert (to), come* back (to)

visszatérít *v* (*pénzt*) refund; *ker* rebate

visszatérítés *n* (*pénzé*) refund, paying back; *ker* rebate

visszatesz *v vmt* put* (sg) back

visszatetsző *a* displeasing, unpleasant

visszatükröz *v* reflect, mirror

visszaút *n* return journey

visszautasít *v* refuse, reject, turn down

visszavágó (mérkőzés) *n* return match

visszaver *v* (*támadást*) beat* off, repulse, repel || ~**i a fényt** reflect light

visszavesz *v* (*árut*) take*/buy* back; (*alkalmazottat*) re-engage

visszavet *v* (*dob*) throw*/cast* back; (*hátráltat*) set* sy back, hinder; (*fejlődést*) retard

visszavezet *v vkt vhova* bring*/take*/see*/lead* (sy) back (to a place); *vmt vmre* trace (sg) back (to sg)

visszavon *v* withdraw*, cancel (*US* -l); (*rendeletet*) withdraw*, repeal, revoke || ~**ja szavát** go* back on one's word, take* back one's word

visszavonhatatlan *a* irrevocable

visszavonul *v vk* withdraw*; (*ügyek intézésétől*) retire (from); *kat* retreat

visszfény *n* reflected light; *átv is* reflection

visszhang *n fiz* echo; (*eseményé*) reaction, response

vita *n* debate, discussion, dispute; (*szóváltás*) argument, quarrel || **a ~t bezárja** wind* up the debate; **~n felül áll** be* beyond dispute/question

vitaindító előadás *n* keynote lecture/address

vitamin *n* vitamin || **C-~** vitamin C

vitás *a* disputed, debated; (*kétes*) doubtful || ~ **kérdés** controversial matter/issue; **nem ~, hogy** there is* no doubt that

vitathatatlan *a* indisputable
vitatkoz|ik *v* (*vitát folytat*) debate (*about* sg *v.* a question with sy), dispute (sg with sy); (*megvitat*) discuss (sg with sy)|| **~ik vkvel vmről** argue with sy about sg; (*veszekszik*) quarrel (*US* -l) with sy about sg
vitatott *a* **(sokat) ~ kérdés** a controversial issue/question
viteldíj *n* fare
vitéz 1. *a* valiant, brave 2. *n* tört (*bátor katona*) valiant/brave warrior/soldier
vitorla *n* sail
vitorlás *n* (*csónak*) sailing boat; (*hajó*) sailing ship/vessel, (cruising) yacht
vitorlázat *n* rig, sails *pl*
vitorláz|ik *v* (*vízen*) sail
vitorlázórepülés *n* gliding, sailplaning
vitorlázórepülő *n* glider
vitrin *n* glass/show-case
vív *v sp* fence
vívás *n* fencing
vívmány *n* achievement, attainment
vívó *n* fencer
vívód|ik *v vmvel* be* in the grip of sg, wrestle with sg/oneself
víz *n* water || **csupa ~** dripping/ soaking wet; **folyó ~** running water; **~ alatti** underwater; **~be fúl** drown, be*/get* drowned; **~re bocsát** launch, set* afloat
vízállásjelentés *n* water-level report
vízcsap *n* (water) tap, *US* faucet
vízcsepp *n* drop of water
vizel *v* urinate
vízellátás *n* water supply

vízerőmű *n* hydroelectric power station
vizes *a* wet, watery; (*nedves*) moist, damp
vizesblokk *n* the plumbing
vizesés *n* waterfall, falls *pl*
vízfesték *n* watercolour (*US* -or)
vizespohár *n* tumbler, drinking glass
vízfestmény *n* watercolour (*US* -or)
vízhatlan *a* waterproof, watertight
vízhólyag *n* blister, vesicle
vízhozam *n* water output
vízi *a* water- || **~ jármű** water craft, vessel; **~ sportok** water/aquatic sports, aquatics *pl*; **~ úton** by water
víziló *n* hippopotamus (*pl* -muses *v.* -mi), *biz* hippo
vízimalom *n* water-mill
vízinövény *n* water-plant/weed, hydrophyte
víznyomás *n* hydraulic pressure, water-pressure
vízió *n* vision
vízisí(zés) *n* water skiing
vízisikló *n* zoo common/grass snake
vizit *n* visit, call; *orv* (*kórházban*) (doctors') round(s)
vízmelegítő *n* (*elektromos*) electric water heater, immersion heater; (*gáz*) gas water heater, geyser
vízművek *n* waterworks *sing. v. pl*
vízözön *n vall* the Flood || **utánam a ~** after me the deluge
vízszennyeződés *n* water pollution
vízszint *n* water level
vízszintes 1. *a* horizontal, level 2. *n* horizontal (line)

vízszolgáltatás *n* water supply
víztároló *n* (*tartály*) reservoir, cistern
víztározó *n* (*tó*) reservoir, storage lake/reservoir
víztorony *n* water tower
víztükör *n* water surface
vizuális *a* visual
vízum *n* visa
vízvezeték *n* (*csőhálózat*) water pipes *pl*, (water-)conduit; = **vízcsap**
vízvezeték-szerelő *n* plumber
vizsga *n* examination, *biz* exam ‖ ~n átmegy pass the examination; ~n megbukik fail (the examination)
vizsgaidőszak *n* examination period/season
vizsgál *v* examine; (*alaposan*) study; (*beteget*) examine; (*számadást*) check
vizsgálat *n* examination; *hiv* inquiry; (*nyomozás*) investigation; (*tudományos*) research ‖ **orvosi** ~ medical examination
vizsgálati fogság *n* detention on/under remand
vizsgáz‖ik *v* sit* (for) an examination/exam, take* an examination
vizsgázó *n* candidate, examinee
vizsgáztat *v* examine [*vkt vmből* sy in/on sg]
vizsla *n* vizsla <a Hungarian pointer>; (*hosszúszőrű*) setter
volán *n* (steering-)wheel ‖ **a** ~**nál** at the wheel
volna *v* would/should be ‖ **ha** ~ if there were; **ha autóm** ~ if I had a car
volt¹ *a* ex-, former, late
volt² *n el* volt

voltaképp(en) *adv* as a matter of fact, actually
von *v* (*húz*) draw*, pull ‖ **felelősségre** ~ call sy to account; **kétségbe** ~ cast* doubt on; **vállat** ~ shrug (one's shoulders)
vonagl‖ik *v* writhe, wriggle; (*arc, izom*) twitch, jerk
vonakod‖ik *v* ~**ik megtenni vmt** be* reluctant/unwilling to do sg; ~**va** reluctantly, unwillingly
vonal *n* line; (*körvonal*) (*out*)line; (*közlekedési, távközlési*) line ‖ **a** ~ **foglalt** (*telefon*) line engaged, *US* line busy; **nagy** ~**akban ismertet** sketch out, give* a broad/general outline of (sg); **tartsa a** ~**at!** hold the line!; **vigyáz a** ~**aira** (*nő*) she watches her figure
vonalkód *n* bar code
vonalaz *v* draw* lines (with a ruler), rule lines
vonalzó *n* ruler
vonás *n* (*húzás*) drawing; (*ceruzával*) line; (*arcé*) feature ‖ **családi** ~ family trait/characteristic
vonat *n* train ‖ **a** ~ **10.20-kor érkezik** the train is due at 10.20 a.m.; **beszáll a** ~**ba** get* in(to)/on(to) the train; **kiszáll a** ~**ból** get* off the train; **közvetlen** ~ through train; ~**tal megy** go*/travel (*US* -l) by train, take* a train (to)
vonatkozás *n* connection, relation ‖ **ebben a** ~**ban** in this respect/connection/regard
vonatkoz‖ik *v* **vkre, vmre** concern sy/sg, refer/relate to sg; (*szabály*) apply (to) ‖ **ez nem** ~**ik rád** this/it does not concern/affect you
vonítás *n* howl(ing)
vonó *n* (*hegedűé*) bow

vonós 1. *a* ~ **hangszer** string(ed) *instrument* **2.** *n* **a ~ok** the strings
vonszol *v* drag, lug, pull
vontat *v* (*mozdony*) pull, haul; (*hajót*) tug, tow
vontatott *a* (*elhúzódó*) long drawn-out, protracted; (*hang*) drawling ‖ ~ **beszélgetés** desultory conversation; **~an halad** *vm* make* slow/little progress
vonul *v* proceed (to a place), go*, pass; (*menetel*) march
vonz *v* attract, draw*; (*érdekel*) interest (sy), appeal to (sy)
vonzalom *n* (*vm iránt*) attraction/attachment to, liking/affection for
vonzat *n* nyelvt government; (*elöljáró*) required preposition ‖ **~os ige** (*az angolban*) phrasal verb
vonzó *a* (*erő*) attractive, drawing, magnetic; (*modor*) engaging, alluring; (*mosoly*) charming
vonzód|ik *v* vkhez feel* attracted to sy
vö. = *vesd össze!* compare, cf.
vő *n* son-in-law
vödör *n* pail, bucket
vőlegény *n* fiancé; (*esküvőn*) bridegroom
völgy *n* valley
völgyhíd *n* viaduct
völgymenet *n* **~ben** downhill
völgyszoros *n* gorge, defile
völgyzáró gát *n* dam, barrage
vörheny *v* scarlet fever
vörös 1. *a* red; (*arc*) ruddy, flushed ‖ ~ **haj** ginger/red hair **2.** *n* red (*colour, US* -or), red (hue/tint), crimson, ruby
vörösbor *n* red wine; (*bordeaux-i*) claret; (*portói*) port

vörösfenyő *n* larch(-tree)
vöröshagyma *n* onion
Vöröskereszt *n* Red Cross
vörösöd|ik *v* vm redden; vk turn/go* red, blush
vörösréz *n* copper
vulgáris *a* vulgar, coarse
vulkán *n* volcano
vurstli *n* fun-fair, fairground, amusement park

walkman *n* personal stereo (cassette player), Walkman (*pl* Walkmans)
WC *n* WC, lavatory, toilet
whisky *n* whisky (*US* whiskey)
wurlitzer *n* jukebox

xerox *n* (*gép*) xerox, (photo)copier; (*másolat*) xerox, photocopy
xilofon *n* xylophone
x-lábú *a* (*ember*) knock-kneed ‖ ~ **asztal** trestle table
X. Y. Mr. So-and-so

yard *n* yard (= *0,91 méter*)
Y-elágazás *n* Y-junction

Z

zab *n* oats (*pl*; *néha*: *sing.*)
zabál *v* (*állat*) eat*, feed*; *vulg* (*ember*) guzzle
zabla *n* bit
zaboláz *v átv* bridle, curb, restrain
zabpehely *n* (*porridge-nak*) oatmeal, oatflakes *pl*
zacskó *n* bag; (*papír*) paper-bag
zafír *n* sapphire
zagyva *a* confused, muddled; (*összefüggéstelen*) incoherent
zaj *n* noise; (*utcai*) racket, street noise ǁ ~t csap make* a noise
zajlǁik *v* (*jég*) break* up, drift ǁ **úgy szép az élet, ha ~ik** it's all part of life's rich tapestry
zajos *a* noisy, loud
zajtalan *a* noiseless, soundless, silent
zaklat *v vk vkt* worry, trouble; *vkt vmvel* pester (sy with/for sg *v.* to do sg) ǁ **kérdésekkel ~** bombard/badger/bother sy with questions
zakó *n* jacket, coat
zálog *n* pawn, pledge, security; (*játékban*) forfeit; *átv* pledge, token ǁ ~ba tesz pawn; *vm* ~ául in token of sg
zálogház *n* pawnshop, pawnbroker
zamat *n* (*ételé*) flavour (*US* -or), aroma; (*boré*) bouquet
zamatos (*étel*) tasty, full of flavour (*US-or*) *ut.*
zápor *n* shower, downpour
zár 1. *n* (*ajtón stb.*) lock; (*könyvé, táskáé stb.*) clasp 2. *v vmt* close, shut*; (*börtönbe*) shut* (up) in, lock up/away; (*áramkört*) close (the circuit); (*záródik*) close, shut*

ǁ **karjába ~** clasp (sy) in one's arms; **kulcsra ~ja az ajtót** lock the door; **mikor ~nak?** when do you close?
záradék *n jog* (additional) clause
zarándok *n* pilgrim
zárda *n* convent, nunnery, cloister
zárka *n* cell, lock-up
zárkózott *a* withdrawn, uncommunicative
zárlat *n ker* balancing of the books; (*egészségügyi*) quarantine; (*hajózási*) embargo (*pl* -goes); (*hadi*) blockade; *el* short (circuit)
zárlatos *a* short-circuited
záró *a* closing, final
záróǁdik *v* close, shut*
zárójel *n* (*kerek*) parentheses (*sing.* parenthesis), round brackets; (*kapcsos*) braces; (*szögletes*) brackets; (*csúcsos*) angle brackets (*mind*: *pl*) ǁ ~be tesz put* in/into brackets/parentheses
zárol *v ker* sequester, stop; (*árut, hajót*) embargo (*múlt ideje*: -goed); (*követelést*) freeze*, block
záróra *n* closing time
záróvizsga *n isk* final examination/exam
záróvonal *n H* continuous white line; *GB, US* double white line
zárt *a* closed, locked, shut ǁ ~ **ajtók mögött** behind closed doors; ~ **intézet** mental hospital
zártkörű *a* private, exclusive
zárva *adv* closed; (*kulcsra*) locked
zászló *n* flag; (*intézményé*) banner, standard; (*tengerészeti*) ensign ǁ **az angol ~** the Union Jack/Flag; **az amerikai ~** the Stars and Stripes *pl*; ~t **felvon** hoist a/the flag

zátony *n* (*homok*) sandbank, shoal; (*szikla*) reef || **~ra fut** *hajó* go*/ run* aground; *átv* prove abortive

zavar 1. *n* (*zűr*) confusion, disorder; (*nagyfokú*) chaos; (*anyagi*) difficulty, trouble; (*gép működésében*) disturbance, malfunction, breakdown; *el* interference; (*zaj*) noise || **emésztési ~ok** digestive troubles; **~ban van** feel*/be* embarrassed **2.** *v vk vkt* disturb, trouble, bother; (*üldöz*) pursue; (*rádióadást*) jam, interfere (with) || **bocsánat, hogy ~om** I am sorry to trouble/bother you; **~ja a kilátást** obstruct the view

zavaros 1. *a* (*folyadék*) turbid, muddy; *átv* confused, chaotic; (*beszéd*) confused; (*tekintet*) bewildered; (*elme*) confused, deranged || **~ fejű** muddle-headed; **~ helyzet** confusion

zavartalan *a* undisturbed, untroubled; (*boldogság*) unalloyed

zebra *n zoo* zebra; (*átkelőhely*) zebra crossing

zeller *n* celery

zendülés *n* rising, rebellion

zene *n* music || **~t szerez** compose/write* music, **be* a composer**

zeneakadémia *n* academy/college of music || **~ra jár, a ~n tanul** study music

zenei *a* musical, of music *ut.* || **~ érzék** musicality; **~ fesztivál** music festival

zenekar *n* orchestra

zenekari *a* orchestral || **~ árok** orchestra pit

zenél *v* play (an instrument), make* music

zenész *n* musician, artist || **utcai ~** (street-)busker

zeneszám *n* piece (of music); (*könnyűzenei*) number

zeneszerző *n* composer

zeng *v vmtől* ring*/echo/ resound with

zenit *n* zenith

zerge *n* chamois

zéró *num/n* zero, nought, 0 [*kiejtve*: ou]; (*semmi*) nil

zilált *a* chaotic, disordered; (*anyagi helyzet*) embarrassed; (*haj, ruházat*) dishevelled

zivatar *n* thunderstorm, thundershower

zizeg *v* rustle, swish; (*rovar*) buzz

zokni *n* socks *pl*; (*bokáig érő*) ankle sock(s)

zokog *v* sob

zománc *n* enamel; (*agyagárué*) glaze; (*festék*) gloss paint

zóna *n* zone, belt

zongora *n* (grand) piano (*pl* -nos) || **~n játszik** play the piano

zongoraművész *n* pianist

zongoraverseny *n* piano concerto

zongoráz|ik *v* play the piano

zoológia *n* zoology

zord *a* grim, morose; (*arc*) stern; (*időjárás*) raw, severe

zöld 1. *a* green || **~ fény** green light; **~ út** (*repülőtéren*) green channel **2.** *n* (*szín*) green(ness); (*a természet*) the open air, nature; (*kártya*) green, (*néha*) spade; *pol* green || **a ~ek** the Greens; **kirándul a ~be** go* out for the day (*v.* into the country)

zöldbab *n* green/French bean(s *pl*)

zöldborsó *n* green peas *pl*

zöldhagyma *n* spring/salad onion

zöldövezet *n* green belt ‖ ~ **(i villanegyed)** the l*e*afy s*u*burbs *pl* [of London/B*u*dapest etc.]
zöldpaprika *n* green/sweet p*e*pper
zöldség *n* b*o*t greens *pl*, vegetables *pl*; (*ostobaság*) n*o*nsense, f*o*olishness
zöldséges *n* greengrocer; (*US és piaci*) vegetable man°
zöldségfélék *n pl* greens, vegetables
zöm *n* v*m*nek a ~e the bulk of (sg); ~mel by far the gr*e*atest n*u*mber
zömök *a* squat, st*u*bby
zörej *n* noise; (*rádió*) atmospherics *pl*, interf*e*rence
zörög *v* rattle, cl*a*tter; (*levél, papír*) r*u*stle
zubbony *n* j*a*cket, blouse
zúdít *v* (*folyadékot*) pour (out) ‖ **bajt ~ vk fejére** bring* tr*ou*ble/ misf*o*rtune on sy
zug *n* (*szöglet*) nook, c*o*rner, cranny; (*félreeső vidék*) hole; (*a természetben*) nook, h*o*llow
zúg *v* r*u*mble, boom; (*bogár, gép*) h*u*m, buzz; (*harang*) sound, peal, ring*; (*szél*) boom, sigh; (*tenger*) boom, roar ‖ ~ **a fülem** my ears are b*u*zzing; ~**nak a harangok** the bells are* r*i*nging/p*e*aling
zugárus *n* black mark*e*t*e*er
zugkereskedelem *n* black m*a*rket
zuhan *v* plunge, t*u*mble, fall* (down)
zuhanyoz|ik *v* take*/have* a sh*o*wer
zuhanyozó *n* (*hely*) sh*o*wer(-bath)
zuhatag *n* (*vízesés*) w*a*terfall, falls *pl*, c*a*taract
zuhog *v* ~ **(az eső)** it's p*ou*ring (down *v*. with rain)

zúz *v* pound, crush, p*u*lverize
zúzmara *n* hoar(-frost), rime
zuzmó *n* l*i*chen
zülleszt *v* (*dolgot*) deprave, demoralize; (*személyt*) corrupt
züllött *a vm* decayed; (*személy*) depr*a*ved, deb*au*ched, corrupt
zümmög *v* buzz, h*u*m
zűr *n* biz (*zavar*) mess, t*i*zzy, confusion, fix; (*nehézség*) difficulty, tr*ou*ble ‖ **nagy ~ben van** be* in a fix/t*i*zzy
zűrzavar *n* (*rendetlenség*) chaos, dis*o*rder, conf*u*sion; (*lárma*) hubbub
zűrzavaros *a* cha*o*tic, dis*o*rderly, conf*u*sed

Zs

zsába *n* neur*a*lgia
zsák *n* (*kisebb*) bag; (*nagyobb*) sack
zsákmány *n* (*rablott holmi*) plunder, loot; (*állaté*) prey; (*hadi*) b*o*oty
zsákutca *n* blind *a*lley, c*u*l-de-sac, *US főleg*: dead end; *átv* de*a*dlock
zsalu *n* sh*u*tters *pl*
zsaluzás *n* épít formwork
zsanér *n* hinge
zsáner *n* g*e*nre, kind, style ‖ **nem a ~em** she is not my type
zsargon *n* j*a*rgon
zsarnok *n* tyrant, desp*o*t
zsarol *v* blackmail
zsaru *n* biz b*o*bby, c*o*p(per)
zseb *n* p*o*cket ‖ **saját ~éből fizeti** pay* sg from (*v*. out of) one's own p*o*cket; ~**re dugott kézzel** with

one's hands in one's pockets; ~re
tesz/vág vmt (*tűr*) stomach/
swallow/pocket sg; (*ellop*) pocket
sg
zsebkendő *n* handkerchief
zsebkés *n* pocket-knife°, penknife°
zsebkönyv *n* notebook, *GB* pocket-
book; (*puhafedelű könyv*) paper-
back
zseblámpa *n* torch, *US* flashlight
zsebóra *n* watch
zsebpénz *n* pocket-money
zsebrádió *n* transistor (radio)
zsebszámológép   *n*   (pocket)
calculator
zsebszótár *n* pocket dictionary
zsebtolvaj *n* pickpocket
zselatin *n* gelatine
zselé *n* jelly
zsemle *n* roll
zsemlemorzsa *n* breadcrumbs *pl*
zsenge *a* (*kor*) immature, young,
delicate, tender
zseni *a* genius (*pl*-uses)
zseniális *a* brilliant ‖ ~ **ember**
man° of genius; ~ **találmány** in-
genious invention
zseton *n* counter, token
zsibbadt *a* stiff, numb(ed)
zsidó 1. *a* Jewish, Hebrew; (*néha*)
Israelite ‖ **a** ~ **nép** the Jewish
people, the Jews *pl*; ~ **származá-
sú** Jewish; ~ **templom** syna-
gogue, Jewish temple; ~ **vallás**
Judaism **2.** *n* Jew; (*régen*) Israelite
zsilett *n* safety razor
zsilettpenge *n* (safety) razor blade
zsilip *n* sluice, lock
zsinagóga *n* synagogue (*US* -gog)

zsinór *n* (*zsineg*) string; (*sodrott*)
twine, cord; (*elektromos eszközé*)
flex, electric wire
zsír *n* fat; (*olvasztott*) grease; (*disz-
nóé*) lard; (*pecsenyéé*) dripping ‖
~**ban süt** fry [in fat]
zsiráf *n* giraffe
zsírkréta *n* oil pastel, crayon
zsíros *a* fat(ty), greasy; *átv* rich, fat
‖ ~ **étel** rich/fatty food; ~ **kenyér**
bread and dripping
zsírszegény   *a*   (*étrend*)   low-fat
[diet]
zsivaj(gás) *n* noise, din, uproar
zsivány *n* (*bandita*) brigand, ban-
dit, *US* gangster; (*betyár*) outlaw;
tréf rascal, rogue, scamp
zsoké *n* jockey
zsoldos *tört* **1.** *a* mercenary ‖ ~
hadsereg mercenary troops *pl* **2.**
n kat mercenary; *átv* hireling
zsoltár *n* psalm
zsong *v* hum, murmur, boom
zsonglőr *n* juggler
zsörtölőd|ik   *v*   grumble,   be*
grumpy
zsúfol *v* cram, stuff, press, pack
zsugori 1. *a* miserly, mean **2.** *n*
miser, niggard
zsugorod|ik *v* (*bőr, falevél*) shrivel
(*US* -l); (*gyapjú*) shrink*; (*test*)
contract
zsupsz *int* (wh)oops (a daisy)!
zsúr *n* (*tea*) party
zsúrkocsi *n* tea-trolley
zsűri *n* (*versenyé*) jury; (*játéké*)
panel (of experts)
zsűritag *n* member of the jury/
panel, panellist (*US* -l-)

APPENDIX I
I. FÜGGELÉK

English Irregular Verbs
Angol rendhagyó igék

This list contains the verbs marked with * in the dictionary.
Ez a jegyzék a szótárban *-gal jelölt igéket tartalmazza.

INFINITIVE	PAST TENSE	PAST PARTICIPLE	
abide	abode	abode	*tartózkodik, lakik*
	abided	abided	*elvisel; megmarad vm mellett*
arise	arose	arisen	*keletkezik*
awake	awoke	awoken	*felébreszt, -ébred*
be (is, are)	was, were	been	*van*
bear	bore	borne	*hord*
bear	bore	born	*szül*
beat	beat	beaten	*üt*
become	became	become	*vmivé lesz*
beget	begot	begotten	*nemz*
begin	began	begun	*kezd*
bend	bent	bent	*hajlít*
beseech	besought	besought	*könyörög*
bet	bet, betted	bet, betted	*fogad*
bid	bid	bid	*ajánl*
	bade	bidden	*megparancsol*
bind	bound	bound	*köt*
bite	bit	bitten	*harap*
bleed	bled	bled	*vérzik*
bless	blessed, blest	blessed, blest	*áld*
blow	blew	blown	*fúj*
		blowed	
		I'm blowed if...	*itt süllyedjek el, ha... kifejezésben*

INFINITIVE	PAST TENSE	PAST PARTICIPLE	
break	broke	broken	*tör*
breed	bred	bred	*tenyészt*
bring	brought	brought	*hoz*
build	built	built	*épít*
burn	burnt, burned	burnt, burned	*ég*
burst	burst	burst	*szétreped*
buy	bought	bought	*vásárol*
can	could	–	*tud, ...hat, ...het*
cast	cast	cast	*dob*
catch	caught	caught	*megfog*
chide	chided, chid	chided, chid, chidden	*szid*
choose	chose	chosen	*választ*
cleave1	cleaved, clove, cleft	cleaved, cloven, cleft	*hasít*
cleave2	cleaved, clave	cleaved	*ragaszkodik*
cling	clung	clung	*ragaszkodik*
come	came	come	*jön*
cost	cost	cost	*vmbe kerül*
creep	crept	crept	*csúszik*
crow	crowed, crew	crowed	*kukorékol*
cut	cut	cut	*vág*
deal	dealt	dealt	*ad, oszt; foglalkozik (with ...val/vel)*
dig	dug	dug	*ás*
dive	dived; *US* dove	dived	*lemerül; fejest ugrik*
do	did	done	*tesz*
draw	drew	drawn	*húz*
dream	dreamt, dreamed	dreamt, dreamed	*álmodik*
drink	drank	drunk	*iszik*
drive	drove	driven	*hajt, vezet*
dwell	dwelt	dwelt	*lakik*
eat	ate	eaten	*eszik*

INFINITIVE	PAST TENSE	PAST PARTICIPLE	
fall	fell	fallen	*esik*
feed	fed	fed	*táplál*
feel	felt	felt	*érez*
fight	fought	fought	*harcol*
find	found	found	*talál*
flee	fled	fled	*menekül*
fling	flung	flung	*hajít*
fly	flew	flown	*repül*
forbid	forbade, forbad	forbidden	*tilt*
forecast	forecast, forecasted,	forecast, forecasted	*előre jelez*
forget	forgot	forgotten	*elfelejt*
forgive	forgave	forgiven	*megbocsát*
forsake	forsook	forsaken	*elhagy*
freeze	froze	frozen	*fagy*
get	got	got; *US* gotten	*kap*
gild	gilded, gilt	gilded, gilt	*aranyoz*
gird	girded, girt	girded, girt	*övez*
give	gave	given	*ad*
go	went	gone	*megy*
grind	ground	ground	*őröl*
grow	grew	grown	*nő*
hang	hung	hung	*akaszt, függ*
hang	hanged	hanged	*felakaszt*
have (has)	had	had	*vmje van*
hear	heard	heard	*hall*
heave	heaved, hove	heaved, hove	*emel*
hew	hewed	hewed, hewn	*üt*
hide	hid	hidden	*rejt*
hit	hit	hit	*üt*
hold	held	held	*tart*
hurt	hurt	hurt	*megsért*
input	input, inputted	input, inputted	*betáplál*

INFINITIVE	PAST TENSE	PAST PARTICIPLE	
keep	kept	kept	*tart*
kneel	knelt; *főleg US:* kneeled	knelt; *főleg US:* kneeled	*térdel*
knit	knitted knit	knitted knit	*köt egyesít; egyesül*
know	knew	known	*tud; ismer*
lay	laid	laid	*fektet*
lead	led	led	*vezet*
lean	leant, leaned	leant, leaned	*hajol*
leap	leapt, leaped	leapt, leaped	*ugrik*
learn	learnt, learned	learnt, learned	*tanul*
leave	left	left	*hagy*
lend	lent	lent	*kölcsönöz*
let	let	let	*hagy*
lie¹	lied	lied	*hazudik*
lie²	lay	lain	*fekszik*
light	lighted, lit	lighted, lit	*meggyújt*
lose	lost	lost	*elveszít'*
make	made	made	*csinál*
may	might	–	*szabad*
mean	meant	meant	*jelent*
meet	met	met	*találkozik*
mow	mowed	mown, mowed	*lekaszál*
must	–	–	*kell*
output	output, outputted	output, outputted	*kiad*
pay	paid	paid	*fizet*
plead	pleaded; *US* pled	pleaded; *US* pled	*szót emel*
prove	proved	proved; *US* proven	*bizonyít*
put	put	put	*tesz*
quit	quit, quitted	quit, quitted	*otthagy, elmegy*
read [ri:d]	read [red]	read [red]	*olvas*
rend	rent	rent	*hasít*

INFINITIVE	PAST TENSE	PAST PARTICIPLE	
rid	rid	rid	*megszabadít*
ride	rode	ridden	*lovagol*
ring	rang	rung	*cseng*
rise	rose	risen	*felkel*
run	ran	run	*szalad*
saw	sawed	sawn; *US* sawed	*fűrészel*
say	said	said	*mond*
see	saw	seen	*lát*
seek	sought	sought	*keres*
sell	sold	sold	*elad*
send	sent	sent	*küld*
set	set	set	*helyez; beállít stb.*
sew	sewed	sewn, sewed	*varr*
shake	shook	shaken	*ráz*
shall	should	–	*(segédige)*
shave	shaved	shaved, shaven	*borotvál(kozik)*
shear	sheared	shorn, sheared	*nyír*
shed	shed	shed	*elhullat*
shine	shone	shone	*ragyog*
	shined	shined	*(cipőt) fényesít*
shit	shitted, shat	shitted, shat	*kakál*
shoe	shod	shod	*megpatkol*
shoot	shot	shot	*lő*
show	showed	shown, showed	*mutat*
shred	shred	shred	*darabokra tép*
shrink	shrank, shrunk	shrunk	*összezsugorodik*
shrive	shrived, shrove	shrived, shriven	*gyóntat*
shut	shut	shut	*becsuk*
sing	sang	sung	*énekel*
sink	sank	sunk	*süllyed*
sit	sat	sat	*ül*
slay	slew	slain	*öl*
sleep	slept	slept	*alszik*
slide	slid	slid	*csúszik*
sling	slung	slung	*hajít*
slink	slunk	slunk	*lopakodik*

INFINITIVE	PAST TENSE	PAST PARTICIPLE	
slit	slit	slit	*felvág*
smell	smelt, smelled	smelt, smelled	*megszagol*
smite	smote	smitten	*rásújt*
sow	sowed	sown, sowed	*vet*
speak	spoke	spoken	*beszél*
speed	sped	sped	*száguld*
	speeded	speeded	*siettet; gyorsan hajt*
spell	spelt, spelled	spelt, spelled	*betűz (betűket)*
spend	spent	spent	*költ*
spill	spilt, spilled	spilt, spilled	*kiönt*
spin	spun	spun	*fon*
spit	spat; *főleg US:*	spat; *főleg US:*	*köp*
	spit	spit	
split	split	split	*hasít*
spoil	spoilt, spoiled	spoilt, spoiled	*elront*
spread	spread	spread	*kiterjeszt; terjed*
spring	sprang	sprung	*ugrik*
stand	stood	stood	*áll*
stave	staved, stove	staved, stove	*bever*
steal	stole	stolen	*lop*
stick	stuck	stuck	*ragaszt*
sting	stung	stung	*szúr*
stink	stank, stunk	stunk	*bűzlik*
strew	strewed	strewed, strewn	*hint*
stride	strode	stridden	*lépked*
strike	struck	struck	*üt*
string	strung	strung	*felfűz*
strive	strove	striven	*igyekszik*
swear	swore	sworn	*megesküszik*
sweep	swept	swept	*söpör*
swell	swelled	swollen, swelled	*dagad*
swim	swam	swum	*úszik*
swing	swung	swung	*leng(et)*
take	took	taken	*fog, vesz*
teach	taught	taught	*tanít*
tear	tore	torn	*szakít*

INFINITIVE	PAST TENSE	PAST PARTICIPLE	
tell	told	told	*elmond*
think	thought	thought	*gondol(kozik)*
thrive	thrived, throve	thrived, thriven	*boldogul*
throw	threw	thrown	*dob*
thrust	thrust	thrust	*döf*
tread	trod	trodden, trod	*tapos*
wake	woke	woken	*felébred, felébreszt*
wear	wore	worn	*visel*
weave	wove	woven	*sző*
	weaved	weaved	*kanyarog*
wed	wedded, wed	wedded, wed	*összeházasodik*
weep	wept	wept	*sír*
wet	wet, wetted	wet, wetted	*benedvesít*
will	would	ö	*(segédige)*
win	won	won	*nyer*
wind[1]	wound	wound	*teker(edik)*
wind[2]	winded, wound	winded, wound	*kürtöl*
wring	wrung	wrung	*kicsavar*
write	wrote	written	*ír*

APPENDIX II
II. FÜGGELÉK

English Irregular Nouns
Angol rendhagyó főnevek

This list contains the nouns marked with o in the dictionary
Ebben a jegyzékben a szótárban °-val jelölt szavak szerepelnek

SINGULAR		PLURAL
calf	calves	*borjú*
child	children	*gyermek*
elf	elves	*manó*
foot	feet	*láb*
goose	geese	*liba*
half	halves	*fél*
knife	knives	*kés*
leaf	leaves	*(fa)levél*
life	lives	*élet(rajz)* (*de* **still life** `csendélet' *többese:* **still lifes**)
loaf	loaves	*cipó*
louse	lice	*tetű*
man	men	*ember*
mouse	mice	*egér*
ox	oxen	*ökör*
scarf	scarves	*sál*
self	selves	*maga*
sheaf	sheaves	*kéve*
shelf	shelves	*polc*
thief	thieves	*tolvaj*
tooth	teeth	*fog*
wife	wives	*feleség*
wolf	wolves	*farkas*
woman	women	*nő*

421

APPENDIX III
III. FÜGGELÉK

Weights and Measures – Hungarian-English
Magyarországi mértékek angol megfelelői

LENGTH–HOSSZÚSÁG

1 mm	= 0.039 inch
1 cm	= 0.394 inch
1 m	= 39.37 inches = 1.094 yards
1 km	= 1093.61 yards = 0.6214 mile v. 5/8 mile

SURFACE–TERÜLET

1 mm²	= 0.00155 square inch
1 cm² (sq cm)	= 0.155 square inch
1 m² (sq m)	= 1.196 square yards
1 km² (sq km)	= 247.1 acres = 100 hectares = 0.386 sqare mile
1 négyszögöl	= 38.42 square feet
1 kat. hold	= 6823.95 square yards = 1.412 acres
1 ár (are, a)	= 0.025 acre = 100 m²
1 hektár (ha) (hectare, ha)	= 100 ares = 2.471 acres = 10 000 m²

WEIGHT–SÚLY

1 milligramm (mg) (milligram, mg)	= 0.015 grain
1 gramm (g) (gram, g)	= 15.43 grains = 0.035 ounce
1 dekagramm (dkg *v.* **dag)** (decagram, dag)	= 0.353 ounce
1 kilogramm (kg) (kilogram, kg)	= 2.205 pounds = 35.27 ounces
1 métermázsa (q) (quintal)	= 1.9688 hundredweight
1 tonna (t) (tonne)	= 19.688 hundredweight = 2204.62 pounds

CAPACITY–ÚRMÉRTÉK

1 milliliter (ml)
(millilitre, ml)   =   0.00176 pint
1 centiliter (cl)
(centilitre, cl)   =   0.0176 pint
1 deciliter (dl)
(decilitre, dl)   =   0.176 pint
1 liter (l)
(litre, l)   =   1.76 pints = 2.1 US pints = 0.22 UK
                               gallon
1 hektoliter (hl)
(hectolitre, hl)   =   22.0 gallon

CUBIC–KÖBMÉRTÉKEK

1 köbcentiméter (cm³)
(cubic centimetre)   =   0.06102 cubic inch
1 köbdeciméter (dm³)
(cubic decimetre)   =   0.03532 cubic foot
1 köbméter (m³)
(cubic metre)   =   1.308 cubic yards = 35.315 cubic feet

TEMPERATURE EQUIVALENTS–HŐMÉRŐRENDSZER

–17.8 °C	=	0 °F (Fahrenheit)
–10 °C	=	14 °F
0 °C	=	32 °F
10 °C	=	50 °F
20 °C	=	68 °F
30 °C	=	86 °F
40 °C	=	104 °F
100 °C	=	212 °F

Normal body temperature:
Normál testhőmérséklet: $36.6\ °C = 97.8\ °F$

Conversion – Celsius into Fahrenheit
Celsius fok átszámítása Fahrenheitre

$$x\ °C = \frac{9x}{5} + 32\ °F$$

Fahrenheit into Celsius
Fahrenheitről Celsiusra

$$x\ °F = \frac{(x - 32)5}{9}\ °C$$

424

NTC'S FOREIGN LANGUAGE DICTIONARIES
The Best, By Definition

Spanish/English
Cervantes-Walls Spanish & English
Diccionario Básico Norteamericano
NTC's Beginner's Spanish & English
NTC's Dictionary of Common Mistakes
  in Spanish
NTC's Dictionary of Spanish False
  Cognates
The Dictionary of Chicano Spanish
NTC's Easy Spanish Bilingual Dictionary
Vox Compact Spanish & English
Vox Everyday Spanish & English
Vox Modern Spanish & English
  (Thumb-indexed & Plain-edged)
Vox Super-Mini Spanish & English
Vox Traveler's Spanish & English

Spanish/Spanish
Diccionario Practico de la Lengua
  Enspañola del Nuevo Mundo
Vox Diccionario Escolar de la Lengua
  Española

French/English
NTC's New College French & English
NTC's Beginner's French & English
NTC's Dictionary of Canadian French
NTC's Dictionary of Faux Amis
NTC's Dictionary of French Faux Pas
NTC's Easy French Bilingual Dictionary
NTC's French & English Business

German/English
NTC's Easy German Bilingual
  Dictionary
Klett's Modern German & English

Klett's Super-Mini German & English
NTC's Beginner's German & English
NTC's Dictionary of German False
  Cognates
Schöffler-Weiss German & English

Italian/English
NTC's Beginner's Italian & English
NTC's Easy Italian Bilingual Dictionary
Zanichelli New College Italian & English
Zanichelli Super-Mini Italian & English

Other Foreign Languages
NTC's Bulgarian & English
NTC's Compact Korean & English
NTC's Compact Russian & English
NTC's New College Greek & English
NTC's New Japanese-English Character
NTC's Romanian & English
NTC's Vietnamese & English
The Wiedza Powszechna Compact
  Polish & English
Easy Chinese Phrasebook & Dictionary
Languages of the World on CD-ROM

For Juveniles
French Picture Dictionary
German Picture Dictionary
Spanish Picture Dictionary
Let's Learn French Picture Dictionary
Let's Learn German Picture Dictionary
Let's Learn Hebrew Picture Dictionary
Let's Learn Italian Picture Dictionary
Let's Learn Portuguese Picture
  Dictionary
Let's Learn Spanish Picture Dictionary

NTC Publishing Group
4255 West Touhy Avenue
Lincolwood, Illinois 60646-1975 U.S.A.